北 京 志

工业志

1999—2010

北京市地方志编纂委员会

北京出版集团
北京出版社

图书在版编目（CIP）数据

北京志．工业志：1999—2010 / 北京市地方志编纂
委员会编著． — 北京：北京出版社，2020.5
　ISBN 978-7-200-15210-4

　Ⅰ．①北… Ⅱ．①北… Ⅲ．①北京—地方志②地方工
业—概况—北京—1999-2010 Ⅳ．① K291

　中国版本图书馆 CIP 数据核字 (2019) 第 283368 号

审 图 号　京S（2018）037号

项目统筹　王曷灵
责任编辑　白　珍　杜冬梅　董拯民　王曷灵　陈　平
英文翻译　马　玲
英文审定　解明会
封面设计　李　芸　罗　瑞
版式设计　云伊若水
责任印制　陈冬梅

北京志·工业志（1999—2010）
BEIJING ZHI·GONGYE ZHI（1999—2010）
北京市地方志编纂委员会
*
北 京 出 版 集 团
　　　　　　　　　　　　　出版
北 京 出 版 社
（北京北三环中路6号）
邮政编码：100120
网　址：www.bph.com.cn
北 京 出 版 集 团 总 发 行
新 华 书 店 经 销
北京华联印刷有限公司印刷
*
889 毫米 × 1194 毫米　16 开本　70.75 印张　彩插 16 页　1530 千字
2020 年 5 月第 1 版　2020 年 5 月第 1 次印刷
印数　1—1000
ISBN 978-7-200-15210-4
定价：820.00 元

如有印装质量问题，由本社负责调换

质量监督电话：010-58572393

（2016 年 6 月—2018 年 4 月）

（2018 年 4 月—2019 年 11 月）

北京市地方志编纂委员会办公室

主　　任　王铁鹏（2008 年 12 月—2015 年 7 月）

　　　　　陈　玲（2015 年 7 月—2018 年 11 月）

副 主 任　王春柱（2008 年 12 月—2010 年 3 月）

　　　　　侯宏兴（2008 年 12 月—2019 年 2 月）

　　　　　张恒彬（2008 年 12 月—2019 年 2 月）

　　　　　谭烈飞（2010 年 8 月—2017 年 1 月）

副巡视员　运子微（2017 年 7 月—2019 年 2 月）

中 共 北 京 市 委 党 史 研 究 室
北京市地方志编纂委员会办公室

主　　　任　李　良（2019 年 2 月—　　　　　　　）

副 主 任　张恒彬（2019 年 2 月—　　　　　　　）

副 主 任　陈志楣（2019 年 2 月—2019 年 12 月）

副 主 任
　　　　　陈志楣（2019 年 12 月—　　　　　　　）
一级巡视员

副 巡 视 员　刘　岳（2019 年 2 月—2019 年 6 月）

　　　　　运子微（2019 年 2 月—2019 年 6 月）

二级巡视员　刘　岳（2019 年 6 月—　　　　　　　）

　　　　　运子微（2019 年 6 月—　　　　　　　）

《北京志》主编 执行主编 副主编

（按时间先后顺次排列）

（2014年2月—2018年4月）

主　　编　　段柄仁
副 主 编　　王铁鹏　刘景华　周继东

　　　　　　赵庚奇　顾兖州　谢荫明

　　　　　　谭烈飞　戴　卫

（2018年4月—2019年11月）

主　　编　　王　宁
执行主编　　尹培彦　陈　玲
副 主 编　　舒小峰　戴　卫　谢荫明

　　　　　　周继东　王铁鹏　顾兖州

　　　　　　周来升　曹跃进　张恒彬

　　　　　　谭烈飞　运子微

(2019 年 11 月—　　　　)

主　　编　　魏小东　王　红

执行主编　　李　良　王　军

副 主 编　　张恒彬　陈志楣　刘　岳　运子微

《北京志·工业志（1999—2010）》编纂委员会

主　　任　靳　伟（2011年7月—2014年2月）

　　　　　张伯旭（2014年2月—2018年3月）

副 主 任（按姓氏笔画排序）

王　伟　　王　岩　　孔　磊　　史硕致　　任世强　　刘文超

刘京辉　　阮忠奎　　孙　凯　　苏志民　　李　缤　　吴　立

邱　钢（挂职）　邹　彤　　张功焰　　陆恭超　　陈志峰

姜　武　　姜广智　　姜德义　　徐和谊　　高玉清　　崔旭龙

梁　胜　　续　栋　　绳立成　　翟立新　　潘　锋　　潘敬东

燕　瑛　　魏连伟

委　　员（按姓氏笔画排序）

马天彪　　王　佐　　王　锦　　王　德　　王晓元　　王晓华

王跃生　　王福强　　尤　靖　　孔德龙　　艾　滨　　仝海威

兰雄景　　吕悦英　　刘　旭　　刘国伟　　刘维亮　　苏联波

杜　伟　　李　欣　　李　辉　　李　蛟　　李　强　　李世春

李忠祥　　李野川　　杨靖国　　何　瑾　　何建吾　　张　晶

张占锋　　张劲柏　　陈　水　　邵明红　　金成山　　郑海涛

胡东升　　胡宝琛　　侯　颖　　祝　刚　　耿　磊　　顾瑾栩

徐艳阳　　郭钧岐　　郭晓一　　唐建国　　黄金龙　　常德志

彭其贵　　彭雪海　　焦文东

顾　　问（按姓氏笔画排序）

方　凝　　朱鼎恒　　纪立顺　　汪进军　　常　青

《北京志·工业志（1999—2010）》编辑人员

主　　编　常　青（2008 年 12 月—2009 年 12 月）

　　　　　白　新（2009 年 9 月—2011 年 4 月）

　　　　　姜贵平（2011 年 5 月—2011 年 8 月）

　　　　　熊　梦（2011 年 8 月—2013 年 4 月）

　　　　　姜贵平（2013 年 4 月—2014 年 11 月）

　　　　　张伯旭（2014 年 11 月—2017 年 8 月）

　　　　　任世强（2017 年 8 月—　　　　　　）

副 主 编　刘　兵（2008 年 12 月—2009 年 9 月）

　　　　　李　巍（2009 年 3 月—2015 年 9 月）

　　　　　唐建国（2009 年 9 月—2016 年 12 月）

　　　　　张世民（2009 年 9 月—2013 年 10 月）

　　　　　张　晶（2009 年 9 月—2011 年 3 月）

　　　　　王晓元（2010 年 2 月—2012 年 5 月）

　　　　　张一平（2012 年 6 月—2017 年 4 月）

　　　　　徐艳阳（2015 年 9 月—2016 年 12 月）

　　　　　李　辉（2016 年 12 月—　　　　　　）

　　　　　周　斌（2016 年 12 月—2019 年 4 月）

　　　　　郭钧岐（2017 年 5 月—　　　　　　）

　　　　　孔德龙（2019 年 4 月—　　　　　　）

执行主编　刘福林（2008 年 12 月—2009 年 3 月）

　　　　　杨秀珍（2009 年 4 月—　　　　　　）

　　　　　何宝森（2010 年 9 月—　　　　　　）

责任编辑（按姓氏笔画排序）

王长启　王玉婵　石　雨　匡贞胜　刘一鸣

刘乃清　孙　明　杨希民　吴　琼　聂孟琪

温小玲　潘会楼

编　　辑（按姓氏笔画排序）

王东维　王海澜　李忠义　何　瑾　张　力

张起林　赵　颖　赵富仁　徐贺成

《北京志·工业志（1999—2010)》编委会办公室

主　　任　郭钧岐（2017年5月—　　　　）

副 主 任　杨秀珍（2009年4月—　　　　）

工作人员（按姓氏笔画排序）

石　雨　刘一鸣　吴　琼　张松林　赵延文

《北京志·工业志（1999—2010）》评审人员

评审专家　戴　卫　周继东　王铁鹏　顾兖州
责任审稿　王　鹏　纪　篦　林玉琳　于　冰　徐丽丽

《北京志》凡例

一、本志以马克思列宁主义、毛泽东思想、邓小平理论、"三个代表"重要思想、科学发展观、习近平新时代中国特色社会主义思想为指导，坚持辩证唯物主义和历史唯物主义立场、观点和方法，存真求实，全面、客观记述北京自然、经济、政治、文化和社会的历史与现状。

二、按科学分类与社会分工设置篇目，力求突出时代特征、首都特色和行业特点。

三、以2010年北京市行政区辖域为记述范围，某些分志依其特定业务范围记述。

四、主体内容为续修，上限起于第一轮志书下限，根据内容需要可对第一轮志书进行适当追溯。创修志书上限追溯到事业发端。全志下限一般为2010年。

五、采用述、记、志、传、图、表、录等体裁，以志为主。

六、志书编纂一般分篇、章、节、目等层次。

七、人物生不立传，在世人物对历史有重大影响者采用以事系人方式入志。

八、坚持专志贵专原则，专设分志的内容，在其他分志中一般不再专门记述。

九、采用规范语体文，行文力求准确、简洁、通畅。

十、1949年以前采用中国历史纪年与公元纪年对照方式书写。中华人民共和国成立起用公元纪年方式书写。

十一、数字、量和单位、标点符号的使用规范、统一，符合国家有关标准的规定。

十二、各种组织、机构使用全称。如后文需使用简称，在首次出现全称后括注规范简称。

十三、全市性的统计数据以市统计部门公布的为准。市统计部门缺遗的，参考相关权威部门所提供的数据。

北京市地方志编纂委员会办公室

《北京志》篇目

（2020 年 3 月）

序号	志书名称	序号	志书名称
1	总述	26	宗教志
2	大事记	27	发展改革志
3	国土资源志	28	统计志
4	人口志	29	国家税务志
5	水务志	30	地方税务志
6	气象志	31	审计志
7	共产党志	32	财政志
8	纪检监察志	33	金融志
9	人民代表大会志	34	工商行政管理志
10	民主党派·工商联志	35	质量技术监督志
11	政府志	36	药品监督管理志
12	人民政协志	37	工业志
13	公安志	38	信息化志
14	检察志	39	农业农村志
15	审判志	40	商业志
16	司法行政志	41	对外经济贸易志
17	监狱志	42	海关志
18	劳教志	43	检验检疫志
19	军事志	44	旅游志
20	人民武装警察志	45	北京经济技术开发区志
21	民防志	46	科学技术志
22	工人组织志	47	社会科学志
23	青年组织志	48	教育志
24	妇女组织志	49	文化艺术志
25	民族志	50	文物志

序号	志书名称	序号	志书名称
51	档案志	61	市政管理志
52	新闻出版志	62	环境保护志
53	广播电视志	63	园林绿化志
54	卫生志	64	交通志
55	体育志	65	邮政志
56	民政志	66	电信志
57	人力资源和社会保障志	67	北京奥运会志
58	残疾人事业志	68	非物质文化遗产志
59	规划志	69	明十三陵志
60	建设志	70	云居寺志

BEIJING ANNALS CONTENTS

(March, 2020)

serial number	TITLE	serial number	TITLE
1	General Remarks	20	People's Armed Police Annals
2	Chronicle of Events	21	Civil Defense Annals
3	Land & Resources Annals	22	Labour Organizations Annals
4	Population Annals	23	Youth Organizations Annals
5	Water Affairs Annals	24	Women's Organizations Annals
6	Meteorology Annals	25	Nationalities Annals
7	The Communist Party Annals	26	Religions Annals
8	Discipline Inspection and Supervision Annals	27	Development and Reform Annals
9	The People's Congress Annals	28	Statistics Annals
10	Democratic Parties, Federations of Industry and Commerce Annals	29	State Taxation Annals
11	Government Annals	30	Local Taxation Annals
12	The People's Political Consultative Conference Annals	31	Audit Annals
13	Public Security Annals	32	Finance Annals
14	Procuratorial Work Annals	33	Banking Annals
15	Justice Annals	34	Industry and Commerce Administration Annals
16	Judicial Administration Annals	35	Quality and Technical Supervision Annals
17	Prison Annals	36	Drug Supervision and Management Annals
18	Reeducation Through Labor Annals	37	Industry Annals
19	Military Affairs Annals	38	Informatization Annals

serial number	TITLE	serial number	TITLE
39	Agriculture and Rural Affairs Annals	55	Sports Annals
40	Commerce Annals	56	Civil Affairs Annals
41	Foreign Economic Relations and Trade Annals	57	Human Resources and Social Security Annals
42	Customs Annals	58	The Disabled Work Annals
43	Inspection and Quarantine Annals	59	Planning Annals
44	Tourism Annals	60	Construction Annals
45	Beijing Economic-Technological Development Area Annals	61	Public Facilities Management Annals
46	Science and Technology Annals	62	Environmental Protection Annals
47	Social Sciences Annals	63	Gardens and Afforestation Annals
48	Education Annals	64	Transportation Annals
49	Culture and Art Annals	65	Postal Service Annals
50	Culture Relics Annals	66	Telecommunications Annals
51	Archives Annals	67	Beijing Olympic Games Annals
52	Press and Publication Annals	68	Intangible Cultural Heritages Annals
53	Radio and Television Annals	69	Ming Tombs Annals
54	Public Health Annals	70	The Yunju Temple Annals

编纂说明

一、《北京志·工业志（1999—2010）》是第二轮《北京志》的一部分志，是首轮《北京志·工业卷·黑色冶金工业志》等20部工业分志的续修志书。本志由北京市经济和信息化局承编，北京市产业经济研究中心志鉴编辑部具体承担编纂工作。

二、本志记述上限为1999年1月1日，下限至2010年12月31日。个别记述事项根据需要在时限上进行了上溯或下延。首轮《北京志》工业卷规划了20部分志，未设工业总志，为使读者对北京工业发展有整体了解，在附录中辑存了《北京工业志·综合志》总述，增加了志补"1978年至1998年北京工业改革大事纪略"。

三、本志设9篇37章149节以及概述、大事记、首钢搬迁调整专记、附录和志补。

四、本志所用资料主要来源于原北京市经济委员会、原北京市工业促进局、原北京市经济和信息化委员会的工作档案资料，以及本志纂修期间收集整理的口述工业史资料；北京市部分委办局，各区（县）、开发区主管工业部门，国有企业以及所属企业，行业协会，科研院所等参编单位报送的资料；北京市档案馆收藏的相关资料；首轮《北京志》工业卷各分志、《北京工业志》各分志，《北京工业年鉴》（2000—2011年版）。本志参考了《北京年鉴》《北京统计年鉴》《北京区域统计年鉴》《中关村年鉴》和各区（县）年鉴、企业年鉴，《北京志·开发区卷·中关村科技园区志》等相关志鉴书籍以及其他第二轮市志资料。

五、全市性的统计数据以市统计部门公布的数据为准，行业部门数据以各单位提供的数据为准。统计表中，由于四舍五入原因造成合计数有误差。

六、关于机构名称，一般情况下使用全称，出现频率较高的，在正文第一次出现时使用全称（图表除外），括注简称。市政府委办局使用规范简称，行业企业、科研院所、企事业单位参照各单位简称。

七、对不易理解的略语加以注释说明。

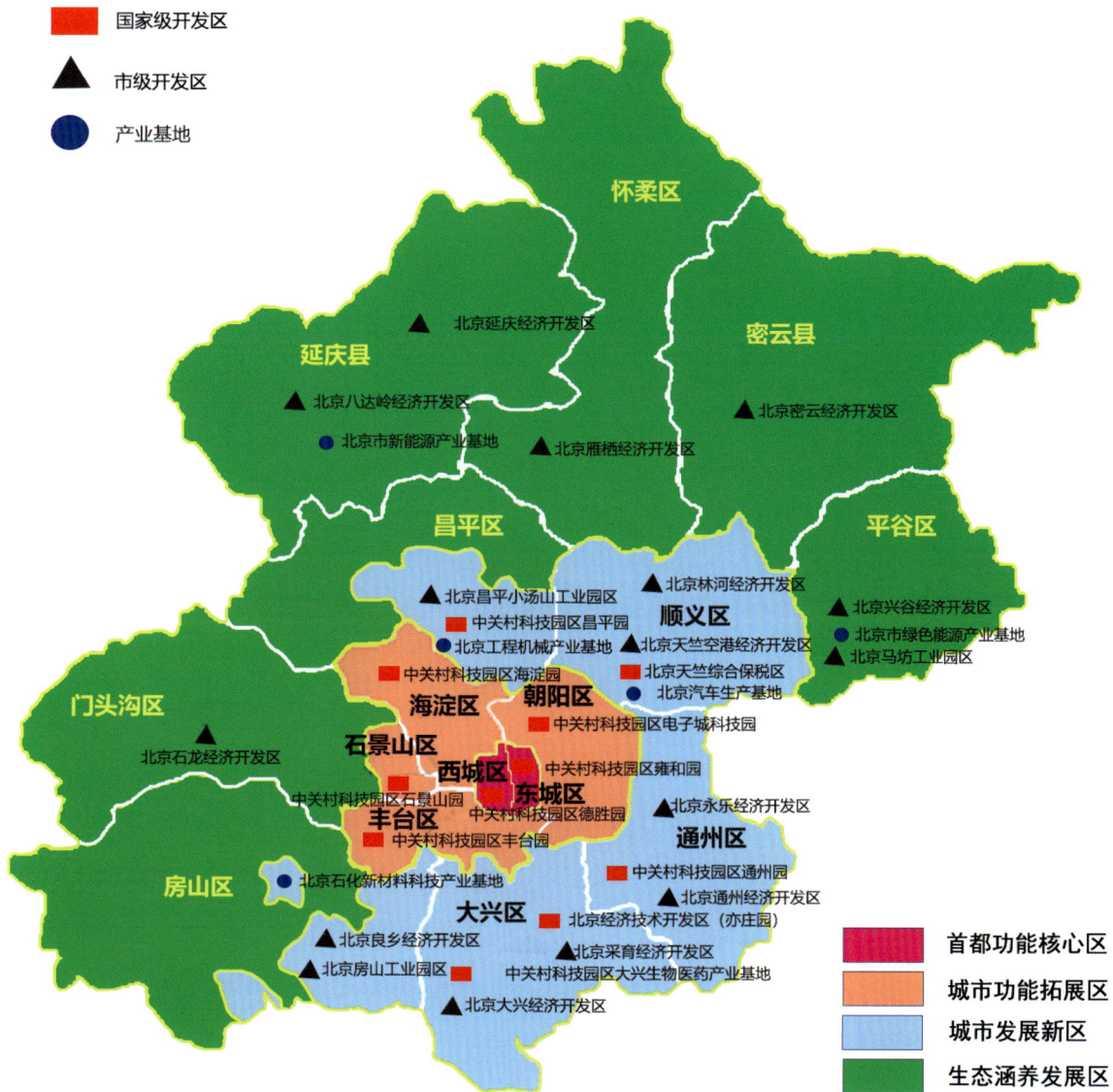

图例：
- 🟥 国家级开发区
- ▲ 市级开发区
- 🔵 产业基地

怀柔区

延庆县
- ▲ 北京延庆经济开发区
- ▲ 北京八达岭经济开发区
- 🔵 北京市新能源产业基地

密云县
- ▲ 北京密云经济开发区
- ▲ 北京雁栖经济开发区

昌平区
- ▲ 北京昌平小汤山工业园区
- 🟥 中关村科技园区昌平园
- 🔵 北京工程机械产业基地

顺义区
- ▲ 北京林河经济开发区
- ▲ 北京天竺空港经济开发区
- 🟥 北京天竺综合保税区
- 🔵 北京汽车生产基地

平谷区
- ▲ 北京兴谷经济开发区
- 🔵 北京市绿色能源产业基地
- ▲ 北京马坊工业园区

门头沟区
- ▲ 北京石龙经济开发区

海淀区
- 🟥 中关村科技园区海淀园

石景山区
- 🟥 中关村科技园区石景山园

西城区

朝阳区
- 🟥 中关村科技园区电子城科技园

东城区
- 🟥 中关村科技园区雍和园

丰台区
- 🟥 中关村科技园区德胜园
- 🟥 中关村科技园区丰台园

通州区
- 🟥 中关村科技园区通州园
- ▲ 北京永乐经济开发区
- ▲ 北京通州经济开发区

房山区
- 🔵 北京石化新材料科技产业基地

大兴区
- 🟥 北京经济技术开发区（亦庄园）
- ▲ 北京良乡经济开发区
- ▲ 北京采育经济开发区
- ▲ 北京房山工业园区
- 🟥 中关村科技园区大兴生物医药产业基地
- ▲ 北京大兴经济开发区

功能分区：
- 🟥 首都功能核心区
- 🟧 城市功能拓展区
- 🟦 城市发展新区
- 🟩 生态涵养发展区

审图号：京 S（2018）037 号

2010 年北京市市级以上开发区和产业基地布局图

1999 年至 2001 年，燕山石化启动国内引进的第一套 30 万吨乙烯装置第二轮改扩建工程，生产能力由 45 万吨／年提高至 71 万吨／年。图为 2002 年项目竣工验收后装备全景

2002 年 12 月 23 日，北京现代汽车有限公司生产的第一辆北京现代索纳塔轿车下线。该公司是中国加入世界贸易组织后批准的第一个汽车生产领域合资项目

2005 年 12 月 22 日，北京奔驰公司首批国产梅赛德斯—奔驰 E 级轿车正式上市

2004 年 11 月 13 日，北京医药集团有限责任公司改制设立。该公司是北京医药工业第一家集团层面股权多元化改革企业

2004 年，中芯国际集成电路制造（北京）有限公司建成国内第一条 12 英寸集成电路生产线

2006 年 9 月 28 日，北方微电子基地设备工艺研究中心有限责任公司的 100 纳米高密度等离子刻蚀机项目通过科技部验收。该项目是中国自主研制的第一台 8 英寸 100 纳米高密度等离子刻蚀机

金风科创风电公司 33 台 1.5 兆瓦直驱永磁风力发电机组安装在北京 2008 年"绿色奥运"工程之一的北京官厅风电场（2007 年 10 月摄）

2009 年 3 月 20 日，中共北京市委、北京市人民政府召开建设中关村国家自主创新示范区动员大会

2009 年 3 月 30 日，北京市经济和信息化委员会在朝阳区工体北路 6 号凯富大厦挂牌

2009 年 11 月 16 日，中国北车二七装备公司引进技术制造的国内首列钢轨打磨列车竣工下线

2001 年 3 月 28 日，北京京煤集团有限责任公司成立暨揭牌仪式举行

2001 年 4 月 28 日，北京第一机床厂铸造车间迁出北京商务中心区核心地段，在河北省高碑店市新建铸造分公司。图为总投资 6800 万元的新建铸造分公司厂房

2005年4月26日，北京金隅集团有限责任公司北京水泥厂利用水泥回转窑建设的无害化处置城市工业废弃物示范线正式投料运转。该项目被列为国家"双优－高"项目，年处置能力10万吨，是国内第一条拥有自主知识产权的生产线

2006年5月9日，年产焦炭17万吨的首钢焦化厂二焦炉经过41年5个月零9天的连续生产后退役

2006 年 6 月 26 日，北京龙徽葡萄酒博物馆开馆，是北京首家葡萄酒博物馆

2008 年 10 月 28 日，北京市工业改革开放 30 周年成就展在老工业基地酒仙桥电子城
（原 751 厂）开幕

2008年1月5日，首钢总公司实施搬迁、结构调整和环境治理方案，召开压产400万吨发布会

首钢京唐公司是中国第一个实施城市钢铁企业搬迁项目的企业，图为首钢京唐公司2250热轧生产线（2008年11月6日摄）

北京万东医疗装备股份有限公司赶制抗击"非典"产品（2003 年 6 月摄）

2004 年 9 月 1 日，燕山石化向首都市场提供首批地方新标准汽油——京标 A

2004 年，北京同仁堂科技发展有限公司亦庄片剂瓶装生产线实现全自动包装智能化操作

北京京仪控股有限责任公司建设在北京经济技术开发区的生产基地（2004 年摄）

北京燕京啤酒集团公司的燕京啤酒生产线（2005 年 6 月 7 日摄）

2005 年 5 月 25 日，北京京东方科技集团股份有限公司在北京经济技术开发区的第 5 代 TFT-LCD 生产线实现量产

2007 年 1 月 15 日，北京汽车制造有限公司具有完全自主知识产权的"勇士"二代军车通过国务院、中央军委军品定型委员会的设计定型审查

2007 年 4 月 18 日，北京二七车辆公司生产的双层集装箱班列首发仪式举行

2007 年 4 月，首钢集团承建的奥运主火炬塔在施工建设中

2007 年 6 月 28 日，北京电力公司职工在 2008 年奥运配套项目安惠变电站电力工程中施放电缆

北京隆达轻工控股有限责任公司所属企业北京达博有色金属焊料有限责任公司生产的半导体键合金丝产品（2007 年摄）

2008 年 3 月 20 日，北京化学工业集团有限责任公司所属华腾大搪公司制造的北京奥运会主火炬燃烧系统

北京京城环保公司大型回转窑危废焚烧处理成套设备（2008 年 10 月摄）

北京市工业促进局连续多年举办北京十大时装品牌评选活动。图为2008北京十大时装品牌颁奖典礼

北京工美集团采用新疆和田玉为2008年第二十九届奥林匹克运动会制作的会徽——中国印

2008年12月28日，中国第一个新能源汽车产业基地——北京新能源汽车设计制造产业基地在福田汽车昌平区沙河厂建立。图为福田欧V油电混合动力公交车

2009 年 5 月 8 日，北京南口机车车辆机械厂铁路道岔项目奠基仪式在昌平区南口镇举行

2009 年 9 月 6 日，北京京城重工公司生产的起重机为国庆彩车吊装拼接

2009 年，国内首家通过欧盟 cGMP（动态药品生产管理规范）、美国 FDA "双认证" 的北京赛科药业有限责任公司制剂生产车间

目　录

第二篇　电子信息产业

第三篇　汽车与交通设备产业

第四篇　装备产业

第五篇　生物与医药产业

第六篇　都市产业

第七篇　基础产业

第八篇　国防科技工业

第九篇　工业管理

CONTENTS

PASSAGE 1 INDUSTRIAL REFORM ADJUSTMENT AND TRANSFORMATION DEVELOPMENT

PASSAGE 2 ELECTRONIC INFORMATION INDUSTRY

PASSAGE 3 AUTOMOBILE AND TRANSPORTATION EQUIPMENT INDUSTRY

PASSAGE 4 EQUIPMENT INDUSTRY

PASSAGE 5 BIOLOGY AND MEDICINE INDUSTRY

PASSAGE 6 URBAN INDUSTRY

PASSAGE 7 BASIC INDUSTRY

PASSAGE 8 SCIENCE AND TECHNOLOGY INDUSTRY OF NATIONAL DEFENSE

PASSAGE 9 INDUSTRY MANAGEMENT

概　述

　　20 世纪 70 年代末到 1998 年，北京市贯彻落实党中央、国务院对首都建设发展要求，从建立现代化工业城市转变到发展适合首都经济的轨道上。北京工业以搞活企业、促进发展为核心，坚持推进改革、结构和布局调整，向科技进步、科学管理和结构优化要效益，取得快速发展。在改革方面，先后通过兼并、破产、出售、承包制、股份制、租赁制、中外合资、合作及其他形式，进行大规模企业改革，推动国有企业优胜劣汰、经营脱困、建立现代企业制度，推动多种经济成分共同发展。在结构调整方面，积极培育电子信息、生物医药、新材料、光机电一体化等高新技术产业，支持老企业利用高新技术进行改造，促进传统产业升级，进行结构调整。在布局调整方面，重点实施污染扰民企业搬迁，引导城区企业向四环路以外及郊区县工业园区搬迁，对老工业基地实施连片开发改造，进行产业布局调整。截至 1999 年年底，北京市独立核算工业企业完成工业总产值 2144.61 亿元（当年价格），资产总额 4254.07 亿元，实现利税 184.63 亿元。

　　1999 年至 2010 年，北京工业发展面临复杂多变的国内外宏观环境。其间，对全市工业产生重大影响、最具代表性的历史事件是 2001 年中国加入世界贸易组织、2003 年"非典"疫情暴发、2008 年北京举办第二十九届夏季奥运会、2008 年国际金融危机爆发，对工业发展既提出严峻挑战，又带来重大机遇。12 年间，国家经济体制改革不断深化，北京城市建设适应国家战略不断调整，城市功能定位逐步完善，首都经济社会不断发展进步。与此相适应，北京工业认真贯彻中央指示精神和城市总体规划要求，贯彻落实科学发展观，牢牢把握有进有退、有所为有所不为的总思路，坚持在发展中探索，在探索中发展；坚持走新型工业化道路，以推进结构调整为任务，以转变发展方式为主线，持续深入推进工业改革，大力推动工业结构调整，积极推动工业经济转型发展，抓住机遇、应对挑战、攻坚克难、化危为机，走出了一条具有北京特色的工业改革、调整与转型发展之路。

　　2010 年，北京市有规模以上工业企业 6885 家，实现工业总产值 13699.84 亿元。其中，大型企业 58 家，中型企业 621 家，小型企业 6206 家。北京市有规模以上企业 29474 家，实现工业总产值 280.2 亿元。其中，法人工业企业 17838 家，个体经营工业单位 11636 家。

一

深入推进工业改革。20世纪90年代中后期，全市工业深化改革以兼并破产为重点突破，就破产准备金管理使用、破产兼并工作、非经营性资产移交等先后发布政策文件，建立国有企业优胜劣汰机制。燕京啤酒通过在全国兼并啤酒企业跻身中国知名啤酒企业；北京生化制药厂、京煤集团杨坨煤矿、首钢风光机械厂、北京市革制品厂、北京第二汽车制造厂等一批企业完成破产清算；北京市化油器厂、北京二轻聚友实业公司等企业由民营企业兼并，打破了部门、行业和地区壁垒，实现兼并双方优势互补。以3年脱困为主要内容，推动国有企业管理水平提升和资产结构优化，全市以114家国有及国有控股大中型亏损企业为重点开展扭亏脱困工作。截至2000年年底，114家企业中的92家企业扭亏脱困，扭亏面达到80.7%，亏损总额比1997年年底减少17.33亿元。以建立现代企业制度为核心，重新构造企业法人治理结构。依托一批现代企业制度试点，加快国有企业出资人制度、监事会制度、母子公司体制、薪酬制度等方面的改革，推动企业由计划经济体制下的行政附属物向市场经济主体转变。推动国有资产重组，引导全市各级国有工业企业实施战略性改组。至2000年年底，北京地方工业的58家大中型骨干企业中，有49家完成改制工作，重新进行工商登记。在国有大中型企业外，市属大中型企业部分或整体改制累计完成113家，改制面达到40%。2000年以后，重组形成京煤集团、京棉集团、京粮集团、隆达控股、金隅集团等企业集团。至2002年年底，全市498家国有大中型企业中，除认定不具备改制条件的66家企业外，其余432家符合条件的国有大中型企业中有401家完成公司制改造，占总数的92.82%。搭建国有工业企业与外资、民间资本并购重组的服务平台，进一步推动企业产权主体多元化。实施国有资产授权经营，对政府出资的工业公司进行规范性改制及重新授权，不断完善全市国有资产管理和运营体系。鼓励发展混合所有制经济。出台一系列支持个体私营经济、外商投资、中小企业等政策措施，努力消除影响非公有制经济发展的政策障碍，依托股份制经济纽带，推动多种所有制经济共同发展。

持续推动结构调整。1999年至2010年，全市工业针对城市发展资源环境约束趋紧、重化工业占比较高的问题，紧紧抓住结构调整主线，在产业、企业、产品、空间结构上不断出台新举措，取得明显成效。紧密围绕政策导向变化、要素条件变化和产业趋势变化，不断优化工业六大产业结构，大力发展高新技术产业，适度发展现代制造业，持续改造提升传统产业，引导乡镇工业健康发展。2000年以后，以中芯国际、京东方、北方微电子、东方冠捷等为代表的高新技术企业和以北京现代、同仁堂、康明斯发动机、康宁玻璃等为代表的现代制造业企业迅速发展，中高端产业不断壮大。制造业与生产性服务业融合不断深入，高耗能、高耗水、高污染企业退出北京力度加大。支持企业结构优化。在支持培育大型企业集团的同时，将政策资金向中小企业倾斜，优化中小企业融资环境，努力构建大中小企业共同发展的企业结构格局，特别是在国际金融危机发生后，大力帮助中小企业渡过难关。引导产品结构调整。为改变20世纪80年代全市低端工业产品比重较大的情况，加大对国外技术引进消化和高精尖产品开发的支持力度，持续发布支持发展的技术产品目录及产品退出目录，推动工业产品档次、技术含量和设计水平不断提升。布、粗钢等初级加工产品产量趋于减少，汽车、微型计算机设备、数控金属切削机床、集成电路等产品以及与城市发展和人口扩张紧密相关的生活性消费品保持增长，涌现出一批适应时代需求的产品，为2008年奥运会前后的场馆建设及产品安全供应做出突出贡献。推动优化空间布局。适应首都城市建设发展不断改变的客观情况，坚持集中集聚集约发展，通过污染扰民企业搬迁调整、支持工业园区建设发展、引导乡镇工业集中发展等手段，引导工业企业在全市4类功能区域合理布局。到2010年，全市工业主要布局在顺义区、房山区等城市发展新区，工业园区成为工业企业的主要载体。2010年城市发展新区工业增加值占全市的比重达到55%，全市19个开发区工业总产值占全市工业总产值的比重为45%。

积极推动转型发展。与首都日趋严格的资源、土地和人口刚性约束条件相适应，与人民群众日益提高的环保意识相协调，北京工业以推动发展方式转变为主线，着力加强技术创新、品牌建设、资源集约和工业遗产开发利用，大力推动工业转型发展。推进技术创新。实施创新战略，以企业技术中心为核心不断完善工业技术创新体系，支持企业开展重大技术创新项目。大部分企业制订了科技创新、科技攻关计划和企业发展计划，成立了技术创新工作机构，建立了科技创新机制，对重点科研项目进行了责任落实。2000年，北京工业系统成立科技创新服务中心。2001年，北京高新技术产业基地建设加快，建立一批研发平台。2007年发布《北京市鼓励和引进、消化、吸收与创新实施办法》。2010年，北京具有代表性的184家企业有科技活动人员102371人，科技活动支出经费238亿元。一批科技园奠基，其中有3个产业基地被列入首批国家新型工业化产业示范基地。持续开展企业技术中心认定工作，2010年全市拥有市级及以上企业技术中心365家，其中国家级企业技术中心47家，支持企业进行专利开发与储备，鼓励产学研联合，涌现出联想、北汽、京东方、万泰生物、和利时、科兴生物、神雾、碧水源等一批创新实力强劲的企业。截至2010年年底，北京职务权利人拥有的有效专利量7044件，居全国第三位；北京市企业的有效专利量51053件，居全国第六位；科研单位有效专利量11846件，居全国第一位；大专院校有效专利量12262件，居全国第三位；国际申请专利量1272件，居全国第一位。2010年，全市高新技术制造业实现工业总产值（当年价格）3004.9亿元。全市高新技术制造业实现增加值517.0亿元，占全市工业增加值的18.8%。进入21世纪，北京工业注重品牌培育扶持。实施品牌战略，持续开展北京名牌产品评选，举办北京时装周等各类品牌宣传活动，精心打造让消费者放心的"京牌制药""北京时装""北京老字号"等整体品牌形象，支持北京名牌发展成为中国名牌。提高资源集约利用水平。北京以建设生态工业为目标，通过制定完善工业节能减排指导政策、进一步完善园区土地管理制度、创新开展工业能耗在线监测、支持企业开展技术改造、实施清洁生产等政策手段，深入推进减量化、再循环、再利用（3C），大力发展循环经济，主动淘汰落后产能，积极推动生态工业园建设。节能减排工作的开展，有效提高了全市工业资源使用效率、减少了污染物排放，工业能源品种结构由以煤为主转向以天然气为主，单位工业增加值能耗水平不断降低。加大工业遗产开发力度。支持798艺术区、751D-PARK（北京时尚设计广场）、尚8文化创意产业园、北京焦化厂遗址公园、首钢老厂区改造等项目规划建设，涌现出首钢、燕京啤酒、北京市珐琅厂、龙徽酿酒等一批依托工业资源发展工业旅游的优秀企业，以北京电子城老工业基地和北京纺织工业基地为代表的传统工业基地成功转型为文化创意产业园区。

二

　　"六大产业"是北京工业结合自身实际提出的产业分类体系，具体包括电子信息产业、汽车产业（后调整为汽车与交通设备产业）、装备产业、生物与医药产业、都市产业和基础产业。1999年至2010年，汽车产业占全市工业总产值的比重快速上升，成长为支柱产业；电子信息产业实现转型升级，涌现出一批创新型企业；装备产业经历搬迁调整、改制破产等变动，通过技术改造和产品升级换代，提升了高端产品生产能力；生物与医药产业中的中药和生物制品细分领域发展迅速，呈现良好发展态势；都市产业制造环节逐步外迁，核心环节不断提升，不断满足首都城市运行与居民消费结构升级需求；基础产业以结构调整、绿色化改造为重点，进一步适应首都经济发展和环境保护的需要。

　　电子信息产业　1999年至2010年，电子信息产业工业总产值由564.4亿元增长至2229.1亿元，占全市工业总产值的比重由26.3%下降至16.3%。在此期间，通信产品制造业依托北京的科技和人才优势，紧跟国内外通信网络升级换代趋势，在数字光纤通信产品、第二代/第三代移动通信产品和宽带无线网络通信产品的研发、生产方面走在全国前列，涌现出一批创新型企业，形成一定的规模经济效益。广播电视设备制造业在已形成的广播电视演播端设备、发射传输端设备、用户端设备全产业链基础上，抓住世纪之交数字电视发展机遇，发展形成较为完善的数字电视产业链、一批数字电视产业园，技术水平国际先进、国内领先。电子计算机制造业依托联想、方正、同方、紫光等中坚力量保持快速发展，产业综合竞争力在国内具有明显优势，高性能计算机研制能力显著提高，银河、神威、曙光等高性能计算机的出现使中国成为全球第三个高性能计算机研制生产国家，技术实力达到国际先进水平，2005年5月，联想完成了对IBM全球个人电脑业务的收购，进入全球个人电脑市场的前三名。电子元器件制造业在信息技术迅速发展、外资涌入、出口拉动等因素推动下保持高速增长，生产能力大幅提高，兼并重组十分活跃，涌现出以京东方为代表的龙头企业，建设形成诺基亚星网工业园、京东方数字电视产业园等品牌化园区，数家企业可与全球同行业企业不分伯仲。集成电路制造业借助国家和北京市大力支持集成电路产业发展的政策红利，构建起以设计为龙头，以制造为支撑，封装、测试、材料、装备等各个环节互动协调发展的良好格局，拥有中芯国际、大唐微电子、瑞萨半导体等知名企业，形成以集成电路设计园、北京经济技术开发区为核心的集成电路产业集聚区，在全国集成电路产业中具有重要地位。电子测量仪器制造业紧密围绕市场需求，积极进行技术创新和产品开发，保持较高的增长速度，产品门类和制造能力在国内外市场具有较大影响力。

汽车与交通设备产业　1999 年至 2010 年，汽车与交通设备产业工业总产值由 118.7 亿元增长至 2177.7 亿元，占全市工业总产值的比重由 5.5% 上升至 15.9%。在全市大力振兴现代制造业的政策激励下，汽车制造业逐步走出 20 世纪 90 年代后期的发展低谷，以北京汽车工业集团总公司实施市场化改革、与韩国现代汽车合资建厂、组建北京奔驰汽车公司、北汽控股走集团化道路等为标志性事件，全市汽车制造业发展迸发全新活力，形成以北汽集团为龙头，集企业总部、汽车研发、产品检测、整车生产、零部件配套、物流销售、服务贸易和配件供应于一体的完整产业链，新能源汽车顺利研发并实现量产，2010 年全市汽车产量达到 150.4 万辆，是 1999 年汽车产量的 12 倍，进入全国汽车制造业发展前列。铁路运输设备制造业在国家机车车辆工业管理体制发生重大变革的背景下，通过深化改革，转变经营机制，加速新品开发，应对市场竞争，不断适应国内铁路高速发展需要，依托北京二七轨道交通装备有限责任公司、南车二七车辆有限公司、北京南口轨道交通机械有限责任公司 3 家核心企业，确立了在国内铁路运输设备制造业中的重要地位。

装备产业　1999 年至 2010 年，装备产业工业总产值由 355.9 亿元增长至 2210.6 亿元，占全市工业总产值的比重由 16.6% 下降至 16.1%。在此期间，通用设备制造业经历搬迁调整、改制破产、引入外资等变动，主要依托国有企业，开展自主研发和技术引进合作，生产机床、气体压缩设备、液压和气压动力机械元件、起重运输工程机械等核心产品，不断提高数控机床、高精度机床等高端产品技术水平和市场占有率。专用设备制造业主要围绕重化工设备、印刷机械、医疗器械、纺织服装设备、环保设备等领域发展，涌现出大豪、大恒新纪元、万泰、北人等知名品牌。电气机械及器材业主要发展配电开关及控制设备、电机、输变电设备、电线、电缆等产品，重点推动自主知识产权研发、技术改造和产品升级换代。仪器仪表及文化办公机械制造业加速发展，加大对外合资合作力度，在自动化控制系统和仪表、科学仪器、电力控制产品基础上，扩大发展环保监控、光电子、太阳能利用、节能和安全 5 个领域，形成门类较为齐全的仪器仪表生产能力。

生物与医药产业　1999 年至 2010 年，生物医药产业工业总产值由 45 亿元增长至 372.8 亿元，占全市工业总产值的比重由 2.1% 上升至 2.7%。在此期间，中药产业保持持续增长，重点落实国家药品生产质量管理规范（GMP）、推进中药生产现代化、争创名优产品，企业结构加快调整，由以同仁堂集团为代表的国有独资企业为主向以同仁堂集团为引领，北大维信、康仁堂、以岭药业等一批现代中药企业共同发展的格局转变，行业利润率保持较高水平。化学制药以化学原料药和化学药品制剂为主，其中化学原料药领域受北京严格的环保政策限制逐步萎缩，化学药品制剂发展较为迅速，企业数量和规模不断扩张，化学制剂产品出口实现零的突破，拜耳、诺华、泰德等外商投资企业快速发展，产生一批单品销售额超亿元的重磅产品品种。生物制品起步较晚但发展增速较快，疫苗、抗体、诊断试剂等产品领域在全国范围内形成一定竞争优势，天坛生物、科兴生物、双鹭药业等龙头企业高速发展，吸引法国赛诺菲、瑞士诺华、美国辉瑞等跨国药企落户，企业在研发、生产与市场营销方面充满活力。

都市产业 1999年至2010年，都市产业工业总产值由403.7亿元增长至1343.1亿元，占全市工业总产值的比重由18.8%下降至9.8%。在此期间，食品工业不断适应首都居民消费结构升级需求，重点强化食品质量安全保障能力，保护和发展老字号品牌与名优品牌，行业规模效益不断提升，酒类、乳制品、肉制品、粮油调味等产品板块发展良好，在保障"非典"期间市场供应、奥运食品安全供应、首都消费保障、宣传北京特色文化等方面发挥了积极作用，承担着保护非物质文化遗产、工业反哺农业的重要功能，在全国食品工业中质量安全信誉卓著。纺织服装业中，纺织业整体呈现本地产能萎缩、向外搬迁转移趋势，服装业以支撑北京"时装之都"建设为核心，设计研发水平、品牌知名度、与文化创意产业融合发展水平取得较大提升，铜牛、雪莲等品牌全国知名。家具制造业以加强技术改造、开展环保产品认证等为重点，形成包括木质家具、金属家具、软体家具、硬木家具等在内的综合产品体系，民营家具企业发展十分活跃。印刷业重点推进企业改制重组、技术工艺升级、丰富产品和服务，为首都大量的行政管理机关、报社、出版社、文化单位等方面提供优质高效的印刷产品和服务。包装业深化企业改革，实施资产重组扩张，调整传统业务转型，推动生产绿色转型，满足全市生产包装配套和生活包装需求。工艺美术制造业重点通过完善立法、大师认定、艺徒培训、珍品评选、建设工艺美术生产研究基地、企业改组改制等工作，推动传统工艺美术保护与传承，加快工艺美术制造由城区向远郊乡镇和外埠的转移。

基础产业 1999年至2010年，基础产业工业总产值由656.9亿元增长至5366.4亿元，占全市工业总产值的比重由30.6%上升至39.2%。在此期间，石油和化学工业以适应现代市场经济发展需要、开展产业结构调整、深化体制改革、开展绿色化改造为重点，以北京化工集团所属石油化工生产企业改制成立东方石化公司并入中国石化集团为标志性事件，推动形成了以燕山石化为龙头，涵盖炼油、石化、化工三大领域，上下游一体化的产业结构，形成以房山北京石化新材料产业基地和大兴北京精细化工基地为主的基地化发展格局，为全市其他工业提供各类专用树脂、化工原料、合成橡胶、合成纤维等大量原材料，为首都城市运行持续提供高标准汽柴油产品。冶金工业中的黑色冶金部分以体制改革、压减产能、污染治理为重点，推动实施首钢调整搬迁，2010年年底，首钢北京地区的烧结、炼铁、炼钢等黑色冶金生产系统设备全部关停；有色冶金部分以产品升级换代为核心，为航空航天、电子信息、汽车等行业提供高端配套产品。建材工业以企业改制、产业调整搬迁、技术改造、淘汰落后产能为重点，以金隅集团为核心依托，发展新型建材，为城市建设发展和奥运场馆建设等特殊需求提供大量节能环保型优质产品。煤炭工业以煤炭资源整合、加强生态涵养建设为重点，从 1999 年年初国营煤矿和乡镇集体煤矿两种所有制并行、拥有大中小矿井 825 处的发展格局，调整至国营煤矿保留 3 座、乡镇煤矿全部关闭。电力工业适应城市快速发展和北京奥运会、中华人民共和国成立 60 周年等大型活动对电力负荷增长和高标准电力保障要求，加大清洁环保能源生产能力，提高电网运行管控和智能调度能力，行业整体进一步向安全、绿色、节能方向升级发展。

北京国防科技工业与六大产业紧密结合，发挥优势研发出一批高精尖产品，既服务人民生活，又为国防事业做出贡献。1999 年至 2010 年，市国防科技工业在科研投入、生产经营等方面处于全国前列，为 50 周年国庆、北京奥运会、60 周年国庆、探月工程、卫星导航、载人航天、新一代运载火箭等国家安全、大型活动和军工任务的执行提供有力支撑。市场监管方面，对军品科研生产单位开展保密资格认证审查、军品市场准入管理、许可证管理等监管工作，加强对军工企业、科研院所和民口配套单位的调查与登记备案管理，履行好政府监管职能。民爆行业以整顿压缩、隐患排查为重点，加速调整生产布局，推动军工安全生产健康发展。

三

1999 年至 2010 年，北京工业发展取得一系列成绩，工业总量实现高速增长，改革持续推进深化，结构不断调整优化，空间布局更加合理，转型发展迈上新台阶，为"十二五"时期发展奠定良好基础。

工业总量保持高速增长。与工业化进程相适应，与北京市经济结构调整、支持发展服务业的整体趋势相适应，北京工业在全市经济总量中的比重不断下降，2010 年工业增加值占北京市地区生产总值的比重由 1999 年的 29.86% 下降至 19.6%。全市工业绝对量保持高增长态势，1999 年至 2010 年，北京工业总产值由当期 2144.61 亿元增长至 13699.84 亿元，年均增长 20% 左右；工业增加值由当期 635.22 亿元增长至 2751.68 亿元，年均增长 14% 左右。

工业结构不断调整优化。1999 年至 2010 年，北京工业由全面发展向重点聚焦转变，形成以电子信息产业、汽车与交通设备产业、装备产业、生物与医药产业、都市产业、基础产业六大产业为支撑的产业体系，以高技术制造业、现代制造业为代表的高端产业成为支撑北京工业的重要力量，一批传统落后产能逐步淘汰。随着产业结构的不断调整，北京市工业产品中布、粗钢、钢材等初级加工产品产量趋于减少，汽车、微型计算机设备、数控金属切削机床等技术含量更高的产品保持较快增长。

工业质量效益显著提升。2000 年至 2010 年，北京工业经济效益综合指数由 136.13 上升至 236.36，增长近 50%，工业全员劳动生产率由 3.94 万元 / 人上升至 22.16 万元 / 人，高于北京市全社会劳动生产率和第三产业劳动生产率。工业生产的资源利用方式由简单利用向高效集约转变，1999 年至 2010 年，工业能耗总量占全市能耗总量的比重由 60% 下降至 37% 左右，万元增加值当期能耗由 3.75 吨标煤下降至 0.93 吨标煤。

工业企业实力不断增强。1999 年至 2010 年，北京市工业企业规模稳步扩大，1999 年全市 204 家大型工业企业平均产值为 40.5 万元，到 2010 年 58 家大型工业企业平均产值 112.6 亿元，是 1999 年的 2.8 万倍。企业综合竞争力进一步提升，联想集团于 2008 年起跻身世界 500 强企业之列，2010 年首钢进入世界 500 强企业之列，同时涌现出北汽、首钢、中芯国际、京东方、京仪集团、北一数控机床、同仁堂、燕京啤酒、三元食品、顺鑫农业、奥瑞金包装等一批国内品牌知名度高、市场竞争力强的各产业领域代表性企业。

工业管理体制不断完善。2000 年至 2010 年，全市工业主管机构历经三次重大改革。2000 年 6 月，北京市推出以精简机构、调整职能为重点的党政机关机构改革，市工委和市经委合署办公，市经委是负责工业经济运行综合调控的市政府组成部门，加强对全市工业发展思路的研究，明确提出不分所有制、不分大中小、不分隶属关系的"三个不分"，对全市工业发展实施统一指导和服务。2003 年 9 月，市经委、市工委撤销，成立北京市工业促进局。市工业促进局是负责本市行业性、专业化的工业产业促进工作的市政府直属机构。内部机构设置重点突出 6 个专业产业处，把握专业化产业促进定位，注重职能从审批向服务转变，从靠行政权力向靠专业知识转变。2009 年 3 月，北京市经济和信息化委员会设立，是负责本市工业、软件和信息服务业发展，推进信息化工作的市政府组成部门，挂北京市国防科学技术工业办公室的牌子，职能实现整合、拓展和深化。市经济信息化委负责全市工业、软件和信息服务业的全过程管理，增加了促进产业融合、发展相关生产性服务业的职能。

2010 年，北京工业结构性矛盾仍然突出，高资源消耗行业所占比重仍然较大，与首都资源紧缺的环境条件不相适应；工业自主创新能力不足，首都丰富的科技创新资源尚未真正转化成为驱动工业发展的根本动力；开发区和工业基地规模偏小，全市工业布局、资源配置和产业梯度发展格局有待进一步优化；与天津市、河北省等周边地区的一体化发展程度较低，产业配套能力较弱。

"十二五"时期，北京工业以科学发展为主题，以加快转变发展方式为主线，以推进工业战略性、深层次结构调整为根本任务，坚持将大力发展战略性新兴产业作为主攻方向，坚持将提高发展质量和效益作为中心目标，坚持把提升自主创新能力作为重中之重，着力实施"大项目带动""大企业支撑""大园区集聚""大品牌引领""信息化推动"战略，加快构建以战略性新兴产业为引领、现代制造业为主体、生产性服务业协同发展的全价值链现代产业体系，引导工业空间布局形成"四区、一带、一圈"的格局。在创新驱动、资源节约、环境友好、本质安全、惠及民生的基础上，不断"做强二产"，巩固和提高实体经济对"人文北京、科技北京、绿色北京"和中国特色世界城市建设的支撑作用。

大事记

1999年

1月8日　科技部印发《关于同意北京市新技术产业开发试验区调整区域范围的函》，同意市政府根据高新技术产业发展需要，将北京电子城的10.5平方公里和北京经济技术开发区东部的7平方公里划入试验区。

2月　北京信威通信技术股份有限公司研制的国家"九五"科技重点攻关项目SCDMA无线用户环路系统，获得信息产业部科技进步一等奖。

3月　北京市新技术产业开发试验区亦庄科技园区成立。

4月26日　市政府印发《北京市关于进一步促进高新技术产业发展的若干政策》，重点支持电子信息、光机电一体化、生物工程和新医药、新材料、环保等高新技术产业发展。

4月　北京燕山石油化工集团有限公司更名为中国石化集团北京燕山石油化工有限公司。

5月26日　北京京棉纺织集团有限责任公司一分厂、二分厂、三分厂停止法人运作，开始办理注销手续，由京棉集团统一对外经营。

5月31日　北京市开始进行中小企业改革，实行属地划转，以企业注册地为准，将市各工业总公司所属小企业划转到区县管理。

5月　《北京市推进污染扰民企业搬迁加快产业结构调整实施办法》实施。

6月5日　国务院批复科技部和市政府，原则同意关于加快建设中关村科技园区的意见和关于中关村科技园区的发展规划，中关村科技园区形成"一区五园"的空间格局。

7月1日　按照中共中央、国务院对国防科技工业体制改革的要求，市政府撤销军工五大总公司，在京成立国防科技工业十大集团公司。

8月10日　市政府发出通知，将北京市新技术产业开发试验区管理委员会更名为中关村科技园区管理委员会，与建设中关村科技园区领导小组办公室合署办公。

8月16日　北京二七车辆厂自行研制并批量生产的XN17A型平车列入科技部"1999年度国家重点新产品计划"。

8月24日　市经委制定发布《关于进一步加快本市城镇集体企业改革的若干意见实施细则》。

10月11日　市委印发《关于贯彻党的十五届四中全会精神　大力推进国有企业改革和发展的意见》。

10月19日　北京市落实党的十五届四中全会和市委八届三次全会精神，推进国有企业改革大会在首钢召开。

10月20日　市政府发布《北京市城镇企业实行股份合作制办法》。

10月22日　华北电力集团公司超高压局承建的国内第一条500千伏紧凑型输电线路全线架通。

11月17日　市政府办公厅批转市经委提出的《关于深化本市工业管理体制改革试点工作的意见》，决定对市政府投资的工业公司进行规范性改制及重新授权。

11月　市科委出台《北京市高新技术产业孵化基地认定暂行办法》。

△　大唐电信科技股份有限公司研发出首枚具有完全自主知识产权的数字移动通信GSM手机专用SIM卡芯片。

12月15日　航天二院二部与北京人民轴承厂联合开发的智能型磁粉探伤检测系统项目通过鉴定。

12月28日　中国信达资产管理公司和北京医药集团有限责任公司签署北京第三制药厂债转股协议，拟转股金额1.74亿元。

12月　市政府发布《北京工业布局调整规划》，提出北京工业布局调整区域规划构架，将由城市中心区、环京高新技术产业带及以产业区、带形式分布在远郊区县的工业科技园区组成。

是年　北京天坛股份有限公司的"天坛"商标获中国家具业第一个中国驰名商标称号。

△　北京百万庄园实业总公司兼并北京二轻有限责任公司所属聚友实业公司，成为北京市首例民营企业兼并国有企业。

2000年

2月28日　北京兆维电子（集团）有限责任公司购并北京光通信公司，与北京电子控股有限责任公司共同出资将其改制为北京兆维光通信技术有限公司。

2月　市委、市政府出台《关于大力推进乡镇企业二次创业的意见》，并配套扶持资金。

△　中国石化集团北京燕山石油化工有限公司分设中国石化股份公司北京燕山分公司、中国石化北京燕山石油化工股份有限公司和中国石化集团北京燕山石化有限公司。

3月18日　大安山煤矿末煤脱粉工程投入试运营，成为中国第一座应用于生产的振动流化床气力分级选煤装置。

3月　市经委、市政府经济体制改革办公室制定《北京市国有大中型骨干企业初步建立现代企业制度评价标准（试行）》。

4月　国务院批准在空港工业区设立北京天竺出口加工区，成为北京市第一个出口加工区。

5月8日　诺基亚星网工业园在北京经济技术开发区奠基。

5月18日　北京二轻有限责任公司与中国华融资产管理公司、中国信达资产管理公司就雪花电器集团和古桥电器公司的"债转股"签订协议，转股金额5.4亿元。

7月18日　北京崇熙科技孵化器有限公司挂牌成立，成为北京市首家化工科技孵化器厂家。

7月20日　门头沟煤矿因煤炭资源减少停止生产。10月29日经国家经济贸易委员会和北京市人民政府批准实施破产关闭，成为北京市最大的破产企业。

8月2日　市政府发布《关于同意本市三、四环路内工业企业搬迁实施方案的通知》，决定四环路以内的工业企业，除保留的企业外，都要有序迁出。

9月8日　首钢总公司、中国华融资产管理公司、中国信达资产管理公司和中国东方资产管理公司按照国务院6月9日批准的债权转股权实施方案，共同出资组建北京首钢新钢有限责任公司，首钢总公司成为国内第三家完成债权转股权新公司注册登记的企业。

9月26日　北京矿务局和北京市煤炭总公司撤销，组建北京京煤集团有限责任公司。

△　北京二轻有限责任公司和北京印刷集团有限责任公司合并，组建北京隆达轻工控股有限责任公司。

9月27日　北京市举行首钢、汽车、机械等9家总公司国有资产规范授权经营签约仪式。

△　市政府对同仁堂集团进行国有资产规范授权，该公司成为资产经营与生产经营型的国有独资公司。

9月29日　中国铁路机车车辆工业总公司与铁道部脱钩，重组为中国南方机车车辆工业集团公司和中国北方机车车辆工业集团公司，北京二七机车厂划归北车集团公司，北京二车车辆厂划归南车集团公司。

△　北内集团总公司并入北京汽车工业控股有限公司。

10月12日　北京工业经济协会更名为北京工业经济联合会。

10月31日　北京同仁堂科技发展股份有限公司在香港联交所创业板挂牌交易。

10月　经市政府批准，林河工业开发区更名为中国北方微电子产业基地。

11月10日　《北京经济技术开发区工委、管委会、总公司机构与人员编制调整方案》施行，开发区工委、管委会与开发区总公司机构设置实行政企分开。

△　市政府印发《北京市国有企业监事会管理暂行办法》。

12月16日　北方微电子产业基地建设启动。

12月22日　雪花集团与古桥电器公司联合组建北京轻工雪花电器有限责任公司。

12月28日　北京第三制药厂改制，注册名称为北京紫竹药业有限公司，是全国医药行业第一家债转股企业。

12月30日　市经委组织召开北京地区工业企业上市重组推介会。

12月31日　由北京双鹤药业股份有限公司、中银天成企业集团等6家发起注资组建的北京医药股份有限公司成立。

12月　北京建筑材料集团有限责任公司更名为北京金隅集团有限责任公司，是全市最大的建材工业企业。

△　北京天竺空港工业开发区、北京林河工业开发区、北京大兴工业开发区、北京石龙工业开发区、北京兴谷工业开发区、北京通州工业开发区、北京八达岭工业开发区、北京密云工业开发区、北京良乡工业开发区和北京雁栖工业开发区10个开发区被列为市级工业开发区。

下半年　北京水泥厂2号水泥磨系统技术改造项目竣工试生产，项目总投资3976万元。

2001年

2月　市政府经济体制改革办公室、市财政局印发《北京市市级国有资产授权经营管理试行办法》。

3月9日　市经委发布《北京市加快国有集体中小企业改革指导意见》。

3月　北京中星微电子有限公司推出第一枚具有中国自主知识产权的百万门级超大规模CMOS数字图像处理芯片"星光一号"。

△　大唐电信科技产业集团提出的TD-SCDMA被3GPP认可为世界第三代移动通信标准。

4月4日　北京兆龙集团收购的ST京天龙上市公司，实行正常交易，并将公司更名"兆龙科技"，是北京市第一家实现借壳上市整体重组的企业。

4月28日　北京市国有资产经营有限责任公司成立，该公司是在原北京市国有资产经营公司和北京市境外融投资管理中心的基础上重新组建。

5月　密云工业开发区被科技部火炬高技术产业开发中心批准为国家火炬计划北京绿水高新技术产业（密云）基地。

6月　市经委、市政府体改办出台《关于贯彻执行国有大中型企业建立现代企业制度和加强管理的基本规范的实施意见》。

7月11日　北京中芯微系统技术有限公司自主研制出国内第一枚实用化的32位CPU芯片"方舟1号"。

7月17日　北京碧水源科技发展有限公司成立，是由归国留学人员创办的国家首批高新技术企业之一，是当时最大的污水处理设备供应商。

10月30日　北京京城北一数控机床集团公司揭牌成立。

11月28日　北京京工服装集团有限公司成立，总投资5100万元，是北京市国有服装企业资产重组、整体改制后成立的新公司，拥有雷蒙西服、坦博衬衫、天坛衬衫、伊里兰羽绒服4个北京名牌。

12月8日　北京市琉璃河水泥厂水泥生产线二期技术改造工程竣工投产，项目总投资2.3亿元，是当时国内自主设计、规模最大、首条单系统预热器煅烧无烟煤窑外分解的新型干法水泥生产线。

12月9日　北京冶炼厂与中国华融资产管理公司签订商业性债转股框架协议，成为北京市首家实行商业债转股的国有企业。

12月　燕山石化66万吨／年改扩建工程乙烯、高压聚乙烯等装置开车成功，生产出合格产品。

是年　市政府发布《北京市"十五"时期工业发展规划》。

△　市计委、市经委制定发布《北京工业当前退出部分生产能力、工艺和产品目录（2001—2002年）（第一批）》《北京市工业当前重点发展的技术和产品目录》。

△　北京汇源集团引进中国第一条PET瓶无菌冷灌装生产线。

△　北京科美生物技术有限公司在全国生物免疫行业首家通过国家GMP认证。

2002年

1月　市政府出台的《北京市关于进一步促进高新技术产业发展的若干规定》开始施行。

2月27日　市经委、市计委、市科委和市药品监督管理局联合举行贯彻实施市政府《关于印发北京生物工程与医药产业发展振兴纲要通知》新闻发布会。

2月　《中共北京市委、北京市人民政府关于大力推进乡镇企业二次创业的意见》印发。

4月8日　市政府授权北京隆达轻工控股有限责任公司经营管理北京市有色金属总公司及其所属企业国有资产。年内，北京隆达轻工控股有限责任公司完成与北京市有色金属工业总公司的资产重组，成为北京地区第一家跨行业、跨产业重组的工业控股公司。

4月18日　市经委印发《关于做好搬迁企业职工安置分流工作的指导意见》。

4月23日　北京市工业系统企业搬迁调整工作会议召开。

6月27日　北京汽车工业控股有限责任公司、北京市国有资产经营有限责任公司、北京国际电力开发投资公司、北京首创股份有限公司、北京阳光房地产综合开发公司等企业共同投资组建北京汽车投资有限公司。

6月　北京神州龙芯集成电路设计有限公司研制成功"龙芯1号"服务器（CPU）。

7月25日　中芯国际集成电路制造（北京）有限公司在北京经济技术开发区注册成立。

7月　联想集团研制成功"深腾1800"大规模计算机系统。

10月16日　北京康得新印刷器材有限公司建设的中国第一条具有世界顶级水平的印刷包装用预涂膜生产线投产。

10月18日　北京现代汽车有限公司成立，由北京汽车投资有限公司和韩国现代自动车株式会社共同出资设立，是中国加入世界贸易组织后国内汽车产业成立的第一家中外合资汽车企业。

10月　市政府批准成立马坊工业园区，隶属于平谷区人民政府。

12月23日　北京现代汽车有限公司生产的第一辆北京现代索纳塔轿车下线。

12月26日　北京化工集团有限公司所属石油化工生产企业——东方化工厂、北京化二股份有限公司、北京化工四厂、北京有机化工厂、北京助剂二厂、北京化工二厂通过"债转股"进行重组，注册成立北京东方石油化工有限公司，划归中国石化集团公司管辖，由燕山石化代为管理。

12月29日　根据中国北方机车车辆工业集团公司批复，中国北车集团北京南口机车车辆机械厂企业名称正式启用。

12月31日　根据市政府《关于燕房卫星城总体规划的批复》、市规划委《关于燕房卫星城城关中心区（局部）及工业区控制性详细规划的批复》，房山区政府批准组建房山工业园区。

12月　市经委、市教委、市科委和中国科学院联合颁布《关于进一步加强北京市产学研联合工作的意见》。

是年　燕山石化投资1634万元建成国内同类规模最大的污水回用装置，实现污水处理后循环利用。

2003年

1月10日　北京市工业工作会议提出，加快汽车、微电子、光机电、生物工程和新医药四大重点产业发展，同时以都市工业为特色，大力发展劳动密集型产业。

1月23日　京东方科技集团股份有限公司以3.8亿美元收购韩国现代显示技术株式会社（HYDIS）的TFT-LCD业务，是当时中国金额最大的一宗高科技产业海外收购。

1月　北京市全部停止火工雷管及工业导火索两种产品的生产、销售活动，原有生产线废弃处理。

2月19日　市委、市政府发布《关于振兴北京市现代制造业的意见》，明确北京市加快发展现代制造业的任务、目标和对策建议。

2月　中星微电子有限公司的"星光四号"问世，是中国第一块移动多媒体芯片。

3月14日　中国最大的百万亿数据处理超级服务器"曙光4000L"通过验收。

3月　北京二七车辆厂更名为中国南车集团北京二七车辆厂，隶属于中国南方机车车辆工业集团公司。

5月27日　北京科兴生物制品有限公司与中国药品生物制品检定所合作研发的全国第一支甲型肝炎灭活疫苗（孩尔来福）获得批准上市。

5月　北京汉王科技研制出首款通用汉字手写输入识别芯片。

△　首钢富路仕彩涂板有限公司彩涂板生产线安装完成，开始单体试车，7月31日生产出第一个彩涂卷。项目总投资2.95亿元。

6月　燕山石化开工建设80万吨/年航空煤油加氢精制装置，采用北京石油化工科学研究院开发的航空煤油临氢脱硫技术，产品质量达到国际通用标准。

7月　北京市围绕打破部门和行业界限，重组盘活经营性国有资产，实现国有资产保值增值，启动工业百户国企与外资、民间资本并购重组行动。

9月12日　根据《北京市政府关于机构设置的通知》，市工委、市经委在机构整合中撤销，设立北京市工业促进局。

9月　市政府发布《北京市关于境外投资者和境内非公有制经济组织并购国有工业企业暂行办法》《北京市关于境外投资者和境内非公有制经济组织并购国有企业人员分流安置暂行办法》。

10月15日　北京市国有资产监督管理委员会成立，市政府授权市国资委代表履行国有资产出资人职责。

11月26日　京城百工坊开坊，是全国规模最大的专业工艺美术创作和研发基地。

12月25日　北京北摩高科摩擦材料有限责任公司获得中国民航总局颁发的波音737-700/800飞机刹车盘零部件制造批准书，其产品性能指标达到进口同类产品水平，可以替代进口。

12月28日　500千伏顺义变电站至市区220千伏西大旺变电站的输变电线路全线竣工。可长距离输送电力100万千瓦，全部投资4亿多元。

年内　北京铜牛集团有限责任公司成为中国航天员训练中心"航天内衣"研制选定的唯一合作伙伴。

2004年

1月　曙光信息产业有限公司推出国内首台拥有自主知识产权的"曙光4000A"服务器。

2月20日　北京北广电子集团有限责任公司参加研制的数字高清晰度电视系统关键技术与设备获得2003年度国家科学技术进步奖二等奖。

3月　按照国家统一部署，北京市清理整顿开发区，推动工业用地高水平集约利用。市工业促进局联合市发展改革委、市国土局、市规划委、市环保局等部门，研究制定印发《关于北京工业开发区（基地）建设项目节约土地和资源的意见》。

△　清华同方股份有限公司推出数字电视从前端到终端机顶盒的全套产品。

4月21日　燕山石化71万吨/年乙烯改扩建工程通过竣工验收。

△　北京市重大科技项目"第三代移动通信技术研究"通过北京市科学技术委员会验收。

4月　市政府印发《北京市能源结构调整规划》。

△　市工业促进局与中国科学院院地合作局、中科院北京分院共同签订北京工业技术支撑与产业促进平台合作协议，成立工业技术支撑与产业促进平台。

5月3日　北京汽车工业控股有限责任公司与戴姆勒·克莱斯勒股份公司签署在中国生产奔驰轿车项目可行性研究基础协议书。12月6日，北京奔驰新工厂在北京经济技术开发区奠基。2007年9月15日，新工厂落成。

5月19日　AMD公司宣布在北京成立AMD（中国）有限公司。

6月2日　燕山石化生产的100吨98号高清洁汽油投放北京市场，成为国内首家进入北京最高标号汽油市场的供应商。

6月17日　二七机车厂为台湾生产的EQW01型电车线铁路工程车交车出厂，是北京机车产品首次输入台湾地区。

6月　11家电信和电子设备制造企业宣布成立"SCDMA产业联盟"。

△　首钢首秦1200立方米1号高炉投产，年产能92万吨。

7月2日　中国石化股份公司北京燕山分公司1000万吨原油改造工程启动，总投资22.47亿元。2005年3月15日开工建设。

8月　北京二毛纺织集团被列入国家破产项目。

9月25日　中国大陆第一条12英寸集成电路生产线在中芯国际集成电路制造（北京）有限公司建成投产。

9月　市政府、中国纺织工业协会共同发布《促进北京时装产业发展，建设"时装之都"规划纲要》。

12月5日　北京科兴生物制品有限公司承担的国家高技术研究发展计划（863计划）SARS灭活疫苗研制重大科技项目通过科技部验收，制备出全球第一支临床研究用疫苗。

12月8日　联想集团收购IBM全球台式电脑和笔记本电脑业务，与IBM组成战略联盟。

是年　按照《国务院办公厅关于清理整顿各类开发区　加强建设用地管理的通知》要求，北京市对470个开发区进行清理整顿。

△　国家旅游局公布全国首批306个工农业旅游示范点，北京工业领域首钢总公司、北京燕京啤酒集团公司2家单位入选。

△　北京印刷集团有限责任公司和北京轻联包装印刷集团有限公司重组为北京隆达印刷包装集团有限公司。

2005年

1月17日　北京市工业工作会议提出要以自主创新为中心环节，继续调整产业结构，重点发展电子信息产业、汽车产业、光机电一体化产业、生物工程与医药产业、基础产业。

2月18日　国家发展和改革委员会向北京市人民政府、河北省人民政府下发《关于首钢实施搬迁、结构调整和环境治理方案的批复》。2月25日，北京市成立首钢搬迁协调领导小组。

4月　北京水泥厂利用水泥回转窑建设的无害化处置城市工业废弃物工程项目竣工验收，能够处置《国家危险废物名录》中49类中的30类危险废弃物，总投资1.95亿元。

△　百泰生物药业有限公司通过抗体人源化和哺乳动物细胞大规模培养等核心技术体系的研究，开发出中国第一个治疗恶性肿瘤的人源化单克隆抗体药物——国家I类新药尼妥珠单抗（泰欣生）。

5月11日　信息产业部印发《关于同意北京经济技术开发区等31个城市和地区为首批国家电子信息产业园的决定》。

5月25日　北京京东方科技集团股份有限公司建设的第5代TFT-LCD生产线实现量产。该项目是国务院批准、国家和北京市重点支持的国内规模最大、自动化水平最高的TFT-LCD面板制造项目。

5月30日　市委、市政府发布《关于区县功能定位及评价指标的指导意见》，提出城市功能区域划分的基本设想。

6月27日　市委、市政府印发《关于北京市2005年深化经济体制改革的意见》。

7月27日　北京科兴生物制品有限公司自主研发的流感病毒裂解疫苗（安尔来福）获得批准文号，该产品是唯一不含防腐剂的国产流感病毒裂解疫苗。

8月8日　北京汽车工业控股有限责任公司与戴姆勒·克莱斯勒集团在北京吉普汽车有限公司基础上重组的北京奔驰—戴姆勒·克莱斯勒汽车有限公司注册成立。

8月　燕山石化120万吨/年S-Zorb催化汽油吸附脱硫装置开工建设，设计规模120万吨/年，工程投资1.93亿元。

△　市统计局发布《关于印发现代制造业、现代服务业统计标准（试行）的通知》。

10月　首钢京唐钢铁公司宣告成立，该公司由首钢和唐钢发起，首钢占股51%。

11月14日　市工业促进局发布《北京市认定企业技术中心管理办法》。

12月7日　中国北车集团公司做出关于《大连机车车辆有限责任公司与北京二七机车厂重组的决定》，对大连机车车辆有限责任公司和北京二七机车厂实施重组。

12月　北京泰德制药有限公司实现纳米级脂微球靶向镇痛制剂的规模化生产。该项技术国内独有，采用世界上最先进的纳米级脂微球靶载体技术，使药物聚集在病灶部位，实现药物靶向治疗。

是年　北京汇源饮料食品集团有限公司、北京珐琅厂有限责任公司、蒙牛乳业（北京）有限责任公司、北京顺鑫农业股份有限公司牛栏山酒厂、北京顺鑫鹏程食品分公司、北京顺鑫牵手果蔬饮品股份有限公司6家单位被国家旅游局评为第二批全国工农业旅游示范点。

△　北京市成立国防科工办军民两用技术产业化促进工作小组，推进民口配套企业与军工企事业单位的横向经济联合。

△　燕山石化生产出符合欧Ⅲ排放标准的京标B汽柴油，含硫量降至150ppm，使用京标B汽柴油，全市机动车每年可减少二氧化硫排放量3430吨。

2006年

1月1日　中国石化北京燕山石油化工有限公司并入中国石油化工股份有限公司北京燕山分公司。

1月　市工业促进局制定发布《加强北京工业品牌建设的措施》。

3月　京煤集团木城涧煤矿在中厚煤层使用悬臂式综合掘进机开掘巷道，是北京煤矿第一个煤巷综合机械化掘进工作面。

△　八达岭工业开发区被国家发展和改革委员会确定为北京市保留的16家市级开发

区之一，名称定为北京八达岭经济开发区。

5月18日　中关村科技园区通州园管委会正式揭牌，通州园包括中关村科技园区通州园·光机电一体化产业基地和中关村科技园区通州园·金桥科技产业基地。

5月20日　"同仁堂中医药文化"列入第一批国家级非物质文化遗产名录。

5月24日　市委、市政府下发《关于北京市2006年深化经济体制改革的意见》。

5月30日　中关村科技园区大兴生物医药产业基地揭牌。

5月　首钢首秦1780立方米2号高炉投产，创出国内外同级别高炉快速达产新纪录。

6月8日　市工业促进局与市知识产权局建立北京市工业知识产权平台。

6月16日　国务院首钢搬迁调整工作协调小组第一次会议召开。

6月19日　京煤集团木城涧煤矿在缓倾斜中厚煤层应用综合机械化采煤，为北京煤业第一个综合机械化正式开采的工作面。

6月26日　北京首家葡萄酒博物馆——北京龙徽葡萄酒博物馆开馆。2008年，龙徽博物馆二期改造完成，成为北京奥运会期间北京工业旅游重点单位。

△　市政府同意将北京天竺空港工业区和顺义区高丽营金马工业区合并，名称定为北京天竺空港经济开发区。

7月15日　北京焦化厂进入停产程序。

7月26日　"北京·勇士"0.5吨级军用越野汽车通过解放军总装备部主持的设计定型审查。

8月　北京中天联科科技有限公司研制出具有中国自主知识产权的先进卫星广播系统（ABS-S）卫星接收解调芯片。

9月28日　北方微电子基地设备工艺研究中心有限责任公司的8英寸100纳米刻蚀机和北京中科信电子装备有限公司的100纳米大角度离子注入机项目通过科技部验收。

10月30日　国家发展和改革委员会下发文件，批准建设北京国家生物产业基地。

12月6日　市政府发布《北京市"十一五"时期功能区域发展规划》。

12月11日　燕山石化1000万吨/年炼油系统改造工程正式中交，进入开工准备阶段。该工程新增占地面积23公顷。项目批复概算投资31.75亿元（不含工艺方案变动部分）。

12月20日　国土资源部《关于第十五批落实四至范围的开发区公告》确定了中关村科技园区四至范围，确认其规划地域范围面积为232.52平方公里。

12月30日　市工业促进局发布《北京市"十一五"时期工业发展规划》。

12月　密云工业开发区更名为北京密云经济开发区。

是年　北京现代汽车有限公司工业园、北京高碑店污水处理厂工业园、中电国华电力股份公司北京热电工业园、北京龙徽酿酒有限公司工业园4家单位被评为2006年度全国工农业旅游示范点。

△　首钢京唐钢铁联合有限责任公司曹妃甸围海造地一期工程11.95平方公里吹填施工全面竣工，曹妃甸煤炭码头建设开工，首钢电力厂曹妃甸钢铁大厂发电建设项目启动。

△　国网新源控股有限公司北京十三陵蓄能电厂大型抽水蓄能电站计算机监控系统国产化技术研究获国家电网公司科学技术进步奖一等奖。

△　北京电力公司投资 221 亿元，组织实施迎奥运电力强网 0811 工程，以满足 2008 年北京奥运会电力负荷增长和高标准电力保障要求。

2007年

1 月 11 日　国家发展和改革委员会公布第五届中国工艺美术大师评审结果，全国共评出 161 人，其中北京市有 18 人，数量位列全国第一；公布全国优秀工艺美术创作奖得者 254 人，其中北京市 7 人。

1 月 19 日　北京汽车工业控股有限责任公司与汽车零部件制造商李尔有限公司合资成立北京北汽李尔汽车系统有限公司。

1 月　市工业促进局发布《北京市鼓励引进消化吸收与再创新实施办法（试行）》。

3 月 12 日　首钢京唐钢铁联合有限责任公司钢铁厂项目在河北省唐山市曹妃甸开工。

3 月 19 日　北京创毅视讯科技有限公司研发出全球首枚 CMMB 手机电视芯片。

4 月 20 日　市规划委发布施行《首钢工业区改造规划》。

4 月 26 日　第二十九届奥林匹克运动会组织委员会公布 2008 年北京奥运会火炬样式"祥云"，联想（北京）有限公司创新设计中心中标。

5 月 31 日　军转民技术开发应用协会更名为北京国防科技工业协会，共有会员单位 127 家。

5 月　市政府将采育经济开发区确定为北京市重点建设的汽车零部件产业基地，基地与北京汽车工业控股有限责任公司共同建设北京汽车生产基地零部件园区。

6 月 2 日　中国北车集团公司召开整体改制上市工作部署会议，增加集团公司所属二级企业，即北京二七轨道交通装备有限责任公司。

6 月 4 日　燕山石化 120 万吨 / 年 S-Zorb 装备投产，生产出硫含量低于 10ppm 的低硫清洁汽油产品。

6 月 18 日　索尼爱立信公司北京新工厂奠基。

6 月 22 日　燕山石化公司 1000 万吨炼油系统改扩建工程 6 套炼油装置全部实现一次开车成功，成为中国生产符合欧Ⅳ排放标准汽柴油的千万吨炼油基地。

6 月　国家循环经济试点工程——盈创再生资源有限公司的再生瓶级聚酯切片工程项目投产。

7 月　市工业促进局、市发展改革委、市水务局、市统计局 4 部门联合发布《北京工业能耗水耗指导指标（第一批）》。2008 年 6 月发布第二批指标。

△　市政府颁布《关于全面实行工业用地招标拍卖挂牌出让的实施意见（试行）》。

△　林河经济开发区被确定为北京市首批市级生态工业园试点园区。

△　北京市琉璃河水泥厂余热发电工程项目竣工。

8月1日　北京南口轨道交通机械有限责任公司名称正式启用。

9月15日　北京奔驰汽车新工厂在北京经济技术开发区落成。

9月26日　市工业促进局、市发展改革委、市财政局、市社保局、市水务局、市工商局、市环保局、市统计局8部门联合发布《北京市关于加快退出高污染、高耗能、高耗水工业企业的意见》，确定了"十一五"时期北京市重点退出的行业范围。

10月　市工业促进局发布《北京市保护利用工业资源发展文化创意产业指导意见》。

11月　中国闪联标准提案通过ISO/IEC（国际标准化组织／国际电工委员会）投票，成为全球首个3C国际标准。

12月13日　朝阳500千伏变电站竣工，为国内首座500千伏全户内型变电站。采用的两组单台容量为400兆伏安的单相自耦风冷有载调压变压器，是国内投运的500千伏单台容量最大的变压器。

△　市工业促进局、市发展改革委、市科委、市规划委、市水务局、市统计局6部门联合发布《北京市开发区开展生态工业园建设的意见（试行）》，以大兴生物医药产业基地、林河经济开发区、密云经济开发区3个开发区为试点，启动生态园建设。

△　北京泰德制药有限公司国家Ⅱ类新药氟比洛芬酯脂微球载体靶向制剂科研项目通过科技部验收，填补了国内脂微球载体靶向非甾体镇痛药的技术空白。

2008年

1月1日　北京二七车辆厂重组改制为南车二七车辆有限公司。

1月5日　首钢总公司实施搬迁、结构调整和环境治理方案，召开压产400万吨发布会。

1月8日　北京官厅风电场一期工程并网完工，是北京市首座大型风电场。5月21日，一期33台风机首次并网发电，容量4.95万千瓦，升压至110千伏，经鹿康线接入北京市电网。

3月8日　北京三一重机有限公司亚洲首台大吨位SR360全液压旋挖钻机下线暨SR系列入岩旋挖钻机批量投产。

3月28日　康宁显示科技（中国）有限公司在中国投资建设的首条TFT-LCD玻璃基板生产线运行。

4月　北京科兴生物制品有限公司与中国疾病预防控制中心合作研发并投产全国第一支与全球同步的人用禽流感疫苗（盼尔来福）。

5月10日　首钢冷轧薄板项目在顺义区竣工投产。

△　市工业促进局发布《北京市关于推进工业旅游发展的指导意见》。

6月9日　大栅栏110千伏变电站动工，是北京市首座"煤改电"输变电工程，2009年5月25日投入使用，1.7万户平房居民受益。

6月　燕山石化自投产起就冒黄烟的8支"火炬"全部熄灭。2009年，燕山石化获得中国能源绿色企业50佳和全国节能减排功勋企业称号。

△　京棉集团文化创意产业园举行签约仪式，启动京棉二厂改造工程。

7月　天竺综合保税区获得国务院批复设立，是北京唯一的海关特殊监管区域。12月17日，天竺综合保税区领导小组成立，保税区工作启动。

8月24日　北京医药股份有限公司成为北京奥运会、残奥会唯一指定药品耗材配送服务商。

10月28日　北京市工业改革开放30周年成就展在酒仙桥电子城老工业基地（原751厂）开幕。

12月28日　北京新能源汽车设计制造产业基地在福田汽车昌平区沙河厂建立，是中国第一个新能源汽车产业基地。

12月29日　市国资委宣布北京兴东方实业有限责任公司和北京汽车工业控股有限责任公司实施重组，将兴东方公司划转给北汽控股公司。

是年　北京二锅头白酒酿造技艺，月盛斋酱烧牛羊肉制作技艺，六必居酱菜制作技艺，王致和腐乳酿造技艺，红星、牛栏山二锅头酒酿制技艺，龙顺成"京作"硬木家具制作技艺等9项制作技艺被列入国家级非物质文化遗产名录。

△　舒泰神（北京）生物制药股份有限公司自主研发生产国家Ⅰ类新药注射用鼠神经生长因子（苏肽生），是国际上唯一有效治疗视神经损伤的药物。

△　市工业促进局制订《北京工业品牌培育平台建设方案》，举办5期品牌企业经理人培训。

2009年

1月14日　国家出台汽车产业调整振兴规划，市政府安排100亿元支持资金，促进产业结构调整和优化升级，增强发展后劲。

1月　北广科技研制成功500千瓦短波发射机，结束中国没有150千瓦以上大功率短波发射机的历史。

2月10日　北京科兴生物制品有限公司自主研发并生产出甲型H1N1流感疫苗（盼尔来福.1），是全国第一支获准投入使用的甲型H1N1流感疫苗。

2月25日　市政府决定设立天竺综合保税区管理委员会，为正局级市政府派出行政机构，委托顺义区人民政府代管。

△　北京高安屯生活垃圾焚烧发电厂二号汽轮发电机组并网发电。6月1日进入商业试运行，截至年底发电1.08亿千瓦时。

2月　北京市国通资产管理有限责任公司与北京京棉纺织集团有限责任公司共同出资成立北京国棉文化创意发展有限公司，实施京棉老厂区改造工程，打造莱锦文化创意产业园。

3月6日　北京毕捷电机股份有限公司因研制超高效电动机，成为国内第一家以自主品牌获得美国效率标准检测的电机产品企业。

3月13日　国务院作出《关于同意支持中关村科技园区建设国家自主创新示范区的批

复》，明确中关村科技园区的新定位是国家自主创新示范区，目标是成为具有全球影响力的科技创新中心。同年，市委、市政府出台《关于建设中关村国家自主创新示范区的若干意见》，要求举全市之力建设中关村国家自主创新示范区。

3月　北京市进行党政机关机构改革，撤销市工业促进局、市信息办、市乡镇企业局，设立北京市经济和信息化委员会，同时挂北京市国防科学技术工业办公室的牌子。

4月22日　北京北重汽轮电机有限责任公司生产的国内单机容量最大的FD80-2000A型2兆瓦风力发电机组实现并网满发。

5月21日　首钢京唐公司1号高炉点火，成为中国第一座完全自主设计、研发及集成技术建设的5500立方米特大型高炉。同月，首钢京唐3座300吨转炉、2套2150毫米板坯连铸机投产。

5月　市发展改革委发布《关于促进生态涵养发展区协调发展的意见》。

△　中国普天研制成功Potevio TD-LTE（准4G）通信基站。

6月10日　市经济信息化委、市发展改革委、市科委联合批准设立北京市新能源产业基地。

6月22日　京煤集团木城涧煤矿千军台坑820米水平五石门14槽工作面大倾角急倾斜煤层综合机械化采煤投入生产，是全国首次在坚硬顶板工作面实施大倾角急倾斜煤层综合机械化采煤。

7月4日　北京巴威公司设计生产的世界第一台600兆瓦W火焰超临界锅炉投入商业运营。

7月29日　中航工业北京航空产业园开工建设，项目规划建设用地约200公顷，一期项目建设投资超过100亿元。

7月31日　北京康辰药业有限公司举行国家一类新药"苏灵"下线仪式。苏灵主要用于手术止血，填补了国内在蛇毒血凝酶方面的空白。

8月5日　市经济信息化委、市发展改革委、市科委批准马坊工业园区为北京市绿色能源产业基地，提出园区以太阳能光伏和LED产业为主导产业，发展绿色能源和环保产业。

8月10日　北京市汽车以旧换新工作启动。

8月31日　京东方科技集团股份有限公司在北京经济技术开发区开工建设国内首条第8.5代TFT-LCD生产线。

8月　市科委主导制定的《关于科技促进生态涵养发展区产业发展的意见》印发。

9月9日　中关村国家自主创新示范区领导小组办公室揭牌，与中关村科技园区管理委员会合署办公。

9月13日　市政府印发《关于加快北京石化新材料科技产业基地建设的若干意见》。11月5日，北京石化新材料科技产业基地揭牌。

11月3日　市经济信息化委、市发展改革委、市科委批准设立北京工程机械产业基地。

11月16日　中国北车二七装备公司引进技术制造的国内首列钢轨打磨列车下线。

11月20日　市发展改革委、市经济信息化委联合推出汽车、都市型工业、生物和医药、装备制造、新能源五大产业调整振兴方案。

11月30日　北汽福田汽车股份有限公司生产出首辆纯电动汽车。

11月　经市政府批准，雁栖经济开发区成为市级生态工业园试点园区。

2010年

3月16日　北京七星华创电子股份有限公司在深圳证券交易所上市。

3月　市政府成立全市重大工业项目落地协调推进小组，办公室设在市经济信息化委。

5月底　除国有企业京煤集团开采的4座煤矿外，北京市区属管理乡镇煤矿全部撤销关闭。

6月1日　曙光信息产业（北京）有限公司、中国科学院计算技术研究所、国家超级计算深圳中心研制成功中国首台实测双精度浮点计算超千万亿次"星云"（Nebula）超级计算机。

6月7日　市国资委印发通知，将首创轮胎公司整建制无偿划转给北京汽车工业控股有限责任公司，首创轮胎公司保留独立法人地位，由北汽控股公司行使出资人职责。

6月　市经济信息化委印发《关于进一步推进北京市工业节能减排工作的意见》。

△　市委办公厅、市政府办公厅印发《建设中关村国家自主创新示范区行动计划（2010—2012年）》。

7月　市经济信息化委与市农委共同研究制定《关于推进镇村企业发展的指导意见》。

9月25日　和芯星通科技（北京）有限公司发布拥有完全自主知识产权的多系统多频率卫星导航SoC芯片和芯星通Nebulas。

10月25日　北京生物医药产业跨越发展工程（G20）第二批企业发布会及授牌仪式在北京举行，为23家第一批G20企业和16家第二批G20企业授牌。

12月　市政府发布《关于进一步加强淘汰落后产能工作的实施意见》。

△　北京经济技术开发区创建国家生态工业示范园区建设通过国家环境保护部、商务部、科技部联合组织的技术考核和现场验收。

是年　北京君正集成电路股份有限公司采用自主知识产权架构X-Burst内核，开发出应用于平板电脑等移动互联终端的CPU芯片。

△　首钢北京石景山钢铁主流程停产。首钢京唐1580毫米热连轧机组投产。

第一篇　工业改革调整与转型发展

第一章　工业改革

1978 年中共十一届三中全会之后，在国家关于经济体制改革的方针政策指引下，北京市工业改革在实践中摸索前进。1979 年至 1983 年，全市工业改革基本内容是改变高度集中的计划经济体制，通过逐步扩权让利，给企业一定的经营自主权，同时进行调整结构和整顿企业两项重大工作。1984 年至 1990 年，全市工业改革全面展开。改革仍以扩权让利为主要内容，上缴利润办法改为按税法上缴税金；推行政企职责分开，所有权与经营权适当分离，明确国营工业企业是自主经营、自负盈亏的经济实体；实行各种形式的承包经营责任制，并在少数企业开始股份制和企业集团的改革试点；在企业领导体制上推行厂长负责制，在企业劳动人事制度上探索优化劳动组合，把竞争机制引入企业的用人制度。1991年至 1995 年，全市工业大力转换企业经营机制，推动实行税利分流，探索适合北京市具体情况的承包办法，对大多数企业采取以转换经营机制为目的的 8 种承包办法，即所谓"八条船"；推动企业内部人事、劳动、分配"三项制度"配套改革；实施"优二兴三"（即优化提高第二产业，大力发展第三产业），对产业结构、产品结构、企业组织结构进行战略性调整。

1996 年至 2010 年，全市工业改革从以政策调整为主转向以制度创新为主，国有企业改革向深层次发展。以兼并破产为主要内容，初步建立国有企业优胜劣汰机制；以 3 年脱困为主要内容，提升国有企业管理水平和优化资产结构；以建立现代企业制度为核心，重新构造企业的法人治理结构，建立出资人制度和国家派出监事会制度，推动国有资产重组和授权经营，鼓励发展混合所有制经济。

第一节　企业兼并破产和扭转亏损

一、兼并破产

"九五"初期，国家在总结过去多年改革经验的基础上出台一系列关于债务重组、下岗职工安置和再就业工程等配套政策。

1996年年底，北京市企业破产工作开始起步。1997年，市劳动局出台《关于企业破产涉及劳动工作有关问题的通知》，北京毛条厂是第一家破产的市属工业企业。

1998年，市经委出台《关于企业破产工作有关问题的几点意见》。10月，北京双鹤药业股份有限公司（以下简称双鹤药业）跨地区以承债的方式整体兼并江苏省昆山制药厂，使双鹤药业的磺胺类及喹诺酮类药物在国内确立了领先地位，并在湖北省武汉市投资组建了新公司，开发生产高附加值产品。中国蓝星化学清洗总公司兼并北京化工机械厂。

1999年，北京百万庄园实业总公司兼并北京二轻有限责任公司（以下简称北京二轻）的聚友实业公司，是北京市首例民营企业兼并国有企业。汉骐集团有限公司兼并北京红狮涂料公司。北京燕京啤酒集团（以下简称燕京集团）所属的燕京啤酒股份公司（以下简称燕京股份）在江西省以投资方式控股组建江西吉安啤酒厂，在湖南省兼并湘湘啤酒厂，在赣州、衡阳、襄樊等地收购3家企业，使燕京集团成为中国年产超过100万吨的啤酒企业之一。1999年，企业兼并破产项目共75项（结转21项），按破产法破产的企业47家。其中，预算内的国有大中型企业4家，涉及资产7324万元。

2000年，市财政局印发《北京市破产准备金管理使用暂行办法》。同年，市经委出台《北京市国有企业破产工作暂行规定》和《北京市企业兼并工作暂行规定》。全市共实施企业破产项目134项，涉及企业总资产49.9亿元，总负债70.6亿元，核销银行呆坏账额度44亿元，涉及职工5.7万人。北京机电工业控股（集团）有限责任公司、首钢总公司和北京仪器仪表工业控股（集团）有限责任公司等破产项目启动。丰台太子峪铸钢厂经清理关闭，通州华飞化工总公司完成破产工作。

2001年，燕京股份投资9563万元，成立燕京啤酒山东无名股份有限公司；投资1.2亿元，成立燕京啤酒集团曲阜三孔有限公司。至此，燕京股份已在全国兼并、收购、控股9家啤酒生产企业。

2002年，市政府办公厅颁布实施《北京市破产企业非经营性资产移交暂行办法》。国家下达北京市2家计划内破产项目，涉及企业资产总额约1.46亿元，负债总额约1.54亿元，职工总数5227人。同年，北京生化制药厂宣布破产。

截至 2002 年 9 月底，北京市共实施企业破产项目 399 个，共涉及企业资产总额约 91.15 亿元，负债总额约 146.33 亿元，职工总数约 12.56 万人，债权金融机构贷款本息约 91.32 亿元。在 399 个破产项目中，国有企业破产项目 238 个，占总数的 59.65%；共有 26 个项目列入国家破产计划，占总数的 6.52%，涉及债权金融机构贷款本息约 33.21 亿元。截至 2002 年年底，破产企业共有约 54.9 万平方米的非经营性资产移交所在区县，占全部应移交范围的 51%。各破产企业清算组、有关区县劳动保障部门和社会保险经办机构分别对 16 家破产企业的 14200 名退休人员档案、社会保险关系进行了交接，实现破产企业退休人员社会化管理。

2003 年，北京京煤集团有限责任公司（以下简称京煤集团）所属杨坨煤矿经北京市第一中级人民法院宣布破产。北京市革制品厂破产工作开始实施，解决企业债务约 1.68 亿元，投入公有资金约 1.35 亿元，分流职工 2719 人，向属地政府移交非经营性资产建筑约 2.1 万平方米。

2004 年，北京市第一中级人民法院宣告资源枯竭的京煤集团杨坨煤矿破产程序终结。首钢集团下属的风光机械厂破产终结。

2005 年，北京市第二中级人民法院宣告北京联合收割机发展集团破产并指定清算组接管破产企业。北京第二汽车制造厂政策性破产实施，职工安置工作基本完成。

2006 年，北京市化油器厂由民营性质的北京中融投资有限公司兼并，并达成合作协议。兼并破产打破了部门、行业和地区壁垒，实现了兼并双方优势互补。

二、扭转亏损

1998 年 1 月，中共中央提出用 3 年左右的时间，通过改革、改组、改造和加强管理，使大多数国有大中型企业摆脱亏损困境，力争到 2000 年使大多数国有大中型骨干企业初步建立现代企业制度。9 月，市政府印发《关于北京市国有工业企业三年改革调整方案》。同年，北京市以 1997 年年末 114 家国有及国有控股大中型亏损企业为开展扭亏脱困工作的重点，制定了静态考核指标体系、各级扭亏责任制以及扭亏措施，重点抓好领导班子建设，配备好企业一把手，加大破产力度，进行优良资产重组，搞好债转股工作，加强企业内部管理，调整产品结构，减人增效等。

1999 年，市经委召开汽车、电子、纺织、建材 4 个改制试点单位主要领导人会议，对试点工作提出具体要求，明确各单位工作进度和责任。北京市率先完成市政府提出的 3 年工作目标，亏损总额比上年同期减少 1.4 亿元，下降 34.4%。

截至 2000 年年底，在北京市列入静态考核目标的 114 家国有大中型亏损企业中，有 92 家扭亏脱困或通过破产兼并销号，扭亏面达到 80.7%，亏损总额比 1997 年年底减少 17.33 亿元。列入全市动态考核目标的 400 家国有及国有控股大中型企业，亏损面下降到 20% 以下。全市工业系统除化工、汽车 2 个总公司外，其余总公司（集团）全行业扭亏为盈。

第二节 建立现代企业制度

中共十四届三中全会提出国有企业改革方向是建立适应市场经济要求的产权清晰、权责明确、政企分开、管理科学的现代企业制度。北京市推进渐进式的企业改革，逐步建立现代企业制度，使企业实现了从计划经济体制下的行政附属物向市场经济主体的根本性转变。

1995年，北京市推荐北京牡丹电子集团有限责任公司（以下简称牡丹电子）、北京化学工业集团有限责任公司（以下简称北化集团）、北京一轻总公司3家企业参加全国100家现代企业制度试点工作。随后，北京市工业系统又确定46家企业作为本市的现代企业制度试点单位。1998年年初，党中央、国务院提出"力争到本世纪末使大多数国有大中型骨干企业初步建立起现代企业制度"的要求。市政府召开了全市国有大中型骨干企业建立现代企业制度工作会议，印发《关于本市国有大中型骨干企业建立现代企业制度的若干意见》，决定在全市190家国有大中型骨干企业进行建立现代企业制度工作，提出国有企业用3年左右时间，通过合理构建企业的组织形式，建立出资人制度，完善企业法人财产制度，采用多种方式组建股份制公司，提倡和鼓励内部职工持股，建立科学、规范的内部管理机构等措施，使全市大多数国有大中型亏损企业摆脱困境，经营状况明显改善。

1998年11月，全市共有市属大中型骨干企业22家，按照公司制整合，完成工厂制向公司制的改造，初步建立起现代企业制度。

1999年10月11日，市委八届三次全会通过《中共北京市委关于贯彻党的十五届四中全会精神大力推进国有企业改革和发展的意见》，进一步明确了国有企业改革和发展的目标任务，北京市开始全面推行现代企业制度，提出"加快首都经济结构和布局调整、建立和完善现代企业制度、提高企业创新能力、加快企业人事制度改革、提高企业经济效益"等措施。10月19日，北京市召开落实党的十五届四中全会和市委八届三次全会精神，推进国有企业改革大会。

2000年1月，市经委、市工业工委向全市企业正式下发《北京市国有工业企业经营管理者年薪制试行办法》，在全市国有工业企业试点试行董事长、总经理或厂长年薪制。3月，市经委、市体改办在总结北京市国有企业建立现代企业制度经验的基础上，制定《北京市国有大中型骨干企业初步建立现代企业制度评价标准（试行）》。11月，市政府印发《北京市国有企业监事会管理暂行办法》，对健全国有企业监督机制，加强企业国有资产监督提出了一系列管理办法。截至2000年年底，北京地方工业共有国有大中型骨干企业58家，其中有49家企业按《中华人民共和国公司法》完成改制工作，重新进行工商登记。在国有骨干大中型企业外，累计完成市属大中型企业部分或整体改制113家，改制面达到40.5%。

2001年年初，北京市召开国有企业深化改革推进发展大会，对498家企业进行分解，明确了各部门企业改革的任务和分工，要求各区县政府、市政府委办局和各控股（集团）公司、总公司、国有大中型企业，按照市委、市政府的工作部署加快改制。3月，市经委印发《北京市加快国有、集体中小企业改革指导意见》，提出了国有、集体中小企业改革的主要目标，明确了落实改革的责任主体。6月21日，市体改办、市经委印发全市工业系统建立现代企业制度的地方国有及国有控股大中型企业278户名单和任务分解。6月，市经委、市体改办出台《关于贯彻执行国有大中型企业建立现代企业制度和加强管理的基本规范的实施意见》，提出了国有资产授权、行政级别、出资人制度、独立经营、母子公司体

图1-1　2001年年初召开的北京市国有企业深化改革推进发展大会

制等19个方面的规范意见。9月，市体改办、市经委出台《关于本市国有大中型企业建立现代企业制度指导意见》，提出通过改革、改组、改造和加强管理，进行制度创新和管理创新，使北京市国有大中型企业在"十五"期间建立起比较规范的现代企业制度，并从"深化企业内部改革、进行规范的公司制改革、加大结构调整和资产重组政策措施"4个方面明确了具体意见。10月，市政府印发《北京市国有及国有控股企业经营管理者考核暂行办法》，制定4章21条国有及国有控股企业经营管理者考核办法。

截至2002年年底，全市498家国有大中型企业中，除经认定不具备改制条件的66家企业外，其余432家符合条件的国有大中型企业中有401家完成公司制改造，占总数的92.82%。

2001年北京市国有大中型工业企业建立现代企业制度一览表

1-1表

一、北京京城机电控股有限责任公司（30户，年底确保19户）	
1.北京开关厂	6.北京第二机床厂
2.北人集团公司	7.北京第三机床厂
3.北京重型电机厂	8.北京建筑机械厂
4.北京市电机总厂	9.北京重型汽车制造厂
5.北京第一机床厂	10.北京华德液压工业集团有限责任公司

（续表）

11.北京市轴承工业联合公司	21.北京轴承厂
12.北京标准件工业集团公司	22.北京市阀门总厂
13.北京粉末冶金公司	23.北京变压器厂
14.北京市电线电缆总厂	24.北京鼓风机厂
15.北京起重机器厂	25.北京水泵厂
16.北京市叉车总厂	26.北京金属结构厂
17.北京量具刃具厂	27.北京天海工业有限公司
18.北京工具厂	28.北人印刷机械股份有限公司
19.北京机床电器厂	29.北京南常肉食机械有限公司
20.北京人民轴承厂	30.北京市机电研究院机床实验工厂
二、北京电子控股有限责任公司（34户，年底确保30户）	
31.北京牡丹电子集团公司	48.北京计算机二厂
32.北京无线电厂	49.北京电视配件三厂
33.北京电视设备厂	50.北京飞宇电子有限公司
34.北京飞达电子集团公司	51.北京宇翔电子有限公司
35.北京建中机器厂	52.北京市半导体器件六厂
36.北京七〇一厂	53.北京无线电仪器二厂
37.国营北京晨星无线电器材厂	54.国营北京无线电工具设备厂
38.国营北京第二无线电器材厂	55.北京显像管总厂
39.北京兆维电子（集团）有限责任公司	56.广播电影电视部设备制造厂
40.国营北京电子动力公司	57.北京益泰电子集团有限责任公司
41.北京广播器材厂（七六一厂）	58.北京东方电子集团股份有限公司
42.北京大华无线电仪器厂	59.北京国际交换系统有限公司
43.北京电子管厂	60.北京松下彩色显像管有限公司
44.国营北京第一无线电器材厂	61.北京松下电子部品有限公司
45.北京飞行电子总公司（七九八厂）	62.北京国兴电子有限公司
46.北京东光电工厂	63.北京JVC电子产业有限公司
47.北京计算机一厂	64.北京爱立信通信系统有限公司
三、北京纺织控股有限责任公司（16户，年底确保10户）	
65.北京清河毛纺织厂	70.北京长城风雨衣公司
66.北京二毛纺织集团	71.北京制呢厂
67.北京第二印染厂	72.北京帆布厂
68.北京光华染织厂	73.北京毛巾厂
69.北京衬衫厂	74.北京制线厂

（续表）

75.北京市大华衬衫厂	78.北京京棉集团有限责任公司
76.北京铜牛针织集团有限责任公司	79.北京雪莲羊绒有限公司
77.北京埃姆毛纺有限公司	80.北京毛纺动力厂
四、北京化学工业集团有限责任公司（18户，年底确保8户）	
81.北京化学工业集团有限责任公司	90.北京橡胶五厂
82.北京化学工业集团橡胶塑料制品厂	91.北京橡胶十厂
83.北京北化精细化学品有限责任公司	92.北京市环球橡胶厂
84.北京化工三厂	93.北京助剂二厂
85.北京化工实验厂	94.北京染料厂
86.北京北塘化工设备厂	95.北京合成纤维实验厂（北京华英纶化纤厂）
87.北京市化学建材厂	96.北京化二股份有限公司
88.北京橡胶一厂	97.北京普莱克斯实用气体有限公司
89.北京橡胶二厂	98.北京市东方罗门哈斯有限公司
五、北京金隅集团有限责任公司（20户，年底确保16户）	
99.北京建筑材料集团有限责任公司	109.北京市建筑五金装饰材料工业公司
100.北京水泥厂	110.北京市水暖器材一厂
101.北京市长城家具公司	111.北京市大理石厂
102.北京市亚新特种建材公司	112.北京市建材水磨石厂
103.北京市金巢装饰材料公司	113.北京市建筑材料机械制造厂
104.北京水泥机械总厂	114.北京玛钢厂
105.北京市玻璃钢制品厂	115.北京天坛京伟家具有限公司
106.北京市西郊砂石厂	116.北京奥克兰建筑防水材料有限公司
107.北京市龙凤山砂石厂	117.北京三联混凝土联营公司
108.北京市建筑锁厂	118.北京鹏翼包装制品公司
六、北京一轻控股有限责任公司（17户，年底确保13户）	
119.北京红星酿酒集团公司	128.北京市亚光仪器有限责任公司
120.北京星海乐器有限责任公司	129.北京照明器材公司
121.北京市造纸包装工业公司	130.北京丽源公司
122.北京玻璃集团公司	131.北京日用化学二厂
123.北京市电光源公司	132.北京铅笔厂
124.北京金星制笔工业公司	133.北京手表厂
125.北京义利食品公司	134.北京威顿玻璃制品有限公司
126.北京市第一食品公司	135.北京清华阳光能源开发有限责任公司
127.北京市第二食品公司	

（续表）

七、北京隆达轻工控股有限责任公司（19户，年底确保14户）	
136.北京古桥电器公司	146.北京市不锈钢燃气设备厂
137.北京雪花电器集团公司	147.北京宝岛包装印刷有限公司
138.北京白菊电器集团	148.北京印刷集团有限责任公司
139.北京轻联塑料集团公司	149.北京市京华印刷总厂
140.北京轻联包装印刷集团公司	150.北京印刷二厂
141.北京轻联皮革集团公司	151.北京印刷三厂
142.北京华盾塑料公司	152.北京胶印厂
143.北京市亚大塑胶总公司	153.北京市制版厂
144.北京市制革厂	154.北京利丰雅高长城印刷有限公司
145.北京市革制品厂	
八、北京汽车工业控股有限责任公司（9户，年底确保7户）	
155.北京汽车工业集团总公司	160.北京吉普汽车有限公司
156.北京汽车摩托车联合制造公司	161.北京轻型汽车有限公司
157.北京齿轮总厂	162.北京汽车仪表厂
158.北京市汽车灯厂	163.北内集团总公司
159.北汽福田车辆股份有限公司	
九、北京京仪控股有限责任公司（13户，年底确保11户）	
164.北京仪器厂	171.北京自动化控制设备厂
165.北京光学仪器厂	172.北京仪表机床厂
166.北京北分瑞利分析仪器（集团）有限公司	173.北京远东仪表有限公司
167.北京瑞利分析仪器公司	174.北京博飞仪器股份有限公司
168.北京远东仪表公司	175.北京贝利控制有限公司
169.北京敬业电工集团	176.北京市自动化系统成套工程公司
170.北京市照相机总厂	
十、北京医药集团有限责任公司（7户，年底确保7户）	
177.北京第二制药厂	181.北京万东医疗装备公司
178.北京第三制药厂	182.北京万东医疗装备股份有限公司
179.北京万辉药业集团第四制药厂	183.北京双鹤药业股份有限公司
180.北京万辉药业集团	
十一、北京有色金属工业总公司（3户，年底确保2户）	
184.北京铜材厂	186.北京冶炼厂
185.北京铝材厂	

十二、北京工美集团有限责任公司（2户，年底确保2户）	
187.北京航空工艺地毯有限公司	188.北京市抽纱工艺品厂
十三、北京兴东方实业有限责任公司（4户，年底确保3户）	
189.北京联合收割机发展集团	191.北京拖拉机公司
190.北京市机械设备厂	192.北京市小型动力机械厂
十四、首钢总公司（2户，年底确保2户）	
193.首钢总公司	194.北京首钢股份有限公司
十五、北京京煤集团有限责任公司（1户，年底确保1户）	
195.北京矿务局	
十六、中国北京同仁堂集团公司（1户，年底确保1户）	
196.中国北京同仁堂集团公司	
十七、市政工程总公司（6户，年底确保6户）	
197.北京市第二水泥管厂	200.北京市市政汽车改装厂
198.北京市第三水泥管厂	201.北京市市政工程机械公司
199.北京市沥青混凝土厂	202.北京市化工建材厂
十八、北京市建工集团有限责任公司（4户，年底确保2户）	
203.北京市第一建筑构件厂	205.北京市建筑木材总厂
204.北京市建筑磨石总厂	206.北京市建筑工程机械厂
十九、北京城建集团（1户，年底确保1户）	
207.北京城建集团构件厂	
二十、北京市住总集团（1户，年底确保1户）	
208.北京市住宅建筑构件厂	
二十一、北京市一商集团（2户，年底确保1户）	
209.北京市华表时装公司	210.北京市红都时装公司
二十二、北京市二商集团（5户，年底确保5户）	
211.北京市蛋品加工厂	214.北京市王致和腐乳厂
212.北京市第五肉类联合加工厂	215.北京市茶叶加工厂
213.北京神州摩奇食品饮料有限公司	
二十三、北京市粮食集团（2户，年底确保1户）	
216.北京市面粉三厂	217.北京正大饲料有限公司
二十四、北京市商委（1户，年底确保1户）	
218.北京卷烟厂	
二十五、中关村管委会（1户，年底确保1户）	
219.北京四环制药厂	

二十六、首都创业集团（1户，年底确保1户）	
220.北京轮胎厂	
二十七、北京市燃气集团有限公司（2户，年底确保2户）	
221.北京市燃气集团有限公司	222.北京市煤气用具厂
二十八、北京市自来水集团有限公司（1户，年底确保1户）	
223.北京市自来水集团有限公司	
二十九、北京市热力公司（2户，年底确保2户）	
224.北京市热力公司	225.北京豪特耐集中供热设备有限公司
三十、北京市液化石油气公司（1户，年底确保1户）	
226.北京市液化石油气公司	
三十一、北京市交通局（2户，年底确保1户）	
227.北京市汽车修理公司	228.北京市客车总厂
三十二、北京市农工商总公司（6户，年底确保3户）	
229.北京双桥制药公司	232.北京华都肉食品公司
230.北京市红星化工厂	233.北京国际蛋制品有限公司
231.北京市红星泡花碱厂	234.北京市东郊车身制造厂
三十三、北京市民政局（2户，年底确保2户）	
235.北京市三露厂	236.北京精工华晖凹印制版有限公司
三十四、东城区（1户，年底确保1户）	
237.北京金漆镶嵌厂	
三十五、宣武区（4户，年底确保3户）	
238.北京市塑料工业联合公司	240.北京市华星精密器械公司
239.北京无线电仪器厂	241.北京市科通电子继电器总厂
三十六、海淀区（1户，年底确保1户）	
242.北京第一机床电器厂	
三十七、崇文区（2户，年底确保1户）	
243.北京市珐琅厂	244.北京机床附件厂
三十八、门头沟区（2户，年底确保2户）	
245.北京市汽车制动毂厂	246.北京市人民矿山机械厂
三十九、房山区（2户，年底确保2户）	
247.房山区水泥一厂	248.房山区双山水泥集团
四十、昌平区（2户，年底确保2户）	
249.北京市华都酿酒食品工业公司	250.北京正元保健品厂

四十一、丰台区（1户，年底确保1户）	
251.北京市科丰配合饲料厂	
四十二、顺义区（12户，年底确保8户）	
252.北京市顺义区肉类联合加工厂	258.北京双燕商标彩印厂
253.北京市牛栏山酒厂	259.北京市顺义牛栏山水泥厂
254.北京市顺义区化肥厂	260.北京鑫悦面粉厂
255.北京义发机械制造厂	261.北京汇能亚澳通讯设备厂
256.北京燕京啤酒集团公司	262.北京燕达皇冠盖有限公司
257.北京燕京啤酒股份有限公司	263.北京市紫微星实业总公司
四十三、通州区（2户，年底确保1户）	
264.北京变压器二厂	265.北京华飞化工总公司
四十四、大兴区（2户，年底确保1户）	
266.北京市礼花厂	267.北京协和制药二厂
四十五、怀柔县（4户，年底确保4户）	
268.北京汽车摩托车联合制造公司怀柔厂	270.北京广东健力宝饮料有限公司
269.北京福田车辆股份有限公司怀柔车辆厂	271.北京健力宝太平洋包装制品有限公司
四十六、密云县（5户，年底确保3户）	
272.北京龙凤酿酒总公司	275.密云县粮食局加工厂
273.密云县冶金矿山公司	276.北京佳乐食品厂
274.北京密云双龙水泥集团	
四十七、平谷县（2户，年底确保2户）	
277.北京平谷县化工总厂	278.平谷县水泥二厂

2003年，北京市国有企业改革从单个企业的搞活、建立现代企业制度，向理顺国有资产监督管理体制、推进国有经济战略重组发展。

2004年12月，市政府发布新的《北京市国有企业监事会管理暂行办法》，进一步规范国有企业监事会管理制度。

2005年，北京汽车工业控股有限责任公司（以下简称北汽控股）现代企业制度基本建立。东方石油化工公司按照现代企业制度要求，建立规范的法人治理结构。北化集团在现代企业制度建设方面进行同步设计、同步实施，在所有新建与改造项目中，都建立起了法人治理结构的基本框架。

2006年，北京汽车工业集团总公司（以下简称北汽集团）完成光华公司改制，将光华公司及其下属6个集体企业合并改制成北京北汽光华汽车部件有限公司，注册资本1700万元，其中北汽控股、北京汽车摩托车联合制造公司（以下简称北汽摩公司）分别持股10%，其余股权由职工持有。同年，北京纺织控股有限责任公司（以下简称纺织控股）共投资设立、改制重组多元投资公司制企业16家（二级企业1家）。

2007年，北京首钢设计院、北京首钢自动化信息技术有限公司、北京首钢建设集团有限公司、铁合金厂、钢丝厂、绿化中心、一二耐火材料厂、新钢联公司、东华厂、东星公司等50家单位完成或基本完成改制。同年，中国石化集团北京燕山石油化工有限公司（以下简称燕山石化）完成清理整顿对外投资和多种经营项目年度计划，完成工程公司（设计院）、联营公司储运中心和翔宇实业公司3家企业改制分流工作。

2008年，兴东方实业有限责任公司（以下简称兴东方公司）向市国资委报送《关于实施整体改制的请示》，正式启动整体改制工作。市国资委确定兴东方公司整体改制由北汽控股以托管方式实施，双方成立重组机构。同年，乐普（北京）医疗器械股份有限公司（以下简称乐普医疗）等7家企业完成股份制改造；北京神雾热能技术有限公司等4家企业改制工作逐步推进。

2009年，纺织控股37家企业完成改革与调整，涉及二级企业2家，三级及三级以下企业35家。其中，企业改制2家，投资新设4家，股权重组3家（增资扩股4家、股权收购1家）。同年，北京光华染织厂改制为北京光华纺织集团有限公司（以下简称光华纺织）；北京雪莲毛纺服装集团公司改制为北京雪莲集团有限公司（以下简称雪莲集团）。

2010年7月，为进一步推进乡镇企业和京郊经济又好又快发展，加快实现首都城乡一体化新格局，市经济信息化委与市农委共同研究制定了《关于推进镇村企业发展的指导意见》。文件提出，在新形势下，京郊乡镇企业要以建设世界城市、率先形成城乡一体化新格局为总要求，以促进农民就业增收为出发点，以努力培育特色产业集群、特色经济带，走新型工业化发展道路为目标，以转变发展方式、促进产业升级为手段，大力推进镇村企业向高端、高效、高标准升级，全面提升发展水平。2010年，京郊乡镇企业实现经济体制和增长方式的根本性转变。乡镇企业成为统筹城乡发展的载体、小城镇发展的引擎、北京建设世界城市的重要力量，在利用镇村区域的自然及社会经济资源，促进农村经济繁荣和物质文化生活水平的提高，带动农民就业增收等方面发挥了重要作用。

第三节 国有资产重组和授权经营

一、国有资产重组

1997年9月，中共十五大报告提出，把国有企业改革同改组、改造、加强管理结合起来，着眼于整个国有经济，抓好大的、放活小的，对国有企业实施战略性改组。1997年，北京市先后组建了北京输变电设备集团、北京真空仪表集团、北京铜牛针织集团、京煤集团等企业集团。北汽摩公司利用汽车生产技术的优势进行资产重组,合并了山东诸城车辆厂、山东潍坊模具总厂、潍坊模具厂3家企业,并以此为基础,吸收社会法人投资5200万元,共同发起设立有1.44亿股本的北汽福田车辆股份有限公司(以下简称北汽福田),生产销售"北京"牌农用运输车。1998年,北京市新组建了北京北分瑞利分析仪器(集团)有限责任公司(以下简称北分瑞利集团)、中天造纸等企业集团,重组资产21.73亿元。

1999年,全市工业围绕中共十五大报告提出的国有企业改革脱困目标,以结构调整为重点,实施《北京市国有工业企业三年改革调整方案》,进行跨地区、跨部门、跨所有制的购并重组和债转股工作。5月26日,京棉一、二、三厂停止法人运作,开始办理注销手续,由京棉集团统一对外经营,3个厂的债权、债务、资产和权益由京棉集团承继。12月28日,中国信达资产管理公司和北京医药集团有限责任公司(以下简称北药集团)签署北京第三制药厂债转股正式协议,转股金额1.74亿元。同年,完成了北京粮食(集团)有限责任公司、北京外企服务(集团)有限责任公司、北京市政建设集团有限责任公司、北京三元有限责任公司的组建工作。

2000年2月28日,北京兆维电子(集团)有限责任公司(以下简称兆维集团)完成对北京光通信公司的购并,与北京电子控股有限责任公司(以下简称电子控股)共同出资将其改制为北京兆维光通信技术有限公司,兆维集团在重组新公司的1000万元注册资本中持有80%的股份。3月31日,首钢与中国华融、信达、东方资产管理公司签署债转股协议,协议债转股金额35.58亿元,债转股后,首钢的资产负债率由原来的65%下降至44%。4月27日,北京化工乙烯生产厂债转股和资产重组协议签约仪式在北京举行,实施债转股和资产重组的乙烯系列厂包括东方化工厂、有机化工厂、化工二厂、化工四厂和助剂二厂,协议涉及金额74.4亿元。5月18日,华德液压公司、重型电机厂等12家企业同中国华融资产管理公司签署涉及转股金额48.1亿元的债权转股权协议。同日,北京二轻与中国华融、信达资产管理公司就北京雪花电器集团公司(以下简称雪花电器)和北京古桥电器公司(以下简称古桥电器)的"债转股"签订协议,转股金额5.4亿元。至此,北京市列入国家经贸委债转股建议名单的转股金额已完成94.5%,签约转股金额达到166.2亿元。5月31日,由中国信达资产管理公司和北京建材集团共同出资设立的北京水泥厂有限责任公司在市工商局注册登记,正式设立债权转股权新公司。9月8日,首钢与中国华融、信达、东方资产管理公司按照国务院6月9日批准的债权转股权实施方案共同出资组建北京首钢新钢有限责任公司,首钢成为国内第三家完成债权转股权新公司注册登记的企业,3家资产管理公司以共计35.5877亿元的债权转换为新公司的股权,首钢在新钢公司中占有53%的股份。9月26日,北京矿务局和北京市煤炭总公司合并重组,成立国有独资大型企业集团京煤集团。北京二轻和北京印刷集团有限责任公司(以下简称印刷集团)合并组成北京隆达轻工业控股有限责任公司(以下简称隆达控股)。9月,经宣武区体改委批准,北京市工艺品厂、北京无线电仪器厂、北京明华电器厂、北京半导体材料厂、北京表带厂、北京机械密封件厂6家企业进行资产重组,经过资产评估、资产量化等工作,于10月25日工商注册成立北京市腾远工贸有限责任公司。10月30日，北京铜材厂改制，由中国华融、东方资产管理公司和北京有色金属工业总公司共同出资成立北京金鹰铜业有限责任公司，成为北京有色金属工业总公司的首家债转股企业，并于11月23日正式揭牌开业。10月，北京印刷三厂、北京胶印厂、北京胶印二厂、北京市制版厂等企业划由隆达控股直接管理。11月27日，北京汽轮电机有限责任公司成立，由中国华融资产管理公司、东方资产管理公司、北京市综合投资公司和北京重型电机厂共同出资入股，将原北京重型电机厂的主要经营性资产"分立式债转股"，新公司注册资本7.43亿元，拥有原企业的全部设备、技术开发队伍及市场营销队伍。12月22日，北京雪花电器冰箱与古桥电器空调联合组建成立北京轻工雪花电器有限责任公司，总资产13亿元的新公司是在雪花电器和古桥电器共同完成债转股后，由中国华融资产管理公司、信达资产管理公司、北京二轻和北京手工业生产合作社联合总社4家股东注资9.3亿元组建而成。12月28日，北京第三制药厂改制，正式注册为北京紫竹药业有限公司，是全国医药行业第一家债转股企业。12月31日，北京医药股份有限公司成立，该公司由北药集团所属的北京市医药公司、北京市医药经济技术经营公司合并、重组，由双鹤药业、中银天成企业集团等6家企业发起注资组建。2000年，全市共有17户企业完成债转股签约，协议转股金额168.4亿元，实施债转股企业有16户完成改制和工商登记手续，转股后企业平均资产负债率从77.3%降到38%。

2001年，市政府转发市政府体改办、市经委《关于本市国有大中型企业建立现代企业制度指导意见》，提出加大结构调整和资产重组力度，在重组中推进国有大中型企业建立现代企业制度，国有大中型企业进行资产重组要以建立现代企业制度、促进国有企业更快发展为出发点，以提高企业经济效益为中心，按照规模经济和专业化分工协作的原则，从企业组织结构、产业结构和产品结构的调整入手，加快推进企业技术进步，推动产业优化升级；要促进优势国有企业发展壮大，鼓励通过兼并、联合、重组等形式，组建一批以产权关系为纽带，具有一定规模、拥有著名品牌和自主知识产权、主业突出、核心能力强的跨地区、跨部门的大公司和企业集团，提高产业集中度和产品开发能力；建立和完善劣势企业的退出通道，对于亏损严重、扭亏无望的企业，要坚决实行兼并、破产，从整体上提高国有大中型企业的素质；在国有大中型企业进行资产重组和结构调整中，鼓励外资、私营等各类所有制的投资主体参与国有企业改革，通过中外合资、相互参股、规范上市等形式建立现代企业制度，从整体上实现国有大中型企业经济效益的根本好转。2001年年初，北京医经全新大药房有限责任公司、北京市医药公司保益康大药房合并重组为北京医保全新大药房有限责任公司。4月4日，北京兆龙集团收购的ST京天龙上市公司实行正常交易，并将公司更名"兆龙科技"，成为北京市第一家实现借壳上市整体重组的企业。4月28日，北京市国有资产经营有限责任公司成立，该公司是在原北京市国有资产经营公司和北京市境外融投资管理中心的基础上重新组建的。11月28日，北京京工服装集团有限公司成立，总投资5100万元，是北京市最大国有服装企业资产重组、整体改制后成立的新公司，拥有雷蒙西服、坦博衬衫、天坛衬衫、伊里兰羽绒服4个北京名牌。12月9日，北京冶炼厂正式与中国华融资产管理公司签订商业性债转股框架协议，成为北京市首家实行商业债转股的国有企业。2001年，隆达控股启动重组工作，完成王麻子工贸集团兼并东方电器公司和玩具研究所与皮革研究所的重组任务；北京汽车工业控股有限责任公司通过资产重组，与韩国现代汽车公司合资合作，组建北京现代汽车有限公司（以下简称北京现代）；万东医疗装备公司与北京博奥生物芯片有限公司签约实现重组；长山水泥厂与中国信达资产管理公司北京办事处的资产重组完成。

2002年4月18日，市经委印发《关于做好搬迁企业职工安置分流工作的指导意见》，提出根据国家和全市的有关职工安置分流政策规定，制定切实可行的职工安置分流方案；在搬迁准备阶段，企业应成立职工安置分流工作小组；工作小组的职责是根据搬迁后企业的生产规模、劳动组织、工作班制、工艺装备、产品调整等因素，对职工状况进行综合分析，并按照"保留岗位职工组织好、调整岗位职工培训好、无岗位职工安置好"的精神，拟定职工安置分流方案；安置分流方案应提交职工（代表）大会审议，在听取职工代表意见的基础上，修改完善并向劳动和社会保障行政部门报告。2002年，隆达控股在北京二轻、印刷两个工业总公司资产重组基础上，完成与北京市有色金属工业总公司的资产重组，成为北京地区第一家跨行业、跨产业重组的工业控股公司。北京东辰铝业公司与民营伟豪铝业公司整体资产重组，成立新的伟豪铝业公司，新公司承担北京东辰铝业公司全部债务，负责安置在册职工（含下岗职工）800余人和接受离退休职工800余人。北京京仪控股有限责任公司（以下简称京仪控股）对仪表机床厂、模具厂、第三电表厂、测振仪器厂4户企业进行资产重组，配合北京市工业管理体制改革，4户小企业下放区县管理，8月23日划转交接工作全部完成。北京制版厂、北京胶印厂、北京胶印二厂、北京印刷三厂与印刷集团进行资产重组，重组了塑料建材、塑料加工两个企业集团；雪花电器、古桥电器合并，雪花电器与青岛海信集团实现跨地区的资产重组。12月26日，北化乙烯债转股和资产重组交接协议仪式在北京新大都饭店举行，重组后的新公司定名为北京东方石油化工有限公司，化工集团乙烯生产厂债转股及与燕化资产重组项目转股债权高达81.6亿元，调整虚增资产41.45亿元，剥离企业资产9086万元，分流富余人员5000人。

2003年7月，北京市围绕打破部门和行业界限、重组盘活经营性国有资产、实现国有资产保值增值，启动了工业百户国企与外资、民间资本并购重组行动，推出104家产品适销对路、经营状况良好的国有工业企业吸引外部资本参与并购重组。此外，公布60家企业改制试点名单，鼓励外资和民间资本进入，大力发展混合所有制经济。9月，市政府印发《北京市关于境外投资者和境内非公有经济组织并购国有工业企业暂行规定》和《关于外国投资者和民营企业并购国有或国有控股工业企业分流安置富余人员暂行规定》两个配套文件，提出并购程序、资产评估和交易、企业债权债务和担保、用地处置方式等有关问题的处理办法。通过并购重组，北京市衬衫厂吸收民营资本后正式更名为北京市北国服装有限公司。同月，在第六届中国北京国际科技产业博览会上，北京市产权交易中心主办专场项目推介会，为古桥电器、北京星海乐器有限责任公司（以下简称星海乐器）、北京白菊电器集团（以下简称白菊电器）、北京义利食品公司（以下简称义利食品）等21家京城工业知名国企搭建与外资并购重组平台。11月11日，北京一轻控股有限责任公司（以下简称一轻控股）所属北京市第一食品公司产权整体转让给民营企业世纪恒逸公司。2003年，北京中石化燃气有限公司挂牌运营，是中国石化集团根据市政府实行液化石油气专业化配送制度的有关要求，将北京燕山石化公司下属的与液化气经营相关的优良资产重组成立的专业化的液化气销售企业，隶属于中国石化股份公司北京燕山分公司。年内，首钢和新钢公司两级机构合并，优化和规范了管理职责。

2004年8月，市国资委印发《关于加快推进国有企业重组改制的指导意见》，指出"有进有退"，以企业发展为目标，以产权制度改革为核心，力争用3年左右时间基本完成国有企业的重组改制要求。2004年，市国资委制定《北京市国有资产布局与国有企业结构调整规划方案》，初步明确3～5年国有经济布局和结构调整思路；针对监管的1412户二、三级企业，制定了《市国资委所属二、三级国有企业三年重组改制规划》。11月13日，北药集团通过吸引华源集团11.6亿元投资，引入战略投资者，实现产权主体多元化，改制重组后的医药集团同日挂牌，成为股权多元化企业。同年，清华控股有限公司所属最大的全资企业清华紫光集团总公司通过资产重组，吸收"首旅股份"投资参股，改制为紫光集团有限公司。市国资委直接监管的前20名企业的资产总额占监管范围内全部企业的70.6%，所有者权益占70.1%，主营业务收入和利润总额分别占66.8%、80.5%。

2005年，市国资委成立股权分置改革领导小组和工作小组，正式启动北京市地方国有上市公司股权分置改革工作。8月30日，经商务部和市工商局正式批准，在北京吉普汽车有限公司（以下简称北京吉普）基础上重组的北京奔驰—戴姆勒·克莱斯勒汽车有限公司宣布成立。12月，北京金隅集团有限责任公司（以下简称金隅集团）等5家单位重组设立北京金隅股份有限公司。同年，北京光华染织厂与北京五洲染织集团公司实施资产重组，重组后公司名称为北京光华五洲纺织集团公司。北京时代新人轴承有限公司以职工身份补偿金信托持股方式购买北京人民轴承厂部分资产重组成立。截至年底，319户具备改制条件的二、三级国有企业完成重组和股份制改造，占具备改制条件的二、三级国有企业总数的35.1%。471户企业完成重组改制，占具备改制条件企业的51.8%。180家市属国有企业和区县国资企业借助产权交易所提供的平台，面向社会公开招股。

2006年1月1日，中国石化北京燕山石油化工有限公司（原中国石化北京燕化石油化工股份有限公司）整体并入中国石油化工股份有限公司北京燕山分公司。中国北车集团公司与大连机车车辆有限责任公司正式签订了产权交易合同，北京二七机车厂与大连机车车辆公司的资产重组工作完成。11月，根据市国资委决定，金隅集团与北京建筑材料经贸集团总公司实施重组，打造国内新型建材制造与流通领域的强势企业。12月15日，北汽控股与中国信达资产管理公司签署债务重组协议，进行战略合作。2006年，双鹤药业、北京万东医疗装备股份有限公司完成股权分置改革。一轻控股下属中天纸业集团和造纸包装公司完成分立重组工作，界定和廓清了各自的权属。玻璃集团所属部分企业管理层级进行调整，理顺了资产关系，同时进行玻璃集团廊坊基地的资产重组，收购久智光电子材料有限公司部分股权。截至年底，北京市完成二、三级企业股份制改革 326 户，累计完成 797 户，占具备改制条件的二、三级国有企业总数的 87.6%，基本完成 3 年重组改制规划任务。

2007 年 8 月，市国资委出台《关于加快推进北京市国有资本调整和国有企业重组的指导意见》，明确"总量增加、比重下降、结构优化、质量提升"的国有经济布局调整重组的总体目标。在工作中，以"调改剥退"为手段，分类推进，分层施策，推进国有资本调整和国有企业改革重组。北京南口轨道交通机械有限责任公司（以下简称南机公司）根据中国北车集团整体改制上市部署，完成企业资产评估、产权登记、资产无偿划转、存续企业企业资源调查和新设一人公司注册登记。按照市国资委年内研究制定的《推进企业上市和提供上市公司资料制定意见》精神，金隅集团主营业务、纺织控股房地产业务上市工作相继启动。按照年内市政府出台的《关于加快劣势国有企业退出工作的意见》，北汽控股 19 家企业通过股权转让和调整隶属关系等形式，成建制划入北京汽车资产经营管理公司；纺织控股共投资设立、改制重组、调整退出企业 61 家。2007 年，北京市稳步推进国有资本调整和国有企业改革重组，采用合并式、吸收式和托管式重组等方式，完成了首旅集团、京能集团、北控集团等 27 个重组项目。

2008 年，北京市加快"调改剥退"步伐，积极推进国有资本布局调整和国有企业改制重组。年底，首钢列入市国资委改制计划的 108 家单位累计完成 94 家。燕山石化 21 家单位实施改制分流，分流职工 6162 人。北京京仪集团有限责任公司（以下简称京仪集团）实施北京京仪世纪自动化设备有限公司（以下简称京仪世纪）股改方案、北京北仪创新真空技术有限责任公司存续分立方案，启动北分瑞利集团主辅分离、主业重组方案。北汽控股与兴东方公司重组改制启动。北化集团进行北京华腾投资公司的股权调整，全部完成 5 家股东 6 个对外投资的股权调整工作。金隅集团完成所属 9 家企业的合并重组。纺织控股完成企业改革 30 家，退出企业 24 家。推进一级企业调整重组，金隅集团完成对大成总公司吸收式合并。12 月 29 日，市国资委《关于北京汽车工业控股有限责任公司与北京兴东方实业有限责任公司重组的通知》宣布，兴东方公司和北汽控股实施重组，将兴东方公司划转给北汽控股，由北汽控股对兴东方公司行使出资人职责，兴东方公司暂时保留独立法人地位并改制为一人有限责任公司，重组后，北汽控股监事会的监管范围覆盖到兴东方

图1-2 北京兴东方实业有限责任公司正门（2008年摄）

公司。

2009 年，首钢与长治钢铁有限公司联合重组。电子控股全年退出企业 28 家。北京京城机电控股有限责任公司（以下简称京城机电）完成北京第一机床厂和北一数控机床有限责任公司的股权调整及资产整合。京仪集团完成北分瑞利集团主辅分立改革，清理退出 29 家三、四级企业。京煤集团昊煜公司煤矸石热电厂停产退出，昊华能源公司获得上市发行核准。一轻控股组建首都酒业集团，1 家企业破产、6 家三级以下企业退出。纺织控股完成 2 家企业改制、3 家企业股权重组、4 家企业无偿划转、24 家企业退出。中国北京同仁堂（集团）有限责任公司（以下简称同仁堂集团）参股子公司北京中研同仁堂医药研发有限公司完成股权调整。

2010 年 6 月 7 日，市国资委下发《关于北京首创轮胎有限责任公司实施重组的通知》，将首创轮胎公司整建制无偿划转给北汽控股，首创轮胎公司保留独立法人地位，由北汽控股行使出资人职责。6 月 10 日，首创集团、首创科技公司与北汽控股共同签署《北京首创轮胎有限责任公司整建制无偿划转协议书》。2010 年，京城机电实施北京天海工业有限公司（以下简称天海公司）和北京攀尼高空作业公司资产重组，使天海公司获得专用汽车生产资质。实施北人印刷机械股份有限公司（以下简称北人股份公司）资产重组，北人股份公司将其持有的北人亦新（北京）技术开发有限公司全部股权、全部四开胶印机业务（包括北人股份公司四开胶印机业务存货、专有技术、应收账款和海门北人富士印刷机械有限公司全部股权）、北人堡头十分厂的房产及相关资产和附属设备转让给北人集团公司。京城机电启动集团化改制工作，对机床、风电、印刷机、气体储运等业务板块进行重组。京仪集团完成主辅分离改革、股权调整等工作，与京能集团、国管中心共同成立北京京仪科技股份有限公司。金隅集团完成列入市国资委退出规划的北京水机科贸有限公司、北京天坛联合实业发展有限责任公司等 8 家企业的退出；完成北京迅生墙体材料有限公司、北京纳美科技发展有限责任公司等 26 家企业的工商注销。纺织控股完成企业改革 23 家，涉及二级企业 4 家、三级及三级以下企业 19 家，退出企业 14 家。同仁堂国药有限公司基本完成海外资产重组工作，逐步形成海外整体管理平台。2010 年年底，北京市有国家控股企业 1010 家、集体控股企业 476 家、私人控股企业 4090 家、港澳台商控股企业 287 家、外商控股企业 852 家。

二、国有资产授权经营

1994 年，根据市政府常务会议决定，市国资局在财产检查、价值重估、界定产权、核实资本金的基础上，对北京市一轻工业总公司、北京建筑材料集团公司、北京食品工贸集团总公司、北京市第一商业局、北京市农机总公司等单位进行了国有资产授权经营管理试点。1995 年，根据市政府决定，继续扩大国有资产授权经营试点。1996 年，市经委印发《北京市工业系统国有资产经营公司进行经营管理暂行意见》。5 月，市经委、市财政局、市国资局与各工业总公司签约，建立资产经营责任制。7 月，市体改委印发《北京市经济体制改革"九五"计划和2010年远景目标纲要》，对授权工作做出要求。截至1996年年底，北京市已有35家总公司和企业集团实现了国有资产授权经营。

1999年11月17日，市政府转发市经委《关于深化本市工业管理体制改革试点工作意见》，提出对现有市政府出资的工业公司进行规范性改制及重新授权，并选择北京汽车工业集团总公司、北京建材集团有限责任公司、北京纺织控股（集团）有限责任公司、电子控股进行试点。12月30日，市政府分别与电子控股、纺织控股和北京建筑材料集团有限责任公司签订授权责任书，授权进行国有资产经营，并进行规范性改制。截至年底，授权经营的国有资产已占全市市属工业经营性国有资产的90%以上。

2000年6月，市政府在《北京市经济体制改革工作指导意见》中对本市国有资产管理体制改革工作提出要按照国家所有、分级管理、授权经营、分工监督的原则，在建立北京市国有资产管理体系和营运机制方面取得突破，构建包括市政府、国有资产经营公司、国有企业在内的3个层次的国有资产管理、监督、营运体系，并提出要规范国有资产经营公司的行为，制定了《北京市企业国有资产授权经营管理暂行规定》，重点落实国有资产授权经营公司的资产受益、重大决策和选择经营者等3项权利，完善国有资产授权经营公司法人治理结构。同时，组建中关村科技园区国有资产经营公司。9月，作为北京市第二批资本运营授权改革单位，市政府对北京一轻集团有限责任公司进行了二次授权，北京一轻集团有限责任公司更名为北京一轻控股有限责任公司。9月26日，市政府批准撤销北京矿务局和北京市煤炭总公司，组建京煤集团，为集资产经营和生产经营于一体的国有资产授权经营的国有独资公司。9月27日，市政府对同仁堂集团进行国有资产规范授权，使该公司成为资产经营与生产经营型的国有独资公司。9月29日，中国铁路机车车辆工业总公司与铁道部脱钩，重组为中国南方机车车辆工业集团公司和中国北方机车车辆工业集团公司，北京二七机车厂划归北车集团公司，北京二车车辆厂划归南车集团公司。截至2000年年底，经过调整和重新授权，北京市国有资产授权经营公司共有36家。

2001年2月，市体改办、市财政局印发《北京市市级国有资产授权经营管理试行办法》，对国有资产授权经营的原则、国有资产授权主体及职责与授权经营的程序、营运机构经营形式、设立的条件及权利义务和营运机构与投资企业的关系、国有资产授权经营的监督与考核等做出规定。4月，北京市国有资产经营有限责任公司（以下简称市国资公司）成立，公司是在原北京市国有资产经营公司和北京市境外融资投资管理中心的基础上按照现代企业制度重新组建的国有独资公司，其主要职责是对北京市重要的国有资本进行经营和管理，业务涉及金融业、高新技术产业、商业、服务业、农业、房地产业等多个领域。2001年，纺织控股下属光华纺织、铜牛集团等7家企业共50.5万平方米国拨土地使用权完成权属变更，实行授权经营。年内，北京市民政工业总公司改组为国有独资性质的北京福利企业集团有限责任公司，实行国有资产授权经营，并组建北京市福利企业集体资产管理协会。

2002年4月8日，市政府授权隆达控股经营管理北京市有色金属总公司及其所属企业国有资产。2002 年，京城机电、京仪集团、北药集团、一轻控股、北汽控股、同仁堂集团等新授权公司完成工商变更登记。首钢的资产核实工作完成。市经委按照《国有资本金效绩评价规则》和《国有资本金效绩评价操作细则》的规定，与市财政局、市国有企业监事会组成专门的评价工作小组，完成对北药集团的效绩评价试点。截至年底，全市批准38 家总公司及企业集团国有资产授权经营试点，涉及工业、建材、经贸、商业、农业等行业，北京市工业系统的授权经营公司从 16 家调整为 12 家，并对 12 家授权经营公司重新核实和确认了包括部分土地在内的国有资产，初步建立健全了公司法人治理结构。

2003 年 10 月，市国资委正式成立，市政府授权市国资委代表履行国有资产出资人职责，实行管资产与管人、管事相结合，实现政府公共管理职能与国有资产出资人职能分离。市国资委的监管范围是市政府履行出资人职责的企业（不含金融类企业）和市政府授权实行企业化管理的事业单位的国有资产；原有与国有企业相关的多部门职责都划入市国资委的职责范围。

2004 年 11 月 13 日，北京市授权经营公司整体改制重组的第一家试点单位——北京医药集团有限责任公司揭牌，12 月 3 日和 4 日召开股东会、董事会和监事会，产生了新的法人治理结构，12 月 16 日完成工商登记注册等法律手续。

2005 年，首钢集团下属建工集团第四冶金建设公司划归地方管理，第九冶金建设公司、第十冶金建设公司进行属地划转和破产重组准备工作。电子控股东电实业将所持有的物业公司 13.73% 的股权无偿划转至北京电子三产开发公司。

2006 年，经市国资委批准，首钢电控公司将所持北京电控恒星经贸有限公司 88.25% 的股权无偿划转给北京北广电子集团有限责任公司，同时做相应账务处理。将北京京东方投资发展有限公司所持北京燕松经贸有限公司 60% 的股权划转，由北京东电实业开发公司持有，北京东电实业开发公司同时享有相应权益。北京毛线厂划归铜牛集团管理。九达集团公司所持超羽纤维制品有限公司股权划转光华五洲集团公司。9 月至 11 月，教育部批准北京化工大学将所投资的 7 家全资校办企业无偿划转到北京化新技术公司。

2007 年 5 月 30 日，市政府召开专题会议，研究国营第 5424 厂等军工单位重大安全隐患整改工作方案，下发《关于研究解决国营第 5424 厂国营第 394 厂武器试验靶场火工品库区外部安全距离重大安全隐患问题的会议纪要》，国营 506 厂整体无偿划转中国兵器工业集团公司第 5424 厂。10 月，清华大学出版社等 5 家企业净资产 2.33 亿元划转清华控股有限公司。同年，北大青鸟集团完成企业改制和授权经营。

2008 年，市国资委印发《北京市企业国有资产评估管理暂行办法》提出，企业有下列行为之一的，可以对相关国有资产进行评估：经北京市各级人民政府或其国有资产监督管理机构批准，对企业整体或者部分资产实施无偿划转；国有独资企业与其下属独资企业（事业单位）之间或其下属独资企业（事业单位）之间的合并、资产（产权）置换和无偿划转；其他可以进行资产评估的事项。3 月 20 日，首钢岷山机械厂划转天水市管理。5 月 16 日，首钢带钢厂正式划转丰台区管理，首钢 15 家外埠企业在 2007 年完成划转 11 家的基础上，年内其余 4 家划归地方管理。截至年底，市政府确定的首钢 15 家外埠企业全部实现划转地方管理。7 月 22 日，北京华都酿酒食品有限责任公司无偿划转北京首钢红冶钢厂管理。12 月 29 日，市国资委将兴东方公司划转给北汽控股。

2009 年，北京华都酿酒食品有限责任公司、北京华都酒业营销有限公司、北京红冶嘉润科技发展有限公司等 3 个子公司完成由红冶钢厂划转到集团母公司的股权变更和工商划转手续。根据市国资委产业结构调整总体部署，纺织控股将持有的北京五洲服饰商标有限公司 11.45% 的股权及其权益和深圳市北纺实业有限公司 90% 的股权及其权益无偿划转给光华集团公司，将持有的京达实业（香港）有限公司 100% 的股权无偿划转铜牛集团；将持有的北京科利源热电有限公司 46.92% 的股权无偿划转北京热力集团有限公司。根据教育部《关于做好 2009 年度直属高校产业工作的意见》文件要求，各直属高校 2009 年度完成全校 70% 以上国有资产股权划转工作，中国石油大学上报经营性资产所有权益总额 3229.93 万元，需划转 2260.95 万元，选定北京中油油品销售有限责任公司和北京石大油软技术有限公司为重点国有股权划转企业。

2010 年，北京第一机床厂将京城控股（欧洲）有限公司股权和重型机床制造部扩建项目形成的全部固定资产无偿划转到北京北一数控机床有限责任公司。同时，北京第一机床厂向其全资子公司即北京北一机床中型数控有限责任公司无偿划转部分资产；一轻控股将电光源公司持有的鸿运公司股权无偿划转到玻璃集团；北京葡萄酒厂将持有的上义酿酒公司股权无偿划转到红星酿酒集团；新世纪信息纸厂的房地产、造纸五厂的资产、包装制罐厂的股权无偿划转到京纸集团和造纸包装公司。2001 年至 2010 年，北化集团完成 7 家大型企业划转，包括北京乙烯工程所属的北京东方化工厂、北京化工二厂、北京化二股份有限公司、北京有机化工厂、北京化工四厂、北京助剂二厂 6 家企业划转中国石化集团，北京焦化厂划转市燃气集团，划转涉及北化集团资产 220 亿元、在职职工近 2 万人、国有划拨土地使用权 410 万平方米。

第四节　发展混合所有制经济

"九五"期间，北京市以公有制为主体、多种经济成分共同发展的经济格局显现，以股份制经济为主的混合所有制经济、个体私营经济等其他所有制经济显示出生机和活力。1997 年 9 月，中共十五大进一步明确："公有制为主体、多种经济成分共同发展，是我国社会主义初级阶段的一项基本的经济制度；非公有制经济是我国社会主义市场经济的重要组成部分。"10 月，市政府印发《关于鼓励民营科技企业发展的若干规定》。1998 年 10 月，市政府批转市计委、市体改委、市工商局等部门《关于鼓励本市个体私营经济发展若干意见》，鼓励个体、私营经济发展，明确个体、私营经济在北京市国民经济中的重要地位；提出实行公平的市场准入原则，鼓励个体、私营经济参与国有、集体企业改革，鼓励和支持符合产业政策的大型私营企业向集团化、规范化发展。据市统计局 2001 年 2 月《统计公报》统计，"九五"期间，国有、集体经济以外的非公有制经济快速发展，增加值比重从 1995 年的 19.6% 上升至 2000 年的 31.8%。

1999 年 5 月 28 日，市委、市政府首次召开北京市个体私营经济工作会议，并建立了主管市长为召集人，市政府 29 个委办局、市工商联等负责人组成的北京市发展个体私营经济联席会议制度。8 月 24 日，市经委制定印发《关于进一步加快本市城镇集体企业改革的若干意见实施细则》，提出理清城镇集体企业产权归属是改革的重点，对于各类原注册为集体企业而实为国有或私营企业的，按照国家相关规定重新确定企业所有制性质。10 月 20 日，市政府发布《北京市城镇企业实行股份合作制办法》，对股份合作制企业的设立、组织以及股权设置、收益分配等具体事项做出明确规定。截至年底，市属 58 家国有大中型工业骨干企业累计完成改制 34 家，改制面 58.6%。在改制企业中，大部分实现投资主体多元化，建立起比较规范的法人治理结构。工业领域集体企业 949 家，总产值占北京市工业总产值的 13.8%；私营工业企业 112 家，总产值占北京市工业总产值的 2.0%；股份合作工业企业 101 家，总产值占北京市工业总产值的 7.3%；港澳台商和外商投资的规模以上工业企业 923 家，总产值占北京市工业总产值的 39.1%。

2000 年 1 月 1 日和 7 日，《中华人民共和国个人独资企业法》和《个人独资企业登记管理办法》开始施行。1 月 31 日，全国首家独资企业北京知本家投资顾问事务所在北京注册。2 月 23 日至 24 日，北京市个体私营经济第四次代表大会召开，会议指出，北京市个体私营经济的发展，已经成为首都经济不可或缺的重要组成部分和新的经济增长点，要把发展个体私营经济提高到建设有中国特色的市场经济体制、推动首都经济结构调整、促进首都经济持续快速健康发展和社会稳定的高度来认识。2000 年年底，全市工业控股公司和区县属国有工业中小企业有 245 户完成产权制度改革，占 2000 年年初 625 户的 39.2%；私营企业已发展到 10.3 万户，个体工商户 24.4 万户；北京市社会消费品零售额中，非公有制经济占 53.6%；规模以上工业总产值（现价）中，私营企业占 1.0%；外商控股企业完成工业总产值 1168.3 亿元，占全市规模以上工业总产值的 41.1%。

2001 年 3 月 9 日，市经委发布《北京市加快国有集体中小企业改革指导意见》，要求到 2002 年年底，一般竞争性领域中的国有、集体中小企业全部实现投资主体多元化。4 月，市计委印发《北京市"十五"时期个体、私营经济发展规划》，发展目标是个体私营经济数量将保持较快增长，在社会经济总量中的比重大幅度提高；在鼓励个体私营经济发展第三产业的同时，提高个体、私营经济从事工业、建筑业和现代农业的比重；力争个体私营企业的从业人员占城镇从业人员比例达到 30% 以上，纳税额占北京市财政收入的 30% 左右。8 月，北京市第十一届人民代表大会常务委员会第二十八次会议通过《北京市促进私营个体经济发展条例》，明确规定私营个体经济是社会主义市场经济的重要组成部分，北京市的私营企业和个体工商户是发展首都经济的重要力量；对市场准入和平等待遇、人才支持、融通资金、保护其合法的生产经营场所、依法界定产权、鼓励外地私营企业和公民来北京市创业等问题做出了规定。9月14日，市政府发布的《关于本市国有大中型企业建立现代企业制度指导意见》提出2/3国有大中型企业要在2001年完成改制，具备条件的绝大多数国有大中型企业在2003年以前完成改制；改制企业要在股权多元化、规范和完善公司法人治理结构等方面取得新进展。同月，市政府组织召开贯彻《北京市促进私营个体经济发展条例》大会。会后，市政府部门和区县政府出台一系列扶持优惠措施，支持、鼓励、引导和促进私营个体经济发展。全年全市77家市属国有大中型工业企业完成改制，改组形成股份合作制企业的共4家，新改制企业全部实现投资主体多元化。全市国有中小工业企业改制面达到76.5%，划转区县管理的企业90%以上完成改制调整。市私营企业124133家，总注册资本1633.02亿元，分别比2000年同期增长20.77%和57.59%；全市个体工商户259107户，从业人员371147人，注册资金31.14亿元，分别比2000年同期增长5.65%、7.48%和16.73%。有限责任公司成为私营企业的主要经济类型，在124133家私营企业中，各种有限责任公司114500家，占私营企业总数的92.25%。

2002年，全市有31家国有大中型工业企业完成改制工作，全市国有大中型工业企业累计完成改制221家（不含破产企业），改制面达91.38%；中小工业企业改制累计完成8072家，改制面达98%；同时32家市属中小企业下放至区县管理。全年上市公司通过资本市场融资135.62亿元，燕京集团、华能国电、同仁堂集团等成为上市公司先进典型。48家集体企业完成破产程序，规模以上集体工业企业650家，占规模以上工业企业总数的14.3%，工业总产值132.6亿元，占规模以上工业总产值的4.2%。年底，全市有股份合作制企业211家。全市私营企业累计登记注册15.1万户，注册资本1988.6亿元。

2003年9月，市政府发布《北京市关于境外投资者和境内非公有制经济组织并购国有工业企业暂行办法》《北京市关于境外投资者和境内非公有制经济组织并购国有企业人员分流安置暂行办法》，提出要鼓励、引导和规范境外投资者和境内非公有制经济组织并购北京市国有及国有控股企业（不含上市公司），促进国有企业战略性改组。截至年底，全市共有股份合作制企业191家。

2004年6月4日，市政府转发市发展改革委《2004年北京市经济体制改革工作指导意见》，主要任务是加大国有资产管理体制和国有企业改革力度，大力发展非公有制经济；鼓励和支持非公有制企业参与国有企业的股份制改造和资产重组；加大对中小企业的扶持力度。8月，市国资委印发《关于加快推进国有企业重组改制的指导意见》，指出加快国有资本从三级及三级以下小企业、跟主业关联不紧密的企业退出；国有小企业改制，鼓励企业员工持股和外资、民间资本控股，或全部出售，原则上国有不再控股。截至年底，全市共有股份合作制企业205家；京郊乡镇企业完成营业收入2104亿元。其中，内资企业完成1943.2亿元，港澳台商投资企业完成32.6亿元，外商投资企业完成128.2亿元。在内资企业中，集体企业完成403.2亿元，私营企业完成502亿元，个人独资企业499亿元。全市港澳台商和外商投资规模以上企业合计1053家，主要集中在电子信息产业和汽车产业。

2005 年 6 月 27 日，市委、市政府印发《关于北京市 2005 年深化经济体制改革的意见》，主要任务是增强市场主体的活力和竞争力，加快国有企业改革，促进非公有制经济发展，继续推进国有企业产权制度改革，增强国有企业的竞争力和控制力。9 月，市国资委推出 156 家北京国企面向国内外投资者公开招股，促进与主业发展关系不大的副业企业和资产通过出售、转让，实现国有资本的有序退出；涉及资产总额 291 亿元，中小型企业约占 90%，共涉及 10 余个行业，包括制造业、服务业、建筑业等。12 月，市发展改革委与北京银行签署了关于支持中小企业发展合作协议书，在未来 3 年内，新增 300 亿元中小企业信贷规模，主要用于短期贷款，面向全市征集不同所有制中小企业贷款项目，对符合条件的申报项目，建立"绿色通道"，尽快给予贷款支持，帮助更多企业获得贷款。2005 年 12 月 21 日《北京市第一次全国经济普查主要数据公报》显示，2005 年北京市私营个体户数达到 91.2 万户，比 2000 年增长 1.62 倍；个体、私营企业从业人员达 315.3 万人，比 2000 年增长 6.2 倍；北京市规模以上工业总产值（现价）中，私人控股企业占 4.8%，外商控股企业占 47.7%。"十五"时期，北京市社会消费品零售额中，非公有制经济（个体、其他经济）占 87.0%。

2006 年，《北京市国民经济和社会发展第十一个五年规划纲要》提出，"十一五"期间促进非公有制经济发展的措施，按照非禁即入的原则，切实放开市场准入；继续清理和修订限制非公有制经济发展的措施，实现民营企业与其他经济性质企业的平等待遇；拓宽非公有制经济融资渠道，着力解决融资难的问题。5 月 24 日，市委、市政府下发《关于北京市 2006 年深化经济体制改革的意见》，主要任务是立足优化所有制结构，进一步深化国有企业改革，加快一级企业改革重组，完成具备条件的下属二、三级企业重组改制；完成国有企业清产核资工作和地方国有控股上市公司的股权分置改革。北京市进一步加强对非公经济和中小企业的引导和支持，编制了首个中小企业发展促进规划并在支持和引导非公有制经济发展方面出台了相关政策。市政府印发《关于鼓励支持和引导个体私营等非公有制经济发展的意见》，提出要放宽非公有制经济市场准入，加大对非公有制经济的财税金融支持，同时加大对中小企业、规模以下非公有制经济统计监测工作，12 个区县组建了中小企业服务中心。截至年底，共完成国有企业重组改制 797 家，占具备重组改制条件企业总数的 87.6%；集体企业改制，逐步转变为股份有限公司、有限责任公司等产权多元化企业，企业数量进一步减少。全市规模以上集体工业企业 382 家，占规模以上工业企业总数的 6.0%，工业总产值 88.5 亿元，占规模以上工业总产值的 1.1%；股份合作制企业 219 家；港澳台商和外商投资规模以上企业合计 1401 家。

2007 年，全市规模以上工业企业中股份合作制企业 243 家、港澳台商和外商投资企业 1451 家、私营工业企业 1958 家。全市开发区中世界 500 强企业有 60 家。

2008 年 7 月，北京市为缓解创业期中小企业融资困难，支持中小企业自主创新，完善创业发展环境，设立了中小企业创业投资引导基金，用于引导创业投资机构向创业期中小企业投资。截至年底，全市规模以上集体工业企业 353 家，占规模以上工业企业总数的

4.9%，工业总产值80.0亿元，占规模以上工业总产值的0.8%；股份合作制企业288家；私营工业企业超过2000家，达到2354家，占内资工业企业的比重42.8%；港澳台商和外商投资企业合计1522家。北京市非公经济单位21.8万个，占全市单位的比重81.3%；从业人员377.3万人，占北京市从业人员的比重46.2%；非公经济单位的资产42075.7亿元，收入24829.9亿元，分别占全市单位资产总量的比重6.5%，全市农业以外的收入总量的比重37.2%。

2009年，北京经济技术开发区出台外商投资促进政策，在电子信息产业领域促成冠捷液晶电视生产基地、UT斯达康IPTV、恩智浦汽车电子、英飞凌智能卡及移动通信4个重大外商投资项目落地。截至年底，全市规模以上工业企业中，股份合作制企业267家，港澳台商和外商投资企业1397家。

2010年4月14日，市委、市政府下发《关于2010年推进重点改革任务的意见》，主要任务是深化国有企业改革，继续推进国有经济结构和布局调整，继续推进国有企业集团核心业务资产上市或整体上市；鼓励和引导民营企业通过多种方式参与国有企业改制重组；继续推进国有资产管理体制改革。2010年下半年，按照国务院批转国家发展改革委《关于2010年深化经济体制改革重点工作意见》，北京市工业加大改革力度，进一步破除制约经济结构调整和经济发展方式转变的体制机制障碍，鼓励支持和引导非公有制经济发展，深化国有企业和垄断行业改革。按照国务院发布的《关于促进企业兼并重组的意见》，北京市促进工业企业兼并重组，深化体制机制改革，加快国有经济布局和结构的战略性调整。北京市鼓励和引导民间投资健康发展，放宽民间投资领域；采用短期融资券、企业债券等多种融资方式，通过上市实现股权融资1300多亿元。

1999年至2010年，北京市调整并完善所有制结构，基本完成市属国有大中型企业股份制改造，全市国有大中型工业企业基本建立起规范的现代企业制度，消除影响非公有制经济发展的政策性障碍，发展混合所有制经济，增强市场主体活力与竞争力，形成多种经济成分共同发展的充满活力的所有制结构新格局。截至2010年年底，全市规模以上工业企业中有内资企业5543家，其中国有工业企业232家，占内资企业的4.2%；工业总产值占内资工业总产值的15.9%。集体工业企业245家，占内资企业的3.6%；工业总产值占内资企业工业总产值的0.8%。私营工业企业2465家，占内资企业的44.5%；工业总产值占内资企业工业总产值的9.9%。股份合作工业企业262家，占内资企业的4.7%；工业总产值占内资企业工业总产值的0.8%。

第五节　利用外资与对外开放

1999 年年底，全市有独立核算三资工业企业 2692 家，全球最大的 500 家跨国企业有 150 家在北京投资。1999 年，独立核算三资工业企业销售收入 785 亿元，占全部独立核算工业企业销售收入的 37.7%；增加值 222.8 亿元，占全市独立核算工业增加值的比重由 1997 年的 28.1% 上升到 1999 年的 35.1%。

2000 年，全市工业实际利用外资及港澳台投资额 2.24 亿美元，同比下降 52.4%。完成工业总产值 1168.3 亿元，实现主营业务收入 1154.0 亿元，利润 66.7 亿元。工业完成出口产值 310.1 亿元，占全市工业产值比重的 13.6%，比 1995 年提高 2 个百分点。

2001 年，新批工业外商投资项目 444 项，协议总金额 16.4 亿美元，比上年增长 6.6%；累计批准外商投资项目 11572 个，协议总金额 207.5 亿美元。规模以上工业外商投资企业销售收入 1422.4 亿元，比上年增长 26.7%；工业出口销售额完成 328.1 亿元人民币，比上年同期增长 32.8%；工业直接出口额完成 37.4 亿美元，比上年增长 18.4%。顺义区实施外向带动战略，形成了以空港、林河两个市级开发区为主的区域经济圈，松下、索尼、LG 等 28 家国际著名跨国公司落户顺义，使顺义区工业外资经济占工业经济总量近 2/3，居全市区县工业利用外资各项指标首位。

2002 年，市经委牵头组织开展《加入世贸后北京工业利用外资对策调研》，举办了经济学家座谈会和区县、开发区领导座谈会，听取对入世后北京工业利用外资工作的建议。北京市新批工业外商投资项目 541 个，协议总金额 22.0 亿美元，比上年增长 34.5%。累计批准外商投资项目 12113 个，协议总金额 230.0 亿美元。规模以上工业外商投资企业销售收入 1384.9 亿元，比上年减少 3.2%；出口交货值 329.8 亿元人民币，比上年增长 15.9%；直接出口额完成 46.6 亿美元，比上年增长 24.6%。新批工业企业海外投资项目 12 个，总投资 6799 万美元，比上年增长 5.7 倍。

2003 年，市政府印发《北京市关于境外投资者和境内非公有经济组织并购国有工业企业暂行规定》和《关于外国投资者和民营企业并购国有或国有控股工业企业分流安置富余人员暂行规定》两个配套文件。9 月，在北京市产权交易中心主办专场项目推介会，为北京市的古桥电器、星海乐器、白菊电器、义利食品等 21 家国企搭建与外资并购重组平台。

2004 年，全市工业累计实际利用外资金额 11.4 亿美元，占全市的 37%，比上年增长 56.9%；全市工业累计新批设立外商投资企业 572 户，占全市的 31.7%。其中，制造业实际利用外资 11.3 亿美元，占 99.1%。

"十五"期间，北京工业实际利用外资和出口产值显著增长，全市实际利用外资累计达到 42 亿美元，比"九五"期间增长 94%，其中 2005 年比 2000 年增加 4.4 倍。

2006 年，全市开发区引进外资合同额 21.6 亿美元，占全市合同外资金额的 33.1%；外资到位金额 16.3 亿美元，占全市实际利用外资的 46.2%；工业实际利用外资金额 10.8 亿美元，占全市实际利用外资金额的 23.7%。

2007 年，全市工业实际利用外资金额 9.3 亿美元。其中，电子工业 2.6 亿美元，机电工业 1.5 亿美元，汽车工业 1.0 亿美元，医药工业 0.8 亿美元，基础工业 1.3 亿美元，都市工业 2.1 亿美元。

2008 年，全市工业实际利用外资金额 16.1 亿美元，占全市实际利用外资金额的比重为 26.4%。北京福田康明斯发动机有限公司（以下简称康明斯）正式成立，北汽福田与美国康明斯公司股比各占 50%，总投资 27 亿元，实际利用外资约 8000 万美元。

2009 年，全市工业累计实现利润外资金额 8.6 亿美元，其中制造业 7.5 亿美元。先正达生物技术北京研究中心在中关村生命科学园奠基，项目建设投资 1.9 亿元，是首家落户中国的外资农业生物技术研究机构。

2010 年，全市工业实际利用外资金额 7.1 亿美元，其中制造业实际利用外资金额 6.8 亿美元。

1999—2010年北京工业实际利用外商及港澳台商投资及生产经营情况统计表

1-2表

年份	实际利用外商及港澳台商投资额（万美元）				企业生产经营情况				
	合计	采矿业	制造业	电力、燃气及水的生产和供应业	企业数量（个）	总产值（万元）	主营业务收入（万元）	从业人员（人）	利润总额（万元）
1999年	47056	21	46851	184	2692	8021330	8253362	294913	257094
2000年	22381	—	22381	—	2295	11683424	11539757	252414	667214
2001年	47415	—	37547	9868	1023	13180300	14485593	222398	787808
2002年	50961	81	50813	67	1047	12580772	12930896	228590	692832
2003年	72362	—	72330	32	960	15531751	16237042	230176	1220158
2004年	113580	—	112681	899	1053	20546484	21351057	257861	1477623
2005年	121403	159	113246	7998	1319	30812397	30534388	310155	1678151
2006年	108126	167	105590	2369	1401	37991466	39673280	340885	1967319
2007年	92513	553	89618	2342	1451	43585155	45614196	369236	2738690
2008年	160800	123	150056	10621	1522	43539157	46027453	389783	2404516
2009年	86043	—	75364	10679	1397	46112885	49398740	361499	3274323
2010年	71488	—	68496	2992	1342	54790206	59216149	382934	4163523

说明："—"表示缺少相关数据资料。

第二章 结构调整

20世纪80年代，按照首都功能定位，北京工业开始全局性战略调整，工业发展从追求行业齐备、大而全向发展适合首都特点的工业经济转变，着重发展高精尖的轻型工业、食品工业和电子工业，工业产业结构不断调整优化。到1999年，北京工业基本形成以高新技术产业为主导的产业结构，高新技术产业实现增加值165亿元，在全市工业增加值中的比重达到25.4%。2000年，电子及通信设备制造业总产值846.73亿元，占全市工业总产值的31.3%，居第一位，其次分别为石油加工及炼焦业、黑色金属冶炼及压延加工业。煤炭是当时工业企业主要使用的能源品种。

2001年开始，北京工业大力推进以电子信息、生物医药为代表的高新技术产业发展，工业结构持续优化。到2005年，北京高新技术企业增加值占全市工业增加值的比重达到29%，工业逐步形成以基础和新材料产业、电子信息产业、汽车及交通运输设备制造业、装备产业、都市产业、生物和医药产业六大产业为支撑的产业格局。煤炭仍然是工业企业主要使用的能源品种，天然气等清洁能源的使用量明显提升，能耗水平持续下降。

"十一五"时期，全市按照《北京市"十一五"时期工业发展规划》要求，贯彻落实《北京城市总体规划（2004年—2020年）》，立足首都科技优势特点，以高端、高效、高辐射力和资源节约、环境友好为基本方向，大力发展高新技术产业，适度发展现代制造业，加快改造提升传统优势产业。到2010年，北京高技术制造业实现增加值517.0亿元，占全市工业增加值的18.8%，比1999年下降6.6个百分点。高技术制造业占比下降，主要是受经济上行周期基础产业、汽车产业快速扩张，而电子信息产业发展相对较慢等因素影响。电子信息产业在全市工业中所占的比重下降，汽车及交通运输设备制造业比重上升。天然气成为工业能源的重要来源。

第一节　产业结构

一、六大产业

1999 年，北京工业基本覆盖国家颁布的 40 个工业行业大类，形成门类比较齐全的工业体系。当年实现工业总产值 2144.6 亿元。其中，电子信息产业 564.4 亿元，占比 26.3%；装备产业 355.9 亿元，占比 16.6%；汽车及交通运输设备制造业 118.7 亿元，占比 5.5%；生物和医药产业 45 亿元，占比 2.1%；基础和新材料产业 656.9 亿元，占比 30.6%；都市产业 403.7 亿元，占比 18.8%。5 月，《北京市推进污染扰民企业搬迁加快产业结构调整实施办法》开始实施。12 月，市政府发布《北京工业布局调整规划》，提出北京工业将形成不分隶属关系、多种经济成分并存、行业相对集中、体现北京工业总体优势的分布格局，包括电子信息行业、汽车行业、机械行业、石化行业（含精细化工）、冶金行业、建材行业、医药行业、服装纺织食品饮料行业等。全年工业完成固定资产投资额 166.6 亿元，占全市固定资产投资的 25.58%。其中，电子信息产业完成 8.3 亿元，装备产业完成 11.4 亿元，汽车及交通运输设备制造业完成 7.6 亿元，生物和医药产业完成 3.0 亿元，基础和新材料产业完成 127.1 亿元，都市产业完成 9.2 亿元。

2000 年，北京工业完成固定资产投资 148.1 亿元，占全市固定资产投资的 22.09%。

2001 年，北京工业完成固定资产投资 124.9 亿元，占全市固定资产投资的 19.72%。联想集团有限公司（以下简称联想集团）生产基地在年底竣工并通过验收，形成年产 200 万台微型计算机生产能力；北新建材高档门窗五金项目、京煤集团煤炭安全专项等项目下达投资和资金计划。

2002 年，北京工业完成固定资产投资 149.1 亿元，占全市固定资产投资的 21.25%。年内，中芯国际集成电路制造（北京）有限公司（以下简称中芯国际北京公司）在北京经济技术开发区注册成立，主要提供 0.13 ～ 65 纳米先进技术工艺的 12 英寸芯片代工服务、设计服务、封装测试等一站式服务。

2003 年 1 月 10 日，北京市工业工作会议提出，加快汽车、微电子、光机电、生物工程和新医药四大重点产业发展，同时以都市工业为特色，大力发展劳动密集型产业。截至年底，在规模以上工业中，汽车产业实现总产值 456.1 亿元，汽车的产量及销售收入列全国同行业第五位；电子信息产业 942.6 亿元；装备产业 544.1 亿元；生物医药 106.2 亿元；都市产业 536.8 亿元。全年工业完成固定资产投资 172.3 亿元，占全市固定资产投资的 21.61%。全年重点投资项目 19 个，其中电子信息产业 5 个，包括中芯国际、京东方、富士康、中科镓英和国泰半导体项目；汽车产业1个，为北京现代合资项目；机电产业3个，包括北一大隈、现代京城机械和北仪创新项目；生物医药产业4个，包括同仁堂、北京医药、红惠制药和万东医疗装备项目；基础产业5个，包括首钢嘉华、燕化等项目；都市产业1个，为星海乐器项目。年内，北京京东方光电科技有限公司注册成立，注册资本5.5亿美元，以研发、设计、生产、销售TFT-LCD为主营业务，生产计算机和数字电视用的液晶显示屏和模块。

2004年，市政府及全市各部门开始提出建设电子信息产业、机电产业、生物工程与医药产业、汽车工业、都市产业、基础产业六大产业，其中都市产业是指食品饮料、服装纺织、包装印刷、工艺美术、家具家装、洗涤化妆、文体用品、塑料制品以及家电照明等符合都市工业特征的产业。截至年底，在规模以上工业中，电子信息产业增加值占全市工业增加值的16.1%，对工业增长的贡献率为4.2%；汽车工业增加值占全市工业增加值的9.8%，对工业增长的贡献率为18.5%；机电产业增加值占全市工业增加值的19.2%，对工业增长的贡献率为23.1%；生物医药产业增加值占全市工业增加值的4.6%，对工业增长的贡献率为8.1%。年内，全市加快关闭乡镇企业中的小炼铁、小炼焦、小化肥、小造纸、小煤窑五小企业，逐步停止采砂、采石等开采行为和黏土砖生产。全年工业完成固定资产投资266亿元，占全市固定资产投资的31.05%。大唐微电子SIM卡产业化项目开工建设，万泰生物第三代HIV诊断试剂和戊型肝炎疫苗产业化项目、泰德纳米微球靶向制剂工程产业化项目完成土建工程。

2005年1月17日，北京市工业工作会议提出要以自主创新为中心环节，继续调整产业结构，重点发展电子信息产业、汽车工业、光机电一体化产业、生物工程与医药产业、基础产业。按照城市总体规划要求，全市推动郊区工业向资源节约、环境友好、循环经济方向转型，支持农副产品加工、服装加工、包装印刷、传统手工业及为零配件加工等产业发展，大规模关闭矿山，2005年到2008年，共关闭801座固体矿山，取缔关闭18家非法铁选厂、341家砂石加工厂，煤矿数量从212家减少到49家，铁矿由16家减少到11家。年内，工业完成固定资产投资300.3亿元，占全市固定资产投资的28.33%。按照国务院批复精神，首钢搬迁调整项目启动。北京奔驰公司成立，新厂区选址北京经济技术开发区，投资总额约6亿美元。

2006年，北京工业完成固定资产投资259.6亿元，占全市固定资产投资的19.00%。康宁玻璃基板生产线项目奠基，主要为京东方TFT-LCD项目提供玻璃基板材料配套。2007年，工业完成固定资产投资477.7亿元，占全市固定资产投资的12.11%。北京健赞研发及实验室生产、索尼爱立信北京新工厂、机电院高技术公司重大废弃物处置等项目先后启动。2008年，北京工业完成固定资产投资380.8亿元，占全市固定资产投资的9.89%。

2009年，北京市对六大产业名称进行微调，汽车工业调整为汽车与交通设备制造业，机电产业调整为装备产业，六大产业划分标准基本保持不变。落实国家战略部署，全市提出要坚定不移大力发展战略性新兴产业，同时毫不放松地发展适应首都的重点产业。年内，市发展改革委出台电子信息、汽车、装备制造、生物医药、新能源和都市型产业等产业调整振兴实施方案，推进产业加速发展。全年工业完成固定资产投资 406.2 亿元，占全市固定资产投资的 8.36%，投资较大的项目主要集中在电子信息、汽车及交通运输设备、装备、航空航天及石油化工领域，中锦阳 150 兆瓦非晶硅薄膜太阳能电池项目建成投产；中材科技风电叶片项目主要设备完成安装调试，叶片模具启动试生产；蓝星东丽膜科技的反渗透膜及膜元件生产项目、民海生物科技疫苗研发生产基地项目落地。

2010 年 3 月，为进一步贯彻落实科学发展观，加快产业结构调整、转变经济发展方式，做强二产、振兴战略性新兴产业，市政府成立全市重大工业项目落地协调推进小组，办公室设在市经济信息化委。重大项目推进机制建立以后，举办重大工业项目集中签约、召开专项协调会近 20 次，协调推进重大工业项目约 200 个，提出 22 个项目土地规划问题的协调解决方案，形成重大项目落地九大工作机制和九大推进方式。7 月，市经济信息化委与市农委共同编制《关于推进镇村企业发展的指导意见》，提出进一步调整和优化乡镇工业产业结构，发展农产品加工、都市型工业、新能源产业、环保产业、大工业配套产业，加快引进高新技术产业，提高高新技术产业在乡镇工业中的比重。全年工业完成固定资产投资 522.4 亿元，占全市固定资产投资的 9.51%。首钢落实国务院批复要求的停产任务，钢铁全流程实现全停产、经济停产、稳定停产；燕山石化 15 万吨双酚 A 和 6 万吨聚碳酸酯项目、

图1-3　2010年举行北京市重大工业项目签约仪式

北京顺鑫农业股份有限公司（以下简称顺鑫农业）调理肉制品产业化项目、中航工业北京航空产业园项目竣工。

2010 年年底，北京规模以上工业企业实现工业总产值 13699.8 亿元。其中，电子信息产业总产值由 1999 年的 564.4 亿元增长至 2229.1 亿元，所占比重由 26.3% 下降至 16.3%；装备产业总产值由 1999 年的 355.9 亿元增长至 2210.6 亿元，所占比重由 16.6% 下降至 16.1%；汽车及交通运输设备制造业总产值由 1999 年的 118.7 亿元增长至 2177.7 亿元，所占比重由 5.5% 上升至 15.9%；生物和医药产业总产值由 1999 年的 45 亿元增长至 372.8 亿元，所占比重由 2.1% 上升至 2.7%；基础和新材料产业总产值由 1999 年的 656.9 亿元增长至 5366.4 亿元，所占比重由 30.6% 上升至 39.2%；都市产业总产值由 1999 年的 403.7 亿元增长至 1343.1 亿元，所占比重由 18.8% 下降至 9.8%。

亿元

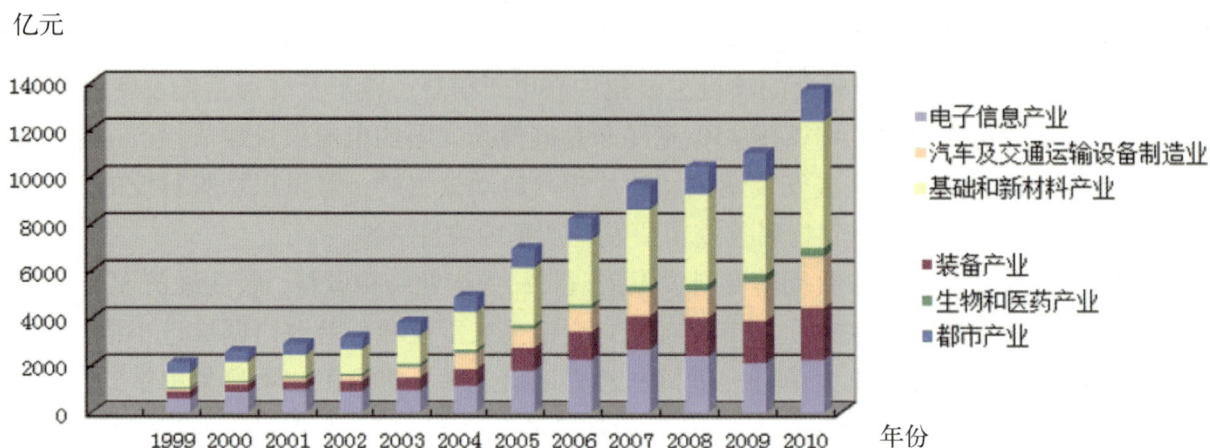

图1-4　1999—2010年北京市六大产业产值变化图

1999—2010年北京规模以上工业六大产业产值结构比重统计表

1-3表

年份	电子信息产业		装备产业		汽车及交通运输设备制造业		生物和医药产业		基础和新材料产业		都市产业	
	产值（亿元）	占比（%）	产值（亿元）	占比（%）	产值（亿元）	占比（%）	产值（亿元）	占比（%）	产值（亿元）	占比（%）	产值（亿元）	占比（%）
1999年	564.4	26.3	355.9	16.6	118.7	5.5	45	2.1	656.9	30.6	403.7	18.8
2000年	846.7	31.4	378.3	14.0	106.2	3.9	54.1	2.0	848.8	31.5	463.9	17.2
2001年	948.2	32.6	352.3	12.1	160.9	5.5	63.6	2.2	918.6	31.6	465.1	16.0
2002年	893.1	28.1	426.2	13.4	236.1	7.4	86.4	2.7	1050.5	33.1	481.1	15.2
2003年	942.6	24.7	544.1	14.3	456.1	12.0	106.2	2.8	1224.5	32.1	536.8	14.1
2004年	1127.8	23.1	706.2	14.5	710.5	14.6	125.3	2.6	1597.0	32.7	614.1	12.6
2005年	1775.5	25.6	969.4	14.0	817.7	11.8	131.1	1.9	2441.1	35.1	811.4	11.7
2006年	2234.2	27.2	1182.	14.4	1003.6	12.2	150.1	1.8	2755.9	33.6	883.4	10.8
2007年	2663.1	27.6	1422.3	14.7	1057.4	11.0	202.3	2.1	3274.3	33.9	1029.0	10.7
2008年	2385.9	22.9	1652.9	15.9	1153.3	11.1	263.9	2.5	3821.5	36.7	1135.6	10.9
2009年	2095.5	19.0	1787.4	16.2	1663.8	15.1	313.1	2.8	3988.3	36.2	1158.4	10.5
2010年	2229.1	16.3	2210.6	16.1	2177.7	15.9	372.8	2.7	5366.4	39.2	1343.1	9.8

1999—2010年北京工业六大产业固定资产投资统计表

1-4表

年份	电子信息产业（亿元）	装备产业（亿元）	汽车及交通运输设备制造业（亿元）	生物和医药产业（亿元）	基础和新材料产业（亿元）	都市产业（亿元）	总计（亿元）	占全市固定资产投资的比重（%）
1999年	8.3	11.4	7.6	3.0	127.1	9.2	166.6	25.58
2000年	14.9	10.7	6.5	5.9	99.3	10.8	148.1	22.09
2001年	10.3	12.0	7.3	4.6	81.8	8.7	124.9	19.72
2002年	11.7	24.6	16.1	5.7	72.9	18.1	149.1	21.25
2003年	11.5	20.9	45.8	7.4	62.3	24.4	172.3	21.61
2004年	94.4	19.9	23.2	6.6	97.9	24.0	266.0	31.05
2005年	74.6	11.0	49.5	6.5	146.9	11.8	300.3	28.33
2006年	46.1	18.1	42.1	2.7	135.4	15.2	259.6	19.00
2007年	26.4	27.2	83.3	6.6	285.3	48.9	477.7	12.11
2008年	38.8	35	46.8	8.5	217.0	34.7	380.8	9.89
2009年	22.0	57.3	40.6	11.0	231.1	44.2	406.2	8.36
2010年	116.3	58.4	66.2	15.4	211.1	55.0	522.4	9.51

说明：数据来源于历年《北京统计年鉴》。

1999—2010年北京规模以上工业六大产业从业人员及比重情况统计表

1-5表

年份	电子信息产业		装备产业		汽车及交通运输设备制造业		生物和医药产业		基础和新材料产业		都市产业		全市工业从业人员
	人数（人）	占比（%）	人数（人）	占比（%）	人数（人）	占比（%）	人数（人）	占比（%）	人数（人）	占比（%）	人数（人）	占比（%）	人数（人）
1999年	77428	6.2	224590	18.1	103707	8.3	28848	2.3	458332	36.9	349281	28.1	1242186
2000年	88094	5.2	317802	18.8	113931	6.8	32861	1.9	694330	41.1	440482	26.1	1687500
2001年	90023	8.3	204544	18.9	94953	8.8	30797	2.9	339041	31.4	320858	29.7	1080216
2002年	89474	8.3	205433	19.1	96193	8.9	35537	3.3	329008	30.6	319995	29.7	1075640
2003年	84242	8.4	197806	19.6	90696	9.0	34807	3.5	299252	29.7	301304	29.9	1008107
2004年	88619	8.9	201741	20.2	98515	9.9	33761	3.4	278999	27.9	297624	29.8	999259
2005年	117024	10.0	254653	21.8	107965	9.2	37126	3.2	309596	26.4	344189	29.4	1170553
2006年	130502	11.1	260638	22.2	109550	9.3	38309	3.3	299097	25.5	335519	28.6	1173615
2007年	144966	12.2	267138	22.4	109088	9.1	41598	3.5	305891	25.7	323853	27.2	1192534
2008年	148501	12.0	296172	24.0	111292	9.0	45579	3.7	303527	24.6	328683	26.6	1233754
2009年	126141	10.5	286311	23.8	113156	9.4	49664	4.1	312308	25.9	316558	26.3	1204138
2010年	126946	10.2	304129	24.5	129375	10.4	54653	4.4	306651	24.7	319759	25.8	1241513

说明：数据来源于历年《北京统计年鉴》。

二、高技术制造业①

20世纪80年代后期，北京大力培育高新技术产业。1988年，国务院批准成立北京市新技术产业开发试验区，1994年国务院批准成立北京经济技术开发区，各区县开发区相继成立，为培育高技术产业提供了重要载体。

1999年4月，市政府印发《北京市关于进一步促进高新技术产业发展的若干政策》，重点支持电子信息、光机电一体化、生物工程和新医药、新材料、环保等高新技术产业发展。11月，市科委出台《北京市高新技术产业孵化基地认定暂行办法》，要求规范高新技术产业孵化基地管理，促进高新技术产业孵化基地（高新技术创业服务中心、科技企业孵化器）发展，经认定的基地可享受相关政策。12月，市委、市政府发布《关于加强技术创新，发展高科技，实现产业化的意见》。截至年底，北京高新技术产业完成工业总产值560亿元，完成工业增加值165亿元，占全市工业增加值的比重为25.4%。

2000年，北京市全面落实《关于加强技术创新，发展高科技，实现产业化的意见》，继续推进一批高新技术企业项目。北京东方冠捷电子有限公司引进先进技术，建成全国产量最大的计算机显示器生产线；北方微电子基地建设加快；北京讯创公司总投资2亿美元的6英寸芯片新线奠基；首钢NEC公司总投资13.3亿美元的8英寸芯片新线奠基。截至年底，北京高新技术产业实现增加值213.5亿元，占全市工业增加值的比重为28.9%，高新技术产业对工业经济增长的贡献率在60%以上。

2001年，市政府发布《北京市"十五"时期工业发展规划》，提出要大力发展电子信息制造业，积极培育生物工程及新医药产业等高新技术产业，建设十大高新技术产业基地，实施10项传统产业升级改造工程。截至年底，高新技术产业实现工业总产值1221.7亿元；完成工业增加值263.6亿元，占全市工业增加值的比重为32.3%；实现利润80.9亿元，完成出口19.7亿美元，占全市工业利润和出口的比重分别为62.4%和58.6%。其中，电子与信息产业实现总产值846.0亿元，生物及医药制品实现总产值57.8亿元，新材料实现总产值84.7亿元，光机电一体化实现总产值197.8亿元，新能源实现总产值19.2亿元，环保设备实现总产值0.6亿元，航空航天及地球空间技术实现总产值15.6亿元。

2002年1月，市政府出台的《北京市关于进一步促进高新技术产业发展的若干规定》开始施行，对高新技术企业、高新技术成果转化项目实行认定制度，凡被认定的企业和项目可享受相关政策。9月，市政府印发《北京市鼓励在京设立科技研究开发机构的规定》，对在京设立研发机构并在北京市实施转化的项目提供优惠政策。截至年底，包括电子与信息、生物及医药制品、新材料、光机电一体化、新能源、环保设备和航空航天及地球空间技术7个门类在内的高新技术产业数据开始纳入《北京统计年鉴》的统计数据体系。

---

① 高技术制造业由核燃料加工、信息化学品制造、医药制造业、航空航天器制造、电子及通信设备制造业、电子计算机及办公设备制造业、医疗设备及仪器仪表制造业7个子门类构成。

2003 年，北京高新技术产业完成增加值 328.2 亿元，占全市工业增加值的 32.4%；完成出口交货值 408.4 亿元。电子信息产业重点项目进展加快，中芯国际北京公司 12 英寸集成电路项目厂房建设完成，进入设备安装；京东方科技集团股份有限公司（以下简称京东方）完成对韩国现代显示技术株式会社 TFT-LCD 全部资产的收购，开始筹备 TFT-LCD 第五代线建设。北京微电子产业基地项目中的有研硅股、中科镓英、砷化镓外延材料生产线项目进入设备安装调试阶段。生物医药基地投资 4 亿元，完成起步区 3.55 平方公里的基础设施建设。光机电一体化基地投入建设资金 7373 万元，基地实现"七通一平"，引进企业 16 家，北京东南压铸、韩国 FLANGE 工业株式会社入驻基地，10 家企业开工建设。截至年底，北京市共有北京生物医药高技术孵化器、北京北内制造业高新技术孵化基地有限公司、北京天竺空港科技企业孵化器有限公司、北京北方车辆新技术孵化器有限公司等高新技术产业孵化基地 31 个。

2005 年，北京市重点支持一批拥有自主知识产权、技术起点高、发展潜力大的产业化项目。由联想牵头开发的 3C 融合"闪联"标准正式公布，北京万泰生物药业研发的戊肝疫苗为世界首创。2005 年，全市规模以上工业总产值达到 6946.2 亿元，其中高新技术制造业总产值 2407.1 亿元，占工业总产值的 35%。以电子信息为主导，包括生物工程和新医药、光机电一体化、节能环保等在内的高新技术产业发展迅速，逐步成为北京工业的主导产业。

2006 年 12 月 29 日，市政府发布《北京市"十一五"时期工业发展规划》，提出大力发展高新技术产业、适度发展现代制造业、推进基础产业调整升级、坚决淘汰落后产业。

2007 年，市统计局对高新技术产业统计体系做出调整，高新技术产业更名为高技术制造业，统计门类调整为核燃料加工、信息化学品制造、医药制造业、航空航天器制造、电子及通信设备制造业、电子计算机及办公设备制造业、医疗设备及仪器仪表制造业 7 个新门类。是年，北京高技术制造业实现工业总产值 3194.4 亿元，实现增加值 557.3 亿元，增加值占北京工业增加值的 26.0%。其中，电子信息产业对工业增长贡献率为 20.7%，机电产业对工业增长贡献率为 16.3%。

2008 年 6 月 11 日，首届北京高新技术成果与企业需求网上交易会平台正式开通。

2010 年，市科委印发《北京市高新技术产业专业孵化基地认定和管理办法》，引导科技企业向专业化、市场化发展。年末，全市有北京北医联合生物工程有限公司、北京利玛自动化技术公司等科技企业孵化器共 40 个。北京高技术制造业实现工业总产值（当年价格）3004.9 亿元。其中，信息化学品制造总产值 12.3 亿元，医药制造业总产值 372.8 亿元，航空航天器制造总产值 86.3 亿元，电子及通信设备制造业总产值 1850.4 亿元，电子计算机及办公设备制造业总产值 404.3 亿元，医疗设备及仪器仪表制造业总产值 278.8 亿元。高技术制造业实现增加值 517.0 亿元，占全市工业增加值的比重为 18.8%。

2001—2010年北京高技术制造业分类工业总产值统计表

1-6表
单位：亿元

行业分类	2001年	2002年	2003年	2004年	2005年	2006年	2007年	2008年	2009年	2010年
电子与信息	846.0	718.2	980.4	1131.5	1818.3	—	—	—	—	—
生物及医药制品	57.8	76.7	159.5	153.8	173.1	—	—	—	—	—
新材料	84.7	98.4	155.1	186.9	58.5	—	—	—	—	—
光机电一体化	197.8	243.7	173.7	220.3	263.5	—	—	—	—	—
新能源	19.2	20.7	9.6	13.9	18.8	—	—	—	—	—
环保设备	0.6	0.5	4.1	5.5	15.5	—	—	—	—	—
航空航天及地球空间技术	15.6	17.7	38.4	38.1	59.3	—	—	—	—	—
信息化学品制造	—	—	—	—	—	5.8	7.8	9.0	7.4	12.3
医药制造业	—	—	—	—	—	150.1	202.3	263.9	313.1	372.8
航空航天器制造	—	—	—	—	—	54.5	60.4	64.4	68.5	86.3
电子及通信设备制造业	—	—	—	—	—	1792.7	2269.5	2046.5	1771.3	1850.4
电子计算机及办公设备制造业	—	—	—	—	—	461.3	424.3	364.8	350.5	404.3
医疗设备及仪器仪表制造业	—	—	—	—	—	201.3	230.1	247.3	253.8	278.8
合计	1221.7	1175.9	1520.9	1750.0	2407.1	2665.7	3194.4	2995.9	2764.6	3004.9

说明：从2006年起，北京高技术制造业分类进行调整，2001年至2005年包括7个细分领域，2006年至2010年调整为6个细分领域。

三、现代制造业

2003年，在中国加入世贸组织和北京成功申办2008年奥运会的新历史条件下，市委、市政府发布《关于振兴北京市现代制造业的意见》，提出要用现代科学技术武装制造业，把振兴现代制造业作为增加首都经济总量、推动结构战略性调整的切入点，进一步缩小北京制造业与沿海发达地区的差距，重点发展汽车工业、微电子集成电路产业、光机电一体化产业、生物工程和新医药四大产业，建设北京汽车工业、北方微电子产业、光机电一体化产业、生物工程与新医药产业四大基地，扶持现代汽车、中芯集成电路、方正电子出版系统、同仁堂中药与保健品、化学合成药、福田商用车、数控机床、数码影像及显示设备、移动通信、计算机及网络设备十大产品。截至年底，北京市现代制造业实现总产值1972.2亿元，占北京工业总产值的51.8%。现代制造业的5个子门类中，电子类位列第一，实现产值909.1亿元，占比46.1%；交通类实现产值439.3亿元，占比22.3%；机电类实现产值271.2亿元，占比

13.8%；医药类实现产值 133.2 亿元，占比 6.8%；其他类实现产值 219.4 亿元，占比 11.0%。海淀、朝阳、亦庄和顺义等近郊地区的现代制造业约占全市现代制造业总量的 69.8%。

2005 年 6 月，市发展改革委公布对北京近 20 家现代制造业企业的研发、物流、销售、信息咨询、售后服务等现代服务业需求抽样调查结果，45% 的企业有外包研发服务或合作研发服务业务，80% 的企业有委托第三方物流业务，85% 的企业有咨询服务业务，45% 的企业有售后服务外包，30% 的企业同时拥有自身售后和售后外包业务。北京市现代制造业和现代服务业开始呈现融合趋势。8 月，市统计局发布《关于印发现代制造业、现代服务业统计标准（试行）的通知》，明确了现代制造业行业目录及结构分类。北京市现代制造业分为电子类、机电类、交通类、医药类和其他类共五大类别 95 个行业小类。其中，电子类包括通信传输设备制造等 19 个门类，机电类包括金属结构制造等 47 个门类，交通类包括铁路机车车辆及动车组制造等 7 个门类，医药类包括化学药品原药制造等 10 个门类，其他类包括光学玻璃制造等 12 个门类。截至年底，北京现代制造业实现工业增加值 602.7 亿元，占全市工业增加值的 37.0%。其中，电子类增加值 260.5 亿元，机电类增加值 132.6 亿元，交通类增加值 130.0 亿元，医药类增加值 55.0 亿元，其他类增加值 24.6 亿元。现代制造业总产值占全市工业总产值的比重达到 50%。

2006 年，根据《北京市"十一五"时期工业发展规划》提出的适度发展现代制造业指导思路，北京市大力推动装备制造业升级突破，优先发展数控机床、印刷机械设备、电站及输变电成套设备等产品；壮大汽车产业整体实力，发展汽车整车工业、零部件工业和服务贸易领域；培育医药产业规模发展，重点发展中药、医疗器械等；打造都市产业知名品牌，发展集成电路设计、时装设计、工业产品设计等新型都市产业。

2007 年，北京围绕推动首都经济又好又快发展的思路，提出继续深入推进产业结构调整，以高技术产业带动现代制造业发展，搞好项目引进和自主研发，推进第三代移动通信、数字电视、下一代互联网等关键技术的产业化应用，加快康宁玻璃基板、中芯国际增资扩产、现代汽车第二工厂、康明斯发动机等重点项目建设。

2008 年，北京市支持将现代制造业和高新技术产业作为开展科普教育和工业旅游的重要资源，支持能充分体现现代制造业特征的代表性企业开展工业旅游服务。北京经济技术开发区提出努力打造世界一流的国际化现代制造业基地，按照国际惯例和国际化的标准，吸引跨国企业，接收更高层次的产业转移。

2009 年，北京工业围绕转变发展方式、优化产业结构的任务目标，提出坚持现代制造业和生产性服务业"双轮驱动"，摒弃单纯就制造业而言制造业、就服务业而言服务业的传统产业划分思维模式，形成制造业、生产性服务业相互带动、相互促进的新局面。

2010 年，北京现代制造业实现工业增加值 1082.3 亿元。其中，电子类增加值 222.9 亿元，机电类增加值 263.3 亿元，交通类增加值 400.7 亿元，医药类增加值 165.7 亿元，其他类增加值 29.7 亿元。现代制造业占工业增加值的比重为 39.3%。

2005—2010年北京市现代制造业工业增加值及占全市工业增加值比重统计表

1—7表

项目		2005年	2006年	2007年	2008年	2009年	2010年
现代制造业（亿元）	电子类	260.5	289.1	323.0	268.8	202.9	222.9
	机电类	132.6	154.2	169.6	212.0	243.5	263.3
	交通类	130.0	142.7	178.3	206.5	279.0	400.7
	医药类	55.0	66.1	84.6	124.1	141.6	165.7
	其他类	24.6	27.6	23.8	24.8	28.2	29.7
现代制造业增加值合计（亿元）		602.7	679.7	779.3	836.2	895.2	1082.3
全市工业增加值（亿元）		1627.0	1740.8	2159.4	2037.6	2282.2	2751.7
现代制造业占全市工业增加值比重（%）		37.0	39.0	36.1	41.0	39.2	39.3

说明：北京市对现代制造业的数据统计开始于2005年。

第二节　企业结构

1999年，按照同期国家大中小型工业企业划分标准，年销售收入和资产总额均在5亿元以上的为大型企业，年销售收入和资产总额在5000万元以上的为中型企业，其余为小型企业。截至年底，北京市工业企业中，大型企业204家，实现工业总产值8265.2万元；中型企业253家，实现工业总产值2445.5万元；小型企业3752家，实现工业总产值9289.0万元。

2000年，工业企业规模划分标准调整，工业企业分为"全部国有及年主营业务收入在500万元及以上非国有工业企业"（以下简称规模以上工业企业）和"年主营业务收入在500万元以下非国有工业企业"（以下简称规模以下工业企业）两部分，其中规模以上工业企业包括大型、中型、小型企业；规模以下工业企业包括法人工业企业和个体经营工业企业。2000年，北京市个体经营工业企业为12788家，实现工业总产值66.8亿元，其中城镇个体工业2418家、农村个体工业10370家。

2000年至2001年，北京市落实国家经贸委发布的《关于鼓励和促进中小企业发展的若干政策意见》，加快中小企业结构调整，加快国有、集体中小企业资本结构调整和改制步伐，并为其改制提供各类扶持政策，两年累计完成改制企业6445家，以1999年年底未改制企业8215家为基数，改制面达到78.5%。截至2001年年底，全市独立核算中小企业实现销售收入1734.5亿元；工业增加值431.3亿元，占全市工业增加值的60.3%；利润85.7亿元，占全市工业企业利润的66.1%。

2003 年 5 月，国家统计局制定出台《统计上大中小型企业划分办法（暂行）》，对规模以上工业企业大、中、小型企业的划分标准重新进行调整，从业人员数 2000 人及以上、销售额 3 亿元及以上、资产总额 4 亿元及以上的企业为大型工业企业；从业人员数 300～2000 人、销售额 300 万～3 亿元、资产总额 400 万～4 亿元的企业为中型工业企业；从业人员数 300 人及以下、销售额 300 万元及以下、资产总额 400 万元及以下的企业为小型工业企业。受标准调整影响，截至 2003 年年底，全市大型工业企业 44 家，比 2002 年减少 239 家；中型工业企业 407 家，比 2002 年增加 125 家；小型工业企业 3568 家，比 2002 年减少 418 家。

2006 年，市发展改革委、市工业促进局等部门联合编制《北京市"十一五"时期中小企业发展促进规划》，加大中小企业发展引导和支持力度。市政府出台《关于鼓励支持和引导个体私营等非公有制经济发展的意见》，提出逐步扩大中小企业发展专项资金规模，支持中小企业服务体系、信用担保体系、公共技术平台建设，支持为大企业配套、中小企业技术改造、技术创新、清洁生产等项目。

2007 年，工业企业规模划分标准再次调整，规模以上工业企业的标准由"全部国有及年主营业务收入在 500 万元及以上非国有工业企业"调整为"年主营业务收入在 500 万元及以上法人工业企业"；规模以下企业的标准由"年主营业务收入在 500 万元以下非国有工业企业"调整为"年主营业务收入在 500 万元以下法人工业企业和全部个体经营工业单位"。按照新标准，截至 2007 年年底，全市规模以上工业企业 6398 家、规模下工业企业 25572 家。

2009 年，北京市贯彻落实国务院《关于进一步促进中小企业发展的若干意见》精神，积极应对国际金融危机，进一步优化中小企业发展环境，帮助中小企业渡过难关。成立由 29 个委办局组成的北京市促进中小企业发展工作小组，推进《中小企业促进法》地方立法调研工作，完成《北京市促进中小企业发展条例（草案）》。针对初创期中小企业，建立中小企业创业投资引导基金，基金规模 8 亿元，解决中小企业信贷融资难题。

2010 年，北京市有规模以上工业企业 6885 家。其中，大型、中型、小型工业企业分别为 58 家、621 家、6206 家，数量比例为 0.8∶9.0∶90.1。2010 年年底，全市有规模以下工业企业 29474 家，从业人员 249886 人，实现工业总产值 280.2 亿元，其中法人工业企业 17838 家、个体经营工业单位 11636 家。

1999—2010 年北京市规模以上大、中、小型工业企业数量统计表

1-8 表　　　　　　　　　　　　　　　　　　　　　　　　　　　　　　单位：家

年份	大型企业	中型企业	小型企业	合计
1999年	204	253	3752	4209
2000年	208	247	4117	4572
2001年	307	330	3719	4356
2002年	283	282	3986	4551

（续表）

年份	大型企业	中型企业	小型企业	合计
2003年	44	407	3568	4019
2004年	44	396	3884	4324
2005年	46	494	5761	6301
2006年	50	515	5835	6400
2007年	43	564	5791	6398
2008年	56	595	6555	7206
2009年	56	578	6257	6891
2010年	58	621	6206	6885

说明：数据来源于历年《北京统计年鉴》，因单位由原始资料中的"万元"调整为"亿元"，造成部分数据有误差。

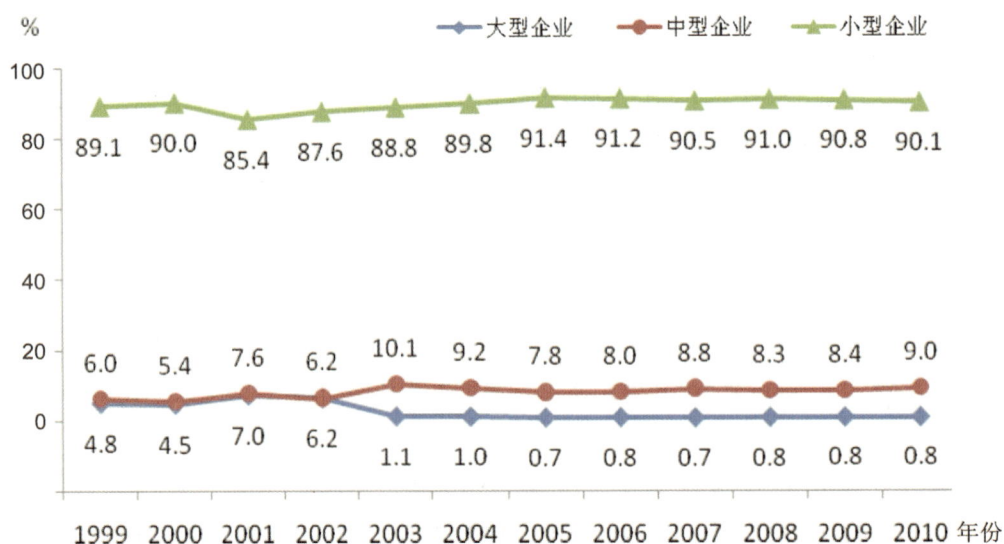

图1-5　1999—2010年北京市规模以上大、中、小型工业企业数量占比变化图

1999—2010年北京市规模以上大、中、小型工业企业工业总产值统计表

1-9表　　　　　　　　　　　　　　　　　　　　　　　　　　　　　单位：亿元

年份	大型企业	中型企业	小型企业	合计
1999年	826.60	244.84	1073.17	2144.61
2000年	1348.14	226.64	1132.62	2707.41
2001年	1908.06	238.28	762.47	2908.82
2002年	1890.10	244.12	1039.26	3173.48

（续表）

年份	大型企业	中型企业	小型企业	合计
2003年	1493.24	1257.17	1059.96	3810.36
2004年	1588.26	1561.08	1731.54	4880.89
2005年	3523.42	1718.70	1704.09	6946.21
2006年	4149.39	2088.48	1972.13	8210.00
2007年	4768.00	2597.88	2282.50	9648.38
2008年	5063.88	2835.06	2514.15	10413.09
2009年	5183.56	3165.71	2689.85	11039.13
2010年	6531.87	3973.45	3194.52	13699.84

说明：1.数据来源于历年《北京统计年鉴》。

　　　2.表中数据计量单位因原始资料中的"万元"调整为"亿元"造成部分合计数据有误差。

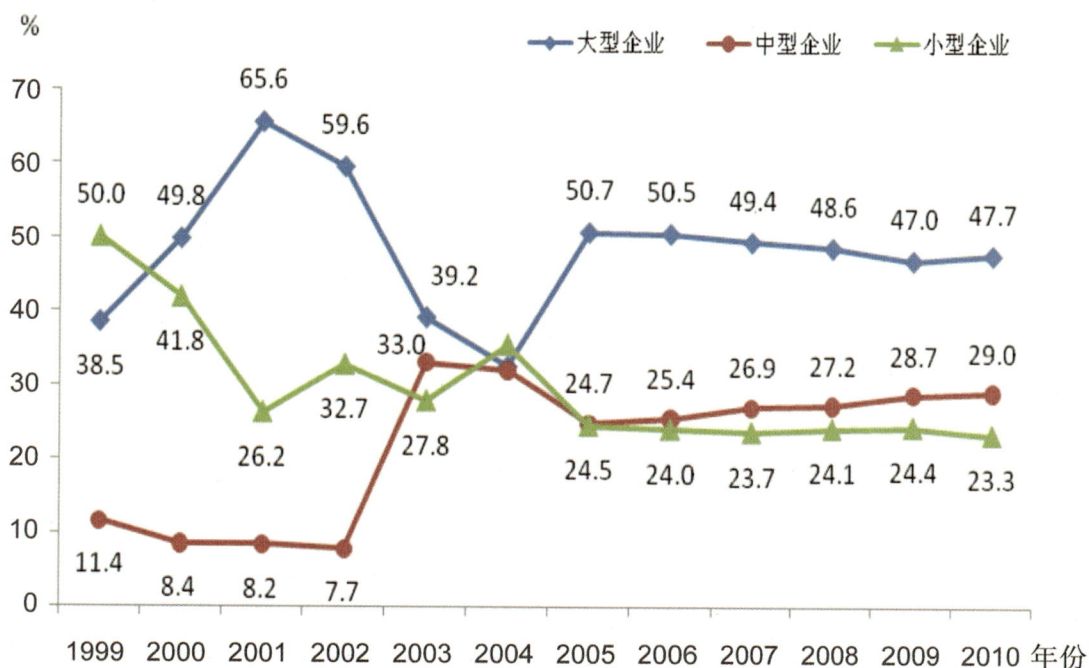

图1—6　1999—2010年北京市规模以上大、中、小型工业企业工业总产值占比变化图

1999—2010年北京市规模以下工业企业统计表

1—10表

年份	法人工业企业		个体经营工业单位	
	企业数（家）	工业总产值（亿元）	企业数（家）	工业总产值（亿元）
1999年	—	—	13188	45.65
2000年	—	—	12788	66.81
2001年	9700	155.00	9805	42.00

（续表）

年份	法人工业企业		个体经营工业单位	
	企业数（家）	工业总产值（亿元）	企业数（家）	工业总产值（亿元）
2002年	8940	147.00	10354	53.00
2003年	8732	160.00	6743	51.00
2004年	8902	166.33	7070	52.55
2005年	15700	217.01	9300	28.19
2006年	18526	246.41	9479	23.82
2007年	16987	263.95	8585	24.01
2008年	—	—	—	—
2009年	17397	244.96	7890	18.41
2010年	17838	249.69	11636	30.50

说明：1999年、2000年的《北京统计年鉴》中没有规模以下法人工业企业的经济指标内容，2008年的《北京统计年鉴》没有规模以下法人工业企业和个体经营工业单位的经济指标。

第三节　产品结构

20世纪80年代，全市低端产品比重相对较大，呈现依赖轻工业品出口的外向型特征，90年代，全市逐步加大产品结构调整引导力度，支持国外技术引进消化和高精尖产品开发，工业产品档次不断提升，高技术含量产品明显增加。

1999年，市计委和市科委联合编制发布《北京市当前优先发展的高技术产业化重点领域指南》，支持信息、生物工程和新医药、新材料、光机电一体化、环保五大产业78个细分产品领域发展。当年北京主要工业产品产量情况为粗钢734.5万吨、钢材663.8万吨、水泥803.0万吨、汽车12.3万辆、数控金属切削机床481台、微型计算机设备180.0万台、集成电路1.3亿块、布14753万米、乳制品1.4万吨、照相机81.6万台、家具386.2万件。北京博飞仪器股份有限公司（以下简称博飞公司）的DJD2电子经纬仪、印刷集团的热熔涂碳复写油墨、北京日用化学二厂的金鱼牌生态洗涤剂、时代集团的TT100超声波测厚仪等20项产品列入1999年度《国家级重点新产品试产计划》。

2000年，北京第一通用机械厂的DF-1.5/3-250型天然气压缩机、北京金属结构厂的高压储球罐式集装箱、北人集团公司的YP4880B卷筒纸平版商业印刷机等56项产品列入2000年度《国家级重点新产品试产计划》。

2001年，市计委、市经委制定发布《北京工业当前退出部分生产能力、工艺和产品目录（2001—2002年）（第一批）》，目录中退出（淘汰、限制）的落后产品涉及汽车、化工、冶金、电子、机械、仪器仪表、轻工、建材、纺织和医药 10 个领域共 157 种产品，包括电子行业的磁带式放像机、单色显示器，机械行业的低档机床工具、中小型汽轮机等，并要求目录中涉及的产品在 2002 年年底全部退出。同年，市经委、市计委发布《北京市工业当前重点发展的技术和产品目录》，涉及信息产业、机械电力、建筑建材等八大领域近百项产品，包括机械电力领域的高档数控电加工机床、智能型低压电器，信息产业的数字电视产品等。54 项产品列入国家级新产品计划，获得国家 3950 万元资金支持。

2002 年，为增强中国产品的国际竞争力、更好地应对加入世界贸易组织后面临的机遇与挑战，国家加大对创新性强、技术含量高、对行业共性技术有较好影响和带动作用、具有自主知识产权的新产品的研发支持，开展《国家重点新产品计划》项目申报工作，北京市加大新产品开发投入，50 项产品列入当年国家新产品计划，4 个项目列入国家经贸委重大技术装备创新研制项目，全市全年共受理并通过新产品鉴定 32 项。为适应中国加入世界贸易组织的形势变化，市政府制定发布《关于进一步加强产品质量工作若干问题的决定》，要求提升产品质量总体水平，推动产品质量管理与国际惯例接轨。

2003 年，北京市受理并通过赛灵中央空调节能控制系统、第三代小灵通基站全向天线、燕京无醇啤酒等在内的新产品 14 项。全年新产品销售收入 357 亿元，占产品销售总收入的 32.2%。生产汽车 34.7 万辆、交流电动机 253.1 万千瓦、数控金属切削机床 1188 台、集成电路 4.7 亿块。

2004 年，全年新产品销售收入 1179 亿元，占产品销售总收入的 13.3%。农副食品业取得较大发展，乳制品产量提升至 56.4 万吨，与 2003 年的 1.3 万吨相比增长 42 倍左右。

2005 年，北京市工业系统共受理并通过新产品鉴定 10 项。全年新产品销售收入 1726 亿元，占产品销售总收入的 15.4%。100 家食品企业的 25 类产品上千个品种参加了 2005 年北京餐饮食品博览会展示。北京工美集团有限责任公司（以下简称工美集团）技术中心设计的"老北京门墩系列"获 2005 年第五届北京旅游商品设计大赛金奖。

2006 年，北京市工业系统共受理并通过新产品鉴定 11 项。全年新产品销售收入 2262 亿元，占产品销售总收入的 9.3%。移动通信手持机产量大幅增长，实现产量 14068 万台，比 2005 年增加 4936.9 万台。企业为奥运场馆建设提供绿色建材、污水处理、雨洪利用、景观照明、节能设备、环保涂料、空气净化、消防安保等方面的产品，如纳美科技涂料、恒有源地热、桑达太阳能、益泰牡丹电子、科净源中水回收与处理、北京自动化院光伏发电等产品。北京亚都科技有限公司成为奥运会空气加湿净化器独家供应商，北京千喜鹤食品有限公司为冷鲜猪肉及猪肉制品独家供应商，爱芬食品为巧克力独家供应商。

2007 年，北京市工业系统共受理并通过新产品鉴定 12 项。全年新产品销售收入 4820 亿元，占产品销售总收入的 23.9%。红星股份有限公司设计的"红星1949"获得由中国工业设计促进会举办的中国工业产品设计大赛"红星奖"荣誉称号。顺鑫农业牛栏山酒厂"盛世欢腾白酒礼盒"获 2007 年第六届北京旅游商品设计大赛都市工业品金奖，北京王致和食品集团有限公司王致和食品厂"极品坛装系列产品"获都市工业品银奖。

2008年，受国家抑制部分行业产能过剩和北京奥运期间压缩工业产能等政策影响，粗钢、钢材、水泥三大重工业产品产量大幅减少，生产粗钢466.8万吨、钢材656.8万吨、水泥880.8万吨。北京市工业系统共受理并通过新产品鉴定25项。全年新产品销售收入8599.7亿元，占产品销售总收入的20.6%。隆达轻工控股、纺织控股、工美集团等企业为奥运会设计生产专供产品和特许产品，其中，隆达轻工控股所属北京市纸箱厂为奥运会提供纸质前台、衣柜、展示柜、办公家具、垃圾箱等纸制产品，实现以纸代木；工美集团设计开发657款奥运特许商品，其中346款获奥组委批准上市销售，"北京奥运徽宝黄金典藏版"创工美集团单项产品销售新纪录。

图1-7 2008年，北京市纸箱厂提供的奥运产品，实现以纸代木

2009年，市政府制定实施《北京市帮扶企业应对国际金融危机的若干措施》，要求全市开展政府采购自主创新产品试点、家电下乡、工业品下乡、医疗产品推介等市场帮扶工作，帮助企业拓展产品市场。中关村国家自主创新示范区51项产品入选科技部认定的首批国家自主创新产品，约占全国入选的国家自主创新产品总数的21%，产品涵盖集成电路、医疗器械、节能环保、新材料等高新技术领域。利亚德电子科技公司巨型LED大屏幕、美尔斯通科技发展公司骨传导语音通信终端系统装备、仁创集团生态环保透水砖等中关村自主创新的技术产品用于国庆60周年庆典活动及配套工程。工美集团技术中心设计的"庆祝中华人民共和国成立"作品获2009年第七届北京旅游商品设计大赛银奖，北京龙徽酿酒有限公司（以下简称龙徽酿酒）百年华诞特酿"百龙图"获铜奖。

2010年，北京主要工业产品产量为：粗钢427.5万吨、钢材794.0万吨、水泥1049.0万吨、汽车150.3万辆、数控金属切削机床9766台、微型计算机设备938.6万台、集成电路25.3亿块、布495万米、乳制品52.3万吨、啤酒164.6万升、照相机29.2万台、家具822.8万件。全年新产品销售收入2312亿元。经过多年的工业产品结构调整，全市工业产品中，布、粗钢等初级加工产品产量趋于减少，汽车、微型计算机设备、数控金属切削机床、集成电路等产品以及与城市发展和人口扩张紧密相关的生活性消费品保持增长，同时产品自身质量档次有较大提升。

1999—2010年北京主要工业产品产量统计表

1-11表

年份	汽车 （万辆）	移动通信手持 机（万台）	微型计算机设 备（万台）	数控金属切削 机床（台）	集成电路 （亿块）	乳制品 （万吨）	家用电 冰箱（万台）
1999年	12.3	—	180.0	481	1.3	1.4	5.8
2000年	12.5	1549.6	257.8	568	2.4	2.1	3.6
2001年	14.3	2163.4	339.7	1004	2.1	3.7	5.9
2002年	18.1	2280.1	415.7	912	2.5	1.4	16.2
2003年	34.7	3334.5	469.3	1188	4.7	1.3	22.8
2004年	53.9	4172.1	532.7	1024	11.1	56.4	63.1
2005年	58.6	9131.1	649.6	1655	12.6	56.9	81.7
2006年	68.3	14068.0	736.1	1875	11.8	63.5	74.1
2007年	70.7	22719.9	843.3	2382	15.7	57.9	73.1
2008年	76.6	20725.5	691.7	3108	19.1	44.9	79.0
2009年	127.1	21355.3	842.7	6125	18.3	52.2	128.7
2010年	150.3	27388.0	938.6	9766	25.3	52.3	92.1
年均增速 （%）	24.7	29.2	15.8	29.6	35.8	37.9	52.7

说明：1999年移动通信手持机产量无统计数据。

第三章　布局调整

1996 年至 2000 年，北京市共实施搬迁项目 59 项，转让土地面积 171.8 万平方米，协议转让总金额 95.6 亿元。1999 年，按照党的十五届四中全会和市委八届三次全会精神，市政府发布《北京工业布局调整规划》，提出北京工业布局调整区域规划构架将由城市中心区、环京高新技术产业带及以产业区、带形式分布在远郊区县的工业科技园区组成。贯彻落实《北京工业布局调整规划》和《北京市工业污染扰民企业搬迁实施办法》，污染扰民企业治理搬迁力度加大，提前实现工业污染源全部达标排放。

2001 年，市政府发布《2001—2005 年北京工业发展规划》，提出要加快工业布局调整的步伐，到 2005 年，初步形成合理有序、层次分明的新布局；四环路以内为工艺营销、研发机构及无污染的都市型工业和对外交往的窗口；四环路沿线为高新技术产业带；郊区县为产业定位分明的现代加工制造业基地和原材料工业基地。要在全市重点建设 10 个高新技术产业化基地，分别为中关村软件产业基地，北方微电子产业基地，电子城、亦庄电子及通信产品基地，计算机及网络产品基地，西三旗纳米材料产业基地，光机电一体化产业基地，生物芯片及新医药产业基地，燃料电池产业基地，高清晰数字电视产业基地，液晶显示器产业基地。

2005 年 5 月，市委、市政府发布《关于区县功能定位及评价指标的指导意见》，将全市从总体上划分为首都功能核心区、城市功能拓展区、城市发展新区和生态涵养发展区 4 类区域，明确了各功能区职能，成为指导北京工业布局调整的重要依据。2005 年，首都功能核心区、城市功能拓展区、城市发展新区和生态涵养发展区规模以上工业总产值分别为 424.3 亿元、2429.4 亿元、3466.4 亿元和 366.4 亿元，占全市工业（不含国家电网、冀北电力）的比重分别为 6.1%、35.0%、49.9% 和 5.3%。

2005 年 8 月，市工业促进局发布《北京市"十一五"时期工业发展规划》，提出以中关村科技园区为载体促进高新技术产业聚集、以近远郊产业基地和工业园区为载体发展现代制造业的布局调整思路，推动工业向开发区有序集中。

2010 年，北京工业形成以高新技术产业园区、经济开发区为龙头的工业发展空间体系。3 个国家级产业园区、16 个市级经济开发区以及燕化基地、首钢基地、顺义汽车产业基地等重点产业基地工业总产值占全市比重达到 60% 以上。全市形成了北京经济技术开发区、顺义临空经济区、中关村科技园区海淀园三大千亿级产业集群。各乡镇共建设 54 个市级农民就业基地，形成农产品加工、汽车零部件配套、生物医药、印刷包装等一批特色产业集聚区。截至年底，首都功能核心区、城市功能拓展区、城市发展新区和生态涵养发展区规模以上工业总产值分别为 753.4 亿元、3447.4 亿元、7065.2 亿元和 976.6 亿元，占全市工业（不含国家电网、冀北电力）的比重分别为 5.5%、25.2%、51.6% 和 7.1%，城市发展新区成为北京工业的主要承载区域。

第一节　总体布局

中华人民共和国成立初期，北京按照打造工业城市的基本思路发展工业，城区和近郊区工业在全市工业中所占比重较大。到 1980 年年初，西城、东城、宣武、崇文 4 个城区和海淀、朝阳、石景山、丰台 4 个近郊区共有企业 958 家，其中三环路以内有企业 574 家，三环路内工业产值占全市工业总产值的 1/3。1989 年，北京工业布局以二环路以内城区最密，三环路以内较密，近郊区次之，远郊区最为零散。三环路内有企业 1387 家，平均每平方公里有 9 家企业。

20 世纪 80 年代，按照首都城市功能定位的调整，北京市着手改变工业过分集中于城区的状况，逐步实施以解决污染扰民为目的的企业搬迁和组建近郊区工业科技园区。20世纪90年代，市政府先后出台《北京市实施污染扰民企业搬迁办法》《北京市推进污染扰民企业搬迁　加快产业结构调整实施办法》等文件，引导企业搬迁，从中心城区向外围转移。

1996年至2000年，按照污染扰民搬迁办法相关规定，全市共实施搬迁项目59项，转让占地面积171.8万平方米，协议转让总金额95.6亿元。北京市光华木材厂、北京齿轮厂、北广电子集团有限责任公司（北京广播器材厂）、北京飞利浦有限公司等企业从中心区搬迁退出。

1999年5月，北京市对规划市中心区内的工业企业进行核查，共计核查企业783户，总占地面积2834万平方米，占规划市中心区324平方公里面积的8.75%。其中，市属各工业总公司（局）企业297户，占地面积共计1400万平方米，占规划市中心区面积的4.32%；市属城建、市政、商业系统等工业企业174户，占地面积共计532万平方米，占规划市中心区面积的1.64%；区属工业企业250户，占地面积共计171万平方米，占规划市中心区面积的0.53%；中央在京工业企业占地面积1万平方米以上的企业共计62户，占地面积共计730万平方米，占规划市中心区面积的2.25%。

2000年8月2日，市政府发布《关于同意本市三、四环路内工业企业搬迁实施方案的通知》，提出将企业搬迁与产业结构调整相结合、与区县工业基地建设相结合，在四环路内保留高新技术企业，部分低耗能、无污染的企业，方便人民生活的都市工业，大企业集团的开发、销售中心，其余企业有序迁出，主要去向是国家和北京市批准的工业开发区和区县工业小区。要用5年时间，实现134家企业原址转让，腾出613万平方米的土地面积，使规划市中心区内的工业用地比例由8.74%降至7%。年内，全市共批准污染扰民企业搬迁立项28项，转让占地面积190万平方米，搬迁项目总投资79亿元。截至年底，北京城区共有工业企业709户，四环路以内有110个污染扰民企业，占地面积426万平方米。

2000年，市政府发布《关于大力推进乡镇企业二次创业的意见》，提出镇（乡）工业小区和第二、三产业专业村，是乡镇企业二次创业的主要基地，各区县要以主要精力抓紧抓好；远郊区第二、三产业较发达的村，有条件的，经批准可开辟集中工业发展用地，发展一批"工业大院"，为农民进入第二、三产业创造条件。

2001年，市政府发布《2001—2005年北京工业发展规划》，提出要重点实施市中心区及周边地区总占地613万平方米的134家企业的搬迁工作，基本解决市中心区内工业企业的污染扰民问题。2002年，全市完成41家企业的搬迁立项，造纸一厂、北京木材防腐厂等一批重点污染企业停产，规划市中心区内工业用地比例降到7%。2001年至2005年，北京市累计搬迁企业141家，腾退工业用地面积879万平方米。2005年，规划市中心区内工业用地比例降到6.6%。全市城区、近郊、远郊3类区域工业总量比重，由2001年的12∶51∶37变化为10∶34∶56。

2004年，北京有23家企业享受污染扰民企业搬迁政策从城区迁出，其中11家企业迁入开发区，7家企业迁入远郊区县所属分厂，5家企业进行内部调整，共腾退城区土地122.7万平方米。

2005年2月18日，国务院批准首钢实施搬迁、结构调整和环境治理方案，首钢搬迁工作正式开始。2006年7月15日，北京焦化厂全面进入停产程序。

2007年9月，市工业促进局、市发展改革委、市财政局、市劳动和社会保障局、市水务局、市工商局、市环保局、市统计局8个部门联合发布《北京市关于加快退出高污染、高耗能、高耗水工业企业的意见》，提出要鼓励北京企业积极退出高污染、高耗能、高耗水（以下简称"三

图1-8　2006年7月15日，北京焦化厂全面进入停产程序

高"）生产环节。同年，门头沟区、通州区、房山区、大兴区、平谷区、密云县和延庆县共50家企业退出"三高"生产。北京焦化厂关停，北京有机化工厂、化工二厂等企业分别进入停产准备和实施阶段。

2010年，北京二环以内规模以上工业企业58家，实现主营业务收入2102.04亿元，企业生产经营占地面积共计954.0万平方米；二环到三环之间规模以上工业企业129家，实现主营业务收入250.37亿元，企业生产经营占地面积共计286.4万平方米；三环到四环之间规模以上工业企业202家，实现主营业务收入585.71亿元，企业生产经营占地面积共计551.2万平方米；四环到五环之间规模以上工业企业445家，实现主营业务收入1234.5亿元，企业生产经营占地面积共计1061.3万平方米；五环到六环之间规模以上企业1055家，实现主营业务收入4430.97亿元，企业生产经营占地面积共计7436.8万平方米；六环以外规模以上企业1359家，实现主营业务收入4183.48亿元，企业生产经营占地面积共计4613.6万平方米。五环外工业企业数量占北京规模以上工业企业数量的74%，五环外工业企业生产经营占地面积占北京规模以上工业企业生产经营占地面积的80.86%。

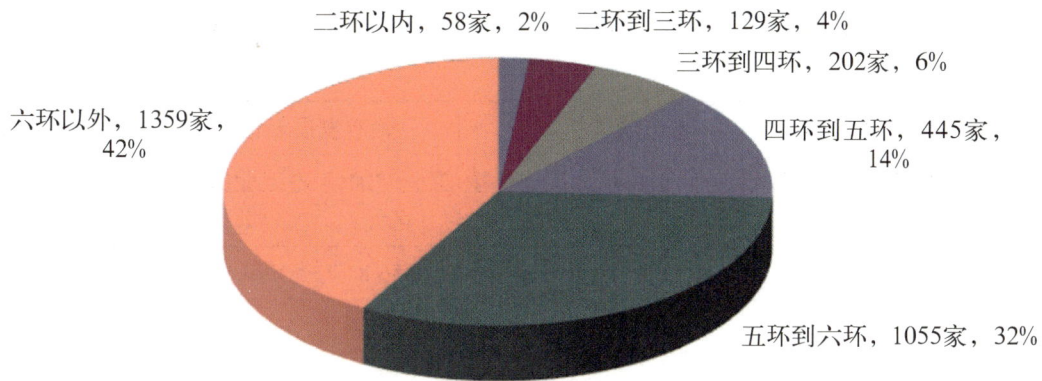

二环以内，58家，2%　二环到三环，129家，4%

三环到四环，202家，6%

四环到五环，445家，14%

六环以外，1359家，42%

五环到六环，1055家，32%

图1-9　2010年北京规模以上工业企业按环路布局情况图

第二节　功能区布局

依照2004年发布的《北京城市总体规划（2004年—2020年）》关于"两轴、两带、多中心"和城市次区域划分的设想，2005年1月，全市从总体上划分为首都功能核心区、城市功能拓展区、城市发展新区和生态涵养发展区4类区域。各区域所承担任务功能的界定划分，是指导全市产业布局调整的重要依据。

2005年至2010年，首都功能核心区和城市功能拓展区的工业增加值和总产值呈下降趋势，城市发展新区保持高速增长态势，生态涵养发展区维持低速增长。其中，首都功能核心区工业总产值降低3.6个百分点，工业增加值降低0.5个百分点；城市功能拓展区工业总产值降低6.8个百分点，工业增加值降低11.1个百分点；城市发展新区工业总产值增加7.8个百分点，工业增加值增加10.5个百分点；生态涵养发展区工业总产值增加2.7个百分点，工业增加值增加1.0个百分点。

2005—2010年四大功能区规模以上工业总产值统计表

1-12表

年份	首都功能核心区		城市功能拓展区		城市发展新区		生态涵养发展区	
	工业总产值（亿元）	占工业比重（%）	工业总产值（亿元）	占工业比重（%）	工业总产值（亿元）	占工业比重（%）	工业总产值（亿元）	占工业比重（%）
2005年	682.7	9.8	2429.3	35.0	3466.4	49.9	366.5	5.3
2006年	471.6	6.1	2520.8	32.6	4259.6	55.0	491.9	6.4
2007年	510.2	5.7	2774.8	30.8	5110.9	56.7	614.2	6.8
2008年	598.6	6.2	2874.6	29.7	5537.2	57.2	663.2	6.9
2009年	646.0	6.4	2920.9	28.7	5809.0	57.1	795	7.8
2010年	753.4	6.2	3447.3	28.2	7065.2	57.7	976.6	8.0

2005—2010年四大功能区规模以上工业增加值统计表

1—13表

年份	首都功能核心区		城市功能拓展区		城市发展新区		生态涵养发展区	
	工业增加值（亿元）	占工业比重（%）	工业增加值（亿元）	占工业比重（%）	工业增加值（亿元）	占工业比重（%）	工业增加值（亿元）	占工业比重（%）
2005年	120.4	8.2	579.0	39.3	656.8	44.6	116.4	7.9
2006年	144.2	9.1	600.1	37.7	717.6	45.1	128.2	8.1
2007年	155.2	8.6	662.7	36.7	837.1	46.4	150.6	8.3
2008年	158.4	8.3	654.1	34.4	918.3	48.3	168.9	8.9
2009年	160.7	7.9	622.9	30.5	1073.1	52.5	188.7	9.2
2010年	190.9	7.7	695.3	28.2	1358.3	55.1	219.8	8.9

一、首都功能核心区

2005年，按照《中共北京市委、北京市人民政府关于区县功能定位及评价指标的指导意见》，首都功能核心区包括东城、西城、崇文、宣武4个区。该区域集中体现北京作为国家政治、文化、对外交往中心功能，集中展现古都特色，是首都功能及"四个服务"的最主要载体，主要任务是加强城市管理，保护古都风貌，改善人居环境，大力发展现代服务业，为实现首都城市性质和功能做出贡献。2005年，首都功能核心区区域面积92.39平方公里，共有常住人口206.1万人，是全市城市化水平最高的区域，实现规模以上工业总产值682.7亿元，占北京规模以上工业的9.8%；增加值120.4亿元，占北京规模以上工业的8.2%；主营业务收入936.6亿元，占北京规模以上工业的12.9%；利润总额137.5亿元，占北京规模以上工业的33.2%。区域内主导产业类型是电力、燃气、自来水的生产和供应业，仪器仪表及办公用品机械制造业等，国家电网有限公司、华北电网有限公司、北京市电力有限公司、华电（北京）热电有限公司等总部型企业聚集特征突出。

2010年6月，北京市调整首都功能核心区行政区划，撤销东城区、崇文区，设立新的东城区，以原东城区、崇文区的行政区域为东城区的行政区域；撤销西城区、宣武区，设立新的西城区，以原西城区、宣武区的行政区域为西城区的行政区域。

2010年，首都功能核心区实现规模以上工业总产值753.4亿元，占北京规模以上工业的6.2%；增加值190.9亿元，占北京规模以上工业的7.7%；主营业务收入2222.3亿元，占北京规模以上工业的15.0%；利润总额237.4亿元，占北京规模以上工业的23.1%。

2005—2010年首都功能核心区中各行政区规模以上工业经济效益完成情况统计表

1-14表

年份	区域	工业总产值		工业增加值	
		数值（亿元）	占首都功能核心区工业的比重（%）	数值（亿元）	占首都功能核心区工业的比重（%）
2005年	首都功能核心区合计	682.7	100.0	120.4	100.0
	东城区	48.9	7.2	11.8	9.8
	西城区	351.2	51.4	78.2	65.0
	崇文区	40.4	5.9	15.8	13.1
	宣武区	242.2	35.5	14.6	12.1
2006年	首都功能核心区合计	471.6	100.0	144.2	100.0
	东城区	53.0	11.2	17.4	12.1
	西城区	347.9	73.8	99.3	68.9
	崇文区	36.8	7.8	14.1	9.8
	宣武区	33.9	7.2	13.4	9.3
2007年	首都功能核心区合计	510.2	100.0	155.2	100.0
	东城区	45.6	8.9	14.4	9.3
	西城区	395.2	77.5	115.0	74.1
	崇文区	36.5	7.2	12.9	8.3
	宣武区	32.9	6.4	12.9	8.3
2008年	首都功能核心区合计	598.6	100.0	158.4	100.0
	东城区	38.0	6.3	11.0	6.9
	西城区	488.7	81.6	119.8	75.6
	崇文区	28.8	4.8	14.2	9.0
	宣武区	43.1	7.2	13.4	8.5
2009年	首都功能核心区合计	646.0	100.0	160.7	100.0
	东城区	38.2	5.9	11.7	7.3
	西城区	535.7	82.9	119.9	74.6
	崇文区	23.8	3.7	12.8	8.0
	宣武区	48.3	7.5	16.3	10.1
2010年	首都功能核心区合计	753.4	100.0	190.9	100.0
	东城区（合并后）	67.1	8.9	25.3	13.3
	西城区（合并后）	686.3	91.1	165.6	86.7

说明：数据来源于2006年至2011年的《北京区域统计年鉴》。

二、城市功能拓展区

城市功能拓展区包括朝阳、海淀、丰台、石景山4个区，该区域涵盖中关村科技园区核心区、奥林匹克中心区、北京商务中心区等重要功能区，是体现北京现代经济与国际交往功能的重要区域。按照《中共北京市委、北京市人民政府关于区县功能定位及评价指标的指导意见》，城市功能拓展区主要任务是拓展面向全国和世界的外向经济服务功能，推进科技创新与高新技术产业发展，大力发展高端产业，为提升城市的核心竞争力做出贡献，是北京高新技术产业的主要集聚区域。

2005年，城市功能拓展区实现规模以上工业总产值2429.3亿元，占北京规模以上工业的35.0%；增加值579.0亿元，占北京规模以上工业的39.3%；主营业务收入2516.2亿元，占北京规模以上工业的34.6%；利润总额90.6亿元，占北京规模以上工业的21.9%。中关村科技园区4个园和八大处高科技园区共19321家高新技术企业分布在城市功能拓展区，占全市开发区高新技术企业总数的88.6%。区域内工业园区总收入占全市开发区的55.1%，其中技术收入751.3亿元，占全市开发区的87%。

2010年，城市功能拓展区实现规模以上工业总产值3447.3亿元，占北京规模以上工业的28.2%；增加值695.3亿元，占北京规模以上工业的28.2%；主营业务收入4295.4亿元，占北京规模以上工业的29.0%；利润总额243.9亿元，占北京规模以上工业的23.7%。其中，海淀区工业规模处于该功能区域第一位，以电子信息制造业为特色；朝阳区工业产值排名前三位的行业为煤炭开采和洗选业，通信设备、计算机及其他电子设备制造业，石油和天然气开采业；丰台区工业以交通设备制造业、通用设备制造业、电气机械及器材制造业、专用设备制造业等为主；石景山区以黑色金属压延业、电力热力生产供应业、通用设备制造业、电气机械及器材制造业为主。

2005—2010年城市功能拓展区各行政区规模以上工业经济效益完成情况统计表

1—15表

年份	区域	工业总产值		工业增加值	
		数值（亿元）	占城市功能拓展区工业的比重（%）	数值（亿元）	占城市功能拓展区工业的比重（%）
2005年	城市功能拓展区合计	2429.3	100.0	579.0	100.0
	朝阳区	707.7	29.1	183.2	31.6
	丰台区	268.9	11.1	71.1	12.3
	石景山区	602.3	24.8	124.2	21.5
	海淀区	850.4	35.0	200.5	34.6
2006年	城市功能拓展区合计	2520.8	100.0	600.1	100.0
	朝阳区	675.2	26.8	181.9	30.3
	丰台区	290.9	11.5	75.5	12.6
	石景山区	616.6	24.5	125.8	21.0
	海淀区	938.1	37.2	216.9	36.1

（续表）

年份	区域	工业总产值		工业增加值	
		数值 （亿元）	占城市功能拓展区 工业的比重（%）	数值 （亿元）	占城市功能拓展区 工业的比重（%）
2007年	城市功能拓展区合计	2774.8	100.0	662.7	100.0
	朝阳区	674.5	24.3	176.3	26.6
	丰台区	329.0	11.9	81.4	12.3
	石景山区	676.3	24.4	136.6	20.6
	海淀区	1095.0	39.5	268.4	40.5
2008年	城市功能拓展区合计	2874.6	100.0	654.1	100.0
	朝阳区	667.4	23.2	192.7	29.5
	丰台区	387.4	13.5	90.3	13.8
	石景山区	691.9	24.1	97.9	15.0
	海淀区	1127.9	39.2	273.2	41.8
2009年	城市功能拓展区合计	2920.9	100.0	622.9	100.0
	朝阳区	822.3	28.2	195.3	31.4
	丰台区	370.1	12.7	83.5	13.4
	石景山区	539.7	18.5	83.9	13.5
	海淀区	1188.8	40.7	260.2	41.8
2010年	城市功能拓展区合计	3447.3	100.0	695.3	100.0
	朝阳区	1040.5	30.2	238.6	34.3
	丰台区	433.5	12.6	99.0	14.2
	石景山区	630.3	18.3	92.9	13.4
	海淀区	1343.0	39.0	264.8	38.1

说明：1. 数据来源于2006年至2011年的《北京区域统计年鉴》。

2. 表中数据计量单位因原始资料中的"万元"调整为"亿元"造成合计数据有误差。

三、城市发展新区

城市发展新区包括通州、顺义、大兴、昌平、房山5个区和北京经济技术开发区，该区域涵盖通州、顺义、亦庄3个重点新城，平原面积广阔，具有良好的自然环境、资源条件和得天独厚的区位优势，是北京发展制造业和现代农业的主要载体，也是北京疏散城市中心区产业与人口的重要区域。按照《中共

图1—10　2008年，大兴区工业局召开促进大兴食品工业发展研讨会

北京市委、北京市人民政府关于区县功能定位及评价指标的指导意见》，城市发展新区主要任务是依托新城、国家级和市级开发区，增强生产制造、物流配送和人口承载功能，发展城市新的增长极。

2005年，城市发展新区实现规模以上工业总产值3466.4亿元，占北京规模以上工业的49.9%；增加值656.8亿元，占北京规模以上工业的44.6%。区域内布局有现代制造业基地、光机电一体化产业基地、生物工程与医药产业基地等一批专业开发区。

2009年5月，市发展改革委发布《关于促进生态涵养发展区协调发展的意见》，将城市发展新区中房山区和昌平区的山区部分划归生态涵养发展区，但统计局统计口径并未调整。

2010年，城市发展新区实现规模以上工业总产值7065.2亿元，占北京规模以上工业的57.7%；增加值1358.3亿元，占北京规模以上工业的55.1%；主营业务收入7238.2亿元，占北京规模以上工业的48.9%；利润总额464.3亿元，占北京规模以上工业的45.2%。其中顺义区工业以交通运输设备制造业、电子通信设备制造业、都市工业为主，房山区工业以石化和新材料、生物工程与新医药、机电装备制造等为主。

图1-11　位于昌平区的北京华都酿酒食品工业公司生产的白酒（2010年摄）

2005—2010年城市发展新区规模以上工业经济效益完成情况统计表

1-16表

年份	区域	工业总产值		工业增加值	
		数值（亿元）	占城市发展新区工业的比重（%）	数值（亿元）	占城市发展新区工业的比重（%）
2005年	城市发展新区合计	3466.4	100.0	656.8	100.0
	通州区	228.7	6.6	56.0	8.5
	顺义区	864.3	24.9	133.1	20.3
	昌平区	438.6	12.7	72.6	11.1
	大兴区	204.2	5.9	60.1	9.2
	房山区	611.1	17.6	111.8	17.0
	北京经济技术开发区	1119.5	32.3	223.2	34.0

（续表）

年份	区域	工业总产值		工业增加值	
		数值（亿元）	占城市发展新区工业的比重（%）	数值（亿元）	占城市发展新区工业的比重（%）
2006年	城市发展新区合计	4259.6	100.0	717.6	100.0
	通州区	286.2	6.7	65.3	9.1
	顺义区	1028.1	24.1	145.6	20.3
	昌平区	481.7	11.3	87.9	12.2
	大兴区	244.5	5.7	63.1	8.8
	房山区	568.5	13.3	79.3	11.1
	北京经济技术开发区	1650.6	38.8	276.4	38.5
2007年	城市发展新区合计	5110.9	100.0	837.1	100.0
	通州区	348.2	6.8	72.5	8.7
	顺义区	1089.4	21.3	168.1	20.1
	昌平区	633.8	12.4	117.1	14.0
	大兴区	291.2	5.7	74.5	8.9
	房山区	637.1	12.5	84.1	10.0
	北京经济技术开发区	2111.2	41.3	320.8	38.3
2008年	城市发展新区合计	5537.2	100.0	918.3	100.0
	通州区	418.1	7.6	77.7	8.5
	顺义区	1215.7	22.0	196.6	21.4
	昌平区	704.8	12.7	145.0	15.8
	大兴区	348.6	6.3	80.1	8.7
	房山区	821.3	14.8	85.9	9.4
	北京经济技术开发区	2028.7	36.6	333.0	36.3
2009年	城市发展新区合计	5809.0	100.0	1073.1	100.0
	通州区	426.3	7.3	87.7	8.2
	顺义区	1525.4	26.3	277.5	25.9
	昌平区	775.2	13.3	142.3	13.3
	大兴区	365.8	6.3	82.8	7.7
	房山区	756.1	13.0	149.1	13.9
	北京经济技术开发区	1960.2	33.7	333.7	31.1

（续表）

年份	区域	工业总产值		工业增加值	
		数值（亿元）	占城市发展新区工业的比重（%）	数值（亿元）	占城市发展新区工业的比重（%）
2010年	城市发展新区合计	7065.2	100.0	1358.3	100.0
	通州区	593.0	8.4	129.8	9.6
	顺义区	1851.6	26.2	350.2	25.8
	昌平区	987.8	14.0	174.5	12.8
	大兴区	455.1	6.4	95.0	7.0
	房山区	949.6	13.4	207.0	15.2
	北京经济技术开发区	2228.1	31.5	401.8	29.6

说明：数据来源于2006年至2011年的《北京区域统计年鉴》。

四、生态涵养发展区

生态涵养发展区包括门头沟、平谷、怀柔、密云、延庆5个区县，该区域大多处于山区或浅山区，山区占辖区面积均在62%以上，是北京的生态屏障和水源保护地，是保证北京可持续发展的关键区域。依据《中共北京市委、北京市人民政府关于区县功能定位及评价指标的指导意见》，生态涵养发展区主要任务是加强生态环境的保护与建设，引导人口相对集聚，引导自然资源的合理开发与利用，发展生态友好型产业，打造首都生态屏障和市民休闲游憩的空间。

2005年，生态涵养发展区实现规模以上工业总产值366.5亿元，占北京规模以上工业的5.3%；增加值116.4亿元，占北京规模以上工业的7.9%；主营业务收入356.9亿元，占北京规模以上工业的4.9%；利润总额26.5亿元，占北京规模以上工业的6.4%。

图1—12 2005年9月23日，密云县乡镇与企业代表出席招商推介会

2006年，生态涵养区结合"十一五"时期社会主义新农村建设要求，推进工业布局调整，引导高技术产业发展。全年共实现工业总产值491.9亿元，完成工业增加值128.2亿元，主营业务收入494.87亿元。

2009年8月，市科委主导制定的《关于科技促进生态涵养发展区产业发展的意见》印发，提出要在生态涵养发展区大力发展高新技术产业，提升区域低碳高端产业发展水平。

　　2010年，生态涵养发展区共实现工业总产值976.6亿元，占北京工业总产值的8.0%；增加值219.8亿元，占北京工业总产值的8.9%；主营业务收入1051.3亿元，占北京工业总产值的7.1%；利润总额82.8亿元，占北京工业总产值的8.1%。其中，门头沟区都市型工业保持良好发展态势；平谷区绿色环保产业发展趋势良好；怀柔区工业以汽车及零部件、食品饮料、包装印刷等行业为主；密云县工业以纺织服装、交通运输设备制造、食品饮料等行业为主导，打造生态型工业体系；延庆县工业以非金属矿物制品业、纺织业、农副食品加工业为主。

2005—2010年生态涵养发展区规模以上工业经济效益完成情况统计表

1—17表

年份	区域	工业总产值		工业增加值	
		数值（亿元）	占生态涵养发展区工业的比重（%）	数值（亿元）	占生态涵养发展区工业的比重（%）
2005年	生态涵养发展区合计	366.5	100.0	116.4	100.0
	怀柔区	120.0	32.7	39.6	34.0
	平谷区	86.2	23.5	19.2	16.5
	密云县	92.9	25.3	27.5	23.6
	延庆县	19.0	5.2	7.0	6.0
	门头沟区	48.4	13.2	23.1	19.8
2006年	生态涵养发展区合计	491.9	100.0	128.2	100.0
	怀柔区	221.5	45.0	47.6	37.1
	平谷区	100.1	20.3	20.5	16.0
	密云县	100.8	20.5	29.6	23.1
	延庆县	20.9	4.2	7.7	6.0
	门头沟区	48.6	9.9	22.8	17.8
2007年	生态涵养发展区合计	614.2	100.0	150.6	100.0
	怀柔区	302.7	49.3	60.7	40.3
	平谷区	114.5	18.6	23.0	15.3
	密云县	113.1	18.4	32.3	21.4
	延庆县	27.9	4.5	8.1	5.4
	门头沟区	56.0	9.1	26.5	17.6

（续表）

年份	区域	工业总产值		工业增加值	
		数值（亿元）	占生态涵养发展区工业的比重（%）	数值（亿元）	占生态涵养发展区工业的比重（%）
2008年	生态涵养发展区合计	663.2	100.0	168.9	100.0
	怀柔区	302.3	45.6	63.9	37.8
	平谷区	129.8	19.6	24.0	14.2
	密云县	126.1	19.0	37.5	22.2
	延庆县	36.1	5.4	8.9	5.3
	门头沟区	68.9	10.4	34.6	20.5
2009年	生态涵养发展区合计	795.0	100.0	188.7	100.0
	怀柔区	394.7	49.6	68.9	36.5
	平谷区	148.9	18.7	36.9	19.6
	密云县	145.6	18.3	40.0	21.2
	延庆县	40.8	5.1	9.9	5.2
	门头沟区	65.0	8.2	33.0	17.5
2010年	生态涵养发展区合计	976.6	100.0	219.8	100.0
	怀柔区	484.8	49.6	77.7	35.4
	平谷区	184.7	18.9	41.7	19.0
	密云县	177.0	18.1	48.9	22.2
	延庆县	51.4	5.3	12.8	5.8
	门头沟区	78.7	8.1	38.7	17.6

说明：数据来源于2006年至2011年的《北京区域统计年鉴》。

第三节　开发区布局

1988年，国务院批准成立北京市新技术产业开发试验区，位于海淀区中关村，为北京市第一个新技术产业开发试验区。1992年，中共十四大召开后，经济技术开发区和各类区县开发区相继成立。截至1998年年底，北京市工业及高科技园区达到28个。其中，国家级开发区2个，分别为北京市新技术产业开发试验区海淀园区和经济技术开发区。北京市开发区、试验区和工业小区（以下简称"三区"）26个。已有24.5平方公里土地为建成区，其中工业建成区面积13.3平方公里。

1999年6月5日，国务院批复北京市政府和科技部，原则同意《加快建设中关村科技园区的请示》中关于加快建设中关村科技园区的意见和关于中关村科技园区的发展规划，中关村科技园区形成"一区五园"的空间格局。

审图号：京S（2018）037号

图1—13　1999年北京市开发区布局图

截至1999年年底，北京市"三区"土地开发施工面积36.6平方公里，完工32.7平方公里，工业建成区面积14.8平方公里。全年在建施工项目205个，完成固定资产投资84.1亿元，全部建成投产项目97个。全市"三区"批准入区企业10613家，完成总产值834.6亿元。其中，高新技术企业6789家，占全部批准入区企业的64%，完成总产值715亿元，占"三区"全年产值的85.7%。

2000年12月，北京天竺空港工业开发区、北京林河工业开发区、北京大兴工业开发区、北京石龙工业开发区、北京兴谷工业开发区、北京通州工业开发区、北京八达岭工业开发区、北京密云工业开发区、北京良乡工业开发区和北京雁栖工业开发区10个开发区被列为市级工业开发区。

2001年，北京市发布"十五"时期工业发展规划，明确规定在"十五"时期，冰箱压缩机企业向经济技术开发区搬迁改造，实现340万台生产能力；提出加强实施北京市化工行业从基本原料型向低污染低能耗的精细化工型的转变，从规划市区向郊区、开发区转移。至2003年年底，市政府批准设立的市级开发区共12家。同年，除石龙工业开发区和北京光机电一体化产业基地外的其他10家市级开发区入区企业总数为505家，职工总数为61680人，入区企业工业产品销售收入383亿元，利润44.6亿元，税收39.7亿元，单位面积土地产出为2434万元/公顷。

2004年，按照《国务院办公厅关于清理整顿各类开发区 加强建设用地管理的通知》的总体要求，北京市对原有的470个开发区进行清理整顿，经国务院批准设立的3个开发区全部保留；由市政府批准设立的27个开发区，保留18个，撤销9个；国务院所属部门、市政府所属部门和各区县政府设立的111个开发区，保留7个，撤销、整合104个；各区、县政府和所属部门批准设立以及擅自设立的329个各类开发（园）区全部撤销。北京工业开发区数量由470个削减至28个，减幅为94%。开发区规划用地面积由87611公顷减至40843公顷，减幅为53.4%。12月27日，市发展改革委提出"北京工业将实现两个转移，即城区向郊区转移、郊区向开发区转移"，北京工业逐步向28个开发区集中。至年底，28个开发区入区企业总数4348家，职工总数36.5万余人；入区企业实现工业总产值2302.8亿元，占全市规模以上工业总产值的47.2%；实现工业增加值432.7亿元，占全市工业增加值的34.4%；实现利润162.6亿元，实现税收50.25亿元，分别占全市工业的52.3%、23.7%。其中，电子信息、汽车及零部件制造、机电、生物工程和医药、都市、基础六大产业的总产值占全市相应产业领域工业总产值的比重分别为97.7%、53.9%、43.0%、91.5%、27.1%、13.6%。

2005年1月，市工业促进局、市发展改革委、市规划委、市国土资源局4部门发布《关于北京工业开发区（基地）建设项目节约土地和资源的意见》，提出坚持布局集中原则，积极整合利用全市工业用地的存量资源，要求新增工业用地重点向开发区集中，开发区工业企业能源集约利用。至2005年年底，全市28个开发区详规批复总面积约为18113.8公顷，其中详规工业用地面积为8067.6公顷，建成投产工业企业土地面积4512.6公顷。累计完成固定资产投资总额534.5亿元，累计入区企业30047家。截至年底，全市28个工业开发区实现工业总产值（当年价格）3119.7亿元，占全市规模以上工业总产值的44.9%，其中电子、机电、汽车、生物医药四大产业聚集度均在40%以上，电子信息产业接近90%。

2006年1月17日，国家发展改革委公布第五批通过审核国家级开发区名单，确定中关村科技园区规划用地总面积为23252.29公顷，其中集中新建区面积10068.29公顷，形成"一区十园"的空间格局。同年，按照国务院批准的《清理整顿开发区的审核原则和标准》，全市开发区进一步整合，原计划保留的28个开发区（包括3个国家级开发、18个市级开发区、7个市级以下开发区）最终整合为19个。其中，国家级开发区3个、市级开发区16个。大兴生物医药基地、北京市光机电一体化产业基地等4个市级开发区被纳入中关村自主创新示范区，部分市级开发区进行了合并。调整后，全市开发区规划土地面积319.2平方公里，其中国家级开发区占77.6%，市级开发区占22.4%。截至年底，全市19个开发区投产开业工业企业 6550 家，共完成工业总产值 4746.14 亿元，占全市规模以上工业总产值的 57.8%，实现主营业务收入 4777.49 亿元，实现工业利润 309.07 亿元。

2007 年 7 月，市政府颁布《关于全面实行工业用地招标拍卖挂牌出让的实施意见（试行）》。根据当年对开发区实施工业用地招拍挂情况的调查，2007 年全市开发区有 22 块工业用地共 54.48 公顷以招标拍卖挂牌形式出让，平均出让价格为 36 万元 / 亩（1 亩≈ 666.67 平方米）。年底，全市开发区工业总产值 5260.47 亿元，占全市规模以上工业总产值的 54.52%；主营业务收入 5518.06 亿元，占全市工业的 52.85%；工业出口交货值 1628.63 亿元，占全市工业的 87.09%。2008 年，受全球金融危机影响，北京市开发区经济总量回落，工业总产值 5209.1 亿元，占全市规模以上工业总产值的 50.0%；工业出口交货值 1525.0 亿元，占全市工业的 85.3%，开发区内高新技术企业工业总产值为 3715.2 亿元。2009 年，北京市开发区实现工业总产值 5127.7 亿元，占全市规模以上工业总产值的 46.5%。

2007 年，市工业促进局、市发展改革委、市科委、市规划委、市水务局、市统计局 6 部门联合发布《北京市开发区开展生态工业园建设的意见（试行）》，以大兴生物医药产业基地、林河经济开发区、密云经济开发区 3 个开发区为试点，启动生态园建设。

2010 年，北京市共有开发区 19 家，规划总面积 34497.5 公顷；其中国家级开发区 3 家，规划面积 25812.96 公顷；市级开发区 16 家，规划面积 8684.54 公顷。全市开发区投产、开业企业 22396 家。其中，国家级开发区 17296 家、市级开发区 5100 家。全年工业总产值 6169.5 亿元，占全市规模以上工业总产值的 45%；销售产值 6062.2 亿元，占全市规模以上工业总产值的 44.3%。北京开发区累计投产高新技术企业 15892 家，占开发区投产企业总数的 71.0%；高新技术企业总产值 5237.0 亿元，占开发区工业总产值的 84.9%；高新技术企业总收入 16226.3 亿元，占开发区工业总收入的 88.2%；高新技术企业利润总额 1329.3 亿元，占开发区工业利润总额的 91.6%；高新技术企业从业 119.7 万人，占北京开发区从业人数的 83.1%。北京市共有产业基地 5 家，全年工业总产值 1617.89 亿元，占全市规模以上工业总产值的 11.8%；税金 206.92 亿元。

一、国家级经济开发区、保税区

中关村国家自主创新示范区

1999 年 1 月，经科技部批准，北京市新技术产业开发试验区区域调整，电子城、亦庄园纳入试验区政策区范围，北京市新技术产业开发试验区形成"一区五园"（即海淀园、丰台园、昌平园、电子城、亦庄园）的空间格局。6 月 5 日，国务院批复北京市政府和科技部，原则同意《加快建设中关村科技园区的请示》中关于加快建设中关村科技园区的意见和关于中关村科技园区的发展规划。6 月 23 日，建设中关村科技园区领导小组成立。8 月 10 日，市政府发出通知，将北京市新技术产业开发试验区管理委员会更名为中关村科技园区管理委员会（以下简称中关村管委会），与建设中关村科技园区领导小组办公室合署办公。

2001 年 6 月，科技部印发《关于同意调整北京市新技术产业开发试验区区域范围的复函》，同意在不占用耕地、不增加总面积的前提下，对中关村科技园区政策区区域范围做适当调整。将中关村科技园区政策区中公园及绿化用地、中央单位办公用地等共计 28.9 平方公里不可利用的面积调出科技园区，调整了昌平园政策区域边界，同意电子城科技园以土地置换方式补充产业用地，开发建设电子城科技园西区；将清河地区、马连洼地区、朝阳区大屯地区（朝阳区政府将此区域暂命名为中关村科学城北苑区，2003 年 7 月 8 日更名为中关村科技园区健翔科技园）和西城区德外大街以西地区（该地区统称为德胜科技苑，2002 年 4 月 12 日更名为中关村科技园区德胜科技园）、中关村软件园和生命科学园共约 25.7 平方公里的面积调入中关村科技园区政策区。经过调整，中关村科技园区政策区面积基本不变（约 100 平方公里），但可利用面积增加。

2005 年 5 月 11 日，信息产业部印发《关于同意北京经济技术开发区等 31 个城市和地区为首批国家电子信息产业园的决定》，确定 31 个城市和地区为首批国家电子信息产业园。中关村科技园区被授予国家（北京）集成电路产业园称号，上地基地被授予国家（北京）计算机与网络产品产业园称号，北京经济技术开发区被授予国家（北京）通信产业园称号。8 月 23 日，《中关村科学城控制性详细规划》通过市规划委审查并获得批复。中关村科学城控制性规划范围，北起成府路，南至知春路，西起中关村大街（白颐路），东至中关村东路，规划用地面积约 331.6 公顷。中关村科学城与北京大学、清华大学及中关村西部高科技商务中心区一起，构成中关村科技园区海淀园核心区。

2006 年 1 月 17 日，经国务院批准，国家发展改革委公告了第五批通过审核的 20 家国家级开发区，中关村科技园区在公告之列。调整后的中关村科技园区总面积为 23252.29 公顷，包括海淀园、丰台园、昌平园、德胜园、雍和园、电子城、亦庄园、通州园、石景山园、大兴生物医药基地，中关村科技园区形成了"一区十园"的空间格局。5 月 18 日，中关村科技园区通州园管委会正式揭牌，通州园包括中关村科技园区通州园·光机电一体化产业基地和中关村科技园区通州园·金桥科技产业基地。5 月 30 日，中关村科技园区大兴生物医药产业基地揭牌。10 月 30 日，国家发展改革委下发文件，批准建设北京国家生物产业基地。北京国家生物产业基地由中关村生命科学园、大兴生物医药产业基地、中关村大兴生物医药基地 3 个核心区构成，重点发展基因工程药物和生物医学工程产品，着力推进现代中药产业。12 月 20 日，国土资源部《关于第十五批落实四至范围的开发区公告》确定了中关村科技园区四至范围，中关村科技园区按要求设置了界桩。

2009 年 3 月，国务院做出建设中关村国家自主创新示范区的批复，中关村成为中国首个国家级自主创新示范区。同年，市委、市政府出台《关于建设中关村国家自主创新示范区的若干意见》，要求举全市之力建设中关村国家自主创新示范区。

2010 年 6 月，市委办公厅、市政府办公厅印发《建设中关村国家自主创新示范区行动计划（2010—2012 年）》。10 月，中央人才工作协调小组召开会议，审议并原则通过《关于中关村国家自主创新示范区建设人才特区的若干意见》。12 月 23 日，市十三届人大常委会第二十二次会议表决通过《中关村国家自主创新示范区条例》。是年，由科技部牵头的中关村示范区部际协调小组成立，北京市会同示范区部际协调小组成员单位，共同组建中关村科技创新和产业化促进中心，即"首都创新资源平台"，19个国家部委和北京市29个部门的工作人员参加，采取一条龙服务方式，共同研究解决高校院所和企业在政策试点、项目支持、人才、金融服务等方面的发展需求。

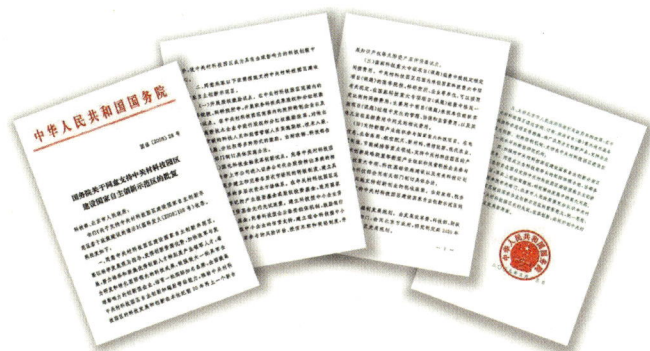

图1-14 2009年3月13日，国务院《关于同意支持中关村科技园区建设国家自主创新示范区的批复》发布

截至2010年年底，中关村国家自主创新示范区累计批准入区企业15720个，招商项目累计总投资5864.7亿元。其中，工业项目总投资1140.8亿元，外商投资95.8亿美元。中关村国家自主创新示范区收入过亿元的企业有1413家，形成以联想为代表的计算机产业集群、以百度为代表的互联网产业集群、以华锐风电为代表的风电产业集群等。新兴产业形成了以软件及信息服务为核心的软件园企业集群、以生物技术研发为核心的生命园企业集群、以第8.5代TFT-LCD生产线为核心的数字电视产业园企业集群、以12英寸集成电路生产线为核心的微电子产业园企业集群等；组建了物联网、云计算、智能电网等61家产业技术联盟。中关村上市公司总数175家，IPO融资总额超过1600亿元，其中2010年新增上市公司39家；32家公司在境内创业板上市，初步形成"中关村板块"；专利申请14806件，专利授权8834件，其中发明专利2890项；区内有各类协会组织42家、联盟组织55家；拥有大学科技园26家、留创园29家、企业孵化基地65家；拥有国家重点实验室78家、国家企业技术中心26家、国家工程研究中心20家、国家工程技术研究中心35家；拥有中国科学院（以下简称中科院）和中国工程院两院院士681人。

2010年，中关村国家自主创新示范区入园企业总收入1.59万亿元，约占全国高新区收入的1/6；实现增加值2615.1亿元，对全市经济增长的贡献率达到17.9%，在全市地区生产总值中占18.5%；实现工业总产值4988亿元；资产合计2.26万亿元；实缴税费767.2亿元；利润1298.9亿元，其中工业企业利润额421.97亿元。

北京经济技术开发区

1991年12月7日，市政府正式批准成立北京市亦庄工业区管理委员会。1992年4月，亦庄工业区奠基；7月10日，市政府决定将北京市亦庄工业区管理委员会更名为北京经济技术开发区管理委员会。1994年8月，北京经济技术开发区被国务院批准为国家级经济技术开发区。

1999年1月，科技部批准设立北京高新技术产业开发试验区亦庄工业园区；3月，经科技部批准，市政府调整北京市新技术产业开发试验区范围，将北京经济技术开发区 7 平方公里土地划为试验区，成立北京新技术产业开发试验区亦庄科技园区。开发区同时享有国家级经济技术开发区和中关村科技园区双重优惠政策。

2000 年，星网工业园在开发区奠基，2005 年建成投产，围绕诺基亚首信、三洋、富士康、威讯半导体等骨干企业建设移动通信产业集群，获国家通信产业园称号，2007 年工业园销售突破千亿元。

2003 年 4 月，市政府下发《关于北京经济技术开发区扩大发展用地的通知》，北京经济技术开发区在一期规划面积 15.8 平方公里基础上，向京津塘高速路以东和凉水河以西两个方向扩大，规划面积约 24 平方公里。

2009 年 10 月，北京数字电视产业园的核心项目京东方 8.5 代 TFT-LCD 生产线桩基工程在开发区路东区开工建设。

2010 年 12 月，北京经济技术开发区创建国家生态工业示范园区建设通过国家环境保护部、商务部、科技部联合组织的技术考核和现场验收。截至 2010 年年底，北京经济技术开发区规划面积 4650 公顷，规划工业用地面积 1496 公顷，实际累计征用土地 4247.83 公顷，累计建成区 3700 公顷，其中工业用地 1521.59 公顷；累计批准入区企业 3870 个，招商项目累计总投资 1660.9 亿元（250.8 亿美元），其中外商投资 148.4 亿美元。

2010 年，北京经济技术开发区投产开业企业 866 家，实现税收收入 212.3 亿元，营收收入 3777.4 亿元，工业总产值 2259.1 亿元，利润 335.5 亿元，其中工业企业利润额 139.8 亿元，年末从业人员 18.6 万人。北京经济技术开发区有来自全球 30 多个国家和地区的 3000 余家企业入驻，包括北京奔驰、通用电气、博世、拜耳、诺基亚、施耐德、德尔福、康明斯、中芯国际、京东方等一批世界知名企业。

2010 年，北京经济技术开发区形成以诺基亚为龙头的通信产业集群，以京东方为龙头的显示产业集群，以中芯国际为龙头的微电子产业集群，以通用电气为龙头的医疗设备产业集群，以拜耳为龙头的生物医药产业集群以及以北京奔驰为龙头的汽车产业集群。

北京天竺综合保税区

2008 年 7 月，北京天竺综合保税区获得国务院批复，保税区地处首都临空经济核心区范围内，集口岸通关、出口加工、保税物流等功能于一体，享有免证、免税、保税政策，并优化整合了国内不同海关特殊监管区域的政策优势，是北京唯一的海关特殊监管区域。保税区规划面积 594.4 公顷，分为南、北两个围网区。其中，南区为天竺出口加工区，规划面积 272.6 公顷；北区包括首都国际机场航空货运基地和空港保税物流中心等用地，规划面积 321.8 公顷。12 月 17 日，天竺综合保税区领导小组成立，保税区工作启动。

2009 年 2 月 25 日，市政府决定设立天竺综合保税区管理委员会，为正局级市政府派出行政机构，委托顺义区政府代管。7 月 28 日，天竺综合保税区（一期）通过国家 10 部委联合验收，一期工程占地 349.5 公顷，包括围网面积 317.7 公顷和配套服务设施用地面积 31.8

公顷。截至2010年年底,天竺综合保税区规划面积594.4公顷,规划工业用地面积178.95公顷,实际累计征用土地177.42公顷,累计建成区349.5公顷;累计批准入区企业47个,招商项目累计总投资26.7亿元。其中,工业项目总投资5.4亿元,外商投资3100万美元。

2010年,保税区资产合计92.4亿元,实现工业总产值14.14亿元、总收入20.7亿元、税金5581万元、利润33.6亿元,其中工业企业利润额3.5亿元,年末从业人员4212人。

二、市级经济开发区

北京石龙经济开发区

1992年建立,2000年经市政府批准成为市级开发区。截至2010年年底,石龙经济开发区规划面积150公顷,规划工业用地面积105.2公顷,实际累计征用土地110公顷,累计建成区110公顷,其中工业用地95.12公顷;累计批准入区企业1558个,招商项目累计总投资172.29亿元。其中,工业项目总投资49.97亿元,外商投资6423万美元。

2010年,石龙经济开发区资产合计192.29亿元,实现总收入28.36亿元、工业总产值45.88亿元、税金13.04亿元、利润3.91亿元,其中工业企业利润额1.35亿元,年末从业人员31469人。园区形成装备制造、都市产业、生物工程和医药3个主导产业,重点企业有精雕科技有限公司、东西分析有限公司、凝华科技公司、科星瑞特公司等。

北京良乡经济开发区

1992年10月,经市政府批准,北京良乡工业开发区成立。2000年4月,良乡工业开发区被农业部评为全国乡镇企业科技园。12月,市政府批准良乡工业开发区为市级开发区。2006年,经国家发展改革委批准,良乡工业开发区更名为北京良乡经济开发区,分为东、西两个区域和海聚基地。截至2010年年底,良乡经济开发区规划面积240公顷,规划工业用地面积113.74公顷,实际累计征用土地118.03公顷,累计建成区91.85公顷,全部为工业用地;累计批准入区企业1628个,招商项目累计总投资105.77亿元。其中,工业项目总投资9.05亿元,外商投资9939万美元。

2010年,良乡经济开发区资产合计288.54亿元,实现总收入195.1亿元、工业总产值16.11亿元、税金10.72亿元、利润3.58亿元,其中工业企业利润额8251万元,年末从业人员22956人。良乡经济开发区形成生物工程与医药和新材料两个主导产业,主要企业有美国的PLP公司、基康公司,日本的伊滕忠株式会社、助野袜业公司,中国台湾地区的优视隐形眼镜公司,北京四环制药股份公司、中国石油天然气总公司、华北电力实业总公司、北京天然气总公司、北京红都集团等。

北京大兴经济开发区

1992年,北京大兴经济开发区成立,其前身为北京大兴工业开发区,2000年被批准成为北京市市级开发区，2005年12月31日经科技部火炬中心正式批复成立国家新媒体产业基地，是全国唯一以新媒体产业为主的专业集聚区。2006年3月，经国家发展改革委公告为第四批通过审核的省（直辖市）开发区，并更名为北京大兴经济开发区。2006年12月14日，新媒体产业基地被北京市认定为南城唯一的首批文化创意产业集聚区。2009年，北京大兴经济开发区划归北京大兴新媒体产业基地管理委员会管理，调整后的北京大兴新媒体产业基地管理委员会加挂北京大兴经济开发区管理委员会牌子。截至2010年年底，大兴区经济开发区规划面积415.99公顷，规划工业用地面积101.08公顷，累计土地征用面积239.72公顷，累计建成区土地面积182.99公顷。累计批准入区企业676个，招商项目累计总投资45.25亿元。其中，工业项目总投资26.85亿元，外商投资9491万美元。

2010年，大兴经济开发区实现总收入152亿元、工业总产值31.09亿元、纳税4.38亿元、利润2.86亿元，其中工业利润额1.5亿元，年末园区从业人员31221人，开发区形成都市、装备制造、医药及交通设备4个主导产业，主要企业有北京威克多制衣中心、北京市滕氏制衣有限责任公司、北京二商宫颐府食品有限公司（以下简称宫颐府）、北京博得交通设备有限公司、北京中铁长龙新型复合材料有限公司、北京益而康生物工程开发中心、长兴交通投资集团有限公司等。

北京通州经济开发区

1992年5月，市政府第16次常务会议通过《关于建立通县开发区的通知》，批准建立北京通州工业开发区西区。2000年，市政府发布《关于同意将北京通州工业开发区列为市级工业开发区的批复》，批准将通州工业开发区西区晋升为市级开发区，名称为北京通州工业开发区。2006年，北京通州工业开发区西区通过国家发展改革委审核，经国家发展改革委2006年第41号公告予以保留，名称为北京通州经济开发区西区，并由国土资源部公告确定四至范围。通州经济开发区西区位于通州区张家湾镇，隶属于通州新城1102和1103街区，是通州新城规划范围内唯一涵盖二、三产业的开发区。2010年，通州经济开发区西区形成医药、机械、建材、新材料及汽车零部件5个主导产业，代表企业有北京四环制药有限公司、北京经开张家湾产业园、中关村国家院所通州产业园、亚洲仿真战略技术研发和新兴产业化基地、北京万生药业有限责任公司、北京通美晶体技术有限公司、北京天纳克汽车减振器有限公司等。2005年2月，市规划委批复通州经济开发区东区控制性详细规划，东区位于通州区西集镇。2006年6月，开发区东区通过国家发展改革委审核予以保留，晋升为市级开发区，名称定为北京通州经济开发区东区。2010年，通州经济开发区东区形成生物医药、装备制造和汽车零部件3个主导产业，主要企业有北京汽车动力总成、北京乔治费歇尔管路系统有限公司、北京冶科纳米科技有限公司、诺思格（北京）医药科技开发有限公司、嘉林药业有限公司、北京潞电钱江变压器有限公司、北京华商京海智能科技有限公司等。

2010年，漷县镇农民就业产业基地升级为通州经济开发区南区。南区主要由漷县镇中心区和觅子店组团两部分组成。园区产业以新型建材、新医药、印刷、汽车零部件为主导，主要企业有海南锦绣大地生物工程公司、沈阳华德集团、爱德天铁柜制造有限公司、北京世进汽车部件有限公司、北京信又建材有限公司、北京君禾药业有限公司、北京春立正达科技开发有限公司等。截至 2010 年年底，通州经济开发区规划面积 761.96 公顷，规划工业用地面积 349.92 公顷，实际累计征用土地 469.43 公顷，累计建成区 228.05 公顷，其中工业用地 194.05 公顷；累计批准入区企业 343 个，招商项目累计总投资 245.82 亿元。其中，工业项目总投资 197.46 亿元，外商投资 3.46 亿美元。

2010 年，通州经济开发区资产合计 104.62 亿元，实现总收入 102.58 亿元、工业总产值 58.11 亿元、税金 4.61 亿元、利润 2.68 亿元，其中工业企业利润额 3.13 亿元，年末从业人员 9205 人。

北京雁栖经济开发区

1992 年 4 月，市政府批准成立北京雁栖工业开发区，开发区坐落在长城脚下、雁栖湖畔，位于怀柔城区北 5 公里，距市中心 50 公里，距首都国际机场 30 公里。2000 年，市政府批准雁栖工业开发区为市级工业开发区。2003 年 7 月，国务院部署开展对全国开发区清理整顿工作，2006 年 7 月，雁栖工业开发区通过审核，并同原怀柔区北房经纬工业小区、原凤翔科技开发区合并为北京雁栖经济开发区，成为北京市保留的 16 家市级开发区之一。合并后，开发区由新能源新材料产业园、生命科学产业园、中关村雁栖高新技术创新基地和文化创意产业园构成，形成"一区四园"产业格局。2009 年 11 月，雁栖经济开发区获批成为市级生态工业园试点园区。2010 年 6 月，北京纳米材料绿色打印技术产业化基地在开发区开工奠基。截至 2010 年年底，雁栖经济开发区规划面积 1096 公顷，规划工业用地面积 442.02 公顷，累计征用土地 696.30 公顷，累计建成区 749.21 公顷；累计批准入区企业 1239 个，招商项目累计总投资 225.59 亿元。其中，工业项目累计总投资 112.95 亿元，外商投资累计 25.28 亿美元。

2010 年，雁栖经济开发区实现总收入 176.2 亿元、工业总产值 157.6 亿元、税金 11.93 亿元、利润 13.16 亿元，其中工业企业利润 13.16 亿元，从业人员 22430 人。形成以都市产业为支柱的产业集群，引进了一批世界级食品饮料企业和包装印刷企业入驻。高新技术企业成为开发区发展的新增长点。其中，都市产业有玛氏食品（中国）有限公司、红牛维他命饮料有限公司、奥瑞金包装股份有限公司、太平洋制罐（北京）有限公司等龙头企业，装备制造业有北京福斯汽车电线有限公司、北京中冀福庆专用车有限公司等龙头企业。园区主要产品有德芙巧克力、M&M'S 巧克力、士力架巧克力、彩虹果汁糖。宠物工厂主要生产宝路狗粮和伟嘉猫粮。

北京兴谷经济开发区

1993 年 8 月 23 日，经市政府第七次市长办公会议批准，北京兴谷工业开发区成立。

2000年12月8日，市政府同意将兴谷工业开发区列为市级工业开发区，名称为北京兴谷工业开发区。2002年3月，市政府批准将平谷县交通局汽车驾校26.5公顷国有建设用地调整到兴谷工业开发区。10月21日，平谷镇上纸寨和王辛庄镇中罗庄、杜辛庄3个村整建制划入兴谷开发区，其经济和社会发展归属兴谷办事处管理。11月19日，兴谷工业开发区被列为北京汽车及配套零部件生产基地。2005年，兴谷工业开发区申报的北京兴谷绿色农产品生产加工基地被农业部批准为第二批全国农产品加工业示范基地。2006年6月13日，市政府同意将兴谷工业开发区、平谷区滨河工业开发区合并设立兴谷经济开发区，为市级开发区。7月6日，国家发展改革委公布兴谷经济开发区符合国务院相关标准，获准通过审核，发展产业为汽车零部件、食品、机械。2007年11月7日，经市政府同意，市规划委发布《平谷新城规划（2005—2020）》，兴谷经济开发区被定位于新城综合发展区，以综合发展为主，同时也是新城的东北部产业区。截至2010年年底，兴谷经济开发区规划面积978.79公顷，规划工业用地面积351.34公顷，实际累计征用土地470.45公顷，累计建成区391.92公顷，其中工业用地273.20公顷；累计批准入区企业233个，招商项目累计总投资80.66亿元。其中，工业项目总投资65.56亿元，外商投资3.47亿美元。

2010年，兴谷经济开发区资产合计139.9亿元，实现总收入193.28亿元、工业总产值149.81亿元、税金10.85亿元、利润18.19亿元，其中工业企业利润额13.63亿元，年末从业人员29896人。开发区形成以汽车配件业为主的现代制造业和以饮食品为主的都市工业两大主导产业，主要企业有北京星宇车科技有限公司、日进汽车系统有限公司、和信汽车部件有限公司、旺旺食品集团、千喜鹤食品公司等。

北京密云经济开发区

1992年5月，市政府批准成立北京密云工业开发区。1999年，教育部在区内建立中国高校科技产业基地。2000年，密云工业开发区升级为市级开发区。市科委批准园区建立北京高新技术成果孵化基地。2001年5月，园区被科技部火炬高技术产业开发中心批准为国家火炬计划北京绿水高新技术产业（密云）基地。2002年，市经委在密云工业开发区建立北京汽车及其零部件生产基地。2006年12月，密云工业开发区正式更名为北京密云经济开发区。2010年，市经济信息化委在密云经济开发区内建立北京数字信息产业基地。截至2010年年底，密云经济开发区规划面积1240.17公顷，规划工业用地面积713.71公顷，实际累计征用土地1240.17公顷，累计建成区973.08公顷，其中工业用地604.64公顷；累计批准入区企业183个，招商项目累计总投资114.4亿元。其中，工业项目总投资107.33亿元，外商投资2.73亿美元。

2010年，密云经济开发区资产合计261.8亿元，实现总收入171.07亿元、工业总产值100.03亿元、税金9.45亿元、利润10.54亿元，其中工业企业利润额7.97亿元，年末从业人员25168人。园区形成以北京闪联信息技术工程中心有限公司为代表的北京数字信息产业，以北汽福田汽车股份有限公司北京多功能汽车厂、万都（北京）汽车底盘系统有限公司为代表的汽车及零部件产业，以内蒙古伊利集团北京乳品厂、今麦郎饮品股份有限公司为代表的食品产业，以北京康辰药业有限公司为代表的生物医药产业和以北京亨通斯博通讯科技有限公司为代表的电子信息产业。

北京林河经济开发区

1992 年，市政府批准成立北京林河工业开发区。2000 年 10 月，经市政府批准，林河工业开发区更名为中国北方微电子产业基地。2002 年 11 月，经市政府批准，基地成为北京汽车及配套零部件生产基地。2006 年 3 月，通过国家发展改革委审核，基地更名为北京林河经济开发区。2007 年 7 月，林河经济开发区被确定为北京市首批市级生态工业园试点园区。根据 2007 年市政府《关于顺义新城规划（2005—2020 年）的批复》，林河经济开发区所在地与顺义新城第七街区核心位置重合。截至 2010 年年底，林河经济开发区规划面积 416 公顷，规划工业用地面积 238.95 公顷，实际累计征用土地 247 公顷，累计建成区 132.33 公顷，其中工业用地 132.33 公顷；累计批准入区企业 87 个，招商项目累计总投资 75.53 亿元。其中，工业项目总投资 36.28 亿元，外商投资 7852 万美元。

2010 年，林河经济开发区资产合计 231.41 亿元，实现总收入 142.16 亿元、工业总产值 62.46 亿元、税金 4.17 亿元、利润 4.23 亿元，其中工业企业利润额 6.22 亿元，年末从业人员 7871 人。2010 年，林河经济开发区形成汽车零部件、微电子、光机电一体化和生物新医药 4 个主导产业，主要企业有北京江森汽车部件有限公司、延锋伟世通（北京）汽车饰件系统有限公司、国泰半导体材料有限公司、北京北一数控机床有限责任公司、北一大隈（北京）机床有限公司、北起多田野（北京）起重机有限公司、北京中医药大学药厂、北京康蒂尼药业有限公司、北京光明健能乳业有限公司、北京阿尔法针织有限公司、中油长城钻井有限责任公司、中国石油天然气运输公司、中煤综合利用集团公司、中国核工业二三建设有限公司等。

北京天竺空港经济开发区

1994 年 1 月，市政府批准成立北京天竺空港工业开发区。1997 年，顺义县人民政府决定将天竺空港工业开发区与吉祥工业区合并，名称为北京天竺空港工业开发区。2000 年 1 月，空港工业区获 1999 年度先进区县工业开发区称号。4 月，国务院批准在空港工业区设立北京天竺出口加工区，为北京唯一一家出口加工区。2006 年 6 月，市政府同意将北京天竺空港工业区和顺义区高丽营金马工业区合并，名称定为北京天竺空港经济开发区。7 月，经国家发展改革委公告，北京天竺空港经济开发区名称通过审核。9 月，国土资源部公告审核确定天竺空港经济开发区的四至范围。截至 2010 年年底，天竺空港经济开发区规划面积 965.05 公顷，规划工业用地面积 468.36 公顷，累计征用土地面积 944.43 公顷，累计建成区土地面积 649.19 公顷，其中工业用地 356.45 公顷；累计批准入区企业 472 个，招商项目累计总投资 514.5 亿元。其中，工业项目总投资 121.5 亿元，外商投资

12.96 亿美元。

2010 年，天竺空港经济开发区资产合计 833.37 亿元，实现总收入 771.26 亿元、工业总产值 332.84 亿元、税金 41.47 亿元、利润 46.44 亿元，其中工业企业利润总额 13.77 亿元，年末从业人员 54069 人。形成航空物流、电子信息、生产性服务、文化创意四大产业集群。在航空物流产业领域，有国航股份、国航货运、南航、联邦快递等 60 余家中外知名航空物流企业，航空物流成为开发区的支柱产业之一；在电子信息产业领域，有索尼爱立信、松下、赛多利斯、北广科技等电子信息企业 40 余家，主要从事电子通信、精密仪器、数字电视的研发制造，电子信息业在产值和出口供货额上占园区的 80% 以上；在生产性服务业领域，有企业 50 余家，涵盖流通服务、金融服务、商务服务、科技服务、信息服务五大门类，销售收入占开发区 40% 以上，代表企业有华夏基金、华大基因等；在文化创意产业领域，有雅昌彩印、长城华冠汽车研发等企业 60 余家；在总部经济领域，园区汇聚了宝洁、空客、国航、中航油、中航材、南航北京基地等 10 余家总部型企业。

北京八达岭经济开发区

1992 年 8 月，市政府批准成立北京八达岭工业开发区。2000 年 12 月，八达岭工业开发区晋升为市级开发区。2006 年 3 月，八达岭工业开发区被国家发展改革委确定为北京市保留的 16 家市级开发区之一，名称定为北京八达岭经济开发区。2009 年 6 月，市经济信息化委、市发展改革委和市科委联合批准在八达岭经济开发区设立北京市新能源产业基地，重点发展风能、太阳能等新能源产业。截至 2010 年年底，八达岭经济开发区规划面积 480.79 公顷，规划工业用地面积 222.39 公顷，实际累计征用土地 260.01 公顷，累计建成区 234.44 公顷，其中工业用地 170.13 公顷；累计批准入区企业 831 个，招商项目累计总投资 52.69 亿元。其中，工业项目总投资 18.02 亿元，外商投资 60 万美元。

2010 年，八达岭经济开发区资产合计 161.83 亿元，实现总收入 77.37 亿元、工业总产值 21.84 亿元、税金 4.17 亿元、利润 4.94 亿元，其中工业企业利润额 2.96 亿元，年末从业人员 13664 人。园区形成新能源和环保产业、都市产业和生物医药 3 个主导产业，主要企业有中材科技风电叶片股份有限公司、北京天常经编复合材料有限公司、金果园老农（北京）食品有限公司、北京卓欧制衣有限责任公司等。

北京永乐经济开发区

1992 年 9 月，市政府批准成立北京永乐经济开发区，开发区位于通州区永乐店镇域内。1993 年 5 月 4 日，首都规划建设委员会批复永乐经济开发区总体规划，园区规划面积 4.6 平方公里，以区内凤河为界，凤河以南 1.5 平方公里为起步区，凤河以北 3.1 平方公里为发展区。8 月，永乐经济开发区管理委员会和永乐工业经济区开发建设总公司成立，实行"一班人马，两块牌子"的管理模式。1999 年，通州区委决定，永乐经济开发区为正处级自收自支事业单位。2004 年，根据《中共北京市通州区委、北京市通州区人民政府关于工业园区管理体制改革的意见》文件精神，成立通州区人民政府园区管理委员会，同时撤销永乐经济开发区管理委员会，永乐开发区由北京新兴华通集团公司进行运营管理。2005 年，通州区政府园区管理委员会、通州工业开发区总公司与北京珠江北方投资管理有限公司合作成立北京京东珠江投资有限公司，作为永乐开发区的唯一开发建设主体。2006 年，永乐经济开发区成为北京市保留的 16 家市级开发区之一。2008 年 2 月，通州区进行园区体制改革，永乐经济开发区管理委员会恢复成立，全面负责开发区的运营、开发与管理。截至2010 年年底，开发区规划面积 459.81 公顷，规划工业用地面积 143.88 公顷，累计征用土地 207.30 公顷，累计建成区 57.60 公顷；累计批准入区企业 23 个，招商项目累计总投资 9.2亿元。其中，工业项目总投资 6.16 亿元，外商投资 1027 万美元。

2010 年，永乐经济开发区资产合计 2.96 亿元，实现总收入 3.52 亿元、工业总产值 3.24亿元、税金 4010 万元、利润 2207 万元，其中工业企业利润额 2207 万元，年末从业人员960 人。开发区以装备制造为主导产业，主要企业有北京加隆工程机械有限公司、北京威猛机械有限公司、北京北起百莱玛起重机械有限公司、北京欧亚波记机械有限公司、百莱玛（中国）工程机械有限公司、北京永乐华航精密仪器仪表有限公司、北京航天金羊电梯有限公司等。园区主要产品有混凝土搅拌机械设备、非开挖筑路机械、起重机械、航天用精密仪器仪表等。

北京延庆经济开发区

1992 年，市政府批准成立北京延庆工业区。2003 年，工业区确立四大主题园区，即绿色食品工业园、长城服装产业园、生物医药园及高新技术产业园。2005 年，延庆工业区调整建设用地，通过置换方式，在建设用地总量不变的基础上结合延庆新城规划调整位置，调整后开发区用地范围与新城第九号街区重合（九号街区内 S2 号线车站及车站配套约 50公顷，剩余土地为开发区规划用地）。2006 年，延庆工业区通过国家发展改革委审核、公示，晋升为市级开发区，更名为北京延庆经济开发区。2006 年 7 月，结合延庆县丰富的风能、地热能、太阳能等可再生能源资源优势，提出建设北京新能源及可再生能源研发生产基地的设想。截至 2010 年年底，延庆经济开发区规划面积 303.53 公顷，规划工业用地面积 169.17 公顷，累计征用土地 111.96 公顷，累计建成区 81.80 公顷，其中工业用地 80.93公顷；累计批准入区企业 567 个，招商项目累计总投资 72.1 亿元。其中，工业项目累计总投资 17.5 亿元，外商投资 6494 万美元。

2010 年，延庆经济开发区资产合计 150.56 亿元，实现总收入 95.38 亿元、工业总产值23.61 亿元、税金 6.1 亿元、利润 2.36 亿元，其中工业企业利润额 613 万元，年末从业人员9842 人。开发区形成纺织服装、生物医药、绿色食品、新能源 4 个主导产业，主要企业有北京卓文时尚纺织有限公司、雪润（北京）羊绒制品有限责任公司、北京双鹤高科天然药物有限责任公司、北京九龙制药有限公司等。园区主要产品有思诺芙德（SNOWFOTRE）、舒血宁、北京蜂王精，自主品牌"喜润丝"等。

北京昌平小汤山工业园区

1998年建立，2001年3月成立工业园区管委会，2006年3月，经市政府批准晋升为市级开发区。园区位于昌平区小汤山镇东部，是昌平区第一个市级工业园区。截至2010年年底，昌平小汤山工业园区规划面积257.34公顷，规划工业用地面积129.94公顷，实际累计征用土地257.34公顷，累计建成区134.63公顷，其中工业用地72.72公顷；累计批准入区企业74个，招商项目累计总投资5.28亿元。其中，工业项目总投资5.15亿元，外商投资655万美元。

2010年，昌平小汤山工业园区资产合计11.73亿元，实现总收入25.29亿元、工业总产值25.17亿元、税金3386万元、利润3822万元，其中工业企业利润额3765万元，年末从业人员1512人。园区形成都市、装备制造两大主导产业。

北京采育经济开发区

1999年5月，经大兴县政府批复，采育工业园定名为北京大兴采育科技园，批复科技园总规划面积5平方公里，一期启动面积为0.7平方公里，采取市场运作方式开发建设，并享受县级工业区的各项待遇。2001年10月，市规划委同意批复采育科技园一期面积1.29平方公里。2006年3月17日，市政府正式批复大兴采育科技园晋升为市级开发区，更名为北京采育经济开发区。2006年6月6日，采育经济开发区通过国家发展改革委审核，成为第六批达到审核要求的省（直辖市）级开发区之一。2007年3月，市规划委批复，采育经济开发区由1.29平方公里扩区为3.55平方公里。5月，市政府将开发区确定为北京市重点建设的汽车零部件产业基地，与北汽控股共同建设北京汽车生产基地零部件园区。2009年11月，北京新能源汽车"一园两公司"揭牌，一园为北京新能源汽车科技产业园，两公司分别为北京汽车新能源汽车有限公司、北京普莱德新能源电池科技有限公司。2010年2月，大兴区和北京经济技术开发区行政资源整合，采育经济开发区成为新区"一区六园"中的新能源汽车产业园。截至2010年年底，采育经济开发区规划面积355.01公顷，规划工业用地面积181.19公顷，累计征用土地300.23公顷，累计建成区300.23公顷，其中工业用地162.06公顷；累计批准入区企业50个，招商项目累计总投资46.73亿元。其中，工业项目总投资46.53亿元，外商投资780万美元。

图1—15　2008年9月26日，海纳川公司汽车零部件采育基地奠基开工

2010 年，采育经济开发区资产合计 15.68 亿元，实现总收入 14.36 亿元、工业总产值 14.57 亿元、税金 2755 万元、利润 358 万元，其中工业企业利润总额 358 万元，年末从业人员 3058 人。开发区形成装备制造、汽车及交通设备、都市 3 个主导产业，主要企业有北京北汽模塑科技有限公司、北京协众汽车空调集团公司、北京海纳川恒隆汽车转向系统有限公司、奥宇模板有限公司、北京普莱德新能源电池科技有限公司等。

北京房山工业园区

2002 年 12 月 31 日，根据市政府《关于燕房卫星城总体规划的批复》、市规划委《关于燕房卫星城城关中心区（局部）及工业区控制性详细规划的批复》，房山区政府批准组建北京房山工业园区。2006 年 3 月，市政府批准房山工业园区升级为市级工业开发区，园区分西区和东区两部分。西区四至范围为东至大石河西岸，南至京周路，西至依山路，北至大件路；东区坐落在房山区东部的阎村镇境内。截至 2010 年年底，房山工业园区规划面积 218.52 公顷，规划工业用地面积 114.07 公顷，累计征用土地 218.52 公顷，累计建成区 92.13 公顷，其中工业用地 33.25 公顷；累计批准入区企业 690 个，招商项目累计总投资 36.59 亿元，其中工业项目累计总投资 16.49 亿元。

2010 年，房山工业园区资产合计 10.2 亿元，实现总收入 8.25 亿元、工业总产值 8.98 亿元、税金 1862 万元、亏损额 4070 万元，年末从业人员 1866 人。2010 年，房山工业园区形成石油化工、新材料、机械制造 3 个主导产业，主要企业有燕开电气股份有限公司、能科节能科技股份有限公司、北京首创子午轮胎制造有限责任公司等。房山工业园区主要产品包括子午胎、高低压成套开关设备、变压器等。

北京马坊工业园区

2002 年 10 月，市政府批准成立北京马坊工业园区，园区隶属于平谷区政府。2006 年 8 月 10 日，经市政府批准，园区升级为市级工业开发区。2007 年 12 月 12 日，中关村科技园区与平谷区政府合作，签约共建中关村（马坊）高新技术产业基地，该基地成为中关村 8 家共建基地之一，进驻园区企业可以享受中关村科技园政策。2009 年 4 月，北京中锦阳电子科技有限公司 150 兆瓦非晶硅薄膜太阳能电池板生产基地在马坊工业园区奠基。8 月 5 日，市经济信息化委、市发展改革委、市科委批准马坊工业园区为北京市绿色能源产业基地，提出园区以太阳能光伏和 LED 产业为主导产业，发展绿色能源和环保产业。截至 2010 年年底，马坊工业园区规划面积 345.58 公顷，规划工业用地面积 95.25 公顷，累计征用土地面积 190.51 公顷，累计建成区土地面积 116.81 公顷，其中工业用地 95.25 公顷；累计批准入区企业 45 个，招商项目累计总投资 26.29 亿元。其中，工业项目累计总投资 26.1 亿元，外商实际投资累计 2500 万美元。

2010 年，马坊工业园区资产合计 15.1 亿元，实现总收入 12.3 亿元、工业总产值 12.71 亿元、税金 2551 万元、利润 3247 万元，其中工业企业利润总额 2681 万元，年末从业人员3125人。马坊工业园区形成绿色能源产业、LED产业和都市产业3个主导产业，主要企业有台湾永丰余集团、北京中锦阳电子科技有限公司、北京清大天达光电科技有限公司、纺织控股及电子控股等。其中北京中锦阳电子科技有限公司生产的非晶硅薄膜太阳能电池板，产品90%销往国外。

三、重点产业基地

北京汽车生产基地

2002年10月28日，市长办公会就加速北京汽车及配套零部件生产基地建设进行专题研讨，同意在顺义区建设汽车生产基地。2003年，基地正式被批准建设；3月，北京汽车城投资管理有限公司正式成立；5月，市规划委批准《北京汽车城（核心区）控制性详细规划》。2004年，顺义区政府批准成立北京汽车生产基地管理委员会。2009年，航空发动机产业园在基地奠基，中航工业北京航空产业园举行开园典礼。同年，顺义区政府批准成立北京临空经济功能区航空产业园管理委员会。截至2010年年底，基地由整车发展区、零部件工业区、仓储物流区、总部功能区、航空产业园5部分组成，规划面积630公顷，累计建成区面积608公顷，累计建成区工业用地面积519公顷。

图1-16 2009年2月19日，北京汽车产业研发基地在顺义奠基

2010年，基地工业总产值830.23亿元，实现总收入859.87亿元、税金76.47亿元、利润80.26亿元。园区形成以整车为龙头，以零部件企业为主体，以设计、研发、检测、物流等服务型企业为延伸的汽车产业生态体系。重点企业有北京现代汽车有限公司、北京现代摩比斯汽车配件有限公司、中航发动机有限责任公司、北京中瑞荣国际机械有限公司、北京汽车工业控股集团有限责任公司总部、中国特种设备检测中心、国家汽车质量监督检验中心和北京汽车研究总院等。

北京市新能源产业基地

2009年6月10日，市经济信息化委、市发展改革委、市科委联合批准设立北京市新能源产业基地。产业基地位于八达岭经济开发区，占地面积约480.79公顷，重点发展风能、太阳能等新能源产业。截至2010年年底，基地累计建成区面积234.44公顷，累计建成工业用地面积170.13公顷。

2010 年，基地工业总产值 21.84 亿元，实现总收入 77.37 亿元、税金 4.17 亿元、利润 4.94 亿元。围绕太阳能和风能产业，基地聚集了一批新能源产业，主要有中材科技风电叶片股份有限公司、北京京仪绿能电力系统工程有限公司等。

北京市绿色能源产业基地

2009 年 8 月 5 日，市经济信息化委与平谷区政府在马坊工业园区合作共建的北京市绿色能源产业基地挂牌，规划面积 133 公顷。截至 2010 年年底，基地累计建成区面积 117.65 公顷，累计建成区工业用地面积 115.38 公顷。

2010 年，基地工业总产值 2.93 亿元，总收入 2.52 亿元，税金 597 万元，亏损 18 万元。基地以太阳能光伏和 LED 产业为主导，重点发展绿色能源和环保产业。代表

图1-17　2009年8月5日，北京市绿色能源产业基地揭牌仪式举行

企业有中锦阳电子科技有限公司、北京清大天达光电科技有限公司。

北京石化新材料科技产业基地

2009 年 9 月 13 日，市政府下发《关于加快北京石化新材料科技产业基地建设的若干意见》，11 月 5 日，北京石化新材料科技产业基地揭牌。基地位于房山区燕房新城东部，初期规划总面积约 30 平方公里，由核心区和产业拓展区两个部分组成。其中，核心区分为西区和东区，西区主要为燕山石化核心板块，东区分为精细化工板块、石化新材料板块和重大项目预留板块；产业拓展区分为新材料深加工板块和保留板块。核心区东区是基地建设起步区，规划面积约 568 公顷。截至 2010 年年底，基地累计建成区面积 1879 公顷，累计建成工业用地面积 1346 公顷。

图1-18　北京石化新材料科技产业基地（2010年摄）

2010 年，基地工业总产值 730.18 亿元，实现总收入 775.3 亿元、税金 123.1 亿元、利润 44.96 亿元。

北京工程机械产业基地

2009 年 11 月 3 日，市经济信息化委、市发展改革委、市科委联合论证批准设立北京工程机械产业基地。基地位于昌平区南口镇工业区内，规划面积276.98公顷。截至 2010 年年底，基地累计建成区面积68公顷，累计建成工业用地面积20.97公顷。

2010 年，基地工业总产值33.7 亿元，税金总额 2.4 亿元。基地重点企业有北京三一重机有限公司、三一风电机械有限公司等。

图1-19　2009年11月3日，北京工程机械产业基地揭牌

2010年北京市开发区分布、规划面积及工业总产值统计表

1-18表

序号	开发区名称	所在区域	规划面积（公顷）	2010年工业总产值（亿元）
	总计		34497.50	6169.48
	国家级开发区		25812.96	5105.41
1	北京经济技术开发区	大兴区亦庄	4650	2259.10
2	中关村国家自主创新示范区	—	23248.56	4829.55
	中关村科技园区海淀园	海淀区	13306	1220.85
	中关村科技园区丰台园	丰台区	818	223.23
	中关村科技园区昌平园	昌平区	1150.72	615.56
	中关村科技园区电子城科技园	朝阳区酒仙桥	1680	526.85
	中关村科技园区亦庄科技园	大兴区亦庄	2680	1997.37
	中关村科技园区德胜园	西城区德外	564	31.94
	中关村科技园区雍和园	东城区	290.3	9.18
	中关村科技园区石景山园	石景山区	345	38.17
	中关村科技园区通州园	通州区次渠、马驹桥	1451.54	133.15
	中关村科技园区大兴生物工程与医药产业基地	大兴区	963	33.25

（续表）

序号	开发区名称	所在区域	规划面积（公顷）	2010年工业总产值（亿元）
3	北京天竺综合保税区	顺义区天竺	594.4	14.14
	市级开发区		8684.54	1064.07
4	北京石龙经济开发区	门头沟区	150	45.88
5	北京良乡经济开发区	房山区良乡	240	16.11
6	北京大兴经济开发区	大兴区	415.99	31.09
7	北京通州经济开发区	通州区张家湾、西集	761.96	58.11
8	北京雁栖经济开发区	怀柔区雁栖	1096	157.60
9	北京兴谷经济开发区	平谷区	978.79	149.81
10	北京密云经济开发区	密云县	1240.17	100.03
11	北京林河经济开发区	顺义区林河	416	62.46
12	北京天竺空港经济开发区	顺义区天竺	965.05	332.84
13	北京八达岭经济开发区	延庆县	480.79	21.84
14	北京永乐经济开发区	通州区永乐	459.81	3.24
15	北京延庆经济开发区	延庆县	303.53	23.61
16	北京昌平小汤山工业园区	昌平区小汤山	257.34	25.17
17	北京采育经济开发区	大兴区采育	355.01	14.57
18	北京房山工业园区	房山区良乡	218.52	8.98
19	北京马坊工业园区	平谷区马坊	345.58	12.71

说明：1. 数据来源于2011年《北京区域统计年鉴》。

2. "—"表示不属于特定区县。

2010年北京市开发区及产业基地主导产业一览表

1—19表

序号	开发区及产业基地名称	主导产业
	国家级开发区	
1	北京经济技术开发区	电子信息、生物医药、装备制造、汽车
2	中关村国家自主创新示范区	电子信息、生物医药、装备制造
	中关村科技园区海淀园	电子信息、光机电一体化、新材料
	中关村科技园区丰台园	光机电一体化、电子信息、新材料
	中关村科技园区昌平园	新能源及高效节能、电子信息、新材料
	中关村科技园区电子城科技园	电子信息、新材料

（续表）

序号	开发区及产业基地名称	主导产业
2	中关村科技园区亦庄科技园	电子信息、光机电一体化、生物医药与医疗器械
	中关村科技园区德胜园	研发设计
	中关村科技园区雍和园	文化创意
	中关村科技园区石景山园	电子信息、新能源及高效节能、光机电一体化
	中关村科技园区通州园	装备制造
	中关村科技园区大兴生物工程与医药产业基地	生物医药与医疗器械
3	北京天竺综合保税区	电子信息
市级开发区		
4	北京石龙经济开发区	装备制造、都市工业
5	北京良乡经济开发区	都市工业、装备制造
6	北京大兴经济开发区	装备制造、都市工业
7	北京通州经济开发区	装备制造、都市工业、建材
8	北京雁栖经济开发区	都市工业、汽车零部件
9	北京兴谷经济开发区	汽车零部件、都市工业
10	北京密云经济开发区	汽车零部件、都市工业
11	北京林河经济开发区	汽车、装备制造
12	北京天竺空港经济开发区	电子信息、装备制造
13	北京八达岭经济开发区（北京市新能源产业基地）	新能源、都市工业
14	北京永乐经济开发区	都市工业
15	北京延庆经济开发区	都市工业
16	北京昌平小汤山工业园区	都市工业、建材
17	北京采育经济开发区	都市工业、汽车零部件
18	北京房山工业园区	装备制造、石化新材料
19	北京马坊工业园区（北京市绿色能源产业基地）	新能源
市级产业基地		
20	北京汽车生产基地	汽车产业
21	北京市新能源产业基地	太阳能、风能
22	北京市绿色能源产业基地	风能、太阳能、LED
23	北京石化新材料科技产业基地	石油化工、新材料
24	北京工程机械产业基地	工程机械

第四章　转型发展

中华人民共和国成立后，北京工业随着城市功能定位的变化不断调整转型。中华人民共和国成立初期到 20 世纪 70 年代末，全市以迅速恢复和发展生产为中心任务，优先发展重工业，工业在低起点上快速发展，推动北京由消费城市向生产城市转变。随着工业总量的扩大和城市人口规模的扩张，城区工业与城市功能的矛盾开始显现，工业内部也暴露出若干问题，带来首都资源供应紧张、三废污染严重、城区环境恶化等负面效应。

20 世纪 80 年代，随着中国进入改革开放和社会主义现代化建设的新时期，国家对首都经济发展提出新的要求，北京工业开始进行全局性的战略调整，确立了从建设现代化工业城市转向发展适合首都特点的工业总体思路，在调整轻重结构、治理污染、技术改造等方面不断进步，但面临着能耗水耗仍处于较高水平，低端产品比重较大，产业外向型发展内涵单一、依赖纺织品等轻工业品出口等问题。

20 世纪 90 年代初到 2005 年，北京工业顺应市场化和国际化的经济大趋势，积极解放思想、转变观念，以促进企业发展为出发点和落脚点，破除企业发展障碍，大力促进高新技术产业发展，逐步开展以企业为中心的工业技术创新体系建设工作，积极推动工业节能减排，引导企业降低能耗水平，优化工业能源品种结构，支持企业开展品牌建设，不断加大品牌战略实施力度，扶持名优企业，发展名优产品。同时积极实施"引进来、走出去"战略，工业体系更加开放，外商投资、合资合作和技术引进十分活跃。

2006 年至 2010 年，首都发展面临日趋严格的空间、成本、环境等约束条件，在新的形势要求下，北京工业坚持以科学发展观统领全局，围绕"新北京、新奥运"首都经济发展战略，牢牢把握发展主题，以结构调整和转变发展方式为主线，坚持走新型工业化道路，推进信息化与工业化融合，大力推进自主创新。工业在首都经济中的占比持续下降，质量效益显著提升，首钢完成调整搬迁，"三高"企业进一步退出北京。与此同时，工业遗产开发利用逐步深入，工业与文化创意产业融合趋于紧密。

第一节　技术改造

1999 年，全市工业技术改造、技术引进项目 339 项。北京兆维电子微蜂窝移动通信系统生产线改造项目、联想集团机电产品出口技术改造项目、清华紫光软件研发生产中心项目等重大技术改造项目竣工。

2000 年 2 月，市委、市政府出台《关于大力推进乡镇企业二次创业的意见》，要求对乡镇工业实施全面改造，实现产业升级和产品的更新换代，发展食品工业、农副产品加工业、石材建材业等。2000 年，北京市下达技术改造、技术引进项目 319 项，重点推进北京东方冠捷电子有限公司计算机显示器生产线项目、北京讯创 6 英寸芯片新线、首钢 NEC 8 英寸芯片新线、北方微电子基地等高新技术企业项目发展。

2001 年，全市安排技术改造、技术引进项目 289 项，燕化乙烯 71 万吨改扩建工程、燕京啤酒 20 万吨啤酒精品工程等重大技术改造项目竣工，北汽福田汽车股份有限公司中重型卡车、汤姆逊兆维多媒体、北京吉普大切诺基技术改造等项目按计划实施，首信股份IP 网络系统设备技术改造项目等下达投资和资金计划。

2002 年，全市工业技术改造项目 380 项，广渠门外东五厂污染扰民搬迁正式启动，京能热电 4 号炉烟气脱硫改造、北汽福田轻型车技改等技术改造项目竣工。

2005 年，现代汽车、中芯国际、京东方 TFT-LCD、星网工业园、北京第一机床厂搬迁升级改造等重大项目和北重阿尔斯通、北一大隈、万泰等一批高技术项目建成投产，北京奔驰、首钢冷轧、燕化 1000 万吨炼油系统改造等项目启动。

2006 年，北人三菱合资公司成立，完成厂房和设施改造。年底，第一台钻石 1000B 大四开四色胶印机生产调试下线。

2008 年，金风科创风电设备公司兆瓦级风电机组高技术产业化项目实现正常生产；赛科药业完成按照美国 cGMP 要求改造药品生产线、成立境外注册公司两大国际化发展战略项目；燕京啤酒冰爽纯生技术改造项目、恩布拉科雪花压缩机增资扩产等项目继续推进。

2009 年，三一重机基础施工设备生产线技术改造项目等继续建设实施。

2010 年，北京市重点实施了安泰科技特种合金精密带钢、北京长安乘用车、三元食品工业园生产线升级换代及食品安全质量体系等项目。

第二节　技术创新与管理现代化

技术创新

1999 年，北京市工业技术创新机制和体系进一步完善，大部分企业制订了科技攻关计划和企业发展计划，成立了技术创新领导小组和工作机构，建立了科技奖励机制，对重点科技项目进行责任落实。其中，同仁堂集团设立了技术创新委员会、技术中心和各生产厂科研所 3 个层次的科研机构，分工协作，责任明确。用高新技术改造传统产业效果显著。北京光学仪器厂应用先进技术开发出新一代的光机电一体化产品，替代传统的经纬仪和水准仪，使 70% 的产品具有 20 世纪 90 年代国际先进水平。北京分析仪器厂瑞利公司开发新型光谱仪和色谱仪产品，运用现代微处理技术升级传统的分析仪器，使 60% 的主导产品达到 20 世纪 90 年代国内先进水平。新产品开发和新产品产业化为企业培育了新的经济增长点，北京恩布拉科雪花压缩机有限公司开发出新型高效无氟冰箱压缩机，当年销售 145 万台，实现销售收入 4.5 亿元。北京一轻研究所与北京明塑机电高技术有限责任公司等单位合作，开发成功国内首创的全天然快餐生产线，具有全自动、大批量、低成本、无污染的特点，当年签约 9 条生产线。全市产学研工作深入开展，实施 12 个项目，由原来的单纯技术合作发展到以项目为纽带的"资本＋技术"的全面合作。企业结合自身条件，在创新中引入先进技术，仪器仪表总公司利用计算机辅助设计，普及三维技术使用，CAD 技术人员培训普及率 100%，全系统 85% 的企业在设计中甩掉图板。

2000 年，北京工业系统继续抓企业技术中心建设，对技术创新提供支持和服务，有 12 家企业成为市级企业技术中心。开通了中国技术创新北京信息网。围绕首都重大创新工程，抓重大项目产业化，带动相关产业和区域经济发展，将建设北方微电子产业基地作为重点项目。成立北京讯创信成电路股份有限公司，投资 2 亿美元建设 6 英寸芯片项目，投资 13.34 亿美元建设首钢 8 英寸芯片项目。重点支持北京富原公司手机用燃料电池产业化工程和北京机电院的汽车用氢燃料电池研发。开发的质子交换膜燃料电池技术及其用于移动通信电源，是拥有自主知识产权的重大科技创新项目，其中的手机电池容量提高 5 ～ 10 倍，延长使用寿命。全年列入国家级项目拨款计划共 76 项，争取国家拨款支持 3830 万元；列入市级技术开发项目拨款计划 34 项，支持资金 3300 万元，安排资金 1260 万元。开发研制的移动卫星多媒体应用系统，是具有国际先进水平的高科技产品。

2001 年，北京高新技术产业基地建设加快，北方微电子基地建设形成规模，形成产业链各环节互动发展的产业格局。完成《北京电子信息材料基地建设方案》，一批半导体材料的产业化项目推进。在北京光机电一体化产业基地建设的半绝缘砷化镓单晶材料生产线签约，总投资1.5亿元。完成《北方微电子设备基地建设方案》，组建了北方微电子产业基地集成电路工艺研发中心。完成《北京集成电路设计园建设方案》，由市政府出资7700万元建设EDA软硬件平台，并设立集成电路研发专项资金7000万元，支持有市场前景和共性、关键性技术研发。集成电路设计研发专项资金项目有56项，总投资9.08亿元。北京海尔集成电路设计公司开发成功中国第一枚可实现商品化生产的超大规模集成电路数字电视解码芯片"爱国者1号"，中芯微系统公司研制的32位实用化微处理器芯片"方舟-1"通过国家有关部门鉴定。按照《国家计委关于北京数字高清晰度电视地面广播试验工程项目可行性研究报告的批复》，建设数字高清晰度电视地面广播试验区，搭建数字电视有线传输测试试验平台，完成数字电视实际传输测试和示范工程。年内，申报新产品及科技研发项目500项，其中列入国家经贸委重点技术创新计划80项，国家安排资金3950万元；列入新产品计划54项，国家安排资金660万元；列入信息产业部电子发展基金项目24项，安排资金5700万元；列入市级开发项目27项，安排资金2780万元。全年企业申报500多项新产品开发项目，其中80%是产学研结合项目。产学研联合成为工业企业开发新产品、提高企业创新能力的主要手段。北汽控股与清华大学成立产学研联盟"北京汽车产业高新技术研发平台"，利用北京科技优势和人才优势，以高新技术带动北京汽车工业发展，形成整车生产能力和与之配套的中试及产业化基地，并重点研发汽车行业环保、安全、节能的产业化。

2002年，市经委编写《北京市工业技术创新项目评审工作手册》《北京市工业技术创新项目评审专家管理暂行办法》，为工业系统科技创新筛选、决策立项提供了科学依据。开通了市经委科技处项目管理系统，可以网上办公，申报和处理国家技术创新项目、国家级新产品、国家电子信息产业发展基金项目等科研创新项目。全年，北京地区列入信息产业部电子信息发展基金支持的项目共84项，获得拨款20270万元，占全国此项拨款金额的50%；申报信息产业科研试制计划30项，其中列入计划20项。国家经贸委"产业技术研究与开发资金"对北京地区共拨款9000万元，约占全国拨款总额的1/6；列入国家经贸委2002年度国家技术创新项目计划152项，总投资438478万元；列入国家重点新产品试产计划50项；列入国家重大技术装备创新研制项目计划4项，总投资11050万元。北京市工业结构调整资金安排技术创新专项资金3000万元，支持项目45项；安排集成电路设计研发专项资金3000万元，支持项目36项；安排软件产业专项资金1530万元，支持项目21项。年内，北方微电子产业基地的北京集成电路产业园开园，总投资5亿元。北京华虹NEC、华大电子等一批国内著名的集成电路设计企业入园，一批战略性产品开发成功。中科院计算所获得国家"863"通用CPU开发专项，开发出龙芯1号、龙芯2号芯片；北京中星微电子有限公司（以下简称中星微）开发出330万像素的数码查机芯片"星光1号"；大唐电信、清华同方、华大电子开发出身份证IC卡芯片。中芯国际8英寸大规模集成电路生产线标准厂房在北京经济技术开发区开始建设，总投资12.5亿元。

2003 年，首钢新产品产量 178.565 万吨，增幅为 117.9%。科技成果鉴定 33 项，其中部市级鉴定 22 项、公司级鉴定 11 项，有 5 项成果达到国际先进水平。科技成果效益 7.3 亿元，成果转化率 96.9%，专利申请 37 项，获得专利权 17 项。研制开发的优质 C/D 级中厚钢板在三峡工程等重点工程中应用，市场占有率名列前茅，创利 8036.6 万元。北京第一机床厂开发设计的 XHA2140×120 动梁龙门加工中心，是当时中国最大的龙门加工中心；研究开发的数控机床——直线电机驱动的高速立式加工中心，发挥现代刀具材料性能，提高加工效率，降低加工成本，提高零部件表面加工精度和质量，可应用于汽车、模具、航空等制造加工领域。

2004 年 1 月 8 日，市科委、北药集团的缓控释技术重大项目启动。1 月 16 日，市工业促进局和中关村科技园区管理委员会联合主办的高清晰数字电影播放机产品发布会举行。2 月 3 日，京仪控股设立博士后工作站。3 月，首钢链算机—回转窑—环冷机法工艺生产氧化球团矿获国家冶金科技一等奖。5 月，北京化学工业集团有限责任公司（以下简称化工集团）化学试剂研究所研制的 ULS 用新型高性能光刻胶项目通过国家 863 计划超大规模集成电路配套材料重大专项办公室验收。6 月 21 日，中科院技术研究所的曙光 4000A 超级服务器每秒运算速度 11 万亿次，在公布的全球高性能计算机 TOP500 排行榜中，位列第十。7 月 10 日，北京英纳超电缆有限公司自主开发研制的中国第一组实用型超导电缆在云南并网运行，是世界第三组挂网运行的高温高超电缆。9 月 23 日，北京国际微电子研讨会举行，主题是微电子产业与科技奥运，从资金、技术、市场、人才等方面探讨微电子产业如何服务 2008 年北京奥运会。9 月 25 日，中国第一条 12 英寸芯片生产线在北京经济技术开发区建成投产，是全球第一个建设有污水回收处理系统的集成电路工厂。11 月 30 日，北京北方微电子设备基地承担的国家 863 计划专项 IC 芯片刻蚀机刻蚀出第一片实验室级 8 英寸 100 纳米硅片。11 月，在全国冶金系统科学技术评奖会上，首钢和钢铁研究总院等单位开发的"低碳素体/珠光体钢的超大型细晶韧化与控制技术"获特等奖，首钢为主导研发的"首钢 500 毫米中厚板轧机核心轧制技术和关键设备研制""220 吨/小时全烧高炉煤气的高温高压电站锅炉"两个项目获一等奖。12 月 11 日，由华北电科院承担的"10 千伏高电压并联式混合型电网高次谐波有源滤波装置研究"项目，通过国家电网公司组织的项目验收和技术成果鉴定，该装置是中国自主研制并投入人工运行的第一套 10 千伏大量电网高次谐波有源滤波装置。12 月，北京科兴生物制品有限公司牵头组织研制的"非典"灭活疫苗一期临床试验完成，是世界上首例通过临床试验的"非典"疫苗。

2004 年，北京工业系统科技活动经费 102.9 亿元，占销售收入的 1.16%；新产品销售收入 1179 亿元，占销售收入的 13.3%。研究与试验发展项目计 4221 项，拥有发明专利 4177 件，其中国际发明专利 1760 件。科技活动人员 57888 人，其中，从事研究与试验的 15009 人，具有博士学位的 781 人。与其他单位合办开发机构 62 个，设在海外开发机构 55 个。全年受理并组织新产品、新技术鉴定 10 项，全部通过。

2005 年，市工业促进局与市教委联合建立北京市高校技术转移中心，签署合作项目。

启动北京工业技术支撑和产业促进平台与北京工业发展智力支撑平台，集中中科院科技优势，重点对燕山石化、北京红星股份有限公司等重点企业的系统改造提供技术支撑。全年科技活动经费筹集总额176亿元，占销售收入的1.57%，其中来自政府部门资金4.78亿元。新产品销售收入1726亿元，占销售收入的15.4%。研究与试验发展项目4615项，项目发明专利4758件，其中国际发明专利2871件。科技活动人员83913人，其中研究与试验发展46713人，有博士学位的1048人。与其他单位合办的开发机构75个，设在海外的开发机构43个。全年受理并组织新产品、新技术鉴定10项，全部通过。

2006年，北京市具有代表性的127家企业技术中心所在企业，完成销售收入24237亿元，产品销售利润3062亿元。全年科技活动经费筹集总额349.1亿元，占销售收入的1.44%，其中来自政府部门资金8.6亿元。新产品销售收入2262亿元，占销售收入的9.33%。研究与试验发展项目6988项，项目发明专利3108件，其中国际发明专利305件。科技活动人员144420人，其中研究与试验发展83606人，有博士学位的1824人。与其他单位合办的开发机构168个，设在海外的开发机构45个。全年受理并组织新产品、新技术鉴定11项，全部通过。产业结构优化升级步伐加快，集成电路设计能力提高，平板显示器等新的经济增长点初步形成，通信产品、计算机、集成电路产品发展的拉动作用突出。中星微电子成为中国第一家在纳斯达克上市的中国设计公司。中芯国际北京厂一期扩产项目完成。北京第一机床厂在顺义林河经济开发区建立了国际一流的数控机床制造基地，自主研制的"北一"倒立式车削加工中心获中国国际机床展"春燕杯"一等奖。北京兴大豪科技开发有限公司（以下简称大豪公司）成为全球电脑刺绣机控制系统最大供应商，全球市场占有率60%。北京星光影视设备公司成为全国唯一生产舞台数字灯企业。

2007年，市工业促进局发布《北京市鼓励引进消化吸收与创新实施办法》，对引进消化吸收与创新重点项目给予资金支持。北京工业一批核心技术实现产业化，闪联标准被国际电工委员会接纳，批准为首个3C融合的国际标准。第三代移动通信标准TD-SCD-MA、利时公司百万千瓦级核电机组仪控系统进入产业化。科兴生物制品公司研制出中国第一支甲肝灭活疫苗、全球第一支SARS病毒灭活疫苗及全球同步的人用禽流感疫苗。北京市具有代表性的156家企业技术中心所在企业，完成销售收入20203亿元，产品销售利润

图1-20 北京市工业促进局召开2007年度北京市企业技术创新工作会议，向新认定的37家企业技术中心颁发证书会场

1593 亿元。全年科技活动经费筹集总额 336.3 亿元，占销售收入的 1.66%，其中来自政府部门资金 15.5 亿元。新产品销售收入 4820 亿元，占销售收入的 23.86%。研究与试验发展项目 5978 项，项目发明专利 3587 件，其中国际发明专利 491 件。科技活动人员 145870 人，其中研究与试验发展 88911 人。与其他单位合办的开发机构 258 个，设在海外的开发机构 58 个。全年受理并组织新产品、新技术鉴定 12 项，全部通过。

2008 年，北京市具有代表性的 212 家企业技术中心所在企业，完成销售收入 41676.5 亿元，产品销售利润 2350.5 亿元。全年科技活动经费筹集总额 573.2 亿元，占销售收入的 1.38%，其中来自政府部门资金 28.2 亿元。新产品销售收入 8599.7 亿元，占销售收入的 20.63%。研究与试验发展项目 12781 项，项目发明专利 5544 件，其中国际发明专利 585 件。科技活动人员 241247 人，其中研究与试验发展 135646 人，有博士学位的 3232 人。享受研发费用加计扣除的减免税额为 7.05 亿元，获得政府采购的产品与服务销售计 378.3 亿元。全年受理并组织的 25 项新产品鉴定全部通过。

2009 年，北京市具有代表性的 253 家企业技术中心所在企业，完成销售收入 46572 亿元，产品销售利润 3083 亿元。全年科技活动经费筹集总额 729 亿元，科技活动经费支出总额 705 亿元，其中研发经费支出 43 亿元。新产品销售收入 10398 亿元。科技活动人员 289843 人，其中研究与试验发展 160775 人，有博士学位的 4125 人。享受研发费用加计扣除的减免税额为 6.5 亿元。

2010 年，北京市具有代表性的 184 家企业技术中心所在企业，完成产品销售收入 6874 亿元，其中新产品销售收入 2312 亿元，产品销售利润 783 亿元。企业科技活动人员 102371 人，其中研究与试验发展 60133 人，有博士学位的 1573 人。全年企业科技活动经费筹集总额 238 亿元，科技活动经费支出总额 231 亿元，其中研发经费支出 163 亿元。研究与试验发展经费支出 163 亿元。享受研发费用加计扣除的减免税额为 6 亿元。

2010 年，北京市申报第八批、第九批和第十批自主创新产品认定的企业，新增 178 家企业的 345 项北京市自主创新产品。全年认定技术合同 3.42 万份，技术合同登记成交额 907 亿元。北京市与中关村科学城内的中央企业、高校院所开展共建，支持大学、科研院所和中央企业在中关村科学城发展，首批签约的 11 个项目举行了揭牌仪式，第二批又签约建设 15 个项目。龙芯芯片等 18 个重大产业化项目开工建设，全年开工项目总投资额超过 100 亿元。中关村航天科技创新园、中关村航空科技园作为市重点支持项目分别奠基。海淀园企业获得国家星火计划、火炬计划及重点新产品计划的产业项目 125 项。市召开中关村国家自主创新示范区"瞪羚计划"首批重点培育企业工作大会，全市有 325 家企业列入"瞪羚计划"。在国家工业和信息化部召开的新型工业化产业示范基地创建工作会上，北京的中关村科技园区、北京石化新材料科技产业基地、顺义汽车产业基地被列入首批国家新型工业化产业示范基地。

管理现代化

20世纪80年代末，在计划经济转向市场经济的过程中，北京工业企业改革不断深入。为鼓励企业大胆创新，不断提高经营管理水平，北京工业系统组织开展了每年一次的优秀管理成果评审活动，推广创新成果，交流创新经验。

1998年，北京工业企业围绕改革的难点、管理的重点，以市场为导向，努力改善和加强企业管理，向管理要效益，在探索"管理科学"中，涌现出一批卓有成效的管理成果。在企业自愿申报，各工业总公司（局、办）、区县经委、中央在京有关单位推荐的基础上，经北京市工业企业优秀管理成果评审委员会评审，市经委批准，有52项管理成果获得北京市工业企业第十三届优秀管理成果奖。其中，一等奖2项，二等奖19项，三等奖31项。北京开关厂的"99＋'1'=0"管理法项目和北京福田车辆股份有限公司的外向市场，内转机制，实现低成本规模效益项目均获一等奖。1999年，在北京市工业系统第十四届优秀管理成果获奖名单中，获得一等奖的项目有4项，分别是北京开关厂的"99＋'1'=0"管理的二次创新——实施群体找"1"治"1"工程项目、首钢总公司的以消化减利因素为目标的抗风险机制项目、北京汽福田车辆股份有限公司的CI战略经营造就企业发展优势项目等4个项目。

2000年，北京市工业企业优秀管理成果评审改名为北京市企业管理现代化创新成果评审。是年，在北京市企业第十五届管理现代化创新成果获奖名单中，获得一等奖的项目有12项。其中，北京工业系统有6项，分别是北京开关厂的开展绿色环保认证、实施可持续发展项目，北京市机电研究院的提高综合竞争能力、造就数控产业发展优势项目，北京紫微星实业总公司的实施资本回报制度、确保企业资本增值项目，首钢总公司的构筑现代企业制度、创建"三五三六"改制模式项目，北京星光影视设备集团公司的星光的市场人才观与人力资源开发战略项目，燕京集团的创燕京品牌美誉、走名牌战略之路项目。

2001年，在北京市企业第十六届管理现代化创新成果获奖名单中，获得一等奖的项目有9项。其中，北京工业系统有6项，分别是首钢总公司的企业投、融资的决策与管理项目，燕京集团的企业"裂变式"的发展及其管理项目，北京雪莲羊绒股份有限公司（以下简称雪莲股份）的具有羊绒行业特色的现代化管理模式——BSL-CMS应用示范工程项目，北京通力环电气股份有限公司的实施"两翼一体高展视"的企业发展战略项目，北京桑普电器有限公司的以敏捷供应链为核心的企业动态联盟项目，北京伟豪铝业有限责任公司的运用民营机制促使企业高速发展项目。

2002年，在北京市企业第十七届管理现代化创新成果获奖名单中，获得一等奖的项目有15项。其中，北京工业系统有8项，分别是联想（北京）有限公司的以信息化推动管理创新项目；北京供电局的以信息化推动供电企业管理现代化进程项目；北京直真节点技术开发有限公司的构建"无界限项目群"管理机制，增强企业市场竞争力项目；双鹤药业的以提升企业竞争力为主导的"3+1"投资发展战略项目；北人股份公司的"权变理论"

在北人多色机分公司激励机制中的应用项目；北汽福田的以资源整合为核心的品牌经营战略项目；北京曲美家具有限公司的运用"差异化"经营战略，构筑曲美品牌项目；北京三露厂的强化品牌价值，走名牌战略之路项目。

2005年至2006年，北京企业联合会、北京市企业家协会为推动北京企业文化建设，促进首都经济持续发展，组织开展了北京企业文化优秀奖评选活动。由企业自愿申报，有关专家考察、指导、预审，经北京企业联合会会长办公会议评审，评出北京企业文化优秀奖获奖单位。其中，2005年第一届评审出19家企业获得北京企业文化优秀奖，2006年第二届评审出15家企业获得北京企业文化优秀奖。

2006年，第二十一届北京市企业管理现代化创新成果评出77个获奖项目。其中，一等奖22项，二等奖46项，三等奖9项。获得一等奖的项目有首钢总公司的都市大型钢铁企业搬迁调整的战略决策与启动工程项目、建设现代化大型钢铁企业实践项目；北京福田汽车股份有限公司的汽车制造企业实现企业快速成长的知识集成与链合管理项目、汽车制造企业资本经营管理与实践项目；北京天鸿集团公司的为开发员工潜能为核心的战略人才资源管理项目；北京电力公司的实施资源平台建设，促进公司集约化管理项目；北京市皮鞋厂的调整产业结构，实现企业跨越式发展项目；北京医药股份有限责任公司的学习型企业的创建与实践项目。

2007年，参加第二十二届北京市企业管理现代化创新成果的企业数量增多，申报项目也相应增多，奖项大幅度增加，共评出获奖项目127个。其中，一等奖36项，二等奖72项，三等奖19项。

2008年，第二十三届北京市企业管理现代化创新成果评审出奖项134项。其中，一等奖50项，二等奖62项，三等奖22项。此届评审中，在参评单位中开展了优秀组织奖评审，有11家单位获得优秀组织奖。

2009年，第二十四届北京市企业管理现代化创新成果评审出奖项158项。其中，一等奖43项，二等奖81项，三等奖34项。有18家单位获得优秀组织奖。

2010年，由北京市企业管理现代化创新成果评审委员会主办、北京市企业联合会承办的第二十五届北京市企业管理现代化创新成果的申报、推荐、调研和评审工作，经组织有关专家评审委员会进行预审、调研和初审，北京市企业管理现代化创新成果评审委员会终审，共有160项创新成果获得北京市企业管理现代化创新成果获。其中，一等奖47项，二等奖94项，三等奖19项。在36个推荐参加评比单位中，评出优秀组织奖单位16个。

1998—2010年北京市第十三届至第二十五届企业管理现代化创新成果评审结果统计表

1-20表　　　　　　　　　　　　　　　　　　　　　　　　　　　　　单位：个

评奖时间	届次	获奖总数	一等奖数	二等奖数	三等奖数	优秀组织奖数
1998年	十三	52	2	19	31	—
1999年	十四	49	4	17	28	—

评奖时间	届次	获奖总数	一等奖数	二等奖数	三等奖数	优秀组织奖数
2000年	十五	60	12	20	28	—
2001年	十六	67	9	27	31	—
2002年	十七	66	15	29	22	—
2003年	十八	63	13	31	19	—
2004年	十九	67	13	40	14	—
2005年	二十	69	21	39	9	—
2006年	二十一	77	22	46	9	—
2007年	二十二	127	36	72	19	—
2008年	二十三	134	50	62	22	11
2009年	二十四	158	43	81	34	18
2010年	二十五	160	47	94	19	16

说明："—"表示无统计数据。

第三节　工业专利

自1985年《中华人民共和国专利法》实施至1999年，北京市累计专利申请量74698件，占国内累计申请量的9%；累计授权量42330件，占国内累计授权量的8.7%。均位列全国省市第二名。

1999年，北京地区专利申请7716件，位居全国省市第五名。其中，高技术的发明专利申请量2055件，位居全国首位；企业专利申请量1850件。市专利管理局在全市企事业单位开展"学专利，用专利，厂厂有专利"活动，先后在7个区县为300余名企业科技人员进行上网检索专利文献的培训。为提高高新技术企业知识产权保护意识，组织系列讲座，讲授专利、商标、著作权、技术成果、合同、诉讼等知识产权问题，全年培训300家企业400余人次。全市各区、县、局和总公司、集团公司及下属单位共组织专利培训116期，参加学习10603人。据对409项专利年度实施情况统计，共创产值25.56亿元，利税3.3亿元。其中，首钢总公司的全烧高炉煤气的高温高压电站锅炉年节能源价值2870万元，被世界知识产权组织和国家知识产权局授予中国专利金奖。

2000年，北京市有44个总公司、集团、高校和18个区县设立了知识产权办公室并开展工作。首钢、燕化、同仁堂集团、东方电子等12家工业公司和区县共举办专利培训班121期，培训9610人。市政府拨款100万元，资助专利申请。全年专利申请10336件，其中工矿企业申请量2545件。据各总公司、集团公司和各区县上报的326项专利当年的实施效益统计，共新增产值 85.98 亿元，利税 9.69 亿元。其中，联想公司专利产品"天禧电脑"年新增产值 37.5 亿元。

2001 年，发布《北京市关于知识产权工作的意见》《北京市奥林匹克知识产权保护规定》，市知识产权局修订了《北京市专利实施资金管理办法》。市财政继续拨款 100 万元，资助专利申请。全年专利申请量 12159 件，其中工矿企业专利申请量 3226 件。中关村科技园、总公司、集团公司和区县共进行专利培训 6561 人。据对上报的 308 项专利实施效益统计，共新增产值 89.1 亿元，利税 14.65 亿元。北京有 46 个优秀专利项目参加第八届中国专利技术博览会，有 17 个项目荣获专利金奖，占全部金奖的一半以上。

2002 年，北京市为增强知识产权综合服务能力，筹建北京市知识产权服务中心和北京市专利技术开发服务中心。全年全市专利申请量 13808 件，其中发明专利 5752 件，发明专利申请量位居全国省市中第一名。全年共资助专利项目 4334 件，资助金额 278.9 万元。其中，资助发明专利申请 2861 件，资助实用新型专利申请 1204 件，资助外观设计专利申请 269 件。

2003 年 1 月 20 日，市知识产权局与市经委、市科委、市教委联合印发《关于深入贯彻落实十六大精神，促进发明专利申请，大力提高北京市自主知识产权拥有量的工作意见》。10 月 27 日，中关村国家知识产权制度示范园对外挂牌。全年全市共申请专利 17003 件。其中，实用新型专利 6665 件，外观设计专利 2505 件，发明专利 7833 件，发明专利申请量在全国各省市中继续保持排名第一。

2004 年，北京市加强专利立法工作，发布《北京知识产权发展和保护纲要》。全市专利申请量 18402 件，其中工矿企业 6153 件。专利授权量 9005 件，其中工矿企业 3135 件。全年北京市技术合同成交额 2.98 亿元，其中专利合同成交额 2.69 亿元。市知识产权局承办"全国专利代理人资格考试"北京考务工作，北京考点报名人数 2924 人，占全国报名人数的 40%，通过考试的考生 265 人，占全国通过考试人数的 1/2。启动国外专利资助工作，对中关村科技示范园区企事业单位申请国外专利予以资助，截至年底，示范园区累计对 21 家企事业单位的 55 项国外专利申请，提供 40 余万元资助。在第二届中国国际专利与名牌博览会上，北京 12 家企业参展，北京振利高新技术公司获中国专利十佳企业称号，4 家企业获优秀技术和产品专利金奖。在第三届中国国际专利技术产品交易会上，北京 17 家企业参展，其中 6 家企业的专利项目获金奖。年内有 11 家企业申请专利抵押贷款，其中 4 家获得贷款 590 万元。全年登记技术合同 121 份，成交额 2.80 亿元，其中技术交易额 2.70 亿元。实现合同总金额 8987 万元。

2005 年 5 月 20 日，市十二届人大常委会第二十次会议通过《北京市专利保护和促进条例》，全市开展宣传贯彻活动。全年全市专利申请量 22572 件，其中发明专利申请 12102 件，实用新型专利申请 6940 件，外观设计申请 3530 件。全年全市专利授权量 10100 件，其中发明专利 3476 件，实用新型 4498 件，外观设计 2126 件。全年登记专利技术合同 578 项，专利技术合同成交额 18.2 亿元。北京市专利局实施"专利引擎"计划，认定 200 家专利引擎试点。

2006年，市知识产权局资助国内专利申请13258件，其中资助发明专利申请10000件，资助国外专利申请159件。资助园区84家引擎企业申请国内专利1105件，其中发明专利864件；资助园区企业申请国外专利126件。北京市专利申请量26555件。北京市专利合同登记147项，专利实施许可合同备案55份。专利技术成交922项，专利技术成交额35.74亿元。北京市共审核设立3家专利代理机构，审批10家专利代理机构在11地设立办事机构。

2007年，北京继续实施首都知识产权126工程，有26家创新型中小企业的28个项目运用知识产权质押贷款2亿多元。成立重点产业知识产权联盟，搭建国外发明专利技术引进消化吸收再创新公共信息平台。实施《中关村国家知识产权制度示范园区知识产权专项资金使用管理办法》《中关村科技园区专利促进资金管理办法》，支持园区强级企业带动弱级企业，57家强级企业共获得资助2500余万元。开展"百千对接工程"活动，首批20家对接服务机构进入8个园区和产业基地及区县，对接企业700家，举办宣讲活动42次，受众5000人；帮助企业申请专利600余件，注册商标130多个；举办知识产权学习班31期。

2008年，北京市开展保护奥运知识产权专项行动，成立北京市知识产权信息中心，专门负责全市知识产权公共信息平台建设工作。全市发明专利年申请量达到43508件，首次突破4万件，高出全国专利申请平均增长率15个百分点。其中企业专利申请量22792件，增幅居全国首位。有专利申请的企业2793家，平均每家企业申请专利3件，高于全国平均水平。中关村园区企业专利申请量16547件，占全市专利申请量的38.0%，占全市企业专利申请量的72.6%。其中，发明专利申请量12842件，占园区专利申请量的77.6%，占全市发明专利申请量的45.2%。全市技术合同登记208份，合同成交额7.8亿元，其中技术交易7.72亿元。

2009年，北京市专利年申请量50236件，首次超过5万件。其中，发明专利申请量29326件。专利年授权量22921件，首次超过2万件。

2010年，北京市申请国内专利57298件，获得国内授权专利33511件。发明专利申请量33446件，占专利年申请量的58.4%。亿元GDP专利申请量4.2件，每万人发明专利申请量19件，在全国领先。以企事业单位为申请人的职务专利申请量46325件，占年专利申请量的80.9%，在全国省市中居第二位。中关村国家自主创新示范区企业专利申请量14806件，占全市专利申请量的25.8%；专利授权量8834件，占全市专利授权量的27.8%。北京市80家专利示范单位申请专利6319件，占全市职务专利申请量的13.6%。企业创新主体知识产权运用能力增强，全年新增专利试点企业333家，总数达到2411家。培育出北汽福田、北京金伟晖工程技术有限公司等一批知识产权优势企业。

截至2010年年底，北京市职务权利人拥有的有效专利量为76044件，居全国第三位；北京市企业的有效专利量为51053件，居全国第六位；科研单位有效专利量为11846件，居全国第一位；大专院校有效专利量为12262件，居全国第三位；国际申请专利量1272件，居全国第二位。

"十一五"期间，北京市专利申请量、授权量连续 5 年保持两位数增长。专利总量达到 209275 件，授权量达到 100371 件。北京市发明专利申请量 124175 件，是专利总量的 59.3%，居全国各省市之首。发明专利授权量 35523 件。职务专利申请量为 158209 件，占申请总量的 75.6%，居全国第二位；职务专利授权量 71275 件，占全市授权量的 71%。中关村国家自主创新示范区企业共申请专利 58558 件，占全市的 28%；获得专利权 24569 件，占全市的 24.5%。发明专利申请量 39953 件，占申请量的 68.2%，高于全市水平；发明专利授权量 9118 件，占授权量的 37.1%。

第四节　智力引进

"九五"期间，北京工业系统共引进国外专家 248 人，派出培训 2400 人。评选出高级工程师 4404 人、高级经济师 389 人。全市通过引智直接或间接创造产值近 10 亿元，创汇近亿美元，开发新产品数百项，使 60% 工业企业受益、10 多个企业走出困境。为表彰对北京工业发展做出突出贡献的外国专家，国家外国专家局向 3 名专家颁发友谊奖，市政府授予 1 名专家"北京市荣誉市民"称号，授予 1 名专家长城友谊奖。

21 世纪初，随着改革开放后中国工业制造能力水平的逐步提高，中国企业与国外先进企业的差距越来越小，工业制造能力从向国外先进企业学习、跟跑逐步转为并跑，北京部分企业的工业制造能力甚至走向全球前列，开始在世界领跑。北京的国外引智项目更加精细化选择，出国培训学习更加注重高精类技术项目。

2001 年，北京市工业系统引进国外智力工作重点放在电子信息、仪表、新医药、新能源等行业，共有 46 个企业申报引进智力项目 86 项，其中聘请国外专家项目 51 个 124 人次，派出培训项目 35 个 189 人次。

2002 年，市经委建立北京市工业系统外国专家库，专家库中的 444 名专家分别来自美国、日本、德国等 30 多个国家和地区。成立北京工业国际智力交流协会，为企业引智工作提供全方位服务。全年有 56 个企业申报引智项目 95 个，其中聘请国外专家项目 56 个 128 人次。

2003 年，北京市共有 29 个企业申报引进国外专家项目 48 个，确定 3 个重点引智项目，分别是七星华电科技集团公司的聚合物电池设备研制、北汽福田的汽车发动机附件优化设计、首钢总公司的钢铁企业污水处理厂污泥的回收利用。在工业系统各单位的积极配合下，北京工业国际智力交流网站正式运行，半年中有 3000 多人次登录网站。

2004 年，北京市共有 39 个企业申报引智项目 64 项，聘请国外专家服务项目 49 个 120 人次，派出培训项目 15 个 168 人次。确定 3 个重点项目，分别是京东方科技集团的第 5 代薄膜晶体管液晶显示器开发、北京中研同仁堂医药研发公司的中药复方新药开发国家工程研究平台建设、首钢技术研究院的首钢电力厂烟气脱硫技术。10个企业被评为北京市引智先进集体，6名工业系统引智工作人员被评为北京市引智先进个人，8名工业企业的外国专家被授予市政府颁发的长城友谊奖。

2006年，北京市共有27家企业申报引智项目39个，其中聘请国外专家项目32个203人次，派出培训项目7个98人次。有3个项目列入重点项目，分别为北京四方继保自动化股份公司的新一代电力系统监控与管理自动化软件平台、北京万辉双鹤药业股份有限公司的治疗糖尿病药物研发、有研亿金新材料股份公司的集成电路制造用高纯金属及合金靶材的关键技术。

2007年，北京市有14个企业申报引智项目17个，引进专家102人次；派出培训团组11批次，90人赴国外培训。培训内容涉及工业节能与环保、技术创新、项目投资决策、人力资源开发等多个领域。

2008年，北京市有17个企业申报引智项目34个，其中聘请国外专家项目26个127人次，派出培训项目8个97人次。确定的重点项目分别是北内集团总公司的汽车发动机国产化、龙徽酿酒的高档葡萄酒新品种开发、北京七星华创电子有限公司（以下简称七星华创）的挤出式涂布机等。

2010年，北京市完成聘请国外专家项目18个，聘请国外专家113人次。派出4个出国培训考察组，内容涉及工业节能减排、工业设计、IT技术应用及网络安全等方面。

第五节　品牌建设

1999年至2010年，北京工业在促进产业结构调整和高新技术成果产业化的过程中，不断加大品牌战略实施力度，扶持名优企业，发展名优产品，做大名优品牌，推进名牌培育和宣传工作。

2000年，为提高北京市产品质量，全市启动北京名牌产品评选工作，由市质监局、市经委指导，北京市消费者协会、北京质量管理协会、北京商标协会等组织参与，企业自愿申报，评选在产品质量技术水平、市场占有率、经济效益指标等方面居全市前列，具有较高信誉的产品，当年联想牌电脑、牡丹牌彩色电视机等110项产品获评为北京名牌产品。

2002年，全市工业评选出138项北京名牌产品，同步开展名牌产品数据库建设和网页制作，加大名牌产品宣传力度。雪莲股份生产的雪莲羊绒衫获得中国名牌产品称号，有效期为2002年9月至2005年9月。北京金鱼科技股份有限公司生产的"未来生态"系列产品被中国绿色品牌评估认证委员会授予"绿色品牌"证书。

2003年，北京铜牛集团有限责任公司（以下简称铜牛集团）成为中国航天员训练中心"航天内衣"研制选定的唯一合作伙伴，生产的高效除湿吸水材料、保暖内衣、生理信号背心、防护隔热手套等高科技成果产品,先后应用在"神舟四号""神舟五号""神舟六号"飞船上。

2004年,市工业促进局完善政企沟通渠道,举行北京都市工业名牌企业座谈会和新闻发布会,举办2004北京名优产业展示展销会,搭建名牌产品和生产企业展示平台,系列宣传北京名牌。北京铜牛针织集团有限责任公司(以下简称北京铜牛针织集团公司)"铜牛"品牌获得中国名牌称号。

2005年,市工业促进局会同市科委、市质监局等单位及相关协会,完成促进北京品牌发展的方案,制定培育品牌企业3个梯队名单,其中第一梯队以中国名牌、中国驰名商标企业为重点,向跨国企业迈进;第二梯队以北京名牌、北京市著名商标和老字号企业为重点,向国内著名品牌和国际品牌发展;第三梯队为拥有自主知识产权、有一定地区品牌竞争力和知名度的成长中企业。全市21家企业的26个产品被授予中国名牌称号。

2006年,北京工业进入新一轮品牌时代。1月,市工业促进局制定《加强北京工业品牌建设的措施》,提出要支持企业创建中国和世界著名品牌。年内,市工业促进局、市发展改革委、市科委、市财政局、市商务局、市国资委、市工商局、市质量监督局、市知识产权局共同推进企业品牌战略,加强协调机制建设,开展联席会议制度,实施培育品牌企业3个梯队建设。制定出分类服务、多层次指导的培育品牌发展机制。专项奖励支持一次性拨款200万元用于技术开发和品牌建设。工美集团王府井工美大厦的"工美"牌、同仁堂集团的"同仁堂"牌、北京市珐琅厂有限责任公司的"京珐"牌、义利食品的"义利"牌、龙徽酿酒的"中华"牌、顺鑫农业牛栏山酒厂的"牛栏山"牌、红星股份的"红星"牌获评为第一批中华老字号。

2007年,市工业促进局提出要重点在都市产业领域培育品牌集群。年内,四方继保自动化公司"四方"电力自动化监控设备、利德华福公司"利德华福"高压变频调速系统等产品被评为中国名牌产品。紫竹药业"毓婷"商标获准成为中国驰名商标。截至2007年年底,北京工业已拥有中国名牌产品55个、北京名牌99个、中国驰名商标51个、北京著名商标217个。

图1-21 2007年8月31日,迎奥运北京工业品牌展览会在北京展览馆开幕

2008年,市工业促进局制定《北京工业品牌培育平台建设方案》,举办了5期品牌企业经理人培训。年内,全市23个商标获中国驰名商标称号。北京奥运会期间,联想集团有限公司成为第一个也是唯一一个成为国际奥委会全球战略合作伙伴的中国企业,燕京啤酒集团股份有限公司成为2008年北京奥运会的赞助商之一。

2009 年，市经济信息化委联合市食药监局组织北京企业参加全国药品交易会，统一打造"京牌制药"高端形象，宣传"用北京药放心"的消费理念。北京服装纺织行业协会开展"北京十大时装品牌"评选活动，同步推出"北京时装之都"主题展。李宁、诺丁山、派克兰帝、爱慕、白领、雪莲等品牌荣获中国服装品牌年度大奖。

北京市连续多年举办北京十大时装评选活动和时装发布会，不断提升北京工业品牌在全国乃至国际市场的影响力。2010 年，雷蒙、木真了、诺丁山、朗姿、玫而美、小护士、探路者、绿典、红都、蓝地、罗马世家荣获 2010 年度北京十大时装品牌（11 个）称号。截至 2010 年年底，北京工业拥有中国驰名商标 78 个，"十一五"期间年均增速 27.7%。

2000—2006年北京名牌产品一览表

1—21表

产品名称	企业名称	命名年份
2000年北京名牌产品		
联想牌电脑系列	联想（北京）有限公司	2000年
方正牌电子出版系统	北京北大方正集团有限公司	2000年
UNISCAN牌紫光扫描仪	清华紫光股份有限公司	2000年
用友牌财务软件	北京用友软件股份有限公司	2000年
科利华牌教育软件系列	北京科利华牌教育软件技术有限责任公司	2000年
兆维牌彩色投影电视机	北京兆维电子（集团）有限责任公司	2000年
牡丹牌彩色电视机系列	北京牡丹电子集团公司	2000年
TP牌系列微型特种打印机	北京公达电子有限责任公司	2000年
吉乐牌彩色偏转线圈	北京吉乐电子集团有限责任公司	2000年
DPC牌智能通信用高频开关电源系统	北京动力源有限责任公司	2000年
晒乐牌全玻璃真空太阳能集热管	北京清华阳光能源开发有限责任公司	2000年
东方牌医用诊断X射线机	北京万东医疗装备股份有限公司	2000年
双鹤牌增效联磺片及奥复星系列产品	北京双鹤药业股份有限公司	2000年
紫竹牌米非司酮	北京第三制药厂	2000年
糖适平牌降糖药片	北京万辉药业集团	2000年
威氏克（维生素E烟酸酯胶囊）	北京第二制药厂	2000年
WS周林牌频谱保健治疗仪系列	北京周林频谱总公司	2000年
同仁堂中成药（牛黄清心丸、大活络丸、安宫牛黄丸、乌鸡白凤丸、国公酒/京花牌感冒冲剂）	中国北京同仁堂集团公司	2000年
巨能牌钙	北京巨能新技术产业有限责任公司	2000年
阿姆斯牌华素片	北京四环医药科技股份有限公司	2000年
达美牌电脑多头绣花机	国营华北光学仪器厂	2000年

（续表）

产品名称	企业名称	命名年份
长空牌自动计量加油机系列	北京长空工业有限公司	2000年
时代牌逆变焊机	时代集团公司	2000年
博飞牌大地测量仪器系列	北京博飞仪器股份有限公司	2000年
北一牌数控系列铣床	北京第一机床厂	2000年
北起牌QY系列汽车起重机	北京起重机器厂	2000年
北人牌平张纸系列印刷机	北人印刷机械股份有限公司	2000年
北开牌ZF4-110型组合电器、高压真空开关设备	北京北开电气股份有限公司	2000年
BJ牌Y系列三相异步电动机	北京市电机总厂	2000年
华表牌聚乙烯醇树脂、乙酸乙烯-乙烯共聚乳液、乙烯-乙酸乙烯酯共聚树脂、聚乙酸乙烯酯乳液	北京有机化工厂	2000年
云燕牌丙烯酸酯（甲、乙、丁酯）、聚合级丙烯酸、工业用乙二醇	北京化学工业集团有限责任公司东方化工厂	2000年
长城牌聚氯乙烯树脂、烧碱	北京化二股份有限公司	2000年
燕山牌石油化工产品(低密度聚乙烯、聚苯乙烯、顺丁橡胶、苯酚、丙酮、聚丙烯、乙二醇、车用汽油、石蜡)	中国石化集团北京燕山石油化工有限公司	2000年
京轮牌轿车、轻型载重系列无内胎子午线轮胎	北京首创轮胎有限责任公司	2000年
山鹰牌工业辛醇	北京化工四厂	2000年
北染牌靛蓝	北京染料厂	2000年
北化牌彩色荧光粉、化学试剂	北京北化精细化学品有限责任公司	2000年
开发牌PBT工程塑料	北京市化学工业研究院（北京泛威工程塑料有限公司）	2000年
SANMAG牌钕铁硼永磁材料	北京中科三环高技术股份有限公司	2000年
首钢牌低碳钢无扭控冷热轧盘条、钢筋混凝土用热轧带肋钢筋	首钢总公司	2000年
万花牌低压液体输送用焊接钢管	北京顺义宏利钢管有限公司	2000年
BJC牌2021系列轻型越野汽车	北京吉普汽车有限公司	2000年
福田牌系列农用车	北汽福田车辆股份有限公司	2000年
龙牌轻钢龙骨、石膏板	北新集团建材股份有限公司	2000年
星牌矿棉装饰吸声板	北京市建材制品总厂	2000年
北奥牌新型沥青防水卷材	北京奥克兰建筑防水材料有限公司	2000年
长城牌水泥	北京建筑材料集团有限公司琉璃河水泥厂	2000年
天坛牌家具	北京天坛家具公司	2000年
九洲揽月牌床具	北京九洲揽月床具公司	2000年

（续表）

产品名称	企业名称	命名年份
强力牌家具（软家具、木家具）	北京强力家具有限公司	2000年
北毛牌精纺呢绒	北京北毛纺织集团有限责任公司	2000年
溥利牌毛精纺呢绒	北京清河毛纺织厂	2000年
金驼牌精纺呢绒	北京二毛纺织集团	2000年
雪莲牌羊绒衫	北京雪莲羊绒有限公司	2000年
欣泰时牌羊毛衫系列	北京市毛针织工业联合公司	2000年
双鹿牌毛绒	北京市三环毛纺针织集团公司第二毛绒厂	2000年
雷蒙牌服装	北京市京工服装工业集团公司	2000年
天坛牌男衬衫	北京市大华衬衫厂	2000年
坦博牌男女衬衫	北京衬衫厂	2000年
绅士牌衬衫	北京市海淀区绅士衬衫厂	2000年
伊里兰牌羽绒服	北京伊里兰服装有限公司	2000年
红都牌男西服	北京市红都时装公司	2000年
叶青牌时装	北京市叶氏服装服饰有限公司	2000年
爰慕牌女士内衣	北京爱慕内衣有限公司	2000年
京松牌男女西服系列	北京市东方京松服装厂	2000年
滕氏牌女装	北京市滕氏制衣有限责任公司	2000年
京冠牌毛巾、毛被、浴衣系列	北京毛巾厂	2000年
铜牛牌中高档针织产品系列	北京铜牛针织集团有限责任公司	2000年
铜亭牌精梳纯棉纱	北京京棉纺织集团有限责任公司	2000年
星海牌钢琴	北京钢琴厂	2000年
星牌台球桌	北京星伟体育用品有限公司	2000年
奥琪牌膏霜类化妆品	北京丽源公司日用化学三厂	2000年
光明牌系列染发剂	北京汉高丽源化妆品有限公司	2000年
熊猫牌洗衣粉	北京日用化学二厂	2000年
金鱼牌液体洗涤剂系列	北京日用化学二厂	2000年
欧珀莱牌系列化妆品	资生堂丽源化妆品有限公司	2000年
大宝牌系列化妆品	北京市三露厂	2000年
BOMEX牌硼硅耐热玻璃制品	北京玻璃仪器厂	2000年
鹿牌保温瓶	北京保温瓶工业公司	2000年
三一牌复印纸	北京造纸一厂	2000年
华灯牌农膜	北京华盾塑料公司	2000年
奥妮尔牌皮衣	北京市西比利亚皮货集团	2000年
庄子牌皮衣	北京庄子工贸有限责任公司	2000年

（续表）

产品名称	企业名称	命名年份
古桥牌空调器	北京古桥电器公司	2000年
雪花牌冰箱压缩机	北京恩布拉科雪花压缩机有限公司	2000年
白菊牌洗衣机	北京白菊电器集团	2000年
亚都牌系列加湿器	北京亚都科技股份有限责任公司	2000年
金陶牌系列洁身器	北京金陶洁具有限公司	2000年
赞星牌影视照明设备	北京星兴影视设备集团公司	2000年
中南海牌香烟	北京卷烟厂	2000年
五星牌啤酒	北京亚洲双合盛五星啤酒有限公司	2000年
燕京牌啤酒	北京燕京啤酒集团公司	2000年
中华牌桂花陈酒	北京保乐力加酿酒有限公司	2000年
丰收牌葡萄酒	北京丰收葡萄酒有限公司	2000年
红星牌白酒系列	北京红星酿酒集团公司	2000年
华灯牌北京醇白酒系列	北京市牛栏山酒厂	2000年
华都牌白酒系列	北京市华都酿酒食品工业公司（北京华都酿酒食品有限责任公司）	2000年
义利牌食品（巧克力、糖果）	北京义利食品公司	2000年
摩奇牌饮料系列、豆馅系列	北京神州摩奇食品饮料有限公司	2000年
百花牌蜂蜜系列产品	北京百花蜂产品有限责任公司	2000年
康乐牌人造黄油系列	北京食用黄油厂	2000年
古船牌袋装面粉系列	北京古船面粉集团	2000年
民乐牌速冻食品系列	北京蔬菜食品速冻公司	2000年
绿宝牌高级烹饪油	北京艾森绿宝油脂有限公司	2000年
火鸟牌色拉油	北京统益油脂有限公司	2000年
金狮牌系列酱油	北京市王致和食品集团有限公司	2000年
王致和牌腐乳	北京市王致和食品集团有限公司	2000年
三元牌奶制品系列（液态奶、发酵奶、奶粉）	北京三元食品有限公司	2000年
2002年北京名牌产品		
联想系列电脑、服务器（中国名牌产品）	联想（北京）有限公司	2002年
北大方正电子出版系统	北京北大方正集团有限公司	2002年
首信手机（移动通信终端）	中国普天首信集团 北京首信股份有限公司	2002年
汉王笔	北京汉王科技有限公司	2002年
清华同方电脑（中国名牌产品）	清华同方股份有限公司	2002年
商务通全中文掌上手写电脑	北京全向科技有限公司	2002年

（续表）

产品名称	企业名称	命名年份
全向调制解调器	北京全向科技有限公司	2002年
TP系列微型特种打印机	北京公达电子有限公司	2002年
吉乐偏转线圈	北京吉乐电子集团有限公司	2002年
方正微型计算机、服务器（中国名牌产品）	北京北大方正集团有限公司	2002年
曙光系列服务器	北京曙光天演信息技术有限公司	2002年
中创信测七号信令集中监测系统	北京中创信测科技股份有限公司	2002年
大豪电脑刺绣机控制系统	北京精大豪电脑控制设备有限公司	2002年
恒生电脑	北京市金恒生科技发展有限公司	2002年
八亿时空微型计算机	八亿时空计算机科技有限公司	2002年
KM ISDN智能网络终端	北京科迈易通科技有限公司	2002年
北广广播电视发射设备	北京北广数字广播电视股份有限公司	2002年
京东方LED显示屏	京东方科技集团股份有限公司	2002年
双鹤牌奥复星片剂、注射液/双鹤牌利复星片剂、注射液/双鹤牌增效联磺片	北京双鹤药业股份有限公司	2002年
双鹭重组人粒细胞集落刺激因子注射液（粒生素）	北京双鹭药业股份有限公司	2002年
同仁堂六味地黄丸、感冒清热颗粒、牛黄解毒片	北京同仁堂科技发展股份有限公司制药厂	2002年
华素片（西地碘片）	北京四环医药科技股份有限公司	2002年
苏诺（盐酸纳洛酮）注射液	北京四环医药科技股份有限公司	2002年
威氏克（维生素E烟酸酯胶囊）	北京第二制药厂	2002年
紫竹牌毓婷系列产品/紫竹牌米非司酮系列产品	北京紫竹药业有限公司	2002年
同仁堂乌鸡白凤丸系列、同仁牛黄清心丸、同仁大活络丸、国公酒、安宫牛黄丸、皮肤病血毒丸	北京同仁堂股份有限公司	2002年
北京牌重组（酵母）乙型肝炎疫苗	北京天坛生物制品股份有限公司	2002年
中生临床生化系列体外诊断试剂盒	中生北控生物科技股份有限公司	2002年
孚琪（联苯苄唑）乳膏	北京四环医药科技股份有限公司	2002年
东方牌医疗诊断X射线机	北京万东医疗装备股份有限公司	2002年
泰力特（阿奇霉素胶囊剂及颗粒剂）	北京太洋药业有限公司	2002年
糖适平	北京万辉药业集团	2002年
北人牌平纸张系列印刷机	北人印刷机械股份有限公司	2002年
时代逆变焊机	北京时代科技股份有限公司	2002年
博飞大地测量仪器	北京博飞仪器股份有限公司	2002年
BJ三相异步电动机	北京毕捷电机股份有限公司	2002年

（续表）

产品名称	企业名称	命名年份
雪花牌全封闭制冷压缩机	北京恩布拉科雪花压缩机有限公司	2002年
北起牌QY系列汽车起重机	北京起重机器厂	2002年
北开ZF4-126型组合电器、高压真空开关设备	北京北开电气股份有限公司	2002年
长空牌CK系列税控燃油加油机	北京长空工业有限公司	2002年
福田轻型卡车（时代轻卡）	北京福田汽车股份有限公司	2002年
时代检测仪器（里氏硬度计系列、覆层测厚系列、超声测厚系列、粗糙度仪系列、测振仪系列）	时代集团公司	2002年
动力源（图形商标）DUM系列智能高频开关电源系统	时代集团公司	2002年
JP牌钢制无缝气瓶	北京天海工业有限公司	2002年
北分牌成分分析仪器（色谱仪器系列、红外分析仪器系列、光谱仪器系列）	北京北分瑞利分析仪器（集团）有限责任公司	2002年
北一牌系列数控机床	北京第一机床厂	2002年
天坛软体、实木、金属家具	北京天坛股份有限公司	2002年
北新纸面石膏板、轻钢龙骨	北新集团股份有限公司	2002年
东亚建筑铝合金型材	北京东亚铝业有限公司	2002年
京都水泥	北京水泥厂有限公司	2002年
奥宇体系拼装式全钢大模板	北京奥宇模板有限公司	2002年
首钢低碳钢热轧圆盘条	北京首钢股份有限公司	2002年
强力软家具、木家具	北京强力家具有限公司	2002年
长城牌水泥	北京市琉璃河水泥厂	2002年
长城牌排椅	北京市长城家具公司	2002年
星牌矿棉吸声板	北京星牌建材有限责任公司	2002年
森华中、高密度纤维板	北京森华人造板有限公司	2002年
首钢钢筋混凝土用热轧带肋钢筋	北京首钢新钢有限责任公司型材轧钢厂	2002年
长城润滑油	中国石油化工股份有限公司长城润滑油分公司	2002年
华灯牌聚乙烯农用吹塑膜（功能膜系列）	北京华盾塑料有限责任公司	2002年
山鹰牌工业辛醇、工业正丁醇	北京化学工业集团有限责任公司化工四厂	2002年
梅花牌超高分子量聚乙烯树脂、高密度聚乙烯氧化聚乙烯专用树脂	北京助剂二厂	2002年
长城牌聚氯乙烯树脂、烧碱	北京化二股份有限公司	2002年
开发牌PBT工程塑料	北京市化学工业研究院	2002年
京轮牌系列无内胎子午线轮胎	北京首创轮胎有限责任公司	2002年

（续表）

产品名称	企业名称	命名年份
燕山牌石化产品［聚丙烯、聚苯乙烯（高、低密度聚乙烯树脂）、聚乙烯、乙二醇、苯酚、丙酮、顺丁橡胶、热塑性丁苯橡胶（SBS）、汽油、柴油、化纤地毯、石蜡、聚烯烃土工格室]	中国石化集团北京燕山石油化工有限公司	2002年
北化牌化学试剂、彩色荧光粉、硝酸银（照相级）	北京北化精细化学品有限责任公司	2002年
云燕牌聚合级丙烯酸、丙烯酸甲酯、丙烯酸乙酯、丙烯酸正丁酯、乙二醇	北京化学工业集团有限责任公司东方化工厂	2002年
华表牌聚乙烯醇树脂、乙酸乙烯-乙烯共聚乳液、聚乙酸乙烯酯乳液、乙烯-乙酸乙烯酯共聚树脂	北京化学工业集团有限责任公司有机化工厂	2002年
北化机牌电解槽	北京化学工业集团有限责任公司有机化工厂	2002年
清华阳光全玻璃真空管太阳热水器、集热器及热水系统	北京清华阳光太阳能设备有限责任公司	2002年
晒乐牌全玻璃真空太阳集热管	北京清华阳光能源开发有限责任公司	2002年
奥琪膏霜类化妆品	北京丽源有限责任公司	2002年
亚都系列加湿器、系列空气净化器	北京亚都科技股份有限公司	2002年
星海钢琴	北京星海乐器有限责任公司	2002年
星牌台球桌	北京星伟体育用品有限公司	2002年
博美硼硅耐热玻璃制品	北京玻璃仪器厂	2002年
古桥房间空调器	北京古桥电器公司	2002年
大宝系列化妆品	北京大宝化妆品有限公司	2002年
欧珀莱系列化妆品	资生堂丽源化妆品有限公司	2002年
金鱼液体洗涤剂系列	北京金鱼科技股份有限公司	2002年
桑普室内加热器具（电暖器、房间/浴室暖风机）	北京桑普电器有限公司	2002年
赞星影视设备	北京星光影视设备集团公司	2002年
鹿牌保温容器	北京鹿牌都市生活用品有限公司	2002年
金陶洁身器系列	北京金陶洁具有限公司	2002年
天普太阳能热水器	北京天普太阳能工业有限公司	2002年
雪莲羊绒衫（中国名牌产品）	北京雪莲羊绒衫股份有限公司	2002年
滕氏女装	北京市滕氏制衣有限责任公司	2002年
天坛衬衫（中国名牌产品）	北京大华天坛服装有限公司	2002年
庄子皮衣	北京庄子工贸有限责任公司	2002年
雷蒙男西服/大衣	北京京工服装集团有限公司	2002年
金吉列男士衬衫	北京金吉列制衣有限公司	2002年

（续表）

产品名称	企业名称	命名年份
爱慕女士内衣	北京爱慕女士有限公司	2002年
红都男西服	北京红都集团公司	2002年
巴比龙女装	北京巴比龙时装有限公司	2002年
绅士衬衫	北京绅士服装有限公司	2002年
奥妮尔皮衣	北京市西比利亚皮货集团	2002年
坦博男女衬衫	北京衬衫厂	2002年
铜牛中高档针织系列服装	北京铜牛针织集团有限公司	2002年
灯笼氨纶包芯纱	北京京棉纺织集团有限责任公司	2002年
燕京啤酒（中国名牌产品）	北京燕京啤酒集团公司	2002年
丰收葡萄酒（中国名牌产品）	北京丰收葡萄酒有限公司	2002年
全聚德烤鸭	中国北京全聚德集团有限责任公司	2002年
天福号熟肉制品	北京市天福号食品厂	2002年
吴裕泰牌茶叶	北京吴裕泰茶叶公司	2002年
义利巧克力	北京义利食品公司	2002年
龙徽系列葡萄酒、中华桂花陈酒	北京龙徽酿酒有限公司	2002年
五星啤酒	北京五星青岛啤酒有限公司	2002年
中华乌鸡精	北京市乌鸡精厂	2002年
Gmb小麦粉系列	北京大磨坊面粉有限公司	2002年
龙门系列食醋	北京王致和食品集团有限公司	2002年
六必居酱腌菜、酱系列产品	北京六必居食品有限公司	2002年
民乐系列速冻食品	北京蔬菜食品速冻公司	2002年
华邦果肉型果汁	北京华邦食品有限公司	2002年
摩奇豆沙馅	北京神州摩奇食品饮料有限公司	2002年
红螺果脯、羊羹	北京红螺食品集团	2002年
三元乳制品（液态奶、发酵奶）（中国名牌产品）	北京三元食品股份有限公司	2002年
汇源果汁	北京汇源饮料食品集团有限公司	2002年
红星牌系列啤酒	北京红星股份有限公司	2002年
张一元牌茶叶	北京张一元茶叶有限责任公司	2002年
绿宝系列食用油	北京艾森绿宝油脂有限公司	2002年
中南海香烟/北京香烟	北京卷烟厂	2002年
牛栏山二锅头系列酒、华灯牌北京醇	北京顺鑫农业股份有限公司牛栏山酒厂	2002年
华都系列白酒	北京华都酿酒食品有限责任公司	2002年
古船面粉	北京古船面粉集团	2002年
金狮系列酱油	北京王致和食品集团有限公司	2002年

（续表）

产品名称	企业名称	命名年份
王致和腐乳	北京王致和食品集团有限公司	2002年
白玉豆腐、豆制品	北京市豆制食品工业公司	2002年
华都禽肉速冻产品	北京华都集团有限责任公司	2002年
牵手果蔬汁	北京牵手果蔬饮品有限责任公司	2002年
百花系列瓶装蜂蜜	北京百花蜂产品有限责任公司	2002年
2004年北京名牌产品		
联想牌微型计算机、服务器（中国名牌产品）	联想集团（北京）有限公司	2004年
方正FOUNDER牌微型计算机、服务器（中国名牌产品）	北京北大方正集团有限公司	2004年
清华同方微型计算机（中国名牌产品）	清华同方股份有限公司	2004年
曙光（天阔）牌服务器	曙光信息产业（北京）有限公司	2004年
北大方正电子出版系统	北京北大方正集团有限公司	2004年
用友ERP-U8软件	用友软件股份有限公司	2004年
瑞星杀毒软件	北京瑞星科技股份有限公司	2004年
大豪牌BECS系列电脑刺绣机控制系统	北京兴大豪科技开发有限公司	2004年
汉王笔	北京汉王科技有限公司	2004年
爱国者牌MP3播放器	北京华旗资讯数码科技有限公司	2004年
TP牌系列微型特种打印机	北京公达数码科技有限公司	2004年
方正牌激光打印机	北京北大方正集团有限公司	2004年
八亿时空电脑	北京八亿时空计算机科技有限公司	2004年
漫步者多媒体有源音箱	北京爱德发高科技公司	2004年
797牌音响	北京第七九七音响股份有限公司	2004年
中创信测（中创）七号信令网集中监测系统	北京中创信测科技股份有限公司	2004年
吉乐牌彩色电视机、显示器用偏转线圈	北京吉乐电子集团有限公司	2004年
清华紫光扫描仪	清华紫光股份有限公司	2004年
京东方笔记本电脑	京东方科技集团股份有限公司	2004年
北广牌广播电视发射设备	北京北广电子集团有限责任公司	2004年
北一牌系列数控机床	北京第一机床厂	2004年
BZD牌330MW汽轮发电机组	北京北重汽轮电机有限责任公司	2004年
华德牌液压件	北京华德液压工业集团有限责任公司	2004年
固安详牌低压断路器	北京人民电器厂	2004年

（续表）

产品名称	企业名称	命名年份
BJ牌三相异步电动机	北京毕捷电机股份有限公司	2004年
时代牌检测仪器、逆变焊机	时代集团公司	2004年
北分牌成分分析仪器（光谱仪器系列、色谱仪器系列、红外分析仪器系列）	北京北分瑞利分析仪器（集团）有限责任公司	2004年
恒有源牌中央液态冷热源环境系统	北京恒有源科技发展有限公司	2004年
JP钢盾无缝气瓶	北京天海工业有限公司	2004年
北方天鸟（达美）牌电脑刺绣机	北京北方天鸟智能科技股份有限公司	2004年
北人牌平张纸、卷筒纸系列印刷机	北人印刷机机械股份有限公司	2004年
博飞牌大地测量仪器系列产品	北京博飞仪器股份有限公司	2004年
北开牌ZF4-126型组合电器、高压真空开关设备	北京北开电器股份有限公司	2004年
福田牌汽车（时代系列卡车，欧曼中、重型卡车，奥铃系列载货汽车，风景客车）	北汽福田汽车股份有限公司	2004年
BJC牌越野车、客车［BJ2021EB、BJ2021G、BJ2021V8、BJ2025（A）、BJ6420EB、BJ6463]	北京吉普汽车有限公司	2004年
天坛牌家具	北京天坛股份有限公司	2004年
星牌矿棉装饰吸声板	北京星牌建材有限责任公司	2004年
森华牌中、高密度纤维板	北京森华人造板有限公司	2004年
克诺森华牌浸渍纸层压木制地板（强化木地板）	北京克诺森华地板有限公司	2004年
长城牌普通硅酸盐水泥、矿渣硅酸盐水泥	北京琉璃河水泥厂	2004年
京都牌水泥	北京水泥厂有限责任公司	2004年
奥宇体系拼装式全钢大模板	北京奥宇模板有限公司	2004年
北新龙牌纸面石膏板、北新牌轻钢龙骨	北新集团建材股份有限公司	2004年
EA（东亚）牌铝合金建筑型材	北京东亚铝业有限公司	2004年
雨虹牌高聚物SBS/APP改性沥青防水卷材	北京东方雨虹防水技术股份有限公司	2004年
强力牌木家具、软家具（弹簧软床垫、沙发）	北京强力家具有限公司	2004年
首钢牌碳素结构钢和低合金结构钢热轧厚钢板、高速无扭控冷热轧盘条、钢筋混凝土用热轧带肋钢筋	首钢总公司	2004年

（续表）

产品名称	企业名称	命名年份
燕山牌聚丙烯、高密度聚乙烯、低密度聚乙烯、工业用乙二醇、聚苯乙烯、顺丁橡胶、丁基橡胶、热塑性丁苯橡胶、工业用合成苯酚、工业丙酮、精间苯二甲酸	中国石化北京燕化石油化工股份有限公司	2004年
燕山牌车用无铅汽油、轻柴油、石蜡	中国石油化工股份有限公司北京燕山分公司	2004年
统一牌润滑油	北京统一石油化工有限公司	2004年
华表牌乙烯-乙酸乙烯酯共聚树脂（EVA树脂）、聚乙烯醇17-88、17-99树脂、乙酸乙烯酯-乙烯共聚乳液（VAE乳液）	北京东方石油化工有限公司有机化工厂	2004年
长城牌烧碱、聚氯乙烯树脂	北京化二股份有限公司	2004年
山鹰牌工业辛醇、工业正丁醇	北京东方石油化工有限公司化工四厂	2004年
北化牌彩色荧光粉	北京化工厂	2004年
梅花牌超高分子量聚乙烯树脂、高密度聚乙烯氯化聚乙烯专用树脂（CPE）	北京东方石油化工有限公司助剂二厂	2004年
云燕牌工业丙烯酸、工业用乙二醇、工业用环氧乙烷/工业丙烯酸甲酯、工业丙烯酸乙酯、工业丙烯酸丁酯	北京东方石油化工有限公司东方化工厂	2004年
北化机牌电解槽	北京化工机械厂	2004年
京轮牌轻型载重及轿车系列无内胎子午线轮胎	北京首创轮胎有限责任公司	2004年
华盾牌聚乙烯农用吹塑薄膜、聚乙烯系列土工膜	北京华盾雪花塑料集团有限责任公司	2004年
同仁大活络丸、同仁乌鸡白凤系列（同仁乌鸡白凤丸、同仁乌鸡白凤口服液）、同仁牛黄清心丸、安宫牛黄丸、国公酒	北京同仁堂股份有限公司	2004年
牛黄解毒片、感冒清热颗粒、六味地黄丸	北京同仁堂科技发展股份有限公司制药厂	2004年
双鹤牌降压0号、双鹤牌利复星系列、双鹤牌增效联磺片	北京双鹤药业股份有限公司	2004年
华素片	北京四环医药科技股份有限公司	2004年
孚琪	北京四环医药科技股份有限公司	2004年
苏诺	北京四环医药科技股份有限公司	2004年
紫竹牌毓婷、米非司酮系列产品	北京紫竹药业有限公司	2004年
泰力特（阿奇霉素）	北京太洋药业有限公司	2004年
威氏克（维生素E烟酸酯胶囊）	北京赛科药业有限责任公司	2004年
重组（酵母）乙型肝炎疫苗	北京天坛生物制品股份有限公司	2004年
东方牌医用X射线诊断设备	北京万东医疗装备股份有限公司	2004年

（续表）

产品名称	企业名称	命名年份
百奥蚓激酶肠溶胶囊	北京百奥药业有限责任公司	2004年
糖适平	北京万辉双鹤药业有限责任公司	2004年
燕京啤酒（中国名牌产品）	北京燕京集团公司	2004年
丰收牌葡萄酒（中国名牌产品）	北京丰收葡萄酒有限责任公司	2004年
龙徽牌系列葡萄酒	北京龙徽酿酒有限公司	2004年
中华牌桂花陈酒	北京龙徽酿酒有限公司	2004年
红星牌白酒系列产品	北京红星股份有限公司	2004年
牛栏山牌白酒	北京顺鑫农业股份有限公司牛栏山酒厂	2004年
华灯牌北京醇白酒	北京顺鑫农业股份有限公司牛栏山酒厂	2004年
华都牌系列白酒	北京华都酿酒食品有限责任公司	2004年
五星牌啤酒	北京五星青岛啤酒有限公司	2004年
汇源牌果汁饮料	北京汇源饮料有限公司	2004年
华邦牌低糖果肉果汁	北京华邦食品有限公司	2004年
牵手牌果蔬汁	北京顺鑫牵手有限责任公司	2004年
王致和牌系列腐乳	北京王致和食品集团有限公司	2004年
龙门牌食醋（中国名牌产品）	北京王致和食品集团有限公司	2004年
金狮牌酱油（中国名牌产品）	北京王致和食品集团有限公司	2004年
六必居酱腌菜、酱系列产品	北京六必居食品有限公司	2004年
百花牌蜂产品	北京百花蜂产品有限责任公司	2004年
古船牌面粉	北京古船食品有限公司	2004年
Gmb小麦粉系列	北京大磨坊面粉有限公司	2004年
绿宝牌系列食用油	北京艾森绿宝油脂有限公司	2004年
张一元牌茶叶	北京张一元茶叶有限责任公司	2004年
吴裕泰牌茶叶	北京吴裕泰茶叶公司	2004年
庚香牌更香茶叶	北京更香茶叶有限责任公司	2004年
同元牌中华乌鸡精口服液	北京同元制药厂	2004年
天福号牌熟肉制品	北京市天福号食品厂	2004年
华都牌速冻禽类制品	北京华都集团有限责任公司	2004年
全聚德烤鸭	中国北京全聚德集团有限责任公司	2004年
义利面包	北京义利面包食品有限公司	2004年
摩奇牌红豆馅系列产品	北京神州摩奇食品饮料有限公司	2004年

（续表）

产品名称	企业名称	命名年份
三元牌液态奶、酸奶	北京三元食品股份有限公司	2004年
白玉牌系列豆制品	北京市豆制食品工业公司	2004年
雪莲牌羊绒衫及羊绒制品	北京雪莲羊绒股份有限公司	2004年
天坛牌衬衫	北京大华天坛服装有限公司	2004年
顺美牌西服套装	北京顺美服装股份有限公司	2004年
玫而美牌女式服装	北京卓欧制衣有限责任公司	2004年
巴比龙牌女装	北京巴比龙时装有限公司	2004年
爱慕牌女士内衣	北京爱慕内衣有限公司	2004年
铜牛牌中高档针织系列服装	北京铜牛针织集团有限责任公司	2004年
金吉列牌男士衬衫	北京金吉列制衣有限公司	2004年
雷蒙牌西服套装	北京京工服装集团有限公司	2004年
庄子牌皮衣	北京庄子工贸有限责任公司	2004年
WuMu牌西服	北京五木服装有限责任公司	2004年
依文牌西服	北京依文服装服饰有限公司	2004年
绅士牌男衬衫	北京绅士服装有限公司	2004年
杰恩牌防寒服	北京华奈达工贸集团有限公司	2004年
坦博牌男女衬衫	北京衬衫厂	2004年
薄利牌精纺呢绒	北京清河毛纺织厂	2004年
铜亭牌精梳纱	北京京锦集团有限责任公司	2004年
花塔牌纯棉中平布	北京富帛实业股份有限公司	2004年
滕氏牌女装	北京滕氏制衣有限公司	2004年
奥妮尔牌皮衣	北京西比利亚商贸有限公司	2004年
大宝牌系列化妆品	北京大宝化妆品有限公司	2004年
欧珀莱系列化妆品	资生堂丽源化妆品有限公司	2004年
金鱼牌液体洗涤剂系列	北京金鱼科技股份有限公司	2004年
绿伞牌液体洗涤剂	北京绿伞化学有限公司	2004年
星海牌钢琴	北京星海乐器有限责任公司	2004年
希玛牌全自动保龄设备	北京市希玛保龄设备有限责任公司	2004年
晒乐牌全玻璃真空太阳集热管	北京清华阳光能源开发有限责任公司	2004年
清华阳光牌全玻璃真空管太阳能热水器	北京清华阳光太阳能设备有限责任公司	2004年

（续表）

产品名称	企业名称	命名年份
天普牌太阳能热水器	北京天普太阳能工业有限公司	2004年
鹿牌保温容器	北京鹿牌都市生活用品有限公司	2004年
博美牌硼硅耐热玻璃制品	北京玻璃仪器厂	2004年
菜百牌黄金首饰	北京菜市口百货股份有限公司	2004年
亚都牌系列空气加湿器、空气净化器	北京亚都科技股份有限公司	2004年
赞星牌影视照明设备	北京星光影视设备科技股份有限公司	2004年
中南海香烟	北京卷烟厂	2004年
2006年第一批北京名牌产品		
长城润滑油（内燃机用）	中国石油化工股份有限公司润滑油分公司	2006年
昆仑牌润滑油（内燃机用）	中国石油天然气股份有限公司润滑油分公司	2006年
统一牌润滑油（内燃机用）	壳牌统一（北京）石油化工有限公司	2006年
昆仑牌全精炼石蜡	中国石油天然气股份有限公司	2006年
昆仑牌尿素	中国石油天然气股份有限公司	2006年
磨煤机	北京电力设备总厂	2006年
金狮酱油	北京王致和食品集团有限公司	2006年
龙门食醋	北京王致和食品集团有限公司	2006年
星海钢琴	北京星海集团	2006年
龙牌纸面石膏板	北新集团建材股份有限公司	2006年
大豪工业缝纫机	北京兴大豪科技开发有限公司	2006年
瑞星杀病毒软件	瑞星科技股份有限公司	2006年
江民杀病毒软件	北京江民新科技术有限公司	2006年
欧珀莱化妆品（护肤霜）	资生堂丽源化妆品有限公司	2006年
大宝化妆品（护肤霜）	北京大宝化妆品有限公司	2006年
三禾牌月饼	北京稻香村食品有限责任公司	2006年
天坛实木家具	北京天坛股份有限公司	2006年
曲美实木家具	北京曲美家具有限公司	2006年
人造板（中密度板）	柯诺（北京）木业有限公司	2006年
正大猪饲料	正大（中国）投资有限公司	2006年
正大禽饲料	正大（中国）投资有限公司	2006年
珠宝首饰（玉石饰品）	北京菜市口百货股份有限公司	2006年
珠宝首饰（玉石饰品）	骏业珠宝有限责任公司	2006年
李宁牌旅游鞋	北京李宁体育用品有限公司	2006年
联想笔记本电脑	联想（北京）有限公司	2006年

（续表）

产品名称	企业名称	命名年份
联想万全服务器	联想（北京）有限公司	2006年
方正笔记本电脑	北大方正集团有限公司	2006年
方正服务器	北大方正集团有限公司	2006年
雪莲羊绒衫	北京雪莲毛纺服装集团公司	2006年
清华阳光太阳能热水器	北京清华阳光太阳能设备有限责任公司	2006年
华都牌调理禽肉	北京华都肉鸡公司	2006年
双大牌调理禽肉	北京大发正大有限公司	2006年
燕京啤酒	北京燕京啤酒集团公司	2006年
丰收牌葡萄酒	北京丰收葡萄酒有限公司	2006年
长城牌葡萄酒	中粮酒业有限公司	2006年
三元液态奶	北京三元食品股份有限公司	2006年
联想微型计算机	联想（北京）有限公司	2006年
方正微型计算机	北京北大方正集团有限公司	2006年
同方微型计算机	同方股份有限公司	2006年
华盾农用聚乙烯人棚膜	北京华盾雪花塑料集团有限责任公司	2006年
古船小麦粉	北京古船食品有限公司	2006年
汇源果汁饮料	北京汇源饮料食品集团有限公司	2006年
铜牛内衣	北京铜牛针织集团有限责任公司	2006年
绅士衬衫	北京绅士服装有限公司	2006年
2006年第二批北京名牌产品		
吉乐牌彩色电视机、显示器用偏转线圈	北京吉乐电子集团有限公司	2006年
雷蒙牌西服套装	北京京工服装集团有限公司	2006年
天坛牌衬衫	北京大华天坛服装有限公司	2006年
WuMu牌西服	北京五木服装有限责任公司	2006年
北化牌化学试剂	北京化工厂	2006年
糖适平	北京万辉双鹤药业有限责任公司	2006年
泰力特（阿奇霉素）	北京太洋药业有限公司	2006年
经典牌涂料	北京展辰化工有限公司	2006年
CSC-2000变电站自动化系列	北京四方继保自动化股份有限公司	2006年
鹏程熟肉制品、冷却分割肉	北京顺鑫农业股份有限公司鹏程食品分公司	2006年
绿典牌天然彩棉服装及其制品	北京天彩纺织服装有限公司	2006年
附注：北京市名牌产品每2年评选一次，2006年以后不再评选。		

第六节　资源集约利用与节能降耗

1999 年 9 月，市十一届人大常委会第十三次会议通过并颁布《北京市实施〈中华人民共和国节约能源法〉办法》。落实全市总体要求，市经委制定《重点用能单位节能管理办法实施细则》，公布全市年综合能耗 5000 吨标煤以上重点用能单位名单（243 家），提出将重点用能单位的锅炉、窑炉、变压器、50 千瓦以上功率电动机等主要耗能设备运行状况纳入能源统计范围。全年北京市工业能耗总量 2436.2 万吨标煤，万元国内生产总值能耗 1.46 吨标煤。工业分品种能源消耗量为：煤炭 746.0 万吨、焦炭 433.7 万吨、汽油 13.0 万吨、煤油 0.3 万吨、柴油 14.5 万吨、燃料油 37.9 万吨、液化石油气 6.9 万吨、天然气 0.4 亿立方米、热力 4843.3 万百万千焦、电力 155.3 亿千瓦时。

2000 年，全市大力推广锅炉分层燃烧、绿色照明等技术，推动工业节能、节电。全市 51 种主要工业产品中，轮胎、沥青砼、聚丙烯、燕京啤酒等产品能耗下降，能耗下降产品占比为 72.5%。

2001 年 4 月，为解决大气污染问题，保证城市可持续发展，市政府下发《北京市能源结构调整规划》，提出大力引进发展清洁能源，将以原煤为主的污染型能源结构逐步转变为以天然气、电力等优质能源为主的清洁型能源结构，并要求工业将发展重点放在低耗能和高增加值的行业与产品上，禁止新上高耗能项目，减产或限制现有高耗能产品与企业的发展。全年工业领域重点实施高井电厂改造燃气项目、北京炼焦化学厂停产、首钢总公司 2 号焦炉停产等优质能源替煤项目，四环路以内保留发展的 630 个工业企业全部以天然气、液化气、轻油替代燃煤。截至年底，北京工业用煤量下降，天然气等清洁能源比重上升，全年消耗天然气 1.4 亿立方米。

2002 年，市经委与市质监局合作开展节能监测计量资格认证工作，为依法开展工业节能工作提供技术支撑。全年实际发电用煤量为 628.5 万吨，与上年相比消减 50 万吨发电用煤。北京电镀行业协会组织建立电镀行业清洁生产审核指标体系，制定电镀行业清洁生产审核规划，推动北京电镀厂分期分批进行清洁生产审核。

2003 年，市经委配合市人大常委会有关工作部门、市政府法制办启动对《北京市实施〈中华人民共和国清洁生产法〉办法》的起草调研工作。年内，首钢开展燃煤锅炉改用清洁燃料工作。

2004 年 3 月，按照国家统一部署，北京市清理整顿开发区，推动工业用地高水平集约利用。市工业促进局联合市发展改革委、市国土局、市规划委、市环保局等部门，研究制定了《关于北京工业开发区（基地）建设项目节约土地和资源的意见》，提出全市工业开发区在土地利用和资源消耗方面的控制指标，将国家级开发区土地的建筑密度从 40% 提高到大于 55%，市级开发区从 30.8% 提高到大于 50%；国家级开发区和市级开发区的容积率由 0.43 提高到大于 0.8。同时对电子、汽车、机电、生物医药等重点发展产业的水耗、能耗制定了更为严格的准入标准，并设定了工业总产值、税收、就业等参考性指标。

2005 年 6 月，市政府办公厅印发《加快发展循环经济建设节约型城市规划纲要及 2005 年行动计划》，提出推进循环经济体系建设，开展企业清洁生产试点，调整能源结构，提高优质能源在终端能源消费结构中的比重，并确定 2005 年重点加强对冶金、石化、建材、化工和电力等行业高耗能、耗水企业的监管，力争全年节能 6%。2005 年起，北京市开始编制土地年度供应计划，在供地总量、用途结构、空间布局上下达计划指标并实行市、区（县）两级管理。

图1-22　2006年7月23日8时06分，北京焦化厂职工关闭东鼓风煤气截门，最后一台鼓风机退出生产运行

2006 年，市政府支持建设循环经济示范园区，支持石化、建材、电力等重点行业开展清洁生产，从源头削减废弃物产生量；支持能源统计、分类计量和能耗信息监测平台建设，完善分区域、分行业、重点企业节能降耗的监督考核体系。同年，市工业促进局颁布《北京工业能效水效指南》，完成生态工业园建设指标体系制定，完成《北京工业能耗水耗指导指标》第一批制定工作，支持清洁生产、再生资源产业化领域的重点示范项目。全市开发区贯彻落实《关于北京工业开发区（基地）建设项目节约土地和资源的意见》，围绕自身产业定位，在招商选资中突出土地集约利用导向，强化入区项目筛选，加强标准厂房建设，推动提高土地利用率。2007 年至 2010 年，北京市先后分 3 批启动 8 个生态工业园建设，包括第一批的密云经济开发区、林河经济开发区和大兴生物医药基地，第二批的天竺空港经济开发区和雁栖经济开发区，第三批的兴谷经济开发区、中关村生命科学园和八达岭经济开发区。各园区在围绕节能环保主题的基础上，结合自身资源条件和产业特点实施差异化的生态工业园建设方案，林河经济开发区以能源利用系统优化为重点，实施热力中心锅炉升级改造、生产环节节电改造、中水回用三大工程；密云经济开发区以雨污水集约利用为主线；大兴生物医药基地开展新能源技术集成与合同能源管理项目等，共同为全市工业绿色发展提供示范经验。

2007 年，市工业促进局等 7 部门联合发布《北京市关于加快退出高污染、高耗能、高耗水工业企业的意见》，当年有 24 家"三高"企业关停并通过验收。7 月，市工业促进局、

市发展改革委、市水务局、市统计局
4 部门联合发布《北京工业能耗水耗
指导指标》（第一批），对基础产业 9
个行业、都市产业 19 个行业、机电
产业 9 个行业、生物工程和医药产业
2 个行业、汽车制造 4 个行业、电子
信息产业 5 个行业提出具体的指导目
标，包括新上项目准入指标、生产运
行降耗指标、淘汰退出指标。同年，
50 家耗能大户在线监测平台启动。

2008 年 5 月，市工业促进局、市
发展改革委、市水务局、市统计局 4
部门联合发布《北京工业能耗水耗指
导指标》（第二批）。

图 1-23　北京东升砂布实业公司环保工程水砂纸、砂带车间拆迁仪式举行（2007年摄）

年内，市工业促进局完成 40 家年综合能耗 1 万～2 万吨标煤的企业
用电在线监测平台建设，为政府、企业节能减排事业提供数据支持。全市开发区内所有燃
煤锅炉完成脱硫除尘改造治理工程。2008 年开始，全市开始实行土地储备开发计划，组建
了市、区（县）两级土地储备机构和土地交易市场，土地储备和土地一级开发制度进一步
完善。

2009 年，为加强工业领域重点用能单位节能管理，健全重点用能单位能源利用状况报
告制度和审查制度，市经济信息化委组织开通北京市工业重点用能企业能源利用状况报告
网。全年 62 家"三高"企业退出。雁栖经济开发区、天竺空港经济开发区等开发区获准
成为第二批市级生态工业园建设试点。

2010 年，市经济信息化委根据《绿色北京行动计划（2010—2012）》的要求，编制印发《关
于进一步推进北京市工业节能减排工作的意见》，要求提高能源利用效率，加快落后产能
和"三高"企业退出，大力推进年综合能耗 5000 吨标煤以上的重点用能企业进行技术改造、
单位产值能耗高于本行业平均水平的中小企业的节能减排改造，为新阶段工业节能减排工
作的落实提供依据。年内，43 家"三高"企业关停退出，百事可乐等 18 家企业完成清洁
生产审核验收。截至年底，北京市工业能耗总量 2559.6 万吨标煤，万元国内生产总值能耗
0.49 吨标煤。

1999 年至 2010 年，在政策强化、绿色改造和低端退出等方面工作的推动下，北京工
业资源集约利用水平得到较大提升。全市工业能耗占全市能耗总量的比重由 60% 下降到
37% 左右，万元增加值能耗由 3.75 吨标煤下降至 0.93 吨标煤。2010 年，工业万元 GDP 水
耗为 18.5 立方米，较"十五"末下降 53.7%，"十五"期间年均降幅为 14.3%。全市工业废
水排放量 8198.0 万吨，比 2006 年下降 19.4%；工业粉尘排放量 16549.6 吨，比"十五"末
下降 49.1%；工业固体废物排放量 600 吨，比"十五"末下降 57.1%。

单位：万吨标准煤

图1-24　1999—2010年北京市工业能源消耗变化图

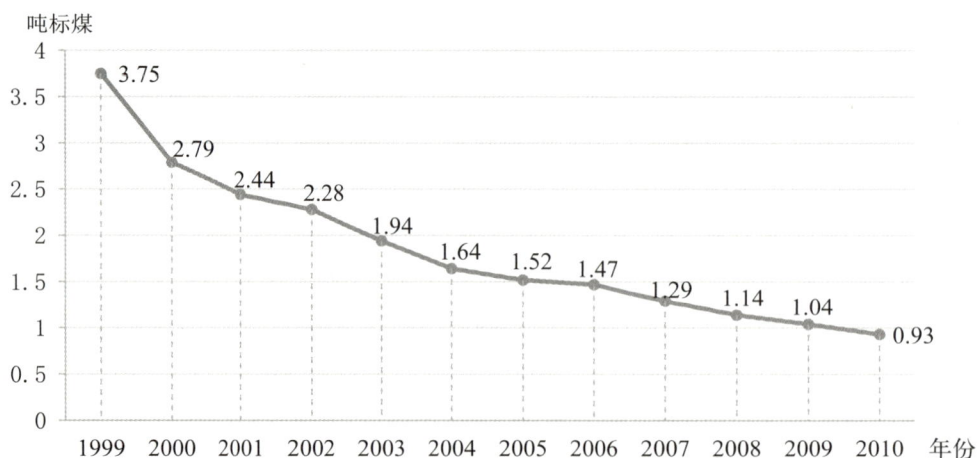

图1-25　1999—2010年万元工业增加值能耗变化图

1999—2010年北京市工业主要能源品种消耗统计表

1-22表

能源品种	1999年	2000年	2001年	2002年	2003年	2004年	2005年	2006年	2007年	2008年	2009年	2010年
煤炭（万吨）	746.0	694.7	741.0	2067.4	2112.4	—	2392.7	2317.6	2288.4	2116.0	2007.6	2014.2
焦炭（万吨）	433.7	445.4	429.0	377.9	438.3	—	397.4	348.6	358.2	232.9	212.0	220.5
焦炉及其他煤气（亿立方米）	12.3	11.3	103.8	131.6	137.8	—	—	—	—	—	—	—
原油（万吨）	47.5	56.1	49.2	745.6	726.7	—	—	—	—	—	—	—
汽油（万吨）	13.0	11.4	12.0	12.9	13.1	—	17.4	19.0	19.7	20.2	21.8	18.0

（续表）

能源品种	1999年	2000年	2001年	2002年	2003年	2004年	2005年	2006年	2007年	2008年	2009年	2010年
煤油（万吨）	0.3	0.3	0.3	0.4	0.2	—	0.3	0.3	0.2	0.2	0.2	0.1
柴油（万吨）	14.5	15.1	16.5	17.5	20.1	—	27.6	29.2	31.6	34.3	38.9	40.4
燃料油（万吨）	37.9	26.8	19.8	71.0	63.6	—	65.9	48.0	42.9	24.9	42.0	66.4
液化石油气（万吨）	6.9	5.9	6.9	4.3	3.5	—	5.8	7.8	8.8	15.5	2.2	7.7
炼厂干气（万吨）	4.9	10.9	12.3	19.0	16.1	—	—	—	—	—	—	—
天然气（亿立方米）	0.4	0.5	1.4	3.3	3.6	—	4.2	10.3	13.9	24.6	30.6	35.1
热力（万百万千焦）	4843.3	5109.3	5160.5	5235.5	6300.7	—	5690.3	5821.5	5627.9	5306.0	5398.9	5407.2
电力（亿千瓦时）	155.3	161.8	154.2	164.8	204.2	—	251.1	271.1	280.9	277.5	282.9	305.8

说明：数据来源于《北京统计年鉴（2005）》，表中2004年工业能源品种消耗数据缺失。1999年至2003年，工业能源品种统计有焦炉及其他煤气、原油、炼厂干气，2005年至2010年这些品种不在统计内。

第七节 工业遗产开发利用

工业旅游

2002年9月，首钢总公司、高碑店污水处理厂、燕京啤酒公司向社会敞开大门，在十一黄金周期间成为工业旅游景点。

2004年，国家旅游局公布全国首批306个工农业旅游示范点，北京工业领域的首钢总公司、燕京集团2家单位入选。其中，首钢总公司工业旅游项目以"钢铁是这样炼成的"为主题，围绕陶楼、炼铁、炼钢、轧钢及厂史展览、群明湖、石景山等设计参观路线，全面展示现代化钢铁生产过程和首钢环境治理成果，全年接待旅游团体2.3万人；燕京啤酒顺义林河厂区集啤酒生产、观光、品赏功能于一体，建设有欧式风格现代化参观走廊，在放映厅、展示厅、调度指挥中心、糖化车间、发酵车间、灌装车间和燕京酒吧设置7个游览站点，展示啤酒生产过程。

2005年，北京汇源饮料食品集团有限公司、北京珐琅厂有限责任公司、蒙牛乳业（北京）有限责任公司、顺鑫农业牛栏山酒厂、北京顺鑫鹏程食品分公司、北京顺鑫牵手果蔬饮品股份有限公司6家单位被国家旅游局评为全国工农业旅游示范点。其中，珐琅厂为国家级非物质文化遗产保护传承基地，建设有景泰蓝艺术陈列馆，开放大师工作室，向公众展示景泰蓝制胎、掐丝、点蓝、烧焊、镀金等10余道工序和过程；牛栏山酒厂拥有"中华老字号"和"原产地"标记认证，展示中国酒文化和牛栏山古老的酿造工艺。

2006年，北京现代工业园、北京高碑店污水处理厂工业园、中电国华电力股份公司北京热电工业园、龙徽酿酒工业园4家单位被评为全国工农业旅游示范点。其中，北京现代汽车工业园为中国加入WTO后批准的第一个汽车中外合资项目，向游客展示冲压车间、车身车间、车身总成、地板总成、空中悬链等全过程；高碑店污水处理厂为全市最大的污水处理厂，自2001年起开辟旅游线路，通过图片、实物、电显、模型、动画等多种形式，集中介绍水资源短缺、水污染严重、水污染治理的科普知识和污水治理效果；北京热电工业园建有国家电力科技展示中心，利用厂区参观线路直观展示电力生产的全过程；龙徽酿酒工业园（北京龙徽葡萄酒博物馆）为全市首家展示北京葡萄酒百年文化及历史变迁的博物馆，展区包含地上展厅、地下酒窖、红酒文化餐厅、国际酒廊，被授予中关村科教旅游接待单位。

2007年，全市启动现有工业资源现状分析工作，对城区内重点工业企业从建厂年代、重要历史事件、重要建筑物等方面进行调查。10月，贯彻落实市委、市政府关于大力发展文化创意产业的部署要求，市工业促进局发布《北京市保护利用工业资源发展文化创意产业指导意见》，提出要认定一批工业文物保护单位及建筑和设施，推动工业遗产的保护和科学改造利用。北京市电线电缆总厂原址启动厂房改造工作，创立了包括尚8-CBD创意产业园、尚8东区孵化园、尚8设计广告园、尚8西城区设计园、原中法大学遗址利用项目、尚8望京人文创意产业园等在内的"尚8系列创意产业园"，总占地面积10万平方米左右，将与文创领域相关的商务、办公、展览、服务、消费、体验等创意生活空间进行深度组合，工业旅游迅速开展。年内，首云铁矿被评为全国工农业旅游示范点，首云铁矿以矿业旅游为主题，建有矿业博物馆、铁矿工厂、矿区主题建筑等，集中展示铁矿文化。截至2007年年底，全市工业系统共13家单位获得国家旅游局认定的全国工业旅游示范点称号。

图1-26　2008年，国棉文化创意产业园四方（北京国有资产经营有限公司、北京国通资产管理有限公司、北京纺织控股有限公司、北京京棉集团有限责任公司）签约仪式

2008年5月，市工业促进局发布《北京市关于推进工业旅游发展的指导意见》。6月，北京工业旅游启动大会召开，提出重点支持一批工业旅游示范点发展。龙徽博物馆被列为北京奥运会期间北京工业旅游重点单位。同月，京棉集团国棉文化创意产业园举行签约仪式，启动实施京棉二厂改造工程。8月1日，

国际奥委会主席罗格夫人安妮·罗格及其他执委会官员夫人一行12人到同仁堂博物馆参观。8月，首规委办制定《关于保护利用京棉二厂工业遗产、发展文化创意产业规划方案》，京棉二厂原址用地功能由住宅、办公开发改为发展文化创意产业。

2009年2月，北京市国通资产管理有限责任公司与北京京棉纺织集团有限责任公司共同出资成立北京国棉文化创意发展有限公司，专门实施京棉老厂区改造工程，打造莱锦文化创意产业园，2010年产业园建设中。

图1-27　北京工业旅游活动在751场地进行（2008年摄）

北京电子城老工业基地改造利用

北京电子城老工业基地位于朝阳区酒仙桥，始建于1951年，先后承载无线电零件厂（后定名为华北无线电器材联合厂）、真空管厂（后定名为北京电子管厂）、有线电厂、邮电器材厂等国家重点工程项目，北京电机总厂、北京第二光学仪器厂、北京无线电仪器二厂等北京市属企业项目建设，建设有研究院所、学校等各类配套设施。截至1991年年底，该老工业基地集聚国有大中型企业17家（其中电子业15家及北京电机总厂、北京第二光学仪器厂），原电子工业部属电子科研所3个（电视电声研究所、光电技术研究所、真空电子技术研究所）以及其他产业科研单位20多家。1991年，工业产品销售收入总额19.35亿元，利润总额3.28亿元，其中两家合资企业工业产品销售收入11.57亿元，利润总额3.03亿元。包含12家中央直属及原直属企业在内的20个国有厂所，职工61214人（含离退休14735人），工业产品销售收入仅7.78亿元，工业产值9.79亿元，劳动生产率2.11万元/（人·年）。因受机制、包袱、环境束缚以及10多年间多次上收下放体制变动的影响，原电子工业部属10家企业实现利税总额从20世纪80年代中期开始下滑，该企业群体处于整体亏损状态，陷入衰退的困境。随着中国改革开放的推进和经济社会的不断发展，老工业基地亟须进行转型改造，在大力发展电子信息等高科技产业的同时，探索旧厂区工业厂房设施的改造利用。1992年4月23日，酒仙桥老工业基地12家企业的厂长联合提出《关于建立酒仙桥保税、经济开发区的建议报告》。报告提出只有发展才能脱困，建议国家批准在酒仙桥建立科工贸金融保税经济开放试验区，改造振兴电子城老工业基地。1994年，市委、市政府把振兴电子城列为振兴国家老工业基地的试点工程，同年10月28日正式批准成立北京电子城有限责任公司，负责电子城整体规划、改造与投资开发。

1999年6月，北京电子城被批准享受国家级新技术产业开发区政策，命名为中关村科技园区电子城科技园，成为北京中关村科技园区的一部分。电子城进行了一系列厂房改造、道路重建和设备更新等工作，以满足现代电子信息制造业的需求。老工业基地的改造带动了电子城科技园实现高速发展。2007年，新技术企业达1236家，总收入712.5亿元，产品销售收入454.5亿元，上缴利税27.4亿元，出口创汇12.4亿元。软硬件环境的改善吸引了松下、西门子、诺基亚、爱立信、飞利浦、冠捷、汤姆逊、LG、日立、ABB、摩托罗拉、北电网络等著名跨国公司在电子城落地。截至2009年，北京电子城由初期的17家企业增至1000家，经济规模由1994年的32亿元增长到2008年的520亿元，年平均增长20%；世界500强企业中，有30家在电子城设立了研发总部与高端制造基地。2010年，北京电子城已由单一的传统制造业向现代服务业、高端制造业、创意产业全面发展的国际化、综合性产业基地转变。

电子城工业资源再利用中最有代表性的是798艺术区与正东创业产业园。其中，798艺术区以原国营798厂厂区为基础，在对原有的历史文化遗留进行保护的前提下，对原有工业厂房进行了重新定义、设计和改造，1995年开始有艺术家进入，至2002年形成规模，在物业建筑总面积22.5万平方米的798艺术区内，共集聚354家文化创意产业相关单位，涉及设计、出版、展示、演出、艺术家工作室等行业，配套有精品家居、时装、酒吧、餐饮等设施，成为有重要国际影响的首都文化创意产业的一张名片。正东创业产业园与798艺术区相连，占地面积22万平方米，在北京正东电子动力集团有限公司（原751厂）退出生产的厂房基础之上建成，与中国服装设计师协会共同建设北京时尚设计广场（又称751D Park），园区包括火车头广场、时尚设计广场A座、动力广场、老炉区广场、罐区、设计师大楼等区域，以时尚设计为主题，打造以展示、发布、交易为核心，集产业配套、生活服务功能于一体的创意产业集聚地和时尚互动体验区。

图1-28 电子城老工业基地改造再利用，转型为798艺术区（2007年11月摄）

图1-29 在原751厂建设的北京时尚设计广场——火车头广场（2007年摄）

北京纺织工业基地改造利用

北京莱锦创意产业园位于朝阳区八里庄东里，园区占地面积约 13 万平方米，建筑总面积约 11 万平方米，原为京棉集团二分厂旧址。20 世纪 50 年代初，中国第一个采用国产设备、规模最大的棉纺织厂——北京第二棉纺织厂在这里建成投产。80 年代后随着产业结构的调整，京棉二厂逐步停产外迁、退出城区。2007 年，京棉集团决定将已腾空的原京棉二厂旧厂区改造为聚集中、高端媒体为主的文化创意产业园。2009 年 2 月，京棉集团成立北京国棉文化创意发展有限公司，负责文化创意产业园区的建设、运营和管理工作；同月，该公司与日本隈研吾建筑设计事务所签订国棉文化创意产业园的设计合同，邀请日本著名建筑设计师隈研吾主持设计。莱锦创意产业园除按照建筑规范进行老厂房结构加固外，还将原厂区内砖混结构的危房改造成航母工作室，投入运营后出租率达到 100%，汇集中高端、总部型传媒及辅助文化创意企业近百家，是北京 CBD 定福庄传媒走廊上的重要节点，也是保护与利用工业文化遗产的重点项目。

第五章　乡镇工业

20 世纪 90 年代末到 2010 年，京郊乡镇工业以"二次创业"为契机，招商引资、引进增量，重组转制、盘活存量，结构调整、产业升级，发展园区、产业集聚，迎来大发展时期。

2000 年，北京乡镇工业实现总收入 366 亿元、利润总额 17.7 亿元、工业增加值 108.3 亿元、出口产品交货值 52 亿元。2005 年，北京乡镇工业实现总收入 1158.8 亿元、利润总额 63.3 亿元、工业增加值 239.9 亿元、出口产品交货值 133.9 亿元，分别比 2000 年增长 2.17 倍、2.58 倍、1.22 倍和 1.58 倍。2010 年，北京乡镇工业实现总收入 2175 亿元、利润总额 117 亿元、工业增加值 414.2 亿元、出口产品交货值 146.1 亿元，分别比 2000 年增长 4.94 倍、5.6 倍、3.83 倍和 1.82 倍。

2000 年到 2010 年，京郊乡镇企业职工工资总额从 73.2 亿元增加到 240.9 亿元，增长 2.29 倍；人均劳动报酬从 7216 元增加到 17652 元，增长 1.45 倍；上缴税金总额从 30.3 亿元增加到 170.2 亿元，增长 4.62 倍。

第一节　改革与改制

深化改革，实施"二次创业"

20世纪90年代末，在经济全球化和科技进步日新月异的新形势下，北京市乡镇工业企业的生存与发展遇到前所未有的挑战。受市场相对饱和以及北京市调整产业结构和工业布局等影响，京郊乡镇工业因其总量不足、质量不高、产权不清、机制不活、竞争能力不强，从产业结构到经营机制，都已不能适应市场经济条件下的激烈竞争。

为扭转京郊乡镇企业，特别是乡镇工业发展遇到的困难局面，2000年2月，市委、市政府针对乡镇企业当时存在的体制性问题和结构性问题两大主要矛盾，出台《中共北京市委、北京市人民政府关于大力推进乡镇企业二次创业的意见》，提出大力推进乡镇企业二次创业，加快实现乡镇企业经济体制和增长方式的根本性转变，力争经过2～3年的努力，基本完成乡镇企业的体制改革和机制转换，普遍建立起适应市场经济要求的现代企业制度。2000年，北京市乡镇工业按照"二次创业"的要求，以产权制度改革为重点，大力推进企业制度创新。采取兼并、租赁、出售和股份制、股份合作制等多种形式，加快产权改革的步伐，通过产权改革，转换企业经营机制，实现产权明晰和投资主体多元化，最终建立农民和众多社会出资者共同享有产权的现代企业制度。通过资产重组调整企业资本结构，实现生产要素优化配置。实施高起点、大范围、宽领域的资本引进战略，引进增量，盘活存量，扩大总量；组织优势企业进入资本市场，在国内、国际上市融资，彻底改变乡镇企业资本结构单一的状况，实现投资主体的多元化；大力发展非公有制经济，进一步确立农民的投资主体地位，动员、鼓励和组织农民向二、三产业进军。

图1-30　京郊乡镇企业二次创业经验交流会（2000年摄）

京郊乡镇企业实施二次创业的过程，主要是通过产权制度改革，培育适应市场经济需要的市场经营主体，进行结构调整和布局调整的过程。结合首都经济发展的特殊要求，优先发展符合国家产业政策、符合北京城市总体规划、符合首都环境保护要求的农产品加工业、高新技术产业和第三产业；限制发展科技含量低、竞争能力弱的一般加工业；淘汰浪费资源、污染环境的落后企业。通过把乡镇企业的发展建立在依靠科技进步、合理利用资源、保护生态环境的基础上，最终实现可持续发展。

重组转制，盘活存量

1999 年以前，北京的乡镇工业企业以（乡）镇、村两级集体企业为主，推进乡村集体工业企业，特别是大中型企业产权制度改革成为改革的重点和难点。改革针对不同类型的企业采取了不同的措施。对规模大、效益好的企业，在资产重组的基础上，实行规范的公司制改造，组建股份有限公司或有限责任公司；对规模大，长期资不抵债、扭亏无望的企业，采取破产、拍卖、兼并、联合等方式，盘活资产存量；对经济效益一般的企业，鼓励通过产权出让等方式组建有限责任公司或股份合作制企业；对经济效益差、扭亏无望的中小企业，在承担相应比例债务的情况下，允许将有效资产出售给企业职工、社会法人和个人，重新组建企业；对严重资不抵债又难以用其他改革形式起死回生的企业，坚决关闭破产。与此同时，大胆创新产权制度，合理设置企业产权：允许将集体所有的企业净资产折成股份，划出一定比例，按贡献大小量化给企业经营者、管理人员和职工；允许将集体所有的企业净资产折成股份向企业职工、社区集体经济组织成员和社会法人出售；允许企业经营者和各类管理人员通过出资购买、量化等方式在企业总股本中占有较大股份；允许企业内外的科技人员以各种形式实行技术入股，所占比例由双方议定；允许以商标权、发明权、专利权和销售网络等无形资产入股，依法保证其合法权益；允许向业绩突出的经营者、技术人员和各类管理人员奖励企业股权；允许集体经济组织不在企业中控股。

部分乡镇工业企业通过自身积累发展壮大，成为在北京市、华北地区甚至国内行业规模最大的企业，其中既有京郊农民自创的企业，也有迁入北京郊区农村的外来企业。

始建于 20 世纪 80 年代的韩建集团，2003 年投资 3.2 亿元组建北京韩建河山管业有限公司，是北京市最大的大型水工金属结构产品研发企业，也是集生产、运输、安装于一体的专业管道生产企业，华北地区最大的专业混凝土管道生产基地，公司中标的南水北调工程北京段合同总价达 10 亿元。2010 年，企业改制为北京韩建河山管业股份有限公司。

始建于 1981 年的绅士服装（集团）有限公司，2000 年销售额超过 8000 万元，

图 1-31　韩建集团北京河山管业有限公司（PCCP）中标南水北调工程第一标段（2005年摄）

员工 1200 多人，2010 年入选中国服装行业十大新锐品牌。1993 年创建的统一石油化工有限公司，2004 年销售额 20 亿元，是国内最大的车用润滑油生产企业之一，2006 年被壳牌中国控股私有有限公司收购。不少外来投资企业进入北京后迅速扩大规模，其中 1994 年从山东迁入北京的汇源果汁公司，到 2006 年企业销售额增长到 12 年前的 150 多倍，成为全国规模最大的果汁生产企业，并于 2007 年在香港上市，2010 年销售额超过 37 亿元。部分京郊乡镇工业企业中的小微企业，经过几十年发展成为几十人、几百人，甚至上千人的中小企业。1979 年创办的星光照相器材厂，到 2010 年时发展为职工人数超过 500 人的北京星光影视设备科技股份有限公司，当年销售额近 5 亿元。

招商引资，引进增量

20 世纪 90 年代，京郊农村日益重视对外部投入的引进，各乡镇以及部分行政村陆续设立了招商办公室并提出明确的招商引资任务指标，部分乡村确定了招商负责人。1999 年到 2001 年，北京郊区引进部分规模较大的企业，京郊引进投资在 1000 万元以上的项目有 1001 个，多数是工业项目，到位资金 194 亿元，为农民新增 63129 个就业岗位。

2000 年以后，京郊乡镇工业企业通过改革转制逐步具备利用社会资金的能力，有些乡镇工业企业开始上市融资，除在境内上市外，部分企业还在境外上市，更多的企业则利用各种方法吸收外来投资。京郊乡镇工业企业通过改制、重组等，吸收外来投资，引进外来技术、销售渠道和管理经验等，外部投入成为京郊农村工业壮大的重要推动力。大量企业通过引进外来管理、技术和投资，扩大了企业规模。

21 世纪以后，顺义区石家营村利用建起的农民就业基地和优越的地理位置，抓住机遇，大力发展二、三产业，到 2010 年，先后引进家具、医疗器械、工艺品、金属制品等企业 25 家，提供就业岗位 1200 多个，该村先后获顺义区首批文明富裕村，顺义区二、三产业先进村等多项荣誉。通州区漷县镇是北京第一批小城镇建设试点，该镇利用各种有利条件大力开展引进工作。到 2010 年，镇内工业区入驻企业 80 家，总投资额 17 亿元，其中投资 5000 万元以上的企业 8 家，投资超亿元的企业 4 家，初步形成了以纺织、建材、机械、家具、化工为主导行业的工业布局，其中有国内著名企业鄂尔多斯羊绒集团，承担国家"九五"科技攻关项目的北京恒聚化学制剂有限公司、大型出口创汇企业北京东方叶杨羊绒集团公司、全聚德三元金星食品有限公司、北京世进汽车部件有限公司等。2010 年，漷县镇农民

图 1-32　入驻通州区漷县工业小区的鄂尔多斯羊绒有限公司（2000年摄）

就业产业基地晋升为通州经济开发区南区。

北京市乡镇引进的工业企业中，既有北京城区和外省市的工业企业，也有外商投资的工业企业。其中，2000年位列北京乡镇企业利税第二名的北京金裕兴电脑公司是北京市内转移到平谷乡镇开发区的工业企业，2002年乡镇企业利税第十名的统一饮品有限公司是外商独资企业。根据统计，1996年至2010年，投资于京郊的外来企业超过3000家，其中2001年进入北京郊区的外商投资企业中总投资额超过1000万美元的有24家，部分迁入京郊农村的工业企业得到更好的发展机会，企业规模扩大。

引进外来投资的同时，乡镇工业企业走出去发展。2003年，有5家乡镇工业企业在境外办厂或设立贸易机构，其中朝阳区天釜服装公司与外商合作在英国建立了朝外服装生产基地。

2005年，京郊乡镇工业通过招商引资引进增量和重组转制盘活存量，实现乡镇工业经济总量比2000年翻一番，乡镇工业总收入、增加值、利税总额年均增长15%以上，彻底扭转低速、低效增长局面；产业、产品结构调整取得显著成效，支柱产业、骨干企业的主导作用初步形成；乡镇企业增加值占农村国内生产总值的比重、就业劳动力占农村总劳动力的比重、提供的农民收入占农民人均纯收入的比重均达到85%以上。通过资产重组和结构调整，非公有制经济在农村经济和乡镇工业中所占比重大幅提高；培育了一批年销售收入10亿元以上、居于同行业领先地位、具有竞争优势的大型乡镇企业和企业集团；搞活为数众多的中小企业；按照国家产业政策，淘汰了一批生产工艺水平低劣的落后企业，乡镇工业的规模、质量、效益提高到新水平。

2010年年底，北京乡镇工业实现总收入2175亿元、利润总额117亿元、工业增加值414.2亿元、出口产品交货值146.1亿元，分别比2000年增长4.94倍、5.6倍、2.8倍和1.8倍。

2000年、2005年、2010年北京乡镇工业主要经济指标统计表

1-23表

年份	企业数（个）	从业人员（人）	总收入（万元）	利润总额（万元）	增加值（万元）	出口产品交货值（万元）
2000年	20592	525869	3659935	177205	1082655	519645
2005年	24025	673463	11587941	633281	2398883	1339448
2010年	12773	520548	21749558	1170313	4141511	1460647
2010年比2000年增长倍数	0.620	0.990	5.943	6.604	3.825	2.811

第二节　乡镇工业结构

20世纪80年代，京郊乡镇工业主要为城市大工业生产加工配套产品，以一般制造业和传统加工业为主，存在产业结构比较单一、科技含量不高、产品附加值低、市场竞争力不强等问题。到90年代末，受市场相对饱和以及北京市调整产业结构和工业布局等影响，部分为城市工业企业加工配套的乡镇工业企业吸纳就业人数减少，乡镇集体工业企业亏损严重。

2000年2月，《中共北京市委、北京市人民政府关于大力推进乡镇企业二次创业的意见》出台，提出要运用市场机制，发挥科技优势，对乡镇工业实施全面改造，实现产业升级和产品的更新换代。充分发挥郊区的资源优势，发展食品工业、农副产品加工业、农业服务业以及石材建材业，推动农业产业化经营，把资源优势转变为产业优势；充分发挥首都的科技优势，改造传统产业，发展高新技术产业，提高乡镇工业的科技含量；充分发挥首都的开放优势，发展外向型经济，扩大利用外资的规模，提高利用外资的质量，使更多的乡镇工业企业走向国际市场。

2000年到2010年，在北京乡镇工业的结构调整中，以煤炭和非金属矿采选加工、黑色金属冶炼加工、造纸及纸制品业为代表的传统资源型产业和以纺织、服装加工业为代表的劳动密集型产业逐步萎缩，以专用设备、交通运输设备、电气机械及器材、通信设备、计算机及其他电子设备制造业和医药制造业为代表的现代制造业和以农产品加工业为代表的都市型产业快速发展，在乡镇工业中所占比重不断上升，逐步取代传统产业，成为北京乡镇工业新的经济增长点。北京乡镇工业结构不断优化，实现了产业升级。

采矿业

2000年，受需求增加的影响，资源价格持续上涨，工业产品价格竞争压力加大。同时，北京对环境保护的要求日益严格，北京市农村对工业污染治理的力度逐步加大，在多种因素的作用下，一些乡镇工业企业经营乏力，在改革开放初期建起的水泥、石灰、电石、冶金等能源、资源消耗大的企业出现不景气现象而被迫下马或关闭。

根据北京市对环境保护的要求，2004年，北京市开始关闭乡镇企业中的小炼铁、小炼焦、小化肥、小造纸、小煤窑"五小"企业，逐步停止采砂、采石等开采行为，为保护耕地，停止黏土砖生产。2005年，北京市决定逐步减少固体矿产开采，关闭小型不符合安全生产条件以及对环境有污染和资源浪费严重的矿山。2005年到2008年，北京市共关闭了801座固体矿山，取缔关闭18家非法铁选厂、341家砂石加工厂，煤矿数量从212家减少到49家，铁矿由 16 家减少到 11 家。2004 年到 2010 年，全区 254 个煤矿以及 28 家石灰土窑、39 个砂石场全部关闭。2007 年北京农村采矿业的从业人员、营业收入、增加值分别比 2003 年下降 48.1%、18.5% 和 26.4%，到 2010 年，受政策限制的相关乡镇工业企业几乎全部关闭，资源消耗大的产业就业人数也大幅下降。

纺织、服装加工业

20 世纪 80 年代到 90 年代初期，京郊纺织、服装加工业等劳动力密集型工业是北京乡镇工业的重要组成部分。20 世纪 90 年代中期，由于北京郊区劳动力成本及其他生产要素价格持续上升，使大量技术含量不高的劳动力密集型企业从北京农村逐步退出，劳动力密集型工业就业、增加值均明显下降。除部分远郊山区外，继续经营的劳动力密集型企业，所用的劳动力也从以当地农民为主转变为以外省市劳动力为主。顺义区石家营村就业基地有 1200 多名职工，外来员工占绝大多数，本村的青壮年劳动力多数在北京新城和城区的企业中就业。2009 年，平谷区白各庄村的服装企业有 500 多名员工，以外来劳动力为主。劳动力就业形势的变化使劳动力密集型企业从京郊农村不断外迁。

高新技术产业

进入 21 世纪，在北京郊区乡镇工业结构调整中，京郊乡镇加大了高新技术企业引进的力度，引进了一批外来科技型企业，增加了京郊农村科技企业的比例。通过引进、改造、合作等方式，电子信息、新材料、光机电一体化、环保等新兴产业发展保持了较高增长速度，大量乡镇企业开始新产品开发并申请专利，除国内专利外，部分企业申请了国外专利。

2001 年，北京市启动中关村高科技园区与郊区农村的合作，达成了"两村"合作的框架协议。2002 年，北京市启动首都高校专家博士帮助京郊农村发展二、三产业活动（即"彩虹工程"），旨在实现首都高校与郊区经济有机结合，推动乡镇企业再上新台阶。到 2005 年年底完成科技项目 23 个，帮助企业增加收入 1.6 亿元。

2005 年，北京市根据新的城市总体规划要求，郊区工业转向资源节约型、环境友好型和循环经济型发展。重点支持农副产品加工、服装加工、包装印刷、传统手工业以及为现代制造业配套零配件加工等产业。到 2010 年，京郊乡镇工业中的医药制造业、现代制造业、汽车配套加工、电子信息等产业的比例有所增加。

农产品加工业

农产品加工业依托北京郊区农村原料、传统技术等优势，在乡镇工业企业中占较大比例，涉及领域有食品制造业、饮料制造业以及木材加工和竹、藤、棕、草制品业等。

2000 年，北京郊区农产品加工企业中年销售超过 500 万元的有 134 家。为进一步加快农业发展，提高农民收入，2003 年，市农委提出《关于促进农产品加工和营销的意见》，重点扶持在农产品营销中发挥作用明显，有利于主导产业形成的农产品加工龙头企业；规模较大，能积极组织农产品开拓市场的农产品行业协会；农民专业合作经济组织、出口企业、配送中心等。

2005年，北京市农村年销售额超过500万元的农产品加工企业达到316家，营业收入超过亿元的食品加工企业达到28家，其中通州蒙牛乳业和北京千喜鹤食品工业园年销售收入超过10亿元。2006年，北京郊区建成的农产品加工基地达到10个。

2009年，北京市在《关于加快发展农产品加工业，推进农业产业化经营的意见》中提出，要以建设农产品加工示范基地和创业基地为基础，以做大做强龙头企业为重点，大力发展农产品加工业。

2010年7月，为进一步推进乡镇企业和京郊经济又好又快发展，加快实现首都城乡一体化新格局，市经济信息化委与市农委共同研究制定了《关于推进镇村企业发展的指导意见》。文件提出，要进一步调整和优化乡镇工业产业结构，推动工业企业转型升级，加快乡镇工业增长方式转变，促进乡镇工业逐步实现由数量增长向质量效益提高转变，提升品牌化、规模化、集群化、基地化、市场化水平。坚持用高新技术和先进适用技术提升传统产业，培育发展战略新兴产业；加大节能减排力度，引导企业从能源消耗型向节能环保型转化，提升循环经济水平；围绕改进质量、增加品种、降低消耗、提高效益，使产品向"专、精、特、新"方向发展。文件明确提出了北京市乡镇工业结构调整的方向和路径是进一步加强乡镇工业企业体制和技术创新，以提高内涵为主，向精品工业发展，构建以优化改造后的传统工业为基础，以都市型工业为重要补充的新型工业结构。优先发展农产品加工业，以建设和完善农产品加工示范基地为基础，培育上下游产业互联、专业分工明晰、产加销及服务性企业相对集中的农产品加工产业集群；积极发展都市型工业，积极发展利用人才、科技等优势，服务于城市功能的高档次、高水平、高质量的时装、印刷包装等都市型工业；大力发展新能源产业和环保产业，以绿色北京为目标，积极推动新能源产业和环保节能技术的应用，促进镇村工业可持续发展；稳妥发展大工业配套产业，围绕汽车制造等大工业的延伸产业链，做好配套加工，以引进先进技术，提高生产效率和产品质量为重点，与大工业同步发展；加快高新技术产业发展，以首都科技资源为依托，加快引进高新技术产业，逐步提高高新技术产业在乡镇工业中的比重。北京乡镇工业进入创新发展的新阶段。

北京的规模农产品加工企业包括北京市逐步发展起来的企业、外地投资在北京兴建的企业和外来企业逐步发展起来的企业。在外来迁京食品企业中，从山东迁入北京的汇源成为中国果汁行业第一品牌。到2010年，汇源100%纯度果汁占据中国纯果汁市场46%的市场份额、中高浓度果汁市场39.8%的市场份额。浓缩汁、水果原浆和果汁产品远销美国、日本、澳大利亚等30多个国家和地区。汇源果汁在全国各地创建了30多家现代化工厂，链接了400多万亩名特优水果、无公害水果、A级绿色水果生产基地和标准化示范果园；建立了遍布全国的营销服务网络，构建了一个庞大的水果产业化经营体系。

2010年，北京郊区共有规模农产品加工企业1853家，年主营业务收入655.7亿元，年销售额超过500万元的规模以上农产品加工企业504家、大中型企业79家、上市公司10家。

建立了 15 个基础设施完备、政策优惠、服务到位、以食品生产为主的国家级农产品加工业示范基地，形成 13 家农产品加工创业基地。42 个重点小城镇成为农产品加工业的重要聚集区，农产品加工企业中就业员工 10.7 万人。其中，汇源牌果汁、牵手牌果蔬汁、丰收牌葡萄酒、五谷道场牌方便面、红螺牌果脯、六必居牌酱菜、王致和牌腐乳、卡迪那牌膨化食品、白玉牌豆制品等一批产品在北京与国内都有较高的知名度。

图1—33　大兴区乡镇企业生产的丰收牌葡萄酒获国家名牌称号。图为发酵车间（2010年摄）

2000—2010年北京乡镇工业主要行业情况统计表

1—24表

行业名称	年份	企业数（个）	职工人数（人）	增加值（万元）
煤炭开采和洗选业	2000年	209	13382	20956
	2005年	31	10049	45832
	2010年	11	2451	5424
非金属矿采选业	2000年	230	7157	13315
	2005年	3	295	505
	2010年	13	389	2472
黑色金属冶炼及压延加工业	2000年	152	6508	14126
	2005年	15	2575	8127
	2010年	7	508	4452
非金属矿物加工业	2000年	744	53799	87442
	2005年	107	15973	99399
	2010年	150	18829	215882
造纸及纸制品业	2000年	249	11037	10159
	2005年	62	6599	23744
	2010年	79	5508	35545
纺织业	2000年	199	22919	30492
	2005年	45	10300	27108
	2010年	41	5789	21323

（续表）

行业名称	年份	企业数（个）	职工人数（人）	增加值（万元）
服装鞋帽制造业	2000年	317	53047	78789
	2005年	202	63775	149066
	2010年	227	48453	185268
专用设备制造业	2000年	171	8741	25128
	2005年	101	12802	70710
	2010年	313	38914	561329
交通运输设备制造业	2000年	237	10499	24432
	2005年	64	9824	139711
	2010年	143	31517	713538
电气机械及器材制造业	2000年	142	8407	23392
	2005年	52	7036	29026
	2010年	116	10499	124017
通信设备、计算机及其他电子设备制造业	2000年	88	6636	37495
	2005年	37	7037	25322
	2010年	51	7135	67319
医药制造业	2000年	58	6256	17945
	2005年	50	6882	51845
	2010年	81	9495	85079

第三节　乡镇工业园区

20世纪90年代末，北京农村工业企业布局分散，乡镇工业基本呈现"村村点火、户户冒烟"的发展格局，集中成片的乡镇工业园区很少。

2000年开始，为加快乡镇企业布局调整，提高效率，节约用地，实现集约化发展，北京市开展了以乡镇工业小区，村级工业大院和二、三产业专业村为主的"三项工程"建设。到2001年年底，建成121个乡镇工业小区，入区企业2009个，总投资318亿元；发展村级工业大院217个，入院企业2600家，总资产近亿元；发展二、三产业专业村429个，占郊区行政村总数的10%以上。至2002年，北京市培育、打造了一批乡镇工业园区，初步扭转了农村工业企业布局分散的局面。

2003年，国家实施宏观调控政策，国务院对各地开发区进行清理整顿。2004年，北京市在国家政策指导下，对421个乡镇工业区和村级工业大院进行了清理整顿，保留乡镇工业区 9 个，撤并 412 个乡镇工业区和工业大院。到 2006 年，全市各类开发区减少到 28 个，其中国家级 3 个、市级 18 个、部门及区县级 7 个。规划面积由 87611.48 公顷减少到 40843.36 公顷。

2005 年，为进一步鼓励镇村工业向小城镇集中，加快城市化进程，搭建农村富余劳动

图 1-34 大兴县黄村镇黄村民营工业区（2000年摄）

力向二、三产业转移就业平台，带动农民就业增收，市农委、市乡镇企业局在原有乡镇工业小区的基础上，按照符合规划、规模较大、有一定开发基础等原则，筛选、确定了 54 个市级农民就业产业基地，并以市农委《关于确定农民就业产业基地的通知》的形式下发。市级农民就业产业基地建立后，集中了区域内的工业企业。怀柔区开展基地的升级改造工作，加大招商引资力度，到 2010 年，区内 5 个就业基地已有企业 183 家，吸纳劳动力 14552 人，其中 80% 为当地农民。市级农民就业产业基地拉动了周边村的工业发展，成为乡镇发展经济的重要载体和农民增收致富的主渠道。

2005 年以后，乡镇工业园区在基础设施建设、产业集聚和机制创新等方面发挥作用更加明显，促进了农村劳动力转移和农民就业增收，带动了小城镇建设全面发展，推动了郊区二、三产业发展，推进了郊区城市化进程。园区内产业集中发展产生的规模效应，以及城镇内企业职工及家属、子女大量集聚，带动城镇建设以及商业、金融、交通、通信、文化、教育的全面发展。同时，城镇的建设发展进一步提升投资吸引力，促进二、三产业同步快速发展。

2007 年，为带动经济薄弱村加快发展，使广大农民群众参与郊区经济建设、共享改革开放的成果，顺义区杨镇、通州区于家务乡、大兴区黄村镇等 7 个乡镇进行了基地带动经济薄弱村共同发展的试点和探索。市、区县、乡镇、村、农户分别按照一定的投资比例，共同投资建设基地内标准化厂房，用于租赁经营，所得收益由乡镇、村和农户按出资和持股的比例进行分配，市级和区县投资用于扶持和奖励，不参与收益分配，截止到 2008 年年底，市级扶持资金达 6000 万元。7 个试点乡镇均组建了股份制公司依法经营管理，对于经济薄弱村以及农户采取全部配股或部分配股的方式，使经济薄弱村和农民都能享受到标准厂房的股权收益，确保农民收入增长。试点乡镇共带动 73 个经济薄弱村和部分村民入股，投资 4.36 亿元建设了 37.4 万平方米的标准化厂房，吸纳当地农民就业 5530 人，其中"4050"人员 1840 人，年租赁收入 7198 万元。试点取得显著成效并在全市推广。乡镇工业园区通过制定发展规划以及建立项目筛选和准入、退出机制，促进了产业结构不断调整，逐渐形成了农产品加工、汽车零部件配套、生物医药和印刷包装等一批主导产业特色突出的产业

聚集园区。镇村产业基地的建设发展，改变了过去郊区"村村点火、户户冒烟"的工业发展格局，形成了依托产业基地集约式发展的新模式。

截至2008年年底，54个市级镇村产业基地入区企业达1800个，占乡镇规模工业企业个数的77.1%；当年实现销售收入389.1亿元，占乡镇规模工业企业销售收入的33.7%。54个市级镇村产业基地职工人数16万人，占乡镇规模工业企业从业人员的50.0%，其中当地农民就业9.3万人，占58.5%；当年新增当地农民就业1.7万人，其中"4050"人员占22%。镇村产业基地建设标准化厂房80万平方米，带动110个村集体共同发展。54个市级镇村产业基地已开发土地面积6144公顷，累计完成基础设施投资75亿元，企业总投资509亿元。2008年，54个市级镇村产业基地实现销售收入472.8亿元，利润26.3亿元，上缴税金20.8亿元，占当年乡镇规模工业企业上缴税金的43.2%。其中，通州区于家务乡镇村产业基地上缴税金7100万元，占全乡上缴税金的55.9%。

2008年，全市42个重点小城镇中，32个拥有镇村产业基地，占重点小城镇的76.2%。其中，市级工业开发区5个，占基地总数15.6%；市级镇村产业基地19个，占59.4%；区县级产业基地8个，占25%。32个镇村产业基地实现销售收入213.5亿元，利润10亿元，税金9.9亿元。批准规划面积5972.8公顷，已开发面积3919.7公顷，占规划面积的65.6%；入驻企业实际占地面积2468.1公顷，占规划面积的41.3%、已开发面积的63.%；累计完成基础设施投资52.3亿元，引进企业839个，总投资238.9亿元；基地职工人数7.8万人，其中本地职工4.6万人，占职工总人数的58.9%。2008年，19个市级镇村产业基地实现销售收入119.8亿元，利润5.2亿元，税金5.2万元。批准规划面积3807.1公顷，已开发面积2359.5公顷，占规划面积的62.0%；入驻企业实际占地面积1342.7公顷，占规划面积的35.3%、已开发面积的56.0%；累计完成基础设施投资35.8亿元，引进企业526个，总投资142.3亿元；基地职工人数5.2万人，其中当地职工3.3万人，占职工总人数的63.5%。

截至2008年，密云县太师屯镇金湖生态服装产业基地与镇区形成一体，基地依托自然生态资源和服装人力资源的优势，先后与北京服装进出口有限公司、中国丝绸进出口有限公司、北京京工服装进出口有限公司、中国纺织进出口有限公司合作，创建了北京中道服装服饰有限公司、北京中泰制衣有限公司、北京鸿嘉服装服饰有限公司等多家生态型服装加工企业，产品主要销往美、欧、日等国家和地区；基地发展吸引了浙江朱氏服装集团，该集团总投资1.5亿元，建设有江南水乡景色，集服装生产销售、服装辅料、娱乐餐饮、旅游观光于一体的北京华园太师屯家纺服饰城，促进了城镇产业发展和环境建设。到2008年年底，太师屯镇产业基地成为北京市最大的服装加工和出口基地，基地入驻企业44家，累计实现销售收入3.6亿元，实现利润1235万元，安置就业8562人，其中当地农民占职工总数的70%，当地农民职工中"4050"人员占60%。

2010年，根据《关于推进镇村企业发展的指导意见》提出的在新形势下，乡镇企业发展要遵循优化布局、产业聚集的原则，乡镇工业园区要依托国家和市级开发区，以产业链衔接为重点，加快产业聚集，形成布局结构合理、功能设施配套、集聚效应明显、优势特色突出的新格局。要以区域功能定位为指导，加强镇村产业基地建设。按照功能拓展区、发展新区、生态涵养区功能定位的要求，科学规划城乡产业发展，加强镇村产业基地建设；统筹42个重点小城镇产业发展，重点镇要高标准建设适度规模的产业基地；健全基地管理机构，统筹规划，统一标准，统一管理，突出特色，着眼高端；与市级开发区开展"牵手工程"，以产业配套为重点，积极推进双方共建，促进镇村产业基地与国家和市级开发区相互融合，共同发展，打造一批高端、高标准、高水平的示范基地。北京市乡镇工业园区以机制创新、基础设施建设和服务体系建设为重点，采取多种发展模式，有效地促进提高资源利用效率、产业聚集和农民就业增收。54个市级镇村产业基地已开发土地面积6126公顷，累计完成基础设施投资75亿元；入区企业达到1776个，企业总投资506.7亿元；基地吸纳劳动力就业16万人，其中当地农民9.3万人；累计建设标准化厂房271.94万平方米，带动226个经济薄弱村共同发展。42个重点建设小城镇中，32个建有镇村产业基地，实现销售收入213.5亿元、利润10亿元、税金9.9亿元。镇村产业基地建设和小城镇产业发展取得了新成效。

2010年北京市镇村产业基地土地、收入、利润和税金统计表

1—25表

序号	基地名称	批准规划土地面积（公顷）	实际开发土地面积（公顷）	剩余可利用土地面积（公顷）	销售收入（万元）	利润总额（万元）	税金（万元）
	合计	11601.89	8304.96	3810.24	8621347	520915.9	419102.3
1	大兴区黄村镇工业区	403.5	216.3	81.02	901559	85023	48637
2	大兴区庞各庄镇工业区	189.46	104.77	36.44	363437	14696.6	14108
3	大兴区榆垡农产品加工基地	322	117.63	106.39	276983	2432	1327
4	大兴区魏善庄镇工业区	353.7	119.7	234	82287	2143	2156
5	大兴区青云店新能源新材料基地	136.26	117.19	19.07	126508	7471	6914
6	大兴区长子营专用车基地	169.97	128.76	31	65000	400	2500
7	大兴区旧宫镇工业区	57.8	75.3	0	106516	1234	2938
8	房山区周口店镇农民就业产业基地	104.8	—	104.8	—	—	—
9	房山区琉璃河镇农民就业产业基地	62.5	17.33	35.08	93407	−18374	739
10	房山区石楼镇农民就业产业基地	121.26	88.34	32.92	74217	3469	2630
11	房山区大石窝镇农民就业产业基地	110	50	60	14810	1272	490.8

（续表）

序号	基地名称	批准规划土地面积（公顷）	实际开发土地面积（公顷）	剩余可利用土地面积（公顷）	销售收入（万元）	利润总额（万元）	税金（万元）
12	房山区韩村河镇农民就业产业基地	90.95	—	90.95	—	—	—
13	房山区长沟镇农民就业产业基地	240.92	162.8	78.13	11975	405	1359
14	通州区于家务乡聚富苑农民就业产业基地工业用地A区	288	172.54	115.46	142000	4847	5612
15	通州区漷县镇农民就业基地	750.1	250	500.1	215000	10000	9000
16	通州区潞城镇食品农民就业产业基地	144	144	0	787112	29070	29758
17	通州区都市园农民就业产业基地	100	67	33	29000	270	1548
18	通州区北京佰富苑农民就业产业基地	623	623	476	175000	5000	5310
19	通州区台湖镇农民就业产业基地	100.85	60.7	28	76000	6000	6500
20	通州区永乐店农民就业产业基地	37.11	39.67	10.27	8600	515	385
21	顺义区马坡镇农民就业产业基地	269.57	180	56	179462	22402	15114
22	顺义区牛栏山镇农民就业产业基地	553.27	222.18	33.68	580000	32746	20000
23	顺义区北小营镇农民就业产业基地	141.39	97.17	25.7	568817	39732	30152
24	顺义区北务镇农民就业产业基地	180	72	28.5	122725	4580	3332
25	顺义区南彩镇农民就业产业基地	262.77	193.3	30.3	601251	61170	39783
26	顺义区赵全营镇农民就业产业基地	168.79	168.79	28.79	209436	9280	13591
27	顺义区后沙峪镇农民就业产业基地	292	200	92	95859	4486	5390
28	密云县河南寨镇滨河就业产业基地	200	170	无	327206	3725	10353
29	密云县十里堡镇隆源就业产业基地	53.33	53.33	2.38	41137	1942	1219
30	密云县太师屯镇农民就业产业基地	1800	1800	301	43215	1012	1069
31	密云县巨各庄镇巨隆就业产业基地	333.3	113.4	219.9	105691	1776	3980

（续表）

序号	基地名称	批准规划土地面积（公顷）	实际开发土地面积（公顷）	剩余可利用土地面积（公顷）	销售收入（万元）	利润总额（万元）	税金（万元）
32	昌平区南口镇农民就业产业基地	276.98	213	0	104700	23000	6300
33	昌平区沙河镇农民就业产业基地	75.13	133	22	101160	8905	8550
34	昌平区阳坊镇农民就业产业基地	93.32	25.56	67.76	191084	21094	13334
35	昌平区马池口镇埝头农民就业产业基地	403.4	258.38	145.02	344516	30447	22009
36	昌平区北七家镇农民就业产业基地	163.85	110.68	53.17	120781	9662	22169
37	昌平区北七家镇宏富农民就业产业基地	184.8	124	60.8	58000	4800	7000
38	怀柔区富乐产业基地	13.3	60	—	245000	0	4700
39	怀柔区桥梓镇农民就业产业基地	64.6	33.54	31.06	28300	853	1526
40	怀柔区聚源地农民就业基地	108.2	108.2	—	48018	3635	1929
41	怀柔区雁栖镇农民就业产业基地	49.5	49.5	0	184000	32000	5344
42	怀柔区山区农民就业产业基地	695.12	560	—	437741	36106	26162
43	延庆县康庄农民就业产业基地	32.8	89	9	42000	1800	675
44	延庆县大榆树镇投资服务中心	—	360	39.3	844	89	30
45	延庆县永宁产业园区	196	18.76	177.24	28500	800	1250
46	平谷区北京文化产业基地	—	20	—	34500	1725	1380
47	平谷区峪口镇产业基地	268.08	132.84	135.24	42020	220	5103
48	平谷区马昌营产业基地	165	45	120	13831	42	707
49	平谷区大兴庄镇产业基地	64.01	64.01	48.8	24510	−275	645
50	朝阳区管庄农民就业产业基地	25.66	12.75	0	73763.2	895.3	1519.5
51	朝阳区城外诚商贸经济板块就业产业基地	—	—	—	—	—	—
52	海淀区永丰工业厂房及配套设施项目	22.9156	22.9156	9.97	20869	1193	1075
53	丰台区长辛店镇农民就业产业基地	—	—	—	—	—	—
54	丰台区花乡榆树庄农民就业产业基地	38.62	38.62	0	53000	5200	1800

说明："—"表示无相关数据资料。

2010年北京市重点小城镇产业基地土地、收入、利润和税金统计表

1—26表

序号	产业基地名称	批准规划土地面积（公顷）	实际开发土地面积（公顷）	剩余可利用土地面积（公顷）	销售收入（万元）	利润总额（万元）	税金（万元）
	合计	8269.26	5296.5	2405.12	3550204	175748	189872
1	大兴区采育新能源汽车基地	355	312.64	12.36	237192	6312	3493
2	大兴区庞各庄镇工业区	189.46	104.77	36.44	363437	14696.6	14108
3	大兴区榆垡农产品加工基地	322	117.63	106.39	276983	2432	1327
4	大兴区安定镇工业区	187.09	113.7	8.68	68659	−2336	1377
5	大兴区魏善庄镇工业区	353.7	119.7	234	82287	2143	2156
6	房山区琉璃河镇农民就业产业基地	62.5	17.33	35.08	93407	−18374	739
7	房山区韩村河镇农民就业产业基地	90.95	—	90.95	—	—	—
8	房山区长沟镇农民就业产业基地	240.92	162.8	78.13	11975	405	1359
9	通州区台湖镇农民就业产业基地	100.85	60.7	28	37000	19000	13500
10	通州区永乐店农民就业产业基地	37.11	39.67	10.27	6000	350	280
11	通州区漷县镇农民就业基地	750.1	250	500.1	215000	10000	9000
12	北京通州经济开发区东区	245	181.6	52.2	150400	5850	21670
13	顺义区高丽营镇金马工业区	370.1	348.9	31.3	356180	28450	18318
14	顺义区赵全营镇农民就业产业基地	168.79	168.79	28.79	209436	9280	13591
15	顺义区李遂镇农民就业产业基地	136	105.23	33.47	53819	1498	3597
16	顺义区杨镇农民就业产业基地	251	251	0	145111	5836	7865
17	密云县穆家峪镇华云就业产业基地	193.3	126.7	66.6	63885	1649	2067
18	密云县溪翁庄镇华都就业产业基地	32	43.5	16.7	21145	—	350
19	密云县太师屯镇农民就业产业基地	1800	1800	301	43215	1012	1069
20	密云县巨各庄镇巨隆就业产业基地	333.3	113.4	219.9	105691	1776	3980
21	昌平区南口镇农民就业产业基地	276.98	213	0	104700	23000	6300
22	昌平区阳坊镇农民就业产业基地	93.32	25.56	67.76	191084	21094	13334
23	昌平区北七家镇农民就业产业基地	163.85	110.68	53.17	120781	9662	22169
24	昌平区小汤山工业园区	257	117.26	31.76	187896.8	7470.77	6856.7
25	怀柔区桥梓镇农民就业产业基地	64.6	33.54	31.06	28300	853	1526
26	怀柔区汤河口镇农民就业产业基地	135.12	—	—	161895	17129	13212
27	延庆县旧县镇农民就业产业基地	150.07	35.33	114.74	1768	190	158.5
28	延庆县康庄农民就业产业基地	32.8	89	9	42000	1800	675
29	延庆县永宁产业园区	196	18.76	177.24	28500	800	1250

（续表）

序号	产业基地名称	批准规划土地面积（公顷）	实际开发土地面积（公顷）	剩余可利用土地面积（公顷）	销售收入（万元）	利润总额（万元）	税金（万元）
30	平谷区马坊工业园区	345.58	190.51	11.93	141554	3734	4533
31	平谷区金海湖镇小城镇	300.19	6.7	—	903	36	12
32	门头沟区斋堂镇1号地块一级开发	34.58	18.1	18.1	—	—	—

说明："—"表示无相关数据资料。

1999—2010年北京市规模以上工业主要经济指标统计表

1-27表

年份	企业数（个）	工业总产值（亿元）	工业增加值（亿元）	主营业务收入（万元）	从业人员平均人数（万人）	利润（万元）	劳动生产率（万元/人）	万元工业增加值能耗（吨标煤）
1999年	4209	2183.5	636.5	22186280	161.1	697807	3.63	3.75
2000年	4572	2842.0	776.0	28213557	145.6	1270874	5.12	2.79
2001年	4356	3270.1	866.3	30068965	108.0	1369794	7.12	2.44
2002年	4551	3620.2	960.7	31827790	107.6	1655153	7.81	2.28
2003年	4019	4410.8	1174.7	38856527	100.8	2352900	10.04	1.94
2004年	6872	5733.3	1524.7	59926564	113.6	3974076	13.42	1.64
2005年	6301	6946.2	1627.0	72791229	117.1	4134988	13.90	1.52
2006年	6400	8210.0	1840.2	89141630	117.4	5311453	15.68	1.47
2007年	6398	9648.4	2159.4	104401683	119.3	6956067	18.11	1.29
2008年	7206	10413.1	2037.6	112758173	123.4	5569968	16.52	1.14
2009年	6891	11039.1	2282.2	121730618	120.4	7429216	18.95	1.04
2010年	6885	13699.8	2751.7	148071147	124.2	10283360	22.16	0.93

说明：1.工业总产值按现价计算。
　　　2.规模以上工业：2000年以前为乡及乡以上工业口径，2000年至2006年调整为国有及年主营业务收入在500万元及以上非国有工业口径；2007年至2010年调整为年主营业务收入500万元及以上的全部法人工业企业。
　　　3.2004年以前数据是根据第一次经济普查数据调整后数据。
　　　4.万元工业增加值能耗为工业全口径数据。
　　　5.以上数据来源于历年《北京统计年鉴》。

第二篇　电子信息产业

第一章　通信产品制造业

北京是全国通信产品制造业的发源地，是产品研发、制造的重要基地。20 世纪 90 年代末期，北京通信产品制造业生产涵盖有线和无线、固定和移动的通信传输、交换设备和终端产品，产品技术实现了从模拟到数字的过渡。

1999 年，北京通信产品制造业规模以上企业逾百家，从业人员超过 5 万人，主营产品销售收入 360 余亿元，为北京市电子信息第一支柱产业。

进入 21 世纪，北京市凭借科技和人才优势，在数字光纤通信产品、第二代／第三代移动通信产品和宽带无线网络通信产品的研发、生产方面走在全国前列，涌现出一大批创新企业，批量生产的产品有各类交换机、通信基站设备、光传输设备、移动电话机等。

2005 年，北京通信设备制造业总产值达 773.1 亿元，占全市电子工业总产值的 51.1%；"十五"时期年平均增速 19.2%。

2010 年，北京通信产品制造业规模以上企业数百家，从业人数超过 8 万人；主营产品销售收入近 1800 亿元，其中移动通信终端设备销售收入超过 1500 亿元。北京的 TD-SCDMA 和 TD-LTE 研发及产业化能力位居世界前列。

第一节　有线通信传输／交换设备

1999 年 6 月，北京瑞光极远数码科技有限公司（以下简称瑞光极远）的创业团队先于公司成立开发出国内首台大容量多功能集中型交叉复用设备。同年，大唐电信科技股份有限公司（以下简称大唐电信）生产 SDH155M/622M/2.5G 光端机。"九五"末期，大唐高鸿数据网络技术股份有限公司（以下简称大唐高鸿）研制的 AS800 多业务接入交换机被列入

2000 年度国家重点新产品计划，获国家科技部颁发的国家重点新产品证书，并先后研制推出 AS800-01S、AS800-01E、AS800-05 等型号的产品。该系列产品专为宽带通信网络设计，将 IP 业务和传统业务提供给不同用户；支持宽带与窄带网络技术，实现 FR、DDN、PSTN、N-ISDN 到 ATM 的无缝接入，并支持既有 IP 网解决方案。

1999 年，北京有线程控传输／交换设备生产企业主要有北京国际交换系统有限公司、北京爱立信通信系统有限公司（以下简称北京爱立信）、兆维集团、电信科学技术研究院（大唐电信）等单位。北京国际交换系统有限公司、北京爱立信、兆维集团 3 家公司跻身全国程控交换机生产企业 20 强，分别排在第二位、第 15 位和第 18 位。同年，北京有线通信设备企业主要生产 EWSD 数字程控交换机，HJD04 万门数字程控交换机、MD10 数字程控电话交换机、DX200 系统数字交换机，总产量达 760.6 万线，占全国总产量 4147.4 万线的 18.3%。

2000 年，瑞光极远的大容量多功能集中型交叉复用设备投入生产。北京华环电子股份有限公司生产出 H700 光电一体化传输设备。北京有线程控交换设备生产企业主要有北京国际交换系统有限公司、北京爱立信、兆维集团、北京贝尔通信设备制造有限公司等，并新增北京诺基亚航星通讯系统有限公司、北京贝尔通信设备制造有限公司等企业。北京主要生产的数字程控交换机总产量增加到 1019.4 万线，同比增长 34%。

2001 年年初，大唐高鸿的 AS800 多业务接入交换机进入市场，并获 2001 年度国家科学技术进步奖二等奖。1 月，瑞光数码自主研发的 ADM 系列复用产品进入全面测试。3 月 27 日，由大唐电信和国防科技大学计算机学院共同研制的中国高速信息示范网核心路由器"银河玉衡"DTYH-ISR 9108 通过国家主管部门组织的设计定型鉴定，9 月底该核心路由器实现产业化，10 月通过信息产业部传输所组织的入网测试，12 月 29 日通过信息产业部组织的电信设备入网鉴定，取得国产核心路由设备的第一张入网批文。10 月初，大唐电信为 IP 骨干网和城域网量身定制了能提供多种业务的电信级线速路由器"银河玉衡"ISR8110 高端路由器、ISR3108 汇聚路由器、ISR2504 远端路由器、ISR2401"企业上网通"ISDN 路由器。

2001 年，北京数字程控交换机主要生产企业有北京国际交换系统有限公司、北京爱立信、兆维集团、电信科学技术研究院（大唐电信）、北京诺基亚航星通讯系统有限公司、北京贝尔通信设备制造有限公司、北京崇新现代通讯设备厂等，总产量达到 1358.9 万线。

2002 年年初，尚无国产以太网交换机进入市场。2002 年 8 月 15 日，大唐高鸿研制的 9108 银河路由器在北京和成都军区联网开通，是国产路由器首次应用在国家级骨干网。9 月，瑞光极远研制的包括 SDH/MSTP 多业务传输／接入平台、音视频综合业务传输设备、千兆网综合业务光纤传输设备、TDM over IP 伪线路仿真系列、远程指挥调度音视频自动交换系统、宽窄带一体化综合业务光纤传输设备、PCM 综合业务交叉复用设备、PDH 多业务光端机系列、接口转换器／协议转换器系列、应急通信设备、野战光端机、环网保护系列等在内的 ADM-120 系列产品投产，并改型号为 IDM。12 月，瑞光极远推出 IDM-

120XN 系列光口复用产品。年底，大唐高鸿的 AS800 多业务接入交换机开始应用于湖北电信 ATM 骨干网二期项目。

2003 年 3 月，瑞光极远研发投产国内首台多光口脉冲编码调制 PCM 产品，单台设备可同时使用 4 个光方向。5 月，瑞光极远 IDM-24E1 投产。8 月，IDM 系列产品通过国际 ISO 9001—2000 质量认证。同年，大唐高鸿自主研制的产品有 CS 1000 系列 ATM 骨干交换机、DTYH-ISR 9108 高端路由器、AM100 接入复用器、AS800 系列多业务接入交换机等。

2005 年年初，北京东土电信技术有限公司（以下简称东土科技）推出 KODT 系列工业以太网交换机，4 月 22 日发布 KIEN 系列工业以太网交换机。7 月，大唐高鸿推出 MG3000-T 电信级中继媒体网关，可实现 ISDN PRI 信令与 H.323、SIP、MGCP 信令的转换，并在公用交换电话网的承载通道与 IP 网媒体流之间进行转换。瑞光极远推出小容量精简型 PCM 产品。

"十五"期间，大唐高鸿 AS800 系列多业务汇聚接入交换机承担了北京多数 ADSL 汇聚业务。兆维集团研制生产的 C2000/C3000 工业以太网环网交换机支持单环、双环、耦合环拓扑结构，可以在同一个网络中组合使用两种交换机，构建性价比优良的网络。

2005 年，北京有线程控传输 / 交换设备制造业规模以上重点企业有 40 余家，其中传统电信传输 / 交换设备制造企业有 8 家，新型网络通信传输 / 交换设备制造企业近 10 家，光通信传输、复用、接入设备制造企业 10 余家，有线通信传输 / 交换设备零部件及配套产品制造企业逾 10 家，从业人员约 2 万人，销售收入 40 余亿元。同年，北京数字程控交换机产量 3652.2 万线，占全国总产量 7721 万线的 47.3%，比例达到历史峰值。

2006 年 3 月，瑞光极远 IDM 产品应用于埃及军队。6 月，北京兆维光通信公司研制生产的网络交换机签约销往日本。9 月，瑞光极远推出自主知识产权 MSAP 产品。从 2006 年开始，大唐高鸿重点开发、提供基于 AS800 多业务接入交换机的公司 / 校园局域网。同年，大唐高鸿推出 MG3000-A 用户驻地网关，可以基于 IP 网络提供优质的分组化语音流，使话音、传真、数据在同一 IP 网络中传送，支持多种 VoIP 协议和语音编解码格式；推出 MG3000-T4 中继网关，应用于公用电话交换网（PSTN）与 IP 网的接口处，实现 VoIP 侧 H.323、SIP 信令协议和 PSTN 网络侧 ISDN PRI、1 号信令。同年，北京数字程控交换机产量冲到 4765.5 万线最高纪录，占全国数字程控交换机总产量 7404.6 万线的比例达 64.3%。

2007 年 1 月，瑞光极远推出多业务视频光端机 IDM-30CNV，集成度达到国内领先水平。3 月 15 日，大唐高鸿发布 MG3000-R 智能路由网关。4 月，瑞光极远推出无线图像传输系统；9 月推出行业顶级的集中型多业务视频光端机 IDM-VNT8416。10 月，大唐高鸿推出利用 AS80-01E 和 AM100-A 电信级宽带多业务接入复用器建立的公司局域网解决方案，可将公司不同地点部门或分公司的各种多媒体通信终端或以太网设备通过 AM100-A 汇集在一起。"十一五"期间，该解决方案在广州宽带、安徽联通、广东移动等多家电信公司、数据公司和贵州省教育系统得到推广应用。11 月，瑞光极远推出 IDM-12PM 综合 PCM 设备。

2007 年至 2008 年，北京卓越信通电子股份有限公司（以下简称卓越信通）连续获得工业以太网核心专利（工业冗余环网交换机系统控制软件 Supreme-Ring 和工业级网络链路冗余保护管理系统 RLPMS），用于拥有自主知识产权的 TSC 工业以太网设备的研发。2008 年 3 月，瑞光极远推出千兆网光端机；5 月推出应用 TDMoIP 技术的系列设备；6 月推出应用于"光进铜退"的宽窄带一体化接入设备。7 月，大唐高鸿在原有 MG3000-R32 产品的基础上研制出新版小端口智能网关 MG3000-R8。9 月，瑞光极远开发出基于 MSTP 技术的宽窄带一体化综合业务接入设备。12 月，大唐高鸿推出综合网管平台 SS3000-M，可管理的设备包括大唐高鸿的 MG3000-A 系列和 MG3000-R 系列网关产品。同年，大唐高鸿基于业界成熟的以太网 ASIC 交换技术和自主研发的 SPROS 操作系统，开发出新一代高密度、高性能核心智能多层交换机 LS5328G，支持 IEEE 802.1q 和 IEEE 802.1p 标准的线速二层交换、三层路由转发；推出万兆核心安全路由交换机 LS7510，为国内第一台拥有自主知识产权的高端线速核心路由器。北京金源光通信技术有限公司的 JSDT/R-8V1D1K、JSDT/R-16V1D1K、JSDT/R-32V1D1K 光纤机产品在北京奥运会安保项目中得到应用。北京首佳讯通通信技术有限公司为北京奥运会场馆提供光纤通信系统及综合业务接入设备，其中 1000 兆光电转换器应用于北京奥运会多媒体转播项目中并获奖。

2009 年 4 月 3 日，大唐高鸿推出小端口智能路由网关产品 MG3000-A-1S1O，可提供 1FXS+1FXO 端口并支持数据网络、VLAN、QOS 等业务功能。12 月，瑞光极远研发出有线无线转接平台。同年，大唐高鸿推出 IP PBX 产品 MG3000-X100 电话交换系统，将呼叫控制、中继和用户接入集成到一体，向用户提供传真、视频、语音等通信功能。卓越信通研发并推出 TSC Carat10 系列即插即用型、TSC Carat20 系列二层网管型等工业以太网平台及产品。这些产品应用于北京地铁机场线、10 号线、5 号线、4 号线的建设和 1 号线、2 号线改造工程；推广到广州地铁 5 号线、4 号线延长线，天津站交通枢纽，塘沽线的信息集成与监控；并分别为南水北调、长江三峡及国家气象卫星传输系统、首钢信息化建立了网络监控系统平台。

2010 年 1 月，瑞光极远研发出基站节能设备，3 月研发出智能汇聚型协议转换器，4 月 IDMMSTP-155CP 宽窄带一体化光纤汇聚接入设备应用于上海世博会。8 月初，大唐高鸿在原有 MG3000-R32 产品的基础上推出新版小端口智能网关 MG3000-R8。10 月，一体化 IP 呼叫中心产品 SS3000-CI8A 亮相。同年，东土科技自主研制的 SICOM8010、SICOM3024 及 SICOM6424SM 型工业以太网交换机通过中国铁道科学研究院铁道部质量监督检验中心的测试；SICOM3024P 工业以太网交换机通过电力工业电力设备及仪表质量检验测试中心关于 500 千伏桂林数字化变电站的动态模拟测试；SICOM3009 卡轨式网管型工业以太网交换机取得由 SGS 公司测试并认证的 CE/FCC 报告，同时取得电力工业电力设备及仪表质量检验测试中心的型式试验报告。北京金源光通信技术有限公司自主研发出新一代数字 DVI 光端机，实现高清视频、双向音频、双向数据、以太网及 USB 2.0 等业务信号在单模或多模光纤上远距离、无失真地并行传输。卓越信通研制成功工业级无线产品 TSC Sv2000。

2010 年，北京数字程控交换机产量降到 890 万线的低值，在全国数字程控交换机总产量（3133.2 万线）中的比例降到 28.4%。

1999—2010年北京程控电话交换机产量统计表

2-1表

单位：万线

年份	1999年	2000年	2001年	2002年	2003年	2004年
产量	760.6	1019.4	1358.9	2017.7	1934.6	3211.1
年份	2005年	2006年	2007年	2008年	2009年	2010年
产量	3652.2	4765.5	2734.9	1595.4	1508.8	890.0

2010年北京有线通信传输/交换设备主要生产企业及产品状况一览表

2-2表

产品种类	主要研制生产企业	产量或销售额合计
数字程控交换机	北京西门子通信网络有限公司、北京爱立信通信系统有限公司、北京诺基亚航星通讯系统有限公司、北京贝尔通信设备制造有限公司、大唐高鸿数据网络技术股份有限公司等	产量890万线
多业务接入交换机	大唐高鸿数据网络技术股份有限公司等	产量约100万线
以太网交换机	北京兆维光通信技术有限公司、北京卓越信通电子股份有限公司、北京东土科技股份有限公司等	产量2.4万台
网络路由交换机及网关	大唐高鸿数据网络技术股份有限公司	销售额超1亿元
光纤通信传输/复用/接入设备	北京瑞光极远数码科技有限公司、北京兆维光通信技术有限公司、北京金源光通信技术有限公司等	销售额超2亿元

北京兆维电子（集团）有限责任公司

前身为北京有线电总厂（国营 738 厂），是国家"一五"计划期间 156 项重点工程之一。1997 年 9 月，北京有线电总厂改制，更名为北京兆维电子（集团）有限责任公司，注册资本 7.82 亿元，总资产约 18 亿元。兆维集团拥有 4 家分公司、12 家控股子公司、1 个市级技术研发中心、1 个高科技精品工业园以及 21 家参股公司，营销网络遍及全国以及全球 16 个国家和地区。公司与日本松下、美国康宁和瑞典爱立信公司保持战略合作伙伴关系。1999 年 11 月 23 日，兆维集团完成微蜂窝移动通信系统生产技术改造，形成微蜂窝移动通信交换系统 10 万线的年生产能力。2003 年 5 月 30 日，占地 13 万平方米的兆维工业园挂牌成立。截至 2009 年，园区建筑面积 31.5 万平方米，其中科技研发中心及配套用房 15.5 万平方米。兆维集团发展成为以现代生产服务业（科研咨询、金融证券、电信数据、商贸物流和文化创意）为主要业态的综合性高新技术产业园。2010 年，兆维集团形成以计算机（IT）和通信（CT）两大产业为主线，民品投资类与军品列装业务共同推进，自服整机、通信安防、基础加工、特种电子和园区地产服务 5 个业务单元互动发展的产业格局，成为自服整机设备制造商、通信安防系统集成商和基础加工配套提供商。同年，兆维集团销售收入 5.11 亿元，利润总额 1264 万元，利税总额 4901 万元，工业总产值 2.43 亿元，工业增加值 6764 万元，出口销售额 3099 万元，年末资产总额 17.20 亿元。

北京国际交换系统有限公司（BISC）

1990 年 11 月 16 日成立，是由北京市综合投资公司、国营北京有线电总厂、北京电信管理局与德国西门子公司合资经营的高新技术企业。主要从事 EWSD 程控数字交换机及其配套产品的开发、设计、生产、销售及售后服务。20 世纪 90 年代先后获全国 500 家最大工业企业、电子工业百强企业、北京市十佳外商投资企业、中国 500 家最大外商投资企业、电子信息百强企业等称号。2001 年年底，公司拥有员工 1900 余名，生产经营大楼面积 2 万余平方米，当年完成产值 24 亿元，利润 8 亿元。公司形成了 600 多万线程控交换机的年生产能力，其 EWSD 型程控交换机在中国市场总装机量 4750 万端口，成为公共通信网中的主要机型之一，开发出可支持数据、多媒体业务的 HiA、HiG、HiQ 等 SURPASS 下一代（NGN）网络产品。通过与美国优信公司合作，初步实现数据和宽带技术的突破，推出 ERX、CRX 和 XpressLink 等产品。2004 年 7 月 29 日，西门子控股北京国际交换系统有限公司，将其更名为北京西门子通信网络有限公司（SCNB），原有 1200 名员工全部转入新公司，北京国际交换系统有限公司注销。

北京爱立信通信系统有限公司

1993 年 7 月 1 日成立，是瑞典爱立信公司与北京有线电总厂（后改制为兆维集团）共同投资创建的合资企业，公司建有年产 50 万线的数字程控电话交换机生产线，主要开发、生产、销售 MD10 数字程控电话交换机、Eripax 分组交换设备、Minlink 数字微波设备、Frieeset 数字无绳通信系统等通信产品。1999 年，北京爱立信销售收入超过 34.8 亿元，增加值 9.84 亿元。2003 年，北京爱立信成为中国用户级交换机市场最大的供货商，其商用无绳电话系统 DCT 1800GAP 首个通过国家无线电管理委员会的检测，全部指标优于 TBR6 标准的规定。2004 年，北京爱立信实施了福建三明烟草通信网络工程。2009 年至 2010 年，北京爱立信在 HSPA/HSPA+ 领域实现更高速率和更优性能，在其 Bertha 终端上及下一代爱立信移动宽带路由器上进行 42 兆 HSPA 多载波技术演示获得成功。

北京诺基亚航星通讯系统有限公司

1993 年年底，由北京航星机器制造公司和芬兰诺基亚公司签约成立，致力于满足中国农村地区及各部委专用通信网日益增长的通信需求。公司生产和销售新一代长市农合一的数字程控电话交换机、光纤通信设备，主要开发、生产 DX200 系统数字交换机、远距离用户交换台、接入设备、传输设备和计算机管理系统以及 GSM、DCS 数字移动通信产品。

2002 年，诺基亚航星以 61.42 亿元的销售收入位居中国外资企业 500 强第 32 位。2005 年
2 月 23 日，诺基亚航星与北京首信诺基亚移动通信有限公司、诺基亚（苏州）电信有限公
司和东莞诺基亚移动电话有限公司合并为诺基亚首信通信有限公司。

北京贝尔通信设备制造有限公司

1996 年 4 月成立，是中国铁路通信信号集团、上海贝尔阿尔卡特股份有限公司、上
海贝尔比利时公司三方投资的合资公司，设计、生产的产品涵盖铁路专用通信设备、综合
服务数字网、分组交换设备、智能网络、异步转移模式（ATM）交换设备、光交换系统及
SDH 光通信系统设备、网络终端设备、数字集群通信系统设备、计算机通信和数据传输设
备等。1998 年，北京贝尔先后通过 ISO 9001 国内、国际质量认证。2001 年获信息产业部
计算机信息系统集成一级资质认证。2001 年销售收入 10 亿元，员工 230 人。2002 年，北
京贝尔获外商投资高新技术企业外商投资先进技术企业、高新技术骨干企业和中关村科技
园区丰台园十佳企业等称号。2005 年以后，北京贝尔开始实行新的发展战略。 2010 年成
为基于电信网络的多业务综合信息宽带虚拟专用网综合应用解决方案提供商，年销售收入
和员工人数均比 2001 年增长一倍。

大唐高鸿数据网络技术股份有限公司

由大唐电信科技产业集团整合在数据产业领域的技术和资源而组建的高新技术企业。
1997 年，大唐高鸿承接邮电部电信科学技术研究院高鸿公司研制的国内第一款自主知识产
权的商用 ATM 交换机的生产销售权，拥有软交换平台、中继网关、接入网关、IP 电话等
全系列软交换 /VoIP 产品。2000 年，大唐高鸿成为国内唯一单独承建多个省级 ATM 骨干
网络的公司，率先取得国产核心路由器的入网批文。2003 年，大唐高鸿上市，开始实施实
业经营与资本运作双轮驱动的发展策略，企业信息化服务、电信增值业务和终端连锁销售
三大产业板块快速推进。2009 年，大唐高鸿转型升级为企业信息服务集成商。"十一五"
期间，大唐高鸿总资产增长 225%，净资产增长 307%，年均营业收入增长 556%。2010 年
6 月，大唐高鸿入选 2010 中国内地科技百强增长最快公司 10 强榜。同年，大唐高鸿营业
总收入 25.31 亿元，利润总额 4290 万元，年末总资产 23.49 亿元。

北京首信集团股份有限公司

1998 年由北京邮电通信设备厂（邮电部 506 厂）转制而成，总部设在朝阳区电子城。
1999 年，首信集团实现销售收入 114.8 亿元，排名中国电子百强第七位，居中国通信制造
业企业榜首，被国家经贸委确定为 520 户国家重点企业之一。2000 年，首信集团销售收
入 201 亿元，主要生产销售 GSM 手机，成为国内首批 12 个手机定点生产厂家之一。2001
年 9 月，首信集团联合北京电子控股集团、诺基亚国际金融公司、山东黄金集团、韩国
INTERCUBE 株式会社等国内外企业成立北京首信股份有限公司，首信集团成为北京首信

股份有限公司的主体单位。2003 年，首信集团随着中国普天信息产业股份有限公司的组建成为中国普天的全资公司。

北京瑞光极远数码科技有限公司

1999 年 6 月，瑞光极远在成立前的创业孵化期，开发出国内首台大容量多功能集中型交叉复用设备。2002 年，瑞光极远在上地信息产业基地成立，是光纤复用领域、综合业务复用领域、音视频交换领域以及软交换领域的通信设备制造商和通信方案及服务提供商。产品在电力、军队、公安、矿井、机场、高速公路、城市安防等多个领域得到广泛应用，并销往朝鲜、韩国、伊朗、泰国等多个国家和地区。2005 年 4 月，瑞光极远列入中国通信产品供应商 100 强企业。2009 年 5 月，瑞光极远获中关村高新技术企业证书。6 月，瑞光极远通过市科委、市财政局、市国税局、市地税局的高新技术企业认证。

北京银驼铃通信技术有限公司

2003 年成立，主要为电信运营商提供覆盖窄带到宽带的边缘网络接入产品，为专用通信网络提供全面解决方案。公司拥有独立的研发和生产中心，办公面积 3200 平方米，拥有 8 项专利技术。主要产品有 MSAP 综合业务光纤传输系统、全系列非压缩数字视频光端机、GTT 系列光纤传输设备、MUX 系列综合接入设备、F 系列网络光传输设备、SMART 系列多路 E1 网桥、LAN 系列光纤收发器和 GTT 系列协议转换器等八大系列，涵盖综合接入、宽带接入、光纤传输和网络产品等领域。2003 年 6 月，公司通过中关村高新技术企业认定。2004 年 4 月获得国际贸易进出口资格。2005 年成为北方电信集团供应链入围品牌。至 2006 年已有数万台设备运行在中东、东南亚的众多网络中。2007 年成为中国网通集团和中国移动通信集团供应链入围品牌。2010 年 3 月推出 PLC 分光器系列，应用于电信运营商 EPON 或 GPON 网络、视频监控、高清视频等场合。

北京首佳讯通通信技术有限公司

2004 年创立，是专业从事数据通信设备与光纤传输设备研发、生产、销售和服务的高新技术企业。首佳通信基于综合接入、数据传输、光通信、接口转换等技术，致力于新产品的开发，并与多家高校、科研机构建立合作关系，产品的技术和功能处于业界先进水平。首佳通信产品线主要包括 PDH 光传输设备、PCM 综合业务复用设备、接口转换设备、光电转换设备等，可为客户提供从传输到接入环节的全面解决方案。截至 2010 年，首佳通信的光传输设备及 PCM 复用设备应用于包钢集团，光纤网卡和光纤收发器大量应用于北京地铁网络建设中。

北京东土科技股份有限公司

公司前身为成立于 2000 年 3 月 27 日的北京依贝特科技有限公司，2004 年 2 月 19 日更名为北京东土国际通讯技术有限公司，2006 年 10 月 8 日更名为北京东土科技股份有限公司。主营业务是研究、开发、生产和销售工业以太网交换机，以及提供工业控制系统数据传输解决方案。东土科技是中国自主制定的第一个工业自动化国际标准 EPA 标准（IEC 61158）的起草者之一，是国家测量和控制用工业交换机技术标准的主导起草单位，是国家高技术研究发展计划（863 计划）工业现场用以太网交换机的研究与开发课题项目的唯一承担单位，是国家 863 计划基于 EPA 的应用系统开发、现场总线通信安全与可靠性技术的研究与开发两个项目的主要承担单位。2009 年，东土科技为工业以太网交换机全球市场第八大厂商，亚洲市场第三大厂商。2009 年 12 月，东土科技被市政府、科技部、中科院授予首批中关村国家自主创新示范区创新型企业称号。公司入选 2010 年德勤高科技、高成长亚太地区 500 强榜单，2010 年德勤高科技、高成长中国 50 强榜单。2010 年，东土科技营业收入 9362 万元，净利润 2495 万元，年末总资产 1.041 亿元。

北京卓越信通电子股份有限公司

2006 年成立。卓越信通创立了自主知识产权和自主品牌的 TSC 系列工业网络产品，是集研发、制造、营销、系统整合为一体的高科技企业。卓越信通工业网络产品获国家铁路、电网、航天等行业权威机构认证和 CE、FCC、UL、cUL 等国际认证，拥有 33 项专利和 46 项软件著作权，获得国家重点新产品证书、北京市自主创新产品证书、中关村国家自主创新示范区新技术新产品（服务）证书等。卓越信通工业网络产品为北京、上海、天津、广州、重庆、南京、成都、武汉、深圳等城市的 56 条地铁及玉铁、向蒲、合蚌、京沪、武广、澳大利亚昆士兰州等城市的 34 条高铁提供工业网络服务保障。在电力领域，卓越信通产品应用于智能变电站的综合监控系统、在线监测系统、配电自动化网络系统、核电及火电厂的 DCS 及 MIS 系统，以及风电的场内监控系统和风机监控系统等。在工厂自动化领域，卓越信通的产品在生产控制和信息化管理中得到应用。2008 年，卓越信通获得科技部科技创新基金支持，被评为中关村最具发展潜力十佳高新技术企业。2010 年，卓越信通被评为中关村新兴产业 50 强，入选中关村高成长企业 TOP100，生产的设备出口到澳大利亚、阿根廷、意大利等国家。

北京华讯威达通信电子技术有限公司

2006 年 5 月成立，是在原北京华讯通信电子技术公司基础上重组改制而成。华讯威达主要从事集群通信、无线数据通信、自动化控制、安防系统和计算机网络产品的分销和系统集成，是中关村科技园区内集系统设计、销售、安装、维护服务及软件开发等业务于一体的高新技术企业，是美国 GE 数字能源公司、MOTOROLA 授权分销商和行业解决方案合作伙伴，施耐德控制产品授权核心系统集成商，港震科技地震仪器核心代理商。2006 年至 2010 年，华讯威达承担并完成了民航空管甚高频数据网、民航机场 800 兆集群通信网、华联扩频微波联网、北京公交多业务广域网等上百项工程项目；携手施耐德公司，在中小城镇供水 SCADA 系统改造以及城市燃气管网监控领域提供了多种解决方案。

第二节　无线通信传输/基站设备

1997 年 12 月，北京信威通信技术股份有限公司（以下简称北京信威）开发的固定无线接入系统——SCDMA 无线用户环路系统 V1 通过邮电部组织的国家"九五"科技重点攻关项目科研成果鉴定。SCDMA 无线用户环路系统是国际上第一套同时应用智能天线技术、采用 SWAP 空间信令、利用软件无线电实现的同步 CDMA 无线通信系统。

20 世纪 90 年代末，北京无线通信传输/基站设备制造业开始兴起。1999 年，北京从事无线通信传输/基站设备研发制造的企业不到 10 家，职工近万人，产品销售收入约 20 亿元。代表企业有中国普天信息产业股份有限公司、北京爱立信、北京首信诺基亚移动通信有限公司、北京信威等。

2000 年以后，北京逐渐发展成为全国 2G/3G 移动通信传输系统、基站设备和无线宽带接入网传输系统、基站设备的研发中心和生产基地。

2001 年，随着移动通信市场扩大，大唐电信开始自主研制 Neutron 系列基于 3GPP R4 的 TD-SCDMA 基站。6 月，大唐电信推出的 C2000C Starlight 800 兆赫 CDMA 移动通信直放站系统取得由信息产业部颁发的电信设备进网许可证，成为国内首家获得 CDMA 移动通信直放站进网许可证的通信设备供应商。7 月，大唐电信开发的 R2000AIRsun 宽带无线接入设备（3.5 吉赫）获得信息产业部颁发的首张以 1.75 兆赫为宽带占用单位的无线接入设备型号核准证。

2002 年 3 月，大唐电信 DTLINK 系统产品获得无线电管理局颁发的型号核准证和信息产业部电信管理局颁发的入网证。

2003 年 9 月，北京信威研制成功的 SCDMA 1800 兆 V3 综合无线接入系统通过信息产业部科技司主持的生产定型鉴定；12 月，该 SCDMA 综合无线接入系统获中国通信学会科学技术奖一等奖。SCDMA 综合无线接入系统使用智能天线、同步码分多址、空中接口信令和软件无线电等多项先进技术，是国产第一个使用国际最新标准全质量话音编码技术的实用无线通信系统，其话音质量超过 GSM 数字移动电话系统。

2004 年第一季度，大唐移动通信设备有限公司（以下简称大唐移动）Neutron 系列基础型设备进入现场试验。经试验网证实，该基站除能满足基本的话音和数据业务外，在移动互联网和无线多媒体应用方面较其他技术优越。7 月，TD-SCDMA 第三代移动通信基站产品被评为国家重点新产品。同年，大唐高鸿专门定制研发基于 ATM 的 2G、3G 两代网络业务汇聚设备 AM100-E，并结合 3G 传输需求以及 AM100-E 产品特点，推出 AM100-E 在 3G 移动网部署过程中的 4 种解决方案：3G 与 2G 业务的汇聚，RNC 端口资源的有效补充，3G接入网到2G核心网之间的端口转换，光纤资源缺乏地域中的介质转换。北京交通大学IP网络实验室开发了IPv6无线路由器。北京信威率先推出SCDMA 400兆V3农村无线接入系统，SCDMA综合无线接入系统获国家科学技术进步奖二等奖。阳光凯讯（北京）科技有限公司（以下简称阳光凯讯）研发出适合军队特点的SM2000车载CDMA无线移动通信系统。

2005年以后，为适应全球无线局域网快速发展的趋势，中国各大电信运营商的WLAN热点数量和覆盖地区日益增多，行业和家庭用户市场快速启动。以阿德利亚科技（北京）有限责任公司（以下简称阿德利亚）、北京矽谷星矢科技发展有限公司（以下简称星矢科技）等为代表的新兴网络技术设备公司兴起。2005年2月，北京信威400兆SCDMA农村无线接入系统版通过信息产业部生产定型鉴定。7月，由大唐移动和上海贝尔阿尔卡特合作生产的首批TD-SCDMA商用版基站下线。9月，星矢科技作为美国Strix Systems公司的中国公司，率先将基于Mesh技术的WLAN产品带入中国市场，开

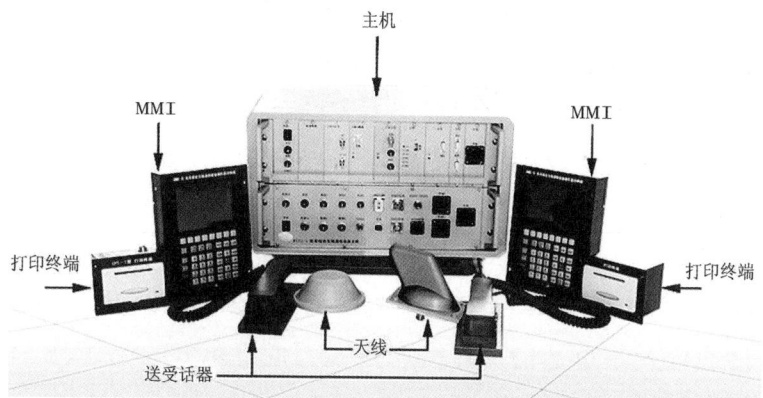

图2-1　世纪东方开发的机车综合无线通信系统（2005年摄）

始在西城区主干道、建筑物和移动控制车上安装Mesh（网格网状）网络节点。12月，大唐移动主导制定的第三代移动通信国际标准TD-SCDMA获2005年中国信息化建设项目成就奖。同年，北京信威研制的SCDMA大灵通移动通信系统设备、智能天线投入小批量生产，发布多载波无线信息本地环路McWiLL系统（V5版）。北京世纪东方国铁科技股份有限公司（以下简称世纪东方）研制的面向铁路系统安全运行的无线通信设备经多家用户试用后，取得铁路运输安全设备生产企业资质。

2006年年初，阿德利亚在北京推出无线网状网（Mesh-Network）测试产品。年中，阿德利亚MSR2000无线网状网路由器、MSR1000室内无线和NMS1000网络管理系统交付用户试用。3月17日，大唐电信的新产品AS1000型以太网无源光纤接入设备（E-PON）获得由信息产业部颁发的进网试用批文。8月4日，星矢科技与美国Strix Systems公司共同宣布联合品牌战略，并实现产品研发和生产的本地化；星矢科技推出高性能无线Mesh网络系统SS-Mesh Network和紧凑型无线Mesh系统OWS2400-30。8月14日，星矢科技宣布西城公安分局部署了Access/One Network室外无线系统(OWS)和室内无线系统(IWS)，建成西城区无线Mesh网络系统。11月，阿德利亚使用MSR2000无线网状网路由器完成厦门大学海韵校园无线数字园区Mesh网络搭建。同年，大唐高鸿针对3G市场，研发出具有完全自主知识产权的AM100-3GTC系列电信级宽带多业务接入复用交换机。

2006年至2008年，北京集中力量开展3G和无线通信技术设备的研发，先后研制出TD-SCDMA商用基站、拉远基站等无线通信传输/基站设备。世纪东方陆续开发出800兆赫列尾和列车安全预警系统、行车安全监控预警系统、450兆赫列尾系统、WTZJ-I型机车综合无线通信设备、WTZJ-II型小型化机车综合无线通信设备、GSM-R双模列尾设备、通用式机车电台、全路无线电台站数据信息管理系统、移动宽带多媒体网络、WXTY-05应急通信系统、行车安全综合视频管理系统、光缆线路动态监测及管理系统等一系列产品。

2007年2月，阿德利亚凭借以金梭命名的完整无线网状网产品体系——室外无线MSR2000、室内无线MSR1000和网络管理NMS1000，在与思科、北电、诺基亚等在内的8家公司竞标"无线北京"项目中获选。4月，阿德利亚推出高容量无线网状网路由器MSR4000。6月，大唐电信中标中国移动北京、青岛奥运场馆WLAN工程项目。同年，大唐移动TDB144A基带拉远基站上市。该基站通过基带拉远技术，支持本地覆盖与远端覆盖，支持基带池功能，允许根据需要动态调整基带资源。

2008年，大唐移动推出TD-SCDMA新型基站TDB18AE。中国普天推出绿色基站BBU1324A，采用CFR+DPD+Doherty技术，创新性地将宽带收发信机与数字多载波功放集成在一个模块上，使基站整机效率大幅提高。阳光凯讯研发出下一代机动式移动通信产品，能实现GSM、EDGE、CDMA20001X/EV-DO、TD-SCDMA、WCDMA、WiMAX移动通信及集群通信等多模态接入。世纪东方的WXTY-05应急通信系统被列入北京市火炬计划项目。

2009年1月，阳光凯讯承接科技部国家科技重大专项新一代宽带无线移动通信网中TD-SCDMA机动式移动通信系统课题，并承接专用TD-SCDMA核心网部分设备研制。3月20日，大唐电信无线固定台TDW800中标江西移动网建设工程。3月，阿德利亚MSR4000和MSR2000无线网状网室外系列产品入选《北京市第二批自主创新产品名录》。5月，大唐移动研制的TD-SCDMA基带拉远型宏基站TDB36A被认定为国家自主创新产品。6月，阳光凯讯机动式移动通信系统SM2000入选《北京市第四批自主创新产品名录》。12月，大唐移动TD-SCDMA基站系统关键技术研究、设备研制及产业化项目成果获国家科学技术进步奖二等奖。同年，北京信威研发出宽带多媒体集群系统McWiLL（V6版）。中国普天在移动通信世界大会展示新研制的Potevio TD-LTE基站。该基站单机即可支持6个20兆赫4×2或18个5兆赫4×2小区，可满足宏基站的容量需求。世纪东方生产的GSM-R机车综合无线通信设备获得高新技术成果转化项目，并被列入国家重点新产品；800兆赫列尾和列车安全预警系统、GSM-R机车综合无线通信设备、应急通信系统、铁路现场安全监控及宽带传输系统等入选《北京市自主创新产品目录》；应急调度指挥通信系统获丰台区科技型中小企业创新基金项目。北京佳讯飞鸿电气股份有限公司（以下简称佳讯飞鸿）研制并推出指挥调度通信系统MDS3400和可视化指挥调度系统MDS6800，其新应急通信网模式在中石油集团公司首次投入应用，并签约中国石油天然气集团公司移动应急通信系统项目。中国普天研制紧凑式大容量基带资源池。2009年，北京无线通信基站设备产量

446.31 万信道，占全国总产量 3021.57 万信道的 14.7% 以上。

2010 年 6 月，大唐电信以"终端＋芯片"的大终端产业链模式首次亮相第二十一届新加坡亚洲通信与资讯展。10 月，大唐电信成功竞标成都北新国际物联港物联网技术应用一期总体规划设计项目。11 月，大唐移动基站基带芯片项目获得国家高新技术产业化示范工程称号。同年，佳讯飞鸿研制并推出防灾安全监控系统 IMS6000 和综合视频监控系统 IMS8000。星矢科技推出新型无线网络固件，增加了可接入客户端数量；星矢科技新一代高性能、多模、多频、全双工 Mesh 产品用于清华科技园宽带无线网络建设。阳光凯讯 CDMA 机动式移动通信系统项目获 2010 年度北京市科学技术奖三等奖。

2010 年，北京共生产无线通信传输／基站设备约 365.1 万信道，同比下降 17.7%。北京成为全国第二大无线通信传输／基站设备制造基地，从事研发生产的企事业单位逾 20 家，从业人员超过 1.5 万，产品销售收入突破 40 亿元，西门子移动通信（北京）有限公司、大唐移动通信设备公司等企业成为市场主力。

2010年北京无线通信传输／基站设备主要研制生产企业及产品状况一览表

2-3表

产品种类	主要研制生产企业	产量或销售额总计
无线（宽带）接入设备	北京信威通信技术股份公司、北京矽谷星矢科技发展公司、阿德利亚科技（北京）公司等	1万余台（套）
移动通信基站设备	大唐电信科技股份有限公司、中国普天信息产业股份有限公司	365.1万信道
车载CDMA无线移动通信系统	阳光凯讯（北京）科技有限公司	4000台
机车专用监控设备及综合无线通信系统	北京世纪东方国铁科技股份有限公司	销售额超2亿元
指挥调度通信系统	北京佳讯飞鸿电气股份有限公司	销售额近1亿元

北京佳讯飞鸿电气股份有限公司

1995 年年初成立，是一家通信、信息领域新技术及新产品自主研发、生产和销售的通信设备及解决方案提供商。佳讯飞鸿以交换技术、CTI 技术、无线技术、语音视频通信技术为依托，掌握多网络混合组网技术、电路交换及 IP 交换技术、回波抵消和噪声抑制技术、大容量音视频会议技术以及高可靠性容灾技术等指挥调度通信领域的核心技术，并参与主要应用领域指挥调度通信产品标准的制定。自主研发成功数字指挥调度、应急通信、综合监控、人工话务、数字录音、CTI 与信息服务等六大系列、数十个适应客户需求的产品线，是国内专业指挥调度产品提供商之一。佳讯飞鸿的产品应用于中华人民共和国国庆 60 周年阅兵指挥部通信保障、北京奥运会安保、上海世博会安保、"神舟六号"升空、"神舟七号"飞天、"天宫一号""神舟八号"交会对接、中共十七大召开、"嫦娥一号"发射、长城 2 号国家反恐指挥系统演习、北京市非紧急救助服务中心系统以及青藏铁路建设等重大任务和项目。2001 年，佳讯飞鸿入围首届中关村最具发展潜力的十佳中小高新技术企业。2001 年至 2003 年承接 IPv6 下一代互联网等多项国家重点科研项目。2005 年开始推行 IPD（Integrated Product Development）研发模式。2008 年，佳讯飞鸿登陆中国 A 股市场，产品应用于安哥拉罗安达铁路。2008 年和 2009 年，佳讯飞鸿被《福布斯》评选为中国最具潜力企业。2009 年成为首批 56 家中关村国家自主创新示范区创新型企业之一。

北京信威通信技术股份有限公司

1995 年 11 月成立，由原邮电部电信科学技术研究院和以中国留学生为主体的美国希威尔公司合资组建，2001 年完成股份制改造，2003 年上市，公司总部及研发中心设在北京。北京信威成立伊始即承担国家"九五"科技重点攻关项目 SCDMA 无线用户环路系统研制工作。2001 年 2 月，北京信威的 SCDMA 无线通信技术获国家科学技术进步奖一等奖。SCDMA 技术是第三代移动通信技术标准 TD-SCDMA 的知识产权核心组成部分。2005 年，北京信威入选 Red Herring 亚洲百强企业，中国高科技、高成长 50 强企业。2006 年，北京信威入选《福布斯》中文版中国潜力 100 强企业榜单。2007 年，北京信威入选百家创新型试点企业。2008 年，北京信威自主研发的 McWiLL 技术获信息产业部重大技术发明奖，并得到新一代宽带无线移动通信网国家重大专项和国家电子信息产业振兴规划的重点扶持。2009 年 12 月 31 日，国务院国资委批准北京信威由国有控股企业改制为民营企业。同年，工信部批准 McWiLL 为中国通信行业标准，并经国际电联（ITU）批准成为宽带无线接入国际标准之一。2010 年，北京信威作为民营企业参与卫星通信系统开发和产业应用，当年扭亏为盈，实现利润 3800 万元。

大唐电信科技股份有限公司

1998 年 9 月 21 日成立，是大唐电信科技产业集团（暨电信科学技术研究院）控股的高科技企业，注册于海淀新技术开发试验区。10 月，大唐电信在上海证券交易所挂牌上市。大唐电信主要从事微电子、软件、通信接入、通信终端、通信应用与服务等领域的产品开发与销售，是国内具有自主知识产权的信息产业高科技骨干企业，形成以智能卡与 SoC 芯片为核心技术的芯片产业，以运营支撑系统为核心技术的软件产业，以新一代通信接入及相关业务为核心的通信设备产业，具有设计技术和团队的通信终端产业，以及与微电子、软件、通信终端协调发展的通信应用和服务产业。1999 年 4 月 13 日，大唐电信码分多址数字蜂窝移动交换系统 M30-C/HLR-C 通过信息产业部生产定型鉴定，开始提供具有自主知识产权的 CDMA 移动通信商用设备。2000 年 9 月 12 日，大唐电信获得信息产业部颁发的计算机信息系统集成一级资质证书，成为国内首批获得该证书的 11 家企业之一。2003 年 8 月，大唐电信成立 SCDMA 业务部，统一指挥和协调交换接入业务单元、无线移动单元及网通事业部等相关单位资源，全面负责 SCDMA 项目的推动工作。2005 年 6 月，大唐电信北京（永丰）产业园一期工程投入使用。2008 年 3 月，大唐电信北京（永丰）产业园二期工程破土动工,2009 年年底竣工。大唐电信总部从海淀区学院路 40 号迁至永丰产业园。大唐电信北京(永丰)产业园占地 4.5 公顷,建筑面积 5 万平方米。2010 年,大唐电信实施向提供整体解决方案转型的战略,全年营业收入达 40.29 亿元。

北京矽谷星矢科技发展有限公司

1999 年成立,是中国新兴起的无线 Mesh 网络整体解决方案和产品提供商,在无线 Mesh 网络技术的整合、利用和市场开发方面具有领先优势。星矢科技主要从事升级无线数字技术解决方案和用于城域、政府部门、公共应急、军队、教育以及企业级、电信级的无缝语音、数据和视频的无线网络平台及应用系统,拥有诸多无线 Mesh 大面积组网成功案例。2006 年 8 月 4 日,星矢科技与美国 Strix Systems 公司共同宣布联合品牌战略,并实现产品研发和生产的本地化。2009 年,星矢科技承建山东省济南市 3 个乡镇的无线监控系统。

大唐移动通信设备有限公司

2002 年 2 月 8 日成立,总部设在北京,在西安、上海设有分公司和子公司。大唐移动是大唐电信科技产业集团的核心企业,是中国拥有自主知识产权的第三代移动通信国际标准 TD-SCDMA 的提出者、核心技术的开发者及产业化的推动者。公司致力于无线通信技术与应用的开发,面向国内外市场,推动 TD-SCDMA 及其后续演进 TD-LTE 的产业化进程。2010 年 12 月,大唐移动获 2010 年电子信息产业标准化领军企业奖。

北京世纪东方国铁科技股份有限公司

2002 年成立,注册于中关村科技园区丰台园。2003 年被认定为高新技术企业,并通过 ISO 9001 质量管理体系认证。2005 年,世纪东方获得铁路运输安全设备生产企业资质,并入选中关村通信产业高成长前十名企业榜单。2006 年成为中关村科技园区瞪羚企业和北京市火炬计划企业,2007 年成为北京市专利试点企业,2008 年成为中关村科技园区百家创新型试点企业,2009 年获得安防工程企业资质。研发生产的产品面向铁路、城市轨道交通、司法、公安、市政、公路、石化、电力、卫生等领域,主要有 800 兆赫列尾和列车安全预警系统、行车安全监控预警系统、450 兆赫列尾系统、WTZJ-I 型机车综合无线通信设备、WTZJ-II 型小型化机车综合无线通信设备、GSM-R 双模列尾设备、全路无线电台站数据信息管理系统、移动宽带多媒体网络、WXTY-05 应急通信系统、行车安全综合视频管理系统等。2010 年,世纪东方主营业务收入 1.72 亿元;2010 年成为中关村示范区"瞪羚计划"首批重点培育企业。

中国普天信息产业股份有限公司

2003 年 7 月 23 日成立,总部设在北京,主营业务包括通信产品制造、通信产品贸易、相关技术研究和服务。中国普天净资产超过 100 亿元,拥有 5 家上市公司共 31 家子公司,在京津冀、长江三角洲、珠江三角洲以及中西部地区均建有技术研发和产业制造基地，产品和服务遍及全球 100 余个国家和地区。2005 年 12 月 8 日，中国普天推出全球品牌标识"Potevio"，并在全球 82 个国家和地区进行商标注册。2010 年 4 月，中国普天入选中关村国家自主创新示范区首批"十百千工程"重点培育企业。5 月 20 日，中国普天与中兴通讯股份有限公司在北京签署协议，双方以 TD–SCDMA 及 TD–LTE 领域为起点，开展全面合作。同年，普天 ATM 产品出口古巴，金融电子产品进入国际市场。

阳光凯讯（北京）科技有限公司

2003 年成立，由海外归国人士创立，是一家集设计、研发、生产、销售和服务于一体的高新技术企业。阳光凯讯致力于应急移动通信领域的研究，提供基于 NGN 架构、蜂窝移动通信、数字集群等无线通信体制的多种机动式移动通信系统以及应急通信解决方案，掌握并创新多项关键技术，拥有 12 项自主知识产权。先后承接国家重大科技专项、国家科技支撑计划、科技部技术创新基金、中关村重大专项资金支持的多项科研项目。研发并拥有完全自主知识产权的核心产品 SM2000 CDMA 机动式移动通信系统应用于军队、公安、武警、地质勘探、石油钻探等多个领域，在 2008 年中国南方冰雪灾害、"5·12"汶川大地震、北京奥运安保等重大事件及活动的通信保障中发挥了重要作用。

阿德利亚科技（北京）有限责任公司

2005 年成立，是美国阿德利亚科技有限责任公司在北京成立的中国子公司。阿德利亚专注于运营商用无线宽带和企业／校园的移动信息化应用服务系统，是中国无线宽带产业领域主要企业之一。2006 年，阿德利亚先后与中国移动、中国联通、中国电信以及中电华通等运营商建设北京、上海嘉定、扬州、成都等地的无线城市网络，并逐步形成一套以 2G/3G 结合 Wi–Fi 等技术的组网方案，推出以 MSR 命名的完整无线网状网产品体系。2007 年至 2008 年，阿德利亚被选为中国无线城市建设重点品牌。"十一五"期间，阿德利亚参与国内 90% 的无线城市网络建设，市场占有率超过 70%。2010 年 5 月 11 日，美国 Aruba Networks 公司宣布全资控股阿德利亚。

诺基亚首信通信有限公司

2005 年 2 月成立，诺基亚首信通信有限公司（以下简称 NCT）隶属于诺基亚（中国）投资有限公司，总部设在北京经济技术开发区。公司在北京首信诺基亚移动通信有限公司基础上以吸收合并的方式整合而成。原合资公司——北京诺基亚航星通讯系统有限公司、诺基亚（苏州）电信有限公司和东莞诺基亚移动电话有限公司成为 NCT 在北京、苏州和东莞的分公司。NCT 生产、销售各种移动电话、系统基站，并提供售后服务。作为诺基亚在中国投资的最大合资企业，也是中国最大的外商投资企业之一，NCT 已成为中国移动通信行业最大的产品制造和出口企业。2006 年至 2010 年期间，NCT 凭借其在北京经济技术开发区组织兴建的星网（国际）工业园，将国内外近 30 家主要手机零配件和服务供应商吸引到自己周围，形成阵营强大的移动通信手机企业群，建成世界一流的移动通信终端生产基地。

第三节　通信终端产品

1994 年，邮电部成立移动通讯局（中国移动通信集团公司的前身），次年在全国 15 个城市开通数字移动通信业务。1995 年，中国手机市场开始起步。20 世纪 90 年代末，北京移动电话手机、导航显示器、卫星通信接收装置等新兴终端产品的研制生产能力快速提升，相应的产业基地形成；同时，继续开发生产电话单机、集团电话机、传真机等传统有线通信终端产品。到"九五"末期，北京通信终端产品制造规模以上企业已有 30 余家，从业人员超过 1.5 万人，产品销售收入近 200 亿元。

1999 年 9 月，北京首信集团生产出第一款具有自主知识产权的 GSM 900 兆赫手机 C2000，于 2000 年 5 月上市。1999 年，首信集团、北京爱立信、北京诺基亚、北京松下等企业以 SKD 和 CKD 方式共生产 GSM、CDMA 手机 577.0 万部。

2000 年，UT 斯达康中国公司（以下简称 UT 斯达康）开始针对中国市场开发 PAS 无线市话（小灵通）手机。北京手机产量达到 1549.6 万部，同比增长 1.8 倍。

2001 年 6 月 29 日，大唐电信获得国家计委和信息产业部颁发的 CDMA 手机生产许可证。9 月，首信股份推出首信 C6 系列手机。12 月 19 日，大唐电信发布第一款 CDMA 手机 DT618。同年，UT 斯达康推出并生产 700-U、702-P、708-J、702-F、702-S331 等 5 款小灵通手机。同年，北京北斗星通导航技术股份有限公司（以下简称北斗星通）为中国卫星导航增强系统提供 WAAS 参考站设备并参与系统建设。

2002 年 1 月，大唐 CDMA 手机批量生产上市。2 月 18 日，联想集团与厦华电子股份公司组建联想移动通信公司（以下简称联想移动），总投资 1.5 亿元，以移动通信产品 GSM 和 CDMA 手机为主要经营范围。6 月 26 日，联想品牌手机面世，联想移动发布了首批 6 款手机新品，包括联想品牌 4 款、厦华品牌 2 款，主打产品为双屏折叠手机联想 G808。同年，北京恒基伟业电子产品有限公司（以下简称恒基伟业）取得无线信息终端电信入网许可证，生产出智能手机产品手机商务通 9058。UT 斯达康生产并推出 718-U+、702-U 等 12 款小灵通手机。北斗星通与北斗卫星主管部门签订"北斗一号"信息服务系统研制合同。

2003 年 4 月，联想移动经过近一年的自主研发，推出国内首批 6 款彩屏手机 G618、G630、G900 和 ET180 等产品。清华紫光借助中电通信 CECT 的牌照资源，与中电通信联手以贴牌方式推出紫光手机，并发布第一款 CECT 紫光 920 手机。4 月底，大唐电信

GX10N GSM 彩屏手机上市。9月，恒基伟业推出直握式彩屏手写手机 Smartphone 388A/B/C 系列产品。同年，UT 斯达康推出 UT728、UT610、UTS、UT320、UT108、UT218、UT618（+）、UT318 小灵通手机共 8 款。首信彩屏手机面市。北京合众思壮科技股份有限公司（以下简称合众思壮）推出国内首款汽车导航仪，并在全球同步推出"任我游"系列导航产品。

2004 年 1 月，联想移动推出具有语音报时功能的手机 G880。2 月，联想移动 ET560 电脑手机问世，内置常用办公软件，并可通过 USB、蓝牙等方式与电脑实现连接。3 月 10 日，大唐电信完成 1000 台 SCDMA 手机试生产。3 月，北京华旗资讯数码科技有限公司（以下简称华旗资讯）推出一款爱国者品牌手机，该机集 GPRS、蓝牙、闪存三大功能于一体。大唐移动研制成功全球首台 TD-SCDMA 终端。其不仅能收发短信、彩信，还具有可视通话、数码照相／摄像、上网、定位等多种功能。4 月，联想移动推出 V508 香水手机。5 月 20 日，清华紫光推出 U8800、U69 等 10 余款手机新品，并打出"UNIS"品牌。8 月，德信无线通讯科技有限公司（以下简称德信无线）研发的首款单 CPU 的 PDA 手机上市，具有体积小、成本低、功能全的优势。联想移动闪光拍照手机 V830、摄像手机 V858 上市。9 月 15 日，联想移动推出智能电脑手机 ET280，拥有独特的可折叠天线。联想移动 E810 双频 GSM 手机上市，该机内置 30 万像素摄像头、英汉／汉英词典。11 月中旬，联想移动内置 130 万像素摄像头的女性拍照手机 V850 上市。11 月 28 日，恒基伟业推出首款滑盖、手写，具有资讯隐形和随需隐身功能的手机商务通 F6。12 月 4 日，联想移动首款采用微软 Windows Mobile 2003 for Pocket PC Phone Edition 操作系统的百万像素手机 ET960 上市；同年上市的还有具有 FM 调频收音机功能的 E611，待机时间可长达 14 天、采用内置天线的 P608 等。同年，UT 斯达康推出并生产 UT627、UT116 等 13 款小灵通手机。北斗星通签订国内首个集装箱码头（天津港）应用项目合同。

2005 年 1 月，清华紫光推出 850/900/1800 兆赫三频 GSM 手机 U100。2 月，德信无线研发的首款全触摸屏卡片式手机开始量产，并于 4 月投向市场。3 月 4 日，联想移动第二款香水手机 V510 面世。4 月 11 日，联想移动发布跑车概念手机 V610、百万像素超薄手机 P710 以及时尚拍照手机 E307。年底，恒基伟业信息安全手机的第二代产品商务通 F8 面世。F8 具有跟踪防盗、远程锁死、信息转出、资料销毁等功能。4 月，大唐电信的图像电话取得国家强制性产品认证 CCC 证书。10 月，德信无线率先推出面向国际市场的 3G 手机，并在意大利销售。同年，UT 斯达康生产并推出 UT190、UT660 等 11 款小灵通手机。联想移动 ET960 手机获美国《商业周刊》IDEA 设计大奖，是国内手机厂商首次获此奖项；联想移动的 i717、i720、ET980T 等手机产品也在 IF、CIDF、创新盛典中获奖。合众思壮推出国内首款便携式 GPS 汽车导航仪"任我游"320。2005 年，北京手机产量达到 9108.2 万部，2001 年至 2005 年复合增长率超过 43%。

2006 年年初，北京天宇朗通通信设备有限责任公司（以下简称天宇朗通）研发出包括具有 MP4、PDA 功能的五大系列共 21 款手机产品。3 月 13 日，天宇朗通获得国家发展改革委批准的生产 G 网和 C 网手机的双牌照，当月发布 4 款新品，之后保持每月推出数款手机新品。4 月，天宇朗通开始销售自有品牌天语系列手机。5 月 18 日，德信无线展示了第一款 TD-SCDMA 样机。11 月，北京纽曼数码科技有限公司（以下简称纽曼公司）推出 E280、E666 和 S600C 等 GPS 汽车导航仪产品。同年，合众思壮推出轻薄 GPS 汽车导航仪"任我游"300。北斗星通签订南沙渔船船位监控指挥管理系统项目合同，推进北斗导航定位规模化应用。恒基伟业推出专为女性设计的信息安全手机商务通玲珑 U8 和面向男士的全钢机身信息安全手机商务通君睿 F88。德信无线将研发资源和重点全面转向 3G，先是推出两款基于高通方案的 WCDMA 手机，分别在欧洲和日本上市，后又开发出基于 CDMA20001X EV-DO、HSDPA 和 TD-SCDMA 的 3G 手机，并陆续上市。UT 斯达康推出 X60、X20 等 8 款小灵通手机。

2006 年 1 月至 10 月，北京移动通信手机产量首次突破 1 亿部，达到 1.09 亿部，同比增长 48.4%，约占全国手机产量的 1/4、全球手机产量的 1/10。全年，北京移动通信手机产量总计达 1.41 亿部。

2007 年 3 月 16 日，联想移动携手微软发布首款 Windows Mobile 6 中文版智能手机 ET600。5 月 10 日，恒基伟业发布首部光能手机"昶"，机身表面覆盖太阳能电池板，可为锂电池充电，拥有 10 项核心专利技术。7 月 6 日，联想移动代号为"龙"的 3G 手机 TD800 亮相。8 月 31 日，天宇朗通展示了电视手机 A908、导航手机 G86、四频手机 A996 和双摄像头双子星手机 B921 及 B922。12 月 11 日，联想移动发布"乐"系列 14 款多媒体娱乐手机和 3G 手机 TD800、TD900、Skates，以及 ET 系列智能电脑手机 Titan 等。同年，天宇朗通在联发科技支持下先后推出近 80 款手机新品。合众思壮推出"任我游"610，率先开启 4.3 英寸 GPS 汽车导航仪市场；纽曼公司推出 E666A、S600A 等 3 款 GPS 导航仪，均配有灵图旅行者地图，带智能电子狗功能。

2008 年 1 月，联想移动的 TD800 手机成为国内首批取得入网许可证的 3G 产品。2 月，UT 斯达康推出 G50 和 G60 两款双模小灵通手机，支持一机双卡。4 月，纽曼公司推出 GPS-S999 高精度 GPS 导航仪，以满足北京奥运会前后世界各地来华观光游客的导航服务需求。5 月 8 日，琦基未来科技（北京）有限公司（以下简称琦基）召开 QIGI 琦基品牌暨 Windows Mobile 智能手机发布会，推出 QIGI 灵智 i3、i5、i55、i9 等 4 款智能手机，下半年又推出 10 款智能手机。5 月 22 日，天宇朗通推出集影像、音乐于一体的 C800、C280 及 C700 等 3 款 800 万像素光学变焦手机。7 月 4 日，大用软件有限责任公司开发的"信天翁 GPS 动态导航仪"面世。10 月，纽曼公司推出纽曼导航王 Q8 和纽曼 GPS S1000 导航仪。同年，合众思壮推出 GPS 汽车导航仪"任我游"760，具有照片导航、航线记录等人机互动功能。2008 年，北京移动通信手机产量 2.07 亿部，占全国总产量 5.59 亿部的 37.0%，位居全国第一。全年北京移动通信企业手机主营业务收入为 1501.43 亿元。

2009 年 1 月，联想移动推出 i60 和 i60s 两款多媒体手机。3 月，琦基发布警务通手机 QIGI AK007。该机采用抗震、抗磨材料，具有防水防尘功能，搭载 Windows Mobile 6.1 平台。

4月，琦基联合中国联通推出国内首款 WCDMA/GSM 双模双待 3G 手机 QIGI WG1。恒基伟业信息安全手机、恒基伟业光能手机被认定为北京市自主创新产品。5月11日，天宇朗通联合高通、微软共同发布支持中国电信 EVDO 标准的 3G 智能手机天语 E61。7月10日，联想移动推出首款支持 VoIP 网络电话功能的闪联手机，经手机的蓝牙传输，通过闪联笔记本电脑，可实现网络电话功能。7月，琦基推出支持 CDMA2000 的 3G 手机 V808。9月，华旗资讯自主研制的 aigo a100 手机上市，该机具有无线车载 MP3 功能，支持语音点歌，支持直插式 U 盘。9月16日，联想移动发布首款 3G OPhone 手机联想 O1，推出品牌"MIRO"。10月，琦基推出首款 5 英寸触摸屏手机 Smartbook U1000。11月18日，联想移动推出业内首款高清视频手机 i61。12月15日，联想移动推出首款淘宝网定制手机 i61 灵素版。同年，合众思壮推出 GPS 导航仪"任我游"全能王产品，实现 3D 实景导航；推出首款支持 TMC 实时路况交通播报功能的产品"任我游"1350T。北斗星通生产了"北斗天璇"船载终端系列产品，北京华力创通科技股份有限公司生产了高动态兼容型卫星导航接收机，北京韦加航通科技有限责任公司生产了探索者 VVLINK–C 密拍型发射机。2009 年，北京移动通信手机产量 2.14 亿部，占全国总产量 6.81 亿部的 31.2%，仍位居全国第一。全市手机出口数量达到 1.41 亿部，同比增长 3.29%。移动通信企业手机主营业务收入为 1310.41 亿元，同比下降 12.72%。

2010 年 3 月，纽曼公司推出 7 英寸高清触控屏汽车 GPS 导航仪 Q71HD，内置旅行者 3D 导航系统和凯立德 3D 实景地图的双图配置。第一季度，琦基在 Smartbook U1000 的基础上研制出第二代系列产品触控屏智能手机 U2000。4 月，北斗星通一举推出 10 款 GPS 车载导航仪。华旗资讯推出首款透明音乐手机 aigo a56，透明屏幕可以看到后面的景物。5月初，联想移动推出首款"乐 Phone（LePhone）"智能手机。5月21日，华旗资讯发布爱国者运动游戏手机新品牌"Wee"，并推出 5 款 Wee 手机；6 月展示了 4 款带有 CMMB 电视功能的手机。6月23日，天宇朗通推出 Windows Mobile 6.5 智能手机 K–Touch W366，

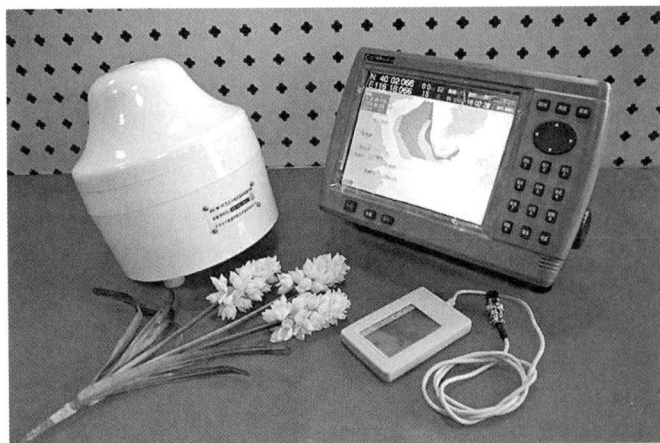

图2-2　"北斗天璇"船载终端系列产品（2009年摄）

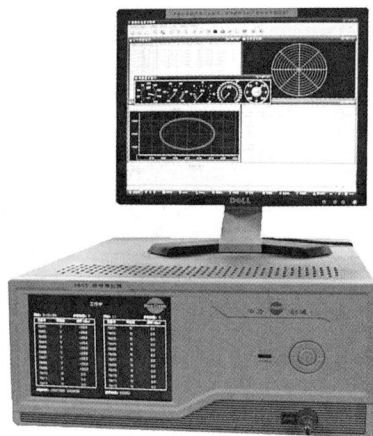

图2-3　华力创通生产的卫星导航信号模拟器（2009年摄）

进军 WCDMA 市场。7 月 6 日，德信无线通过合资公司 Glomate Mobile 推出一款基于迪斯尼品牌的手机 M21，针对儿童和年轻用户市场。7 月初，联想移动推出双翻盖全键盘手机 P90w。9 月，联想移动在工信部网站展示了智能手机 3GW101。10 月，天宇朗通推出首款基于 Android 2.2 操作系统的智能手机 W606。12 月 22 日，中国联通和华旗资讯共同发布定制的 3G 筋斗云手机，其采用 Android 2.1 操作系统。同年，清华紫光推出紫光 788 老人专用手机，具有大按键、大字体、大音量、超低辐射、紧急呼叫、一键助听等功能，中国老龄产业协会理事会将其作为发展老龄产业的推荐产品。北斗星通发布国内首款具有完全自主知识产权的多频多系统高性能卫星导航 SoC 芯片 Nebulas。合众思壮推出 GPS 导航仪"任我游"1400，产品采用 MiniSun 3.0 引擎技术。2010 年，北京生产移动通信手机 2.73 亿部，约占全国总产量 9.98 亿部的 27.3%；生产电话单机 11.47 万部，占全国总产量 1.66 亿部的 0.07%。

截至 2010 年年底，北京通信终端产品制造业已发展成产品覆盖有线、无线，应用遍及地面、天空，研发能力全国第一，生产能力名列前茅的重要支柱产业；规模以上企业逾百家，从业人员超 5 万人，工业产值近 1500 亿元；手机产量从 1999 年的 577 万部上升至 2.74 亿部。随着 2G 移动通信技术应用的加速普及和 3G 移动通信技术试用和商用，北京以联想集团、清华紫光、华旗资讯等为代表的大型 IT 企业陆续进入移动通信手机研发生产领域。以北京天宇朗通通信设备有限责任公司、德信无线通讯科技有限公司、琦基未来科技（北京）有限公司等为代表的专业手机研发生产企业先后成立。北京 GPS 导航终端、卫星通信终端、射频通信终端、金融网络终端的研发制造业有了长足发展，涌现出北京千方科技集团有限公司、北京合众思壮公司、高德软件有限公司、北京四维图新科技股份公司、北京北斗星通导航技术股份公司、北京大用软件有限责任公司、航天信息股份有限公司北京航天金卡分公司、北京银达科技有限责任公司、北京子天科技有限公司、北京爱柏特无线通讯技术公司、北京昊海融星技术有限公司等一批高新技术企业。

1999—2010年北京移动通信手机产量统计表

2-4表　　　　　　　　　　　　　　　　　　　　　　　　　　　　　　　　单位：万部

年份	1999年	2000年	2001年	2002年	2003年	2004年
产量	577.0	1549.6	2163.4	2280.1	3334.5	3852.0
年份	2005年	2006年	2007年	2008年	2009年	2010年
产量	9108.2	14143.0	22719.9	20707.6	21355.3	27387.9

2010年北京移动通信手机、导航终端主要研制生产企业及产量一览表

2-5表

产品种类	主要研制生产企业	产量合计
移动通信手机	联想移动通信科技公司、北京天宇朗通通信设备有限责任公司、德信无线通讯科技有限公司、北京百纳威尔科技有限公司、北京首信诺基亚移动通信有限公司、北京索爱普天移动通信有限公司等	27387万部
导航终端	北京合众思壮科技股份有限公司、北京纽曼数码科技有限公司、北京北斗星通导航技术股份有限公司等	280万台（套）

北京华旗资讯数码科技有限公司

1993年成立。1997年，华旗资讯推出自有品牌"爱国者（aigo）"，产品包含USB移动存储王、移动存储迷你王、迷你王录音MP3、机箱、显示器、键盘、手写产品、音箱、光驱/刻录机、数码相机、MP3、交换机、网卡、网络存储等。2001年10月18日，华旗资讯通过国际标准化组织的ISO 9001质量体系认证及UKAS英国皇家皇冠认证。2003年10月，华旗资讯在新加坡成立首家海外分公司。2004年3月，华旗资讯推出首款"爱国者"手机。2005年至2006年，华旗资讯法国、印度、加拿大、美国分公司相继成立。2006年10月，"aigo爱国者"被国家工商总局认定为中国驰名商标。2007年9月，华旗资讯成为北京专利示范单位。9月，华旗资讯成为科技部火炬高技术产业开发中心重点高新技术企业。2009年12月，华旗资讯被市政府、科技部、中科院联合授予创新型企业称号。截至2010年，华旗资讯有员工1900余人。除北京总部外，在全国设有17家平台机构、5家海外分公司及多家国内分公司、子公司和研发中心，形成以研发与品牌推广为核心的集团型IT企业。产品远销法国、德国、英国、美国、加拿大、澳大利亚、丹麦、东南亚等国家和地区。

北京合众思壮科技股份有限公司

1994年成立，主要开展卫星导航定位技术的研究与应用，是中国卫星导航定位领域中横跨专业与民用两大类市场的龙头企业，在授时、定位、导航等综合应用领域，为客户提供个性化的专业服务与多元化的解决方案，成功实施过百余项大型工程，服务于众多国家重点项目，连续16年保持中国市场领先地位。2003年，合众思壮推出国内首款汽车导航仪。2005年，合众思壮推出"任我游"汽车导航品牌。合众思壮在北京、上海、广州、成都、西安、沈阳、香港和新加坡设有子公司，建立起覆盖中国和东南亚地区的营销服务网络。2010年4月，合众思壮在深圳证券交易所挂牌上市。同年，合众思壮营业收入4.02亿元，利润总额5841万元，总资产15.46亿元。

北京首信诺基亚移动通信有限公司

前身为北京诺基亚移动通信有限公司，是1995年由诺基亚（中国）投资有限公司和北

京邮电通信设备厂各持股 50% 成立的合
资企业。1998 年，随着北京邮电通信设
备厂改制成为北京首信集团公司，北京
诺基亚移动通信有限公司更名为首信诺
基亚移动通信有限公司（以下简称首信
诺基亚）。首信诺基亚生产并销售蜂窝系
统设备和数字移动电话，是一家具有完
整 GSM 网络大规模生产能力的电信公
司，是中国最大的合资企业之一。2000
年，首信诺基亚所生产的产品 50% 以上

图2-4　20世纪90年代末，位于北京经济技术
开发区诺基亚星网工业园的诺基亚手机生产线

远销欧洲和亚洲国家，连续 3 年名列北京市外商投资企业出口第一名。2004 年，首信诺基
亚以 119.6 亿元的销售收入，居中国最大的 500 家外商投资企业的第 22 位。2005 年，首信
诺基亚成为诺基亚战略调整新组建的诺基亚首信通信有限公司的分公司。1999 年至 2010 年，
首信诺基亚生产的手机主要有 2 系列、3 系列、5 系列、6 系列、7 系列、8 系列和 9 系列等。

北京索爱普天移动通信有限公司

1995 年，瑞典爱立信集团、中国普天信息产业集团公司和香港永兴企业集团共同投
资成立北京爱立信移动通信有限公司。2004 年，索尼爱立信替代瑞典爱立信集团增资后，
北京爱立信移动通信有限公司更名为北京索爱普天移动通信有限公司，索爱普天投资总额
2800 万美元，主要生产和销售索尼爱立信品牌的移动电话。2005 年索爱普天销售收入达
到 224.99 亿元。2007 年 5 月下旬，索爱普天生产速度达到每秒一部手机，制造的第 1 亿
部手机下线，向全球 119 个国家和地区直接供货。2008 年，索爱普天工业总产值 280.4 亿元，
工业销售产值 279.4 亿元，从业人员年平均 11359 人。2010 年，索爱普天销售收入为 225.4
亿元，在北京市百强企业榜单中排第十位。

UT斯达康（中国）有限公司

20 世纪 80 年代中国留美学生创办，1995 年与 Unitech 和 Starcom 合并，主要研发生
产无线传输相关产品，在中国大陆生产销售无线市话"小灵通"手机。至 1999 年年底，
UT 斯达康在中国累计投入 30 多亿元，成立 5 个研发中心、20 余家分公司及办事处，员工
4000 余人。2000 年 3 月，UT 斯达康在美国纳斯达克上市，在中国和印度设有多个研发中心，
业务范围遍布全球。UT 斯达康的产品包括无线接入系统产品和终端（PAS/iPAS 无线市话）、
宽带综合解决方案、基于 MSTP 的光传输系统、基于 IP 的 mSwitch 软交换系统、IPTV 解
决方案和第三代移动通信系统。2009 年 3 月，UT 斯达康自主研发的奔流 iDTV 互动数字
电视解决方案获得由中国广播电视设备工业协会颁发的 2008 年广播电视科技创新奖。2010
年，UT 斯达康实施战略调整，引进北京亦庄国际投资发展有限公司投资，将国际运营总

部迁至北京。在市场定位上，UT 斯达康从单一面向电信市场转变为电信与广电市场并举；在业务结构上，UT 斯达康从高科技设备提供商转变为与运营商合作运营。

北京纽曼理想数码科技有限公司

1996 年成立，是一家集研发、制造、销售、服务为一体的高新技术企业。纽曼公司产品跨越专业及消费数码产品领域，涵盖 MP3/MP4/MP5、GPS 导航仪、手机、U 盘、移动硬盘、电子书、数码相机 / 摄像机、汽车影音产品、数码相框、教育电子产品、录音笔、刻录光盘、耳机等系列产品。纽曼公司旗下的影音播放器、GPS、移动存储等产品在全国销量领先，打破了数码产品被国外品牌垄断的局面，成为数码行业知名品牌之一。2005 年 5 月，纽曼公司通过国际标准化组织的 ISO 9001 质量体系认证。2007 年 7 月，纽曼公司通过 ISO 14000 环境管理体系认证、OHSAS 18000 职业健康安全管理体系认证。2009 年 6 月 "纽曼" 被市工商局评为北京市著名商标，2010 年 1 月 15 日被国家工商总局认定为中国驰名商标。2010 年，纽曼公司在全国设有 27 家办事处、23 家分公司，拥有核心代理商超过 600 家、专卖店 800 余家、专卖柜 5000 余个，销售渠道覆盖全国大部分地市级以上城市。

北京恒基伟业电子产品有限公司

1998 年 10 月成立，专注于 "商务通" 掌上电脑、手机的开发、生产和市场开拓，拥有完整的开发、生产和销售体系，是经市科委认定的高新技术企业，在密云县建有占地面积约 4 万平方米的生产制造中心。2002 年，据全球市场研究机构国际数据公司（IDC）统计，恒基伟业是全球第五大掌上电脑供应商；据中国专业咨询机构 CCID 统计，恒基伟业 "商务通" 销售额占全国掌上电脑市场份额连续 5 年排名第一。2003 年上半年，恒基伟业在广西北海市建起建筑面积 2.6 万平方米的生产研发基地，并建设总建筑面积 33 万平方米的恒基伟业科技园。恒基伟业的 "商务通" 手机采取电视直销模式，恒基伟业长时段广告覆盖 19 个国内卫星电视频道、5 个国际卫星电视频道和 10 个国内电视频道。恒基伟业建有 "小区域独家代理制" 销售网络，在全国拥有 1000 多家代理商、数千个经销网点，覆盖全国 97% 以上的地级市和县级市。恒基伟业通过了 ISO 9001 质量管理体系认证及 ISO 14001 环境管理体系认证。2006 年 10 月、2007 年 9 月，"恒基伟业" "商务通" 相继被认定为中国驰名商标。2009 年，恒基伟业开始转型，投资新能源领域。

北京北斗星通导航技术股份有限公司

2000 年 9 月 25 日注册成立，是伴随着中国北斗导航定位卫星成功发射，为推动中国卫星导航定位产业化发展而创建，从事卫星导航定位的专业公司，主要业务为基于位置的信息系统应用及运营服务、卫星导航定位产品供应。2003 年，北斗星通通过国标、军标质量管理体系认证。2004 年，北斗星通获得首个北斗导航定位运营服务资质。2005 年，北斗星通信息服务有限公司设立，从事北斗导航定位运营服务业务，被评为第五届中关村最具发展潜力十佳中小高新技术企业。2006 年，北斗星通登上 2006 年度中国成长型中小企业 100 强榜单。2007 年，北斗星通在深圳证券交易所挂牌上市，成为卫星导航定位行业首家上市企业。2008 年，北斗星通为四川汶川地震灾区抢险救灾提供技术保障及服务。2009 年，北斗星通北斗导航定位运营在网用户过万。设立和芯星通科技（北京）有限公司，专业从事全球导航卫星系统芯片、板卡的研发生产。年内通过北京市级企业技术中心认定。2010 年，北斗星通设立北京航天视通光电导航技术有限公司，从事光电导航业务。控股深圳市徐港电子有限公司，进入汽车电子应用领域。截至 2010 年，北斗星通已建成以北斗系统为核心，融合移动通信系统和互联网的北斗运营服务网络，为注册用户提供导航定位、数字报文通信服务和基于位置的增值信息服务。作为国家主管部门授权从事北斗系统运营服务业务的首家企业，北斗星通相继取得中华人民共和国增值电信业务经营许可证和中华人民共和国电信与信息服务业务经营许可证。2010 年，北斗星通营业总收入 3.29 亿元，利润总额 4998.13 万元，年末总资产 9.19 亿元。

北京天宇朗通通信设备有限责任公司

2002 年 4 月成立，是专业从事移动电话研发、制造、销售服务的高科技企业，是获得国家发展改革委颁发的 GSM/GPRS、CDMA 手机生产牌照的企业。2006 年 12 月 1 日，天宇朗通发布企业新标"K-Touch 天语"。2008 年，天宇朗通产品销量居中国市场整体销量第三名。自 2009 年起，天宇朗通发布一系列基于 Windows Mobile 以及 Android 系统平台的智能手机。3 月，天语手机累计销量突破 5000 万部。12 月，天宇朗通手机在中国 TD-SCDMA 手机市场份额居第二名，EVDO 制式手机居市场第三名。天宇朗通自主研发的手机产品销往俄罗斯、马来西亚、印度、中国台湾和香港等 22 个国家和地区。2010 年 8 月，"天语"品牌获 2009 年北京市驰名商标称号。同年，天宇朗通主营业务收入 2.68 亿元，利润总额 1997 万元。

德信无线通讯科技有限公司

2002 年 7 月成立，是中国手机软件和整机方案设计供应商之一。总部位于朝阳区电子城，办公总面积超过 3 万平方米，员工 2600 人，其中 90% 以上为研发设计人员，在上海、深圳、杭州和美国、日本、韩国等地设有分支机构。公司通过 ISO 9001 质量管理体系、ISO 14001 环境管理体系、OHSAS 18001 标准的第三方认证。德信无线与技术领先的跨国公司合作开发 CDMA1X 和 3G 产品等。2005 年 5 月 5 日，德信无线在纳斯达克上市，是国内第一家登陆纳斯达克的通信研发企业。在整机设计服务上，德信无线可以提供从外形到生产线设计在内的全套手机解决方案，拥有完整的从 2G 到 3.5G 全部手机主流技术平台和设计能力的无线通信终端研发中心。德信无线自成立至 2007 年，先后接受过 50 余家国内外手机公司研发设计手机的委托，其研发设计的手机共有 300 多款上市。2010 年 1 月 5 日，德信无线收购琦基未来科技（北京）有限公司，实现从研发到品牌落地的转型发展，拥有智能手机品牌琦基（QIGI）、授权品牌 barbie（芭比）和 disney（迪斯尼）。2010 年 10 月 27 日，德信无线携手北京亦庄国际共同投资 7000 万美元，启动琦基智能手机和平板电脑高端生产基地项目。

北京百纳威尔科技有限公司

2004 年 7 月成立，是由天宇朗通为主要投资方，从事移动电话研发、制造和销售服务的中外合资企业，注册资金 6.8 亿元，公司位于通州区中关村科技园光机电一体化产业基地，厂区面积 1.5 万平方米。具备各种检测设备，主要生产"K-touch 天语"品牌手机。在北京设有研发中心，拥有包括博士、硕士在内 600 余人的科研队伍，进行手机产品的全过程开发，包括手机外观、结构及主板硬件设计和软件开发、用户界面设计及生产软件开发和生产支持。截至 2008 年 9 月，公司研发生产的天语手机累计销售 3000 万部。2009 年至 2010 年建立、发布了自有平台——梦坊教育、天语手机商城以及 O2O 地区天语生活馆，为用户提供移动生活体验，成为中国移动、中国联通战略合作伙伴。

琦基未来科技（北京）有限公司

2007 年 8 月成立，主要开展 Windows 系统智能手机的研发、制造及营销。在智能手机领域，拥有 GSM/GPRS/EDGE、CDMA1X、CDMAEVDO、WCDMA/UMTS、HSDPA、TD 等全面的 2.5G、3.5G 平台开发技术，同时在 GC、GG、TG、WG 双模双待智能手机产品领域处于领先地位。2010 年 1 月 5 日，琦基被德信无线收购，"QIGI 琦基"成为德信无线的三大品牌之一。

第四节　通信标准

20 世纪八九十年代，中国移动通信用户的需求快速增长。由于国外企业在技术上的垄断，中国通信产业被迫走上了依附型发展道路。"九五"以来，北京通信产业依靠人才和技术优势，积极承担国家科技重点攻关项目，先后研究制定出 400/1800 兆赫 SCDMA 无线接入系统标准、LAS-CDMA 标准、TD-SCDMA 第三代移动通信标准、1800 兆赫 SCDMA 宽带无线接入系统系列标准、TD-SCDMA 标准的长期演进（TD-LTE）等国际和行业标准。

2000 年 3 月，北京邮电大学研制并提出的 LAS-CDMA（大区域同步码分多址接入技术）技术标准被世界标准组织 3GPP2 接受为 CDMA2000 增强型三个备选方案之一。2001 年 3 月，大唐电信科技产业集团代表中国政府提出的 TD-SCDMA 被 3GPP 认可为世界第三代移动通信技术（3G）标准。2002 年 10 月 30 日，大唐电信科技产业集团、联想（北京）有限公司、中国普天信息产业集团、中国电子信息产业集团公司等 8 家企业联合发起组建

TD-SCDMA 产业联盟，以大唐电信牵头研发并提出的 TD-SCDMA 第三代移动通信国际标准开始走向产业化。

400/1800兆赫 SCDMA无线接入系统标准

400/1800 兆赫 SCDMA 无线接入系统标准的研制是伴随着国家"九五"科技重点攻关项目 SCDMA（Synchronous Code Division Multiple Access，同步码分多址接入）无线用户环路系统的研制而进行的，始于 1995 年 11 月，由北京信威提出并承担研制。1996 年，SCDMA 移动通信试验原型系统在通州区演示成功。该系统用无线传输的方式替代传统的用户线缆，解决交换机与用户话机之间的连接问题。SCDMA 技术是第三代移动通信技术标准 TD-SCDMA 的知识产权核心组成部分。1997 年 12 月，SCDMA V1 通过邮电部验收。1999 年，国家计委将 SCDMA 无线用户环路系统产业化项目列为国家高技术产业化发展项目计划，科技部将 SCDMA 无线用户环路系统生产线列为中小企业资金支持项目。同年，SCDMA 无线用户环路系统获信息产业部科技进步奖一等奖。1999 年，SCDMA 无线用户环路系统从 V1 升级为 V2；2001 年，从 V2 升级到 V3。2001 年 2 月，SCDMA 无线用户环路系统获国家科学技术进步奖一等奖。2002 年，信息产业部将 SCDMA 数字集群标准及产品开发列为电子发展基金支持项目。2003 年 9 月 21 日，北京信威在 SCDMA 无线本地环路系统基础上开发的 SCDMA 综合无线接入系统（V4）通过了信息产业部主持的产品生产定型鉴定。SCDMA 综合无线接入系统功能齐全、通话质量好、覆盖好、系统稳定、系统建设成本低。北京信威开发的 SCDMA V4，使 SCDMA 进入宽带无线通信技术阶段，开始提供宽带数据、语音和视频等多媒体业务。2004 年 12 月，信息产业部发布 SCDMA 无线接入系统的通信标准参考性技术文件 YDC 032-2004《400/1800 兆赫 SCDMA 无线接入系统：频率间隔为 500 千赫的系统技术要求》和 YDC 033-2004《400/1800 兆赫 SCDMA 无线接入系统：频率间隔为 500 千赫的系统测试方法》，标志着 SCDMA 无线接入系统相关技术要求和测试方法得到权威部门的认可，正式成为中国通信行业技术标准。2006 年 3 月 8 日，信息产业部发布 YD/T 1487-2006《400/1800 兆赫 SCDMA 无线接入系统：空中接口协议》行业标准，从 9 月 1 日开始实施。2010 年，《1800 兆赫 SCDMA 宽带无线接入系统终端测试方法》行业标准通过审定，并于 2011 年 1 月 1 日由信息产业部正式对外发布，标准编号为 YD/T 2118-2010。

TD-SCDMA第三代移动通信标准

TD-SCDMA 标准是国际电信联盟（ITU）正式公布的第三代移动通信三大国际标准之一，由中国自主研制。TD-SCDMA 标准的发展过程始于 1998 年年初，在邮电部科技司的支持下，由电信科学技术研究院组织队伍在 SCDMA 技术的基础上，研究和起草符合 IMT-2000 要求的 TD-SCDMA 建议草案。1999 年 5 月，中国无线通信标准研究组（CWTS）加入国际电信联盟 3G 技术规范机构 3GPP（3rd Generation Partnership Project，第三代合作伙伴计划组）以后，作为代表中国的区域性标准化组织，经过 4 个月的准备，并与 3GPP PCG（项目协调组）、TSG（技术规范组）进行大量协调工作后，在 9 月向 3GPP 建议将 TD-SCDMA 纳入 3GPP 标准规范的工作内容。11 月，在芬兰赫尔辛基召开的国际电信联盟会议上，TD-SCDMA 被正式列入 ITU 建议 ITU-R M.1457，接纳为 CDMA TDD 制式的方案之一。12 月，在法国尼斯的 3GPP 会议上，中国的 TD-SCDMA 提案被 3GPP TSGRAN（无线接入网）全会所接受，正式确定将 TD-SCDMA 纳入到 Release 2000（后拆分为 R4 和 R5）的工作计划中。2000 年 5 月，世界无线电行政大会正式接纳 TD-SCDMA 为第三代移动通信国际标准，从而使 TD-SCDMA 与欧洲和日本提出的 WCDMA、美国提出的 CDMA2000 并列为三大主流标准之一。2001 年 3 月，TD-SCDMA 标准被 3GPP 认可为世界第三代移动通信的主要标准之一。11 月，UT 斯达康在 2001 年中国国际通信设备技术展览会上首次推出了第三代移动通信产品，并现场开通了 3G-WCDMA 网络。2002 年 10 月 30 日，大唐电信科技产业集团、联想（北京）有限公司、中国普天信息产业集团、华为技术有限公司、广州南方高科有限公司、中国电子信息产业集团公司等 8 家企业联合发起成立北京时分移动通信产业协会，又称 TD-SCDMA 产业联盟。2005 年 6 月，以大唐移动为代表的国内系统和终端厂商所开发的 TD-SCDMA 产品通过 3G 专项测试。8 月，大唐移动推出业界首台 TD-SCDMA 直放站。同年，第一个 TD-SCDMA 试验网依托重庆邮电大学无线通信研究所，在重庆进行首次实际入网试验。2006 年 1 月 20 日，信息产业部正式确立 TD-SCDMA 为中国 3G 通信行业标准。2008 年 1 月，中国移动在北京、上海、天津、沈阳、广州、深圳、厦门、秦皇岛市建成了 TD-SCDMA 试验网，中国电信集团公司、中国网络通信集团公司（2009 年 1 月 6 日并入中国联合网络通信集团有限公司）分别在保定市、青岛市建成了 TD-SCDMA 试验网。2008 年 4 月 1 日，中国移动在北京、上海、天津、沈阳、青岛、广州、深圳、厦门、秦皇岛和保定等 10 个城市启动 TD-SCDMA 社会化业务测试和试商用。9 月，中国普天为意大利通信公司 MYWAVE 建设了 TD-SCDMA 试验网。2009 年 1 月 7 日，工信部向中国移动颁发了 TD-SCDMA 业务的经营许可。截至 2010 年 12 月底，中国 TD-SCDMA 3G 用户数已达 4705.2 万。

LAS-CDMA 技术标准

2000 年 3 月，北京邮电大学教授李道本发明研制的 LAS-CDMA（Large Area Synchronous Code Division Multiple Access，大区域同步码分多址接入）技术标准草案被世界标准组织 3GPP2 接受为 CDMA2000 增强型三个方案之一。9 月，LAS-CDMA 原理样机通过了信息产业部组织的专家组的验证评估。12 月，方正连宇通信技术有限公司（以下简称方正连宇）与上海广电集团达成协议，在上海共建 TD-LAS 试验网。2001 年 7 月，方正连宇开发出"TDD（时分双工）+LAS 系统 + 全 IP"的 TD-LAS 系统并在北京完成了实验室的研发调试。10 月，方正连宇开发的 TD-LAS-CDMA 系统验证样机在上海进行了室内和市区组网试验，实现了移动环境下在一个载波上同时传送话音、数据和图像的频谱复用技术。

TD-SCDMA标准的长期演进（TD-LTE）

TD-LTE 技术即 TD-SCDMA LTE 是由中国提出的一种 4G（第四代移动通信技术）制式。TD-LTE 是 LTE 技术中的 TDD 模式，是时分系统。在 TD-LTE 标准化过程中，以大唐移动为主的中国企业、研究院所和高校主导着标准及技术。大唐移动拥有 TD-LTE 技术的核心知识产权。中国移动是当时使用 TD-SCDMA 技术的唯一运营商，也是 TD-LTE 技术的主要推动者。2005 年 6 月，在法国召开的 3GPP 会议上，以大唐移动为主，联合国内厂家，提出基于 OFDM 的 TDD 演进模式的方案；11 月，在韩国首尔举行的 3GPP 工作组会议中通过了大唐移动主导的针对 TD-SCDMA 后续演进的 LTE TDD 技术提案。2006 年 6 月，TD-LTE 的可行性研究阶段基本结束，规范制定阶段启动。2007 年 9 月，3GPP RAN37 次会议上，Vodafone、E-Plus、KDDI、NTT DoCoMo 等几家国际运营商联合提出支持 TYPE2 的 TDD 帧结构。2007 年 12 月，在 RAN38 次全会上融合帧结构方案获得通过，被正式写入 3GPP 标准中。2008 年 10 月，工信部牵头成立 TD-LTE 工作组，并明确了 2010 年 TD-LTE 产业化时间表，以推动 TD-LTE 的产业化工作。科技部将 TD-LTE 列入"十一五"国家科技重点支撑项目。国家发展改革委则成立了新一代移动通信实验室和系统技术国家工程实验室。2008 年年底，3GPP 发布 LTER8 版本的 FDD-LTE 和 TDD-LTE 标准，R8 的 LTE 是一种 3.9G 或准 4G 标准，以 OFDM（正交频分复用）、MIMO（多进多出）等先进的物理层技术为核心，改进并增强了 3G 空中接口技术，但不与 3G 兼容，真正 4G LTE 进入实质研发阶段。2009 年 10 月，ITU 在德国德累斯顿举行 ITU-RWP5D 工作组第 6 次会议上，征集遴选 4G 候选技术。工信部组团参会并提交中国具有自主知识产权的 TD-LTE-Advanced 技术方案。会议确定 LTE-Advanced 和 802.16m 为 4G 国际标准候选技术。中国移动作为政府主管部门任命承担 TD-LTE 网络建设的企业，负责 TD-LTE 试验网络的建设、运营维护、技术产品测试等工作。为了进一步推动 TD-LTE 的国际化和产业化发展，中国移动联合国内外设备制作商和运营商，实现 TD-LTE 和 FDD-LTE 网络的兼容和融合发展。

McWiLL多载波无线信息本地环路和1800兆赫·SCDMA宽带无线接入系统标准

2005 年，北京信威研制的多载波无线信息本地环路 McWill（Multi-carrier Wireless Information Local Loop）是 SCDMA 技术标准的宽带演进系统。McWill 宽带无线多媒体集群系统首先是一个可以与传统窄带集群媲美的集群通信系统，基于空中接口下行共享信道技术实现了语音组呼功能，其次支持丰富的视频业务；通过图形化调度台可实现用户状态的实时呈现、监听录音、可视化调度等多媒体指挥调度功能。它采用全 IP 扁平化网络架构，既支持固定组网方式，也支持机动组网方式。McWill 是由北京信威自主研发、领先国际先进水平的宽带无线接入技术标准。2005 年问世的第一版 McWill 系列版本号在 SCDMA 技术系统版本序列中为 V5。2008 年 1 月，McWill 产业联盟（即 SCDMA 无线宽带产业联盟）

在工信部电子信息司指导下成立，发起成员包括大唐、烽火、普天等17家从事McWill技术、标准及产品研发、制造、服务的企事业单位。2008年12月，工信部国家无线电管理局发布《关于固定无线视频传输系统使用频率的通知》，McWill符合该文件对1800兆赫无线接入频段的使用要求。同月，McWill获工信部重大技术发明奖。年内，第二版McWill（McWill V6）宽带多媒体集群系统问世。随着2009年6月15日工信部批准《1800兆赫SCDMA宽带无线接入系统空中接口技术要求》为通信行业标准并于9月1日起实施，McWill系统成为中国第一个拥有国家授权频段并制定了行业标准的宽带无线接入技术制式。同年，第三版McWill（McWil V7）开始支持用户组网应用。McWill V7在网络部署上支持地空天一体化组网，提出卫星移动通信空中接口技术，引入SDMA/MIMO技术，地面系统的频谱利用率达到9位/赫兹。2010年，McWill V7正式商用。

第五节　重点项目

20世纪90年代中期到2010年，为迎接移动通信技术、宽带无线通信技术开发和应用高潮的到来，提高市场竞争能力，北京通信设备制造产业的有关企业开展第三代移动通信技术研究，并陆续完成了通信发射设备厂房技术改造、微蜂窝移动通信系统生产技术改造、通信类（TX系列）家电类继电器生产线技术改造等重点工程项目，使传统通信产品生产能力明显增长，补齐了北京新一代通信设备生产能力不足的短板，促进了全国TD-SCDMA第三代移动通信研发和产业化大本营的形成。推进了星网（国际）工业园、移动硅谷产业园的建设，使北京成为全国乃至全球最大的移动通信产品制造基地之一，带动了北京移动通信和宽带无线通信设备制造产业链的整合、优化和全面发展，并为北京工业形成规模经济效益。

北京兆维电子有限责任公司微蜂窝移动通信系统生产技术改造项目

1997年4月28日，市经委批复项目立项报告。1998年5月11日，市电子办批复项目初步设计。1999年11月23日竣工。项目改造内容包括引进关键设备、仪器24台，国内购置设备、仪器50台和工装23件；建立了微蜂窝移动通信系统生产线；新建厂房7044平方米。项目计划总投资2954万元，资金来源为工商银行贷款2000万元，企业自筹954万元。项目实际完成固定资产投资2742万元，其中，工商银行贷款2000万元，企业自筹742万元。项目用汇76万美元。项目改造后，形成年产微蜂窝移动通信系统10万线的生产能力。

北京电子城有限责任公司通信设备厂房技术改造项目

1997年8月20日，市经委批复项目可行性报告。2000年12月14日项目竣工。项目计划总投资为 2742 万元,全部由企业自筹解决。该项目实际完成固定资产投资 3139.72 万元,其中建行贷款 1000 万元、企业自筹 2139.72 万元。项目新建通信发射设备厂房 1.78 万平方米,改造后形成年产各类电视发射机 315 部的生产能力。2001 年年初,北京广播器材厂同电子城签订入驻合同。

诺基亚星网（国际）工业园建设工程

2000 年 5 月 8 日,诺基亚在北京最大的投资项目星网（国际）工业园在北京经济技术开发区举行奠基典礼。该工程一期占地 50 公顷,项目投资总额为 12 亿美元。主要从事移动通信产品、零部件的研究、制造、销售,目标是成为世界先进的综合性移动通信产品研发和生产基地。2001 年 12 月 20 日,星网（国际）工业园暨北京首信诺基亚新厂房举行开业庆典,新厂房占地 5.6 万平方米,一期工程期间有 15 家国内外著名企业入驻。同时,星网（国际）工业园二期工程建设启动,占地面积扩大 50 公顷,总投资增加 12 亿美元。星网（国际）工业园以一个企业（诺基亚）、一种产品（手机）为龙头,吸引数十家一流配套企业参与,形成上下游产业配套的供应链企业集群模式。诺基亚根据市场需求定期向园内有关零部件供应厂商发送订单,各配套厂商在全球范围部署、调集或就地生产相应产品,并由物流公司向诺基亚直接发货。诺基亚与供应商之间采用小批量、多批次、频繁补充式的准时送货机制,随时跟踪和监控原材料,实现零库存运营。产品生产周期短,企业间深加工关系结转频繁,每天 24 小时不间断运转。2005 年,星网（国际）工业园销售额超过 700 亿元。2006 年销售额超 1000 亿元,入园企业 50% 具备研发功能,创造 4.25 万个就业机会。2007 年至 2010 年,星网（国际）工业园年销售产值为 1100 亿元至 1200 亿元。截至 2010 年年底,星网（国际）工业园进驻诺基亚手机项目及各类配套企业 20 家,投资总额 15.4 亿美元,外资部分占 98% 以上。

大唐移动通信设备公司第三代移动通信技术研究项目

由大唐移动承担的北京市重大科技项目第三代移动通信技术研究于 2002 年立项。2004 年 4 月 21 日通过了市科委组织的验收。该项目取得两项国家专利,达到了预期目标,项目成果通过技术许可证转让国内外企业,并应用于 TD-SCDMA 终端、基站及三载波射频功放等方面。至 2004 年 5 月,有 21 家企业参加以大唐移动第三代移动通信技术为纽带的 TD-SCDMA 产业联盟,其中有 6 家北京企业,形成了从标准研发、芯片设计、系统制造到终端生产的完整产业链条,成为以自主创新技术拉动北京信息产业发展的新龙头。

移动硅谷产业园建设工程

2009 年 8 月 7 日,移动硅谷产业园的核心企业京芯世纪（北京）半导体科技有限公司与飞思卡尔半导体公司、摩托罗拉公司移动通信举行核心技术转让签约仪式,移动硅谷产业园建设筹备启动。该产业园位于北京经济技术开发区,总规划面积约 100 公顷,是一个以大型营运商为龙头，以京芯半导体为核心，依托 3G、4G 核心芯片技术，集聚移动通信产业链优秀企业的高端移动通信产业园区。移动硅谷在星网工业园的基础上建设，定位于移动通信的总部、研发、交易和服务型园区，建设包括研发基地、企业办公、交易平台等在内的配套设施。12 月 2 日，移动硅谷产业园建设启动，20 家企业与北京经济技术开发区集中签署入区或意向协议，入驻移动硅谷产业园。同日，北京经济技术开发区出台《鼓励建设移动硅谷产业园办法（试行）》，对入园企业给予产业扶持、科技创新支持、高管及高级人才支持、金融鼓励等多方面的政策优惠与扶持。2010 年 6 月 3 日，中电华通与北京经济技术开发区签约，在移动硅谷投资 10 亿元，建设无线宽带产业园生产建设基地，主要生产无线通信设备、无线终端等产品，与无线宽带物联网产业园形成完整的无线宽带产业链。12 月 27 日，京芯产业园、中电华通无线宽带产业园两大项目进驻移动硅谷。中电华通无线宽带物联网产业园项目总投资 20 亿元，占地面积 6.6 万平方米，项目建成后中电华通总部及国内外运营业务、结算业务迁入产业园，并建设云计算数据中心、运营中心、研发中心，以及国家级无线检测中心和无线物联网研发中心。

第二章　广播电视设备制造业

北京是中华人民共和国成立后最早研制广播电视设备的地区，1950 年即生产广播器材，1971 年开始研制彩色电视接收机，1975 年研制成功第一部中频调制彩色电视发射机。20 世纪 90 年代中后期，随着数字技术、计算机技术、大规模集成电路以及数字压缩技术的发展和应用，广播电视演播端设备开始从模拟式向数字式升级换代。北京凭借技术和人才优势成为全国数字演播技术设备研发策源地。1999 年，北京中科大洋科技发展股份有限公司（以下简称大洋科技）、新奥特硅谷视频技术有限责任公司等作为国产数字演播室设备研发制造业的先行者，产品的市场占有率超过国产数字演播室设备市场份额的 3/4。

20 世纪 90 年代末，北京发展成为全国重要的广播电视设备研制生产基地，研制生产的产品范围涵盖广播电视演播端设备、发射传输端设备和用户端设备全产业链。全市从事广播电视设备研发生产的规模以上企业 40 余家，从业人员超过 3 万，产值近 30 亿元。

20 世纪与 21 世纪之交，为迎接数字电视时代的到来，市政府制定《"九五"北京工业发展规划》，将数字电视列为重点发展的高新技术产业之一，还明确要建设数字高清晰度电视产业基地。

2000 年至 2005 年，北京广播电视设备制造业以模拟电视向数字电视过渡和全国大力实施广播电视"村村通"工程、"西新工程"为契机，不断调整产品研发生产重点和市场定位，为中国数字电视发展和"村村通"工程、"西新工程"实施，提供了占市场需求量 50% 以上自主研发生产的广播电视发射传输设备、60% 以上自主研发生产的广播电视演播端设备和 20% 以上自主研发生产的用户端设备。承担了国家重点技术创新项目——新一代高密度数字激光视盘系统（EVD）技术开发专项的全部技术开发和标准制定工作，提出一套具有完整自主知识产权的 DMB–T 地面数字多媒体 / 电视广播传输标准方案，研究制定出 AVS 音视频编码国家标准。

2006 年至 2010 年，北京市重点支持了中关村数字电视产业园、亦庄北京数字电视产业园、顺义临空国际高新技术产业基地数字电视产业园建设，为北京数字电视产业集聚能力的提高、产业链的集成和价值链的优化打下了基础。北京自主研发的 DataCam 系列高清摄录一体机、高标清多格式编辑录像机等产品，打破了海外品牌对广播级摄 / 录像机市场的长期垄断。北京研制的高标清兼容系列非编系统、三维虚拟演播室系统、机载数字移动电视系统、CNTV 集成播控平台的 LED 互联网电视、移动多媒体广播发射机等一系列新产品，都达到了当时国际先进、国内领先的技术水平。

截至 2010 年年底，北京数字电视产业链比较完整：从数字电视标准制定、节目制作、芯片开发，到前后端制作设备及发射传输设备制造，再到数字电视信号传输及数字电视技术应用服务，各环节都有重量级企业和单位在发挥主导作用。全行业规模以上企业和主要的中小型高新技术企业数量超过 180 家，从业人员为 3.5 万人，主营业务收入超过 100 亿元。

第一节　数字演播设备

1999 年 6 月 15 日至 19 日，新奥特硅谷视频技术有限责任公司（以下简称新奥特）推出神笔系列电视图文创作系统（字幕机）；10 月、12 月，新奥特字幕机先后销往美国和日本。同年，新奥特第三代非线性编辑系统 NC99 问世。NC99 考虑到在网络环境中用户对非线性编辑的新要求，具有开放性、网络化和个性化的特点。北京中科大洋科技发展股份有限公司将双网结构、双压缩比的概念应用于非线性网络，并与福建电视台合作建成全球第一个非线性新闻制播网络系统，实现了广电行业数字网络化。北京英夫美迪数字技术有限公司（以下简称英夫美迪）开发出广播电台数字音频工作站及自动播出系统 AIR2000 A/3 版，内置完整的文稿处理系统，资料库功能强大，能管理各种载体的音频。

2000 年 6 月 22 日，大洋科技召开 VRset 虚拟演播室系统全国巡展及发布会。同年，新奥特推出神笔 9000 字幕机 2.3 版、神笔 4000 字幕机 2.3 版、神笔字幕系统 Windows 98 脱机版。北京海淀盘古技术公司（以下简称盘古技术）推出基于国际标准的 MPEG–2 视频编码的编播网络。英夫美迪最先在中国市场推出自主开发的 AIR2000 广播电台数字音频工作站及自动化播出系统。

2000 年至 2002 年，久合成先后推出创新 DV21 系列数字非线性编辑系统、创新 PLAY 系列多通道硬盘播出系统、创新 NET 新闻网络制播系统、创新 F9—2000 系列视频播出服务器。

2001 年 2 月，大洋科技非线性新闻制播网络系统获 2001 年度国家科学技术进步奖一等奖。6 月，大洋科技推出基于多板卡（DTV/LX、Targa3000 等）及跨平台支持（Windows NT 和 Windows 2000）的新一代非线性后期视音频编辑系统 X—Edit 系列。同年，新奥特开发出基于 MPEG—2 标准的神器系列非线性编辑系统 HD01。系统基于 Pinnacle 公司的 Cine Wave 硬件，运行于 Power Mac G4 平台上，将软件和硬件结合，满足高质量、可扩展和灵活的视频编辑要求，是一个完全非压缩的解决方案。随后，新奥特推出神器非线性编辑系统 4.5 版，新增 14 项业界独有的新功能，采用进口高档工控机箱和业界第一个具有 MacOS X 的 AQUA 风格的非编产品界面。新奥特推出神笔 A8 字幕机以及三大新产品：MPEG—2 非编系统神器 800DTV 和神器 500LX、国内首家通过广电总局测试的 NASET—200/300 真三维虚拟演播室系统、新一代图文创作系统 CG2000。大洋科技推出第二代虚拟演播室产品 MagicSet 3D 真三维虚拟演播室系统。大洋科技推出新一代节目创作系统 X—CG，可轻松制作题花唱词滚屏。盘古技术推出多用途 PGMV 系列多画面合成器等。北京数码视讯科技股份有限公司（以下简称数码视讯）自主研发的核心产品 MPEG—2 编 / 解码器通过广电总局的新产品认定。

2002 年 6 月，作为一套数字化播出解决方案，久合成研发出创新 PLAY 多通道硬盘播出系统。8 月，北京华北计算机科学研究院视音频所推出具有自主知识产权的 TV100 硬盘播出系统，现场签约 12 套。9 月，神笔 A8 字幕机应用于第十四届世界女篮锦标赛的电视实况转播。同年，英夫美迪将 AIR2000 S/1 推向中国市场。AIR2000 S/1 版是英夫美迪研发多年的产品，达到世界先进水平。

2003 年 2 月 27 日，新奥特推出神器非线性编辑系统 4.6 版；北京拓天世纪科技有限公司（以下简称北京拓天）推出锐剑 3000 广播级非线性编辑系统，可直接从数字设备中读取数据。2 月，久合成推出创新 DV21—XP、DV21—RT 和 DV21—PRO 三代非线性编辑平台，研发的创新 PLAY—XP 硬盘播出系统——网络双机动画角标播出一体机上市。3 月 22 日，北大方正电子有限公司（以下简称方正电子）发布方正旌旗 9100 型视音频非线性编辑系统。3 月，英夫美迪推出业内首款支持专业音频记者 / 编辑作业的手持式数字采访机 PAW100。PAW100 采用 MCU+DSP 架构，被称作掌上音频工作站。6 月，方正电子针对当时主流的数字视频格式 DV、DV25、DV50 和 MPEG—2 进行开发，推出方正旌羽非线性编辑系统。8 月，大洋科技发布针对教育领域多媒体教学的非线性编辑选择方案，即"D POWER——网络 DV 能量"概念，并推出核心产品 X—DV 经济型系列。久合成推出针对中国广播电视系统的新闻远程回传系统。同年，新奥特推出神笔 A6—D 数字字幕机。产品采用广播级视频图像引擎，提供模拟复合、YC、YUV、SDI 等国际标准全功能视频、音频接口，支持 PAL 制和 NTSC 制，自主研发的渲染引擎解决了高清三维实时渲染的技术瓶颈。

2004 年 4 月 5 日，久合成发布 PLAY—2X 和 4X MMS 两款基于服务器技术的多通道硬盘播出系统。7月，大洋科技推出的 X-CGII 代图文制作系统开始在全球供货，该产品采用公司新一代图文制作软件和硬件平台，集字幕制作和节目包装功能于一体。同年，大洋科技推出以软件为核心、采用全插件式设计的非线性编辑系统 X-EDITII，在不依赖视频板卡的情况下，达到 5 层视频实时播放。久合成推出创新 DV21-M30 移动非线性编辑系统。

2005 年 3 月 21 日，新奥特推出非线性编辑系统"喜玛拉雅"。喜玛拉雅引入 CPU+GPU+I/O 通道卡的技术理念，支持多种压缩格式及 XDCAM、P2 等，是多平台产品系列。4 月，北京拓天推出锐剑系列 M-10、M-20、M-30 三款移动式非线性编辑系统，为户外记者提供 HDV 级别的高清式笔记本非线性编辑平台。6 月，北京华科飞扬传媒科技有限公司（以下简称华科飞扬）中标市教委多媒体课堂建设项目，其研制的极速非线性编辑系统在北京市教学单位批量使用。8 月 24 日，北京华傲精创科技开发有限公司（以下简称华傲精创）推出"易盘卡"和 DataCam DDC-280 广播级易盘卡摄录一体机。同年，英夫美迪推出 PAW100 的升级版本 PAW120，解决了专业和通用之间的平衡，数量众多的场景模式供选择使用，录音操作更加简便。久合成先后推出创新 *.NET 媒体资源管理系统、创新 F-CNETER 电视台综合业务管理系统。

2006 年 3 月，北京拓天推出锐剑 2000 HDV 级实时全数字非线性编辑系统。该系统采用广播级标准，全面兼容 SD/HD/HDV 格式文件。华科飞扬开发出国内第一套气象自动制作非线性编辑系统。该系统凭借语音自动合成核心技术，实现了国内数十个气象单位的天气预报制作。8 月，英夫美迪推出 PAW120 数字采访机、Zirkon 调音台，提供了完备的软件显示工具，包括通道状态显示、通道参数显示。10 月，久合成基于 PTP 传输协议全新架构的第二代新闻远程回传系统上市，推出支持蓝光（Blu-ray）DVD 的"创新 KL"系列高清 DVD 刻录系统，具备电影格式与电视格式转换、无限数量菜单、多视频流、多轨音频（语言）、多种字幕制作等功能。同年，北京鑫创佳禾数字视频技术有限公司（以下简称鑫创佳禾）推出由计算机软件、主机、现场摄像机、虚拟摄像机跟踪模块、图形图像发生模块、色键器以及视频、音频切换台构成的节目虚拟制作系统 UCX-3D。新奥特发布神笔 A9 电视图文创作系统。数码视讯推出国内首款自主研发的 H.264 编解码器。

2007 年年初，新奥特奥运比赛现场电视转播中文显示图文系统和关键技术开发项目获得科技部奥运科技专项支持。3 月中旬，北京威佳视科技有限公司（以下简称北京威佳视）研发成功的 V8 虚拟演播室通过验收。3 月，北京凯迪兴业网络技术有限公司（以下简称凯迪兴业）生产的便携式采播录编一体机 KD-LCC900XB 通过国家广播电视产品质量监督检验中心的检验。5 月下旬，大洋科技针对中低端专业级影像用户，推出 ME100、ME200 系列非线性编辑系统。8 月 21 日，北京威佳视展示了自主开发的 Vix 移动虚拟演播室。11 月 11 日，华傲精创研发的 DDE-380 多功能综合数据编辑机交付首家用户中央电视台。11 月，新奥特展示了 Mariana（马里亚纳）5D 在线图文包装系统。Mariana 5 DVS 虚拟演播室系统采用自主研发的 Mariana 三维渲染引擎，结合三维虚拟演播室技术、三维图文技术、数据库技术，为三维虚拟场景、三维虚拟图文应用提供渲染平台，面向电视台节目制作。同年，鑫创佳禾开发出 WD Editor 高清/标清非线性编辑平台和 JH—WBTV 网络实时直播系统，为多媒体影音的后期处理和传输提供了多种解决方案。

2008 年 5 月 26 日，久合成推出区域延时截播采集系统。6 月，华科飞扬研发的极速非线性编辑系统获得国家版权局的软件著作许可权；通过信息产业部的检测，各项指标达标或超过标准要求，进入信息产业部新品名录。同年，新奥特 A10 新一代三维实时图文编播系统亮相。英夫美迪展示了一款背包式双 CF 卡式专业录音机，产品融入 IT 技术，利用 CF 卡作为存储介质，并可插入 U 盘，利用以太网接口传输音频信号。

2009 年 5 月，新奥特研发的高端字幕机被认定为北京市第三批自主创新产品。6 月，久合成研发的创新 DV21—HD/SD 高标清非线性编辑系统被认定为北京市第四批自主创新产品。7 月，北京经纬中天信息技术有限公司推出网络电视台采编播一体化平台。8 月 1 日，华傲精创推出 HDDC—680 双易盘卡高清摄录一体机和 HDDE—980LE 高标清多功能综合数据录像机。8 月 26 日，大洋科技推出 D3—Edit HD 系列非线性编辑系统，该产品可以实现剪辑、校色、音频以及 3D 包装等功能。9 月，久合成研发的创新 F9 2000 多通道网络字幕服务器系统、创新 F9 2000 高清非线性字幕系统被认定为北京市第五批自主创新产品。数码视讯研发的移动多媒体广播电子业务指南发生器被认定为北京市第五批自主创新产品。10 月，华科飞扬独立研发的虚拟演播系统、播控系统相继获得国家版权局颁发的软件著作权。12 月，华傲精创研发的 DDE—380 多功能综合数据编辑机、DDC—280M 双盘卡标清摄录一体机被认定为北京市第六批自主创新产品。年底，北京寰宇佳视技术有限责任公司（以下简称寰宇佳视）推出精锐多路字幕图文插播系统 V4.0 和精锐高/标清非线性编辑系统 V4.0。同年，华科飞扬推出 ADS 系列磁盘阵列。

2010 年 5 月，华科飞扬率先在业内推出编辑存储刀片式一体机，将高清非线性编辑系统和存储系统集成，解决了高清编辑的大容量、高速度需求。5 月，英夫美迪研制成功并推出专业因特网收音机（IP Radio）和手持式专业录音采访机 PAW5。7 月，北京东方艾迪普科技发展有限公司研发的字幕图文创作播出系统、三维图文在线包装系统被认定为北京市第九批自主创新产品。8 月 22 日，华傲精创推出自主研发的高码率摄录一体机 HDC—1680。8 月 23 日，大洋科技推出 DAURIC 演播室图文包装系统和 Studio Box 一体化演播室。11 月，北京恒泰实达科技发展有限公司研发的 V3C 可视化导播系统 V1.0 被认定为北京市第十批自主创新产品。新奥特展示了 Mariana 5 DVS 虚拟演播室系统，系统采用其自主研发的 Mariana 三维渲染引擎。同年，新奥特推出 Venus Edit 系列高标清兼容系列非线性编辑系统。该产品运用 CPU+GPU 高性能实时处理，支持多格式、多分辨率、多轨道实时无缝混合，提供高质量制作平台。北京华升视茂数字科技有限公司（以下简称华升视茂）推出"巅峰视觉"ViewMount.NLE 非线性编辑系统。北京拓天推出锐剑极速 Q 广播级全数字非线性编辑系统。

2010年北京广播电视演播端设备主要研制生产企业及产品状况一览表

2-6表

产品种类名称	主要研制生产企业	产量或销售额合计
数字字幕机（系统）	北京中科大洋科技发展股份有限公司、新奥特硅谷视频技术有限责任公司、北京创新久合成科技有限公司、北京寰宇佳视技术有限责任公司	1万余台（套）
非线性编辑系统	北京中科大洋科技发展股份有限公司、新奥特硅谷视频技术有限责任公司、北京创新久合成科技有限公司、北京华科飞扬传媒科技有限公司、北京威佳视科技有限公司、北京鑫创佳禾数字视频技术有限公司等	1万余台（套）
虚拟演播室系统	北京东方艾迪普科技发展有限公司等	近1000套
编录存播一体机	北京华傲精创科技开发有限公司、北京凯迪兴业网络技术有限公司、北京经纬中天信息技术有限公司、北京华科飞扬传媒科技有限公司等	1万余台
数字音频设备及播出系统	北京英夫美迪数字技术有限公司等	约6000万元

北京中科大洋科技发展股份有限公司

1989年成立，是国内视频领域专业生产厂家、中科院中科集团的骨干企业，主要从事视频领域图形图像处理技术及相关产品的研制开发和生产，包括大洋视频网络系统、虚拟演播室、字幕机、节目包装系统、节目资料存储系统及非线性编辑系统等，涵盖电视台各类数字产品。1999年，大洋科技将双网结构、双压缩比的概念应用于非线性网络，并与福建电视台合作建成全球第一个非线性新闻制播网络系统。2001年1月1日，凤凰卫视资讯台开播，大洋科技完成了亚洲第一个集外电收集、新闻文稿编辑、字幕制作、新闻配音、新闻剪接制作、新闻播出一体化全数字非线性新闻网络系统的建造工作。2004年8月，大洋科技双码率视频流制作电视节目的系统和方法获得国家发明专利证书。2005年，大洋科技参与开发建设的国家音像资料馆项目获广电总局科技创新一等奖、中国电影电视技术学会科学技术一等奖。2006年，大洋科技中标中央电视台互联互通总集成——中央台全台节目交换缓存系统项目，该项目与同期安徽台全台互联互通项目共同构筑了大洋科技第三代互联互通的完整技术。2009年，大洋科技D-Cube-AIR高标清一体化数字播控平台获中国广播电视设备工业协会（CCBN杯）科技创新奖。2010年，大洋科技获CCBN杯科技创新优秀企业奖，所设计实施的黑龙江台大型高清新闻制播网获"科技创新优秀项目奖"。

新奥特（北京）视频技术有限公司

前身为成立于1990年的新奥特硅谷视频技术有限公司。新奥特是一家专业提供视音频产品、技术、方案与服务的供应商，主要从事视音频技术领域产品与技术研发的积累，具有自主知识产权的专业电视图文创作系统、非线性编辑系统、视频网络系统、虚拟演播室系统等，在广电行业和其他行业中广泛应用。1994 年，新奥特推出国内第一台基于 Windows 操作系统的字幕机产品 NC8000，并陆续推出 NC 系列、神笔系列及 A10 等广播级字幕机产品。2002 年，新奥特提出无缝图文一体化设计网络解决方案。2005 年，新奥特为第十届全运会国际广播中心（IBC）开发了赛事资料共享系统。2008 年年初，国际金融公司（IFC）、英特尔投资（Intel Capital）、祥峰科技基金（III）和 India China Pre-IPO Equity（C.I.）Ltd. 等 4 家国际投资机构注资新奥特硅谷，在其基础上成立了新奥特（北京）视频技术有限公司，总部位于中关村高科技产业园区。2009 年，新奥特为第二十四届大冬会 IBC 开发了全高清信息共享系统，为第十一届全运会广播中心 IBC 开发了赛事信息共享服务系统，推出的 Mariana.VW 虚拟气象制作系统中标北京地铁播控中心演播室、制作系统项目和第十一届全运会 IBC 系统项目。2010 年 5 月，新奥特承建 2010 年上海世博会广播电视中心新闻共享及发布系统 IBC 项目，在世博会期间负责高清新闻采集、制作、演播和发布。8 月 22 日，新奥特自主研发的 NVS 八通道视频播出服务器、Mariana.VG 虚拟图文包装系统，获广电总局、中央人民广播电台、中央电视台等单位评选的 BIRTV2009 产品、技术及应用大奖。

北京凯迪兴业网络技术有限公司

公司前身为成立于 1991 年的北京市凯迪电子工程公司，2000 年更名为北京凯迪兴业网络技术有限公司。是一家面向教育领域，专门从事多媒体教学网络、综合电教室、课件制作、远程教学网络、校园网络等软硬件开发的高科技企业。2001 年，凯迪兴业推出凯迪校园网软件平台系列。2005 年推出凯迪网络视频直播系统。2007 年 3 月开发生产的便携式采播录编一体机 KD-LCC900XB 通过国家广播电视产品质量监督检验中心检验。凯迪兴业采播录编一体机成为 2009 年 4 月至 2010 年 4 月中央政府采购协议供货产品。2010 年 12 月，凯迪兴业研发的凯迪多媒体媒资管理系统获得国家版权局颁发的计算机软件著作权登记证书。

北京海淀盘古技术公司

1993 年 6 月成立，是在中关村科技园区注册的集科研、生产、销售于一体的企业。盘古技术与全国各地数百家各级电视台、有线台、电教中心及影视制作单位建有业务联系。盘古技术的主要产品有字幕机、非线性编辑系统、音视频切换器系列、音视频分配器系列、真彩色时钟台标发生器、场逆程钟授时器、数字时基校正器、彩色信号发生器、多画面合成器等音视频产品。1995 年开发成功国内第一台多路字幕机 PG9501。1997 年开发成功国内第一台数字式多路图像广告插播系统 PG9700。1998 年开发成功国内第一台数字式多路字幕（真彩色）、图像广告插播系统 PG9700B。2000 年至 2010 年，盘古技术陆续开发、销售 MPEG-2 视频编播网络、多画面合成器、VGA 分割器、HDMI 分割器、综合光纤接入 1U 设备、VGA 光端机、HDMI 光端机、SDI 矩阵等产品，涵盖安防光传输、广电光传输、会议光传输、PCM 综合业务等多个应用领域。

北京寰宇佳视技术有限责任公司

原名为北京艾驰迪科技有限公司，于 1999 年 7 月 24 日成立，是一家专业从事视频产品研发、销售和系统集成的技术性服务公司。艾驰迪科的业务涵盖电视台采、编、制、播、存、管全流程，产品包括非线性编辑系统、图文制作播出系统、视频服务器系统、多画面监视控制器系统、广告串编系统、新闻网络系统、节目制作网络系统、媒体资产管理系统、智能收录系统、数字化总控硬盘播出系统以及数字媒体内容管理，提供多种数码视频方案供不同行业使用。2008 年 5 月 13 日，艾驰迪科更名为北京寰宇佳视技术有限责任公司，总代理 HD Star 非编产品和 Super Star 全系列视频存储产品，是美国苹果电脑、品尼高、康能普视、DPS、AJA、DeckLink，加拿大迈创，中国台湾圆刚系列产品中国签约代理。同时，公司结合电视制作的需要，研发先进的数字视频处理技术，推出精锐系列高标非线性编辑系统。2009 年，寰宇佳视注册"精锐、HDS"品牌。年底，开发的精锐高/标清非线性编辑系统 V4.0、精锐高/标清字幕图文编辑系统 V4.0、精锐高/标清硬盘播出系统 V3.0、精锐多路字幕图文插播系统 V4.0、精锐媒资管理系统 V3.0 取得由国家版权局签发的计算机软件著作权。2010 年，寰宇佳视 HDS-F800 第四代专业现场切播系统投放市场，开始开发 HDS-F1000 数字导播录播一体机、专业高标清虚拟演播室方案等新产品。

北京创新久合成科技有限公司

1999 年 9 月 9 日成立，从事广播电视设备的开发、生产和经营。2006 年 6 月，久合成的创新 DV21-HD/SD 非线性编辑系统在解放军总参集中采购招标中，获该类投标产品综合评测得分第一名。2008 年 4 月，久合成联手国家气象局开发的天气预报图文特技制播系统通过验收。2009 年 5 月，久合成与解放军总参研发中心共同研发的军事训练媒体资源管理系统首次配发总参七大军区。2010 年 1 月 18 日，久合成获 2009 年度中国自主创新百强企业称号。同年，久合成发展成为拥有 5 家分公司、1 个技术研究院、20 家办事机构的集团化公司，形成以中关村为研发中心，立足北京、辐射全国的销售服务网络。截至 2010 年年底，久合成创新系列产品拥有 1200 余家用户，独立媒体资源管理产品销售达 60 套。

北京英夫美迪数字技术有限公司

1999 年 10 月 10 日成立，是广播电台自动播出系统供应商、专业数字录音设备开发商，也是国内主要的广播电台数字音频系统集成商之一。1999 年，英夫美迪成立之初，将基于 Windows 2000 服务器和 Windows 98 工作站操作平台的 AIR2000 广播制作播出系统推向市场。2000 年，英夫美迪与江苏省江都人民广播电台合作建成音频工作站系统。2001 年，英夫美迪建立质量体系，成为广电行业第一家通过 ISO 90012000 质量认证体系的企业。获首届中关村十大最具发展潜力的高新技术企业称号。2002 年年初，英夫美迪被评为中关村首届最有发展潜力的十佳中小企业。2004年10月15日，英夫美迪PAW100系列掌上音频工作站被列入2003年中关村创新基金资助项目。2005年8月，英夫美迪中标中国国际广播电台主控音频节目交换系统改造项目，使该台成为世界最大音频矩阵系统之一，并保证系统矩阵每天切换3000次，运行数年故障率小于百万分之一。9月，英夫美迪在中国录音师协会组织的首次全行业音、视频工程业企业资质评审中获得音、视频工程业企业特级资质。2006年10月，英夫美迪中标云南广播电台政府采购项目，提供数字采访设备15套、直播机房1套、主控系统1套、音频路由系统1套、PAW100 30套。2007年7月，英夫美迪与法国Digigram公司签署合作协议，将Digigram的VisiBlu平台的IP Audio技术全面集成到英夫美迪的广播自动化系统中。12月，英夫美迪自主研发的"ControlMaster主控专家"软件系统中标中国国际广播电台直播机房设备调音台及集成项目。该项目2008年5月前通过验收，为2008年北京奥运会的转播任务提供了保证。2008年5月，英夫美迪的Infosat广播电台卫星新闻采集回传（SNG）系统和数字采访机，为成都电台在汶川地震灾区报道中发挥了重要作用。7月和8月，受广电总局、四川省广电局的委托，英夫美迪在执行第一批、第二批"5·12"特大地震四川灾区过渡期广播电视应急恢复制播系统项目时，为51个点支援了直播机房（含播出调音台、话筒、CD、MD、监听设备、音频工作站、采访设备、播控桌等）附材，同时向每个点赠送了DVD机、DVD盘片和整个系统的稳压电源。2009年，英夫美迪为中国国际广播电台媒资大平台桌面系统配置了800多套音频工作站编辑制作软件。英夫美迪总部和数字技术公司、系统技术公司、电子技术公司设在中关村，在上海、广州、成都、昆明建有办事处和客户服务中心，在成都电子科技大学设有联合数字实验室，在芬兰坦佩雷设有国际运作部。

北京华科飞扬传媒科技有限公司

前身为北京华北计算机科学研究院视音频所，1999年成立，是中国较早从事视频编码压缩研究的科研机构之一。视音频所从事视频产品产业化商业化运作，致力于中国视频压缩标准研究，和国际视频压缩传输标准制定组织（MPEG）长期保持着合作关系。视音频所提出的中国GDMP视频压缩协议标准被广电总局、科技部授予2000年度国家创新一等奖，在中国卫星发射和接收领域得到应用，是中国在国际上具有一定影响力的标准协议。2005年3月17日，视音频所注册成立北京华科飞扬传媒科技有限公司，业务涵盖电视台采、编、制、播、存全过程，自主研发的视频音频，产品包括非线性编辑系统、非线性网络系统、数字硬盘播出系统、字幕机、大型节目制作网络系统等。6月，华科飞扬中标市教委多媒体课堂建设项目，自主研制的极速非线性编辑系统首次批量使用在北京市教学单位。8月，华科飞扬完成北京市各重点中学远程视频教学系统建设，成为第一个基于H.264压缩协议的远程主干网络。2006年3月，华科飞扬开发出国内第一套气象自动制作非线性编辑系统，应用语音自动合成等核心技术，实现了国内数十个气象单位的天气预报制作。8月，华科飞扬在大连陶艺艺术馆架设全高清数字非线性编辑网络，实现网络编辑技术，初现云编辑雏形。11月，华科飞扬在国家工商总局会议室视频系统改造中首次实现异地同步直播点播双向网络通透技术，获北京市技术革新奖。2008年3月，华科飞扬入围中央政府采购名录。6月，华科飞扬极速非线性编辑系统获得国家版权局的软件著作权。9月，华科飞扬通过北京市软件企业认证。2009年10月，华科飞扬独立研发的虚拟演播系统、播控系统相继获得国家版权局颁发的软件著作权。至此，华科飞扬已经拥有6项软件著作权、2个自主产品品牌。2010年5月，华科飞扬率先在业内推出编辑存储刀片式一体机，该机的高清编辑读写速度达到了1200Mbps。

北京拓天世纪科技有限公司

2003年3月12日成立，是以数字视频产品为基础，专业从事现代化电教产品及广播电视设备开发、生产、经营的高新技术企业。北京拓天成立后，为适应互联网技术普及的需要，创办了专业视频网站——数码春天，向视频工作者、爱好者提供快捷、全面的信息和技术服务。2005年5月10日，北京拓天中标北京外国语大学英语系新闻专业网络非线性编辑系统。10月29日，在中国教育技术协会2005年年会暨"昊天杯"颁奖大会上，北京拓天"锐剑"牌系列产品获2004—2005年度广播电视设备十佳品牌和技术创新奖，成为广播电视设备类唯一获取两项大奖的公司。"十一五"期间，北京拓天为"建立您自己的学校电视台"生产提供锐剑系列数字非线性编辑系统、广播电视播出设备，代理索尼、JVC、松下系列摄像机/录像机。2010年，北京拓天成为面向教育领域信息系统数字高清视频化为主的技贸一体化企业。

北京鑫创佳禾数字视频技术有限公司

2004年12月6日成立，是北京中关村科技园区内的高新技术企业，从事数字视频及影视制作设备、后期编辑系统、网络视频传输及软件产品的研发、销售及系统集成。鑫创佳禾从2005年年初开始对网络视频技术，尤其是非线编辑及软件开发技术进行研究分析，并从国外的产品中挑选符合中国国情的产品加以改造，逐渐形成国内领先的网络视频系列产品，开发出与国际接轨的UCX-3D系列虚拟演播室系统和视频服务器系列系统，并为电视台的数字制播一体化、智能化、网络化提供全面解决方案。2010年，鑫创佳禾与松下、DPS、索尼、JVC等国际公司建有合作关系，在经营其产品的同时，围绕国际视频技术设备研发热点进行创新。

北京威佳视科技有限公司

2004年成立，注册资金1000万元。下设新产品研发部、系统集成部、工程部、市场销售部等部门。北京威佳视的主要产品有数字视频及特效创作工具，包括虚拟演播室系统（V8、VS、V33）、非线性编辑系统（N1系列）、媒体资产管理系统（Vixmam）、多路切换一体机（G5）、字幕机（VM）、实时三维包装系统（VG）、数字硬盘播出系统等面向电视台、学校和其他行业用户的各种数字视频产品，以及视频及特效展示平台，包括 Vix 虚拟仿真平台、环幕／球幕投影展示系统、幻影成像系统、立体影院等。2005 年至 2010 年，北京威佳视基于校园演播室建设方案、多路混切录课件直播系统、多媒体课件管理系统等研发成果，先后为中央电视台、北京电视台等上百家单位提供产品、解决方案及集成服务。2010 年 5 月，北京威佳视通过 ISO 9001 质量管理体系认证，获得中关村高新技术企业和创新企业认证。

北京华傲精创科技开发有限公司

2005 年成立，在中关村科技园区设有研发中心，拥有一支 80 人左右的专业技术人员队伍，高级研发人员在软硬件开发队伍中占 80% 以上。2005 年，华傲精创研发出 DDC–280M 双盘卡数据摄录一体机和 DDE–380 多功能综合数据编辑机，为建立具有自主知识产权的 HDAVS DataCam 系列产品线奠定了基础。2008 年，华傲精创 HDAVS DataCam 系列产品应用于北京科技奥运数字电视节目的制作。2009 年至 2010 年，HDAVS DataCam E2HD 系列产品在 2009 年温哥华冬奥会、2010 年南非世界杯的高清电视直播服务、电视节目制作中实现零失误。截至 2010 年年底，华傲精创一直是国内广播电视行业中唯一开发、生产广播级摄录编播设备，并提供系统技术解决方案和实施系统集成，融研发、生产、销售与服务于一体的专业高新技术企业。

北京智成视科技发展中心

2005 年成立，隶属于香港易达集团，是一家以开发、生产、经营广播电视器材设备为主的高科技集团公司。2005 年至 2007 年，智成视先后开发并推出方舟系列字幕机、FOR CANOPUS 字幕软件、FOR DPS 字幕软件、多通道字幕插播软件、硬盘播出系统、四通道广告截播系统、图文资讯系统、TS 多通道广告监播系统、TS 多通道字幕截播系统等产品。2009 年，智成视 TS 多通道视频截播系统在中小电视台开始推广应用。截至 2010 年年底，智成视具有完全独立自主知识产权的 C8000CG 视频卡、ARKCG 收录系统、RKCG 媒体资产管理系统，成为中小电视台在数字电视、移动电视、多媒体内容发布等业务开发、播放、服务中广泛应用的产品。

北京中视源创科技有限公司

2007 年 5 月成立，业务涵盖电视台采、编、制、播、存全过程，产品包括非线性编辑系统、非线性网络系统，数字服务器硬盘播出系统，字幕机、大型节目制作网络系统，虚拟演播室系统等面向电视台的各种数字视频产品，在 Internet 网络建设，视频存储、管理、运行和维护等外包服务方面具有优势。2009 年 2 月，中视源创所代理的豪威磁盘阵列 TP–803 产品，与 AVID 高清及标清非编系统成功连接，并被海关总署及广州、湛江、南京、浙江等地区海关所采用。2010 年，中视源创具备专业承接演播室系统集成工程的资质与能力。

北京博恒视创科技有限公司

2007 年成立，坐落在中关村高科技园区，专业从事广播电视设备、视频存储设备研发和销售。2007 年至 2010 年，博恒视创除代理 AJA 非编产品和 BH-HD 全系列视频存储产品外，陆续推出自有品牌系列产品和解决方案：博恒方舟系列字幕播出系统、博恒 BH-PRO HD500 极速非编系统支持、博恒 BHMS3000 媒资管理设备、博恒 HDS-HD2000 移动导播系统、博恒 HD-500 高清系统解决方案等。

北京华升视茂数字科技有限公司

2010 年 1 月 22 日成立，华升视茂致力于为广播电视业、影视制作、教育、军队、政府等提供数字化产品与系统应用解决方案。当年即推出"巅峰视觉（View Mount.）"品牌系列产品：ViewMount.MAM 媒体资产管理系统、ViewMount.NLE 非线性编辑系统、View Mount.PLAY 硬盘播出系统、View Mount.NEWS 新闻网络制播系统、View Mount.Studio 虚拟演播室系统、ViewMount.MON 广告监测报警显示系统、ViewMount.NET 新闻传输通道系统、ViewMount.Store 专业存储系统、ViewMount.VoD 视频点播系统等整套广播级产品及系统解决方案。此外，在教育精品课程录制、网络教学系统、展馆虚拟展示、大屏幕拼接与多通道融合、视频会议、数字监控等方面都有相关产品。

第二节　发射传输设备

1996 年，在由国家 HDTV 研究开发协调领导小组办公室组织、国家科委主持的国家重大科技产业项目 HDTV 功能样机系统研究开发工程公开招标中，北京广播器材厂（以下简称北广）中标"发射机专题"，1998 年研制成功中国第一台支持两种 HDTV 制式的单电子管数字电视发射机，1999 年 2 月通过市科委组织的技术鉴定，获信息产业部科技进步奖。1999 年北广为国家重点科技产业工程"HDTV 测试与转播试验工程"（高清二期工程）又研制成功三种型号的数字高清晰度电视发射机，即 TVU-D312 型 1 千瓦全固态数字高清晰度电视发射机、TVU-D311 型 1 千瓦单电子管高清晰度电视发射机和 TVU-D321 型 2 千瓦单电子管数字高清晰度电视发射机，并于 2000 年 11 月通过技术鉴定。

1999 年，北广生产了 MAV11G1/MAV13G FML 多路电视微波传输设备，研制的调频发射机获信息产业部科技四等奖。同年，北广完成短波天线互换器的研究，解决了高频大功率的传输隔离技术和快速切换技术，服务应用于系统低反射、低损耗传输多项收、发、测、控设备之间的高频大功率隔离及各天线、各设备间快速切换，具有通过功率大、换接快速、产品电路简洁、操作方便等优点。

2000年，北京长峰广播通讯设备有限责任公司（以下简称长峰广播通讯）研制的SW—150A型PSM 150千瓦短波广播发射机交付用户使用，每天连续工作22小时，稳定可靠；对西藏、新疆发射的广播信号，在当地进行监测与监听，音质清晰，效果良好。北广研制的短波天线互换器获北京市科学技术奖二等奖。

2001年12月24日，北广研制出TVU—D322型2千瓦全固态数字电视发射机。该机采用2个1千瓦功放柜合成为2千瓦输出的方式，支持ATSC/8VSB及DVB—T/COFDM两种数字电视制式，可以配接相应制式的数字中频调制器或数字中频激励器。同年，北广研制的5千瓦全固态短波宽带发射机获国防科技进步三等奖。该机采用射频功率场效应晶体管（MOSFET）做功率放大器件，激励器采用直接数字频率合成器（DDS），5千瓦谐波滤波器快速自动换波段。北京北电科林电子有限公司（以下简称北电科林）开发的数字电视转播车开始投入生产，延续到2008年。北广根据实施北京数字高清晰度电视地面广播试验项目的要求，着手研制ATSC和DVB—T两种标准的数字电视信道编码调制器，进行8VSB调制器样机结构件的设计、加工和装联。11月中旬与发射机联调，年底前完成样机调试工作。2002年2月通过专家鉴定。

2002年，北广研制的100千瓦机动甚低频全固态发射机获广电部科技进步奖三等奖。北京吉兆电子有限公司（以下简称吉兆电子）研制出国内第一台具有全部知识产权的GME114型分米波10千瓦全固态单通道电视发射机。该机由32个输出功率为450瓦、增益为45分贝的热插板功放单元组合而成。10月，吉兆电子GME1114型36频道10千瓦发射机在河北省衡水市开始运行。12月，25频道10千瓦发射机在湖北省龟山电视塔运行。

2003年，吉兆电子研制的电视发射机、电视差转机、调频广播发射机、调频广播差转机、短波广播发射机、多路微波分配系统、C频段功率放大器、Ku频段功率放大器；北京北广数字广播电视股份有限公司研制的电视发射机、电视差转机、中波广播发射机、短波广播发射机、调频广播发射机、调频广播差转机、多路微波分配系统、数字音频广播发射机；北京广播电影电视设备制造厂研制的中波广播发射机、短波广播发射机、调频广播发射机、调频广播差转机、数字音频广播发射机、电视发射机；长峰广播通讯研制的中波广播发射机、短波广播发射机、数字音频广播发射机、电视发射机等在工业和信息化部无线广播电视发射设备生产资质认定许可审批中获得批准证书。

2003年1月，北京益泰电子集团有限责任公司科技开发分公司研制的有线数字电视系统QAM调制器获市经委技术创新项目50万元资金支持。4月4日，有线数字电视系统QAM调制器获得国家广播电影电视总局广播电视设备器材入网认定证书。上半年，北京恒星科通科技发展有限公司（以下简称恒星科通）推出数字化校园智能广播系统，在行业内率先开发完成多路智能播放软件。8月，恒星科通提出音源数字化、播放自动化、管理智能化、扩展自由化的校园广播四化标准。北京益泰电子集团有限责任公司科技开发分公司研制的数字电视复用器通过市科委、市计委的北京市高新技术成果转化项目认定。9月，吉兆电子自主研发成功中国第一部1.3千瓦商用数字电视发射机GME D1113。该机有

6/7/8 兆赫带宽可选，适合 MFN 或 SFN 系统，可用 DMB-T 或 DVB-T 编码器。同年，北京北广科技股份有限公司（以下简称北广科技）参加研制的"数字高清晰度电视系统关键技术与设备"获国家科学技术进步奖二等奖，开始研制 DVB-T/DMB-T 数字电视激励器。

2004 年 3 月，恒星科通推出 HX-2000 无线可寻址校园智能广播系统，并应用于多所大学。4 月，吉兆电子首台全固态 VHF 15 千瓦 /20 千瓦电视发射机诞生，在 VHF 大功率发射机技术上有所突破。7 月，恒星科通推出 HX-3000 外语教学宽频转发系统，并应用于厦门理工大学。8 月 3 日，吉兆电子研制的 DMB-T 数字电视发射机在辽宁彩色电视塔试播成功，效果良好。同年，北广科技研制成功 PSM 50 千瓦、100 千瓦、150 千瓦短波广播发射机，并销售近 200 部（套）。北京通讯设备有限责任公司研制的 SW-100F 型 PSM 100 千瓦短波广播发射机在广电总局阿尔巴尼亚项目的招标中胜出。PSM 100 千瓦短波广播发射机遵循"一大"（大功率）、"三高"（高效率、高稳定、高质量）、"三化"（固态化、自动化、数字化）的发展方向，将微处理器引入产品中，实现了对发射机的自动控制、实时监测及故障处理。数码视讯率先推出自主研发的加扰器。长峰广播通讯研制出 SW-100F 型 PSM100 千瓦带微处理器的短波广播发射机。

2005 年 3 月，北广推出 VHF-L（I 波段）、VHF-H（III 波段）、UHF 三款 300 瓦全固态合放式数字电视发射机产品。6 月，恒星科通推出宽频共缆监控传输系统。11 月 15 日，恒星科通研制成功 ST-4500 16 路字符发生、16×3 视频分配器并投放市场。11 月，恒星科通 ST-101D 宽频共缆调制器实现规模化生产。

2006 年，北京天行金盾科技发展有限公司（以下简称天行金盾）开发出 DMB-T 无线图像传输系统。同年，北广科技历时近 4 年研制成功的 DVB-T/DMB-T 数字电视激励器获北京市科学技术奖二等奖。北电科林设计并完成朝阳区呼家楼街道电视安防监控系统的建设任务，设计并承建大屯街道安防监控一、二、

图 2-5　北广科技生产的 DVB-C 数字电视发射机阵列（2005 年摄）

三、四期工程。恒星科通开发的宽频共缆监控系统应用于泰山索道监控系统，在国内首家实现电源、视频、控制信号共缆传输。

2004 年至 2007 年，佳视科技陆续推出佳视 BV-1000 有线电视加解扰管理系统、佳视 BV1000 自办电视节目播出系统、BV 多合一捷变频道调制器、BV-SK8900M 广播级全频道捷变式中频调制器等有线数字电视产品。2007 年 7 月，天行金盾的 DMB-T 无线数字视频传输系统通过公安部安全与警用电子产品质量检测中心的检验。同年，恒星科通推出标准 SCA（RDS）副信道调频广播防盗播与可寻址系统。

2008 年 3 月，恒星科通 SCA 调频副信道编解码设备研发成功。该产品可在现有调频

广播发射机的基础上开展增值业务，用于调频智能广播可寻址系统、SCA 副信道 LED 图文传输、电子政务等领域，可应用于农村广播、城市广播、电子政务、城市交通语音诱导系统等。7 月，北京同方吉兆科技有限公司（以下简称同方吉兆）研制成功国内首台GME1134 型 UHF 30 千瓦大功率液冷电视发射机，标志着中国发射机技术进入液冷时代。8 月 4 日，该机通过广电总局广电规划院的检测，指标全部合格，并达到甲级。2008 年北京奥运会之前，北电科林在建设朝阳区数字监控网络平台时进行存储及上传的数字化改造，为大屯街道建设 100 个对上级指挥中心的数字视频上传通道。8 月，恒星科通推出全系列采用贴片电路数字化控制模式的调频广播新设备。10 月，恒星科通中标江苏通州农村广播"村村响"项目。同年，数码视讯推出的数字电视彩信系统被列入北京市文化创意产业重点项目。佳视科技开发的有线电视及安防远程监控共缆传输系统器材，应用于北京奥运会视频传输及安防远程监控系统。

2009 年年初，北广科技自主研发的 DF500A 特大功率 500 千瓦发射机问世，结束无国产 150 千瓦以上大功率短波发射机的历史。年初，负责运营北京地区数字广播的北京悦龙数字广播传媒科技有限责任公司（以下简称悦龙公司），根据广播听众的收听习惯和特点提出一套非实时广播服务理念——推送式广播服务，自主研发推送式广播相关前端播控系统，以及具有接收推送式广播服务和传统数字广播服务功能的数字广播播放器"听立方"。4 月，恒星科通经半年多开发研究，将成果 FM1600 调频广播调制器投放市场。该产品是国内首款具有 SCA 副信道的调频调制器，可用于农村广播、校园广播、城市广播，以及调频发射机的前级。5 月，北广科技展出研制成功的 VHF 和 UHF 合放式 3 千瓦全固态电视发射机。6 月，北京创毅视讯科技有限公司（以下简称创毅视讯）研发的移动多媒体广播（CMMB）系统被认定为北京市第四批自主创新产品。8 月 26 日，由北电科林制造、北京中广电系统工程有限公司集成的高清电视转播车交付山东省菏泽电视台；8 月 27日，高清电视转播车开赴"水立方"为北京电视台现场直播 2009 年全国游泳锦标赛。8月，北电科林先后承接国庆 60 周年群众游行指挥部彩车部技防设施、朝阳区图像信息管理系统扩容和奥林匹克公园园区及出入口监控 3 个重点项目，并在国庆前重新永久性布设了光纤传输网络，在道路及重要人员出入口安装了摄像点位，在"鸟巢"内部建设新指挥中心 1 座，对重要人员出入口增加了人流计数及智能识别功能。9 月 2 日，北电科林的光工作站在重庆有线电视网双向改造设备采购招标中以第一名的成绩中标。9 月，天行金盾研发的 DMB-T 无线数字视频传输系统被认定为北京市第四批自主创新产品。12 月8 日，北电科林承接的全网静中通、动中通车辆改装重点工程通过验收。同年，北广科技研制的 1 千瓦移动多媒体广播 UHF 频段发射机被认定为北京市自主创新产品。同方吉兆推出国内首台地面国标单频网适配器 SFN2200，其核心功能是兆帧的构建和 MIP 的插入，以及为实现此功能而进行的码流更新、参数设置等；研制的 GME1D23 型、GME1D33型 2 千瓦、3 千瓦移动多媒体广播 UHF 频段发射机，GME1D51 型 50 瓦移动多媒体广播UHF 频段发射机，GME1D12 型、GME1D22 型 100 瓦、200 瓦移动多媒体广播 UHF 频段发射机，GME1D32 型、GME1D52 型 300 瓦、500 瓦移动多媒体广播 UHF 频段发射机，GME1D13 型 1 千瓦移动多媒体广播 UHF 频段发射机开始量产；先后推出国内首台液冷 3 千瓦地面数字电视发射机和国内首台高冗余内置液冷 1 千瓦数字电视发射机，均投入使用。

2009 年至 2010 年，佳视科技 BV-3000TM QAM 调制器、BV-3000MX 复用器、BV-3000DA DVB 机顶盒、BV-3000EA 数字条件接收系统 CA（加扰主机）等 BV-3000 系列数字电视系统产品陆续进入市场。2010 年 4 月，北京人民广播电台开播推送式广播服务，悦龙公司研制的接收终端"听立方"开始面向市场销售。7 月 19 日，北京大学数字视频编码解码技术国家工程实验室研发成功 AVS 立体电视编解码系统。7 月，北电科林参与市政府怀柔区宽沟招待所 HFC 工程建设，成为双向光站和放大器的独家供货商。8 月 23 日，北电科林展出自主集成开发的小型电视转播车和小型数字卫星车等。9 月，北电科林自主开发的分支分配器和用户终端盒第三次被北京歌华有线电视网络改造工程追加采购。同年，同方吉兆研制的 GME1D 系列 11 种规格型号的移动多媒体广播 UHF 频段发射机开始量产。北广研制的机载数字移动电视系统获中国人民解放军总装备部军队科技进步奖二等奖。

2010年北京广播电视发射传输设备主要研制生产企业及产品状况一览表

2-7表

产品种类名称	主要研制生产企业	产量或销量合计
广播发射传输技术设备	北京同方吉兆科技有限公司、北京北广科技股份有限公司、北京创毅视讯科技有限公司等	500余台（套）
电视发射传输技术设备	北京北广科技股份有限公司、北京同方吉兆科技有限公司等	300余台（套）
广播电视发射传输关键部件、配套产品	北京数码视讯科技股份有限公司、北京悦龙数字广播传媒科技有限公司、北京大学数字视频编码解码技术国家工程实验室等	近1000部

北京北广科技股份有限公司

前身为 1950 年组建的北京广播器材厂。2001 年 5 月 29 日，北京北广数字广播电视股份有限公司成立。2004 年更名为北京北广科技股份有限公司。北广科技主要从事广播、电视、通信领域发射设备的研发、设计、生产、系统集成及服务，在广电产业链上拥有从无线到有线、从演播室到终端设备的全线产品，产品领域涉及无线发射及配套电视发射设备、调频中短波广播发射设备、无线通信设备、微波传输设备、天线与铁塔设备、有线电视设备、音视频设备、射频电源等，是国内规模最大的广播电视发射设备制造企业，产品应用遍布全国 32 个省、自治区、直辖市，并远销俄罗斯、捷克、埃及、埃塞俄比亚、古巴、印度尼西亚、马来西亚等 16 个国家和地区。北广科技广播电视发射设备的市场占有率居全国第一。当选 2007 年、2008 年、2010 年广电行业十大民族品牌之首，2008 年至 2010 年连续 3 年获 CCBN 杯科技创新优秀奖／科技创新优秀企业奖，获科技部颁发的国家 863 计划

CIMS 应用示范企业称号，三次被认定为北京名牌产品。截至 2010 年，北广科技先后有 22 项产品获优质产品奖、28 项产品获国家科学技术进步奖，创造了国内 61 项第一。2010 年，北广科技入驻北京天竺空港经济开发区。同年，北广科技主营业务收入 4.80 亿元，利润总额 5097 万元，新产品销售收入 2.90 亿元。

北京广播电影电视设备制造厂

1958 年建立，是国内最早从事研制、生产、安装塔桅结构和调频发射机的企业。20 世纪 80 年代，主要产品是电视塔和调频发射机。进入 21 世纪，拥有钢结构和无线电两大系列产品。2001 年至 2002 年，北京广播电影电视设备制造厂中标广电总局"西新工程"发射机招标项目，为西新工程提供了 70% 的短波发射机、75 台 1 千瓦全固态调频发射机，承担了 10 多台发射机的更新改造任务。2003 年 11 月，北京广播电影电视设备制造厂经重组整合进入北京北广电子集团有限责任公司。至 2010 年年底，该厂累计设计安装各类铁塔 5000 余座，开发的 PSM 短波发射机、数字调制中波机、调频发射机实现了系列化、固态化，并具备各种天线、馈线、同轴 / 平衡天线交换开关及调配网络的研发生产能力。

北京北电科林电子有限公司

前身为成立于 1971 年的北京电视设备厂，是国家生产广播电视设备（除广播电视发射机外）、有线电视网络产品、电视转播车、安防监控设备的定点厂家，是有线电视行业标准化委员会成员之一和 HFC（光纤同轴混合网）网络管理标准制定单位，具有电视系统工程设计、安装、配套能力和系统集成能力，完成多项国内大型电视系统、监控系统、有线电视系统及建筑智能化系统重点工程。20 世纪 90 年代和"十五"期间，先后为人民大会堂、首都机场、西昌卫星发射基地设计施工视频监控系统，为宝钢设计安装全国最大的电缆电视工程，为首钢、二汽设计安装大型闭路电视系统等 30 多项大中型有线电视应用系统工程。2006 年至 2010 年，北电科林先后推出中六 / 中九卫星机顶盒、网络高清红外摄像机（KL-C5130N-1I）、宽动态枪式网络摄像机（KL-C7213-W）、全实时鱼眼全景摄像机（KL-Y8600 600）、红外网络高清一体机（KL-C5513N-1I）、16 路嵌入式网络硬盘录像机（KL-2816）等电视 / 视频设备。2010 年，北电科林主营业务收入 2.68 亿元，利润总额 100 万元。

北京同方吉兆科技有限公司

前身为创办于 1993 年的北京吉兆电子有限公司。吉兆电子以清华大学电子工程系和国家数字与微波通信重点实验室为技术依托，将高新技术融入产品开发研制，产品从小功率的"村村通"设备发展到先进的大功率全固态发射设备，功率等级涵盖 1 千瓦到 10 千瓦。吉兆电子主要产品有 1 千瓦至 10 千瓦米波、分米波全固态电视发射机，1 千瓦至 10 千瓦全固态调频立体声广播发射机，发射机遥测遥控及遥信系统，微波和 RF 功率放大器（短波宽带功放、多载波线性功放、微放电测试功放、核磁共振功放），微波和 RF 无源部件等。

吉兆电子的全固态射频功放模块可广泛应用于通信、广电、医疗卫生和科学仪器等领域。2007 年 6 月，吉兆电子与同方凌讯科技有限公司基于相同的业务基础，合并为北京同方吉兆科技有限公司，成为同方股份有限公司的全资子公司。2010 年，同方吉兆主营业务收入1.92 亿元，利润总额 555 万元。

北京东方广视科技股份有限公司

前身为成立于 2002 年 9 月的北京东方广视科技有限责任公司，2009 年 12 月完成股份制改革。东方广视面向信息电子和广播电视行业，是集研发、生产、销售及系统集成于一体的有线电视产品和服务提供商。东方广视品牌下的产品包括从前端到机顶盒、从服务器到软件等七大系列，为广电网络运营提供有线电视双向互动及三网融合整体解决方案。产品遍及全国 20 余个省市自治区，客户涵盖国内近 200 个广电运营商、约 400 万终端用户。东方广视在国内率先推出新一代自主知识产权的双向互动数字电视端到端整体解决方案。2007 年，该方案已在多个省、市级有线电视网络平台中规模应用。2007 年，东方广视入选德勤中国高科技、高成长 50 强，2008 年度入选清科最具投资价值的中小企业 50 强，2009年入选福布斯中国最具发展潜力 200 强企业榜单。2009 年起连续 3 年双向互动数字电视主要产品国内市场占有率名列前茅。2010 年，东方广视被认定为北京市著名商标；公司全年申请发明专利 5 项，获实用新型专利 1 项、软件著作权证书 13 项、产品登记证书 24 项。

北京恒星科通科技发展有限公司

2003 年 3 月成立，位于中关村科技园区，主要从事 FM 调频智能广播、数字网络广播、宽频共缆监控系统等信息化产品的研发、生产和销售。恒星科通在调频智能广播、调频广播 SCA 副信道的开发利用及监控传输领域处于国内领先地位，开发出多项拥有自主知识产权的高科技产品。2008 年 5 月，恒星科通入驻北京中关村永丰科技园，扩大生产规模，进军农村广播市场。截至 2010 年，恒星科通成为全国数字化校园智能广播系统、农村广播"村村响"工程解决方案的开发商和关键设备供货商。

北京佳合视讯科技发展有限公司

前身为中影器材集团电影电视设备器材厂，是集产品研发、生产制造和销售于一体的广播电视器材设备、安防远程监控器材专业制造商。2003 年重组为北京佳视科技公司。佳视科技主要从事以"佳视"品牌为龙头的全系列有线电视系统和器材，以及安防远程监控共缆传输系统等系列产品的研发、制造及销售。截至 2010 年，全国 30 个省、自治区、直辖市的 600 余家有线电视台站使用了佳视科技的产品。

第三节　接收终端设备

1997年，兆维集团研制出中国第一台具有自主知识产权的JS-4888PF型彩色背投影电视机，并获1999年度北京市科学技术进步奖一等奖。

1999年年初，中国华大集成电路设计中心开始开发数字卫星电视接收机顶盒，于年底设计成功。至"十五"中期，研发出的数字电视机顶盒产品包括卫星机顶盒接收机顶盒（DVB-S STB）系列，有线电视接收机顶盒（DVB-C STB）系列，地面接收机顶盒（DVB-T STB），卫星有条件接收机顶盒（DVB-S/CA STB），有线电视有条件接收机顶盒（DVB-C/CA STB），地面有条件接收机顶盒（DVB-T/CA STB）等。1月，北京牡丹电子集团有限责任公司开始研制HDTV接收机系统，其机顶盒部分是与DTVIA联合开发组和国家HDTV总体组联合设计，CRT显示器部分、移动测试车由牡丹HDTV设计组设计。为适应ATSC、DVB-T、CN 8VSB、CN COFDM等4种系统的接收，研制出4种信道解码单元，选用LG和STi两套不同的芯片组试制出简易信号源、播放活动图像的码流发生器等。9月初试制出HDTV接收机样机，参加国庆50周年成就展和国庆阅兵典礼实况试播，为模拟电视向数字电视过渡打下基础。2000年，该产品获北京市科学技术进步奖三等奖。同年，牡丹电子、北京邮电大学联合研制的HDTV电视墙，实现用普通背投式电视机组合成超大屏幕，显示全数字HDTV信号，填补了国内技术空白。2000年，该系统获北京市科学技术奖二等奖。清华同方着手基于数字电视增值业务有条件接收系统(CAS)的研制工作，于2000年年底通过市科委组织的技术鉴定。

2000年3月1日，由中国数字光盘技术联合体转制而成的北京阜国数字技术有限公司（以下简称阜国数字）承担1999年国家重点技术创新项目"新一代高密度数字激光视盘系统（Enhanced Versatile Disk，EVD）技术开发专项"技术开发工作并得到国家财政拨款支持。2000年年底，牡丹电子研制出集多种数字电视新技术和新功能于一体的29英寸全数字处理多媒体电视机样机，并于2001年9月通过市科委组织的技术鉴定。

2001年8月，北京永新同方信息工程有限公司（以下简称永新同方）在清华同方有条件接收系统基础上推出的数字电视有条件接收系统，由广电总局推荐为国内数字电视有条件接收系统的首选，并在中央电视台和全国各地得到应用。同年，永新同方作为中央电视台数字电视平台的总集成商和条件接收系统、订户管理系统、电子节目指南的供应商，完成中央电视台四套节目、覆盖全国2500余万用户的工作，率先搭建了首例开放的、在业务层面上一致的数字电视同密平台。2002年9月，北京国际工程咨询公司推出第一代数字电视机顶盒，该单向机顶盒产品符合运营商的CA，支持多画面浏览（马赛克），提供电子节目指南（EPG）、节目列表、节目切换、声音控制、频道选择等常规应用功能；通过 HTML 浏览器，开发天气预报、新闻快递、火车时刻表、航班时刻表等增值服务；有多个嵌入式系统游戏；可实现 NVoD 服务等。年内，由清华大学牵头，联合国内长虹、TCL 等 8 个大型电视机生产制造企业，完成数字模拟兼容彩色电视一体机和机顶盒的研制，样机于 2003 年上市。9 月，东方广视成立之后即着手研发模拟有线电视条件接收系统的旗舰产品——数字自动分段加解扰系统。该系统针对中国现有的模拟有线电视网络开发，当年推出数字自动分段加解扰系统第一代产品。经过逐步升级，至 2004 年推出七代模拟有线电视条件接收产品，拥有独立密钥、同步再生、射频字幕等多项专利技术。

2003 年 11 月 18 日，阜国数字宣布推出 EVD 样机。该机在视频压缩技术上沿用 MPEG-2 图像格式，支持 50 赫兹、60 赫兹自适应输出和 16∶9 的高清显示。2004 年 1 月 1 日，EVD"新一代高密度数字激光视盘系统"上市。1 月中旬，曾经参与 EVD 研发的北京凯诚高清电子技术有限公司（以下简称凯诚高清）推出 HDV 高清数字影碟机。3 月，清华同方推出数字电视从前端到终端机顶盒的全套产品。首次亮相的 TL-3925MT 高端机顶盒符合 DVB-C 标准，具有智能数码显示、超低门限接收、断电记忆、快速选台等功能，支持中视联、永新同方等符合 DVB 标准的条件接收系统，支持运营商开发多种新业务。7 月 8 日，阜国数字与今典集团合作，在全球多个领域推广 EVD 系统，其中包括家用影碟机、高清影片制作、EVD 数字影院等。7 月，东方广视推出自主研发的首款有线电视数字机顶盒。9 月 16 日，凯诚高清推出 HDV8835A 型 HDV 高清数字影碟机。该机采用 1080p 编、解码，支持互动游戏功能，具有 DVI 端子，可浏览互联网和进行下载。凯诚高清开发出完全自主知识产权的压缩算法 HD12，并在国际技术网站上进行公示，接受同行的应用测试。在关键指标上，HD12 不低于当时国际上公认最先进的音视频压缩算法 H.264 和 WMV9。

截至 2005 年 4 月，有新科、上广电、夏新、TCL 等多家知名企业相继与阜国数字合作生产 EVD 系统。5 月，在信息产业部电子基金支持下，东方广视研发出具有全部自主知识产权的数字电视条件接收系统。

2006 年年初，东方广视数字有线 CA 产品累计在近 200 个有线电视网络全网运行，拥有 200 多万电视用户，销售总额超过 1 亿元，在同类产品市场占有率超过 60%，居全国首位，并开始接受海外订单。3 月 9 日，凯诚高清宣布，将在全国市场推出支持网络功能的高清碟机产品 IPHDV。年底，同方凌讯科技有限公司推出 TC-8100I 有线电视数字机顶盒。该产品符合 DVB-C/MPEG-2 标准，支持 NVoD、数据广播等业务。

2007 年 5 月，东方广视 OVT/D-STB-2000 型 VoD 数字机顶盒批量上市。该机顶盒符合 DVB-C/MPEG-2 标准，基于 Ultra Medias 平台，能满足基本的数字电视平移需求，支持 VoD、时移电视等多种业务应用。

2008 年年初，纽曼推出新型家庭视频娱乐产品——NM-PH01A 电视投影机。5 月，北京海域天华通信技术有限公司（以下简称海域天华）自主研发的民用船载卫星电视移动接收系统亮相，其价格只是国际同类产品的 1/3，在海上通信、监测等多个领域具有应用前景。

6月21日，北京凌讯华业科技有限公司（以下简称凌讯科技）和华旗资讯联合其他品牌厂商共同举行USB高清电视棒体验活动，推出USB高清电视棒产品。9月19日，清华同方与凌讯科技共同宣布4款全系列电视电脑解决方案：适合所有电脑使用的USB Dongle接收棒、笔记本电脑专用Express Card产品、电视PC产品、电视笔记本产品，拓展了高清数字视频技术的适用空间。同年，清华同方推出LC-42B80D数字电视一体机，并通过第三方测评。该机支持中国地面数字电视标准、有线数字电视标准和模拟信号三种模式，可自适应接收单/多载波标清、有线高清、无线高清等电视节目。

2009年5月，北京信海易通科技发展有限公司研发的数字电视平台及应用软件被认定为北京市第三批自主创新产品。5月，恒星科通推出无线应急广播终端，可用于地震灾害预警广播、危险化学品源应急广播、山洪灾害预警应急广播、气象灾害预警广播等场合。6月，创毅视讯研发的移动多媒体广播（CMMB）系统、华旗资讯研发的移动数字电视、海域天华研发的H60船载卫星电视安全接收系统、中星微研发的VS-IPC高清摄像机被认定为北京市第四批自主创新产品。9月，北京信海易通科技发展有限公司研发的交互式高清数字电视接收机被认定为北京市第四批自主创新产品。12月，北京创维海通数字技术有限公司研发的高清交互数字电视机顶盒和纽曼研发的录音电话、家用电视投影机被认定为北京市第六批自主创新产品。同年，清华同方B80D系列数字电视一体机，在32英寸、42英寸等重点液晶电视尺寸线上推出多个型号新产品，加速了产品的市场普及。

2010年5月，华为数字技术有限公司研发的高清晰度有线数字电视机顶盒，数码视讯研发的新一代数字电视条件接收系统、新一代数字电视条件接收系统智能卡被认定为北京市第八批自主创新产品。6月1日，清华同方研制出中国首台装有CNTV集成播控平台的LED互联网电视，是广电总局发出《互联网电视内容服务管理规范》《互联网电视集成业务管理规范》后，首款合乎相关规定的互联网电视产品。7月19日，北京大学数字视频编码解码技术国家工程实验室成功研发AVS立体电视编解码系统，并在北京大学有线电视网率先播出立体电视节目。11月，北京利亚德电子科技有限公司研发的LED高清面板电视机被认定为北京市第十批自主创新产品。

2010年北京广播电视终端设备主要研制生产企业及产品状况一览表

2-8表

产品种类	主要研制生产企业	产量或销量合计
数字电视接收机系统	北京纽曼腾飞科技有限公司、北京凌讯华业科技有限公司、北京信海易通科技发展有限公司、北京创毅视讯科技有限公司、北京华旗资讯数码科技有限公司、清华同方、北京永新同方信息工程有限公司等	1000万套以上
电视机顶盒	北京信海易通科技发展有限公司、北京创维海通数字技术有限公司、华为数字技术有限公司、北京凌讯华业科技有限公司、北京东方广视科技股份有限公司等	1500万台以上

（续表）

产品种类	主要研制生产企业	产量或销量合计
电视有条件接收系统	北京永新同方信息工程有限公司、北京数码视讯科技股份有限公司、北京东方广视科技股份有限公司等	约4000万套
家用电视投影机	北京纽曼腾飞科技有限公司	约50万台
高清摄像机	北京中星微电子有限公司	约1万台

北京牡丹电子集团有限责任公司

前身为北京电视机厂，于1973年11月在海淀区花园路建成投产，主要生产黑白、彩色电视机。1990年2月16日，在北京电视机厂与北京电子显示设备厂合并的基础上进行改制，成立北京牡丹电子集团有限责任公司。从1996年开始，中国彩电市场竞争日趋激烈，牡丹电视市场销量下滑。2000年，牡丹牌彩电基本停产，电视机厂靠生产"贴牌机"维持运转。2002年9月，牡丹电子将自有设备资产同"牡丹"商标投入江苏赛博电子有限公司，成立江苏赛博牡丹电子有限公司。2006年12月18日，中关村数字电视产业园在牡丹园挂牌成立。2008年，牡丹电子开始向现代生产性服务业全面转型，在主营业务方面实施新的经营策略，围绕建设中关村数字电视产业园战略重心，提升地产运营、科研开发、产业孵化"三位一体"业务方向的服务品质。2009年，依托牡丹电子建设的数字电视系统国家工程实验室落户中关村数字电视产业园，形成了中关村数字电视产业园、DTV数字电视产业联盟和数字电视工程国家实验室资源互补、良性互动的创新型科研模式。2010年，牡丹电子研究编制中关村数字电视产业园（牡丹中心）战略发展规划，并于12月3日列入中关村科学城第二批重点项目。

中国科学院软件研究所

1985年3月1日成立，是以计算机科学理论和应用研究为基础、以计算机软件研究开发和高新技术的产业建设为主导的综合性基础型研究机构。进入21世纪，软件所的定位是面向软件技术未来，从事计算机科学理论研究和软件高新技术发展的综合性国立研究所。软件所多媒体通信和网络工程研究中心在宽带多媒体接入网络方面，研制高性能接入交换设备、应用服务器、媒体网关设备，以及相应的应用软件、管理软件和协议软件；组成一套宽带接入系统，同时支持IP电话、数字电视、VoD、视频监控和上网业务，实现电话网、电视网和计算机网三网功能的融合；在无线和移动通信方面，开展传感器网络和智能手机数据通信等方面的研究。截至2010年，软件所形成以三个国家重点实验室和三个国家工程研究中心为龙头的基础前沿研究、战略高技术研究和高技术应用三大科研体系，建有计算机科学、计算机软件、计算机应用技术和信息安全4个重点学科领域、5个相关重点学科方向的学科布局。软件所承担国家863、973计划，国家科技攻关计划、国家自然科学基金和中科院及地方政府重大重点项目上百项，与40多个国家和地区的著名大学、研究机构与企业建立了密切的学术联系和合作。软件所作为第一完成单位，在计算机科学和软件领域获院、部级以上成果奖 28 项，其中包括国家自然科学奖一等奖 1 项、二等奖 2 项、三等奖 1 项；国家科学技术进步奖二等奖 6 项、三等奖 2 项。研究所有职工 600 余人，其中中科院院士 3 名，第三世界科学院院士 1 名、研究员 56 名、副研究员及高级工程师 82 名。国家杰出青年基金获得者 3 人，中科院百人计划入选者 6 人。

北京纽曼腾飞科技有限责任公司

1996 年创立，是一家集研发、制造、销售和服务于一体的国家高新技术企业。经过多年发展，"纽曼"已成为中国 IT 行业的知名品牌，曾获得中国驰名商标、中国知名品牌、中国最具影响力 IT 品牌等数百项荣誉。纽曼从录音和数码系列产品起步，围绕高科技创新，发展智能商务办公、家庭娱乐等系列产品。截至 2010 年，纽曼业务范围覆盖全国 3/4 地市级以上城市，拥有专利近百项，成为以研发及渠道推广为核心的自主创新型公司。2010 年，纽曼进军家庭娱乐和商务一体化办公两大行业，推出自主创新性品牌"鳳"，延展出"鳳PC"电话电脑一体机、"鳳TV"百英寸电视投影机、"鳳TEL"智能录音电话、"鳳POW"移动电源及智能节电插座、"鳳OA"便携式办公设备五大产品系列。

冠捷科技（北京）有限公司

1997 年 8 月，冠捷科技有限公司和京东方科技集团股份有限公司合资组建北京东方冠捷电子有限公司，注册资本 2650 万美元，位于朝阳区酒仙桥路 10 号，主要从事电脑显示器的开发、生产及销售。2006 年 4 月，北京东方冠捷电子有限公司更名为冠捷科技（北京）有限公司。2009 年 12 月，冠捷科技（北京）有限公司旗下的冠捷显示科技（中国）有限公司入驻北京经济技术开发

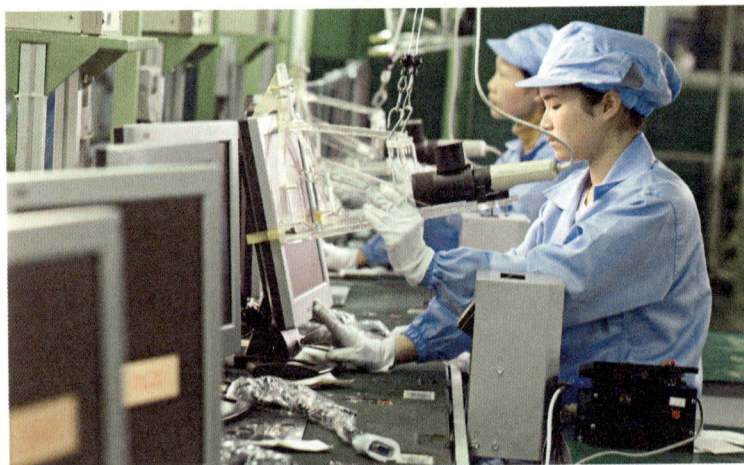

图2-6　北京东方冠捷电子有限公司的液晶显示器生产线（2005年摄）

区数字电视产业园，为京东方科技集团股份有限公司第 8.5 代薄膜晶体管液晶显示器（TFT-LCD）生产基地配套企业，占地面积 4 万余平方米，生产液晶电视机、液晶显示器及其他显示产品。2010 年，冠捷科技（北京）有限公司主营业务收入 57.23 亿元，利润总额 8762 万元。

北京阜国数字技术有限公司

前身为 2000 年 3 月 1 日经国家经济贸易委员会批准成立的中国数字光盘技术联合体，改制为实体化企业。作为新一代高密度数字激光视盘系统（EVD）标准工作组组长单位，负责主持 EVD 标准的编制工作，是一家数字化和网络化消费电子产品关键技术和解决方案提供商。2000 年，阜国数字在国家重点技术创新项目"家庭信息化网络平台技术体系开发专项"中承担网络接口和互联协议部分的研究和开发工作，是信息产业部 2001 年科研试制计划所支持的企业。2005 年年底，阜国数字与英国 NME 公司签署股权交换协议。根据该协议，NME 通过约 40% 的公司股权以及 850 万美元的资金换取阜国数字 69.09% 的股权。2006 年 2 月 22 日，阜国数字全体股东会议通过了与英国 NME 公司签署的股权交换协议，阜国数字成为英国 NME 的控股公司。

北京凌讯华业科技有限公司

2000 年在北京注册成立，是美国凌讯科技公司（Legend Silicon Corp.）的全资子公司，美国凌讯科技由清华大学留美学者于 1999 年在硅谷创立，靠自主创新，研发无线宽带通信传输和数字电视广播协议，从事相关产品的研制与销售，并在北京、上海及美国硅谷设有分支机构。2000 年，北京凌讯科技参与中国地面数字电视广播标准的制定，与清华大学共同组建清华大学数字电视技术研究中心。凭借领先的产品性能和质量，得到用户认同，客户涵盖几乎所有国内外一线接收终端品牌，包括长虹、海信、康佳、创维、TCL、海尔、索尼、夏普、东芝、松下、三星、LG、飞利浦、联想、惠普、万利达等。2010 年，北京凌讯科技开发的超级接收芯片、超级评估板、超级机顶盒面世。

北京数码视讯科技股份有限公司

2000 年成立，是北京数码视讯科技集团的主干企业，是由北京歌华有线、湖南电广传媒、清华科技园注资的高新技术上市企业。2003 年获评北京市上年度中关村"十佳"高新技术企业，并获科技部创新基金无偿资助。2004 年被国家发展改革委认定为首个国家数字电视前端系统产业化基地。2005 年被亚洲科学协会（ASPA）评选为中国唯一一家亚洲创新企业奖获得者，被评选为北京市专利试点先进单位、中关村科技园区创新先进企业。2006 年获中国广电行业突出贡献奖，数码视讯数字电视运营系统被列入重点国家级火炬计划项目。2007 年被国家发展改革委、信息产业部、商务部、国家税务总局联合评选为国家布局内重点软件企业。2008 年进入北京市企业技术中心行列。2009 年登上中关村 TOP100 创新榜。2010 年开始在顺义临空国际高新技术产业基地建设数字电视产业园。2010 年 4 月登陆创业板后，数码视讯集团立足广播电视行业，业务延伸至通信行业、文化传媒、智能交通、创业投资、物联网、系统集成、技术服务等多个高新技术领域。数码视讯为用户提供三网融合解决方案，相继推出云彩中间件、全业务平台（电视商城、代缴费、可视电话、三屏游戏等）、广电安全平台、播控平台、双向网络改造（CCMTS+EPON）、IPQAM（24/48/192 频点）、全 IP 传输 / 备份平台、直播星备份平台、VoD/PUSH VoD/ 时移电视系统、2D 转 3D 解决方案、CMMB/DTMB 全系统、广告 / 台标 / 字幕随播系统、高清落地视音频转码方案、卫星通信与网络流媒体、智能交通 / 联网监控等解决方案。截至 2010 年，数码视讯已为全球 93 个国家及地区，全国各直辖市、省会级城市及 1060 个地市、县电视台（网络公司）提供专业的服务。2010 年，数码视讯营业总收入 3.50 亿元，利润总额 1.58 亿元，年末总资产 22.78 亿元。

北京永新同方信息工程有限公司

2001 年 12 月成立，是清华永新信息工程有限公司和清华同方股份有限公司进行资产与业务合并组成的高科技企业，公司主要从事数字电视系统、宽带 IP 数据广播系统以及卫星直播系统的研发和业务推广。主要产品为数字交互电视综合应用系统（含有条件接收系统、SMS、EPG、计费管理系统、机顶盒、网络安全系统）、多途径宽带 IP 数据广播系统（含基于 CATV 宽带数据广播系统、基于 DVB 的 IP 数据广播系统）、数字电视集成前端系统（含编码模块、QAM 调制模块、复用模块、码流输入模块、数字卫星接收模块等）三大类。永新同方拥有数字交互电视综合应用系统、数字电视集成前端系统、多途径宽带 IP 数据广播系统等宽带传输技术方案，可以解决有线电视系统中节目配送、网络管理、客户管理、条件接收、网络监控等问题。其数字电视条件接收系统和用户管理系统等核心产品均通过科技部鉴定。核心产品中的数字电视有条件接收系统于 2001 年被广电总局推荐为国内数字电视有条件接收系统的首选，并在中央电视台和各地方台得到应用。截至 2010 年，永新同方自主开发的 QPSK 宽带多媒体数据广播系统在全国 500 余家有线电视台得到应用，覆盖面达到 5000 余万用户，市场占有率在 80% 以上。

北京凯诚高清电子技术有限公司

2003 年成立，是在中关村注册的高科技民营企业，专业从事音视频领域的基础研究和应用技术开发。凯诚高清科技团队完成高清视频压缩算法 HD12 的技术研究并开发了基于 HD12 的芯片和 HDV 整机。2006 年，以凯诚高清为龙头，带动中百信数字技术有限公司和众多节目商、版权商形成的 HDV 产业，先后完成超过 300 部高清数字节目的制作并投放市场，并以每周 10 部高清数字节目的速度向市场推广。在对节目内容保护、盘片保护和网络节目保护方面，凯诚高清都有专利技术。2007 年以后，随着国际蓝光光盘格式标准在国际高清光盘格式标准竞争中取得成功，HDV 产业发展受阻，凯诚高清开始退出高清光盘机市场。

北京海域天华通信技术有限公司

2004 年成立，是中关村科技园区百家创新型试点企业之一，是 DTV 数字电视产业联盟成员单位，专注于卫星、微波通信产品的研发、生产、销售及系统集成。海域天华自主研发的移动卫星通信产品，广泛应用于船舶、车辆等移动载体，实现集电视、打电话、数据传输等功能为一体的实时卫星通信。在船舶卫星通信行业中，海域天华多年来保持领先地位。主要产品有海事卫星通信系统、海事卫星电视接收系统等。2009年，农业部在试点地区开展渔船"船船通"试点工程，海域天华成为设备提供商。

北京信海易通科技发展有限公司

2005年5月，信海易通在中关村科技园区注册成立，主要从事数字音视频传输领域的软硬件研发和系统集成等工作，包括提供有线系统集成和运营服务的支持及方案的实施，面向卫星、有线、地面及手持传输，尤其是在有线数字电视单向、双向终端设备、增值业务、交互服务技术领域。信海易通致力于数字电视的科技攻关项目，具有设计与试验能力，完成数字电视机顶盒业务软件模块中浏览器（VoD、NVoD、MS、DTV电视、EPG、CA）等的研发任务。2009年5月，信海易通研发的C8800机顶盒、数字电视平台及应用软件被认定为北京市第三批自主创新产品。9月研发的交互式高清数字电视接收机被认定为北京市第四批自主创新产品。截至2010年，信海易通研发的有线数字电视单向/交互/高清机顶盒、DVB-S校制设备、码流分析仪、视频点播系统等产品，已批量供货北京、河北等地区。

第四节　技术体系与标准

一、标准制定

地面传输数字电视标准

1995年，国家科委立项成立数字高清晰度电视总体组（以下简称总体组），着手为中国制定一套具有自主知识产权的地面标准。总体组制订了2个方案，一个遵从于单载波技术，另一个则基于多载波技术。1998年9月，总体组完成第一代高清数字电视功能样机，之后又推出第二代样机。

1999年，清华大学数字电视技术研究中心提出自主原创的时域同步正交频分复用（TDS-OFDM）技术，并在此技术基础上提出地面数字多媒体/电视广播DMB-T（Terrestrial Digital Multimedia Broadcasting）标准方案。DMB-T具有清晰完整的自主知识产权。以DMB-T为主要内容、融合多家科研单位的研究成果形成的国家地面数字电视传输标准方案，通过了国家标准化委员会数字电视工作组的全面测试，各项指标和整体性能全面优于欧洲和美国的国际标准。

2001 年 2 月，清华大学数字电视传输技术研发中心首次研制成功 DMB-T 测试专用芯片。5 月 19 日，清华大学数字电视技术研究中心在 DMB-T 技术方案基础上提出 DMB-T 地面数字多媒体／电视广播传输标准方案，并申报 40 项被国家知识产权局认定为基础性发明的发明专利。

2002 年年底，清华大学 DMB-T 方案和上海交通大学提出的 ADTB-T 方案一起被确定为中国数字电视体系标准两大候选方案。

2003 年，北京泰美世纪科技有限公司（以下简称泰美世纪）采用具有自主知识产权的、全新的、高度结构化的 LDPC 编解码方案和先进的 OFDM 调制技术，提出 TiMi 系统设计方案，完成仿真优化、原型样机开发和调测，以及系统的场地测试。因 DMB-T 和 ADTB-T 两个方案在传输试验实测中都暴露出一些问题，国家发展改革委、科技部、信息产业部、广电总局和质检总局等主管部门又确定增加广播电影电视总局广播科学研究院提出的 TiMi 标准方案为中国数字电视体系标准候选方案。

2004 年 8 月，中国工程院评估认定清华大学方案和上海交大方案各有所长，不可替代，确定国标在二者融合基础上产生。TiMi 标准方案被淘汰。

2005 年，泰美世纪基于 TiMi 核心技术并针对手持移动设备接收应用，推出 STiMi 移动多媒体广播传输技术方案，并开展 STiMi 系统设计与原型样机开发。

2006 年 8 月 18 日，国家标准化管理委员会发布中国具有自主知识产权的 GB 20600—2006《数字电视地面广播传输系统帧结构、信道编码和调制》国家标准，于 2007 年 8 月 1 日实施，标志着中国地面传输数字电视国家标准 DTMB 正式出台。10 月，泰美世纪 STiMi 技术被国家广播电影电视总局采纳并颁布为《移动多媒体广播第 1 部分：广播信道帧结构、信道编码和调制》标准。

2007 年 12 月 31 日，香港无线电视台、亚洲电视台正式开播国标 DTMB 数字电视节目。

2008 年 1 月 1 日，中央电视台开始试播国标 DTMB 数字电视节目。年初，国内外有 5 家企业支持国标 DTMB 全模式发射机的投标项目建设，有 7 家芯片公司推出符合国标 DTMB 的接收信道专用芯片，其中 4 家称有国标 DTMB 全模式芯片。20 多家整机设备生产企业应用芯片标准生产出国标 DTMB 机顶盒和一体化数字电视机产品。

2010 年，国标 DTMB 得到国内外业界的广泛认可与支持。

EVD标准

EVD（Enhanced Versatile Disk，增强型多功能光盘）播放机是中国第一种拥有自主知识产权，掌握核心技术并且控制了标准的制定和修改权的数字音像设备。

EVD 标准的编制始于 1999 年。阜国数字根据国家经贸委和信息产业部的决定，承担了国家重点技术创新项目"新一代高密度数字激光视盘系统（EVD）技术开发专项"（专项编号为 99BK－016）的全部技术开发工作并得到国家财政拨款支持，经信息产业部

1999 年标准研制计划批准作为新一代高密度数字激光视盘系统（EVD）标准工作组组长单位，负责主持 EVD 标准的编制工作。

2001 年 7 月，阜国数字编制出 EVD 技术规范，并经国家主管机构提交国际电工组织和国际标准化组织。

2003 年 11 月 18 日，阜国数字在人民大会堂公开发布 EVD，图像清晰度比 DVD 高出大约 5 倍，声音效果实现高保真和环绕声的兼容；基于光盘实现了高清晰度数字节目的储存和播放；具备网络浏览功能，支持汽车交通导航，支持家庭信息网络平台和游戏机功能。EVD 同 DVD 一样，仍然采用红光存储技术，以及 ISO 16448 标准的光盘物理格式和 12 厘米的光盘直径，但分辨率达到 1920×1080 像素。EVD 采用具有自主知识产权的音频压缩算法（ExAC），在相同码率下生成优于杜比 AC–3 质量的音频，达到国际音频压缩领域先进水平。

截至 2004 年 9 月 1 日，EVD 系统共取得 9 项发明专利，新一代高密度数字激光视盘系统主芯片软件等 4 套 EVD 相关软件取得计算机软件著作权。阜国数字研发的 EVD 系统先后通过了国家经贸委的新产品新技术鉴定验收和科技部的科学技术成果鉴定。EVD 与超级 VCD 和 DVD 系统相比，技术优势明显，填补了国内高清晰度节目光盘存储播放方面的空白，在国内属于开创性成果。其中，采用具有自主知识产权的音频压缩算法（ExAC）在相同码率下生成优于杜比 AC–3 质量的音频，达到国际上音频压缩领域的先进水平。

2005 年 2 月 23 日，信息产业部发布《高密度激光视盘系统技术规范》，正式将 EVD 列为电子行业推荐标准。

2008 年，日本索尼公司主导的蓝光光碟（Blu–ray Disc，BD）格式标准击败由日本东芝公司主导的高清 DVD（High De.nition DVD，HD DVD）格式标准，EVD 电子行业推荐标准逐渐退出历史舞台。

AVS标准

AVS（Audio Video coding Standard，音视频编码标准）是《信息技术先进音视频编码》系列标准的简称，是中国具备自主知识产权的第二代信源编码标准，也是数字音视频产业的共性基础标准，包括系统、视频、音频、数字版权管理 4 个主要技术标准和一致性测试等支撑标准。

AVS 的研究制定始于 2002 年 6 月，数字音视频编解码技术标准工作组由信息产业部科技司批准成立，其中心组的挂靠单位是中科院计算所。2002 年 6 月，中科院计算所牵头，联合全国 33 家企事业单位组建了数字音视频编解码技术标准（AVS）工作组，研究制定数字音视频的压缩、解压缩、处理和表示等共性技术标准。

2003 年 12 月，工作组完成 AVS 标准的第一部分（系统）和第二部分（视频）的草案最终稿（FCD）和与报批稿配套的验证软件。

2004 年，中科院计算所主导的 AVS 标准工作组制定出《关于 AVS 专利池管理的建议性规定》，首创了具有中国特色的"专利池"模式。2004年12月29日，全国信息技术标准化技术委员会组织评审并通过了AVS标准视频草案。

2005年3月30日，信息产业部初审认可，标准草案视频部分进入公示期。

经国家标准化管理委员会批准，《信息技术先进音视频编码第2部分：视频》于2006年3月1日起开始实施，标志着AVS视频部分正式成为国家标准。同年，AVS标准工作组完成《信息技术先进音视频编码第7部分：移动视频》报批工作。

2009年，AVS标准工作组完成《信息技术先进音视频编码第1部分：系统》（AVS-P1）、《信息技术先进音视频编码第3部分：音频》（AVS-P3）、《信息技术先进音视频编码第4部分：符合性测试》（AVS-P4）、《信息技术先进音视频编码第5部分：参考软件》（AVS-P5）、《信息技术先进音视频编码第6部分：数字版权管理》（AVS-P6）等5个部分的报批工作。同年，AVS被认为是国际上最重要的3个先进视频编码标准之一，正式纳入ITU的IPTV标准。

2010年，AVS标准工作组在修订《信息技术先进音视频编码第2部分：视频》（AVS-P2）的同时，还做了《信息技术先进音视频编码第10部分：移动语音和音频》（AVS-P10）、《信息技术先进音视频编码第1部分：系统》（AVS-P1）、《信息技术先进音视频编码第4部分：符合性测试》（AVS-P4）、《信息技术先进音视频编码第5部分：参考软件》（AVS-P5）的报批准备工作。

T-MMB中国手机电视/移动多媒体广播国家标准

2004年10月，北京新岸线软件科技有限公司（以下简称新岸线）在信息产业部、国家发展改革委和广电总局支持下开始研发适用于30～3000兆赫频率范围，全面兼容DAB、T-DAB、DAB-IP等标准的T-MMB中国手机电视/移动多媒体广播国家标准。

2006年，新岸线T-MMB技术方案参加了手机电视/移动多媒体国家标准竞选。2007年，新岸线研发成功首颗T-MMB芯片NF9001。

2008年4月3日，在手机电视/移动多媒体国家标准专家评议组第六次工作会议上，T-MMB系统被遴选确定为手机电视/移动多媒体国家标准的技术方案。4月15日，新岸线正式启动手机电视/移动多媒体国家标准的起草工作。6月21日，在手机电视/移动多媒体国家标准审查会议上，T-MMB系统被确定为手机电视/移动多媒体国家标准的技术方案。T-MMB系统使用高阶差分调制（8DPSK）的OFDM及LDPC编码技术，在高速移动及衰落条件下解调性能较好，稳定可靠；在恶劣时变衰落条件下，在保持较优的载噪比性能的同时，具有较高的频谱利用率。T-MMB可以1.7兆赫和8兆赫两种方式工作。与欧洲DVB-H标准的性能对比，T-MMB各项指标优于DVB-H。

CMMB中国移动多媒体广播行业标准

CMMB采用S波段大功率卫星与地面同频增补网络相结合的技术体制，单项广播和双向互动相结合，实现全国天地一体覆盖、全球漫游，适用于30～3000兆赫频率范围，支持 25 套电视节目、30 套广播节目以及数据业务。CMMB 的核心技术是泰美世纪自主研发的 TiMi（Terrestrial Interactive Multiservice Infrastructure）地面数字电视传输系统和 STiMi（Satellite TiMi）卫星、地面交互式移动多媒体广播传输系统。CMMB 技术标准覆盖整个移动多媒体广播业务系统端到端的完整技术体系。

2007 年 10 月 1 日，中广传播首次在北京、上海、天津、沈阳、青岛、秦皇岛 6 个奥运城市和广州、深圳开通了信号覆盖。

2008 年，广电总局、中国移动分别向奥运相关组织和团体赠送了 CMMB 终端或具有 CMMB 功能的 TD-SCDMA 手机，在 37 个城市开展相关试验。

2009 年 3 月，中广卫星移动广播有限公司和中国移动签署合作框架协议，在市场推广、品牌营造和用户发展方面进行战略合作。

2010 年 6 月 2 日，CMMB 在全国 317 个城市开通，22 个省级行政单位实现全省开通，完成深度覆盖要求的城市总计 108 个。至 2010 年年底，广电总局共颁布 10 个国家行业标准，使 CMMB 具备完整的技术标准体系。CMMB 吸引了国内外 200 多家企业参与产业联盟。有多家企业生产出 CMMB 核心芯片，几百家企业生产出手机类、PDA、MP4、车载电视等几十款不同价位的 CMMB 终端产品。

二、研制单位

中国科学院计算技术研究所

1956 年成立，是中国第一个专门从事计算机科学技术综合性研究的学术机构。中科院计算所研制成功了中国第一台通用数字电子计算机，并形成中国高性能计算机的研发基地，研发出中国首枚通用 CPU 芯片。2006 年，AVS 国家标准颁布后，AVS 标准工作组成立了 AVS 专利池管理委员会，该委员会设立 17 个投票席位。中科院计算所因专利数量居首获得 6 家专利最多的单位席位中的 1 席。2006 年至 2010 年，该所共取得科技成果 144 项，包含 11 项 973 课题成果（含两个 973 项目）、40 项 863 计划课题成果、2 项 CNGI 项目成果、5 项科技支撑计划项目成果、1 项科技条件平台项目成果、2 项国际合作项目成果等。

清华大学数字电视传输技术研发中心

1999 年 7 月成立，清华大学微波与数字通信技术国家重点实验室与清华大学校友在美国硅谷创办的凌讯科技公司联合，组建了清华大学数字电视传输技术研发中心，联合展开对数字电视地面传输技术标准的专项研究，提出了 DMB-T 方案。DMB-T 和国际已有的标准相比，具有领先的系统性能、鲜明的应用特点和自主知识产权体系，成为中国自主数字电视地面传播技术标准 DTMB 的重要基础。2010 年，清华大学数字电视传输技术研发中心与清华同方等共同研发成功 GME 绿色数字引擎芯片，实现了电视机绿色背光调节系统双核驱动和智能待机。

北京泰美世纪科技有限公司

2003年2月成立，是中关村科技园区内高新技术企业。广电总局广播科学研究院是泰美世纪的主要投资方。2007年4月，泰美世纪被评为北京市百家自主创新示范企业。5月，泰美世纪被评为北京市2007年度"专利引擎"试点单位。同年，泰美世纪与英特尔、摩托罗拉等国际著名公司建立起战略合作关系，联合开发具备交互功能的下一代CMMB技术，并积极推荐STiMi成为国际电联和IEEE802.16的标准提案。2008年12月4日，科技部和广电总局共同签署《国家高性能宽带信息网暨中国下一代广播电视网自主创新合作协议书》后，泰美世纪成为下一代广播网（NGB）科研项目的重点参与单位。截至2009年5月，泰美世纪申请38项发明专利和8项PCT国际申请，泰美世纪获广电总局颁发的科技创新奖一等奖。

北京新岸线软件科技有限公司

2004年成立，是主要从事宽带无线通信与广播技术、IC设计、视频与图像技术的高科技企业，具备较强的无线通信、广播系统自主研发，软件系统开发，芯片开发和整机系统设计能力。在移动多媒体广播、宽带无线通信、高性能CPU、视频搜索和图像防伪等领域拥有100项技术专利。2004年，新岸线从建立之初就与中国传媒大学、东南大学联合研发手机电视/移动多媒体T-MMB系统。2005年，新岸线开始对视频结构化分析技术、人脸识别技术、文字识别技术、语音识别技术及音视频编码技术等进行深入研究。2009年，新岸线向中国通信标准化协会（CCSA）提交的"高频谱利用率和高数据吞吐的无线局域网技术"得到工信部科技司批准，进入行业标准制定流程。2010年，新岸线和英国ARM公司联合发布全球首款40纳米A9双核2.0GHz高性能计算机系统芯片NuSmart2816。

第五节　重点项目

北京广播器材厂数字化全固态广播电视发射设备产品化开发和小批量生产技改项目

1999年2月，市经委批准北京广播器材厂数字化全固态广播电视发射设备产品化开发和小批量生产技术改造项目的可行性研究报告，主要是利用企业的现有研究开发成果及生产条件，引进关键技术、设备、仪器及样机，研究开发数字化全固态广播电视发射设备，并具备小批量生产能力。2000年12月5日，该项目竣工验收。总投资2900万元，其中外汇195万美元,实际完成固定资产投资1470万元(企业自筹570万元,市财政拨款900万元)，项目用汇97万美元。项目的实施使北京广播器材厂在数字广播电视发展中占据了领先地位，研发出的大功率全固态及单电子管HDTV发射机达到了20世纪90年代末期国际同类产品的先进水平，在国内领先。

北京兆维电子有限责任公司背投式数字电视研发技术改造项目

1999 年 4 月 20 日，北京兆维电子有限责任公司背投式数字电视研发技术改造项目获可行性研究报告批复，2000 年 12 月 5 日竣工验收。该项目总投资约合 2000 万元（含外汇 110 万美元），实际完成固定资产投资 2001 万元，其中企业自筹 501 万元，市财政拨款 1500 万元，项目用汇 60 万美元。该项目引进部分关键技术、设备、仪器及样机，建立背投式数字电视机开发环境，形成小批量生产能力，产品达到 20 世纪 90 年代末期国际同类产品的水平，在国内领先。

北京数字高清晰度电视产业化工程

2001 年，北京市在数字高清晰度电视领域整合资源、选择切入点，重点突破制约产业发展的瓶颈问题，使数字高清晰度电视产业化工程进入实验化阶段。该工程先后安排、完成 7 个项目。

北京数字高清晰度电视地面广播实验项目。根据《国家计委关于北京数字高清晰度电视地面广播试验工程项目可行性研究报告的批复》，北京开展了数字高清晰度电视地面广播实验区建设。目的是使已开发的科研成果在实验区中系统成套，并通过开路广播的实验，发现和研究实际运行环境中数字电视信号发射、传输和接收整个系统中可能出现的技术问题，为中国数字电视制式和标准的制定，为相关产品性能参数的测试提供相应手段，积累测试实验数据。该项目实施周期为一年。从 2001 年起信号发射地点定在中央电视塔。2001 年年初，北京电视台完成该项目前端试验室的建设工作，北广电子集团的全固态发射机在中央电视塔安装完毕，北京电视台前端试验室至中央电视塔的光纤链路建设完毕。测试人员开始对各种技术方案进行测试实验。

数字电视有线传输实验平台。在北京国际工程咨询公司搭建一个数字电视有线传输实验平台。该平台包括高清晰度电视和标准清晰度电视两个实验系统；既有单向广播形式，又有双向交互形式；既可进行视频业务，也可进行数据广播业务；并涉及保安系统。该测试实验平台还建有相应的测试和模拟环境，对设备的性能、运行情况、技术指标、传输方案进行全面的测试和模拟，为数字电视后续开发及应用工作打基础。

针对小区或宾馆完成数字电视实际传输测试及示范工程。在实验平台基础上逐步启动小区或宾馆的实际传输测试及示范工程。在测试实验的基础上应用于实际的用户群，将开路试验与区域内闭路系统相结合，将实验、示范及实用相结合，提出完整方案。该项目主要包括育新小区、北京会议中心两部分。2002 年 2 月前完成育新小区一期，2002 年 6 月完成北京会议中心一期。

数字高清晰度电视信道编码调制及校正。2001 年 2 月确定技术方案。北京广播器材厂参加 ATSC 和 DVB-T 两种标准的数字电视信道编码调制器的研制，进行 8VSB 调制器样机结构件的设计、加工，完成样机加工和整机联调，12月样机调试完毕。完成CDFDM样机，11月中旬CDFDM样机与发射机进行联调，年底前完成样机调试工作。2002年1月对这两种调制器进行测试，2月通过鉴定。

数字电视发射机安装、调试。2001年4月，北京广播器材厂研制的1千瓦发射机安装在中央电视塔并调试完毕，闭环联试成功。年底前，广电总局组织对该机进行测试和鉴定。该机作为测试设备参加国家数字高清晰度电视标准测试组在2001年1月开始的对五种方案的开路测试。北广电子集团24瓦全固态数字电视发射机研制从2000年6月开始准备工作。整个试制工作严格按照ISO 9000管理程序实施。2001年，整体组装完毕，进入调试阶段，11月发射机输出满功率，12月中旬通过鉴定。

29英寸HDTV显示兼容彩色电视机芯电路研制。牡丹电子为实现北京数字高清晰度电视产业化，推出集多种高新数字电视技术和新功能于一体的CV2900系列29英寸全数字处理多媒体彩色电视机。该系列产品中最具代表性的是CV2980型HDTV显示兼容多媒体机。该产品自1999年开始研制，2000年年底完成样机的设计开发工作。2001年9月通过市科委组织的技术鉴定。鉴定委员会认为该产品达到国内先进水平，是模拟电视向数字电视过渡的必备品，与同类产品相比具有较好的性能价格比和很高的推广价值。

千兆多媒体接入设备研究。由中科院软件研究所承担的北京市科技合同项目"千兆多媒体接入设备研究"，是北京市科技计划项目"数字电视有线技术传输技术研究中的数字电视接收和小区—家庭演播系统"的子课题。该项目由4兆和百兆交换机硬软件、家庭网关硬软件、组播业务和视频服务器、网络管理与计费软件4部分组成。2000年，完成1000兆交换机的硬件设计、制版和部分调试及驱动程序设计，视频服务器卫星系统的接收和播放程序，网管和计费软件的需求分析和总体设计。

中关村数字电视产业园建设

中关村数字电视产业园是经中关村管委会批准，由牡丹电子于2006年12月18日成立的专业科技产业园，位于海淀区花园路2号。中关村数字电视产业园具备企业加速器、孵化器的功能，培养和孵化科技型企业和文化创意企业，并着重支持和推动数字电视产业的研发及产业化，为企业提供成长、发展所需要的场地、政策、项目、资金、技术等方面的服务。数字电视国家工程实验室的进驻、数字电视产业联盟在园区的发展，提升了产业园的科技服务能力，加速了数字电视产业的集聚。2010年11月25日，由清华大学、北京航空航天大学、同方集团、京东方等12家单位合作共建的"北京数字电视国家工程实验室"在中关村数字电视产业园成立。

北京北广集团奥运数字音视频广播发射及移动接收系统开发应用项目

2007年，北京北广集团承担的奥运数字音视频广播发射及移动接收系统项目是北京市工业发展资金技术创新项目之一，计划总投资8300万元。该项目可满足固定和移动设备无线宽带接入、基于地面数字电视的城市交通导航系统、2008 北京奥运会地面数字电视广播等。在北京奥运会期间，北广集团 DAB 数字广播系统主要用于北京地区奥运会数字广播节目的播发。该系统采用多点覆盖的方式，使北京奥运会数字广播节目覆盖北京地区的每一个角落。北京北广集团研制的 CMMB 地面移动多媒体项目主要用于地面移动多媒体奥运会节目的播发，CMMB 发射机以电视视频、广播等多种形式向移动多媒体发射奥运会节目，使重要场合、重要奥运信息，通过北广的发射机得到及时传递。

数字化音视频控制技术研究及应用项目

2007 年，北京大学计算机科学技术研究所和北大方正集团有限公司，在国家 863 计划和国家科技重点创新项目的支持下，共同完成了"数字化音视频控制技术研究及应用"项目。该项目研制了一系列数字化音视频控制技术，实现了面向电视台播出工作流程的网络化、数字化的多频道大型播出控制和系统总控监控。为服务电视节目的播出面向亿万观众，数字播出控制系统要做到 7×24 小时连续无差错运行，还要能支持电视台内部复杂的工作流程的需要。该项目研制了高可靠和实时容错技术、基于可靠时钟模型的零帧精确控制技术、系统协同控制与纠错技术、智能监控与节目调度技术等，申请了 20 余项发明专利，并获 2007 年度国家科学技术进步奖二等奖。该项目实现的多频道大型播出控制和总控监控系统主要应用于各类视频播出机构，具有播出串联单编排、广告关联、上载监看、素材管理、节目审片、自动播出、系统总控、任务单管理等功能，支持对 30 多种视频设备的控制，实现了多频道自动播出、数字电视播出、新闻演播室直播、广告插播、延时播出、节目自动收录和上载、智能总控监控等应用。

北京数字电视产业园建设工程

2009 年 8 月 31 日，在北京经济技术开发区举行了北京数字电视产业园暨京东方科技集团股份有限公司第 8.5 代薄膜晶体管液晶显示器（TFT-LCD）生产线奠基仪式。北京数字电视产业园是为优化北京电子信息产业结构而建设，计划通过京东方科技集团股份有限公司第 8.5 代线核心项目的建设，吸引上下游企业在其周围聚集，使北京成为全球重要的高清数字电视机及相关数字电视产品的生产基地。数字电视产业园的建设，吸引相关企业投资超过 500 亿元，每年可形成近 1000 亿元的产值，提供超过 2 万个就业机会。2009 年 12 月 28 日，冠捷科技有限公司年产 800 万台液晶电视机／显示器生产基地项目入驻北京数字电视产业园。该基地总投资为 5000 万美元，设在北京经济技术开发区东区数字电视产业园 C3 地块，分两期实施。一期固定资产投资 4500 万美元，用地 7.53 公顷，厂房及辅助用房建筑面积 7 万平方米，设计年产能为液晶电视机 400 万台、液晶显示器 300 万台、液晶模块 140 万片，产值可达 88 亿元。二期固定资产投资增加 500 万美元，加上一期的投资额，合计达到 5000 万美元，设计年产能为液晶电视机 500 万台、液晶显示器 300 万台、液晶模块 150 万片，产值可达 120 亿元。

北京数码视讯科技股份有限公司数字电视产业园项目

2010 年 4 月 10 日，北京数码视讯科技股份有限公司数字电视产业园项目开工仪式在顺义临空国际高新技术产业基地举行。该项目主要从事数字电视前端软硬件产品和增值业务等产品的研发及产业化，计划总投资 15 亿元，总占地 13.34 公顷。一期开工建设项目占地 5.2 公顷，投资 8 亿元，建设公司总部和研发中心。

第三章　电子计算机制造业

北京计算机产业在国内起步较早，中国第一台电子管计算机 103 机、第一台超过百万次集成电路大型计算机 150 机以及第一台个人电脑长城 0520，都有北京企业投入研发和制造。北京计算机产业综合竞争力较强，渠道优势明显，从品牌知名度到产量、销量，联想、方正、同方、紫光等均在国内名列前茅，成为产业的中坚力量。

20 世纪 90 年代初，北京计算机产业快速发展，率先推出基于 Windows 操作系统的商用微型计算机，并于 1992 年提出"家用电脑"的概念，成为计算机产品的重要分支。同时，北京高性能计算机研制水平显著提高，曙光、联想深腾等技术指标达到国际先进水平。1996 年，联想在国内微型计算机市场销量跃居第一，并推出第一台自有品牌的国产笔记本电脑。1997 年，北京计算机企业在与进口品牌电脑和兼容机的竞争中逐渐确立优势，扭转了主流产品滞后于国外的状况，达到与世界先进水平同步。至此，最先进的计算机产品大多率先在北京推出，进而扩散到全国市场。

进入 21 世纪，随着互联网的广泛应用，计算机产品得到普及，提高竞争力、开拓国际市场成为北京计算机企业的战略目标。2004 年，联想集团收购 IBM 全球台式和笔记本电脑业务，使得企业和产品的国际地位得到提升。2010 年，北京计算机产业保持着快速、健康、稳定的发展步伐，年内北京共生产微型计算机 938.59 万台，比 1999 年增长 4 倍多。

第一节　计算机产品

20 世纪 90 年代，北京计算机产业快速发展，率先推出基于 Windows 操作系统的商用台式电脑，并于 1992 年提出"家用电脑"的概念，使之成为计算机产品的重要分支。同时，北京高性能计算机研制水平提高，曙光、联想深腾等高性能计算机的技术指标达到国际先进水平。1996年,联想在国内微型计算机市场销量跃居第一,并推出第一台国产笔记本电脑。1997年开始,北京计算机企业在与进口品牌电脑和兼容机的竞争中逐渐确立优势,扭转了主流产品滞后于国外状况,北京率先推出先进的计算机产品,进而扩散到全国市场。

1998年,联想(北京)有限公司开始因特网(Internet)电脑天禧系列的研究,至1999年完成。针对因特网的特殊要求,引用了业界新的设计标准EasyPC、PC99等,开发出专门为因特网量身定制的电脑。

1999年,方正集团推出第一款超薄光软互换笔记本电脑4100/4200系列。9月,国家并行计算机工程技术中心研发成功的神威系列计算机第一代产品——神威I型巨型机落户国家气象局。神威I型系统浮点运算速度峰值为3840亿次,在全球已投入商业运行的高性能计算机中排名第48位。同年,北京康拓科技有限公司在国内率先推出与AT96总线和CompactPCI总线兼容的APCI5000系列工业控制机,年底成功研制出国产化KT-6000B现场总线型分布式计算机控制系统。

进入21世纪,北京计算机产业进入新的发展阶段。随着互联网的广泛应用,计算机产品得到普及,提高竞争力、开拓国际市场成为北京计算机企业的战略目标。2004年,联想集团收购IBM全球台式和笔记本电脑业务,使得企业和产品的国际地位得到提升。

2000年1月29日,中科院计算所完成曙光2000-II超级服务器的研制,通过科技部组织的鉴定。3月20日,方正电脑公司推出国

图2-7 联想公司生产的天禧66X2电脑(1999年摄)

内第一款预装中文版Windows 2000操作系统的电脑方正商祺6100。4月26日,方正集团发布国内第一款采用Intel公司的奔腾III处理器、基于ISDN宽带技术的卓越3000和基于ADSL宽带技术的卓越6000家用电脑。9月15日,首批清华同方笔记本电脑超锐F2系列上市,该系列笔记本电脑采用奔腾III 800 CPU。11月27日,中科院计算所承担的"九五"国家攻关项目曙光系列可扩展并行计算机系统通过科技部验收。11月28日,联想集团推出新一代绿色安全家用电脑——家庭数码港天麒、天麟电脑,产品研发总投资2600万元,拥有33项专利技术。12月,曙光集团研制成功曙光3000超级服务器。曙光3000是国家863计划和中科院知识创新工程重大成果,是当时性能最高的国产超级服务器。同年,联想(北京)有限公司完成联想掌上电脑的研制,采用高度集成的硬件系统设计、低功耗电源方案、高质量数码录音、可擦写的电子图书卡、一键名片交换、软件调制解调器以及实用的联想信息助理、联想科学计算器等技术。

2001年5月,清华同方推出采用双CPU的入门级服务器产品超强1220L。同年,清华同方还推出配置Intel Tualatin(PIII-M)处理器的超强1500L/1520L和超强1300L服务器。

2002 年 2 月 1 日，方正集团推出国内第一款采用奔腾Ⅳ处理器的笔记本电脑颐和 e3000。3 月，方正集团与 Intel 公司共同发布首款采用 15 英寸大屏幕的方正颐和 A8 系列笔记本电脑。4 月，方正科技与 Intel 公司联合发布第一台集成 GPRS 无线通信模块的笔记本电脑 S2000。7 月，联想集团研制成功联想深腾 1800 大规模计算机系统。整个系统包括 256 个计算节点机、4 个服务节点机、2 个输入 / 输出节点机和 1 个控制台节点机。9 月 10 日，联想集团的开天 6800 电脑在美国圣何塞举办的 2002 年秋季英特尔信息技术峰会（IDF）上获创新奖。10 月，深腾 1800 被安装在中科院数学与系统科学研究院，是中国第一个正规的开放计算环境。11 月 4 日，神州数码（中国）有限公司发布神州数码网络电脑（Network Computer，NC）及解决方案。作为拥有自主知识产权的产品，该网络计算机采用了北京中芯微系统有限公司研制的方舟芯片。11 月 12 日，京东方科技集团股份有限公司基于国产 CPU "方舟 1 号"和自行研发的 Linux 嵌入式操作系统的京东方龙腾系列网络电脑首批产品下线，国产网络电脑产品进入批量生产时代。11 月，在美国能源部劳伦斯·伯克利国家实验室公布的全球超级计算机 500 强排名中，深腾 1800 位居第 43 名，是全球第一台实际速度超过万亿次的 PC 机群服务器产品，联想成为首家进入排行榜前 100 的中国企业。同年，方正集团推出第一台针对低端行业用户的 7999 元笔记本电脑 E2500。

2003 年 2 月 28 日，清华同方和清华大学发布了合作开发的探索 208 集群式计算机系统。该系统包括 8 ~ 512 个超节点，每个计算节点包括 1 ~ 4 颗 CPU，运算速率可达到万亿次以上。3 月 14 日，中国最大的百万亿数据处理超级服务器曙光 4000L 通过验收。曙光 4000L 由中科院计算所国家智能计算机研究开发中心联合曙光公司共同研制完成，同时适用于高性能科学计算和信息服务两大领域，是中科院知识创新二期工程的一项重大成果。11 月，在国家 863 计划和中科院知识创新工程共同支持下，联想集团成功研制国家网格主节点深腾 6800 超级计算机。深腾 6800 超级计算机 LINPACK 实际运算速度每秒 4.183 万亿次（最高达每秒 5.324 万亿次），LINPACK 效率为 78.5%。在 2003 年全球超级计算机 500 强排行榜中，深腾 6800 实际运算速度居第十四位，LINPACK 效率位居高端超级计算机第二位；在事务处理能力 TPC-H 测试的性能比较中，深腾 6800 名列世界同类系统第四。基于深腾 6800 的创新技术，联想集团申请了 42 项发明专利。11 月，国家并行计算机工程技术中心研制的神威新世纪——100I 集群计算机系统完成验收，正式下线。这套国内首款采用 64 位处理器的并行集群系统采用了 102 个安腾 2 处理器，峰值计算能力达每秒 4000 亿次；可扩展到 1024 个安腾 2 处理器，计算峰值性能每秒 4 万亿次以上。12 月 9 日，联想集团推出国内第一款支持关联打印技术的核心设备——关联应用外置式网络打印服务器 LW3000。同年，方正集团发布第一款万元迅驰处理器笔记本电脑 T3500。

2004 年 1 月，曙光信息产业有限公司推出国内首例拥有自主知识产权的 4 路 64 位服务器曙光 4000A。在 2004 年全球超级计算机 500 强排行榜中，曙光 4000A 位列全球第十，中国成为继美国和日本之后第三个能研制 10 万亿次高性能计算机的国家。3 月 23 日，北京曙光信息产业有限公司发布天阔 i200A 服务器。该服务器融合了 32 位及 64 位计算技术，选配硬件监控和管理系统，可独立检测系统的硬件故障。5 月，联想集团针对成长型企业设计生产了一款低端入门级万元单路服务器——联想万全服务器 T168。联想万全 T168 采用 SATA RAID 技术、支持硬盘热插拔；低端服务器中推出 PCI-X 接口，引入高端 I/O 技术。6 月 1 日，紫光集团推出首个采用 AMD 64 位 CPU 的高端笔记本电脑紫光之星。10 月 22 日，联想推出两款专为奥运会设计的服务器：1U 机架式服务器万全 R510 和刀片服务器 B700。10 月，清华同方的超锐 F5000 笔记本电脑上市，该电脑采用 Intel 公司的迅驰 1.3GHz 处理器。11 月 1 日，联想集团推出天骄宽带关联电脑，针对热门的视频通信、互动影视、网上支付等宽带应用加以一体化设计。11 月 10 日，联想集团推出第一款 13.1 英寸的宽屏笔记本电脑——天逸 Y200。同年，曙光超级服务器国内市场占有率超过 20%；曙光服务器销售量达到 2.47 万台，比 2003 年同期增长 53.4%，市场占有率达 7.1%，其中曙光 4 路服务器占全国销量的 16%，拥有多达 2000 家用户。联想推出为乡镇家庭用户设计的圆梦系列电脑，发展中国乡镇市场。方正集团发布具有电视功能的笔记本电脑佳和 H800，方正科技发布商用旗舰笔记本颐和 T6600。

　　2005 年 1 月，方正科技推出全球首款成人/儿童双模式电脑"鼠米"。联想集团推出首款奥运金标笔记本电脑天逸 Y200。3 月，联想集团发布 7 款服务器新品，推出多项自主研发、客户导向的创新技术，分别是自动开机故障诊断功能（Doctor Inside 技术）、智能控温降噪、防雷击等。4 月 18 日，联想集团推出第一款全程自主研发的国产笔记本电脑昭阳 A600。4 月，曙光信息产业（北京）有限公司与 SUN 签署战略合作协议，曙光 A 系列 64 位服务器全面支持 SUN Solaris 10 操作系统。5 月，曙光信息产业（北京）有限公司在全球上市 10 款适应不同应用需求的双核服务器。曙光信息产业（北京）有限公司推出中国第一款 64 位 8 路服务器天阔 A950，填补了国内厂商在多路 SMP 服务器领域的空白。曙光信息产业（北京）有限公司自主研发成功 8 路双核服务器，标志中国国产服务器能够提供双路、4～8 路的全线双核产品，实现由单核平台向双核平台的转移。联想集团推出万全 T220 服务器的二代新品 T220 G5，以全新的升级配置，引领双路服务器新标准。在英特尔技术峰会 IDF（Intel Development Forum）中，联想服务器以其世界领先的新一代产品获得英特尔创新设计大奖。清华同方推出业界首款安全 PC。6 月 8 日，方正集团推出圆明服务器高中低端系列共计 6 款新品，包括面向政府、传统行业和中小企业用户的方正圆明 LT200、方正圆明 MT100、方正圆明 MR100 等，产品均采用新一代 PCI-Express I/O 总线设计，全面支持 Intel EM64T 技术，支持 DDR2 400 内存等最新技术；在英特尔推出支持超线程功能的双内核至强芯片之后，第一时间推出了单路、双路、4 路基于双内核处理器的圆明服务器产品。方正科技联合微软推出共同开发的 Secu Stor 系列服务器，面向中小企业用户办公信息化。6 月，清华同方推出采用迅驰 2 处理器的全内置笔记本超锐 F5600S。10 月，清华同方推出国内最小的家用台式电脑 imini。7 月 21 日，作为全球第一台主动远程管理电脑，方正君逸系列问世。8 月 31 日，清华同方计算机系统本部推出超锐 T、超锐 A、超锐 V 和灵迅 M 四大系列 10 款笔记本电脑，涵盖主流商务应用、时尚个人消费以及大众经济款等机型。8月，紫光集团推出网游笔记本电脑紫光 T310R。9月，中科院北京基因组研究所、计算技术研究所研制成功生物信息处理专用计算机曙光 4000H，并通过中科院组织的专家验收。通过开发专用计算机及其算法，项目组获得授权国家发明专利 1 项，取得软件登记证书 4 项。紫光集团推出第一款软硬件相结合的专用教学笔记本电脑传宝 T816R，该电脑配备了紫光传宝多媒体易教易学系统及相关外设，可以实现数码摄像、视频剪辑、课件制作、手写标注等多种功能的同步处理，帮助教师一次性完成需要后期处理的复杂工作。清华同方电脑全线产品通过申报环境友好产品的审批，获得国家环保总局颁发的 IT 行业第一个具有国家独立知识产权的绿色环保标志"绿色之星"。10月，紫光推出家用电脑新视线 K 系列，该系列产品在外观设计上大胆突破，造型时尚高雅。11月4日，联想集团和清华大学合作完成的 863 计划科研成果"深腾 2600 新型网路服务器系统"通过教育部主持的鉴定，该系统是一种面向事务处理、网络信息服务、电子商务和电子政务的超级服务器，其所带外虚拟存储技术、大容量内存虚拟磁盘技术和负载均衡技术已进入国际先进行列。11月29日，联想集团笔记本全线宽屏产品首次集体亮相，其中天逸 F20 采用 12 英寸宽屏，具有 1.4 千克的带电池重量，以及长达 8.5 小时的续航时间等特点。同年，清华同方推出首款双核塔式服务器 TP110 1800，支持 Intel 奔腾 D 处理器，产品定位为入门级服务器，是为满足中小型企业的需求而研发。清华同方针对电信游戏领域推出超强 TR100 2390 服务器，其运算能力、可靠性及可管理能力受到信息服务运营商及高性能计算、高可用集群领域用户的认同。方正集团推出国内首款定位于主流机型的 Intel Sonoma 平台笔记本产品方正颐和 E220。2005 年，据易观国际统计数据，联想、方正、同方分别以 34%、12%、9% 的市场占有率位居中国台式电脑市场前三名。

2006 年 1 月，联想深腾 6800 超级计算机获 2005 年度国家科学技术进步奖二等奖。3 月 16 日，方正笔记本取消"颐和""佳和"两个子品牌，分为 S、T、A、R 四大系列，年轻化、时尚化的路线更加明晰。方正科技推出国内首款具备人脸识别功能的笔记本电脑 S620，为用户提供了一种新的加密模式。7 月 27 日，方正基于酷睿 2 处理器的君逸、风云、天瀑系列产品亮相，同时推出基于酷睿 2 处理器的"卓越"台式机、T550N 笔记本电脑，方正科技成为全球唯一首发 5 款基于酷睿 2 处理器电脑产品，并涵盖家用、商用三大产品系列的厂商。7 月，同方公司推出国内首款 64 位双核笔记本电脑。11 月，汉王首款 UMPC——手写电脑掌控系列 T700 亮相。

2007 年 1 月 5 日，联想集团在北京发布实时多媒体协同技术，实现 PC 人机交互与计算的分离，用户可使用其他终端设备如电视机、投影仪、手机完成电脑的实时输入输出。1 月 9 日，联想推出 Windows Vista PC 全线产品，发布包括天骄、锋行、家悦、扬天、天逸、ThinkPad、ThinkCentre 及联想外设等在内的八大系列 10 余款新品，产品均采用联想的 LXT 技术平台与 Windows Vista 系统进行充分融合。1 月 29 日，方正科技推出一系列预装 Vista 操作系统的机型。1 月，方正科技发布针对中小企业需求研发，具有商务安全一键通功能的商祺 N500 台式电脑。3 月 31 日，方正科技推出涵盖不同价位的 Windows Vista+

酷睿 2 PC 系列产品。5 月 9 日，方正科技发布两款 Intel Santa Rosa 平台笔记本——主流 14 英寸宽屏笔记本 R610R 及 15 英寸大屏影音独显笔记本电脑 S550R。6 月，同方公司推出时尚舒适性电脑"CoCo"和炫酷游戏型电脑"火影二"，二者获得由中国流行色协会颁发的色彩大奖。8 月 8 日，同方公司在上海推出安全芯片电脑，同时推出安全解决方案"TST 平台"。同方 TST 安全技术平台以同方安全芯片为基础和核心，集成指纹识别、文件加密、个人密盘、授权密网、加密备份、木马防护、系统急救、在线杀毒等 10 余项安全功能。9 月，联想万全 R630 G7 服务器夺得 SPEC 测试 IA 构架全球冠军。10 月 11 日，方正科技发布采用双网隔离技术的方正尊越 A360 电脑，是国内唯一通过公安部、国家保密局、解放军三方认证的双网隔离电脑。10 月 18 日，方正科技与阿里巴巴软件共同推出搭载"电子商务即时通讯软件阿里旺旺"和"中小企业版电子商务软件"的方正商祺系列机型，实现商用机型与电子商务应用的结合，为中小企业打造一体化的电子商务解决方案。12 月，同方公司推出存储服务器超强 TS220。超强 TS220 是国内首款将存储和服务器合二为一的高性能计算平台，采用 Intel 至强四核 E5310 处理器。

2008 年 1 月，联想集团在全球推出 IdeaPad 笔记本电脑和 IdeaCentre 台式电脑系列产品，并宣布进军全球消费 PC 市场。3 月，联想发布 13 英寸全功能超轻薄笔记本 ThinkPad X300，集成数十项先进技术，最薄处 18.6 毫米，重量 1.33 千克。3 月，联想万全 R630 G7 服务器在全球 TPC-H 基准测试中，以总分 33184 分的成绩问鼎该项测试全球冠军。联想万全 R630 G7 是基于 Intel 最新 X7300 系列处理器的四路四核服务器，最大可支持 256GB FBD DDR2 667 内存，具备超稳定和超负载承受能力，可以满足用户应用整合的复杂需求；高达 2.7 倍的虚拟化性能提升，具备高稳定、高可靠和高扩展性的特点。6 月，方正科技推出 6 款新品：飞越 A600、卓越 I500、R680、R620G、S230 和 BiG1。7 月，同方公司推出超便携笔记本电脑 imini。8 月，中科院计算所、曙光信息产业（北京）有限公司历时 4 年研制出曙光 5000A 百万亿次超级计算机。曙光 5000A 是国家"863 计划"高性能计算机及其核心软件重大专项支持的研究项目，系统峰值运算速度达到每秒 230 万亿次浮点运算（230TFLOPS），LINPACK 运算速度超过每秒 160 亿次浮点运算，使中国成为继美国后第二个研制并应用超过百万亿次高性能计算机的国家。在 2008 年公布的全球高性能计算机 500 强排行榜中，曙光 5000A 位列全球第十。9 月 10 日，方正科技推出首款采用 TCM 安全芯片的商用电脑君逸 M580，该电脑实现了数据安全、系统安全与资产安全的全程安全管理。9 月，同方公司推出为中小企业量身定做的企业 PC 易购解决方案，与之匹配的 8 款超扬 S 系列商用新品随之上市。10 月，方正科技集团股份有限公司在第一时间发布了应用 Intel 最新 Xeon 7400 处理器的圆明 HR480 超性能服务器。同方公司推出"真爱""黑钻"系列家用台式电脑，产品具备全高清解决方案。11 月，同方公司 imini 创新性推出彩壳定制服务，成为国内唯一可以自由定制外观的时尚笔记本。12 月 20 日，联想集团推出 ThinkPad W700ds，为国内首个配置两个 LCD 屏幕的笔记本电脑，主屏 17 英寸，副屏 10.6 英寸。12 月，联想集团研制出高性能计算机深腾 7000。深腾 7000 全球排名第十九位，是世界上规模最大的一个节点无盘启动、具有对所有硬件部件统一管理和监控功能的机群系统，是国内第一个实用性能突破每秒百万亿次、实现 PB 级别三级结构海量存储的异构机群系统。深腾 7000 高性能计算机实现了 1240 个 2 路薄节点和 140 个 4 路厚节点的协同计算，实际 LINPACK 性能突破每秒 106.5 万亿次，可应用于大规模科学工程计算、商务计算，能高效运行各种大型商业软件。联想深腾 7000 落户中科院计算机网络信息中心，成为国家网格主节点的关键设备。同月，同方公司推出教师笔记本——天铎互动教学多媒体系统，将手写笔记本电脑、超声波感触式多功能教学笔、多媒体电视播放设备、多功能课件制作软件、全国优秀教学课件资源库和移动电子白板等众多产品融于一体，提供移动式多媒体互动教学解决方案。

2009 年，中国政府出台的"家电下乡"政策推动台式电脑生产企业快速发展。全国下乡计算机累计销售量 100.8 万部，占有其中 95% 份额的 4 家企业（联想、海尔、方正和同方）中，北京就有 3 家。3 月 4 日，联想集团启动"电脑下乡"计划，推出包括产品、渠道、服务、培训在内的一系列举措，展示了为农村用户量身定制的三大系列 15 款产品，其中台式计算机占到 9 款，笔记本电脑有 6 款。3 月，方正科技举行京津冀大区电脑下乡启动仪式，标志着针对农村用户设计的 15 款"电脑下乡"中标产品（8 款台式机和 7 款笔记本）进入销售阶段。方正科技与 Intel 联合推出基于 Intel 四核处理器的 PC 产品，包含 3 个系列、7 款产品。4 月 16 日，由中科院计算所、曙光信息产业（北京）有限公司、上海超级计算中心共同承担的国家 863 计划信息领域"高效能计算机及网格服务环境"重大项目研究课题"曙光 5000A 高效能计算机"通过成果鉴定。4 月，联想发布全球消费业务战略，宣布将在 2009 财年推出包括台式计算机、笔记本电脑在内的近 50 款消费电脑产品，全面覆盖高中低端市场。4 月，方正科技率先推出了基于 Intel 全新 Nehalem 架构至强处理器的 MR1002200、MR2003200 双路机架式服务器和 MT100 2200、MT300 3200 塔式双路服务器等 4 款圆明服务器新品。4 月，方正科技发布了采用 Intel G3 处理器的上网笔记本产品颐和 E100 和 BiG2。5 月，同方公司发布全球首批、中国大陆首款上市的 Intel CULV 平台产品超轻薄笔记本电脑锋锐 S30。6 月，方正科技推出商祺新品，发布"i-shine"产品理念和针对中小企业量身定做的"商翼计划"，是方正科技继宣布向"PC 制造商＋多产品、贴近客户型的供应商"转型战略之后的举措。8 月 26 日，联想集团发布联想昭阳 K23 台式电脑，为首款预装由联想研究院研发的网络安全技术"急冻卫士"的产品。9 月 22 日，紫光旗下公司紫光信联推出紫光 TeePC 系列的 C100、C200、CEDU 等全线产品。紫光 TeePC 是一种体积小、低功耗、高运算、可替代传统 PC 的绿色环保电子新概念产品，既可作为客户端登录服务器，也可成为优化的普通桌面 PC，将主打行业市场，如教育行业、电子政务等。方正科技 5 款分别体现轻薄、安全、易用特色的时尚笔记本电脑新品集中亮相。同年，同方公司推出利用云计算技术开发的第一个系列产品"云终端网络计算机 VD1000"，开始新一代网络计算机的应用性探索。电信运营商推行定制上网笔记本电脑，带动计算机企业上网本生产快速成长。联想公司推出智能上网本 Skylight、全新创意的双模笔记本电脑 IdeaPad U1，全面实施移动互联网战略。

2010 年 2 月 1 日，联想集团发布入门级商用工作站系列的首款产品"Think Station E20 工作站"。该工作站提供可选的 Inter Corei 系列处理器和可选的主动管理技术，后者还可提供 IT 部门进行远程监视；采用超线程技术和睿频加速技术，DDR3 内存最大可支持 16GB，可选配的 NVIDA Quadro 独立显卡，可以选用 128GB 固态硬盘或者 1TB 的机械硬盘，机身具有 Think Vantage 技术并搭载 Windows 7 操作系统。4 月 23 日，曙光信息产业有限公司推出国产龙芯刀片服务器。该服务器拥有完全自主知识产权，安全、绿色、高效，具有通用性的 CPU 和 OS，可以无缝平滑地运行 X86 CPU Linux OS 上的应用程序。其主板由曙光信息产业有限公司设计，CPU 则采用曙光信息产业有限公司研制的龙芯 3A，BIOS 采用曙光信息产业有限公司基于 PMON 的二次独立开发的曙光龙芯，操作系统采用红旗公司的 RedFlag Linux。同时，曙光信息产业有限公司首次推出云计算解决方案。6 月 1 日，中国首台实测双精度浮点计算超千万亿次的"星云（Nebula）"超级计算机发布。该计算机是接受国家 863 计划重大专项支持，由曙光信息产业（北京）有限公司、中科院计算所、国家超级计算深圳中心共同研制的。"星云"系统采用自主设计的 HPP 体系结构，由 4640 个计算单元组成；采用高效异构协同计算技术；系统包括 9280 颗通用 CPU 和 4640 颗专用 GPU；计算网络采用了单向 40Gbps QDR Infiniband 技术，核心存储采用了自主设计的 Parastor 高速 I/O 系统；峰值计算速度为每秒 3000 万亿次，实测 LINPACK 值每秒 1271 万亿次。系统遵循中国电子工业标准化技术协会高性能计算机标准工作委员会标准，实现专用计算机关键部件的标准化和产业化，节省了用户产品扩容成本。"星云"系统每瓦能耗实测性能超过 498 亿次，是当时国内最节能的超级计算机。"星云"具有完全自主知识产权，是中国第一台面向未来云计算环境而设计的超级计算机系统，在第三十五届全球超级计算机 500 强排行榜中名列第二。9 月 17 日，华旗资讯推出爱国者 8 英寸高清电影本 DPF882D MPad。该产品具有 1280×768 的屏幕分辨率，支持主流格式的视频播放和外挂字幕，兼容 32GB SDHC 存储卡。10 月 12 日，联想推出扬天 S 系列一体机电脑，包括扬天 S750 系列和 S700 系列。该产品将轻薄的液晶屏幕、多点触摸、人性化设计融入产品中，并能在远端实现对终端 IT 系统的管理和维护。12 月 23 日，由天云科技推出的中国首台云计算服务器在北京亦庄云基地下线。超云 SC-R-6240、SC-R-6220 和 SC-R-6110 等 3 款产品可预装虚拟化及安全管理软件，其中 SC-R-6240 和 SC-R-6220 两款多节点产品能实现单机成云，可应用于数据中心部署、高性能计算、高端图形工作站、网络存储等环境。12 月，同方公司携手英伟达，推出普及型真 3D 高端台式机真爱 V9800，引领 3D 家庭应用。同年，同方公司在国内率先推出具有自主核心技术的 TR240、TR250 云网服务器。同方 TR240、TR250 服务器基于 Intel 最新一代芯片组，支持 8 块热插拔 SATA/SAS 硬盘，集成服务器双千兆网卡。

2010 年，北京计算机产业保持着快速、健康、稳定的发展步伐，新型电脑产品不断推出。年内，北京共生产微型计算机 938.59 万台，比 1999 年的 178.99 万台增长 4 倍多。

1999—2010年北京微型计算机、笔记本电脑产量统计表

2-9表

年份	1999年	2000年	2001年	2002年	2003年	2004年	2005年	2006年	2007年	2008年	2009年	2010年
微型计算机产量(万台)	178.99	257.85	339.69	415.67	470.58	533.35	649.57	735.6	832.18	691.51	842.66	938.59
笔记本电脑产量(台)	17	7350	188043	38320	94753	158507	151355	243057	173330	332011	899286	628986

联想集团有限公司

1984年11月1日，中科院计算所投资20万元，由柳传志带领11名科研人员创立了中科院计算技术研究所新技术发展公司。1989年联想集团有限公司成立。1999年，联想集团在全国电子百强企业中名列第一，为扩大电脑制造能力，在北京、上海、广东惠阳建立现代化生产基地。2001年，联想集团电脑研发生产基地购置先进的科研开发仪器设备及生产设备，建设现代化的自主品牌产品研发中心，建设国内最大的电脑全自动生产线。项目完成后，形成年产200万台微型计算机的生产能力，其中新增微机150万台。2003年4月28日，联想集团启用企业新标志"Lenovo联想"，并在全球范围内注册"Lenovo"标志，为进军海外市场做准备。2004年12月8日，联想集团宣布以12.5亿美元收购IBM全球台式和笔记本电脑业务，与IBM组成战略联盟。同年，联想集团成为国际奥委会全球合作伙伴的第一家中国企业，为2006年都灵冬季奥运会和2008年北京奥运会独家提供台式计算机和笔记本电脑、服务器、打印机等设备以及资金和技术支持。2005年5月，联想完成对IBM全球个人电脑业务的收购，新联想总部设在美国罗利。7月，联想集团发布商用台式计算机新策略，首次将中小企业市场作为年度商用业务的主力市场。9月，联想集团携手IBM、英特尔、蓝代斯克、微软和赛门铁克五大IT全球领先企业构建新联想北京创新中心。12月，联想、TCL等8家企业共同出资5000万元成立闪联信息技术工程中心有限公司，推动闪联标准的产业化进程。同年，联想集团整合高性能服务器和PC服务器业务，实现服务器销售收入7.21亿元，并以130亿美元的销售额进入全球个人电脑市场前三位。2008年7月9日，美国《财富》杂志公布2008年全球500强排行榜，联想集团首度打入全球500强，以167.8亿美元的年销售额排名第499位。7月23日，联想品牌体验中心落成揭幕。作为北京奥运会的计算技术设备独家提供商，联想集团提供了3万件计算技术产品，覆盖计时记分系统、评论员信息系统、赛场成绩系统、比赛管理系统等七大核心领域，

构筑起北京奥运信息系统硬件平台。2009年3月，联想集团成立两个新的业务集团，分别服务于成熟市场客户和新兴市场客户。2010年8月，联想集团启动全国圆梦万镇行活动，通过产品下乡、渠道下乡、服务下乡以及推广下乡等惠农计划，全方位进入农村市场。11月，联想集团以移动互联、台式一体机和云计算三大主题产品和技术，亮相第十二届高交会。联想集团在京举办2010年移动互联开发者大会，公布了联想应用商店"乐园"发展策略，推出1亿元规模的"乐基金"支持中国本土应用开发企业成长。联想集团在全球66个国家拥有分支机构，在166个国家开展业务，建立了以北京、东京和美国罗利三大基地为支点的全球研发架构。在国内，联想集团设有北京、深圳、上海和成都四大研发机构。拥有2000多项专利，开创了诸多业界第一。联想集团的产品线包括移动手持设备、服务器、外设和数码产品等。2010财年第二季度，联想集团在全球的市场份额达10.4%，再创历史新高；连续4个季度在全球前四大电脑厂商中增长最快，连续6个季度增长速度高于整体市场。

北大方正集团有限公司

1992年12月12日成立，位于海淀区成府路298号。方正集团为用户提供行业整体解决方案和ITO和BPO服务，涵盖媒体、交通、金融、医疗卫生、政府、企业信息化等多个领域。其中，媒体服务是方正集团的传统优势业务，在新闻出版、新媒体、广电、印刷等多个领域扮演着产业引领者的角色。据IDC统计，从1999年第二季度起，方正电脑跻身亚太地区十强。20世纪90年代末，方正信息研发的第七、第八代出版系统在国内占据领先地位，并进军国际西文市场，产品出口美、英、法、德、加等几十个国家和地区。同时将具有自主知识产权的核心技术销售给国际著名厂商，通过其产品应用在世界各地。2000年，隶属于北大方正电子有限公司的方正集团扫描仪部成立，主要从事方正自有品牌产品（包括方正扫描仪、方正多功能一体机等）的研发、销售和服务等业务。2001年9月8日，方正集团在东莞建成的电脑生产基地年生产能力达到300万台以上。2002年3月23日，方正台式电脑被国家授予免检资格，获得国家质检总局颁发的国家免检产品证书。11月，方正科技通过ISO 9001:2000的认证审核。2003年第三季度，方正台式电脑销量跻身世界前十强，商用电脑排名世界第九位，连续5年名列国内市场前两位。2005年5月，中标认证中心向方正商用机、笔记本电脑产品颁发了节能认证证书。方正科技通过权威机构的测试，平均无故障时间（MTBF）达65000小时。9月，方正科技服务器和笔记本电脑荣获中国名牌产品称号。2006年1月，方正集团苏州制造基地投产，7条先进的生产线可实现柔性生产体系与大规模生产相结合，电脑产能达600万台/年。3月3日，在2005年中国IT产业最具成长品牌评选活动中，方正科技凭借"商用百日风暴"营销策划案例获得2005中国IT产业营销经典案例奖。7月6日，文化部颁布《网吧专用计算机应用标准》，方正科技成为该标准管理委员会成员。2007年，方正集团再次入选中国软件出口（外包）排行榜25强，并名列2007中国软件产品出口示范企业第一名。作为中国软件行业唯一被列为全国企事业知识产权示范创建单位的企业，方正集团形成规模软件出口能力，软件产品出口日本、北美、欧洲等地，并拥有信息产业部认证的一级系统集成商资质。方正汉字激光照排技术已占领海外华文报业90%以上的市场；方正Apabi电子书系统的海外用户达100多家，包括美国皇后区图书馆、英国牛津大学等国际著名图书馆和高等学校；在原创核心技术基础上自主研发的日文照排系统已应用于日本300多种报刊；方正RIP软件在美、英、德、日等国拥有近百家全球合作伙伴。截至2010年，方正集团累计取得国内发明专利超过2000项，拥有国际PCT基础申请专利50多项，专利申请以平均每天2项的速度递增。2010年，方正集团主营业务收入153.11亿元，利润总额4.33亿元。

同方股份有限公司

1997年6月25日，清华同方股份有限公司成立。6月27日，清华同方在上海证券交易所上市。2002年1月，清华同方股份有限公司电脑事业部升级为计算机系统本部，作为清华同方股份有限公司信息技术产业的领军企业，主要从事计算机相关产品及外围设备的研发、生产、销售和服务，组织架构为台式机、服务器、笔记本电脑以及数码产品四大产品事业部，产品线覆盖安全芯片、笔记本电脑、家用及商用台式电脑、电脑一体机、图形工作站、服务器、存储、数码，以及计算机外设、计算机远程服务、行业应用解决方案等领域。同方电脑重视技术及产品研发能力建设，每年研发投入超过企业销售收入的8%。清华同方股份有限公司依托清华大学的科研实力与人才平台，多次入选中国科技100强、中国电子信息百强、守信企业。2005年3月，国内PC行业首个节能认证出台，清华同方电脑成为入选政府采购节能产品清单的唯一中国电脑品牌。5月，无锡同方计算机工厂落成并投入使用，规划年产能300万台。2006年5月30日，清华同方股份有限公司更名为同方股份有限公司。2007年6月，同方电脑发布安全策略，提出"创造安全电脑"的品牌口号，并同步推出TST安全技术平台。12月，同方电脑联合12家专注于PC制造、软件研发及芯片生产的企业，在北京发布自主可信计算产品。同年，同方电脑获得中国信息化推进联盟颁发的2007年正版软件市场推进年度优秀企业奖。2008年11月，同方上榜世界品牌500强。同方年电脑销量居国内市场前三、亚太第六、全球市场十强之列。2010年，同方营业总收入182.58亿元，净利润4.80亿元。同方总资产达到248亿元，拥有专利和软件著作权近2000项。

曙光信息产业（北京）有限公司

2001年创建，公司研发拥有完全自主知识产权的全系列服务器，在互联网、金融、电信、生物、气象、石油、科研、电力等多个行业应用。曙光公司建立了独立的研发中心，是国家高性能计算机工程技术研究中心依托单位，并与中科院计算所、国家智能计算机研究开发中心建立合作关系，先后研发了TC2600刀片服务器、曙光天罗系列防火墙和Gridview机群管理软件、曙光4000A、曙光5000A、曙光星云高性能计算机等产品，其中星云高性能计算机的实测性能位列世界第二，是世界上第三台实测性能超千万亿次的超级计算机，代表了当时中国计算机最高运算速度。曙光高性能计算机连续多年稳居国产高性能计算机市场第一，拥有 70% 以上份额，并在高性能集群领域实现了国产机对进口产品的超越。曙光公司生产的系列服务器以技术先进、性能卓越、服务优良见长，曾获国家科学技术进步奖一等奖、二等奖，中科院科技创新奖特等奖，中国十大科技进展等多项国家级荣誉。2005 年，曙光信息产业（北京）有限公司已形成天阔 PC 服务器、天演 UINX 超级服务器、天潮超级服务器三大系列 30 多种型号产品的规模，净资产超过 1 亿美元。2009 年，曙光以 27% 的市场份额获得中国高性能计算 TOP100 数量份额第一名。2010 年 7 月 19 日，曙光公司与北京市计算中心宣布，共同建设云计算联合实验室。

第二节　外部设备及应用产品

1993 年，联想开发出国产第一代商用激光打印机。1996 年 3 月 20 日，紫光推出国内第一款具有自主品牌的扫描仪产品 Uniscan。1997 年，联想集团推出国内第一台多功能一体机 MFC6550MC。1998 年 3 月 25 日，方正推出 3 款文杰激光打印机，即文杰 A406、A306 和 E306，自带 50 多种方正中文简繁体 PS 字库。

1999 年开始，扫描仪市场结构发生变化，普及性、易用性提高，价格跌入 500 元大关。家用市场迅速崛起，由 1998 年的 12.36% 迅速上升为 42.20%。扫描仪技术和配套软件发展迅速，接触式传感器（CIS）、USB 扫描仪纷纷登场，配套光学字符识别（OCR）成为推动扫描仪普及的动力。据此，紫光提出家用扫描仪的概念，并向市场推出第一款面向家庭的产品 Uniscan A600 小天使扫描仪。4 月，神舟数码公司推出自有品牌的投影机产品——晨星系列投影机。晨星投影机的销量凭借本土化优势和适合国情的价位，每年都以 100% 以上的速度增长。7 月，北京金远见电脑技术有限公司推出第一款有声电子词典文曲星 PC-505，具有"热同步"用户信息功能，可让两台 PC-505 达成资源共享。同年，联想集团向市场推出 LJ6206MFC 六合一多功能一体机，产品具有激光打印、传真、扫描、复印、PC FAX 和信息中心等 6 种功能。联想集团激光打印机获北京市科学技术进步奖一等奖。该机使用 ASIC 芯片实现中文处理，采用自行设计的字库，集成联想独创的中文控制语言、图像增强、针打仿真、长寿命陶瓷硒鼓等多项先进技术，市场占有率达 15.4%，在激光打印机国内厂商排名中位列第一。

2000 年 3 月，华旗资讯宣布爱国者显示器率先通过 TCO 低辐射认证。7 月，北京金远见电脑技术有限公司的文曲星 PC1000 上市，为首款内置自由开发平台 GVBASIC 的电子词典，可实现自主编程学习，完成真正意义上的与电脑互动。8 月，华旗资讯推出国内第一款大容量移动存储产品——爱国者移动存储王。同年，联想集团与美国得州仪器公司联合成立研发实验室，开始研发 DLP 投影机。清华紫光 Uniscan 扫描仪以总销量 12.8 万台、

31.53% 的市场占有率，成为继联想之后又一个在 IT 领域占据国内市场份额第一位的民族品牌。联想集团发布 LJ2312P 激光打印机。该机将打印速度提升到 12ppm，突破 6ppm 产品作为市场主流长达 10 年的局面。恒基伟业公司推出了与手机结合具有通信功能的"商务通"掌上电脑 9058。

2001 年，方正推出家用型扫描仪 F4180、F4280、F5180、F5180Plus 和 F5280 等一系列产品。其中 F5180Plus 扫描仪是最薄的 CCD 扫描仪，厚度 50 毫米，重量 1.87 千克。为了满足家庭用户对网络应用的需求，方正推出一款快速去网专家 F4280 扫描仪，在扫描各种印刷品时，具有更好的去网效果和去网速度，可最大程度地提高扫描仪的色彩还原能力。在商用方面，方正推出 F6688、F7100 和 F7180 等系列扫描仪，全球第一台 1200dpi 超薄 CCD 扫描仪 F8180Plus，以及集扫描、复印、电邮、传真等功能于一身的办公小灵通 F5580 扫描仪，专为 SOHO 用户设计。

2002 年年初，华旗资讯推出两大系列 12 种型号 50 余款移动存储产品。方正推出两款多功能一体机产品 D505、D737。5 月，华旗资讯推出捆绑 WPS2000 的爱国者显示器。6 月，华旗资讯发布全球最亮的显示器 NESO 极光特丽珑。9 月，联想集团推出多功能一体机 M9215 及 M9218，当年开发 M3100 多功能一体机。10 月，恒基伟业公司的"商务通"8888、8839、8118、HC2210 上市，其中 HC2210 是第一款使用 WIN CE 4.0 系统的掌上电脑。同年，方正集团第一款 A3 大幅面扫描仪 Z310 上市。神舟数码公司在中国投影机市场上超越众多国际品牌，取得市场份额第三名。

2003 年 3 月，方正推出国内第一款 A3 幅面激光打印机文杰 A6100U。5 月 26 日，联想集团发布其第一款 DLP 投影机。5 月，紫光推出"超级迷你闪盘 UF1"系列。这款重量仅 3 克的闪盘，能存储 16～512MB 的数据，擦写百万次以上，数据保存可达 10 年之久。6 月，华旗资讯推出定位于数据安全的 5 款新品——爱国者"迷你王"指纹加密型、安全邮件型、无限容量 K18 型和"移动存储加密王Ⅲ代"及"军用加密王"。8 月 6 日，京东方科技集团股份有限公司斥资 10.5 亿港元购得在香港和新加坡两地上市的冠捷科技有限公司股权，以 26.36% 的股比成为冠捷科技有限公司第一大股东，跻身全球显示器行业前三之列。10 月，方正开发的国内首款网络打印机文杰 A6100N 进入市场。12 月，联想集团首款无线关联投影机 TDW660 问世，该机内置原创的联想关联协议，自动发现无线局域网内所有关联投影设备，自动配置无线笔记本的 ID，实现无线投影机和无线笔记本的互联，该投影机通过国家闪联（IGRS）标准认证，获得 28 项国家专利。同年，华旗资讯爱国者 CRT 显示器经过国家标准化委员会的检测，成为中国首批获得采用国际标准产品标志证书的 IT 产品。清华紫光公司的紫光扫描仪在国内市场销量 21.9 万台，占市场份额 20.7%。

2004 年 3 月，华旗资讯推出使用 USB 接口的移动存储器 UC-P100E 智慧棒；5 月，发布其研究多年的科技成果"灵动技术"，并推出采用灵动技术、固化随身邮箱的闪盘"口袋邮箱"。7 月，北京金远见电脑技术有限公司推出文曲星 TC1000，具有通过互联网互动沟通的特性，具备对互联网海量信息的智能搜集、整理、编制功能，采用 GVRC 纯真人数码语音压缩技术，将百张光盘（约65GB）内容压缩到芯片中。10月，紫光集团推出两款在国产品牌中率先达到光学分辨率6400dpi×3200dpi的扫描仪产品，其中书籍扫描仪采用零边距技术，为国内首家使用该技术的产品；用于胶片扫描的新品分辨率为7200dpi，速度快、精度高，同时配备专业图像处理软件。11月，紫光集团与英国专业大幅面扫描仪生产厂商Colortrac公司共同研制出拥有独创技术的彩色大幅面扫描仪，采用最新的CMOS数字图像传感技术，扫描速度更快，图像更清晰，且不需要进行传感器接缝调整。北京金远见电脑技术有限公司首款具有MP3功能的电子词典文曲星V7100上市。

2005年4月，联想集团推出A3彩色同速激光打印机C9500N，该机采用新一代速度打印技术，使打印预热时间缩短到99秒以内，首页输出时间为16秒（彩色）、13秒（黑白）；月负荷量平均5000页/月，最大达8万页；支持最大为A3W（311毫米×457毫米）的多种打印幅面。6月，联想打印机中标国际奥委会指定电视转播公司NBC采购大单，为NBC转播2006年都灵冬奥会服务，承担现场和后台打印任务。7月，联想集团推出LJ2000激光打印机，高速打印速度达到每分钟20页以上，平均无故障时间达5000小时。北京金远见电脑技术有限公司推出文曲星V5100电子词典，实现英汉、汉英口语整句的双向翻译功能。同年，北京晓军办公设备有限公司唐亚伟开发成功亚伟中文速录机。

2006年3月，纽曼之星40GB高速型移动硬盘上市，转速为5400rpm。7月，紫光推出蓝浪移动硬盘，容量有60GB、80GB两款。

2007年2月，方正科技便携式双面扫描仪Z28d取得美国银行系统订单，走进美国市场。6月，方正首家推出银行验印专用扫描仪，包含高速扫描仪Z830、便携扫描仪Z550等多个型号。8月，方正科技面对行业用户需求，推出A3扫描仪升级机型Z1000，其最大特点是能够完成A2以上幅面的扫描任务，将图像快速拼接软件与扫描设备结合，解决了A2以及更大幅面图像扫描的难题，所配备的JPEG2000编码运算法则，使大图像压缩处理更加方便。9月3日，汉王科技股份有限公司（以下简称汉王科技）推出首款"电纸书"，将电子阅读器、手写识别及电脑绘图功能合而为一。同年，由北京大学、北大方正集团有限公司承担的高端彩色打印控制关键技术当选信息产业重大技术发明。

2008年1月，紫光推出能够满足摄影人士需求的环保型专业底片扫描仪FS7200。该机是第一款符合欧盟电子设备环保标准的国产扫描仪产品，扫描解析度相当于6800万像素数码相机，是当时同规格扫描幅面中分辨率最高的底片扫描仪，能够最大限度地记录底片信息并转换成数码影像。12月，方正推出四款平推式票据打印机LQ630、LQ710、LQ850和LQ900。

2009年2月，由方正科技主笔制定的国家标准《黑白单色激光打印机测试版》（GB/T 22372-2008）获得国家标准化委员会的批准，于2009年2月1日起正式颁布实施。11月，方正推出5款移动办公扫描仪。其中Mobile Office Z12为名片扫描仪，能一键扫描、识别和存储；Mobile Office Z18只有420克重，扫描速度可达每分钟4页；Mobile Office Z28D是全球首款双面便携产品；Any Scan A6无须连接电脑，自带存储空间支持脱机扫描。

2010 年 3 月，方正推出高速文档扫描仪 Z825。该扫描仪提供 ADF 扫描和平板扫描双平台系统，扫描速度最高可达 20ppm，实现 48 位真彩色，光学分辨率达 1200dpi×2400dpi，ADF 容量为 50 页。4 月 14 日，华旗资讯推出造型多样的 U 盘产品（有中国结、如意、青花瓷、汉服、旗袍、发簪、景泰蓝、兵马俑、宣纸等古典气息浓郁和打火机、摆件、书签、钥匙、跳棋等 30 余款），以及采用 USBPlus 高速接口的爱国者移动硬盘、云 U 盘和云存储移动硬盘。9 月 17 日，爱国者推出 8 英寸屏幕的高清手持视频播放终端"电影本"，拥有 1280×768 的分辨率。同年，纽曼推出指纹生物信息盾 U 盘。该产品采用 AES 乱序加密和指纹生物特征密钥技术、Bione 动态优化算法与活体指纹采集技术，不受手指干扰，非活体指纹或指纹拷贝均无法通过验证。华旗资讯的爱国者电子书问世。

2010 年，北京生产打印机 117.96 万台，相比 1999 年的 7.15 万台增长超过 15 倍；生产显示器 877.8 万台，相比 2000 年的 205.6 万台增长超过 3 倍。

1999—2010年北京打印机、显示器产量统计表

2-10表

年份	1999年	2000年	2001年	2002年	2003年	2004年	2005年	2006年	2007年	2008年	2009年	2010年
打印机产量（台）	71539	102316	131974	192059	202896	18802	717565	482631	449371	706611	783873	1179634
显示器产量（万台）	—	205.6	258.5	310.9	359.6	499.9	577.8	680.7	513.6	478.1	655.6	877.8

说明："—"表示无相关数据。

紫光股份有限公司

1988 年，清华大学科技开发总公司成立。1993 年更名为清华紫光（集团）总公司。1999 年，总公司发起设立清华紫光股份有限公司，当年 11 月在深交所上市。2002 年，紫光股份进行资产重组，成为主营信息产业的高科技公司。2006 年，紫光股份完成股权分置改革，更名为紫光股份有限公司（以下简称紫光）。紫光是国家 520 户重点企业、国家重点高新技术企业、国家 863 计划成果产业化基地、中国电子信息百强企业，曾获国家技术发明奖、创新奖以及名牌产品等上百项奖励。紫光自有品牌产品以"UNIS 紫光"为商标。随着紫光高速扫描仪、新型名片扫描仪、便携式扫描仪、高清拍摄扫描仪等新产品陆续上市，公司完成了业务从单一的扫描仪产品向多元化数字化输入产品的转变。2007 年，紫光扫描仪产品在中国扫描仪市场销量达到 19.14 万台，10 年蝉联市场销量排名第一。2008 年，紫

光"UNIS"商标被认定为中国驰名商标。2010年,紫光图文业务规模迅速扩张,在北京地区增开2家直营店,收购了河南威创旗下的3家图文店,全国范围内图文店面扩大到9家。2010年,紫光实现营业收入44.76亿元,净利润3322.16万元。

北京易亨电子集团有限责任公司

1998年3月23日成立,是在北京电子信息产业集团有限责任公司(电子控股前身)实施推进战略性结构调整总体布局,简化与所属企业的管理层级而批准组建,是由11家从事计算机整机、外部设备及相关业务的企事业单位(北京易亨电子有限责任公司、北京计算机二厂、北京计算机三厂、北京计算机五厂、北京计算机外部设备三厂、北京计算机技术研究所、北京无线电技术研究所、北京市微电子技术应用研究所、北京计算机技术服务中心、北京工控计算机厂、北京计算机配件二厂),按照行业内部调整重组而成的一家多法人松散型的行政联合体。2004年12月17日,北京易亨电子有限责任公司更名为北京易亨电子集团有限责任公司(以下简称易亨集团),注册地址为朝阳区北三环东路28号易亨大厦三层,占地面积5.29万平方米,注册资金1.18亿元。集团所属企业在中国电子工业的发展历程中,创建了多个全国第一,如第一台国产模拟计算机、第一台国产数字计算机、第一台国产微处理机、第一台国产大型显示屏,开发的产品和项目多次获得重大科技成果奖。易亨集团的科技产品主要包括智能物流设备、电力仪表与设备、自助服务终端等,拥有多项国家专利。集团生产的自动化装备产品以嵌入式技术应用为基础,集计算机控制,光、机、电技术于一体,包括物流自动化装备(AGV自动车)、电力测量自动化装备(电力仪表与培训设备)、信息服务自动化装备(自服终端)等多个系列近百种产品。电力仪表是易亨集团重点产品方向,从2003年开始研制第一代电力程控模拟装置,到2009年基本形成电力程控模拟装置系列产品,部分技术处于国内领先水平,并且拥有所有产品的核心技术和全部知识产权。电力培训设备在国内市场稳居前两名。2010年年末,集团职工总数5514人,其中在职职工904人,离退休人员4610人,其中大专学历占在职员工总数25%,本科学历占19%,研究生占2%。2010年,公司电力仪表产品产量近900台,实现销售收入2050万元,触摸查询一体机产量1523台,工业总产值915万元。2010年,集团完成工业总产值462万元,工业增加值569.3万元,销售收入4330万元,实现利税139万元,资产总额6907.1万元,负债总额4713.5万元。

汉王科技股份有限公司

1998年成立。汉王科技获863计划和自然科学基金等重点项目支持,研究开发和推广应用联机手写识别、光学字符识别(OCR)、数字绘画板等智能人机交互技术与产品,拥有多项具有自主知识产权的核心技术,综合技术水平在国内处于领先地位。2006年,手写汉字识别获得国家科学技术进步奖一等奖。汉王科技的通用产品有"电纸书"、汉王笔、文本王、名片通、绘图板等,还有针对教育、金融等行业应用的文表识别解决方案、交通管理的识别监控系统，其中既有手写手机、OCR 等多种技术授权方案，也有辅助方案实施的硬件产品，如证照识别等。截至 2009 年 3 月，汉王科技获得软件著作权登记 86 项，申请商标注册 260 项，申请专利 296 项，其中获准注册的商标 59 项，获准授权的专利 137 项。2010 年 3 月 3 日，汉王科技登陆深交所中小企业板。2010 年，汉王科技的销售与服务网络遍及全国 200 多个城市，在手写市场占有率超过 70%，OCR 领域市场占有率超过 50%。同年，汉王科技营业总收入 12.37 亿元，利润总额 8776 万元，年末总资产 18.60 亿元。

第三节　计算机网络设备

1996 年 6 月，北京天融信网络安全公司研制国内第一套自主版本的防火墙系统。1997 年 4 月，北京天融信网络安全公司研发的网络卫士防火墙系统通过由国务院信息化工作领导小组办公室组织的技术鉴定。从 1997 年到 2000 年年底，北京天融信网络安全公司推出 TaIent2.0 防火墙系统、网络卫士 NGFW-2000 型防火墙系统等代表性防火墙产品。

1999 年 2 月，北京大融信网络安全公司研制的网络卫士防火墙系统获得中国国家信息安全测评认证中心颁发的国家信息安全产品认证证书，获得国家保密局推荐和军队系统入网证。1999 年，神州数码网络有限公司推出国内第一款 ADSL 调制解调器 DCAD-610P，随后推出 DCAD-6010RA、DCAD-620U，迅速占据国内 ADSL 接入市场领先地位。

2000 年 6 月，联想集团推出第一款安全产品网御 2000 百兆防火墙 V1.0。7 月，清华紫光比威网络技术有限责任公司开始开发交换机产品，到第四季度推出比威 ES4242MC 交换机。年底，北京中科网威信息技术有限公司推出"长城"防火墙等网络安全产品线。同年，网络卫士防火墙 2000 取得国家版权局颁发的软件版权登记证书和军用信息安全产品认证证书；方正数码开发研制的自有品牌 FireGate 方御防火墙，通过了公安部计算机信息系统安全产品质量监督检验中心的新标准检验测评；神州数码网络有限公司研制、推出 DCR-2500、DCR-2500V 系列路由器，包括 DCR-2501、DCR-2509、DCR-2511、DCR-2501V、DCR-2509V 等型号，打破路由器市场被国外厂商垄断的局面。

2001 年年初，神州数码网络有限公司推出第一台自主开发的交换机，到年底拥有 LRS-6706G、LRS-6626、DES-6000、DES-3225G、DES-3624i 和 DES-3624 等重点产品，推出路由器新品，包括 DCR-1700 和 DCR-3600 等系列模块化路由器。北京天融信网络安全公司推出网络卫士防火墙 NGFW-3000。3 月 26 日，中国高速信息示范网核心路由器通过国家技术鉴定，定名为"银河玉衡 9108"，是由国防科技大学计算机学院和大唐电信共同研制开发的国内第一台拥有自主知识产权的高端线速核心路由器。5 月，北京中科网威信息技术有限公司黑客防范系统（天眼、火眼）通过军用信息安全产品认证；6 月推出国内第一个 IDS 接口；8 月接受公安部委托，负责信息网络安全项目中网络入侵侦测系统等 4 项中国信息安全产品标准的制定。8 月，清华紫光比威网络技术有限责任公司推出新一代路由器产品 BitEngine 4000 系列。9 月 28 日，清华大学和比威网络联合研制的核心路由器 BitEngine 12000 通过测试，标志着中国成为掌握新一代因特网核心路由器关键技术的国家之一。11 月，比威网络"BitEngine 8000 系列 IP 宽带交换路由器产业化项目"被列为第二批技术改造"双高一优"项目，并获得国家资金。12 月，北京天融信网络安全公司推出采用内核检测技术的防火墙系统 NGFW-4000。网威"天眼"网络入侵检测系统、"火眼"网络安全评估分析系统通过国家保密局技术鉴定。年底，清华紫光比威网络技术有限责任公司已经拥有 BitEngine 12000、BitEngine 7000 系列、BitEngine 4000 系列中高端路由器产品线。同年，清华紫光比威网络技术有限责任公司和清华大学合作完成国家 863 计划高科技课题核心路由器的研制任务，推出的比威网络核心路由器达到国外 IPv4 核心路由器的水平，并逐步实现产业化。联想集团推出了新一代防火墙产品网御 2000 防火墙 V2.0。北京神州绿盟信息安全科技股份有限公司研制的 NSFOCUS IDS 入侵检测系统上市。

2002 年 4 月，神州数码网络有限公司推出 DCR-2600、DCR-2800 系列路由器。4 月，清华紫光比威网络技术有限责任公司推出的 UF3500 防火墙等产品通过公安部、安全部、军队、保密局 4 个部门的评测和检验。4 月，方正科技软件有限公司推出自主研发的防火墙方正方通（FOUND Secuway）防火墙。5 月，北京天融信网络安全公司推出 ARES 免维护中小型防火墙。清华紫光比威网络技术有限责任公司开发成功 BitStream 3224TM 智能网管交换机。6 月，神州数码网络有限公司推出定位于企业网的骨干路由交换设备 DCRS-7500 系列产品，包括 DCRS-7504、DCRS-7508、DCRS-7515 三个型号。7 月，北京中科网威信息技术有限公司"长城"防火墙通过军用信息安全产品认证。11 月，清华紫光比威网络技术有限责任公司的 BitEngine 2630/2631 路由器下线。年底，启明星辰信息技术有限公司自行研制、生产的天阗千兆入侵检测与预警系统通过国家有关部门的科技成果鉴定。同年，清华紫光比威网络技术有限责任公司推出 BitEngine 10000 系列交换式路由器和 BitEngine 7500 核心路由器，建立了高性能交换式路由器的新标准；开发成功 BitStream 系列交换机。方正方御防火墙 FireGate 上市。瑞星公司推出企业级防火墙 RFW-100。神州数码网络有限公司在国内率先提出了构建智能、安全企业级骨干网的思想，并推出运营商级的核心路由交换机。

2003 年年初，清华紫光比威网络技术有限责任公司提出 BSSN（Bitway Secured Service Network）的创新理念，旨在为不同的服务应用网络提供全面的安全保障，为用户提供互动式的网络安全解决方案。3 月，清华紫光比威网络技术有限责任公司万兆交换式路由器推向市场。方正集团推出新一代具有独特智能 IP 识别技术的防火墙产品——方正第三代防火墙。启明星辰信息技术有限公司的天阗入侵检测与管理系统获中国电子学会电子信息科学技术奖二等奖。4 月 2 日，北京中科网威信息技术有限公司千兆防火墙 NPFW-1000 问世。6 月 28 日，北京天融信网络安全公司推出全新的综合安全审计系统 TA。6 月，方正科技软件公司开发的入侵检测系统获得计算机著作权证书。7 月，方正科技软件公司推出国内首款支持安腾 II 的入侵检测系统 IA64 版。8 月，清华紫光比威网络技术有限责任公司推出两款千兆、可堆叠、全网管型交换机 BitStream 3250TGS 与 BitStream 3226TGS。9 月 23 日，北京首信股份有限公司推出自主研发生产的国内第一款基于 ASIC 技术，线速千兆的高端防火墙首信 CF2000EP—600。该产品具有 4 个千兆端口的 ASIC 芯片，支持交换机及路由器功能。10 月 16 日，联想集团开发成功网御超五系列千兆防火墙。11 月，清华紫光比威网络技术有限责任公司自主研发并推出国内首台双 NP 架构的纯硬件千兆防火墙 Unis Firewall 12000。年底，北京中科网威信息技术有限公司推出 cPCI 架构、满足高可靠性的安全产品 NPFW—1200—cPCI。同年，神州数码网络有限公司推出面向中高档应用的多协议模块化路由器 DCR—3660。北京天融信网络安全公司的网络卫士防火墙 NGFW—4000 上市。方正数码推出全新系列的方正方御防火墙，其中包括专业级、企业级和电信级 3 个系列，8 种以上型号的产品。清华大学和清华紫光比威网络技术有限责任公司联合研制成功国内第一台 IPv4/IPv6 双栈核心路由器 BitEngine 12416，在国家 863 计划 IPv6 试验网上稳定运行，成为国内第一个完全通过信息产业部入网测试的核心路由器。

2004 年年初，清华紫光比威网络技术有限责任公司研制的第三代万兆路由交换机 BitEngine 10009 上市。4 月，北京中科网威信息技术有限公司千兆防火墙 NPFW—1000 和网威安全管理平台被列为北京市火炬计划项目。5 月，神州数码网络有限公司推出 72、75、76 三个系列共 8 款万兆交换机产品。清华紫光比威网络技术有限责任公司研发的 BitEngine 12000 系列"IPv6 核心路由器"通过了由信息产业部组织的技术鉴定。清华紫光比威网络技术有限责任公司 Unis Inspector 邮件安全系列产品通过公安部三所检测中心检测。6 月，美讯智公司研制成功美讯智安全邮件网关（SMG）。方正信息安全技术有限公司推出方正熊猫安全网关 PAGD8000 系列。北京神州绿盟信息安全科技股份有限公司研制的新一代"冰之眼"V3.0 入侵检测系统面世。8 月 8 日，由北京交通大学 IP 网络实验室张宏科教授和他的科研团队开发的中国首台拥有自主知识产权、技术性能达到世界先进水平的高性能 IPv6 无线路由器，通过了教育部组织的鉴定。9 月 7 日，联想防火墙形成完整架构的产品线，分别是"超五""强五"和"精五"，用户群覆盖电信级、企业级和中小企业级安全网关。10 月，启明星辰信息技术有限公司的天阗入侵检测与管理系统通过国际安全漏洞公布组织（CVE）的兼容性标准评审，获得最高级别的 CVE 兼容性认证。11 月，清华紫光比威网络技术有限责任公司开发出 BitStream 8016 核心路由交换机。同年，北京天融信网络安全公司推出 NGFW—4000—UF 防火墙，北京天融信网络安全公司的"网络卫士"防火墙 4000V2 通过了国家最高级别的 EAL3 等级认证。瑞星公司推出定位于企业的千兆防火墙 RFW—100/7G，具备较强的信息分析、数据包过滤和反电子欺骗能力。在由中国软件评测中心、中国计算机用户协会主办的 2004 年度中国市场主流防火墙产品评测中，方正方御防火墙 FG6340 获百兆防火墙评测的技术特色奖，方正方御防火墙千兆系列 FG8000—NP 获工程师推荐产品称号。北京天融信网络安全公司推出第一套自主版权的基于 ASIS 及 ASIC+NP 架构的安全网关平台，推出网络卫士入侵检测系统 NetGuard IDS。国家保密技术研究所和北京国保金泰信息安全技术有限公司联合自主研发生产高速数据隔离交换卡——国保金泰安全隔离与信息交换系统。

2005 年 3 月，清华紫光比威网络技术有限责任公司研发的 BitEngine 12000 系列 IPv6 核心路由器通过国际"IPv6 Ready"第一阶段认证测试。随后，该产品通过中国移动、中国电信和中国网通的入网测试。北京交通大学 IP 网络实验室和北京佳讯飞鸿公司联合开发成功中国首台拥有自主知识产权的高性能 IPv6 无线 / 移动路由器 BJTU。4 月，联想网御推出多 NP 技术万兆级防火墙，填补了国产万兆级防火墙的空白。5 月，北京中科网威信息技术有限公司千兆防火墙 NPFW-1000 被列为国家火炬计划项目。北京中科网威信息技术有限公司的入侵检测系统被列为国家火炬计划项目。上半年，神州数码网络有限公司开发的 DCNOS 网络操作系统获知识产权保护，全线路由交换产品通过 IPv6 Ready 认证。8 月，神州数码网络有限公司推出旗舰式 DCRS-7600 系列机箱式核心万兆路由交换机 DCRS-7608。清华紫光比威网络技术有限责任公司的 BitEngine 12016 IPv6 高性能核心路由器中标中国移动 CNGI 核心网试验网工程。同年，港湾公司研制的港湾网络 Power Hammer 系列高端路由器 P640、P320、P160 通过了泰尔实验室的入网测试，成为国内第一家通过权威机构基于 10G 平台的路由器所有测试项，并获信息产业部首张万兆核心路由器入网证，在核心路由器技术领域填补了国内 10G 技术平台的空白。北京天融信网络安全公司开始向客户提供专用的系列网关产品和集成化网关，形成网关产品核心技术体系：高端采用 ASIC+NPU 架构平台，中端采用 ASIC 架构平台，低端采用高性价比的嵌入式平台；各网关平台全面采用自主研发的专用安全操作系统 Topsec OS。港湾网络科技公司采用拥有自主知识产权的 Hammer OS 网络操作系统和 ASIC 芯片研制成功 Hammer 系列产品。

2006 年年初，神州数码网络有限公司自主研发出多业务路由交换机 DCRS-6800 系列，包括 DCRS-6808、DCRS-6804、DCRS-6804L 等产品。3 月，神州数码网络有限公司研制的部门级可网管接入交换机 DCS-3526-C 上市。7 月，神州数码网络有限公司推出高性能汇聚路由器 DCR-7800。9 月 21 日，瑞星公司基于 ASIC 的千兆线速芯片级防毒墙 RSW-B2000 研发成功。10 月 31 日，北京天融信网络安全公司推出基于自主安全芯片 TopASIC 技术的防火墙产品"猎豹"。12 月底，由信息产业部电子信息产业发展基金资助的清华紫光比威网络技术有限责任公司高性能 IPv6 路由器研发与产品化项目通过验收。同年，清华紫光比威网络技术有限责任公司承担的"2006 年国家下一代互联网示范工程（CNGI）驻地网建设专项"项目启动，开始用自主研发的 BitEngine 系列 IPv6 核心路由器和 BitStream 系列 IPv6 交换机建成 IPv4/IPv6 双协议栈的 IPv6 驻地网。神州数码网络有限公司专门为网吧和中小型企事业单位推出一款高性价比的智能宽带路由器 DCR-100U，推出 DCS-4500 系列、DCS-3950 系列等 10 余款全线主力交换机产品。北京天融信网络安全公司推出可信安全管理平台 TSM。方正信息安全技术有限公司的方正熊猫安全网关获 NSS 认证。

2007 年 6 月 27 日，由信息产业部电子信息产业发展基金资助的清华紫光比威网络技术有限责任公司 IPv6 网关设备通过验收。6 月，北京中科网威信息技术有限公司推出网威安全管理平台。9 月，北京天融信网络安全公司推出"银河"防火墙，这是国内企业自主研发生产的第一台万兆级防火墙产品。曙光信息产业（北京）有限公司推出首款基于中国自主知识产权的龙芯处理器的网络安全产品曙光 TLFW—100L 防火墙。10 月，神州数码网络有限公司太比特级核心路由交换机以第一名的成绩中标下一代教育科研网，为CERNET2 提供 IPv6 路由交换机。同年，曙光公司推出天罗 TLFW—100D 中小企业专用防火墙。方正科技软件陆续推出方正方通 1000、2000、3000、6000 等多个系列 30 余款防火墙产品。

2008 年 6 月 6 日，北京神州绿盟信息安全科技股份有限公司的极光远程安全评估系统上市。7 月 3 日，由清华紫光比威网络技术有限责任公司和清华大学网络中心、计算机系联合承担的国家发展改革委中国下一代互联网示范工程 CNGI 产业化项目"IPv4/IPv6 三层交换机研发和产业化"通过教育部组织的验收。7 月 11 日，绿盟科技发布极光新版远程安全评估系统"极光"V4。同年，神州数码网络有限公司推出 DCR-6000 路由器，有 DCR-6004 和 DCR-6008 两个型号。清华紫光比威网络技术有限责任公司开发出包括 BitEngine 12400、BitEngine 7500、BitEngine 3660、BitEngine 3640、BitEngine 2630、BitEngine 2631、BitEngine 2620、BitEngine 2621 在内的全系列路由器产品。曙光信息产业（北京）有限公司推出曙光天罗 TLFW—1000A 系列千兆防火墙，成为同时拥有 MIPS（龙芯）、X86、ASIC 三种类型防火墙的厂家。神州数码网络有限公司推出全线多核硬件防火墙终结者 DCFW-1800 系列，解决了传统防火墙的性能瓶颈。

2009 年 2 月，曙光信息产业（北京）有限公司研制的曙光 GodEye-HIDS 主机入侵检测系统问世。4 月，北京中科网威信息技术有限公司的入侵检测系统、防火墙设备统一管理中间件 V1.0、网威防火墙等网络安全产品被市科委、市发展改革委等认定为北京市自主创新产品。5 月，神州数码网络有限公司发布两款万兆核心路由器 DCR-7803 和 DCR-7806。6 月，神州数码网络有限公司推出 DCRS-9800 系列高端多业务 IPv6 核心路由交换机。8 月 28 日，中关村园区有 5 家企业的 11 项产品获得中国信息安全认证中心颁发的信息安全产品国家认证证书，分别是：北京启明星辰信息安全技术有限公司的天清汉马 USG 防火墙 USG-610A/V2.6、USG 防火墙 USG-2000C/V2.6、USG 防火墙 USG-10000E/V2.6、北京山石网科信息技术有限公司的 SG-6000 安全网关（防火墙产品）V3.0，网御神州科技（北京）有限公司的 Sec IDS3600 入侵检测系统 V4.0、Sec Gate3600 防火墙 V3.6.6.0、Sec Fox 安全管理系统（安全审计产品）V1.0、Sec SIS3600 安全隔离与信息交换系统（V2.0），北京安氏领信科技发展有限公司的入侵检测防护系统 V7（入侵检测产品）、统一威胁管理（防火墙产品）V8，北京速龙软件科技有限公司的网站智能自动防护系统 V1.0。同年，神州数码网推出万兆级 DCFS-8500 流量整形及计费网关。

2010 年 2 月，清华紫光比威网络技术有限责任公司承担的"具有 IPv6 网络应用协议分析与过滤功能的路由器研发及产业化"项目通过验收。该项目是 CNGI 示范工程产业化及应用试验项目，由国家发展改革委批准列入国家高技术产业发展项目计划。3月31日，北京神州绿盟信息安全科技股份有限公司入侵防御系统 NSFOCUS IPS 通过国际权威机构 NSS Labs 的测试，被 NSS Labs 认定为最高级别推荐产品。4月7日，神州数码网络有限公司发布 DCFW-1800 系列多核安全网关。4月，清华紫光比威网络技术有限责任公司承担的 2006 年国家下一代互联网示范工程（CNGI）驻地网建设专项通过验收。7月5日，北京神州绿盟信息安全科技股份有限公司在其新一代抗拒绝服务系统（Anti-DDOS）和网络防护/检测系统（NIPS/NIDS）中采用 Tilera TILEPro64 多核处理器，新一代的抗拒绝服务系于当月上市。7月，北京中科网威信息技术有限公司的入侵检测系统通过 3C 认证。9月，方正百兆网络入侵检测系统 V4.0 获得中国国家信息安全产品认证证书。10月，北京中科网威信息技术有限公司推出新一代千兆 S 系列防火墙。同年，神州数码网络有限公司推出多核统一安全网关 DCFW-1800-USG 和业界首创的认证计费与流量整形融合网关 DCFS 系列。北京天融信网络安全公司基于自己提出的 X-Firewall 新防火墙概念（融服务、管理及防火墙于一体），推出采用多核多级处理器的超百吉的下一代防火墙"擎天"。到 2010 年，清华紫光比威网络技术有限责任公司自主研发、推出的防火墙已覆盖企业级、企业百兆级、电信千兆级、NP 架构等多个系列，超过 41 款产品。2010 年，在计算机网络设备方面，北京所生产路由器、交换机产品的性能已达到国际先进水平，下一代互联网核心设备研发也取得明显进展。

神州数码网络有限公司

神州数码网络有限公司（Data Center Network，DCN）是神州数码控股旗下拥有自主网络品牌和知识产权的专业公司，是网络设备制造商和网络互联解决方案提供商。DCN 是在 1997 年成立的联想集团网络事业部团队的基础上组建而成。1997 年至 1998 年，DCN 确定网络研发方向，开始 DCNOS 网络操作系统的开发。DCN 主要从事数据通信领域产品研发和解决方案，产品包括交换、安全、路由、语音、应用交付、无线等系列。解决方案涵盖局域网、广域网、城域网、无线及宽带接入网、数据中心等应用，服务于教育、政府、运营商、金融、医疗、军队、电力、企业等领域，建立了覆盖国内全部省份和欧洲、北美、东南亚、中东及独联体地区的销售和服务网络。DCN 有北京和武汉两个研发中心，研发人员占全体员工的 40%，具备与国外知名企业同步研发的实力，在 SDN、IPv6 等领域处于国内领先地位。2005 年，DCN 国内首家通过 IPv6 Ready 金牌认证。2008 年全球首家通过 IPv6 Ready 金牌增强认证。2009 年全球独家通过 DHCPv6 认证。2010 年，DCN 被评为国家火炬计划重点高新技术企业，获全球认证的 IPv6 网络及行业商用奖。

比威网络技术有限公司

2000 年 7 月成立，公司注册资金 1.16 亿元，由清华控股有限公司、清华紫光股份有限公司、北京清华科技创业投资有限公司、清华紫光科技创新投资有限公司、深圳清华力合创业投资有限公司及战略投资公司等投资组成，设有研究院、开发中心、深圳生产基地、营销中心和管理中心，下辖深圳、山东两个分公司，在中国全国建有北京、上海、广州、武汉、成都、沈阳、西安、济南、深圳九大业务平台，在香港和美国设有分支机构。产品应用案例遍及电信、金融、教育、军队、公安、政府等行业和部门。比威网络主要从事数据网络设备和网络安全设备的研究、开发、生产和销售，拥有完全自主知识产权的高中低端的系列路由器、三层交换机、二层交换机、防火墙和其他网络安全设备。比威网络与清华大学联合承担了国家发展改革委重大专项、科技部"863"重大专项和信息产业部电子信息产业发展基金等多项国家重大项目，在新一代网络体系结构和高性能路由器的研究与产业化方面处于国内领先位置。比威网络开发完成了自主知识产权的网络操作系统 BWOS 和一大批网络专利技术，在全分布式系统设计、高速无源背板设计、大规模 FPGA 设计、高速大容量交换、高速 TCAM 混合查找、热插拔、高速 IPv4/IPv6 转发引擎、嵌入式产品开发、IPv4/IPv6 网络协议栈开发、基于 NP 的开发等方面具备成熟的技术储备。

第四章　电子元器件制造业

中华人民共和国成立初期至 1978 年，根据中央部署和北京市的发展规划，北京市先后在朝阳区、海淀区等地建设一批大中型电子企业，以电子元件、电子管、半导体分立器件等为主要产品，从产品的研制到生产均居全国领先水平，初步建立起电子元器件产品生产基地，为北京电子工业的发展奠定了基础。

1978 年改革开放后，在一系列政策引导下，北京电子工业通过招商引资、调整、重组等方式加快发展步伐。20 世纪 90 年代，产品结构不断升级，整体水平迈上新台阶。北京电子元器件制造业实现快速增长，总体规模不断扩大，企业效益和行业集约度不断提高。

进入 21 世纪，中国加入 WTO 为北京电子元器件制造业带来新的发展契机，也使全行业面临参与国际竞争的严峻挑战。随着信息技术的迅速发展，电子元器件制造业也保持高速增长。外资企业尤其是跨国公司大量建厂，带动了电子元器件制造业发展，促进了进出口贸易增长。北京电子元器件制造业在调整中发展，一些企业通过整合、跨国并购、扩建生产线、投产新项目等方式，拓宽了发展领域，提高了生产能力，扩大了经营规模。"十五"时期，北京电子元器件制造业总产值年平均增长 12.4%。为推动北京电子元器件产业做大做强，北京市实施大公司战略，加快行业生产向大公司、大集团集中进程，促进了规模经济形成和国际竞争力提升。北京京东方光电科技有限公司薄膜晶体管液晶显示器件（TFT—

LCD）生产线的投产，使中国显示器产业达到国际先进水平。在竞争机制作用下，一部分优势企业经过自身积累和兼并收购等途径得到发展，规模不断扩大；一些企业退出市场或者被优势企业兼并，北京电子元器件制造业在全国的比重下降，增速落后于沿海地区。

2007年，以诺基亚（北京）有限公司为龙头的诺基亚星网工业园，带动了揖斐电电子（北京）有限公司等配套企业的入驻，以京东方光电科技有限公司为龙头的京东方显示科技园吸引了康宁玻璃基板公司、北京康特荣宝电子有限公司、北京柏瑞安电子公司等企业的入园。2008年，与国际金融资本合作，通过设立高端产业发展基金，建设以京东方科技集团股份有限公司第8.5代线为核心的北京数字电视产业园。2009年，围绕建设"绿色北京、科技北京、人文北京"的工作要求，开展一批重大招商引资项目的谈判，与一些技术水平高、产业辐射性强的项目开展接洽。围绕北京数字电视产业园上下游配套的项目共24个，总投资达370亿元。

截至2010年，北京电子元器件制造业的产销规模、市场份额、产品结构、发展水平已具有较强国际竞争实力，能够与国际同行业中的顶尖企业同台竞技。

第一节　电子元件及电真空器件

2000年3月7日，北京吉乐电子集团有限公司（以下简称吉乐集团）自主研制开发的数字高清纯平、投影管用QPC74系列、2912系列偏转线圈产品通过定型鉴定，被列为北京市重点新产品项目。同年，吉乐集团为北京松下彩色显像管有限公司和天津三星视界有限公司配套的29英寸彩色偏转线圈被评为市级、国家级重点新产品。5月11日，北京晨星无线电器材厂与日本国东京电波株式会社、日本国明德贸易株式会社合资设立北京东京电波电子有限公司，设计、制造、销售石英晶体谐振器、滤波器、振荡器。该公司总投资500万美元，注册资本300万美元。

2001年5月，吉乐集团生产的29英寸彩色偏转线圈被评为2000年度国家级新产品。年底，吉乐集团向巴西出口第一批偏转线圈，首次实现产品出口。

2002年，吉乐集团生产偏转线圈907万只。北京飞达电子集团公司生产录音机磁头4000万只。北京松下电子部品有限公司生产电视机、移动电话用的扬声器5042万只。

2003年，吉乐集团根据自身生产能力和彩电、彩色显像管用户大多聚集广东省的特点，在广州花都工业区建厂，实现生产本地化，投入量产后具备年产600万只偏转线圈生产能力，形成了集团内部配套供应链。北京第797音响股份有限公司开发生产LSD-2(CRL8118)型立体声电容传声器。

2004年，吉乐集团出口偏转线圈200余万只，出口地涵盖马来西亚、德国、匈牙利、韩国等多国市场，出口销售量占总销量的15%以上，直接创汇突破千万美元，比2003年增长 201.85%。

2005 年 10 月 18 日，北京集星联合电子科技有限公司建成具有自主知识产权的纽扣式超级电容器自动化生产线，并投入生产。该项目得到 863 等重大专项资金的支持，其大容量超级电容器产品进入国际市场。年底，吉乐集团具备年产 2000 万只偏转线圈的能力，其纯平和大屏幕产品的研发和制造优势、第四代超薄型产品处于国内领先水平。同年，北京第 797 音响股份有限公司生产的 B-5（CR5120）型电容传声器被列入地方级火炬计划项目。北京七星华电科技集团有限责任公司（以下简称七星集团）研制出 3 种军用功率型电阻产品，包括 RIG4/500 型散热器安装玻璃釉膜固定电阻器、RG4/2000 型散热器安装玻璃釉膜固定

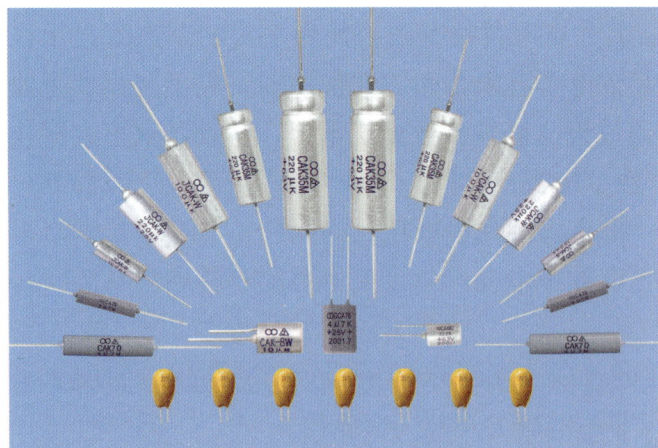

图 2-8　七星集团生产的高可靠电容器产品
（2005 年摄）

电阻器和 RIG3/1500 型微带电阻器，突破国内外单只氧化铍电阻器额定功耗无法超越 1000 瓦的技术屏障。揖斐电电子（北京）有限公司高密度印制电路板实现埋孔镀铜（FVSS）工艺的量产。

2006 年，吉乐集团实现年产偏转线圈 1500 万只的历史最好成绩，国内市场占有率达到 20% 左右，产品产量每年以 30%～50% 的速度增长。彩色偏转线圈发展到五类用户（北京松下、天津三星、法国汤姆逊，以及背投式电视厂商和出口国外）、两种结构（槽绕式、模绕式），涵盖从 14 英寸到 34 英寸各类彩色显像管所需上百种型号的产品群。吉乐集团继续加大国际市场开发力度，产品先后出口 10 余个国家，拓展了法国、意大利、墨西哥、波兰、日本、泰国等国用户。吉乐集团的吉乐牌彩色偏转线圈系列连续 10 年被评为北京名牌产品，通过美国 UL 安全认证，质量和技术性能处于国内先进水平。吉乐集团由单一生产型转变为技术储备型，具有自主技术开发能力与核心竞争力，具备主导产品年产 1500 万只的生产能力。

2007 年，由于显像管产业逐步衰退，吉乐集团偏转线圈产量收缩，退出生产。根据国家和北京市节能减排的要求，集团关停了原大红门高耗能磁材生产业务。

2008 年 8 月 8 日，北京奥运会开幕式采用了由北京第 797 音响股份有限公司研制生产的自动升降传声器系统。

2009 年 4 月，吉乐集团生产制造的移动通信设备用音圈获市科委与市发展改革委等颁发的北京市自主创新产品证书。10 月 1 日，北京第 797 音响股份有限公司完成了国庆 60 周年庆典的天安门扩声系统工程，获市政府嘉奖。

2010 年 4 月 28 日，恩智浦半导体声学解决方案新工厂在北京经济技术开发区落成。新

工厂拥有从维也纳总部引入的矩形扬声器生产线，可为通信设备制造商提供更高性能的产品。同年，北京第 797 音响股份有限公司生产制造的天安门城楼及周边地区扩声系统获市政府嘉奖。2010 年，北京光电子器件累计产量 1.27 亿只（块、套），产量在全国占比 11%。

北京吉乐电子集团有限公司

前身为成立于 1966 年的酒仙桥塑料制品厂，先后更名为东红路无线电元件厂、朝阳区无线电元件厂、北京广播电视配件三厂、北京电视配件三厂。1999 年 12 月，企业整体改制，更名为北京吉乐电子集团有限公司。厂址在朝阳区酒仙桥南路 5 号。注册资本 1.77 亿元，为电子控股的全资企业。吉乐集团多年跻身全国电子元件百强行列。企业主要产品有云母电容器、黑白偏转线圈、黑白彩色回扫变压器、亮度延迟线、开关电源变压器等。1999 年 12 月，吉乐集团通过 ISO 9000 和 ISO 14000 认证审查，并连年通过复审。产品采用 UL1413-83 安全标准，并通过美国 UL 认证。1999 年实现工业总产值 2.01 亿元，销售收入 2.04 亿元，实现利润 901 万元，实现利税 2388 万元，资产总额 3.65 亿元，负债总额 1.93 亿元。2001 年 5 月，吉乐集团获北京市 2000 年度经济协作工作先进单位称号。吉乐集团发展新能源产业，先后自筹资金 5000 余万元，在顺义和密云两个经济开发区建起占地面积约 4.7 万平方米的生产制造基地。2008 年 12 月 24 日，吉乐集团通过第二批高新技术企业认定。2010 年，吉乐集团 LED 产品形成以封装为基础，向显示背光和应用照明延伸的产业链。经过扩产，吉乐集团具备月产 LED 8 千万块、灯条模组 300 万条及室内外照明产品的生产能力，实现为京东方科技集团股份有限公司等大客户的规模化供货。主要产品有 14 ～ 34 英寸显像管用偏转线圈、数字移动通信设备用音圈、LED 封装、背光源灯条、室内外照明等。2010 年，吉乐集团实现工业总产值 8667 万元，销售收入 9343 万元，出口交货值 182 万元，实现利润 310 万元，利税 370 万元，资产总额 5.36 亿元，负债总额 2.66 亿元。厂区占地面积 10

图2-9　2006年，北京吉乐电子集团有限公司生产的各类显像管偏转线圈产品

余万平方米，建筑面积 7 万余平方米。在职职工 840 人，离退休人员 1481 人。

北京市无线电元件十厂

1970 年成立，是研发和生产铝电解电容器和电解电容器用电极箔的专业工厂。北京市无线电元件十厂有 3 个分厂、1 个研究所和 5 个下属公司，占地 5 万平方米，厂房面积 2.3 万平方米，是国内品种最全、生产规模最大的铝电解电容器制造厂商之一。1998 年至 2007 年，北京市无线电元件十厂电极箔分厂购置化成设备 6 套、腐蚀设备 2 套，并对化成机电源及

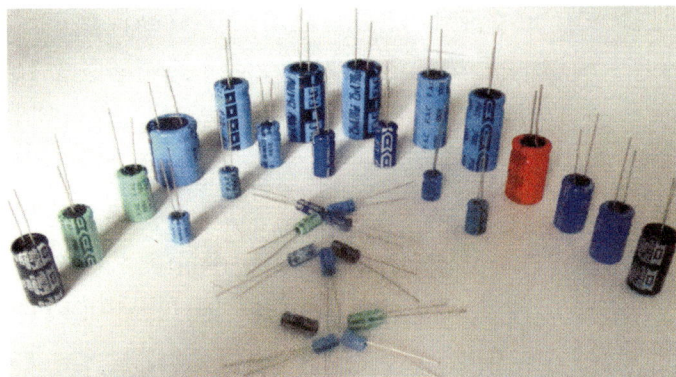

图2-10　北京市无线电元件十厂生产的铝电解电容器产品（2008年摄）

工艺设备进行改造。2003年6月，北京市无线电元件十厂实施污染扰民搬迁技术改造项目，将厂址从朝阳区朝外二条67号迁至顺义区高丽营镇水坡村水坡北街31号，在顺义区新建化成车间、配电室等，竣工面积700平方米。企业利用搬迁新址完成大铝电解电容器改造项目，从日本引进电极箔生产技术和关键设备，累计完成投资2200多万元。电容器分厂购置卷绕设备4台，烘箱、封口机、测试台等，电容器产量从10万只上升到2010年年底的44万只。2005年企业取得ISO 9001:2004质量管理体系认证证书，2010年取得ISO 9001:2008质量管理体系认证证书。2010年销售收入2848万元，实现利润5.5万元。

北京飞达电子集团公司

1993年2月成立，是由北京录音机厂、北京广播电视配件七厂、北京无线电元件十三厂、北京东风无线电厂、北京无线电元件九厂、北京广播电视配件一厂、北京半导体器件十二厂、北京通讯电源厂8家企业在不同时期，通过合并、兼并、托管等方式组成的国有企业，1998年发展成为由40多家三产企业、合资企业、联营企业组成的企业集团。集团本部位于海淀区苏州街75号，注册资本3324万元。厂区占地面积6.74万平方米，建筑面积6.22万平方米。飞达集团成立后，采取分体承包方式，先后成立了机加工分厂、模具厂、塑冲分厂、整机分厂和音响分厂。主要产品有无线电通信设备、收录放音机、电子仪器、语言教学设备、磁头、医疗保健用品、卫星天线接收系统、录音机机芯、晶体元件、卡带录制等。2000年，确定主要产品为磁头、变压器、二极管、开关四大类。随着技术进步、产品更新换代的加快和市场竞争的加剧，飞达集团生产的大部分产品逐渐淡出市场。2010年年底，飞达集团陆续关闭了下属企业。截至2010年年底，集团公司在职职工252人，离退休人员2064人。2010年实现工业总产值2065万元，销售收入2300万元，出口交货值121万元，利润6.81万元，利税248万元，资产总额1.98亿元，负债总额4.76亿元。

北京松下电子部品有限公司

1993年9月18日，北京松下电子部品有限公司成立，是由松下电器产业株式会社和松下电子部品株式会社共同出资成立的日本独资公司，总投资24亿日元，员工3800多人。该公司位于朝阳区望京新兴产业区内，占地面积4.86万平方米，建筑面积2.46万平方米。该公司引进松下全套技术、全自动检测生产线，主要生产、销售电视机用调谐器、分配器和电视机、移动电话用扬声器和压控振荡器。年产调谐器达1400万台、分配器480万台、压控振荡器 1300 万台、各种扬声器 1.2 亿台。全面引进松下的生产管理、品质管理模式，运用计算机系统化管理，先后通过 ISO 9002、ISO 14000、OHSMS 18001、QS 9000 及 TS 16949 等认证。2009 年，北京松下电子部品有限公司关闭。

北京松下控制装置有限公司

1993 年 11 月成立，由松下电器产业株式会社、兆维集团、松下电器（中国）有限公司合资成立。注册资金 3380 万美元，员工 1600 人。1994 年 7 月，北京松下控制装置有限公司开始生产通信、家电、仪器仪表用 DS 系列、T 系列小型极化继电器，HC 小型功率继电器及其他控制类产品，年产量达 3100 万只，覆盖全国 20% 的市场。2005 年，北京松下控制装置有限公司先后引进手机用 P4、P5 连接器，GN 继电器，年约产销 2.7 亿只继电器和连接器，销售额近 4 亿元。2010 年，北京松下控制装置有限公司主营业务收入 4.09 亿元，资产总计 4.53 亿元，企业人数 754 人。

北京京东方真空技术有限公司

前身为北京电子管厂（国营 774 厂）三分厂。1993 年，北京电子管厂改制创立北京东方电子集团股份有限公司。2001 年更名为京东方科技集团股份有限公司，成立真空电器事业部，从事电真空器件与电子部件的研发与制造。2007 年，真空电器事业部出资 5000 万元，注册成立北京京东方真空技术有限公司，位于朝阳区酒仙桥路 10 号。该公司为北京市高新技术企业，是研发和生产电真空器件的专业公司。公司总资产 6200 万元，厂房面积 1.3 万平方米，职工近 300 人，其中专业技术人员占 30%。在专用设备领域，该公司曾先后研发了大尺寸背光源和液晶模组光学伺服系统。公司通过 ISO 9001:2008 质量管理体系认证和 GJB 9001B-2009 武器装备质量体系认证，为广电和军工产品所用真空器件的主要生产基地。2010 年，北京京东方真空技术有限公司主营业务收入 3501 万元。

北京村田电子有限公司（BME）

1994 年 11 月成立，是日本村田制作所在北京投资兴建的大型独资企业。注册资本 3500 万美元，总投资额 5000 万美元。位于顺义区天竺空港工业开发区，占地约 3.3 公顷。公司的主厂房 1 万平方米，引进世界先进的制造、检测设备和技术以及管理模式，主要生产片式多层陶瓷电容器。应用于采用表面安装技术（SMT）的电子整机上，具有小型化、高可靠、高集成等优势。2002 年，村田电子生产精密电容元件 245 亿只。2009 年，北京村田电子有限公司关闭。

北京七星华电科技集团有限责任公司

1999 年 6 月 10 日成立，是以"一五"计划期间国家 156 项重点建设工程的 700 厂、706 厂、707 厂、718 厂、797 厂、798 厂等单位为基础整合而成。七星集团坐落于朝阳区酒仙桥东路1号，注册资本9.03亿元。厂区占地面积71.18万平方米，建筑面积38.83万平方米。七星集团是以电子专用设备、新型电子元器件和电子材料为主营业务，集研发、生产、销售及服务于一体的大型高科技公司，拥有优秀的技术研发团队和一流的生产环境、加工手段和检测仪器，为中国最大的电子专用设备生产基地和尖端电子元器件制造基地。七星集团是中国电子专用设备工业协会理事长单位、中国电子元件行业协会副理事长单位。集团下属控股、参股企业均通过ISO 9000质量体系认证，部分企业获得ISO 14001/OHSAS 18001环境/健康安全管理体系认证，部分产品获得美国RAB、荷兰RVA、日本JAB、英国UKAS等4个国际认可机构徽标的ISO 9001质量保证

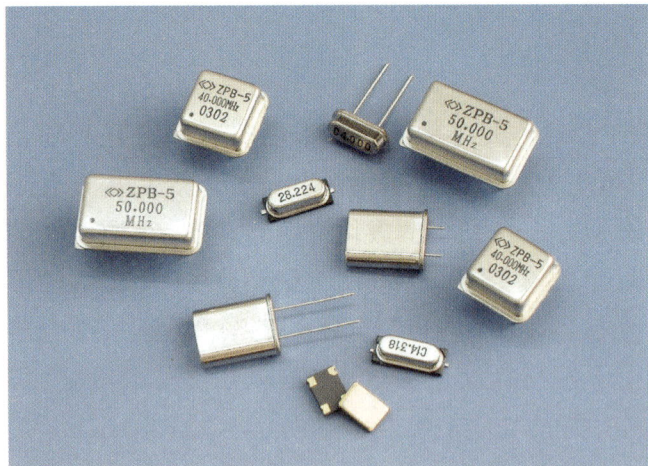

图2-11　七星集团生产的石英晶体元件（2008年摄）

体系认证证书，4家企业通过军工产品质量管理体系认证。七星集团共有9条贯军标生产线，多项产品通过国家军用标准认证，是国家重点工程配套定点单位。七星集团特种元器件板块技术水平向宇航级发展，处于国内领先水平。主要产品包括半导体工艺制造设备（微扩散系统、干法刻蚀系统、PECVD、质量流量控制器）、太阳能电池设备、TFT-LCD设备、电真空设备、单晶炉、二次电池设备，各类高可靠、高稳定、高精密电阻器、电容器、石英晶体元件、厚薄膜混合集成电路、磁性材料、电声器件等。2010年4月，七星集团在匈牙利设立海外全资子公司——格林斯乐设备制造有限责任公司，注册资本1000万欧元，主要从事薄膜太阳能电池生产线的研发、生产和销售。截至2010年，在由中国电子元件百强论坛暨中国电子元件产业峰会发布的企业排名中，七星集团已连续9次进入电子元件行业百强榜。2010年年底，七星集团注册资本9.03亿元；在职人员1302人，离退休人员12493人；实现工业总产值12.29亿元；销售收入12.53亿元，出口交货值1.02亿元；实现利润8302万元，利税1.75亿元；资产总额39.54亿元，负债总额22.56亿元。

北京中科飞鸿科技有限公司

2000年5月成立，是研究、开发、生产和销售无线通信器件及其相关产品的高新技术企业。2001年6月被北京市新技术产业开发试验区认定为高新技术企业，2002年3月通过ISO 9001质量管理体系认证，2004年11月通过国军标认证。主营声表面波（SAW）系列产品，开发的多路滤波器组性能水平处于国内领先地位。公司拥有3600平方米科研生产基地和完善的设计及工艺技术平台，具备雄厚的设计开发能力和工艺加工基础。拥有国内领先水平的声表器件生产线1条，生产能力月产2万只器件；拥有模块及组件装

配生产线 2 条，生产能力月产 200 套组件；拥有整机装配生产线 1 条，生产能力月产 30 套专业系统整机；拥有综合试验室 1 个，可以覆盖常规环境试验项目。2005 年 6 月，北京中科飞鸿科技有限公司成立安全产品部，研发生产通信侦测、干扰、管控等整机类产品。7 月，公司获北京市中关村质量奖。2007 年 6 月，北京中科飞鸿科技有限公司成立微波产品部，自主研发多种微波模块类产品，并拥有全部知识产权。2008 年 6 月，公司被评为中关村百家创新型试点企业。2009 年 6 月，公司通过国家高新技术企业再认定。2010 年 9 月，北京中科飞鸿科技有限公司员工总数为 130 人，其中本科以上学历占 62%。

揖斐电电子（北京）有限公司

2000 年 12 月揖斐电电子（北京）有限公司（以下简称揖斐电北京公司）成立，注册资本 1200 万美元，是日本独资企业，位于北京经济技术开发区荣昌东街 15 号，主要生产和设计多层高密度移动电话用电路板。2001 年，揖斐电北京公司总资产 2.33 亿元，纳税额 100 万元。2002 年，揖斐电北京公司第一工厂竣工投产，占地面积 3.7 万平方米，建筑面积 2.4 万平方米。2005 年 6 月，揖斐电北京公司启动第二工厂建设，2006 年 6 月投产，总占地面积 8 万平方米，总建筑面积 4.6 万平方米；产品精度达到 40 微米。2007 年，揖斐电北京公司通过 ISO 14001、ISO 9001、OHSAS 18001 等体系认证，资产总额 20.41 亿元，营业收入 19.88 亿元，利润总额 4.75 亿元，纳税额 1.49 亿元。2009 年，受全球金融危机影响以及市场的变化，揖斐电北京公司暂停第一工厂生产，将所有订单集中在第二工厂生产；将日本总部的部分订单转移到北京，以提高北京第二工厂的运转率，节约成本。2010 年，揖斐电北京公司从低谷期逐渐恢复，在当年中国印制电路行业排行榜综合 PCB 企业中排名第九位，约占全球高端智能手机用电路板 14% 的份额。2010 年，公司资产总额 18.63 亿元，营业收入 15.88 亿元，利润总额 1700 万元，纳税额 4700 万元。

富士康精密组件（北京）有限公司

2001 年 3 月 13 日，富士康精密组件（北京）有限公司（以下简称北京富士康）成立，注册资本 6880 万美元，公司位于北京经济技术开发区同济中路 18 号，占地面积 33 公顷。2002 年年初，北京富士康占地 2.3 万平方米、厂房建筑面积 3.7 万平方米的一期项目建成投产，当年纳税 1.16 亿元。2004 年 11 月，北京富士康占地 8.95 万平方米、厂房建筑面积 11 万平方米的二期项目投产。一、二期项目主要产品为诺基亚手机零组件。北京富士康拥有模具研发制造、冲压、成型、表面处理、SMT、系统组装与测试生产线，具备为手机制造商提供整体服务方案的快速量产能力。2007 年，北京富士康营业收入 203.88 亿元，利润总额 26.58 亿元，纳税额 3.39 亿元。2010 年，北京富士康营业收入 18.15 亿元，利润总额 7077 万元，纳税额 3422 万元，员工 4011 人。

第二节　半导体分立器件

1999 年，北京燕东微电子有限公司共开发、生产 20 个品种的产品，销售 8000、9000 系列芯片 1.65 万片，通用集成电路 2100 片，结型场效应管芯片 890 片，HX1225 可控硅芯片 800 片。1999 年后，北京瑞普北光电子有限公司开发标准双列直插型封装 GH 系列光电耦合器产品，从单路、双路、四路、六路、八路到大电流输出型、表面贴装型，产品的技术性能处于国内先进水平。

2002 年，北京燕东微电子有限公司生产 4 英寸晶圆分立器件芯片 13.7 万块，销售芯片 11.4 万块。2002 年以来，北京瑞普北光电子有限公司先后完成最高工作速率为 1 ~ 10MB/s 的 GH5201 系列、GH5301 系列、GH5501 系列、GH5601 系列、GH5701 系列和 GH315J 门驱动等高速光电耦合器的研发设计与定型鉴定，并批量生产供货。

2003 年，北京飞达电子集团公司器件厂生产二极管 3.8 亿只，实现销售收入 1737 万元。北京市科通电子继电器总厂开发出"国冠"品牌全系列 300 余种规格的固体继电器，包括通用固体继电器、延时固体继电器、智能化固体继电器、特种固体继电器、输入输出模块、电机控制模块等系列产品。

2004 年，北京燕东微电子有限公司生产 4 英寸晶圆半导体分立器件芯片 19 万块。北京半九科技有限公司生产 LED 光电器件 100 万只。

2005 年 12 月 13 日，北京京仪椿树整流器有限责任公司开发的 300 ~ 500 安 /600 ~ 250 伏大功率快速恢复二极管通过市科委的科技成果鉴定。该专利产品通过特殊工艺技术控制，使器件正向电流大、耐压高、通态压降小、漏电流小，主要用于斩波器、逆变器、感应加热、高频焊接和变频调速等电路。2005 年，吉乐集团着手在光电显示领域相关产业寻找新增长点，实施从彩色偏转线圈产品向 LED 封装产品的战略转型。2008 年 6 月 26 日，吉乐集团举行 SMD LED 项目开工仪式，LED 封装线投产运行。

2009 年，北京燕东微电子有限公司生产 4 英寸晶圆芯片 22.6 万块（含 6 英寸晶圆折合数），塑封器件 5 亿只；销售 4 英寸晶圆芯片 12.5 万块，6 英寸晶圆芯片 5.15 万块，塑料器件成品 5.9 亿只。

2010 年，北京燕东微电子有限公司销售芯片 23.6 万块，塑封器件 8.1 亿只；新开发的产品有低电容 TVS 二极管、肖特基二极管、高压大功率 VDMOS 晶体管、LDO 系列稳压器、DC-DC 变换器、运算放大器等，均成功推向市场；自主开发出超小型塑封器件封装技术并实现产业化，超小型塑封器件年产销量 18 亿只。

1999—2010年北京半导体分立器件产量统计表

2-11表　　　　　　　　　　　　　　　　　　　　　　　　　　　单位：万件

年份	1999年	2000年	2001年	2002年	2003年	2004年
产量	8733	28245	6208	259038	50511	19082
年份	2005年	2006年	2007年	2008年	2009年	2010年
产量	2826612	46520	43862	91240	77530	138678

北京瑞普北光电子有限公司

1966年成立，前身为北京光电器件厂。1998年2月，北京光电器件厂被北京瑞普电子集团兼并。2001年7月通过ISO 9002军民质量体系认证，12月通过国家军用标准生产线认证。2002年4月通过军用电子元器件制造厂生产线认证。6月，企业进行改制，北京光电器件厂更名为北京瑞普北光电子有限公司，注册资本为312万元。2002年7月，公司取得市科委颁发的高新技术企业证书。2003年12月通过2000版军、民质量体系的换版认证。2005年9月通过武器装备科研生产三级保密资质认证，11月通过信息产业部军用电子元器件合格供应商认证，12月通过国防科工委武器装备科研生产许可证认证。2006年10月通过信息产业部军工电子装备科研生产许可证认证。2007年1月通过航天科技集团航天型号配套器件合格供应商认证。2010年12月通过解放军总装备部装备承制单位资格证书认证。北京瑞普北光电子有限公司的主要产品有光电耦合器，硅光伏探测器（硅光电池），硅光电二极管、三极管，光电开关，红外发光二极管，平面显示器件及数码管。公司的主导产品光电耦合器产品有16个系列60余个品种，年产量在12万只左右，军工客户的使用量占工程应用的95%以上。北京瑞普北光电子有限公司拥有一条军用光电器件贯彻国军标生产线，具有3～4英寸半导体光电分立器件芯片的研发和生产能力，具有双极型工艺、CMOS工艺、BICMOS工艺和BCD工艺单片光敏集成电路芯片设计开发能力和流片工艺控制能力。北京瑞普北光电子有限公司具有多年的光电器件生产配套经验，在"十一五"期间，承担多项为航天工程和重点武器装备型号配套的生产和研发任务。截至2010年累计承接总装备部科研任务100余项，为军用光电器件质量、品种的提高与发展，以及实现进口产品国产化替代起到推动作用。北京瑞普北光电子有限公司在高可靠低速光电耦合器、高速光电耦合器、门驱动光电耦合器、光隔离放大器和高可靠光电二极管、三极管生产配套方面处于国内领先水平。2010年，北京瑞普北光电子有限公司实现销售收入2059万元，实现利润总额468万元。

北京半导体器件五厂

1969年9月至10月，北京西城区二龙路器件厂、西长安街器件厂、展览路器件厂、德外半导体材料厂、福绥境离心机厂等合并为西城区半导体器件厂。20世纪70年代中期更名为北京半导体器件五厂，厂址在西城区五路通街 14 号。北京半导体器件五厂是一个集研发、制造、经营于一体，以生产半导体分立器件和集成稳压器为主导产品，带动 DC-DC 电源模块、石英制品等产品发展的国有独资中型企业，是国内最早生产集成稳压器系列产品的企业。"九五"计划期间建立并通过 BT 单结晶体管、集成稳压器国军标生产线的审查，通过军品、民品 GB/T 19002 质量体系标准的审查，取得两条军标线的合格证书和质量体系认证证书。2000 年，北京广播电视配件八厂并入北京半导体器件五厂。2001年，北京半导体器件五厂销售收入 2755.6 万元。2003 年 9 月 9 日，北京半导体器件五厂整体搬迁到酒仙桥北京燕东微电子有限公司厂区内。随着燕东公司、东光公司的并入，北京半导体器件五厂的规模进一步扩大。2003 年，北京半导体器件五厂投资 4000 万元进行新厂区的建设与改造，使企业拥有国内唯一集成稳压器国军标生产线和 PN 硅单结晶体管生产线。2004 年完成 GJB 9001A-2001 和 GB/T 19002-2000 标准换版，并取得认证证书。2006 年取得国防科工委武器装备科研生产许可证和信息产业部军工电子装备科研生产许可证。北京半导体器件五厂多年来为航天、航空、船舶通信、兵器、石油等国家科研项目和重点工程配套生产军用产品，为国防重点工程如"神舟五号""神舟六号""神舟七号"航天飞船提供军用集成稳压器和单结晶体管产品。2010 年，北京半导体器件五厂的主要产品有单结晶体管和集成稳压器两大类别几百个品种，包括三端固定正 / 负电压输出稳压器系列、三端可调正 / 负电压输出稳压器系列等。北京半导体器件五厂善于开发功率型集成电路，尤其在热性能及功率产品的设计上具有较高水平。在单片集成稳压器和 BT 单结晶体管科研生产中居国内领先地位。双极集成电路年设计研发能力 10 ～ 15 个品种，分立器件年设计研发能力 6 ～ 10 个品种，DC-DC 变换器产品试制期为 1 ～ 3 个月。在线产品年生产配套能力：模拟集成电路集成稳压器 70 万块，分立器件 BT 单结晶体管 30 万只，混合集成电路 1 万块；分立器件质量保证等级为 QZJ840611G 及 G+、GJB33AJT 及 JCT 级。截至 2010 年年底，北京半导体器件五厂占地面积 3500 平方米，生产性建筑面积 2150 平方米；拥有工程技术人员 66 人，其中高级职称 12 人。2010 年，北京半导体器件五厂主营业务收入 2989 万元，利润总额 176 万元。

北京市半导体器件六厂

1969 年 12 月，北京市纸盒印刷厂更名为北京市半导体器件六厂。1980 年，北京市半导体器件七厂并入北京市半导体器件六厂。1998 年 11 月，北京无线电元件十二厂并入北京市半导体器件六厂。北京市半导体器件六厂有生产性建筑面积 2510 平方米。1999 年职工人数 441 人，其中在职 329 人、岗下职工 112 人，离退休 536 人。1999 年实现工业总产值 486 万元；销售收入 1567 万元；实现利润 2.1 万元，利税 82.3 万元；资产总额 6170 万元，负债总额 3800 万元。北京市半导体器件六厂曾生产的产品包括集成电路系列、场效应晶体管系列、二极管系列等。历年开发的新产品包括硅开关二极管、高输入阻抗 MOS 场效应晶体管、低漏电流二极管、BLK596 复合场效应晶体管等。场效应晶体管系列、二极管系列产品在国内达到先进水平，在同行业中处于领先位置；共晶焊工艺使产品可靠性进一步提高，为场效应晶体管用于航天领域奠定了基础。2010年主要产品为开关二极管、稳压二极管、整流二极管系列，结型场效应晶体管、MOS场效应晶体管系列等。2010年，北京市半导体器件六厂实现工业总产值948万元；销售收入1922万元；实现利润10万元，利税160万元；资产总额3676万元，负债总额2780万元。职工人数106人，其中在职72人、下

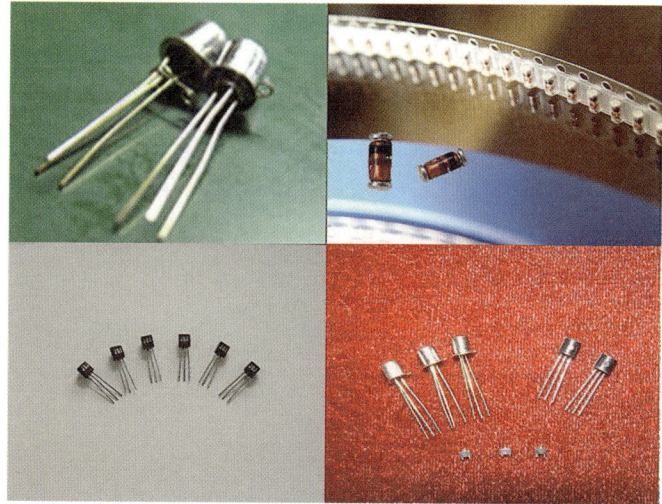

图2-12　北京市半导体器件六厂生产的部分产品（2008年摄）

岗职工34人，离退休792人。共有专业技术人员28人，占职工总数的26%，其中高级职称3人、中级职称16人、初级职称9人。

北京燕东微电子有限公司

前身为创建于1987年的北京燕东微电子联合公司，是由878厂与北京市半导体器件二厂联合组建的从事半导体器件设计、制造的高科技公司。1999年，北京燕东微电子联合公司实现工业总产值1500万元，销售收入1454万元，实现利润－538万元，资产总额1.42亿元，负债总额1.36亿元。2000年，根据国家"债权转股权"政策，上级主管部门电子控股对该公司进行资产重组，整体规范改制为北京燕东微电子有限公司。资产重组后企业注册资金为2.18亿元。截至2000年年底，股东为北京半导体器件五厂和中国长城资产管理公司。前者投资额1.60亿元，投资比例为73.26%；后者投资额5834.50万元，投资比例为26.74%。2006年，北京燕东微电子有限公司拥有一条年产24万块6英寸芯片生产线和一条年产15亿只超小型塑封器件生产线，引进了扩散炉、光刻机、干法刻蚀机、离子注入机等多台设备。北京燕东微电子有限公司主要产品为常用小功率晶体管、数字三极管、稳压二极管、TVS/ESD二极管、肖特基二极管、结型场效应晶体管、VDMOS、6英寸民用集成电路芯片、超小型塑封器件等。超小型塑封产品质量和技术水平达到国际先进水平。截至2010年，北京燕东微电子有限公司开发了背合金、超薄硅片减薄、BPSG钝化等新工艺。2010年，北京燕东微电子有限公司占地面积约5万平方米，建筑面积约3万平方米，拥有一座3000平方米净化厂房，洁净度最高可达10级。职工449人，离退休83人。实现工业总产值1.81亿元，销售收入1.57亿元；实现利润998万元，利税1197万元；资产总额3.94亿元，负债总额1.63亿元。

北京太时芯光科技有限公司

2008 年 7 月成立，由金沙江创业投资基金和北极光创业投资基金联合投资，一期注册资本 3000 万美元。公司位于北京经济技术开发区，占地面积 6000 平方米，净化生产面积 2000 平方米。公司是以产学研创新模式，基于 LED 外延和芯片技术而设立的 LED 生产企业，产品以高亮度和超高亮度红、黄光 LED 外延片和芯片为主。2008 年 9 月，两条红、黄光外延及芯片生产线投入生产，年产外延片 20 万片，红、黄光芯片 40 亿粒。2010 年 1 月 9 日，生产出第一批 LED 外延片和芯片产品。年底，北京太时芯光科技有限公司拥有万级以上超净厂房约 3000 平方米，单条生产线月均销售收入 500 万元，员工 200 人。

第三节　显示器件

1998 年 12 月，北京东方电子集团股份有限公司组建浙江京东方，生产真空荧光显示屏（VFD），进入小尺寸平板显示领域。

1999 年，北京松下彩色显像管有限公司是中国第二大彩色显像管生产商，有 5 条生产线，生产 14 英寸、21 英寸、29 英寸彩色显像管 430 万只，实现销售收入 31.2 亿元，产品外销日本，内销长虹、康佳、山东松下、TCL 等企业。2000 年，北京松下彩色显像管有限公司位居 2000 年电子百强企业第二十七位。

2001 年 12 月，京东方科技集团股份有限公司（以下简称京东方）在韩国组建韩国现代液晶显示器有限公司，生产 STN/CSTN-LCD 和有机发光二极管显示器件（OLED），提升京东方在小尺寸平板显示领域的产业竞争力，为经营海外业务进行探索，也为与韩国现代公司在薄膜晶体管液晶显示器件（TFT-LCD）领域的合作创造条件。

2002 年 3 月，苏州京东方茶谷电子有限公司成立，进入 TFT-LCD 上游产品背光源领域。5 月，京东方与子公司韩国现代液晶显示株式会社共同投资组建京东方现代（北京）显示技术有限公司，生产 STN/CSTN-LCD、TFT-LCD 显示模块，京东方小尺寸平板显示业务得到扩充。11 月 11 日，北京维信诺科技有限公司与清华大学共同研制成功国内第一款 OLED 显示屏。显示屏尺寸为 1.28 英寸，具有 26 万色，分辨率为 64×64。12 月，双方研制出显示尺寸 4.82 英寸、具有 64 级灰度的 OLED 显示屏，其分辨率为 240×128，像素 0.45 毫米×0.45 毫米。同年，京东方研制的大型户外广告媒体——两块彩色显示屏在北京王府井大街上安装。该显示屏代表了国内同类产品的最高成就，在国际也处于领先水平，被专家称为"华夏第一屏"。京东方生产 VFD 真空荧光显示器件 1887.8 万片。北京精电蓬远显示技术有限公司研发的手机显示模组产品进入手机制造行业，当年取得 1 亿元营业收入。

2003 年 1 月 23 日，京东方以 3.8 亿美元的价格收购韩国现代电子（Hydis）的 TFT-

LCD 业务，进入平板显示前沿领域。3 月，北京维信诺科技有限公司和清华大学研制出 4.82 英寸 OLED 显示屏。6 月 6 日，京东方签约北京经济技术开发区，启动以 TFT-LCD 为核心的京东方显示科技园建设。11 月 10 日，京东方的 TFT-LCD 模块生产线投产，产能与良品率超过预期水平。同年，北京松下彩色显像管有限公司以 39.21 亿元销售收入位列北京市电子信息产业企业排行第六名。

2004 年 5 月，由北京清大天达公司与韩国 ON-NURI 电子株式会社共同投资 900 万美元成立的北京世元达电子技术有限公司在北京经济技术开发区建立背光源生产基地，主要产品是为京东方 TFT-LCD 第 5 代线提供配套的背光源模块。同年，北京精电蓬远显示技术有限公司形成以 TFT、CSTN、FSTN 液晶和 OLED 等显示方式为主的多种组合系列产品，并为国内多个手机设计商、手机制造商和其他消费电子产品制造商所采用，年销售收入 10 亿元。

2005 年 1 月，京东方位于北京经济技术开发区的第 5 代 TFT-LCD 工厂生产的 17 英寸液晶显示屏首次出货，交付国外客户。5 月 25 日，京东方第 5 代 TFT-LCD 生产线量产。该生产线以生产 17 英寸、19 英寸液晶显示器面板及 20 英寸、26 英寸、32 英寸液晶电视面板为主，投资总额 12.4 亿美元，设计产能每月 6 万片玻璃基板，分两个阶段安装、调试及量产，最终将扩展到每月 8.5 万片玻璃基板。随着 TFT-LCD 项目的建设，为之配套的玻璃基板、彩色滤光片、背光源等 17 家国内外厂商入驻京东方显示科技园。11 月 6 日，中国大陆第一条 OLED 生产线奠基仪式在江苏省昆山市高科技工业园区举行。该生产线属于"十五"计划期间 863 高技术成果转化项目，其技术成果来自清华大学和北京维信诺科技有限公司。生产线主要进行中小尺寸 OLED 产品的开发和生产，产品为 1 ～ 3 英寸多色和全彩色 OLED 器件，用于手机、MP3、车载显示器和数码相机等，年产中小尺寸 OLED 器件 2000 万件以上。同年，北京松下彩色显像管有限公司全年销售彩色显像管 855 万只，投影管 108 万只，完成销售收入 34.4 亿元，实现利税 1.1 亿元，出口创汇 1.5 亿元。在 TFT-LCD 等平板显示器的冲击下，显像管等低附加值的产品萎缩，彩色显像管产量全年同比减少 6.44%。

2006 年 9 月 27 日，京东方与电子科技大学签署合作协议，联合成立电子科技大学京东方 OLED 联合实验室，共同进行 OLED 领域基础及前沿技术的研究和开发。京东方 TFT-LCD 产品获 2006 年北京名牌产品称号。11 月 3 日，康宁显示科技（中国）有限公司（以下简称康宁公司）在北京经济技术开发区举行玻璃基板生产线奠基典礼，

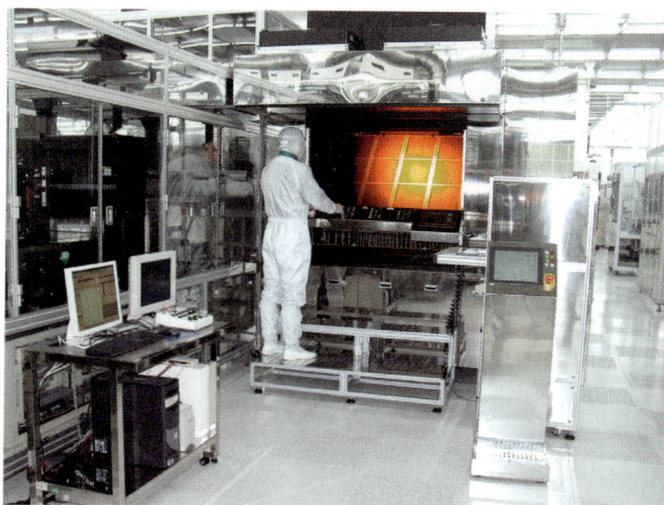

图2-13 京东方的TFT-LCD生产线（2005年摄）

这是美国康宁公司在中国大陆建造的首个TFT-LCD玻璃基板生产厂，制造第5代玻璃基板。同年，京东方完成10.4英寸和12.1英寸笔记本LED背光源样品的制作；完成一款利用红、绿、蓝三色LED制作的26英寸背光源样品，并完成整机的设计、制作和测试。

2007年，以京东方第5代TFT-LCD生产线为核心的显示科技园吸引16家相关配套企业聚集，累计投资18亿美元，园区年产值20亿美元。同年，康宁玻璃基板项目完成厂房建设及生产线设备的引入。2008年3月28日，康宁玻璃基板生产线投产。

2009年4月21日，国内首个TFT-LCD工艺技术国家工程实验室暨京东方技术中心落户京东方第5代线厂内。8月31日，京东方在北京经济技术开发区开工建设国内首条第8.5代TFT-LCD生产线，主要生产26～55英寸电视用高清宽视角液晶显示屏。9月16日，香港晶门科技公司与京东方科技集团、亦庄国际投资公司签署战略合作协议，香港晶门科技公司与亦庄国际共同出资在京成立企业，开发满足大屏幕TFT-LCD面板需要的驱动电路产品，京东方为产品开发提供必要的支持。9月17日，柏瑞安电子产业基地在北京经济技术开发区举行开工仪式，成为北京数字电视产业园暨京东方第8.5代线奠基后第一个启动建设的配套项目，为数字电视产品、平板显示器驱动部件的核心电路提供配套产品。10月，北京松下彩色显像管有限公司停产，松下公司撤出合资，将其持有的股份全部转让给京东方。同年，京东方第5代TFT-LCD生产线扩大产能至每月8.5万片，并于年底前启动1亿美元投资扩产项目，提高产能达每月10万片。京东方第5代TFT-LCD关键技术研究获北京市科学技术进步奖二等奖。京东方第5代TFT-LCD生产线开发出15项新产品，产品组合逐步从显示器过渡到笔记本电脑和移动应用类产品；整机事业完成多款显示器产品的研发，并开发基于第6代、第8.5代生产线的电视产品。

2010年2月2日，香港晶门科技公司与北京经济技术开发区管理委员会（以下简称开发区管委会）签订入区协议，落户北京数字电视产业园。该公司入驻数字电视产业园项目计划总投资2000万美元，注册资金800万美元，主要开发大尺寸液晶显示驱动芯片、多媒体/数字电视解决方案等产品。7月21日，住友化学华北电子材料科技（北京）有限公司在北京数字电视产业园奠基。7月23日，康宁显示科技（中国）有限公司与开发区管委会签署入区协议，投资约8亿美元建设新的LCD玻璃基板工厂，工厂具备第8.5代玻璃基板的熔炉和后段加工生产能力，为京东方第8.5代线提供配套支持。8月30日，康特荣宝电子公司为京东方第8.5代线配套的零部件加工厂在北京数字电视产业园举行开工典礼。

1999—2009年北京彩色显像管产量统计表

2-12表 单位：万只

年份	1999年	2000年	2001年	2002年	2003年	2004年
产量	459.45	534.42	571.41	751.34	885.97	1042.52
年份	2005年	2006年	2007年	2008年	2009年	
产量	855.00	896.85	840.56	650.54	154.30	

京东方科技集团股份有限公司

前身是北京电子管厂，1993 年 4 月更名为北京东方电子集团股份有限公司。2001 年 8 月，根据全球化战略发展需要，该公司更名为京东方科技集团股份有限公司（BOE），注册资本 82.83 亿元，注册地点朝阳区酒仙桥路 10 号。2002 年，京东方现代（北京）显示技术有限公司 (BHL) 成立，进入手机显示领域，在中国电子百强企业排名由 1998 年的第 99 位跃升至 2002 年的第 18 位。2003 年 6 月 9 日，北京京东方光电科技有限公司（BOEOT）成立。京东方显示器件业务主要从事薄膜晶体管液晶显示器件（TFT-LCD）及有源矩阵有机发光二极管显示器件（AMOLED）面板和模组的研发、生产和销售；显示系统业务主要从事显示终端产品和系统的研发、生产和销售，产品主要包括液晶显示器、液晶电视、公共显示产品、特种显示产品等。同年，京东方液晶显示屏、背光源产品通过 UL 认证。以并购方式完整地获得 TFT-LCD 核心技术。经过数年的发展，京东方通过消化吸收和自主创新，逐步拥有 4.5 代、5 代、6 代、8.5 代及更高世代技术，具有自主开发移动显示产品、IT 用显示产品、TV 用显示产品以及装备系统和材料的技术整合能力。京东方建立了自己的核心技术团队，技术研发能力已具较强系统性，覆盖 TFT-LCD 和 AMOLED 显示产业领域的各个方面，在国内名列前茅。京东方在北京、成都、合肥、苏州、厦门和河北省固安县建有 6 个产品制造基地，产品营销和服务体系覆盖国内及欧洲、美洲、亚洲等全球主要地区。以京东方第 8.5 代线为核心的北京数字电视产业园，吸引了国际知名企业康宁显示、住友化学等上游企业和冠捷科技等下游企业入驻，拉动投资额 650 亿元，年产值可达 1000 亿元。京东方第 8.5 代线的建设带动北京市成为全球重要的数字电视产品生产基地，在 2.6 平方公里的数字电视产业园区内，实现完整的产业链条。京东方成都第 4.5 代线成为"大西南光电显示产业基地"的核心企业，为成都带来超过 300 亿元的产业规模。京东方合肥第 6 代线及其上下游配套项目累计拉动投资近 400 亿元，新增就业人数上万人，形成产值达千亿元的新型显示集群。2008 年，京东方在 TFT-LCD 领域的研发投入超过主营业务收入的 7%，申请专利 260 项。2010 年，京东方进入从偏重投资驱动向注重价值创造驱动转型的阶段，以建立客户导向运营机制、提升产品竞争力和产线盈利为目标的创新变革在京东方启动。同年，京东方的显示器件业务主要从事 TFT-LCD 及 AMOLED 面板和模组的研发、生产和销售。在显示领域成功研发并量产 1.5～55 英寸的全系列背

图2-14　京东方北京厂区一角（2008年摄）

光源产品，其中中小型背光均采用节能环保的半导体光源，产品的部材全部实现无卤化。全年申请专利 500 多项。同年，京东方营业总收入 80.25 亿元，年末总资产 542.29 亿元。

北京康特荣宝电子有限公司

2004 年 12 月成立，是由北京盛特莱电子有限公司和香港康特科贸有限公司共同出资组建的高新技术企业，投资总额 8000 万美元。该公司位于北京经济技术开发区，主要生产液晶显示器冷阴极荧光灯背光源用的塑料框、导光板和线路板，产品尺寸为 5 ～ 46 英寸，应用范围覆盖笔记本电脑和液晶电视。2005 年通过 ISO 9001 国际质量管理体系认证。2007 年 8 月，北京康特荣宝电子有限公司全资收购北京韩茂光电科技有限公司（注册资金 300 万美元的韩国独资企业）。2008 年 10 月投资 1000 万元成立 RFID 研发中心。2009 年 2 月投资 4000 多万元引进日本印刷电路板工厂并投产。8 月投资 2.85 亿元成立合肥葳迩敏光电科技有限公司，并于 2010 年 10 月投产。同年投资 3500 多万元引进日本精密模具工厂并投产。2010 年 5 月，投资 3 亿元开工建设建筑面积达 7 万多平方米的办公、研发及生产厂房。2010 年，北京康特荣宝电子有限公司主营业务收入 3.67 亿元，利润总额 6226 万元，年末公司总资产 6.85 亿元；公司有员工近 600 人。

第四节　重点项目

北京市科通继电器总厂生产线改造项目

1999 年 2 月 26 日，北京市科通继电器总厂启动固态继电器芯片攻关技术改造项目。该项目总投资 59 万元，建成后形成年产军用固态继电器 3.3 万只能力。2003 年，北京市科通继电器总厂投资 3000 万元进行第二期技术改造。2006 年，北京市科通继电器总厂进行军用光 MOS 固态继电器生产线技术改造，充实配套光 MOS 固态继电器关键生产设备和检测设备，新增年产 1.5 万只光 MOS 固态继电器生产能力。

兆维集团继电器生产线技术改造项目

1999 年 11 月 23 日，兆维集团继电器生产线技术改造项目竣工。项目引进关键设备 15 台、工艺装置 4 副，建立通信类、车用类继电器生产线。新建厂房 1.10 万平方米。项目完成固定资产投资 3517 万元，全部由企业自筹解决。项目改造后，年新增通信类（DS 系列）继电器 343 万只、机床类继电器（HC 系列）41 万只、车用类继电器 96 万只生产能力。改造后实际新增年产 500 万只生产能力，年新增产值 2000 万元、利润 250 万元、税金 42 万元、创汇 169 万美元。同期竣工的另一继电器生产线技术改造项目引进关键设备 13 台、工艺装置 6 副，建立了通信类、家电类继电器生产线。新建厂房 1.07 万平方米。项目实际完成固定资产投资 3522 万元，全部由企业自筹解决。年新增通信类（TX 系列）继电器 372 万只、家电类继电器 148 万只生产能力。改造后实际形成年产继电器 2000 万只，年增产值 4400 万元、利润 550 万元、税金 123 万元、创汇 318 万美元。

吉乐集团元器件生产线建设项目

1999 年 12 月 22 日，吉乐集团彩色显示器偏转线圈技术改造项目竣工。项目引进关键设备、仪器 62 台（套），国内购置设备、仪器 39 台（套）。项目完成固定资产投资 2866 万元，其中银行贷款 2030 万元，企业自筹 836 万元，用汇 270 万美元。项目改造后可根据市场需求达到年产 80 万只彩色显示器或大屏幕彩电用偏转线圈的生产能力。

2000 年 12 月 1 日，吉乐集团大屏幕彩色显像管偏转线圈二期技改项目竣工验收。项目完成固定资产投资 2994 万元。其中市财政拨款 500 万元，银行贷款 1000 万元，企业自筹 1494 万元，用汇 309 万美元。项目引进绕线机、自动会聚测试仪等关键设备，国内采购和自制配套串绕实验仪等。项目竣工时具备年新增大屏幕彩色偏转线圈 140 万只生产能力。该项目获北京市科学技术进步奖三等奖。2000 年，吉乐集团启动纯平彩色电视显像管用偏转线圈技术改造项目。项目根据用户提供的产品技术规格要求，由吉乐公司研制偏转线圈系列产品。项目建成年产纯平彩色显像管用偏转线圈 120 万只生产能力。项目总投资 2852 万元，引进设备、仪器 81 台（套），国内购置及自制设备 7 台（套）。12 月 20 日项目通过验收。

2001 年 10 月 11 日，吉乐集团纯平电视显像管偏转线圈填平补齐技术改造项目启动。项目总投资 990 万元，建成后形成年产纯平显像管用偏转线圈 60 万只生产能力。12 月 11 日，项目通过市经委、市统计局、市环保局、市电子办等单位组织的验收。

2002 年 1 月 29 日，吉乐集团 15 英寸、17 英寸显示器偏转线圈技术改造项目启动。项目总投资 2900 万元，建成后形成年产纯平彩色显示器用偏转线圈 70 万只生产能力。

2003 年 11 月 18 日，吉乐集团背投电视机偏转线圈技术改造项目启动。项目总投资 2900 万元，建成后形成年产背投电视机偏转线圈 260 万只生产能力。

2007 年 6 月，吉乐集团启动数字移动设备用音圈产品技术改造项目。项目总投资 967.33 万元，建成后形成年产数字移动设备用音圈 9734 万只生产能力。10 月 24 日，吉乐集团启动 LED 贴片式（SMD）封装产品制造建设项目。项目总投资 1800 万元。建成后形成年产 LED 贴片式封装产品 1.32 亿只生产能力。

2009 年年底，吉乐集团自筹资金 4886.14 万元，对 LED 贴片式封装实施二期扩产改造，项目完工后实现月新增 5 亿只生产规模。

七星集团生产建设项目

2001 年 12 月，七星集团下属东京电波电子有限公司数字移动通信产品国产化专项温度补偿晶体振荡器项目竣工。项目计划总投资 1991 万元，其中固定资产投资 1535 万元（含外汇 147 万美元），流动资金 456 万元。项目竣工面积 1000 平方米。项目引进温度测试系统、贴片机、选分机等关键设备 14 台（套），购置国产设备 76 台（套）。项目建成达产后，形成年产移动通信用温度补偿晶体振荡器 200 万只生产能力。

2003 年 1 月 30 日，七星集团启动微电子组装产业化项目。项目总投资 4987 万元，年产电路模块 300 万块。3 月 10 日，七星集团下属七星华创启动纯平彩色显像管用偏转线圈技术改造项目。项目总投资 965 万元，设计年产纯平显像管用彩色偏转线圈 80 万只生产能力。10 月，位于密云县工业开发区三期科技路 71 号的七星集团下属第 797 音响股份有限公司密云生产基地建设项目开工。2004 年 10 月生产基地竣工并投入使用，竣工面积 19061 平方米。项目投资总额 2489 万元，资金自筹。2003 年，七星集团下属飞行电子有限公司金属磁粉芯生产项目开始建设。项目一期固定资产投资 415 万元（包括购买土地价格），流动资金 460 万元；二期投资 1000 万元。一期竣工面积 3000 平方米。项目建设一条金属磁粉芯生产线，一期完成后年产达到 340 万吨。项目购进压机、搅拌机等设备 62 台（套）。

2009 年 4 月 1 日，七星集团电子元器件产业化基地一期工程在平谷区马坊工业区西区 247 号动工。2010 年 12 月竣工，竣工面积 26500 平方米。项目投资总额 9538 万元（包括购买土地价格），资金自筹。项目内容包括建设生产辅助楼、生产车间、总配电室、循环水泵房、门卫室。

京东方液晶显示项目

2002 年 4 月 25 日，京东方与韩国半导体器件工程株式会社、韩国现代半导体株式会社（Hynix）共同投资，在韩国组建现代液晶显示器有限公司，收购 Hynix 全资子公司韩国现代显示技术有限公司 STN-LCD 及 OLED 显示器件资产，从事生产经营活动。合资公司总投资 703 万美元，项目总投资 5991 万元。

2003 年 1 月，京东方以 3.8 亿美元收购韩国现代显示技术株式会社（Hydis）TFT-LCD 业务，是当时中国金额最大的一宗高科技产业海外收购，标志着中国企业掌握了 TFT-LCD 核心技术。

2003 年 9 月，京东方开始建设第 5 代 TFT-LCD 生产线项目及产业基地，是经国务院批准、国家和北京市重点支持的国内最大 TFT-LCD 面板制造项目，采用国际最先进的自动化生产设备和信息化管理系统，是中国内地规模最大、自动化水平最高的现代化工厂。项目总投资 12.49 亿美元。主厂房建筑面积 12.9 万平方米。建成后，形成加工玻璃基板 72 万片／年（1100 毫米 ×1300 毫米），液晶面板产量 669 万片／年（以 17 英寸显示面板为基准）。产品以 17 英寸、19 英寸显示器面板及 20.1 英寸、26 英寸、32 英寸电视机面板为主。

2004 年上半年工程打桩全部完成。7 月 1 日项目启动。9 月 20 日，京东方第 5 代 TFT–LCD 生产线项目设备迁入北京经济技术开发区。11 月 28 日，京东方第 5 代 TFT–LCD 项目第一阶段生产线设备的安装和调试工作完成，并按计划生产出首批 17 英寸液晶显示屏。2005 年 5 月 25 日，京东方第 5 代 TFT–LCD 生产线实现量产。

2003 年，京东方建成中国企业第一条 TFT–LCD 模块生产线，投资金额为 3000 万美元。该模块产品线用不到 5 个月时间完成建设，2003 年 11 月 10

图2–15　2004年9月20日，京东方举行第5代TFT–LCD生产线设备搬入仪式

日投产，年底达到月产能 5 万片生产规模。作为京东方投资建设的 TFT–LCD 产业基地的组成部分，该模块产品线在技术以及人员培训方面为第 5 代线生产做好准备，缩短了第 5 代线量产时间。

2005 年 8 月，北京京东方光电科技有限公司启动第 5 代 TFT–LCD 生产线增资扩产技术改造项目，项目总增资 9000 万美元，完成后生产线月产能达到 8.5 万片基板（尺寸 1100 毫米 ×1300 毫米），2006 年年内投资基本完成，用于扩产的生产设备全部到位，进行设备调试和试生产。2007 年年底前启动 1 亿美元投资的扩产项目，提高产能达 10 万片 / 月。

2009 年 8 月 31 日，北京数字电视产业园暨京东方第 8.5 代 TFT–LCD 生产线奠基仪式在北京经济技术开发区举行。按照建设世界一流专业数字电视产业园区的要求，引进以冠捷、康宁、住友、林德气体、粤海物流、天安数码等为代表的业内领军企业入驻园区。截至 2010 年年底，已入区企业共计 24 家，其中上游配套企业 16 家，下游配套企业 3 家，装备配套企业 3 家，园区配套企业 2 家；已有 10 个配套项目开工建设，8 个项目正在进行开工前的准备工作。园区内项目总投资达 600 亿元（含第 8.5 代 TFT–LCD 生产线）。2009 年 10 月 19 日，北京数字电视产业园的核心项目——京东方第 8.5 代 TFT–LCD 生产线桩基工程开工建设。项目位于北京经济技术开发区路东区，总占地面积约 37 万平方米，建筑面积约 68 万平方米，总投资约 280 亿元，资本金 172 亿元，是中国电子工业史上单体投资额最大的项目。生产线包括阵列工厂、彩膜工厂、成盒工厂和模块工厂以及综合动力站、综合办公楼、污水处理厂等配套设施。主要生产 32 英寸以上、55 英寸以下中大尺寸液晶电视用显示屏和模组，玻璃基板尺寸为 2200 毫米 ×2500 毫米，月投片量为 9 万张玻璃基板。2010 年 7 月 31 日，京东方的中国首条第 8.5 代 TFT–LCD 生产线厂房封顶。

北京长电智源光电子有限公司高亮度LED项目

2003 年，北京工业大学光电子技术实验室与全国最大的半导体封装及芯片生产企业江苏长电科技股份有限公司合资，在北京经济技术开发区注册成立北京长电智源光电子有限公司。双方初期共投资 8200 万元。以北京工业大学光电子技术实验室承担的两项国家 863 计划项目的科研成果及 2002 年国家重点新产品计划"高效高亮度发光二极管"为基础，结合长电科技的生产技术、市场能力及资金优势，实现成果的产业化。2005 年 6 月 6 日，北京工业大学、江苏长电科技、北京长电智源光电子有限公司和通州区政府在光机电一体化产业基地举行高效高亮度 LED 扩建项目奠基典礼。北京长电智源光电子有限公司半导体照明项目总投资 7 亿元，一期投资 3 亿元，占地 6.4 公顷，实施高效高亮度 LED 产业化生产。2006 年达产后，实现年产外延片 5 万片，年产管芯 5 亿粒。

北京光电子技术实验室二期建设项目

2005 年 4 月 7 日,北京光电子技术实验室二期建设(1999 年至 2004 年)通过市科委验收。二期建设的目标是在原有基础上，开展高效大功率多有源区耦合大光腔半导体激光器、高效逐级增强发光二极管、高增益垂直腔面发射激光器、新型红外探测器（低温和室温两种）和 SiGe/Si 异质结超高速晶体管及集成电路等方面的研究，并将其转化为生产力。建设完成后拥有 1200 平方米实验室和 600 平方米超净室,引进 MOCVD 生产系统及相关测试设备，建成一条光电子器件研发线，成为国内一流的光电子器件研发和人才培养基地。

北京瑞普北光电子有限公司光电耦合器生产线技改项目

2005 年 6 月 16 日，北京瑞普北光电子有限公司军用光电耦合器生产线的普通结构光电耦合器工艺设备得到国债专项批产技改，总投资 1477 万元，其中国防科工委投入 70%，北京瑞普北光电子有限公司投入 30%。添置和研制仪器、部分关键工艺设备 67 台（套），利用打通生产线扩大产能，提升普通 DIP 封装结构光电耦合器的生产工艺水平，在产品质量和数量上保障武器装备配套的需求。2007 年 9 月 20 日，北京瑞普北光电子有限公司申请信息产业部"十一五"高新二期工程和重点武器装备生产能力建设项目,项目总投入 1640 万元，国拨 60%，公司自筹 40%。项目通过验收后，对生产线进行了改造，使军用表面贴装光电耦合器的年生产能力新增 2 万只，达到年产 12 万只水平,经济效益达 1000 万元。

北京燕东微电子有限公司超小型器件生产线技改项目

2005 年 9 月 15 日，北京燕东微电子有限公司启动超小型器件生产线技改项目。项目总投资 700 万元，建成后形成年产 SOT113 器件 8400 万只的能力。达产后年新增销售收入 1148 万元，税金 76 万元，税后利润 80 万元。2007 年 3 月，启动 SOT113 超小型塑封生产线技术改造项目。项目总投资 3800 万元。2009 年 8 月 10 日，启动扩充超小型塑封半导体器件产品线产能项目。项目总投资 9996 万元，其中企业自筹资金 1996 万元，银行贷款 8000 万元。建成后形成年新增超小型塑封半导体器件 12 亿只的生产能力。项目是在 SOT113 产品线基础上，通过新增专用封装设备扩建 SOT953、SOT563、SOD523、QFN、DFN 等 5 条超小型器件产品线，形成较为完整的超小型塑封半导体器件系列。项目建设周期 2 年。截至 2010 年年底，项目建设中。

大功率全固态激光器及应用产业化技术攻关项目

2005 年 12 月 14 日，市科委科技计划重大项目"大功率全固态激光器及应用产业化"技术攻关中的 3 个子课题通过验收。课题由北京国科世纪激光技术有限公司联合中科院物理所等单位共同完成。其中，大功率全固态激光器开发及产业化项目：建立产品研发生产基地并对激光器产品的稳定性及量化生产技术进行研究；三基色激光器达到 1000 台 / 年的生产能力，成功应用于激光表演、激光显示、激光加工等领域；三基色、紫外、大功率激光器及应用设备共实现销售收入 1000 万元；申请国家发明专利 12 项，获得授权 2 项。大功率半导体激光器模块产业化技术攻关项目开发出百瓦级大功率 LD 列阵光纤耦合模块系统，包括驱动电源和控温系统，建立了组装生产线，具备每年 300 套的生产能力，产品已应用于激光泵浦、激光医疗等领域；开发出 808 纳米无铝量子阱列阵模块、大功率 LD 列阵光纤耦合模块，实现效益 2200 万元；申请国家发明专利 8 项，已获授权 2 项。三基色全固态激光器大屏幕显示技术在解决激光消相干及液晶引擎等关键技术基础上，完成屏幕尺寸 60 英寸和 84 英寸的激光家庭影院样机，分辨率达到 XGA（1024×768）；在对超高速扫描转镜及声光调制等关键技术攻关的过程中完成屏幕尺寸 0.69 平方米的信息显示样机，分辨率为 SVGA（800×600）；申请国际发明专利 1 项，国家发明专利 8 项，其中已授权国家发明专利 1 项。2010 年 8 月，项目通过专家组中期检查。截至年底，项目建设中。

揖斐电电子公司第二工厂建设项目

2006 年 12 月 12 日，总投资 1 亿美元、建筑面积 11 万平方米的揖斐电电子公司第二工厂投产。该公司主要生产高密度印制电路板，累计投资 1.75 亿美元。2007 年上半年新增投资 500 万美元，用以采购生产设备。2007 年实现销售收入 9 亿元，利润 2.5 亿元。

图 2-16　揖斐电电子公司第二工厂外观（2006年摄）

康宁公司玻璃基板生产线项目

2006 年 11 月 3 日，康宁显示科技（中国）有限公司在北京经济技术开发区举行该公司中国大陆首个玻璃基板生产线奠基典礼。康宁公司共投资 10 亿美元用于北京工厂的建设。

图2-17 2008年3月28日，康宁显示科技（中国）有限公司建设的首条TFT-LCD玻璃基板生产线举行投产典礼

工程项目分三期建设。其中一期建设玻璃基板的后段加工工序，总投资1亿美元，其中厂房建设投资4000万美元。一期项目于2008年完成，年生产能力玻璃基板250万片。康宁玻璃基板生产线项目是京东方光电TFT-LCD生产线的配套项目之一，项目建设对京东方在北京搭建完整的TFT-LCD产业链，起到重要推进作用。2008年3月28日，康宁公司的TFT-LCD玻璃基板生产线在北京经济技术开发区举行投产典礼。

北京中视中科光电技术有限公司激光显示产业化基地建设项目

2007年，北京中视中科光电技术有限公司总投资5000万元建设激光显示产业化基地，一期建设面积2200平方米，累计投资达800万元。5月，北京中视中科光电技术有限公司激光显示产业化基地启用。2007年年底开始二期建设，规模3000平方米，投资规模为3500万元，用于基地的基础建设和各项设备。

北京康特荣宝电子有限公司TFT-LCD配套零部件项目

北京康特荣宝电子有限公司主要生产塑料框架及导光板，为京东方第5代TFT-LCD生产线配套。2007年公司启动增资扩产项目，计划生产导光板注塑、高精密模具、PCB电路板。2007年一期完工，完成投资300万美元。2008年年底前新增固定资产投资4500万元。2010年8月30日，康特荣宝电子公司为京东方第8.5代线配套零部件加工厂在北京数字电视产业园举行开工典礼。项目总投资4.13亿元，总占地面积4.54公顷，主要提供TFT-LCD面板组装所需的注塑件、导光板、成品线路板（PCBA）、衬板清洗及相关模具生产加工服务。

北京柏瑞安科技有限责任公司电路板生产基地项目

2009年9月17日，北京柏瑞安科技有限责任公司电子产业基地在北京经济技术开发区开工。柏瑞安电子产业基地是北京数字电视产业园暨京东方第8.5代线奠基后第一个启动建设的配套项目，占地面积3.3万平方米，建筑面积5万平方米，总投资2.8亿元。建设拥有24条贴片机生产线、年销售收入达7亿元的电路板产品生产基地，产品主要为数字电视、京东方第5代线和8.5代线生产的液晶显示屏提供配套。

宝德阳科技（北京）有限公司触控产品生产基地项目

2009年9月24日，宝德阳科技（北京）有限公司触控产品生产基地在顺义临空国际开发区开工，项目一期投资1亿元，建设4幢生产厂房，建筑面积3万平方米，主要生产手机配套零部件。项目总投资2亿美元，占地约20公顷，主要从事手机、数码及IT等相关触控高新技术产品的研发和生产。

住化华北电子材料科技（北京）有限公司TFT-LCD用偏光板生产线项目

2010年7月21日，住化华北电子材料科技（北京）有限公司TFT-LCD用偏光板生产线在北京经济技术开发区数字电视产业园奠基。总规划面积5万平方米，总建筑面积约4万平方米，总投资6300万美元。产品主要为京东方第8.5代TFT-LCD生产线提供零部件配套。

第五章　集成电路制造业

北京是中国半导体产业的发源地，起步于1956年。截至1999年年初，北京已构建起从微电子技术研发、材料研发、集成电路设计、集成电路设备制造到芯片生产、封装、测试等各个环节较为完整的集成电路产业链，成为国内集成电路发展潜力最大的地区。在2000年国务院《鼓励软件产业和集成电路产业发展的若干政策》及2001年市政府《关于贯彻国务院〈鼓励软件产业和集成电路产业发展若干政策〉的实施意见》等政策支持的推动下，北京集成电路产业进一步发展。

截至2010年，北京形成了以设计为龙头、以制造为支撑，包括封装、测试、材料、装备等各个环节产业互动、协调发展格局，确立了北京在全国集成电路产业中的重要地位，形成以集成电路设计园、北京经济技术开发区为核心的集成电路产业聚集区。北京地区90%左右的集成电路设计企业都聚集在北京集成电路设计园周边。以中芯国际12英寸生产线为核心，聚集一批封装测试、装备及材料等产业链上下游企业。北京集成电路服务平台建设初具规模，拥有国家专用集成电路设计工程技术研究中心、北京集成电路设计园、龙芯产业联盟、中国硅知识产权产业联盟和中关村SoC促进中心、北京集成电路设计公共服务平台、北京集成电路设计验证与测试服务平台和新建的快速验证与封装服务平台。北京有一批高等院校、科研单位长期从事微电子技术研究，一直处于全国领先地位，其中清华大学微电子所、北京大学微电子所、中科院微电子所、国家光电子工程技术中心等单位具备较强的集成电路研究开发实力。一批国际半导体巨头公司扎根北京，与北京企业开展深层次合作。联发科公司中国大陆总部、威盛电子北京研发中心、香港晶门科技北京大尺寸液晶面板驱动芯片等项目相继启动。

2010年，北京集成电路产业全产业链实现销售收入245亿元，比2009年增长31%，产业规模是2000年的20倍左右，占全国的比重达17%。重点企业规模不断扩大，全市年销售收入超过10亿元的企业有5家，超过5亿元的企业11家，超过1亿元的企业28家。上述28家企业销售收入约占整个行业总和的90%，是北京集成电路产业的主要组成部分。

第一节　集成电路设计

在集成电路设计领域，北京是全国产业资源最为集中的地区之一。其中，中星微电子有限公司、北京中电华大电子设计有限责任公司（以下简称华大电子，原中国华大集成电路设计中心）、大唐微电子技术有限公司（以下简称大唐微电子）、北京同方微电子有限公司（以下简称同方微电子）以及北京海尔集成电路设计有限公司等都是全国著名的集成电路设计企业。产品涵盖CPU、智能卡、微控制器、数字多媒体、移动基带、电源管理等多个领域，并不断取得突破。

1997年3月，中国华大集成电路设计中心成功开发出国内第一块自主版权的接触式智能卡芯片，形成了以自主开发的8位CPU核为基础的两个系列智能卡芯片产品CIU91和CIU92。

1998年1月，大唐微电子研发成功国内第一块具有完全自主知识产权的IC电话卡和芯片。

1999年1月，中星微启动并承担"星光中国芯工程"，致力于数字多媒体芯片的研发、设计及产业化工作。7月，清华同方推出完全自主版权的智能CPU卡COS系统，并通过中国人民银行认证。11月，大唐微电子成功研发了国内第一块具有完全自主知识产权的数字移动通信GSM手机专用SIM卡芯片DTT4C03A，具有快速接入网络、多传输协议可选、低功耗和支持休眠待机状态等特点，可以存储10～15条超长短信息、150～200个电话号码。同年，清华微电子所开发出大容量铁电存储器非接触式IC卡芯片，填补了国内空白。

2000年10月，大唐微电子研发出国内第一块具有自主知识产权的数字移动通信CDMA手机专用UIM卡芯片DTT4C18A。同年，华大电子研制的国内第一款社会保障用IC卡芯片实现量产。北大众志微系统科技有限责任公司研制成功第一种支持16位/32位两套指令系统的嵌入式微处理器UniCore-I。

2001年3月，中科院计算所"龙芯"研究开发项目启动。中星微"星光中国芯工程"推出第一块具有中国自主知识产权的百万门级超大规模CMOS数字图像处理芯片"星光一号"，应用于电脑摄像，成功实现核心技术成果产业化。"星光一号"是当时中国唯一通过微软 WHQL 认证的芯片。4 月，华大电子经过 15 年攻关，研制出中国首套拥有自主知识产权的集成电路计算机辅助设计工具"熊猫 EDA 系统——九天系列工具"，并发布 Zeni-V1.0 版本，具有国际先进技术水平。5 月，"星光一号"成为三星、飞利浦等国际知名品牌视频外设摄像头的核心芯片，同时被联想、方正等国内一流 IT 厂商采用。清华同方发布数字电视传输技术产业化项目，开发数字电视专用芯片，并以清华同方凌讯公司为主体推进产业化进程。北京润光泰力科技发展有限公司推出 SDH 同步光传输系统用大容量交叉连接器 RC7830。该芯片提供 16 路 STM-1 总线接口，支持 38.88 兆赫或 77.76 兆赫两种速率模式。7 月 11 日，方舟科技有限公司（原北京中芯微系统有限公司）自主研制出"方舟 1 号"，这是中国第一款实用的 32 位 RISC 微处理器。7 月，北京火马微电子技术有限公司新一代高密度数字激光视盘系统 EVD 专用芯片 HM9001 流片研发成功，开始进入产业化生产阶段。该芯片包括 32 位 MCU 和音频解码 DSP，可提供高清晰度 (1920×1080i) 的 MPEG 视频解码，并支持中国自主知识产权的 EAC 音频解码和 EAC 双声道立体声、5.1 声道输出。9 月，北京海尔集成电路设计有限公司开发成功中国第一块可实现商品化生产的超大规模集成电路数字电视 MPEG-2 解码芯片"爱国者 I 号"。10 月 12 日，中星微的"星光一号"成功实现核心技术成果产业化。同年，北大众志微系统科技有限责任公司研制成功 64 位浮点协处理器 UniCore-F64。

2002 年 3 月 27 日，由大唐微电子研发、中国第一个具有自主知识产权的智能网公用电话账号 IC 卡芯片 DTT4C28 通过信息产业部组织的产品鉴定。DTT4C28 通过逻辑加密和密码管理，保证了账号 IC 卡的安全性。4 月 16 日，"星光二号"问世，是全球第一个音频、视频同体的图像处理芯片，也是中国第一块具有 CPU 驱动的图像处理芯片，主要用于移动通信视频传送。该芯片随后通过微软 WHQL 认证，被美国惠普、新加坡创新科技等多家国际知名企业所采用。4 月 18 日，北京集成电路设计园开园仪式在中关村举行。该设计园由北京市国有资产经营公司代表北京市政府出资 5 亿元建设，位于大运村，建筑面积 25000 平方米，将为入驻企业提供包括 EDA 设计环境、MPW（多项目晶圆）计划、IP 核、测试验证、产业投资，以及设计人才培训在内的服务。同日，国家集成电路设计北京产业化基地揭牌。5 月，北京润光泰力科技发展有限公司推出 STM-1 级别 SDH 芯片组。该芯片组包括 ADM 复用处理器 RC7860、网元时钟处理器 RC7820、公务开销处理器 RC7851F 和 21 路 E1 映射器 RC7870F 芯片。9 月 28 日，中科院计算所和北京神州龙芯集成电路设计有限公司（以下简称神州龙芯）联合宣布具有自主知识产权的中国第一款高性能通用 CPU "龙芯 1 号"研制成功。9 月 30 日，神州龙芯发布使用"龙芯 1 号"CPU 的曙光龙腾服务器。9 月，"星光三号"进入市场销售。12 月 19 日，方舟科技有限公司推出"方舟 2 号"CPU，并且实现产业化。"方舟 2 号"采用 0.18 微米工艺，主频达到 400 兆赫。同年，北大众志微系统科技有限责任公司的众志 805-1 CPU 系统芯片研制成功，该芯片面向移动信息设备；北大众志 PKUNITY863-1 CPU 系统芯片及配套系统软件研制成功，该芯片面向网络计算机，采用 0.25 微米工艺，集成度超过 200 万门，主频 200 兆赫。北京海尔集成电路设计有限公司推出数字电视解码芯片"爱国者Ⅱ号"。市政府出资 7700 万元建设 EDA 软硬件平台；设立集成电路设计研发专项资金，并出台《北京市集成电路设计研发专项资金管理使用办法》，2002 年至 2004 年，每年以 7000 万元支持有市场前景的项目和共性、关键性技术研发。

2003 年 2 月，中星微的"星光四号"问世，是中国第一块移动多媒体芯片。4 月，"龙芯 1 号"CPU 第一次大批量生产成功，开始批量供货。5 月，汉王科技成功研制出业界首款通用汉字手写输入识别芯片。北京润光泰力科技发展有限公司发布 8 路 E1 和 1 路全双工 100 兆以太网混合传输复用芯片 RC7010。该芯片内置线路时钟和数据恢复电路（CDR），并提供 PECL 高速接口。6 月，中星微的"星光五号"研发成功并实现产业化，被罗技、创新科技、惠普、三星、富士通、联想等国际品牌大量采用，被中国电信指定为可视通信芯片标准。7 月，神州龙芯推出基于"龙芯 1 号"CPU 的龙芯开发系统平台；龙芯网络计算机 GSTB-3600 系列研制成功，并批量生产和销售。8 月 14 日，由北京海尔集成电路设计有限公司研制开发的海尔数字电视解码芯片 H12010（爱国者Ⅲ号）通过北京市新产品鉴定。"爱国者Ⅲ号"的开发成功，标志着可以用完全自主知识产权的技术服务中国数字电视产业，摆脱该领域的芯片完全依赖进口的局面。9 月 15 日，清华大学研制 32 位嵌入式微处理器 THUMP 获得成功。该芯片拥有完全自主知识产权，是高频、低功耗，与 MIPS4K 系列处理器兼容。9 月 25 日，北京六合万通微电子技术有限公司（以下简称六合万通）设计的无线局域网基带芯片"万通 1 号"研发成功，并通过安捷伦科技的测试验证以及信息产业部组织的科技成果鉴定。同年，北京九方中实电子科技有限责任公司研制出第一代 0.25 微米双向数字电视信道调制解调芯片。"星光"系列数字影像芯片获北京市科学技术一等奖。

2004 年 1 月，由清华大学微电子学研究所和同方微电子共同研制的第二代居民身份证专用芯片（THR99047）和模块通过生产定型鉴定，3 月起在上海、深圳、北京等地试用。2 月，六合万通开发成功无线局域网芯片"万通 2 号"，该芯片可灵活适应 MAC 协议的变更并支持包括中国标准 WAPI 算法在内的多种加密算法的版本升级。3 月，中星微开发的手机彩信处理芯片"星光四号"登陆美国市场，在全球第一大 CDMA 移动通信运营商 Sprint 的新一代 PCSVision 多媒体彩信系统中大批应用。4 月，北京华大九天软件有限公司推出全新集成电路设计平台 Zeni-V4.0 版本。6 月，"万通 3 号"上市，该芯片支持中国无线局域网安全标准 WAPI 的 802.11b 基带 +MAC。8 月 18 日，大唐移动、飞利浦电子和三星电子共同组建的北京天碁科技有限公司推出国内首个 TD-SCDMA/GSM（GPRS）双模手机核心芯片，配置该芯片的手机支持在 TDD-LCR 模式下实现 384Kbps 的传输速度。8 月 22 日，大唐移动与展讯公司发布合作研发的 TD-SCDMA 终端芯片 SC8800-400，为中国首颗具有自主知识产权的 TD-SCDMA 手机核心芯片。9 月，大唐微电子面向通信的综合信息处理 SoC 平台芯片 COMIP 研制成功并投入量产。中科院计算所发布国内第一款能够支持中国自主音视频编码标准 AVS（草案）以及符合最新国际标准的高清晰视频解码芯片"凤芯 1 号"，为中国在视听领域的产业应用提供核心技术支撑和保障。12 月，中星微针对移动多媒体应用领域研发的"星光移动一号"投入市场。该芯片以硬件方式突破了 3G 音乐应用的技术瓶颈。北京畅讯信通科技有限公司自主开发的国内首款高端路由、核心交换芯片组——畅讯恒芯 QQ80 通过专家鉴定。同年，方舟科技有限公司发布"方舟 3 号"CPU，将处理器速度提高到 500 兆赫。

　　2005 年 1 月，六合万通成功研发"万通 4 号"芯片组并投入样片生产。该芯片组支持中国无线局域网安全标准 WAPI，兼容 IEEE802.11a/b/g/i 系列标准。3 月 2 日，中科院计算所研制的基于 AVS 标准的高清解码芯片 AVS101 通过专家鉴定。3 月 28 日，中星微的"星光中国芯"系列数字多媒体芯片荣获国家科学技术进步奖一等奖。"星光中国芯工程"先后开发设计出拥有中国自主知识产权、具有国际领先水平的五代"星光"系列数字多媒体芯片，实现了七大核心技术突破，拥有该领域 200 多项国内外专利技术，产品销售占全球同类产品市场的 60%。3 月，神州龙芯发布具有完全自主知识产权的龙芯 32bit CPU IP 核平台业务。4 月 11 日，联想集团开发出被誉为"中国安全第一芯"的"恒智"安全芯片，该芯片具有自动系统恢复、存储终端身份识别号、在芯片内部保存密钥的功能。4 月 12 日，北京海尔集成电路设计有限公司承担的"数字电视系统级解码芯片（SoC）与整机研制及芯片产业化"项目在市发展改革委主持召开的专家验收会上通过专家验收。该产品应用于数字卫星接收机、数字有线接收机，芯片产品以及整机方案被多家厂商采用，并实现规模生产。4 月 18 日，神州龙芯发布主频 500 兆赫的"龙芯 2 号"CPU 及其应用系统。"龙芯2 号"采用四发射超标量超流水结构，片内一级指令和数据高速缓存各 64KB，片外二级高速缓存最多可达 8MB，功耗为 3 ~ 5 瓦，实测性能达到"龙芯 1 号"的 10 ~ 15 倍。6 月，芯晟（北京）科技有限公司设计完成中国首款 AVS 高清数字电视 SoC 芯片 CSA1100。7 月，北京海尔集成电路设计有限公司推出"爱国者Ⅳ号"芯片和 QPSK 解调芯片；数字电视解码芯片销量突破 1000 万片，成为中国唯一销量突破千万片的自主芯片。9 月，神州龙芯与多家 IC 设计公司签署龙芯 CPU IP 核应用协议。11 月 30 日，中科院计算所推出视音频编解码芯片"凤芯 2 号"。"凤芯 2 号"基于 SoC 架构，集成度高，支持 AVS 和 H.264 标准，有更多的外围接口，能实现更低成本的商业应用。12 月 26 日，由清华大学计算机系和信息技术研究院联合开发研制的中国首块拥有自主知识产权的清华天行网络处理器芯片原型通过了教育部组织的专家鉴定。同年，北大众志公司的众志 805-2 CPU 系统芯片研制成功。该芯片面向手持移动终端，采用 0.18 微米工艺，主频200 兆赫。华大电子的国内第一款双界面 IC 卡芯片和符合 ISO/IEC 14443

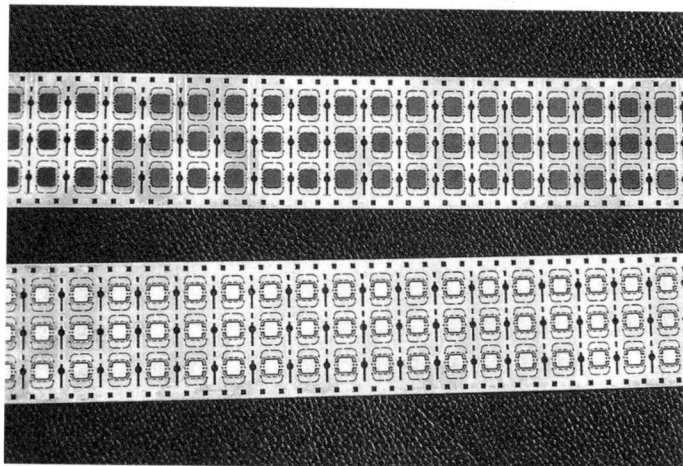

图2-18　华大电子生产的非接触IC卡模块（2005年摄）

TypeA 标准的非接触智能卡芯片实现量产。由市工业促进局、市发展改革委、市科委和中关村管委会联合成立中关村 SoC 促进中心，设立每年 1.3 亿元的中关村 SoC 专项资金，支持集成电路设计企业开发 SoC 产品。

2006 年 2 月，六合万通的"万通 4 号"芯片投入量产。3 月，中星微推出单芯片混合信号移动多媒体处理器"星光移动四号"Vinno。4 月，六合万通的"万通 5 号"芯片研发成功，该芯片通过硬加密方式实现包括中国标准 WAPI 算法在内的多种加密算法。8 月，北京芯技佳易微电子科技有限公司推出国内第一款低功耗异步 SRAM 样片。10 月 26 日，意法半导体采用中科院计算所研制的"龙芯 2E"CPU，并出资 3000 万元购买"龙芯 2E"5 年的生产销售权。10 月，北京凌讯华业科技有限公司推出第一款符合国家标准的数字电视 (DTV) 芯片。该公司之前曾陆续推出多款国标信道解调芯片，包括适合固定接收模式的 LS8813、固定和移动接收模式的 LS8913 以及便携模式低功耗的 LS8934 等。芯晟（北京）科技有限公司设计完成基于 MPEG-2、H.264 和 AVS 的高清数字电视 SoC 芯片 CSM1200，并于 12 月投产。11 月，北大众志 863-2 CPU 系统芯片通过国家标准化检测机构的测试，各项指标达到设计目标。同年，华大电子的 SIM 卡芯片实现量产，取得产品信息安全认证证书（EAL4+）。

2007 年 3 月 19 日，创毅视讯研发成功全球第一颗 CMMB 手机电视芯片 IF101。5 月 10 日，大唐微电子推出 DMT-CTLS 系列芯片，集成射频识别技术，包含多种容量配置，主要用于电子身份认证领域。5 月 21 日，北京微电子技术有限公司研制成功首款加密基带 /MAC 芯片 WT6205。该芯片除具备"万通 4 号"功能模块的特性外，还嵌入 WAPI 2.0 硬加密模块，支持中国自主知识产权的 WAPI 加密。6 月 12 日，中星微推出为 Web 2.0 时代量身定做的网络摄像头处理芯片 VC0336，主要应用于外挂式网络摄像头和嵌入式笔记本摄像头。6 月 22 日，清华大学和凌讯科技发布共同开发的全国标地面数字电视广播接收芯片 LGS-8G13-A1。该芯片采用 TDS-OFDM 调制技术，输出并行或串行的 MPEG-2 TS 码流。9 月 13 日，中国普天信息产业股份有限公司推出智能存储卡。该卡把存储、安全、RFID 三者融合，可在手机、移动数字电视、PMP 等便携终端上使用，具有用户鉴权、数据加解密、非接触式刷卡、移动支付等功能。10 月 12 日，大唐微电子发布全球首款支持 McWiLL 的核心处理器 DTT6C01B。该芯片集成了多种终端功能模块和接口，支持 GSM 和 SCDMA 通信技术。12 月，创毅视讯自主研发的 CMMB 标准信道解调芯片 IF101V2 进入批量生产阶段。华大电子的 Ukey 芯片实现量产。北京九方中实电子科技有限责任公司推出第二代 0.18 微米 DTV 信道解调芯片。

2008 年 2 月 28 日，华大电子推出非接触逻辑加密卡芯片 CIR72A04，其工作频率为 13.56 兆赫，存储容量为 4K 字节，可应用于一卡通、电子票证、小额支付等。3 月 20 日，凌讯科技发布全模式国标地面数字电视信道解调芯片 LGS-8G52，为中国市场上首款"二合一"的单芯片产品。4 月 15 日，中星微发布监控摄像机图像处理 SoC 芯片 VC0706。5 月，清华大学、同方微电子共同研制成功中国最小尺寸的 RFID 芯片，用于奥运会历史上首次采用嵌入芯片的门票。同年，"星光中国芯工程"投入国家安防视频监控技术标准的研究制定、芯片设计和产业化推进工作，推出具有中国自主知识产权的可大规模部署的电信运营级宽带视频监控系统和新一代无线高清智能监控系统。北京君正集成电路有限公司开发的多媒体处理芯片，采用独特的 32 位 XBurst CPU 内核技术，支持多种标清格式视频解码，应用于 PMP、普及型学习机、计算机、GPS、移动电视等多个领域。年末，中科院计算所研制的 4 核 CPU "龙芯 3 号"流片成功。北京天碁科技有限公司开发 TD-HSDPA/EDGE 双模终端基带芯片，采用自适应调制解码（AMC）、混合自动重传请求（HARQ）、16QAM 调制技术，能够满足高速率 3G 移动数据业务要求。华大电子推出无线局域网基带协议处理芯片，集成 CPU、802.11MAC/ 基带、多种安全算法和高速 AD/DA，可应用于台式电脑、笔记本电脑、无线接入点 / 路由器、VoIP、多媒体、数字家庭等领域。北京中天联科微电子技术有限公司开发基于 ABS-S 标准的卫星信道接收解调芯片，应用于"村村通"工程及高清交互卫星电视等领域。

2009 年 11 月，中星微推出高清多媒体处理芯片 VC0831 及其解决方案。12 月 15 日，中关村科技园区管委会、海淀区政府联合主办中星微电子"星光"系列芯片全球突破 1 亿枚发布会。"星光中国芯"系列数字多媒体芯片具有完全自主知识产权，实现多项核心技术突破，申请了近 400 项专利和专有技术，在国际上处于领先地位，成功应用于个人计算机、宽带网络、移动通信、信息家电等高速成长的多媒体应用领域。同年，华大电子的电子护照芯片通过公安部验收，超高频电子标签芯片实现量产。

2010 年 3 月，创毅视讯成功研发出全球首款支持 20 兆带宽的 TD-LTE 终端基带通信芯片。凌讯科技推出新一代国标地面数字电视解调芯片 LGS-8G8X 系列产品。5 月，首款国产商用 8 核处理器"龙芯 3B"完成流片设计，9 月开始量产。7 月，国家发展改革委将北京海尔集成电路设计有限公司"数字电视多模式解调多格式解码一体化高清 SoC 芯片研发及产业化"项目列入数字电视研究开发及产业化专项。9 月 14 日，新岸线公司和英国 ARM 公司联合发布全球首款 40 纳米 A9 双核 2.0GHz 高性能计算机系统芯片 NuSmart 2816。9 月 25 日，和芯星通科技（北京）有限公司发布国内首创拥有完全自主知识产权的多系统多频率卫星导航高性能 SoC 芯片和芯星通 Nebulas。同年，北京君正集成电路股份有限公司采用自主知识产权架构 X-Burst 内核，开发出应用于平板电脑等移动互联终端的 CPU 芯片。华大电子研制的国内第一款金融社保卡 32K 高安全芯片 PKI 进入市场。

2010 年，北京集成电路设计企业实现销售收入 90 亿元，连续 5 年占全国同行业销售总收入的 1/3。销售收入过亿元的设计企业有 18 家，占设计业销售收入的 81.8%。在 2010 年全国十大集成电路设计企业中，华大电子和中星微分别位居第三和第八位。全国 10 多家在纳斯达克或国内创业板上市的集成电路设计企业中，北京有 3 家。众多著名的"中国芯"都诞生在北京。在国家"核高基"专项的支持下，龙芯通用 CPU、众志 CPU、华大九天 EDA 工具、基于龙芯 CPU 的计算机已经销售 15 万台，实现产值 4 亿元。华大九天的 EDA 工具被美国 Marvell、中国台湾 GUC 等国内外著名设计公司应用。创毅视讯流片全球第一颗 TD-LTE 终端基带芯片，成功运用于上海世博会的宽带通信。同时，在数字电视、云计算、物联网、智能电网、北斗导航、银行 IC 卡等一批新兴领域已有众多创新型企业介入，为北京集成电路设计企业的持续发展奠定了良好基础。

北京中星微电子有限公司

1999 年 10 月 14 日在中关村科技园区成立。公司从事数字多媒体芯片的开发、设计和产业化，承担了国家战略项目"星光中国芯"工程。中星微拥有 70 多位留学归国人员为主的核心技术团队，吸引 700 多位国内外优秀人才，实现了技术成果的产品化和产业化，形成宽带多媒体和移动多媒体通信两大系列产品，率先将"中国芯"大规模打入国际市场，覆盖了 16 个国家和地区，被国内外众多企业的台式电脑、笔记本电脑、手机等产品大批量采用，成为国际知名的集成电路品牌。中星微坚持自主创新，实现了八大核心技术突破，申请了 1900 多项国内外技术专利。先后获得信息产业部 2004 年度信息产业重大技术发明项目、2005 年国家科学技术进步奖一等奖等。2005 年 11 月 17 日，中星微在纳斯达克挂牌上市，成为首家在纳斯达克挂牌的中国多媒体和通信芯片企业，募集资金 8700 万美元。2006 年，在全球半导体设计协会（FSA）的年度大会上，中星微获 2006 全球半导体设计协会年度大奖（上市公司类）。2010 年，中星微获准承建数字多媒体芯片技术国家重点实验室。

北京海尔集成电路设计有限公司

2000 年 8 月 30 日在中关村科技园区成立，是海尔集团投资成立的高新技术企业。公司是海尔集团采用国际模式，将产业基地与研发基地分离，实现公司全球化和产品生产本地化。北京海尔集成电路设计有限公司从事数字电视领域核心技术的研究，采用国际上流行的 0.18/0.13 微米 CMOS 工艺，开发出了具有完全自主知识产权的数字电视解码、解调芯片和整机系统，符合 DVB-S、DVB-C、DTMB、ISDB-T、ABS-S、DVB-S2 等各类标准。该公司在数字有线电视、数字卫星电视、国标地面电视等诸多领域，提供具有自主知识产权的核心产品和解决方案。

北京六合万通微电子技术股份有限公司

2001 年 2 月，由留学回国人员团队创立的北京六合万通微电子技术有限公司在中关村科技园区成立。2007 年 12 月，公司整体改制为股份有限公司，更名为北京六合万通微电子技术股份有限公司，注册资本 3000 万元，是专业从事无线通信大规模集成电路设计及系统开发的高新技术企业。2009 年 10 月，六合万通基于 WLAN 技术的以太网同轴传输技术研发与产业化项目获 2008 年度北京市科学技术奖。2010 年 4 月，公司主持参与研究开发的基于同轴电缆的智能宽带通信系统项目获 2009 年度中国电子学会电子信息科学技术奖二等奖；2010 年 8 月，公司自主研究开发的有线电视网络双向改造关键核心芯片组及相关设备项目获第三届中国侨界（创新成果）贡献奖。

大唐微电子技术有限公司

2001 年成立，是大唐电信科技产业集团控股的大唐电信旗下的专业集成电路设计企业。注册资本 6000 万元。前身为由原邮电部电信科学技术研究院集成电路设计中心组建的大唐电信微电子分公司。2002 年 4 月成为独立法人，更名为大唐微电子技术有限公司。大唐微电子技术有限公司凭借集成电路设计能力，提供各种行业应用及综合性解决方案。连续开发出具有自主知识产权的技术与产品：中国第一块 GSM 手机专用 SIM 卡、CDMA 手机专用 UIM 卡、GPRS/WLAN 双模卡、IC 电话卡、IP 电话账号 IC 卡的芯片及模块产品。公司所承担的国家"十五"、863 计划、"超大规模集成电路设计专项——面向通信综合信息处理 SoC 平台"项目，研制出国内第一块面向通信的综合信息处理 COMIP SoC 芯片并实现量产。大唐微电子技术有限公司共向国家知识产权局申请专利达 80 多项，其中授权专利 40 项，并有 1 项发明专利获得世界知识产权组织和国家知识产权局颁发的专利金奖，1 项技术专利获得信息产业部重大技术发明奖。2009 年 1 月，大唐微电子第二代居民身份证系统项目获国家科学技术进步奖一等奖。3 月，大唐微电子被认定为北京市 2008 年度高新技术企业。8 月，大唐微电子研制的 3G USIM 卡入选首批国家自主创新产品名单。2010 年 10 月，大唐微电子研制出商用密钥的"中国农业银行金穗 C 卡新捷蓝天卡"测试卡。2010 年，大唐微电子技术有限公司主营业务收入 5.28 亿元，利润总额 5938 万元。

北京兆易创新科技有限公司

2005 年 4 月成立，注册资本 7500 万元，原名芯技佳易。公司位于海淀区学院路 30 号科大天工大厦 A 座。兆易创新是国内首家专业从事存储器及相关芯片研发的集成电路设计公司，拥有多项专利技术，已通过 ISO 9001：2008 质量管理体系认证和 ISO 14001 环境管理体系认证。公司研发成功多款产品，主要有 SPI FLASH、NOR MCP 以及 OTP 等，部分产品已经大规模量产，广泛应用于手持移动终端、消费类电子产品、个人电脑及周边、网络、电信设备、医疗设备、办公设备、汽车电子及工业控制设备等领域。2009 年，兆易创新开发成功国内首颗移动高速存储芯片，成为国内第一家、全球第四家掌握此技术的公司。截至 2010 年，兆易创新是世界上唯一能按照国际标准为用户提供双管静态存储器 IP 授权的公司；继日本 EPSON 公司之后，成为世界上第二个、国内第一个设计生产出电子纸驱动芯片的公司；兆易创新开发并量产销售了国内第一个静态存储器 SRAM 产品系列，并在国内首个采用 90 纳米工艺生产，也是国内唯一具有商业化量产存储器产品能力的公司，月出货量超过 1000 万片。2010 年，兆易创新闪存产品出货超过 1 亿片，营业收入 2500 万美元。

北京君正集成电路股份有限公司

2005 年成立于中关村科技园区，注册资本 6000 万元。北京君正集成电路股份有限公司主要从事创新 CPU 技术和处理器芯片的研制和产业化，为国内外领先的 32 位嵌入式处理器芯片及其解决方案提供商。北京君正拥有 32 位 CPU 技术和低功耗技术，针对手持应用和移动多媒体应用，2008 年推出独特的 32 位 XBurst CPU 技术。2006 年进入指纹识别领域发展。2007 年进入教育电子领域。2008 年进入 PMP 领域，芯片年出货量突破 550 万块。2009 年进入电子书领域，芯片年出货量突破 1000 万块。2010 年进军以智能手机和平板电脑为代表的移动互联网领域，被中国半导体行业协会评为 2009 年中国最具成长性集成电路设计企业，获 2001—2010 十年"中国芯"领军设计企业奖，入选 2010 年中关村国家自主创新示范区"瞪羚计划"首批重点培育企业，获海淀区创新企业证书和中关村高新技术企业证书。

北京创毅视讯科技有限公司

2006 年 9 月成立，总部位于海淀区清华科技园，在上海、深圳、合肥和韩国首尔设有分公司，并在中国台北和美国硅谷设立研发机构。创毅视讯从事移动多媒体终端接收芯片、无线通信终端基带芯片、移动互联网平台处理芯片的设计与研发，推出中国自主知识产权的 CMMB 终端核心芯片、全球首枚基于 4G 标准的 TD-LTE 终端基带芯片、移动互联网终端处理芯片，形成覆盖广电、通信以及消费类电子三大领域的产品线。2009 年，创毅视讯启动 TD-LTE 终端芯片研发项目，配合中国移动推进 TD-LTE 商业化进程，并承担国家"2009—2010 年宽带移动通信 TD-LTE 终端芯片重大专项"课题。2010 年 3 月，研发出全球首款支持 20 兆带宽的 TD-LTE 终端基带通信芯片。

北京华大九天软件有限公司

2009 年 6 月成立，前身为成立于 1986 年的中国华大集成电路设计中心（CIDC）。由中国华大集成电路设计集团有限公司与国投高科技投资有限公司共同投资设立，总部位于朝阳区望京科技创业园区。北京华大九天软件有限公司专门从事 EDA 软件的开发和服务，是国家"核高基"重大专项"先进 EDA 工具平台开发"课题的牵头单位。截至 2010 年，该公司共形成课题成果 48 项，申请专利 77 项。全定制模拟电路设计平台——熊猫 EDA 系统——九天系列工具软件，经过多年的发展与积累，已成为国际领先的 EDA 设计工具，并拥有国内外众多客户群体。产品"IC Explorer 集成电路设计分析调试软件"获 2009 年北京市自主创新产品奖。2010 年，北京华大九天软件有限公司在中国集成电路产业促进大会举行的第五届"中国芯"及"十年中国芯"颁奖典礼上获最佳支撑服务企业奖。

第二节 集成电路制造

2002 年，中芯国际集成电路制造有限公司（以下简称中芯国际）的芯片制造项目、中科院圣科佳砷化镓芯片项目在北京经济技术开发区开工建设，其中中芯国际芯片制造项目是中国大陆建设的第一条 12 英寸芯片生产线。

2005 年，市科委重大科技项目"面向超深亚微米的新一代集成电路设计技术研究"启动实施。项目主持单位中芯国际北京公司会同北京大学、清华大学、北京集成电路设计园、中星微、南山之桥、神州龙芯、芯技佳易、有研硅股等 10 余家单位，在工艺、IP 核模块、重点产品、设计服务、材料等方面开展联合攻关。

2006 年第二季度，中芯国际北京公司将 90 纳米技术推进至量产阶段，标志着中国集成电路制造工艺进入纳米量级。

2010 年 8 月 3 日，中芯国际北京公司宣布，自 2009 年第三季度开始在北京 12 英寸工厂生产的 65 纳米工艺晶圆已经累计出货 1 万片，标志着量产阶段的开始。至 2010 年，中芯国际北京公司建成国内第一条具有世界先进水平的 12 英寸（300 毫米）大规模集成电路生产线，并在国家"十一五"极大规模集成电路制造装备及成套工艺重大专项（02 专项）的支持下，提前 18 个月实现自主 65 纳米集成电路制造工艺的批量生产，工艺技术在国内领先，使中国集成电路制造水平与国际先进水平的差距从 2000 年的 4 ～ 5 代缩短至 2010 年的 1 代。

2010 年，北京拥有包括中芯国际北京公司、首钢日电电子有限公司和北京燕东微电子有限公司等在内的多家集成电路制造企业。北京共有集成电路生产线 9 条，其中 12 英寸线 2 条（中芯国际），6 英寸线 2 条（首钢日电、燕东），4 英寸线 5 条（宇翔、燕东、北京大学、清华大学、时代民芯）。北京集成电路制造企业实现总销售收入约 60 亿元，约占全国份额的 14%。

北京宇翔电子有限公司

1969 年 1 月建立，原名为北京市半导体器件三厂，1998 年 12 月改制后更名为北京宇翔电子有限公司（以下简称宇翔），是电子控股的全资子公司，企业性质为国有独资公司。该公司注册资本 1411.6 万元，占地面积 4.02 万平方米，生产经营建筑面积共计 2.37 万平方米，其中经营建筑面积 1.97 万平方米，军工科研生产建筑面积 3972 平方米。注册地址为东城区左安门内大街 10 号。1999 年，宇翔实现工业总产值 528 万元，工业增加值 140 万元，销售收入 611 万元，实现利润 1 万元，利税 82 万元，资产总额 7386 万元，负债总

图2-19 宇翔自主研发的卫星专用集成电路等产品 (2008年摄)

额4953万元。宇翔是国内唯一为航天按品种系列生产高可靠抗辐射CC4000系列CMOS集成电路的企业，拥有一条国军标100毫米CMOS数字集成电路生产线，主要产品涵盖铝栅CC4000系列、硅栅54HC系列等几百个品种，以及为客户研发生产几十种专用电路，重点提升产品质量的控制，将产品质量等级由B1级提高到B级。宇翔生产的CMOS数字集成电路具有抗锁定、抗静电、抗辐照的特性，在CMOS集成电路抗辐射总剂量加固技术上取得突出成果，抗辐射性能达到美国Harris公司同类产品水平，品种数量满足卫星配套要求。1996年至2010年，宇翔共研制新品种约40个，国军标扩展品种60余个，卫星用专用集成电路20余个。宇翔还专门为卫星和其他重点工程型号研制开发了几十种专用电路和54HC系列电路，减小电路体积，增加集成度，提高可靠性，满足了用户的需求。宇翔公司产品类别主要包括：铝栅CC4000系列（国标系列铝栅CMOS数字集成电路）、54HC系列（硅栅CMOS高速数字集成电路）、HTL系列（双极型高抗干扰数字集成电路）、专用集成电路系列。2004年3月，宇翔获信息产业部颁发的载人航天工程科研、生产、试验服务奖。2007年，宇翔自主研发多项卫星专用集成电路系列品种，为"嫦娥一号"月球探测器提供21个品种总计463块集成电路，为"长征三号甲"火箭提供188块集成电路。2010年，宇翔从业人员304人，其中在岗职工218人，返聘77人，其他从业人员9人；离退休人员918人。2010年实现工业总产值3038万元、工业增加值1533万元、销售收入4202万元，实现利润260万元、利税707万元，资产总额1.18亿元，负债总额5485万元。

北京飞宇微电子有限责任公司

1969年3月始建，原名为北京无线电综合元件厂，1978年8月改名为北京市半导体器件一厂，1998年5月改制，更名为北京飞宇微电子有限责任公司（以下简称飞宇）。该公司为国有独资企业，注册资本1.35亿元，厂区占地面积3.58万平方米、建筑面积5.26万平方米、生产性建筑面积3.02万平方米。1969年，飞宇开始研制和生产半导体器件、电子元件、半导体材料。1978年将电子元件、半导体材料向外转移，产品以半导体集成电路和薄厚膜混合集成电路为主。1999年，飞宇实现工业总产值921.60万元，工业增加值535.50万元，销售收入2033.93万元，实现利润13.15万元，利税193.11万元，资产总额3733.31万元，负债总额1964.58万元。1998年之后，军用薄厚膜混合集成电路成为飞宇的主导产品。

产品包括视频对数放大器、有源带通滤波器、有源低通滤波器、有源音频滤波器、音频放大器、音频滤波器、大电流顺序开关、加速度计等。2010年，飞宇拥有职工407人，其中在职职工404人，有离退休人员887人。2010年实现工业总产值2863.40万元、工业增加值4262.73万元、销售收入5819.62万元，实现利润626.72万元、利税1157.03万元，资产总额2.57亿元，负债总额4953.48万元。

中芯国际集成电路制造（北京）有限公司

2000年4月，中芯国际集成电路制造有限公司成立，总部位于上海。2002年7月25日，中芯国际集成电路制造（北京）有限公司注册成立，总投资30亿美元，是中芯国际的全资子公司，位于北京经济技术开发区文昌大道18号，拥有中国第一条12英寸集成电路生产线，提供0.13微米到65-55纳米的工艺技术服务。中芯国际北京公司是国内规模最大、技术最先进的12英寸集成电路生产厂。2003年，中芯国际北京公司四厂和六厂完成配套厂房建设，厂区内配套设施建设基本结束；五厂进入主体工程建设阶段。2004年9月底，中国大陆第一条12英寸线在中芯国际北京公司投入生产，并于2005年第一季度实现量产，生产能力为12英寸晶圆2万片/月，提供先进技术工艺的晶圆代工服务，制造能力涵盖多种集成电路，代工产品主要用于手机、高清电视、数字多媒体、GPS等领域。该公司同时进行铜互连技术服务、设计服务、多项目晶圆服务。2005年，中芯国际北京公司在国家863计划的支持下，与北大、清华、中科院等单位合作，开展核心技术的研究，从事90-65纳米具有自主知识产权的产品开发工作。2006年6月19日，尔必达采用中芯国际90纳米制程技术并在中芯国际北京公司12英寸厂生产的512Mb DDR2 SDRAM通过认证。同年，中芯国际北京公司

图2-20　中芯国际北京公司厂区外貌（2009年摄）

销售收入26亿元，实现盈亏平衡并开始盈利，利润4921万元。从2008年第二季度开始，中芯国际北京公司停掉成本价格倒挂的DRAM芯片，改做逻辑电路类产品，加快技术提升步伐。2010年，中芯国际北京公司65纳米产品每月产能3000片，在中芯国际的收入占比超过10%。中芯国际北京公司12英寸厂率先在中芯国际国内工厂中实现赢利，销售收入29亿元，盈利3.2亿元，有员工1800人。

1998—2010年北京集成电路产量及占全国份额统计表

2-13表

年份	北京产量（万块）	同比增长率（%）	全国产量（万块）	占全国产量份额（%）
1998年	6075.00	—	262577.00	2.31
1999年	12605.00	107.49	415000.00	3.04
2000年	23684.00	87.89	588000.00	4.03
2001年	20952.00	−11.54	636287.70	3.29
2002年	24897.00	18.83	963101.08	2.59
2003年	46892.00	88.34	1483100.93	3.16
2004年	111363.00	137.49	2355100.00	4.73
2005年	125708.00	12.88	2699729.14	4.66
2006年	117812.00	−6.28	3357499.00	3.51
2007年	156600.00	32.92	4116200.00	3.80
2008年	179900.00	14.88	4387700.00	4.10
2009年	182900.00	1.67	4144000.00	4.41
2010年	252700.00	38.16	6525000.00	3.87

说明："—"表示无相关数据。

第三节　集成电路封装测试

1999年，北京地区从事集成电路封装测试的企业主要有首钢日电电子有限公司、三菱四通集成电路有限公司、北京宇翔电子有限公司、北京东光微电子有限责任公司（原国营878厂）及北京微电子研究所等单位。

2000年，北京大、中、小规模集成电路封装测试能力近3亿块，收入约2亿元，主要为采用DIP、SOP（SSOP、TSOP）、QFP（LQFP、TQFP）等封装形式的中低档集成电路产品，其中，三菱四通集成电路有限公司年封装能力达到2.4亿块，北京宇翔电子有限公司为350万块，北京东光微电子有限责任公司为1800万块。

2002年，威讯联合半导体（北京）有限公司在北京经济技术开发区建设的6英寸砷化镓射频芯片封装测试项目投产。2003年，公司第二条射频芯片封装测试线建成投产，年产量逾6.5亿块。2004年，公司砷化镓射频芯片年测试量达到1.9亿片。

2007年，中科院EDA中心设立快速高端封装服务平台，为各科研院所和企业提供封装解决方案。2009年4月16日，中科院EDA中心为中科院计算所互连交换芯片D5K

Switch 开发的 1053 个管脚 Flipchip-BGA 封装通过测试。

2010 年 7 月，"龙芯" CPU 第一款国产化封装产品在中科院微电子研究所系统封装技术研究室取得成功。年内，面对日益繁荣的国内市场，外资封装测试企业纷纷扩大规模，瑞萨半导体（北京）有限公司、海力士半导体（中国）有限公司等在华扩建和在建项目进展顺利。在集成电路封装测试领域，北京既有同时具备芯片制造和封装测试环节的公司，也有第三方封装测试服务企业。北京的威讯联合半导体和瑞萨半导体公司是国内第二和第八大封装企业，华大泰思特公司是国内领先的独立集成电路测试企业。同年，北京集成电路封装测试企业实现总销售收入 90 亿元，约占全国份额的 14.3%。

首钢日电电子有限公司（SGNEC）

1991 年 12 月 31 日成立，由首钢总公司和日本 NEC 电子株式会社合资兴建，总投资 500 亿日元，位于石景山区八大处路 45 号。首钢日电电子有限公司主要从事半导体集成电路制造和销售，主要产品有 MCU 电路、彩电遥控器电路、显示驱动电路及通用线性电路等；拥有集成电路完整生产线，包括芯片制造和封装测试。1994 年 4 月，首钢日电电子有限公司建成的中国第一条 6 英寸组装线投产。1995 年 4 月扩散线投产。2000 年，CMOS 电路工艺技术水平达到线条宽度 0.5 ～ 3 微米，生产能力 8000 片 / 月。2000 年，首钢日电电子有限公司封装测试后工序生产线初步建成。2001 年

图2-21　20世纪90年代，首钢日电电子有限公司集成电路生产线

具有年封装测试 0.7 亿块集成电路的产能，2010 年达到 2.5 亿块的产能。主要封装方式为 DIP、SOIC、SOP、SSOP、SOP、SOJ、SDIP、SSIP、QFP 等。2010 年，首钢日电电子有限公司主营业务收入 12.04 亿元，利润总额 5892 万元。

北京微电子技术研究所（航天772研究所）

1994 年成立，是国家重点投资建设的高技术研究所，从事大规模和超大规模集成电路设计、测试、封装、可靠性筛选考核、失效分析以及产品销售；是航天大规模集成电路研发基地，同时为航空、兵器、核工业、仪器仪表、通信、工业控制、计算机外围设备、消费电子等行业提供军用和民用产品。北京微电子技术研究所拥有先进的集成电路设计与验证设备，包括逻辑综合软件、系统前端设计软件、集成电路布局布线及参数提取后仿真软件、建库工具软件、晶体管级后仿真工具等。研究所承担 0.18 微米以上系统集成芯片设计研发等多项国家计划，取得科研成果 20 余项，批量生产近百种产品。已开发产品有各种

专用 ASIC、微控制器、计算机接口电路、ADC/DAC、HDTV 专用解码芯片、通信电路、游戏机控制电路和其他消费类电路。拥有国际一流的数字、模拟和数模混合测试平台，测试能力可达 400 兆赫 /512PIN；拥有一条激光门阵列 ASIC 生产线，一条 P、L 波段微波硅功率器件生产线，一条年产 50 万～ 100 万块集成电路的陶瓷封装线；拥有全国一流的诊断、失效分析系统和先进的分析设备仪器，包括离子束修补系统、电子束探针诊断系统、扫描电镜、红外热像仪、共聚焦显微镜、半导体参数分析仪等，是航天大规模和超大规模集成电路检测和失效分析中心。

瑞萨半导体（北京）有限公司

前身是 1996 年成立的三菱四通集成电路有限公司（MSSC），由四通集团公司和日本三菱电机株式会社、三井物产株式会社共同建立。2003 年 4 月，日本三菱电机株式会社半导体事业部与日立半导体事业部联合成立瑞萨科技株式会社后，三菱四通集成电路有限公司更名为瑞萨四通集成电路（北京）有限公司。2005 年 10 月，因股份变更改名为瑞萨半导体（北京）有限公司，成为日本瑞萨电子株式会社旗下的全资子公司，也是日本瑞萨电子株式会社海外最大的生产基地。瑞萨半导体（北京）有限公司地处海淀区上地信息产业基地，占地面积约 15 万平方米，注册资金 9044 万美元，主要从事 MCU、MSIG、SCR-LM、SRAM 等半导体产品的制造，可提供 5 ～ 12 英寸晶圆的各种尺寸 MCU、MSIG、SRAM 等集成电路产品的键合及封装设计和制造服务，产能约 1 亿块 / 月，产品应用覆盖汽车、工业控制、民用家电等各个领域。瑞萨半导体（北京）有限公司于 2001 年 7 月取得 ISO 9001 国际质量管理体系认证，2002 年 8 月取得 ISO 14001 国际环境管理体系认证，之后取得 ISO/TS 16949 质量管理体系（汽车行业生产件特别要求）认证。2005 年，该公司销售收入 15.63 亿元，排名中国同行业第八位。2007 年销售收入 20.23 亿元，排名全国同行业第九位。2008 年 3 月，该公司启动扩建工程，2009 年 12 月 18 日完成建设。2009 年销售收入 15.63 亿元，排名中国第八位。2010 年 1 月 19 日，瑞萨半导体（北京）有限公司举行新厂竣工仪式，总投资 9990 万美元的扩建工程，使年封装测试产能达到 18 亿块，预计实现销售收入 60 亿元，成为世界最大的微处理单元（MCU）封装测试基地。2010 年，公司以销售收入 26.20 亿元成为中国第八大集成电路封装企业。

威讯联合半导体（北京）有限公司

威讯联合半导体（北京）有限公司（以下简称威讯北京）是美国威讯联合半导体有限公司在中国的全资子公司，2001 年 6 月 28 日成立于北京经济技术开发区同济中路 17 号，注册资本 3800 万美元，投资总额 1.14 亿美元。工厂占地约 1.8 万平方米，建筑面积约 1 万平方米，其中生产车间 4000 平方米，包括 1500 平方米无尘车间。威讯北京设有可靠性和失效分析实验室及中国销售和客户技术支持中心，客户包括全球多家手机生产厂商。威讯北京作为诺基亚星网工业园第一家为诺基亚手机配套的器件供货商，主要设计、开发及生产（封装测试）射频集成电路产品，产品包括手机前端射频模块、低噪放大和集成开关电路模块。2003 年 8 月，通过 ISO 9001：2000 质量体系认证、ISO 14001 环境体系认证。2004 年至 2010 年，威讯北京多次位列中国十大集成电路封装测试公司排名榜。2005 年销售收入 29.23 亿元，位居全国同行业第二名。2007 年销售收入 54.15 亿元，位居全国同行业第三名。2009 年销售收入 29.23 亿元，排名全国第二名。2010 年以销售收入 64.75 亿元、利润 1.81 亿元、纳税额 8227 万元，成为国内第二大集成电路封装企业，在中国对外经济贸易统计学会统计的对外贸易 500 强企业榜单中位列 187 位。2010 年年底，威讯北京有员工 1890 人，工厂占地面积 1.82 万平方米，建筑面积约 3.03 万平方米，其中生产车间 1.32 万平方米（包括 5800 平方米无尘车间）。

北京时代民芯科技有限公司

2005 年 11 月 18 日成立，是集中北京微电子技术研究所和西安微电子技术研究所的集成电路设计资源重组而成，专业从事集成电路的研发、生产和销售。2007 年，公司有员工 450 余人，其中院士 1 人、博士 17 人、硕士 130 余人，80% 以上专业技术人员具有大学本科以上学历。该公司拥有完整的主流集成电路开发工具与手段，具有国内领先的超深亚微米集成电路设计能力，在导航芯片组、高性能转换器、门阵列母片和 FPGA 芯片开发等领域居于国内领先水平；拥有完整的、国内一流的高品质集成电路陶瓷封装线，具备混合组装和多芯片组装能力，年产能 20 万块，产品类型涵盖 DIP、PGA、CLCC、QFP、BGA 等。该公司的 4 英寸 0.5 微米硅半导体工艺线，配置了全套先进设备，具备微波大功率及 MEMS 器件的研发生产能力，承担了多项国家科研任务。2010 年 5 月，北京时代民芯科技有限公司承担国家科技重大专项的"多目标先进封装和测试公共服务平台"项目建设。

2010年北京封装测试产业主要封装形式和产品一览表

2-14表

企业名称	主要封装形式	代表性集成电路产品	备注
首钢日电电子有限公司	DIP、SOIC、SOP、SSOP、SOP、SOJ、SDIP、QFP等	MCU、彩电遥控器电路、显示驱动电路及通用线性电路等	2000年建后工序生产线
北京宇翔电子有限公司	SOT、SOD、DFN、QFN等	CC4000BH、54HC/74HC、HTL专用IC	2007年投入260万元对后工序生产厂房进行改造
北京东光微电子有限责任公司	塑封线可封装DIP系列	线性电路、CMOS电路及专用电路	
威讯联合半导体（北京）有限公司	卷带封装TCP等	移动和宽带无线通信GSM、CDMA和WLAN产品	2002年北京工厂开业
中科院微电子中心·微电子研究所	TO系列、DIP8-24；FCBGA、WB-BGA等	DSP、CMOS、BICMOS、VDMOS、通信ASIC、龙芯CPU等	1999年以前已建成3微米集成电路工艺加工与封装线和0.8微米IC工艺研究的实验线；2010年实现高端芯片国产化高密度封装和龙芯CPU第一款国产化封装

（续表）

企业名称	主要封装形式	代表性集成电路产品	备注
北京微电子研究所	MCM-C/MCM-D陶瓷封装、FCT倒装焊接等	ASIC、MCU、接口电路、ADC/DAC、解码芯片、通信/控制电路等	拥有国际一流的数字、模拟和数模混合测试平台；建有年产50万～100万块集成电路的陶瓷封装线
北京时代民芯科技有限公司	DIP、PGA、CLCC、QFP、BGA等	导航IC芯片组、高性能转换器、门阵列/FPGA、微波大功率及MEMS器件	建有完整且国内一流的集成电路陶瓷封装线

第四节　集成电路装备及材料

1992年，北京有色金属研究总院先后研制成功中国第一根直径4英寸和6英寸的直拉硅单晶棒。1995年8月研制出中国第一根直径8英寸硅单晶棒。1997年8月研制出中国第一根直径12英寸硅单晶棒。

"九五"期间，在集成电路装备制造领域，北京云集了众多知名企业和机构。中国电子科技集团、中科院微电子研究所、清华大学微电子中心、北京集成电路测试技术研究所是中国主要的专用设备研究开发机构。七星华创多年来致力于集成电路装备创新，是国内首家上市的半导体设备公司。北京北方微电子基地设备工艺研究中心有限责任公司（以下简称北方微电子）和北京中科信电子装备有限公司（以下简称中科信）分别在刻蚀机和离子注入机的研发和市场化方面取得突破。北京中电科电子装备有限公司（以下简称中电科）是国内主要的半导体封装设备制造商。清大天达在后端清洗装备方面具有较强的实力。

2001年2月，中国第一条直径8英寸硅抛光片生产线在有研半导体材料股份有限公司（以下简称有研半导体）竣工投产，设计能力为年产8英寸硅单晶抛光片6000万平方英寸，可满足0.25～0.5微米集成电路的技术要求。4月18日，由北京有色金属研究总院完成的"0.5～0.6微米集成电路用8英寸硅单晶抛光片研制及蒸汽压控制直拉法（VCZ法）生长半绝缘GaAs单晶新技术研究"项目通过鉴定。作为中国第一套蒸汽压控制直拉法单晶生长系统，具有结构简单、拆装方便、可重复使用的特点。7月29日，北京有色金属研究总院利用蒸汽压控制直拉法晶体生长系统和工艺技术，成功拉制出国内第一根直径4英寸VCZ半绝缘砷化镓单晶，使中国成为继日本、德国之

图2-22　北京有研半导体材料股份有限公司的单晶硅生产线（摄于2001年）

后第三个掌握此技术的国家。

2002 年 9 月，中科院半导体研究所和北京中科镓英半导体有限公司采用高压液封直拉法（HPLEC）研制出中国第一根直径 5 英寸半绝缘砷化镓（Si-GaAs）单晶，晶体重量 6.5 千克，直径 13.2 ~ 13.8 厘米，等径部分大于 6.5 厘米。11 月，有研半导体研制成功直径 18 英寸直拉硅单晶棒，标志着中国在这一领域进入世界领先行列。同年，七星华创的多槽自动清洗机研制成功，用于 6 英寸以下硅片自动清洗或腐蚀工艺。

2003 年，七星华创成功完成"九五"计划攻关项目，包括 H6367-1/ZM 型 M-RIE 金属刻蚀机、L4263-1/ZM 型 IMD-CVD 设备、H67-14/ZM 型 RIE 刻蚀机、L4513 Ⅱ -49/ZM 型四管氧化扩散系统、H63-9/ZM 型石英管清洗机。北方微电子承接的国家"十五"、863 计划集成电路制造装备重大专项 8 英寸 100 纳米高密度等离子刻蚀机产品研发项目启动。北京国晶辉红外光学科技有限公司拉制出中国第一根直径 12 英寸红外光学锗单晶棒，同期国外锗单晶棒的最大直径在 12 ~ 13 英寸。

2004 年 3 月，七星华创微电子设备分公司研制成功国内第一台装片量 100 片、加工 6 英寸硅片的 PECVD 设备。5 月 26 日，北京化学工业集团有限责任公司化学试剂所研制的 ULS 用新型高性能光刻胶项目通过国家 863 计划超大规模集成电路配套材料重大专项办公室的验收。8 月，中科信承接的国家"十五"863 计划集成电路制造装备重大专项 8 英寸 100 纳米大角度离子注入机项目启动。9 月 5 日，北方微电子建设的中国第一个 8 英寸 90 纳米刻蚀工艺实验室通过验收并投入使用，北方微电子第一代 8 英寸 100 纳米等离子刻蚀机研发成功。11 月 30 日，北方微电子的刻蚀机刻蚀出第一片实验室级 8 英寸 100 纳米硅片。12 月，北方微电子完成第一台 8 ~ 12 英寸兼容硅刻蚀机。同年，中科信的大角度离子注入机提前一年完成样机开发。国泰半导体材料有限公司的 6 英寸、8 英寸单晶硅出口供不应求，科技部立项 12 英寸单晶硅项目。

2005 年 1 月 3 日，北方微电子的 8 英寸 100 纳米高密度等离子刻蚀机研发及产业化项目获北京市职工优秀技术创新成果奖三等奖。2 月，有研半导体的 6 英寸重掺砷硅单晶及抛光片获北京市科学技术奖一等奖。6 月 25 日，七星华创国家微电子设备基地承担研制的应用于 8 英寸集成电路工艺线的立式扩散 / 氧化炉设备通过信息产业部验收，该设备填补了国内空白，并获得 4 项专利。6 月，北方微电子承接科技部 12 英寸 90 纳米高密度等离子栅刻蚀机反应室关键技术研究项目，并承接科技部 12 英寸刻蚀机硅片自动传输平台关键技

图 2-23　京仪世纪研制的 MCZ-6000A 型硅单晶炉（2005 年摄）

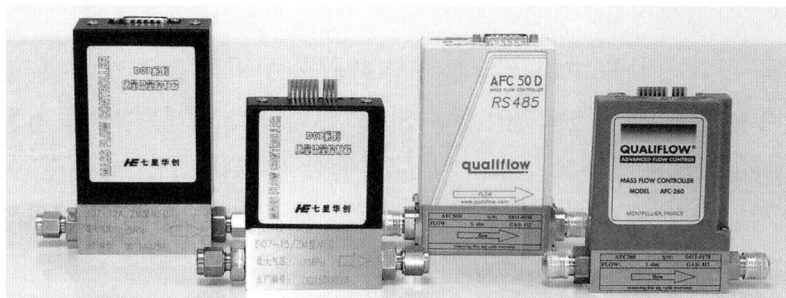

图2-24　七星华创研发的质量控制器（2005年摄）

研究项目。8月28日，北方微电子的8英寸100纳米高密度等离子体硅刻蚀机交付中芯国际（天津）集成电路制造有限公司，开始在生产线上安装和调试。11月，有研半导体的重掺砷硅单晶及抛光片获国家科学技术进步奖二等奖。同年，京仪世纪成功研制具有自主知识产权的MCZ-6000A型硅单晶炉。

"十五"期间，在国家863重大设备专项——下一代光刻机、刻蚀机、离子注入机的研发项目中北京承担了2项，并获专项支持资金1.5亿元。在集成电路材料领域，北京是单晶硅及砷化镓等专用材料研发及产业化地区。有研半导体材料股份有限公司是硅材料研究、开发、生产基地，北京科华微电子材料有限公司是批量生产光刻胶产品的企业。

2006年1月，北方微电子承接市工业促进局8英寸100纳米高密度等离子刻蚀机产业化项目。2月，由七星华创生产的具有自主知识产权的程控扩散炉设备和PECVD设备在中芯能源科技有限公司通过验收。9月28日，北方微电子的100纳米高密度等离子刻蚀机和中科信的100纳米大角度离子注入机项目通过科技部验收，实现了中国高端集成电路核心设备零的突破，使中国高端集成电路核心设备技术水平直接跨越了5代，其性能指标已达到或优于国外同类产品，而成本仅为国外同类产品的2/3。10月6日，七星华创工业炉分公司自行设计的HG6001型单晶炉研制成功。12月，北方微电子的第一代12英寸NMC612等离子刻蚀机开发成功。12月，由有研半导体承担的国家863计划重大材料专项"直径12英寸硅单晶抛光片和外延片"课题完成科技部规定的全部研发任务并通过科技部验收，完成生产线建设，申请专利30项，获2006年度北京电子信息业十大成就奖，并被中芯国际采购作为实验片。

2007年3月5日，北方微电子承接市科委等离子刻蚀机表面处理技术与石英加工技术国产化研究项目。3月7日，北方微电子的8英寸100纳米高密度等离子刻蚀机NMC508A和有研半导体的直径12英寸硅单晶抛光片获2005—2006年度中国半导体创新产品奖。6月，北方微电子承接信息产业部的100纳米高密度等离子刻蚀机产业化项目。6月18日，北方微电子就8英寸高密度等离子刻蚀机NMC508A与上海华虹NEC电子有限公司签订产品销售合同，用于华虹NEC二厂扩产，并于7月11日进驻上海华虹NEC。9月，北方微电子的刻蚀机产品通过SEMI S2/S8认证；承接市工业促进局的微电子装备控制软件开发管理信息系统项目、中关村科技园区管理委员会的100纳米高密度等离子刻蚀机国产化关键技术开发项目、科技部的高密度等离子刻蚀机反应室系统优化与工艺制程技术开发项目。12月16日，北方微电子的NMC508A进驻上海宏力半导体制造有限公司。同年，北方微电子的100纳米高密度等离子刻蚀机项目获北京市科学技术奖一等奖。北京中拓机械有限责任公司"CaN 半导体光电材料的规模化生产技术的检测设备"通过专家组验收，其 LED 芯片分拣设备项目被列入科技部 863 计划项目。中科信 100 纳米大角度离子注入机项目获北京市科学技术奖一等奖。

2008 年 2 月，有研半导体 6 英寸重掺砷硅单晶及抛光片被评为 2007 年中国半导体创新产品。3 月 6 日，北方微电子 12 英寸 65 纳米刻蚀机进入中芯国际生产线。7 月，北方微电子承接的国家 02 专项 90-65 纳米刻蚀机研发与产业化项目启动。8 月，中科信承接的国家 02 专项 90-65 纳米大角度离子注入机项目立项。同年，七星华创推出自主研发并应用于 8 英寸半导体生产线的 CS200 全数字化质量流量控制器，改变了中国数字质量流量控制器依赖进口的局面，并获 2008 年度中国半导体创新产品和技术证书。有研半导体"极大规模集成电路工艺设备用 300mm 以上大直径硅单晶"被科技部评为首批国家自主创新产品。

2009 年 1 月，北方微电子承接的国家 02 专项 65-45 纳米 PVD 设备研发项目启动。11 月 26 日，京仪世纪研发的 MCZ-6000K 硅单晶炉在河北省涿鹿京仪基地试验现场，利用 22 英寸热场，投料 100 千克，经过近 50 个小时拉制出长 2000 毫米、直径 165 毫米的高品质单晶硅棒。同年，七星华创的 CS200 全数字化质量流量控制器获由市科委、市发展改革委、中关村管委会等机构联合颁发的北京市自主创新证书。

2010 年 1 月 11 日，北方微电子研制的 100 纳米高密度等离子刻蚀机获 2009 年国家科学技术进步奖二等奖。6 月 4 日，北方微电子开发的 ELEDETM330 高密度等离子 ICP 刻蚀机完成组装调试，交付客户使用。6 月，七星华创的 12 英寸氧化炉进入大生产线验证，通过了大部分工艺指标验证。10 月，中科信的 90-65 纳米大角度离子注入机进入中芯国际 12 英寸生产线，完成了基于 90 纳米工艺器件的匹配测试和 90 纳米商用器件小批量测试，达到中芯国际的要求。12 月 3 日，北方微电子高密度等离子刻蚀机中标国家集成电路先导工艺研发项目，进入先导工艺研发中心从事 32-22 纳米先进栅极刻蚀技术的开发。

截至 2010 年，在国家 02 专项的推动下，由北京企业研发的系列集成电路关键设备实现了规模化生产。北方微电子研制的 12 英寸 65 纳米栅刻蚀机实现销售 1.1 亿元，中芯国际计划首批采购 10 台。七星华创的 12 英寸氧化炉签订合同 4.5 亿元，出口美国 1500 余台。中科信的多台 12 英寸离子注入机进入太阳能电池制造企业，年销售额超过 15 亿元。北京科华微电子材料有限公司 248 纳米光刻胶课题的 i 线胶被国内 9 条 6 英寸集成电路生产线批量采购，填补了国内空白。同年，北京集成电路装备及材料产业销售收入达 5 亿元。

有研半导体材料股份有限公司

1999 年 3 月 12 日成立，并在上海证券交易所上市。该公司位于中关村科技园区，建筑面积 3 万余平方米，员工 700 余人，拥有符合国际标准的现代化厂房及生产设备。2001 年 6 月，在顺义林河工业开发区成立"国泰半导体材料有限公司"；12 月 15 日，在顺义林河工业开发区举行有研硅股半导体材料生产基地开工奠基仪式，工程项目总投资 2000 多万美元。2006 年 2 月，有研半导体被评为中国半导体支撑业最具影响力企业。12 月被市政府认定为北京新材料工程中心。2007 年 1 月被评为 2006 年度新材料产业最具成长性企业；7 月被认定为北京市企业技术中心。2008 年 12 月，获中关村科技园区十佳人力资源标杆企业称号；同年获第十届中国专利金奖。截至 2009 年 8 月，有研半导体注册资本为 2.18 亿元。有研半导体承担了"九五""十五""十一五"期间国家硅材料领域多项重大攻关任务和产业化工程，并支撑和带动了国内相关配套产业和技术发展。10 月，被国家发展改革委认定为国家企业技术中心。2010 年，有研半导体营业收入 6.68 亿元，利润总额 827 万元，年末总资产 12.31 亿元。

北京七星华创电子股份有限公司

2001 年 9 月 28 日，由北京七星华电科技集团有限责任公司作为主要发起人，以发起设立方式成立的一家电子高新科技企业。七星华创位于中关村电子城科技园区，是以微电子技术为核心、电子专用设备与新型电子元器件为主营业务，集研发、生产、销售、服务及对外投资于一体的大型综合性高科技公司。七星华创注册资本 4844 万元，总资产 4.6 亿元。

图2-25 七星华创研发的12英寸刻蚀机进入中芯国际北京公司生产线（2008年摄）

下设 5 个分公司、6 个控股子公司，员工总数 1700 人，其中管理和技术人员 600 多人。七星华创从事扩散、氧化、CVD 设备的开发和生产，成为国内主要扩散设备供应商，七星华创自行研制的 8 英寸立式扩散、氧化系统具有较好的性价比，可以替代国外同类设备。公司长期从事半导体清洗设备研制和生产，并成立了半导体清洗设计研究所。公司所开发的产品在电力、光电子、半导体材料、集成电路制造等行业得到应用。七星华创的扩散氧化设备、刻蚀设备和化学气相淀积设备在国产设备市场上具有很强的竞争力，装备到国内多条半导体生产线上。2010 年 3 月 16 日，七星华创在深交所上市，是首家在国内上市的半导体设备公司。同年，七星华创营业总收入 8.10 亿元，利润总额 1.17 亿元，年末总资产 20.62 亿元。

北京北方微电子基地设备工艺研究中心有限责任公司

2001 年 10 月组建，是为承担国家 02 专项 100 纳米高密度等离子刻蚀机而专门成立。北方微电子位于中关村电子城科技园区内，注册资金 1538 万元。作为集成电路工艺装备制造企业，北方微电子拥有符合国际标准的超净厂房和先进的生产测试手段，建有包括设备组装、工艺研发、工艺分析、高频等离子体和零部件精密清洗实验室在内的设计、研发、制造三大平台，依托专家级研发团队，主要从事干法刻蚀和薄膜沉积设备及相关工艺技术研发，在天津、上海建有客户服务中心。北方微电子先后研发出 4 代 8 英寸 100 纳米刻蚀机，包括 NMC508A、NMC508B 产品。12 英寸等离子硅刻蚀机经过不断优化升级，先后经历了面向 90 纳米开发工艺的 NMC612A 产品、面向 65 纳米的 NMC612B 产品以及 NMC612C 产品。截至 2010 年年底，北方微电子在关键技术领域掌握多项自主知识产权，申报发明专利 200 余项，软件版权 6 项，发表论著 10 余篇。

图 2-26　北方微电子基地设备工艺研究中心（2006 年摄）

有职工 310 人。同年，北方微电子销售收入 4091 万元，实现利润 468 万元，年末资产总额 5.49 亿元。

北京中科信电子装备有限公司

2003 年 6 月 4 日成立，位于通州区次渠中关村科技园通州园光机电一体化产业基地兴光二街 6 号，注册资金 1300 万元，是中国电子科技集团公司第 48 研究所的下属公司。中科信专门从事高端离子注入机设备总体设计、系统集成、关键单元及其相关工艺设备研制、开发、生产和服务，是国内提供离子注入机成套解决方案的高科技企业，共申请 137 项专利，获得 7 项软件版权。中科信的业务主要分为四大类：以离子注入机、快速退火炉为主的集成电路装备产业，以四探针电阻测试仪为代表的集成电路测试设备，以太阳能电池制造设备和太阳能电池及组件为代表的光伏科技产业，以 SIMOX SOI 晶片为代表的特殊材料产业。中科信先后通过 ISO 9000、ISO 14001、OHSAS 18000 三个体系的认证，北京市高新技术企业认定和双软认定，全面实施国际 SEMI 行业标准。

北京中电科电子装备有限公司

2003 年 12 月成立，是由中国电子科技集团公司及其第 45 研究所共同出资兴办的高新技术企业，注册资金 2400 万元，位于北京经济技术开发区泰河三街 1 号，占地约 4 万平方米。中电科致力于中国超大规模集成电路关键装备及其他电子制造关键装备的研究与开发，主要从事集成电路平坦化工艺设备及先进封装设备等电子成套装备的研发、设计、制造与市场服务。该公司在半导体发光二极管（LED）生产制造设备、太阳能电池生产制造设备等研发与制造方面形成优势。"十一五"期间，该公司承担国家重大科技专项"极大规模集成电路制造装备及成套工艺"（02 专项）牵头项目"封装设备关键部件及核心技术"，参与关键封装设备及材料应用工程课题 4 项，分别是全自动晶圆划片机开发与产业化、晶圆减薄机开发与产业化、QFN 自动切割机开发与产业化、引线键合机开发与产业化。

北京科华微电子材料有限公司

2004年8月13日成立，位于顺义区天竺综合保税区，为中美合资企业，注册资金505.24万美元。占地面积2.1万多平方米，建筑面积9300多平方米。经营领域包括光刻胶、配套试剂的生产与销售。承担i线正胶、248纳米和193纳米深紫外光刻胶国家重点科技研发任务。北京科华微电子材料有限公司的全资子公司——北京科华丰园微电子科技有限公司位于房山区燕山石化工业区的生产基地于2005年建成投产，以紫外负性光刻胶及配套试剂和宽谱正性胶为主，其中负性胶生产为百吨级规模，配套试剂为千吨级规模，是国内规模最大的负性胶和配套试剂生产基地。2009年通过ISO 9000：2008国际标准质量管理体系认证。北京科华微电子材料有限公司建有高档光刻胶研发实验室和生产基地，其中生产基地于2009年5月建成投产，以生产高档光刻胶为主，产品包括高档g线正胶、i线正胶和TFT-LCD用正胶及相关配套试剂。高档g线和i线正胶生产线是国内第一条拥有自主知识产权的现代化500吨／年的光刻胶生产线。

中科晶电信息材料（北京）有限公司

2004年成立，是港澳台商合资企业，位于北京经济技术开发区永昌南路2号。总占地面积36000平方米，注册资金1500万美元，总投资4500万美元。中科晶电信息材料（北京）有限公司采用先进的VGF单晶生长和芯片加工技术，产品包括2～4英寸砷化镓芯片，主要应用于光电子领域。月产能为2～3英寸砷化镓芯片5万片、4～6英寸芯片5000片。

第五节　重点项目

国泰半导体材料有限公司区熔硅单晶和重掺砷硅单晶工程项目

国泰半导体材料有限公司在顺义林河工业开发区的区熔硅单晶和重掺砷硅单晶工程项目于2001年12月开工，2003年第三季度建成。项目总投资2.56亿元。生产线年产量25吨大直径区熔硅单晶片和40吨大直径重掺砷硅单晶片，设计年产区熔磨片55万片、100毫米重掺砷磨片85.5万片和150毫米重掺砷磨片57.5万片。

宇翔CMOS数字电路生产线项目

2002年7月，北京宇翔电子有限公司CMOS数字电路生产线技术项目可行性研究报告通过信息产业部批准，总投资702.85万元（含外汇41.64万美元）。该项目主要建设内容为新增仪器设备8台（套），其中进口5台（套），国产3台（套），大修翻新设备8台（套），公用设备 2 台（套）。2004 年 9 月，项目竣工并投入使用，新增军用 CC4000 系列 10 万只 / 年生产能力。

2005 年 11 月，北京宇翔电子有限公司 CC4000 系列 CMOS 数字集成电路生产线专项计划生产能力建设项目可行性研究报告通过国防科工委批准，新增仪器设备 53 台（套），其中进口仪器设备 12 台（套）、国产仪器设备 33 台（套）、公用设备 8 台（套），改造设备 2 台（套），厂房适应性改造 1761 平方米。该项目投资总额 1312.25 万元（含外汇 69.03 万美元），其中中央预算内专项资金 850 万元，企业自筹资金 462.25 万元。项目建设周期历经 35 个月，2009 年 7 月建成并投入使用，实现年产军用 CMOS 数字集成电路 16 万只的生产能力。产品质量由国军标 B1 级提升到 B 级。

2008 年 3 月，北京宇翔电子有限公司高新二期工程和重点武器装备生产能力建设项目可行性研究报告通过国防科工委批准，总投资 2572 万元（含外汇 236.17 万美元），其中中央预算内投资 1543 万元，公司自筹 1029 万元。该项目添置离子注入机、光刻机等关键工艺设备，补充数字集成电路测试系统、测试试验仪器设备，改造生产厂房。新增工艺仪器设备 15 台（套），其中进口工艺仪器设备 7 台（套），改造老设备 1 台（套），新增公用设备 11 台（套），改造建设面积 713 平方米（其中 7 级净化面积 346.3 平方米）。项目完成后，实现年产军用 CMOS 数字集成电路 20 万只（其中 S1 级产品 10 万只）的生产能力。2010 年年底，该项目基本建设完成，到位的仪器设备和改造后的厂房在科研生产中发挥作用。

中芯国际北京公司12英寸集成电路生产线项目

2002 年 9 月，中芯国际北京公司 12 英寸芯片厂建设项目在北京经济技术开发区动工，总占地面积 24 万平方米，其中厂房 18 万平方米，洁净室 1.8 万平方米。项目总投资 12.5 亿美元。在北京建设的 3 条生产线分别为中芯四厂、中芯五厂、中芯六厂。2003 年，3 条生产线厂房建设完毕。2004 年 6 月 2 日，中芯国际北京公司项目举办首台 12 英寸设备安装仪式。7 月 23 日，中芯四厂开始试投产。9 月 25 日，中芯国际北京公司项目建成投产，生产出完成整个工艺流程的合格芯片。作为中国大陆第一条 12 英寸芯片生产线，先期以 0.11 微米和 0.10 微米工艺生产高密度标准型 DRAM 产品。该项目的建成标志着中国集成电路制造技术已经进入国际先进行列。

2006 年，中芯国际北京公司启动一期扩产工程，项目投资 17.5 亿美元，其中企业新增注册资本 3.5 亿美元，企业自筹 8 亿美元，银行贷款 6 亿美元。项目分两步实施：一是在原厂房内的增资扩产项目；二是投资 70 亿美元建设新工厂，实现新增 12 英寸晶圆产能 7 万片 / 月，技术水平达到 32—28 纳米。2006 年，一期扩产项目完成注入资本金 1.16 亿美元，实现固定资产投资 2.67 亿美元，月产能提升至 2.7 万片。2007 年，该项目完成投资 3 亿美元。全年产能达到 3.1 万片（90 纳米工艺，含 65 纳米研发），全年销售 5 亿美元。2008 年，项目新增投资 1 亿美元。2010 年已完成 16 亿元的投资，项目仍在建设中。

飞宇混合集成电路生产线建设项目

飞宇混合集成电路生产线技术改造项目新增固定资产900万元，其中中央预算内专项资金405万元，银行贷款495万元。项目新增生产能力6650只/年，添置仪器设备69台（套），其中进口仪器设备16台（套），设备改造2台（磁控溅射机修理、激光微调机改造）及厂房适应性改造。项目2003年3月开工，2007年12月竣工。

飞宇研制保障建设项目总投资1190万元，其中中央预算内投资1000万元，企业自筹190万元。项目新增生产能力5万只/年，添置仪器设备79台（套），其中进口仪器设备17台（套）。项目2004年1月开工，2009年9月竣工，2010年12月通过市国防科工办的验收。

飞宇军用薄厚膜混合集成电路生产线专项计划生产能力建设项目新增固定资产投资1099万元（含外汇98.5万美元），其中中央预算内专项资金880万元，企业自筹219万元。项目建成后，新增8万只生产能力。项目添置仪器设备97台（套），其中进口仪器设备14台（套），设备改造3台。项目2006年6月开工，2009年9月竣工，2010年3月通过市国防科工办的验收。

飞宇高新二期工程和重点武器装备生产能力建设项目新增固定资产1518万元，其中中央预算内专项资金911万元，企业自筹607万元。项目添置仪器设备105台（套），其中进口仪器设备10台（套），新增薄厚膜混合集成电路生产能力10万只/年。项目2008年3月开工，2010年年底仍在建设中。

北方微电子半导体装备研发项目

8英寸100纳米高密度等离子刻蚀机研发项目是"十五"国家863计划集成电路重大专项的研发内容之一，由北方微电子承担。项目总投资2.6亿元，其中科技部拨款7800万元，市科委拨款4706万元，市工业促进局拨款4706万元，企业自筹8788万元。项目起止期为2003年4月至2006年9月。通过四代机型的迭代开发，β机于2005年9月进入中芯国际大生产线。2006年9月28日该项目通过科技部验收。10月，第四代γ商品机进入中芯国际大生产线，经过流片考核，各项性能参数均达到国际同类设备标准。8英寸100纳米高密度等离子刻蚀机研发项目获2007年北京市科学技术奖一等奖、

图2-27　北方微电子研发的8英寸100纳米刻蚀机（2005年摄）

2009 年国家科学技术进步奖二等奖、中国信息产业 2006 经济年会十大经济事件、北京市高技术产业 2006 重大经济事件、第一届中国半导体创新产品等多项荣誉。

北方微电子 12 英寸 90-65 纳米刻蚀机研发及产业化项目为"十一五"期间国家科技重大专项，主要目标是完成 90-65 纳米刻蚀机研发及产业化。项目投资总概算 7.35 亿元，其中中央财政 3.03 亿元，地方财政 2.76 亿元，企业投入 1.56 亿元。项目起止期为 2008 年 7 月至 2013 年 12 月。截至 2010 年，该项目完成了 65 纳米刻蚀机的开发，达到大生产线应用指标要求。

北方微电子 12 英寸 65-45 纳米铜 PVD 设备研发项目主要目标是完成 β 机开发并送入生产线试验。项目投资总概算 3.39 亿元，其中中央财政 1.59 亿元，地方财政 1.4 亿元，企业投入 0.4 亿元。项目起止期为 2009 年 1 月至 2010 年 12 月。设备工艺指标已经满足 65-45 纳米主流工艺的相关参数要求。

北京中科信电子装备有限公司离子注入机研发项目

2003 年 5 月，公司前身北京中科信电子股份有限公司启动 8 英寸 100 纳米大角度离子注入机项目研发。2005 年 3 月 30 日，中科信的离子注入机研发与产业化项目入驻中关村科技园区通州园光机电一体化产业基地，占地面积约 4.6 万平方米，总投资额 4.2 亿元，建成离子注入机研发和产业化厂房近 1.4 万平方米，成为国家级微电子专用设备研发及生产专业机构。2006 年 10 月项目完成。研发成果获 2007 年北京市科学技术奖一等奖、信息产业部信息产业重大技术发明荣誉证书、科技部国家自主创新产品证书。产品研发过程中共申请专利 137 项。

2008 年 8 月，中科信承接的 12 英寸 90-65 纳米大角度、大束流离子注入机研发及产业化项目启动，项目投资总额 3.5 亿元。离子注入机设备在大生产线参与生产。项目研发过程中申请国内发明专利 100 项，国内发明专利授权 4 项。截至 2010 年年底，项目进行中。

北京科华微电子材料有限公司光刻胶生产线建设项目

2004 年 8 月，北京科华微电子材料有限公司在顺义空港开发区建设一条百吨级紫外正、负性光刻胶生产线，同时形成光刻胶配套试剂年产千吨级规模。该项目总投资 4800 万元。2007 年年底前完成厂房建设，部分设备引入安装调试。2009 年，该项目建成并投产运行，研发的 i 线光刻胶填补了国内空白，被国内 9 条 6 英寸集成电路生产线批量采购。

中国电子科技集团公司第45所半导体装备研发项目

2009 年 1 月，中国电子科技集团公司第 45 所承接的"QFN（无引线方形扁平封装）自动切割机开发与产业化"项目启动。该设备可用于硅集成电路、发光二极管所用铌酸锂、压电陶瓷等材料的划切加工。截至 2010 年 12 月，项目完成自动识别对准、空气静压主轴及驱动、高稳定性控制平台集成和桥型工作台设计制造 4 项关键技术的攻关和工艺验证，以及 3 项工程化应用技术的研究，完成 2 台实用化样机的研制；通过生产线实际使用及产业化生产技术的研究，改造完成产业化机型并提供江苏长电科技和南通富士通两条工艺线组线使用。产品研发过程中发表论文 10 篇，申请专利 6 项。

2009 年 1 月，中国电子科技集团公司第 45 所承接的极大规模集成电路制造装备及成套工艺 300 毫米硅片多线切割机的开发项目启动。该设备是中国具有完全自主知识产权首台 300 毫米硅片多线切割机，面向 90-65 纳米级大规模集成电路用抛光片制备技术需求而研发。至 2010 年年底，项目仍在进行中。

有研半导体材料有限公司硅单晶和硅片基地项目

2008 年 9 月开工建设，建设周期 3 年。项目投资总额 24.5 亿元，分两期建设，即硅单晶基地项目和硅片基地项目。一期硅单晶基地项目包括 12 英寸硅单晶（年产 24 万片）、靶材用大直径硅单晶（年产 140 吨）以及太阳能电池用硅单晶（年产 240 吨）等 3 个子项目，占地面积 8 万平方米，建筑面积 3 万平方米，投资额 6.5 亿元。实际建设周期 18 个月，2010 年 3 月完成。2010 年启动二期硅片基地项目，年产 100 万片 65 纳米级 12 英寸硅片，其中 12 英寸抛光片 64 万片 / 年 (其中正片 70%)、12 英寸外延片 36 万片 / 年。占地面积约 5.3 万平方米，建筑面积 3 万平方米，投资额 18 亿元。

第六章　电子测量仪器制造业

北京电子测量仪器产业起源于 20 世纪 50 年代苏联援建的 156 项重大工程。80 年代，随着国家改革开放，北京电子测量仪器产业进入以对外技术合作为主要特征的快速发展期。90 年代，受核心技术和关键器件的制约，国产化举步维艰；受整机进口的冲击，"国产机"市场日益萎缩；受传统体制的制约，技术人才大量流失，北京以国有企业为主的电子测量仪器制造业陷入困境。以北京普源精电科技有限公司为代表的一批民营企业进入北京电子测量仪器产业，带来发展动能。国家数字光纤干线网建设和 TD-SCDMA 3G 移动通信标准的提出，北京通信测量仪器产业迅速催生了中创信测科技股份有限公司、北京星河亮点通信软件有限责任公司等一批高新技术企业，在技术创新和市场占有率方面居于全国前列。

20 世纪 90 年代中后期至 2010 年，全国工业体制调整，产业结构转型，国防军工科研、生产加速，一大批尖端科研项目展开。北京自动测试技术研究所、北京中创信测科技股份有限公司、北京中科泛华测控技术有限公司、北京星河亮点通信软件有限责任公司、北京领邦仪器技术有限公司等企业顺应形势、面向市场、勇于创新，重点发展移动通信等市场急需的产品、高档次的电子测量仪器，开创了北京市电子测量仪器产业发展的新进程，数字电视测量仪器、数字音频测量仪器保持较高的市场增长速度。广播电视测量仪器在技术上力求创新，产品上进行结构调整，在技术创新和产品开发上取得进展。曾生产"牡丹"牌电视机的牡丹电子为迎合数字电视市场发展需求，研发生产出具有自主知识产权的核心产品。

北京电子测量仪器产业在变迁中发展，在调整中壮大。通过合资、技术引进，企业具备相应的生产条件和一定的研发能力；经数次技术改造，计量测试设备在国内拥有先进水平，具备创办国际实验室的基础条件；造就了一支熟练技工队伍。到 2010 年年底，北京电子测量仪器产业保持比较完整的通用电子测量仪器产品门类和制造能力，在国内外市场具有较大影响力。

第一节　通用电子测量仪器

2000 年，北京大华无线电仪器厂研发的 VXI 总线微波开关模块通过了由信息产业部军工基础局组织的设计定型鉴定，达到国内先进水平。

2001 年，北京普源精电科技有限公司研制成功全表面贴装数字示波器。同年，北京凯弘电子仪器有限公司研制成功 KH3921 全自动干扰场强测试接收机、KH3922 全自动干扰场强测试接收机、KH3925 全自动干扰场强测试接收机。北京凯弘电子仪器有限公司推出 KH1028 低失真信号源、KH1460 高频数字合成信号源。

2002 年，北京普源精电科技有限公司推出 DS3000 系列示波器产品。同年，北京大华无线电仪器厂研制的 DH5111X1 型雷达数字电路插件板故障诊断系统为大规模数字电路插件板测试提供了有效手段。

2003 年，北京大华无线电仪器厂研制完成 2 厘米频率捷变雷达测试仪，频率范围 15000±400 兆赫，用于雷达捕捉瞬时信号和跳变信号的功能测试，同年通过中国电子科技集团公司组织的设计定型鉴定。北京大华无线电仪器厂生产的 DH1121B、DH1121C、DH1122 微波信号源，频率范围 1.0 ~ 36.5 吉赫，可广泛应用于科研、生产、实验室及雷达站等领域，也可在教学及工业监测等场合使用。

2004 年，北京普源精电科技有限公司推出 DS5000 系列产品，具有 200 兆赫带宽、1GSa/s 实时采样率和 50GSa/s 等效采样率。北京凯弘电子仪器有限公司在 EMC 干扰场强测试仪器系列中，开发出 KH3921、KH1933、KH3935 主机及 KH30251、KH30252、KH30253 宽频带、高灵敏度有源天线系统等 11 个型号的样机，实现全自动、点频、扫频、数据存储于计算机连机操作等功能。

2005年，北京凯弘电子仪器有限公司研发具有自主知识产权的KH39系列EMC干扰场强测试接收机、KH3025系列有源天线，其频率范围9千赫～30兆赫，分辨率1赫兹，价格为国外同类产品的1/5。

2006年，北京普源精电科技有限公司推出DM3000系列数字万用表，数据采样达50K/s；推出国内第一台混合信号示波器DS1000系列，带宽覆盖范围从100兆赫～25兆赫，实时采样率可达400MSa/s，等效采样率达25GSa/s。北京凯弘电子仪器有限公司研发的KH3922型EMC干扰场强测试接收机达到较高技术水平。北京普源精电科技有限公司推出函数/任意波形发生器DG3000/DG2000系列，是世界上第一台混合信号发生器（MSG），具有1个模拟通道和可选的16个数字通道。北京东方计量测试研究所完成研制并投入生产人体防静电测试仪，包括DF3205型人体防静电鞋测试仪及DF3206型人体防静电服测试仪，年产量约50台套，累计生产约300台套。该所研制了零地电压检测仪，年生产能力约30台套，累计生产约50台套。

2007年，北京普源精电科技有限公司推出DS5000E系列数字示波器，拥有200～25兆赫的带宽；推出带内置计数器功能的DG1000系列函数/任意波发生器。北京凯弘电子仪器有限公司研制出KH30253高灵敏度宽带有源天线，频率范围100赫兹～300兆赫；KH1661型随机噪声发生器采用数字合成技术、集噪声、白噪声、粉红噪声的生产与标准滤波器于一体，频率范围20赫兹～100千赫。由北京东方计量测试研究所研制的程控电源完成研制并投入批量生产，具有稳压、稳流工作两种功能，可随负载变化进行自动转换。

2008年，北京普源精电科技有限公司推出DM3058，具有5位半读数分辨率的LCD屏双显示数字万用表，适合科研工作者及工业生产线上测试应用；研制出四通道数字示波器DS1000B，最大带宽达到200兆赫。北京凯弘电子仪器有限公司对KH3905系列全自动干扰场强测试接收机等6个品种进行更新设计，打破了300千赫以下产品国外对中国的封锁；KH高稳定度高分辨率数字合成源，频率范围为0.1赫兹～3吉赫，具有点频、扫频功能和多种调制功能。北京大泽科技有限公司推出的ZN1188A磁场屏蔽效能测试系统，由14千赫～40吉赫共14个频点组成，可测0.3～2米的屏蔽体，填补了国内空白。北京东方计量测试研究所完成研制并生产模拟高阻，年产量约15台套。

2009年，北京普源精电科技有限公司自主研发了国内第一台带宽高达1吉赫的DS6000系列数字示波器，实时采样率高达5GSa/s，整体性能达到国际先进水平；研制出国内第一台采用数字中频技术的3吉赫频谱分析仪DSA1000A。

2010年，北京普源精电科技有限公司推出6位半数字万用表DM3068系列，填补了国内产品在该领域的空白；推出DSA1020型频谱分析仪，最小分辨率带宽100赫兹，满足国内教学、通信及工业测试的需要；推出DG5000系列高性能六合一信号工作站，输出频率高达350兆赫，在世界同级产品中首次标配有IQ调制功能。北京航天测控技术开发公司推出基于 VXI 总线的 26.5 吉赫频谱分析仪系统，采用模块化结构，满足了国防军工测试需求。北京市制造的频谱分析仪产品系列整体性能达到国际同类产品水平，在价格上具有明显的优势。北京凯弘电子仪器有限公司完成超长波、长波、中波、短波段 KH39 系列最新一代产品的更新换代，达到当时国际同类先进产品的技术水平，满足了工业、科研、环保、电力、国防建设各行业各部门的需求。

北京大华无线电仪器厂

1958 年建厂，前身为国营 768 厂，是中国最早建成的微波测量仪器专业大型军工骨干企业。自建厂以来主要从事国防、科研及重点工程配套仪器的研制和生产，覆盖了稳定电源、微波测量仪器、教学仪器等三大门类 11 大系列 400 多种产品，包括雷达综合测试仪、微波信号源、噪声发生器、选频放大器、卫星云图接收机、大气物理探测系统等，广泛用于军工、科研、高校、通信、工矿企业、冶金、铁路等部门，先后获得北京市优质产品奖、电子工业部优质产品奖、北京市新技术拳头产品奖、全国质量行评一等奖、部优等产品奖、部科技成果奖、国家科技成果奖、国家金龙奖等 71 项荣誉。北京大华无线电仪器厂 1999 年实现工业总产值 6126 万元，工业增加值 1234 万元，销售收入 1.37 亿元，实现利润 -328 万元，实现利税 -86 万元，资产总额 1.34 亿元，负债总额 1.16 亿元。2001 年，以北京大华无线电仪器厂为主体，先后并入北京电子工程公司和北京无线电仪器二厂重组成立北京大华电子集团。北京大华无线电仪器厂位于海淀区学院路，占地 19 万平方米。2006 年，北京大华无线电仪器厂取得国防武器装备科研生产单位保密资格审查认证委员会颁发的三级保密资格单位证书，通过了武器装备科研生产许可证现场审查。2010 年实现工业总产值 4047 万元，工业增加值 1261 万元，销售收入 9750 万元，实现利润 80.3 万元，利税 376.3 万元，资产总额 2.40 亿元，负债总额 1.88 亿元。截至 2010 年年底，北京大华无线电仪器厂职工总计 430 人，其中在职 329 人，离退休 1355 人。

北京东方计量测试研究所（航天五院五一四所）

1985 年成立，是中国空间技术研究院所属的集电磁学、无线电电子学、时间频率、几何测量、热学、力学、真空、卫星应用和电磁干扰等专业于一体的综合性计量测试研究所。2005 年，北京东方计量测试研究所开展飞行器空间电位探测与对接机构放电控制技术研究。2007 年成立研究发展中心。2009 年通过新时代认证中心的职业健康安全管理体系认证。2010 年通过国家二级保密资格复评审，通过新时代认证中心的质量管理体系认证与总装备部的武器装备质量管理体系认证。2010 年，北京东方计量测试研究所向社会提供供配电测试设备、电缆测试仪、有线遥测前端设备、卫星热控地面测试设备、太阳帆板驱动设备等 8 种产品，实现工业总产值 7072 万元，销售收入 2200 万元，有职工 221 人。

北京凯弘电子仪器有限公司

前身是 1999 年 7 月成立的北京市微电子技术应用研究所。2002 年，该公司立项研发 DDS 数字合成信号源和超低失真信号源系列，2003 年投产，有 13 个品种，生产约 1500 台。2006 年，立项攻关新一代全智能化 EMI 系列产品，2007 年研发出样机。截至 2010 年，该系列产品已研发出 18 个品种，陆续投产近 30 万套。该公司先后研发投产了 17 个品种的数字全自动失真度测量仪、全自动高灵敏度数字微伏表、DDS 数字合成信号源、超低失真信号源和 EMI 测试仪器，应用于国防军工、大专院校、实验室、医院、环保、生产、电力等领域。2010 年，公司生产产品 17 个，产值 209 万元，销售额约 150 万元，职工 15 人。

北京普源精电科技有限公司（RIGOL）

2000 年成立，总部设在北京，园区占地 7 万平方米，在江苏省苏州市设有研发生产基地，在上海、深圳、西安、美国、德国设有分公司。1999 年，创业团队先于公司成立，研发成功拥有自主知识产权的虚拟示波器 RVO2100，开始进军数字仪器市场。2000 年，该公司通过高新技术企业认证。2002 年推出 DS3000 系列，为国内第一台商业化台式数字示波器，并批量生产。2006 年，DS1000 系列示波器荣获 ENDChina 年度创新大奖，该公司获得本土创新企业奖。2008 年，该公司被认定为北京市企业技术中心。2009 年 1 月成为亚洲第一家、全球第三家 LXI 联盟的 LXI-C 类设备验证测试中心。2010 年，该公司拥有员工 400 余人，在研发、销售和管理人员中，大学本科学历占 98%，其中硕士、博士占研发人员的 70%。研发并生产数字示波器、函数/任意波形发生器、数字万用表、虚拟仪器、可编程直流电源等多种数字化测试仪器，产品广泛应用于生产制造、工业控制、广播电视、药物分析、食品安全、环保、化工、农林畜牧和科研教学等诸多领域。销售收入约 2 亿元。

北京大泽科技有限公司

2005 年，从北京无线电仪器二厂分离出来成立的股份制有限公司。主要生产干扰场强测量仪、EMI 测试接收机、人工电源网络、信号源、功率信号源、天线系列等产品，广泛应用于国防军工、计量检测、教学实验、生产流水线等科研生产领域。2006 年，公司先后研制出 ZN2290A 噪声电压表、ZN2190 型双通道电压表、ZN2170 型三值电压表、ZN2270 超高频毫伏表等电压表等产品，服务国内市场需求。2010 年，公司销售收入 1000 万元。

第二节　通信测量仪器

1999 年，北京中创信测科技股份有限公司七号信令集中监测系统获北京市第四届科技之光奖优秀产品，入选北京市重大科技成果推广计划。2000 年，北京中创信测科技股份有限公司数据通信网综合测试仪入选国家火炬计划，GSM 信令网集中监测系统入选国家火炬计划项目。2001 年，北京中创信测科技股份有限公司七号信令集中监测系统获国家科学技术进步奖二等奖，获中国软件行业协会推荐优秀软件产品；手持式 2.5G SDH 综合测试仪获国家创新基金项目；XDSL 系列测试仪表获信息产业科研试制项目。2002 年，北京中创信测科技股份有限公司 GSM 信令测试仪、网间结算和业务分析系统入选国家火炬计划，IP 电话网络测试仪入选北京市高新技术成果转化项目，七号信令集中监测系统产品获北京名牌产品。2004 年，北京中创信测科技股份有限公司的七号信令网集中监测系统产品获北京名牌产品称号。

2003 年 12 月，北京星河亮点通信软件有限责任公司完成 GPRS 信令分析专家系统软件。同年，北京中创信测科技股份有限公司短信综合测试仪入选北京市高新技术成果转化项目，收敛式信令网集中监测系统入选高新技术成果转化项目。北京星河亮点通信软件有限责任公司完成 GSM/CDMA/PHS 无线网络优化软件。2004 年 10 月，北京星河亮点通信软件有限责任公司完成 WiMAX 协议栈软件开发，并在系统中应用。2005 年 8 月，北京星河亮点通信软件有限责任公司研发出 TD-SCDMA 非呼叫模式终端综合测试仪。12 月研发出 TD-SCDMA 呼叫模式终端综合测试仪产品 SP6010。

2006 年 3 月，北京星河亮点通信软件有限责任公司研发的 SP6010 TD-SCDMA 综合测试仪产品形成小批量生产能力；5 月，配合国家无线电监测中心，开发出用于终端产品型号核准的 TD-SCDMA 终端射频一致性测试系统。同年，北京中创信测科技股份有限公司的 DSN 移动数据业务监测系统荣获北京市科学技术奖二等奖，七号信令集中监测系统再次获北京名牌产品称号，Netcompass-NGN 网络监测系统入选高新技术成果转化项目。

2007 年，配合泰尔实验室，北京星河亮点通信软件有限责任公司完成全球第一款 TD-SCDMA 音频测试系统。2008 年 4 月，北京星河亮点通信软件有限责任公司开发出 TD-SCDMA HSDPA 终端综合测试仪，并与 5 家 TD 芯片厂商全部成功互通；5 月，该公司与 MTnet 实验室合作，推出 TD-SCDMA HSDPA 终端射频一致性测试系统；9 月推出 TD-SCDMA 终端无线资源管理一致性测试系统，并用于 MTnet 实验室终端入网认证测试。11 月，SP6010 TD-SCDMA 终端综合测试仪产品获得国家重点新产品称号。12 月，SP6010 TD-SCDMA 终端综合测试仪获得北京市科学技术奖。

2009 年 1 月，北京星河亮点通信软件有限责任公司的"TD-SCDMA 及其增强型终端一致性测试技术与平台"项目通过工信部科技司组织的科技成果鉴定会；4 月，SP6010 TD-SCDMA 终端综合测试仪、无线资源管理（RRM）一致性测试系统被认定为北京市自主创新产品；6 月，研发出全球第一款带 CMMB 功能的终端综合测试仪；11 月，"TD-SCDMA 及其增强型终端一致性测试技术与平台"项目获得 2009 年度中国通信学会科学技术奖一等奖；12 月，TD-SCDMA 及其增强型终端一致性测试技术与平台项目入选 2009 年度信息产业重大技术发明；同年，开发出商用 TD-SCDMA/GSM 双模终端综合测试仪。北京中创信测科技股份有限公司的增强型七号信令测试仪、TD-SCDMA 网络监测系统、NGN

网络综合测试仪等 9 项产品被市科委、市发展改革委、市建委、市经济信息化委及中关村管委会认定为北京市第二批自主创新产品。

2010 年 5 月，北京中创信测科技股份有限公司的 TD-SCDMA 增强型网络分析仪被评为国家重点新产品。6 月，新一代 3G 精细化业务分析系统项目通过评审，被国家科技部立项为 2010 年度国家火炬计划项目。

北京中创信测科技股份有限公司

1995 年 12 月在中关村科技园区成立，是主要从事研发、生产通信网测试及维护管理产品的高科技企业。2003 年 8 月 7 日在上海证券交易所挂牌上市。2005 年，该公司获得中关村科技园"五年上台阶"海淀园自主创新明星企业称号。2007 年被评为中关村科技园创新型试点企业。2008 年获中关村科技园区海淀园创新发展二十年特别贡献奖，获评首批中关村国家自主创新示范区创新型企业。2010 年 2 月获 TD 产业联盟仪表创新奖，该公司商标"中创信测"被认定为 2009 年度北京市著名商标。7 月获批市经济信息化委首批"四个一批"工程企业。同年，中创信测营业收入 2.80 亿元，利润总额 4443 万元，年末总资产 7.03 亿元。

北京星河亮点通信软件有限责任公司

2001 年成立，主要从事研究和创新电子、通信、信息行业关键技术，产品包括 TD-SCDMA 终端综合测试仪、终端射频一致性测试系统、终端音频一致性测试系统、终端无线资源管理一致性测试系统、终端协议一致性测试系统、3G 业务测试系统等。2002 年 2 月，公司被评为中关村科技园区海淀园十小创新企业。2006 年 5 月，公司加入 TD-SCDMA 产业联盟，成为联盟的核心成员。2009 年 7 月，公司研发工作得到国家新一代宽带无线移动通信网重大专项的支持。

第三节 广播电视测量仪器

1999 年，北京牡丹视源电子有限责任公司（以下简称牡丹视源）研制了 NICAM 系列设备 MDW1691、MDW1694 和 MDWl695，以此设备为基础开发的有线电视数据广播系统获得北京市第九届发明银奖。

2000 年，牡丹电子研制的 TS 流发生器在九九国庆工程 HDTV 专项技术成果鉴定会上通过专家鉴定。

2001 年 11 月，由北京宽带生活技术发展有限公司提出、牡丹视源研制的多路射频转换器申请实用新型专利。同年，牡丹视源的 MDW1696 TS 流发生器获 2000 年度北京市科学技术奖三等奖。2002 年，牡丹视源承担的 HDTV 接收机信道板及信源板的研发及软件设计和 HDTV 电视广播洪码检测仪通过市科委验收。

2003 年，牡丹集团研发出 MDWl861 型 DTV 专用信号发生器。

2004 年 8 月，牡丹视源研制了 MDWl696、MDW1697、MDW1698、MDW1699、MDWl699A、MDW1861、MDWl862A、MDW1866 等数字电视相关的检测、演示设备。11 月，牡丹视源自行设计开发的高清晰度测试卡和运动图像拖尾时间测试卡分别申请了国家专利。2005 年，牡丹视源承担市科委攻关项目 HDTV 数字电视测试信号发生器，在研发过程中开发上百个高清晰度数字电视测试信号图卡，提出测量液晶电视拖尾时间的新方法，并利用这种测试方法研制出数字电视测试信号发生器。2006 年 3 月，牡丹视源研制并开发的测试信号被国家标准采用，MDW1862 型高清测试信号发生器得到信息产业部下属多家研究所的认可和采用。4 月，牡丹视源新一代的 HDTV 播放机——MDWl862AH 型带 HDMI 输入接口的高清电视播放机和 MDW1875 型 HDMI 分配器投放市场。5 月，由牡丹视源研制的 MDW1870 型 DVB–C 误码监测仪完成样机试制，投放市场。

2007 年，牡丹集团研发的 MDWl862 型数字电视测试信号发生器获 2007 中国音视频产业产品创新大奖。

2008 年 4 月，牡丹视源开发的新一代高清数字电视测试信号发生器 MDW1872 上市，该产品增加了标清和显示器的测试信号，增加了 HDMI 输出接口，是一款多功能全制式的数字视频信号发生器。2009 年，牡丹视源的 MDW1862 型数字电视测试信号发生器、MDW1872 型 HDTV 综合测试仪被授予北京市自主创新产品证书。

2010 年，牡丹视源研发了 MDW 1876DTV TS 测试流发生器、MDW1888 显示器能效测试信号仪、MDW1889G DTV 测试信号发生器、MDW1890 数字电视能效码流信号源、MDW3330E 系列能效测试系统等，其中 MDW1888 是为配合显示器能效测试而研发；MDW1890、MDW3330E 配合 GB24850–2010《平板电视能效限定值及能效等级》的实施，服务于绿色环保低碳事业。

北京牡丹视源电子有限责任公司

1998 年 10 月成立，注册资金 620 万元，是由牡丹集团控股的高新技术企业，是北京市高新技术企业、中关村高新技术企业、中关村国家高新技术产业标准化示范区示范企业、北京市标准化试点企业、北京市专利试点企业。该公司主要从事科技成果产业化，具备 ISO 9001 和 ISO 14001 资质。拥有完整的数字电视测试解决方案。2010 年，公司多项产品处于国内领先水平，已被国内近 10 家检验机构作为标准检测仪器投入使用。牡丹视源通过与大专院校、科研院所联合承担科技部、信息产业部、市科委项目，共取得 82 项科技成果，拥有自主知识产权 20 项。作为国家标准的起草单位，共起草及主持制定国家及行业标准 35 项，参与制定、修订中的标准 17 项。配合国家地面 DTMB 标准的开发及标准的海外推广应用工作，牡丹视源承担了数字电视国家工程实验室（北京）测试技术平台、支撑平台的建设任务。"数字电视码流生成关键技术研究"课题获得市科委研发攻关类项目的支持。

第四节　集成电路及电子元器件参数测试仪

2006年，北京自动测试技术研究所研发的BC3196大规模数/模混合集成电路通用测试系统获2005年度北京市科学技术奖二等奖。该成果实现对国外同类产品的进口替代，应用于多家集成电路制造企业，两年新增产值2180万元。北京市自动测试技术研究所针对集成电路制造企业等相关单位对SoC芯片的测试，开发百万门级SoC测试包。

2007年3月，北京自动测试技术研究所研发的VXI（标准总线）数模混合集成电路测试系统获首届中国半导体创新产品奖。该测试系统具有自主知识产权。12月完成国家二代身份证卡芯片测试技术研究项目智能卡专用测试系统。智能卡专用测试系统得到北京市科技计划国家二代身份证卡芯片测试技术研究及产业化技术集成项目的支持。该系统在自主研制的50赫兹/100赫兹数模混合集成电路测试系统上对功能进行了扩展与优化，实现了在国产测试设备中的16路并行测试，解决了IC卡量产的测试瓶颈。12月，北京自动测试技术研究所承担"SoC设计关键技术——SoC产品测试技术研究"项目完成，取得VXI数模混合集成电路测试系统重大成果，获2007年北京科学技术奖企业创新专项二等奖、中国半导体创新产品奖。SoC测试系统提升了中国集成电路测试技术水平，降低了国内集成电路企业投入测试的费用，缩短了SoC产品的上市时间。该所研制的智能卡芯片测试系统拥有数字通道256路，具有8管芯的全并行测试能力，实现了进口代替。

2009年1月，北京确安科技股份有限公司等单位实施"极大规模集成电路测试技术研究及产业化应用"项目，开发极大规模集成电路共性测试技术及产品测试技术，建设支持90—65纳米先进工艺制造的极大规模集成电路测试开发平台和符合产业化要求的自动测试生产线。项目实施过程中申请专利7项，取得计算机软件著作权36项。同年，由北京自动测试技术研究所参股的北京华大泰思特半导体检测技术有限公司承担的国家02专项"极大规模集成电路测试技术研究及产业化应用"项目，通过国家科技项目实施办公室对项目实施计划、指标及自筹资金等的三评两审工作。该项目为期3年，投资规模约为8000万元，针对中国第一个基于90纳米以下工艺设计的"龙芯2号"增强型CPU芯片开展测试技术与测试方案研究。

2010年，北京冠中集创科技有限公司推出CATT-100M、CATT-200M、CATT-400M、CATT-800M系列高端数模混合集成电路测试系统，产品进入集成电路设计公司和重点军工企业应用。北京华峰测控技术有限公司研制了STS6020大规模集成电路测试系统、STS6100超大规模集成电路测试系统。北京邮电大学与北京星河亮点公司研发的SP6010 TD-SCDMA终端综合测试仪获2010年度国家科学技术进步奖二等奖。该产品具备TD-

SCDMA 系统模拟器、TD-SCDMA 信号发生器和 TD-SCDMA 终端信号分析仪的功能，提供 TD-SCDMA 系统全面的测试功能。

北京无线电仪器厂

1962 年成立，是国家重点仪器生产企业、电子部 201 计量站、北京国防区域计量站、国防 1006 实验室，北京市高新技术企业，通过 ISO 9000:2000 认证，国家一级计量单位。2001 年，北京无线电仪器厂在改制后与美达福禄公司合并，成立北京无仪美达科技有限公司。主要产品为集成电路测试仪系统、半导体分立器件参数测试仪、直流稳压电源、汽车电子产品、医疗产品五大系列。

北京自动测试技术研究所

1984 年成立，是专门从事集成电路测试技术研究、测试系统开发及销售、测试服务的专业研究所，是国家集成电路测试技术科技攻关项目的牵头单位。2000 年，北京自动测试技术研究所由事业单位改制为企业，在国家集成电路产业基地无锡创办国内首家专业集成电路检测企业无锡泰思特测试有限公司。同年建立集成电路设计及测试专业孵化基地——北京硅普芯片孵化基地，并被市科委认定为北京市高新技术产业孵化基地。2003 年成立集成电路测试技术研究中心，列入北京市科学技术研究院高新技术研究中心。2005 年，由市工业促进局、中关村管委会批准成立中关村集成电路测试中心。2006 年被市科委认定为北京市科技研究开发机构。8 月联合组建集成电路测试科技条件平台。2008 年列入北京市科学技术研究院院级重点实验室，成为首都 15 家科技创新体系条件平台之一。2009 年，北京自动测试技术研究所与中科院微电子所联合组建北京集成电路测试技术联合实验室。

北京华峰测控技术有限公司

1993 年成立，是中国航天科技集团第九研究院所属控股的国家级高新技术企业，从事半导体元器件测试筛选设备和专用智能化测试系统的研制、生产、销售和技术服务。北京华峰测控技术有限公司推出 STS 三大系列多个型号的元器件智能测试系统：STS2100 系列电子元器件测试系统主要应用于半导体元器件的常规功能和参数测试；STS6000 系列侧重于数字集成电路测试；STS8000 系列主要应用于混合型多功能的交直流综合参数测试，同时也成功应用于半导体量产测试领域，其所属产品品牌 AccoTest 的装机量已超过 500 台（套）。"十一五"期间，北京华峰测控技术有限公司承担国家 02 专项的研制课题，获科技部中小企业创新基金支持，参与载人航天工程、可靠性增长工程、核高基项目等国家重点工程项目的测试设备研制和配套工作。2009 年获国际半导体设备与材料协会评选的最受关注本土半导体设备与材料公司奖。2010 年获第五届中国半导体创新产品和技术称号。

第五节 虚拟仪器及自动测试系统

21世纪初，国内对虚拟仪器的研究和生产处于起步阶段。2002年，北京大华无线电仪器厂研制的VXI总线微波开关模块频率达到13.8吉赫。

2005年，北京航天测控技术有限公司成功研制信号关系等效模拟系统，该系统硬件部分支持VXI、PCI、CPCI、PXI等多种总线。主要针对VXI总线自动测试仪器系统在武器装备测试中的大量应用，开发出1394PC-VXI接口适配器模块。2007年，推出高压电缆测试仪PMD-CTI-200，采用Windows操作系统、航天测控公司自主研发的VITE虚拟仪器测试开发环境。

2008年6月，北京中科泛华测控技术有限公司研发出旋转压紧机构，并申请专利；10月完成ETP-3000软件平台、电路板测试系统软件。同年，北京航天测控技术有限公司推出"华佗电子诊所"系列的新成员——HTEDS8300便携式PXI总线数字电路板测试诊断系统，实现数字电路板故障诊断系统的小型化；华佗电子诊所系列中HTEDS8000被评为国家重点新产品；推出工业级AMC4100 PXI总线零槽控制器及AMC5710 PXI总线通用14槽机箱。

2009年3月，北京中科泛华测控技术有限公司研发的大规模试验数据采集与处理平台——旋转机械信号处理平台推向市场。4月，汽车传感器测试系统推向市场。8月，PXI一体化机箱推向市场。

2010年，北京虚拟仪器企业类型包括国营企业、三资和民营企业，产品线基本完整。在北京的虚拟仪器厂商中，属于前一类的主要有北京普源精电科技有限公司，属于后一类的主要有北京航天测控技术开发公司、北京东方振动和噪声技术研究所、北京领邦仪器技术有限公司、北京中科泛华测控技术有限公司等。

北京航天测控技术有限公司

前身为1982年成立的测试技术和计算机控制设备联合公司。作为中国航天科工集团公司测控中心、国防科技工业自动化测试技术研究应用中心、北京市企业技术中心以及中关村百家创新型试点企业，该公司主要承担测控设备和维修保障信息化设备的研发与生产任务。2000年以后，北京航天测控技术有限公司逐步形成电子测量仪器、软件与信息化产品、测试与诊断系统产品三大主业产品，包括机箱/控制器、数据通信、数据采集、波形发生器/DA、射频微波、数字I/O、继电器开关以及专用仪器共八大类，涵盖采用VXI/PXI/LXI/CPCI等总线的电子测量仪器产品。

北京中科泛华测控技术有限公司

1997 年成立，主要提供测试测量解决方案和成套检测设备。2007 年 2 月，北京中科泛华测控技术有限公司通过 ISO 9001:2000 质量体系认证换证审核。2009 年 7 月获国家级高新技术企业证书，获中关村科技园区管理委员会颁发的中关村高新技术企业证书、中关村科技园区海淀园管理委员会颁发的海淀区创新企业证书。

北京领邦仪器技术有限公司

2005 年成立，主要提供从定制检测咨询服务到研发服务的整套解决方案，帮助客户完成从需求调查到产品交付的"交钥匙"研发工程。主要服务于军工、航空、航天等领域，提供尺寸检测类、外观检测类、电学检测类、力学检测类、密封检测类、温度检测类、声学振动类、综合检测类产品。2006 年 12 月，北京领邦仪器技术有限公司取得软件企业认证证书。2008 年 7 月，公司的虚拟仪器信号调理装置获得发明专利。2009 年 6 月，基于虚拟仪器的信号调理项目取得中关村创新基金支持。2009 年 7 月，北京领邦仪器技术有限公司获得国家级高新技术企业证书。8 月，公司研制的轮对自动测量装置获得发明专利。2010 年 8 月成为中关村"瞪羚计划"重点培育企业。12 月取得军工质量体系认证。2010 年开始，公司投入民用检测设备的定制，为制造业生产线研发自动检测设备。2010 年，该公司年产值 3500 万元，职工总数 40 人，其中研发人员占 90%。

第三篇　汽车与交通设备产业

第一章　汽车制造业

北京汽车工业源于20世纪20年代至40年代的进口汽车修理业和汽车配件制造业。1949年中华人民共和国成立后，北京汽车附件厂主要为长春（中国）第一汽车制造厂生产的"解放"牌汽车和洛阳第一拖拉机厂生产的"东方红"牌拖拉机生产配套产品。1958年6月，北京汽车附件厂自主研发了第一辆"井冈山"牌轿车。1973年7月30日，市委批准成立北京市汽车工业公司，是国内第一家按专业化协作原则组建的市级汽车公司。改革开放以后，北京汽车工业与跨国公司合作，于1983年5月5日成立国内第一家整车合资企业北京吉普汽车有限公司。1987年8月，北京被国务院确定为全国"三大三小"的轿车生产基地之一。经过"七五""八五"时期的技术改造，到1998年，北京汽车工业具有30万辆轻型客、货车生产能力，成为国家重要的轻型越野车和轻型载货汽车的生产基地。

20世纪90年代后期，北京汽车工业处于发展低谷阶段。1996年起，北京汽车工业产销和效益连年下滑，除了刚刚进入汽车行业的北汽福田外，北京轻型汽车有限公司（以下简称北轻汽）、北汽摩公司、北京吉普、北京市旅行车股份有限公司（以下简称北旅公司）等主机厂相继亏损。主机厂的亏损影响了以内部配套为主的北京汽车零部件企业。

1999年年初，北京汽车行业资产约200亿元，职工10万余人，有企业、事业单位240个。其中，汽车制造企业13家、发动机企业1家、改装专业车企业53家、摩托车企业5家、零部件企业130余家、大型流通企业30余家、科研院所12家。10月19日，北京市召开落实党的十五届四中全会和市委八届三次全会精神，推进国有企业改革大会。同日，市经委召开汽车、电子、纺织、建材4个改制试点单位主要领导人会议，对下一步试点工作提出具体要求，明确各单位工作进度和责任。北京汽车工业按照市经委加快国有大中型企业改革部署，以北京汽车工业集团总公司为主，进一步推进市场化改革，加速向现代化企业转变的步伐。1999年，北汽集团首先对系统内最大的国有企业北汽摩公司进行改革调整，北京市汽车灯厂实现改制。在经营管理上以增收促扭亏，确保持平指标为重点，对北京吉普、北轻汽、北汽摩公司、北京齿轮总厂（以下简称北齿）等扭亏关键企业进行监控，严格考核。当年，北京汽车工业总产值 68 亿元，实现工业增加值 12.5 亿元，销售收入 84.6 亿元，利税总额 4.15 亿元，出口创汇 2850 万美元，劳动生产率 35500 元／人·年。

2000 年，北京汽车工业进行以产权制度改革为核心的领导体制改革和以产业升级为目标的企业结构及产品结构调整。9 月 26 日，北京内燃机集团总公司（以下简称北内集团）并入北汽集团，北汽集团改制成立北京汽车工业控股有限责任公司，并通过签署《北京市企业国有资产授权经营责任书》，市政府授权北汽控股对其全资、控股、参股企业中的国有资产行使出资者权力，并承担国有资产保值增值责任。2001 年，北汽控股按照现代企业制度要求和公司章程，完善法人治理结构，初步建立起规范化运行机制。

2002 年，市政府确定发展现代制造业战略，批准北汽控股调整盘活北轻汽存量资产，与韩国现代汽车合资合作生产轿车。3 月，北京汽车工业调整发展战略，建设以顺义为核心区域（包括怀柔、昌平等地）的汽车生产基地；实现依托戴姆勒·克莱斯勒公司（包括三菱）和现代汽车两个伙伴，发展包括北京现代的轿车、北汽福田的重中轻微卡车和客车商用车、以北京吉普为主的越野车在内的三大板块，共享开发、销售、零部件及信息 4 项资源，带动相关制造业，发展服务贸易业。

2003 年，市政府调整北京市产业布局，北京汽车及零部件制造业重点发展轿车、商用车和运动休闲车的三大类产品及配套零部件产品。整车主要分布在以北京现代为中心的东部、以北京戴姆勒·克莱斯勒公司为中心的东南部和以北汽福田为中心的东北部，零部件主要分布在顺义、通州、大兴等市级工业开发区，实现企业相对集中，集产品开发、生产销售、服务贸易于一体的汽车工业新格局，初步形成以北京现代为代表的轿车，以北汽福田为代表的商用车和以北京吉普为代表的轻型越野车三大板块。全年，北汽控股生产汽车 34.8 万辆，完成工业总产值 302.9 亿元，实现全系统扭亏为盈。

2004 年，北汽控股通过调整改制，盘活了部分优势存量，引入资金、技术和管理，安置富余人员，处理不良债务，转换经营机制，北京汽车工业呈现增长态势。奔驰项目取得重大进展，2005 年 8 月 8 日组建北京奔驰汽车公司。依托整车制造，汽车零部件产业发展迅速。

2006 年，北汽控股提出"十一五"期间，走集团化道路，实现跨越式发展的北京汽车工业总体构想，形成打造北京汽车整车、零部件、自主研发、服务贸易、改革调整五大平台，完善北京汽车产业链，成为首都经济高端产业和现代制造业支柱产业的发展思路。

2007 年，北汽控股围绕集团化发展战略，建立、健全、完善董事会、党委会、经理办公会工作制度，制定了派出人员管理办法和薪酬考核办法，建立财务总监派驻制度和公司系统预算管理制度，确立实行集团综合计划的管理方式，新设法律事务部并开展工作，进一步理顺了产权关系。北汽控股着手搭建北京汽车零部件产业发展的主平台，实现整车企业和零部件企业的协调发展。

2008 年，北京汽车采育零部件生产基地奠基，全国首家新能源汽车产业基地——北京新能源汽车设计制造产业基地授牌，新能源公交车采购协议签约。

2009 年 1 月 14 日，国家出台汽车产业调整振兴规划，市政府安排 100 亿元支持资金，促进产业结构调整和优化升级，增强发展后劲。市经济信息化委联合市发展改革委发布《北京市调整和振兴汽车产业实施方案》，确定 2009 年至 2011 年的发展思路，以落实国家汽车产业调整和振兴规划为契机，力争通过三年的努力，为建成国内一流的汽车研发制造城市奠定基础。

2010 年，北京汽车工业基本形成了以北汽集团为龙头，集企业总部、汽车研发、产品检测、整车生产、零部件配套、物流销售、功能服务，产、学、研、销、服务贸易和配件供应于一体的完整产业链。汽车企业 420 家，汽车工业实现产值 1976.4 亿元。其中，整车实现产值 1343.9 亿元，零部件实现产值 595.3 亿元。北京生产汽车 150.4 万辆，销售汽车 149.0 万辆。北京市零部件生产企业 102 家，完成工业总产值 595 亿元。其中，北汽集团零部件企业完成营业收入 81.87 亿元，11 家企业收入过亿元。北京汽车工业位列中国汽车制造业的第五名，全年利润首次超过 100 亿元，成为北京市经济发展的支柱产业。

第一节　整　车

1999 年，为贯彻党的十五届四中全会和市委八届三次全会精神，落实《国务院关于北京城市总体规划的批复》，推进北京产业结构调整进程，促进北京工业发展，实现改善首都环境与发展首都经济的统一，市经委编制的《北京工业布局调整规划》确定，在充分发挥北京汽车工业现有存量的基础上，与调整进程协调一致，形成合理的产品分工和生产布局。以满足城市出租车需求为主要市场，加速开发与生产多功能清洁燃料汽车，并集中力量在顺义区建设生产基地。

2000 年，北京吉普参加中央军委面向全国汽车生产厂家的军车招标。2001 年 7 月，第一轮样车通过投标企业审核。2002 年 6 月，以设计的概念样车性能和可靠性中标，该项目正式上报中央军委并获得批准。

2001 年，北京市积极发展城乡公共交通，鼓励轿车进入家庭，轿车进入家庭列入国家"十五"计划。年内，北汽控股开始与韩国现代汽车接触，洽谈合资合作项目。同年 10 月 17 日，市委书记贾庆林会见韩国现代集团会长，明确表示支持北汽控股与韩国现代汽车公司的合作，并举全市之力推进现代项目。2002 年 10 月 18 日，北京现代汽车有限公司挂牌开业，是中国加入世界贸易组织后国内汽车产业成立的第一家中外合资汽车企业。同年 11 月 18 日，索纳塔轿车生产项目在北京轻型汽车顺义厂区基础上进行工厂改造后启动。项目总投资 24 亿元，北京汽车投资有限公司和韩国现代自动车株式会社各占 50%，合资期限为 30 年，当年开工，当年建成投产。12 月 23 日，第一辆索纳塔轿车正式下线，实现了北京生产轿车的突破。2003 年，索纳塔产销 5 万辆，利润 22 亿元，收回投资成本。2004 年，北京现

图3-1 2002年10月18日，北京现代汽车有限公司在顺义区挂牌成立

代产销15万辆,车型由2个增加为3个。到2010年12月,北京现代产销70万辆。

2003年1月,市政府确定北汽控股与戴克公司合作生产轿车思路。同年,北京汽车工业开始进行新能源汽车的研发。新能源的商用车、大客车以北汽福田为主,乘用车以北京汽车新能源汽车公司（以下简称北汽新能源）为主。北京客车总厂是生产城市客车的骨干企业,2003年8月正式挂牌成立国有控股有限责任公司,是首都公交重要的车辆装备

基地。截至2003年,北京汽车工业整车生产从以轻型越野车和轻型卡车为主,逐步发展到生产轿车、轻型客车、大客车及重型卡车和各种专用车。载货汽车从主要由北京轻型汽车有限公司、北京第二汽车制造厂为主生产的北京1041、北京1045、北京130等轻卡,逐渐调整为以北汽福田为代表生产的皮卡、轻卡、轻客、中重卡、大中客等产品。

2004年4月29日,国家发展改革委批准了北京汽车奔驰项目建议书。5月3日,北京汽车工业控股有限责任公司与戴姆勒·克莱斯勒股份公司在德国柏林签署在中国生产奔驰轿车项目可行性研究基础协议书。10月28日,项目可行性研究报告得到批复。根据批复,

图3-2 北汽福田汽车欧曼生产线（2001年摄）

北京吉普扩大合资规模,新增奔驰E、C系列轿车及配套用发动机,合资双方按各占50%股比以现金投入。11月26日,合资合作生产奔驰轿车的合同在德国签署;12月6日,新工厂奠基仪式在北京经济技术开发区举行。2005年6月10日,北京奔驰合资项目得到商务部批准。8月8日,北京奔驰—戴姆勒·克莱斯勒汽车有限公司完成工商注册。8月30日,经商务部和市工商局批准,在北京吉普的基础上,重组的北京奔驰—戴姆勒·克莱斯勒汽车有限公司（BBDC）成立,主要生产奔驰轿车、克莱斯勒轿车和三菱品牌汽车。项目位于北京经济技术开发区的北京吉普新厂区,总投资为1.4亿欧元,北汽控股和戴克公司各占50%的股份。项目还包括引进与整车配套的直列4缸1.8升、V型6缸2.6升、6缸3.2升三种发动机制造技术,三种发动机与奔驰C级和E级轿车同时面市。12月22日,首批国产梅赛德斯－奔驰E级轿车下线并上市。2006年1月17日,北京汽车工业领导小组召

开克莱斯勒 300C/JSC 项目专家预审会，听取项目引进背景、可行性研究概要、产品情况和市场分析，建议该项目尽快引进和投产。新厂区设计与建设体现了现代化企业的模式和世界水平，生产车间的建设大量采用了国内外先进技术与设备，提高了制造工艺水平，保证了产品质量；新建的涂漆生产线，在国内率先使用水溶性涂料，极大地减少了苯类溶剂对操作人员及环境的危害；电泳底漆采用无铅电泳漆，实现无铅排放，更好地保护了自然环境。涂装按奔驰质量标准设计、建造，同时生产奔驰轿车（E 和 C）、克莱斯勒轿车（300C 等）和三菱欧蓝德 SUV，体现了集约和柔性原则，降低了成本，提高了质量。总装和焊装生产线采用国际先进技术，实现了高精度、柔性化生产。焊接生产线 40% 以上的焊点由机器人完成，提高了新工厂的技术水平。冲压线共有 5 条，其中一条是从德国引进的全自动 2000T 打头的 52 位冲压线，主要生产克莱斯勒轿车（300C/JSC）、SUV 和奔驰轿车的车身大中型冲压件。按照现代化企业的要求，建立了一系列质量控制制度，设立质量控制点，制订各专业的关键工序质量保证计划、FMEA 失效模式和工艺难点分析，编制相应的检验操作规程，保证了北京奔驰的产品质量。

2005 年 5 月 23 日，冠名为"勇士"的 0.5 吨 /0.75 吨级战地越野车的样车通过评审。2006 年 7 月 26 日，"北京·勇士"0.5 吨级军用越野汽车通过解放军总装备部主持的设计定型审查，标志着北京奔驰—戴克公司完成了国家赋予的企业自主开发新产品的任务。2007 年 1 月 15 日，北京奔驰自主开发并拥有完全自主知识产权的"勇士"军车获得国务院和中央军委一级定型委员会批准，之后实现量产，装备部队。后来在北京汽车工业产品调整中，"北京·勇士"产品调整到北京汽车制造厂有限公司生产；8 月 2 日，"北京·勇士"在北京汽车制造厂有限公司下线，于建军 80 周年之际正式列装部队。2009 年 10 月 1 日，在国庆 60 周年阅兵中，"北京·勇士"军用越野指挥车驶过天安门广场；11 月 9 日，在 2009 创新盛典中国设计评选暨中国第四届外观设计专利大赛的颁奖典礼上，"北京·勇士"第二代 0.5 吨 /0.75 吨级军用越野汽车获得国家知识产权局和第七届中国国际工业设计博览会组委会共同颁发的最佳功能设计奖，以及由中国汽车工程学会颁发的 2009 中国汽车造型设计大赛——中国汽车创新设计竞赛的"金圆点"特别荣誉奖。截至 2010 年年底，累计生产 4338 辆。

2009 年 11 月 14 日，北京市新能源汽车科技产业园在大兴采育经济开发区挂牌成立，项目注册资本 3 亿元，是北汽集团的全资子公司，一期占地 228 亩。项目是北汽集团新能源汽车技术研发、资源集约、产业整合的平台，承担着北汽集团新能源乘用车的研发、试制、试验、生产、营销任务，同时也是新能源汽车核心零部件的投资平台、研发、试制、试验、生产基地。其经营范围覆盖纯电动汽车、混合动力汽车等新能源汽车整车及核心零部件的生产、销售和服务，形成了新能源商用、乘用汽车两大生产基地。产品主要有纯电动车、增程式的公务车、家用轿车、出租车、轻客和混动、纯电动公交大客车、环卫车。截至 2010 年，新能源汽车公司完成多款纯电动汽车和混合动力汽车的研发并实现量产，具备了单班 2 万辆整车和电池、电机等核心部件产能，拥有一大批国内外新能源汽车领域的专家和硕士、博士组成的工程技术人员队伍；掌握了成熟的整车匹配与系统集成及电驱动系统、整车控制系统、电池及管理系统三大核心技术；先后开展了北汽自主品牌混合动力汽车产品研制、勇士混合动力军车研制、轻度混合动力工程样车开发、北京牌纯电动轿车开发、机液混合传动系统工程化样机开发、可充电式混合动力"Midi迷迪"整车技术研发、蒙派克ISG混合动力汽车产业化开发、混合动力客车动力系统关键技术产业化等10余项国家863计划节能与新能源汽车专项、北京市重大科技专项课题。

图3-3 2008年8月26日，北汽株洲生产基地奠基仪式举行

2009年，北京汽车股份有限公司株洲分公司落户湖南株洲高新区，是北京汽车自主品牌乘用车首个战略基地，从规划、建设到落成用时18个月。北汽株洲分公司一期投资50亿元，形成年生产20万台整车及20万台发动机的生产能力，二期投资完成后形成每年50万台整车及50万台发动机的生产能力。2010年12月26日，北京汽车首款自主品牌乘用车BC301Z在株洲生产基地下线，标志着北汽株洲生产基地全面落成。

2010年，北京市整车企业由原来的北京汽车制造厂、北京吉普、北京第二汽车制造厂、北京旅行车厂、北京客车总厂等企业，发展到组建中外合资的北京现代汽车有限公司、北京奔驰汽车有限公司，以及股份制的北汽福田汽车股份有限公司、北京汽车制造厂有限公司、北汽股份株洲分公司、北汽新能源汽车公司等骨干企业。

2010年，北京汽车工业累计生产汽车150.4万辆，销售汽车149.0万辆。其中，北汽控股全国市场占有率为8.2%，居全国第五位。北京现代销售汽车70.3万辆，乘用车市场占有率为5.1%，排名全国第六位。北汽福田销售汽车68.3万辆，商用车市场占有率为15.6%，居全国第一位；福田中重卡产品销售10.4万辆，排名全国第五位。北京奔驰销售汽车3.9万辆。北汽有限公司销售汽车6.5万辆。

1999—2010年北京汽车集团有限公司产销统计表

3-1表

项目	1999年	2000年	2001年	2002年	2003年	2004年	2005年	2006年	2007年	2008年	2009年	2010年
全年生产汽车（万辆）	12.13	12.48	13.41	18.04	34.8	53.87	58.57	68.24	70.64	77.18	127.1	150.4

（续表）

项目	1999年	2000年	2001年	2002年	2003年	2004年	2005年	2006年	2007年	2008年	2009年	2010年
工业总产值（亿元）	68	60.4	62	107.4	302.9	486	485	599	657.4	705.7	1090	1454
销售汽车（万辆）	12.03	12.09	13.65	18.05	33.7	53.1	59.73	68.51	69.41	77.16	124.3	149.0

北京市清洁机械厂有限公司

1953年5月始建，厂址在丰台区大红门东九龙山路，占地面积27.17万平方米。1958年11月26日更名为北京市清洁机械修造厂，1979年更名为北京市清洁机械厂，专门从事环卫机械的制造与改装。陆续研制开发出多种型号和功能的道路清扫车、高压洗扫车，为城市路面机械化清扫及隔离墩、护栏、人行便道、建筑物、广告牌等的清洗，以及适应绿色环保的垃圾收运提供了设备保障，环保扫尘车具有喷雾降尘、节水、作业时间长等功效，是新型环保节水型专用车辆。1987年，北京市清洁机械厂被列为国家建设部骨干重点企业，形成较为完整的道路保洁与清扫车辆，垃圾收集、运输车辆，粪便污水抽排车辆，道路冲洗、洒水车辆等四大系列，共十几个品种的环卫专用机械产品体系，其性能、质量在用户中具有较高的声誉，并多次获建设部新产品开发奖和北京市科技成果奖。1991年，北京市清洁机械厂与北京市环卫机械制造厂合并为北京市环卫机械制造厂。1993年4月，根据市政府北京环卫机械制造厂与韩国广林公司合资兴建北京华林特装车有限公司建议书的批复，合资兴建北京华林特装车有限公司。1993年9月，根据市政府关于北京市环卫局改建市环卫机械制造厂的批复，将原北京市环卫机械制造厂的东厂改为北京市清洁机械厂。进入21世纪，北京市清洁机械厂有限公司引进技术人才，引进国外先进的技术，开发绿色环保、适应市场、机械化智能较高的环卫机械。2008年至2010年，北京市清洁机械厂有限公司工业产值、销售收入连续超亿元，形成道路机械化清扫、洒水、吸污吸粪、垃圾收运、铲冰除雪五大系列80多个品种，畅销全国30个省、自治区、直辖市的上千个大、中、小城市。其部分产品从1970年开始出口亚、非、拉美等地区，是全国环卫车辆生产企业中第一个有出口产品的厂家。

北京第二汽车制造厂

前身是北京市汽车修配二分厂（柴油车修理分厂）。1955年7月创建，1955年12月从王府井大街29号迁至新建的海淀区二里沟厂区，国家投资167万元。1956年2月更名为北京市汽车修配厂第二分厂，专业大修柴油车。1972年7月3日更名为北京二里沟汽车制造厂，1976年1月1日更名为北京第二汽车制造厂（以下简称北二汽）。1965年10月，北二汽开发BJ130轻型载货汽车，1969年批量生产，1975年5月定型量产，成为国内两吨卡车的设计样板。1988年4月，北二汽与中国国际信托投资公司、香港肖特吉汽车公司共同投资成立北京轻型汽车有限公司，是改革开放以来中国轻型载货汽车行业中第一家中外合资企业。北二汽与合资企业分立之后，利用现有的生产基地和成熟的技术以及多年的管理经验，开发生产轻型专用汽车及轻型客车的专用底盘，1992 年达到年产 1 万辆汽车的综合生产能力。1995 年开始，北二汽出现亏损。2005 年 11 月 14 日，北二汽提出破产申请。2005 年 11 月 18 日，法院依法裁定，宣告北二汽破产，退出北京汽车制造业。

北京市京华客车有限责任公司

前身是 1956 年成立的北京市无轨电车制配厂，厂址在宣武区右安门，建筑面积 5320 平方米，是新中国交通史上第一辆国产公共汽车的诞生地。1956 年 10 月，第一辆无轨电车——京一型 BK540 型无轨电车制造成功；1957 年，第一辆"五七"型公共汽车试制成功。企业先后更名为北京市汽车修配总厂四分厂、北京市汽车修理公司四分厂。1978 年 4 月 1 日，根据市委文件精神，按照专业化协作原则，成立北京市客车装配公司，隶属北京市公共交通局。客车装配公司以北京市汽车修理公司四分厂为主，同时接收东城汽车改装厂和朝阳汽车改装厂两个区属集体所有制汽车改装厂。1984 年 1 月 30 日，公共交通总公司正式发文，撤销客车装配公司，由原客车装配公司下属各厂和公共汽车修理厂、电车公司修配厂联合成立北京市公共交通车辆装配修理公司。1986 年 7 月 16 日，市市政管委批准北京市公共交通车辆装配修理公司更名为北京市客车总厂。2003 年 6 月 23 日，北京市客车总厂与部分供应商企业以债转股的方式，改制成为国有控股的北京市京华客车有限责任公司（以下简称京华客车），成为以生产城市公交客车为主，集客车研发、生产、销售于一体的大型国有企业。主要产品有"京华""红叶"两个系列的客车产品，具有年产 3000 辆大客车的生产能力。京华客车自建厂以来，先后研发生产了十多个系列品种、百余种车型，累计生产各种客车 8 万余辆，在北京城区客运市场的占有率达 70% 以上。2009 年 4 月，根据市长专题会议精神和市国资委有关会议精神，以及公交集团公司《关于落实科学发展观实行京华客车公司产业结构调整转型的工作方案》精神，京华客车实行产业结构调整转型，不再生产大客车。5 月初，北京公交集团与北汽控股进行整合，将京华客车的客车生产业务转至北汽福田，保留在北京公交集团下的部分京华客车资产，成为公交维修服务公司。

北京市旅行车股份有限公司

前身是丰台区七一运输合作社，1958 年成立，地址在丰台区大红门西路 26 号。1971 年，"丰台 620 旅行车"改装成功。1981 年更名为北京市旅行车制造厂。从 1971 年改装第一辆旅行车到 1985 年，企业经历了从运输企业到汽车修理厂到汽车改装厂再到整车生产厂的变迁，形成年产旅行车 2000 多辆的生产能力，成为北京市工业企业中规模最大、效益最好的集体所有制企业，成为中国汽车行业中三大旅行车厂（沈阳金杯、天津天客、北京北旅）之一。1985 年，北京 630 系列旅行车产量居全国第一位。1985 年 12 月，以北京市旅行车制造厂为主，吸收中国汽车工业投资公司、北京汽车工业投资开发公司的投资，以及职工集资，组成股份制企业，名为北京市旅行车股份有限公司，成为中国汽车行业第一家股份制企业。1994 年，北旅公司在上交所上市，是北京市第一批股份制上市公司。1995 年 7 月 5 日，北旅公司将占总股本 25% 的法人股转让给日本五十铃汽车公司和伊藤忠商事株式会社，成为中国国内第一家上市的外商投资股份有限公司。1998 年，北旅公司生产能力达到 1 万辆，生产 1235 辆，销售 1278 辆。2000 年 12 月，北旅公司进行股权转让和资产重组。北旅公司重组置换出来的全部资产由北汽集团以承债方式受让接管，并于 2000 年 12 月 25 日在市工商局注册为全民所有制的北京旅行车制造厂。2001 年 11 月，北旅公司与北京双环实业总公司重组。2002 年，北旅公司恢复生产，推出"御虎"汽车。2004 年，中国机电总公司、北京汽车控股总公司等股东在北旅公司基础上重新整合，成立北旅汽车制造有限公司。2006 年 11 月，北旅公司主业由汽车生产制造转为资产经营管理。

北京汽车摩托车联合制造公司

前身是北京汽车制造厂，1958 年成立，是继长春第一汽车制造厂后国家批准地方政府兴建的一家大型汽车生产企业。1973 年 6 月划归北京市汽车工业公司领导。1984 年 1 月 15 日，北京汽车制造厂划出大部分资产成立中美合资的北京吉普汽车有限公司，剩下的北京汽车制造厂部分资产和人员继续生产轻型越野车。1987 年，北京汽车制造厂与北京摩托车制造厂合并，组建北京汽车摩托车联合制造公司，主要生产"金旋风"越野车和北京 121、122 等轻型卡车。2002 年，北汽摩公司在北京汽车产业布局调整中，从朝阳区光华路的主厂区转移到昌平区、密云县，主要生产散热器、山地车和观光车。

北京吉普汽车有限公司

1984 年 1 月 15 日成立，是由北京汽车制造厂划出部分资产、人员与美国汽车公司共同组建的中外合资企业。公司注册资本为 5103 万美元，中方占 68.65%，美方占 31.35%。产品主要是引进美国的"切诺基"和生产北京 212 系列越野车。1998 年 5 月 7 日变更为由北京汽车工业控股有限责任公司与戴姆勒·克莱斯勒公司、戴姆勒·克莱斯勒中国投资公司共同投资组建的中、美、德合资经营的企业。截至 1998 年年底，产能达到 5 万辆。2000 年 3 月，随着戴姆勒·克莱斯勒公司入主日本三菱汽车公司，北京吉普开始生产制造梅赛德斯—奔驰汽车。2001 年 3 月 27 日，公司中外股东签署新的合资经营合同。2002 年 6 月 6 日，新的合资经营合同获外经贸部批准。公司股东变更为中方由北京汽车工业控股有限责任公司取代北京汽车制造厂，三方股权分别为 57.6%、32.4%、10%。合资经营期限由原来的 20 年延长至 50 年。6 月 26 日，市工商局核准公司工商注册变更登记，颁发新的营业执照。2002 年 9 月 4 日，北京吉普正式启动军用越野车项目的研制，是继第一代 BJ2020 系列军车后，由北京吉普独家定点研制生产的全新军车项目。从 2001 年到 2004 年，北京吉普向市场推出多款新产品，投产并上市从戴姆勒·克莱斯勒公司引进的 Jeep 系列顶级产品——Jeep4700 和 Jeep4000（豪华型、舒适型），为解放军开发了"勇士"战地越野车。

2003 年 9 月 8 日，戴姆勒·克莱斯勒股份公司与北汽控股在北京签署战略合作框架协议，北京吉普进行重组并生产奔驰轿车。11 月 7 日，在北京经济技术开发区签订土地使用权出让合同，建设新厂区。2004 年 4 月 28 日，公司新厂区喷漆厂在北京经济技术开发区开工奠基。2004 年 11 月 26 日，北京汽车工业控股有限责任公司和戴姆勒·克莱斯勒股份公司在德国签署增资生产梅赛德斯—奔驰轿车合同。2005 年 9 月 1 日正式启用北京奔驰—戴姆勒·克莱斯勒汽车有限公司名称及印章，原北京吉普印章及冠有北京吉普的各类印章同时注销。

北京北方华德尼奥普兰客车股份有限公司

前身为北京北方车辆制造厂汽车分厂。1986 年首次引进德国尼奥普兰技术，生产豪华大型客车，是国内最早从事豪华大型客车的生产企业。1998 年 6 月 26 日，该厂通过 ISO 9001 质量体系认证和 ISO 14000 环保认证，并被市科委认定为高新技术企业。1998 年 11 月，经中国兵器工业总公司、国家计划委员会批准，改制设立为北京北方华德车辆制造有限责任公司。2001 年 6 月 25 日整体变更为北京北方华德尼奥普兰客车股份有限公司，变更后公司总资产 2.8 亿元，占地面积 12.6 万平方米，其中建筑面积 3.6 万平方米。北京北方华德尼奥普兰客车股份有限公司股东包括北京北方车辆集团有限公司、中国北方车辆有限公司、北京北方兴燕工业公司、北方经济发展有限责任公司、北京北方旅居车辆有限责任公司。公司基于引进德国尼奥普兰公司独有的无大梁全承载车身、独立悬架前桥、A 型车架和空气弹簧悬挂结构等先进技术，经过消化吸收，先后研制开发了旅游客车、卧铺客车、商务用车，以及机场摆渡车、电视转播车、警用防爆车、医疗车等专用车辆，共四大系列 40 余种中、高档车型。自主创新后形成的系列车型产品，结构先进、性能优越、外形典雅、乘坐舒适，广泛应用于旅游、客运、公务等领域。北方客车曾在香港、澳门回归时，被驻港、澳部队选定为进驻用车，并作为 2008 年北京奥运会、2010 年上海世博会等具有国际影响力的大型活动专用车辆，是国内豪华客车唯一获此殊荣的产品。

北京轻型汽车有限公司

1988 年 3 月 25 日，经国家经贸部批准，由北京第二汽车制造厂与中国国际信托投资公司和香港肖特吉有限公司三方共同组建的中外合资企业。投资总额为 5.37 亿元，注册资本 2 亿元，其中北京第二汽车制造厂以其全部生产设施、厂房、工业产权作为股权折合 1.4 亿元，占注册资本的 70%；中国国际信托投资公司出资 1000 万元，占 5%；香港肖特吉有限公司出资相当于 5000 万元人民币的外汇，占 25%。同年 4 月 14 日，在国家工商局注册，主要生产轻型卡车。合资后，北京轻型汽车有限公司利用引进日本五十铃 N 系列轻型卡车技术，改造 BJ1040、BJ1041 等轻型载重汽车，多次获市、部级名优产品称号。到 1998 年合资 10 年，形成年产 BJ1041 系列载重汽车 7 万辆的生产能力。2002 年，由于轻型卡车市场变化和北京现代轿车项目需要，北京轻型汽车有限公司腾出顺义生产区，退出轻型卡车制造行业。

北京北铃专用汽车有限公司

1995 年 3 月成立，是中国第一家中日合资生产改装专用汽车的企业。中国投资方有北京汽车工业集团总公司、北京驰野专用汽车厂、北京轻型汽车有限公司，日本投资方有五十铃汽车公司、日本株式会社北村制作所。企业投资总额为 285 万美元，注册资本 200 万美元，中日双方各占 50%。中方的北京轻型汽车有限公司出资 20 万美元，北京汽车工业集团总公司出资 30 万美元，北京驰野专用汽车厂出资 50 万美元，中方投资合计 100 万美元。日方的五十铃汽车公司出资 60 万美元，日本株式会社北村制作所出资 40 万美元，日方投资合计 100 万美元。1995 年 8 月 30 日，北京北铃专用汽车有限公司（以下简称北铃公司）正式开业。公司厂区初始建在海淀区昆明湖南路 62 号。厂区面积 1 万平方米，建筑面积 4600 平方米；生产车间拥有发泡、粘接、吊装、压弯、切割等成套设备及装配工位流水线；设计生产能力 1000 台 / 年；在职职工 46 人，技术人员 4 人。公司开业之初产品有 7 种，包括密封车、保温车、冷藏车、卷帘门密封车、折叠门密封车、带侧门密封车、带侧门保温车。厢体制作技术来自日本北村制作所，属国内领先水平。主要用户为肉联厂、食品运输公司、搬家公司。1996 年，企业增资扩股，吸收日方伊藤忠商事株式会社入资北铃公司，增加注册资本至 300 万美元，投资总额调整为 385 万美元。增资的 100 万美元由中、日方各出 50 万美元。中方是北京驰野专用汽车厂增资 50 万美元；日方增资为伊藤忠商事株式会社 20 万美元，伊藤忠（中国）集团有限公司 20 万美元，五十铃（中国）投资有限公司 6 万美元，日本株式会社北村制作所 4 万美元。1997 年、1998 年，北铃公司结合市场需求陆续开发出 50 余种新车型，生产、销售规模分别为 300 余台，在国内厢式车生产领域初步建立自己的地位。2000 年，随着城乡改造进程推进，北铃公司迁址至海淀区南坞村甲 10 号。新厂区占地面积 1.8 万平方米，建筑面积 1.2 万平方米。2000 年 4 月 11 日新厂区竣工，设计年生产能力 2000 台。北铃公司主要生产和销售 0.5 ～ 8 吨全系列厢式密封车、保温车、冷藏车、冷冻车及邮政车、电视转播车、军用抢险车、防弹运钞车、发电车等特种车。在 2008 年北京奥运会工程中，北铃公司开发了特种比赛摄影车、市政排水车、防爆罐车等。为保证北京奥运会冷链运输任务，完成市农业局 60 台冷藏车的重点任务。在国庆 60 周年活动中，制造国庆彩车 6 台。2010 年，北铃公司确定产品方向由普通厢式车、冷藏车逐步转向高附加值的医疗救护车、电视转播车、纯电动桶装垃圾车等高端专用车、特种作业车。

北汽福田汽车股份有限公司

1996 年 8 月 28 日成立，1998 年 6 月在上海证券交易所上市，股票代码 600166，发行额度 5000 万股。1999 年至 2010 年完成全国管理区位调整，初步形成以北京为运营管理中心、辐射全球的运营管理模式，相继进入皮卡、轻客、中重卡、大中客、新能源车等多个商用车领域，突破商用车核心业务中重卡并实现商用车全系列发展。2009 年、2010 年连

图3-4 2003年5月24日，北汽福田公司投资兴建的北京欧曼商用车基地落成投产

续两年全球销量第一，6年蝉联中国商用车第一品牌。北汽福田大力推进自主创新，打造中国汽车工业自主品牌，形成覆盖全球的营销和服务网络。在国家相关政策的支持下，北汽福田累计投入200亿元加大研发能力建设，建成国家级技术中心，拥有近4000名工程师，建设了先进的节能减排重点实验室。2009年完成匹配康明斯发动机的高端轻卡——欧马可C，完成微型纯电动车开发，纯电动环卫车在北京交付使用。2010年相继完成迷迪纯电动出租车，2吨、8吨、16吨环卫车，纯电动客车，混合动力客车等产品的开发和市场化，成为北京新能源汽车的产业基地。2010年，北汽福田生产汽车69.54万辆，销售汽车68.29万辆。其中，重卡销售10.31万辆，轻卡、微货共计销售53.78万辆，欧V销售3674辆，轻客销售2.38万辆。实现营业收入534.9亿元，利润19.1亿元。

北京汽车制造厂有限公司

北京汽车制造厂有限公司（以下简称北汽有限公司）是北汽摩公司和北京汽车装配厂于2001年9月共同投资组建的汽车生产企业，注册资本2.17亿元。主要从事越野车、商用车和专用车的设计、制造和销售，是国家军车定点生产及中国轻型越野车骨干企业和国家自主品牌汽车出口生产基地。形成SUV/越野车、商用车和专用车三大系列，陆霸、传统车、轻卡、皮卡、轻客、专用车六大产品，共计150多个品种的产品线。产品畅销全国，批量出口国外，0.75吨和1吨级"勇士"越野车正式列入解放军总装备部指定型号军车。北汽有限公司有3个生产厂区，年生产能力12万辆，拥有完整的销售和售后服务体系，分布在全国所有省、自治区、直辖市。2010年，销售汽车6.51万辆，其中轻卡销售4.93万辆。

北京现代汽车有限公司

2002年6月27日，北汽控股、北京市国有资产经营有限责任公司、北京国际电力开发投资公司、北京首创股份有限公司、北京阳光房地产综合开发公司等企业共同投资组建北京汽车投资有限公司，筹备与韩国现代汽车在北京组建合资企业。2002年10月18日，北京现代汽车有限公司在顺义区北京轻型汽车有限公司原厂区成立，由北京汽车投资有限公司和韩国现代自动车株式会社共同出资设立，注册资本12.19亿美元，总投资31亿美元，中韩双方各占50%，合资期限为30年。北京现代是中国加入WTO后被批准的第一个汽车生产领域的中外合资项目，被确定为振兴北京现代制造业、发展首都经济的龙头项目和示范工程。2006年4月18日，北京现代第二工厂及研发中心在顺义区奠基。2010年11月25日，北京现代第100万辆伊兰特轿车下线。11月28日，北京现代第三工厂在顺义区杨镇奠基，生产乘用车、汽车发动机。截至2010年年底，北京现代拥有3座整车生产工厂、3座发动机生产工厂和1座承担自主研发的技术中心，整车年生产能力达到100万台，发动机年生产能力达到100万台。工厂占地面积336万平方米，有员工11100余人，位居国内乘用车企业前列。2010年，北京现代销售汽车70.30万辆。北京现代自2002年至2010年累计生产汽车253.53万辆。2010年12月，北京现代拥有雅绅特、瑞纳、伊兰特、ELANTRA悦动、i30、ix35、途胜、MOINCA名驭、第

图3-5　北京现代汽车生产线（2009年2月摄）

八代索纳塔9个系列车型。公司销售及售后服务网络遍布全国，4S店数量535家，卫星店数量185家。累计销售363万辆，实现销售收入3470亿元，累计纳税440亿元，带动163家（北京地区71家）配套企业，吸纳就业约16万人。

北京奔驰汽车有限公司

2005年6月13日，商务部换发外商投资企业批准证书。北京吉普名称变更为北京奔驰—戴姆勒·克莱斯勒汽车有限公司。2005年8月8日，北京汽车工业控股有限责任公司、戴姆勒·克莱斯勒股份有限公司、戴姆勒·克莱斯勒（中国）投资有限公司三方合资组建北京奔驰汽车有限公司完成注册。根据商务部批复和批准证书，公司注册地址变更为北京经济技术开发区博兴路8号，注册资本40074.98万美元，中外方股本比各占50%；投资总额60291.49万美元。公司新增注册资本1.44亿欧元，合资期限至2032年。同时，进行产品生产区域的调整，Jeep2500和军车项目在顺义厂区生产，奔驰、克莱斯勒、欧蓝德等车型在北京经济技术开发区的新厂区生产。2006年9月15日，北京奔驰—戴姆勒·克莱斯勒公司在北京经济技术开发区新工厂落成，占地总面积为198万平方米。新工厂第一期工程厂房占地面积21万平方米，具备8万辆轿车生产能力，其中2.5万辆为梅赛德斯—奔驰E级和C级两大系列轿车产品，是梅赛德斯—奔驰诞生百余年历史上，第一次在德国本土之外建立的合资生产基地。由于与中方合作的戴姆勒·克莱斯勒公司拆分，克莱斯勒公司退出戴姆勒集团，外方股东再次变化。2010年1月26日，公司更名为北京奔驰汽车有限公司，产品主要是引进德国奔驰C、E等系列轿车。2010年，北京奔驰销售奔驰C级2.78万辆、奔驰E级2.24万辆（含进口车1.13万辆）。营业收入172.5亿元，纳税26.3亿元。

北京汽车新能源汽车有限公司

2009 年 11 月 14 日成立，为北京汽车股份有限公司出资组建的国有全资子公司，厂址在大兴区采育经济开发区采和路 1 号。北汽新能源主要以纯电动乘用车、混合动力汽车与核心零部件的研发、生产、销售和服务为主，并进行配套充电系统、电池更换系统等装置的研发、生产和销售。北汽新能源通过与国内外技术领先的大洋、普莱德等零部件厂商合作，开发出 C30DB、M30RB、C60FB、C70GB 等多系列纯电动乘用车产品，重混产品"陆霸"SUV、中混产品"勇士"军车、弱混产品 BSG 方案改装轿车等多款混合动力产品，EV-AT、DCM 动力传动装置、动力电池、电机等关键零部件产品。北汽 ES210、北汽EV 系列、北汽 307EV、北汽 306EV 产品实现批量生产及规模化示范运营。北汽新能源成为国内产品应用范围最广、发展速度最快、产业规模最大、产业链最完整的新能源汽车企业。截至 2010 年，完成多款纯电动汽车和混合动力汽车的研发并实现量产，具备单班 2 万辆整车和电池、电机等核心部件产能。

2010年北京部分汽车企业整车产量统计表

3-2表

生产企业	产品名称	产量（辆）
北汽福田汽车股份有限公司	乘用车、商用车	695445
北京奔驰汽车有限公司	乘用车	39740
北京现代汽车有限公司	乘用车	703008
北京汽车制造厂有限公司	乘用车、商用车	64451

2010年北京部分汽车企业整车销量统计表

3-3表

生产企业	品牌	用途	上市时间	销量（辆）
北京现代汽车有限公司	索纳塔	家用轿车	2002年12月23日	—
	伊兰特	中级轿车	2003年12月23日	152641
	途胜	越野车	2005年6月16日	56527
	御翔	中高级轿车	2005年9月15日	3309
	雅绅特	经济轿车	2006年3月16日	68463
	悦动	—	2008年4月18日	233344
	领翔	中高级车	2008年12月23日	22344
	名驭	—	2009年8月7日	38881
	i30	两厢家庭轿车	2009年9月9日	19858
	瑞纳	—	2010年8月23日	44359

（续表）

生产企业	品牌	用途	上市时间	销量（辆）
北京奔驰汽车有限公司	克莱斯勒—300C	—	2006年11月	—
	克莱斯勒—铂锐	—	2007年10月	—
	梅赛德斯—奔驰C	—	2008年3月	27840
	梅赛德斯—奔驰E	—	2010年6月	11052
北汽股份株洲分公司	北京E系列产品	家用轿车	2010年12月	—
北京汽车制造厂	BJ212	越野车	1966年5月	1337
	战旗	越野车	1999年	4416
北京汽车制造厂有限公司	陆霸	越野车	2003年	2195
	新骑士	越野车	2007年5月	708
	勇士	越野车	2007年8月2日	4338
	域胜007	—	2010年5月	—
北汽福田汽车股份有限公司	时代	轻卡	1996年	434721
	福田风景	轻型客车	1999年	23810
	欧曼中重卡—牵引车	中重卡	2001年	43581
	欧曼中重卡—平板车	中重卡	2001年	30198
	蒙派克	轻型客车	2004年	4534
	欧马可	轻卡	2004年	12800
	奥铃	轻卡	2005年	61319
	中重卡—自卸车	—	2006年	28811
	萨普	皮卡	2008年	29512
	迷迪	多功能车	2008年	8102
	欧辉城市客车	大中型客车	2008年1月	365
	欧辉混合动力客车	新能源汽车	2008年1月	230
	欧辉城间客车	大中型客车	2008年	491
	欧辉纯电动客车/燃料电池客车	新能源汽车	2008年	31
	迷迪纯电动车	出租车	2010年10月	7949
北京新能源汽车公司	M30RB纯电动轿车	—	2010年12月20日	—
	C30DB纯电动轿车	—	2010年12月20日	—

说明："—"表示无相关数据或资料。

第二节　零部件及配件

　　20世纪50年代至1999年，北京生产的汽车部件总成与配件有内燃机、汽车齿轮、油泵油嘴、汽车仪表和装饰、化油器、轴瓦、汽车灯、空气滤清器、汽车玻璃升降器、汽车喇叭、汽车钢板弹簧、传动轴、散热器、方向盘、汽车制动泵、汽车减震器等十几类产品。随着北京汽车产业、产品结构的调整，北京汽车的零部件产业发生了巨大变化。1999年5月11日，北京北内发动机（中华）有限责任公司成立，主要以生产、开发、销售中华牌汽车用发动机及其零部件为主。21世纪初，北京汽车工业大力推进集团化战略，建设零部件生产基地和园区，加强零部件、配件的专业化生产和协作，吸引外资投资兴建零部件、配件企业，提高了零部件和配件的质量，扩大了生产能力。

　　1999年至2006年，北齿先后自主研发了8S120系列重型货车变速器、1252链式分动器总成、195AB轻型汽车变速器总成和255轻型汽车变速器总成产品。2007年至2009年，北齿开发的主被动齿轮有为猎豹、柳州五菱、苏拉和北京牌越野车B40等车型开发的8/39、11/51、10/43、9/46和10/41等主被动齿轮产品。总成产品在8S120变速器基础上设计开发了9S150、12S200重型货车变速器总成；在255轻型汽车变速器总成基础上设计开发了轻型卡车用255A型变速器总成，使轻型汽车变速器总成向系列化方向发展。开发了越野车混合动力机械传动EVT总成。2009年至2010年，北齿陆续开发了前置永磁液冷缓速器总成、中置永磁液冷缓速器总成和后置永磁液冷缓速器总成，通过了性能测试和道路试验；开发了轿车混合动力机械传动EVT总成产品和带轴间差速器的242D分动器总成产品。

　　2003年，北内集团组建北京北内发动机有限公司。同年改制组建北京北内发动机零部件有限公司、北京北内设备工具有限公司。2004年，北内集团改制，重组北京北内柴油机有限责任公司等10家企业。

　　2007年1月19日，北汽控股与汽车零部件制造商李尔有限公司合资成立北京北汽李尔汽车系统有限公司。5月，市政府将采育经济开发区确定为北京市重点建设的汽

图3-6　2009年，康明斯40万台发动机投产仪式举行

车零部件产业基地，基地与北汽控股共同建设北京汽车生产基地零部件园区。8月20日，北京现代发动机二工厂竣工投产。截至年底，江南模塑、德尔福空调等5个零部件入驻项目的签约和项目相关规划设计完成。2008年3月26日，北京福田康明斯发动机有限公司成立。2009年康明斯发动机投产。2009年12月14日，北汽控股收购萨博两个系列涡轮增压发动机技术资产。

2010年2月26日，北京汽车动力总成基地在通州经济开发区东区奠基，北汽动力总成有限公司揭牌。10月7日，北汽动力总成公司第一台装配30%国产自主部件的萨博发动机一次装机点火成功；12月31日，北汽控股的2.3T完全本土化零部件自主品牌发动机样机点火成功。

随着北京汽车工业整车的发展，汽车零部件生产形成了较为完整的配套制造体系，初步建立了汽车座椅系统、汽车热交换系统、汽车内外饰系统、汽车电子控制系统和汽车底盘及其他系统5个系统。

1999—2010年汽车零部件主要产品及生产企业一览表

3-4表

分类	主要产品	主要生产企业	主要客户
汽车座椅系统	汽车座椅	北京江森汽车部件有限公司	北京奔驰、北京现代、北汽福田和北京现代摩比斯公司
汽车热交换系统	汽车空调、散热器及配套产品	伟世通汽车空调（北京）有限公司、北京海纳川协众汽车空调有限公司	北京现代（独家配套）、北京奔驰、山东华泰、东风悦达起亚、重庆长安、北汽乘用车事业部、北汽福田、北汽有限、长城汽车、中兴汽车、重汽、天津一汽
汽车内外饰	汽车各式天窗、汽车内外饰模块（门内板、顶衬、格栅、汽车顶篷、地毯、全套隔热垫、门饰板及防水膜、遮阳板）、汽车仪表板模块、汽车保险杠总成（前后保险杠）	英纳法集团、延锋伟世通（北京）汽车饰件系统有限公司、北京北汽模塑科技有限公司、北京海纳川延锋汽车模块系统有限公司、北京海纳川长鹏汽车部件有限公司	北京现代、北汽福田、北京奔驰、北汽有限、北汽乘用车事业部
汽车电子控制系统	汽车电子电器产品（汽车整车线束、中央控制盒、车身控制器、无线进入系统、胎压监控系统等），汽车OEM系统（影音娱乐系统、车身电子产品以及电动车动力电池管理系统），汽车电控燃油（喷油嘴、喷油泵、高压共轨）产品，汽车起动机、发电机系列产品	北京李尔汽车电子电器有限公司、北京海纳川航盛汽车电子有限公司、北京亚新科天纬油泵油嘴股份有限公司、北京北汽飞驰汽车电器科技有限公司	北京奔驰、北京现代、北汽福田、北汽乘用车、康明斯发动机、长城汽车、中兴汽车、天津雷沃动力、长春一汽轻发、安徽江淮、一汽大柴、锡柴以及玉柴、云内、天津雷沃动力、潍柴道依茨、潍柴华丰、福田环保动力

（续表）

分类	主要产品	主要生产企业	主要客户
汽车底盘等	汽车安全带总成、汽车分动器、智能扭矩管理器和高性能电子驱动变速桥，消声器、催化转化器、排气歧管、排气系统附件、汽车减震器，汽车塑料油箱总成及部件，汽车拉线、电瓶线、高压点火线、天线及馈线、真空阀、注塑件，汽车动力转向系统产品，汽车传动轴，汽车制动系统、车桥以及底盘模块，汽车钢板弹簧及客车钢板弹簧	北京奥托立夫汽车安全系统有限公司、北京博格华纳汽车传动器有限公司、天纳克（北京）排气系统有限公司、天纳克（北京）汽车减振器有限公司、北京海纳川英瑞杰塑料油箱系统有限公司、三河因派克汽车部件有限公司、北京海纳川恒隆汽车转向系统有限公司、北京北汽远东传动部件有限公司、北京亚太汽车底盘系统有限公司、北京西一海华汽车配件有限公司、北京北汽兴华汽车弹簧有限公司	东风悦达起亚、北京现代、南京依维柯、长城汽车、郑州日产、北京奔驰-戴姆勒·克莱斯勒、华泰汽车和中兴汽车、上海通用、长安福特、南京马自达、一汽大众、上海大众、神龙汽车、福建戴姆勒、江铃汽车、昌河铃木、北汽集团乘用车、北汽集团株洲分公司、北汽福田、北汽有限、石家庄双环汽车、辽宁曙光汽车、浙江吉奥汽车零部件、JAC、奇瑞汽车、长城汽车、中国重汽、陕西重汽

北京齿轮总厂

北齿是国内较大规模轻型汽车变速器、重型变速器、轻型分动器和驱动桥齿轮的专业生产企业。前身是北平振华铁工厂，1949 年创建。1958 年并入北京汽车制造厂，更名为北京汽车制造分厂，承担汽车齿轮制造任务。1960 年与北京汽车制造厂分开，成立北京齿轮厂。1985 年变更为北京齿轮总厂。1992 年，北齿与美国博格华纳汽车传动产品公司签约，合资组建北京华纳齿轮有限公司。2000 年年底，美方撤资，北齿回购美方拥有的 49% 股份，北齿与北京华纳齿轮有限公司合并重组。2002 年年底，北齿与北方车辆有限公司合作成立北齿前锋公司，并签订共同生产开发重型汽车变速器的合作协议，重型汽车变速箱年生产能力 1800 台，主要为北汽福田配套。2007 年，北齿为俄罗斯 AMS 公司研发制造了 255 轻型变速器，当年批量供货，至 2010 年年底累计向俄罗斯出口 255 轻型变速器 1.5 万台。2007 年开始，北齿与美国约翰迪尔公司合作，从初期几十件的小批量订单开始，不断扩大订单数量。2009 年，合作产品在原有阿波罗和 GT5 品种基础上增加了铁牛新产品。截至 2010 年年底，北齿共为约翰迪尔公司供货 3 万余台。2009 年，根据北汽集团整体规划和国家对劣势国有企业调整退出优惠政策，北齿清除不良资产和债务，于 5 月 26 日成立了北京北齿有限公司。北齿有限公司当年实现营业收入 1.12 亿元，创利润 670 万元。北齿总厂与北齿有限公司合并实现营业收入 2.80 亿元，齿轮产销 230.2 万只，出口变速器 1770 台，螺伞齿轮首次突破年产 40 万套，产销均创历史新高。2010 年，北齿产销齿轮 355.5 万只，螺伞齿轮 53 万套，变速器总成 6928 台。北齿总厂与北齿有限公司合并完成营业收入 4.41 亿元，实现销售收入 3.35 亿元，实现利润总额 1207 万元。

北京亚新科天纬油泵油嘴股份有限公司

前身是丰台区农业机械修造厂，1958 年成立。1967 年试制油泵油嘴产品。1971 年改名为北京市油嘴油泵厂，1981 年改名为北京油泵油嘴厂。1984 年引进德国制造技术。1985 年隶属北京市汽车工业总公司。1994 年与美国亚新科工业技术公司合资设立中外合资企业，更名为北京亚新科天纬油泵油嘴股份有限公司。产品属汽车零部件高精密产品，全部采用国际标准制造，适用于汽车、工程机械、农用机械和发电机组。先后通过德国莱茵公司 ISO/TS 16949、ISO 14000 质量、环境体系认证，获中国汽车工业协会 2009 年全国百家优秀零部件供应商、DCEC2009 年供应商最佳技术创新奖、道依茨一汽大柴 2009 年优秀供应商称号，产品远销 20 多个国家和地区。2004 年，公司生产高压喷油总成 9 万台，喷油器总成 212 万台。2010 年，公司生产高压油泵 13 万台，喷油器 418 万只，实现营业收入 6.39 亿元，实现利润 4049 万元。

北京万源瀚德汽车密封系统有限公司

前身是北京万源密封器件厂，1987 年成立，是中国运载火箭技术研究院的民品生产单位。1995 年 10 月，德国 Draftex 公司与中国运载火箭技术研究院合资成立北京万源德富泰斯密封制品有限公司，外方占股 60%，中方占股 40%。2008 年 5 月 8 日，由于外方股东变更，将合资公司更名为北京万源瀚德汽车密封系统有限公司（以下简称万源瀚德）。公司有北京、长春、成都三家工厂，为国内中高档轿车配套整车密封系统。主要客户有北京汽车、一汽大众、一汽轿车、上海大众、上海通用、神龙雪铁龙、奇瑞等。从 1999 年至 2010 年，万源瀚德实现对一汽大众的奥迪、迈腾、CC、速腾、宝来，一汽的红旗、奔腾、马自达，上海大众的帕萨特、途安、POLO、明锐，二汽神龙的凯旋、世嘉、标致 408、标致 307 等车型密封系统的开发和供货。公司规模从北京一家公司增加到长春和成都三家，从原来主要占有国内市场走向国际市场。第一个出口项目是通用的全球项目 GAMMA，实现直接向主机厂大批量供货。

天纳克（北京）汽车减振器有限公司

1995 年成立，是北京汽车工业集团和美国天纳克汽车工业有限公司共同组建的合资企业，注册资金 1162 万美元。公司位于通州经济开发区梧桐路，占地面积 3.08 万平方米，建筑面积 1.4 万平方米。公司专业从事汽车减震器产品的设计、开发、生产和销售，产品达到国际一流品质，通过 ISO 9001、QS 9000、ISO/TS 16949、ISO 14001、OHSAS 18001 等体系认证。主要为上海通用、长安福特、南京马自达、一汽大众、上海大众、神龙汽车、福建戴姆勒、江铃汽车、昌河铃木等企业配套。2010 年生产汽车减震器 276.83 万只。

北京博格华纳汽车传动器有限公司

2001 年 2 月成立，是由北京汽车控股有限公司与美国博格华纳汽车传动系统公司投资设立的中外合资企业，注册资金 376 万美元。公司位于通州区潞城镇召里工业区 2 号，占地面积 1.6 万平方米。公司致力于开发、生产、销售汽车四轮及全轮驱动扭矩管理系统，主要产品有电控分动器、智能分动器、智能扭矩管理器和高性能电子驱动变速桥等，是国内最大的分动器专业生产企业。公司主要为南京依维柯、长城汽车、郑州日产、北京奔驰—戴姆勒・克莱斯勒、华泰汽车和中兴汽车等 10 多家公司配套，国内自主品牌市场占有率85% 以上。2010 年生产汽车分动器 9.5 万台。

北京佩特来电器有限公司

2001 年 3 月成立，是由北京金虎汽车电器有限公司与美国佩特来集团合资建立的中外合资企业，中方股份占 48%，美方股份占 52%。北京金虎汽车电器有限公司的前身为 1958 年创建的北京市汽车电机厂。2000 年 9 月，北京市汽车电机厂根据北内总公司文件《关于北京市汽车电机厂改制的批复》，成立北京金虎汽车电器有限公司。北京佩特来电器有限公司是国内唯一经国家批准成立的生产车用重型电器的外商投资企业，是国内最大的、专业设计生产汽车重型发电机和起动机的企业，先后通过 ISO/TS 16949 质量体系认证，以及 ISO 14001/OHSAS 18001 环境、健康和安全体系认证。公司首创国内汽车重型旋转电器，主导产品为汽车重型发电机、起动机，定位于商用车（包括客车和卡车）、工程机械、发电机机组等特殊用途领域。企业秉承"把用户宠坏"的经营理念，遵循"产品从用户需要出发，服务从用户期望出发"的质量方针，采取"一对一"的营销策略，推行区域代理独家销售模式，连续 10 年保持国内商用车用发电机市场排名第一，销售额、销售数量、销售增长率和利税居同行业首位。2001 年至 2010 年，产品销量及销售额均逐年增长。2010 年，公司销售收入 11 亿元；建筑面积 3 万平方米；职工 1039 人，其中工程技术研发人员 174 人，约占职工总人数的 14%，高级职称 13 人、中级职称 36 人。

伟世通汽车空调（北京）有限公司

2002 年 11 月 29 日成立，是由北京汽车控股有限公司和韩国汉拿空调株式会社共同出资组建的中外合资企业，总投资 2980 万美元。公司位于顺义区南彩镇前俸伯，占地面积 6.3 万平方米，专业研发、生产汽车空调、汽车散热器及相关配套产品。2005 年 4 月，伟世通汽车空调（北京）有限公司通过 TS 16949 质量体系和 ISO 14001 环境体系认证，公司产品技术为同期国际水平，是北京现代的五星级配套企业，2007 年进入北京企业 100 强排行榜，2009 年获评北京机械行业安全生产标准化企业。主要为北京现代（独家配套）、北京奔驰、山东华泰汽、东风悦达起亚、重庆长安等汽车公司提供配套，部分产品出口韩国、美国、捷克等国家。2010 年生产汽车空调 72 万套。

延锋伟世通（北京）汽车饰件系统有限公司

2002 年成立，由北京汽车控股有限公司和延锋伟世通汽车饰件系统有限公司共同投资组建，注册资金 8000 万元。公司位于顺义区林河经济开发区顺通路 55 号，占地面积 11.58 万平方米，建筑面积 2.04 万平方米。主要生产汽车门内饰板、仪表板、地毯、顶篷、后搁物板、行李箱等汽车内饰件产品，主要为北京现代、北汽福田等企业配套。公司先后通过 ISO 9000、TS 16949、ISO 14001、OHSAS 18001 质量、环境等体系认证，先后被北京现代、北汽福田评为优秀供应商，2007 年至 2009 年连续获得北汽福田颁发的技术创新奖，先后获得北京市劳动和谐企业和首都文明单位等称号。2009 年 5 月，公司获北京市高新技术企业认定。2010 年生产汽车内饰件 806 万件。

北京江森汽车部件有限公司

2002 年成立，是由北京汽车控股有限公司和美国江森自控有限公司共同投资组建的合资企业，注册资本 880 万美元。公司位于顺义区林河工业开发区林河南大街 1 号，占地面积 9 万平方米。主要生产汽车座椅及汽车内饰产品，拥有技术研发团队、CAD 工作站，能独立完成座椅研发。产品采用先进的江森 PLUS 体系，可配合主机厂同步研发设计，进行概念样件试制。拥有多项先进专利，并获得 TS 16949 质量认证。主要为北京奔驰、北京现代、北汽福田和北汽有限等企业配套。2010 年生产汽车座椅 108 万套。

北京现代发动机厂

2002 年 12 月 18 日，北京现代发动机厂破土动工，2003 年 11 月 24 日建成试生产，总投资 6000 万美元。2004 年 4 月 28 日正式投产，产能 15 万台，产品涵盖韩国现代的 1.6 升、1.8 升和 2.0 升排量的 β 系列和 2.7 升排量的 δ 系列发动机，主要为北汽的索纳塔和伊兰特汽车提供关键部件。2007 年 9 月 6 日，北京现代发动机第二工厂竣工并投入使用，投资总额超过 1.2 亿美元，设计年产能 20 万台。加上发动机一工厂每年 30 万台产能，北京现代发动机厂形成年产发动机 50 万台的生产能力，生产规模、技术先进性都跻身国内发动机生产领域前列。发动机二厂主要生产排量为 1.4 ~ 1.6 升的 α 型发动机。该款发动机采用先进的 CVVT（连续可变正时气门）技术，具有性能高、低燃耗、低尾气排放等特点，其动力性、经济性、环保性均处于国际领先水平。2010 年 11 月 28 日，顺义区杨镇工业开发区北京现代发动机第三工厂奠基，设计年生产能力为 60 万台发动机。

北京大林万达汽车部件有限公司

2003 年 7 月成立，是大林企业株式会社（韩国）和北京汽车控股有限公司共同出资建立的合资公司，位于平谷区平瑞街 5 号。注册资金 1500 万美元，投资总额 3750 万美元。拥有世界上先进的低压铸造机、卧式和立式加工中心、1400 吨 BULLER 压铸机等制造设备，三坐标测量仪、光谱仪等先进的检测手段。2005 年 3 月，公司获得美国 UL 认证机关颁发的 TS 16949 质量管理体系证书。年生产能力为缸盖 100 万件、进气管总成 50 万套、压铸件（曲轴箱）及加工装配 40 万套，产品主要为北京现代、东风悦达起亚、北京汽车、江淮汽车、山东威亚等企业配套。主要产品有北京现代 α 系列、β 系列、γ 系列缸盖和进气管；悦达起亚 α 系列、β 系列，江淮汽车 SIRIUS-Ⅱ系列，北京汽车 A150 系列缸盖；山东威亚 NU 系列曲轴箱。2010 年生产进气管 23.55 万个，有员工 382 名。

北京韩一汽车饰件有限公司

2003 年 12 月 2 日成立，总注册资本 1020 万美元，为中韩合资企业，中方投资公司为北京汽车控股有限公司（33.3%），韩方投资公司为韩一理化株式会社（66.7%）。公司位于顺义区仁和工业园林河南大街 15 号，占地面积 9.65 万平方米。主营产品为汽车内饰件，包括汽车门内饰板、顶衬、后搁物板、地毯、后备厢侧板、后备箱盖板、引擎隔音罩等。生产规模为年产 110 万件，主要为北京现代和北京汽车配套供货。2010 年生产汽车内饰件 70.46 万件。

北京北内有限公司

2005 年 6 月 8 日成立，初始注册资金 100 万元。2006 年 11 月 23 日，注册资金增至 2000 万元。2006 年开发 F2L912 柴油机，2007 年开发 F4L912T、F6L912T 柴油机。2007 年 8 月，经北汽控股批准作为首批企业划入北京汽车资产经营管理有限公司。2008 年 7 月，公司注册资金增至 1.6 亿元，公司股东为北京汽车资产经营管理有限公司。北内有限公司承担托管和发展两项职能，以北京北内发动机零部件有限公司、北京北内柴油机有限责任公司、北京北内设备工具有限公司、北京北内机械制造有限责任公司等经营实体为产业核心，是北内有限公司二次创业的发展平台。北内有限公司拥有发动机和零部件两个生产基地。2010 年将 BF6L913/C 升级为 ADG 系列，实现北内牌 B/FL912/913/C 系列风冷柴油机二、三、四、六缸全系列生产，12 ~ 141 千瓦功率全覆盖。2010 年年底，零部件生产基地占地面积 5.89 万平方米，建筑面积 1.98 万平方米，具备年产 130 万支凸轮轴和 80 万支连杆的生产能力；发动机生产基地占地面积 8.9 万平方米，总建筑面积 4.98 万平方米，具备柴汽两机生产、机床卡具设计制造和机械零部件加工制造能力。2010 年生产、销售发动机 4561 台。

北京北汽兴华汽车弹簧有限公司

2007 年 3 月注册成立，是北京汽车控股有限公司与山东兴华板簧制造有限公司共同投资组建的有限公司，注册资金 1 亿元。公司位于顺义区李桥镇张辛庄村北，占地面积 7.6 万平方米，建筑面积 2.74 万平方米，拥有北京兴华汽车悬架股份有限公司、山东兴华汽车部件有限公司等相关企业。公司以轻、中、重型汽车钢板弹簧及客车钢板弹簧为主导产品，拥有先进的制造工艺和钢板弹簧生产线及完善的检测设备，可从事各类弹性元件的设计与研发。2009 年通过 TS 16949 质量体系认证。公司致力于汽车钢板弹簧和汽车空气悬架研发制造两大平台的建设，主要为长城汽车、北汽有限、北汽福田、中国重汽、北汽集团株洲乘用车公司、陕西重汽等企业生产配套钢板弹簧。2010 年生产钢板弹簧 45.52 万架。

北京北汽李尔汽车系统有限公司

2007 年 4 月成立，是由北京汽车投资有限公司与李尔（毛里求斯）投资有限公司共同出资组建的中外合资企业，注册资金 220 万美元，中外方各持有 50% 股权。公司位于北京经济技术开发区，主要经营范围为设计、生产汽车座椅系统、车身电子控制系统及其他汽车电子电气产品；销售自产产品，并提供自产产品的技术服务。公司生产工艺和质量控制引进德国李尔的座椅制造体系，关键测量设备由德国进口，并通过 TS 16949、ISO 14001 体系认证。公司为北京奔驰汽车有限公司、北京汽车股份有限公司整车座椅供应商，具备年产 10 万套高端汽车座椅的能力。2010 年生产汽车座椅 2.82 万套。

北京北汽远东传动部件有限公司

2007 年 11 月注册成立，是由北京汽车控股有限公司和许昌远东传动轴股份有限公司共同投资兴建的股份制有限公司，注册资本 4000 万元。公司位于顺义区杨镇汽车零部件产业基地，占地面积 5.28 万平方米，建筑面积 3.2 万平方米。公司主要生产微、轻、中、重型汽车传动轴产品。其生产的传动轴传递效率高、安全可靠、寿命长、结构简单、安装使用维修方便。其中，重型传动轴产品广泛应用于重、中型卡车，轻型传动系列产品广泛应用于轻卡和皮卡。产品主要为北汽福田配套。公司通过 TS 16949 质量体系认证。2010 年生产传动轴 44 万套。

北京亚太汽车底盘系统有限公司

2007 年 12 月成立，由北京汽车控股有限公司与浙江亚太机电股份有限公司共同出资组建，注册资本 4000 万元，北汽控股占 51% 股比。公司位于大兴区采育经济开发区，占地面积 5500 平方米，是一家生产、销售汽车制动系统、车桥以及底盘模块的零部件公司，可以为各类轿车、轻微型汽车、中型客车等车型提供制动系统和模块配套。2009 年，公司通过 TS 16949 体系认证。公司依托浙江亚太机电股份有限公司的技术优势，以及北汽控股的市场资源，立足北京，辐射华北、东北市场，成为北方汽车前后桥及模块、汽车制动系统产品的重要生产基地，主要为北汽有限、北汽福田、石家庄双环汽车、辽宁曙光汽车、浙江吉奥汽车零部件有限公司等企业提供配套产品。2010 年生产鼓式制动器 13.15 万个。

北京海纳川汽车部件股份有限公司

2008 年 1 月 25 日成立，由北京汽车控股有限公司与北京工业发展投资有限公司共同投资组建而成，注册资本 10 亿元。北京海纳川汽车部件股份有限公司（以下简称海纳川公司）在北京汽车大力推进集团化战略、实施整合重组的背景下应运而生，组建之初所属企业 12 家。海纳川公司坚持产品经营和资本经营相结合的发展思路，通过与世界 500 强企业、国际知名零部件企业的合资合作，先后组建一批有较强竞争力的优秀企业，引进一批具有较强市场竞争优势的零部件产品。其中，2008年6月，海纳川公司与江南模塑科技股份有限公司投资组建北京北汽模塑科技有限公司，注册资金4000万元，位于大兴采育经济开发区汽车零部件产业基地，地址为大兴区育政街1号，占地面积5.7万平方米，建筑面积2.4万平方米，主要产品有汽车保险杠总成、汽车外饰系统等，设计产能30万辆份，主要为北京现代、北京奔驰、北汽福田、北汽有限、北汽自主品牌产品配套。同年，海纳川公司与美国李尔公司共同投资970万美元组建北京李尔汽车电子电器有限公司，注册资金485万美元，位于大兴区采育经济开发区汽车零部件产业基地，建筑面积3000平方米，主要产品有汽车整车线束、中央控制盒、车身控制器、无线进入系统、胎压监控系统及其他电子电器产品，主要为北京奔驰、北京现代、北汽福田、北汽乘用车、康明斯发动机提供配套产品。2009年，海纳川公司与美国天纳克汽车工业有限公司合资组建天纳克（北京）排气系统有限公司，位于通州经济开发区梧桐路，生产消声器、催化转化器、排气歧管、排气系统附件等汽车排气系统产品，主要为北京现代、北汽集团乘用车系列产品配套。海纳川公司、北京西一海华汽车配件有限公司、北京华瑞荣汽车配件有限公司联合组建成立北京一海华汽车配件有限公司，总投资5525万元，注册资本2000万元。位于顺义区杨镇，占地面积6670平方米，主要生产汽车工业用粘胶剂及特种密封材料（PVC DEADENER、PVC BODYSEALER、OILER SEALER、PVC、RPP等），拥有专业的研发、销售与售后服务体系，主要为北京现代、东风悦达起亚、JAC、奇瑞汽车等品牌配套。2010年，海纳川公司与深圳市航盛电子股份有限公司共同投资组建北京海纳川航盛汽车电子有限公司，注册资本1500万元。位于大兴区采育经济开发区汽车零部件产业基地，占地面积8万多平方米，主要产品有汽车影音娱乐系统、车身电子产品以及电动车动力电池管理系统等，拥有国内唯一的汽车电子类国家认定企业技术中心，主要为北汽福田、北汽乘用车、长城汽车、中兴汽车等企业生产配套产品。海纳川公司与香港晋明集团有限公司（恒隆集团的全资子公司）共同出资成立北京海纳川恒隆汽车转向系统有限公司，注册资本1500万美元，位于大兴区采育经济开发区汽车零部件产业基地，专业从事汽车动力转向系统、电动转向（EPS）、齿轮齿条动力转向（HPS）产品的研发、生产、销售，提供技术服务和其他售后服务，主要为北汽福田全系列车型生产配套产品。海纳川公司与南京协众汽车空调集团公司共同投资组建北京海纳川协众汽车空调有限公司，注册资金4300万元，位于大兴区采育经济开发区汽车零部件产业基地，主要生产汽车空调系统产品，设计年产40万台（套），主要为北汽乘用车事业部、北汽福田、北汽有限、长城汽车、中兴汽车、重汽、天津一汽等企业生产配套产品。2010年年底，海纳川公司所属企业共有31家，其中全资子公司4家，与世界500强企业、国际知名零部件企业合作的11家，与国内知名零部件企业合资的10家，其他类型企业6家。海纳川公司所属企业的产品覆盖汽车内外饰、汽车座椅、汽车电子系统、汽车热交换系统、汽车底盘及其他系统，形成技术占优和成本占优的产品组合，具备与不同层次整车同步开发产品的能力。海纳川公司产品为北汽、一汽、上汽、华晨、江淮、长安、奇瑞、陕汽、长城、中国重汽等国内20多家大型汽车企业配套。海纳川公司分别在大兴区、顺义区等地建立零部件基地。2010年,海纳川公司实现营业收入90亿元,实现利润总额8.8亿元。

北京福田康明斯发动机有限公司

2008年3月27日成立,是北汽福田与美国康明斯有限公司以50∶50的比例合资组建当时国内最大的发动机生产企业,共同投资27亿元,生产满足欧Ⅲ、欧Ⅳ排量标准的2.8升、3.8升轻型柴油发动机产品。当年,发动机零部件、柴油机、设备工具等产品收入21589万元,实现利润2059万元。截至2009年6月9日,康明斯累计生产发动机40万台。

北京北汽摩有限公司

2008年12月成立,是以原北汽摩公司的有效资产为基础组建而成的国有独资公司,隶属于北京汽车集团有限公司。北京北汽摩有限公司的主要经营单位有位于密云经济开发区的散热器厂、电动车分公司,位于朝阳区黑庄户的欣欣电动车公司等,主要产品为汽车散热器和场地电动车,其中汽车散热器具有年产80万只的生产能力,主要出口美国,并为北京汽车制造厂有限公司、北汽福田、长春一汽等企业配套;生产的场地电动车主要用于旅游观光、警务巡逻、货物运输、清洁环卫、社区与公交车站接驳等。2010年,北汽摩有限公司营业收入17872.4万元,实现利润395.8万元,生产汽车散热器43.8万只,销售38.2万只。

北京京西重工有限公司

2009年3月23日成立,注册资本8亿元。2009年3月30日,北京京西重工有限公司(以下简称京西重工)与德尔福公司正式签署收购其全球减震和制动业务主协议,11月2日正式签署交割协议,京西重工步入汽车零部件领先企业行列。2010年2月20日,京西重工房山工厂开工建设。京西重工在全球拥有6个工厂(墨西哥、波兰、英国、印度、中国上海、中国北京),5个技术研发中心(美国2个,法国、波兰、中国上海各1个),以及14个客户服务中心,拥有1400多项专利和专有技术。京西重工主要产品包括磁流变减震器、主动式稳定杆、磁流变发动机悬置、被动式减震器、减震器模块、空气弹簧模块、制动角模块、真空助力器带主缸系统、鼓式制动器、制动钳、制动盘和制动鼓、转向节、防抱死装置、电子稳控系统等,其中磁流变减震器、主动式稳定杆系统、电子稳定性控制系统、防抱死制动系统等产品的技术处于世界一流水平。2010年,京西重工获法拉利最佳合作伙伴称号、广汽长丰供应商10强奖、上海通用快速反应奖、江淮优秀供应商奖、比亚迪优秀OE供应商奖、华泰优秀供应商奖、东风柳州优秀供应商奖,以及中国汽车工业协会授予的制动产品龙头企业荣誉称号。

2010年北京部分汽车零部件生产企业主要产品及产量统计表

3—5表

企业名称	主要产品	计量单位	产量
北京福田康明斯发动机有限公司	发动机	台	—
北京现代发动机厂	发动机	台	—
北京北内发动机有限公司	发动机	台	513
北京首创轮胎有限责任公司	汽车轮胎	万条	449
北京亚新科天纬油泵油嘴股份有限公司	喷油泵	万台	13
	喷油器	万套	418
	三副偶件	万副	179
天纳克（北京）汽车减震器有限公司	汽车减震器	万只	276.83
三河因派克汽车部件有限公司	拉线、电瓶线	万条	1141
延锋伟世通（北京）汽车饰件系统有限公司	汽车内饰件	万件	806
北京江森汽车部件有限公司	汽车座椅	万套	108
北京北汽李尔汽车系统有限公司	汽车座椅	套	28239
北京李尔岱摩斯汽车系统有限公司	汽车座椅	套	379204
北京博格华纳汽车传动器有限公司	分动器	台	95395
伟世通汽车空调（北京）有限公司	汽车空调	万套	72
北京海纳川协众汽车空调有限公司	汽车空调	台	354
北京北汽飞驰汽车电器科技有限公司	汽车起动机	万台	17.7
北京战神科技开发有限公司	车架	件	—
北京北汽远东传动部件有限公司	传动轴	万根	44
北京亚太汽车底盘系统有限公司	鼓式制动器	万个	13.15
北京北汽兴华汽车弹簧有限公司	汽车钢板弹簧	万架	45.52
北京西一海华汽车配件有限公司	抗石击涂料	万吨	1867.2
北京李尔汽车电子电器有限公司	汽车线束	根	49935
北京北汽模塑科技有限公司	保险杠	万只	31.6
	内饰件	万件	21.9
北京韩一汽车饰件有限公司	内饰件	万件	70.46
北京奥托立夫汽车安全系统有限公司	汽车安全带	万件	540
北京轻型汽车有限公司	汽车车架	件	1047
北京齿轮总厂	变速器总成	台	987

（续表）

企业名称	主要产品	计量单位	产量
北京润宇汽车内饰件厂	汽车扶手	件	—
北京润联汽车部件有限公司	汽车扶手	件	—
北京北内柴油机有限责任公司	内燃机（柴油机）	台	4561
北京北内机械制造有限责任公司	凸轮轴	件	—
北京北内发动机零部件有限公司	凸轮轴	支	1754429
	连杆	支	613604
北京北汽摩有限公司	汽车散热器	万只	43.8
北京北齿有限公司	汽车齿轮	万只	355.3
北京大林万达汽车部件有限公司	汽缸盖	个	644784
	进气管	个	235529

说明："—"表示无相关数据资料。

第二章　铁路运输设备制造业

北京铁路运输设备制造业有100多年历史，始于1897年建立的清代邮传部卢保铁路卢沟桥机械厂和1906年詹天佑主持兴建的京张制造厂。中华人民共和国成立后，伴随中国铁路机车工业的发展，逐步形成以北京二七机车厂、北京二七车辆厂、北京南口机车车辆机械厂为主体的大型铁路机车及配件制造的骨干企业，具有铁路机车、车辆、配件研发、制造、修理的专业化体系，成为国内铁路客运主型内燃机、大功率调车内燃机、货车制造和机车车辆配件生产的重要基地。

1999年年初，北京二七机车厂、北京二七车辆厂和北京南口机车车辆机械厂占地面积298.9万平方米，房屋建筑面积127.79万平方米，其中生产房屋面积54.34万平方米，厂营铁路2.49万米。固定资产原值9.37亿元，设备总数6287台。工业销售产值9.08亿元，工业增加值2.65亿元，上缴利税4854万元。职工总数16834人，劳动生产率1.57万元/人·年。

2000年，国家机车车辆工业管理体制发生重大变革。9月，中国铁路机车车辆工业总公司与铁道部"脱钩"，成立南、北两大集团公司。北京二七机车厂和北京南口机车车辆机械厂隶属于中国北方机车车辆工业集团公司，北京二七车辆厂隶属于中国南方机车车辆工业集团公司。北京铁路运输设备制造业从此走向市场。

"十五""十一五"时期，北京铁路运输设备制造业深化改革，转变经营机制，加速新产品开发，调整产品结构，机车车辆及配件不断适应国内铁路高速发展的需要，确立了在中国铁路运输产业中的重要地位。截至2010年，北京二七轨道交通装备有限责任公司（以下简称二七装备）主要经营开发、设计、制造、修理、销售铁路及城市轨道交通运输设备、电子设备、机械电器设备等。电力机车和大型养路机械技术改造完成，形成年产六轴大功率交流传动电力机车100台、内燃机车新造100台、大型养路机械60标准节、内燃机车年修理80台的生产能力。南车二七车辆有限公司（以下简称二七车辆）成为国内铁路货运平车、平车—集装箱两用车和特种平车的制造基地，具备年新造铁路货车3500辆、修理铁路货车4500辆的综合能力。南机公司成为具有国内先进水平的齿轮机械传动系统、压缩机风源系统和燃油喷射系统三大产品研发生产基地，产品涉及轨道交通机械和石油、风电机械等市场领域。

第一节　铁路机车制造

北京生产铁路机车的工厂只有北京二七机车厂，其前身可追溯至建于1897年的清代邮传部卢保铁路卢沟桥机械厂。中华人民共和国成立后，厂名为铁道部长辛店铁路工厂，从事火车修理工作。1958年6月制造出北京第一台建设型蒸汽机车。8月31日试制出新中国第一台建设型600马力电传动内燃机车。1966年更名为北京二七机车车辆厂。1971年8月26日研制出北京型3000马力液力传动客运内燃机车。1974年9月，3004号北京型机车通过交通部技术鉴定，成为批量生产的定型样车。1975年6月18日，工厂召开转产大会，停止修理蒸汽机车，开始生产内燃机车。1976年，铁道部长辛店铁路工厂更名为北京长辛店二七机车车辆工厂。1980年，工厂分为铁道部下属两个工厂，各自独立经营，南厂为铁道部北京二七机车工厂，北厂为铁道部北京二七车辆工厂。1994年2月，铁道部北京二七机车工厂更名为北京二七机车厂。1993年至1998年，北京二七机车厂陆续研制成功东风7B型干线货运内燃机车（6000系列）、东风7C型调车内燃机车（5000系列）、东风7D型内燃机车（3000北方用系列）、东风7E、东风7F型调车机车和GKIE型、GKIE31型工矿机车，其中东风7C型（装12V240ZJ6型柴油机1470kW）机车成为国内铁路主型调车机车。

1998年3月，北京二七机车厂开始研制12V240ZJ6E型柴油机；6月开始柴油机设计与配件选型。1999年4月20日开始组装，5月22日开始点火试验，10月30日完成全部性能试验。2000年5月2日完成UIC623强化功率百小时试验。2001年12月31日通过UIC360小时耐久试验。2008年，12V240ZJ6E型柴油机通过CCS船级社认证。

1998年6月16日，铁道部向北京二七机车厂下达东风7E型（25吨轴重）内燃机车设计任务书。8月，机车开始试制。2001年7月至8月对机车进行包括热工、牵引、动力学、制动性能等内容的型式试验。2002年7月12日通过铁道部科技成果鉴定。

1999年年初，北京二七机车厂下属有金属结构分厂、机修厂、工具分厂3个分厂，以及长铁运输公司等。

1999年4月17日，北京二七机车厂开始研制EQ6240ZJ型柴油机和EQ4012B型液力换向传动箱的GK1E31型工矿内燃机车。7月完成施工设计。11月13日完成EQ6240ZJ型柴油机组装，开始试验。2000年4月30日，首批两台GK1E31型工矿机车3101、3102号落成。2004年完成模块化GK1E31型工矿机车技术方案评审，开始施工设计。2007年7月完成第一台机车试制，交付用户。

1999年10月，北京二七机车厂根据铁道部实现机车由交—直传动向交—直—交传动方式转换的目标，开始研制东风7J型交流传动调车机车。2000年11月16日通过厂级方案评审。2001年8月完成施工设计。2002年1月25日转向架完成组装；7月18日完成机车总组装。2003年10月完成交流机车试制。2005年12月20日，东风7J型交流传动内燃机车通过北车集团公司科技成果鉴定。

1999年，北京二七机车厂开始自主开发大功率东风7F型调车机车；2000年6月13日完成车体静强度试验，4月29日至30日进行运转试验。2001年1月7日完成首台机车试制。

2000年12月，北京二七机车厂应铁道部哈尔滨铁路局要求，完成中俄边境东风7C型宽轨口岸电传动调车机车方案设计。2001年6月11日，东风7C型宽轨口岸机车通过厂级设计输出评审。2001年11月6日，东风7C型宽轨口岸机车落成。

2002年7月31日，国家经贸委下达文件，将交流传动内燃调车机车制造技术改造项目列入2002年国家重点技术改造国债贷款项目（第八批国债专项资金项目）。该项目共12个子项目，涉及14台（套）生产设备仪器和3个工程项目。2003年3月，根据国家经贸委《关于授权审批限额以上技术改造项目可行性研究报告的函》，中国北车集团公司下达《关于北京二七机车厂交流传动内燃调车机车制造技术改造项目可行性研究报告的批复》。中国北车集团公司对工厂编制的《交流传动内燃调车机车制造技术改造项目初步设计》进行审查，并下达《关于中国北车集团北京二七机车厂交流传动内燃调车机车制造技术改造项目初步设计的批复》，同意项目初步设计方案内容。2003年8月，银行贷款到位，13台仪器设备和2个信息化过程项目进行招标采购，1台非标设备和机车电气试验台项目进行议标采购。截至2003年年底，完成15台仪器设备和CAD系统及计算机网络部分设备国内和国际招标合同的签订，合同总金额3044万元，其中2台德国磨齿机完成验收。2004年，数控车床、立式加工中心、凸轮轴淬火机床、滚丝机等8台国产设备，数控磨齿机、焊接机械手、数控凸轮轴磨床、碳硫分析仪等5台（套）进口设备仪器均完成安装调试、设备验收、工艺开发等工作，全部投入使用。2005年，国债贷款技改项目进入收尾，基本完成机车出厂定置试验台建设和曲轴车床安装调试。完成CAD和网络信息化建设项目中所有软硬件的采购，承担的集团公司虚拟样机科研项目通过验收并投入使用。2006年，国债贷款项目基本完成，总计采购设备 14 台，工程项目 3 项，实际完成投资 4233.8 万元。2007 年 5 月，项目全部完成，竣工验收。

2002 年 8 月，西班牙政府贷款技术改造两项目均得到国家计委的批准，列入《国家计委关于利用 2002 年度我国政府贷款第二批限额以下备选项目安排意见的函》项目清单，并下发《关于同意南车集团、北车集团公司 4 个项目使用西班牙政府贷款的通知》。2003 年 10 月，中国北车集团公司完成招标工作，11 月完成合同的签订，合同总金额 4600 万元。2004 年完成大修机车车体检修厂房主体工程。2005 年，西班牙政府贷款获得该国政府批准，两国银行系统相关手续办理完毕，正式生效实施。全部 12 台设备有 7 台制造完成、5 台设备到厂。2006 年 8 月，利用西班牙政府贷款采购 12 台（套）车体钢结构、传动装置加工设备，7 台投入使用。2007 年，一期工程中车体钢结构、冲压备料、车体油漆、配件油漆 4 个厂房建设均已完工并投入使用。二期工程中西峰寺大修厂房、配件加工厂房取得规划许可证，组织施工招标及申请提前开工手续；电器试验厂房及工业公司厂房主体完工，进入装修阶段。大修厂房基建完成立柱和室内铁路。2008 年完成项目建设，共采购设备 12 台套，实际结算 5453.77 万元。经过半年的使用证验，7 月初完成西班牙项目环境验收、审计报告、总结初稿；9 月完成公司内部初步验收。2009 年 5 月完成竣工验收。

2003 年 2 月 14 日，北京二七机车厂东风 7C 型模块化机车方案通过厂级评审。东风 7C 型模块化机车后正式定型为东风 7G 型机车，装用 12V240ZJ6E 型柴油机，标定功率 2000 千瓦，最大运用功率为 1840 千瓦。3 月 18 日通过北车集团公司技术审查。11 月 23 日，机车落车。2004 年 2 月，东风 7G 型机车 5664 号交付北京铁路局。2005 年 4 月，东风 7G 型（青藏机车）方案通过铁道部的技术评审。11 月 15 日进入总组装阶段。12 月 14 日，青藏机车落车。2007 年 7 月 1 日，青藏机车东风 7G 型 8002 号在青藏高原运用。截至 2010 年，东风 7G 型机车依然是工厂的主产品之一。

2005 年 3 月 24 日，北京二七机车厂出口古巴的东风 7G-C 型机车通过出口古巴机车技术方案和质量计划评审，开始总组装。9 月 28 日，机车交付。2006 年 1 月 14 日，古巴国务委员会主席菲德尔·卡斯特罗到哈瓦那火车站车场视察从中国进口的机车。2008 年 7 月 7 日，出口古巴的东风 7K-C 型内燃机车通过技术设计方案评审。7 月完成施工设计。10 月 25 日，5 台东风 7K-C 型机车出厂。截至 2010 年，向古巴出口内燃机车 112 台。

图3-7　中国北车集团北京二七机车厂利用第八批国债贷款项目引进的焊接机械手（2004年12月摄）

2005 年 12 月 7 日，中国北车集团公司做出关于《大连机车车辆有限责任公司与北京二七机车厂重组的决定》，对大连机车车辆有限责任公司和北京二七机车厂实施重组。重组方案是将二七机车厂并入大连机车车辆有限责任公司，成为大连机车车辆有限责任公司下属子公司，暂保留独立法人地位。重组后，由二七机车厂组装生产六轴电力机车（即大连机车车辆有限责任公司与东芝合作的车型），大连机车车辆有限责任公司提供技术支持。2006年9月15日，北京二七机车厂有限责任公司召开创立大会，11月15日完成新公司工商注册。

2006年3月，铁道部、中技公司、大连机辆公司和日本东芝公司四方签署《关于许可北京二七机车厂组装大功率交流传动电力机车及部分部件制造确认书》。4月25日，《关于呈报生产6轴大功率交流传动电力机车技术改造项目立项建议书的请示》获中国北车集团公司批复，正式启动生产6轴大功率交流传动电力机车技改项目。8月中旬，总装、调试、线路试验3个改造项目全部开工，设备订货全部启动。9月18日，机车总装厂房大修一期工程竣工。10月下旬，提高电力机车自制率新建项目一期工程中的冲压备料厂房、车体钢结构厂房、配件打砂油漆厂房陆续开工，186项377台（套）设备工装，完成采购81项99台（套）。12月初，电力机车调试厂房改造一期工程竣工。12月，库内电源、耐压试验台、称重试验台、便携式受电弓试验台、主断路器试验台、限界试验台等主要调试设备、装备陆续安装完毕。12月28日，和谐3型电力机车落成。

2007年6月2日，中国北车集团公司召开整体改制上市工作部署会议，增加集团公司所属二级企业，即北京二七轨道交通装备有限责任公司。该公司是北车集团公司在所属二级企业所在地现金出资100万元设立的有限责任公司。将原相关企业中国北车集团北京二七机车厂有限责任公司拟上市资产无偿划入新设的有限责任公司——北京二七轨道交通装备有限责任公司，全面继承中国北车集团北京二七机车厂有限责任公司轨道交通装备生产资质和相关业务，中国北车集团北京二七机车厂有限责任公司为存续企业。7月9日完成工商注册，8月1日正式运转。该公司是北京生产、修理铁路机车的基地，主要产业包括铁路及城市轨道交通运输设备制造业、电子设备、机械电器设备制造业、技术服务业、技术进出口、代理进出口、货物进出口业务。

2007年9月14日，二七装备大型养路机械项目（包含路基处理车项目和钢轨打磨列车项目）启动。10月30日，《大型养路机械技术引进及国产化制造技术改造项目可行性研究报告》获批。2008年3月，钢轨打磨列车完成总体方案设计，开始安装技术设计。6月18日，项目贷款资金3200万元到位。同年完成路基处理车5个主车架钢结构制造，完成钢轨打磨列车6个作业主车架钢结构，各种作业室、罩体、油箱全面备料并开始施工；路基处理车与PLASSER等公司签订大部件、路用备件、随车部件、特殊钢材及锻铸件等采购合同；钢轨打磨列车与SPENO公司和有关厂商签订集尘装置、司机室、打磨小车、CAT柴油机、低恒速液压系统等大部件采购合同；签订10列20台份L520型液力传动箱的合作生产合同。2009年2月，第一列车所需的12台作业车转向架全部制造完成。8月完成设计改进施工图纸、技术协议和有关通知。11月16日，首列30%国产化率的钢轨打磨列车下线。铁道部正式命名该车型为"和谐GMC96B型钢轨打磨列车"。2010年3月15日，首列打磨车出厂。4月16日，50%国产化率的"和谐LZC-800B型路基处理车"首列车下线，通过铁道部出厂评审进行运用考核。11月24日通过铁道部生产许可证申请，获铁道部推荐GMC96B型钢轨打磨列车、LZC-800B型路基处理车的生产许可证。

2007年，二七装备18台（含在大连完成的2台）和谐3型国产化大功率交流传动电力机车完成组装、调试。电力机车技术改造设备采购实际执行项目275台。签订合同225台，其中189台设备验收投产，占可执行项目的78.7%；13台待安装或正在安装调试，23台制造中。50台没有采购。2008年，基本完成一期技术改造任务，项目进入收尾阶段。签订合同1056项，累计完成投资36139万元。共新建厂房5.97万平方米，采购主要设备、工装366台套，其中已投入使用361台套。公司基本建成了"两区、七线、一库"：两区是电力机车调试区和内燃机车大修区；七线是机车组装流水线、电力机车电气化试验线、车体钢结构生产线、表面处理及涂装生产线、板材处理下料成型生产线、机车轮轴加工线、转向架加工组装生产线；一库是机车配件立体仓库。2009年，技术改造项目累计完成固定资产总投资45918万元，新建面积5.16万平方米，改造面积2.69万平方米，采购工艺装备156项、315台（套），满足年产100台机车生产计划的要求。12月初，电力机车调试厂房改造一期工程竣工。12月完成组装调试、钢结构、管线中心、仓储物流、转向架、传动分厂、研发中心等主要建设内容，完成厂房改造3.01万平方米，采购主要工艺装备483台（套），累计完成投资8051万元，基本具备组装调试、钢结构自制和有关配套作业能力。2010年完成项目竣工验收报告书。

"十一五"期间，铁道部陆续停止传统机车、客车的采购，其中2006年对北京二七机车厂主产品东风7G型调车机车停止采购。2006年，北京二七机车厂开始实施和谐3型（HXD3型）大功率交流传动电力机车项目。动车组主要是和谐3型与和谐3C型电力机车，和谐3C型是大连机辆公司以和谐3型机车为基础，吸纳其他先进技术进行设计开发的7200千瓦机车，具有自主知识产权。2007年，和谐3型电力机车进入小批量试生产。年底完成18台散件组装车，完成1台份的车体钢结构和转向架构架。2008年，实现电力机车连续生产。2009年10月22日，铁道部与北车股份公司洽谈的和谐3型电力机车供货第四签单，二七装备份额为50台。2009年，公司共生产交付92台和谐3型电力机车，其中生产交付第四签单的30台，成为中国北车第三个大功率交流传动电力机车制造基地。2010年7月中旬，公司作为大连

图3-8　中国北车集团北京二七机车有限责任公司生产的HXD3型电力机车（2006年12月摄）

机辆公司的分包方，参加铁道部 2010 大功率交流传动电力机车采购投标，北车、南车共
1200 台。大连中标 390 台；公司分包 90 台，其中 50 台和谐 3 型、40 台和谐 3C 型。年内
完成和谐 3 型第五单中的 35 台及其余 15 台自制部件，全年总计生产交付 75 台。

截至 2010 年年底，二七装备 4 个技改项目（第八批国债贷款技术改造项目、西班牙
政府贷款项目、大功率交流传动电力机车技术改造项目、大型养路机械技术改造项目）新
增生产建筑面积 5 万平方米，改造原有建筑 2.8 万平方米，新增大型设备工装 515 台（套），
总投资达到 6.59 亿元。

2010 年年底，二七装备拥有机械
动力设备 3000 余台（套），占地面积
43 万平方米，厂房建筑面积 15.2 万
平方米。累计制造各型内燃机车 2400
多台。签订大型养路机械合同的有
钢轨打磨列车 10 列、路基处理车 15
列，总合同额 32.67 亿元。主要产品有
HXD3 型 7200 千瓦电力机车、DF7 系
列内燃机车、GKIE 和 GK31E 型内燃
机车、铁路大型养路机械 LZC-800 型
路基处理车和 GMC96B 型钢轨打磨列
车等。轨道交通设备共有东风 7D 型内

图 3-9　北京二七轨道交通装备有限责任公司引
进奥地利技术生产的和谐 LZC-800B 型路基处理车组装
中（2010 年 2 月摄）

燃机车 150 台，东风 7D 防寒型内燃机车 64 台，东风 7E 型内燃机车 2 台，东风 7C 型内
燃机车 764 台，东风 7C 型宽轨口岸内燃机车 4 台，东风 7G 型内燃机车 208 台，GK1E31
型工矿机车 196 台，东风 7F 型重载调车机车 2 台，青藏铁路调车机车 3 台。

2010年北京二七轨道交通装备有限责任公司机车及相关产品数量统计表

3-6表

产品类型	产品型号	用途	数量（台）
内燃机车	东风7C	—	764
	东风7D	—	150
	东风7D防寒型	—	64
	东风7E	25吨轴重调车机车	2
	东风7J交流传动调车机车	—	—
	东风7F重载调车机车	大功率	2
	东风7C型宽轨口岸机车	中俄边境口岸	4
	东风7G型调车机车	青藏铁路	208
	青藏铁路调车机车	适应高海拔和恶劣自然环境	3

（续表）

产品类型	产品型号	用途	数量（台）
柴油机	12V240ZJ6E	优化东风7型机车性能提高装车功率	—
	EQ6240ZJ	装有微机控制装置	—
	12V240ZJ6L型电喷柴油机	采用电控燃油喷射系统	—
	280系列柴油机	适应铁路提速重载技术	未投放市场
其他	EQ4012B型液力换向传动箱	匹配不同转速的柴油机	—
	GK1E31型工矿机车	—	196
相关产品	东风7型内燃机车径向转向架	径向转向	未投放市场
	天然气发动机	适合油田配属的动力装置	未投放市场
	城轨产品及部件	内燃动车组和城市轻轨车	未投放市场
	工铁两用车	公路可走行铁路牵引车	未投放市场

说明："—"表示无相关资料。

1999—2010年北京二七轨道交通装备有限责任公司机车销售量统计表

3—7表
单位：台

年份	1999年	2000年	2001年	2002年	2003年	2004年	2005年	2006年	2007年	2008年	2009年	2010年
销售量	75	89	117	129	145	153	148	61	83	140	170	110

第二节 铁路车辆制造

1998年，北京铁路车辆的主要生产企业是北京二七车辆厂。同年，北京二七车辆厂新造货车2308辆，修理货车4407辆，供外ST缓冲器9726件，生产钢水1.1万吨，实现工业总产值3.2亿元。1999年实现工业总产值2.9亿元，工业增加值1.5亿元。新造货车1850辆，其中XN17A共用平车1640辆，XIK型快运集装箱平车210辆。修理货车4401辆，供外ST缓冲器28073件，生产钢水1.2万吨，铸件8014.2吨。北京二七车辆厂自行研制并批量生产的XN17A型平车—集装箱两用平车被科技部列入《1999年国家重点新产品计划》。2000年，新造货车1875辆，修理货车4431辆，铸件9226吨，生产钢水1.2万吨，实现工业总产值2.82亿元。

2003年3月，北京二七车辆厂更名为中国南车集团北京二七车辆厂，隶属于中国南方机车车辆工业集团公司。同年，北京二七车辆厂开始研制25吨轴重共用车，设计方案通过铁道部的技术评审，并于同年10月完成样车试制。2005年年初开始进行采用大吨位运梁平车的可行性研究并进行初步方案设计，3月确定大吨位预制梁的运输应采用三车连挂的运输模式、运输车辆采用专用车型式，7月设计方案通过铁道部的方案评审，11月通过施工图评审，开始进行样机试制和相关试验。2006年至2007年上半年，根据用户要求，对DL1车进行改进设计。2009年开始对新型70吨共用平车进行研制，1月设计方案通过铁道部评审，4月完成样机试制，5月至6月完成相关型式试验，6月19日通过铁道部组织的技术审查，车辆定型为NX70A。截至2010年，共用车系列共生产8103辆。共用车系列主要产品有NX17B系列共用车、NX17系列型共用车、NX70型共用车、NX70A型共用车。其中，NX17B系列共用车为国内标准轨距，载重61吨，是具有普通平车和装运集装箱双重功能的四轴平车；NX17系列型共用车为在国内标准轨距上运行、兼有普通平车和集装箱专用平车双重功能、载重为60吨的四轴两用平车；NX70A型共用车在中国标准轨距铁路使用，载重为70吨，可运输钢材、汽车、农用机械、大型混凝土预制梁、大型机械设备及军用装备等货物。

2006年到2007年上半年，北京二七车辆厂对生产的铁路工程车辆改进设计。TJ165型架桥机组由主机、辅机、倒装龙门吊三部分组成。NJ3型平车是主机解体后过轨运输的专用平车，施工作业时作为主机的承载基体，辅机由NJ4型平车及发电机组、驱动装置、控制系统、司机室等组成。NJ4型平车在辅机过轨运输时可作为专用平车使用，施工作业时作为梁片及轨排的运载平车。2009年7月28日通过铁道部组织的技术审查。截至2010年，北京二七车辆厂共生产铁路工程车辆707辆。主要产品有DL1型大吨位预制梁运输专用车、TJ165型架桥机组用NJ3、NJ4型平车。其中DL1型大吨位预制梁运输专用车组用于装运跨距32米、自重148吨以下预制梁。

2007年，北京二七车辆厂通过国家一级安全质量标准化企业审核，按铁道部要求完成4月18日提速技术保障工作，工艺管理模式由二级设计转变为一级设计、分级管理。2008年1月1日，北京二七车辆厂随中国南车重组改制，启用南车二七车辆有限公司名称（以下简称二七车辆）。

2008年，根据中铁集装箱公司的要求，二七车辆对X1K车进行增载改造；9月9日，X1K型集装箱专用平车增载改造通过铁道部组织的技术审查。截至2010年，生产集装箱专用平车有1153辆。主要产品有X2H（K）型双层集装箱专用平车、X7K型集装箱专用平车、X1K型集装箱专用平车、X6K型集装箱专用平车、泰国米轨集装箱专用平车。其中，X1K车为国内标准轨距、载重50吨的

图3—10 X6K型集装箱专用平车（2008年摄）

快运集装箱专用平车，用于装运20英尺和40英尺国际标准集装箱和铁路10吨通用集装箱及国际45英尺长大集装箱；X6K型集装箱专用平车是在标准轨距线路上运行，供装载20

图3—11　2006年，SQ5型双层运输汽车专用车辆交接暨首发仪式举行

英尺和40英尺的国际标准集装箱，载重61吨的集装箱运输专用车。

2008年11月20日，二七车辆研制的SQ6型凹底双层运输汽车专用车通过铁道部科技司、运输局组织的技术审查。2010年生产SQ6运输汽车专用车250辆。截至2010年年底，二七车辆生产的运输汽车专用车主要产品有SQ4型双层运输汽车专用车、SQ3K型双层运输汽车专用车、SQ5型双层运输汽车专用车、SQ6型凹底双层运输汽车专用车、铁路工程车。其中，SQ4型运输汽车专用车主要用于国产及进口各种微型、小型和中型（轿、客、货、客货两用）汽车的铁路运输；SQ3K型双层运输汽车专用车、SQ5型运输汽车专用车适用在标准轨距铁路上运行，主要用于国产及进口各种微型、小型汽车的铁路运输；SQ6型凹底双层运输汽车专用车主要用于轻型客车、SUV、MPV、皮卡车等较高汽车的铁路运输，也可用于国产及进口各种微型、小型汽车的铁路运输。

2008年，二七车辆开始建设平车制造流水线（车辆）项目，订购设备，进行基础建设，2009年1月开始安装，总投资2300余万元。流水线的焊接过程大部分采用数控技术、气体保护焊接，通过程序控制完成焊接工序；流水线各部件组装胎配备了液压、气动等夹具，实现快速、准确、牢固定位，零件上料方便、快捷，自动化程度高，劳动强度低；工序间的转移大量采用自动输送装置，生产组织流畅、高效。截至2010年年底，流水线已用于完成NX70、DL1、NX17K等车型的中梁组装、焊接、矫正及侧梁的鱼腹制作、焊接、侧梁矫正等工作。对中梁、侧梁均为H型钢的平车，生产能力可满足日产10辆份；对中梁为H型钢、侧梁为槽型钢的平车，生产能力可满足日产14辆份。

"九五"期间，北京二七车辆厂先后投资7240万元，新增设备1251台（项），自行研制15项新产品，其中3项产品获铁道部科技进步奖，1项产品获国家新产品证书，1项产品获北京市金桥工程奖；新建了ST型缓冲器、交叉杆生产线及精密铸造生产线。形成年新造货车3000辆、检修货车8000辆的生产能力。5年累计新造货车9175辆，检修货车2.24万辆，铸件3.93万吨。

"十五"期间，北京二七车辆厂共投资2.03亿元，购置设备930台项，新建10条货车检修工艺线和7条新造车生产线；自行研制开发39项新产品，其中2项产品获铁道学会科技进步奖，6项产品获北京市金桥工程奖。5年累计新造货车1.02万辆，检修货车2.17万辆，生产铸件4.36万吨，销售收入40.6亿元。

"十一五"期间，二七车辆在中国南车整体重组上市背景下，加快技术平台建设，推进产品升级换代，新造铁路车辆及铁路工程车辆形成不同品种的多元产品结构，主要产品有共用车系列、集装箱专用平车、运输汽车专用车、铁路工程车辆4个系列。5年新造货车累计1.36万辆，检修货车1.66万辆。

21世纪初，二七车辆抓住铁路五次大提速和跨越式发展的机遇，成为以新造为主、修理及配件并举的货车生产厂家，成为铁路共用平车、集装箱专用车、汽车运输专用车和特种平车的研发制造基地。

2010年，二七车辆新造货车2648辆，修理货车2265辆，生产供外配件共计6.58万件。全年工业总产值（现价）13.02亿元，工业增加值2.74亿元。从业人员劳动生产率为39.7万元/人·年，在岗员工年平均工资4.45万元/人，万元产值综合能耗0.08吨标准煤。

2010年南车二七车辆有限公司铁路车辆产品统计表

3-8表

产品系列	产品型号	产品用途	拥有量（辆）
共用车系列	NX17B系列共用车、NX17系列型共用车、NX70型共用车、NX70A型共用车	在国内标准轨距上运行、兼有普通平车和集装箱专用平车双重功能、载重为60吨的四轴两用平车	8103
集装箱专用平车	X1K型集装箱专用平车、X2H（K）型双层集装箱专用平车、X6K型集装箱专用平车、X7K型集装箱专用平车、泰国米轨集装箱专用平车	在标准轨距运行的集装箱车辆，主要用于国际标准集装箱的运输	1153
运输汽车专用车	SQ4型双层运输汽车专用车、SQ3K型双层运输汽车专用车、SQ5型双层运输汽车专用车、SQ6型凹底双层运输汽车专用车	国产及进口各种微型、小型和中型（轿、客、货、客货两用）汽车的铁路运输	250（SQ6）
铁路工程车辆	DL1型大吨位预制梁运输专用车、TJ165型架桥机组用NJ3、NJ4型平车	—	707

说明："—"表示无相关资料。

1999—2010年南车二七车辆有限公司铁路车辆主要经济指标统计表

3-9表

经济指标	1999年	2000年	2001年	2002年	2003年	2004年	2005年	2006年	2007年	2008年	2009年	2010年
工业总产值（万元）	54037	54977	61256	66957	89051	80088	143889	140616	153797	163697	109623	130166
工业销售产值（万元）	52327	52417	57400	63954	78076	77215	131854	134062	149892	177752	118551	127477
工业增加值（万元）	15028	15529	15651	15293	19001	17962	21957	27283	45297	43582	26603	27399

（续表）

经济指标	1999年	2000年	2001年	2002年	2003年	2004年	2005年	2006年	2007年	2008年	2009年	2010年
新造货车（辆）	1850	1875	2105	1749	2221	1394	2722	2676	2768	3154	2309	2648
修理货车（辆）	4401	4431	4489	4084	4034	4483	4659	4011	4211	3357	2765	2265
生产供外配件（件）	28073	35606	18249	58774	82231	102883	212129	207166	231227	159668	76105	65777

第三节　机车车辆配件及专用设备器材

1999年，北京机车车辆配件及专用设备器材的主要生产企业是北京南口机车车辆机械厂。当年生产机车配件产值5094.5万元，主要产品有机车配件、空压机、主机油泵、喷油泵、喷油器等。全年完成主产品NPT5空压机856台，其中2.4立方米空压机131台，1.6立方米空压机110台；95立方米润滑油泵250台，冷却水泵299台，240、280喷油泵共计4802套，喷油器5560套，下体装配4689套；E型下体装配3322套；东风4主动齿轮2242个，东风4货比从动齿轮和客比从动齿轮共计1979个。试制NCC30型机油泵、130型机油泵、NNC70型机油泵。V-2.4/9型空压机通过中车公司技术鉴定。研制开发V-0.3/9型空压机。为戚墅堰机车车辆厂16V280ZJA柴油机配套的280型喷油泵、喷油器通过铁道部和中车公司技术审定，获准进入市场，批量装车运用。

2000年，工厂研制开发出3升/分车轴箱齿轮油泵、65型机油泵，60升/分燃油泵电机组、58.5机油泵。为四方机车车辆厂柴油机开发研制的240/275E型国产化喷油泵、喷油器通过铁道部、中车公司技术审定，获准进入市场，装备新造机车和用于机车维修。年内首台LUK-2.4/9型空气压缩机通过中车公司技术评审。工厂成立兰新线市场小组，以东风11型机车为重点，为兰新线提速提供产品售后服务。

2001年，工厂研制的燃油电子喷射系统和LUK-1.0/10型螺杆空压机通过铁道部科教司方案评审。工厂开拓E型泵、电力机车齿轮、地铁车齿轮及车辆配件市场；通过E型泵打开路局修理市场，并由修理带动新产品进入市场。

2002年，工厂主要生产NPT5型空压机、1.6立方米空压机和各种机油泵、各种喷油泵、各型喷油器、各型喷油泵下体、主动牵引齿轮、从动牵引齿轮和东风4C型冷却水泵，以及E型喷油泵、喷油器、车轴、轴承密封座和中隔圈等机车车辆配件；2.4立方米螺杆空压机进入小批量生产；1.0/10型螺杆空压机通过部质量检验中心500小时试验，主要性能达到国外同类产品水平。试制的 1 台液压马达驱动空压机交付二七厂用于工矿机车；1.75 立方米螺杆空压机、青藏铁路用 4.2 立方米螺杆空压机、机车柴油机燃油电子喷射装置投入试制；为铁路机车车辆提供 600 余种配件，形成多品种、多规格、多系列的产品格局。

2003 年，工厂开发生产试制新产品，批量生产 SS3B、SS4 电力从动齿轮 234 个；生产螺杆空压机 26 台，进行了 SS7C、SS7D 电力齿轮和 1.0、1.75、2.4 立方米等系列螺杆空压机试制生产。SS3 电力齿轮首批 150 对交付大同厂；2.4 立方米螺杆空压机通过铁道部检测中心试验，性能指标达到设计标准；改进型 NPT5 空压机投入试生产；试制完成的 6 套货车空重阀经铁科院试验，符合设计要求；280 型、E 型 90 度喷油器偶件形成批量生产能力。2003 年，工厂市场开发部与销售公司合并，成立市场营销部。

2004 年，工厂组建民用产品部，开拓路内外市场领域。开拓国际市场，完成出口产品销售收入 300 万元。NPT135 喷油螺杆空气压缩机通过铁道部技术评审和集团公司科技成果鉴定；2 台 1.0 立方米螺杆空压机安装在中国台湾列车上运行；为城轨车开发的 1.2 立方米、1.6 立方米螺杆空压机进入组装阶段；完成 SS4 改齿轮、东风 7G 齿轮、工矿车伞齿轮生产试制；城轨车（地铁）齿轮箱投入试制；完成 16 套电喷泵样泵设计和零部件加工、组装；与德国海茵茨曼公司达成合作研制电喷产品意向性协议。

2005 年，工厂完成 NPT135 螺杆空压机优化设计、城轨车用 1.6 立方米螺杆空压机样机组装、3 立方米螺杆空压机工作图纸设计与评审、10 立方米螺杆空压机技术设计、四方厂用 1.75 立方米螺杆空压机风源系统设计和制造；NPT151 活塞式空压机完成样机试制和 48 小时试验；为二七厂、资阳厂研制完成出口古巴和越南机车用 NPT5 活塞式改进型空压机，其脱水装置获国家实用新型专利；1.2 立方米螺杆空压机、3 立方米螺杆泵机头投入研制；电喷系统机械泵开发完成样机试制；280 等压式喷油泵、喷油器研制完成样机试制和性能试验，投入装车运用考核；完成 240E 喷油泵下体改进设计和样机试制，在天津段装车运用考核；240 等压式喷油泵、喷油器研制和 240 等容式喷油泵改进投入试制；研制成功防穴蚀喷油泵；试制成功 SS7C、SS7E 齿轮，形成批量生产能力；螺杆转子产品型线设计和加工工艺逐步成熟，50 对螺杆阴阳转子出口英国霍尔伊德公司。工厂在永济、丰喜、大同、哈尔滨 4 个民用市场基础上，新开发了北京昌平、天津、长春、宝鸡石油机械等民用市场，销售民用箱式空压机。

2006 年，工厂城轨车用 1.6 立方米空压机主机研制和 3 立方米、10 立方米空压机主机初步设计完成；改造北京机务段城际列车"神州号"机车空压机并装车运行；完成双弹簧喷油器、短针阀喷油器样机试制；电喷系统与北京交通大学合作完成电喷电控单元产品试制；试制成功 HXD2 机车齿轮箱、抱轴箱、轴箱和主、从动牵引齿轮，通过法国阿尔斯通资质认证，成为阿尔斯通 B 级供货商，并通过法国阿尔斯通 CBC 产品项目确认；试制成功油田用齿轮、齿圈、齿轮轴、液缸、十字头等产品，为宝鸡石油机械有限公司和青岛捷能公司配套；试制成功美国英格索兰 226 型转子产品；完成 4 项专利技术申报工作；实现新产品创收 3201 万元。2006 年下半年，226 型转子产品批量销往美国英格索兰公司。

2007年，根据中国北方机车车辆工业集团公司整体改制上市工作部署，中国北车集团北京南口机车车辆机械厂的主业资产、人员全部无偿划转至北京南口轨道交通机械有限责任公司。8月1日，正式启用北京南口轨道交通机械有限责任公司的名称。同年，南机公司HXD2技术引进机车齿轮箱、轴箱、抱轴箱铸件及主、从动牵引齿轮产品分别通过法国阿尔斯通公司过程审核、样件检验、首件检验放行、供应商分级审核复审，保持B级供应商资格；22立方米民用螺杆空压机试制完成。为宝鸡石油机械公司、兰州石油机械公司油田机械产品配套拉杆1327条、人字齿轮303对、齿圈及轴34对，为唐山、北京银桥有限公司等民用市场配套螺杆式空气压缩机23台；1327对转子出口美国。南机公司形成以轨道产品、民用产品、出口产品为主的三大主体市场。

图3-12 中国北车集团北京南口机车车辆机械厂自主研发的电喷产品（2008年摄）

2008年，南机公司70DBⅠ型、Ⅱ型油田齿轮箱实现小批量供货；2台份齿轮箱改造完成，在怀柔北机务段装车运用考核；20立方米螺杆式空压机机头试制成功并投入小批量生产；TT3型、TU3型转子产品向美国开利公司批量供货；船用耦合器齿轮等部分产品技术指标达到济南柴油机厂用户要求。电喷产品工艺工装设计和试验调试完成，喷油性能达到进口博世产品水平，进入组装和产品耐久性检验阶段；240E型高压油管通过耐高压试验。10套风电法兰盘产品试制完成；引进大功率内电机车牵引齿轮国产化项目等4项科技成果通过中国北车股份公司专家组鉴定，3项被评为国际先进水平，1项被评为国内领先水平。全年申报技术专利21项，其中镗床端铣刀、内半球浮动刀、铰链式杯形圆球车刀、快装心轴、工具车、隔振U形吊架、型线铣床专用夹具、钻孔专用夹具8项专利技术获国家实用新型专利证书。随着转子、机头和空压机整机进入市场，公司风源系统产品产业链基本形成。

2009年，南机公司济柴船机耦合器配套齿轮试制完成，实现批量供货；齿轮轮毂、主动齿轮，曲轴齿轮研制成功；长客CRH5齿轮箱、牵引拉杆投入试制，牵引拉杆试制完成并形成小批量生产；配套二七机车公司出口古巴机车空压机电机组研制完成，提高了电机绝缘等级和散热效率；240B、240E机车柴油机高压油管小批

图3-13 北京南口轨道交通机械有限责任公司开发的20立方米螺杆式空气压缩机主机（2009年摄）

量装车；GE 内燃机车机油泵完成 100 小时型式试验，符合 GE 公司提供的机油泵采购规范。全年申请技术专利 15 项，其中发明专利 4 项，实用新型专利 10 项，外观设计 1 项。年内推进技术引进消化吸收国产化工作，引进 1.5 兆瓦风力发电机齿轮箱开发制造技术。投资 4.2 亿元的动车组齿轮箱项目得到国家发展改革委批准，并作为国家重点扶持项目，获得北京市项目贷款贴息支持。公司轨道交通市场取得株电公司供应商资质，首次获得 50 台 7200 千瓦机车轮毂订单。通过开发常牵庞巴迪、西安阿尔斯通等国际知名公司市场，海外业务销售收入增加。

2010 年 9 月 27 日，南机公司 250 千米 / 小时和 160 千米 / 小时速度等级的典型产品试铺成功，两组道岔下线，并通过厂内质量检测。同年，公司首台 1.5 兆瓦风电齿轮箱产品下线；相继研制开发出 20 ～ 80 立方米螺杆式空气压缩机主机以及地铁齿轮箱产品。拥有自主知识产权、用于各种工况的 50DB 油田齿轮箱产品研发成功；自主研发的 40 ～ 60 立方米、60 ～ 100 立方米螺杆空压机主机产品，容积效率、比功率、噪声、振动等衡量性能指标达到世界先进水平，其中 60 ～ 100 立方米螺杆空压机主机产品填补了国内大机型产品的空白。40 立方米螺杆空压机吸排气端机体工装、80 立方米螺杆空压机机体中间调速器工艺工装设计完成；轨道交通齿轮传动优化设计与承载能力项目研究完成。全年申请技术专利 8 项，其中发明专利 2 项，实用新型专利 6 项。PLM 项目一期研发信息化系统正式上线运行。同英国 Orbital2 公司进行技术合作，开发成功 1.5 兆瓦风电齿轮箱产品。引进美国 GE 公司的内燃机车机油泵国产化研究、样机试制和试验完成，达到 GE 公司机油泵采购规范，实现国产化批量生产。投资 4.2 亿元的配套大功率机车及时速 200 千米以上动车组齿轮箱专业化生产技术改造项目已使用资金 1.82 亿元。购置项目新增工艺设备 81 台（套），完成 7 台进口设备以及 30 余台（套）国产设备的安装调试，并投入使用。

2010 年，南机公司实现销售收入 4.7 亿元。其中，主营业务收入 2.48 亿元，物流及对外协作收入 1.65 亿元，转供收入 5743 万元。实现利润 1500 万元。全年完成 87 组整组道岔生产。拥有设备 865 台（套），其中大型精密设备 65 台（套），进口设备 55 台（套）。

"十一五"期间，南机公司投资 3.1 亿元的道岔项目基本建设全面竣工，具备批量生产条件。全部生产厂房建筑面积 4.2 万平方米，其中加工一车间全长 680 米，是当时国内铁路工业最长的道岔生产厂房，可实现国内最高速度等级 400 公里 / 小时客专道岔全部轨件加工。全部生产、辅助设备 292 台（套），其中天津锻压机床厂 5000 吨压力机、奥地利林星格公司联合锯钻、瑞士闪光对焊、北京第一机床厂 52 米 /25 米 /9 米龙门铣床等典型设备，可实现所有规格钢轨件加工。完成技术引进道岔产品典型图纸的电子版转化和工艺编制。创立以"CNR"为标志的道岔产品目录，初步确立"中国北车"道岔产品知识产权。采取外购配件方式进行客专和提速道岔典型产品试生产。

1999—2010年北京南口轨道交通机械有限责任公司铁路机车车辆配件及专用设备产量、销售额统计表

3-10表

年份	主要产品	产量（件/套）	销售额（亿元）
1999年	NPT5型空压机，2.4立方米空压机，1.6立方米空压机；95立方米润滑油泵、冷却水泵、240、280喷油泵，喷油器，下体装配；E型下体装配；东风4主动齿轮，东风4货比从动齿轮和客比从动齿轮，240和280喷油器偶件；东风11水泵，东风4C水泵；各型机油泵，改进型E型下体装配	171618	1.34
2000年	NPT5型空压机，2.4立方米空压机，各型主机油泵，各型喷油泵，各型喷油器，各型喷油泵下体装配，东风4（客货）牵引主动齿轮，东风4（客货）牵引从动齿轮，各型喷油器偶件	201471	1.38
2001年	NPT5型空压机，2.4立方米空压机，各型喷油泵下体装备，各型喷油泵上体装配，各型喷油器，各型喷油器偶件，东风4型机车主、从动齿轮，客运机车传动比主、从动齿轮，电力机车齿轮	272300	1.23
2002年	各式空压机1344台，主从动齿轮5390件/套，喷油泵上、下体分别为4620、7542件/套，喷油器5238件/套，喷油器偶件44372件/套，齿轮油泵4566件/套	73072	1.2
2003年	各型空压机，各型主机油泵，各型喷油泵上体装配、下体装配，各型喷油器，各型喷油器偶件，东风4主动牵引齿轮，东风4从动牵引齿轮，电力主动齿轮，转供件密封座，SS3B、SS4电力从动齿轮，螺杆空压机	261293	1.12
2004年	各型空压机，各型主机油泵，各型喷油泵上体装配、下体装配，各型喷油器，各型喷油器偶件，东风4主动牵引齿轮，东风4从动牵引齿轮，各型电力主动齿轮，各型电力从动齿轮，东风7G主动齿轮，东风7G从动齿轮，二七伞齿轮	195882	1.48
2005年	各型空压机，各型主机油泵，各型喷油泵上体装配、下体装配，各型喷油器，各型喷油器偶件，东风4主动牵引齿轮，东风4从动牵引齿轮，各型电力主动齿轮，各型电力从动齿轮，东风7G主动齿轮，东风7G从动齿轮，二七伞齿轮，出口古巴车主动齿轮、从动齿轮，SS7C主、从动齿轮，SS7E主、从动齿轮	54149	1.68
2006年	各型空压机，各型主机油泵，各型喷油泵上体装配、下体装配，各型喷油器，各型喷油器偶件，东风4主动牵引齿轮，东风4从动牵引齿轮，各型电力主动齿轮，各型电力从动齿轮，东风7G主动齿轮，东风7G从动齿轮，二七伞齿轮，SS7C主、从动齿轮，SS7E主、从动齿轮，螺杆泵转子，油田拉杆，油田齿轮	152470	1.7
2007年	技术引进法国阿尔斯通公司八轴大功率交流传动HXD2型电力机车配套的从动齿轮、主动齿轮、轴箱铸件、抱轴箱铸件、上齿轮箱铸件、下齿轮箱铸件，为铁路机车配套的NPT5型活塞式空气压缩机、2.7螺杆式空气压缩机，DF系列机车主动齿轮、从动齿轮，SS系列机车主动齿轮、从动齿轮，其他电力机车主动齿轮、从动齿轮，二七伞齿轮，240喷油泵上体装配、下体装配，280喷油泵上体装配、下体装配，E型喷油泵上体装配、下体装配	170523	1.9
2008年	NPT5型空压机、2.4立方米空压机、1.6立方米空压机、和谐2型技术引进机车主动齿轮、从动齿轮、轴箱铸件、抱轴箱铸件、上齿轮箱铸件、下齿轮箱铸件，和谐3型技术引进机车从动齿轮、长客齿轮箱，东风4型机车主动齿轮、从动齿轮，东风7G型机车主动齿轮、从动齿轮，其他电力机车主动齿轮、从动齿轮，二七伞齿轮，出口古巴机车主动齿轮、从动齿轮，出口安哥拉机车主动齿轮、从动齿轮，各型主机油泵，各型喷油泵上体装配、下体装配，各型喷油器，各型喷油器偶件，各型柱塞偶件	主要配件品种239项、产量20.06万件/套	2.88

（续表）

年份	主要产品	产量 （件/套）	销售额 （亿元）
2009年	各型空压机、主机油泵，和谐2型技术引进机车主动齿轮、从动齿轮、轴箱铸件、抱轴箱铸件、上齿轮箱铸件、下齿轮箱铸件，和谐3型技术引进机车从动齿轮，长客齿轮箱，东风4型机车主动齿轮、从动齿轮，东风7G型机车主动齿轮、从动齿轮，株电轮毂，EMD齿轮，其他电力机车主动齿轮、从动齿轮，二七伞齿轮，出口古巴机车主动齿轮、从动齿轮，各型喷油泵上体装配、下体装配，各型喷油器，各型喷油器偶件，各型柱塞偶件	主要配件品种158项、产量12.51万件/套	3.5
2010年	各型空压机、主机油泵，和谐2型技术引进机车主动齿轮、从动齿轮、轴箱铸件、抱轴箱铸件、齿轮上箱铸件、齿轮下箱铸件，和谐3型技术引进机车从动齿轮，长客齿轮箱，东风7G型机车从动齿轮，各型喷油泵上体装配、下体装配，各型喷油器，各型喷油器偶件	主要配件品种129项、产量10.72万件/套	4.7

第四篇　装备产业

第一章　通用设备制造业

1999年，北京通用设备制造业主要产品有金属切削机床、工程起重机械、气体压缩机、液压和气压动力机械及元件、高压气瓶、金属工具等。普通机械制造业全部独立核算工业企业1247家，其中亏损企业209家，实现工业总产值（当年价格）47.93亿元，全部从业人员年平均人数88255人；金属制品业全部独立核算工业企业2282家，其中亏损企业402家，实现工业总产值（当年价格）62.7亿元，全部从业人员年平均人数86161人。

1999年至2005年，北京通用设备制造业先后转让土地并实施搬迁的企业有北京第一机床厂、北京第二机床厂、北京起重机器厂（以下简称北起厂）、北京重型汽车制造厂（以下简称北重汽车）、北京建筑机械厂、北京市叉车总厂、北京工具厂等。2001年至2006年，北京通用设备制造业先后实施破产的企业有北京第一通用机械厂、北京金属结构厂等。2002年至2006年，北京通用设备制造业先后实施改制的企业有北京机电研究院、华德液压集团、北京机床电器厂、北京第二机床厂等。

2010年，北京有通用设备制造业规模以上工业企业601家，其中亏损企业103家。工业总产值（当年价格）547.7亿元，全部从业人员年平均人数74616人。金属制品业规模以上工业企业479家，其中亏损企业56家。工业总产值（当年价格）233.5亿元，全部从业人员年平均人数48209人。

第一节　金属切削机床

1999年年初，北京机床制造业主要企业有北京第一机床厂（以下简称北一）、北京第二机床厂、北京第三机床厂、北京机床电器厂、北京第一机床电器厂、北京机床附件厂、北京电加工机床厂、北京第二机床电器厂等。主要产品有铣床、刨床、坐标镗床、磨床、钻床、珩磨机床、电加工机床、数控机床、齿轮加工机床、车床、机床电器等。同年，根据市经委《关于市属中小企业划转到区县管理的实施意见》，北京电加工机床厂、北京第一机床电器厂、北京机床附件厂、北京第二机床电器厂划转所在区县管理。

1999年4月，北一与日本大隈公司合作，引进生产首台MXBN-46VAE立式加工中心。同年，北京第二机床厂开发自动化程度较高的GY03系列数控端面外圆磨床。北一XHAD76卧式加工中心被国家经贸委评定为国家级新产品；XA6132万能升降台铣床、XA5032立式升降台铣床、XA6132A万能升降台铣床获得由国家机械工业局颁发的1999年度质量评定一等品证书。北京第三机床厂研制TH6340卧式加工中心，刀库容量可达40把，转台定位精度±5秒、重复定位精度±1秒。北京机床制造业生产金属切削机床1761台，其中高精度机床34台、大型机床24台。

2000年，北一牌数控系列铣床被市质监局评定为北京名牌产品。2002年9月20日，北一牌数控机床被市质监局、市经委列入机械、汽车、仪器仪表类138个品牌产品之一。9月，北一为神龙汽车有限公司设计加工制造的TU5JP4发动机装配生产线完成，填补了中国汽车发动机装配线空白。同年，北一XKA71系列数控床身铣床被国家经贸委评为国家重点新产品；北京机电院高技术股份有限公司将VMC系列立式加工中心产品扩充至6种型号，年产量29台。北京机床电器厂改制为民营股份制企业。

2003年，北京机电院高技术股份有限公司用于大型汽轮机叶片加工的五轴联动叶片加工中心填补了国内空白，实现产业化，打破了发达国家在此领域的技术垄断，获北京市科学技术奖一等奖。

2004年，北一研制了数控升降台铣床XKA60系列、XKA50系列，年产量47台；研制了XK（H）A27系列数控定梁桥式龙门镗铣床。同年，北京市机电研究院研制成功BV系列立式加工中心，产量75台。北京第二机床厂退出镗铣类机床制造。在消化吸收国外技术的基础上，北京第二机床厂开发了具有自主知识产权的MK03数控外圆磨床系列产品，研发汽车典型零件生产线成线配套精密加工设备，组建了年产15万件汽车变速箱齿轮轴生产线、年产10万件凸轮轴精加工生产线和年产10万件曲轴精加工生产线。产品主要有MKS1620数控端面外圆磨床、MKS1320数控外圆磨床、MKS1632数控端面外圆磨床、MKS1332数控外圆磨床、MKS8332数控头轮轴磨床等，同时开发了B2-K1001型数控轮毂轴承专用外圆磨床、B2-K1010型数控牙轮钻头专用磨床。

图4-1 北一重型机床车间一角（2008年摄）

2005 年，北一收购德国瓦德里希·科堡机床厂有限公司后，不断完善自身设计及工艺水平，研制了采用静压导轨的数控桥式动梁龙门镗铣床 XKA28 系列；在升降台系列铣床基础上开发了 XKA57 系列数控滑枕升降台铣床。

2006 年 4 月，北一探矿机械事业部与法国 TEC 公司合作，生产的首台 Median 多功能隧道钻机试制成功。同年，北一研制出大型卧式加工中心 XHAE7610，其性能、精度均达到国际先进水平，适用于中等批量生产的各种平面、孔、复杂形状表面加工。研制出具有自主知识产权的 CDHA512 倒立车削加工中心和国内首台九轴五联动机床 CXHA6130 车铣复合加工中心。北京第二机床厂有限公司研发 M32D 系列磨床替代老产品，增加规格与品种，升级开发 MKS13（6）20H 型数控外圆磨床。北京机电院高技术股份有限公司设计的数控外螺纹磨床 SK7420 开始投产，年产量 4 台。

2007 年，北一拓展产品系列，研制了 XKAU27 系列数控定梁桥式双龙门镗铣床、XKAV24 系列数控五轴工作台移动龙门镗铣床、XK（H）AE27 系列定梁桥式龙门镗铣床。引进科堡公司先进技术，生产 CHA58 系列定梁双柱立式车削中心。同年，北京第二机床厂有限公司开发可加工直径 630 毫米工件的外圆磨床。承担国家高技术研究发展计划（863 计划）课题"汽车发动机曲轴高效、精密加工成套设备"的研究工作，联合国内知名大学参与，形成该技术领域的产业技术创新平台。

2008 年，北一开发的 B3HM-022 数控顺序内圆珩磨机达到国际先进水平，设计开发具有国际先进水平的 CHA564 立式复合车削中心；主要产品有北一生产的 XKA2850 数控龙门镗铣床。同年，北京机电院高技术股份有限公司在数控机床领域形成了以五轴联动加工中心、立式加工中心、汽车转向机专用数控磨床为主的产品格局，加工中心年产量达 500 余台，成套设备进入汽车制造领域。

图 4-2　北一生产的 XKA2850 数控龙门镗铣床（2008 年摄）

2009 年，通过引进吸收科堡公司先进技术，北一开发了具有自主知识产权的从 3 米、5 米到 12 米以上立式铣车复合加工中心 BVTM 系列，产品当年完成研发制造并进入市场；完成 XKAU28 系列数控桥式双龙门镗铣床试制工作，产品当年即推向市场。同年，北京第二机床厂有限公司承担国家高档数控机床与基础制造装备重大科技专项高精度柔性复合数控磨床和数控切点跟踪曲轴磨床两个课题的研发；承担高精度主轴类零件外圆磨床课题（863 计划）产品及工艺技术研究，为适应较大主轴类零件的精密磨削，研制的 B2-K3063 型高精度（主轴）数控复合磨床首次采用砂轮架纵、横移动式结构，精度达到国际先进水平。

2010 年 1 月，北京第二机床厂有限公司承担国家高档数控机床与基础制造装备科技重

图4-3 北京机电院高技术股份有限公司数控机床生产基地组装车间（2008年摄）

大专项和精密数控外圆磨床的研发，研制用于集成电路关键封装设备的高速空气静压电主轴核心零件的精密磨削设备。4月，北一交付内蒙古北方重工业集团有限公司使用的 XKA2130×80 数控动梁龙门镗铣床，被中国机床工具工业协会和中国和平利用军工技术协会联合授予国产数控机床优秀合作项目奖；交付东方电气集团东方电机有限公司使用的 XKA2850×125 数控龙门镗铣床，被国家能源局能源节约和科技装备司授予优秀合作项目奖。9月，北一与科堡公司共同研发制造、跨度达 10.5 米的数控重型桥式龙门五轴联动镗铣复合机床 XKA28105×300 交付使用。其为北一承担国家科技重大专项的标志性产品，年底入选由国家发展改革委、科技部、中共中央组织部、财政部等联合举办的"十一五"国家重大科技成就展。同年，北京机电院高技术股份有限公司生产自主研发设计的 MK8550 立式数控曲线磨床 2 台、SK7420 数控外螺纹磨床 12 台、MCJ-02 数控油口磨床 6 台。北京机床制造业生产金属切削机床 20016 台、刀柄 3 万件、机床附件 65 万件。

2010 年年底，北京机床行业主要企业有北京第一机床厂、北京北一数控机床有限责任公司、北一大隈（北京）机床有限公司、北京第二机床厂有限公司、北京机电院高技术股份有限公司、北京北一中型数控机床有限责任公司、京城欧洲控股有限责任公司、北一圣和（北京）精密工具有限公司、北京一机床良工机床零件制造有限公司等。

北京北一机床股份有限公司

前身是 1949 年 6 月 30 日成立的北平机器总厂。1953 年 7 月，总厂其中一部分分立为北京第一机床厂。1999 年年初，厂址在朝阳区建国门外大街 4 号，所属分厂有铸造一分厂、铸造二分厂、重大分厂等 13 个。占地面积 70.21 万平方米，建筑面积 45.23 万平方米，职工 4601 人。1999 年 4 月，北一作为重点污染搬迁企业之一，将地处建国路 98 号的铸造二分厂土地转让给北京市有线广播电视台。2000 年 4 月，北一与河北省高碑店市和平实业总公司共同投资设立北京第一机床（高碑店）铸造有限责任公司，注册资金 1500 万元，其中北一拥有 80% 股权。2000 年，北一与中环新苑房地产开发公司签约，转让建国门外大街 4 号土地 2.5 万平方米。2001 年 10 月，北京京城北一数控机床（集团）有限责任公司在顺义区林河工业开发区成立。同年，以北一为核心组成的京城数控机床生产基地在顺义区林河开发区签约。2002 年 4 月，建于 1959 年的北京第三机床厂并入北一，成为北一下属事业部。2002 年，京城机电将持有的北京京城北一数控机床（集团）有限责任公司全部股权（79%）无偿划转给北一，并将北京京城北一数控机床有限责任公司更名为北京北一数控机床有限责任公司。5月，北一与日本大隈株式会社合资成立北一大隈（北京）机床有限公司，北一投资5335万元，拥有49%股权，公司生产"北一大隈"牌立、卧式加工中心、数控车床等。2003年，北一在房山区长阳镇设立北京北一良工机械有限公司（参股）、北京一机床良工机床零件有限公司（参股），形成北一良乡零部件生产基地；在河北省高碑店市设立北京第一机床（高碑店）锻造有限责任公司（参股）。同年，北一与日本圣和精机株式会社合资成立北一圣和（北京）精密工具有限公司，北一投资1786.5万元，拥有72%股权，公司可为客户提供成系列数控机床刀柄产品。2004年，北一设立北一精机（北京）设计公司（控股）、北京并捷自动化服务中心（大股东）、北京第一机床进出口有限责任公司（控股）。2005年8月，北一由朝阳区建国门外大街4号迁址到顺义区林河工业开发区双河大街16号。10月，北一设立北京北一良工数控机床有限责任公司，收购德国瓦德里希·科堡机床厂有限公司。2005年年底，北一拥有顺义区林河开发区、朝阳区安定门外12号、通州区半壁店、河北省高碑店市四大产业基地以及位于德国科堡的海外生产基地，总占地面积68.9万平方米，总建筑面积25.44万平方米，职工总数2360人，境内合并工业总产值近10亿元。同年，北一获中国机床工具行业2004年度"十佳企业"称号。2006年8月，北一与法国Fabricom公司合资成立了北京北一法康生产线有限公司，公司产品包括发动机、变速箱装配线、加工生产线等。2007年4月，在第十届中国国际机床展览会上，北一获2006年机床工具行业"十佳企业"称号。2008年10月，北一污染扰民搬迁技术改造项目通过竣工验收。该项目总投资25.99亿元，新征土地面积28.56万平方米，建筑面积10.4万平方米。同月，北一被国家发展改革委、科技部、财政部、海关总署和税务总局评定为国家"企业技术中心"。同年，配合超重型产品发展，北一投资1.3亿元，在河北省高碑店市组建了北一重型机械铸造股份有限公司。2009年12月，北一下属全资子公司北京北一数控机床有限责任公司被市科委、市财政局、市国税局、市地税局评定为高新技术企业。同年，北一收购了房山工业总公司持有的北京北一良工数控机床有限责任公司股权，并与搬迁后的北京第三机床厂事业部进行资产重组，成立北一中型数控机床有限责任公司。2010年12月，北京第二机床厂有限公司、北京机电院高科技股份有限公司数控机床业务并入北一，逐步改制为北京北一股份有限公司。同年，北一获中国机床工具工业协会颁发的2009年度产品销售收入、数控产值、产品出口、自主创新、精心创品牌活动5个"十佳"奖项，获中国数控机床展览会春燕奖，被评为2010年中国机械工业500

图4-4　北京第一机床厂在顺义区林河工业开发区的新厂区（2005年摄）

强企业。2010年，北一拥有6家一级参控股子公司，包括北京北一数控机床有限责任公司（占股100%）、北一圣和（北京）精密工具有限公司（占股72%）、北京并捷自动化技术服务中心（占股45.75%）、北京第一机床（高碑店）锻造有限责任公司（占股25%）、武汉华中数控股份有限公司（占股2.6%）、上海爱姆意机电设备连锁有限公司（占股0.71%）；12家二级子公司，包括京城控股欧洲公司（占股100%）、北京北一中型数控机床有限责任公司（占股100%）、北京第二机床厂有限公司（占股100%）、北京机电院机床有限公司（占股100%）、北京第一机床进出口有限责任公司（占股90%）、北京第一机床（高碑店）铸造有限责任公司（占股80%）、北一重型机械股份有限公司（占股73.33%）、北一精机（北京）设计有限公司（占股72.5%）、北京北一法康生产线有限公司（占股70%）、北京一机床良工机床零件制造有限公司（占股50%）、北一大隈（北京）机床有限责任公司（占股49%）、北京北一良工机械有限公司（占股35.41%）。北一的五大产业基地总占地面积69.63万平方米，总建筑面积27.25万平方米，职工总数2420人，从业人数3774人。北一主要生产17大系列的机械设备产品以及各种功能部件、刀柄刀具等，年产量3.76万台（套），境内外合并工业总产值超过31亿元。

北京第二机床厂有限公司

前身是1946年建立的北平第三修械所，1953年更名为北京第二机床厂。1999年年初，厂址在宣武区广安门外红居东街2号，占地面积23.76万平方米，建筑面积19.4万平方米，职工总数2656人。1999年，落实北京市城市建设总体规划，北京第二机床厂搬迁到丰台区卢沟桥南里4号，总占地面积10.89万平方米，建筑面积3.71万平方米。2003年，实现销售收入和工业总产值均超过1亿元。2004年7月，经市科委认定为北京市高新技术企业。12月8日，北京第二机床厂改制为北京第二机床厂有限公司，注册资本3000万元。其中，北京机电院高技术股份有限公司出资现金2010万元，占注册资本的67%；京城机电以评估后的北京第二机床厂部分净资产990万元投入公司，占注册资本的33%。2005年，北京第二机床厂有限公司有职工934人，完成产值1.17亿元，销售收入1.18亿元，产品产量1028台，实现利润63.7万元，结束了多年亏损局面。2007年7月，北京第二机床厂有限公司经北京市工业促进局认定为市企业技术中心。2008年，北京第二机床厂有限公司承担建立北京数控装备创新联盟高精度高速磨削技术研究中心。2010年12月24日，北京北一数控机床有限责任公司变更为北京第二机床厂有限公司股东，持有北京第二机床厂有限公司100%股份，注册资本3000万元，为法人独资的有限责任公司。2007年至2010年，北京第二机床厂有限公司承担国家高技术研究发展计划（863计划）汽车发动机曲轴高效精密加工成套装备和高精度主轴类零件外圆磨床两个课题的研发，还承担国家高档数控机床与基础制造装备科技重大专项高精度柔性复合数控磨床、数控切点跟踪曲轴磨床和精密数控外圆磨床3个课题的研发。2010年年底，北京第二机床厂有限公司有职工723人，实现工业总产值2.12亿元，主营业务收入1.84亿元，利润总额333万元，实现利税1762万元，资产总额 3.33 亿元，所有者权益 860 万元。

北京机电院机床有限公司

前身是组建于 1978 年的北京市机电研究院。地址在朝阳区工体北路 6 号。北京市机电研究院作为北京市 65 家第一批转制科研院所之一，经 2000 年 12 月、2002 年 7 月两次改制，组建成立北京机电院高技术股份有限公司。该公司由京城控股、北京控股等股东共同发起设立，注册资本 1.36 亿元，占地面积 20 万平方米，有员工 200 人，其中具有中级及以上职称的技术人员 60 人。2003 年年初，北京机电院高技术股份有限公司取得顺义区 9.07 万平方米土地作为新的产业化生产基地，一期项目总投资 4941 万元，用地 2.53 万平方米，建筑面积 1.64 万平方米。2005 年 10 月，该公司完成顺义区生产基地的建设和搬迁工作，数控机床年生产能力由搬迁前的 300 台提高到 1000 台。2004 年 12 月，北京机电院高技术股份有限公司投资 2010 万元控股北京第二机床厂有限公司，持有北京第二机床厂有限公司 67% 股份。北京机电院高技术股份有限公司重点发展大型环保装备和高端数控机床，多次承接国家和北京市重大科研项目，完成 2 项国家"十五"攻关项目、4 项科技部 863 计划项目、5 项市级科技开发项目，填补多项国内空白。在环保领域，该公司从事固体废弃物技术研究和设备制造。拥有垃圾转运、焚烧、滤液处理和卫生填埋等技术。先后承接近千台套环保工程，产品出口到泰国、巴基斯坦、南非、越南等国家。该公司的工业危险废物处置设备和医疗垃圾处理设备国内市场占有率第一，为防化危险品处置领域唯一供应商。在数控机床领域，专门从事国内机床细分市场，形成以五轴联动加工中心、直线电机驱动加工中心、五面体加工中心为代表的"五字系列"高端产品领先优势。其中大型汽轮机叶片五轴联动加工中心项目获中国机械工业科学技术一等奖和北京市科学技术奖一等奖。2010 年 12 月，北京机电院高技术股份有限公司将北京第二机床厂有限公司 67% 的股份以 1725.18 万元转让给北京北一数控机床有限责任公司。通过《资产转让协议》，北京机电院高技术股份有限公司将顺义区生产基地资产转让给北京北一数控机床有限责任公司，将自身机床产业业务转让给北京北一数控机床有限责任公司，成立北京机电院机床有限公司，成为北一的二级子公司。

第二节　起重运输设备

北京生产高空作业平台始于 1953 年，当时称之为钢结构工程。1979 年，北京市叉车总厂开始生产 3 吨叉车，当年产量 833 台。20 世纪 70 年代中期，北京电梯厂开始生产电梯。1990 年，北京重型汽车制造厂试制成功 BJZ3480 型 27 吨矿用自卸汽车，填补了国内空白，国产化率达到 84.14%。从 1990 年开始，中迅北京电梯厂开始进行交流调压调频电梯（VVVF）

的研制，1995年完成试制。1998年，北京建筑机械厂生产的WZ2A型0.2立方米挖掘装载机获机械工业部和北京市优质产品称号。截至1998年年底，北京建筑机械厂累计生产6种型号的液压挖掘机4557台，北京市叉车总厂累计生产14个型号的叉车2万台。

1999年年初，北京起重运输设备制造业主要企业有北京起重机器厂、北京建筑机械厂、北京重型汽车制造厂、北京市叉车总厂4个大型企业，另有北京叉车四分厂、北京起重设备厂2个小型企业。主要产品有四大类：一是起重机械，包括汽车起重机、轮胎起重机、塔式起重机、桥式起重机、手动与电动葫芦、叉车、电梯等；二是运输机械，包括皮带运输机、管状输送机、重型矿用自卸汽车等；三是挖掘机，包括轮式挖掘机和履带式挖掘机；四是钢结构工程等。同年，建于1958年的北京市叉车四分厂划转所在区县管理。

1999年7月，北起厂开发设计的新产品QY16E型汽车起重机，通过解放军总装备部的鉴定，技术性能达到军需要求和国内先进水平。11月，北起厂QLY25A型轮胎起重机被国家经贸委评为1999年度国家级新产品。2000年10月，北起厂生产的QY8E、QY16E、QY16G、QY25B、QY50型汽车起重机被中国质量协会和中国建筑机械设备用户委员会确定为"用户满意产品"。同年，市经委、市质监局授予北起厂"北起"牌QY系列汽车起重机北京名牌产品称号。

2000年至2001年，北起厂开发了高空作业平台系列，并得到市场认可。2001年12月，京城机电整合北起厂、北京建筑机械厂、北重汽车等企业组建北京京城重工机械有限责任公司（以下简称京城重工）。同年，北重汽车设计试制出BJZ3364J型矿用汽车，实现产品的更新换代；与西班牙塞维帕莱姆公司签订28立方米散装水泥运输车技术引进协议。

2000年至2002年，北京建筑机械厂生产BJ80履带式小型挖掘机10台。2002年4月，北京京城中奥电梯有限公司(以下简称京城中奥)研制出首台国产2.5m/s永磁无齿高速电梯，具有节能、高效率、低噪音、体积小和减少日常维修等优点，成为国内首家获得2.5m/s电梯生产许可企业。同月，北起厂、北京建筑机械厂、北重汽车将原厂址土地使用权和房屋所有权有偿转让给广州富力地产股份有限公司，总计转让土地面积416564平方米，获转让补偿费总额192443万元。京城中奥公司承接中迅公司部件合同，完成V30-AP厅门试制，7月获迅达亚太区组织的质量认证。同年，自行研制生产的将电梯与网络技术相结合的B51高速电梯，通过国家电梯质量监督检验中心鉴定。北京现代京城工程机械有限公司（以下简称现代京城）试制生产的第一台挖掘机R55-5下线，并开发出CPCD30E-3S型平衡重式内燃叉车。北重汽车经重大改进的新产品32吨重型自卸车进行试装。北京起重设备厂主业剥离改制为北京北起新创起重设备有限公司，并划转到所在区县管理。

2003年2月，现代京城批量生产R130LC-5、R60-5、R260LC-5、R170LC-5等系列挖掘机。8月，现代京城试制R60W-5、R130W-5、R190LC-5型轮式挖掘机并投产。10月，现代京城试制R210W-5、R370LC-7、R450LC-5等大吨位挖掘机并批量生产。12月，北起厂生产的12吨级整体自卸补给车S95G及专用挂车S96通过解放军总后勤部华北军用物资定购局验收。同年，京城中奥公司研发并推出AD10伺服门机系统。

2004 年，京城中奥公司推出自行开发研制的无机房电梯。现代京城引进韩国现代公司的发动机，开发出 HC（D）30 系列平衡重式内燃叉车。

2005 年 5 月，现代京城试制机器外观、驾驶室及内部装饰经全新设计，采用高效、低耗、环保发动机，新型计算机控制液压系统的 7 系列产品 R60-7、R260LC-7 挖掘机并投产。8 月，中环动力（北京）重型汽车有限公司完成 BJZ5290 港口牵引车试制，实现小批量出口。10 月，现代京城试制 R60W-7 轮式挖掘机并批量生产。同年，现代京城开发出蓄电池平衡重式叉车 HB30E-7 系列。"十五"时期，北起厂开发出较高技术含量新产品 18 种，形成汽车起重机、轮胎起重机、1～8 吨清障车、自卸运输车、城市垃圾处理设备、高空作业平台六大系列。

2006 年 3 月，现代京城试制 R150LC-7、R110-7 中型挖掘机并投产。6 月，现代京城 7 系列 R150W-7、R210W-7 中型轮式挖掘机批量生产。9 月，现代京城试制 R80-7 挖掘机并开始批量生产。11 月，中环动力（北京）重型汽车有限公司完成载重量 52 吨 BJZ3900 矿用自卸汽车样车试制，参加了在上海举行的宝马展，并于 2007 年在矿山进行用户使用试验。同年，京城重工开发完成 BTC3225、BTC4235 两种汽车起重机专用底盘，同时开始新产品 QLY55A 轮胎起重机的研发；开始新产品 GTBZ30 臂架式高空作业平台的研制。现代京城开发出蓄电池前移式叉车 HBR25E（07）系列。京城中奥公司推出经济型货梯。

2007 年，京城重工开发完成 D201、D202 汽车起重机底盘，BTC-4275-1 汽车起重机底盘开始研发，开始试制 QLY55A 轮胎式起重机；完成 GTBZ30/32 臂架式高空作业平台开发，开始研发 GTBZ22/24、GTBZ26/28、GTBZ36/38 臂架式高空作业平台系列产品。同年，中环动力（北京）重型汽车有限公司试制 A300D 铰接车，为全路面铰接式车辆，载重量 30 吨。现代京城开发出双燃料叉车 CPQD30G 系列。

2008 年，京城重工开发完成 TC4255、TC4275 汽车起重机底盘；实现 QLY55A 轮胎起重机，TC4255、TC4275 汽车起重机底盘，25 吨、35 吨汽车起重机底盘的投产与批量销售；开始设计 GTQZ16 高空作业平台，实现 GTBZ26/30/32 臂架式高空作业平台、GTJZ6/8/10 自行剪叉式高空作业平台的投产与批量销售。同年，现代京城开发出内燃平衡重式叉车 CPCD30G 系列。

2009 年 5 月，京城重工承接了首都国庆 60 周年群众游行指挥部下达的"团结奋进""北京之歌"和"绘就蓝图"3 辆彩车的设计、制作和保障任务；承接青海省人民政府委托，代为设计、制作"大美青海"国庆彩车。8 月至 10 月，现

图4-5　京城重工生产的GTBZ30型高空作业平台（2008年摄）

代京城试制采用欧Ⅱ环保高效发动机，批量生产燃油消耗量降低、作业效率提高的9系列新产品R60-9、R150LC-9履带式及R60W-9、R150W-9、R210W-9轮式挖掘机。同年，京城重工开发完成新产品QY8D、QY12D汽车起重机和D751起重机底盘，启动QY75E汽车起重机、QAY55E全地面起重机的开发，并进行QY25D汽车起重机、QY55H汽车起重机、D552起重机底盘、D553起重机底盘、D251起重机底盘的试制。京城重工研制的QY25D、QY55A、QAY55A产品首次采用U形吊臂。京城重工新产品QY8D、QY12D汽车起重机和D751起重机底盘实现批量生产与销售；启动GTJZ1323RT剪叉自行式高空作业平台的开发，进行GTQZ16高空作业平台、TJZ0608A/GTJZ0808A系列剪叉自行式平台、BZ22A/24A和GTBZ36A/38A高空作业平台试制。京城中奥公司推出节能环保、可靠性高、易于操作、维护成本低、性价比高的A系列电梯；在引进欧洲一流电梯技术基础上，自行开发和研制出B系列客梯、货梯、服务梯、观光梯、医梯、汽车梯、杂物梯以及核电站电梯等各种非标特种电梯产品。

中环动力（北京）重型汽车有限公司2004年至2010年，累计生产重型汽车1251辆。北京三一重机有限公司的主打产品旋挖钻机系列自2004年投放市场以来，一直稳居国内产品首位，市场占有率46%以上，被用于奥运主会场"鸟巢"、首都机场扩建等大型工程，截至2010年年底销售近600台，累计销售收入近20亿元。

2010年，京城重工完成新产品BTC-63100-1起重机底盘开发并实现销售，QY25D汽车起重机（四节U形臂）、QY55H汽车起重机实现批量销售；生产的汽车起重机覆盖8吨、12吨、25吨、55吨、75吨各级别；生产的汽车起重机专用底盘覆盖16吨、20吨、25吨、35吨、55吨、80吨、100吨各级别，排放标准覆盖欧Ⅱ、欧Ⅲ、欧Ⅳ各等级，配置上形成进口发动机与其他主件、国内合资发动机与其他主件两大体系，同时逐步引入全地面起重机底盘先进技术。京城重工启动新产品GTBZ40A重型臂架式高空作业平台、GTBY23臂架式高空作业平台、GKH12A高空作业车、GTJZ1323RT剪叉自行式高空作业平台、GTBZ22A/24A臂架式高空作业平台试制工作。同年，北起多田野（北京）起重机有限公司的产品主要有BT-80A、BT-120A、BT-200A、GT-250E、GT-350E、GT-550E、GT-750E、GT-1000E汽车起重机。中环动力（北京）重型汽车有限公司新型BJZ3550矿用自卸汽车换装了低排放环保发动机，对车架进行重新设计，提高车架强度，通过了国家工程机械质量监督检验中心及机械科学研究总院工程机械军用改装车试验场的第三方检测认证，分别在国内、印度尼西亚和新加坡完成了用户使用试验，多次参加各种工程机械展览会，并实现批量出口。中环动力（北京）重型汽车有限公司载重量45吨的BJZ3820矿用自卸汽车下线，开拓中型矿山设备市场。现代京城挖掘机产品达到26个品种，年销售挖掘机5777台；试制内燃平衡重式叉车CPCD100G系列；叉车产品达到23个系列70多个品种，年销售叉车3286台。

2010年，北京起重运输设备制造业主要企业有北起厂、北起多田野（北京）起重机有限责任公司、中环动力（北京）重型汽车有限公司、京城重工、现代京城等。

北京起重机器厂

前身是创建于 1950 年的国营建华铁工厂。1999 年年初，厂址在朝阳区广渠门外大街 31 号；占地面积 25.2 万平方米，建筑面积 16.59 万平方米；职工 2741 人。主要产品有 3 ~ 100 吨汽车起重机，16 吨、25 吨、40 吨轮胎起重机，ZBD40、ZBD75 液压柱塞泵等。截至 1999 年，北起厂连续 4 年获全国用户满意产品奖。2000 年，北起厂的产品编码管理系统在同行业中处于领先地位。2001 年，获北京用户满意企业称号。2002 年 4 月，北起厂、北京建筑机械厂、北重汽车原厂址土地使用权和房屋所有权有偿转让给广州富力地产股份有限公司，总计转让土地面积 41.66 万平方米。2002 年 12 月 28 日，北起厂组建成立北起多田野（北京）起重机有限责任公司。2003 年 3 月，北起厂进入搬迁、重组、改制、调整阶段，北起厂主营业务汽车起重机的生产经营陆续转入京城重工。同年，北起厂实现工业总产值 2.16 亿元，销售收入 1.78 亿元。2005 年年底，北起厂基本完成搬迁、重组、改制和调整。企业设备、人员等分别进入京城重工和北起多田野（北京）起重机有限责任公司。2009 年 12 月，北起厂与北京重型汽车制造厂、北京建筑机械厂实施三厂合并，保留北起厂法人资格。12 月 22 日，京城机电董事会决定，北京市电机总厂、北京市叉车总厂、北京工具厂、北京开关厂与北起厂合并。2010 年 12 月完成重组，4 个厂以北起厂分厂形式存在。

北京建筑机械厂

原为创建于 1953 年的华北金属结构厂。1999 年年初，厂址在朝阳区广渠门外垂杨柳甲 1 号；占地面积 24.14 万平方米，建筑面积 15.11 万平方米；职工 1656 人。2001 年，北京建筑机械厂固定资产原值 1.87 亿元，净值 1.37 亿元；年产各类挖掘机 54 台，建筑钢结构 2317 吨；完成销售收入 2348 万元，利润总额 77.64 万元。2002 年 4 月，北起厂、北京建筑机械厂、北重汽车原厂址土地使用权和房屋所有权有偿转让给广州富力地产股份有限公司，总计转让土地面积 41.66 万平方米。2003 年，北京建筑机器厂将挖掘机和钢结构两大业务拆分，改制为三河新北建小挖有限公司和三河新北建钢结构有限公司，北京建筑机械厂名称保留，负责离退休职工及非经营资产管理。2009 年 8 月 19 日，北京建筑机械厂第十二届二次职代会通过了《北京起重机器厂、北京重型汽车制造厂、北京建筑机械厂三家企业合并重组方案》和《北京建筑机械厂关于三厂合并重组员工安置方案》。12 月，经市工商局朝阳分局核准，北京建筑机械厂完成工商注销手续。

北京重型汽车制造厂

前身是 1954 年组建的首都铁工厂。1999 年年初，厂址在朝阳区广渠门外大街双井 1 号；占地面积 18.75 万平方米，建筑面积 16.73 万平方米；职工人数 1871 人。2000 年，北重汽车出台减员增效、人员分流及再就业实施方案，年底在册职工 1511 人，其中有 601 人进入再就业中心，包括内退职工 83 人。2001 年，北重汽车出台《关于人员分流工作的各项决定》，年底在册职工 1227 人，其中内退职工 45 人。2002 年 4 月，北起厂、北京建筑机械厂、北重汽车原厂址土地使用权和房屋所有权有偿转让给广州富力地产股份有限公司，总计转让土地面积 41.66 万平方米，获转让补偿费总额 19.24 亿元。4 月 25 日，北重汽车搬迁工作启动。2003 年 4 月，一分厂转向机车间、齿箱车间和传动桥车间迁往通州区牛堡屯，三分厂工具车间、新产品车间迁往通州区次渠镇。2004 年 5 月，北重汽车生产制造业务完全退出城区。2004 年，北重汽车与新加坡科技动力公司合资成立中环动力（北京）重型汽车有限公司，其中北重汽车占 50% 股份；成立北京重工桥箱机械制造有限公司，北重汽车占 49% 股份；成立北京市热处理有限责任公司，北重汽车占 46% 股份；成立北京京城重工通环矿用汽车修理有限公司，北重汽车占 38.18% 股份；北京加藤重工起重修理有限公司与北重汽车彻底剥离。2006 年 8 月 26 日，北重汽车将分别持有的北京热处理有限责任公司 46% 股份、北京京城重工桥箱机械有限公司 49% 股份、中环动力（北京）重型汽车有限责任公司 50% 股份无偿转让给京城重工。10 月 31 日，北京京城重工通环矿用汽车修理有限公司更名为北京京城机械制造有限公司。2007 年 1 月 16 日，北重汽车将持有的北京京城机械制造有限公司 38% 股份转让给京城重工。至此，北重汽车在企业搬迁、重组、改制过程中完成了从生产经营型到非经营型的转变。12 月，北重汽车纳入北京京城机电控股有限责任公司非经营资产管理部平台管理。2008 年 6 月 13 日，北重汽车启动企业退出程序。2009 年 12 月 29 日，经市工商局朝阳分局核准，注销北重汽车法人资格。

北京京城中奥电梯有限公司

前身是创建于 1975 年的北京电梯厂。1980 年 7 月，北京电梯厂与瑞士迅达合资成立中国迅达有限公司北京电梯厂。2001 年 2 月 23 日，北京电梯厂的上级公司——中迅公司的中外双方签署了中方退股协议。7 月 19 日，对外经贸部批准中迅公司改由外方独资经营，中方资产退出中迅公司，原属北京电梯厂的人员及资产分立，成立北京京城中奥电梯有限公司，隶属京城机电。2002 年 2 月 1 日，京城中奥公司正式营业。2005 年，京城中奥在人民日报社市场信息中心推出的全国产品质量放心消费者信得过品牌重点展示活动中，被评为"3·15"国家保护消费者权益用户首选、质量过硬、安全放心品牌。2010 年年底，京城中奥地址在丰台区卢沟桥南里 6 号；占地面积 5.71 万平方米，建筑面积 5.28 万平方米；职工 174 人；资产总额 5186 万元。当年实现工业总产值 1676 万元，工业增加值 624 万元，销售收入 1947 万元。

北京市叉车总厂

1979 年成立，由建于 1956 年的北京矿山机械厂、建于 1965 年的北京运输机械厂及建于 1964 年的北京西城铸造厂合并组成。1999 年年初，厂址在丰台区右安门外大街 154 号；占地面积 22.28 万平方米，建筑面积 12.37 万平方米；职工 1772 人。2000 年，北京市叉车总厂将位于丰台区右安门外大街 154 号（原叉车一分厂厂区）2.25 万平方米土地有偿转让给中房鼎立房地产开发有限公司，转让金额 1.1 亿元。2001 年 8 月，北京建设城市快速轨道交通线（地铁 13 号线）征用北京市叉车铸造分厂（位于西直门娘娘庙 90 号）东厂区土地。2002 年 10 月，北京市建设转河工程征用北京市叉车铸造分厂西厂区土地。2004 年 6 月 23 日，京城机电批复北京市叉车总厂进行分立改制。8 月，北京市叉车总厂完成分立改制，企业名称保留，负责离退休职工及非经营资产的管理。2006 年 6 月 12 日进入京城机电非经营平台管理。2008 年，北京市叉车总厂与韩国汉拿重工业株式会社于 1994 年合资组建的北京汉拿工程机械有限公司，由于亏损严重提前终止合同，实行特别清算。2010 年 10 月 25 日完成北京市叉车总厂与北起厂合并重组，办理了北京市叉车总厂工商注销手续。

北京京城重工机械有限责任公司

2001 年 12 月，京城机电整合北起厂、北京建筑机械厂、北重汽车等，组建北京京城重工机械有限责任公司。12 月 18 日完成注册，注册地址为朝阳区广渠门外大街 31 号，注册资本 1.2 亿元。京城机电拥有 80% 股份，北京西海工贸公司拥有 20% 股份。2002 年至 2005 年 12 月，京城重工的主要工作是进行企业搬迁、选址、人员分流、筹建新厂房手续报批等事项，没有实行实体化运作，因此京城机电也未下达各项经济指标。2006 年，京城机电分两次向京城重工增加资金，注册资本增加至 6 亿元，京城机电拥有 96% 股份，北京西海工贸公司所占股份下降至 4%。10 月，京城重工整合北起厂、北重汽车的优良资产，开始实体化运营，主要产品是轮胎起重机、底盘、高空作业平台、改装车、钢结构件等。2007 年 2 月 10 日，京城重工搬迁至通州区台湖基地。年底，京城重工本部、北起多田野（北京）起重机有限公司及中环动力（北京）重型汽车有限公司主要财务指标（合并口径）为工业总产值 6.78 亿元，工业增加值 1.05 亿元，销售收入 5.39 亿元，出口交货值 5080 万元，实现利润 2496.62 万元，实现利税 5685.7 万元，资产总额 10.65 亿元，负债总额 2.93 亿元，所有者权益 7.72 亿元。2010 年年底，京城重工本部注册地址为朝阳区劲松三区甲 302 号华腾大厦 1701 号，台湖生产基地地址为通州区台湖镇星湖工业园创业园路 2 号。公司下设 6 个子公司，即北起多田野（北京）起重机有限公司、中环动力（北京）重型汽车有限公司、北京京城重工桥箱机械有限公司、北京市热处理厂有限公司、北京现代京城工程机械有限公司、京城多田野（北京）液压机器有限公司。京城重工主要产品有汽车起重机和全地面起重机，轮胎起重机及高空作业平台，矿用机械、挖掘机、旋挖钻机和叉车。2010 年，公司占地面积 18.82 万平方米，建筑面积 6.23 万平方米；职工 746 人，其中工程技术人员 112 人；拥有设备 69 台，其中精大稀设备 15 台；固定资产原值 3.11 亿元；年产起重机 362 台，工业总产值 2.56 亿元。2010 年年底，京城重工本部、北起多田野（北京）起重机有限公司、中环动力（北京）重型汽车有限公司及北京京城重工桥箱机械有限公司主要财务指标（合并口径）为实现工业总产值 5.88 亿元，工业增加值 4553.98 万元，销售收入 5.56 亿元，出口交货值 7111 万元，利润亏损 3341.63 万元，资产总额 15.82 亿元，负债总额 8.65 亿元，所有者权益 7.17 亿元。

北京现代京城工程机械有限公司

2002 年 1 月，京城机电与韩国现代重工业株式会社合资组建北京现代京城工程机械有限公司。合营年限 30 年，项目总投资 2750 万美元，注册资本 1100 万美元。在注册资本中，京城机电所占股份为 40%，韩国现代重工业株式会社所占股份为 60%。公司地址位于丰台区卢沟桥南里 2 号，占地面积 11.33 万平方米，建筑面积 3.73 万平方米；职工 157 人；生产设备 242 台。主要产品为叉车、挖掘机。2003 年 9 月，双方增加投资，中方增加投资 80 万美元，韩方增加投资 120 万美元，合资公司投资总额增加到 2950 万美元，注册资金增加到 1300 万美元。产品经营范围在原基础上增加了工业机器人项目。2004 年 1 月，京城机电再次增加投资 900 万美元，使注册资本增至 2200 万美元。2004 年销售挖掘机 1425 台、叉车 2218 台，出口创汇 94 万美元。2005 年 7 月，随着公司产销量的攀升，投资总额增至 6600 万美元。2007 年 7 月，韩国现代重工将投资股权转让给现代重工（中国）投资有限公司，京城机电将投资股权转让给京城重工，股权转让后投资双方所持股份比例不变。2008 年 5 月，随着公司产销量的增长，为保障生产经营的正常运行，增资 2000 万美元，将注册资金增加至 4200 万美元，投资总额增加至 9900 万美元。2010 年年底，北京现代京城工程机械有限公司拥有员工 463 人；设备 377 台，其中精大稀设备 3 台；固定资产原值 1.2 亿元，工业总产值 24.69 亿元。叉车产品达到 23 个系列 70 多个品种，挖掘机产品达到 26 个品种。销售叉车 3286 台，挖掘机 5777 台。

北京市三一重机有限公司

2003 年 12 月 18 日成立，其前身是三一重工北京研究院，为三一重工股份有限公司设立在北京的子公司，坐落在中关村科技园区回龙观三一产业园，是一家现代化的基础施工机械制造企业。有员工 1400 人，总资产超过 10 亿元。主营业务为基础施工机械的研发、制造、销售及服务，主导产品有旋挖钻机、电液桩机、水平定向钻、连续墙钻机等。其中，旋挖钻机市场占有率及产量居中国首位，"三一"成为国内旋挖钻机设备第一品牌，该公司成为中国最大的旋挖钻机制造企业。2007 年，公司研究院被认定为市级企业技术中心。2010 年，北京市三一重机有限公司实现产值 22.2 亿元。

第三节　气体压缩设备

1998年年底，北京第一通用机械厂的产品为以石油气压缩机、膜式压缩机、电站用压缩机、煤气用压缩机、动力用空气压缩机等大、中型压缩机为基础的5大部类70多个品种、180多种规格的各种压缩机。截至1998年年底，北京第一通用机械厂累计生产各种型号压缩机1.95万台。

1999年年初，北京气体压缩机制造业主要企业有北京第一通用机械厂、北京复盛机械有限公司、北京金环压缩机厂、北京银环压缩机配件厂等。1999年5月，北京金环压缩机厂、北京银环压缩机配件厂划转至所在区县管理。2001年12月，北京第一通用机械厂宣告破产。2002年8月6日，北京京城环保产业发展有限责任公司（以下简称京城环保）成立后，收购重组了原北京第一通用机械厂优良经营资源。

2003年7月，京城环保开发新产品GD4系列隔膜压缩机。2005年，京城环保为炼钢厂焦硫气体回收焚烧发电项目研制的压缩机控制系统，减少了炼钢厂焦炉的有害气体排放，同时实现尾气的综合利用。京城环保生产的隔膜压缩机在国内居于领先主导地位，形成7个系列100余个品种，广泛应用于冶炼、石化、医药、航空航天、国防军工等行业，在国家重点工程秦山核电、清华核电、岭澳核电、连云港核电、092工程载人航天、空军制氧制氮中得到应用。2006年1月，京城环保开发的新产品2D25系列压缩机试制成功，产品结构向大中型空气压缩机发展。4月，京城环保签订首个多晶硅行业氯甲烷压缩机订单。

2008年，京城环保实现了在煤层气项目的市场突破，产品2D12–150/4煤层气压缩机签署订单合同；先后四次与亚洲最大的多晶硅供应商江苏中能硅业签约2D5.5W–9.5/17–25氢气压缩机。2009年4月，京城环保成立标准化委员会，推进活塞压缩机产品技术升级换代。依据公司产品战略计划，活塞压缩机系列以2D10、4M10等作为企业产品平台的主要构成。2010年3月，京城环保开发的新产品2D16、4M16系列压缩机试制成功，并于5月签订首批合同。12月，京城环保开发的新产品2D10、4M10系列压缩机试制成功。年底，京城环保主营产品为隔膜压缩机、活塞压缩机以及环保设备，隔膜压缩机已形成7个系列100多个品种。

2010年，北京气体压缩机制造业主要企业有京城环保、北京复盛机械有限公司等。

北京第一通用机械厂

前身是始建于1926年的京都市政工所修理厂。1999年年初，该厂占地面积27.82万平方米，建筑面积12.45万平方米；职工1979人；拥有设备466台，其中精大稀设备56台、数控机床 4 台；固定资产原值 1.33 亿元。该厂为国有企业，是机械电子工业部和北京市定点生产压缩机的专业制造厂、全国压缩机行业五大骨干企业之一。2000 年，北京第一通用机械厂有职工 1232 人；固定资产原值 2.02 亿元，净值 6956 万元；年生产气体压缩机 300 台；年工业总产值 5398 万元。2004 年 1 月，北京第一通用机械厂破产清算终结，共分流安置职工 2874 人，其中在职人员 1162 人、退休人员 1693 人、离休人员 19 人。

北京复盛机械有限公司

1993 年 10 月，北京第一通用机械厂与台湾复盛股份有限公司合资经营的小型企业。地址在昌平区巩华镇沙阳路 15 号。1999 年年初，该公司占地面积 1.19 万平方米，建筑面积 5650 平方米；有职工 71 人，其中工程技术人员 12 人；拥有设备 43 台，其中精大稀设备 3 台；固定资产原值 758 万元；年产 SA-5175 型固定式螺杆空压机 37 台。2003 年，京城环保收购了北京复盛机械有限公司 30% 股份。2010 年年底，北京复盛机械有限公司成为主要从事各种压缩机生产的高新技术企业，与复盛集团所属上海厂及中山厂组成压缩机生产基地。该公司占地面积 2 万平方米，建筑面积 8500 平方米；有职工 204 人；资产总额 3.53 亿元。2010 年，工业总产值 4.26 亿元，销售收入 6.8 亿元，利润总额 6035 万元，净利润 4895 万元。

北京京城环保产业发展有限责任公司

2002 年 8 月 6 日在昌平区科技园注册成立，总部办公地址在东城区光明东路 1 号，以租用方式利用北京京城机电控股有限责任公司拥有的原计量站北楼二、三层，建筑面积约 1300 平方米。注册资本 6100 万元，其中京城机电货币注资 2100 万元，北京市国有资产经营有限责任公司货币注资 2000 万元，北人集团货币与净资产注资 2000 万元。京城环保成立后收购重组了原北京第一通用机械厂优良的经营资源，并承袭其无形资产与销售网络。2003 年 6 月，京城环保迁入延庆县康庄镇工业开发区占地 16 万平方米的生产基地。2003 年，京城环保收购了北京复盛机械有限公司 30% 的股份。2004 年 8 月 25 日，京城环保增资至 9500.41 万元，其中京城机电投资 1700.52 万元，包括现金 600 万元、实物 1100.52 万元；北人集团公司投资 1699.89 万元，其中现金 400.88 万元、实物及无形资产 1299.01 万元。2005 年，北京市国有资产经营公司以货币形式投资 600 万元，使京城环保资产增资至 1.01 亿元。2008 年，京城机电投资 827.74 万元，使京城环保资产增资至 1.09 亿元。2009 年，京城环保注册地由昌平区昌平科技园白浮泉路 17 号迁至延庆县八达岭经济开发区康西路 1008 号。公司主营产品为"天坛"牌隔膜压缩机、活塞压缩机以及环保设备。京城环保是国内唯一获得"核级压缩机设计、制造认证"的压缩机制造企业，其生产的隔膜压缩机能有效保证核电站有害气体的安全、循环使用，在国内该领域稳居主导地位，环保设备的主要产品为垃圾压装机、星盘筛、滚筒筛、破袋机、风选机、输送机、破碎机等。2010 年年底，京城环保生产地在延庆康庄工业开发区，占地面积 15.75 万平方米，职工 275 人。拥有各种加工设备 160 台，其中包括美国辛辛那提卧式加工中心、立式转塔机床，美国布朗夏普三坐标测量机及国产配套精加工设备 17 台。2010 年，公司工业总产值 1.03 亿元，总资产 2.36 亿元，净资产 1.47 亿元，营业收入 1.19 亿元，利润总额 1771 万元，净利润 1689 万元。

第四节　液压和气压动力机械元件

1987 年至 1998 年，北京华德液压工业集团有限责任公司（以下简称华德公司）合计生产液压系统装置 2099 套。1998 年，华德公司试制出具有国内先进水平的 V25P 型斜轴式电控比例变量泵、ATVLV 型斜轴式变量泵，先导式溢流阀、电磁溢流阀、农机多路阀、叉车多路阀、电液比例压力流量复合阀、电磁球阀、电磁换向阀、三槽式电磁换向阀和具有国际先进水平的比例式溢流阀等新产品。

1999 年至 2010 年，北京液压和气压动力机械及元件制造业主要企业为华德公司。2000 年，华德公司完成液压件产量 12.8 万件。2001 年，华德公司试制出插装式单向阀、电磁球阀、集中连接电磁阀、五槽式电磁阀、出口用管式连接手动换向阀、50 系列先导卸荷阀、农机多路阀、系列电液比例控制压力阀等新产品。

2001 年至 2004 年，华德公司试制出 20 多种具有国内先进水平的新产品，包括小排量低压齿轮泵、A2FE55W2Z11 系列内藏式定量马达、纯水液压泵、A8V107LLC1.1R101F2 柱塞定量泵、A7V55LVS 两极恒功率负荷传感变量泵、A4VSO250 马达、05 泵（军品）、A4VO125DR 通轴变量泵、A11VO130LRDS/10R−NZD12K82 通轴变量泵等。

2004 年至 2006 年，华德公司研发试制出水利起闭机液压系统、AGC 液压系统、板坯连铸机液压系统、连轧机液压系统、压铸机液压系统、盘拉机液压系统、转炉二文液压系统、DEH 液压阀组、铝型材液压系统等新产品。

2005 年，华德公司研发试制出带位置检测的电磁阀、3X 系列调速阀、车房举升用多路阀、充液阀、直推式电液球阀、平衡阀、远程遥控比例多路阀等新产品。2005 年至 2006 年，华德公司研发试制出 A4VSO 系列变量泵，A6V、A7V、A4V、AIIV 系列变量马达等新产品。2006 年，华德公司研发试制出 4WR 系列比例阀、LC 系列插装阀、平衡阀、舵机专用阀组、舵机用手动换向比例调速阀等新产品。

2007 年，华德公司研发试制出电瓶叉车多路阀、液控比例多路阀、HD−4WR 系列比例阀、新型叉车多路阀、控制换向阀、减压阀、多级溢流阀、6 通径低温电磁阀、HD−YXF6−61/210 油缸显示阀等新产品。2007 年至 2008 年，华德公司研发试制出 HD−A 系列变量泵，HD−A6V160、HDA6V250 改进泵，低噪声柱塞泵，HDV125 直轴式变量泵、HD−A2FM80 马达，A6VE160 带控制阀变量马达等新产品。2008 年，华德公司研发试制出 HD−4WRAE6−2X/ 系列电磁比例换向阀、内外控顺序阀、叠加式平衡阀、叠加式减压

图4-6　华德公司的产品装配流水线（2008年摄）

阀等新产品。

2009年，华德公司研发试制出 LC100A20D6X/ 换向插装阀、4WRZE 系列电液比例换向阀、电液比例多路阀、HD-DR 系列螺纹插装减压阀、M7-22 整体 / 片式高压 LUDV 负荷传感多路阀等新产品。2009年，华德公司生产液压泵和马达4万台，居国内同类产品第一名。2009年至2010年，华德公司研发试制出国家"十一五"科技项目 V50 泵，HDA6VE107EP2D/63W-VZU020B 马达，HD-A107VO160EP、HD-A7VO160EP 斜轴式变量泵，HD-A2、HDA4、HD-A6 马达，HD-A4VSO180、HD-A11VO190 直轴式变量泵，HD-A2FE/6.1、HD-A6VE/6.1 结构等新产品。华德公司 200 ~ 500 升大排量泵 / 马达、电控泵为国内独家生产制造。

2010年，华德公司研发试制出25吨吊车用多路阀、叉车单稳分流阀、叉车多路阀、螺纹插装阀组、4WRKE1 电液比例换向阀、NBVP16c 换向阀、螺纹插装电磁换向阀、M4-12 片式高压负荷传感多路阀、DA 截止阀等新产品。同年，华德公司液压阀年产销量突破100万件；完成液压件产量105.1万件；生产液压铸造件产品2135.3吨，实现年产销量100万件；液压系统成套设备产值超10亿元。1999年至2010年，华德公司合计生产液压泵 / 马达231017台、液压阀483.1万件。2000年至2010年，华德公司合计产出液压铸件14535.3吨。

北京华德液压工业集团有限责任公司

前身是由北京液压件厂、东城区液压件厂等企业于1979年组成的北京市液压工业公司，1995年改制为北京液压工业集团，1996年改制为北京华德液压工业集团有限责任公司。1999年年初，华德公司地址在北京经济技术开发区同济路5号，占地面积40.52万平方米，建筑面积13.38万平方米，职工总数3253人。1999年华德公司被国家机械工业局授予管理基础规范化企业称号。2001年至2010年，华德公司取得科技成果70余项，完成新产品、新技术300余项，注册专利11项。2002年12月，经市外经贸委批准，力士乐（北京）液压有限公司由中外合资公司变更为外商独资企业，华德公司将49%的股份转让给外方。华德公司形成液压阀、液压泵 / 马达、液压成套设备、液压铸件四大支柱产品系列，并辅以密封件等产品，应用于冶金、军工、船舶、化工、航天、工程机械等领域。华德公司获全国机械工业质量奖，多个新产品获国家技术进步奖，部分产品取得专利，"华德"牌液压件被评为北京名牌产品，通过了法国 CE、中国船级社 CCS、美国 FM 认证和节能产品认证。2010年，华德公司资产总额7.52亿元，实现销售收入7.27亿元；完成现价产值7.08亿元；职工总数1731人，其中高级工程师54人（其中教授级高工8人）、工程师225人、高级技师5人、技师 41 人、高级工 220 人、中级工 408 人。

第五节 金属制品

1999 年年初，北京金属制品业主要企业有北京金属结构厂、天海公司、北京量具刃具厂、北京第二量具厂、北京第三量具厂、北京工具厂、北京第三工具厂、北京砂轮厂、北京金刚石厂、北京焊切工具厂等。主要产品为金属压力容器和金属工具。其中，金属工具有量具、量仪、刃具、钢锉、磨具磨料、人造金刚石、焊切工具、模具等。1999 年 5 月，北京金刚石厂、北京第三工具厂、北京砂轮厂、北京第三量具厂、北京焊切工具厂划转所在区县管理。1999 年，北京第二量具厂并入北京量具刃具厂。同年，天海公司开发生产了不同规格的车用石油液化气瓶、压缩天然气瓶、液氮容器等产品。

2000 年 12 月，天海公司"京瓶"牌钢质高压无缝气瓶被评为北京名牌产品。2001 年，天海公司从美国引进车用压缩天然气钢质内胆环向缠绕气瓶技术，并进行了国产化配套改造，在国内首次研制出绿色环保、经济实用的车用缠绕气瓶，投放市场 10 年间累计产量突破 100 万支，市场占有率 50% 以上。

2002 年 9 月，天海公司"京瓶"牌钢质高压无缝气瓶被市经委授予北京名牌产品称号。同年，天海公司研发的焊接绝热气瓶投放市场，并在 2003 年取得实用新型专利。

2003 年，天海公司自主开发的 MC10/B40/A75/A145 无石棉填料乙炔瓶，符合美国交通运输部的 DOT-8AL/4BA 规范，通过美国 DOT 认证，成为该产品在美国本土以外第一家取得 DOT 证书的企业。2005 年，天海公司研发出铝内胆碳纤维全缠绕复合气瓶。

2006 年 9 月，天海公司"京瓶"牌钢质高压无缝气瓶被市质监局授予北京名牌产品称号。2007 年，天海公司为高压直喷发动机提供燃料的 HPDI 型机动车用液化天然气（LNG）焊接绝热气瓶出口欧美市场。2008 年，天海公司自主研发出为火花点火（SI）发动机提供燃料的 SI 型机动车用液化天然气焊接绝热气瓶，并取得实用新型专利。2010 年，天海公司无石棉填料乙炔瓶硅酸钙填料及制备方法获得发明专利，无石棉填料乙炔瓶获得北京市科学技术奖一等奖。

2009 年，北京天海低温设备公司研发生产出 VT 系列气体储罐。

1999 年至 2010 年，天海公司产

图4-7 北京天海低温设备公司制造的VT系列气体贮罐（2009年摄）

品国内市场占有率 70% 以上。

北京工具厂

前身是创建于 1942 年的华盛铁工厂。1999 年年初，该厂厂址在朝阳区光华路 10 号，占地面积 4.32 万平方米，建筑面积 3.48 万平方米，职工 769 人，固定资产原值 2152 万元，年产刃具 4.9 万件，为国有中型企业。2001 年 6 月，北京工具厂利用土地转让资金，通过北京产权交易中心竞拍，整体收购了破产企业北京冷冻机厂的全部经营性资产。企业整体搬迁到通州区半壁店大街 23 号，新厂址占地面积 12.34 万平方米，建筑面积 6.25 万平方米。2001 年年底，企业共有资产总额 1.6 亿元，职工 654 人。2002 年 12 月，北京工具厂实施企业重组改制。主业剥离与分立式改制后，企业资产总计 22.53 亿元，在职职工 56 人。2003 年至 2005 年，北京工具厂继续负责北京冷冻机厂在破产时未完成的 HCFC-22 联合国赠款项目的验收、产品生产和经营，同时接受联合国受托组织和世界银行的跟踪与检查，直至项目完成。2006 年至 2007 年，北京工具厂被确定为劣势退出企业。2008 年，北京工具厂通州新城经济适用房建设项目获批，与建设开发主体北京建机房地产有限责任公司签订了土地转让协议，此项目划出占地面积 8.86 万平方米。2010 年 11 月，北京工具厂采用合并重组的形式并入北起厂，其中在职职工 27 人，离退休人员 798 人全部转入北起厂，北京工具厂法人资格注销。

北京金属结构厂

原名宏兴铁工厂，始建于 1949 年，是中共察哈尔省察南地委的一个机关生产点。1999 年年初，厂址在通州区梨园半壁店大街 25 号。占地面积 27.33 万平方米，建筑面积 15.25 万平方米；职工 1328 人；固定资产原值 1.5 亿元。为中国生产化工设备的大型重点国有企业之一。截至 2003 年 5 月，企业累计亏损达 3.92 亿元。2003 年 7 月 15 日，北京金属结构厂宣告破产。2004 年 4 月 8 日，北京金属结构厂破产资产以 2.1 亿元拍卖成功。2006 年企业破产清算结束。

北京天海工业有限公司

原为北京金属结构厂的高压气瓶车间，1992 年 8 月 10 日，北京天海高压容器有限公司开业。1993 年 10 月 7 日，更名为北京天海工业有限公司。1998 年年底，天海公司占地面积 8.73 万平方米，建筑面积 7.15 万平方米；职工 899 人，其中工程技术人员 152 人；拥有设备 152 台，其中精大稀设备 11 台；固定资产原值 1.21 亿元；年产高压气瓶 20.49 万支，工业总产值 9950.7 万元。2002 年 9 月，天海公司获 2001 年中国食品包装机械行业竞争力之星企业称号，入选中国机械工业企业核心竞争力 100 强。2004 年，天海公司取得 QS 9000:1998 质量管理体系证书和 VDA 6.Part1 有形产品的质量管理体系认证证书。2005 年 10 月 30 日，天海公司被中国石油和石油化工设备工业协会评为十强企业。2006 年 9 月至 2008 年 12 月，天海公司改建缠绕瓶生产车间 4029.9 平方米，新增一条缠绕瓶生产线，增加生产能力 20 万支 / 年，年产值 3 亿元。2006 年 12 月，天海公司被中国石油和石油化工设备工业协会评为中国石油石化装备制造企业 50 强。2007 年 3 月，天海公司与加拿大西港能源公司共同出资成立北京天海西港环境技术公司，天海公司占注册资本的 50%。同年，天海公司与加拿大西港公司合作，开发出为高压直喷（HPDI）发动机提供燃料的 HPDI 型机动车用液化天然气焊接绝热气瓶。天海公司取得

ISO/TS 16949:2002 质量管理体系证书和 ISO 9001:2000 质量管理体系集团式认证证书。2008 年 5 月，市商委批准天海公司原股东北京高压气瓶厂将其所持 9.47% 股份转让给京城机电，批准天海公司增加注册资本 292.40 万美元，由京城机电认缴。同月，天海公司出资 3000 万元（占注册资本的 75%）与北京柯瑞尼克科贸有限公司共同成立北京天海低温设备有限公司，年生产大型低温储罐 80 多台，年销售额 2100 万元。2009 年 9 月，天海公司通过国家安监总局组织的检查验收，

图4—8　天海公司的系列气瓶产品（2005年摄）

取得国家安全质量标准化一级企业证书。2010 年 8 月，天海公司自筹资金 270 万美元，收购美国幸福公司 51% 的股份，建立美国分公司。同年，天海公司被认定为北京市高新技术企业，并取得 ISO 9001:2008 质量管理体系集团式认证证书。天海公司组建成包括北京本部、天津管制瓶制造基地、廊坊冲压瓶制造基地、上海碳纤维全缠绕复合瓶制造基地、北京大兴低温设备制造基地、北京顺义焊接瓶制造基地、北京通州高空作业设备制造基地等在内的集团公司。天海公司具有 B1、B2、B3、A1、C3、D1、D2 级压力容器设计、制造资格，主导产品包括钢质无缝气瓶、焊接气瓶、缠绕气瓶、蓄能器、低温气瓶、储气式特种集装箱、铝内胆碳纤维全缠绕复合气瓶等系列 680 余个品种规格，应用于汽车、化工、医疗、食品、冶金、机械、电子等领域。天海公司的"JP"牌钢质无缝气瓶获得美国 DOT、德国 TUV、加拿大 TC 等 20 多个国家的产品认证，出口 40 多个国家和地区。2010 年，天海公司地址为朝阳区天盈北路 9 号，占地面积 8.75 万平方米，建筑面积 4.51 万平方米，其中生产建筑面积 3.8 万平方米；员工总数 1240 人，退休员工 475 人，包括各子公司在内，集团员工总数 2569 人。1999 年至 2010 年，天海公司合计产出钢质无缝气瓶 136.33 万支、焊接瓶 9.96 万支、蓄能器 37.86 万台。2001 年至 2010 年，天海公司合计产出车用压缩天然气钢质内胆环向缠绕气瓶 100.28 万支。2002 年至 2010 年，天海公司合计产出焊接绝热气瓶 3.97 万支。2006 年至 2010 年，天海公司合计产出铝内胆碳纤维全缠绕复合气瓶 10.81 万支、液化天然气瓶 1442 支。2008 年

至 2010 年，天海公司合计产出低温绝热压力容器 261 台。2010 年，天海公司无缝瓶产量为 274.78 万支，产值 18.39 亿元，销售收入 20.2 亿元，出口创汇 1.21 亿美元，实现利润 3681 万元。

第六节　重点项目

北一公司扩建及技术改造项目

北一（高碑店）铸造有限公司项目系北一污染扰民搬迁技术改造项目之一。北一将大北窑地区铸造分厂搬迁至河北省高碑店市组建北一（高碑店）铸造有限责任公司。项目投资 6800 万元；占地面积 4.51 万平方米，其中建筑面积 1.59 万平方米。2000 年 6 月开工，2001 年 6 月竣工。新公司采用树脂砂造型制芯、冲天炉熔炼及抛丸清理等工艺，吊车最大起重能力为 50 吨，形成年产 8000 吨铸铁件产能。

北一通州分厂改造项目系北一污染扰民搬迁技术改造项目之一。2001 年，北一向通州厂区内搬迁，在原有厂房基础上进行改建与易地翻建，调整工艺结构布局，进行技术改造。2003 年项目实施完成后，实现升降台铣床与数控机床生产能力新增长，年产升降台铣床 1000 台、数控铣床 400 台、地质工程钻机 1200 台。

北一数控机床制造公司项目系北一污染扰民搬迁技术改造项目之一。该项目把搬迁与技术改造相结合，调整优化产品结构，生产高技术机床产品，形成 1200 台立、卧式加工中心，数控车床生产能力。项目实施地点在北一林河新厂。2002 年 10 月开工，2003 年 9 月竣工；竣工面积 2.25 万平方米；投资总额 2.92 亿元；资金来源为企业搬迁补偿费。

北一精密零件制造公司（精密部件制造部）项目系北一污染扰民搬迁技术改造项目之一。该项目是以落实北京市总体规划，搬迁重组为契机，组建精密零件制造公司（精密部件制造部）。投资 3.74 亿元，用于新建联合厂房及附属设施，购置国内先进设备及进口设备、仪器，建立计算机网络系统。资金来源是企业搬迁补偿费。项目实施地点在北一林河新厂。2003 年开工，2004 年 12 月竣工，竣工面积 1.96 万平方米。项目实施后，形成年配套零件 23 万件、功能部件 1500 套生产能力。

北一刀具制造公司与生产线制造公司项目系北一污染扰民搬迁技术改造项目之一。项目实施地点在北一林河新厂。2004 年项目开工，投资总额 1205 万元，资金来源为企业搬迁补偿费。该项目是北一在搬迁、重组过程中，通过购进先进的加工设备、精密检测仪器及立体仓储系统等工艺装备，建立计算机网络系统，组成刀具制造公司和生产线制造公司。2004 年 12 月项目完成后，形成年产各类刀具、刀柄 4 万套，各类生产线 5 条的生产能力。

2004 年，北一在顺义区林河基地总部组建研发中心（顺义基地总部研发楼），建立信息化管理系统，加大科技投入，增强研发实力，满足企业机床生产的配套需求，并为企业的技术进步和产品更新换代提供保障。项目投资总额 1.75 亿元，2005 年 4 月竣工，竣工面积 1 万平方米。建成后实现 27 项技术开发及服务能力。

北一重型机床制造公司（重型机床制造部）项目系北一污染扰民搬迁技术改造项目之一。北一经过搬迁、重组，建立重型机床制造公司（后更名重型机床制造部）。该项目通过购进先进的加工设备、精密测量仪器、部分软硬件设备等工艺装备建立计算机网络系统，构建公司内部网络基础平台与应用平台。项目实施地点在北一顺义区林河新厂。2005 年 8 月建成，为计算机集成制造与网络化经营管理一体的现代企业。该公司以重型机床产品为基础，具有年产 85 台重型数控机床系列产品能力。

天海公司企业组建及生产线扩建项目

为杜绝在填料中使用石棉，减少环境污染和对员工健康的影响，同时满足美国制造标准，扩大国际市场，天海公司启动无石棉乙炔瓶车间改造项目。2001 年开工，2009 年竣工，竣工面积 4800 平方米，投资总额 2722 万元，资金来源为企业自筹资金。新增生产能力 20 万支 / 年。

为提高管制瓶的产量和质量，天海公司与天津大无缝钢管公司共同投资组建天津天海高压容器有限责任公司，天海公司出资占 55% 股份。新公司主要生产各种口径的管制瓶、蓄能器。2003 年开工，竣工面积 1.52 万平方米。投资总额 8000 万元，资金来源为股东投资。新增生产能力 40 万支。

为扩大低温气瓶的产量，满足市场对低温清洁能源气瓶的需求，天海公司启动低温瓶车间改造项目。2005 年 5 月开工，2006 年 9 月竣工，竣工面积 3917.16 平方米。投资总额 1681 万元，资金来源为企业自筹资金。新增生产能力 3000 支 / 年。

为扩大中小气瓶的产量，适应国际市场日益增长的需求，天津天海公司启动中小气瓶生产线扩建项目。2005 年 10 月开工，2006 年 4 月竣工，竣工面积 6600 平方米。投资总额 4058 万元，资金来源为企业自筹资金。新增生产能力 40 万支 / 年。

为扩大缠绕气瓶的国内市场份额，缩短交货期限，满足清洁能源汽车客户需求，天海公司启动缠绕瓶车间改造项目。2006 年 9 月开工，2008 年 12 月竣工，竣工面积 4029.9 平方米。投资总额 2486 万元，资金来源为企业自筹资金。新增生产能力 20 万支 / 年。

为提高冲压瓶的产量和质量，适应跨国气体公司对高压气瓶需求，天海公司组建廊坊天海高压容器有限公司。2007 年 5 月开工，2009 年 2 月竣工，竣工面积 3.18 万平方米。投资总额 1.8 亿元，资金来源为股东投资。新增生产能力 50 万支。

京城重工生产基地建设及产品研发项目

京城重工台湖生产基地项目。项目包括由北起厂组建轮胎起重机分公司的专用底盘事业部，金属结构件制造有限公司、通用设备制造有限公司和北起厂台湖一分厂的改扩建。

2004 年 6 月开工建设，2005 年 6 月完成。项目总投资 1.68 亿元。其中，固定资产投资 1.33 万元，补充流动资金 2000 万元，搬迁即停产损失 1500 万元。所需资金全部来源于京城重工公司原朝阳区广渠门外大街厂址土地使用权转让收入。新组建的轮胎起重机分公司地址在通州区台湖镇口子村东。占地面积 18.82 万平方米，建筑面积 8.39 万平方米。其中，金属结构件制造有限公司厂房建筑面积 2.04 万平方米，专用底盘事业部厂房建筑面积 1.22 万平方米，通用设备制造有限公司厂房建筑面积 1.06 万平方米，扩建台湖一分厂厂房建筑面积 6634 平方米，新建综合办公楼建筑面积 4220 平方米，倒班宿舍 5247 平方米，锅炉房面积 342 平方米，食堂、浴室 1185 平方米，以及水泵房、变电所、传达室（大门）等配套设施，共扩建、新建建筑面积 7.77 万平方米（含预留 1.67 万平方米）。

京城重工一号工程系汽车起重机底盘自制生产项目。项目实施地在通州区台湖镇星湖工业园创业园路 2 号。2006 年 3 月，该项目开始实施，2008 年完成。京城重工根据北起多田野（株）的汽车起重机专用底盘产品图纸和技术标准，生产性能先进、质量优良的起重机专用底盘。产品除供北起多田野公司使用外，也为其他用户供货。京城重工逐步建立产品开发部门，面向国内外市场开发新产品，生产自主品牌起重机专用底盘。同时继续引进和联合研制 55 吨轮胎起重机技术，扩大轮胎起重机市场份额。该项目总投资 1.05 亿元。其中，设备购置费 600 万元，安装工程费 48 万元，设计及可研报告编制费、联合试运转费、研发费及开办费、办公家具购置费及预备费等 1250 万元。

京城重工二号工程系全路面起重机研发及产业化项目。项目实施地在通州区台湖镇星湖工业园创业园路 2 号。根据公司"十一五"竞争战略，京城重工于 2007 年 9 月启动新型起重机研发专项工作，以重大起重机基础技术预研为起步，开发 55 吨、160 吨级别的全路面起重机，形成采用新一代机电一体化技术起重机的研发、制造能力，并根据国内外市场需求，逐步实现新产品的系列化和产业化生产。55 吨全路面起重机项目总投资 2090 万元，支付国外专家咨询费 70 万欧元。2010 年项目基本实施完成。

京城重工三号工程系新一代高性能起重机研发及产业化项目。项目实施地在通州区台湖镇星湖工业园创业园路 2 号。2008 年 7 月，京城重工开始策划新一代中小、中大吨位高性能起重机研发及产业化发展项目。项目总投资 3.97 亿元，其中固定资产投资 1.55 亿元，研发投入 9955 万元。基建面积 16052 平方米，计划 2011 年 12 月竣工。项目完成后，改变原有的生产方式，实现流水线装配，扩大起重机生产能力，设计年产 1500 台 25 吨当量汽车起重机。

华德公司"工程机械关、主液压件产业化"建设项目

项目目标为实现液压产业升级，满足相关行业需求，适应市场发展，进一步提高国产液压件的生产规模、产品质量，形成工程阀和通轴泵的批量生产能力。从 2009 年开始实施，建设周期为 3 年。项目投资 3.56 亿元，资金来源为企业自筹、银行贷款。实施地点在密云县新西路 37 号华德公司液压阀分公司、丰台区卢沟桥南里 3 号华德公司液压泵

分公司。项目按照设备、产品、空间布局三方面统筹实施，改造、增加为工程机械配套的多路阀产品和通轴泵产品所用的加工设备及检测、试验装置。项目成效为新增生产能力，多路阀年产至少 20 万件，通轴泵／马达年产 3 万台以上。2010 年年底，该项目在施工建设中。

1999—2010年北京通用设备制造业获奖产品情况一览表

4-1表

产品（项目）名称	生产(研发)企业	获得奖项
北一牌数控系列机床	北京北一数控机床集团公司	2000年、2004年、2007年被评为北京名牌产品，2002年被国家经贸委评为2001年度国家重点新产品，2007年被商务部评为2006年度最具市场竞争力品牌
CHA564立式复合车削中心		2008年获中国创新设计红星奖
复合车用双面刀架		2010年获市总工会、市科委颁发的职工优秀创新成果奖
XKA2130、XKA2850数控动梁龙门镗铣床		2010年被国家能源局能源节约和科技装备司、中国机床工具工业协会授予国产数控机床优秀合作项目奖
XKA28105×300数控重型桥式龙门五轴联动车铣复合机床		2010年年底入选"十一五"国家重大科技成就展
大型汽轮机叶片五轴联动加工中心	北京机电院高技术股份有限公司	2006年获中国机械工业科学技术奖一等奖和北京市科学技术奖一等奖
BJ80履带式小型挖掘机	北京建筑机械厂	2002年获北京市科学技术奖三等奖
50系列新型压力阀	北京华德液压工业集团有限责任公司	1999年12月获国家机械工业局科学技术进步奖三等奖
电磁阀、溢流阀		1999年12月获国家机械工业局科学技术进步奖二等奖
WE电磁换向阀、DB液压溢流阀		2005年6月被中国质量协会全国数控设备用户委员会评为全国用户满意产品
华德牌液压件	北京华德液压工业集团有限责任公司	2004年9月、2006年9月被评为北京名牌产品，2005年3月被中国市场信息中心授予中国市场用户满意第一品牌称号，2006年1月获中国企业文化委员会2005年度中国液压行业最具影响力品牌称号，2007年3月被评为第三届中国液压行业自主创新最具有价值品牌
高精度主轴加工攻关项目	北京北一数控机床集团公司	2007年9月获中国机冶建材工会全国委员会、中国机械联合会颁发的全国机械工业职工技术创新成果银奖

第二章　专用设备制造业

1999 年，北京专用设备制造业全部独立核算工业企业 1007 个，其中亏损企业 235 个，工业总产值 96.19 亿元，从业人员平均人数 86015 人，资产总计 188.53 亿元。主要产品有重化工业设备、纺织服装设备、农业机械、医疗器械、印刷机械、环保设备等。

2010 年，北京专用设备制造业规模以上工业企业 554 家，其中亏损企业 78 家；资产总计 849.2 亿元，工业总产值 502.4 亿元，从业人员年平均人数 79607 人。

第一节　重化工业设备

1996 年，北京首钢机电有限公司从德国引进 6.7 米焦炉制造技术，包括可变速定量螺旋装煤、变频调速走行机构控制系统、焦侧除尘等，从国内焦炉自动化、节能和环保改造的需要出发，研制了 6 米、4.3 米焦炉及装煤车、推焦机、拦焦机、熄焦机"四大机车"。吸取国内外焦炉烟尘治理技术优点，研制出适用于国内不同类型焦炉的焦侧除尘设备，具有烟尘捕集率高、结构简单、投资少、易于操作和维护的特点，特别适合中国焦炉生产环境治理，并获得专利。北京首钢机电有限公司还为北京焦化厂制造焦侧除尘设备，为山西焦化厂制造 6 米焦炉，承包年产 40 万吨孝义焦化厂、海姿焦化厂等的技术改造项目。同年，北京首钢机电有限公司作为德国西马克公司合作伙伴，引进了薄板坯连铸连轧技术，即 CSP 紧凑带钢生产技术，制造了邯郸钢厂、珠江钢厂、包头钢厂 3 套薄板坯连铸机的关键设备，包括大包转台、中间罐及塞棒机构、扇形段、引锭杆系统、拉矫机及其他非标准设备。CSP 热轧带钢新技术具有流程短、效益高的特点，铸坯厚度 50 ～ 70 毫米。

SP 漏斗形结晶器、扇形段是国家"九五"攻关项目，2000 年 7 月，北京首钢机电有限公司完成结晶器实样研制，取得 CSP 结晶器的专利使用权。

21 世纪初期，北京石油机械厂研制的石油钻探产品主要有顶部驱动钻井装置系列、钻井随钻仪器系列、螺杆钻具（空气螺杆钻具）系列、地面防喷器控制装置系列、震击器及加速器（空气随钻震击器）系列、钻柱减震器（空气减震器系列）、井下单螺杆抽油泵系列以及其他钻井装备产品，应用覆盖了中石油、中石化、中海油陆上及海上油气田，出口到美国、加拿大、古巴、沙特阿拉伯、伊朗、伊拉克、哈萨克斯坦等 40 余个国家和地区。"北石"和"BPM"已成为国内外公认的知名品牌。北京石油机械厂研制的地面防喷器控制装置分别于 2004 年和 2006 年获全国用户满意产品和石油工业用户满意称号。

2006 年，首钢秦皇岛 4300 轧机项目是北京首钢机电有限公司机械厂承制的第一台大型轧机。此轧机为四辊可逆式精轧机，多片组合牌坊，闭口式设计，轧制力可达 92000 千牛，主要用于中厚板轧制。

2007 年，北京石油机械厂 DQ90BSC 顶驱装置、长寿命耐高温螺杆钻具创造了 3 项 2007 年全国企业新纪录；DQ70BSC 顶驱装置被评为 2007 年度国家重点新产品。

2008 年，北京首钢机电有限公司公司机械厂成为国内首家制造并出口 350 吨混铁车厂家。350 吨筒型混铁车由德国西马克公司提供初步设计图纸，北京首钢机电有限公司机械厂进行了二次设计并自主完成制造加工、安装和调试。

2010 年 4 月，由奥钢联设计、北京首钢机电有限公司机械厂自主制造的中国首套 400 毫米厚板坯连铸机扇形段运往首秦公司。该设备重量超过 80 吨，属异型件。

截至 2010 年年底，北京重化工业设备制造业主要有北京首钢机电有限公司、北京石油机械厂、北京煤矿机械厂、北京探矿机械厂等企业，主要产品为焦化设备、连铸设备、石油钻探设备、采矿设备等。

北京石油机械厂

隶属于中国石油天然气集团公司，组建于 1955 年。公司地址在海淀区学院路 20 号，占地面积 3.5 万平方米，员工近 700 人，拥有加工装备 169 台，具备现代化的检测、试验设施，是集开发、设计、制造、销售、服务于一体的现代化石油钻采装备专业制造企业，为国家级高新技术企业、省部级企业技术中心，拥有 20 余项专利技术。北京石油机械厂参与多项国家、北京市科委和集团公司的科技项目，承担多项国家或行业标准的制定及修订工作。1996 年，北京石油机械厂在中国石油设备制造行业率先通过 ISO 9001 质量体系认证，是中国最早取得 API SPEC 16D 会标使用权的企业，拥有 API SPEC 7、API SPEC 8A、API SPEC 8C 会标使用许可证书，并于 2010 年通过 ISO 14001 环境管理体系认证。

北京首钢机电有限公司

1986 年成立，是首钢集团法人全资子公司，地址在石景山区老山西里。企业总资产 34.6 亿元。北京首钢机电有限公司下设河北省大厂首钢机电有限公司、北京首钢环境工程技术有限公司、机械厂、重型机器分公司、电机厂、液压中心、成套设备分公司、设计研究院、迁安机械修理分公司、曹妃甸机械修理分公司、秦皇岛分公司等。北京首钢机电有限公司经过多年发展，形成中高端成套设备制造和钢铁服务业两大板块，主要产品包括冶金成套设备、焦化设备、城市道路安保设备、城市垃圾处理设备、机械式停车设备、电动汽车充电桩、管片模具及自动化生产线、住宅产业化生产线、散料（粮食）自卸设备、桥梁施工转体设备、海水淡化设备及电机、开关柜、变压器和液压产品等。北京首钢机电有限公司拥有各种大型金属切削设备，其中精密机床、大型数控机床 300 多台，拥有设备结构、热处理等配套工艺，有完善的理化检测手段和先进的检测设备，通过 ISO 9001 国际质量保证体系认证和美国 ASME 认证。2008 年 12 月，北京首钢机电有限公司实行股份制改制，新公司注册资本 1.8 亿元，首钢总公司作为国有资产投资 8820 万元，占股 49%；公司自然人股东入股 9180 万元，占股 51%。在岗职工 2767 人，拥有工程技术人员 527 人。2008 年完成销售收入 17.01 亿元，完成考核利润 4426 万元。2009 年 2 月 20 日改制揭牌，新公司正式运营。

第二节　纺织服装设备

1999 年年初，北京纺织机械器材企业有北京纺织机械厂、北京朔方机械公司、北京第三纺织机械厂、北京纺织器材厂、经纬纺织机械股份有限公司等。1999 年 5 月，北京朔方机械公司、北京第三纺织机械厂、北京纺织器材厂划转所在区县管理。

2000 年，北京兴大豪科技开发有限公司研制拥有自主知识产权、具有国际先进水平的三相细分步进驱动器 MS-01，推动了刺绣机步进电机控制技术进步。

2002 年 11 月，建于 1958 年的北京纺织机械厂改制为民营股份制企业。

2002 年，大豪公司研制拥有自主知识产权、适合刺绣机特点的变频驱动器 FV-01，推动了缝制设备领域主轴电机驱动技术进步。2004 年，大豪公司生产的计算机控制系统取得出口欧洲 CE 安全认证。大豪牌刺绣机电控系统被评为北京名牌产品、中国名牌产品，获北京市科学技术奖一等奖、国家科学技术进步奖二等奖。2005 年，大豪公司研制的第二代套结机用电脑控制系统，配备了自主研发的伺服主轴和步进电机驱动器。研制成功拥有自主知识产权、用于加固机的 400 瓦伺服驱动器。2006 年，大豪公司推出 SD-S150-D00 刺绣机专用主轴伺服电机驱动器。大豪牌 BECS-A88 型电控、BECS-1X9 型电控推向市场。BECS-1X9 系列是适用于锁式绣、毛巾绣、链式绣、金片绣或各种混合针迹的特种电脑刺绣机控制系统。BECS128 新型金片绣控制系统获得"十五"全国缝制机械行业技术创新奖一等奖。2007 年，大豪牌 BECS-CX8 系列电控推向市场。1200 转 / 分钟的大豪牌全伺服高速机电控系统研制成功，达到国际领先水平。大豪牌 1900A 套结机电控和 210E 花样机电控发布，填补了国内市场空白。大豪牌 SD-S 系列主轴伺服驱动器批量生产和销售，涵盖 400 瓦至 3 千瓦全系列产品，满足了各种机型刺绣机主轴驱动要求。

2008 年，大豪牌 JY-01 型刺绣机自动加油系统推出，首次在刺绣机上引入自动润滑功能，可以实现定时加油、按针数自动加油及手动加油多种控制模式，实现刺绣机维修保养自动化。大豪牌 BECS-328、322 系列电控推向市场，支持最新式的锁式毛巾和绳索绣新功能。推出大豪牌超多头电脑刺绣机专用电控系统，针对超多头电脑刺绣机的机械特点和电气特点进行了多项技术革新，应用该系统推出头数最多的86头电脑刺绣机。二合一步进驱动器MD02研制成功。大豪牌BECS1X9系列特种绣电脑控制系统取得2007年度中国轻工业联合会科学技术进步二等奖。

2009年，大豪牌BECS-3X6系列链式机电控系统产品推向市场。SC系列的1900套结机、三菱款花样机、1790平头锁眼和9820圆头锁眼电控推出。大豪牌SD-P系列位置伺服驱动器研制成功，在毛巾、链式、盘带等特种绣及全伺服绣框驱动中替代了进口通用产品。大豪牌CX8平台及系列电脑刺绣机控制系统获得了2008年度中国轻工业联合会科学技术进步奖三等奖。大豪牌BECS系列刺绣机电脑控制系统被认定为北京市第二批自主创新产品。推出世界上头数最多、机身最长（17米）的86头超大型电脑刺绣机控制系统，满足了15码匹布绣一次绣作完成的工艺要求。CX8四合一电脑刺绣机控制系统、SC440花样机电脑控制系统、SC500平头锁眼机电脑控制系统分别获得中国缝制机械协会2009优秀新产品一、二、三等奖。

2010年，大豪牌新型JF型金片绣控制系统推向市场。基于全新的CAN通信方式实现和主控系统的无缝连接，借助主控系统的数据处理能力可以实现复杂金片控制。大豪牌全伺服电脑绗绣机专用电控系统和配套专用伺服驱动器产品推向市场。第三代断线检测控制系统推向市场。该系统支持在线写地址和组合刺绣功能，组合刺绣等参数如分组、扩针杆和扩幅面等都可以在操作头上进行设置。大豪公司特种缝纫机电控销量超过3000套，SC系列1900和1900A套结机电控取得国内市场领先地位；全伺服机型销售超过7000台，伺服电机驱动器销量达到4.5万台，横机伺服驱动器进行批量生产和销售。

2010年，北京纺织服装设备企业主要有大豪公司、北京中纺精业机电设备有限公司、北京中丽制机工程技术有限公司等。主要产品为缝制设备控制系统、缝纫机电控系统等。

北京兴大豪科技开发有限公司

1986年成立，初期为北京一轻研究所下属北京大豪电脑公司。1998年改制组建为含有企业技术人员股份的北京精大豪电脑控制设备有限公司。1999年，公司总资产4501.4万元，负债1639.6万元，所有者权益2807.8万元。2000年9月25日，由北京精大豪电脑控制设备有限公司和部分经营者、技术人员共同出资组建北京兴大豪科技开发有限公司，注册资本100万元。2003年，公司迁入中关村科技园区电子城科技园新址（朝阳区酒仙桥东路1号）。新基地建设总投资1.3亿元，占地面积8400平方米，建筑面积3万平方米。2004年，投资6000多万元，在电子城扩建基地，增加电子通用厂房面积1.55万平方米；实现销售收入4.2亿元，实现利润2.1亿元，上缴税金7000万元。被中国轻工联合会推选为全国轻工行业质量效益型企业，被市政府认定为缝制设备电控系统产品中试基地和市级技术中心。该公司完善法人治理结构，股权结构调整为一轻研究所国有股权35%，为第一大股东；经营者技术人员持股合计65%。2006年1月，由大豪公司全额出资成立北京兴大豪信息技术

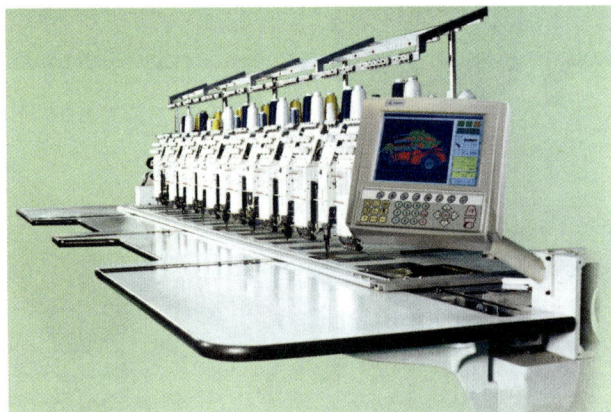

图4-9　北京兴大豪科技开发有限公司生产的电脑绣花机整机（2008年摄）

有限公司，注册资金500万元。"大豪"牌系列产品获得中国名牌产品称号。2007年，"大豪"被认定为中国驰名商标。2009年，大豪公司作为中国缝制机械电气行业的唯一代表出席了2009年IEC/TC44标准化工作年度大会。2010年，大豪公司旗下拥有北京兴大豪信息技术有限公司和浙江诸暨兴大豪科技开发有限公司2个全资子公司和太原大豪益达电控有限公司，并在国内外设立了12个办事处和7个驻厂机构。公司产品涵盖刺绣机电控系统、特种工业缝制电控系统、针织设备电控系统以及伺服电机驱动器、步进电机驱动器、变频电机驱动器等四大类产品，绣花机和特种工业缝纫机电控年生产能力10万台（套），驱动器产品年生产能力10万台。公司获评2010年度中国轻工联合会行业20强、中国缝制机械协会行业10强。2010年，公司总资产4.99亿元，工业总产值（当年价）3.95亿元，营业收入5.08亿元，实现利润3.68亿元，员工449人。

经纬纺织机械股份有限公司

1995年成立，为国家级高新技术企业，前身是国营经纬纺织机械厂，地址在北京经济技术开发区永昌中路8号经纬科技园。1996年，公司分别在香港联交所和深圳证交所上市发行H股和A股股票，股票代码及简称为"000666经纬纺机"。经纬纺机是国内最大的棉纺织成套设备供应商，建有完善的产品开发、工艺技术、生产制造、市场营销、经营管理体系，产品分布应用于清、钢、并、粗、细、络、织、染工艺全过程。2010年年底，公司总资产113.4亿元，净资产43.19亿元，拥有30多家子、分公司和3个事业部，员工14000余人。

北京中纺精业机电设备有限公司

2001年11月27日成立，注册资金300万元，地址在朝阳区将台乡将台路乙21号。公司由中国纺织科学研究院控股、部分科技人员参股，是专业从事化纤高速纺丝设备关键部件科研开发与加工制造的高新技术企业。产品主要包括各类热牵伸辊、喂入辊、分丝辊、油雾润滑、油冷却系统及热辊温控系统、上位机监控系统，年生产能力达3000多台（套），应用于高速纺民用丝、工业丝、碳纤维等纺丝生产领域，并批量出口多个国家。至2010年，公司取得多项实用新型专利与发明专利，并获国家科学技术进步奖二等奖和纺织工业协会科学技术进步奖一等奖，首批通过国家对高新技术企业的认定，被市税务部门评为纳税信用A级企业。

北京中丽制机工程技术有限公司

2005年1月5日成立，注册资金1.9亿元，地址在通州区光机电一体化产业基地兴光四街3号。该公司为中国纺织科学研究院控股的化纤机械工程企业，具有建设部颁发的甲级工程设计资质。该公司引进世界先进水平的加工中心、数控车床等制造加工设备，建立了国内一流的现代化化纤成套设备生产线和组装线。生产能力为3500纺位/年，高速卷绕头3500台/年。拥有涤纶、丙纶、锦纶民用丝、工业用丝、差别化等产品的熔体直接纺和切片纺及非织造布的纺丝工艺、工程大型成套技术和装置；各种规格的高速卷绕头制造技术，还生产塑料机械设备及其他棉纺、化纤成套设备用电气控制柜和多种规格喷丝板等，产品远销亚洲、美洲、欧洲及全国30多个省区市的上百家企业。公司与日本东丽工程株式会社共同投资组建北京中丽化纤机械有限公司。2010年，获评21315全国绿色质量信用AAA等级企业。全年安装各类纺丝机4000个纺位，一次开车成功率创历史新高。2010年，工业总产值增长85.67%，主营业务收入增长55.5%，资产总额增长51.77%。出口交货值增长120.07%，其中自营出口交货值增长178.97%。

第三节　农业机械

1999年年初，北京农业机械的制造集中在兴东方公司，其下属主要企业有北京拖拉机公司、北京市小型动力机械厂、北京市化油器厂、北京联合收割机发展集团、北京市农业机械设备厂、北京农业机械研究所等。主要产品有拖拉机、内燃机及配件、农具、收获机械、植保机械、林牧渔业机械等。农机产品有16大类200多种，产品形成小麦、玉米、水稻三大作物收获机械系列；农用运输车有3个系列11个品种。北京农业机械设备厂开发的4YZ3B型秸秆还田自走式玉米联合收割机被列入经贸部新产品试产计划，获得农业部推广证书和国家重点新产品证书。

2000年，兴东方公司企业下岗分流富余人员共计2285人，其中进入再就业中心的下岗职工1818人。2001年，北京联合收割机发展集团、北京拖拉机公司、北京化油器厂3家企业共计亏损3859万元。北京小型动力机械厂搬迁到大兴区，下岗职工484人，实现再就业484人。2005年5月，北京市第二中级人民法院裁定北京联合收割机发展集团破产。

2006年，兴东方公司生产挤奶机203套，销售173套，销售收入1740万元；生产牛奶制冷罐35台，销售收入175万元；生产蓄养机械7280台套，销售7100台套，销售收入1600万元。同年，北京市农业机械研究所对"北京"牌玉米联合收割机进行恢复研发，组织样机在北京、山东、黑龙江等地试验演示。

2008年，北京嘉源易润工程技术股份有限公司（以下简称嘉源易润）开发灌区节水灌溉智能控制系统新产品，利用网络技术将分布在田间的现场终端控制系统和视频监控系统，与中央控制系统组成一个数据和控制网络。同年，北京市机械设备厂、北京市农业机械设备厂、北京联合收割机发展集团实施破产，完成工商注销。

2010年，北京市农业机械研究所"温室新型材料及配套作业机具的研发和示范"项目获北京市农业技术推广奖三等奖，"植物工厂化生产低碳设施与配套关键技术装备的研发与产业化示范"项目入选科技部"十二五"农村领域科技计划。嘉源易润完成吉林省千安市千亩玉米地埋滴灌项目，成为国内首创的示范工程。

北京拖拉机公司

前身是1956年由区管件厂、汽车装修厂等8个工厂组建的北京市管件分厂。1969年更名为北京市手扶拖拉机厂，1985年更名为北京拖拉机公司。1998年年初，该公司地址在昌平县沙河镇。1999年与北汽股份公司合作，由兴东方公司作为出资人，投资5700万元，共同发起成立北京福田汽车有限公司。北京拖拉机公司的生产经营性资产以配股、扩股方式进入北京福田汽车有限公司。1999年至2000年进行资产重组后，以中关村德胜科技园中的天成科技大厦A座为基地，下属1个控股公司、6个参股公司，主营业务涉及写字楼与社区物业管理、起重机械、餐饮、商贸等，地址变更为西城区德胜门外新风街1号。2002年设立物业管理服务公司，公司地址由德胜门外新风街1号，变更为德胜门外新风街2号。2003年对所属的北京德辉经贸公司、北京市宾来旅馆、北京众艺园商贸中心、北京信大民用建材机电经营部进行改制。2005年投资成立北京神农乐园美食有限公司、沧州市东安商厦有限公司、中韩联合起重机械有限公司。2008年为北京汽车控股有限责任公司的三级国有独资企业。2009年在北京设有2家专业钢铁销售经营部，以北京、天津、河北等地区为主，主要从事冷热轧钢板、建筑等钢材的销售与加工，业务范围覆盖华北地区。2009年实现经营收入1亿元，国有资产保值增值率101.5%。2010年，兴东方公司将持有的北京农机物资供应有限公司34.18%的股份无偿划转给北京拖拉机公司，成为北京拖拉机公司的代管企业。北京拖拉机公司的经营项目增加了仓储租赁业务。

北京市农业机械研究所

1959年成立，地址在海淀区西三旗建材城西路87号。1999年年初，有职工217人，固定资产原值925万元。2000年进行股份制改造，转制为科技型企业。在设施农业工程研发和产业化发展领域形成了优势，构成以京鹏温室公司、京鹏畜牧公司、京鹏润和公司为基本体系，以系列化、规模化和集成化为特征的京鹏产业集团，创立了"京鹏"品牌。2001年，市科委在北京市农业机械研究所建设北京市工厂化设施农业工程技术研究中心。2004年签订项目工程、产品销售合同300余项，实现产销额8000余万元，年科工贸总收入1亿元。2005年建设北京市农业机械研究发展中心。2006年首次参加国家863计划项目和科技支撑项目并获得经费支持。在通州区建立北京都市型现代农业装备科技与产业创新示范园，提升了北京农业装备技术水平。2008 年 4 月 30 日，北京市农业机械研究所控股企业北京京鹏环球科技股份有限公司在深交所"新三板"上市。8 月 18 日被市工业促进局认定为北京市企业技术中心。2009 年 4 月，北京市启动中关村国家自主创新示范区股权激励试点工作，北京市农业机械研究所被列为股权激励首批试点单位。2010 年 8 月，北京市农业机械研究所京鹏植物工厂在通州区落成并投入运营，工厂总面积 1288.96 平方米。

北京嘉源易润工程技术股份有限公司

1999 年，北京嘉源对外贸易工程公司、大都林技术开发公司、农牧工程公司 3 家企业合并后，与优力凯置业公司共同组建北京嘉源易润工程技术股份有限公司，注册资金 1171.97 万元，隶属于兴东方公司。嘉源易润是按照现代企业管理制度建立起来的高新技术企业，拥有独立进出口权。嘉源易润是国内最早专业生产、经营节水灌溉设施的企业之一，主营"易润"品牌滴灌带（管）、输配水管材管件、施肥器、过滤器、水资源信息化管理、水利专家系统等 5 大类 20 多个系列近 500 个品种节水灌溉器材、设备设施等，具有年产滴灌带（管）2 亿米、管材 3000 吨、过滤器施肥及自控系统 1000 套（台）的生产能力，产品辐射国内外百万亩节水农田，远销韩国、泰国、南非、澳大利亚、印度等 10 多个国家和地区。2003 年成立"易润"节水山西办事处。2005 年，永丰节水产业基地奠基，2009 年竣工。2008 年完成企业重组和股份制改革，形成北京嘉源易润工程技术股份有限公司和山西嘉源易润工程技术有限公司。2009 年，兴东方公司与北京汽车工业控股有限责任公司实施重组，嘉源易润并入北京汽车工业控股有限责任公司。2010 年 8 月，"易润"牌节水灌溉、水处理系列设备的销售、安装及售后服务通过 GB/T 19001−2008 idt ISO 9001 认证；"易润"牌节水灌溉、水处理系列设备的销售、安装及售后服务的相关部门、办公区、作业场所的环境管理活动通过 GB/T 24001−2004/ISO 14001 认证。地址在海淀区复兴路 2 号。

北京京鹏环球科技股份有限公司

前身是北京农业机械研究所的一个课题组，2006 年改制为股份有限公司，地址在海淀区丰惠中路 7 号新材料创业大厦。2008 年，经中国证券协会批准，成为国内设施农业装备行业第一家上市公司。京鹏通州研发平台位于通州区宋庄镇，占地 24 公顷，是一个以企业为创新主体、通过产学研联合、集成多学科优势、进行设施农业关键技术与装备研究与开发的平台，也是高新技术应用研究、科研创新的基地。京鹏顺义产品生产、展示与物流基地占地 5 公顷，位于京承高速都市农业走廊北石槽段。公司作为创新型高科技企业，拥有专利 60 余项，完成科技部、农业部以及北京市科研课题和科技开发项目 40 余项，获各级奖励 50 余项，相继开发了"屋面全开启式连栋温室""屋顶平拉膜温室""植物检验检疫隔离温室""植物生理生态监测系统""植物工厂"等核心专利技术，达到国际先进水平。2010 年，"京鹏植物工厂"建成并投入运营。

第四节　医疗器械

北京医疗器械工业在 20 世纪 80 至 90 年代取得较快发展，在京的中科院，航空航天、船舶和兵器等军工科研单位，集中大量人力资源仿制开发了麻醉机、呼吸机、监护仪、医用激光、碎石机、放疗设备、X 射线机等一批常规医疗器械产品，成为北京医疗器械工业发展的重要资源。北京医疗器械工业在 X 射线机、CT、MR 等医学影像领域优势突出，发展迅速，在全国居领先地位。1995 年 2 月，松下电工有限公司电子血压计取得"医疗器械准产证"及"制造计量器具许可证"。同年，北京怡成生物电子技术有限公司推出中国第一款家用快速血糖仪。1998 年 7 月，北京医疗器械研究所在中关村科技园区昌平园建设放疗设备规模化生产实验基地。项目所需资金大部分自筹，占地面积 1.3 万平方米，总建筑面积 1.1 万平方米，建成 6500 平方米六层实验楼、4000 平方米装配加工车间和迷宫式防辐射调试机房，新增部分仪器设备。2001 年 8 月竣工，建设总费用为 4000 万元，被评为 2001 年昌平区优质工程。2002 年年初，基地正式启用并运行投产，医用加速器和模拟定位机的年生产能力近 30 台套。1998 年，北京超思电子技术有限责任公司推出第一个完全自主知识产权的 MMED6000 系列台式多参数监护仪。截至 1998 年年底，北京万东医疗装备股份有限公司生产 200 毫安、300 毫安、500 毫安、800 毫安、1250 毫安的 X 射线机超过 3000 台，其中出口 200 余台。

1999 年，大恒新纪元科技股份有限公司的医用电子直线加速器以及精确放射治疗计划系统通过鉴定。该系统获北京市科技奖二等奖，装备在全国 200 余家医院，国内市场占有率第一。同年，万泰公司研制出国内第一个第三代艾滋病毒抗体诊断试剂盒，质量与国际一流产品水平相一致，获国家二类新药证书和国家科学技术进步奖二等奖。国内 10 余家主要诊断试剂厂商使用该科研成果生产的试剂产品产量占全国艾滋病诊断试剂市场的 75% 以上。北京超思电子技术有限责任公司推出基于 RS485 总线的中央监护系统。

21 世纪初，北京研发、生产的影像设备包括民用 X 射线摄影系统、血管介入治疗系统、X 射线计算机断层摄影设备（CT）、永磁磁共振系统（MR）等。2000 年 12 月，瑞典跨国医疗集团医科达公司与北京医疗器械研究所共同成立医科达（北京）医疗器械有限公司。同年，乐普医疗生产出国内第一个冠状动脉支架系统，获国家食品药品监督管理局颁发的国产首个 LPCSRX 冠状动脉支架输送系统产品注册证。北京超思电子技术有限责任公司推出便携式多参数监护仪 MMED6000DP，实现监护仪的移动化、便携化；推出基于以太网络的中央监护系统，使监护仪可以联入医院的局域网，扩展了监护仪功能。周林频谱仪通过欧盟 CE 认证。2000 年，北京有医疗器械生产企业 401 家，北京医疗器械工业的产品销售收入和利润总额分别为 17.4 亿元和 2.7 亿元。

2001 年，万东医疗装备股份有限公司自主研制的胃肠系统诊断设备系列产品获批上市。同年，北京金豪制药股份有限公司推出双抗原夹心法 HIV1+2 型抗体酶免诊断试剂盒并获得新药证书。乐普医疗生产的冠状动脉支架系统获得国家重点新产品证书。北京超思电子技术有限责任公司在国内首家推出无线中央监护系统，实现了便携监护仪的无线移动联网。

2002 年 1 月，第三代双抗原夹心法 HIV1+2 型抗体酶免诊断试剂盒被列入国家重点技术创新计划项目。同年，乐普医疗生产的冠状动脉支架系统被认定为北京市高新技术成果转化项目。北京超思电子技术有限责任公司在国内首家推出数码遥测多参数监护系统，实现心电、无创血压等参数的数字化遥测监护。万东医疗装备股份有限公司研发的血管造影及介入治疗系统共 3 个款型获批上市，其中 CGO2100、CGO3000 型产品为自主创新产品。万东医疗装备股份有限公司自主研制 i_Open 系列开放型永磁磁共振系统产品，0.36 特斯拉水冷版永磁磁共振成像产品于 2002 年研发，2004 年获批上市；0.4 特斯拉、0.5 特斯拉水冷版永磁磁共振成像产品于 2006 年研发，2009 年上市。该系列产品通过美国 FDA 认证和欧盟 CE 认证，销往美国、沙特阿拉伯等 30 多个国家。

2003 年 6 月，北京怡成生物电子技术有限公司的第三代双抗原夹心法 HIV1+2 型抗体酶免诊断试剂盒获得国家药监局 GMP 认证；9 月，丙型肝炎病毒抗体诊断试剂盒（酶联免疫法）被第七届亚细安中医药学术大会评为优秀产品金奖。10 月，北京佰仁医疗科技有限公司研发的生物瓣牛心包瓣经体外模拟加速疲劳测试 3.8 亿次无损坏，达到人工机械瓣耐久性指标要求。同年，北京天新福医疗器材有限公司生物膜的开发和应用项目获国家科技部创新基金项目支持，此后人工硬脑膜、人工硬脊膜、人工神经鞘管等生物膜产品先后获得国家药监局颁发的"生物膜"产品注册证。北京超思电子技术有限责任公司推出全时通第二代无线数码多参数监护系统，实现全部六参数（三导心电 / 心率、无创血压、血氧饱和度、脉率、呼吸、体温）随身 24 小时连续实时的超低功耗监护，并推出系列掌上多参数监护仪。北京九强生物技术股份有限公司自主研制的同型半胱氨酸诊断试剂盒获科技部中小企业创新基金资助。

2004 年 4 月，北京谊安医疗系统股份有限公司建成呼吸机研发和生产线；11 月首次参展德国 MEDICA，开始实施国际化发展战略。6 月，北京金豪制药股份有限公司艾滋病第三代酶联免疫诊断试剂（双抗原夹心法）被列入市科委高新技术成果转化项目。同年，北京万泰生物药业有限公司推出全球首个捕获法 HEV−IgM 抗体检测试剂，随后又相继推出 HEV−IgG 抗体和 HEV 抗原检测试剂。北京怡成生物电子技术有限公司承担国家 863 计划课题"便携式全血分析微系统实用化研究"，推出虹吸技术的"怡成超越"血糖测试仪、国内首个具有领先水平的肾损伤快速检测卡。北京天新福医疗器材有限公司"生物膜的开发和应用"项目获得北京市创新基金支持，成为"高新技术成果转化项目"。乐普医疗的"介入医疗核心产品高技术产业化"项目列入国家发展改革委高技术产业化示范工程专项计划。

北京超思电子技术有限责任公司的全时通第二代无线数码多参数监护系统通过国际CE产品认证。

2005年5月17日，北京博奥生物芯片有限责任公司自行研发和生产的中国第一台商业化双激光微阵列芯片扫描仪"晶芯LuxScan10K-A"通过电子激光仪器产品质量测试。该产品获得欧盟CE认证，于2006年10月被科技部认定为国家重点新产品，2009年5月获科技部颁发的首批"国家自主创新产品"称号，出口到美国、欧洲、澳大利亚和韩国等国家。5月，北京谊安医疗系统股份有限公司的Aeon7400A麻醉机获得CE证书，成为谊安首个获得CE证书的产品。8月，北京怡成生物电子技术有限公司的快速乳酸检测仪获得新产品证书。2005年，北京万东医疗装备股份有限公司的医用50千伏高频高压发生器研发项目由市科委立项，项目总投资246.6万元。该项目通过大功率高频逆变技术和高频高压技术开发，研制出价格合理、适于医疗使用、具有国际先进水平的50千伏高频高压发生器，并实现批量生产，获得核心部件相关专利。2009年通过市科委审核验收，同年销售收入1240万元，利润271万元。2010年销售收入1575万元，利润345万元。

2005年，北京万东医疗装备股份有限公司的数字化开放式永磁0.5特斯拉磁共振成像医疗诊断系统研制项目由市科委立项，项目总投资1645万元。该项目经过3年时间，研制出开放式0.5特斯拉永磁医疗磁共振成像系统，具有国际先进水平，获得产品注册并形成年产50台生产线。2008年通过市科委审核验收，获得评选项目三等奖。在项目完成后的3年内，与原有的0.36特斯拉磁共振成像医疗诊断系统相比，销售收入增长25%，利润增长20%，税收增长20%，国内市场占有率增加20%。2005年至2006年，北京金豪制药股份有限公司的乙肝两对半检测试剂盒、抗A抗B血型定型试剂（单克隆抗体）、RhD（IgM）血型定型试剂盒以及炭疽杆菌抗原检测试剂等8种反恐产品分获批准文号。同年，乐普医疗的"血管内药物（雷帕霉素）洗脱支架系统"获产品注册证并上市销售。

"十五"计划期间，北京医疗器械工业重点企业主要有航卫通用电气医疗系统有限公司、万东医疗装备股份有限公司、北京通用电气华伦医疗设备有限公司、北京京精医疗设备有限公司、大恒新纪元科技股份有限公司、北京源德生物医学工程有限公司6家。2005年，这6家企业销售收入和利润总额占全市医疗器械工业的72.6%和78.1%。

2006年4月，北京怡成生物电子技术有限公司推出具有国际先进水平的5秒血糖测试仪，10月获得快速全酮体检测仪新产品证书，11月通过ISO 13458和ISO 9001国际质量体系认证；同年，承担国家863计划课题"糖化血红蛋白微芯片系统的研究"。同年，北京乐普医疗器械有限公司"血管内药物（雷帕霉素）洗脱支架系统"成为北京市高新成果转化项目，并被认定为国家重点新产品。

2008年5月，北京谊安医疗系统股份有限公司的麻醉机进入美国市场；8月，Shangrila510成为北京奥运场馆唯一承担现场急救的呼吸机，175台呼吸机配置31个比赛场馆。同年，万东医疗装备股份有限公司的高频数字胃肠诊断医用X射线机开发出11款新产品，其中HF51-3A、HF51-5、HF51-7、HF81-3为自主创新型产品，具有高功率、大视野、低辐射、图像清晰等特点;新东方 1000 系列直接数字成像系统达到国际先进水平。万泰公司率先在国内上市国产艾滋病第四代诊断试剂,获欧盟 CE 认证,实现了该产品在欧盟国家的销售;国家食品药品检定研究院以及英国卫生保护局等连续采用该项目试剂进行临床研究,成为戊肝免疫诊断的重要方法之一。北京佰仁医疗科技有限公司人工生物心脏瓣膜的产业化列入北京市火炬计划项目。周林频谱仪成为"北京 2008 年残奥会正式频谱仪"。

2009 年 3 月 19 日,北京望尔生物有限公司研制成功国内首个用于快速检测食品中三聚氰胺的免疫试剂盒。5 月,万泰公司的戊型肝炎病毒 IgM 抗体诊断试剂盒(酶联免疫法)被北京市认定为自主创新产品,该产品在国内市场占有率达 80% 以上。11 月,北京万东医疗装备股份有限公司的大功率高频高压发生器和 X 射线机研制项目由市科委批准立项。项目总投资 2400 万元,其中市财政拨款 800 万元,自筹 1600 万元。项目实施重点为子课题 100 千伏大功率高频高压发生器和大功率高频 X 射线机的研制。项目在较短时间内突破了 100 千伏大功率发生器高压油箱设计、逆变单元设计、矢量控制、系统控制技术、CBCT 技术的试验,完成了自动剂量控制、实时图像优化、CANBUS 通信、实时定位控制等技术环节。2010 年 1 月至 3 月攻克发生器核心技术,形成关键工艺;同年 4 月至 10 月完成 50 千伏、80 千伏、100 千伏样机制作,包括整机的组装调试和测试;同年 12 月取得机组的注册证书。12 月,北京怡成生物电子技术有限公司血糖检测产品和血酮体检测产品获欧盟 CE 认证。同年,万东医疗装备股份有限公司的高频专用摄影设备系列产品共研发 7 种款型,其中 HF50-R32、HF50-RA 高频专摄系统,新东方 1000、1000A 摄影系统为自主创新产品。北京九强生物技术股份有限公司的胱抑素 C 测定试剂盒、高密度脂蛋白胆固醇和低密度脂蛋白胆固醇检测试剂盒等三项产品获北京市自主创新产品称号。北京天新福医疗器材有限公司"生物膜"产品获得北京自主创新产品证书。乐普医疗获国家药监局颁发的首个"冠状动脉支架输送系统"产品注册证(Ⅲ类),率先研发并试制抗感染"药物中心静脉导管"。北京金豪制药股份有限公司的甲型 H1N1 流感病毒 RNA 检测试剂盒(荧光 PCR 法)通过质量管理体系考核并获准投产,公司 10 个产品被确认为北京市自主创新产品。

2010 年,北京怡成生物电子技术有限公司的快速全酮体检测系统获得国家火炬计划项目证书,怡成血糖仪被评为中国家用医疗器械顾客满意十大品牌之一。北京九强生物技术股份有限公司的前白蛋白检测试剂盒、单胺氧化酶 MAO 检测试剂盒、钾检测试剂盒 3 项产品获北京市自主创新产品称号,胱抑素 C 测定试剂盒、同型半胱氨酸测定试剂盒、高密度脂蛋白胆固醇和低密度脂蛋白胆固醇检测试剂盒 3 项产品获科技创新产品奖。在中国艾滋病预防控制中心组织的全国 HIV 抗体诊断试剂临床质量评估中,万泰 HIV(1+2 型)抗体诊断试剂和万泰 HIV 抗原抗体诊断试剂两项产品性能均居同类参评试剂榜首;万泰公司的"戊型肝炎病毒优势构象性抗原决定簇发现及在诊断中的应用"课题获国家技术发明奖二等奖。北京谊安医疗系统股份有限公司的呼吸机获得 IF 中国设计大奖。周林频谱仪获中国家用医疗器械顾客满意十大品牌称号。松下电工有限公司的电子血压计销售 45 万台，年销售收入 6700 万元。

2010 年，北京医疗器械企业主营业务收入超过 1 亿元的有 16 家，合计近 78 亿元，占北京医疗器械产业主营业务收入的 91.5%，其中航卫通用电气医疗系统有限公司占比 22.9%。2010 年，北京共有医疗器械生产企业 1233 家，医疗器械企业工业总产值（现价）、主营业务收入（销售收入）、利润总额分别实现 89.1 亿元、91.1 亿元和 14.7 亿元，年复合增长率分别为 17.2%、15.8% 和 16.9%。

2001—2010年北京医疗器械工业主要经济指标统计表

4—2表

年份	主营业务（销售）收入（万元）	主营业务（销售）收入全国排序	利润总额（万元）	利润总额全国排序
2001年	243917	2	35813	1
2002年	299622	3	33059	2
2003年	373013	2	45178	1
2004年	394657	3	58114	2
2005年	420665	4	52709	2
2006年	529108	4	71343	3
2007年	627553	4	95678	3
2008年	762779	5	138774	3
2009年	861035	5	193629	2
2010年	910256	5	146573	4

说明：数据来源于《中国医药统计年报》。

中生北控生物科技股份有限公司

1988 年 3 月成立，注册资金 1.313 亿元，位于昌平区科技园区超前街 27 号。中生北控生物科技股份有限公司是由中科院创办并控股的高新技术企业，主要从事体外诊断产品的研发、生产和销售。2006 年在香港联交所上市。旗下拥有 12 家子公司。先后开发肝功类、血脂类、肾功类、心肌类、特种蛋白类、微量元素类和糖代谢类等 120 多种注册产品及 300 多个规格的检测试剂盒。产品遍及 IVD 行业的各个分支，涵盖生化诊断系列产品、免疫诊断系列产品、分子诊断系列产品、血球诊断系列产品、医用临床营养诊断产品以及相关分析仪器等领域。拥有 500 多家代理商和销售商，占有该行业 75% 以上用户，形成覆盖全国的销售网络。2002 年，体外临床诊断试剂被评为北京名牌产品；2005 年该公司被德勤会计师事务所评选为亚太高科技高成长 500 强，位列中国生物医药企业第一名；2006 年 5 月被评选为全国质量信得过单位；10 月，公司牵头承担国家"十一五"863 计划生物医学关键试剂重点项目；2009 年 9 月，公司商标被认定为北京市著名商标；12 月被科技部、中科院、市政府认定为创新型企业。2010 年，公司年产值 1.39 亿元，销售额 1.3 亿元。

北京博士伦眼睛护理产品有限公司

1988 年，由美国博士伦公司与北京六零八厂合资建立的中美合资企业。公司位于东城区幸福大街 37 号，并在上海、广州、沈阳、成都、武汉设有 5 家分公司。生产和销售代表世界先进水平的眼睛护理产品，包括各种隐形眼镜及隐形眼镜护理产品。1997 年，在国内同行业首家通过 ISO 9002 国际质量管理体系认证、ISO 14001 环境管理体系认证和 ISO 13485 医疗器械质量管理体系认证。2010 年销售额突破 2 亿元。

航卫通用电气医疗系统有限公司

1991 年 6 月成立，注册资金 250 万美元，位于北京经济技术开发区永昌北路 1 号、2 号，是世界 500 强美国通用电气公司（GE）和中国医疗集团下属中国科学器材公司联合建立的合资公司。主营业务为生产、销售 CT、核磁共振等医学影像设备。主要产品有Ⅲ－6828－1 型医用磁共振成像设备（MRI）、Ⅲ－6830－4 型 X 射线计算机断层摄影设备（CT）等。该公司是中国最大的医疗设备出口企业，2005 年销售收入及利润总额分别占全市医疗器械工业的 39.7% 和 14.3%，成为北京医疗器械行业龙头企业，有员工近 600 人，超过 300 名技术人员从事产品研发。

北京航天长峰股份有限公司

前身是成立于 1992 年 12 月的北旅公司。2000 年 12 月，北旅公司与股东长峰科技工业集团公司、中国航天科工集团第二研究院二零四所、中国航天科工集团第二研究院二零六所完成资产置换，2001 年 2 月，公司更名为北京航天长峰股份有限公司，7 月完成工商变更。2002 年 4 月，股票简称变更为"航天长峰"。公司位于海淀区永定路 51 号航天数控大楼，生产地址位于丰台区七里庄路 22 号。公司是中国首家以航天技术和应用成果为基础、航天军工企业为背景的高科技上市企业，国防信息安全产品供货商和数字医疗设备制造重点企业。医疗器械产品主要有Ⅲ－6854－2 呼吸设备、Ⅲ－6854－3 呼吸麻醉设备及附件，Ⅱ－6854－9 电动、液压手术台，Ⅱ－6856－1 供氧系统，6854－13 手术灯，Ⅱ－6821－10 呼吸功能及气体分析测定装置等。2008 年、2010 年，分别完成北京奥运会、上海世博会安保科技系统建设和保障任务，获国务院颁发的北京奥运会先进集体、上海世博会先进集体称号。2010 年，公司实现产值 1.03 亿元，销售额 1 亿元。

北京超思电子技术有限责任公司

1993 年 8 月成立，位于海淀区复兴路 83 号西四楼，生产地址位于石景山区八大处高科技园区双园路 9 号。在全国设有多个办事处、10 个地区中心维修站。在北京设立 3 个临床实验基地，在中国电子信息产业总部设立医疗通讯研究分支机构。该公司是中国最大的医用监护设备制造商之一，拥有自主知识产权的MMED系列监护产品享有盛誉。公司拥有6000平方米国际标准化工业厂房，以及配置齐全的精密研究设备、检测设备，具有规范的生产流程，形成规模化生产能力。2010年，公司工业总产值1.58亿元，销售收入1.53亿元。

北京金豪制药股份有限公司

1993年成立，注册资金4200万元，位于北京经济技术开发区运成街7号1号楼，占地面积6000平方米。该公司是生物技术领域国家级高新技术企业，承担卫生部艾滋病确证试剂研制与开发，以及国家生物反恐等重大科技项目。成立初期，先后推出间接法HIV1+2型抗体酶免诊断试剂盒和间接法HCV抗体酶免诊断试剂盒。2002年5月被认定为北京市高新技术企业；2003年6月获得国家药监局GMP认证。公司先后通过ISO 13485和ISO 9001:2000质量体系认证。2007年，经股份制改制，于11月在中关村新三板挂牌上市。2008年4月获得军队特需药品生产与配制许可证。2008年获得生物安全系列快速检测试剂产业化的国家火炬计划项目证书和人ABO反定型用红细胞试剂盒的北京市火炬计划项目证书。2009年加入中国生物技术外包服务联盟（ABO联盟）和首都科技条件平台，并被认定为高新技术企业。

北京怡成生物电子技术有限公司

1993年成立，位于朝阳区酒仙桥东路1号M2号楼5层。该公司是国内首家从事血糖仪生产以及医疗快速检测领域产品研制的国家级高新技术企业。2006年11月通过ISO 13458和ISO 9001国际质量体系认证，同年承担国家863计划课题"糖化血红蛋白微芯片系统的研究"；2008年获得中国医疗健康产业最具成长企业证书。2010年，"怡成"商标被评为北京市著名商标。2010年，公司产值1.26亿元，销售额1.16亿元。

北京通用电气华伦医疗设备有限公司

1995年12月成立，注册资金3870万美元，位于北京经济技术开发区永昌北路1号，是美国通用电气公司在华成立的外商独资企业，主要开发、生产医用诊断X射线设备、计算机体层摄影装置、磁共振装置、核医学诊断设备以及上述设备的附属设备、软件和零部件，主要产品有Ⅲ-6828-1型医用磁共振成像设备（MRI）、Ⅲ-6830-2型X射线诊断设备及高压发生装置、Ⅲ-6830-3型X射线手术影像设备、Ⅲ-6830-4型X射线计算机断层摄影设备（CT）、Ⅲ-6833-2型放射性核素诊断设备、Ⅲ-6870-2型诊断图像处理软件、Ⅱ-6831-3型X射线机配套用患者或部件支撑装置（电动）、Ⅱ-6831-2型医用X射线影像系统及成像器件等。2005年，公司销售收入3.55亿元，利润总额3369万元。2010年，公司主营业务收入6.85亿元，利润总额3289万元。

纳通医疗集团

1996 年组建，位于海淀区北清路 103 号，在国内外设有 20 余家子公司。专注于医疗健康领域，并以骨科植入产业为重点，提供产品与服务，实现了在骨科内植入物产品的自主创新研发、产业化生产、规模化经营、医疗服务应用完整产业链的系统布局，成为国内涵盖骨科关节、脊柱、创伤三大类别，高、中、低端产品系列，享有自主知识产权和自有品牌的骨科植入产业领军企业。子公司北京威联德骨科技术有限公司、北京纳通医疗技术有限公司、北京纳通医疗设备有限公司分别作为德国、美国骨科产品在华独家代理；子公司北京纳威协医疗有限公司与全国 1300 余家分销商建立常年业务往来，并在 60 多个国家和地区建有分销渠道。2010 年，集团被认定为北京市医用内植入工程技术研究中心，并被列为中关村国家自主创新示范区首批"十百千工程"重点培育企业，获得 G20 工程最具贡献度高成长企业称号。

华润万东医疗装备股份有限公司

前身为北药集团旗下子公司北京万东医疗装备股份有限公司，其主要资产组成部分北京医用射线机厂成立于 20 世纪 50 年代，是北京市医用射线机骨干企业，1996 年 5 月注销。1997 年 5 月，北京万东医疗装备股份有限公司在上海证券交易所上市。公司占地面积 10 余万平方米，资产总额 10 余亿元，注册地址朝阳区建国门外郎家园 9 号。公司是中国医疗器械行业骨干企业。2000 年，该公司以承债方式兼并北京手术器械厂。2001 年，被市科委认定为高新技术企业。同年 11 月，将注册地迁入电子城科技园（朝阳区酒仙桥路 5 号），公司总部暨研发中心一并进驻。2006 年 5 月被认定为高新技术企业；2007 年 4 月被科技部评为"百家创新型试点企业"，同年，公司注册地变更为朝阳区酒仙桥东路 9 号 A3；2008 年 2 月被评为中关村标准化示范区首批试点企业，11 月被科技部评为北京市制造业信息化——设计制造管理集成应用示范企业。2010 年 7 月，市国资委与华润股份有限公司签订合作协议，北药集团资产全部进入华润股份有限公司，原北京万东医疗装备股份有限公司更名为华润万东医疗装备股份有限公司。2010 年 11 月被评为北京市首批 G20 企业。公司建有由

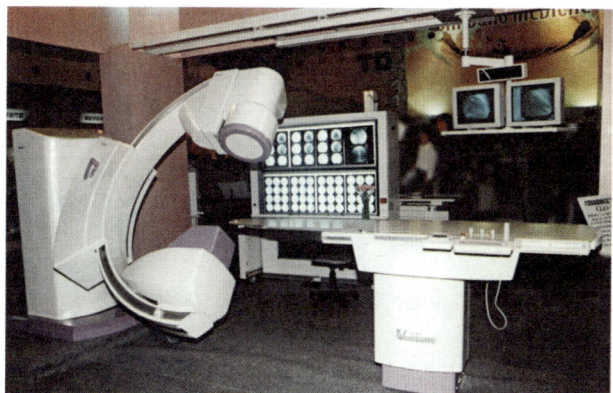

图 4-10　20 世纪 90 年代，北京万东医疗装备股份公司生产的血管造影及介入治疗系统

数字影像设备工场、磁共振产品工场、核心部件工场构成的生产制造基地，并建有由放射技术研发中心、磁共振研发中心及工艺研究设计中心构成的影像技术研发基地。产品涵盖医用 X 射线诊疗设备、磁共振成像设备等多个门类，国内普及型产品市场占有率达到 60%以上。2010 年，公司主要产品产量增加到近 5000 台，销售收入 37 亿元。

北京大基康明医疗设备有限公司

1997年，由香港大基集团有限公司投资建立，是集大型医疗设备研发、生产，医院管理、药品物流供应于一体的国际性医疗集团。公司致力于核医学影像设备和肿瘤放射治疗设备的研发和生产，产品包括正电子发射断层扫描仪（PET）、CT帕特（PET-CT）、磁共振帕特（PET-MR）、闪烁分层摄影仪（DS）、单光子发射断层扫描仪（SPECT）、电子直线加速器（LA45）、放射治疗计划和医用机器人系统等大型医疗设备。公司位于北京经济技术开发区永昌北路11号，在北京、香港、瑞典等地设有生产场地和研发、运营机构。2010年被认定为北京生物医药产业跨越发展工程（G20工程）企业，产值2.78亿元，销售额2.91亿元。

大恒新纪元科技股份有限公司

1998年12月14日成立，原名为新纪元物产股份有限公司，1999年9月更名为此名称，位于海淀区苏州街3号大恒科技大厦北座13层，是以光机电一体化产业及电子信息产业为主业的高新技术企业。1999年实施现代企业制度改制。2000年11月获准上市。2003年被评为国家火炬计划重点高新技术企业。2005年9月被科技部火炬高技术产业开发中心认定为国家火炬计划软件产业基地骨干企业。公司先后承担并完成"X辐射立体定向放射外科治疗系统"等多项国家及地方级的火炬计划项目。在涉及医用治疗领域的主要产品中，公司的HRJ系列红外乳腺检查仪连同包括GC系列光学产品在内的各类光机电产品，成为同类产品中的精品。2010年，公司总资产76亿元，销售收入33亿元，利税2.1亿元。

北京源德生物医学工程有限公司

1999年成立，位于北京经济技术开发区永昌北路24号。是2005年上市美国纳斯达克的中国医疗技术公司的全资子公司，2001年通过ISO 9001国际质量体系认证。该公司从事化学发光标记分析技术研究，在国内率先掌握其核心技术，2004年推出增敏化学发光免疫分析系统及试剂，是首家同时拥有该技术检验设备及试剂的研发和生产企业，拥有用于增敏化学发光分析仪及试剂生产的现代化厂房。2010年，公司主营业务收入3.14亿元，利润总额1.45亿元。

乐普（北京）医疗器械股份有限公司

1999年成立，原名为北京乐普医疗器械有限公司，总部位于中关村昌平科技园，是中国最早研发制造心脏介入医疗器械产品的企业，当年获得北京市高新技术企业证书。2007年引进战略投资伙伴美国华平投资集团Brook投资有限公司。2008年，改制更名为乐普（北京）医疗器械股份有限公司。2009年10月，在深圳证券交易所A股创业板上市。该公司发展为国内领先的心血管诊疗器械及设备制造厂家，Partner、Nanoplus药物洗脱支架、先心封堵器、GKS双叶心脏瓣膜等高科技产品在国内外超过1000家心脏治疗中心得到临床使用。2010 年，公司工业总产值 6.57 亿元，医疗器械销售额 5.78 亿元。

北京科美生物技术有限公司

前身为解放军总医院东雅免疫技术研究所与北京生化免疫中心于 1999 年共同组建的北京北免东雅生物技术研究所。2001 年在全国生物免疫行业首家通过国家 GMP 认证，此后又先后通过 ISO 9001、ISO 13485 认证和 CE 认证。该公司研发出中国第一个化学发光艾滋病、丙肝、梅毒诊断试剂盒。作为国家诊断试剂高技术产业化示范工程基地，承担了国家 863 计划、科技部及市政府等下达的多个科研项目。与清华大学建立了联合实验室，与北京科学技术研究院建立了博士后流动站，与兰州大学建立了教学科研基地。在全国建立了 20 多家医学检验中心，销售网络覆盖全国 30 个省市，拥有近 3000 家临床客户。2003 年，承担了市科委 SARS 体外诊断试剂科技攻关课题研究；"全自动化学发光免疫分析系统及诊断试剂盒的研制"项目获得 2003 年科技部科技型中小企业技术创新基金支持，并于当年通过医疗器械质量管理体系认证。2005 年更名为北京科美东雅生物技术有限

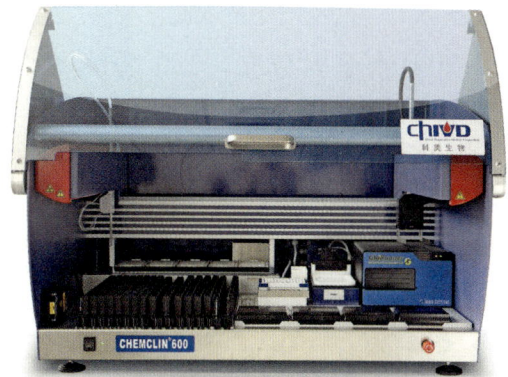

图 4-11　北京科美东雅生物技术有限公司生产的 CHEMCLIN 600 型全自动化学发光仪（2009 年摄）

公司。2007 年成为体外诊断试剂行业唯一入选美国 *REDHERRING* 杂志评选的 2007 年亚洲百强科技企业，成为全球第一大诊断医疗公司 Siemens 在中国投资的体外诊断生产企业。2008 年被国际风险投资家评为中国最具投资价值企业 30 强，通过 CE 认证，完成第二轮私募资金筹措，筹措资金总额为 1650 万美元；同年承担国家传染病重大专项获 863 计划经费 500 万元。2009 年研制出国内首台全自动化学发光免疫分析仪 CHEMCLIN 600，上市后装机范围涵盖全国 29 个省级行政区域，超过 90% 的用户为二级以上医院。2010 年更名为北京科美生物技术有限公司，位于海淀区永丰基地丰贤中路 7 号北科园。

北京京精医疗设备有限公司

2000 年 6 月，由香港上市公司金卫医疗科技有限公司投资 1010 万美元在北京成立，位于北京经济技术开发区万源街 11 号。专门从事血液回收系统、血液净化、血液治疗及血液储存技术的开发，是集研究、生产、推广、销售、服务、培训于一体的高新技术企业。2001 年 5 月，该公司在北京经济技术开发区建设了面积 2 万平方米的集现代化专业生产厂房、大型无菌净化车间、智能办公大楼于一体的科研、生产、办公基地——京精工业园。2004 年 7 月，3000P 型便携式血液回收治疗机被科技部、商务部、质量技术检验检疫总局、环境保护总局授予国家重点新产品称号，同年该公司通过国际 ISO 9001 质量体系认证。2008 年 12 月被认定为高新技术企业。2010 年总产值 2.07 亿元，销售额 2.14 亿元。

医科达（北京）医疗器械有限公司

2000 年 12 月 15 日，由瑞典跨国医疗集团医科达公司与北京医疗器械研究所合资成立，注册资本 1171.13 万美元，位于昌平区科技园区创新路 21 号。北京医疗器械研究所是以研究并生产肿瘤放疗现代化医疗设备——医用直线加速器为主的综合性研究所。1996 年开始承担国家"九五"攻关项目 20 兆伏高能加速器的研制任务，2006 年项目通过验收。2006年变更为外资独资企业。2010 年实现销售额 1.7 亿元。

北京九强生物技术股份有限公司

2001 年 3 月成立，位于海淀区花园东路 15 号旷怡大厦 5 层，为港澳台与大陆合资企业，注册资本 1 亿元。该公司是集生化诊断试剂研发、生产、营销为一体的高成长型企业，拥有与国际基本同步发展的"金斯尔"牌生化诊断试剂全线产品。2004 年通过 ISO 13485质量管理认证，产品质量处于国内同行业领先水平。产品销售规模在国内体外诊断试剂行业中名列前茅，在全国三甲医院覆盖率 70% 以上，出口欧美发达国家。2005 年获得中关村瞪羚企业称号。2006 年被认定为中国自主创新型企业，并首次获评福布斯 2006 年度中国潜力 100 榜。2008 年获高新技术证书。2009 年变更为外资企业。2010 年被评为中关村瞪羚计划重点培育企业，被北京企业评价协会评为北京名优企业。公司拥有 8 项国家专利，14 项产品通过 CE 认证。自 2006 年至 2010 年，连续 5 年名列福布斯中国最具潜力中小企业排行榜。2010 年被列入北京生物医药产业跨越发展工程规模企业（G20）。

北京天新福医疗器材有限公司

2002 年成立，位于昌平区科技园火炬街 30 号，是一家以科技为先导，集研发、生产、销售于一体的高新技术企业，其前身为国外人工关节等产品在华销售代理商。2001 年，该公司与美国哈佛大学生物工程研究室合作，共同开发生物组织工程产品（生物膜产品）。2002 年按现代企业制度组建北京天新福医疗器材有限公司，在国内最早研发诱导自身组织再生的生物膜产品。主要生产三类植入性医疗器材，涉及再生医用生物材料和骨科两大类，其中生物产品包括人工硬脑膜、人工硬脊膜、人工神经鞘管；骨科产品包括人工髋关节假体、脊柱内固定系统。2009 年获自主创新产品荣誉证书，并获得 20 多项国家专利。同年，该公司在中关村昌平科技园建有 6800 平方米的生产基地，拥有万级、十万级洁净车间和研发实验室，配有具有国际水平的生产及检测设备，建立了符合 ISO 2001 和 ISO 13485 及《医疗器械生产质量管理规范（试行）》的质量管理体系和售后服务体系，建立了覆盖全国大中城市数千家医院的销售网络。

北京谊安医疗系统股份有限公司

2004 年 3 月 29 日工商注册成立，注册资金 1.05 亿元，注册地址位于丰台区外环西路

26号院9号楼，是国内技术领先的手术室、ICU设备研发制造厂商及医疗系统解决方案提供商之一。业务涵盖麻醉与手术支持、急救与危重症治疗、医疗工程设备三大产品组合，以及层流感控、环境及设备配置、集中供气、流程质控、信息一体化等五大医疗系统解决方案。2006年10月完成股份制改造，更名为北京谊安医疗系统股份有限公司。2008年6月被科技部等认定为中关村科技园区创新型试点企业。2009年3月获中关村科技园区20周年突出贡献企业称号。2010年，该公司已获授权和申报专利500余项，发明专利300余项，并有几十项产品获得欧盟CE认证，产品销往110余个国家和地区，产值2.52亿元，年销售额2.3亿元。

北京金菩嘉医疗科技有限公司

2006年5月成立，注册资本500万美元，位于北京经济技术开发区宏达北路8号。为中国医疗技术公司旗下全资子公司，是专业从事体外诊断设备、试剂的研发、生产和销售一体化的高新技术企业。2008年在国内首家研发、生产和销售荧光原位杂交（FISH）系列探针，并在国内首家利用表面等离子体谐振技术（SPR）生产HPV-DNA生物传感器芯片及分析系统。该公司还研发并生产了利用实时荧光定量PCR技术检测人基因突变的相关产品。在国内率先掌握了荧光原位杂交及表面等离子体谐振生物传感器及芯片的核心技术，产品的技术指标和检测准确性远超传统技术，达到国际同行业水平。产品主要涉及产前/产后诊断、实体肿瘤检测和血液肿瘤检测等领域，有产前染色体数目检测试剂盒、多发性骨髓瘤检测试剂盒、HER-2基因扩增检测试剂盒、EGFR基因突变检测试剂盒、SPR生物传感芯片阅读仪等，具有快速、准确、直观等特点，用于指导临床用药方案的选择、筛选靶向药物适用者、风险预测、预后判断、术后复发监测等方面。该公司业务覆盖全国近400家三甲医院和3000多家二级医院。2010年产值3.9亿元，销售额3.94亿元。

第五节　印刷机械

1998年，北京地区的印刷机械产品全部为胶印机所代替，发展为平张纸、卷筒纸两个系列80多个品种，在全国同行业中占有优势地位，成为全国最大的印刷机械生产基地。1998年年底，北京印刷机械业主要企业有北人集团公司、北人股份公司。

1999年年初，北人股份公司实现以市场为目标的"三类产品的定位、四种产品的改进"。三类产品的定位，即由BEIREN 104（后更名为BEIREN 300）对开四色胶印机系列派生出的普通型、标准型、功能型，以满足不同用户需求，提高了产品与进口机的竞争力；四种产品的改进，即YP4A1、PZ4880-01B、J2205、J2108的改进。对PZ4880-01B型以提高产品稳定性和可靠性为重点进行了12项重大改进，提高印制精度。同年，BEIREN

104 对开四色胶印机的给纸机高速输纸的稳定性及快速达到印刷水墨平衡等难点问题解决，通过用户现场测试，整体水平提升。YP4A1A、YP4B2A、PZ21020-01、J2108C 加宽型、BFR500 等产品先进的技术性能，得到市场认可，该公司整体科技竞争力加强，保证了主营业务稳定增长。同年，北人集团公司开发出 MPQ1040 自动平压清废模切机。

2000 年，北人股份公司的 J2108B 四色胶印机获得机械工业部"优等品"称号。同年，北京印刷机械业有北人集团公司、北人股份公司、北人富士有限公司等企业；印刷机械产量完成 1.24 万台，其中印刷机 1314 台。

2001 年 10 月，北人股份公司与中国人民银行造币总公司研究所合作开发生产的 J99 型九色印钞机样机通过验收，达到了 6 项技术要求，即"规线准、印质好、速度快、技术过硬、安全、美观"。J99 型印钞机全年共生产 5 台。同年，北人股份公司的"北人牌"系列胶印机获得中国质量检验协会颁发的合格产品证书。2001 年至 2002 年，北人集团公司对原型号模切机进行改进，升级为 MP1040B、MP1040C 模切机。2001 年年底，北人集团公司与东京出版机械株式会社（TSK）达成协议，采用 OEM 方式进行合作，日本名牌产品贴上"北人"商标进入中国市场。ZXJD 单、双联胶订联动线速度可达 7000 册 / 小时，装订厚度可达 2 ~ 60 毫米。

2002 年 5 月，在 BR622 四开双色平版印刷机基础上，北人股份公司开发了 BR624 四开四色平版印刷机。北人集团公司与日本郡是公司合资生产 V543A、LS、CS、SB54B 和 HS 等 5 个系列多种规格的堆积打捆机。北人集团公司引进日本东京出版机械株式会社（TSK）的骑马订技术，2003 年试制成功 LQD10 骑马装订联动机并通过鉴定。LQD10 骑马装订联动机最高转速可达 11000 转 / 小时。

2004 年 2 月，北人股份公司的 BR622 四开双色、BR624 四开四色平版印刷机通过德国莱茵 CE 产品安全认证，6 月推向市场。同年，北人股份公司为占领高档机市场，适应市场需求，开发设计了 BEIREN 89（PZ4890-02）对开四色平版印刷机、BEIREN 200（YP4B2）四开四色平版印刷机、BEIREN NT3640（后更名为 BEIREN 40B）578 裁切规格的塔式印报机。北人股份公司完成了 BEIREN 142（YP4B0）（后更名为 BEIREN 800）全张四色平版印刷机、BEIREN92S（YPS2A1）（后更名为 BEIREN DC920）对开双色双面平版印刷机、BEIREN NT3145（后更名为 BEIREN 45A）无轴传动式印报机等产品的开发和改进。北人牌平张纸系列印刷机、卷筒纸系列印刷机获得市技术监督局颁发的北京市名牌产品证书。北人集团公司 LQD10 骑马装订联动机通过德国莱茵 CE 产品安全认证，出口至波兰、俄罗斯等国市场。同年，北人集团公司第二印刷机械厂自主研发了 BR752 四开双色平版印刷机。北人集团公司与以色列赛天使公司合作组建北人数码喷绘分公司，合作生产 3.2 米 Grand Jet Classis 彩色数码喷绘机。

2005 年 9 月，北人股份公司的 BR624 四开四色平版印刷机获得科学技术成果奖。同年，北京北人富士印刷机械有限公司开发和试制 BFF66400 系列商用柔性版印刷机、BF6500 型商用轮转印刷机等产品。北人集团公司试制适合中小型印刷厂的 JBB50-10 胶订包本机和 PJLX450 小联动线。JBB50-10 胶订包本机的最高速度可达 4000 册 / 小时，装订厚度可达 2 ～ 50 毫米，2006 年 3 月通过德国莱茵 CE 产品安全认证。北人集团公司开发试制 ZYH760 电磁刀高速折页机，开发出 MP1050 自动平压模切机、MPQ1050 自动平压清废模切机，聘请专业团队组建北人切纸机分公司，专业生产 QZK920、QZK1150、QZK1370 切纸机。

2006 年，北人集团公司生产 3.5 米 XLjet 彩色数码喷绘机和 5 米 XLjet5t 彩色数码喷绘机，用于大幅面彩色印品，获京城机电经济技术创新工程项目一等奖、北京市经济技术创新工程优秀成果奖、名优新机电产品奖。北人股份公司的 BEIREN 300 对开多色印刷机被中国工业报社和中国机电工业杂志社评选为 2005 年中国机电工业年度风云产品。北人牌平张纸系列印刷机 / 卷筒纸系列印刷机再获北京名牌产品称号。北人股份公司完成 BEIREN 75A 中型印报机和商业轮转胶印机的试制、鉴定工作，并跟踪改进。2006 年年底，北人集团公司对 JBB50-10 胶订包本机的胶锅、书夹等部件进行改进，改型为 JBB50-10A 胶订包本机。

2006 年，北人股份公司与日本三菱重工合资成立的北人三菱印刷公司生产的钻石 1000B 大四开四色胶印机下线，2007 年共生产 48 台胶印机。2008 年，北人股份公司研发了适合包装印刷的 BR754 四开四色印刷机。2009 年，北人股份公司的 BEIREN 75A 卷筒纸中型印报机获得 2009 年度中关村科技园区首台（套）重大技术装备示范项目；BEIREN 75A 中型印报折页机 N477 试制完成并通过验收；推出 TYM1020 自动烫印模切机，具有全息防伪烫印功能，工作速度可达 7000 张 / 小时。

2007 年 8 月，北人集团公司试制了 10 个书夹的 PJLX380 小联动线。2009 年底，北人集团公司累计生产各种彩色数码喷绘机约 600 台、折页机 69 台、切纸机 31 台，停止生产折页机、切纸机。同年，北人集团公司与美国惠普公司终止合作项目，退出彩色数码喷绘机生产。

2010 年，北人股份公司开发的 BEIREN 2920E（N525）机组式对开双色胶印机和 BEIREN JS1040（N530）大规格双面单色胶印机小批量生产并进入市场，N500 系列对开四色、五色胶印机实现销售。截至 2010 年年底，北人股份公司 BR622 四开双色平版印刷机、BR624 四开四色平版印刷机累计生产 201 台，BR752 四开双色平版印刷机、BR754 四开四色平版印刷机累计生产 7 台。北人集团公司累计生产各种模切机 80 台，胶订包本机 73 台，PJLX450、PJLX380 小联动线 9 台（条），LQD10 骑马装订联动机 126 台；堆积打捆机累计实现销售 240 台。

图 4-12　北人股份公司生产的四对开四色平版印刷机 BEIREN 300（2008 年摄）

2010年，北京印刷机械行业有北人集团公司、北人股份公司、北京北人富士印刷机械有限公司、北京北人京延印刷机械厂、海门北人印刷机械有限公司、陕西北人印刷机械有限责任公司、北京北人郡是机械有限公司7家企业，全年生产印刷机械1.22万台、印刷机1.18万台。

北人集团公司

前身是成立于1951年2月的北京市人民机器厂，曾制造了中国第一台单张纸多色胶印机和第一台轮转多色胶印机。先后建成胶订、骑马订、模切机、堆积机和数码彩色喷绘机生产基地，研发推出各种型号高质量多色胶印机，形成由各种型号胶印、装订、印后整饰及数码喷绘等设备组成的产品集群。1999年年初，该公司地址在朝阳区广渠路44号，占地面积36.60万平方米，建筑面积28.17万平方米，所属企业有北京第二印刷机械厂、北京第四印刷机械厂、八达岭印刷机械总厂、无锡协民印刷机械厂、北京印刷设备联合公司、深圳北人印务有限公司、深圳北人印刷机械有限公司、北京印刷机械研究所等；职工1739人，其中工程技术人员540人；拥有设备487台，其中精大稀设备20台；固定资产原值2.72亿元，是机械电子工业部和北京市定点生产印刷机械的国有大型企业。1999年6月，北人第四印刷机械厂因环保搬迁的新厂建设工程开工，该项目从1997年开始运作，包括联合厂房、生产服务楼、办公楼及辅助设施；项目总用地面积4万平方米，建筑面积2.58万平方米。2000年11月，北人集团公司将北人第四印刷机械厂资产、业务进行剥离，更名为北京卷筒纸胶印机制造分公司，并将其净资产和经营控制权以1.62亿元转让给北人股份公司。北人集团公司供贸公司、北京北人实业总公司木材加工厂、北京北人实业总公司运输分公司、北京北人实业总公司建材机电供应站等均改制为有限责任公司。2001年12月，北人集团公司撤销北人劳动服务公司。同年，北人实业总公司所属的子公司及分公司全部改制完毕，北京北人实业总公司关闭。2001年7月，北京市北人八达岭印刷机械厂关闭。2002年12月，北人集团公司将在延庆县康庄镇西红寺南（原北人八达岭印刷机械厂）的全部资产，以投资方式转让给京城环保。2002年3月，北人集团公司位于朝阳区广渠路44号部分原厂址（占地面积18.16万平方米，建筑面积10.68万平方米）的土地使用权和房屋所有权有偿转让给北京百环房地产开发有限责任公司，转让价款7.8亿元（不含土地出让金）。北人集团公司自2001年开始筹备、运作搬迁项目，2004年基本完成搬迁项目的迁、改、建工作，2005年项目竣工。同年4月，北人集团公司出资持股1.64亿股（持股比例4.39%），作为发起人共同设立华夏证券股份有限公司。2007年，根据市国资委及控股公司的要求，北人集团公司陆续撤出与主业不相关的投资，2007年至2010年共退出12家子公司投资。2008年12月，北人集团公司第二印刷机械厂气泵分厂进行民营性质改制。2010年9月，北人集团公司出资17637.04万元受让北人股份印刷机械有限公司持有的北人（亦新）技术开发有限公司100%股权。北人集团公司出资1843.41万元受让北人股份印刷机械有限公司持有的海门北人富士印刷机械有限公司79.7%股权。12月，北人集团公司出资469.52万元受让北京北人富士印刷机械有限公司持有的海门北人富士印刷机械有限公司 20.3% 股权，该公司成为北人集团公司的全资子公司，并更名为海门北人印刷机械有限公司。同月，北人集团公司通过 GB/T 19001−2008 质量管理体系认证。集团公司的 60 余个经营销售分公司和 50 余个培训、安装调试服务中心遍及全国各地。2010 年，北人集团公司实现工业总产值 7901.46 万元。

北人印刷机械股份有限公司

1992 年，北人集团公司被国家体改委列入中国第一批进行股份制规范化试点的企业。1993 年 7 月，由原北人集团公司的一分厂、五分厂、六分厂、七分厂、八分厂、九分厂、第三印刷机械厂、第十印刷机械厂等单位组成北人印刷机械股份有限公司。1993 年 7 月在香港公开发行股票，额度为 1 亿股，8 月 6 日在香港上市。1994 年 3 月在国内发行股票，额度 5000 万股，5 月 6 日在上海上市。1999 年年初，北人股份公司所属单位有北人股份公司多色胶印机制造公司、北人股份公司单双色胶印机制造公司、北京北人富士印刷机械有限公司、海门北人印刷机械股份有限责任公司、北京北人印刷机运输公司、辰光有限公司、北京北人京延印刷机械厂、北京北人太和印机铸造厂、北京北人印刷机备件厂、河北北人给纸机厂、北京印刷机械齿轮厂等。该公司地址在朝阳区广渠路 44 号；占地面积 24.40 万平方米，建筑面积 11.99 万平方米；职工 3664 人；固定资产原值 5.73 亿元。2000 年，北人股份公司搬迁至北京经济技术开发区荣昌东街 6 号，购置土地面积 16.24 万平方米。北人股份公司收购北人集团公司的优质资产北人集团公司第四印刷机械厂，将部分资产有偿转让，包括喷漆车间、机修车间、北人印机运输公司等。2001 年，北人股份公司出资 367.5 万元与意大利 MONIGRRAF S.R.L 公司合资组建北京莫尼自控系统有限公司，占有 49% 的股份，在全国范围内建立了区域性营销服务一体化的北人产品专营公司。2002 年，

北人股份公司获得 2001 年中国机械工业企业核心竞争力 100 强称号。2003 年，北人股份公司完成二期搬迁，在亦庄开发区新厂址按期开工投产。2003 年获得 2003 中国机械工业企业核心竞争力 100 强称号。2004 年获得现代化管理企业、全国机械工业质量效益型先进企业和北京市用户满意企业称号。2006 年获北京企业 100 强、中国印刷专用设备行业排头兵企业和国家监督抽查和印机行业抽查胶印机产品质量信得过企业称号。同年，北人股份公司与日本三菱重工合资组建三菱重工北人印刷机械有限公司，出资 2.25 亿元，持有 49% 的股份。2007 年，北人股份公司获

图 4−13　北京奥运会前夕，北人股份公司制造的首台 BEIREN 75A 报纸印刷机在中国体育报社投入使用（2008 年 8 月摄）

2007 年度印刷机械产品质量信得过企业、全国机械行业文明单位、全国机械行业企业文化建设先进单位、全国用户满意先进单位、2007 年中国机械 500 强等称号。2008 年，北人股份公司获 2008 年中国机械 500 强称号。2009 年获北京市制造业信息化——设计制造集成应用优秀示范企业称号和印刷机械产品质量信得过企业奖。1998 年至 2010 年，北人股份公司累计生产和销售五大系列 120 多种不同类型和规格的单张纸胶印机、卷筒纸胶印机、商业轮转机、表格印刷机、柔性版印刷机和凹版印刷机等产品，产值累计达到 99.22 亿元。2010 年，北人股份公司获得专利 5 项，累计获得专利 25 项。北人股份公司地址为北京经济技术开发区荣昌东街 6 号；厂区占地面积 13.05 万平方米，建筑面积 9.86 万平方米；在岗职工 1383 人，离退休职工 2626 人。资产总额 12.10 亿元，工业总产值 3.17 亿元，工业增加值 973.3 万元，主营业务收入 8.21 亿元，出口交货值 1301.5 万元，净利润 2227.94 万元。

第六节　环保设备

20 世纪 80 年代初，北京环保设备生产起步。1996 年，北京市机电研究院研制的第一套回转窑焚烧系统装置在北京阳光固体废弃物处理厂投入使用，1997 年取得实用新型专利"回转窑式垃圾焚烧炉"授权。

1999 年年初，北京已经形成环保设备专业生产企业。1999 年 2 月，北京市机电研究院环保所研制的 LZZ-20-YW 型有机废液焚烧炉项目被评为国家级重点新产品，并获北京市科学技术进步奖三等奖。同年被列为国家级火炬计划项目。2000 年，获评国家级新产品，被国家环保总局确认为国家重点环境保护实用技术，被国家计委确认为环保产业"十五"规划重点支持产品。

2003 年，在抗击"非典"突发事件中，北京机电院高技术股份有限公司向全国提供了近 100 台套 ZDL 型再燃式小型多用途焚烧炉，用于医疗垃圾的焚烧处理，占全国医疗垃圾应急焚烧炉总数的一半以上。2003 年，京城环保开始研发吹吸式塑料风选系统，包括 XLF-00309 型风选机，XLF-00302/307 型可调喷吹器，XLF-00308 型分离沉降室，XLF-00301、XLF-00302、XLF-00303、XLF-00307 气力输送管道等。同年，北京机电院高技术股份有限公司和北京爱美思环保科技有限公司联合开发餐厨垃圾处理设备"K-100 型环系统高速干燥发酵型食物生活垃圾（泔水）处理机"。

2004 年 6 月，北京机电院高技术股份有限公司开始进行"回转窑焚烧处理成套设备系列化与标准化设计"，开发处理量分别为每日 5 吨、10 吨、15 吨、20 吨 4 种规格的回转窑成套装备，并根据市场需求和实际应用建立示范工程。开始研制立式连续热解炉设备，研制出国内拥有完全自主知识产权的第一台可移动式防化危险品销毁成套装置，之后又研制出固定式和火工品销毁装置等系列产品。

2005年，北京机电院高技术股份有限公司研制日处理量为3吨的热解炉设备，并在贵州省遵义市建立示范工程项目。京城环保研发废塑料深加工造粒系统，包括FGZS-00303型小型卧式风选机、FGZS-00305型滚筒清洗池；开始研发生活垃圾压装成套设备，以及与压装机及集装箱相配套的YDP5、YDP8型移动平台等，并获得3项专利。

图4-14　北京京城环保产业发展有限责任公司研发的国内首台塑料分选系统（2005年摄）

2006年，北京机电院高技术股份有限公司进行"36吨/日大型回转窑医疗垃圾及焚烧系统成套设备"研制，同时进行"达到欧洲排放标准的尾气处理工艺的研制优化"研究工作，经过对回转窑系列焚烧处理成套装备的系列化设计和尾气处理工艺的不断优化，产品规格扩充，实现日处理量70吨的生产能力；开始进行热解焚烧炉系列产品研制，开发每日3吨、5吨、8吨、10吨热解式焚烧处理系统，总结遵义项目实践经验，完善了热解过程的控制工艺，提高了上料出灰系统稳定性和尾气处理系统处理效果。该公司的"防化危险品焚烧销毁系统研制"项目获解放军总装备部颁发的军队科技奖二等奖。京城环保研发了卧式横吹塑料风选机，包括ALF-01型风选机、30-C-30型平皮带塑料输送机、30-C-22V型重质物输送机及输送管道。

2007年，北京机电院高技术股份有限公司研制BGB-SCZ-120型生化处理机，专门用于餐厨垃圾处理。

2008年，北京机电院高技术股份有限公司完成立式热解炉系列化设备研制，应用于遵义、哈尔滨、本溪等地。北京奥运会期间，该公司向北京奥组委提供5台移动式化学危险品销毁装置作为奥运会的应急处理装置。同年，京城环保开始承接生活垃圾综合处理成套系统。

2009年，北京机电院高技术股份有限公司研制出BGB-SCZ-3000型生化处理机，并实现批量生产。

2010年3月，京城环保完成青海三四一九环保工程有限公司青海人工分选机车间皮带机供货合同。8月签订华新水泥（武汉）有限公司水泥窑协同处理武汉市政垃圾项目合同；研发了适宜生活垃圾筛分的设备星盘筛，筛分效率比滚筒筛筛分效率高；在星盘筛下配套设计了悬挂式皮带输送机，并获得实用新型专利；完成北京环丰世纪绿色能源科技有限公司丰台区生活垃圾转运处理中心皮带机项目皮带机供货合同；研发直径为2500毫米的TLT2.5型多功能除臭塔，申请实用新型专利；研发PLT2.5型喷淋塔和总体尺寸为15.4米×15.4米×15米的BNCC10-8型生物除臭塔，属国内首创；研发日产量80～100吨的生活垃圾废塑料资源化炼油系统设备。同年，北京机电院高技术股份有限公司中标云南红河危险废物和医疗废物处置工程，成为土建施工、设备采购及安装总承包方。

2010年，北京生产环保设备的企业主要有京城环保、北京机电院高技术股份有限公司等，产品主要有焚烧处理装备、防化危险品焚烧销毁装置和餐厨垃圾、生活垃圾综合处理设备。

北京机电院高技术股份有限公司

前身是北京第六机床厂。1978年，北京第六机床厂、北京市机械研究所和北京机械局中心计量站合并，组建市属全民所有制科研事业单位北京市机电研究院，院址为朝阳区工体北路

图4-15　北京机电院高技术股份有限公司开发的生态岛焚烧处置系统（2008年摄）

4号。2000年12月，北京机电研究院转制为科技型企业院所。2001年，京城机电作为出资人代表，联合北京首创科技投资有限公司、北京控股有限公司、北京京联发投资管理中心以及自然人等，共同发起设立北京机电院高技术股份有限公司。2002年7月18日，北京机电院高技术股份有限公司挂牌成立，致力于环保固废、污水、资源化综合利用等领域的设计开发、生产制造、工程总承包及提供运营服务，在工业危险废物处置、生活垃圾综合处置、污泥处置、污水处理、餐厨垃圾处置、环保生物技术、废旧金属拆解及资源化利用等领域，拥有1000多项工程业绩，在国内省级危险废物集中处置领域拥有70%以上的市场份额。2010年12月，北京机电院高技术股份有限公司将顺义生产基地资产转让给北京北一数控机床有限责任公司，将自身机床产业业务转让给北京北一数控机床有限责任公司，成立北京机电院机床有限公司。2010年年底，北京机电院高技术股份有限公司地址在北京市朝阳区工体北路4号，拥有8.83万平方米的工业用地，房屋占地面积2.17万平方米，建筑面积7.64万平方米，从业人员522人，环保产业主营业务收入7.11亿元。

第三章　电气机械及器材业

1999年，北京电气机械及器材制造业主要企业有930个，其中亏损企业197个，工业总产值85.92亿元，工业销售产值83.62亿元，从业人员年平均人数74692人，资产总计173.8亿元。主要企业有北京重型电机厂、北京巴布科克·威尔科克斯有限公司、北京市电机总厂、北京变压器厂、北京华泰变压器有限公司、北京开关厂、北京第二开关厂、北

京 ABB 高压开关设备有限公司、北京市电线电缆总厂、北京绝缘材料厂等。主要产品有重型电机、变压器和整流器、电线电缆和电工材料、配电开关及控制设备。1999 年 5 月，北京第二电缆厂、北京电焊条厂、北京互感器厂、北京电力电容器厂、北京继电器厂等企业划转到区县管理。2002 年 6 月，北京调压器厂划转到所在区县管理。2004 年 6 月，北京重型电机厂下属单位北京红光机械厂破产。

2010 年，北京有电气机械及器材制造业企业 484 个，其中亏损企业 86 个。工业总产值 699.14 亿元，工业销售产值 685.6 亿元，其中出口交货值 50.8 亿元。从业人员 64832 人，资产总计 898.7 亿元。

第一节　电　机

1958 年，北京电机厂开始生产仿苏交流电动机，至 1998 年年底，陆续开发有 J 和 JO 系列电动机、JO2 系列电动机、Y 系列电动机、NEMA 系列电机、AM 和 DM 系列电梯电机、YZ 系列三相异步电动机、YF 系列变频调速电机、节能型玻璃钢冷却塔电机等产品。北京地区自 20 世纪 70 年代末开始制造小型风力发电机，1986 年清华大学与德国合作研制 2 千伏风力发电机组等装备。1997 年，北京巴布科克·威尔科克斯有限公司（以下简称北京巴威公司）试制首台超高压 200 兆瓦汽包，结束大型电站锅炉汽包依赖进口历史，改变了华北地区不能制造大型汽包的局面。

1999 年，北京重型电机厂完成对哈尔滨汽轮电机厂生产 100 兆瓦凝汽式汽轮机和上海汽轮电机厂生产 125 兆瓦凝汽式汽轮机的通流改造，研制国内首台 TAKW630-29-18 型 6 千伏 /2800 千瓦户外增安型防爆同步电动机。

2000 年 7 月，北京巴威公司试制 425 兆瓦超临界锅炉并出口澳大利亚，是中国锅炉制造业首次将超临界锅炉出口发达国家。市质监局、市经委授予北京市电机总厂"BJ"牌 Y 系列三相异步电动机北京名牌产品称号。同年，北京重型电机厂试制 330 兆瓦凝汽机式汽轮机，研制国内首台 YAKS900-750-16 型 6 千伏 /1150 千瓦低速增安型防爆异步电动机。北京市电机总厂在生产 VF 系列变

图 4-16　2000 年 7 月 12 日，北京巴威公司制造的大型超临界电站锅炉发往澳大利亚

频电梯电机基础上，开发、生产了 SVF 系列变频电梯电机。北京发电设备及电动机行业完成汽轮发电机 3 台 /15 万千瓦、电站汽轮机 2 台 /35.5 万千瓦、电站锅炉 13 台 /4837.5 蒸吨、交流电动机 150.4 万千瓦。

2001 年，北京毕捷电机股份有限公司（以下简称毕捷公司）开发生产 IY 系列压缩机电机及派生系列，为多家压缩机生产企业配套；公司生产的 NEMA 标准高效系列电机获得美国能源部"CC"能效认证证书。

2002 年，北京汽轮电机有限责任公司试制 25 兆瓦抽汽背压式汽轮机，100 兆瓦凝汽式汽轮机，N100-8.83、Q75S3-25MW 空冷汽轮发电机和 Q91S2-100MW 双水内冷汽轮发电机。同年，毕捷公司获得南非国家标准局"SABS"产品认证证书。

2003 年，北京北重汽轮电机有限责任公司（以下简称北重公司）试制 25 兆瓦凝汽式汽轮机、25 兆瓦凝汽抽汽式汽轮机（非调）、Q76S4-30MW 空冷汽轮发电机。同年，北京巴威公司试制第一台 600 兆瓦大型电站锅炉。毕捷公司配合风力发电项目发展，开发试制了 YEJ 风电用偏航电机。

2004 年 11 月，北京巴威公司引进世界先进的 SCR 脱硝技术。同年，北京巴威公司试制国内首台纯烧无烟煤的 600 兆瓦 W 型火焰锅炉。北重公司试制超高压 220 兆瓦凝汽抽汽式汽轮机、60 兆瓦凝汽抽汽式汽轮机（非调）、330 兆瓦凝汽式汽轮机、Q96S1-330MW 氢冷汽轮发电机和国内首台 YRNT800-2 型 6 千伏 /800 千瓦内反馈串级调速异步电动机。

图4-17　2005年，北重公司发电机定子下线

2005 年 10 月，北京巴威公司试制 600 兆瓦超临界锅炉，实现该领域突破。北京市电机总厂"BJ"牌 Y 系列、Y2 系列电机获得 CCC 强制性产品认证证书。北重公司试制 50 兆瓦直接空冷非调整抽汽式汽轮机、50 瓦直接空冷式汽轮机、Q86S5-50MW 空冷汽轮发电机、210 兆瓦凝汽式汽轮机、Q96S13-330MW 氢冷汽轮发电机、60 兆瓦凝汽机式汽轮机、Q86S4-60MW 空内冷汽轮发电机和 100 兆瓦凝汽式汽轮机。"十五"期间，北重公司共生产发电机 67 台 /10210 兆瓦、汽轮机 74 台 /1148.20 兆瓦，总产值 44.60 亿元。

2006 年 1 月，北重公司与德国 Dewind 公司签署 D8-2000 风力发电机组技术转让许可协议。同年，北重公司试制 200 兆瓦凝汽抽汽式汽轮机、Q32S11-200MW 氢冷汽轮发电机、135 兆瓦凝汽抽汽式汽轮机、Q92S1-135MW 空内冷汽轮发电机和 50 兆瓦凝汽机式汽轮机 N50-8.83/535。北京市电机总厂"BJ"牌电机再次获得北京名牌产品称号。毕捷公司的 Y2 系列、NEMA 系列、SJY、SZY、SZBY 系列电机获得欧盟 CE 认证证书。

2007 年，北重公司试制出口越南的 110 兆瓦凝汽式汽轮机和 Q91S3-110MW 双水内冷汽轮发电机、Q96S11-330MW 氢冷汽轮发电机、210 兆瓦凝汽抽汽式汽轮机、Q32S10-210MW 氢冷汽轮发电机、330 兆瓦凝汽抽汽式汽轮机、Q96S16-330MW 氢冷汽轮发电机，完成了引进技术的消化吸收及供应链搭建，自主研发了低温型 2 兆瓦风力发电机组产品及国内首台 YRFKK500-4 型 690 伏 /2 兆瓦变速恒频双馈异步风力发电机。北京巴威公司试制电厂机组烟气脱硝（SCR）装置，产品进入脱硝环保市场；试制首台百万等级超临界出口锅炉机组——850 兆瓦超临界锅炉。毕捷公司开发试制了 18 号永磁电机。

2008 年 12 月，北京巴威公司试制世界首台 600 兆瓦 W 型火焰超临界锅炉，填补了国内外燃烧无烟煤的超临界锅炉发电机组领域的空白。同年，北重公司试制出口印度的 330 兆瓦凝汽式汽轮机和 Q97S1-330MW 氢冷汽轮发电机、330 兆瓦凝汽抽汽式汽轮机、Q96S17-330MW 氢冷汽轮发电机、330 兆瓦凝汽式汽轮机、Q60S2-330MW 氢冷汽轮发电机。同年，毕捷公司开发了 25 号、30 号永磁电机，形成系列以满足市场需求；开发了 NEMA 标准 PE 系列超高效电机。

图 4-18　北重公司生产的 330 兆瓦汽轮发电机组（2008 年摄）

2009 年 4 月，毕捷公司的高效节能、GX 高效节能、NEMA 高效节能、CGX 超高效节能、NEMA 超高效节能系列三相异步电动机被市科委、市发展改革委、市经济信息化委、中关村科技园区管委会认定为北京市自主创新产品。6 月，北重公司与北京天道华人风电科技股份有限公司签署 1.5 兆瓦风电产品技术合作协议。同月，毕捷公司的 PE 电机经美国指定专业实验室验证合格，通过 CSA 认证，后又通过美国能源部"CC"效率认证，9 月 28 日向美国出口了第一批产品。10 月，北重公司研发拥有自主知识产权的 YRFKK500-4 型 690 伏 /1.5 兆瓦空空冷双馈异步型风力发电机。12 月，毕捷公司 NEMA 标准的高效三相异步电动机设计与制造技术获得北京市科学技术奖三等奖，交流电机节能创新技术研究与应用获得中国机械工业联合会、中国机械工程学会颁发的中国机械工业科学技术奖一等奖，《GB 18613-2006 中小型三相异步电动机能效限定值及能效等级》等 6 项标准获得国家质检总局、国家标准委颁发的中国标准创新贡献奖二等奖。同年，北重公司试制并出口印度尼西亚 330 兆瓦凝汽式汽轮机和 Q96S14-330MW 氢冷汽轮发电机。

2010 年 4 月，北重公司研发拥有自主知识产权的 YRFKS450-4 型 690V/1.5 兆瓦水空冷型双馈异步风力发电机。5 月，北京巴威公司签订 1000 兆瓦超超临界锅炉机组项目合同，将 1000 兆瓦超超临界锅炉技术投入实际应用。8 月，北京巴威公司试制 600 兆瓦超超临界锅炉。同年，北重公司试制 350 兆瓦超临界凝汽抽汽式汽轮机、Q107S1-350MW 氢冷汽轮发电机、360 兆瓦凝汽式汽轮机（带非调整抽汽）、Q100S1 ～ Q100S2-360MW 氢冷汽轮发电机、330 兆瓦直接空冷凝汽式汽轮机、Q96S25–300MW 氢冷汽轮发电机、330 兆瓦直接空冷凝汽抽汽式汽轮机、Q96S29–330MW 氢冷汽轮发电机、310 兆瓦直接空冷抽汽凝汽式汽轮机、Q96S32–310MW 氢冷汽轮发电机，年产汽轮发电机 9 台 /2410 兆瓦、电站汽轮机 12 台 /328.50 兆瓦，总产值 13 亿元。同年，毕捷公司的电机进入国家节能产品惠民工程高效电机推广目录，"BJ"牌 GX 系列高效节能电机获得 CQC 标志安全认证证书和中国节能产品认证换版证书。

2006 年至 2010 年，北重公司共生产发电机 63 台 /1537.70 兆瓦、汽轮机 68 台 /16200 兆瓦，总产值 79.19 亿元。2007 年 11 月至 2010 年，北重公司生产投运 2 兆瓦风力发电机组 99 台套、1.5 兆瓦风力发电机组 1 台（套）。1999 年至 2010 年，北京重型电机厂生产 550 ～ 4200 千瓦各种增安型同步、异步电动机 87 台；250 ～ 7400 千瓦各种类型同步电动机 1500 台。2010 年，北京发电设备及电动机行业产量为：电站锅炉 2.43 万蒸吨，工业锅炉 9385 蒸吨，汽轮发电机 202 万千瓦，电站汽轮机 297 万千瓦，交流电动机 185.9 万千瓦。

北京巴布科克·威尔科克斯有限公司

前身是北京洪兴铁工厂，1951 年始建。1958 年更名为北京锅炉厂。1986 年，北京锅炉厂与美国巴布科克·威尔科克斯亚洲有限公司合资，成立北京巴布科克·威尔科克斯有限公司。1999 年年初，公司地址为石景山区八角村，占地面积 19.23 万平方米，建筑面积 20.18 万平方米，职工 2918 人，其中工程技术人员 282 人，拥有设备 1133 台，其中精大稀设备 87 台，固定资产原值 2.19 亿元，属于中外合资大型企业，是华北地区大中型电站锅炉生产基地。2001 年年底，北京巴威公司地址更改为石景山区石景山路 36 号，占地面积 40.6 万平方米，建筑面积 14.7 万平方米，职工 2227 人，年生产能力 2400 兆瓦，具有批量生产 200 兆瓦、300 兆瓦、600 兆瓦电站锅炉能力。2002 年 4 月，北京巴威公司获得全国总工会颁发的 2002 年度全国五一劳动奖状。2003 年 7 月至 2004

图4-19　北京巴威公司生产的600兆瓦W型火焰超临界锅炉（2008年摄）

年 7 月，北京巴威公司开展工艺流程再造与扩建工程，科学地使用场地资源和优化工艺流程，产品物流更加合理，生产效率提高；竣工面积 12000 平方米，投资总额 3000 万元，资金来源为企业自筹，新增生产能力提高到 5500 兆瓦，年销售额从 5 亿元提高到 10 亿元。2004 年，北京锅炉厂将股份转移到京城机电，京城机电与美国巴布科克·威尔科克斯有限公司投资比例各为 50%。2008 年 4 月，北京巴威公司获得 2007 年度中国机械工业科学技术奖特等奖，成为获此奖励的唯一中外合资企业。2009 年 12 月通过北京市高新技术企业认定。2010 年年底，公司占地面积 31.6 万平方米，建筑面积 12.7 万平方米，职工 2200 人，总资产 51 亿元，年生产能力 8000 兆瓦，具有批量生产 200 兆瓦、300 兆瓦、600 兆瓦亚临界及 600 ～ 1000 兆瓦超（超）临界电站锅炉的能力。

北京北重汽轮电机有限责任公司

前身是北京重型电机厂，组建于 1958 年，厂址在石景山区吴家村。1999 年年初，北京重型电机厂占地面积 149.34 万平方米，建筑面积 52.48 万平方米，职工 6149 人，拥有设备 1683 台，固定资产原值 7.11 亿元，为国有大型骨干企业，是全国大型火力发电设备制造基地之一。2000 年 10 月，北京重型电机厂的主要经营性资产通过"分立式债转股"改制，成立北京汽轮电机有限责任公司，经营发电设备及大型电机等主导产品的资产全部转移至北京汽轮电机有限责任公司，并保留母体北京重型电机厂。公司共有在册员工 3426 人，其中专业技术人员 1006 人。2003 年 1 月，在公司大型电机业务基础上，成立控股子公司北京中电电机制造有限公司。4 月，经市工商局注册，北京汽轮电机有限责任公司名称变更为北京北重汽轮电机有限责任公司。11 月，北京重型电机厂与阿尔斯通公司投资组建北重阿尔斯通（北京）电气装备有限公司。2008 年，按照市国资委、京城机电减少管理层级的要求，注销子公司北京中电电机制造有限公司，大型电机业务回归公司，成立大型电机事业部。2009 年 9 月，北重公司获得由美国机械工程师协会（ASME）颁发的 U 钢印授权证书，标志着北重公司已具备按美国 ASME 规范要求设计、制造压力容器的资质和能力。2010 年 8 月，由京城机电、北重公司和北京重型电机厂共同出资组建京城新能源公司。2010 年 9 月 17 日，北重公司成为北京市高新技术企业。北重公司是以生产经营火力发电机组（包括电站汽轮机、汽轮发电机及其辅机）、风力发电机组、双馈异步风力发电机、交流电动机为主的电力装备制造企业。建有"火电、风电、服务"3 个单元的业务组合，形成以北京名牌产品"BZD"300 ～ 360 兆瓦湿冷、空冷、单双轴供热火电机组和 2 兆瓦常温型、低温型风电机组为代表的产品系列。该公司具有年产火电机组 4000 兆瓦、风电机组 600 兆瓦以上、双馈异步风力发电机和交流电动机 10000 兆瓦的能力。在北京市延庆县、河北省三河市建有生产基地。用户遍及国内各大发电集团和地方电厂，并出口到印度、印度尼西亚、越南等国家。2010 年年底，北重公司占地面积 25.73 万平方米，建筑面积

图4-20　北京重型电机厂正在组装的风电机组机舱（2008年摄）

15.68万平方米；在册员工2533人，其中专业技术人员580人；拥有以数控设备为主的加工设备700多台（套），固定资产原值8.05亿元。

北京市电机总厂

1958年建立。1999年年初，厂址在朝阳区酒仙桥北路7号，占地面积23.95万平方米，建筑面积14.11万平方米。1999年年底，北京市电机总厂在职职工总计2568人，其中工程技术人员461人；设备621台，其中精大稀设备23台；固定资产原值1.39亿元；完成电机产量1268兆瓦，实现销售收入1.86亿元，出口创汇1125.3万美元，实现利润248.3万元。2000年2月，北京市电机总厂改制，由6家发起人共同设立北京毕捷电机股份有限公司，北京市电机总厂以剥离的9697.84万元净资产入资，折合8091.081万股，持有北京毕捷电机股份有限公司80.91081%的股权，为第一大股东。北京市电机总厂将剥离后剩余资产和人员在原有多种经营的产业体系基础上进行调整，主要从事电机新产品的开发、电机修理、行政性服务等业务。剥离后的电机总厂定编人数500人，固定资产原值8857.9万元。2005年至2009年12月，北京市电机总厂由北京毕捷电机股份有限公司托管。2010年1月16日解除毕捷公司对电机总厂的托管。2010年11月19日注销北京市电机总厂法人资格，与北起厂合并，进入非经营企业平台管理。

北京毕捷电机股份有限公司

2001年1月18日挂牌成立。企业性质为股份有限公司，注册资本1.1亿元，位于朝阳区酒仙桥北路7号，厂区占地面积17.59万平方米，建筑面积9.51万平方米，生产性建筑面积7.84万平方米。2003年7月到2004年10月，毕捷公司开展工艺流程再造工程，重组装备和作业区，优化装备和场地资源，进行生产组织变革，加快产出节奏，降低制造成本，提高对市场的适应性；建设信息网络，以电子商务系统缩短与用户的距离，以管理信息系统保证物流、资金流的高速运转。2006年，毕捷公司再次通过ISO 9001质量管理体系认证，获得CQC颁发的证书和IQNET国际互认证书。2006年获得高新技术企业认定证书。2007年，公司投入较大资金进行设备更新，购置500吨压力机，提高大电机生产能力和质量水平；获国家出口免验企业称号。2008年配合PE超高效电机的试制生产，购置连续真空浸漆技术及设备，增强电机绝缘质量，提高生产效率。2009年通过ISO 9001质量管理体系2008版标准换版认证，获得CQC颁发的证书和IQNET国际互认证书。2010年年

图4-21　北京毕捷公司生产的高效节能电机
（2008年摄）

底，毕捷公司位于朝阳区酒仙桥北路 7 号电子城科技园区，占地面积 17.6 万平方米，注册资本 1.1 亿元，员工 1100 余名，并聘有外国专家；拥有主要生产和检测设备 623 台（套），生产线 10 条；固定资产原值 1.08 亿元，净值 2865.54 万元。公司主要产品是 10 千伏以下机座中心高为 80～630 毫米的高中低压三相异步电动机，分为八大主导系列和九类派生系列。八大主导系列包括 Y 系列三相异步电动机、低压大功率电机、高压电机、Y2 高效电机、变极调速电机、符合澳洲 AS/NZS1359.5 标准高效电机、符合欧洲 EFF1 标准高效电机、符合美洲 NEMA MG-1EPACT 标准高效电机；九类派生系列包括变频调速电梯电机、注塑机专用电机、压缩机专用电机、真空泵专用电机、减速机专用电机、冷却塔专用电机、YSF 伺服电机、风力发电专用制动电机、风机及水泵专用变极调速节能电机。

第二节　变压器和整流器

1999 年年初，北京变压器厂自主研发的 S9M30-1600/6-10 系列全密封电力变压器、GQA-2500/750 成套牵引硅整流设备通过国家级鉴定，技术性能指标均达到国内同类产品领先水平，是城乡电网改造、城市轨道交通建设的节能新产品。10 月，北京变压器厂研制的 ZQSC-2000/10 牵引用 24 脉波树脂绝缘干式整流变压器通过市级鉴定，产品技术性能指标处于国内领先水平。12 月，北京变压器厂研制的 SCB9 系列树脂浇注干式变压器通过鉴定，该产品可用于城乡电网、高层建筑、发电厂等。

2000 年 4 月，北京变压器厂与清华大学电机系为四平联合化工厂研制的 KGHS-2×6500/500 计算机控制晶闸管整流装置通过市级鉴定。6 月，北京变压器厂自行研制开发的 35 千伏级 24 脉波城市轨道交通用成套牵引整流设备通过市级鉴定；设计制造的 SFZ9-5000/110 有载调压电力变压器通过虎石台国家变压器试验中心的突发短路试验，成为国内 110 千伏电压等级通过突发短路试验的最大容量产品，获得 2001 年国家级重点新产品证书，并获得 2001 年北京市科学技术进步奖三等奖。

2003 年 12 月，北京变压器厂有限公司生产的 SCB9-500/10 树脂绝缘干式变压器通过国家变压器质量监督检验中心的 C2 级气候试验、E2 级环境试验和 F1 级燃烧试验。

2004 年 6 月 5 日，北京变压器厂有限公司、北京华泰变压器有限公司自主研制开发的 SCB10 系列树脂绝缘干式电力变压器、SG（H）B10-2500/10 干式电力变压器通过北京市级（省级）鉴定。12 月，北京变压器厂有限公司研制的首台为高压多电平级联式电压型变频系统配套的 ZTSG-1260/6 移相整流干式（H 级）变压器通过企业鉴定。

2005 年 3 月，北京华泰变压器有限公司研制开发 ZGS9-Z-315/10 组合式变压器，产品技术性能指标处于国内先进水平。5 月，北京变压器厂有限公司研制开发的 35 千伏级 24 脉波城市轨道交通用成套牵引整流设备获得北京市科学技术奖三等奖。9 月，在北京地铁 1 号线、2 号线供电设备改造工程招标中，北京华泰变压器有限公司的成套牵引硅整流设备及树脂浇注干式变压器中标；11 月，中标北京地铁 5 号线全部成套牵引设备和动力变合同，合同金额 2156 万元。

2006 年 3 月，北京华泰变压器有限公司中标北京地铁 10 号线（1 期）全部成套牵引设备和动力变合同，合同金额 2196 万元；4 月中标长春轻轨二期工程 24 套成套牵引设备合同；6 月中标大连市快速轨道交通 3 号线续建工程整流变压器合同；8 月中标北京地铁奥运支线全部成套牵引设备和动力变合同；10 月中标北京地铁 4 号线全部成套牵引设备和动力变合同，金额达 2956 万元。

2007 年 2 月，北京华泰变压器有限公司中标中国北车集团唐山机车车辆厂时速 300 公里动车组工业化改造项目整流器动力变压器。4 月 30 日，北京变压器厂有限公司与中信国际合作公司签署伊朗德黑兰地铁 1 号线北延线成套设备（变压器、整流器）供货合同；9 月中标天津地铁 2 号线全部整流器合同。

2008 年 1 月，北京华泰变压器有限公司中标南京地铁 1 号线南延线工程。2 月，北京变压器有限公司中标天津地铁 3 号线全部 37 台牵引整流变压器的合同。8 月，北京华泰变压器有限公司中标武汉市轨道交通 1 号线二期工程。11 月，北京华泰变压器有限公司自主研制开发的"城市轨道交通用智能化成套牵引整流技术及产业化"项目被列为 2007 年度国家重大产业技术开发项目。

2009 年 8 月，卧龙电气集团北京华泰变压器有限公司的城市轨道交通用成套牵引整流机组、无轨电车用直流牵引变电站、高压变频移相干式变压器、环氧树脂浇注干式变压器、非封包干式变压器、预备装式变电站、油浸式变压器 7 项新产品获得市科委、市经济信息化委等联合颁发的北京市自主创新新产品证书。9 月，卧龙电气集团北京华泰变压器有限公司中标北京轨道交通昌平线、房山线、大兴线 3 条轻轨新线，合同金额共计近 6000 万元。

2010 年 1 月，卧龙电气集团北京华泰变压器有限公司中标长春轻轨三期牵引整流机组设备采购项目整流器、牵引整流变压器合同。2 月中标北京地铁 8 号线、9 号线全部成套牵引整流设备合同。3 月，卧龙电气集团北京华泰变压器有限公司技术中心设计研发的V/X 牵引变压器和干式牵引变压器获得 2010 年度国家重点新产品证书。5 月，卧龙电气集团北京华泰变压器有限公司的 ZQSC-2500/35 干式牵引变压器获得科技部、环境保护部、商务部、质量监督检验检疫总局颁发的国家重点新产品证书，铁路用自耦牵引变压器和城市轨道交通直流牵引供电装置项目被科技部列入 2010 年国家级火炬计划项目。6 月，卧龙电气集团北京华泰变压器有限公司中标 2010 年度北京市推广使用节能变压器示范项目，合同金额约 600 万元。8 月中标北京市电车公司十一站改造工程牵引整流机组合同。10 月中标武汉地铁 4 号线一期工程整流变压器合同，合同金额 747 万元。11 月中标并签约北京地铁 8 号线二期及 9 号线牵引整流机组及配电变压器采购项目，共计 146 台，合同总金额 2500 万元。

北京变压器厂

1952年始建，为国有大型企业。1999年年初，厂址在西城区新街口外大街36号，占地面积108466平方米，建筑面积72547平方米，职工1814人，其中工程技术人员387人，拥有设备603台，其中精大稀设备11台，固定资产原值1291万元。2001年1月搬迁至昌平科技园区。2003年1月，北京变压器厂有限公司成立，其经营主体为北京华泰变压器有限公司。2月26日与泰国因诺威提有限公司合资企业——北京华泰变压器有限公司扩股重组签约。2004年3月、2005年3月获市工商局授予的北京市守信企业称号。2010年，公司将北京华泰变压器有限公司重组进入卧龙电气集团后，设立北京市智能电网创业投资基金及北京北变微电网技术有限公司，转型进入智能电网领域。

北京华泰变压器有限公司

1992年组建，为北京变压器厂与泰国因诺威提变压器有限公司合作经营的合资企业。1999年年初，厂址在西城区新街口外大街36号，占地面积2500平方米，建筑面积1400平方米，职工110人，固定资产原值138万元。2004年3月，北京华泰变压器有限公司被市工商局评选为2003年度守信企业；2005年3月再度获得市工商局授予的北京市守信企业称号。北京华泰变压器有限公司自主研制开发的城市轨道交通用智能化成套牵引整流技术及产业化项目被列为2007年度国家重大产业技术开发项目，并获得国家重大产业技术开发项目资金支持。2008年9月，北京华泰变压器有限公司获得市科委、市财政局、市国税局、市地税局联合颁发的北京市高新技术企业证书。2009年1月，北京华泰变压器有限公司被北京轨道交通建设管理有限公司授予北京奥运会、残奥会技术支持工作贡献集体奖。

卧龙电气集团北京华泰变压器有限公司

2009年5月组建，为北京华泰变压器有限公司与卧龙集团重组成立的股份制公司。12月，卧龙电气集团北京华泰变压器有限公司获得PCCC产品认证证书。2010年年底，卧龙电气集团北京华泰变压器有限公司主要产品为干式变压器、整流器、预装式变电站等。公司位于昌平区白浮泉路17号中关村科技园区，有员工179人，完成销售收入10140.39万元，利润98.02万元。

第三节　配电开关及控制设备

1998年，北京开关厂与上海电器研究所联合设计开发DW945型空气断路器。1999年1月，北京ABB高压开关设备有限公司开始生产220千伏高压断路器。同年，北京北开电气股份有限公司（以下简称北开电气）在国内率先引进了西门子公司 3AF 系列真空断路器制造技术，并在消化吸收基础上自主开发了 ZN65A 系列真空断路器。

2000 年 3 月，北京 ABB 高压开关设备有限公司开始生产 550 千伏高压断路器。8 月，北开电气为满足日益发展的电气化铁道的需要，开发 ZW38-55 单断口铁道用开关设备，具有自主知识产权。同年，北开电气在国内率先研发 KYN18A 系列中置柜，柜型在国内领先。北开电气与西安高压电器研究院合作研发了采用世界先进水平自能灭弧原理、配弹簧操动机构的 LW36-126 和 LW-36-252 型自能式 SF6 断路器，并将自能灭弧原理导入老产品 ZF4-126GIS 中，使之升级换代。北京配电开关及控制设备制造业完成高压开关板产量 3866 面、低压开关板 11492 面、六氟化硫组合电器 98 间隔。

图4-22　20世纪90年代，北京北开电气股份有限公司生产的低压成套设备

2001 年，北京北开日新电机高压开关设备有限公司引进日本日新电机株式会社的 168 千伏气体绝缘封闭开关设备（GIS），用于国内 126/145 千伏电力系统中，主要产品为 126kVSF6 气体绝缘封闭开关设备。北开电气在消化吸收引进日本寺崎公司 AH 系列万能式空气断路器基础上，对产品创新设计，提升产品技术参数和功能，形成具有国内先进水平的 DW914B 系列万能式空气断路器，获机械工业科学进步二等奖；北开电气的 ZW-55 电气化铁道用真空断路器被认定为 2001 年国家新产品；北开电气与上海电器研究所联合设计智能型、小型化 DW945 系列万能式空气断路器。

2002 年，北开电气的 ZW35-72.5/T1600-31.5、ZW36-126/T1600-40 型户外高压真空断路器经中国机械联合会、国家电力公司鉴定，达到国际先进水平。2003 年 6 月，北开电气研制 ZF19-252 气体绝缘封闭开关设备，采用三相机械联动、双动触头结构配弹簧机构，间隔宽度小，处于国内领先水平。北开电气与德国保富公司合作生产 GZQ-1500/750 轨道交通用直流开关柜，用于城市轨道交通。2004 年，北开电气的北开牌高压真空开关设备产品、北开牌 ZF4-126 型组合电器被评为北京市名牌产品。北开电气研发 ZN105-12/6300-80 大容量和发动机保护断路器，填补了国内空白，具有世界先进水平，被列为国家级重点新产品，2005 年获北京市科学技术奖二等奖。

2006 年，北京宏达日新电机有限公司根据北京市电力公司针对 500 千伏变电站低压侧回路开断大容量电容器电抗器组的特殊技术要求，引进日本日新电机株式会社 72.5 千伏开断大容量电容器电抗器组的专用气体绝缘复合开关，解决了 72.5 千伏气体绝缘组合电器开断大容量电容器电抗器组的技术难题。同年，北开电气开发出极柱固封式 ZN65A-EP 系列真空断路器，居国内领先水平。2007 年，北京宏达日新电机有限公司引进日本日新电机株式会社252千伏气体绝缘封闭开关设备的先进技术并投入生产。

2008年3月，北京ABB高压开关设备有限公司开始生产550千伏罐式断路器。

2009年，北开电气完成DW914B空气断路器智能型研制工作。2009年至2010年，北开电气对ZFW31-126增容50千安，居国内先进水平，并出口俄罗斯。

2010年5月，北京ABB高压开关设备有限公司开始生产800千伏罐式断路器。同年，北开电气完成ZF19-252三相机械联动研制；自主研制新型XYN-27.5铁道成套装置；额定电流4000安、额定短路开断电流40千安的KYN28A产品通过鉴定，成为国内畅销产品。北京宏达日新电机有限公司引进日本日新电机株式会社145千伏开断大容量电容器电抗器组的专用气体绝缘复合开关。北京京仪敬业电工科技有限公司生产7543面低压开关板。2010年，北京配电开关及控制设备制造业逐步形成系列高、中、低压配电开关控制设备，包括SF6封闭式组合电器，SF6瓷柱式断路器，SF6罐式断路器，真空断路器及真空接触器，低压框架式陆用、船用、舰用空气断路器，高低压成套配电装置及核电站控制设备等。主要产品产量为六氟化硫全封闭断路器1014间隔、高压断路器2362台、高压开关板56711面。

北京开关厂

原名北京人民电机厂，1952年始建，是国有大型企业。1995年12月，北京开关厂与瑞士、瑞典的ABB集团合资经营北京ABB高压开关设备有限公司。1999年年初，该厂址为朝阳区关东店12号，占地面积18.44万平方米，建筑面积11.72万平方米；职工2894人，其中工程技术人员435人；拥有设备716台，其中精大稀265台；固定资产原值1.45亿元，年产六氟化硫组合电器92间隔，工业总产值2.73亿元。主导产品高压断路器及高低压成套配电装置产量居全国首位，被列为全国"五大高压开关厂"之一。1999年1月2日，经国家经贸委批准，北京开关厂获第五届全国企业管理现代化创新成果一等奖。12月，北京开关厂改制，成立北京北开电气股份有限公司，北京开关厂以无形资产"北开牌"投资（占全部股权的16%并相对控股）。2003年9月，北京开关厂按照京城机电的要求，正式按"壳"企业（即非经营性企业）退出方式运行。2010年12月1日，北京开关厂注销法人资格，其人员及资产并入北起厂。

北京京仪敬业电工集团有限公司

该公司是在整合原机械工业部所属两家重点企业北京低压电器厂（建于1956年）和北京市微电机总厂（建于1962年）的基础上依照现代企业制度组建而成。下辖10个职能部室、4个控股子公司、3个参股子公司、2个产品部和1个培训中心，拥有市级企业技术中心，具备研发、生产、营销和售后服务能力，形成了"南工、北商、东基地"的区域性战略格局。该公司是中国低压电器协会和中国分马力电机协会副理事长单位，主要产品有三环牌系列分马力电机、罩极电机、控制微电机，北低牌系列低压电器、高低压配电装置、自动控制设备、电力监控设备、变频节能设备和为国防服务的自动控制系统等。从德国、法国、瑞典、日本等国引进多项先进技术，与 ABB 公司、美国斯普拉格公司等建有合资企业，生产低压电器、谐波滤波设备、高效节能电机等产品。产品行销全国各地，并远销德国、美国、法国、日本、东南亚等 20 多个国家和地区。公司于 1997 年、2002 年、2007 年分别通过 ISO 9001 质量体系认证、ISO 9002 质量体系换版审核、ISO 14001 环保管理体系认证，49 项 3C 认证覆盖相关产品。2008 年，营销规模 8 亿元。2009 年，占地面积约 12 万平方米，拥有固定资产近 2 亿元；有员工近 2000 人，工程技术人员约 500 人，其中技术专家 50 余人。

北京ABB高压开关设备有限公司

该公司为 ABB 集团与北京开关厂于 1995 年 12 月联合成立的合资企业，其中 ABB 集团占 60% 的股份，北京开关厂占 40% 的股份，注册资金为 1140 万美元，投资总额为 2330 万美元。2003 年 6 月，中方股东转为京城机电。2007 年 2 月底迁到北京经济技术开发区。2010 年年底，公司地址为北京经济技术开发区景园街 12 号，占地面积 6.61 万平方米，建筑面积 2.88 万平方米，其中厂房面积 2.32 万平方米；职工 633 人，其中工程技术人员 99 人；拥有设备 614 台，其中精大稀设备 29 台，固定资产原值 16492 万元。2010 年，生产高压开关板 2.20 万面，实现工业总产值 19.26 亿元。

北京北开电气股份有限公司

1999 年 12 月 28 日，北京开关厂作为主发起人以资产和现金出资，联合 5 家企业、6 名自然人共同投资组建北京北开电气股份有限公司，注册资本 1.10 亿元，注册地址为朝阳区将台路乙 21 号。2001 年，北开电气被认定为国家级技术中心，获得由中关村科技园区管委会组织认定、市科委颁发的高新技术企业证书。6 月，被市经委及北京申奥委评为首批北京市绿色企业。8 月，北开电气与日本日新电机株式会社共同出资，在北京经济技术开发区组建北京北开日新电机高压开关设备有限公司。2003 年，北开电气搬迁至北京经济技术开发区，厂区占地面积 13.58 万平方米，硬件设施完善。2005 年 10 月，北开电气获中国质量诚信 3A 级企业认证。2010 年 3 月，中关村科技园区电子城科技园管理委员会授予北开电气"保增长先进单位"称号。2010 年年底，北开电气公司地址为北京经济技术开发区永昌南路 5 号，占地面积 13.58 万平方米，建筑面积 5.88 万平方米，生产性建筑面积 2.97 万平方米；职工 929 人；主要生产设备 300 台，其中精大稀设备 7 台；固定资产原值 3147 万元，2010 年实现工业总产值 6.42 亿元。

北京宏达日新电机有限公司

原名为北京北开日新电机高压开关设备有限公司，是日本日新电机株式会社和北京北开电气股份有限公司共同组建的合资公司。2001 年 9 月成立，注册资金为 3500 万元，日新电机株式会社出资 55%，北开电气出资 45%，生产和销售六氟化硫气体绝缘组合电器。

2002年产值783万元。2004年取得质量管理体系认证证书。2005年7月，公司自筹资金1500万元，实施工厂扩建，竣工面积3587平方米。2006年11月3日获得由市商务局颁发的外商投资先进技术企业证书。12月，中方股东北京北开电气股份有限公司将其30%股份转让给日新电机株式会社、15%股份转让给京城机电，企业更名为北京宏达日新电机有限公司。2007年9月7日，北京宏达日新电机有限公司获得市科委颁发的高新技术企业证书。2008年2月，北京宏达日新电机有限公司注册资本由3500万元增至6500万元。2009年，北京宏达日新电机有限公司取得环境管理体系认证证书，获得由市国税局和市地税局联合颁发的纳税信用A级企业证书，获得市科委、市财政局、市国税局、市地税局颁发的高新技术企业证书。2010年年底，公司地址为北京经济技术开发区宏达南路8号。厂区占地面积1.15万平方米，建筑面积9762平方米，生产性建筑面积9762平方米，职工220人。2010年实现年产值4.18亿元。

第四节 电线、电缆及电工器材

1999年3月，北京电线电缆总厂研制的耐温75℃易撕裂PVC护套电缆料获得北京市科学技术奖三等奖。8月，北京市电线电缆总厂研制的北京牌BV-ZR铜芯聚氯乙烯绝缘电线、京电牌VV22-ZR铜芯聚氯乙烯绝缘护套电缆被评为住宅建设推荐产品，聚氯乙烯绝缘软线获得电工产品认证合格证书。2001年1月，北京市电线电缆总厂开发自动控温电缆防火电缆，获北京市金桥工程项目鼓励奖。4月，北京市电线电缆总厂交联聚乙烯绝缘电力电缆获全国工业产品生产许可证。

2002年2月，北京电线厂开发DPJVVP型对纹双屏蔽信号电缆，获北京市金桥工程项目鼓励奖。4月，北京市电线电缆总厂单芯铜导体阻燃无护套电缆、阻燃铜芯交联聚乙烯绝缘护套电力电缆被列为国家康居示范工程选用部品与产品。

2003年4月，北京市电线电缆总厂生产的耐温125℃交联聚乙烯绝缘电机绕组引接软线获美国保险商试验所（UL）和加拿大标准协会（CSA）两大国际权威认证机构的证书。2005年11月，北京市电线电缆总厂YJV、BV、VV等系列线缆产品在北京市"规范建材市场秩序，强化企业诚信自律"工作中被评为质量诚信建材产品。2006年4月，北京市电线电缆总厂生产的铝绞线、1千伏架空绝缘电缆、聚氯乙烯绝缘电力电缆、交联聚乙烯绝缘电力电缆、聚氯乙烯绝缘控制电缆、钢芯铝绞线、10千伏架空绝缘电缆获得全国工业产品生产许可证。2007年7月，北京市电线电缆总厂生产的无卤低烟阻燃耐火电线电缆及聚氯乙烯绝缘护套阻燃耐火电线电缆被列为国家康居规范工程选用产品。2010年1月，北京市电线电缆总厂生产的GYXTW12B1（12芯及以下）、GYTS48B1型（48芯及以下）光缆通过入网认定证书。4月，北京市电线电缆总厂生产的聚氯乙烯绝缘护套电缆、聚氯乙烯绝缘软电缆电线、聚氯乙烯绝缘安装用电线和屏蔽电线、聚氯乙烯绝缘无护套电缆电线通过中国国家强制性产品认证。

北京市电线电缆总厂

前身是北京电线厂，由中华人民共和国成立初期十几个私营小厂合并后组成。1978年4月经上级批准，以北京电线厂为基础，与崇文电磁线厂、东城电线厂、朝阳电线厂、朝阳镇流器厂、石景山线材厂、东城拉丝模厂7家企业合并组成北京市电线总厂。1992年更名为北京市电线电缆总厂，属于国有大型企业，是机械电子工业部和北京市定点生产电线电缆的重点专业制造厂。1999年年初，北京市电线电缆总厂厂址在朝阳区建国门外郎家园8号，下属单位有电线分厂、特殊线分厂、电缆分厂、光缆分厂、电缆材料分厂、北京市电线电缆研究所等；占地面积9.87万平方米，建筑面积8.96万平方米；职工1335人，其中工程技术人员245人；拥有设备377台，其中精大稀设备10台；固定资产原值9243万元；年产电线2.44万米。2007年8月，北京市电线电缆总厂为尚8文化创意产业园的扩建进行第一期流程再造工程，对成品库进行改造翻建，投入资金49万余元。2008年1月，北京市电线电缆总厂以"服务周到、诚实守信"获得城铁机场线奥运工程给予鼎力支持证书。2009年3月，中国电器工业协会授予北京市电线电缆总厂的"京电"品牌为"中国电器工业最具影响力品牌"称号。2010年年底，北京市电线电缆总厂占地3.68万平方米；在岗职工241人；固定资产原值4300万元。2010年营业收入9275.93万元，主营业收入8058.97万元，营业外收入490.9万元；工业总产值8708.99万元，利润100.91万元。

第四章　仪器仪表及文化、办公机械制造业

1999年，北京有仪器仪表及文化、办公用机械制造企业486个，其中亏损企业96个；工业总产值36.6亿元，工业销售产值31.9亿元；从业人员年平均人数31465人；资产总计63.5亿元。主要产品有自动化仪表及系统116.47万台、光学仪器6.81万台、照相机81.63万台。其中，北京仪器仪表工业控股（集团）有限责任公司系统有直属国有、集体企业22家，科研院所3家，中专技校2所，合资企业29家；职工总计16840人；主要企业有北京市照相机总厂、北分瑞利集团、北京光学仪器厂、北京敬业电工集团、北京仪器厂、北京远东仪表公司、北京仪表机床厂、北京模具厂、北京自动化仪表三厂、北京自动化系统成套工程公司、北京市仪器仪表工业供销公司等。1999年全系统完成工业总产值12.74亿元，销售收入14.3亿元，利润总额6432.7万元，出口交货值完成2.5亿元。

2000年，北京市照相机总厂兼并测绘仪器厂。同年，北京仪器仪表工业控股（集团）

有限责任公司所属北京自动化技术研究院（以下简称自动化院）、北京光电技术研究所、北京自动化系统工程研究设计院和北京电影机械研究所由事业单位改制成自负盈亏的科技型企业。2002年，北京仪器仪表工业控股（集团）有限责任公司所属自动化控制设备厂、光电设备厂、电子光学设备厂、静电设备厂划转区县管理。2009年，京仪集团完成北分瑞利集团主辅分立改革工作、京仪世纪公司股份制改革工作，实现了集团公司对布莱迪工程技术有限公司的收购。

2010年，北京仪器仪表及文化、办公用机械制造企业有342个，其中亏损企业37个，工业总产值227.9亿元，工业销售产值224.1亿元，其中出口交货值22.2亿元，从业人员36865人，资产总计342.2亿元。京仪集团主营业务收入91.2亿元，国有及国有控股企业主营业务收入24.5亿元；利润总额17.4亿元，国有及国有控股企业利润总额1.31亿元。

第一节　测量仪器

1998年，北京电工仪表产量为38.9万只，其中，面板安装式仪表3万只，实验室及便携式仪表2.7万只，单相电能表32.8万只，三相电能表0.5万只，预付费电能表2801只。

1999年7月，北京光学仪器厂生产的GJS100型GPS接收机参加了中国第十五次南极测绘考察及首次内陆格罗山科学考察。8月，北京敬业电工集团、北京第三电表厂和雪花电器获得本市城网改造160万户电能表及电表箱的生产订单，合同金额共计9.6亿元。同年，北京京仪北方仪器仪表有限公司（以下简称京仪北方公司）研制出DD90系列长寿命感应式电能表。同年，北京博飞仪器股份有限公司的DJDZ电子经纬仪获得"1999年度国家级新产品"称号。北分瑞利集团的AF-610型原子荧光光谱仪获北京市科学技术奖和国家

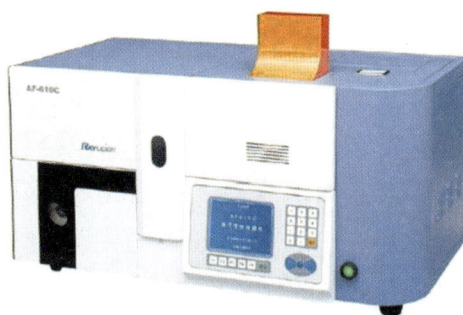

图4-23　北分瑞利生产的AF-610型原子荧光光谱仪（1999年摄）

机械局科学技术进步奖二等奖，WFX-110型原子吸收分光光度计获北京市科学技术奖三等奖。北京光学仪器厂研制完成WCT-1/2A高温型微机差热天平，该产品是热分析系列的基型产品，为智能化、联合型仪器。

2000年6月，北京时代集团的TT110超声波测厚仪被科技部等部门确定为国家重点新产品。2001年9月，北京第三电表厂生产的单相全电子电能表集中抄表系统中标辽宁省电力公司。同年，博飞公司的DJD5-GJ激光电子经纬仪、DZJ3激光垂准仪被列入国家经贸委2001年度国家重点新产品试产计划，并获得国家经贸委颁发的国家重点新产品证书。

图4-24　1999年，北京博飞仪器股份有限公司生产的GPS接收机、测距经纬仪在中国第十五次南极科学考察中使用，圆满完成测绘任务

北分瑞利集团的 WQF-410/310 型傅立叶变换红外光谱仪、FX-110/120 原子吸收分光光度计被列入国家经贸委 2001 年度国家重点新产品试产计划，并获得国家经贸委颁发的国家重点新产品证书。北京北仪创新真空技术有限责任公司（以下简称北仪创新）研制出 ZDR-1 型数显电离真空计、DDY-2S 型快速定氮仪、BDL-3 型氯气报警仪、ZOD-5 型数显热偶真空计、ZDR-2 型数显电离真空计、ZZK-2 型自动压强控制仪、ZDR-3 型数显电离真空计。

2002 年 3 月，博飞公司与清华大学共同开发的 GJS100 系列 GPS 接收机，在北京市技术创新服务中心主持的鉴定会上通过新产品鉴定验收。9 月，北京时代集团的里氏硬度计系列、覆层测厚系列、粗糙度仪系列产品被市质监局、市经委确定

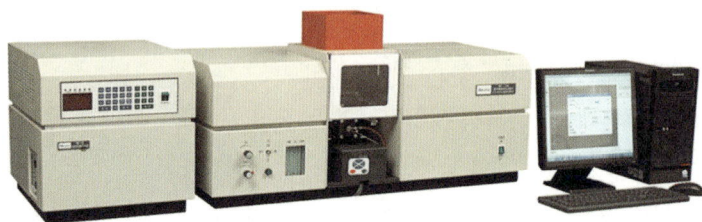

图4-25　北分瑞利生产的WFX-110型原子吸收分光光度计（1999年摄）

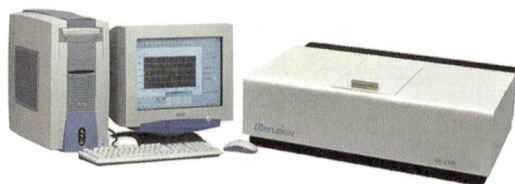

图4-26　北分瑞利生产的UV-1600/2100紫外可见光光度计（2002年摄）

为 2002 年北京名牌产品。同年，博飞公司研制成功的国内首台 12 通道静态测量型 GPS 接收机、D 型全站仪、H 型全站仪批量投放市场。同年，北京光学仪器厂在原有 722、752 型分光光度计的基础上加以改造，研制完成 722B、752B 型分光光度计。北分瑞利集团生产的 UV-1600/2100 紫外可见光光度计获得国家经贸委颁发的国家重点新产品称号，WQF-200 傅立叶变换红外光谱仪获得北京市科学技术奖三等奖。同年，京仪北方公司承接山东、山西、东北等地区区域网改造的部分项目。

2003 年 3 月，北京光学仪器厂与中国计量科学研究院、中国气象科学院共同研制的 SR-UV 型太阳紫外标准光谱辐射计通过鉴定。SR-UV 型太阳紫外标准光谱辐射计是研究气象、监测太阳对地面的紫外辐射、建立太阳紫外辐射地面测量标准量值溯源系统的标准测试仪器。6 月，京仪北方公司向尼泊尔出口电能表。同年，博飞公司的 DJD2-G 电子经纬仪获得北京市科学技术奖三等奖，SJ2 微型激光扫平仪取得国家重点新产品证书，整体式全站仪被科技部列为火炬计划项目。同年，北京光学仪器厂将 722B、752B 型分光光度

计升级改造为 722B-1、752B-1 型分光光度计，在原有仪器基础上增加了浓度直读、数据打印输出功能，外观设计实现一体化。北京光学仪器厂研发完成 WDL30 型光电直读光谱仪，可对透明物质和溶液进行定性、定量分析，也可对单色、复色光源进行光谱成分的测定。北京光学仪器厂研制完成 WCT-1/2B 型微机差热天平。该产品为 WCT-1/2A 的升级改型产品，改型后产品实现了机电一体化，取消电控机箱，使整机小型化。北京光学仪器厂升级改造完成 WCR-1/2B 型微机差热仪系列产品。北仪创新研制出 ZDZ-6S 型数显电阻真空计。

2004 年 8 月，北京时代集团推出 TI130 红外测温仪，检测温度范围为 -20 ～ 350 摄氏度，具有高低温报警、摄氏华氏温度转换等功能。9 月，博飞公司的"博飞"牌大地测量仪获得北京市名牌产品称号，高精度测量型 GPS 接收机 GJS101 获国家重点新产品称号。同年，北京光学仪器厂研制完成 WFZ-S 型双光束紫外可见分光光度计、WLX 型小型直读光谱仪、WDP30-Z 自动光栅单色仪等 3 种新产品；与机械工业学院测控实验室共同研制的 WSC-Y 自动测色色差计通过鉴定。北分瑞利集团生产的"北分"牌光谱和色谱分析仪器系列产品获北京名牌产品称号；UV-2100 双光束紫外可见光分光光度计、WFX-200 系列原子吸收分光光度计获中国机械工业科技进步奖二等奖，UV-1600 紫外可见光

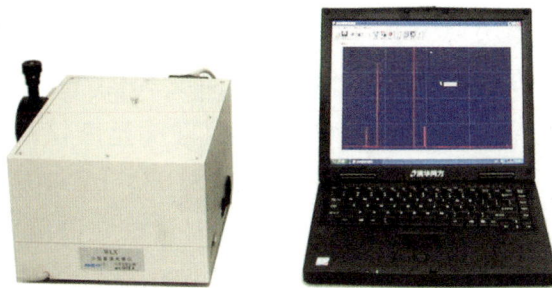

图 4-27 北京光学仪器厂研制的 WLX 小型直读光谱仪（2004 年摄）

分光光度计获中国机械工业科技进步奖三等奖。北仪创新研制出 ZDR-3 型数显电离真空计、ZDL-3/4 型冷阴极真空计、ZDR-6 型数显超高真空计、FF 系列复合分子泵、ZDF-6/ZDF-7/ZDF-8/ZDF-9/ZDF-10 型数显复合真空计。京仪北方公司在东北松原油田、天津大港项目招投标中中标。

2005 年 7 月，北京时代集团的超声探伤仪、红外测温仪用于奥运工程建设。同年，北京光学仪器厂研制完成 WCP-1 型微机差热膨胀仪。该仪器为原 LCP-1 型的升级产品，实现微机化程序控温、数据处理、激光打印机直接输出实验报告，可派生出 WCP-2、WRP-1、WRP-2 等 3 种产品型号。

2006 年，博飞公司的大地测量仪器被科技部列为科技兴贸行动计划项目；研制成功的 BTS-802C 全站仪批量投放市场，性能稳定，纳入军方采购计划，多次被指定为全国职业院校技能大赛比赛专用产品；研制成功的 DJD2-C 电子经纬仪、GJS101-F20 一体化静态测量型 GPS 接收机批量投放市场。同年，北京光学仪器厂研制完成 FRC/T-1/2 型微机差热天平。北仪创新自主研制出 ZDO-53B 型数显热偶真空计、ZDZ-52T 型数显电阻真空计、数显复合真空计。京仪北方公司研发 DDS47、DDY47 及 DDSY47 单相智能电能表。

2007 年，博飞公司研制成功的 AL1032/0732 水准仪批量投放市场，实现高精度水准仪的

批量生产；研制成功国内首台具有自主知识产权的 DAL1528 数字水准仪及后处理软件。同年，北京光学仪器厂将 WCT-1/2A 型微机差热天平升级改造为 WCT-1/2C 型微机差热天平。

2008 年，博飞公司研制成功 F90 一体化双星双频动态测量型 GPS-RTK 接收机，并批量投放市场；数字水准仪被评为中国机械工业科学进步三等奖。同年，北京光学仪器厂在 WCT-C 型基础上进行改造，研制完成 WCT-D 型仪器，该仪器属于差热与热重联合型热分析仪器。北仪创新研制出 ZFS-500 型真空辐射试验台。京仪北方公司按北京电力公司规约研制的 DDSY47 单相电子式预付费电能表，在北京电力公司项目中数次中标。

2009 年，博飞公司研制成功的 BTS-800 系列免棱镜全站仪批量投放市场，达到国内领先水平；隧道断面测量系统批量投放市场，提升了博飞测量解决方案应用水平；数字水准仪、BTS 系列全站仪、DJD 系列电子经纬仪被评为北京市自主创新产品。同年，京仪北方公司为满足国家电网的招标要求，将研发的重点转向智能电能表，研发的单相智能电能表系列先后通过国家电网中心和北京市技术监督局的检验，取得生产许可证和入网资格。

2010 年 9 月，博飞公司的 BTS-800 系列全站仪和 DAL1528/DAL1528R 数字水准仪，获中国仪器仪表学会科技成果奖和优秀产品奖。北京光学仪器厂研制完成 WSC-100 型测色色差计、WLX-100 型小型直读光谱仪、WDG-Z 型光栅单色仪 3 种新产品，并开发了 LS101、LPS101 钨灯光源，LS102、LPS102 氙灯光源。北京光学仪器厂研发 WFC-100 型光纤光谱仪，采用 CCD 探测器接收光谱信号。北仪创新生产真空仪表 483 台、真空泵 557 台、真空镀膜机 41 台。京仪北方公司研制开发 DDZY47C-Z 型单相费控智能电能表，在当年国家电网公司的招投标中中标。

北京光学仪器厂

1954 年始建。1995 年年底总占地面积 11 万平方米，建筑面积 12 万平方米。1998 年年底有职工 1441 人，资产 2.08 亿元，拥有主要生产设备 379 台。1998 年实现工业总产值 9831 万元，出口创汇 330 万美元。1999 年，北京光学仪器厂为北京仪器仪表工业控股（集团）有限责任公司的全资企业，地址在通州区新华大街 157 号，资产总额 5572.4 万元，主营业务收入 3041.3 万元。2002 年通过 ISO 9001（2000 版）质量体系换版工作。2009 年通过 GB/T 19001-2008 质量体系认证。

北京博飞仪器股份有限公司

1998 年 5 月，北京光学仪器厂以其技术研发、加工制造和市场网络等资产作为投入，发起设立北京博飞仪器股份有限公司。地址在北京经济技术开发区兴业街 2 号，注册资本 4047.26 万元。厂区占地面积 3.2 万平方米，建筑面积 4.6 万平方米，生产性占地面积 2.3 万平方米，在册职工 387 人。1999 年实施 CIMS 工程，实现科学管理。2005 年 10 月，博飞公司在北京经济技术开发区新址奠基。博飞公司是专业研制、生产和销售大地测量仪器、建筑施工仪器的企业，重点生产光学经纬仪、电子经纬仪、全站仪、水准仪、激光垂

准仪、GPS 接收机等光电子产品，拥有市级企业技术中心和博士后科研工作站。2010 年
2 月，博飞公司获得解放军总装备部装备承制单位资格，11 月获解放军武器装备质量体系
认证证书。

北京北仪创新真空技术有限责任公司

前身是北京仪器厂，1954 年建立，厂址在朝
阳区建国门外郎家园。1999 年年初占地面积 10.8
万平方米，建筑面积 5.5 万平方米，职工 1332 人，
资产总计 1.46 亿元，拥有生产设备 482 台。2002 年，
北京仪器厂改制，成立北京北仪创新真空技术有限
责任公司。注册资本 3468 万元。其中，京仪集团
出资 3088.35 万元（货币）、326.24 万元（净资产），
占 98.46% 股份；京仪世纪电子股份有限公司出资
53.41 万元（货币），占 1.54% 股份。2004 年企业
搬迁，该公司总部仍位于郎家园，生产基地位于大

图 4-28　北京北仪创新真空技术
有限责任公司生产的电子束光学镀膜机
（摄于 2008 年）

兴工业开发区盛坊路，厂区占地面积 3.11 万平方米，建筑面积 4.55 万平方米，该公司是真
空技术与设备研制和生产的专业厂家，生产从低真空到超高真空的真空泵、真空应用设备
和真空仪表等各类产品共 30 多个系列 160 多个品种，应用于航空航天、电子信息、光学产业、
建筑装潢、纺织、电力能源、食品、医药、冶金等领域。产品出口到美国、德国等多个国家。
2006 年，研制、生产的成套设备"非晶硅薄膜太阳能电池生产线"装备于非晶硅薄膜电池
制造企业。2009 年，北仪创新的非晶硅薄膜太阳能电池成套生产线、XJPD—1000 连续磁
控溅射镀膜机、HLX-1200 化学气相沉积台（PECVD）被市科委评定为北京市自主创新产品。
2010 年，经中关村管委会、市发展改革委、市科委、市经济信息化委、市财政局批准，北
仪创新的 HLD-8 型团簇型八角等离子体增强化学气相沉积真空锁膜系统被认定为 2010 年
度中关村首台（套）重大技术装备示范项目。

北京光电技术研究所

1974 年成立，地址在东城区东黄城根北街甲 20 号。占地面积 6000 平方米，建筑面积
9000 平方米，1999 年年初有职工 251 人。2000 年，北京市科研院所进行转制，北京光电
技术研究所由事业单位转制为工业企业。注册资本 1078 万元，北京仪器仪表工业控股（集
团）有限责任公司持股 100%。厂区占地面积 5032.7 平方米，建筑面积 8662.5 平方米。职
工人数 146 人，在职人员 129 人，离退休人员 177 人。北京光电技术研究所主要从事激光
器件、激光技术应用及光电子技术应用的研究开发工作。研发、生产和销售的主要产品有
激光医疗仪器、染料循环系统、激光工程测量仪器、激光参量测试仪器、办公自动化设备等，
并相继研发出绿激光前列腺治疗仪、激光参量测试仪器系列产品、大地测量仪器系列产品、

精密测量仪器系列产品等。2005年，北京光电技术研究所被国家质量监督检验检疫总局授权为国家激光器件质量监督检验中心。2010年，北京光电技术研究所拥有市科委批准建立的北京市激光医疗仪器中试基地、北京市激光全息技术及产品中试基地，国家医药管理局批准的激光医疗仪器工程研究中心，市自然科学基金委员会批准建立的北京市激光探测与测量基础性研究实验室，由联合国开发计划署和国家科委资助建立的北京激光参量测试中心。

北京京仪北方仪器仪表有限公司

图4-29　北京京仪北方仪器仪表有限公司生产的智能电表产品（2010年摄）

前身为北京第三电表厂。2003年，北京第三电表厂和北京测振仪器厂实施重组改制，成立北京京仪北方仪器仪表有限公司。地址在大兴工业开发区盛坊路，为国有控股企业，公司注册资本2329.96万元。厂区占地面积1.11万平方米，建筑面积1.08万平方米，生产性建筑面积1.08万平方米。京仪北方公司主要经营范围是制造工业自动化仪表、计量仪表、电工仪器、电工电器、测振仪器、传感器、振动监测系统，以及其他仪器仪表和金属模具、零部件加工。公司电能表产品有机械表DD90系列、DD90L系列、DD862a系列、DT862系列；电子表DDS47系列、DDSY47系列、DTS57系列、DTSY57系列；机电表DDY47系列、DTY57系列；智能表DDZY47C-Z系列、DDZY47C系列、DDZY47系列、DDZY47-Z系列等。2010年，京仪北方公司累计在国家电网招标中中标电表40多万只，产值8000余万元。2010年年末，京仪北方公司在职职工199人，离退休人员566人。

第二节　分析仪器

1999年4月，北分瑞利集团的GXH-3112型汽车排气分析仪经国家经贸委审定，获1999年度国家级新产品称号。

2000年4月，北分瑞利集团研制开发的AF-610A型原子荧光光谱仪通过鉴定。9月，北分瑞利的科技部项目SP-2000型气相色谱仪通过鉴定。该型号光谱仪是第三代产品，可广泛应用于石油、化工、医药、食品、农业、海关、科研等领域的定性、定量分析。10月，北分瑞利研制开发的AF-610A型原子荧光光谱仪获国家经贸委颁发的2000年度国家新产品证书。2001年，北分瑞利集团研制的毒剂报警器通过有关部门组织的设计定型鉴定，该报警器主要用于防化、反恐等领域。

2002年2月，北分瑞利集团色谱中心与大连物化所联合竞标的科学仪器研制与开发项目中标。11月，北分瑞利集团东区原子吸收部研制开发的WFX-110型原子分光光度计、红外部研制开发的WQF-200型傅立叶变换红外光谱仪取得国家重点新产品证书。12月，北分瑞利集团东区紫外事业部与农业部农药检定所合作开发全自动农药残留快速检测仪和UV-1600型蔬菜中硝酸盐快速检测仪。同年，北分瑞利的毒剂报警器投产，为国防建设提供了急需装备。

2003年，北分瑞利集团的FHC04-8731车载气相色谱仪通过设计定型鉴定，是按国际和军标开发研制的具有全部自主知识产权的新型色谱仪。2004年，北分瑞利集团研制数字化QGS-08C红外线气体分析器，北分瑞利生产的北分牌成分分析仪器（光谱仪器系列、色谱仪器系列、红外分析仪器系列）产品被评为2004年北京名牌产品。

图4-30　北分瑞利生产的FHC04-8731车载气相色谱仪（2003年摄）

2005年2月，北分瑞利集团研制开发的WLD-4C型多道光电直读光谱仪通过鉴定，该产品可广泛用于冶金、机械、质检等领域。5月，北分瑞利的WFX-200系列原子吸收分光光度计和UV-2100双光束紫外可见分光光度计获得2004年度中国机械工业科学技术奖二等奖；UV-1600紫外可见分光光度计获2004年度中国机械工业科学技术奖三等奖。

2008年，北分瑞利集团向北京奥运会提供了化学毒剂侦检装备逾百套。2009年，北分瑞利集团

图4-31　北分瑞利研发的WLD-4C型多道光电直读光谱仪（2005年摄）

的SP-2020型气相色谱仪通过鉴定。SP-3420A气相色谱仪、SP-2000系列气相色谱仪、SY-8000系列高效液相色谱仪、BFS4700型化学毒剂报警器、BFS8100型车载色质联用仪、BFS8800型毒剂监测仪6项产品获北京市自主创新产品奖。

2010年，北分瑞利集团的红外线气体分析器获第一届北京市安全生产科技成果奖三等奖。北京普析通用仪器有限公司启动北京市重大科技项目"北京食品安全检测仪器研发与产业化"，公司被认定为北京食品安全检测装备工程技术研究中心。

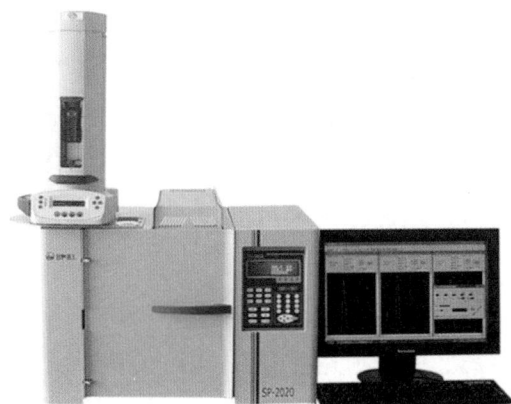

图4-32　北分瑞利集团研制的SP-2020型气相色谱仪（2009年摄）

北京北分瑞利分析仪器（集团）有限责任公司

1997 年，北京分析仪器厂与北京瑞利分析仪器公司合并组建的大型分析仪器企业。北京分析仪器厂始建于 1959 年，是国内最大的研制和生产各类高技术分析仪器的厂家，是机电部重点骨干企业。北京瑞利集团分析仪器公司（原北京第二光学仪器厂）始建于 1969 年，是机械部仪器仪表行业重点企业。北分瑞利生产光谱仪器、色谱仪器、流程仪器、侦检仪器、环保仪器及气体标准物质六大类产品。其中，色谱类产品有色谱气相、液相仪器等；光谱类产品有红外、发射、紫外、08 红外仪等；环保类产品有水质监测仪、大气检测仪等。2000 年 9 月，北分瑞利集团和中晟环保科技开发投资有限公司、德国德玛有限公司共同投资建立北京晟德瑞环保技术有限责任公司，该公司把大气环境监测、水质监测及污染源监测作为主攻方向。2002 年 2 月，北分瑞利集团与德国 SICK 公司共同出资，成立西克麦哈克（北京）仪器有限公司，发展烟道气检测、隧道气检测的系统成套设备与服务。2009 年 1 月，北分瑞利集团启动清理瑞利公司 9 家控股参股公司股权工作及北分技术公司、瑞利公司改制工作。北分瑞利采取存续分立方式实现主辅分离改革，原北分瑞利集团为存续公司，名称不变，注册资金变更为 5000 万元，新设公司名称为北京北分瑞利物业管理有限公司，注册资金 936 万元。2010 年完成 8 家子公司的注销工作。北分瑞利集团拥有下属 3 家独资子公司、2 家控股公司、5 家参股公司。2010 年 8 月取得质量、环保、职业安全三体系认证证书。2010 年 12 月，北分瑞利集团资产总额为 8.30 亿元，负债总额为 4.33 亿元，所有者权益总额为 3.97 亿元。企业职工总数 1209 人，离退休人员 2045 人。2010 年，北分瑞利集团完成产值 6.03 亿元，主营业务收入完成 7.64 亿元，利润 7838 万元。

第三节　工业自动化仪表及控制系统

1999 年 4 月，北京仪表机床厂生产的 STJW 系列专家式智能模糊温度控制器通过鉴定。5 月，市科委与北京光电技术研究所签约建立北京市激光全息技术及产品中试基地。10 月，北京远东仪表有限公司投资 982.21 万元的 FSSS 锅炉安全监测系统及工业过程控制仪表改造项目通过验收。同年，北京京仪世纪电子股份有限公司（以下简称京仪世纪）对 DFD 系列操作器进行改进，提高了操作器的控制精度；研发可卷绕式空气过滤器产品，填补了国内空白，当年形成批量生产。

2000 年 2 月，北京市自动化系统成套工程公司的计算机集成制造系统 BCCCIMS 应用工程通过市科委的验收。9 月，北京光学仪器厂的计算机辅助制造系统 BOIF-CIMS 工程通过市科委的项目验收评审。同年，北京仪表四厂进行 UZY1000 系列音叉料位发讯器产品电路集成化设计研发，由单一物料测量发展为可进行液位测量。京仪世纪研制出防火阀执行器。

2001年，北京仪表四厂的UZY1000系列音叉料位发讯器通过产品设计定型鉴定，进行批试生产。同年，京仪世纪研制出TKJ系列耐高温执行器，能够在280摄氏度高温下正常工作0.5小时，应用于广州地铁2号线；改进DFD系列操作器，增加远控和现场设定的功能；研制在TKJ系列耐高温执行器中增加延时保障保护功能。

2002年11月，北京远东仪表有限公司自行设计、安装在北京东方化工厂每小时75吨循环硫化床的DCS控制系统投运，达到设计各项技术指标。12月，北京仪表四厂的UH256T型高温磁翻板液位计、磁浮子液位计、新型发光材料3项新产品通过鉴定。同年，京仪世纪对TKJ系列耐高温执行器进行改进，使之能够在250摄氏度高温下正常工作1

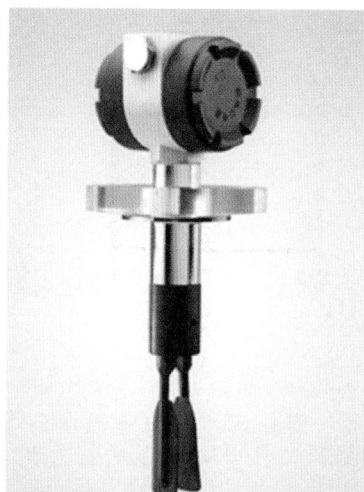

图4-33 北京仪表四厂研发的UZY1000系列音叉料位发讯器（2000年摄）

小时；研制ZKJ系列智能电动执行器实现无接触的参数设定，在工业控制系统中实现了调节器和执行器的集成。

2003年6月，北京京仪海福尔自动化仪表有限公司（以下简称京仪海福尔）引进磁致伸缩技术，投资生产线。同年，北京市自动化系统成套工程公司与韩国DCI公司合作，采用LON总线和智能阀门等技术，自动化系统的操作更加简洁。京仪世纪对TKJ系列耐高温执行器进行改进，增加执行器的过力矩保护功能；进行消声器设计开发，研制出噪声控制产品。

2004年11月，北京京仪椿树整流器有限责任公司向韩国出口了第一批型号为KGYF-4000A/50V、GYF-4000A/5～22V的电源产品，主要应用于PS印刷版生产线。同年，北京市自动化系统成套工程公司从韩国DCI公司引进

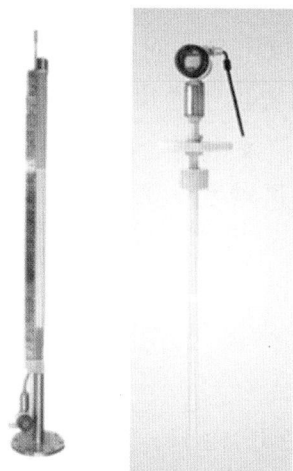

图4-34 北京仪表四厂生产的高温磁翻板液位计、磁浮子液位计（2002年摄）

污水综合处理技术。同年，京仪世纪的防火阀产品在重庆轻轨1号线中大批应用。

2005年6月，京仪海福尔研制开发的新产品UBDW-1000防爆液位温度变送器通过鉴定。7月，北仪创新自主研发的新产品复合分子泵投入小批量生产。同年，京仪海福尔具有自主知识产权的ULC1000系列和UZY2000系列磁致伸缩产品投产。京仪世纪研制开发出DFD系列就地控制箱，率先在北京地铁5号线中应用。

2006年，京仪海福尔的磁致伸缩产品列入技术提升改造计划并部分实施，在抗干扰性和测量性能方面进行设计完善，取得制造计量器具许可证；实施UZY3000系列音叉料位发讯器产品数字化设计。

2008年12月，北京市自动化系统成套工程公司推出的PHS100A型汽水增压换热机组通过鉴定。同年，京仪海福尔UZY3000系列音叉料位发讯器的外观设计和产品获实用新

图4-35 京仪海福尔公司研发的新产品UBDW-1000液位温度变送器（2005年摄）

型专利授权。京仪世纪研制开发出 TKJ 系列耐高温连续调节型执行器，可接收外部 4～20 毫安模拟量信号，实现连续控制；首次将组合风阀的控制模块应用于风机集中控制中；对电动组合风阀的传动结构进行优化，节约成本，使安装调试更加便捷。

2009 年 6 月，京仪海福尔承接国家西气东输西段项目，提供了在环境温度 -40～60 摄氏度范围内可正常工作的磁致伸缩液位计产品。10 月，京仪集团远东仪表公司推出 HPCS4000+ 控制系统、一体化火检等新产品。同年，京仪世纪的 DFD 系列调节型就地控制箱在重庆地铁中得到应用；开发出可开启式空气过滤器，并在沈阳地铁中批量应用。京仪海福尔的 UZY3000 系列音叉料位发讯器产品获北京市自主创新产品认定；磁致伸缩产品实现 HART 协议和 RS485/ModBus 总线协议输出，通过 Exd II CT4 防爆认证，获北京市自主创新产品认定。

2010 年 6 月，京仪海福尔公司承接国家西气东输东段项目，提供了磁致伸缩液位计产品，并按照工程要求提供保温伴热设计；UZY3000 系列音叉料位发讯器产品通过 Exd II CT4 级隔爆认证；HART 协议磁致伸缩产品量程突破到 10 米，测量精度 ±0.1%FS；4～20 毫安电流输出型磁致伸缩产品进行电磁兼容试验，通过 6 项规定的测试。同年，北京市自动化系统成套工程公司生产调节器 12 台、执行器 786 台。

北京京仪海福尔自动化仪表有限公司

前身是创立于 20 世纪 50 年代的北京自动化仪表四厂。2002 年 12 月，企业更名为北京京仪海福尔自动化仪表有限公司。京仪海福尔注册资本 4760.58 万元，北京京仪集体资产管理协会占 80%，京仪集团占 20%。2004 年股比变更，北京京仪集体资产管理协会占 61.22%，北京京仪集团有限公司占 38.78%，京仪海福尔总部在东城区安德路 16 号。该企业入驻大兴工业开发区盛坊路 2 号大兴生产基地，占地面积 0.66 公顷。职工 117 人，在岗职工 92 人，离退休人员 349 人。京仪海福尔主要产品有物位仪表（包括连续物位仪表和开关物位仪表）、流量仪表、温度仪表、二次仪表、加油站油品安全检测监控管理系统、罐群监测系统等类型，数字化、智能化的高精度物位仪表新产品，并在国家重点工程中得到使用。京仪海福尔在大兴工业开发区仪器仪表产业基地内自行设计建立了高达 24 米的液位检测水塔、自动跟踪监测系统和高低温试验装置，为高端液位仪表的研发和功能检测提供了国内独有的设备条件。2009 年，京仪海福尔获高新技术企业称号。

北京自动化技术研究院

前身是 1958 年成立的北京电工研究所，1965 年更名为北京自动化技术研究所，1994

年 12 月更名为北京自动化技术研究院，位于西城区鼓楼西大街 41 号。1999 年，自动化院单位性质由原来的事业单位转为全民所有制企业，全年总收入超过 1.5 亿元，主要业务领域是工业过程控制仪表及系统研究、信号处理应用、新能源应用及机电专用设备制造等。1999 年进入新能源应用领域。2002 年承担西藏地区 17 座光伏电站的建设，该系统是利用太阳能电池阵列和专用逆变控制装置形成独立的供电单元，功率等级可从数十千瓦至数千千瓦。2003 年 2 月与合肥工业大学能源所、北京计科技术有限公司共同承担科技部"十五"科技攻关项目"光伏屋顶并网发电系统"中关键技术"双向并网逆变器"的研究，总投资 180 万元，建成 20 千瓦光伏并网系统示范电站。2004 年 2 月与自然人共同出资成立控股子公司北京星原丰泰电子技术有限公司，投资总额 400 万元。2005 年 12 月购置大兴工业开发区顺兴路南侧地块作为院研发基地。2006 年 3 月与自然人共同出资成立控股子公司北京华创锦源科技有限公司，投资总额 1000 万元，其中自动化院占总投资 51%。5 月与北京自动化系统工程研究设计院共同出资，成立控股子公司北京自动化系统工程研究设计院有限公司，投资总额 1000 万元。2010 年，自动化院产品主要定位为机械手系列产品研发及生产，已成功研制 8 英寸晶圆导片机和宏观检测设备，可辨别晶圆表面划痕、颗粒、污染等状况，传送速度 1.2m/min，光学放大率 40–1000×，光学分辨率 ≤ 0.3μm。

北京市自动化系统成套工程公司

1996 年，由北京市仪器仪表工业总公司北京市自动化系统成套工程公司、北京自动化仪表七厂、北京市自动化系统工程设计院合并组建而成。2001 年，北京市自动化系统工程设计院剥离出北京市自动化系统成套工程公司，为全民所有制企业，注册资本为 3425.8 万元。厂区占地面积 7612.72 平方米，建筑面积 1.72 万平方米，生产性建筑面积 3944.2 平方米。职工 476 人，其中在职职工 93 人，离退休职工 383 人。公司主营工业信息化、过程控制仪表及电气自动化业务，集产品研发、工程设计、营销服务和生产制造于一体。自有知识产权的机电一体化产品有集中供热独立调节热力接口装置、E3000 暖通空调仪表、蒸汽泵热机组、加氯机、吹氧冶炼成套设备。2009 年，京仪集团业务板块调整，将北京市自动化系统成套工程公司的系统成套业务剥离到北京远东仪表有限公司。

第四节 光学影像设备

北京生产照相机始于 1956 年。北京市照相机总厂先后生产过"星光"牌、"兰天"牌、"长虹"牌照相机。1968 年开始生产具有自主知识产权的"长城"牌系列相机。1984 年开始，北京市照相机总厂先后与日本知名厂家和港商合作，引进先进技术开发生产照相机。主要产品有奥林巴斯 C–7070 广角数码单反相机、奥林巴斯 C–8080 高像素广角变焦数码相机、奥林巴斯 C-5060 轻便型广角数码相机。

1999 年 2 月，北京电影机械研究所研制的 LZC16-1 型 16 毫米影片单声道磁性转录机通过广电总局的鉴定。此设备的研制应用于少数民族地区民族语电影译制。2001 年 2 月，京仪集团技术人员研制出中国第一台光引擎彩色液晶投影仪。11 月，江西凤凰光学有限公司与北京北照·宝源光学工业公司商谈，决定以 OEM 方式生产凤凰牌照相机。北京北照·宝源光学工业公司首批 5000 架"凤凰牌"2008 冠军型照相机，按期发往江西上饶。

2002 年，北京电影机械研究所参与市科委数字电视有线传输技术研究项目中的一个子项目，京仪集团开始研制开发光学引擎产品。5 月，北京京仪博电数字投影技术有限公司研制的 GY10 系列（GY10-R、GY10-B）光学引擎产品通过鉴定，其采用光学镀膜、光学设计、光学元件制作工艺、光学仪表调校及光机电一体化等先进技术。京仪集团并为创维公司生产了一种由液晶面板制成的新型光学引擎。11 月，北京电影技术研究所电影事业部研制的 TCJ16-1 型 16 毫米影片涂磁机通过了广电总局主持的鉴定。

2010 年，北京照相机产量为 29.2 万台。

北京市照相机总厂

前身是始建于 1956 年的北京照相机厂，主要从事照相机光学仪器的生产销售。1981 年至 2000 年先后合并北京第三和第四光学仪器厂、北京科学仪器厂、北京测绘仪器厂，有三个厂区，分别是大钟寺厂区、科仪厂区和测绘厂区。1989 年，北京照相机厂变更为北京市照相机总厂，注册资金 5149.9 万元，隶属于京仪集团，1992 年与香港宝源公司组建北照宝源光学有限公司，生产傻瓜式胶片相机。1997 年 1 月与奥林巴斯香港有限公司成立北京北照奥林巴斯光学有限公司。1999 年 8 月成立北照长城照相机销售中心。2001 年 5 月与奥林巴斯（中国）投资有限公司投资成立奥林巴斯（北京）科技有限公司，生产奥林巴斯牌相机。2006 年划归北京京仪工贸公司。2007 年开始代销德国柏卡相机。2010 年年底，在职职工 220 人，离退休人员 1725 人。

北京电影机械研究所

1974 年成立，是北京市属重点科研机构，2000 年转制为科技型企业，隶属京仪集团。电影所主要从事电影制片设备、缩微设备及光机电一体化设备、精密仪器与教学仪器以及薄膜系列产品的开发研制与生产。随着行业发展，增加了专业档案缩微与数字化服务、科技馆展品与工程、液晶投影仪光学引擎及超大屏幕背投显示器整机的研发生产。2010 年，电影所下设京仪博电、影研创新 2 个有限责任公司，科技展示、技术中心 2 个事业部。从业人员 85 人，其中教授级工程师 1 人、其他高级专业技术职称人员 11 人。

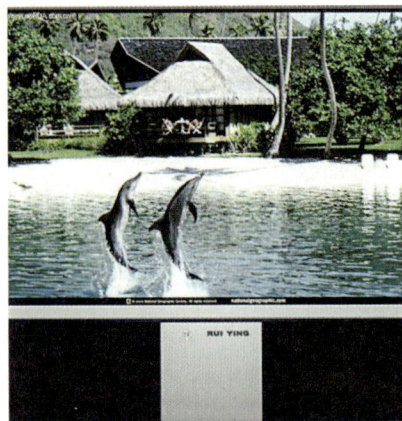

图 4-36　北京电影机械研究所研发的液晶投影仪（2008 年摄）

第五篇　生物与医药产业

第一章　中　药

中药工业包括中成药制药工业和中药饮片加工业两个子行业。1999年，中成药产值占北京医药全行业的28%。2000年，北京中成药工业产品销售收入为28.14亿元，占北京医药工业全行业比重的35%；利润总额1.2亿元，占行业比重的13%。其中，同仁堂集团实现销售收入23.2亿元、利润8900万元，分别占全市中药工业的82.6%和74%。

2001年至2010年，北京中药工业保持持续增长。工业总产值（现价）从2001年的14.3亿元增长到2010年的80亿元，复合年增长率为21.1%；主营业务收入（销售收入）从2001年的22.2亿元增长到2010年的71.8亿元，复合年增长率为13.9%；利润总额从2001年的3.1亿元增长到2010年的10.3亿元，复合年增长率为14.3%。2001年至2010年，北京中药工业与全国中药工业相比，前5年保持领先，后5年增速趋向缓慢。2001年，北京中药工业销售收入和利润总额在全国的排位分别为第11位和第五位。2005年实现销售收入和利润分别为42亿元和8.8亿元，在全国排名分别为第12位和第三位，销售利润率达到20.9%，领先于全国其他省市。"十一五"期间，北京医药产业重点发展中药与天然药，推进中药生产现代化。与全国中药工业发展相比，"十一五"期间北京中药工业主营业务收入复合增长率23.5%，利润总额复合增长率33.3%。主营业务收入从2006年全国排名第15位降至2010年的第21位，利润总额从第五位降至第18位。其中，中成药主营业务收入从2006年全国排名15位降至2010年的第20位，利润总额从第五位降至第16位；中药饮片主营业务收入从2006年全国排名第八位降至2010年的第10位，利润总额从第三位降至第六位。

北京中药工业企业数量从1999年的50家增长到2010年的92家，占北京医药工业全行业的比重逐年下降。2001年至2005年，北京中药工业销售收入和利润总额复合年增长率分别为17.3%和29.8%。2006年至2010年，中药工业主营业务收入占全市医药工业全行业的比重从21%下降到16%。

2010 年，同仁堂集团在北京的 5 家中药工业企业实现主营业务收入和利润总额占全市中药行业的 58.8% 和 80.1%。同仁堂集团在海外 16 个国家和地区已开办 64 家药店和 1 家境外生产研发基地，产品销往海外 40 多个国家和地区。年销售额亿元以上产品 12 个。北京北大维信生物科技有限公司的主导产品血脂康胶囊销售额 2.63 亿元，北京以岭药业有限公司生产的参松养心胶囊销售额 1.69 亿元，北京联馨药业有限公司的人工麝香销售额近 3 亿元。

第一节　中药材及中药饮片

一、中药材

采购

北京中成药和中药饮片生产所用的中药材均需到主产区采购。从 20 世纪 50 年代公私合营至 1992 年，北京市药材公司负责对全市 20 余家国有中药企业的生产、采购、供应实行统一管理。1992 年，中国北京同仁堂（集团）有限责任公司成立，组建采购供应部门。1999 年，北京市有中药生产企业 50 家，同仁堂集团及所属中药生产企业产能及规模占 70% 以上，2000 年开始，同仁堂旗下股份公司根据生产及供销任务独立负责中药材采购、仓储和管理。2003 年 7 月，同仁堂集团旗下的北京同仁堂药材有限责任公司成立，注册资金 1150 万元，主要从事中药材采购及经营。2010 年年底，北京市共有中药生产企业 92 家，生产需要的中药材均到国家批准设立的专业药材市场采购。2010 年，北京同仁堂药材有限责任公司销售收入 8700 余万元，利润总额 820 余万元。

种植

1958 年，北京市药材公司首个中药材种植基地在昌平县小汤山八仙庄建成，占地 280 公顷。1963 年转为指导农村社队种植，1992 年终止。1988 年 8 月，北京市药材公司所属河北省安国经营部负责中药材种植收购。2001 年年底，北京同仁堂集团公司组建北京同仁堂天然药物公司，负责在全国主要优质药材产地建立中药材原料生产基地。2001 年 10 月至 2004 年 10 月，同仁堂集团所属上市公司先后以 51% 股权投资设立 9 个中药材种植分公司，分别在浙江省杭州市等 8 个产地建设中药材种植基地，面积 2585.2 万平方米，出产茯苓等 18 种中药材。2002 年，各基地在种植、加工、管理方面推广实施《中药材生产质量管理规范（试行）》（GAP）标准，实现中药材来源均一、稳定、安全、可控。2010 年年底，同仁堂集团所属上市公司主要种植基地面积 883.74 万平方米，出产板蓝根、桔梗等 10 种中药材，销售收入 8300 余万元，实现利润 390 万元。

中药用动物养殖及原料人工合成

20 世纪 80 年代，为保护野生动物，北京市有 5 家企业开展动物类中药原料人工合成。其中，华颐药业有限公司生产威麦宁，北京联馨药业有限公司生产人工麝香，北京岐黄制药有限公司生产骨碎补总黄酮，北京同仁堂科技发展股份有限公司制药厂生产人工牛黄，北京协和制药二厂生产芳活素。北京联馨药业有限公司参与卫生部药政局和中国药材公司联合组织的人工麝香研发工作，研究证明人工麝香的化学组成、有效成分含量及主要药理作用与天然麝香基本相同，物理性状相似，临床疗效确切。1994 年，卫生部认定人工麝香为Ⅰ类新药，国家保密品种。2003 年，北京同仁堂股份有限公司收购北京市药材公司养鹿场、养鸡场，更名为北京同仁堂股份有限公司动物养殖场，注册资本 224.7 万元，主要从事养殖梅花鹿、乌骨鸡、麝、马鹿、鹿、乌鸡产品的加工和营养液制造（不含医药作用的营养液）。2004 年，梅花鹿存栏 523 只，产茸 297 千克；马鹿 35 只，产茸 11.93 千克；饲养乌鸡 14.9 万只，缴库 29.8 万千克，销售额 468.98 万元。2004 年该养殖场停产，2007 年 3 月许可证到期，2009 年注销。

二、中药饮片

北京市中药饮片工业化生产始于 20 世纪 80 年代，1987 年北京市药材公司建立饮片加工车间，1988 年同仁堂中药饮片厂、双桥燕京中药饮片加工部等 4 家饮片厂先后成立。2001 年，中药饮片纳入全国医药统计，当年北京市中药饮片主营业务（销售）收入 2411 万元，利润总额 53 万元，在全国同行业排名分别为第八位、第六位。

2003 年，北京饮片企业增加到 28 家，规模较小，设备简陋。2006 年年底，饮片企业按照国家强制实施《药品生产质量管理规范》（GMP）认证要求，进行大规模改造，硬件厂房设备、仓储条件、软件质量控制，均有较大改观，普遍拥有较先进的生物显微镜、紫外分光光度计、电子精密天平等检测仪器。2009 年进行第二次 GMP 认证，各企业增加了高效液相色谱仪、气相色谱仪等检验仪器和设备，企业整体水平提高。

2010 年年底，北京具有中药饮片生产资质的企业共计 50 家。其中，专门从事中药饮片生产的企业 43 家，生产直接服用饮片的企业 16 家。2010 年，北京市中药饮片主营业务（销售）收入为 25.83 亿元，利润总额 3.17 亿元，在全国同行业排名分别为第八位、第五位。

2001—2010年北京中药饮片工业主要经济指标统计表

5-1表

年份	主营业务（销售）收入（万元）	主营业务（销售）收入全国排名	利润总额（万元）	利润总额全国排名
2001年	2411	8	53	6
2002年	—	—	—	—
2003年	85078	7	28780	2

（续表）

年份	主营业务（销售）收入（万元）	主营业务（销售）收入全国排名	利润总额（万元）	利润总额全国排名
2004年	48355	5	1851	10
2005年	50947	10	997	14
2006年	69446	10	6134	8
2007年	172589	7	19739	3
2008年	232024	6	17729	6
2009年	194091	8	23364	5
2010年	258334	8	31680	5

说明：1.《中国医药统计年报》从2001年开始统计全国中药饮片工业指标，此前无相关统计数据。
2."—"表示无相关数据资料。

北京市双桥燕京中药饮片厂

1987年成立，注册资金846万元，注册地址为朝阳区管庄东路南。前身为北京市双桥燕京饮片加工部，1997年由全民所有制变更为隶属乡政府的集体所有制，2000年11月更名为北京市双桥燕京中药饮片厂。同年，企业生产品种100余种，销售收入2400万元。2002年11月兼并乡政府下属企业管庄扣厂。2003年投资1500万元新建建筑面积为1.1万平方米、符合GMP标准的中药饮片生产车间，空调净化系统达到30万级标准，采用先进的生产和检测设备，达到数字化控制水平，实现从作坊式生产向现代化生产发展。企业注册地址变更为朝阳区双桥东路双会桥南。2003年，企业在浙江省桐乡市建成杭白菊生产基地，经营1200多个品种，销售收入4185万元，利润总额70万元。2005年1月成为全国首家通过中药饮片GMP认证企业；2006年通过ISO 9000质量认证，分别获得全国农业部创名牌企业、北京市乡镇企业创名牌企业称号。2008年10月，"食味草"商标获得北京市著名商标称号；2008年至2010年拓展产品范围，研发成功直服饮片、药食同源产品、酒蒸酒制等30多个品种。2010年投资改造化验室，更新化验、生产设备，实现产品全部自行加工生产，达到同行业领先水平。2010年，企业销售收入5780余万元，利润120万元，上交税金191万元。

北京金崇光药业有限公司

1998年1月成立，成立初期为北京崇光药业有限公司，注册资金1000万元。注册地址为崇文区法华南里26号楼201室，生产地址位于顺义区大孙各庄镇府前街14号，是集中药材种植、中药饮片生产、加工、销售为一体的现代化中药饮片企业。2005年兴建1.5万平方米的生产车间，累计投入资金3500万元，购置中药饮片制粉设备200余台（套），同年通过中药饮片GMP认证。其加工和销售的900余种中药饮片，销往北京十几家大中型医院，并与北京同仁堂、北京医药股份公司，以及 300 多家中小医院、门诊部、药品经销商建立业务关系。2006 年 10 月，企业注入资金 800 万元，成立北京金崇光药业有限公司，地址位于顺义区大孙各庄镇府前街 14 号。增加煅制加工及含茶制品和代用茶生产。2006 年销售收入和利润总额分别为 5486 万元、16.8 万元。2010 年资产总额 1.17 亿元，主营业务收入 1.12 亿元，实现利润总额 27 万元。

北京康仁堂药业有限公司

1998 年 2 月成立，注册资金 1.245 亿元。位于顺义区林河开发区北大街 16 号，是以研发生产天然药物为主的高科技制药企业。生产基地占地面积 3.6 万平方米，建筑面积 1.25 万平方米。1998 年开展"全成分"中药配方颗粒研究与开发，2002 年获批生产，2003 年通过国家药品监督管理局 GMP 认证，该项目实现对配方颗粒生产全过程的标准化、现代化，在全国处于领先地位；2004 年列入北京市、国家中医药局科技成果转化项目。2008 年销售收入 936 万元；2009 年销售收入和利润总额分别为 5657 万元、1203 万元。2010 年，公司拥有年处理中药 4000 吨能力，"全成分"中药配方颗粒在国内各大城市销售，并远销至美国、英国、加拿大、澳大利亚、马来西亚、新加坡、俄罗斯、韩国、日本等 20 多个国家和地区。2010 年，企业资产总额 2.64 亿元，主营业务收入 1.4 亿元，实现利润总额 3857 万元。

北京联馨药业有限公司

1999 年成立，注册资金 6000 万元。注册地址在大兴区生物工程与医药产业基地天富大街 9 号，生产地址位于大兴工业开发区广茂大街 16 号。由中国医学科学院药物研究所、山东济南宏济堂制药有限责任公司（原山东济南中药厂）、上海市药材有限公司和中国药材集团公司（原中国药材公司）4 家单位共同出资组建，是集科研、生产为一体的高科技制药企业。该公司专门生产国家机密产品人工麝香。生产基地占地面积 3057.3 平方米。2005 年 6 月通过国家 GMP 认证。2005 年销售收入和利润总额分别为 1.29 亿元、1730 万元。2008 年销售收入 2 亿元，利润总额 3728 万元。2010 年，企业资产总额 2.32 亿元，主营业务收入 2.89 亿元，实现利润总额 5717 万元。

2010年北京市中药饮片生产企业一览表

5—2表

企业名称	生产地址	产品
北京市双桥燕京中药饮片厂	朝阳区双桥东路双会桥南	中药饮片（含直接服用、净制、切制、炒制、炙制、煮制、蒸制、烫制、煅制）
北京市鹤延龄中药饮片有限公司	大兴区长子营镇靳七营村委会路北500米	中药饮片（含净制、切制、炒制、炙制、蒸制、煅制）
北京御生堂制药有限公司	房山区良乡工业开发区金光南街3号	中药饮片（净制、切制、炒制、炙制、蒸制、煮制、煅制）

（续表）

企业名称	生产地址	产品
北京圣惠堂中药饮片有限公司	房山区青龙湖镇小马村甲89号	中药饮片（含净制、切制、炒制、蒸制、煮制、炙制、煅制）
北京绿野药业有限公司	房山区良乡经济开发区古兰大街东	中药饮片（净制、切制、炙制、炒制、蒸制）
北京金崇光药业有限公司	顺义区大孙各庄镇府前街14号	中药饮片（含直接服用、净制、切制、炒制、蒸制、煮制、炙制、煅制）
北京首儿中药饮片有限公司	顺义区李天路李桥段5号	中药饮片（净制、切制、炒制、炙制、蒸制、煮制、煅制、燀制）
北京康仁堂药业有限公司	顺义区林河北大街16号	中药饮片（含直接服用、净制、切制、炒制、炙制、蒸制、煮制、烫制）
北京天圣药业有限公司	顺义区北务镇人民政府西侧200米	中药饮片（含净制、切制、炒制、炙制、蒸制、煮制）
北京华邈中药工程技术开发中心	顺义区顺通路西侧	中药饮片（含毒性饮片、净制、切制、煮制、蒸制、炒制、炙制、煅制）
北京市通州翟里药材加工厂	通州区宋庄镇翟里村	中药饮片
北京宏济药业有限公司	通州区于家务乡渠头村北	中药饮片（含净制、切制、炒制、炙制、蒸制）
北京大恒倍生制药厂有限公司	顺义区北石槽镇中北工业区	中药饮片（含净制、切制、炒制）
北京紫云腾中药饮片有限公司	密云县经济开发区汇通街2号	中药饮片（含直接服用、净制、切制、炒制、炙制、蒸制、煅制）
北京人卫中药饮片厂	通州区潞城镇七级村	中药饮片（含净制、切制、炒制、炙制、蒸制、煮制、煅制）
北京市通州牛堡屯药材加工厂	通州区张家湾镇垡头村南口	中药饮片（含净制、切制）
北京琪景饮片厂	通州区梨园地区将军坟	中药饮片（含毒性饮片、净制、切制、炒制、蒸制、煮制、炙制、煅制）
北京杏林药业有限责任公司	通州区聚富苑聚和四街9号	中药饮片（含直接服用、净制、切制、炒制、蒸制、煮制、炙制、煅制）
北京东兴堂科技发展有限公司	通州区工业开发区广聚街8号	中药饮片（含直接服用、净制、切制、煮制、炒制、炙制、煅制）、药用辅料（蜂蜜）
北京博益源西洋参有限公司	怀柔区雁栖镇范各庄村村委会南500米	西洋参饮片
北京祥威药业有限公司	昌平区科技园流村工业区	中药饮片（含直接服用、净制、切制、炒制、炙制、蒸制、煮制、煅制）
北京丰泰金源药业有限公司	昌平区兴寿镇工业区8号	中药饮片（含净制、切制、炒制、烫制、煨制、蒸制、煮制、炙制）
北京昊园药业有限公司	昌平区马池口镇百泉庄624号	中药饮片（含直接口服、净制、切制、炒制、蒸制、煮制、炙制、煅制）

企业名称	生产地址	产品
北京冠城药业有限公司	顺义区北石槽镇中北工业区	中药饮片（含毒性饮片、直接口服、净制、切制、蒸制、煮制、炒制、炙制、煅制、烫制）
北京时珍堂药业有限公司	大兴区黄村镇太福庄工业区	中药饮片（含净制、切制、炙制、炒制、煮制、蒸制）
北京松兰饮片厂	昌平区南口镇西大桥路南	中药饮片（含净制、切制、炒制、蒸制、煮制、炙制、烫制、煨制、煅制、燀制）
北京和盛堂药业有限公司	昌平区马池口镇百泉庄西国家物资储备局直属储备处院内	中药饮片（含净制、切制、炒制、炙制、蒸制、煮制、煅制、燀制、烫制）
北京燕北饮片厂	怀柔区庙城镇庙城村374号	中药饮片（含净制、切制、炒制、炙制、蒸制、煮制）
北京崇光药业有限公司	顺义区大孙各庄镇府前街14号	中药饮片（含直接口服、净制、切制、炒制、炙制、煮制、蒸制、烫制、煨制）
北京太洋树康中药饮片厂	大兴区长子营镇企融路1号	中药饮片（含直接服用、净制、切制、炒制、炙制、蒸制、煅制、煮制）
北京同春堂药业有限责任公司	大兴区生物工程与医药产业基地天河西路	中药饮片（含直接服用、净制、切制、蒸制、煮制、炒制、炙制、煅制、制炭）
北京峰顺康医药有限公司	大兴区北臧村镇京开路东纬四路南北京市沧达农工商公司院内	中药饮片（含净制、切制、炒制、炙制、蒸制）
北京徽芝堂药业有限公司	平谷区兴谷开发区M2-5区2号	中药饮片（含直接服用、净制、切制、炒制、炙制、煅制、煮制、蒸制）
北京仟草中药饮片有限公司	大兴区西红门镇大生庄工业区二条3号	中药饮片（含直接服用、净制、切制、炒制、煅制、蒸制、煮制、燀制、炙制、煨制）
北京西单医药有限责任公司	房山区阎村镇张庄村金秋工业区A区25号	中药饮片（含净制、切制、炒制、炙制、煅制、蒸制）
北京深港药业有限公司	房山区窦店镇窦店村东房窑路南侧6号	中药饮片（含净制、切制、炒制、烫制、煅制、制炭、蒸制、煮制、炖制、燀制、炙制、煨制）
北京本草方源药业有限公司	大兴区黄村镇双河南路观音寺1号	中药饮片（含直接服用、净制、切制、炒制、炙制、蒸制、煮制、煅制）
北京亚威中药饮片有限公司	通州区宋庄镇小堡村佰富苑工业区佰富苑大街甲6号	中药饮片（含毒性饮片、直接服用、净制、切制、炒制、炙制、蒸制、煅制）
北京盛世龙药业有限公司	通州区张家湾镇柳营村村委会东300米	中药饮片（含直接服用、净制、切制、炒制、炙制、蒸制、煮制、煅制、烫制、煨制）
北京四方中药饮片有限公司	丰台区卢沟桥桥西街107号	中药饮片（含净制、切制、炒制、炙制、蒸制、煮制、煅制）
北京卫仁中药饮片厂	朝阳区三间房乡金家村	中药饮片（含直接服用、净制、切制、炒制、炙制、蒸制、煮制）
北京天惠参业股份有限公司	怀柔区北房镇经纬工业小区	中药饮片（含净制、切制）
	怀柔区汤河口镇	中药饮片

（续表）

企业名称	生产地址	产品
康美（北京）药业有限公司	房山区石楼镇坨头村西	中药饮片（含净制、切制、炒制、炙制、蒸制、煮制、煅制）
北京晨益药业有限公司	怀柔区范各庄村（原粮库院内）	中药饮片（含净制、切制、炒制、蒸制、炙制、煅制）
北京华洋奎龙药业有限公司	通州区张家湾镇光华路东	中药饮片（含净制、切制、炒制、烫制、制炭、蒸制、炖制、煮制、炙制、燀制）
北京同科远大医药科技有限公司	大兴区青云店镇小谷店村村委会西200米	中药饮片（含净制、切制、蒸制、炒制、炙制、煅制、煮制）
北京三和药业有限公司	通州区马驹桥镇后堰上村	中药饮片（含直接服用、净制、切制、蒸制、煮制、炒制、煅制）
北京同仁堂股份有限公司	北京经济技术开发区西环南路8号	中药饮片
中国北京同仁堂（集团）有限责任公司	崇文区东兴隆街52号	中药饮片
北京同仁堂科技发展股份有限公司	北京经济技术开发区同济北路16号	中药饮片

附注：资料来源于北京市药品监督管理局。

第二节　中成药

1996年4月，北京北大维信生物科技有限公司的"血脂康调整血脂对冠心病二级预防的研究"被卫生部列为"九五"国家医学科技攻关项目。1999年9月，血脂康胶囊列入国家中药保护品种。1999年12月，血脂康胶囊被国家外经贸部列为92种重点出口产品之一。

1999年，北京中成药产品以北京同仁堂十大名牌传统产品保持领先。2000年，同仁堂活络丹（丸）产量2429万丸，乌鸡白凤丸产量15827万丸。

2001年5月，北京北大维信生物科技有限公司生产的血脂康胶囊获科技部颁发的科学技术进步二等奖。2001年12月获得国家重点新产品证书。2002年2月，血脂康胶囊入选国家"十五"科技攻关课题——2型糖尿病及其并发症预警干预研究，成为2型糖尿病调脂干预临床用药。2002年5月获得北京市重大高新技术成果转化项目认定证书。2002年11月，"血脂康高技术产业化示范项目"列入2002年国家高技术产业发展项目计划。2004年6月，国家"九五"课题——血脂康调整血脂对冠心病二级预防研究通过国家终期验收，研究结论是长期服用血脂康可使冠心病患者总死亡危险降低33%，并且毒副作用小、安全性高。

2001 年 12 月，北京同仁堂科技发展股份有限公司研究所研制出Ⅲ类新药抗感泡腾片，是国内第一批应用大孔吸附树脂新技术的复方中药新产品，具有中药精华和服用方便等特点，获得国家发明专利。2002 年 12 月，北京同仁堂科技发展股份有限公司研究所研制出Ⅲ类新药太子保心口服液，主治冠心病、心绞痛，具有疗效好、便于服用的特点。

2004 年 1 月，北京同仁堂科技发展股份有限公司研发Ⅲ类新药百合更年安颗粒。该产品源于名中医经验方，具有滋补肝肾、宁心安神功效，用于更年期综合征。2006 年 5 月，北京同仁堂乌鸡白凤丸系列等 4 个产品及裹金工序获得国家保密级别证书。2007 年 1 月，北京同仁堂科技发展股份有限公司制药厂与中国医学科学院药用植物研究所共同研发的治疗心血管疾病的缓释制剂及其制备方法、质量控制方法，获得国家发明专利。

2005 年 5 月，血脂康胶囊被科技部列入国家火炬计划项目。2009 年 3 月，市科委等 4 部门联合认定其为自主创新产品。

2006 年，北京北大维信生物科技有限公司启动美国 FDA 的药品审评工作，2008 年 8 月获准开展临床，2010 年启动美国二期临床研究工作。

2007 年，北京以岭药业有限公司出品的参松养心胶囊获得国家重点新产品称号和中华中医药学会科学技术一等奖。2009 年获国家科学技术进步奖二等奖。2010 年 5 月获得新药证书和药品生产批准文号，7 月在北京上市销售。

2008 年，北京以岭药业有限公司的"连花清瘟胶囊治疗流行性感冒研究"获中华中医药学会年科学技术一等奖。连花清瘟胶囊/颗粒是卫生部《人禽流感诊疗方案》及国家中医局《关于在震区灾后疾病防治中应用中医药方法的指导意见》推荐用药，在 2009 年甲流防控中发挥重要作用，列入卫生部《人感染甲型 H1N1 流感诊疗方案》及《中药饮片和中成药的储备品种》。2010 年 5 月，公司另一剂型连花清瘟颗粒获得新药证书和药品生产批准文号。

2009 年至 2010 年，北京同仁堂股份有限公司生产的安宫牛黄丸等 34 个品种分别获得北京市第六批、第八批自主创新产品证书。

2010 年，北京同仁堂股份有限公司出品的安宫牛黄丸销售额超过 2 亿元，牛黄清心丸销售额超过 1.4 亿元，国公酒销售额 1.04 亿元。大活络丹系列产量 3999.02 万丸，销售额 7600 余万元，白凤丸系列产量 6954.49 万丸，销售额 9400 余万元。六味地黄丸销售额超过 1.6 亿元、牛黄解毒片销售额 4300 余万元，在全国同类产品中，均为销量排名第一位。以上产品分别于 2000 年、2002 年、2004 年、2006 年获北京名牌产品称号，其中牛黄清心丸等产品为国家中药保护品种。感冒清热颗粒于 2004 年 9 月获北京名牌产品称号，在 2005 年中国大传播网的中国百业排行榜中，其消费者忠诚度和成长指数均排名第一位。

2010 年，北京北大维信生物科技有限公司生产的血脂康胶囊销售收入 2.63 亿元，在全国降脂药市场中排名第四位。北京以岭药业有限公司出品的参松养心胶囊产量 2.25 亿粒，实现销售收入 1.69 亿元，在全国同类产品市场占有率超过 50%。

北京亚东生物制药有限公司

1991 年 5 月成立。位于海淀区北四环中路 229 号海泰大厦，主要从事现代中药片剂、颗粒剂、胶囊、合剂等产品的生产销售。1997 年投产治疗乳腺增生的乳块消颗粒，为国家级新药、国家二级中药保护品种、国家独家品种。1998 年，自主研制、治疗急性甲型、慢性乙型肝炎的茵莲清肝颗粒 2003 年获得国家级新药称号。2005 年，企业销售收入和利润总额分别为 5027 万元、41 万元。2006 年，茵莲清肝颗粒获得国家重点新产品高新技术成果转化品种称号。2008 年，公司被认定为北京市高新技术企业，2010 年被列入中关村"瞪羚计划"重点培育企业。截至 2010 年，7 类剂型产品通过 GMP 认证。2010 年，公司资产总额 9794 万元，主营业务收入 8570 万元，利润总额 71 万元。

北京北大维信生物科技有限公司

1994 年 9 月 1 日注册成立，是北京大学（北大资产经营有限公司）与新加坡维信（WBL）有限公司合资组建的公司。注册地址在海淀区海淀南路 30 号 A 座 701-705 室。1999 年，北京控股有限公司及与中关村科技园区管理委员会下属企业共同出资组建的北控高科技发展有限公司参与持股。同年 12 月，该公司被外经贸部列为科技兴贸重点出口企业。2000 年 4 月被市商务委评为外商投资先进技术企业。2002 年，公司销售收入 1.1 亿元，利润总额 2017 万元。2003 年 9 月被授予首批北京市专利工作示范单位。2005 年，公司销售收入和利润总额分别为 1.72 亿元和 3408 万元。2006 年 6 月被评定为国家火炬计划重点高新技术企业。2007 年 7 月，公司研发中心被市工业促进局认定为市级企业技术中心。10 月，新加坡维信有限公司将其股权转让给亚洲药业集团有限公司，变更后股权结构为北大资产经营有限公司占 30.45%，亚洲药业集团有限公司占 43%，北控高科技发展有限公司占 26.55%。11 月，公司取得新营业执照。至此，新加坡维信有限公司退出北大维信董事会。2008 年 12 月 24 日，公司通过 2008 年度高新技术企业认定。2009 年 9 月，亚洲药业集团有限公司将其 43% 的股权转让给绿叶制药集团有限公司；10 月，北控高科技发展有限公司将其 26.55% 的股权转让给达盈集团有限公司；11 月转由绿叶制药集团有限公司收购。至此，绿叶制药集团有限公司持有北大维信 69.55% 的股权。2010 年 4 月，公司被列入中关村国家自主创新示范区"十百千工程"首批企业。同年 5 月，公司投资 1.15 亿元建设符合 GMP 要求的二期生产厂房，新增建筑面积近 2 万平方米，新增生产线 3 条，年产胶囊 10 亿粒、片剂 5 亿粒。2010 年被认定为北京生物医药产业跨越发展工程（G20 工程）规模企业。2010 年，公司主营业务收入为 2.63 亿元，实现利润总额 5445 万元，资产总额达 3.34 亿元。

北京同仁堂股份有限公司

1997 年 6 月 18 日成立，地址为崇文区东兴隆街 52 号。1997 年 6 月 25 日在上海证券交易所上市，注册资本 2.4 亿元，是中国北京同仁堂集团旗下国有控股上市子公司。2001 年 11 月被认定为北京市高新技术企业。2002 年，公司（北京本部）销售收入 12.37 亿元，利润总额 2.61 亿元。1997 年至 2003年，公司相继投入 1.78 亿元开展 15 项厂房改造和设备更新，建立 4 个现代化生产基地。2004 年获评北京名牌产品生产企业。2005 年，公司所属 9 条生产线均通过国内 GMP 认

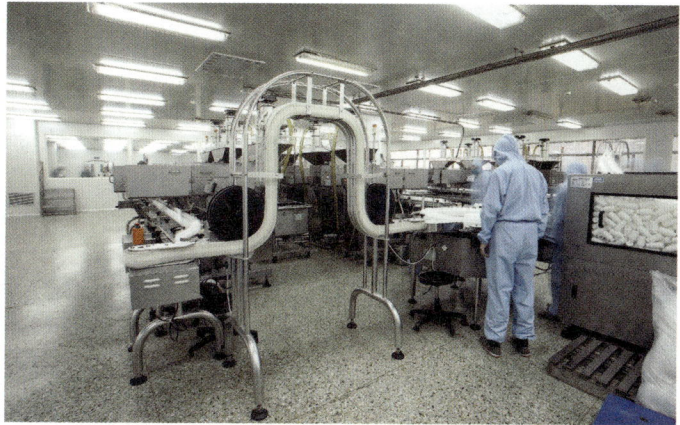

图5-1　2004年年底，北京同仁堂股份有限公司亦庄生产基地建成，丸剂瓶装线达到国内同行业先进水平

证，其中口服液、提取、丸剂、胶囊剂及中药前处理生产线通过澳大利亚 TGA 认证，丸剂、酒剂生产线获得日本厚生省 GMP 认证，是全国中药领域率先通过国际认证的企业之一。2004 年 12 月通过环境管理体系认证。2005 年 1 月获 2005 年进入中关村科技园区专利引擎计划企业称号；10 月通过 ISO 9001、ISO 14001 和 OHSAS 18001 管理体系审核。2009 年 4 月被认定为北京市专利示范单位，12 月获评中关村高新技术企业称号。2010年获得 2009 年度上市公司价值百强称号。2010 年，公司主营业务收入 16 亿元，利润总额 2.86 亿元。

北京同仁堂科技发展股份有限公司

2000 年 3 月，由北京同仁堂股份有限公司分拆所属同仁堂制药二厂、同仁堂中药提炼厂、进出口分公司和研究所 4 部分资产，联合同仁堂集团及 6 位自然人，共同组建北京同仁堂科技发展股份有限公司，注册资金 5.88 亿元，注册地址位于丰台区南三环中路 20 号。2000 年 10 月 31 日，公司在中国香港联合交易所有限公司创业板上市（H 股），为中国北京同仁堂集团旗下第二个上市子公司。公司通过内部整合、外部控股参股等方式扩大生产经营规模。2000 年通过澳大利亚治疗商品管理局（TGA）的 GMP 验证。2001 年，公司所有剂型的生产线通过国家 GMP 认证。2002 年，公司（北京本部）销售收入 6.57 亿元，利润总额 1.46 亿元。2003 年 9 月通过 ISO 9000、ISO 9001 认证。2004 年 3 月获得高新技术企业认定证书。2005 年销售收入和利润总额分别为 11.06 亿元、2.56 亿元。2006 年 12 月，4 条生产线取得日本认定证书，成为全国首批通过国际认证的中药企业。2008 年 3 月，18种中成药产品通过清真"哈拉认证"。2010 年 1 月，7 个品种通过以色列洁食认证。2010年，该公司地址变更为北京经济技术开发区同济北路 16 号。2010 年年底，公司拥有 4 个种植基地、4 个生产基地、16 条生产线、4 个经营公司和 11 个控股 / 参股子公司；资产总额 16.5 亿元。2010 年，公司主营业务收入 13.38 亿元，利润总额 1.94 亿元。

北京同仁堂健康药业股份有限公司

2003年4月成立，前身是北京同仁堂南洋药业有限公司，注册资本4.2亿元。位于北京经济技术开发区景园北街2号58幢，生产基地位于中关村上地信息产业基地国际园区。为同仁堂集团旗下中药现代化生产及经营零售企业。产品涵盖现代保健食品、普通营养食品、传统滋补品、饮片、中成药等。2004年通过GMP及《药品经营质量管理规范》（GSP）认证。公司在北京设有总部，在上海、天津、福州建有3个分公司，在成都等9地设有办事处，在全国拥有近500家北京同仁堂专卖店及近千家形象专柜。2005年公司销售收入和利润总额分别为1.91亿元、2357万元。2010年主营业务收入11.25亿元，位列北京医药工业第十位，利润总额2.91亿元，资产总额15.87亿元。

图5-2　北京同仁堂健康药业有限公司180克碗装生产线（2005年摄）

北京同仁堂制药有限公司

2004年7月成立，注册资金1000万美元，是同仁堂集团与香港泉昌企业有限公司合资组建的中成药生产经营企业。注册地址位于大兴区黄村镇生物医药产业基地永旺路29号，生产基地位于中关村科技园大兴生物医药产业基地。公司拥有丸剂、颗粒剂等6种剂型90多个中成药品种。公司立足同仁堂商标和传统名牌与高新技术的结合，建有较先进的厂房设备，具备生产工艺及管理系统自动化、信息化能力。新型中成药生产基地占地面积3.68万平方米，2005年年底通过GMP认证，2006年年初投入使用，具备现代化生产能力，其中引进的丸剂生产线实现从丸剂机制到微波干燥的流水线生产。同年，公司获得科技企业证书。2010年获得高新技术企业证书。2010年，公司主营业务收入1.44亿元，利润总额5139万元，资产总额1.2亿元。

北京以岭药业有限公司

2006年10月8日成立，注册资金8800万元，为总部设在河北省石家庄市的民营企业以岭药业股份有限公司的子公司，位于中关村科技园区大兴生物医药产业基地。公司主要从事研发、生产、销售专利中药新药及保健品，生产基地占地1.4万平方米。2009年7月投资2.4亿元建成符合欧盟GMP认证标准的制剂车间，拥有胶囊等6个剂型的生产线，年处理中药材能力6000吨。主要产品参松养心胶囊年产量近2.25亿粒，在全国同类产品市场占有率超过50%。2009年，被认定为国家高新技术企业和中关村百家创新型试点企业。

图5-3 2006年10月，北京以岭药业股份有限公司在北京大兴区的生物工程与医药产业基地

2010年被市政府批准为北京市企业技术中心，认定为北京生物医药产业跨越发展工程（即G20工程）规模企业和中关村首批"十百千工程"重点培育企业。2010年年底，公司总资产4.15亿元，销售收入1.69亿元，利润1538万元。

第三节 重点项目

全成分中药配方颗粒研究

1998年正式立项，是北京康仁堂药业有限公司重大科技成果转化项目，北京中药行业重大科技成果转化项目。该项目与国家大型的中药科研院所合作，提出中药配方颗粒"全成分"概念，创新使用中药指纹图谱标准技术，并应用此项技术对常用中药配方颗粒400余种"全成分"工艺进行研究，解决了中药配方颗粒与中药汤剂"单煎、共煎"等同性问题。获得专利100余项，建立了一套完整的中药配方颗粒的工艺和质量标准，形成了行业第一个质量控制体系，填补了国家空白。2010年，康仁堂药业的"全成分"中药配方颗粒在北京

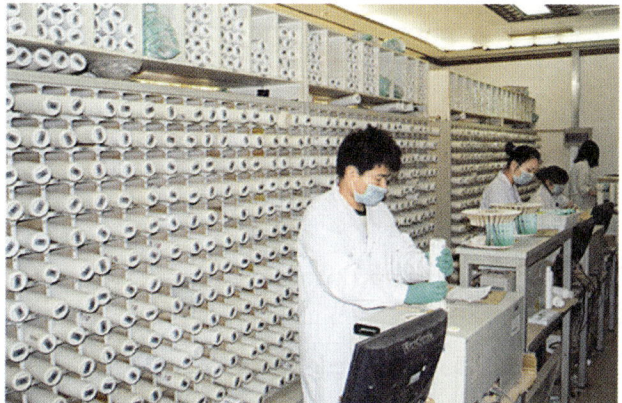

图5-4 康仁堂中药配方颗粒智能化应用在北京东方医院智能化中药房推广（2009年摄）

80 多家医疗单位使用，并在全国各大城市销售，远销美国、英国、日本、加拿大、澳大利亚等 20 多个国家和地区。

参松养心胶囊生产工艺关键技术攻关研究

2009 年由市科委立项，项目总投资 908.96 万元。该项目对参松养心胶囊的内控质量标准进行完善和提高，完成参松干燥工艺应用带式真空干燥技术研究，并改造参松养心胶囊的生产线。截至 2010 年年底，该项目基本完成，尚未验收。项目完成新质量标准的起草。在成分质量控制方面，采用高效液相色谱法测定指标成分含量，提高了检测准确度和效率；在提取工艺方面采用自控系统，实现提取工艺生产的自动化；在包装工艺上引进了全自动包装生产线，采用在线检测和自动称重技术，实现包装的自动化生产。

血脂康胶囊二次开发研究

为北京北大维信生物科技有限公司承担的国家重大新药创制科技重大专项"十一五"计划第一批课题。2010 年 6 月，由卫生部投资 1500 万元。课题预期研究目标是开展血脂康多成分相互作用及其机理研究、血脂康新质量标准研究、血脂康临床药代动力学研究及血脂康中医临床再评价研究。截至 2010 年年底，该研究课题制订了多中心、随机、双盲、安慰剂的对照临床研究方案，收集近千例临床有效病例，获得了血脂康在改善血脂异常患者中医症候及血脂指标上的研究进展。

2001—2010年北京中药工业主要经济指标统计表

5-3表

年份	主营业务（销售）收入（亿元）	主营业务（销售）收入全国排名	利润总额（亿元）	利润总额全国排名
2001年	22.17	11	3.15	5
2002年	32.12	7	4.90	6
2003年	24.92	9	3.98	5
2004年	35.61	9	7.28	2
2005年	36.90	12	8.69	3
2006年	35.47	15	7.13	5
2007年	36.83	16	4.97	12
2008年	39.52	19	5.45	16
2009年	40.41	20	5.96	17
2010年	45.95	21	7.10	18

说明：《中国医药统计年报》从2001年开始统计全国中药工业指标，此前缺少相关统计数据。

2010年北京中药生产企业一览表

5-4表

企业名称	生产地址	产品
北京御生堂制药有限公司	房山区良乡工业开发区金光南街3号	片剂、颗粒剂、硬胶囊剂、凝胶剂、膏药、橡胶膏剂、丸剂（浓缩丸、微丸）、中药提取
北京三联制药有限公司	昌平区白浮村东1号	片剂、颗粒剂、丸剂（浓缩丸）、硬胶囊剂、散剂、中药提取
北京同仁堂制药有限公司	大兴区黄村镇北京生物医药产业基地永旺路29号	丸剂（水丸、浓缩丸、大蜜丸、水蜜丸）、片剂、硬胶囊剂、散剂、颗粒剂
	通州区宋庄镇辛店村	丸剂（水丸）
北京康必得药业有限公司	大兴区中关村科技园区生物医药产业基地永大西路37号	茶剂、糖浆剂、口服溶液剂、溶液剂（外用）、酊剂
北京优你特药业有限公司	大兴工业开发区金苑路甲29号	散剂等
北京首儿药厂	顺义区李桥镇李天路李桥段5号	片剂、口服液、糖浆剂、中药提取、硬胶囊剂等
北京康蒂尼药业有限公司	顺义区林河经济开发区顺康路60号	片剂、硬胶囊剂、丸剂（水蜜丸、浓缩丸）、中药提取
北京九发药业有限公司	门头沟区石龙经济开发区上园路10号	中药提取、软膏剂、煎膏剂、茶剂、片剂、颗粒剂、滴丸剂、搽剂
北京羚锐卫生材料有限公司	门头沟区石龙经济开发区永安路6号	橡胶膏剂、贴剂
北京万辉双鹤药业有限责任公司	门头沟区石龙经济开发区上园路1号	片剂、硬胶囊剂、散剂、颗粒剂
北京双吉制药有限公司	门头沟区永定镇冯村西宝林寺	片剂、颗粒剂、中药提取等
北京市恒通制药有限公司	通州区张家湾镇柳营村	片剂、硬胶囊剂、颗粒剂、中药提取、糖浆剂等
北京正大绿洲制药有限公司	通州区经济开发区广源东街1号	滴丸剂、中药提取
北京同仁堂通科药业有限责任公司	通州区东永和屯村东201号	煎膏剂（膏滋）、中药提取
北京洪天力药业有限公司	通州区中关村科技园通州园区金桥科技产业基地环科中路5-5号	硬胶囊剂、片剂、颗粒剂、中药提取
北京锐业制药有限公司	北京经济技术开发区隆庆街12号	硬胶囊剂、颗粒剂、片剂、中药提取
北京同仁堂健康药业股份有限公司	海淀区上地信息路2号上地国际科技创业园C栋3层	片剂、颗粒剂、硬胶囊剂、软胶囊剂、散剂
	海淀区马连洼北路151号	片剂、颗粒剂、硬胶囊剂、软胶囊剂、散剂、口服液、中药提取

（续表）

企业名称	生产地址	产品
北京太真子药业有限公司	密云县经济开发区A区强云路2号	口服液、中药提取
北京云大药业有限公司	密云县经济开发区云腾路12号	片剂、硬胶囊剂、颗粒剂
北京希力药业有限公司	顺义区林河经济开发区顺康路62号	口服液、合剂、片剂、洗剂、中药提取
北京嘉事大恒制药有限公司	顺义区中北工业区（北石槽镇）	中药前处理及提取
北京金典汉方药业有限公司	通州区潞城镇古城西侧	搽剂（外用）、酊剂（外用）
北京佑三药业有限公司	通州区永乐经济开发区三街1号	软膏剂、中药前处理及提取
北京市非凡制药厂	丰台区岳各庄甲371号	硬胶囊剂、溶液剂（外用）、灌肠剂、洗剂
北京同仁堂股份有限公司同仁堂药酒厂	通州区新华南路212号	酒剂
北京航琪医药有限公司	通州区甘棠工业区	中药提取
北京知百草药业有限公司	朝阳区管庄乡双桥559号	丸剂（蜜丸）
北京海联制药有限公司	怀柔区雁栖工业开发区雁栖大街1号	散剂、口服液、中药提取
北京北陆药业股份有限公司	密云县密云经济开发区	片剂、颗粒剂、硬胶囊剂
北京华美达药业有限公司	顺义区马坡聚源中路16号	中药前处理及提取
北京修成药业有限公司	昌平区阳坊镇前白虎涧村二道河	膏药、酒剂
北京顺鑫祥云药业有限责任公司	顺义区林河经济开发区	片剂、硬胶囊剂、散剂、糖浆剂、搽剂、糊剂、煎膏剂、口服液、中药提取
北京复康健力制药有限公司	昌平区中关村科技园区昌平园超前路37号	丸剂（浓缩丸）、片剂、硬胶囊剂、颗粒剂、散剂、合剂
北京以岭药业有限公司	大兴区中关村科技园区大兴生物医药产业基地天富街17号	硬胶囊剂、片剂、颗粒剂
北京冠城药业有限公司	顺义区北石槽镇中北工业区	片剂、硬胶囊剂、散剂（含外用）、颗粒剂、栓剂（外用）、软膏剂（外用）
北京银建药业有限公司	昌平区科技园区东区利祥路3号	片剂、硬胶囊剂、颗粒剂、滴眼剂、滴耳剂、滴鼻剂、中药提取
北京源生素源生物科技有限公司	昌平区兴寿工业区	片剂、口服液、中药提取
扬子江药业集团北京海燕药业有限公司	昌平区生命园路16号	片剂、硬胶囊剂
北京建生药业有限公司	密云县密云经济开发区二期	硬胶囊剂
北京星昊医药股份有限公司	北京经济技术开发区中和街18号	片剂、硬胶囊剂、颗粒剂

（续表）

企业名称	生产地址	产品
北京勃然制药有限公司	昌平区科技园流村工业区	丸剂（水蜜丸、水丸、蜜丸、浓缩丸）、颗粒剂、硬胶囊剂、片剂、散剂、中药前处理及提取
北京康而福药业有限责任公司	中关村科技园区昌平园阳坊工业南区	片剂、硬胶囊剂、软胶囊剂、颗粒剂、口服液、滴丸剂、中药提取
北京麦迪海药业有限责任公司	大兴区西红门镇金星警大路5号	片剂、硬胶囊剂、颗粒剂、中药提取
北京贞玉民生药业有限公司	大兴区青云店工业区6号	灌肠剂、洗剂
华颐药业有限公司	大兴区中关村科技园区大兴生物医药产业基地天荣街15号	硬胶囊剂、颗粒剂、片剂、气雾剂、原料药（威麦宁）、中药提取
北京京铁华龙药业有限责任公司	密云县密云经济开发区水源路232号	颗粒剂、硬胶囊剂、中药提取
北京联馨药业有限公司	大兴经济开发区广茂大街16号	原料药（人工麝香）
北京岐黄制药有限公司	平谷区平谷镇平谷南街17号	硬胶囊剂、原料药（骨碎补总黄酮）、中药提取
北京汉典制药有限公司	丰台区小屯路121号	片剂、硬胶囊剂、颗粒剂、滴丸剂、散剂
北京同鹤药业有限公司	平谷区峪口经济开发区1区30号	丸剂（水丸、蜜丸、水蜜丸）
北京章光101药业有限公司	北京经济技术开发区永昌中路4号	片剂、硬胶囊剂、颗粒剂
北京北卫药业有限责任公司	顺义区京密路马坡段西侧	片剂、颗粒剂、口服液、软胶囊剂、丸剂（水丸、水蜜丸）、散剂、糖浆剂、中药提取
北京三九药业有限公司	昌平区科技园区智通路19号	片剂、硬胶囊剂、散剂、合剂、口服液、口服溶液剂、糖浆剂
北京健都药业有限公司	丰台区科学城中核路10号	片剂、颗粒剂、口服液、硬胶囊剂、软胶囊剂、糖浆剂、中药提取
北京海德润制药有限公司	通州区经济开发区广源东街16号	糖浆剂、中药提取
北京匡达制药厂	延庆县延庆经济开发区	丸剂（水丸）
北京亚东生物制药有限公司	昌平区科技园区富康路16号	片剂、硬胶囊剂、颗粒剂、散剂、滴丸、软胶囊剂、合剂、糖浆剂、中药提取
	昌平区科技园区振兴路8号	丸剂（水丸、水蜜丸、浓缩丸、糊丸）、中药提取
北京华恒汉方制药有限公司	昌平区马池口镇工业园区	硬胶囊剂、贴膜剂、中药提取
北京利龄恒泰药业有限公司	昌平区科技园区阳坊工业园南区	硬胶囊剂、颗粒剂

（续表）

企业名称	生产地址	产品
北京碧生源药业有限公司	房山区窦店镇大窦路18号1幢	茶剂、中药提取
北京华神制药有限公司	昌平区东小口镇中滩村110号	中药提取
北京华润高科天然药物有限公司	延庆县延庆镇妫水南街11号	中药前处理及提取
北京紫光制药有限公司	延庆县八达岭经济开发区	片剂（含抗肿瘤药）、凝胶剂、乳膏剂、粉针剂（头孢菌素类）
北京九龙制药有限公司	延庆县延庆经济技术开发区	片剂、硬胶囊剂、颗粒剂、滴丸剂、口服溶液剂、合剂、中药提取
北京曙光药业有限责任公司	朝阳区建国路管庄	散剂（含外用）
北京双鹭药业股份有限公司	昌平区科技园区利祥路2号	中药提取物（红花黄色素）
北京同仁堂科技发展股份有限公司制药厂	丰台区南三环中路20号	丸剂（蜜丸、水蜜丸、水丸、浓缩丸、微丸、糊丸）、煎膏剂（膏滋）、滴丸剂
	北京经济技术开发区同济北路16号	硬胶囊剂、原料药（人工牛黄）、散剂、片剂
	平谷区峪口经济开发区1区30号	丸剂（水蜜丸、水丸、浓缩丸）
	北京经济技术开发区东环北路5号北	颗粒剂、丸剂（蜜丸、水蜜丸、水丸、浓缩丸、微丸、糊丸）
	通州区张家湾镇垡头村南口	酊剂、片剂、口服液、合剂、糖浆剂、胶剂、中药提取、中药饮片（含净制、切制）
	大兴区青云店镇小谷店村西	中药前处理
中国中医科学院实验药厂	东城区东直门内南小街16号	片剂、颗粒剂、硬胶囊剂、酊剂、中药提取
北京京海药业有限责任公司	海淀区永丰乡小牛坊村	硬胶囊剂、颗粒剂
北京国医堂制药有限公司	平谷区王辛庄镇乐园路21号	口服液、糖浆剂、合剂、口服溶液剂、片剂、软膏剂、茶剂、丸剂（浓缩丸）、中药提取
北京华洋奎龙药业有限公司	通州区张家湾镇光华路东	颗粒剂、洗剂、片剂、硬胶囊剂、滴丸剂、中药提取
北京北大维信生物科技有限公司	海淀区中关村永丰基地永盛北路2号	片剂、硬胶囊剂、中药提取

（续表）

企业名称	生产地址	产品
北京同仁堂股份有限公司同仁堂制药厂	大兴区黄村镇福海路一街	丸剂（蜜丸、水蜜丸、水丸、浓缩丸、糊丸）、合剂、酊剂、糖浆剂、煎膏剂、锭剂、口服液、中药提取
	昌平区东三旗北八仙庄	丸剂（蜜丸）、散剂（含外用）、油膏剂、油剂、胶剂、搽剂
	通州区果园49号	丸剂、酊剂、糖浆剂、煎膏剂、软膏剂、涂抹剂
	北京经济技术开发区西环南路8号	颗粒剂、滴丸剂、片剂、丸剂（水丸、水蜜丸、蜜丸、浓缩丸）、硬胶囊剂
	通州区宋庄镇翟里村	中药材前处理
	通州区梨园小街南口	丸剂（蜜丸）
	平谷区黄松峪乡	散剂（含外用）
	大兴区中关村科技园区大兴生物医药产业基地	中药材前处理、中药提取
悦康药业集团有限公司	北京经济技术开发区宏达中路6号	片剂、硬胶囊剂、颗粒剂等
北京悦康凯悦制药有限公司	北京经济技术开发区景园街6号	颗粒剂、丸剂（水蜜丸、浓缩丸）
北京紫竹药业有限公司	朝阳区朝阳北路27号	中药提取
北京长城制药厂	丰台区小屯路121号	中药提取
北京双鹤现代医药技术有限责任公司	朝阳区双桥东路2号	中药提取
北京协和制药二厂	大兴区黄村镇清源北路	原料药（芳活素）、片剂
金花清感（北京）药业有限公司	大兴区采育镇京津塘科技园政中路1号	片剂、颗粒剂、硬胶囊剂、口服液、糖浆剂、酊剂、茶剂、中药提取
北京四环科宝制药有限公司	丰台区科技园区海鹰路11号	中药提取
北京东升制药有限公司	平谷区兴谷开发区二号区	片剂、丸剂（蜜丸、水丸、水蜜丸）、颗粒剂、硬胶囊剂、煎膏剂、中药提取
北京宝树堂科技药业有限公司	昌平区沙河镇	片剂、硬胶囊剂、颗粒剂、散剂、丸剂（水丸、蜜丸、水蜜丸）、乳膏剂、口服液、合剂、酒剂、中药前处理及提取
北京四环制药有限公司	通州区张家湾镇齐善庄村东	硬胶囊剂、颗粒剂、散剂

（续表）

企业名称	生产地址	产品
北京同仁堂民安药业有限公司	怀柔区庙城工业开发区88号	片剂、颗粒剂、合剂、糖浆剂、硬胶囊剂、口服液、软膏剂、中药提取
北京继春堂医药保健品厂	大兴区旧宫镇庑殿村第二村	硬胶囊剂、中药提取
北京王朝保健品厂	大兴区北臧村镇前管营村	硬胶囊剂、中药提取
北京龙泰基药业有限责任公司	石景山区古城南里	颗粒剂、硬胶囊剂、糖浆剂、合剂、酊剂、散剂、口服液、煎膏剂、中药提取
北京同仁堂股份有限公司	北京经济技术开发区西环南路8号	中成药、中药饮片
中国北京同仁堂（集团）有限责任公司	崇文区东兴隆街52号	中成药、中药饮片
北京同仁堂科技发展股份有限公司	北京经济技术开发区同济北路16号	中成药、中药饮片

附注：资料来源于北京市药品监督管理局。

第二章　化学制药

化学制药工业包括化学原料药和化学药品制剂两个子行业。1999年，北京化学制药工业列入统计口径的独立核算工业企业27家，工业总产值（现价）13.5亿元，占北京医药全行业的51%；产品销售收入、利润总额分别为15.7亿元、1.56亿元。2000年，北京化学制药工业产品销售收入为32.2亿元，占北京医药工业全行业的比重为40%；利润总额为5.45亿元，占行业比重的57%，比1999年增长1倍以上。

2000年，销售收入在亿元以上的企业有双鹤药业（3.6亿元）、四环科技（2.7亿元）、万辉药业（2.5亿元）、紫竹药业（2.1亿元）、太洋药业（1.3亿元）以及合资企业诺华制药（3.8亿元）和外资企业拜耳医药（2.6亿元）共7家企业，构成了北京化学制药业的主体。

"十五"期间，北京化学制药业销售收入和利润总额保持继续增长态势，外企销售快速增长，国企利润占据优势。销售增长较快的拜耳医药、诺华制药、费森尤斯、泰德制药、韩美药品及安万特制药6家外商投资企业，占北京化学制药工业整个销售收入的一半左右。对北京化学制药工业利润贡献较大的主要是双鹤药业、紫竹药业、四环医药科技、万辉双鹤等4家北京制药企业，占北京化学制药工业利润总额的53%。

"十一五"期间，双鹤药业、悦康药业、紫竹药业、赛科药业等企业迅速成长。双鹤药业是北京第一家上市的国有企业，2010年营业收入53.7亿元、利润6.2亿元；悦康药业借助民营企业机制体制优势发展迅速，2007年至2009年主营业务收入和利润复合增长率分别为43%和87%；紫竹药业凭借生殖健康类产品的市场基础，进行产品的国际认证，原料药及制剂产品行销东南亚、独联体、非洲、南美洲等20多个国家和地区；2009年，北京赛科药业的仿制药产品通过欧盟cGMP认证和美国GMP现场检查，正式批准进入美国ANDA（品牌仿制药）销售市场，使北京医药企业化学制剂产品出口国际主流市场实现零的突破。

"十一五"期间，一批制药外企不断加大投入，迅速扩张。2010年，拜耳医药、诺华制药、泰德制药、费森尤斯卡比医药、赛诺菲安万特（北京）制药、韩美药品、第一三共制药（北京）、萌蒂（中国）制药8家外资企业共实现主营业务收入141.9亿元，占北京化学制药工业的63.7%，占整个北京医药工业的31.1%。其中，拜耳医药、诺华制药发展迅猛，2010年共实现销售收入近百亿元，占北京整个医药行业销售的22.7%，在北京医药行业居第一、第二位。

2001年至2010年，北京化学制药工业（主要为化学药品制剂）总产值（现价）从2001年的32.0亿元增长到2010年的222.5亿元，年复合增长率为24.1%；主营业务收入（销售收入）从2001年的29.4亿元增长到2010年的222.5亿元，年复合增长率为25.2%；利润总额从2001年的5.1亿元增长到2010年的27.7亿元，年复合增长率为20.7%，主营业务收入在全国的排位从2001年的第12位上升到2010年的第八位，其中化学药品制剂2010年居全国第四位。2001年，北京化学制药工业的主营业务收入和利润总额占北京医药工业全行业的比重分别为35.4%和40.2%，2010年分别为49%和38.5%。

2010年，北京销售额5亿～10亿元的化学制药品种有双鹤药业的复方利血平氨苯蝶啶片（降压0号）、泰德制药的前列地尔注射液（凯时）、诺华制药的缬沙坦胶囊（代文）和盐酸贝那普利片（洛汀新），销售额超过20亿元的有拜耳医药的阿卡波糖片（拜唐苹）。

第一节　原料药

中华人民共和国成立至21世纪初，北京一直是国内原料药出口重要基地之一。据《中国医药统计年报》数据显示，北京化学原料药1999年产量为2558吨，2000年产量3549吨、出口量2355吨，2003年产量增至5954吨、出口量3764吨。原料药的分类，产量从大到小依次是生化药、消化系统用药、抗感染类药。2003年以后，双鹤、紫竹、赛科药业等大型化学原料药基地外迁，北京化学原料药逐渐萎缩。其中，抗感染类原料药产量从2000年的828吨下降到2003年的495吨，出口量从2000年的723吨下降到2003年的363吨。

2003 年开始，《中国医药统计年报》发布化学原料药主要经济指标统计数据。2004 年至 2010 年，北京化学原料药销售收入从 2003 年的 2.46 亿元增长到 2010 年的 4.8 亿元，年复合增长率为 10%，低于北京医药行业发展平均水平；销售收入占北京化学制药工业的比重，从 2003 年的 5.7% 下降至 2010 年的 2.2%，销售收入在全国的排位在 24 ~ 22 位。

20 世纪 90 年代后期至 21 世纪初，北京化学原料药主要生产基地是北药集团旗下的双鹤、紫竹、赛科药业。双鹤药业的合成抗菌药新诺明、氧氟沙星产量居全国首位；赛科药业（原北京第二制药厂）的磺胺二甲嘧啶 1984 年通过美国食品和药物管理局（FDA）认证，是全国制药行业首批通过美国 FDA 认证的企业，并连续 4 次通过美国 FDA 复检，主要出口美国等地，成为全国原料药出品基地。紫竹药业为国内最大的生殖健康与计划生育药品生产企业。还有一些企业生产特色原料药，其中北京太洋药业的盐酸苯海拉明、国药集团的阿片粉、燕京药业的川芎嗪、科益丰生物的甾体原料药（API）及其中间体、凌云建材的碳酸氢钠、益民药业的硝酸甘油和顺达四海生物药业的地衣芽孢杆菌等，在国内外也有一定影响力。2010 年年底，北京化学制药工业具有化学原料药生产资质的企业 46 家，其中 42 家由化学制药企业兼产。

2003—2010年北京化学原料药主营业务（销售）收入统计表

5—5表

年份	主营业务（销售）收入（亿元）	占北京化学制药工业比重（%）	全国排名
2003年	2.46	5.7	24
2004年	3.50	6.3	—
2005年	3.20	4.9	—
2006年	4.10	5.1	
2007年	4.60	4.6	22
2008年	4.10	2.9	24
2009年	7.30	3.9	21
2010年	4.80	2.2	22

说明：1.《中国医药统计年报》从2003年开始统计全国化学原料药工业指标，此前缺少相关统计数据。

2."—"表示无相关数据资料。

北京凌云建材化工有限公司

1991 年 9 月成立，前身是北京市建材化工厂，1993 年更名为北京首钢建材化工厂，以小苏打车间生产线和中国香港合资成立，注册资金 990 万元，是具有独立法人资格的京港合资企业，中方占有 75% 的股份。位于丰台区大灰厂路 88 号。主要生产和经营食品添加剂碳酸氢钠、原料药碳酸氢钠。总占地面积约为 3 万平方米，在厂区内建有公路和专用铁路线，生产规模为 3 万吨 / 年。2009 年 3 月通过药品 GMP 认证，2010 年 5 月通过 ISO

9001:2000 认证，在市场占主导地位，2010 年药用原料药产量 850 吨，销售收入 255 万元。

北京世桥生物制药有限公司

2002 年 4 月成立，注册资金 2000 万元，位于顺义区北石槽镇中北工业区。主要生产经营大输液、小容量注射剂、冻干粉针剂、药用辅料、Ⅲ类医疗器械技术转让、技术进出口以及原料药、新药制剂技术开发。主要产品有胸腺五肽注射液、紫杉醇注射液及注射用维库溴铵、帕米膦酸二钠、鲑降钙素、硝普钠、维库溴铵等原料药。2007 年进行股份重组；2009 年投资 7.87 亿元进行二期项目建设；2009 年 11 月被市科委、市财政局、市国税局、市地税局认定为高新技术企业。2010 年普通小容量注射剂车间、冻干粉针剂车间通过 GMP 认证。2007 年至 2010 年产量由 1318 万支增长到近 4000 万支，销售收入由 1282 万元增长到 3937.6 万元，利税由近 294 万元增长到 1775.4 万元。2010 年销售收入近 1.06 亿元。

第二节　化学制药产品

1995 年，北京四环医药科技股份有限公司独家生产的高选择性中枢抗胆碱药——国家Ⅰ类新药盐酸苯环壬酯（飞赛乐），主要作用于中枢神经系统，快速通过血脑屏障进入脑内，能阻断乙酰胆碱对脑内毒蕈碱受体（M 受体）和烟碱受体（N 受体）的激动作用，且有外周阻断乙酰胆碱对 M 受体的激动作用，有效防治晕动病（晕车、晕船、晕机）引起的头晕及恶心 / 呕吐等病症，具有快速持久、高效安全、少见嗜睡等特点，获得联合国知识产权组织授予的杰出发明奖。1995 年至 2010 年，在中国、美国、日本、英国、德国、法国、意大利 7 个国家获得专利。1999 年盐酸苯环壬酯的制备方法获国家发明专利。2010 年销售额 1845 万元。

1998 年，北京泰德制药有限公司生产的前列地尔注射液（凯时），作为国内首个脂微球载体病变血管靶向药物，列入国家火炬计划项目和北京市火炬计划项目，1999 年被科技部等多部门列入国家重点新产品，2002 年被纳入国家基本医疗保险药品目录，2005 年获得北京市科学技术奖二等奖，2009 年被市科委、市发展改革委等多部门评为北京市自主创新产品。据医药行业专业咨询公司艾美仕（IMS）数据，凯时连续 6 年被评为中国内地十大畅销药品之一。2010 年，凯时成为北京市销售额过 10 亿元的重点大品种。

1999 年 2 月，北京嘉林药业股份有限公司自主研发并生产国家Ⅱ类新药泛昔洛韦片（凡乐），保护期 6 年。用于治疗带状疱疹和原发性生殖器疱疹。1999 年 4 月，其原料和制剂获国家级火炬计划项目证书；2004 年 6 月获得北京市高新技术成果转化项目认定证书；2009 年 4 月获得北京市自主创新产品证书。2010 年销售收入 700 余万元。

1999年8月，北京四环医药科技股份有限公司研发并生产出新一代止痛药盐酸纳洛酮（苏诺），属国家Ⅳ类新药，具有应用范围广、疗效确切、副作用小的特性。2002年获得北京市名牌产品称号，被评为北京新技术产业开发试验区拳头产品。2005年载入中国药典，成为危急重症抢救的常用药物。2010年销售额1207.54万元。

1999年9月，北京嘉林药业股份有限公司出品阿托伐他汀钙片（阿乐），获得国家Ⅱ类新药证书，保护期8年。阿托伐他汀钙片是嘉林药业自主研发的国内首家抢仿品种，经复旦大学附属中山医院国家药品临床研究基地进行生物等效性研究证实，阿乐与进口的阿托伐他汀具有生物等效性。2000年4月、2000年6月，其原料和制剂分获国家火炬计划项目证书和国家重点新产品证书；2003年7月获得北京市重大高新技术成果转化项目认定；2009年4月，其制剂获得北京市自主创新产品证书。阿乐上市以后，一直保持快速增长态势，2010年，销售收入3.115亿元，占全国他汀类约15%的市场份额和国产该品种份额第一位。

1999年，北京紫竹药业有限公司在计生生殖类产品毓婷基础上开发升级产品金毓婷，不含雌激素，一片起效。2010年毓婷销售额17962万元，金毓婷销售额12040万元，两代产品销售收入超过3亿元。

1999年，北京赛科药业有限责任公司生产的盐酸特拉唑嗪片（马沙尼），为α1受体阻滞剂，是改善良性前列腺增生（BPH）所致梗阻症状的首选用药，为国内最早上市的盐酸特拉唑嗪片，服药一小时后即可缓解患者的尿路梗阻性症状和刺激性症状。2010年销售额1116.83万元。

1999年，北京北陆药业股份有限公司研发的对比剂碘海醇注射液（双北）被科技部列为国家级火炬计划项目。是非离子型碘对比剂，用于血管造影、头部及体部CT增强造影、静脉尿路造影（IVP）、体腔造影等。与传统的离子型对比剂相比，安全性大为提高，不良反应明显减少，临床反应效果优良。2009年被评为北京市自主创新产品。2010年销售额超过1.3亿元。

2000年，北京嘉林药业股份有限公司自主研制生产的盐酸胺碘酮片上市，适用于预防危及生命的阵发性心动过速及心室纤颤。北京赛科药业有限责任公司生产的维生素E烟酸酯胶囊（威氏克），有改善微循环、降血脂、清除自由基、保护血管等功能。连续多次获得北京名牌产品称号，为北京十佳产品，2010年销售额69.51万元。

2001年，北京赛科药业有限责任公司在国内首家仿制并上市苯磺酸氨氯地平片（压氏达），实现络活喜原料药、制剂的国产化，是国内降压药品中用量最大的钙离子拮抗剂。试验证明其临床疗效、生物等效与进口产品络活喜相当，获得国家重点新产品称号，连续多年占据国产该品种市场份额第一位。2010年实现制剂产品并首次出口欧盟市场，销售额31612.41万元。

2001年，北京紫竹药业有限公司生产出眼科用药复方樟柳碱注射液。该品是樟柳碱与普鲁卡因合二为一而成，不扩张血管、不散瞳，通过调整植物神经系统降低cANP，减少肾上腺素合成，减轻血管痉挛，调整皮层，消除头痛、眼痛，并调整眼血管活性物质水平和相互比值，使之波动于正常范围，从而调整眼血管运动功能，缓解眼血管痉挛，增加血流量，促进侧支循环建立，改善眼组织供血，提高视功能。还具有稳定、保护血管内皮细胞，缓解视神经消肿，减轻循环障碍的功能，对青光眼患者恢复视功能以及视力极低的患者有一定治疗作用。2010年销售额4360万元。

2002年，拜耳医药保健有限公司生产上市盐酸莫西沙星片/氯化钠注射液（拜复乐），是全球第一个上市的第四代喹诺酮类抗菌药物，能快速治愈成人上呼吸道和下呼吸道感染。2010年销售额6.1亿元。

2002年，北京紫竹药业有限公司生产的米索前列腺片、替勃龙（紫竹爱维）上市，米索前列腺片具有较强的抑制胃酸分泌作用，可用于治疗胃病、十二指肠溃疡，2010年米索前列腺片销售495万元。替勃龙主要用于绝经，能够稳定妇女更年期后的下丘脑垂体系统。2010年销售495万元。

2003年，北京赛科药业有限责任公司在国内首家仿制成缓释调血脂药物烟酸缓释片（本悦），为国内独家生产、销售。该产品一天一次服用即可全面调血脂。2010年销售额299.23万元。

2003年，拜耳医药保健有限公司生产并上市阿司匹林肠溶片（拜阿司匹灵），用于防止心肌梗死和卒中的再次发作，包括稳定和不稳定心绞痛、急性心肌梗死和脑卒中等，可降低具有心血管危险因素者的心肌梗死发作风险，产品上市后，逐步成为心脑血管领域基本用药。同年，北京紫竹药业有限公司生产的枯草芽孢杆菌胶囊（天悦婷）上市，可治疗消化不良、肠炎等。北京泰德制药有限公司研发的国内首个脂微球载体靶向镇痛药——氟比洛芬酯注射液（凯纷），获得国家Ⅱ类新药证书。2004年获得批准上市并被列为北京市火炬计划项目，2005年被评为国家重点新产品，2010年销售收入超过2.59亿元。

2004年，双鹤药业对其生产的复方利血平氨苯蝶啶片（降压0号）等降压系列产品开展大规模临床研究，完成其不良反应药理研究以及国家"十五""十一五"科技支撑计划临床研究。2008年销售量突破8亿片，2009年获得北京市自主创新产品荣誉称号。2010年销售收入62703万元。

2004年，双鹤药业在国内首家开发匹伐他汀钙片（冠爽），为新型降血脂药物，2008年11月获准生产，双鹤成为当时国内唯一拿到匹

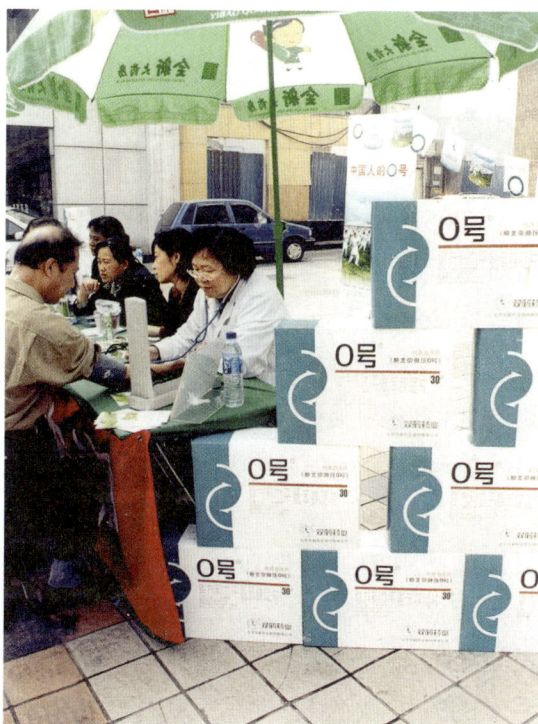

图5-5 2006年10月8日，中国高血压联盟与北京双鹤药业股份有限公司在北京举办大型健康咨询讲座活动

伐他汀钙片原料药和制剂生产批文的药企。

2004年，双鹤药业开发多层共挤膜输液袋，多数产品采用玻璃瓶、塑料袋两种包装。2006年，开发了丙氨酰谷氨酰胺注射液。2010年，有常规输液产品36个，营养型输液产品36个。营养型产品以复方氨基酸、维生素注射液为主，治疗型产品以抗菌、抗病毒、代血浆等为主，包括循环系统、呼吸系统、消化系统、免疫、麻醉、解热、镇痛、止血

图5-6 2009年6月，北京双鹤药业股份有限公司在全国药交会上推展新一代输液产品BFS

等治疗用药，其主要产品有氧氟沙星注射液（奥复星注射液）、甲磺酸左氧氟沙星注射液（利复星注射液）、右旋糖酐40葡萄糖注射液等，利复星及其制剂研究获得北京市科学技术进步奖二等奖，并被评为北京名牌产品和北京市优秀产品。

2005年，悦康药业集团生产并上市盐酸二甲双呱缓释片（悦达宁），为国际公认的安全有效的口服降血糖药物，2009年被评为北京市自主创新产品。2005年，悦康药业集团生产的第三代头孢菌素类抗生素注射用头孢曲松钠（悦康多治）上市，该产品适用于对本品敏感的致病菌引起的呼吸道感染、耳鼻喉感染、泌尿系统感染、败血症、脑膜炎、腹腔感染等。2009年委托北京药学会对注射用头孢曲松钠开展质量再评价，与原研产品进行质量比对，中国药品生物制品检定所经过市场随机抽样和大量试验分析，结果显示，悦康药业集团公司生产的该产品质量优于国内其他厂家抽样品种，与原研厂家质量相当。2010年销售额4.8亿元，市场占有率位居全国之首，被评定为北京市自主创新产品。

2005年，赛诺菲安万特（北京）制药有限公司投产雷米普利片（瑞泰），用于原发性高血压，以及急性心肌梗死2~9天后出现的轻至中度心力衰竭（NHA II和III）。2010年销售额34471万元。

2005年，双鹤药业在国内首家开发出复方抗生素新药注射用哌拉西林舒巴坦钠（一君）、新一代喹诺酮类抗菌药加替沙星氯化钠注射液（加葵龙）、环丙沙星注射液，以及更昔洛韦、盐酸伐昔洛韦、注射用甘草酸二铵、注射用胸腺五肽等第一批抗病毒、肝炎治疗药物。在代血浆领域开发了羟乙基淀粉（200/0.5）氯化钠注射液（盈源）、羟乙基淀粉（130/0.4）氯化钠注射液等新型血浆袋用品，以及治疗脑水肿的新药复方甘露醇注射液，实现了抗感染、代血浆等输液产品的更新换代。在国内独家开发了新生儿呼吸窘迫症新药注射用牛肺表面活性剂（珂立苏），并开发了治疗肾功能衰竭的腹膜透析液新产品和用于泌尿外科腔内手术的甘酸冲洗液产品。2010年，双鹤药业有治疗型产品211个。其中，珂立苏2009年获得北京市自主创新产品证书，2010年被评为北京市优质产品；盈源2009年获得北京市自主创新产品证书，2010年获得北京市优秀产品称号；一君2010年被评为北京市优质产品。

2005 年，北京赛科药业有限责任公司生产的非那雄胺片上市，是国内处方量较大的抗前列腺增生药物，优势在于能维持小前列腺体积，显著改善症状，提高患者生活质量。2010 年销售额 2491.53 万元。

2006 年 12 月，北京万生药业有限责任公司研发的奥美沙坦酯片（兰沙）获得国家Ⅲ类新药证书，为全球领先的血管紧张素Ⅰ受体拮抗药（ARB）类抗高血压药品。2008 年 6 月投产并获国家级火炬计划项目证书。2009 年获得原料药和制剂生产批件，其固体制剂制备方法获得发明专利。

2006 年，赛诺菲安万特（北京）制药有限公司生产的多烯磷脂胆碱胶囊（易善复）上市，可治疗所有类型的急、慢性肝病以及银屑病、放射综合征，也可用于预防胆结石病复发。2010 年销售收入 1.80 亿元。

2008 年，北京赛科药业有限责任公司出品复方制剂缬沙坦氢氯噻嗪片。缬沙坦氢氯噻嗪片是两种不同降压机制药物的联合，血压控制率高，每日一次即能够 24 小时平稳降压。2010 年销售额 10772.06 万元。

2009 年，北京嘉林药业股份有限公司自主研发成功 V 类抗心绞痛药盐酸曲美他嗪胶囊，用于心绞痛发作的预防性治疗，眩晕和耳鸣的辅助性对症治疗，2010 年销售额 124 万元。悦康药业集团有限公司生产的奥美拉唑肠溶胶囊（立卫克）上市，为治疗消化性溃疡药物，2010 年被评为北京市自主创新产品，销售额 1 亿元。

2009 年，北京万生药业有限责任公司出品的慢性肾功能衰竭基础用药复方 α- 酮酸片投产并上市。为国内首仿药品，在全国首家实现原料药、制剂一体化和完全国产化，并拥有完全自主知识产权。2010 年获得北京市自主创新产品、中关村国家自主创新示范区新技术新产品称号；其复方制剂及其制备方法获得发明专利。2010 年销售收入突破 2000 万元，在国内同类产品市场占有率排名第一。

2009 年，北京万生药业有限责任公司研发成功乙型肝炎用药拉米夫定胶囊（万生力克），对病毒 DNA 链的合成和延长有竞争性抑制作用，主要用于治疗乙型肝炎。其原料药采用美国药典标准原料，质量控制高于国家标准及进口产品。其胶囊剂型为独家剂型，可掩盖药物的不良嗅味，提高药物的稳定性和生物利用度。拥有完全自主知识产权。临床试验结果显示，安全性和有效性与进口产品一致。该产品已列入企业"十一五"重点产品，建成符合 GMP 要求的制剂专业化生产线。

2009 年，北京紫竹药业有限公司生产的复方孕二烯酮片上市，为口服避孕药类非处方药，用于育龄女性，为临床应用剂量最低的新一代口服避孕药。同年，该公司上市的拉坦前列素滴眼液，主要用于治疗青光眼，对开角型青光眼和高压症患者的高眼压具有降压作用，每天只需点眼一次，每次一滴，即可获得持久的降眼压效果。

2010 年 9 月，北京泰德制药有限公司出品新型镇痛贴剂氟比洛芬巴布膏。是以水溶性高分子聚合物为基质骨架材料的外用贴剂，药物从高分子基质中缓慢释放，增加药效时间，具有保湿透气性好、刺激性过敏性小等特点。主要用于治疗关节炎、肩周炎、腱周炎、外伤后肿胀等疾患的镇痛消炎。2010年销售额14.72万元。

2010年，悦康药业集团有限公司生产的银杏叶提取物注射液（悦康通）上市，当年获得专利，主要用于脑部等血液循环障碍，具备生产能力并试生产，未实现销售。北京四环医药科技股份有限公司生产的镇痛类国家Ⅱ类新药富马酸比索洛尔片（博苏），用于原发性高血压、心绞痛的治疗。具有高选择性、长半衰期、肝肾双通道平稳清除的特征。口服吸收迅速、完全，生物利用度高（＞90%），首过效应低（＞10%），给药后肺、肾、肝含量最高、体内半衰期长（＞10小时）。该药50%经肝脏代谢，50%由肾脏排泄，有平衡消除的特点，当年销售额9838.02万元。同年，拜耳医药保健有限公司生产糖尿病类药品阿卡波糖片（拜唐苹），是全球第一个通过抑制α−葡萄糖苷酶来降低餐后血糖的药品，第一个被证实对糖耐量异常和Ⅱ型糖尿病人群心血管均有益处，也是全球唯一获得IGT适应症的降糖药物。当年销售额17.5亿元。北京紫竹药业有限公司生产的米非司酮片（司米安），销售额1.6亿元。拜耳医药保健有限公司生产的心脑血管类产品硝苯地平控释片（拜新同），销售额11.2亿元。

北京诺华制药有限公司

1987年4月成立，前身为北京汽巴—嘉基制药有限公司，位于昌平区永安路31号，注册资金3000万美元，是北京市建立最早、规模最大的医药中外合资企业。中方股东为北京医药总公司、北京第三制药厂，外方股东为瑞士汽巴—嘉基公司。1996年，瑞士汽巴—嘉基公司和山德士公司合并，其在华制药业务实施合并，更名为北京诺华制药有限公司。2002年公司销售收入4.3亿元。2005年，中方股份全部退出，该企业成为瑞士诺华公司在中国的独资公司。2005年年底，公司销售收入为9.59亿元。2010年资产总额2亿元，主营业务收入超过25亿元。

悦康药业集团有限公司

2001年成立，位于北京经济技术开发区宏达中路6号，是北京市最大的民营制药企业。其前身为始创于1988年在珠海从事医药商业的粤康医药有限公司。1998年，粤康医药有限公司进驻北京，成立悦康北卫医药有限公司，继续从事医药销售。2001年，公司在北京经济技术开发区兴建制药厂并成立悦康药业集团有限公司，逐步形成科工贸一体的多元化医药企业。同年，集团成立北京思普润安医药科

图5−7 2007年9月28日，悦康药业集团出口药品生产基地项目在北京奠基

技有限公司；2003 年分别成立北京悦康源通医药有限公司、北京凯悦制药有限公司两家子公司；2004 年在上海成立新产品推广中心——上海圣凡医药咨询有限公司。2005 年，公司销售收入 1.54 亿元，利润总额 198 万元。2006 年在重庆成立西南地区物流配送中心——重庆医药有限公司。2007 年在北京经济技术开发区扩建药品出口加工基地。同年，公司销售收入和利润总额分别为 5.67 亿元、3383 万元。2008 年，与尼日利亚菲森药业公司、中国香港科迪健康公司共同投资在尼日利亚兴建制药厂；同年 5 月在安徽建立安徽天然制药有限公司。2008 年和 2010 年，悦康药业集团有限公司连续成为福布斯中国潜力企业。2010 年被市政府列入中关村"十百千工程"百亿元级重点培育企业，认定为"北京生物医药产业跨越发展工程"（G20 工程）规模企业，进入中国制药工业百强企业、研发十强企业。同年，公司固体制剂生产线通过欧盟认证，继续扩大国际市场，产品获准进入欧美主流市场。截至 2010 年年底，有 70 余个品规的药品出口到俄罗斯、中东、东南亚、拉美、非洲等 40 多个国家和地区。该公司主要生产小容量注射剂（含抗肿瘤类）、冻干粉针剂（含抗肿瘤药）、粉针剂（含头孢菌素类）、片剂、硬胶囊剂、颗粒剂、干混悬剂、原料药（胸腺五肽）。2010 年，公司主营业务收入 15 亿元，利润总额 2 亿元，资产总额 14.14 亿元。

北京北陆药业股份有限公司

1992 年成立，位于西直门北大街 32 号枫蓝国际 A 座写字楼 7 层。主要从事对比剂、精神神经类和降糖类药品的研发、生产经营，是国内最早研制并首家推出对比剂产品的企业。1998 年至 1999 年推向市场的"CT 造影剂维普显"和Ⅳ类新药"CT 造影剂——碘海醇"分别列入北京市和国家火炬计划项目。1999 年改制为有限责任公司，注册资本 3525 万元。2001 年 2 月 8 日改制为股份有限公司，股

图5-8　2009年10月30日，北陆药业在深圳证券交易所创业板挂牌上市

本 3838.8 万元。2007 年，公司销售收入 7600 万元、利润总额 2900 万元。2008 年 6 月被评定为中关村百家创新试点企业。2008 年 10 月被认定为北京市高新技术企业，企业年销售收入 9220 万元、利润总额 3327 万元。2009 年 10 月，公司作为首批 28 家企业之一在创业板上市，股本增至 5088.9 万元。主导产品国家级Ⅱ类新药"磁共振造影剂——钆喷酸葡胺注射液"，是国内首个获准上市的磁共振对比剂，2010 年安全应用 500 万例，是国内磁共振对比剂市场第一品牌。2010 年被市政府认定为"北京生物医药产业跨越发展工程"（G20 工程）规模企业，并被评为 2010 年中国创产板最具竞争力上市公司。2010 年，公司销售收入 1.59 亿元，利润总额 4987 万元，资产总额 4.75 亿元。

萌蒂（中国）制药有限公司

1993 年 4 月创立，其前身是北京萌蒂制药有限公司，由北京制药厂与萌蒂国际集团共同投资成立，是国内首家以生产及销售控缓释剂型为主的特殊镇痛药品的中外合资企业。地址为朝阳区建国门外大街甲 6 号中环世贸中心 D 座 1808 室。1994 年 8 月，美施康定片（硫酸吗啡缓释片）在中国上市。2002 年销售收入 5764 万元。2005 年销售收入和利润总额分别为 8479 万元、629 万元。2006 年 10 月，北京萌蒂制药有限公司由合资企业变成外资萌蒂国际集团独资企业。2010 年 5 月，公司更名为萌蒂（中国）制药有限公司，是国家定点的麻醉镇痛药品生产单位之一。2010 年，公司投资 2000 万美元，在中关村科技园通州园金桥科技产业基地景盛南四街 13 号、20 号建成世界一流的新工厂，拥有高度自动化的特殊片剂生产线，采用萌蒂国际集团所属的英国 NAPP 公司的世界一流控释技术，按照 GMP 标准，生产的镇痛药品覆盖癌症三阶梯镇痛方案（世界卫生组织推荐，并在全世界范围内被广泛应用）中的每个阶梯。2010 年，公司主营业务收入近 2 亿元，资产总额 1.75 亿元。

北京四环制药有限公司

1994 年，由原军事医学科学院院属制药企业北京四环制药二厂组建，地址位于通州区张家湾镇齐善庄村东。1995 年 12 月完工，并一次性通过市卫生局和北京市医药总公司的行业验收。2003 年，总部在海南的四环医药控股集团有限公司收购北京四环制药有限公司 28% 的股权，将其纳入集科研、生产、销售一体化的产业链发展规划。2005 年，北京四环制药有限公司销售收入为 2562 万元。2006 年，四环医药控股集团有限公司收购北京四环制药有限公司 100% 股权，使之成为四环医药控股集团子公司。同年，北京四环制药有限公司主要产品"克林澳"被科技部评为"国家火炬计划"项目。2008 年，公司销售收入为 4788 万元，利润总额 48 万元。2010 年，四环医药控股集团在香港联交所主板上市。北京四环制药有限公司拥有原料药、小容量注射剂、冻干粉针剂、固体激素、固体制剂等生产线；生产片剂（含激素类、外用药）、胶囊剂（含激素类）、颗粒剂（含激素类）、小容量注射液、冻干粉针剂等剂型。2010 年，公司主营业务收入近 5 亿元，实现利润总额 2600 余万元，资产总额 5.2 亿元。

北京费森尤斯卡比医药有限公司

1994 年，德国费森尤斯集团与北京制药厂合资创立，注册资金 1340 万美元（后增加到 2060 万美元），德方占 67% 股份。位于东直门内南大街 1 号来福士广场 15 层。产品集中于大容量注射剂和片剂，包括常规输液、人工合成血浆扩容剂（血液替代产品）、静脉麻醉制剂等。1999 年 4 月，通过外商投资先进技术企业认证；2000 年被认定为高新技术企业；2002 年销售收入 2.3 亿元，利润总额 5193 万元。2005 年 5 月，输液袋装生产通过国内 GMP 认证；2005 年 9 月，片剂生产线通过中国和欧盟 GMP 认证。2005 年，公司销售收入和利润总额分别为 4.67 亿元、6268 万元。2007 年，其片剂工厂成为费森尤斯集团全球片剂生产基地。2010 年，公司主营业务收入近 12 亿元，资产总额 9834 万元。

北京泰德制药有限公司

1995 年 5 月由中国和日本合资组建，位于北京经济技术开发区荣京东街 8 号，注册资金 5 亿元，是中国第一家研发、生产系列靶向药物的高科技制药企业。公司成立之前，日本著名药学专家、日本靶向药物学会会长、日中医学交流中心主任水岛裕于 1994 年将其发明的靶向药物核心生产技术提供给中国，并在北京泰德制药股份有限公司成立后成为公司终身首席科学家，使中国的靶向制药水平跨入世

图5-9 2010年2月，北京泰德制药有限公司符合美国FDA和欧盟标准的生产车间

界先进水平（为表彰水岛裕教授对中国靶向制药的巨大贡献，2001 年、2003 年，国务院分别授予其政府友谊奖和国际科学技术合作奖）。1998 年，公司的第一个脂微球载体靶向药物——前列地尔注射液（凯时）上市，至年底，公司先后在全国 28 个省、自治区、直辖市建立 31 个办事处，产品覆盖全国 90% 以上的三级甲等医院和教学医院。此后规模不断扩大，形成脂质靶向制剂、固体微分散制剂、透皮吸收贴剂、生物制剂Ⅳ类研发和产业化技术平台。2002 年，公司销售收入 1.4 亿元，利润总额 7600 余万元。2004 年，被市政府授予北京市外商投资先进技术企业称号。2005 年，公司投资 2.5 亿元，在北京经济技术开发区建成全自动注射剂生产线，建筑面积 1.46 万平方米，符合 GMP 要求，年产达 1200 万支规模的全自动配液系统在设计和设备选型方面参考美国 FDA 和欧盟标准，关键工艺参数在线监测，硬件设施保证产品质量，成为中国首个具有国际先进水平的靶向药物生产基地。2005 年，公司销售收入和利润总额分别为 3.4 亿元、1.83 亿元。2006 年被科技部认定为国家重点高新技术企业；2007 年取得日本厚生劳动省颁发的无菌医药品 GMP 认证证书，获得向日本出口无菌注射剂的质量保障体系资质，成为中国首个拥有向日本出口小容量注射剂许可证的企业。2008 年，公司承接科技部重大专项课题"前列地尔注射液生产工艺与质量标准综合改造"等多个技术改造及新产品研发项目。2009 年，公司在中国制药企业利税 100 强中排名第 30 位；主导产品"凯时"年销售收入 9 亿元，并连续 6 年被世界权威的医药行业专业咨询公司艾美仕（IMS）评为"中国内地十大畅销药品"第四名。该公司被福布斯中文版评为中国最具潜力 200 强企业中的第 90 名。2010 年，公司被北京市认定为脂质靶向制剂工程技术研究中心，被市政府认定为"北京生物医药产业跨越发展工程"

（G20 工程）规模企业。年内，公司注册资本增至 5 亿元，扩大产能，二期工程建设总建筑面积超过 10 万平方米，小容量注射剂、片剂、颗粒剂、巴布膏剂生产线全部获得国家药品 GMP 认证证书。2010 年，公司主营业务收入 12 亿元，实现利润总额 5.3 亿元，资产总额 10.2 亿元。

赛诺菲安万特（北京）制药有限公司

1995 年 12 月成立，名为北京安万特制药有限公司，为法国安万特公司和中国医药工业公司合资建立。注册资本 5600 万美元，其中安万特公司拥有合资企业 90% 的股份。公司位于北京经济技术开发区兴盛街 7 号，占地 4 万多平方米，投资 3200 万美元建立现代化厂房及生产线，全部引进德国、意大利和法国的先进设备和仪器。1996 年 9 月获得生产许可，2002 年 12 月通过国家 GMP 认证。2004 年，由赛诺菲—圣德拉堡和安万特两家公司合并成立赛诺菲—安万特集团，成为全球第三大制药集团，其在北京子公司更名为赛诺菲安万特（北京）制药有限公司。2005 年销售收入 1.17 亿元。2008 年，赛诺菲—安万特集团在华成立中国研发中心，总部设在上海，在北京设有办事处。生产范围包括片剂、硬胶囊剂、小容量注射剂、冻干粉针剂等。2008 年销售收入为 3.74 亿元。2010 年，公司主营业务收入 9.88 亿元，实现利润总额 3383 万元，资产总额 5.29 亿元。

拜耳医药保健有限公司

1995 年成立，为德国拜耳集团在华子公司，注册资本 1.06 亿美元。公司位于北京经济技术开发区荣京东街，业务范围包括生产销售处方药、保健品和动物保健品。其中处方药业务遍及 100 多个城市，产品线包括普药、女性健康、特殊治疗和影像诊断。1999 年获得中国药品 GMP 认证。2002 年销售收入 4.07 亿元，利润总额 6418 万元。2005 年销售收入和利润总额分别为 12.1 亿元、1200 万元。2008 年完成对东盛科技启东盖天力制药公司咳嗽和感冒类非处方药系列的收购，完成北京生产基地扩建，生产能力达到扩建前的 4 倍。该生产基地还引入先进的软件管理系统，包括全自动称重系统和物流管理系统。据 2008 年 IMS Health 数据显示，拜耳医药保健有限公司成为中国医院市场排名第一的跨国公司。2008 年至 2010 年，公司历年纳税总额在北京经济技术开发区名列前茅。2009 年年初，拜耳医药保健有限公司在北京设立全球第四个研发中心。2010 年主营业务收入 72.83 亿元，利润总额 7.7 亿余元，资产总额 52.9 亿元，纳税 16.8 亿元。年内，公司被市政府认定为北京生物医药产业跨越发展工程（G20 工程）规模企业。拜唐苹、拜新同、拜阿司匹灵和拜复乐四大骨干产品获 G20 工程最具贡献度大品种称号。

北京韩美药品有限公司

1996 年 3 月成立，为北京天竺空港工业开发公司、北京紫竹药业有限公司和韩国韩美药品株式会社共同发起成立的合资企业，注册资金 420 万美元。位于顺义区天竺空港工业区 A 区天柱西路。专门生产儿科药品，以儿童呼吸道和消化道系统药物的研制、生产、销售为重点，主要品种枯草杆菌二联活颗粒（妈咪爱）、氨溴特罗口服溶液（易坦静）分别是儿童微生态制剂和止咳化痰的中国儿童基本常备用药。2002 年，该公司销售收入 6444 万元、利润总额 1138 万元。2005 年销售收入和利润总额分别为 1.55 亿元、4900 万元。2010 年，公司主营业务收入 4.7 亿余元，利润总额 8300 余万元，资产总额 4.02 亿元，其中"妈咪爱"和"易坦静"两个主打产品销售额分别为 2.13 亿元和 1.23 亿元。2010 年，公司被评为北京市高新技术企业，并被市政府认定为"北京生物医药产业跨越发展工程"（G20 工程）规模企业。

北京双鹤药业股份有限公司

1997 年 5 月 22 日成立，同日在上海证券交易所上市。其前身为北京制药厂。该公司为国有控股公司，注册地址为朝阳区光华路 9 号，是北京市最大的化学制药企业和国内大型综合型化学制药企业之一。经过 1997 年和 2001 年两次配股，累计融资 8.8593 亿元。公司上市后，按市场需求调整产业结构，把规模化大溶量注射液（以下简称大输液）生产作为优先发展方向之一，通过兼并重组实现规模扩张。1998 年 8 月，兼并江苏昆山制药总厂，成立昆山双鹤药业有限责任公司，建设磺胺类和喹诺酮类药物生产基地，使增效联磺片产量和规模多年名列全国第一，喹诺酮类药物在全国市场占有率近 50%。1999 年 5 月组建北京双鹤现代医药技术有限责任公司；5 月兼并武汉滨湖制药厂，独资组建武汉滨湖双鹤药业有限责任公司。2000 年 7 月兼并黑龙江牡丹江温春制药厂，成立牡丹江温春双鹤药业有限责任公司；8 月投资控股安徽繁昌制药厂，成立安徽双鹤药业有限公司；12 月与北京万辉药业集团共同出资成立北京双鹤高科天然药物有限责任公司。2001 年 4 月投资控股山西晋新药业集团有限公司，成立山西晋新双鹤药业有限公司；9 月与安徽神鹿集团公司合资成立合肥神鹿双鹤药业有限责任公司，截至 2000 年底，建成开发生产天然药物基地 3 个，培育出益肝灵、温胃舒、养胃舒等新一代天然药物品种。2002 年 1 月与西安京西制药厂共同投资，组建西安京西双鹤药业有限公司；5 月受让昆明康普莱特制药有限公司部分股权，组建昆明康普莱特双鹤药业有限公司。2001 年、2002 年连获北京市经济技术创新先进企业称号。2002 年，公司（北京本部）销售收入 5.45 亿元，利润总额 2.41 亿元。2003 年 6 月与北京万辉药业集团共同出资建立北京万辉双鹤药业有限责任公司，建立降糖药业生产基地，使年产 10 亿瓶（袋）的大输液、年销售超过 5 亿元的心脑血管类药物"降压 0 号"、年销售收入超过亿元的内分泌类药物"糖适平"成为公司三大品牌。2003 年 8 月成立北京双鹤药业海外发展有限责任公司。2004 年，双鹤研究院入驻占地 5 万平方米、建筑面积 1.88 万平方米的双鹤大楼，加快新产品的研发。2005 年公司销售收入和利润总额分别为 5.65 亿元、2.52 亿元，获得全国重点行业效益十亿企业和中国制造行业内最具成长力自主品牌企业称号。2005 年至 2009 年，自主研发上市环酯红霉素（冠沙）、哌拉西林钠舒巴坦钠注射液（一君）、国家 II 类新药珂立苏、II 类新药替米沙坦胶囊（苏和）和治疗高胆固醇血症的药物匹伐他汀（冠爽）等一批新产品。2006年获得全国自主创新优秀企业和首都十大功勋企业称号；2007年获得北京国企十大创新企业称号。2008年上半年收购广东神州制药有限公司90%股权，组建佛山双鹤药业有限责任公司；下半年在辽宁新民经济开发区投资建设输液基地。截至2008年年底，公司形成了在华北、华东、华南、中南、西北、东北等地的全国输液产业布局，先后建成8个输液基地、27条生产线，年产能达到近10亿瓶（袋），生产品种超过100种，产品在北京市场占有率第一，成为全国大输液行业龙头企业之一。2009年获得全国五一劳动奖状和中关村国家自主创新示范区创新型企业称号。2010年，公司主营业务收入超过9.2亿元，利润总额超过3.8亿元。获中关村国家自主创新示范区首批"十百千工程"重点培育企业称号，被市政府认定为"北京生物医药产业跨越发展工程"（G20工程）规模企业。

第一三共制药（北京）有限公司

1998年5月19日成立，原名第一制药（北京）有限公司，为日本第一制药株式会社独资企业。投资总额9550万美元，注册资本5380万美元。注册地址朝阳区朝阳门外大街16号，经营范围包括新药的开发、生产、销售及有关药品信息、学术咨询服务。同年10月，公司在北京经济技术开发区永昌中路5号开始动工建设具有符合GMP标准的先进设备的工厂，1999年被认定为北京市高新技术企业，2001年被认定为先进技术企业。同年，片剂和大容量注射制剂均取得国家药品监督管理局颁发的"药品GMP证书"。截至2001年年底，固体制剂、注射制剂生产线全部建成并投入使用，注射制剂生产线引进成型填充同步设备具有世界领先技术水平。2005年销售收入1.79亿元，利润总额1826万元。2007年，总部更名为第一三共株式会社，2009年该企业名称由第一制药（北京）有限公司变更为第一三共制药（北京）有限公司，分别在北京、青岛、南京、上海、杭州和广州等地设有办事处。主要产品有合成抗菌剂泰利必妥片剂、可乐必妥片剂、可乐必妥注射剂。2010年，公司主营业务收入超过3亿元，利润总额5000余万元，资产总额4.58亿元。

北京嘉林药业股份有限公司

1998年12月，由洋浦涧龙实业有限公司、北京双桥制药公司、红惠医药发展公司共同出资设立北京红惠制药有限公司。2000年10月进行股份制改造变更为北京红惠生物制药股份有限公司，企业产权性质为股份有限公司（民营企业）。公司地址位于朝阳区酒仙桥路2号，注册资本3050万元。2001年2月获得国家科委颁发的重点火炬计划高新技术企业证书。2005年10月，公司名称变更为北京嘉林药业股份有限公司。2005年销售收入和利润总额分别为4805万元、1046万元。2008年销售收入为1.39亿元，利润总额5811万元，再次获得高新技术企业证书。2009年，主要产品阿托伐他汀钙片、泛昔洛韦片获得北京市自主创新产品证书。2010年，公司主营业务收入超过3亿元，利润总额超过1亿元，资产总额4127万元。被市政府认定为"北京生物医药产业跨越发展工程"（G20工程）规模企业。

北京万生药业有限责任公司

1999 年 2 月成立，由北京生物化学制药厂出资 2303 万元（实物）、北京综合投资公司出资 1500 万元（现金）组建，注册资本 3803 万元，注册地址为丰台区宋家庄苇子坑 148 号，是专业从事药品研发、生产和销售的高新技术企业。2003 年 12 月，该公司迁入通州区通州工业开发区广源东街 8 号。2005 年公司销售收入 1236 万元，利润总额 23 万元。2008 年销售收入和利润总额

图5—10　2010年7月，北京万生药业有限责任公司生物医药领域成果转化与承接平台启动仪式

分别为 4729 万元、1518 万元。2009 年被认定为北京市高新技术企业。2010 年，新和成控股集团有限公司独立出资入主企业，万生药业成为其全资子公司。此后，万生药业秉承新和成"技术创新为企业发展动力"的发展模式，立足国内首仿和抢仿，重点研发市场容量大且急需、合成工艺技术含量高、易形成技术壁垒的产品，在上市的 13 个产品中，复方 α－酮酸片等 6 个产品为国内首仿上市产品，治疗肾衰的复方酮酸片获得北京市自主创新产品称号。2010 年，公司主营业务收入 1 亿元，利润总额近 2000 万元，资产总额 1.34 亿元。被市政府认定为"北京生物医药产业跨越发展工程"（G20 工程）规模企业，并承担科技部重大新药创制、G20 工程重大通用名药物产业化、国家发展改革委通用名化学药发展专项等国家及北京市科技计划项目。

北京华素制药股份有限公司

1999 年年初，根据国家关于军队不再从事经商活动的决定，军事医学科学院毒物药物研究所所属的北京四环制药厂移交北京市，成为市计划单列管理企业，该厂位于房山区良乡镇工业开发区金光北街 1 号。2000 年 3 月，公司并入中关村科技发展（控股）股份有限公司。6 月 28 日，以北京四环制药厂为主体，联合武汉仁合堂保健品有限公司、北京市国有资产经营公司、北京万维医药有限公司、北京科技风险投资股份有限公司、北京锦绣大地农业股份有限公司 5 家企业，共同发起成立北京四环医药科技股份有限公司，注册资金 7000 万元，其中北京四环制药厂占总股份 93.87%。北京四环制药厂在良乡经济开发区建有现代化化学合成及制剂生产基地，占地 7.3 公顷。厂房总面积 1.8 万平方米，其中洁净厂房面积 4900 平方米。2001 年，主要产品华素片、苏诺、孚琪获 2000 年度北京市名牌产品称号，华素片在全国口腔用药市场占有率名列前茅。12 月，公司生产车间全部通过

GMP 认证。2002 年 3 月，公司成立自主研发机构，先后开发出 2 个国家Ⅰ类新药、4 个国家Ⅱ类新药。年内，公司共有片剂、针剂、外用药 3 个剂型的 13 个品种。2003 年销售收入 3.14 亿元、利润总额 7908 万元。2005 年销售收入和利润总额分别为 3.18 亿元、7538 万元。2007 年 8 月 28 日，经工商批复更名为北京华素制药股份有限公司。2010 年，公司主营业务收入 2.5 亿余元，实现利润总额 3000 余万元，资产总额 6.73 亿元。

北京紫竹药业有限公司

前身为北京第三制药厂，是集生产、经营、科研开发为一体的综合性国有大型医药骨干企业。1999 年 12 月 28 日，中国信达资产管理公司与北药集团签署《北京第三制药厂债权转股权协议》，将北京第三制药厂组建为北京紫竹药业有限公司。注册资本 38063.96 万元，总资产 6.75 亿元，位于朝阳区朝阳北路 27 号，占地面积 12.2 万平方米，建筑面积 6 万平方米。2000 年，该公司调整产业结构，确立以生殖健康业务为核心，将原 200 多个产品调整为 30 个，形成以计划生育用药、生殖健康用药的原料药及制

图5-11　北京紫竹药业有限公司生殖健康用药自动化包装车间（2006年摄）

剂为主的产品体系。同年通过国家质量管理体系认证，并获得北京市质量管理先进企业称号。2001 年通过 ISO 9001 认证；2002 年通过 ISO 14001 环境管理认证。2002 年销售收入 2.53 亿元，利润总额 2622 万元。2003 年获得北京质量效益型企业称号并再次获得市质量管理先进企业称号，被市政府确定为高新技术企业股权激励试点单位，公司管理团队持有 10.44% 股权，北药集团、中国信达资产管理公司分别持有 47.28% 和 42.28% 股权。2005 年，公司获北京市质量管理先进奖，销售收入和利润总额分别为 3.69 亿元、1.04 亿元。2006 年被授予全国人口和计划生育生殖健康产业促进先进单位称号。2007 年 10 月，启动在秦皇岛开发区全资子公司——秦皇岛紫竹药业有限公司的建设。建筑面积 4 万平方米，总投资 3.8 亿元，2010 年 6 月投产。主导产品紧急避孕药毓婷、抗早孕药米非司酮在国内市场占有率分别达 63% 和 58%。2009 年被认定为中关村高新技术企业。2010 年，公司主营业务收入超过 7.6 亿元，实现利润总额超过 2.2 亿元，在全国制药工业企业中，分别排名第 105 位和第 52 位。同年被市科委认定为北京市生殖避孕药物工程技术研究中心。

北京赛科药业有限责任公司

2002 年成立，位于通州区中关村科技园光机电基地经海七路 3 号，是北药集团以北京第二制药厂为主体，联合南天电子信息产业股份有限公司、北京市国有资产经营有限责任

公司共同发起设立的大型高新技术制药公司。注册资金 1.69 亿元。2003 年注册资金 8012 万元，将原料药生产外迁浙江，建成浙江新赛科药业有限公司，连同北京赛科昌盛医药有限责任公司（2003 年通过国家 GSP 认证）及新产品研究开发中心，构成集生产、研发、营销为一体的高新技术企业。2005 年，该公司成为北药集团的处方药事业部。2005 年销售收入和利润总额分别为 7769 万元、1356 万元。在原料药业务中，公司生产的磺胺二甲嘧啶长期固定出口，是美国辉瑞、礼来、雅来等公司的最大供应商；在国内药品市场上，公司是异烟肼、缬沙坦等产品的最大供应商。2008 年年底，其制剂工厂通过欧盟 GMP 认证，2009 年 7 月通过美国 GMP 现场检查；2009 年 12 月通过德国 EHS（环境与职业健康体系）认证。公司是北京医药首家获得美国、欧盟国际双认证的企业，累计获得国家级荣誉 9 项、省部级荣誉 21 项、地市级荣誉 76 项，并拥有 12 项自主知识产权的专利技术。先后承担过多项国家"十五"重大科技专项、国家 863 重大科技计划项目及市科委的重大科技计划项目。公司在全国设立 30 余个办事处。2010 年成为华润集团全资子公司。2010 年，公司主营业务收入 2.82 亿元，实现利润总额超过 1 亿元，资产总额 5.69 亿元。

北京康辰药业有限公司

北京康辰药业有限公司（以下简称康辰药业）于 2003 年 9 月成立，注册资本 3196.9 万元，位于密云县经济开发区兴盛南路 11 号，是康辰医药股份有限公司的全资子公司和化学药品、生物医药现代化生产基地。以生产冻干粉针制剂、水针制剂等化学药品和生物制剂为主，拥有苏灵、迪奥两个国家 I 类新药。苏灵冻干粉针剂是康辰药业独立研制并具有自主知识产权的全新结构的血凝酶类药物，是中国第一个采用单一成分分离技术提取的国家 I 类新药，2009 年 7 月上市并实现产业化。2009 年，康辰药业实现销售收入 999 万元，利润 323 万元。2010 年，公司销售收入近 4000 万元，利润总额 1600 余万元，资产总额 1.3 亿元，获国家"十五"重大科技专项创新药物和中药现代化、北京市科技计划重大项目资金支持，并获 2009 年北京市自主创新产品、2010 年北京市 G20 工程最具市场潜力创新品种、2010 年国家级重点新产品等称号。

第三节 重点项目

双鹤药业塑料袋大输液技改项目

1999 年 5 月，塑料袋大输液技改项目由市经委批准开工，2000 年 10 月竣工，是双鹤药业上市后首批技改项目之一。塑料袋大输液主要特点是生产流程简化，无洗瓶工序；运输破损率小；塑料袋可回收使用；塑料袋在输液过程中自收缩，药液不与空气接触，无二次污染。该项目竣工决算 2950 万元，其中设备 2024 万元、流动资金 500 万元。工程主要内容是改造部分厂房，新增国内设备 30 台（套），引进国外关键设备 2 套。该项目 2001年投入使用，截至 2010 年年底，生产塑料袋大输液 1000 万袋。

国家Ⅱ类新药氟比洛芬酯脂微球载体靶向制剂科研项目

2001 年，该项目在企业内部立项，首先进行脂微球载体靶向制剂产业化技术攻关，2002 年自主研发氟比洛芬酯注射液。2003 年 7 月，北京泰德制药有限公司国家Ⅱ类新药氟比洛芬酯脂微球载体靶向制剂科研项目由科技部立项。执行期为 2003 年 7 月至 2005 年 12月。项目实际总投资 770 万元，其中由科技型中小企业技术创新基金管理中心资助 60 万元，市科委负责落实配套资金 30 万元。2004 年 10 月获得药品注册批件和新药证书。2004 年12 月，北京泰德制药有限公司在北京经济技术开发区完成新生产厂区建设，提升产业化生产能力。2005 年 12 月完成该产品对骨科、普通外科和妇科术后中度疼痛（疼痛强度 4 ~ 6）的临床实验研究。2006 年 10 月接受市科委对项目的验收评审；2007 年，项目获得科技部科技型中小企业技术创新基金管理中心颁发的验收证书。通过实施该项目，氟比洛芬酯注射液上市，填补了国内脂微球载体靶向非甾体镇痛药的技术空白，为临床提供了可用于中度术后和癌症疼痛镇痛的非成瘾性药物，为当时国内独家品种。2010 年销售额突破 3 亿元，成为企业主打产品。

中国医药研发中心创新制剂工程中心项目

2005 年 11 月，北药集团旗下中国医药研发中心的创新制剂工程中心项目，由市工业促进局批准立项。共投入 2500 万元专项资金，目标是建立药物合成工艺实验室、中药天然药物提取分离实验室、创新制剂多功能 GMP 试验车间及新药工程技术中试实验研究平台，重点研究解决医药新药制剂瓶颈性关键技术，推进新药成果的产业化，计划达到试制片剂3000 万片、胶囊剂 2000 万粒、颗粒剂 1000 万袋、微乳 / 微囊注射剂 300 万支、粉针剂 95万支、化学合成原料及中间品 3000 千克的生产能力。2007 年，项目通过验收。

降血脂Ⅲ类新药复方洛伐他汀烟酸双层缓释片的研究开发项目

2008 年 11 月，北京海燕药业有限公司降血脂Ⅲ类新药复方洛伐他汀烟酸双层缓释片的研究开发项目经市科委批准立项，总投资 500 万元。项目主要对新药复方洛伐他汀烟酸双层缓释片大规模产业化生产研究、生产工艺稳定可控性研究，以及主要缓释辅料羟丙甲纤维素不同厂家不同批次辅料对缓释层释放度影响的研究。2010 年 12 月，该项目通过市科委验收。北京海燕药业有限公司完成双层缓释片技术平台建设，并以此技术平台孵化出非洛地平缓释片、甲磺酸二氢麦角碱缓释片、硝苯地平控释片、多沙唑嗪控释片、阿司匹林铝碳酸镁双层片等产品，其中非洛地平缓释片与甲磺酸二氢麦角碱缓释片申报生产。

均一分子量姬松茸多糖治疗2型糖尿病新制剂研发

2009 年 1 月，悦康药业集团有限公司新药创制均一分子量姬松茸多糖治疗 2 型糖尿病新制剂研发项目由卫生部批准立项，项目总投资 250 万元。通过多维统计的方法优化多糖的提取、分离和纯化工艺，采用化学组学和代谢组学以及常规的生化指标检测相结合的方法，结合前期筛选出一系列具有自主知识产权的姬松茸多糖化合物，进行有效的化学组整合和先进的制剂技术，开发出新型的治疗糖尿病的 I 类新药。2010 年年底，姬松茸多糖及其制备方法、一种治疗糖尿病的药物组合已申请专利。

罗布麻叶总黄酮及其滴丸剂治疗缺血性脑血管病研究

2009 年 1 月，悦康药业集团有限公司罗布麻叶总黄酮及其滴丸剂治疗缺血性脑血管病研究项目由北京经济技术开发区批准立项，总投资 500 万元。该项目科研内容包括通过处方优化和工艺参数中的滴丸剂基质、药物与基质比、滴速、滴制温度、冷凝液、药液温度及滴距等的优选，确定罗布麻叶总黄酮滴丸的处方和制备工艺，实现中试生产；参照中药新药质量研究指导原则，制定原料和制剂的质量标准；按照《中华人民共和国药典》2005 年版一部附录中滴丸剂的要求，对原料和其滴丸剂的初步稳定性和稳定性考核，进行药理药效和长期毒性研究。2010 年年底，该项目研究仍在进行。

半枝莲总黄酮胶囊开发及产业化项目

2009 年 1 月，悦康药业集团有限公司半枝莲总黄酮胶囊开发及产业化项目由北京经济技术开发区批准立项，总投资 480 万元，项目内容包括：完成半枝莲总黄酮原料的制备、半枝莲总黄酮胶囊的制备、半枝莲原料和其胶囊质量标准研究、半枝莲总黄酮原料和其胶囊稳定性研究以及半枝莲总黄酮的药理药效和长期毒性研究。2010 年年底，该项目对半枝莲总黄酮胶囊药效开发制定创新目标，首次探讨半枝莲有效部位对呼吸道疾病的治疗作用及部分机制；针对提取工艺，完成了较为新颖的用乙酸乙酯—乙醇体系纯化总黄酮研究。研究表明，纯化后的乙酸乙酯—乙醇溶剂可以回收利用，节约成本，顺应大生产；建立了科学的质量控制体系，解决了传统中成药制剂用药量大、起效慢、疗效不理想、质量控制难以保证的缺点。2010 年年底，该项目正在进行现代化生产线建设。

靶向抗肿瘤候选药物 "紫杉醇—聚谷氨酸偶合物" 的研究

2009 年 1 月，北京海燕药业有限公司承担的国家重大新药创制——创新药物研究开发子课题靶向抗肿瘤候选药物 "紫杉醇—聚谷氨酸偶合物" 的研究由科技部批准立项，总投资 771.6 万元。课题主要研究内容包括：对目标化合物进行抗肿瘤药效学的研究，考察其有效性；开展药代动力学的研究，考察其靶向性；开展早期安全性评价，考察其毒副作用。2010 年年底，该项目完成临床观察以及抗肿瘤药效学研究的总结并申请结题。

国家Ⅲ类新药注射用兰索拉唑产业化项目

2010年1月，悦康药业集团有限公司化药Ⅲ类新药注射用兰索拉唑产业化项目由市财政局批准立项，总投资1100万元，计划建成符合欧盟标准和美国FDA认证标准的冻干生产线一条。项目以制药关键工序为重点，选用国际一流的生产工艺及设备，2010年年底具备年产注射用兰索拉唑1600万支的产能，尚未投产。

注射用头孢曲松钠舒巴坦钠（2:1）科研项目

2010年1月，悦康药业集团有限公司注射用头孢曲松钠舒巴坦钠（2:1）科研项目由中关村科技园区大兴生物医药产业基地管理委员会批准立项，总投资775.67万元。注射用头孢曲松钠舒巴坦钠（2:1）为化药Ⅰ类新药，具有广谱的抗菌活性，可抑制细菌细胞壁的合成，技术壁垒高，适用范围广，不良反应少，具有良好的临床应用价值和市场前景。该项目计划经过三期临床试验，考察人体对注射用头孢曲松钠舒巴坦钠（2:1）的耐受性；通过进行药代动力学研究以及700余例随机对照临床试验，评价验证注射用头孢曲松钠舒巴坦钠（2:1）治疗呼吸及泌尿系统感染患者的疗效性和安全性。截至2010年年底，该项目制定三期临床试验的观察计划，落实第一期临床试验任务，收集近百例观察结果。

注射用头孢噻肟钠他唑巴坦钠（4:1）项目

2010年1月，悦康药业集团有限公司注射用头孢噻肟钠他唑巴坦钠（4:1）项目由北京经济技术开发区批准立项，总投资800万元，经过三期临床试验，分别考察人体对注射用头孢噻肟钠他唑巴坦钠（4:1）的耐受性；进行本药与单方制剂之间比较的药代动力学研究；评价验证本药治疗呼吸及泌尿系统感染患者的疗效性和安全性。2010年年底，该项目落实第一期临床试验的分组观察方案，收集近百例临床观察结果。

悦康药业出口药品生产基地建设项目

2010年7月，由工信部批准立项，总投资2.2亿元，位于北京经济技术开发区43号街区。占地面积8894.6平方米，建设建筑面积2.14万平方米，建设冻干粉针、固体片剂及固体胶囊等车间（含洁净间）以及相应公用配套设施，并为生产车间配备加工设备356台（套）。2010年年底完成设备安装及调试，生产线陆续投入使用。

硝苯地平等通用名药物研发项目

2010年11月，北京海燕药业有限公司的硝苯地平等通用名药物研发项目经市科委批准立项，总投资1011万元。项目主要研究内容包括：分别完成渗透泵型硝苯地平控释片、微丸型胡品酸美托洛尔缓释片的开发及产业化研究，并申报生产，形成渗透泵型控释片与微丸型缓释片的产业化研究平台。截至2010年年底，已组建2个项目小组，拟定文献浏览目录及考察方案。

新一代磁共振对比剂钆贝葡胺原料药及其注射液

2010年12月，北京北陆药业股份有限公司新一代磁共振对比剂钆贝葡胺原料药及其注射液研发项目由北京市科委批准立项并资助742万元。总投资1628万元。钆贝葡胺是世界上唯一同时具备细胞外液对比剂和肝特异性对比剂特点的创新产品，安全性好、性价比高。截至2010年年底，该项目已申报成功，列入企业拳头产品开发和创新发展目标。

2010年北京化学制药9类重点产品一览表

5-6表

产品名称	出品企业	上市时间	获奖情况	2010年销售额（万元）
一、心脑血管类产品				
复方利血平氨苯蝶啶片（降压0号）	北京双鹤药业股份有限公司	1979年	2009年获得北京市自主创新产品称号	62703
硝苯地平控释片（拜新同）	拜耳医药保健有限公司	1994年	—	112000
富马酸比索洛尔片（博苏）	北京四环医药科技股份有限公司	1995年	—	9838.02
前列地尔注射液（凯时）	北京泰德制药有限公司	1997年	2005年获得北京市科学技术奖二等奖，2009年被市科委、市发展改革委等多部门评为北京市自主创新产品。据医药行业专业咨询公司艾美仕（IMS）数据，连续六年被评为中国内地十大畅销药品之一	100000
维生素E烟酸酯胶囊（威氏克）	北京赛科药业有限责任公司	1998年	2000年被评为北京十佳产品，连续多次获得北京名牌产品称号	69.51
阿托伐他汀钙片（阿乐）	北京嘉林药业股份有限公司	1999年	2003年7月获北京市重大高新技术成果转化项目认定，2009年4月其制剂获北京市自主创新产品证书	31150（占全国他汀类约15%的市场份额）
盐酸胺碘酮片	北京嘉林药业股份有限公司	2000年	—	124
单硝酸异山梨酯缓释胶囊（艾司莫）	北京赛科药业有限责任公司	2000年	—	26.59
苯磺酸氨氯地平片（压氏达）	北京赛科药业有限责任公司	2001年	—	31612.41
阿司匹林肠溶片（拜阿司匹灵）	拜耳医药保健有限公司	2003年	—	74000

（续表）

产品名称	出品企业	上市时间	获奖情况	2010年销售额（万元）
烟酸缓释片（本悦）	北京赛科药业有限责任公司	2003年	—	299.23
盐酸二甲双胍缓释片（悦达宁）	悦康药业集团有限公司	2005年	2009年被评为北京市自主创新产品	2500
雷米普利片（瑞泰）	赛诺菲安万特（北京）制药有限公司	2005年	—	34471
奥美沙坦酯片（兰沙）	北京万生药业有限责任公司	2006年	—	未实现规模生产及市场销售
盐酸曲美他嗪胶囊	北京嘉林药业股份有限公司	2006年	—	124
替米沙坦胶囊（苏和）	北京双鹤药业股份有限公司	2007年	2010年获得北京市自主创新产品证书	177
匹伐他汀钙片（冠爽）	北京双鹤药业股份有限公司	2008年	—	15
复方制剂——缬沙坦氢氯噻嗪片	北京赛科药业有限责任公司	2008年	—	10772.06
银杏叶提取物注射液（悦康通）	悦康药业集团有限公司	2010年		已具备规模生产能力并开始试产，未实现销售
缬沙坦胶囊（穗悦）	北京赛科药业有限责任公司	2010年	—	未实现销售
二、抗感染类产品				
盐酸莫西沙星片/氯化钠注射液（拜复乐）	拜耳医药保健有限公司	2002年		61000
注射用头孢曲松钠（悦康多治）	悦康药业集团有限公司	2005年	2010年被评为北京市自主创新产品	48000
三、糖尿病类产品				
阿卡波糖片（拜唐苹）	拜耳医药保健有限公司	1995年	—	175000
格列喹酮片（糖适平）	北京双鹤药业股份有限公司与德国勃林格殷格翰国际公司	1994年	2000年获得由市经委与北京市质量监督联合会颁发的2000年北京名牌产品证书	20919
盐酸二甲双胍缓释片（卜可）	北京双鹤药业股份有限公司	2004年	—	20000

（续表）

产品名称	出品企业	上市时间	获奖情况	2010年销售额（万元）
四、胃肠类产品				
奥美拉唑肠溶胶囊（立卫克）	悦康药业集团有限公司	2009年	2010年被评为北京市自主创新产品	10000
枯草芽孢杆菌胶囊（天悦婷）	北京紫竹药业有限公司	2003年	—	58
五、镇痛类产品				
酸纳洛酮（苏诺）	北京四环医药科技股份有限公司	1999年	2002年获得北京名牌产品称号，并被评为北京新技术产业开发试验区"拳头"产品	1207.54
氟比洛芬酯注射液（凯纷）	北京泰德制药有限公司	2003年	2005年被评为国家重点新产品	25900
氟比洛芬巴布膏	北京泰德制药有限公司	2010年	—	14.7208
盐酸曲马多	北京四环医药科技股份有限公司	1993年	—	75.85
六、计生、生殖类产品				
左炔诺孕酮片（毓婷、金毓婷）	北京紫竹药业有限公司	1998年	—	30002
米非司酮片（司米安）	北京紫竹药业有限公司	1992年	—	16000
复方孕二烯酮片	北京紫竹药业有限公司	2009年	—	55
替勃龙（紫竹爱维）	北京紫竹药业有限公司	2002年	—	495
米索前列醇片	北京紫竹药业有限公司	2002年	—	495
盐酸特拉唑嗪片（马沙尼）	北京赛科药业有限责任公司	1997年	—	1116.83
非那雄胺片（卡波）	北京赛科药业有限责任公司	2005年	—	2491.53
泛昔洛韦片（凡乐）	北京嘉林药业股份有限公司	1999年	2004年获得北京市高新技术成果转化项目认定证书，2009年获得北京市主版创新新产品证书	700
七、肝、胆、肾类产品				
复方 α－酮酸片	北京万生药业有限责任公司	2009年	2010年获得北京市自主创新产品称号及中关村国家自主创新示范区新技术新产品称号	2000

（续表）

产品名称	出品企业	上市时间	获奖情况	2010年销售额（万元）
拉米夫定胶囊（万生力克）	北京万生药业有限责任公司	2009年	—	未实现销售
多烯磷脂酰胆碱胶囊（易善复）	赛诺菲安万特（北京）制药有限公司	2006年	—	18000
八、眼科类产品				
复方樟柳碱注射液	北京紫竹药业有限公司	2001年	—	4360
拉坦前列素滴眼液	北京紫竹药业有限公司	2009年	—	53
九、输液、口腔、神经及对比制剂				
输液产品	北京双鹤药业股份有限公司	1998年	2000年，利复星及其制剂研究获得北京市科学技术进步奖二等奖，并被评为北京名牌产品和北京市优秀产品 2009年，注射用牛肺表面活性剂（珂立苏）、羟乙基淀粉（200/0.5）氯化钠注射液（盈源）获北京市自主创新产品证书 2010年，注射用哌拉西林舒巴坦钠（一君）、注射用牛肺表面活性剂（珂立苏）、羟乙基淀粉（200/0.5）氯化钠注射液（盈源）被评为北京市优质产品	无单独统计数字
钆喷酸葡胺注射液（磁显葡胺）	北京北陆药业股份有限公司	1992年	1992年获得新药证书并获北京市科学技术进步三等奖	35
华素片	北京四环医药科技股份有限公司	1996年	1992年分获军队科学技术进步二等奖和国家科学技术进步奖三等奖；1996年、1997年连获北京市十大名优品牌产品称号；1997年获得军队名牌产品称号；1999年获得第三届北京市著名商标	17303
碘海醇注射液（双北）	北京北陆药业股份有限公司	1998年	1999年被国家科学技术部评为国家级火炬计划项目。2009年被评为北京市自主创新产品	13000
盐酸苯环壬酯（飞赛乐）	北京四环医药科技股份有限公司	1993年	1995年获得联合国知识产权组织授予的杰出发明奖	1845
联苯苄唑乳膏、溶液（孚琪）	北京四环医药科技股份有限公司	1990年	1991年获军队科学技术进步奖二等奖，2002年获北京名牌产品称号	3049
附注："—"表示无相关资料。				

1999—2010年北京化学制药工业主要经济指标统计表

5—7表

年份	主营业务（销售）收入（亿元）	同比增长（%）	主营业务（销售）收入全国排名	利润总额（亿元）	同比增长（%）	利润总额全国排名
1999年	—	—		1.56	—	
2000年	15.50	—		5.45	249.4	—
2001年	32.20	107.7	12	5.10	−6.4	8
2002年	29.40	−8.7	11	6.20	21.6	6
2003年	43.80	49.0	14	5.90	−4.8	9
2004年	43.00	−1.8	12	7.82	32.5	8
2005年	56.90	32.3	12	8.50	8.7	6
2006年	67.50	18.6	11	4.70	−44.7	13
2007年	80.80	19.7	13	6.84	45.5	13
2008年	99.50	23.1	11	14.60	113.5	10
2009年	141.30	42.0	9	24.80	69.9	8
2010年	188.40	33.3	9	27.70	11.7	8

说明：1.《中国医药统计年报》从2000年开始统计全国化学制药指标。

2."—"表示无相关数据或资料。

2010年北京化学制药生产企业一览表

5—8表

企业名称	生产地址	产品
华润双鹤药业股份有限公司	朝阳区双桥东路2号	大容量注射剂（含多层共挤膜输液袋）、小容量注射剂、冻干粉针剂（含青霉素类）、冲洗剂、口服溶液剂、涂剂、片剂（含头孢菌素类）、颗粒剂（含头孢菌素类）、硬胶囊剂（含头孢菌素类）、乳剂、凝胶剂、口服混悬剂、医疗用毒性药品（硫酸阿托品、氢溴酸后马托品）、精神药品（喷他佐辛、喷他佐辛注射液）
北京天坛生物制品股份有限公司	朝阳区三间房南里4号	小容量注射剂、冻干粉针剂
北京以岭生物工程技术有限公司	密云县经济开发区科技路23号	片剂、硬胶囊剂（均为避孕药、激素类、抗肿瘤药）
北京御生堂制药有限公司	房山区良乡经济开发区金光南街3号	片剂、颗粒剂、硬胶囊剂、凝胶剂、膏药、橡胶膏剂
北京市永康药业有限公司	丰台区科学城中核路8号	小容量注射剂、片剂、硬胶囊剂、颗粒剂
北京三联制药有限公司	昌平区白浮村东一号	片剂、颗粒剂、丸剂（浓缩丸）、硬胶囊剂、散剂

（续表）

企业名称	生产地址	产品
北京第一生物化学药业有限公司	怀柔区庙城	片剂、颗粒剂、散剂（冻干粉）、口服溶液剂
北京协和药厂	大兴区黄村镇兴业北路	小容量注射剂（含抗肿瘤药）、冻干粉针剂（抗肿瘤药）、片剂（含抗肿瘤药）、硬胶囊剂、滴丸剂、软膏剂
北京康必得药业有限公司	大兴区中关村科技园区生物医药产业基地永大西路37号	片剂（含激素类）、硬胶囊剂（含激素类）、颗粒剂（含激素类）、茶剂、糖浆剂、口服溶液剂、溶液剂（外用）、酊剂
北京优你特药业有限公司	大兴经济开发区金苑路甲29号	片剂（含头孢菌素类）、硬胶囊剂（含头孢菌素类）、颗粒剂（含头孢菌素类）、散剂
	大兴区西红门镇欣荣南大街107号	片剂（青霉素类）、硬胶囊剂（青霉素类）、颗粒剂（青霉素类）
北京首儿药厂	顺义区李桥镇李天路李桥段5号	颗粒剂（含头孢菌素类）、片剂、口服液、糖浆剂、硬胶囊剂、干混悬剂、滴剂、混悬剂
北京韩美药品有限公司	顺义区天竺空港工业区A区天柱西路10号	微生态活菌制品（枯草杆菌二联活菌颗粒、枯草杆菌二联活菌肠溶胶囊）、片剂、散剂、胶囊剂、颗粒剂、口服溶液剂、混悬剂、进口药品分包装（凝胶剂、粉针剂、喷雾剂、乳膏剂）
北京益民药业有限公司	顺义区光明南街14号（顺义区拥军路北）	大容量注射剂、小容量注射剂（含激素类）、片剂（含头孢菌素类、激素类、抗肿瘤药）、胶囊剂、气雾剂、精神药品（司可巴比妥钠胶囊、单盐酸氟西泮胶囊、地西泮片、奥沙西泮片、氯氮卓片、阿普唑仑片、艾司唑仑片、司可巴比妥钠、氯氮卓、地西泮、奥沙西泮）
北京康远制药有限公司	丰台区长辛店李家峪211号	片剂、硬胶囊剂、颗粒剂、软胶囊剂
北京康蒂尼药业有限公司	顺义区林河经济开发区顺康路60号	片剂、硬胶囊剂、丸剂（水蜜丸、浓缩丸）
北京九发药业有限公司	门头沟区石龙经济区上园路10号	软膏剂、片剂、颗粒剂、滴丸剂、搽剂
北京羚锐卫生材料有限公司	门头沟区石龙经济开发区永安路6号	橡胶膏剂、贴剂
北京万辉双鹤药业有限责任公司	门头沟区石龙经济开发区上园路1号	片剂、硬胶囊剂、散剂、颗粒剂
北京双吉制药有限公司	门头沟区永定镇冯村西宝林寺	片剂、颗粒剂、栓剂、眼膏剂、软膏剂、乳膏剂、酊剂、凝胶剂
国药集团工业有限公司	顺义区光明南街	片剂、硬胶囊剂、原料药（阿片粉）、分装（盐酸麻黄碱原料药）、麻醉药品（磷酸可待因片15mg、磷酸可待因片30mg、阿片粉）、精神药品（氨酚氢可酮片）、药品类易制化学品（盐酸麻黄碱）
	顺义区牛栏山镇牛汇南1街6号	片剂

企业名称	生产地址	产品
北京友博药业有限责任公司	顺义区林河经济开发区林河大街26号	冻干粉针剂（含抗肿瘤药）、原料药（硫酸长春地辛）
北京利祥制药有限公司	顺义区林河经济开发区顺康路64号	粉针剂（含头孢菌素类）、冻干粉针剂、滴眼剂
四环药业股份有限公司	顺义区南法信地区三家店村北	冻干粉针剂、小容量注射剂
北京赛而生物药业有限公司	大兴区经济开发区科苑路35号	片剂（含头孢菌素类）、胶囊剂（含头孢菌素类）、散剂、颗粒剂
北京世桥生物制药有限公司	顺义区北石槽镇中北工业区内	小容量注射剂（含抗肿瘤药）、冻干粉针剂（含抗肿瘤药）、药用辅料（甘氨胆酸）
北京锐业制药有限公司	北京经济技术开发区隆庆街12号	硬胶囊剂、颗粒剂、片剂、非PVC多室即配输液
北京北医联合药业有限公司	北京经济技术开发区宏达中路8号	片剂
北京泰德制药股份有限公司	北京经济技术开发区荣京东街8号	小容量注射剂、片剂、硬胶囊剂、颗粒剂、巴布膏剂、进口药品分包装（巴布膏剂）
北京康辰药业有限公司	密云县经济开发区兴盛南路11号	冻干粉针剂（含抗肿瘤药）、原料药（尖吻蝮蛇血凝酶、盐酸洛拉曲克）
北京法莫斯达制药科技有限公司	密云县经济开发区科技路73号	片剂、硬胶囊剂（均为激素类）
北京鑫惠药业有限公司	顺义区林河经济开发区	片剂（含避孕药）、颗粒剂、硬胶囊剂
北京希力药业有限公司	顺义区林河经济开发区顺康路62号	口服液、合剂、片剂、洗剂
北京嘉事大恒制药有限公司	顺义区中北工业区（北石槽镇）	片剂（含避孕药、头孢菌素类）、颗粒剂（含头孢菌素类）、胶囊剂（含头孢菌素类）、软膏剂、口服液、滴丸剂、合剂
北京市非凡制药厂	丰台区岳各庄甲371号	硬胶囊剂、酊剂（含激素类）、溶液剂（外用）、灌肠剂、洗剂
北京北化康泰临床试剂有限公司	通州区台湖镇董村工业园5号	口服混悬剂、灌肠剂
北京圣永制药有限公司	通州区梨园镇大马庄村	硬胶囊剂、口服溶液剂
北京海联制药有限公司	怀柔区雁栖经济开发区雁栖大街1号	片剂（含头孢菌素类）、硬胶囊剂（含头孢菌素类）、散剂、口服液
北京百慧生化制药有限责任公司	通州区次渠镇白庄	软胶囊剂
北京北陆药业股份有限公司	密云县经济开发区	大容量注射剂、小容量注射剂、片剂、颗粒剂、硬胶囊剂
北京克莱斯瑞控释药业有限公司	昌平区科技园区超前路37号兴业生物医药园4号楼5层北区	透皮贴剂

（续表）

企业名称	生产地址	产品
北京博德桑特输采血器材科技开发中心	昌平区小汤山镇北京小汤山医院内	大容量注射剂（含血液保养液）
北京顺鑫祥云药业有限责任公司	顺义区林河经济开发区	片剂、硬胶囊剂、颗粒剂（均含头孢菌素类）、散剂、糖浆剂、搽剂、糊剂、煎膏剂、口服液
北京复康健力制药有限公司	中关村科技园区昌平园超前路37号	丸剂（浓缩丸）、片剂、硬胶囊剂、颗粒剂、散剂、合剂
北京冠城药业有限公司	顺义区北石槽镇中北工业区	片剂、硬胶囊剂、散剂（含外用）、颗粒剂、栓剂（外用）、软膏剂（外用）
北京银建药业有限公司	昌平区科技园区东区利祥路3号	片剂、硬胶囊剂、颗粒剂、滴眼剂、滴耳剂、滴鼻剂
北京红林制药有限公司	怀柔区雁栖经济开发区	片剂、硬胶囊剂
北京四环生物制药有限公司	北京经济技术开发区建安街5号	小容量注射剂
北京凯因科技股份有限公司	北京经济技术开发区荣京东街6号	小容量注射剂、冻干粉针剂、片剂
	北京经济技术开发区荣昌东街7号201栋	小容量注射剂、片剂、硬胶囊剂、颗粒剂
北京巨能制药有限责任公司	北京经济技术开发区永昌北路3号	片剂
拜耳医药保健有限公司	北京经济技术开发区荣京东街7号	片剂、乳膏剂、软膏剂、进口药品分装[大容量注射剂、注射用重组人凝血因子Ⅷ、重组人胰岛素注射液、精蛋白重组人胰岛素注射液、精蛋白重组人胰岛素注射液（预混30/70）]
第一三共制药（北京）有限公司	北京经济技术开发区永昌中路5号	片剂、大容量注射剂、硬胶囊剂
北京亚宝生物药业有限公司	北京经济技术开发区科创东六街97号	片剂
北京赛升药业股份有限公司	北京经济技术开发区兴盛街8号	小容量注射剂、冻干粉针剂（含激素类）
舒泰神（北京）生物制药股份有限公司	北京经济技术开发区经海二路36号	散剂、片剂、硬胶囊剂、干混悬剂、颗粒剂
	北京经济技术开发区荣京东街5号	小容量注射剂、散剂、片剂、硬胶囊剂、干混悬剂、颗粒剂、原料药（替米沙坦、佐米曲普坦、曲司氯铵、美他沙酮）
北京源生素源生物科技有限公司	昌平区兴寿工业区	片剂、口服液
北京诺华制药有限公司	昌平区永安路31号	片剂、硬胶囊剂、凝胶剂（乳胶剂）
扬子江药业集团北京海燕药业有限公司	昌平区生命园路16号	片剂、硬胶囊剂

（续表）

企业名称	生产地址	产品
北京星昊医药股份有限公司	北京经济技术开发区中和街18号	小容量注射剂（含抗肿瘤药）、粉针剂（头孢菌素类）、冻干粉针剂（含抗肿瘤药）、片剂、硬胶囊剂、颗粒剂、原料药（醋酸奥曲肽、奈韦拉平、甲钴胺、硝呋太尔）
北京中新制药厂	昌平区沙河镇展思门路15号	片剂（含头孢菌素类、激素类）、硬胶囊剂（含头孢菌素类）、散剂、颗粒剂
北京勃然制药有限公司	昌平区科技园流村工业区	颗粒剂、硬胶囊剂、片剂、散剂
北京麦迪海药业有限责任公司	大兴区西红门镇金星警大路5号	片剂、硬胶囊剂、颗粒剂、软膏剂（含激素类）、合剂、洗剂、灌肠剂
北京贞玉民生药业有限公司	大兴区青云店工业区6号	灌肠剂、洗剂、药用辅料（乙醇）
北京京铁华龙药业有限责任公司	密云县经济开发区水源路232号	颗粒剂、硬胶囊剂、药用辅料（甜菊素）
北京首医临床医学科技中心	大兴区青云店镇垡上工业区	口服混悬剂、灌肠剂
史达德药业（北京）有限公司	密云县经济开发区云腾路15号	糖浆剂、口服溶液剂、喷雾剂、片剂、洗剂、混悬剂、软膏剂、硬胶囊剂、凝胶剂
北京九和药业有限公司	房山区窦店京保路8号	硬胶囊剂、软胶囊剂
北京北卫药业有限责任公司	顺义区京密路马坡段西侧	片剂、颗粒剂、硬胶囊剂（均含头孢菌素类）、合剂、酊剂、口服液、软胶囊剂、丸剂（水丸、水蜜丸）、散剂、糖浆剂
北京托毕西药业有限公司	海淀区吴家村路11号	小容量注射剂（含激素类）、冻干粉针剂
北京三九药业有限公司	昌平区科技园区智通路19号	片剂、硬胶囊剂、颗粒剂（均含头孢菌素类）、散剂、合剂、口服液、口服溶液剂、糖浆剂
北京健都药业有限公司	丰台区科学城中核路10号	片剂、颗粒剂、口服液、硬胶囊剂、软胶囊剂、糖浆剂
北京海德润制药有限公司	通州区通州经济开发区广源东街16号	片剂、硬胶囊剂、颗粒剂、气雾剂、口服溶液剂、洗剂、涂剂、酊剂（含外用）、糖浆剂、搽剂（含激素类）、麻醉药品（复方樟脑酊）、鼻用制剂（鼻用喷雾剂、滴鼻剂）
北京嘉林药业股份有限公司	朝阳区双桥东路	片剂（含抗肿瘤药）、硬胶囊剂、颗粒剂
北京生物制品研究所有限责任公司	朝阳区三间房南里4号院	片剂
北京太洋药业有限公司	朝阳区双桥东路乙1号	片剂、硬胶囊剂（均含头孢菌素类）、凝胶剂、颗粒剂、粉针剂（头孢菌素类）
中国医药研究开发中心有限公司	昌平区沙河展思门路27号	片剂、硬胶囊剂、颗粒剂、软胶囊剂、滴丸剂、小容量注射剂（含抗肿瘤药）、冻干粉针剂（含抗肿瘤药）

（续表）

企业名称	生产地址	产品
北京亚东生物制药有限公司	昌平区科技园区富康路16号	片剂、硬胶囊剂、颗粒剂、散剂、滴丸、软胶囊剂、合剂、糖浆剂
北京利龄恒泰药业有限公司	昌平区科技园区阳坊工业园南区	片剂（含避孕药、抗肿瘤药）、硬胶囊剂、颗粒剂
北京华素制药股份有限公司	房山区良乡经济开发区金光北街1号	片剂、小容量注射剂（含抗肿瘤药）、软膏剂、溶液剂（外用）、口服溶液剂、搽剂、凝胶剂、硬胶囊剂、麻醉药品（盐酸二氢埃托啡、盐酸二氢埃托啡舌下片、盐酸羟考酮、盐酸羟考酮片、盐酸美沙酮口服溶液）、精神药品（盐酸曲马多片）、涂剂、乳膏剂
北京双赛药业有限公司	昌平区科技园区利祥路6号	片剂、硬胶囊剂
北京博康健基因科技有限公司	昌平区星火街7号	片剂、硬胶囊剂、颗粒剂
北京市燕京药业有限公司	朝阳区管庄	片剂、硬胶囊剂、颗粒剂（均含头孢菌素类）、散剂、小容量注射剂、冻干粉针剂
北京中惠药业有限公司	海淀区中关村永丰高新技术产业基地	片剂、硬胶囊剂、颗粒剂、滴眼剂
北京京丰制药有限公司	丰台区科学城航丰路8号（园区）	片剂、硬胶囊剂、颗粒剂（均含头孢菌素类）
爱德药业（北京）有限公司	昌平区北七家科技园区	小容量注射剂
北京华润高科天然药物有限公司	延庆县延庆镇妫水南街11号	小容量注射剂（含抗肿瘤药）、口服溶液剂、合剂（含口服液）、糖浆剂、酏剂、酊剂
北京紫光制药有限公司	延庆县八达岭经济开发区	片剂（含抗肿瘤药）、凝胶剂、乳膏剂、粉针剂（头孢菌素类）
北京九龙制药有限公司	延庆县延庆经济开发区	片剂、硬胶囊剂、颗粒剂、滴丸剂、口服溶液剂、合剂
修正药业集团北京修正制药有限公司	昌平区北七家镇宏福创业园	口服溶液剂、片剂、硬胶囊剂、灌肠剂
北京曙光药业有限责任公司	朝阳区建国路管庄	片剂（含头孢菌素类、激素类）、硬胶囊剂（含头孢菌素类）、颗粒剂（含青霉素类、头孢菌素类）、散剂（含外用）、酊剂（外用、含激素类）、搽剂（外用、含激素类）、乳膏剂（外用、含激素类）
北京双鹭药业股份有限公司	石景山区八大处高科技园区中园路9号	片剂、硬胶囊剂、颗粒剂、软胶囊剂、冻干粉针剂（含抗肿瘤药）、粉针剂（头孢菌素类）、小容量注射剂（含抗肿瘤药）
	昌平区科技园区利祥路2号	硬胶囊剂、片剂（均含抗肿瘤药）、大容量注射剂、小容量注射剂、冻干粉针剂、凝胶剂、滴眼剂、鼻用喷雾剂、滴丸剂、软胶囊剂

（续表）

企业名称	生产地址	产品
银谷制药有限责任公司	通州区中关村科技园区通州园金桥科技产业基地景盛南四街13号18A	小容量注射剂（含抗肿瘤药）、喷雾剂
北京优华药业有限公司	海淀区马连洼北路151号	片剂、硬胶囊剂、口服混悬剂、软膏剂（含激素类）、乳膏剂（含激素类）
北京国医堂制药有限公司	平谷区王辛庄镇乐园路21号	口服液、糖浆剂、合剂、口服溶液剂、片剂、软膏剂、茶剂
北京博恩特药业有限公司	昌平区宏福创业园生物医药园1号厂房	冻干粉针剂、小容量注射剂
北京华洋奎龙药业有限公司	通州区张家湾镇光华路东	颗粒剂、洗剂、片剂、硬胶囊剂、滴丸剂
北京北大维信生物科技有限公司	海淀区中关村永丰基地永盛北路2号	片剂、硬胶囊剂
悦康药业集团有限公司	北京经济技术开发区宏达中路6号	小容量注射剂（含抗肿瘤类）、冻干粉针剂（含抗肿瘤药）、粉针剂（含头孢菌素类）、片剂、硬胶囊剂、颗粒剂、干混悬剂、药用辅料（药用微丸丸芯）
	北京经济技术开发区景园街6号	粉针剂（头孢菌素类）
北京悦康凯悦制药有限公司	北京经济技术开发区景园街6号	片剂、硬胶囊剂、颗粒剂、干混悬剂（均含头孢菌素类、青霉素类）、栓剂（含激素类）、乳膏剂（含激素类）、凝胶剂（含激素类）、软膏剂（含激素类）、粉针剂（青霉素类）、小容量注射剂、散剂、丸剂（水蜜丸、浓缩丸）
北京紫竹药业有限公司	朝阳区朝阳北路27号	片剂（含头孢菌素类、激素类、避孕药）、硬胶囊剂（含头孢菌素类、激素类）、小容量注射剂（含激素类）、膜剂、凝胶剂、粉针剂（含头孢菌素类）、眼用制剂（激素类植入剂、滴眼剂）、贴剂（激素类）、原料药（睾酮、头孢曲松钠、头孢噻肟钠）、微生态制剂（枯草杆菌活菌胶囊）
北京长城制药厂	丰台区西四环南路63号	片剂、硬胶囊剂、颗粒剂、软胶囊剂、口服液、洗剂、合剂
华润赛科药业有限责任公司	通州区中关村科技园光机电基地经海七路3号	片剂（含头孢菌素类）、硬胶囊剂（含头孢菌素类）、小容量注射剂、冻干粉针剂（含抗肿瘤类）、粉针剂
北京东方协和医药生物技术有限公司	北京经济技术开发区中和街17号	片剂、硬胶囊剂、粉针剂（头孢菌素类）、冻干粉针剂、小容量注射剂（含抗肿瘤药）、原料药（非那雄胺、氟伐他汀钠、甲磺酸帕珠沙星）
赛诺菲（北京）制药有限公司	北京经济技术开发区兴盛街7号	片剂、硬胶囊剂、进口药品分包装[片剂（含抗肿瘤药）、小容量注射剂、冻干粉针剂（含抗肿瘤药）、甘精胰岛素注射液、谷赖胰岛素注射液]
北京百奥药业有限责任公司	昌平区科技园区超前路29号	片剂、硬胶囊剂、颗粒剂、小容量注射剂、冻干粉针剂

（续表）

企业名称	生产地址	产品
北京费森尤斯卡比医药有限公司	朝阳区双桥东路2号	大容量注射剂（含多层共挤输液袋）、片剂、进口药品分包装（小容量注射剂）
北京华靳制药有限公司	朝阳区双桥东路2号	大容量注射剂（含多层共挤输液袋）、口服溶液剂
北京朗依制药有限公司	朝阳区管庄乡双桥路559号	片剂（含激素类）、硬胶囊剂、软胶囊剂（含激素类）、颗粒剂、散剂、喷雾剂、栓剂、软膏剂（含激素类）、乳膏剂（含激素类）
北京双鹤现代医药技术有限责任公司	朝阳区双桥东路2号	片剂、硬胶囊剂、软胶囊剂、颗粒剂、滴眼剂、小容量注射剂（含抗肿瘤药）、冻干粉针剂、气雾剂
北京恒生药业有限公司	朝阳区黑庄户乡大东路6号	片剂、硬胶囊剂、粉针剂（头孢菌素类）
萌蒂（中国）制药有限公司	通州区中关村科技园区金桥科技产业基地景盛南四街13号20号厂房	片剂、麻醉药品（硫酸吗啡缓释片、盐酸羟考酮缓释片）、第二类精神药品（盐酸曲马多缓释片）
北京协和制药二厂	大兴区黄村镇清源北路	片剂
北京四环科宝制药有限公司	丰台区科技园区海鹰路11号	小容量注射剂、冻干粉针剂、片剂、颗粒剂、硬胶囊剂、软膏剂、乳膏剂、凝胶剂、原料药（硫辛酸、尼麦角林、天琥宁、炎琥宁、七叶皂苷钠、盐酸贝凡洛尔、甲磺酸帕珠沙星、安吡昔康、阿折地平、富马酸卢帕他定）
北京市东升药业有限责任公司	平谷区兴谷经济开发区二号区	片剂、颗粒剂、硬胶囊剂、煎膏剂
北京永正制药有限责任公司	昌平区百善镇百善村1000号	片剂、硬胶囊剂、颗粒剂、干混悬剂（均含头孢菌素类）
北京宝树堂科技药业有限公司	昌平区沙河镇小寨	片剂、硬胶囊剂、颗粒剂、散剂、丸剂（水丸、蜜丸、水蜜丸）、乳膏剂、口服液、合剂、酒剂
北京四环制药有限公司	通州区张家湾镇齐善庄村东	小容量注射剂、冻干粉针剂、片剂（含外用）、硬胶囊剂、颗粒剂、散剂
北京贝丽莱斯生物化学有限公司	通州区永乐经济开发区B区6号	口服溶液剂、口服混悬剂、糖浆剂、乳膏剂、擦剂、洗剂、滴鼻剂、灌肠剂、药用辅料（月桂氮酮）
北京万生药业有限责任公司	通州区通州经济开发区广源东街8号	片剂、硬胶囊剂、颗粒剂
附注：资料来源于北京市药品监督管理局。		

第三章　生物医药

"九五"初期，北京生物技术产业大量资金投向研究开发，生物制药工业仅有几家企业。1998 年，北京生物制药工业龙头企业天坛生物在上海证券交易所正式上市。

2000 年，北京生物制药销售额和利润占北京医药工业全行业的比重不到 2%。2001 年，北京生物制药工业总产值（现价）5.4 亿元，主营业务收入（销售收入）4.7 亿元，利润总额 0.7 亿元，在全国的排名为第九位和第六位。

2002 年，市政府制定出台的《北京生物工程与医药产业发展振兴纲要》，为北京生物制药产业的快速发展提供了良好的发展环境，三元基因、双鹭生物、万泰生物、百奥药业、凯因生物、本元正阳等一批生物制药中小型企业脱颖而出。2004 年至 2009 年，双鹭药业（深交所）、中生北控（香港联交所创业板）以及科兴生物（纳斯达克）3 家生物制药企业陆续上市。北京生物医药行业结构逐渐向高端深化调整。"科技资源招商"专项工作吸引了大量京外及境外的产业资本来京发展生物医药产业。2005 年共完成销售收入和利润总额 17.3 亿元和 2.4 亿元，全国排名第七位和第五位。

2010 年，北京生物制药工业总产值（现价）57.9 亿元，主营业务收入（销售收入）57.9 亿元，销售收入居全国第八位；利润总额 18.7 亿元，跃居全国第二位。2010 年，北京市生物医药销售额亿元以上品种超过 70 个，销售总额约 160 亿元，占全市生物医药工业销售收入的 40% 以上。生物制药占全市医药工业主营业务收入的比重 13.7%，利润总额占比 26%。北京在抗体领域已建立抗体药物重点实验室和北京抗体药物研发平台，拥有多家抗体药物研发和生产企业，具有生物医药开发的全产业链。北京成为中国最大的免疫诊断试剂生产基地，中生北控的临床生化诊断试剂、万泰生物的 HIV 第三代诊断试剂和丙肝诊断试剂、金豪制药的酶联免疫试剂等在国内体外诊断试剂产业居领先地位或成为行业领军企业。

截至 2010 年，美国通用（GE）、德国拜耳制药、法国赛诺菲、瑞士诺华等 24 家跨国制药企业在北京建立总部、研发中心或生产基地，拜耳制药将普药全球管理团队迁至北京，丹麦诺和诺德在北京扩建全球研发中心。扬子江药业集团、以岭药业、重庆智飞生物、九州通医药集团、神威药业、康美药业等医药企业纷纷进驻位于北京经济技术开发区的北京生物医药产业园区。

第一节　生物类产品

1998 年 10 月，北京双鹭药业股份有限公司研制生产的基因工程产品——国家 Ⅱ 类新药重组人粒细胞集落刺激因子注射液（立生素）投产，主要用于肿瘤放化疗等引起的中性粒细胞减少症。1999 年 12 月获北京市科学技术进步二等奖；同年入选国家重点新产品，2002 年被评为北京名牌产品。2007 年进入南亚市场，2010 年出口至俄罗斯、印度等 10 余个国家和地区。

1999 年 3 月，北京双鹭药业股份有限公司生产国家 Ⅱ 类新药注射用重组人白介素 -2（欣吉尔），成为国内第一个上市的新型白介素 -2，国际第一家丙氨酸突变体的白介素 -2。适用于肾癌、黑色素瘤、癌性胸腹水等肿瘤的治疗及抗感染治疗。该产品半衰期长，效应持久，热稳定性好，使用更安全，市场占有率高。2000 年获得北京市科学技术奖二等奖，入选北京市高新技术成果转化项目。2010 年销售额 2845 万元。

1999 年，北京赛生药业股份有限公司研发生产出一种神经—免疫—内分泌系统调节剂——薄芝糖肽注射液（赛盛），2003 年上市销售。该产品是从薄芝菌中利用专有技术分离制备的生物制剂，主要功能为调节机体神经系统、免疫系统、内分泌系统的平衡，应用于癫痫、失眠、肝炎、肿瘤等疾病的治疗。北京赛生药业是国内两家生产此产品的企业之一，是国家质量标准起草单位以及产品说明书起草单位。2010 年销售收入 5900 余万元，在全国同类产品市场占有率超过 60%。

2000 年，北京赛生药业股份有限公司研发并生产注射用胸腺肽（赛威），是从小牛胸腺中提取，利用专利冷冻浓缩技术制备的免疫调节剂。该公司发明了高浓度胸腺肽溶液的制备技术，拥有 100 毫克大规格注射用胸腺肽独家生产能力。该产品用于治疗各种原发性或继发性 T 细胞缺陷病，某些自身免疫性疾病，各种细胞免疫功能低下的疾病及肿瘤的辅助治疗。尤其是对病毒性乙型肝炎和恶性肿瘤的大剂量疗法疗效更为显著。当年获得批准文号，当年投产，当年上市。其高浓度胸腺肽溶液制备方法及大规格胸腺肽制剂获国家发明专利。2009 年被授予北京市自主创新产品证书。2010 年，50 毫克、80 毫克和 100 毫克 3 种规格的注射用胸腺肽年合计销售额 1.4 亿元，占中国同类产品市场份额的 40% 以上。

2001 年，由北京双鹭药业股份有限公司研制的国家 Ⅰ 类新药、基因工程产品外用重组人碱性成纤维细胞生长因子（扶济复）获北京市科学技术进步一等奖，并入选国家重点新产品。2002 年 4 月投产，同年入选"北京市重大高新技术成果转化项目"，2004 年分获国家科学技术进步奖二等奖和国家 863 计划重大成果、"九五"国家重点开发创新药物称号。是 20 世纪 80 年代以后创伤分子生物学研究的重大突破，解决了治疗体表慢性难愈合创面的临床难题。产品获国家专利，享受国家 12 年专利保护。主要适用于溃疡、脑中风后遗症、退行性神经病变、缺血性心脏病，以及烧伤创面、外伤创面、慢性难愈性创面等的修复。

2001 年，北京赛生药业股份有限公司出品的单唾液酸四己糖神经节苷脂钠注射液（GM-1）投产，该产品是脑部和神经系统用药，能促进由于各种原因引起的中枢神经系统损伤的功能恢复，可用于血管性或外伤性中枢神经系统损伤及帕金森病。2009 年获得单唾液酸四己糖神经节苷脂新药证书及单唾液酸四己糖神经节苷脂钠注射液生产批件。产品2010 年 3 月上市销售。其单唾液酸四己糖神经节苷脂钠及其制剂的专利生产技术、生产工艺及药物制剂（单唾液酸四己糖神经节苷脂的制备方法以及单唾液酸四己糖神经节苷脂钠注射液或冻干粉针）获国家发明专利，上市 10 个月销售收入突破千万元，排名全国同类产品销售收入的第六位。

2002 年，北京赛生药业股份有限公司研发成功的核酸类药品——脱氧核苷酸钠注射液（赛盛）投产，2003 年上市销售。该药品可促进细胞生长，增强细胞活力的功能，改变机体代谢，主要用于急、慢性肝炎，白细胞减少症，血小板减少症及再生障碍性贫血等的治疗。该品是利用生物技术提取制备的核酸类复方制剂药物，包含脱氧核糖胞嘧啶核苷酸、脱氧核糖腺嘌呤核苷酸、脱氧核糖胸腺嘧啶核苷酸及脱氧核糖鸟嘌呤核苷酸钠盐 4 种单核苷酸钠盐成分。其生产及药物制剂（含有脱氧单核苷酸钠的药物组合物及其制剂的制备方法和应用）取得国家发明专利。当时，全国仅有两家企业生产该产品。北京赛生药业生产的脱氧核苷酸钠注射液纯度高，是当时唯一可供肌注和静脉注射使用的产品。2010 年，单品种年销售收入超过 4000 万元，在全国同类产品的市场占有率超过 97%。

2003 年 2 月，北京双鹭药业股份有限公司研发的注射用复合辅酶（贝科能〈100 单位〉、鑫贝科〈200 单位〉）投产，该产品用于代谢紊乱治疗，为当时全国独家生化药品。2003 年11 月入选北京市高新技术成果转化项目；2009 年 12 月被评为北京市自主创新产品。2010年销售额 2.27 亿元。

2003 年 3 月，北京双鹭药业股份有限公司在国内首家上市国家 II 类新药——注射用重组人白介素 - 11（迈格尔），该产品主要用于肿瘤放化疗或其他原因引起的血小板减少症的治疗，可安全防治化疗后血小板减少症。入选北京市高新技术成果转化项目和北京市自主创新产品。2005 年获得北京市科学技术奖三等奖。2010 年销售额 770 万元。

2003 年，北京赛生药业股份有限公司自主研发生产的心脑血管抗凝防栓类药——纤溶酶注射剂投入市场。该产品主要功能为降解纤维蛋白及纤维蛋白原，用于脑梗死、高凝状态以及血栓性脉管炎等外周血管疾病。其生产工艺及药物制剂（高纯度蛇毒纤维酶的制备方法）取得国家发明专利，2004 年被认定为北京市自主创新产品。2010 年，该产品获北京市科学技术奖三等奖，销售收入 2500 余万元。

2004 年 11 月，北京双鹭药业股份有限公司取得胸腺五肽原料药及 1 毫克注射用胸腺五肽制剂生产批件，2007 年取得规格 1 毫克、1 毫克胸腺五肽注射液生产批件并投入生产。该产品用于慢性乙型肝炎患者的治疗，以及自身免疫性疾病、免疫缺陷及肿瘤的辅助治疗，

2009 年被评为北京市自主创新产品。2010 年销售额 3900 余万元。

2005 年，百泰生物药业有限公司通过抗体人源化和哺乳动物细胞大规模培养等核心技术体系的研究，开发出中国第一个治疗恶性肿瘤的人源化单克隆抗体药物——国家 I 类新药尼妥珠单抗（泰欣生）。该产品为治疗肿瘤的特异性靶向药物，俗称为"生物导弹"，其靶点为表皮生长因子受体（EGFR），人源化水平高达 95%，有助于提高抗体的安全性和疗效。该产品用于头颈部鳞癌、神经胶质瘤、结直肠癌、胰腺癌、食管癌、胃癌、非小细胞肺癌、乳腺癌、肾癌、前列腺癌、宫颈癌等多种上皮源性肿瘤的治疗，可显著提高癌症患者的治愈率和生存率，具有较高的临床应用价值。2005 年投产上市并批量出口，2010 年销售额 16838 万元。

2008 年，舒泰神（北京）生物制药股份有限公司自主研发生产国家 I 类新药注射用鼠神经生长因子（苏肽生），该产品用于治疗视神经损伤，其有效成分为从小鼠颌下腺提取的神经生长因子，经现代化手段加工制成，是当时国际上有效治疗视神经损伤的药物。

2010 年，北京双鹭药业股份有限公司销售额排前 3 名的产品是注射用复合辅酶、注射用胸腺五肽、胸腺五肽注射液，销售额分别为 2.27 亿元、3174 万元和 751 万元。舒泰神（北京）生物制药股份有限公司销售额排前 3 名的产品是苏肽生、舒泰清、阿司匹林肠溶片，销售额分别为 1.05 亿元、730 万元和 270 万元。北京赛生药业有限公司销售额排前 3 名的产品是薄芝糖肽注射液、脱氧核苷酸钠注射液、纤溶酶注射剂，销售额分别为 5878 万元、4547 万元、2466 万元。百泰生物药业有限公司的尼妥珠单抗注射液（泰欣生）销售额 1.68 亿元。

第二节　疫苗类产品

1996 年，北京科兴生物制品有限公司与中国药品生物制品检定所合作研发出甲型肝炎灭活疫苗（孩尔来福），用于预防甲型肝炎，是全国第一支甲肝疫苗，获批"九五"国家科技攻关项目，1999 年获新药证书，2002 年上市。2009 年获北京市自主创新产品及北京市著名商标称号。2010 年销售收入 9000 万元。

1999 年，北京天坛生物制品股份有限公司研发并生产出乙型脑炎灭活疫苗。用于预防乙型脑炎，为当时国内乙脑计划免疫工作首选产品。2000 年获国家级重点新产品奖和中科院科技进步奖。

2005 年 1 月，北京科兴生物制品有限公司自主研发并生产出全国第一支甲乙肝联合疫苗——甲型乙型肝炎联合疫苗（倍尔来福），用于预防甲型和乙型肝炎。获得北京市自主创新产品称号，2010 年销售收入近 3000 万元。2006 年，该公司自主研发的流感病毒裂解疫苗（安尔来福）投产并上市，是全国唯一不含防腐剂的国产流感病毒裂解疫苗，用于预防本株病毒引起的流行性感冒，被评为北京市自主创新产品。2010年销售收入7000万元。

2006年，北京天坛生物制品股份有限公司研制的麻疹、腮腺炎、风疹和水痘四痘混合疫苗（以下简称MMRV联合疫苗）投产。该公司使用自行分离的"北京株"水痘和已经上市的麻疹、腮腺炎和风疹联合疫苗（MMR疫苗），研制拥有国内自主知识产权的MMRV联合疫苗，具有贴合国本土病毒流行株、适合国内免疫人群需求的特点。研制MMRV联合疫苗即利用联合疫苗技术，通过接种该联合疫苗一次，可同时免疫预防麻疹、腮腺炎、风疹和水痘四种儿童期常见病，减少接种次数、扩大免疫接种率机会。该产品投产后被国内广泛使用，2010年销售额1.4亿元。

2006年，北京天坛生物制品股份有限公司和中国疾病预防控制中心病毒病所共同研发了新型天花疫苗。该疫苗的中试与临床研究项目由科技部立项，被列为国家863计划项目。投资总额950万元。新型天花疫苗是将疫苗病毒天坛株（7601株）在CK区缺失约21.3kb与毒力和人宿主范围有关的序列后构建而成，具有在人体组织或人源细胞中不复制或极低复制的特性。新型天花疫苗无菌程度更高，病毒同质性好，能够降低疫苗在人体产生的副反应。2010年年底完成临床前研究，确定用于国家防疫储备疫苗，按计划进入中试备产。

2008年4月，北京科兴生物制品有限公司与中国疾病预防控制中心合作研发并投产全国第一支与全球同步的人用禽流感疫苗（盼尔来福）。本品是在大流行流感发生时或紧急情况下，由国家启动用于大流行流感的预防接种。2010年，该产品被评为北京市自主创新产品，并获国家科学技术进步奖二等奖。

2009年9月，北京科兴生物制品有限公司自主研发并生产甲型H1N1流感疫苗（盼尔来福.1）。该产品是全国第一支获准投入使用的甲型H1N1流感疫苗，用于甲型H1N1流感病毒所致流感流行的免疫预防，同年获得北京市自主创新产品称号，2010年销售收入突破亿元。

2010年，北京人用疫苗企业总产值13.9亿元，占全国疫苗总产值的10%。年内，新型疫苗国家工程研究中心落户北京经济技术开发区。北京拥有北京天坛生物制品股份有限公司、北京民海生物科技有限公司、北京科兴生物制品有限公司等9家疫苗研发和生产企业，生产预防近30种传染病的60余种疫苗。

北京天坛生物制品股份有限公司

前身为成立于1919年3月的北洋政府中央防疫处，中华人民共和国成立后至1980年隶属于卫生部的北京生物制品研究所。1998年，北京天坛生物制品股份有限公司由该研究所在上交所发起上市，成为集疫苗、血液制剂、诊断用品等生物制品研究、生产和经营于一体的国有控股高科技上市公司。1999年，北京生物制品研究所与长春市、成都市、兰州市、上海市、武汉市5家生物制品研究所由卫生部划归中国生物技术集团公司，天坛生物是所属唯一上市公司。2007年7月，北京生物制品研究所将所持有的公司18315万股无偿划转至中国生物技术集团公司。2008年5月，公司实施资本公积转增股本，中国生物技术集团

图5-12　2009年3月，北京天坛生物制品股份有限公司举办成立90周年庆典

公司持有天坛生物 56.27% 的股权，社会公众股股东持股占公司总股本的 43.73%。2009 年 9 月，经国务院批准，中国医药集团总公司与中国生物技术集团公司实行联合重组，控股公司名称改为中国医药集团总公司。天坛生物为集疫苗、血液制剂、诊断用品等生物制品研究、生产和经营于一体的国有控股高科技上市公司，是国内最大的疫苗、血液制品生产企业和国家计划免疫疫苗品种最多、产量最大的生产企业，承担着乙肝、脊髓灰质炎、麻疹、腮腺炎、风疹、百白破等近 10 种国家主要计划免疫疫苗的生产任务。全部产品已被认定为北京市自主创新产品，13 个重点产品覆盖 10 种国家免疫规划疾病及其他传染病。其中麻疹、腮腺炎、风疹三联减毒活疫苗、乙型脑炎疫苗（Vero 细胞）、麻疹、风疹二联减毒活疫苗为国家重点新产品；重组乙型肝炎疫苗（酵母）连续 3 次被认定为北京名牌产品；麻疹、腮腺炎、风疹三联减毒活疫苗，乙型脑炎疫苗（Vero 细胞）获得北京市重大高新技术成果转化项目。一批科研项目获得国家 863 计划、"十一五"支撑计划（应急）、"十一五"支撑计划、传染病防治重大专项、科技部科技重大专项重大新药创制项目、北京市重大新药创制资金支持。2003 年销售收入 2.4 亿余元，利润总额 5100 余万元；2005 年销售收入和利润总额分别为 3.3 亿余元、7300 余万元。2009 年 12 月被市政府、科技部和中科院评为中关村国家自主创新示范区创新型企业。2010 年，天坛生物为中国医药集团总公司旗下子公司，公司地址位于北京经济技术开发区西环南路 18 号 A 座 126 室。主营业务收入 5.2 亿余元，实现利润总额 3.3 亿余元，资产总额 24.48 亿元；被市政府认定为"北京生物医药产业跨越发展工程"（G20 工程）规模企业。

北京万泰生物药业股份有限公司

1991 年成立，位于昌平区中关村生命科学园，是养生堂有限公司旗下的生物制药高新技术企业。主要从事生物诊断试剂与疫苗研发、生产和销售。1999 年，该公司科研团队与厦门大学合作，研制出国内唯一能满足艾滋病毒抗体诊断试剂盒生产要求的艾滋病毒重组抗原，填补了国内空白；继而研制出国内首个第三代艾滋病毒抗体诊断试剂盒，2000 年获得国家 II 类新药证书，结束外国公司的垄断，获得国家科学技术进步奖二等奖。2003 年至 2006 年承担国家"艾滋病毒重组抗原与抗体诊断产业化"项目。2005 年销售收入 8800 余万元，利润总额 1950 余万元。2008 年推出 HIV 第四代诊断试剂，提升了国家抗艾滋病能力，被授予国家高新技术产业化十年成就奖。2008 年，公司拥有占地面积 3.5 万平方米、建筑面积 2 万平方米的现代化诊断试剂生产基地，拥有价值 2000 多万元的各类研究开发仪器设备。主营业务收入和利润总额分别为 1.3 亿余元、3200 余万元；已通过 GMP、ISO 13485、ISO 9001 等质量体系认证，承担了国家 863 计划、"九五"攻关、"十五"攻关、"十一五"科技支撑计划、"十一五"及"十二五"重大传染病科技专项计划以及教育部、省（市）重点攻关等多个科研项目。2010 年，公司主营业务收入 2.3 亿余元，利润总额 6170 余万元，资产总额 8250 万元。产品线除生产酶联免疫法及金标法快速诊断试剂外，还从事化学发光、核酸、临床生化等检测试剂和临床检验质控品以及疫苗等百余种产品的研制。为亚太地区最大的艾滋诊断试剂生产基地、中国最大的免疫诊断试剂、国家生物高新技术产业化示范工程基地。

北京双鹭药业股份有限公司

1994 年 12 月成立，名称为北京白鹭园生物技术有限公司，由徐明波博士创立、新乡白鹭化纤集团有限公司投资。注册地址海淀区西三环北路 100 号金玉大厦 1103-1105 室，办公地址海淀区阜石路 69 号碧桐园 1 号楼。1998 年 7 月更名北京双鹭药业有限责任公司，2000 年 8 月改制，更名为北京双鹭药业股份有限公司。1998 年研制成功第一个产品——重组人粒细胞集落刺激因子（立生素）。2000 年通过 GMP 认证，完成股份制改制，通过科技部和中科院组织的高新技术企业认定。2002 年，当时全国独家产品——复合辅酶等十几个产品陆续上市。同年，石景山区八大处基地投入使用，面积达 1.2 万平方米，拥有现代化生物、生化制药多条水针、粉针剂生产线，年针剂生产能力 3000 万支；口服固体制剂年生产能力 10 亿粒，并开始筹建昌平生产基地。2003 年销售收入 7100 余万元，利润总额 3200 余万元。2004 年 9 月，该公司成为北京市第一家登陆深圳证券交易所中小企业板的生物医药企业。注册资本 38.07 万元，净资产近 20 亿元。2005 年被评为中关村科技园区五年上台阶"海淀园"自主创新明星企业。其科研项目"创面延迟愈合发生机制与促愈合基因工程 I 类新药的研发与应用"获得国家科学技术进步奖二等奖；抗艾滋病新药司他夫定等 5 个项目分获北京市科学技术奖一、二、三等奖；立生素等 3 个产品获得国家重点产品称号，欧宁

图 5-13　2004 年 9 月 9 日，北京双鹭药业股份有限公司在深交所上市

等 9 个产品被认定为北京市自主创新产品，4 项研究成果获得发明专利证书。2005 年，该公司销售收入和利润总额分别为 1.19 亿元、3770 万元。2009 年获得中关村科技园海淀园

首批"百家创新企业"、国家自主创新示范区核心区重点创新型企业称号。2010年，公司出资2000万加元在加拿大安大略省设立PnuVaxSL子公司，从事疫苗及抗体的研发、生产和销售；出资200万美元，在美国设立DIAPIN THE-RAPEUTICS，LLC公司，共同开发新型抗糖尿病化合物Diapin，并获得该项目的中国市场开发权。该公司基因工程等10余个产品出口到菲律宾、缅甸、泰国、巴基斯坦、白俄罗斯、印度等10余个国家。拥有石景山区八大处、昌平区、大兴区（建设中）3处生产基地，在新乡、南京、沈阳和北京等地投资近10个子公司，并在美国、加拿大设立了研发公司和生产基地。销售收入达4.5余亿元，利税3.8余亿元，已成为国内生物制药领域的大型骨干企业。被市政府认定为"北京生物医药产业跨越发展工程"（G20工程）规模企业，并被评为中关村"十百千工程"重点培育企业。2010年，公司主营业务收入4.4亿余元，实现利润总额2.3亿余元，资产总额12亿元。

甘李药业有限公司

1998年6月成立，名为北京甘李生物技术有限公司，注册资本3.35亿元，位于通州区中关村科技园区通州园金桥科技产业基地景盛北三街8号。1998年，该公司研制出中国第一支生物合成人胰岛素注射液，企业创始人甘忠如博士牵头与通化东宝药业、通化安泰生物工程有限公司开展的基因重组人胰岛素研究开发成果获2002年度国家科学技术进步奖二等奖。2002年研制出中国第一支长效人胰岛素类似物重组甘精胰岛素注射液（长秀霖）。从欧美等国家引进先进的生产设备和分析仪器，按照GMP标准建成重组人胰岛素及类似物的原料车间及小容量注射剂车间。拥有高密度发酵技术、纯化技术和工业化生产经验，同时率先将分子内伴侣（Molecular Chaperone）技术应用于胰岛素的生产过程，在保证成品的纯度和质量的同时，简化了生产步骤，降低了生产成本，使价格更具竞争力。该技术于2004年10月在俄罗斯取得PCT（Patent Cooperation Treat）专利；2005年4月取得中国专利，8月取得美国PCT专利。2005年5月10日，公司重点品种重组甘精胰岛素注射液获得药品注册批件。2005年改制更名为甘李药业股份有限公司，为民营科技企业。2006年，中国第一支超速效人胰岛素类似物——重组赖脯胰岛素注射液获得生产批件。2007年公司上市。2008年销售收入为5000余万元，利润总额540余万元。12月被市科委认定为高新技术企业。2010年3月引入明华创新技术（香港）投资有限公司1亿元投资，变更为中外合资企业，在生物合成人胰岛素及其类似物的开发、研制领域处于国内领先地位。2010年11月，公司被列入中关村科技园区"瞪羚计划"。2010年主营业务收入1.6亿余元，实现利润总额3400余万元，资产总额2.38亿元。同年，公司重点产品长重组甘精胰岛素注射液（长秀霖）被认定为北京市自主创新产品。

北京赛生药业有限公司

1999年5月成立，前身是国有企业北京生化制药厂，后转制为民营企业。注册地址为丰台区苇子坑148号。2002年6月，地址变更为北京经济技术开发区兴盛街8号。主要从事心脑血管、免疫调节剂和脑神经三大系列用药的研制和生产。2000 年，该公司投资 2500 万元在北京经济技术开发区兴建占地 1.1 万余平方米、总建筑面积 5520 平方米的 GMP 厂房，冻干粉针剂和小容量注射剂等 4 条生产线全部通过 GMP 认证。2003 年被市科委认定为高新技术企业。2005 年销售收入和利润总额分别为 3200 余万元和 7 万元。2008 年，该公司被认定为首批国家级高新技术企业，当年主营业务收入超过 1 亿元，利润 680 余万元。2009 年 8 月，公司三大系列主导产品注射用胸腺肽、纤溶酶及纤溶酶注射液获得北京市自主创新产品证书。2010 年主营业务收入 1.7 亿余元，利润总额 4800 余万元，资产总额 1.2 亿元。

百泰生物药业有限公司

2000 年 8 月成立，位于北京经济技术开发区荣京东街 2 号，是国内最早开展抗体产业化的北京市高新技术企业、北京专利试点企业、北京市知识产权示范企业。有研发、生产、销售人员近 200 人，其中博士、硕士学位的技术骨干 30 多人，拥有 10 余名外国专家。公司从事肿瘤治疗性人源化单克隆抗体的研究开发，先后承担了多项国家重大科研项目，包括国家发展改革委"高技术产业化示范工程"重大项目、科技部 863 重大专项、北京市重大产业科技攻关项目等。公司设有抗体工程研究院、中试中心、生产中心、质量研究中心，拥有一支包括分子生物学、生物化学、免疫学、医学、药学、自动控制等方面人才的技术队伍，形成了上游研发、中试放大、规模化制备、质量控制等一套完整的平台技术。公司建立并运行国内唯一具有世界先进水平的 1000 升级哺乳动物细胞灌流培养生产线，研发出国内第一个人源化单克隆抗体、生物 I 类新药——尼妥珠单抗，于 2008 年 4 月上市。尼妥珠单抗的各项质量指标均达到国际先进水平，产品批量出口。2008 年，公司主营业务收入和利润总额分别为 4100 余万元和 500 余万元。2010 年，公司主营业务收入 1.6 亿余元，利润总额超过 1 亿元，资产总额 3.5 亿元。

北京科兴生物制品有限公司

2001 年成立，位于海淀区上地西路 39 号北大生物城，是由科兴控股（香港）有限公司 [SinovacBiotech（HongKong）Ltd.]、北京北大未名生物工程集团有限公司合资组建，专业从事人用疫苗研究、开发、生产和销售的生物高新技术企业，注册资金 1.336 亿元。2002 年，研制并生产中国第一支甲型肝炎灭活疫苗孩尔来福；此后又研制并生产出中国第一支、全球第二支甲型乙型肝炎联合疫苗倍尔来福，中国第一支与全球同步的大流行流感病毒灭活疫苗（人用禽流感疫苗）盼尔来福，唯一不含防腐剂的国产流感病毒裂解疫苗安尔来福，全球第一支甲型 H1N1 流感疫苗盼尔来福 .1。2003 年与中国医学科学院实验动物研究所、中国疾病预防控制中心病毒病预防控制所共同承担国家"十五"规划、863 计划、"SARS 灭活疫苗的研制"项目。2003 年销售收入 2500 余万元。2005 年与中国疾病预防控制中心共同承担"十五"国家科技攻关项目"人用禽流感疫苗研制"课题。2005 年销售收入和利润总额分别为 7100 余万元、1700 余万元。2006 年，季节性流感疫苗安尔来福（Anflu）上市。2008 年，大流行流感疫苗盼尔来福（Panflu）获批生产，当年企业主营业务收入和利润总额分别为 3.29 亿元、1.39 亿元。2008 年、2009 年被评为德勤高科技、高成长中国 50 强，亚太区 500 强企业。2009 年，甲型 H1N1 流感疫苗盼尔来福.1 在全球率先完成临床试验并获准生产，盼尔来福和盼尔来福.1 分别在中国香港、墨西哥获得注册批件，年主营业务收入和利润总额达 5.14 亿元、2.37 亿元。该公司通过高新技术企业认证并成为首批中关村国家自主创新示范区创新型企业，被认定为北京市首批"十百千工程"重点培育企业。2010 年被认定为北京生物医药产业跨越发展工程（G20 工程）规模企业。被《福布斯》杂志评为 2009 年、2010 年福布斯最具潜力中小企业。2010 年，公司主营业务收入超过 3 亿元，利润总额 8600 余万元，资产总额 8.48 亿元。

舒泰神（北京）生物制药股份有限公司

2009 年 5 月，由创立于 2002 年 8 月的舒泰神（北京）药业有限公司改制而成，位于北京经济技术开发区经海二路 36 号，是以研发、生产和销售生物制品为主的制药企业。2008 年被认定为北京市高新技术企业，当年主营业务收入和利润总额分别达到 4148 万元、1327 万元。2009 年被认定为中关村高新技术企业，同年 9 月，主要产品注射用鼠神经生长因子"苏肽生"和聚乙二醇电解质散剂"舒泰清"被认定为北京市自主创新产品；12 月，公司科研项目"国家 I 类新药——注射用鼠神经生长因子"项目获得北京市科学技术奖三等奖，被市政府、科技部和中科院联合评定为中关村国家自主创新示范区创新型试点企业。2010 年，公司的两项研发课题入选国家"十二五"重大新药创制项目，"舒泰神医药产业基地"项目列入国家重点产业振兴和技术改造专项项目。2010 年获评北京经济技术开发区科技创新先进单位、被市政府认定为"北京生物医药产业跨越发展工程"（G20 工程）规模企业。2010 年，公司主营业务收入 1.26 亿元，利润总额 6831 万元，资产总额 2.66 亿元。

第三节 重点项目

重组人碱性成纤维细胞生长因子临床研究

1997 年，重组人碱性成纤维细胞生长因子临床研究由中国生物工程开发中心立项、北京双鹭药业股份有限公司承担，总投资 1000 万元，被列为国家高技术研究发展计划（863 计划）。该项目 2000 年取得生产批文，完成中国生物工程开发中心验收。2010 年，该项目因综合评定尚未完成未投产。

（Vero）乙型脑炎灭活疫苗科研项目

1998 年，北京天坛生物制品股份有限公司（Vero）乙型脑炎灭活疫苗获得新药证书。1999 年，该疫苗科研项目由科技部立项，投资总额 800 万元，为国家"八五"科技攻关课题，同年被列为国家火炬计划。乙型脑炎纯化疫苗采用的细胞基质为 Vero 细胞（一种非洲绿猴肾的传代细胞系），检定证明没有细菌、霉菌、支原体污染；没有病毒污染；其染色体接近二倍体；在 180 代以内大课题注射即使是免疫抑制的动物也不能诱生肿瘤。乙脑纯化疫苗为冻干疫苗，易于保存，无添加任何防腐剂，使用更有效、更安全，6 月龄婴儿即可使用。多次注射乙脑纯化疫苗，未观察到过敏反应的发生。2000 年获国家级重点新产品称号。该产品基础免疫和强化免疫后抗体阳转率高达 90% 以上；抗体滴度水平高，是传统乙脑疫苗的 2 ~ 5 倍，成为中国乙脑计划免疫工作首选产品。

注射用重组人干扰素 β–1b 研究

1998 年，北京天坛生物制品股份有限公司研制成功 β－干扰素，成为国内唯一获得批准进入该产品临床研究的企业。2000 年，注射用重组人干扰素 β–1b 临床研究由科技部立项，列为科技部火炬计划项目，投资总额 3500 万元。该企业在注射用重组人干扰素 β–1b（IFN－β1b）具有抗病毒、抗肿瘤及较强的免疫调节作用。临床上对多发性硬化、慢性肝炎、肿瘤及其他病毒性疾病具有显著疗效。截至 2010 年年底，科研项目先后完成临床前药理、毒理、生物等效性研究以及 Ⅰ／Ⅱ／Ⅲ 期临床试验，试验结果证明由该企业生产的 IFN－β1b 具有与国外进口产品同等的安全性和效力，且生产成本大幅度降低。

百克级重组人白介素–11 生产工艺及其治疗肿瘤化疗引起的血小板减少症的临床研究

2000 年，北京双鹭药业股份有限公司开展百克级重组人白介素–11 生产工艺及其治疗肿瘤化疗引起的血小板减少症的临床研究，由中国生物工程开发中心立项，总投资 650 万元，被列入国家高技术研究发展计划（863 计划）。该项目开展了百克级中试工艺放大研究、各期临床试验研究，2003 年完成中国生物工程开发中心验收，获得新药证书和生产批文。该产品为基因工程药物，与其他基因工程药物形成了公司生物药产品系列。

重组人新型白介素–2 制剂项目

2001 年，北京双鹭药业股份有限公司立项实施重组人新型白介素–2 制剂项目，总投资 2950 万元。主要建设内容是对位于石景山区的重组人新型白介素–2 制剂生产基地进行技术改造。通过对车间 GMP 改造，建成 500 余平方米布局合理、工艺可行、各洁净级别配套的现代化 GMP 厂房，购置了包括程控发酵罐、空调净化系统、蒸馏水系统、反渗透水系统、药品分装机、铝塑包装机、贴标机、净化蒸气灭菌器、净化烤箱、旋转蒸发器、冻干机等自动化程度高的先进设备，以及高效液相色谱仪、水分测定仪等检测鉴定仪器，项目经国家药监局认证通过。2002年投产，重组人新型白介素-2制剂产品年生产能力400万支以上。当年销售收入2000余万元，实现利税近1000万元。

汉逊酵母乙肝疫苗科研项目

2003年，北京天坛生物制品股份有限公司汉逊酵母乙肝疫苗科研项目由卫生部立项，为卫生部传染病重大专项，投资总额1100万元。该项目针对国内乙型肝炎病毒（HBV）流行特点，选择多剂型重组汉逊酵母乙肝新疫苗研制。通过以基因敲除技术构建缺陷宿主菌，用反向疫苗学方法，合成编码乙肝表面抗原（HBsAg）的基因，导入汉逊酵母宿主细胞，构建筛选出高效表达HBsAg的工程菌，工程菌永不发生回复突变；设计HBsAg基因的编码不使用原始病毒码，而是采用汉逊酵母宿主细胞基因组的偏好码，利于HBsAg的高表达；HBsAg为adr亚型。用其制造的乙肝疫苗比国内现有的重组酿酒酵母和重组汉逊酵母adw亚型疫苗更适于预防中国流行的主要HBV亚型。2004年，酿酒酵母重组乙型肝炎病毒表面抗原流加补料发酵工艺获国家专利。国家知识产权局认定：该课题中的高效表达（adr亚型）HBsAg的重组汉逊酵母工程菌及表达的HBsAg的大规模纯化工艺具有新颖性和创造性。截至2010年年底，该项目尚未完成临床试验。

SARS灭活疫苗研制重大科技项目

2003年年初，北京科兴生物制品有限公司针对非典型性肺炎（SARS）疫情在全国蔓延的局势，承担SARS灭活疫苗研制重大科技项目，由科技部立项，列入国家高技术研究发展计划（863计划），科技经费2000万元。在一年多时间内完成SARS灭活疫苗细胞及病毒驻代种子批和生产种子批、病毒灭活效果验证，制备了实验性疫苗并证明了疫苗的安全性和有效性。2004年12月通过科技部验收，制备出全球第一支临床研究用疫苗。

百日咳组分疫苗科研项目

2004年，北京天坛生物制品股份有限公司百日咳组分疫苗科研项目由科技部批准立项，被列入国家科技重大专项，总投资5114万元。百日咳组分疫苗为吸附无细胞百白破联合疫苗（DTaP），是原、全细胞百白破联合疫苗（DTWP）的升级换代产品，该组分疫苗各抗原成分明确、纯度更高、比例固定，避免了共纯化工艺存在的抗原纯度偏低、比例不易控制、批间差异较大等缺点，保证了对产品生产中间环节及最终过程的质量控制。2010年年底，该项目尚在临床试验中，未上市销售。

SARS疫苗安全评价及临床研究项目

2004年，北京科兴生物制品有限公司SARS疫苗安全评价及临床研究科研项目由科技部批准立项，为国家科技攻关计划，科技经费1000万元。按照项目计划完成大鼠肌肉注射SARS病毒灭活疫苗重复给药毒性研究，证明疫苗在试验动物应用的安全性，完成

SARS 病毒灭活疫苗Ⅰ期临床试验研究。2005 年 1 月，该项目通过科技部验收，制备出全球第一个完成Ⅰ期临床试验的 SARS 疫苗，同年获得 2 项国家发明专利。2007 年获得北京市首批自主创新产品称号。

人用禽流感裂解疫苗的研制——高致病性禽流感防治技术研究与开发科研项目

图5-14　2004年12月5日，北京科兴生物制品有限公司研制的全球第一支SARS疫苗Ⅰ期临床研究结果揭盲

2004 年，北京科兴生物制品有限公司人用禽流感裂解疫苗的研制——高致病性禽流感防治技术研究与开发科研项目由科技部批准立项，列入国家科技攻关计划，科技经费 180 万元。该公司与中国疾病预防控制中心合作开展了针对人感染高致病性禽流感的大流行流感疫苗的研究。2005 年 11 月通过科技部验收，获得人用禽流感裂解疫苗临床研究批件。2005 年 12 月开展首批临床试验。2006 年 6 月完成Ⅰ期临床试验揭盲，初步评价疫苗安全性和免疫原性，疫苗免疫效果达到欧盟制定的流感疫苗质量标准。2006 年 8 月，大流行流感疫苗Ⅰ期临床研究结果向社会公布，研究结果初步证明疫苗对人体安全有效。2007 年 4 月，国家食品药品监督管理局批准大流行流感病毒灭活疫苗进入Ⅱ期临床试验。2007 年 12 月完成Ⅱ期临床试验结果揭盲，确定了疫苗免疫剂量和程序。2008 年 4 月通过国家食品药品监督管理局药品特别审批程序，获得批准文号，中国第一支与全球同步的大流行流感疫苗投产。

艾滋病病毒诊断试剂产业化基地项目

2004 年，北京万泰生物药业有限公司立项实施艾滋病病毒诊断试剂产业化基地建设项目，总投资 1.69 亿元，实际总投资 1.79 亿元。第三代艾滋病病毒（HIV）诊断试剂及戊型肝炎疫苗代表了国际一流技术水平。该项目主要是在中关村生命园建设疫苗试剂研发实验室、GMP 生产车间及动物房等相关设施，成为生产第三代艾滋病诊断试剂的生产基地。2005 年项目通过验收并投产，项目完成后，第三代艾滋病诊断疫苗试剂实现了替代进口，年产艾滋病诊断试剂 1.5 亿人份。2010 年，艾滋病诊断试剂的销售额 4248 万元。

重组人源化单克隆抗体h-R3产业化项目

2006 年，由百泰生物药业有限公司承担的重大科技项目国家Ⅰ类新药重组人源化单克隆抗体 h-R3 产业化项目完成并投入生产。该公司引进消化古巴技术，实现国家Ⅰ类新药重组人源化单克隆抗体 h-R3 的产业化。项目总投资 5015 万元，投入生产后实现重组人源化单克隆抗体 h–R3 的产业化。

PEG–G–CSF的研究开发项目

2006 年，北京双鹭药业股份有限公司的 PEG–G–CSF 的研究开发项目由市科委立项，列为北京市重大科技专项，总投资 300 万元。该项目采用分子生物学与 PEG 修饰技术，研制出具有生物活性的 PEG–G–CSF，用于治疗肿瘤化疗后粒细胞减少性疾病。按照计划，完成中试生产工艺研究，在开展药效学、毒理学和药代动力学基础上优化了制剂处方、跟踪进行药理学研究，取得临床研究批件。2009 年通过市科委验收。2010 年年底，该项目申请了 II 期临床试验，处在临床观察数据收集阶段。

无细胞百白破b型流感嗜血杆菌联合疫苗临床研究项目

2006 年，北京民海生物科技有限公司的无细胞百白破 b 型流感嗜血杆菌联合疫苗临床研究项目由科技部立项，总投资 1700 万元。按照项目计划，对该联合疫苗的人体安全性和免疫效果进行研究评价，确定该联合疫苗的市场应用的可行性。本项目采用国内分离筛选的 Hib 作为生产菌株，在临床试验过程中对该菌株生产疫苗的人体免疫应答进行考察和评价；解决各组分抗原的免疫干扰；建立 DTaP/Hib 联合疫苗质量标准；提高了单组分抗原的质量标准。该项目 2009 年 2 月获得国家食品药品监督管理局颁发的新药证书，2010 年 12 月通过科技部验收，处于备产状态。

年产2000万支流感大流行疫苗项目

2007 年，北京科兴生物制品有限公司年产 2000 万支流感大流行疫苗重大产业化项目，由国家发展改革委立项，为国家高技术产业化项目，科技经费 4000 万元。2008 年 6 月通过国家发展改革委验收。形成年产 2000 万支人用禽流感疫苗的生产能力。北京科兴生物制品有限公司承担国家人用禽流感疫苗储备任务，成为中国人用禽流感疫苗的唯一供应商。

抗肿瘤药SL–1临床研究项目

2007 年，北京双鹭药业股份有限公司抗肿瘤药 SL–1 临床研究项目由市科委立项，被列入北京市重大科技专项，项目总投资 645 万元。该项目取得后逐步开展各期临床研究试验。2010 年通过市科委验收。

麻腮风三联减毒活疫苗生产工艺优化和规模生产技术科研项目

2008 年，北京天坛生物制品股份有限公司麻腮风三联减毒活疫苗生产工艺优化和规模生产技术科研项目由科技部立项，被列为国家"十一五"科技支撑计划"疫苗关键生产技术研究开发"支持项目，投资总额 1800 万元。该项目研究的麻腮风联合减毒活疫苗系用麻疹病毒减毒株和腮腺炎病毒减毒株分别接种原代鸡胚细胞、风疹病毒减毒株接种人二倍体细胞，经培养、收获病毒液，按比例混合配制，加入适宜稳定剂冻干制成，用于预防麻疹、腮腺炎和风疹。2009年被市科委、市发展改革委评为北京市自主创新产品。2010年，课题通过验收，麻腮风疫苗年产量超过3200万剂，销售额1.2亿元。项目同时进行了毒种换代、工艺优化、质量提升和尝试应用新一代病毒培养技术（细胞工厂）等相关研究。

国家Ⅰ类新药"苏灵"产业化项目

2009年，康辰医药发展有限公司申请的国家Ⅰ类新药"苏灵"产业化项目，由国家发展改革委批准列入国家高技术产业发展项目计划备选项目，项目总投资8854万元。"苏灵"是从国产尖吻蝮蛇蛇毒中分离纯化的类凝血酶类止血药，具有自主知识产权的国家Ⅰ类新药，该项目在密云经济开发区新建生产基地，实现产业化，工艺技术为国际先进水平，可替代进口，降低医疗成本。该项目被列入国家"十五"规划、863计划。

创新性基因药物研究与开发技术体系建设

2009年，北京双鹭药业股份有限公司的创新性基因药物研究与开发技术体系建设由科技部、卫生部立项，被列为国家重大新药创制科技专项。项目总投资5982.45万元，建设了完整的药物创新活动技术链，包括信息与决策中心、生物药上游技术模块、基因药中试，并以10余个基因工程药物的研究开发与产业化实施为主导，推动了多个品种进入、完成临床研究和取得新药证书。在该体系推动下，该公司多个创新性生物药产品进入或完成了临床研究，并申报、获得多项发明专利。

甲型H1N1流感病毒疫苗研制及产业化Ⅰ期工程科研项目

2009年，北京科兴生物制品有限公司甲型H1N1流感病毒疫苗研制及产业化Ⅰ期工程科研项目由市经济信息化委批准立项，科技经费2850万元。项目内容包括：完成甲型H1N1流感疫苗的研制，并通过在原有设备设施的基础上增加生产和分包装设备，以实现甲型H1N1流感疫苗的产业化及疫苗产能的提升。项目于2010年12月通过市经济信息化委验收。在全球首个完成甲型H1N1流感疫苗临床试验，甲型H1N1流感病毒疫苗年生产能力提升至4000万～5000万支。

舒泰神（北京）药业有限公司二期产业基地项目

2009年，舒泰神（北京）药业有限公司二期产业基地项目开工，项目总投资4亿元，占地3万平方米，规划建筑面积6万平方米，建设符合动态药品管理规范cGMP的生产基地以及研发中心。截至2010年年底，该项目尚未完工。

疫苗研发生产基地重大建设项目

2009年，民海生物科技有限公司疫苗研发生产基地重大建设项目立项，总投资2.99

亿元，建设符合 GMP 标准的疫苗生产基地，国内一流、国际先进的基因工程药物、疫苗和诊断试剂研发生产基地。拟建成国内一流、国际先进的基因工程药物、疫苗和诊断试剂研发生产基地。开展麻风一联疫苗、无细胞百白破等 9 个新药的研发和产业化建设。年产能达到 9100 万支各类疫苗规模。2010 年，该项目竣工试生产。

图5-15　2010年10月20日，民海生物科技有限公司获"人二倍体细胞狂犬疫苗项目"技术许可

聚乙二醇重组尿酸氧化酶的临床前研究项目等4个项目

2009 年，北京双鹭药业股份有限公司 4 个重大研究项目得到立项批复，总投资 2775.54 万元。其中，聚乙二醇重组尿酸氧化酶的临床前研究项目，由科技部、卫生部立项，被列为国家重大新药创制科技专项，总投资 643.54 万元，完成中试工艺的放大研究、药效学、药代动力学等临床前研究，增强了尿酸氧化酶的稳定性，延长半衰期，降低免疫原性、减少抗体的产生，并增加蛋白溶解度，具有国际先进、国内领先水平。重组人新型复合 α 干扰素（122Arg）注射液的临床研究项目，由市科委立项，被列入北京市重大科技专项，总投资 280 万元，截至 2010 年，完成各期临床研究试验并取得临床试验批件。PEG 化重组人粒细胞集落刺激因子研究项目由科技部、卫生部立项，列为国家重大新药创制科技专项，总投资 1220 万元，截至 2010 年，开展工艺硬件和软件流程建设，进行药学补充资料研究，完成临床前研究，完善质量标准，取得临床研究批件，并开展一期临床研究试验。肝癌治疗药物重组精氨酸脱亚胺酶修饰物研究项目由科技部、卫生部立项，列为国家重大新药创制科技专项，总投资 632 万元。截至 2010 年，该项目完成生产用原材料研究，完成三级菌种库的构建与检定，开展中试规模原液制备工艺研究，主要质控指标检测方法学研究及体内外药效研究等。

符合生理分泌的胰岛素类似物制剂的研制项目

2010 年 6 月，符合生理分泌的胰岛素类似物制剂的研制项目由重大新药创制科技重大专项实施管理办公室批准立项，总投资 291.04 万元。项目包括全面启动制剂稳定性研究，完成临床前安全性评价试验，完成至少 3 ～ 5 批新药制剂的试生产验证，通过将速效胰岛素类似物和长效胰岛素类似物组合在一起，形成复方制剂，分别发挥长效和短效不同作用，有效控制糖尿病患者餐后血糖和空腹血糖，满足临床糖尿病治疗的需要。2010 年完成三阶段计划设置和第一阶段临床前安全性评价试验的启动。

2001—2010年北京生物制药工业主要经济指标统计表

5-9表

年份	主营业务(销售)收入(亿元)	主营业务(销售)收入全国排名	利润总额（亿元）	利润总额全国排名
2001年	4.7	9	0.7	6
2002年	—	—	—	—
2003年	19.20	5	2.82	2
2004年	17.08	4	2.37	2
2005年	17.25	7	2.39	5
2006年	17.35	8	3.19	3
2007年	20.57	10	4.16	5
2008年	39.16	8	8.45	5
2009年	48.76	9	13.49	4
2010年	62.38	8	18.65	2

说明：1.《中国医药统计年报》从2001年开始统计全国生物医药经济指标，此前缺少相关统计资料。
2."—"表示无相关数据资料。

2010年北京生物制药企业一览表

5-10表

企业名称	生产地址	产品
北京天坛生物制品股份有限公司	朝阳区三间房南里4号	生物工程产品[重组乙型肝炎疫苗（酿酒酵母）]、疫苗[麻疹减毒活疫苗、腮腺炎减毒活疫苗、流感病毒裂解疫苗、风疹减毒活疫苗（人二倍体细胞）、麻疹风疹联合减毒活疫苗、麻腮风联合减毒活疫苗、乙型脑炎灭活疫苗、冻干乙型脑炎灭活疫苗（Vero细胞）、吸附白喉疫苗、吸附白喉疫苗（成人及青少年用）、吸附白喉破伤风联合疫苗、吸附白喉破伤风联合疫苗（成人及青少年用）、吸附无细胞百白破联合疫苗、吸附破伤风疫苗、A群脑膜炎球菌多糖疫苗、伤寒Vi多糖疫苗、黄热减毒活疫苗、脊髓灰质炎减毒活疫苗糖丸（人二倍体细胞）、甲型H1N1流感病毒裂解疫苗、气管炎溶菌疫苗、流感全病毒灭活疫苗、水痘减毒活疫苗、口服脊髓灰质炎减毒活疫苗（人二倍体细胞）]、血液制品（抗人T细胞兔免疫球蛋白）
北京顺达四海生物药业有限公司	顺义区南法信镇东支路西侧	微生态制剂（地衣芽孢杆菌活菌胶囊）
甘李药业股份有限公司	通州区中关村科技园区通州园金桥科技产业基地景盛北三街8号	生物工程产品[重组甘精胰岛素、重组甘精胰岛素注射液、重组赖脯胰岛素、重组赖脯胰岛素注射液、门冬胰岛素、门冬胰岛素注射液、门冬胰岛素30注射液、门冬胰岛素50注射液、精蛋白锌重组赖脯胰岛素混和注射液（25R）]
北京韩美药品有限公司	顺义区天竺空港工业区A区天柱西路10号	微生态活菌制品（枯草杆菌二联活菌颗粒、枯草杆菌二联活菌肠溶胶囊）

（续表）

企业名称	生产地址	产品
北京华尔盾生物技术有限公司	门头沟区石龙经济开发区泰安路1号	疫苗[重组乙型肝炎疫苗（CHO细胞）]
北京北医联合药业有限公司	北京经济技术开发区宏达中路8号	生物工程产品（注射用重组人粒细胞巨噬细胞刺激因子）
北京万赛生物医药技术发展有限公司	密云县经济开发区汇通街7号	疫苗[重组酵母汉逊乙型肝炎疫苗与全硫代寡核苷酸片断（ISM）混合物]
北京祥瑞生物制品有限公司	怀柔区雁栖经济开发区雁栖北三街17号	疫苗（AC群脑膜炎球菌结合疫苗）、体内诊断试剂（结核菌素纯蛋白衍生物、卡介菌纯蛋白衍生物）
北京万特尔生物制药有限公司	怀柔区雁栖经济开发区三区	免疫调节剂（铜绿假单胞菌注射液）
北京四环生物制药有限公司	北京经济技术开发区建安街5号	生物工程产品（注射用重组人白介素-2、重组人白介素-2注射液、重组人促红素注射液、重组人粒细胞刺激因子注射液）
北京凯因科技股份有限公司	北京经济技术开发区荣京东街6号	生物工程产品（重组人干扰素α2b注射液、重组人干扰素α2b阴道泡腾片、注射用重组人干扰素α2b）
舒泰神（北京）生物制药股份有限公司	北京经济技术开发区经海二路36号	生物工程产品（注射用鼠神经生长因子）
	北京经济技术开发区荣京东街5号	生物工程产品（注射用鼠神经生长因子）
北京远策药业有限责任公司	北京经济技术开发区荣昌东街7号隆盛工业园9号厂房	生物工程产品（注射用重组人干扰素α2b、注射用重组人白介素-2）
北京民海生物科技有限公司	大兴区中关村科技园区大兴生物医药产业基地思邈路1号	疫苗（无细胞百白破b型流感嗜血杆菌联合疫苗、麻疹风疹联合减毒活疫苗、吸附无细胞百白破联合疫苗、b型流感嗜血杆菌结合疫苗）
北京科兴生物制品有限公司	海淀区上地西路39号	疫苗[甲型肝炎灭活疫苗（人二倍体细胞）、甲型乙型肝炎联合疫苗、流感病毒裂解疫苗、大流行流感病毒灭活疫苗、甲型H1N1流感病毒裂解疫苗]
	昌平区中关村科技园区昌平园智通路15号	疫苗[肠道病毒71型灭活疫苗（Vero细胞）]
爱德药业（北京）有限公司	昌平区北七家科技园区	生物工程产品（注射用瑞替普酶）
北京双鹭药业股份有限公司	石景山区八大处高科技园区中园路9号	生物工程产品[外用重组人碱性成纤维细胞生长因子、重组人粒细胞刺激因子注射液、注射用重组人白介素-2（125Ala）、重组人白介素-2（125Ala）注射液、注射用重组人白介素-11]
	昌平区科技园区利祥路2号	生物工程产品[重组人碱性成纤维细胞生长因子凝胶、注射用重组人新型复合α干扰素（122Arg）、重组人新型复合α干扰素（122Arg）注射液]
北京新华联协和药业有限责任公司	通州区台湖镇新华联工业园1号厂房	体内诊断试剂（变应原点刺液）、过敏原制剂（变应原注射液）

（续表）

企业名称	生产地址	产品
百泰生物药业有限公司	北京经济技术开发区荣京东街2号	生物工程产品（尼妥珠单抗注射液）
北京紫竹药业有限公司	朝阳区朝阳北路27号	微生态制剂（枯草杆菌活菌胶囊）
北京绿竹生物制药有限公司	北京经济技术开发区同济北路22号	A群C群脑膜炎球菌多糖结合疫苗，A、C、Y、W135群脑膜炎球菌多糖疫苗，b型流感嗜血杆菌结合疫苗，AC群脑膜炎球菌-b型流感嗜血杆菌结合疫苗，伤寒Vi多糖疫苗，多价肺炎球菌多糖结合疫苗，吸附无细胞百日咳-白喉-破伤风联合疫苗，破伤风疫苗，A群C群脑膜炎多糖疫苗，小容量注射液
	通州工业开发区广通街3号	吸附破伤风疫苗（原液）
施耐克（北京）生物制药有限公司	怀柔区雁栖经济开发区南四街23号	疫苗[双价肾综合征出血热纯化疫苗（Vero细胞）]
北京万泰生物药业股份有限公司	昌平区科学园路31号	体外诊断试剂[人类免疫缺陷病毒抗原抗体诊断试剂盒（酶联免疫法）、人类免疫缺陷病毒抗体诊断试剂盒（酶联免疫法）、丙型肝炎病毒抗体诊断试剂盒（酶联免疫法）、乙型肝炎病毒表面抗原诊断试剂盒（酶联免疫法）、梅毒甲苯胺红不加热血清试验诊断试剂、梅毒螺旋体抗体诊断试剂盒（酶联免疫法）、乙型肝炎病毒/丙型肝炎病毒/人类免疫缺陷病毒1型核酸联合检测试剂盒（PCR-荧光探针法）]，疫苗（冻干水痘减毒活疫苗、冻干带状疱疹减毒活疫苗）
北京三元基因工程有限公司	大兴工业开发区金苑路1号	生物工程产品（注射用重组人干扰素α1b、重组人干扰素α1b注射液）、滴眼剂、喷雾剂

附注：资料来源于北京市药品监督管理局。

1999—2010年北京医药工业主要经济指标及全国排名统计表

5-11表

年份	主营业务（销售）收入（亿元）	主营业务（销售）收入全国排名	利润总额（亿元）	利润总额全国排名
1999年	44.07	13	4.43	10
2000年	80.30	9	9.60	5
2001年	83.00	9	12.70	4
2002年	120.20	9	16.30	4
2003年	141.32	8	21.28	4
2004年	163.70	7	25.39	3
2005年	174.24	8	25.03	4
2006年	198.46	10	23.26	6

（续表）

年份	主营业务（销售）收入（亿元）	主营业务（销售）收入全国排名	利润总额（亿元）	利润总额全国排名
2007年	244.61	10	29.62	8
2008年	326.97	9	44.60	6
2009年	390.10	8	66.60	5
2010年	456.93	11	72.03	6

2010年北京市医药工业亿元销售额产品一览表

5—12表

产品名称	生产厂家名称	销售额（亿元）
缬沙坦胶囊（80mg）	北京诺华制药有限公司	9.15
前列地尔注射液（2ml：10μg）	北京泰德制药有限公司	8.98
复方α酮酸片	北京费森尤斯卡比医药有限公司	6.19
盐酸贝那普利片（10mg）	北京诺华制药有限公司	6.13
复方利血平氨苯蝶啶片	北京双鹤药业股份有限公司	5.67
冬虫夏草类饮片	北京同仁堂健康药业股份有限公司	5.33
替比夫定片（0.6g）	北京诺华制药有限公司	3.86
注射用头孢曲松钠（1.0g）	悦康药业集团有限公司	3.58
甘精胰岛素注射液（3ml）	赛诺菲安万特（北京）制药有限公司	3.34
羟乙基淀粉注射液	北京费森尤斯卡比医药有限公司	3.26
阿托伐他汀钙片（10mg）	北京嘉林药业股份有限公司	3.16
血脂康胶囊	北京北大维信生物科技有限公司	2.60
氟比洛芬酯注射液（5ml：50mg）	北京泰德制药有限公司	2.51
注射用复合辅酶	北京双鹭药业股份有限公司	2.27
格列喹酮片（30mg）	北京万辉双鹤药业有限责任公司	2.09
A、C、Y、W135群脑膜炎球菌多糖疫苗（200μg/瓶，含A、C、Y、W135群脑膜炎球菌多糖各50μg）	北京绿竹生物制药有限公司	2.00
其他诊断试剂盒	北京万泰生物药业股份有限公司	1.95
丙泊酚注射液（20ml：0.2g）	北京费森尤斯卡比医药有限公司	1.88
格列美脲片（2mg）	赛诺菲安万特（北京）制药有限公司	1.87
多烯磷脂酰胆碱胶囊（228mg）	赛诺菲安万特（北京）制药有限公司	1.83
注射用头孢哌酮钠/舒巴坦钠（1.0g）	悦康药业集团有限公司	1.80
左炔诺孕酮片（0.75mg）	北京紫竹药业有限公司	1.80
左氧氟沙星注射液（100ml：0.5g）	第一三共制药（北京）有限公司	1.76
苯磺酸氨氯地平片（5mg）	北京赛科药业有限责任公司	1.70
尼妥珠单抗注射液[50mg/瓶（10ml）]	百泰生物药业有限公司	1.68

（续表）

产品名称	生产厂家名称	销售额（亿元）
注射用头孢噻肟钠（1.0g）	悦康药业集团有限公司	1.65
氟伐他汀钠胶囊（40mg）	北京诺华制药有限公司	1.60
米非司酮片（25mg）	北京紫竹药业有限公司	1.60
安宫牛黄丸（每丸重3g）	北京同仁堂股份有限公司	1.42
双氯芬酸二乙胺凝胶（20g：0.232g）	北京诺华制药有限公司	1.40
六味地黄丸（水蜜丸）	北京同仁堂科技发展股份有限公司	1.40
双环醇片（25mg）	北京协和药厂	1.39
麻疹、风疹二联减毒活疫苗（1人份/支）	北京天坛生物制品股份有限公司	1.38
同仁牛黄清心丸（大蜜丸）	北京同仁堂股份有限公司	1.37
碘海醇注射液（100ml）	北京北陆药业股份有限公司	1.30
同仁大活络丸（大蜜丸）	北京同仁堂股份有限公司	1.25
妈咪爱散剂（15支）	北京韩美药品有限公司	1.21
左炔诺孕酮片（1.5mg）	北京紫竹药业有限公司	1.20
麻疹、腮腺炎、风疹三联减毒活疫苗（1人份/支）	北京天坛生物制品股份有限公司	1.18
体外诊断试剂测定药盒	中生北控生物科技股份有限公司	1.16
多烯磷脂酰胆碱注射液（5ml：232.5mg）	赛诺菲安万特（北京）制药有限公司	1.13
甲型H1N1流感疫苗	北京科兴生物制品有限公司	1.10
易坦静口服液	北京韩美药品有限公司	1.10
注射用头孢呋辛钠（750mg）	悦康药业集团有限公司	1.07
安宫牛黄丸（每丸重3g）	北京同仁堂科技发展股份有限公司	1.03
附注：资料来源于中国医药统计网。		

第六篇　都市产业

第一章　食品工业

1999 年，北京食品工业规模以上企业 493 家，从业 8.9 万人，工业总产值 185.14 亿元，销售收入 186.46 亿元，利润总额 3.19 亿元，利税总额 22.58 亿元。主要产品有大米、小麦粉、食用植物油、鲜冻畜肉、豆制品、糖果、糕点、乳制品、酱油、白酒、葡萄酒、啤酒、软饮料、卷烟等。

2000 年，食品工业扩大内需、调整结构，行业运行质量提高，总产值突破 200 亿元。8 家企业按销售收入进入北京地区工业企业前 100 名，5 家老字号企业进入北京市食品工业企业利税总额前 100 名。2000 年北京名牌产品名录公布 110 个，其中食品类名牌产品 19 个。行业创建企业技术中心 2 家，行业新批"三资"项目 32 项，利用外资 1.17 亿美元。

2001 年，食品工业改革创新，推进产业结构调整，行业利润增长 20%。9 家企业销售收入进入北京地区工业企业前 100 名。一轻集团、二商集团、京粮集团完成扭亏脱困目标，获北京市国有工业企业改革脱困先进单位称号，11 家企业获突出贡献企业称号，9 家国有大中型企业完成改制。燕京啤酒、三元牛奶、汇源饮品、红星白酒、金狮酱油、龙门醋、天福号熟食等产品在北京市 300 家连锁便利店、超市、副食商场销售额统计中，排序位列同类产品前列。全市食品检验合格率 88.9%，批准外商投资项目 1248 个，投资总额 27.9 亿美元。

2002 年，食品工业推进名牌战略，积极开拓市场。饮料制造业增长迅速，排名居全国第十位。国企改制中，市第二食品公司完成企业改制；行业经济类型呈现多元化趋势，民营和外资资本占比达到 70%；2002 年北京名牌产品名录公布，确认名牌产品 138 个，其中食品类名牌产品 31 个；面粉、乳制品、液体奶的检验合格率为 100%；糕点、面包、酱腌菜的检验合格率为 97.6%；糖果、蜜饯的检验合格率为 94.5%。

2003 年，食品工业克服"非典"疫情的负面影响，全力保证市场供应，销售收入占北京工业的 6.5%，利税占北京工业经济的 15%；11 家食品企业（集团）进入 2003 年北京百强企业。顺义区和怀柔区依托资源优势成为北京的两大食品基地。

2004 年，北京食品工业以高新技术改造传统产业为突破口，实施总量扩张，农副食品加工业、食品制造业的工业总产值分别突破 100 亿元大关。10 家食品企业（集团）进入 2004 年北京百强企业，50 个食品商标被认定为北京市著名商标。投入工业发展资金 4000 万元，引导燕京、王致和、龙徽等品牌企业发展，支持御香苑、千喜鹤等非公企业壮大。

2006 年，北京食品工业总产值 422.51 亿元。12 家食品企业（集团）进入 2006 年北京百强企业。市工业促进局联合 8 个部门联合出台了《加强北京工业品牌建设的措施》，支持品牌发展；确认中国名牌产品 11 个、北京名牌产品 19 个；北京名牌产品名录公布，食品类名牌产品 19 个；工业发展资金拨款 4800 万元，支持 24 家知名企业的品牌保护、宣传和市场推广；支持 43 家企业的技术改造和新产品开发，并支持促进工业反哺农业；提升产品设计水平，开发奥运旅游纪念食品；实施振兴老字号工程，完成第一批中华老字号评审工作，认定北京食品类中华老字号 27 个。开展工业旅游，宣传工业文化，2006 年 6 月 26 日，北京首家葡萄酒博物馆——北京龙徽葡萄酒博物馆开馆。

2007 年，12 家食品企业（集团）进入 2007 年北京百强企业。燕京啤酒、牛栏山系列白酒、红星系列白酒的产量均进入全国前 8 名。推出一批具有北京奥运特色食品。

2008 年，食品工业总产值突破 500 亿元，实现产值 547.45 亿元。顺义区、怀柔区、大兴区获全国食品工业强区称号。在服务奥运中，16 家企业为奥运会提供食品及餐饮原材料供应，实现了零事故、零投诉、零中断，确保食品质量安全。历时 2 年开发的新北京特色食品"京八件""宫廷御点"推向市场，成为北京旅游馈赠礼物。北京三元食品股份有限公司（以下简称三元食品）接管三鹿资产，实施租赁经营。"北京二锅头白酒酿造技艺"等 9 项制作技艺入选国家非物质文化遗产名录。

2010 年，食品工业总产值 667.11 亿元，占全市工业的 5% 以上，成为北京工业经济发展的重要支撑。全市食品安全抽检合格率 97.36%，其中大米、小麦、食用植物油、蔬菜、猪肉、豆制品等重点食品安全抽检合格率 98.22%。产业中初步形成若干"强势板块"，重点集中在啤酒、白酒、乳制品、肉食加工、果蔬汁、调味品及粮油加工等行业，涌现出年销售收入超百亿的燕京集团、首农集团、一轻控股、二商集团、京粮集团等大企业集团。行业拥有 14 个中国名牌、19 个北京名牌产品和 20 多个中国驰名商标，占北京工业品牌总数的 52%，燕京、汇源、红星、王致和、三元、古船、绿宝、大红门、月盛斋、白玉、华都、义利、宫颐府、六必居、龙徽等一批中华老字号产品得到消费者广泛认可。食品产业的发展，农业资源的开发，带动全市三产的快速发展，实现以加工业为龙头，种、养、加工紧密结合的农业产业化新模式，同时带动了印刷、包装、运输、零售、旅游、餐饮服务等相关行业的进一步发展。

第一节　农副食品加工业

1999 年，北京农副食品加工业工业总产值 59.33 亿元，销售收入 58.96 亿元，利税总额 0.94 亿元。主要产品有大米、小麦粉、食用植物油、鲜冻畜肉和豆制品等。行业中主要品牌产品为北京二商大红门肉类食品有限公司的大红门肉品、北京月盛斋清真食品有限公司（以下简称月盛斋）的月盛斋产品。豆制品主要有北京二商希杰食品有限责任公司生产的豆腐、豆浆和豆类制品等。

1999 年，北京大米（加工）产量 1.4 万吨。以大规格的产品为主，市场拆包零售，无突出品牌；北京小麦粉产量 35 万吨，产品以通用粉为主，包装规格以 25 千克袋装产品为主。北京古船面粉集团生产的古船面粉被消费者认知程度最高，年产量 1.60 万吨，占北京面粉年产量的 53.5%。北京食用植物油产量为 13.93 万吨，品种以单一植物油为主。绿宝牌系列食用植物油采用精炼加工技术，获北京市商业知名品牌称号，当年产量 3.49 万吨，占北京食用植物油产量的 25%。北京鲜冻畜肉产量 13.07 万吨。其中，猪肉产品占 80% 以上，禽肉产品占 10% 以上，牛羊肉等产品占 5% 左右。同年，大红门猪肉产量 3298 吨，产值 2974.70 万元；熟肉制品产量 529.70 吨，产值 420.20 万元。北京市豆制品二厂生产的白玉牌豆腐 1.81 万吨、豆浆 4372.7 吨、豆类制品 1787.6 吨。

2000 年，农副食品加工业发展平稳，行业效益提升，行业实现利润 1500 万元。顺义区肉类联合加工厂按销售收入进入北京地区工业企业前 100 名，位列第 56 位。改制企业融资运作显著，上市公司顺鑫农业实现配股融资 2 亿元。行业主要产品中，小麦粉、鲜冻畜肉等产量增长。摩奇牌豆馅系列、百花牌蜂蜜系列、古船牌袋装面粉系列、民乐牌速冻食品系列、绿宝牌高级烹调油、火鸟牌色拉油等品牌产品获 2000 年北京市名牌产品称号。

2001 年，北京农副食品加工业规模以上企业数有所减少，但整个行业仍然保持良好发展势头，行业产值、利润实现增长。顺鑫农业鹏程食品分公司按销售收入位列北京地区工业企业第 93 位。市茶叶加工厂、市蛋品加工厂、顺义肉联厂、鑫悦面粉厂、佳乐食品厂等 5 家企业完成改制；市二肉联、市五肉联、市面粉五厂、市蛋品加工厂、市佳乐食品厂获得北京市国有工业企业改革脱困突出贡献单位。农副食品质量提高，多灵多速冻面点、天福号熟食等产品在北京市场销售统计中，位居同类产品前列。

2001 年，北京面粉行业根据国家公众营养与发展中心和国家公众营养改善项目办公室确定的强化面粉配方，开始研制营养强化面粉。同年，北京古船食品有限公司"7+1"营养强化面粉研发成功，获全国食品工业科技进步奖和全国商业科学技术进步二等奖。油脂行业在原有品种的基础上增加非转基因大豆油的生产。

2002 年，农副食品加工业发展加快，行业产值、利润增幅较大，全国占比提升。北京古船面粉集团公司实施污染扰民搬迁。北京名牌产品名录公布，摩奇豆沙馅、百花系列瓶装蜂蜜、古船面粉、民乐系列速冻食品、绿宝系列食用油、全聚德烤鸭、天福号熟肉制品、张一元牌茶叶、吴裕泰牌茶叶、Gmb 小麦粉（北京大磨坊公司品牌）、六必居酱腌菜（酱系列）产品、红螺果脯（羊羹）、白玉豆腐（豆制品）、华都禽肉速冻产品获 2002 年北京市名牌产品称号。Gmb 小麦粉面粉、酱腌菜、蜜饯在年度检验中，合格率 94.5% 以上。市政府出台了《北京市畜禽屠宰管理办法》，对全市畜禽屠宰实施定点管理，生猪屠宰企业开始申报验收。猪肉产品向冷却排酸肉转变，行业企业大多通过 ISO 9001：2000、QS、HACCP以及 ISO 2000 认证。牛羊肉产品尝试冷却排酸肉，产品进入餐饮店铺。北京市豆制品二厂先后开发了白玉韧豆腐、鸡蛋豆腐、花色豆奶系列等新产品。其中，白玉韧豆腐，受到消费者欢迎，销售持续上升。白玉牌北豆腐通过中国绿色食品发展中心的绿色食品认证，成为全国第一个绿色环保的豆腐产品。

2003 年，农副食品加工业平稳增长，行业总产值 86.93 亿元，销售收入 85.30 亿元，利润 2.93 亿元，行业发展步入快车道。主要产品中，小麦粉、鲜冻畜肉的产量有较大提升。京粮集团、大发正大、全聚德、东来顺 4 家企业（集团）进入 2003 年北京百强企业排名榜。顺鑫农业在"非典"时期大批量生产洁净无污染的生菜供应市场。同年，全市生猪屠宰定点企业 42 家，全市鲜冻畜肉产量 16.17 万吨。北京抗击"非典"期间，市第五肉联厂年屠宰生猪 306256 头，生产肉制品 600 吨，完成小汤山防治"非典"定点医院的特供任务。月盛斋和大红门研制开发了彩袋酱香牛肉、彩袋酱香猪肘等产品，受到消费者欢迎。华都鸡肉产品通过国家农业部无公害农产品认证。

2004 年，农副食品加工业快速发展，行业总产值、销售收入均突破 100 亿元大关。中谷粮油集团、京粮集团、大发正大、全聚德等 4 家食品企业（集团）进入 2004 年北京百强企业排名榜，中谷粮油集团位列第 16 位。北京名牌产品名录公布，摩奇牌红豆馅系列产品、百花牌蜂产品、古船牌面粉、绿宝牌系列食用油、全聚德烤鸭、天福号熟肉制品、张一元牌茶叶、吴裕泰牌茶叶、庚香牌更香茶叶、Gmb 小麦粉系列、六必居酱腌菜系列（酱系列）产品、白玉牌系列豆制品、华都牌速冻禽类制品、天福号牌熟肉制品获 2004 年北京市名牌产品称号。老才臣、老唐、东来顺、靠山居、绿宝、古币、红螺、鹏程、白玉、天福号、六必居、民乐、吴裕泰、百花、丰收、古船、张一元、龙潭、元长厚、全聚德等 21个商标被认定为北京市著名商标。千喜鹤食品有限公司生猪屠宰及肉制品加工项目建成投产，总投资 2.6 亿元；御香苑畜牧有限公司实施 6 万头肉牛屠宰技改项目，总投资 2000 万元。北京小麦粉产量 26 万吨，面粉质量不断提升。古船面粉年产量 20.67 万吨，占北京面粉年总产量的 79.5%。北京市豆制品二厂开发出红枣蜂蜜豆浆、绿豆冰糖豆浆、五谷豆浆等多种花色豆浆，研发出瓶装豆浆以及携带方便的直立袋豆浆。白玉牌豆制品在北京市场占有80% 的份额。

2005 年，农副食品加工业平稳较快增长，行业总产值 135.72 亿元，销售收入 137.54 亿元，利润 3.65 亿元。全市共有屠宰企业 65 家，其中，生猪屠宰定点企业 23 家，牛羊屠宰定点企业 9 家，禽类屠宰定点企业 33 家。鲜冻畜肉产量 38.59 万吨。中谷粮油集团、京粮集团、大发正大等 3 家食品企业（集团）进入 2005 年北京百强企业排名榜。顺鑫农业进入中国制造业企业 500 强，其所属的 3 家企业被国家旅游局确定为旅游示范单位。河北中旺集团总部迁入北京，投资 2.8 亿元，在房山区建设生产基地，项目可安置当地就业劳动力 2000 人。同年，北京古船米业有限公司新公司落成，生产规模扩大，古船大米产量 7860 吨，产值 1954 万元。古船外地分公司产量超过北京，古船公司成为北京大米的主要生产商和供应商。北京大米（加工）产量 7100 吨，产品规格开始由大变小，市场陆续推出 5 千克、10 千克、25 千克的包装产品，方便消费者。油脂行业在原有品种基础上增加调和油系列产品生产。鲜冻畜肉行业研制开发出方便装，即猪肉的丝、丁、片、馅及各种不同规格盒装产品。大红门鲜冻畜肉产品产量 4.54 万吨，占全市产量的 11.76%。大红门品牌熟肉制品包装装潢改进，年产销量 1000 吨以上。"月盛斋"商标被评为北京市著名商标，华都鸡肉产品获中国名牌产品称号。

2006 年，农副食品加工业总产值 139.25 亿元，销售收入 141.17 亿元，利润 3.87 亿元。京粮集团、顺鑫农业、大发正大等 3 家食品企业（集团）进入 2006 年北京百强企业排名榜，京粮集团位列第 52 位；华都牌调理禽肉、双大牌调理禽肉、古船小麦粉被确认为中国名牌产品；全聚德烤鸭、百花牌蜂产品、绿宝牌系列食用油、张一元牌茶叶、吴裕泰牌茶叶、庚香牌更香茶叶、天福号牌熟肉制品、白玉牌系列豆制品、六必居酱腌菜、鹏程熟肉制品（冷却分割肉）被认定为北京名牌产品。中旺集团完成北京生产基地项目，项目日处理专业精粉 600 吨，日产方便面 120 万包，当年实现销售收入 5.6 亿元。古船大米在北京市场全国成品粮油品牌调查中，名列品牌大米综合实力第三名；古船特制米获第二届中国（北京）国际餐饮·食品博览会金奖产品称号。

图6-1 六必居酱腌菜（2006年摄）

2007 年，农副食品加工业实现总产值 185.90 亿元，行业产值增幅较大。京粮集团、顺鑫农业、大发正大等 3 家食品企业（集团）进入 2006 年北京百强企业排名榜。德清源完成食品工业基地项目建设，项目投资 2.62 亿元，其液蛋加工项目达产，实现日单班生产 30 吨能力。古船御用米获迎奥运北京工业品牌展览会"四新"产品创新奖，并获国家专利局外观产品专利；古船面粉获中国名牌产品称号。油脂行业以橄榄油为重点，增加了橄榄葵花油、橄榄玉米油等橄榄油产品和橄榄油调和油系列产品生产。同年，北京生猪定点屠宰企业 14 家。"月盛斋酱烧牛羊肉制作技艺"入选市级非物质文化遗产名录。北京二商希杰食品有限责任公司年产值和年销售收入均超过亿元大关。

2008年，农副食品加工业总产值突破200亿元，实现产值233.43亿元。六必居酱菜制作技艺、全聚德挂炉烤鸭技艺、天福号酱肘子制作技艺、月盛斋酱烧牛羊肉制作技艺、张一元茉莉花茶窨制技艺、吴裕泰茉莉花茶制作技艺等入选国家非物质文化遗产名录。顺鑫农业完成食品加工建设项目，项目投资2.53亿元，形成年产农产品1.81万吨、畜产品1.48万吨、水产品3660吨和厨房食品4030吨的生产能力。北京大米产量1.4万吨；包装规格出现多样化趋势，有1千克、2千克、5千克等规格的小包装产品和大米新产品。古船大米推出"糙米""粥米"等新产品，成为北京奥运会核心区唯一大米产品供应商。全市共有屠宰企业51家。其中，生猪屠宰定点企业14家，牛羊屠宰定点企业8家，禽类屠宰定点企业29家。鲜冻畜肉产量50.40万吨。"大红门"商标获北京市著名商标称号。2008年北京奥运会期间，月盛斋为47家驻地酒店供应了近百个品种的生鲜、熟食产品。华都鸡肉企业获中国家禽行业10强称号。

2009年，农副食品加工业总产值241.52亿元，实现利润5.55亿元。顺鑫农业鹏程食品北京地区产销规模达到28亿元，其调理肉项目开工，项目投资2亿元。中国肉类食品综合研究中心利用畜骨开发功能性食品配料及应用项目获第四届中国食品工业协会科学技术奖一等奖。

2010年，农副食品加工业总产值282.76亿元，实现利润7.99亿元。行业总产值占北京食品工业总产值的41.68%。肉食加工成为食品行业"强势板块"。食品行业中，拥有中国名牌产品5个，北京名牌产品5个，中国驰名商标5个。古船粮油、大红门肉食、月盛斋牛羊肉、华都肉鸡、白玉豆制品等品牌产品在国内具有较高知名度，被消费者广泛认可。北京大米产量13.04万吨，绿色有机产品开始成为市场热点，产品多样化、包装便利化成为市场趋势。古船大米产量2.58万吨，产值9518万元，形成以绿色有机产品为主的五大系列共50多个单品，在北京市场铺市率90%以上。北京小麦粉产量39.23万吨，有富强粉、包子粉、蛋糕粉、面包粉、饺子粉、自发面粉、高筋粉、麦麸粉、雪花粉、麦心粉、馒头粉、专用小麦粉等几十个种类。古船面粉年产量21.18万吨，占北京面粉年产量的53.98%，产品形成自身特色，包括通用、专用、营养强化三大类，蛋糕预拌粉、果蔬饺子粉、专用面包粉、营养强化精制雪花粉、营养强化自发面粉、油炸食品专用小麦粉等70余个品种，还为全聚德、稻香村、庆丰、义利等企业量身定制全聚德鸭饼粉、稻香村系列面粉、义利面包粉、庆丰包子粉等专用面粉。油脂行业生产规模扩大，北京食用植物油产量为1.20万吨，品种有大豆油、花生油、玉米油、葵花油、香油及多种调和油。2010年绿宝牌系列食用油产量为1.19万吨，产值1.22亿元，产量占北京食用植物油的99%，占北京食用油市场的5%，占北京市流通小包装油的12%。全市共有屠宰企业66家，其中，生猪屠宰定点企业12家，牛羊屠宰定点企业9家，禽类屠宰定点企业45家。鲜冻畜肉产量82.13万吨。生猪肉基本保持传统产品的两大种类，即以冷却排酸肉及分割肉为主，冷却排酸肉又以白条猪肉为主。大红门公司猪肉产量18.85万吨，占全市鲜冻畜肉产量的23%；产值22.11亿元，占全市鲜冻畜肉产值的 25%。华都企业获中国白羽肉鸡 20 强称号。北京二商希杰食品有限责任公司生产白玉牌豆腐 19107.5 吨、豆浆 1.08 万吨、豆类制品 3249.74 吨，销售收入 1.5 亿元。

1999—2010年北京农副食品加工业情况统计表

6—1表

年份	企业数 （个）	从业人数 （万人）	总产值 （亿元）	销售收入 （亿元）	利润 （亿元）	利税总额 （亿元）
1999年	251	2.27	59.33	58.96	−0.25	0.94
2000年	207	2.09	54.46	54.73	0.15	1.28
2001年	160	2.20	55.47	55.20	0.80	2.35
2002年	166	2.05	60.43	60.15	2.05	3.56
2003年	159	2.88	86.93	85.30	2.93	4.16
2004年	254	2.67	118.67	119.11	3.61	4.65
2005年	215	3.30	135.72	137.54	3.65	4.85
2006年	220	3.03	139.25	141.17	3.87	4.87
2007年	214	3.10	185.90	182.26	1.75	2.48
2008年	225	3.30	233.43	252.49	2.79	4.56
2009年	220	3.71	241.52	241.50	5.55	7.80
2010年	213	3.74	282.76	277.43	7.99	13.75

1999—2010年北京农副食品加工业主要产品产量统计表

6—2表　　　　　　　　　　　　　　　　　　　　　　　　　　单位：万吨

年份	大米	小麦粉	食用植物油	畜肉	豆制品
1999年	1.40	35	13.93	13.07	2.43
2000年	1.17	36	8.27	14.66	2.49
2001年	1.31	27	3.51	12.58	2.21
2002年	1.69	23	1.26	13.41	1.90
2003年	0.74	29	1.10	16.17	2.16
2004年	0.82	26	1.46	26.57	2.66
2005年	0.71	32.06	0.53	38.59	2.95
2006年	—	—	2.01	—	3.10
2007年	—	—	1.63	—	3.32
2008年	1.40	35.44	0.97	50.40	3.45
2009年	3.26	39.26	1.09	78.06	3.43
2010年	13.04	39.23	1.20	82.13	3.31

说明："—"表示无原始数据。

北京月盛斋清真食品有限公司

清乾隆四十年（1775年）始建，1950年迁到前门外五牌楼西侧，即后来的月盛斋前门店。1979年划归市牛羊肉类加工厂，恢复月盛斋老字号。1991年，市牛羊肉类加工厂改名为北京市清真食品公司。1994年国内贸易部授予月盛斋中华老字号称号。2003年改制成立北京月盛斋清真食品有限公司。2004年，月盛斋投资300万元对熟肉制品、生鲜半成品的生产加工厂房、设备进行全面技术改造，熟制品日生产能力由2吨提高到5吨，生鲜供货220家，销售额5000万元，年利税300万元。2006年，投资1050万元（占总股本的51%）在河北固安组建北京月盛斋（固安）清真食品有限公司，形成从屠宰、加工到销售的产业链。2007年，月盛斋在怀柔出资组建北京雁栖月盛斋公司，占地面积2.6公顷，年生产能力3000吨，拥有200平方米的十万级净化包装间和2000平方米的控温车间。月盛斋获北京消费者喜欢的中华老字号品牌称号。2009年9月，月盛斋被国务院授予全国民族团结进步先进单位称号。2010年，月盛斋投资240余万元添置设备，改善生产条件，提升产品质量。同年，北京雁栖月盛斋公司牛羊肉产量3594吨，产值9523万元；月盛斋公司年产量5374吨，产值7027.03万元。

北京二商希杰食品有限责任公司

前身是北京市豆制品二厂。1999年通过ISO 9002国际质量体系认证，成为全国豆制行业首家通过认证企业。2002年，企业结构调整，将生产基地迁至通州食品工业园区。生产基地占地6.66公顷，主体生产车间12000平方米，产品统一为"白玉"品牌。当年，公司销售收入税后4605万元，上缴税金368万元，利润28万元。2002年至2008年，"白玉"食品连续被市质监局、市经委评为北京名牌产品。2004年引进豆浆自动化生产线，运用URT杀菌技术，实现无菌生产和灌装，豆浆的保质期由原来的低温3天提高到常温30天。"白玉"获由北京40万消费者评选的北京市十大知名度最高品牌称号，企业获农业部的农产品加工示范企业称号。2006年投资300万元建立两条豆浆自动生产灌装线，实现豆浆生产自动化。企业取得商务部的中华老字号认定。2007年3月与韩国CJ集团合资，组建北京二商希杰食品有限责任公司，二商集团出资51%控股，CJ集团出资49%。2010年投资280万元建立一条盒装北豆腐自动化生产线。2010年，公司生产白玉牌豆制品3.31万吨，年销售收入1.5亿元，企业获北京市农业产业化重点龙头企业和中国豆制品行业质量安全示范单位称号。

北京二商大红门肉类食品有限公司

1954年，北京市食品公司成立，总资产3427.46万元。2002年注册"大红门"商标。2003年5月，北京市食品公司与河北省衡水老白干酒厂共同投资1.5亿元组建北京京裕大红门肉类食品有限公司。2006年，北京市第五肉联厂进行改造，投资1.2亿元，从荷兰引进全套班产 3000 头生猪屠宰线，从韩国引进班产 100 吨冷却肉分割生产线，从丹麦引进班产 10 吨肉制品加工生产线，新建 260 吨冷却排酸库、1000 吨冷库以及日处理能力 2000 吨的污水处理设施。2007 年 3 月，北京京裕大红门肉类食品有限公司划归市第五肉联厂管理。6 月，市南郊冷冻厂、第二肉联厂划归市第五肉联厂管理，北京市食品公司整体实施破产。北京市二商集团将第五肉联厂、昌平肉联厂、怀柔肉联厂和两个专业冷冻厂组成北京二商大红门肉类食品有限公司。同年投资 536 万元，对怀柔肉联厂进行改造，更新设备，生猪屠宰班产从 800 头增加到 3000 头。2008 年投资 400 万元对第五肉联厂分割车间扩容改造。2009 年投资 800 万元建设通州厂 3000 吨冷库，低温产品储存量提高；投资 5300 万元在河北省赤城县雕鹗镇建立生猪养殖基地一期工程。该公司生产的"大红门"品牌生、熟肉制品多次承担中央及北京市重大活动的特供任务，是市政府实施"肉蛋菜食品放心工程"的重点企业。2010 年，公司总资产 5 亿元，拥有 3 条具有国际先进水平的班产 3000 头生猪屠宰线、3 条具有国际先进水平的班产 380 吨冷却肉分割生产线、2 条班产 20 吨的熟肉制品生产线及总容量 2 万吨的冷冻冷藏库，建有 3 个设施一流的食品安全检测中心，有专业技术人员 500 余人。公司在北京市及外埠建有生猪养殖基地 300 余家，年出栏优质成品猪 350 万余头。

北京艾森绿宝油脂有限责任公司

前身是 1955 年建立的公私合营油厂宣武分厂。1971 年 7 月，企业迁往大红门黄亭子，改名为北京市大红门粮食仓库植物油厂。1979 年 3 月改名为北京市大红门油厂，1984 年注册"绿宝"商标。1994 年，企业与以色列合资成立北京艾森绿宝油脂有限公司（以下简称绿宝油脂），2003 年通过 HACCP 管理体系认证。2004 年 11 月，包装桶外观设计获得专利证书。2006 年 5 月，以色列投资股东将其股权全部转让给北京粮食集团，绿宝油脂变更为内资企业，成为北京粮食集团直属企业。2007 年，绿宝油脂自筹 220 万元开展锅炉改造项目，实现燃煤改燃气转换。2008 年，绿宝油脂成为北京奥运会餐饮、全国"两会"专供企业之一，获第四届中国（北京）国际餐饮·食品博览会消费者喜爱品牌奖。2010 年年底，公司职工 128 人，产量 11942 吨，产值 12216.8 万元，利润总额 442 万元。

北京华都肉鸡公司

1987 年 7 月，由水利电力部机关第一服务公司与北京市牧工商总公司、中国牧工商联合总公司三方投资建立。1988 年 9 月更名为北京华都肉鸡公司（以下简称华都肉鸡公司）。1999 年与日本 IPS 株式会社合作，投资 498 万元建设调味品工厂，建筑面积 1153 平方米。2003 年投资 3541 万元，建设北京嘉谊食品合作工厂第二工厂，建筑面积 9247 平方米。2005 年投资 463 万元，建设 3000 吨冷库，建筑面积 3307.9 平方米。2007 年，华都品牌被北京媒体评选为最受消费者欢迎的肉类食品品牌。2008 年，华都肉鸡公司获北京奥运会、残奥会服务运行保障先进集体称号。2009 年 12 月，国家认监委通过华都肉鸡公司在国内率先建立的食品防护体系标准并向全国推广。2010 年年底，公司职工 3560 人，总资产 5.9

亿元，产量 4.8 万吨，产值 16 亿元，销售收入 16 亿元。华都肉鸡公司曾获中国白羽肉鸡企业 20 强、中国禽业行业企业 10 强、中国肉类生产影响力品牌、全国农业产业化优秀龙头企业等荣誉称号。

北京古船米业有限公司

2000 年 9 月 26 日，由北京粮食集团所属 7 家企业共同投资组建。2005 年，企业改制，增资扩股，注册资本增至 2700 万元。同年，投资 1050 万元在西北郊粮食仓库改造大米加工厂。2009 年 12 月，北京粮食集团购买古船米业全部股份。同年在吉林省榆树市建设稻米加工仓储物流基地项目，年加工稻谷能力 20 万吨、仓储能力 30 万吨、物流发运能力 50 万吨。2010 年年底，古船米业有职工 240 人，总资产 2.78 亿元，大米产量 2.58 万吨，产值 9518 万元，销售收入 3.57 亿元。

北京古船食品有限公司

2001 年 12 月，北京粮食集团和物美集团等 5 家股东共同出资组建北京古船食品有限公司（以下简称古船食品公司），注册资本 2000 万元。2002 年，古船食品公司投资 2637 万元建设河北古船项目，日处理小麦 350 吨。2004 年与山西金龙油脂有限公司、山西成信油脂有限公司共同投资 3584 万元，在山西榆次组建山西古船食品有限公司，日处理小麦 500 吨。2005 年，怀柔分公司投产。2006 年投资 2240 万元建设青岛古船项目，日处理小麦 350 吨。2007 年投资 976.8 万元，完成自控系统改造、小包装车间更新，每班新增小包装产能 10 吨，特一粉出粉率提高 5%，年节电约 100 万千瓦时。2010 年，古船食品公司注册资本 7688 万元，资产总额 6.77 亿元，日处理小麦 3150 吨。公司曾获北京质量效益型企业、北京企业 100 强、全国小麦粉加工企业 50 强、全国放心粮油示范加工企业、全国农业产业化重点龙头企业等荣誉称号。

第二节　食品制造业

1999 年，北京有食品制造业企业 229 家，从业人员 3.61 万人，工业总产值 50.23 亿元，销售收入 49.89 亿元，利税总额 1.88 亿元。主要产品有糖果、糕点、乳制品、酱油、食醋、酱腌菜、腐乳等。北京糕点有各式糕点、月饼、面包等焙烤类食品，以北京二商宫颐府食品有限公司生产的宫颐府牌糕点工业化程度最高。北京糖果分为硬糖、软糖、酥糖和巧克力四大种类，以义利食品的义利糖果产量最大，产品知名度最高。北京乳制品中，以三元食品生产的三元牌乳制品知名度最高。北京酱油产品主要有普通酱油、黄豆酱油、含铁酱油、营养酱油、鲜味酱油等，分为桶装、瓶装和袋装。

1999年,北京糖果产量1.62万吨。义利糖果获北京市名牌产品称号,形成品种花色齐全、畅销全国市场的生产经营规模。北京糕点产量1.62万吨。宫颐府月饼获中国焙烤协会授予名牌月饼称号;宫颐府自主研发的经典面包产品"大富豪"享誉市场,成为宫颐府面包类产品的"拳头产品"。北京乳制品产量1.43万吨。北京乳制品行业将袋奶包装改为复合膜,提高了牛奶的营养价值和安全性;开发纸盒包装产品,突出新鲜、卫生、时尚、环保特色。北京酱油产量7.64万吨。北京食醋产品中最具市场知名度的是龙门牌食醋,共生产龙门牌食醋系列产品1.16亿吨,获北京著名商标称号。六必居酱菜系列产品产量7047万吨,产值4016万元。王致和腐乳厂加强产品制作生产设施建设,腐乳设备全部实现不锈钢化,新增产品后期发酵室,丰富产品线,推出低盐腐乳、木糖醇腐乳、白菜辣腐乳等新产品,当年腐乳产量2.89亿块;王致和腐乳生产技术"全营养腐乳工业化生产试验研究及技术改造"获国家国内贸易局科学进步一等奖,"王致和"品牌获第三届北京市著名商标称号,被国家国内贸易局列为全国商业工业重点支持和发展品牌。

1999年至2010年,北京面包相继开发出吐司类、酥皮类、法式面包、丹麦面包等多系列产品,还有全麦切片、无糖面包切片等各类切片面包和早餐面包、配餐面包等品种。

2000年,北京食品制造业总产值71.61亿元,利润3.09亿元。三元食品、爱芬食品(北京)有限公司、吉百利(中国)食品有限公司按销售收入进入北京工业企业前100名,分别位列第47位、第48位和第97位。国有中小企业改革加快,北京市第一食品公司集中糖果、巧克力、西点等有效资产,吸收民营入股,组建北京金一食品有限公司。义利牌食品(巧克力、糖果)、康乐牌人造黄油、金狮牌系列酱油、龙门牌食醋、王致和牌腐乳、三元牌奶制品系列(液态奶、发酵奶、奶粉)获2000年北京市名牌产品称号。义利食品研制开发出无糖糖果,主要品种有无糖硬糖、无糖润喉宝、无糖牛轧等。王致和腐乳厂新增1号精制腐乳、2号精制腐乳产品;推出腐乳铁盖包装系列产品,逐步取代塑盖包装。王致和腐乳厂首次参加华商博览会,打开中国台湾和北美地区市场。

2001年,食品制造业利润增加,按销售收入,爱芬食品(北京)有限公司、三元食品进入北京工业企业前100名。义利食品公司、王致和腐乳厂完成企业改制;北京市第二食品公司跻身北京市国有工业企业改革脱困突出贡献企业。金狮酱油、龙门醋、王致和腐乳等产品在北京市场销售统计中名列前茅。龙门牌食醋获中国放心食品荣誉品牌称号。王致和腐乳第一个货柜出口到美国,有精2号大块、精2号玫瑰、精2号红辣等品种。

2002年7月,义利面包有限公司投资购置更新设备142万元、运输设备104万元。2004年,搬迁至大兴区北兴路东段6号,租用北冰洋食品公司厂房生产。购置面包生产线及厂房搬迁,增资1000万元,厂房搬迁改造费用282万元。2005年,义利面包有限公司投入1600万元,从荷兰引进世界领先、亚洲最大的年产万吨全自动电脑控制面包成型生产线。

2002年,北京市第二食品公司作为国有大中型工业企业,完成由工厂制向公司制改造。市乳品二厂按照《北京市工业布局调整》要求,实施污染扰民搬迁。义利巧克力(糖果系列)、中华乌鸡精、金狮牌系列酱油、龙门系列食醋、王致和牌腐乳、三元乳制品(液态奶、发酵奶）获 2002 年北京市名牌产品称号。乳制品、液体奶、糕点、面包、糖果的检验合格率为 94.5%。爱芬食品（北京）有限公司完成糖果生产线改造工程和宠物食品生产线技改项目，项目投资 1000 万元。龙门牌醋再次获北京市著名商标称号。王致和腐乳产品新增白腐乳、香辣腐乳、3 号精制腐乳，礼盒腐乳盒（包装）产品在首届中国旅游纪念品设计大赛活动中获得金奖。

2003 年，北京食品制造业扭亏为盈，实现利润 8.33 亿元。一轻控股、二商集团、糖业公司、爱芬食品 4 家企业（集团）进入 2003 年北京百强企业，其中一轻控股位列第 25 位。主要产品中，乳制品、糖果、饼干、酱油的产量提升。义利面包公司开发功能型营养面包，新增销售收入 1050 万元，新增利润 216 万元；义利企业研制出 VC 巧克力产品，投放市场。北京稻香村食品集团食品厂项目落户昌平区。龙门牌食醋被国家质量监督局检验总局授予中国名牌产品称号。王致和产品新增塑盒腐乳。

2004 年，北京食品制造业总产值、销售收入均突破 100 亿元大关。一轻控股、糖业公司、爱芬食品、三元食品 4 家食品企业（集团）进入 2004 年北京百强企业排名榜，其中一轻控股位列第 39 位。义利面包、金狮牌酱油、龙门牌食醋、王致和牌系列腐乳、三元牌液态奶（酸奶）获 2004 年北京市名牌产品称号。三元、王致和、绿伞、稻香春、稻香村、大顺斋、金狮、龙门、义利等 10 个商标被认定为北京市著名商标。六必居酱菜获百姓知名度最高的北京十大品牌称号。王致和腐乳产量 5.33 亿块，产值 1.98 亿元。

2005 年，北京食品制造业总产值 138.66 亿元，占北京食品工业总产值的 35.09%，成为北京食品工业的第一大产业。一轻控股、糖业公司两家食品企业（集团）进入 2005 年北京百强企业排名榜，其中一轻控股位列第 31 位。礼盒月饼开始混搭装盒，内装月饼包括广式、京式、苏式、潮式、台式等派别的月饼，其馅料以考究的滋补原料为基础，逐渐降低馅料甜度。六必居新增 1 号圆坛腐乳、2 号圆坛腐乳产品。

2006 年，北京食品制造业总产值 148.20 亿元，利润突破 3 亿元。一轻控股、三元集团、糖业公司、三元食品 4 家食品企业（集团）进入 2006 年北京百强企业排名榜，其中一轻控股位列第 29 位。金狮酱油、龙门食醋、三禾月饼、三元液态奶被确认为中国名牌产品；稻香村中式糕点、龙门牌食醋、王致和牌系列腐乳、六必居酱菜、义利面包、宫颐府月饼（面包）被认定为北京名牌产品。二商集团完成食品公司基地建设，项目投资 2 亿元。金狮系列酱油、龙门系列食醋、六必居系列酱腌菜和月盛斋清真熟肉系列产品的年产量分别提高 3～5 倍。北

图6-2　北京义利面包食品有限公司年产万吨的全自动面包成型生产线（2005年摄）

京酱油开始由低盐固态发酵向高盐稀态发酵发展。六必居酱菜产品逐渐向低盐、低糖、色浅方向发展；传统产品包装便携化，方便卫生，延长了食品保存期。六必居酱菜获商务部中华老字号品牌称号。

2007年，北京食品制造业总产值140.80亿元，利润突破4亿元。一轻控股、二商集团、三元集团、糖业公司、蒙牛北京乳业、三元食品6家食品企业（集团）进入2007年北京百强企业排名榜，其中一轻控股位列第32位。在服务奥运中，"爱芬食品"成为北京奥运会巧克力及其制品独家供应商；行业推出一批具有北京历史文化底蕴、京味口感突出、携带方便、包装精美、适于馈赠的奥运特色旅游食品。义利企业研制开发出"义莲"牌无糖巧克力系列产品。市经济信息化委、北京食品协会牵头组织宫颐府、稻香村、味多美、好利来、金凤呈祥、仿膳6家企业和市食品研究所对老北京特色糕点"京八件"改良提升，既保持原有产品特色，又添加新时尚元素，将"京八件"打造成新北京特产。王致和腐乳获中国名牌产品称号，坛装腐乳获第六届北京旅游商品设计大赛银奖。

2008年，北京食品制造业总产值148.43亿元，实现利润2.90亿元。一轻食品板块整合，义利食品公司对北冰洋食品公司实行托管。三元股份有限公司对三鹿资产实施租赁经营。"京八件"上市销售，被旅游部门认定为"北京礼物"，成为北京旅游的购物首选。礼盒月饼既混搭装盒，也推出多款内装为单一派别的礼盒，为消费者提供了多样化的选择。六必居公司被列为北京奥运会特供单位，研发上市一批新包装礼盒产品，"酱至天下""宫廷食盒""酱之源"礼盒获得包装设计奖，恢复了传统的酱菜篓包装产品。"六必居酱菜制作技艺""王致和腐乳酿造技艺"被列入国家级非物质文化遗产保护名录。

图6-3 北京六必居产品专柜（2008年摄）

2009年，北京食品制造业总产值166.96亿元，销售收入162.34亿元。三元食品股份有限公司的"膜技术在乳制品中的研究与应用"在第四届中国食品工业协会科学技术大会获一等奖，并获2009年中国国际调味品及食品配料博览会金奖。

2010年，北京食品制造业总产值192.60亿元，销售收入189.05亿元，行业总产值占北京食品工业总产值的28.39%。拥有中国名牌产品5个，北京名牌产品7个，中国驰名商标4个。义利糖果、宫颐府糕点、三元乳制品、金狮酱油、龙门食醋、六必居酱菜、王致和腐乳等优质产品得到消费者广泛认可，在北京知名品牌消费者推选活动中，30余个食品类品牌当选。2010年，北京糖果产量19.19万吨，糖果品种基本保持了传统产品的四大种类，还有甜度降低、口味变化多的夹心硬糖与水果硬糖、风味奶糖与夹心软糖及水果软糖、风味酥糖与什锦酥糖等种类。义利糖果产量745吨,其中巧克力301吨。北京糕点品种多样,花式繁多。其中,宫颐府糕点产量8031吨,产值1.28亿元。三元牌乳制品随着工艺设备水平的提升,科研力量的发展,其产品品类增多;三元液态奶产量33.27万吨,乳粉产量1.01万吨。北京酱油产量7.33万吨,高档酱油多采用高盐稀态发酵为主,普通酱油采用低盐固态发酵为主。六必居酱菜系列产品产量1.86亿吨,产值1.14亿元,销售收入2.9亿元。王致和腐乳产量9.69亿块,产值4.36亿元。

1999—2010年北京食品制造业产值、销售收入、利润统计表

6-3表

年份	企业数（个）	从业人员（万人）	总产值（亿元）	销售收入（亿元）	利润（亿元）	利税总额（亿元）
1999年	229	3.61	50.23	49.89	−1.74	1.88
2000年	186	3.65	71.61	67.74	3.09	8.07
2001年	160	3.07	64.08	65.17	3.40	7.86
2002年	161	3.38	70.38	72.55	−1.75	2.97
2003年	148	3.19	75.34	77.28	2.84	8.33
2004年	219	3.80	116.16	114.78	0.75	7.68
2005年	209	4.17	138.66	132.96	2.48	11.01
2006年	198	4.18	148.20	144.23	3.24	12.87
2007年	184	3.71	140.80	146.42	4.68	14.49
2008年	210	3.66	148.43	186.00	2.90	12.26
2009年	213	3.95	166.96	162.34	9.61	22.30
2010年	226	4.55	192.60	189.05	8.86	22.27

1999—2010年北京食品制造业主要产品产量统计表

6-4表

年份	糖果（万吨）	糕点（万吨）	乳制品（万吨）	酱油（万吨）	食醋（万吨）	酱腌菜（万吨）	腐乳（万块）
1999年	1.62	1.62	1.43	7.64	11578	7047	28910
2000年	1.37	1.66	2.06	7.96	13104	7830	29005
2001年	1.55	1.68	3.74	7.37	17310	7170	32758
2002年	1.82	2.04	1.15	7.70	17446	5599	37299
2003年	2.03	1.65	1.34	8.22	15989	5297	45645
2004年	3.49	1.33	35.33	6.44	16875	6443	53303
2005年	6.10	4.24	56.94	8.78	18758	8021	59701

（续表）

年份	糖果（万吨）	糕点（万吨）	乳制品（万吨）	酱油（万吨）	食醋（万吨）	酱腌菜（万吨）	腐乳（万块）
2006年	6.87	3.78	61.30	—	18907	14770	64208
2007年	6.43	6.89	—	—	20274	19363	75129
2008年	7.18	5.01	46.01	6.12	16057	17321	70921
2009年	7.18	5.01	44.01	6.14	21697	15927	79371
2010年	19.19	6.39	52.30	7.33	18982	18635	96852

说明："—"表示无统计数据。

北京六必居食品有限公司

六必居酱菜是北京酱腌菜的代表。"六必居"品牌始创于明嘉靖九年（1530年），其甜酱八宝菜、甜酱甘露等产品在明清时期就相当有名。1988年，北京市内10余家酱菜厂集中统一管理，成立北京市酱菜食品工业公司，隶属于北京市第二商业局。1997年更名为北京六必居食品公司，隶属于北京市食品工贸集团，拥有"六必居""天源酱园""桂馨斋"3个中华老字号品牌。1998年，"六必居""天源"两个商标完成美国、日本、新加坡、中国香港地区境外注册。1999年，北京六必居食品公司进行现代企业制度改造，2000年年底设立有12个股东参股的多元化股份制企业，更名为北京六必居食品有限公司（以下简称六必居）。2005年，六必居与河北霸州第二食品有限责任公司合作，设立第一家控股子公司河北霸州六必居食品有限公司。2007年，六必居怀柔新厂投入运营，企业研制应用了多酶制酱和速制酱菜工艺，实现老字号传统手工操作向现代化、工业化生产。2009年，六必居自主研发了袋装酱菜产品自动灌装生产流水线，酱腌菜的生产包装技术处于国内同行业领先地位，获北京市质量管理贡献奖。六必居在内蒙古自治区萨拉齐建甘露种植基地，在山东聊城建大蒜种植基地，在浙江建乳瓜种植基地，在通州区与大兴区建黄瓜种植基地，在河北省玉田县建芥菜种植基地。六必居与农科院合作，研究酱用蔬菜籽种的提纯复壮，保证酱菜原料的高品质。六必居获北京市农业产业化重点龙头企业称号。2010年，六必居有50多个品种酱菜，系列产品产量1.86万吨，产值1.14亿元，销售收入2.9亿元。

北京二商王致和食品有限公司

该公司所拥有的"王致和"品牌始创于清康熙八年（1669年）。2009年9月，王致和食品集团有限公司王致和食品厂与销售公司改制重组设立北京二商王致和食品有限公司（以下简称王致和）。占地面积4公顷，生产车间面积8000多平方米，拥有员工500余人。产品主要有腐乳系列、料酒系列、调料系列、花生酱系列、香油麻酱系列等几十个品种。产品在北京市场占有率80%以上，行销全国31个省、自治区、直辖市，远销美国、加拿大、澳大利亚、韩国、日本、欧盟、英国等国家和地区。"王致和"品牌在《商业服务业顾客满意度测评规范》综合评价第二届全国顾客满意度测评活动中，获全国（行业）顾客满意十大品牌称号；经社会公开投票评选，"王致和"品牌获中国最具影响力食品品牌称号；极品蓝罐腐乳获 2010 中国（法国）国际食品饮料展览会提名。2010 年，王致和腐乳产量 9.69 亿块。

北京义利食品有限公司

1951 年，义利食品有限公司由沪迁京，更名为北京义利食品股份有限公司，1956 年更名为北京义利食品厂，1985 年更名为北京义利食品公司。1999 年，北京义利食品公司总资产 2.20 亿元，工业总产值（当年价）4.61 亿元，有职工 840 人。2000 年 5 月，义利食品启动环保搬迁项目，在大兴工业开发区广阳大街 2 号建新厂区，占地面积 2.45 万平方米，建筑面积 1.05 万平方米，投资总额 1.15 亿元，主要生产糖果、巧克力等产品。2000 年 10 月，义利食品实施股份制改革，组建北京义利食品股份有限公司。2005 年 8 月名称变更为北京义利食品有限公司。2006 年 12 月，义利食品被授予中华老字号企业匾额和证书。2007 年，义利食品与美国好时公司建立战略合作关系，义利食品为美国好时公司加工好时新品"趣滋"巧克力系列产品 100 吨。2009 年，义利面包公司租用北冰洋企业厂房扩产项目实施，项目投资 6000 万元。2010 年 8 月 12 日，经一轻控股批准，组建北京义利食品连锁经营有限公司，开设连锁经营独立店，经营各类食品。连锁公司总投资 500 万元，北京义利食品有限公司占股比 68%，自然人 2 人占股比 32%。义利食品连续 4 次获北京市著名商标称号；连续 2 次获北京名牌产品称号。2010 年年底，义利食品有职工 268 人，主要生产糖果、巧克力、糕点，主营业务收入 1347 万元。

北京二商宫颐府食品有限公司

为 1956 年公私合营厂家，经历了西城糕点厂、北京市糕点二厂等名称演变。1993 年，企业名称由北京市糕点二厂变更为北京市宫颐府食品厂，企业字号变更为"宫颐府"。1999 年总资产 2195 万元，工业总产值 1279 万元，产品销售收入 2287 万元，利润总额 23 万元，职工 554 人。2003 年投资 7000 万元在大兴工业开发区金苑路 38 号建新厂，占地面积 3.3 公顷，建筑面积约 1.8 万平方米，厂房按现代化食品企业要求设计，陆续购置先进的生产设备。2004 年年底，新工厂投入生产。2006 年，宫颐府月饼和面包被授予北京名牌产品称号。2008 年被指定为奥运餐饮供应单位。2009 年以全部资产、负债经审计评估后的净资产作为出资，改制为二商集团 100% 持股的独家有限责任公司，名称变更为北京二商宫颐府食品有限公司，主营业务为食品制造，净资产 9888.21 万元。2010 年投资 213.7 万元，从德国引进包装切片机，提高生产效率，增加产品品种。被国家新媒体产业基地管理委员会评为国家新媒体产业基地示范企业。2010 年年底，北京二商宫颐府食品有限公司有职工 1006 人，总资产 1.30 亿元。全年产值 1.28 亿元，产量 8031.10 吨。

北京三元食品股份有限公司

前身是 1956 年成立的北京市牛奶总站，1968 年更名为北京市牛奶公司，1997 年成立北京三元食品有限公司，2001 年改制成为北京三元食品股份有限公司，成为以奶业为主，兼营麦当劳快餐的中外合资股份制企业。2003 年 8 月，该公司向社会公开发行人民币普通股 15000 万股，9 月 15 日在上海证券交易所上市，2006 年 4 月经国家商务部批准完成股权分置改革，2009 年 11 月非公开发行股票后，公司总股本 88500 万股。该公司拥

图6-4 20世纪90年代，北京三元食品有限公司生产的乳制品

有北京麦当劳 50% 的股份，间接拥有广东麦当劳 25% 的股份。2010 年，三元食品工业园（瀛海产业区）建成，分别建有科技楼、收奶预处理中心、常温 / 巴氏产品 / 酸奶 / 到户产品 / 干酪 / 乳饮料等产品的生产车间、能源中心等，总投资 7.78 亿元，占地 20 余公顷，总建筑面积约 10 万平方米。日处理鲜奶能力 1200 吨，是集加工、配送、研发为一体的现代化乳品工业基地，被列入 2010 年度市政府重点工程项目与市科委低碳工业示范园项目。2010 年，三元食品的产品有百余个品种，日处理鲜奶 3000 吨，在内蒙古自治区呼伦贝尔市海拉尔区、河北迁安与石家庄、天津静海、广西柳州等地建立了 14 个加工中心，拥有"三元""燕山"等著名商标；销售网络覆盖北京城区和郊区县及全国多个省市地区。三元食品通过 ISO 9001 质量管理体系、HACCP 食品安全管理体系、ISO 14001 环境管理体系、GB/T 28001 职业健康安全管理体系和诚信管理体系的"五合一"认证。

第三节　烟酒、饮料制造业

1999 年，北京卷烟市场品牌众多，但北京产卷烟产品仅有北京卷烟厂一家，从业人员 900 人。主要生产混合型、烤烟型 10 多个牌号 20 余种规格的卷烟。主要产品包括特制中南海、精品中南海、低焦油中南海系列、ENJOY 长乐、金北京、红北京、金装金健、醇和金健、软包金健、牡丹、贵族星、长乐、香山、八达岭等品牌的香烟。产品行销全国，还远销日本、韩国、美国、巴西、智利、巴拉圭、澳大利亚、意大利、俄罗斯、科威特、新加坡、印度尼西亚等国家和中国的香港、澳门、台湾地区。

1999 年，北京有饮料制造业企业 87 家，从业人员 3.11 万人，工业总产值 61.78 亿元，主要产品有白酒、葡萄酒、啤酒、果汁、软饮料等。北京白酒以清香型白酒为主，也有浓

香型、酱香型及复合香型白酒。最知名的白酒为北京二锅头，传统酿制技艺可追溯到800年前的元代，成型于清康熙十九年（1680年），在中国白酒中独树一帜。北京白酒有诸多品牌，尤以红星二锅头最为知名。1949年9月，首批"红星二锅头酒"投放市场，成为庆祝中华人民共和国成立的献礼酒。龙徽葡萄酒始酿于1910年，为中国最早的葡萄酒品牌之一。1988年"龙徽"以标志性的五龙印章载入中国葡萄酒名录，其产品在世界各地的著名葡萄酒大赛上获70余项大奖。所属龙徽干红葡萄酒、赤霞珠葡萄酒和龙徽首创的桂花陈酒在国内外葡萄酒界享有崇高声誉。北京产啤酒中以燕京啤酒产量最大。北京饮料行业中的北京汇源饮料集团创立于1992年，1994年将总部迁到北京。1995年汇源第一包250毫克纯果汁上市；1996年汇源1升家庭装系列产品上市。汇源主营果蔬汁及果蔬汁饮料、饮用水等产品，累计研发和生产500多种饮料食品。其中，100%果汁占据了全国纯果汁46%的市场份额，中高浓度果汁占据40%的市场份额，成为中国果汁行业第一品牌。

1999年，北京卷烟厂的"中南海"商标获北京市著名商标称号。同年，北京白酒产量9.89万吨，涵盖38%（v/v）～65%（v/v）的低、中、高酒度和100毫升～2升的多包装规格产品群。其中二锅头酒主要产品分为普通、特制、精品、珍品、珍藏五大系列，北京啤酒产量138.86万吨，产品以中浓度型，即麦芽汁浓度在10～12度啤酒为主要品种。北京饮料产量56.85万吨，产品包装主要采取玻璃瓶装、易拉罐、塑料胶瓶、纸包装、桶装、BIB等形式。

2000年，北京卷烟厂开发出低焦油、低自由基5毫克中南海卷烟，迅速畅销市场，研制出"3毫克中南海"，投入日本市场后引起轰动，销量快速增长。北京卷烟厂按销售收入进入北京工业企业前100名，位列第26位。2000年，饮料制造业实现总产值71.03亿元，利润4.66亿元。燕京集团、可口可乐饮料有限公司、红牛维他命饮料有限公司按销售收入进入北京工业企业前100名，分别位列第14位、第52位和第79位。中南海牌香烟、五星牌啤酒、燕京啤酒、中华牌桂花陈酒、丰收牌葡萄酒、红星牌白酒系列、华灯牌北京醇白酒系列、华都牌白酒系列、摩奇牌饮料系列获2000年北京名牌产品称号。北京华都酿酒食品工业公司完成企业转制，成立北京华都酿酒食品有限责任公司。

2000年至2009年，红星二锅头酒先后推出精品二锅头酒（十年陈酿）、老北京二锅头酒、特制二锅头酒、珍品二锅头酒（青花瓷）、1949（珍藏）酒、珍品千尊红星、60度二锅头酒（陆拾年珍藏）和浓香型北京特酿（特制高级白酒）。

2001年，北京饮料制造业总产值和销售收入下降，利润增加。按销售收入，燕京集团、可口可乐饮料有限公司、红星股份有限公司、汇源食品饮料有限公司、红牛维他命饮料有限公司进入北京工业企业前100名。顺义牛栏山酒厂、龙凤酿酒总公司等国有大中型企业完成企业改制；燕京啤酒、红星酿酒、摩奇饮料、牛栏山酒厂获评北京市国有工业企业改革脱困突出贡献企业；11°P燕京纯生啤酒被国家经贸委评为年度国家重点新产品。11°P燕京纯生啤酒获全国食品工业科技进步优秀项目奖。五星青岛啤酒公司投资152.5万元，建成年产10万吨啤酒规模配套的酒糟加工及800千克/小时干槽成套设备。北京卷烟厂投资

2891 万元完成制丝生产线技改项目。

2002 年，北京卷烟厂投资 8700 万元完成干冰法膨胀烟丝项目。北京烟草制造业总产值 12.94 亿元，实现利润 1.26 亿元。北京饮料制造业集中度提高，形成比较优势板块，产量占全国总产量的 4% 以上。顺鑫农业牵手饮品新厂投产，年产能力 15 万吨。中南海／北京牌香烟、燕京啤酒、五星牌啤酒、龙徽葡萄酒系列（中华牌桂花陈酒）、丰收牌葡萄酒、红星牌系列白酒、牛栏山二锅头系列酒（华灯牌北京醇）、华都系列白酒、华邦果肉型果汁、汇源果汁、牵手果蔬汁获 2002 年北京名牌产品称号，燕京啤酒获中国名牌产品称号，"汇源"商标获中国驰名商标称号。龙徽公司新酿制并投放市场的葡萄酒"西拉干红"和"新红酒"在质量和档次上领先于国内同行业水平。

2003 年，北京卷烟厂在北京百强企业排名中位列第 63 位；燕京集团、汇源饮料集团进入北京百强企业，燕京集团位列第 24 位。龙徽酿酒进行增资扩股和产权多元化重组，形成新的经营机制。红星股份公司通过 ISO 9000 认证和 ISO 14000 认证，完成 5 个白酒工艺项目，出酒率提高 7% 以上。燕京苦瓜啤酒、燕京无醇啤酒成为北京市鉴定新产品。同年，燕京集团啤酒产量 218 万吨；燕京啤酒股份有限公司营业收入 34.28 亿元，净利润 2.82 亿元。

2004 年，北京烟草制造业的金健、中南海等商标被认定为北京市著名商标。燕京集团、汇源饮料集团进入 2004 年北京百强企业排名榜，燕京集团位列第 35 位。燕京啤酒、丰收牌葡萄酒、龙徽牌系列葡萄酒、中华牌桂花陈酒、红星牌白酒系列产品、牛栏山牌白酒、华灯牌北京醇白酒、华都牌系列白酒、五星牌啤酒、汇源牌果汁饮料、华邦牌低糖果肉果汁、牵手牌果蔬汁获 2004 年北京名牌产品称号。北冰洋、汇源、九龙山等 16 个商标被认定为北京市著名商标，燕京啤酒 15 种系列产品通过国家绿色食品认证。

2005 年，北京卷烟厂在北京百强企业排名中位列第 64 位。饮料制造业总产值突破 100 亿元，占北京食品工业总产值的 26.31%。燕京集团进入 2005 年北京百强企业排名榜，位列第 29 位。龙徽酿酒完成二次增资扩股和股权结构调整。红星股份收购天津宁河天星酒厂，实现低成本扩张。

2005 年，红星股份"高酯化酶活性红曲霉及生香酵母在二锅头白酒中的应用"技术获北京科学技术奖二等奖。龙徽公司开发意大利工艺技术的高档干化葡萄酒，填补中国葡萄酒的一项空白。燕京集团成为国内首家 2008 年北京奥运会啤酒赞助商。汇源获产品质量国家免检资格。

2006 年，北京烟草制造业总产值 18.89 亿元，实现利润 2.75 亿元。北京卷烟厂在 2006 年北京百强企业中位列第 63 位。饮料制造业总产值 116.18 亿元，利润突破 9 亿元。燕京集团、红星股份、统一饮品等 3 家企业（集团）进入 2006 年北京百

图6-5　红星二锅头酒（2007年摄）

强企业排名榜，燕京集团位列第 27 位。燕京啤酒、丰收牌葡萄酒、长城牌葡萄酒、汇源果汁饮料被认定为中国名牌产品，龙徽牌系列葡萄酒、红星牌白酒系列产品、牛栏山牌白酒、五星牌啤酒、牵手牌果蔬汁（南瓜汁）被确认为北京名牌产品。红星商标获中国驰名商标称号。燕京纯生啤酒、燕京无醇啤酒分别获第二届中国（北京）国际餐饮食品博览会金奖和银奖；10 度清爽啤酒被评为中国啤酒著名创新产品。

2007 年，北京饮料制造业总产值 124.14 亿元。燕京集团、红星股份两家企业（集团）进入 2007 年北京百强企业排名榜，燕京集团位列第 29 位。燕京集团啤酒产量 401 万千升，位列全国前三强；牛栏山酒厂白酒产量 7.16 万千升，位列全国白酒行业第四名；红星股份产量 6.02 万千升，位列第八名。燕京啤酒获最受北京消费者欢迎的啤酒品牌称号。

2008 年，北京饮料制造业总产值 136.15 亿元。红星、牛栏山二锅头酿制技艺入选国家非物质文化遗产名录。燕京啤酒完成冰爽纯生技术改造项目，项目投资 1.9 亿元。"红星二锅头酒制作技艺"入选国家级非物质文化遗产名录。

图6-6 百年牛栏山珍藏品（2009年5月26日摄）

2009 年，燕京啤酒在北京地区销售额 37.8 亿元。红星二锅头白酒夺得全国清香型白酒市场销量冠军，"红星"品牌被中央电视台评选为推动中国经济、影响民众生活的 60 个品牌之一。燕京啤酒的《啤酒大麦／麦芽质量与安全评价体系的研究》获第四届全国食品工业协会科学技术奖一等奖，无醇啤酒生产工艺获得国家知识产权局颁发的发明专利证书。龙徽公司与中国农业大学合作的"高档干红葡萄酒微氧化陈酿技术体系"项目通过国家级鉴定。

2010 年，北京卷烟产量 202.95 亿支，北京烟草制造业总产值 37.03 亿元，占北京食品工业总产值的 5.46%。饮料制造业总产值 166.08 亿元，实现利润 14.32 亿元，行业总产值占北京食品工业总产值的 24.48%。行业中拥有中国名牌产品 4 个、北京名牌产品 8 个、中国驰名商标 6 个。燕京啤酒，汇源果蔬汁，红星、牛栏山系列白酒在国内具有较高知名度，获得消费者广泛认可。

2010 年，北京白酒年产量 19.85 万吨，其中红星牌白酒年产量 9.75 万吨。北京葡萄酒

图6-7 北京汇源饮料集团有限公司生产线（2009年摄）

产量 1.02 万吨。北京啤酒产量 164.63 万吨。燕京啤酒产销量 551 万千升，进入世界啤酒产销量前八名。北京软饮料产量 332.33 万吨。汇源销售收入 37.08 亿元，其中果汁产品（百分百果汁、中浓度果蔬汁及果汁饮料）的销售收入 34.0 亿元。汇源品牌在中国果汁市场继续保持领先优势，百分百果汁及中浓度果蔬汁的市场份额分别为 50.2% 和 45.0%。

1999—2010年北京烟草制造业产值、销售收入、利润统计表

6-5表

年份	企业数（个）	从业人员（万人）	总产值（亿元）	销售收入（亿元）	利润总额（亿元）	利税总额（亿元）	卷烟产量
1999年	1	0.09	6.99	7.16	0.26	4.10	16.43万箱
2000年	1	0.09	8.36	8.42	0.50	5.01	17.07万箱
2001年	1	0.08	10.61	11.48	1.04	6.49	20.11万箱
2002年	1	0.08	12.94	12.88	1.26	7.32	22.49万箱
2003年	1	0.15	14.51	13.76	1.39	7.54	22.88万箱
2004年	1	0.09	14.79	15.29	1.35	8.65	123.94亿支
2005年	1	0.08	16.81	16.85	1.64	9.94	136.78亿支
2006年	1	0.08	18.89	19.30	2.75	12.31	147.60亿支
2007年	1	0.08	24.61	24.49	4.14	16.06	171.04亿支
2008年	1	0.08	29.67	29.38	4.56	20.34	182.28亿支
2009年	1	0.08	32.76	32.78	——	——	193.22亿支
2010年	1	0.08	37.03	36.86	——	——	202.95亿支

说明："——"表示无相关数据。

2000—2010年北京饮料制造业产值、销售收入、利润统计表

6-6表

年份	企业数（个）	从业人员（万人）	总产值（亿元）	销售收入（亿元）	利润总额（亿元）	利税总额（亿元）
2000年	77	3.18	71.03	68.46	4.66	15.21
2001年	69	2.47	64.70	62.67	4.88	13.90
2002年	68	2.41	77.08	75.73	4.79	15.05
2003年	65	2.33	80.47	76.27	3.72	14.64
2004年	86	2.29	90.07	87.56	5.39	16.95
2005年	70	2.51	103.95	104.54	8.30	21.25

（续表）

年份	企业数（个）	从业人员（万人）	总产值（亿元）	销售收入（亿元）	利润总额（亿元）	利税总额（亿元）
2006年	64	2.59	116.18	115.76	9.10	23.73
2007年	63	2.47	124.14	121.38	8.24	24.14
2008年	67	2.71	136.15	149.25	6.63	23.26
2009年	66	2.76	157.00	157.63	10.79	32.04
2010年	65	2.88	166.08	161.48	14.32	32.46

1999—2010年北京饮料制造业主要产品产量统计表

6-7表 单位：万吨

年份	白酒	啤酒	葡萄酒	饮料	果汁及果汁饮料
1999年	9.89	138.86	—	56.85	—
2000年	7.00	177.18	1.24	66.25	12.29
2001年	10.02	124.39	1.06	78.33	19.24
2002年	6.27	131.16	1.19	101.98	19.24
2003年	7.76	123.51	1.30	109.00	26.97
2004年	8.26	138.45	1.48	127.07	49.72
2005年	9.29	152.31	1.39	145.64	66.08
2006年	10.17	158.74	—	194.64	62.11
2007年	14.51	172.52	1.77	188.67	60.42
2008年	17.56	153.45	1.59	215.99	45.90
2009年	18.03	161.36	1.28	202.52	42.76
2010年	19.85	164.63	1.02	332.33	52.88

说明："—"表示无相关数据。

北京红星股份有限公司

1949年5月建厂，是中央税务局筹建的国内第一家国营酿酒厂。1949年9月，首批红星二锅头酒投放市场，成为庆祝中华人民共和国成立的献礼酒。2000年完成工厂制向公司制改造，成立北京红星股份有限公司，注册资本1.2亿元。公司投资837万元完成白酒技术改造（贮存及勾兑）项目，投资1433万元实施夜光杯葡萄酒厂生产搬迁工程。2001年，红星股份在全国范围内整合行业资源，确立了"多地经营、多地生产、多地储存"的生产经营新格局，其核心架构是"两头在内、中间在外"，即产品研发和市场营销在公司内部掌控，生产环节在北京市城区之外、外埠地区和通过OEM方式进行产品生产。红星股份租赁天津市宁河县天星酒业有限公司和天津市天尊酒业有限公司厂房、设备，组建了红星第一分公司；收购山西省祁县六曲香酒厂的厂房，组建了北京红星六曲香分公司。2004 年 10 月，红星股份投资 2452.08 万元购置安装一条 30000 瓶 / 小时（500 毫升 / 瓶）灌装生产线，购进国产或国内合资企业设备 42 台套，新建设白酒灌装车间厂房及配套用房建筑面积 4010 平方米。2006 年 5 月，红星股份出资 898.6 万元并购天津宁河天星酒业有限公司。2009 年，红星股份投资 3270 万元建设北京二锅头博物馆、北京源升号博物馆工程项目。2010 年，红星股份有 2 个分公司、1 个参股公司、5 个全资子公司，职工总数 1652 人，资产总额 9.80 亿元，年产量 9.75 万吨，工业总产值 9.30 亿元，利润总额 5399 万元，实现利税 4.84 亿元。2009 年、2010 年，红星二锅头酒连续两年位居全国白酒市场销量第一，被认定为中国白酒清香型（二锅头工艺）代表酒。

北京卷烟厂

1970 年始建，是国有重点骨干企业。1990 年跨入中国 500 家最大工业企业行列，1993 年名列中国 500 家最佳经济效益工业企业第 143 位。1994 年被评为北京市 100 家最佳经济效益工业企业第一名。1997 年 12 月，北京卷烟厂取得国内 ISO 9002 质量体系认证证书和国际 UKAS 质量体系认证证书，被评为北京市用户满意企业。1998 年研制开发出低自由基卷烟——ENJOY 长乐，技术成果达到国际领先水平，申请了国家专利。企业被评为全国质量效益型先进企业。2000 年被评为全国质量管理小组活动优秀企业。进入 21 世纪，北京卷烟厂通过 ISO 9001：2000 版审核，获得 2000 版质量体系认证证书。2010 年，北京卷烟产量 202.95 亿支，产值 37.03 亿元，占北京食品工业总产值的 5.46%。有职工 820 人，占地 11 万平方米，固定资产 3.98 亿元，年生产能力 25 万箱卷烟。

北京燕京啤酒集团公司

1980 年建厂，1993 年组建燕京啤酒集团公司，1997 年在上海、深圳两地证券交易所上市，成为中国最大的啤酒企业集团之一。燕京牌商标被国家工商总局认定为驰名商标。2000 年，燕京集团创建企业技术中心。2001 年，燕京集团实施南厂引进纯生啤酒无菌化处理和罐装设备改造项目，总投资 1.09 亿元。2002 年，燕京集团兼并广西桂林漓泉和福建泉州啤酒，外埠啤酒厂达到 13 家，年产能力 208 万吨。燕京集团"纯生啤酒易拉罐、精品啤酒扩建及引进啤酒关键设备"技改工程完成，总投资 9911 万元。2004 年，燕京啤酒通过中国绿色食品发展中心审核，符合绿色食品 A 级标准。2005 年 8 月 10 日，燕京集团成为 2008 年北京奥运会啤酒赞助商。燕京啤酒先后获第三十一届布鲁塞尔国际金奖、首届全国轻工业博览会金奖、中国名牌产品等多项称号。燕京啤酒被指定为人民大会堂国宴特供酒、中国国际航空公司等四家航空公司配餐用酒。燕京集团对外投资超过 20 亿元，调动和掌控超过 127 亿元的有形资产以及超过 400 万吨的产业规模。2009 年，燕京集团总投资 27.1 亿元，完成冰爽纯生项目。2010 年，啤酒产销量 503 万千升，工业

图6-8　燕京啤酒总厂厂区（2009年摄）

总产值141.54亿元，利润10.88万元，上缴税金13.98亿元，进入世界啤酒产销量前八名。燕京集团有形资产150亿元，燕京商标商誉价值245.23亿元；有员工33500人；拥有控股子公司（厂）31个，其中啤酒生产企业23个，相关和附属产品企业8家。

北京龙徽酿酒有限公司

1987年，北京葡萄酒厂同法国保乐力加集团合资成立北京龙徽酿酒有限公司，注册资本120万美元。1999年，龙徽酿酒工业总产值411万元，实现利润48.9万元。2001年6月，北京葡萄酒厂与保乐力加集团签订股权转让协议，收购法方龙徽酿酒的全部股权，并收回龙徽商标，企业类型由中外合资经营企业变更为内资企业。2002年2月，龙徽酿酒投资135万元，引进意大利红酒速冷机和传统酒冷冻机。9月，龙徽酿酒通过ISO 9001：2000质量管理体系认证。2003年12月，龙徽酿酒进行增资扩股，由国有企业改制为国有控股有限公司，注册资本5000万元。2004年3月，龙徽酿酒投资107万元建成540立方米发酵罐，提高红酒稳定性和发酵能力。2005年，龙徽酿酒再次增资扩股，注册资本增至1亿元。龙徽酿酒在葡萄酒行业率先获得HACCP食品安全体系认证，成为北京市第一批通过QS认证企业。龙徽酿酒投资1000万元，建设北京龙徽葡萄酒博物馆。2006年6月26日，北京龙徽葡萄酒博物馆正式开馆。同年，龙徽酿酒投资1062万元，完成主要生产设备更新项目。2007年1月，龙徽酿酒成立怀来龙徽庄园葡萄酒有限公司，注册资本50万元，形成年发酵3000吨原酒的生产能力。2008年，文化创意产业项目"龙徽博物馆二期改造"完成，成为奥运会期间北京工业旅游重点单位。2009年10月，龙徽酿酒进行第三次增资扩股，注册资本增至22491.2098万元。2010年4月，龙徽酿酒成立北京夜光杯葡萄酒有限公司和北京盛世国华酒业有限公司。2010年，龙徽酿酒有职工203人，工业总产值11556.4万元，销售收入14297.1万元，实现利润194.9万元。

北京汇源饮料食品集团有限公司

1992 年创立，1994 年总部迁到北京。1999 年汇源果汁跻身中国饮料工业十强。2001 年首家引进世界上最先进的 PET 瓶无菌冷灌装生产线，开创中国果汁饮料 PET 瓶无菌冷灌装的先河。2002 年获农业产业化全国重点龙头企业称号，"汇源"商标成为中国驰名商标；2004 年汇源果汁获中国名牌产品称号。2007 年 2 月，汇源果汁公司股票在香港联交所挂牌上市。据调查机构 AC 尼尔森公布数据，汇源 100% 果汁占据了纯果汁 46% 的市场份额，中高浓度果汁占据 39.8% 的市场份额。汇源成为中国果汁行业第一品牌，汇源产品获产品质量国家免检资格。同时，浓缩汁、水果原浆和果汁产品远销美国、日本、澳大利亚等 30 多个国家和地区。汇源果汁拥有 100 多条国际最先进的 PET 瓶、康美包、利乐包、怡乐屋顶包等无菌冷灌装生产线。2010 年，汇源销售收入 37.08 亿元，汇源品牌在中国果汁市场保持领先优势。

第四节　保健食品业

20 世纪 80 年代，北京保健食品产业兴起。2003 年 7 月，御生堂牌肠清茶上市。御生堂牌肠清茶可远溯到乾隆八年（1743 年），其中御生堂第七代传人白凌云御医熬制的"肠清养胃汤"被北京御生堂生物工程有限公司传承，将御生堂中医药博物馆馆藏医方挖掘、升华成符合当代生活习惯和消费习惯的保健品，并且寻找流散民间的保健良方，经考证、试验、研发后申报为保健食品。

2007 年，北京生产的功能袋泡茶销量超过 6 亿元，占全国同类保健食品销量的 40%。

2010 年年底，北京有保健食品生产企业 331 家，保健食品经营企业 12268 家。持有保健食品批准证书的企业有 281 家。其中，自产 21 家，自产并接受委托加工的 41 家，不具备生产能力以委托形式生产的 219 家，无自有品种只接受委托生产的受托企业 50 家。保健食品生产企业中，有 38 家持有保健食品经营卫生许可证。北京市保健食品生产企业共持有 602 个品种的保健食品批准证书，其中委托外省市企业生产的 54 种。北京具备保健食品生产能力的生产企业共 112 家。其中，拥有口服固体生产线（片剂、颗粒剂、硬胶囊剂）的 86 家，拥有软胶囊剂生产线的 20 家，拥有口服液生产线的 23 家，拥有粉剂（散剂）生产线的 30 家，拥有茶剂生产线的 22 家，拥有丸剂生产线的 6 家，拥有保健饮料类（250 毫升以上）生产线的 4 家，拥有蜂产品类（蜂王浆）生产线的 6 家，拥有膏剂生产线的 2 家，拥有酒剂型生产线的 2 家，拥有糖果剂型、酸牛乳剂、益生菌固体饮料生产线的各 1 家。北京市保健食品生产企业主要分布在海淀区、怀柔区、朝阳区以及北京经济技术开发区。

2010 年年底，全市有蜂产品保健食品生产企业 35 家，在产品种 72 个，占获批品种的

59.5%。北京地区蜂产品拥有北京蜂王精、百花、知蜂堂等知名品牌，其中北京蜂王精是全国第一个滋补保健食品品牌。蜂产品保健食品的剂型主要包括软胶囊、硬胶囊、片剂、颗粒剂、口服液等。北京生产功能袋泡茶的有澳特舒尔、三奇堂、御生堂、红景天等企业，北京地区保健茶行业主要有 35 家生产企业 75 个产品。

北京百花蜂产品科技发展有限公司

前身是著名养蜂学家黄子固于 1919 年在北京创办的李林园养蜂场。1956 年公私合营成立北京蜜蜡商店，划归北京市供销合作社土产经营处。1968 年更名为北京蜜蜡采购供应站，1970 年更名为北京土产公司蜜蜡加工厂，1984 年更名为北京市蜂产品公司，1999 年进行股份制改造。2004 年 7 月，该公司总部迁入北京经济技术开发区，建成符合国家标准的 GMP 保健品生产车间，在房山区长阳新建蜂蜜生产加工基地。2006 年 4 月，公司更名为北京百花蜂产品科技发展有限公司，经营范围扩展到自主开发蜂蜜、蜂花粉、蜂王浆、蜂胶、日化、蜂产品制品等六大类 140 多个产品，其中蜂蜜类产品销往全国 23 个省市。公司集科研、生产、经营于一体，成为全国蜂产品行业龙头企业。2006 年 12 月被商务部评为中华老字号；2006 年和 2007 年被中国连锁经营协会评为中国零售业十大优秀特许品牌。2007 年通过蜂产品 QS 市场准入认证，2008 年成为北京奥运会、残奥会餐饮原料供应商，获得奥组委颁发的荣誉证书。该公司先后通过 ISO 9001 质量管理体系认证、ISO 22000 食品安全体系认证和有机食品认证。蜂蜜、蜂王浆、蜂胶三类产品通过国家中医药管理局的审批，获得保健品批号。截至 2010 年，"百花"品牌连续四届被评为北京市著名商标，连续四届被评为北京名牌产品。

北京同仁堂健康药业股份有限公司

前身是北京同仁堂南洋药业有限公司，1993 年出品首个产品总统牌高级冰糖燕窝，1994 年建立产供销一体化模式，1999 年在北京赛特商场开设独立形象专柜，以店中店模式经营。2003 年 4 月经重组成立北京同仁堂健康药业股份有限公司，位于海淀区上地信息路 2 号上地国际科技创业园，是同仁堂集团旗下中药现代化企业，产品包括保健食品、普通营养食品、传统滋补品、饮片、中成药等。2004 年推行大型独立店经营模式，第一家旗舰店落户广东汕头。2007 年首次拿到国家科研课题，获得政府研究经费。2009 年，公司通过包括 GSP、GMP、QS 在内的药品、食品、健康食品三大领域共 8 项质量认证。2010 年被科技部评为国家火炬计划重点高新技术企业，成为集研发、生产、物流、销售为一体，集传统文化内涵与现代科技于一身的企业。除设在北京的公司总部外，在上海、天津、福州成立 3 个分公司，在成都、深圳、武汉、西安、宁波、杭州、珠海建立 7 个办事处。公司在全国大中城市的各大商场、综合超市拥有近 500 家北京同仁堂专卖店及近千个形象专柜。

北京航洋健康科技有限公司

前身为 1993 年 8 月成立的北京航洋胶囊技术有限公司，是专业从事软胶囊技术研究、保健食品开发生产、销售及健康理念推广的高新技术企业。位于大兴区亦庄镇东工业区经海三路 21 号，占地面积 1.07 公顷，总建筑面积 6000 平方米，拥有 3000 平方米符合 GMP 标准的制药车间和 6 条软胶囊生产线，生产能力达数十亿粒软胶囊产品（即 1000 吨生产能力）。1999 年完成国内最小装量（78 毫克）软胶囊生产，成为国内首家高含量高浓度（固形物含量达到 65% 以上）碳酸钙软胶囊生产商。2000 年完成固体颗粒软胶囊、非流动膏状内容物软胶囊的技术研究和样品生产，完成阴道给药软胶囊产品生产。2001 年完成软胶囊印花、印字技术的研究和产品上市。2002 年完成软胶囊包衣缓释技术的研究及产品生产。2003 年完成咀嚼型软胶囊技术研究和产品的生产。2004 年，公司生产的蜂胶软胶囊产品占国内蜂胶软胶囊的市场份额超过 50%。2008 年开始非动物类明胶（植物胶等）研究项目。2009 年开始靶向软胶囊研制。2010 年，该公司获北京市高新技术企业资质。

红牛维他命饮料有限公司

1995 年 12 月成立，位于怀柔区雁栖工业开发区 88 号，主要产品为红牛维生素功能饮料。2006 年 11 月，"红牛 RedBull 及图"商标被认定为中国驰名商标。红牛饮料的生产制造按照 GMP、SSOP 管理规范进行，通过 ISO 认证以及安全饮品认证。公司先后获全国食品安全示范单位、全国公平交易示范单位、实践社会责任优秀企业等荣誉，红牛产品先后被授予国家权威检测合格产品、中国食品安全放心品牌等称号。2010 年，公司在北京怀柔、湖北咸宁、广东佛山、江苏宜兴、海南海口建有五个生产基地，产品供应全国市场。

宝健（中国）日用品有限公司

公司位于北京经济技术开发区西环南路 16 号。1996 年起在中国市场营运，是集研发、生产、配送、销售、服务于一体，专业从事健康理念传播及经营营养保健、美容护肤、日化用品等多元化产品的大型港资高科技健康企业。2005 年创建"宝健自主创业"项目，在全国有 500 多家宝健健康生活馆。2009 年成为行业内唯一中国青年创业就业基金会发起单位，为社会提供更多就业机会。2007 年，宝健获最具中国心跨国公司与履行社会责任做出突出贡献最佳企业称号。2008 年，宝健投入 4 亿多元在北京经济技术开发区建成亚太区营运总部，面积近 5 万平方米，是北京规模最大的健康产业中心。2009 年，宝健投资 10 亿元，加大产品自主研发和科技创新投入。2010 年，市科委认证宝健为北京市科技研究开发机构。

北京东方红航天生物技术股份有限公司

1997 年 9 月 26 日成立，位于怀柔区北房镇经纬工业开发区，是中国航天科技集团公司下属中国空间技术研究院发起成立的股份制企业。公司利用空间特有环境，结合现代生物技术，运用航天医学成果，进行生物产品的研发、生产、销售，产品有天曲牌益脂康片、航天东方红牌航力片、东方红1号牌宇航口服液等系列航天高科技产品。

葆婴有限公司

1999年1月成立，位于北京经济技术开发区宏达北路8号，是一家专业从事健康理念传播及健康产品研发、生产、销售和服务，专门为孕妇、婴幼儿和家庭提供营养健康食品和资讯的外商独资企业。注册资本3000万美元，总投资9000万美元。在北京经济技术开发区建有符合GMP规范的生产基地，并在全国设立22家分支机构。2009年获商务部颁发的直销经营许可证，产品均在国家食品药品监督管理总局注册登记并获得批准证书。葆婴产品的原料和加工制造符合中国国家标准，符合GMP规范，获中国保健品公信力产品等称号。

北京知蜂堂蜂产品有限公司

1999年成立，位于昌平科技园区白浮泉路13号，是一家集研发、生产、销售于一体的大型蜂产品企业，涵盖蜂胶、蜂王浆、蜂蜜、蜂花粉、日护等系列蜂产品，是国家高新技术企业，国家"九五"重点攻关蜂胶项目产业化基地，中国最早实现蜂胶产业化生产的企业之一。该公司拥有亚洲最大的蜂胶提纯生产线，蜂胶原料来自全国主要天然养蜂区，常年恒温储存160吨蜂胶原料，储存量占中国蜂胶原料总产量的50%以上。公司具有10万级空气净化生产环境，通过国家GMP和QS认证，自主研发的蜂胶提纯技术获得国家专利。2010年，公司在国内300多个城市设有专卖店400家、零售终端1000多个。

北京世纪劲得保健品有限公司

1999年成立，位于平谷区马昌营镇密三路（马昌营段）1388号，专门从事营养保健食品的研制、生产和销售。拥有符合GMP标准的4条生产线，片剂年产能1亿片、硬胶囊年产能7000万粒、颗粒剂年产能3000万袋。公司资产1.4亿元。2001年成为北京市第一批建立食品安全管理体系（HACCP）企业。2003年，劲得钙桔味泡腾冲剂获国家专利，并获中国国际专利与名牌博览会金奖。2009年，"劲得"品牌获北京市著名商标称号。

北京双鹤高科天然药物有限责任公司

2000年12月，双鹤药业以现金出资、北京万辉药业集团以第四制药厂延庆分厂及第四制药厂液体部分设施出资，共同改制成立北京双鹤高科天然药物有限责任公司。公司位于延庆县妫水南街11号，占地面积81948平方米，建筑面积21216平方米。原址为北京第四制药厂延庆分厂。2004年通过质量及环境管理体系认证，并多次通过澳大利亚TGA组织的GMP认证。2006年6月，北药集团持有100%股权。通过ISO 9001：2000及ISO 14001认证。2009年，被北京保健品协会评为北京保健食品行业贡献十佳企业及效益十佳企业。2010年，公司以生产天然药物液体制剂为主，剂型有注射液、口服液、糖浆剂等。

年产针剂 5800 万支、口服液 8300 万支、糖浆剂 600 万瓶，年处理中草药（水提、酒提、浓缩）1000 吨。公司拥有从德国、意大利、日本等国家引进的多套先进生产线及质量检测仪器，产品"北京蜂王精口服液"远销 50 多个国家和地区。

北京澳特舒尔保健品开发有限公司

2000 年成立，是碧生源控股有限公司旗下的全资子公司，是一家集研发、生产、销售中国保健功能茶的企业。经卫生部及国家食品药品监督管理总局批准，结合中医传统中草药的天然功能，依据药食同源的理念，开发具有保健功能的东方茶产品。2010 年，公司总部位于海淀区西四环北路的玲珑天地碧生源大厦。生产基地位于房山区窦店镇秋实工业小区 1 号，占地 15 公顷，该公司拥有多项保健茶专利，主产品为碧生源牌常润茶和碧生源牌减肥茶系列。

北京东方兴企食品工业技术有限公司

2001 年成立，是北京市营养源研究所进行国有科研机构改革，依据自身科研优势组建的高新技术企业。1999 年承担北京市高技术项目"新型广谱生物食品防腐剂产品的研究"，并申报专利一项。2000 年完成通高胶囊保健品批准证书技术转让。2003 年完成乳酸菌蛋白粉及开尔胃消食产品科研开发及试生产项目；应尼日利亚政府邀请，完成尼日利亚畜牧农庄项目。2004 年与市体育局合作，承担"骨关节营养食品对运动员骨骼健康及损伤修复"科研项目。2004 年完成舍宾国际（俄罗斯）系列健身食品的科研开发并上市。2005 年承担完成的课题包括"十五"攻关国家标物中心、市科委、市新星计划、萌芽计划等国家及北京市重大科技研究开发项目。2007 年承担并完成"现代生物技术在牛骨综合利用中的应用"。2008 年，北京市科学技术研究院课题公益性营养健康教育、开放营养分析实验室项目启动。2010 年，申报项目"一种复合真菌多糖保健食品的研究与开发"获北京市科学技术研究院优秀成果一等奖。该公司作为北京市生物营养品中试基地，按照药品生产质量管理规范（GMP）要求建设有 10 万级净化车间，按照安全管理体系 HACCP 的要求制定管理规范，按照出口标准组织生产。该公司获得近百项国家发明专利，多次在国际发明展览会、国家发明展览会上获金银铜奖。

2010年北京保健食品销售收入前10名产品一览表

6-8表 单位：万元

排序	产品名称	销售收入	生产企业
1	红牛维生素功能饮料	165084	红牛维他命饮料有限公司
2	碧生源牌常润茶	43000	北京澳特舒尔保健品开发有限公司
3	碧生源牌减肥茶	28900	北京澳特舒尔保健品开发有限公司
4	宝健牌磷脂维生素E胶囊	13378	宝健（中国）日用品有限公司
5	宝健牌初乳胶囊	9217	宝健（中国）日用品有限公司

（续表）

排序	产品名称	销售收入	生产企业
6	蒙牛冠益乳酸牛乳	6208	蒙牛乳业（北京）有限责任公司
7	天曲牌益脂康片	4527	北京东方红航天生物技术股份有限公司
8	宝健牌灵动胺糖钙胶囊	3937	宝健（中国）日用品有限公司
9	普诺宁思胶囊	3877	北京知蜂堂蜂产品有限公司
10	同仁堂牌长白山中国林蛙油颗粒	2017	北京同仁堂生物制品开发有限公司

2010年北京保健食品行业利税前10名企业一览表

6—9表　　　　　　　　　　　　　　　　　　　　　　单位：万元

排序	企业名称	利税额
1	北京同仁堂健康药业股份有限公司	40556
2	红牛维他命饮料有限公司	38346
3	宝健（中国）日用品有限公司	37055
4	北京澳特舒尔保健品开发有限公司	36000
5	悦康药业集团有限公司	20895
6	紫光集团有限公司	10983
7	北京协和药厂	8493
8	北京四环制药有限公司	4565
9	北京东方红航天生物技术股份有限公司	4528
10	北京凯因生物技术有限公司	4200

第二章　纺织服装业

1999年，北京纺织业、纺织服装及其他纤维制品制造业、皮革皮毛羽绒及其制品业三大行业独立核算工业企业总计1675个，其中亏损企业434个，实现工业总产值（当年价格）总计93.69亿元；三大行业年平均从业人员173505人。主要产品为纱线、坯布、呢绒、服装、合成纤维及皮革皮毛制品。

1999年至2000年，纺织业、化学纤维制造业、皮革皮毛业经历了国有企业改革与脱困三年的攻坚时期。北京涤纶厂、北京床单厂、北京涤纶实验厂、北京化学纤维厂、北京丝绸总厂、北京三环毛纺针织集团公司先后破产。北京棉纺织压缩淘汰12.8万锭产能，京棉三厂停产并转让生产厂区土地22万平方米。北京第一针织厂、北京第三针织厂在搬迁中转让土地8.8万平方米。纺织业和皮革皮毛羽绒制品业下岗再就业职工总计3.5万余人。2000年，北京纺织业大中型企业共有17个，其中亏损企业5个，亏损比例29.4%，比1997年的亏损比例33%降低3.6个百分点。

"十五"时期，纺织业、皮革皮毛业深化企业改革，提升一批、调整重组一批、搬迁转移一批、破产淘汰一批，由"调整中发展"转向"发展中调整"，由以退为主的结构调整转向有进有退的战略重组，由总量压缩转向恢复性增长。北京维尼纶厂、北京长毛绒厂、北京二毛纺织集团、北京革制品厂先后破产。京棉集团、北京清河毛纺织厂、北京羊绒衫厂、北京毛巾厂等9家企业先后实施搬迁调整，迁出市区。北京纺织服装制造业一批具有知名品牌的服装企业崛起，2005年有中国名牌产品4个，北京名牌产品20个，北京著名商标30个，年销售收入亿元以上企业20多家。

"十一五"期间，纺织业、皮革皮毛业大规模产业区位转移、大范围富余人员分流安置、大额度不良贷款清偿基本完成，北京纺织业在生存发展中由大规模的生产制造企业逐步向小规模、精品化、专业化、品牌化的都市型纺织业过渡，完成了从"大生产、大营销"向"小生产、大贸易"的转型，形成6个拥有多种体制的全资、控股、参股子公司从事纺织产品研发及生产的大型企业集团。纺织服装制造业在市政府与中国纺织工业协会制定的《促进北京时装产业发展，建设"时装之都"规划纲要》指导下，企业深化改革，综合实力日益增强。在中国纺织工业协会公布的2009—2010年度中国纺织服装企业竞争力500强名单中，铜牛集团等7家公司榜上有名。雪莲集团和铜牛集团进入2009年中国纺织服装行业出口100强企业行列。

2010年，北京纺织业，纺织服装、鞋、帽制造业，化学纤维制造业，皮革、皮毛、羽绒及其制品业四大类行业规模以上工业企业总计480个，其中亏损企业116个，总计实现工业总产值（当年价格）191.41亿元，占全市工业总产值13699.84亿元的1.40%，占北京轻纺产业1330亿元的14.4%。其中，纺织控股系统内规模以上企业完成现价工业总产值27.9亿元，实现产品销售收入33.17亿元，出口创汇3.27亿美元，利润总额3500万元。

第一节 棉纺织业

1999年年初，北京棉纺织业主要归属于北京纺织控股（集团）有限责任公司（以下简称纺织控股公司），拥有京棉集团一分厂、二分厂、三分厂及京棉集团等16家企业。总计有纱锭34.3万枚，棉织机6495台，从业人员24465人。主要产品为纱线和坯布。

1999年5月，京棉集团一分厂、二分厂、三分厂停止法人运作，开始办理注销手续，由京棉集团统一对外经营，三家棉纺织企业的设备调整、人员分流和资源利用以及资产处置相继展开。6月，京棉集团三分厂纺部、织部人员同时向京棉集团一分厂、二分厂分期分批转移。至10月底，京棉集团三分厂分13期20批向京棉集团一分厂、二分厂转移安排人员共计1422人。从8月至年底，由京棉集团三分厂向京棉集团二分厂搬迁细纱机90台、并条机9台、粗纱机12台、并线机2台、拈线机10台；清钢联设备（一期）1套。2000年1月至4月，由京棉集团三分厂向京棉集团二分厂搬迁并卷联合机2台、精梳机11台、并条机2台、自动络筒机8台。2000年4月，由京棉集团三分厂向京棉集团一分厂搬迁自动络筒机8台，向京棉集团二分厂搬迁清钢联（二期）一套。

1999年，京棉集团贯彻执行市经委等单位联合颁布《关于下发〈北京市推进污染扰民企业搬迁加快产业结构调整实施办法〉的通知》，原京棉一厂、京棉二厂、京棉三厂土地开发利用逐步推进。12月2日，京棉集团与中远房地产有限责任公司签订《原北京第三棉纺织厂生产区土地转让合同书》，京棉集团将位于朝阳路与东四环交会处朝阳区八里庄西里1号，占地面积约22万平方米的土地及地上建筑物转让中远房地产有限责任公司，转让总金额为11.7亿元。2002年11月6日，京棉集团依据首都经济发展战略要求和北京纺织服装业发展方向，与顺义区高丽营镇签订合作建设生产基地意向书，确定了搬迁调整初步方案，拟将传统纺织生产加工搬出市区，在顺义区高丽营镇建立纺织生产园区。2003年12月25日，纺织控股、京棉集团与大通房地产开发公司签订京棉集团一分公司及所属北京塑方纺织机械厂厂区土地转让协议书。转让土地规划用地面积约14.11公顷，土地转让补偿金额为7.35亿元。2004年5月，在国家宏观调控政策变化导致购置顺义区高丽营镇土地计划被迫搁置情况下，京棉集团调整战略，先行启动利旧项目，抓紧高丽营镇纺织生产园区的土地审批。11月，京棉集团生产主体区位开始转移，首个利旧调整项目启动，京棉集团一分公司408台闲置有梭织机迁往平谷区峪口镇的北京京棉裕昌纺织有限责任公司。2005年5月，京棉集团二分公司33台德国青泽细纱机及其配套纺纱设备搬迁至顺义区北京丽华纺织厂院内，京棉集团与山东省寿光市嘉信纺织有限公司共同出资设立了北京京华立信纺织有限责任公司。10月，位于京棉集团一分公司院内的京澳毛纺有限公司进行整体搬迁，迁入位于顺义区高丽营镇的金马工业园区纺织生产园。至2005年年底，京棉集团直接或间接调整、转移、处置的设备达14万纱锭、2500台织机，涉及4个法人企业；建立北京京棉裕昌纺织有限责任公司、北京京棉夏都纺织有限责任公司、北京京华立信纺织有限责任公司3个新公司。在岗职工由2000年年底的9086人减至2365人。2006年5月，京棉集团24420锭纺纱设备及配套设备398台迁至位于延庆县

图6-9　2006年，京棉集团在延庆县建成的京棉夏都纺织有限公司生产线

的北京京棉夏都纺织有限责任公司，7月26日设备安装完毕，年底投产。2006年，因国家宏观调控政策变化而被迫搁置的顺义区高丽营镇纺织生产园区建设项目重新列入工作议程并进入实质性操作。2006年上半年，京棉集团在市区旧址的棉纺织加工生产逐步收尾。按照京棉集团搬迁调整方案实施进度，京棉集团二分公司织布工场全部关车，进行人员安置分流。至6月22日，运行50多年的北京棉纺织加工生产企业全部迁出市区。2006年，在积极推进搬迁调整的同时，京棉集团对三级及以下企业进行清理整顿，采取多种方式实现国有退出。老京华公司、银梭劳务派遣公司、床单福利工厂、美尔特丽制衣厂及三纺劳务社等5家企业完成撤照。11月，纺织控股原则批准全资企业北京纺织机械器材研究所辅业改制实施方案，同意将该所中的部分资产转让给纺机所部分员工，组建民营性质的公司制企业。2008年下半年，京棉集团针对搬迁调整后出现的新情况开始进行局部二次调整。10月，曾经在生产主体区位转移中做出贡献的北京京棉裕昌纺织有限责任公司、北京京华立信纺织有限责任公司和北京京棉夏都纺织有限责任公司，开始停产清盘。12月11日，北京京华立信纺织有限责任公司185套机器设备搬迁投资到河北省高阳县。2009年，北京京棉夏都纺织有限责任公司313台机器设备搬迁投资到河北省高阳县。京棉集团与河北省高阳宏润新型面料有限公司合作，建立河北京宏纺织有限公司。12月，北京京华立信纺织有限责任公司和北京京棉夏都纺织有限责任公司完成工商注销。从1999年至2009年，北京棉纺织业在国有企业改革调整中，经历长达10年的搬迁、调整。其中"十一五"期间，京棉集团共搬迁、调整、处置设备21.3万纱锭、957台织布机、5616头气流纺，建成顺义区高丽营生产园区并投入使用；分流安置职工3050人，归还银行历史债务等本息合计2.8亿元，结合搬迁调整推进主辅剥离，五年内清理改制投资企业和单位共30家。

1999年，北京纺织工业系统生产的纯棉纱线有钻石牌普梳售纱、铜亭牌精梳纱及6～12支气流纺粗支纱；生产的混纺纱线有京棉牌T/C24支精梳涤棉纱和氨纶包覆线等。纱线产量4.68万吨，其中京棉二厂生产的铜亭牌纯棉精梳纱为北京市名牌产品。北京纺织工业系统生产的坯布主要有鹏程牌19.5号、29号纯棉坯布，纯棉绉布，纯棉精梳防羽绒布，纯棉高密织物和气流纱卡粗厚织物等。坯布产量1.48亿米。其中，京棉二厂生产的花蕾牌精梳涤棉细纺、京棉三厂生产的鹏程牌平布曾获国家优质产品金质奖，京棉一厂生产的珍珠牌涤棉细布和京棉二厂生产的巨龙牌纱卡为北京市名牌产品。

2000年至2004年，京棉集团在企业搬迁调整中，持续生产铜亭牌纯棉精梳纱和气流纺系列纱线、纯棉普梳系列纱线、涤纶缝纫线、涤棉混纺系列纱线以及灯笼牌氨纶包芯系列纱线等优势产品；持续生产精梳32支、40支系列氨纶包芯弹力府绸、弹力斜纹、弹力直贡等优势产品，并先后开发纬向强力灯芯绒及四面弹力织物，开发出抗菌纤维、抗紫外线系列产品。京棉集团与美国杜邦公司合作开发COOLMAX系列产品，其特点是容易洗涤、洗后不变形、易干、面料轻而软、不用熨烫。还与美国杜邦公司合作开发T400微弹系列织物，与奥地利兰精公司合作开发天丝/莫代尔纤维系列产品等。2004年，铜亭牌精梳纯棉纱再次被评为北京市名牌产品。

2005 年，北京京棉夏都纺织有限责任公司 30000 纱锭投产，专营涤纶缝纫线销往韩国，并具有较高的市场知名度。同年，北京京华立信纺织有限责任公司 30000 纱锭投产。京棉集团拓展海外市场，定期定量为国外军队织造军服面料和军用帆布。生产的 T400 弹力府绸和 T400 弹力双层布在全国棉纺织、色织、印染产品开发年会产品评比中获优秀设计奖和优秀创新奖。

2006 年，北京京棉巨龙纺织有限责任公司 1080 头新型气流纺投产，生产 8 ～ 18 支纯棉、混纺气流纱。生产的羊绒 / 真丝高档气流纱在全国棉纺织、色织、印染产品开发年会产品评比中获优秀创新奖；开发低起球吸湿排汗纤维 / 纱线 / 织物，织造宽幅家居装饰布，同时开发消防服面料、起绒布、强捻平布、防羽绒布等。国宝公司 31000 纱锭投产，专营功能性纱线。主要产品包括芳纶 1313 本色纱线、抗静电色纱线、涤纶纱线、芳纶 1313 缝纫线等。

2008 年，京宏公司 60000 纱锭投产，生产各种精梳纯棉纱、涤棉混纺纱、竹节纱等。北京京棉巨龙纺织有限责任公司生产出 21 ～ 30 支纯棉气流纱；开发出仿竹节布、纵条纹抗静电细布、抗静电纱卡等产品，为国产大飞机织造座椅面料。国宝公司开发石油工装面料、飞行服面料、防冻服面料等，为国外定制消防员系列服装面料。

2009 年，国宝公司调整产品结构，增加半精纺生产工序，生产出绵羊绒纱线、纯毛纱线、棉毛丝羊绒纱线、毛麻纱线等；开发出飞行员作战服装面料、救灾人员专用抢险服面料等产品。北京京棉巨龙纺织有限责任公司强化技术支持，生产的 32 支纯棉气流纱、21 支纯涤气流纱投入市场；开发出双经单纬芳纶斜纹布、直贡（稀纬密）、棉锦纱卡、棉锦直贡、纯棉 20 支 /2 双面直贡等产品。

2010 年，北京棉纺织业主要集中在京棉集团控股、参股的 11 家企业。纱线产量降至 3700 吨，坯布产量降至 495 万米。

北京第一棉纺织厂

1954 年建立，是北京历史上第一个现代化国营棉纺织企业。位于朝阳区十里堡，占地面积 26 万平方米，建筑面积 8.96 万平方米。1997 年京棉集团公司组建后，改名为京棉集团一分厂。1999 年年初，有职工 3526 人，固定资产原值 2.63 亿元，净值 1.60 亿元。2001 年 1 月，改名为京棉集团一分公司。2003 年 12 月 25 日，京棉集团与大通房地产开发公司签订《京棉集团一分公司及所属北京塑方纺织机械厂厂区土地转让协议书》。转让土地规划用地面积 14.11 公顷，转让总金额为 7.35 亿元。2004 年 8 月，京棉集团一分公司停产，进行设备搬迁转移和人员分流安置。2010 年 2 月 8 日，北京第一棉纺织厂注销。

北京第二棉纺织厂

1955 年建立，是国内第一个以全套国产设备装备的现代化大型棉纺织厂，是"一五"时期全国 156 项重点工程之一。位于朝阳区八里庄东里，占地面积 40 万平方米，建筑面积 18.44 万平方米。1997 年京棉集团组建后，改名为京棉集团二分厂。1999 年年初，有职工 6518 人，固定资产原值 5.53 亿元，净值 3.37 亿元。2001 年 1 月，改名为京棉集团二分公司。2006 年 6 月 22 日，京棉集团二分公司停产，进行设备搬迁和人员分流安置。2010 年 2 月 8 日，北京第二棉纺织厂注销。

北京第三棉纺织厂

1957 年建立，位于朝阳区八里庄西里，占地面积 41.7 万平方米，建筑面积 20.98 万平方米。1997 年京棉集团公司组建后，改名为京棉集团三分厂。1999 年年初，有职工 4100 人，固定资产原值 3.70 亿元，净值 2.05 亿元。4 月至 10 月，京棉集团三分厂基本完成大部分生产设备和 1422 名职工向京棉集团一分厂、二分厂的转移及其余职工的分流安置。11 月，京棉集团三分厂停产。12 月 2 日，京棉集团与中远房地产有限责任公司签订《原北京第三棉纺织厂生产区土地转让合同书》，将位于朝阳路与东四环交会处朝阳区八里庄西里 1 号，占地面积约 22 万平方米的土地及地上建筑物转让给中远房地产有限责任公司。2010 年 2 月 8 日，北京第三棉纺织厂注销。

北京京棉纺织集团有限责任公司

1997 年，由第一棉纺织厂、第二棉纺织厂、第三棉纺织厂联合组建，地址在朝阳区朝阳路八里庄东里。1999 年年初有职工 14144 人，纱锭 34.3 万枚，棉织机 6495 台。2000 年 8 月，京棉集团将购并后的北京床单厂作为京棉集团分支机构，以分厂建制设立北京京棉纺织集团有限责任公司床单分厂。12 月 19 日，京棉集团利用棉纺织生产优势联合高科技民营企业，成立了北京英特莱特种纺织股份公司。2000 年至 2002 年，京棉集团连续三年在出口创汇、销售收入、实现利税方面获得全国棉纺织行业 50 强排头兵企业称号，并通过 ISO 9000 质量体系认证，成为美国杜邦公司特许工厂。2004 年，京棉集团根据国家经贸委、财政部等 8 部门《关于国有大中型企业主辅分离辅业改制分流安置富余人员的实施办法》要求，提出"主辅改制提升发展"的工作方针。京棉集团一分厂机修车间经过资产剥离和人员分流，由自然人共同出资购买经评估后的全部资产，注册为北京东方海升机械有限责任公司；京棉集团三分厂机修车间改制为民营性质的北京创业鹏程工贸有限责任公司；京棉集团二分厂机修车间改制为民营性质的北京金工嘉艺机械有限责任公司。2006 年 2 月 15 日，京棉集团顺义区高丽营镇金马工业区生产基地奠基，该生产基地共征地 18.64 万平方米。京棉集团与北京英特莱技术有限公司共同出资组建北京华泽技术纺织有限公司，后更名为北京国宝技术纺织有限公司，地址在顺义高丽营镇金马工业区纺织生产园区。12 月，由京棉集团和北京国有资产经营有限责任公司共同投资组建的北京京棉巨龙纺织有限责任公司成立，并入驻顺义高丽营镇的金马工业园区。2007 年 4 月，在 2006 年度市总工会经济技术创新工程评选中，京棉集团获 2006 年度经济技术创新工程先进企业单位称号。8 月 21 日，京棉集团按规定程序将京棉集团床单分厂土地使用权及地上建筑物转让给北京市国通资产管理有限责任公司。2008 年，京棉集团根据市工业促进局、市规划委、市文物局联合下发的《北京市保护利用工业资源、发展文化创意产业指导意见》，结合朝阳区打造 CBD—定福庄国际传媒产业走廊规划，将位于朝阳区八里庄东里的原京棉二厂生产旧址开发为以聚集中、高端媒体为主的文化创意产业园。2009 年 6 月，京棉集团所属京澳毛纺有限公司通过国际环保纺织协会生态纺织品认证。2010 年，京棉集团注册资本 4.35 亿元，投资额 4.88 亿元，拥有控股、参股企业 11 家，总资产 22.6 亿元，主营业务收入 12.7 亿元，主营业务利润 1.57 亿元；利润完成 1062 万元。

2010年北京京棉纺织集团有限公司控股、参股企业一览表

6—10表

企业名称	持股比例（%）	注册资本（万元）	投资额（万元）
北京京棉新城物业管理有限公司	100	160	160
北京方晟房地产开发有限责任公司	100	4000.00	4000.00
上海燕鹏国际贸易发展有限公司	100	483.5	483.5
深圳三纺贸易有限责任公司	93.19	949.95	885.25
北京京棉纺织进出口有限责任公司	80.35	3054.06	2454.06
北京京棉华星特种屏蔽材料技术公司	79	2040.00	1250.77
北京京棉巨龙纺织有限公司	66.11	9000.00	5950.00
河北京宏纺织有限公司	50.87	5860.00	2980.95
北京京澳毛纺有限公司（合资）	50	3029.70	1514.89
北京国宝技术纺织有限公司	45	10000.00	4500.00
北京英特莱科技有限公司	20.2	7600.00	1535.20

第二节　毛纺织业

20 世纪 90 年代末，北京毛纺织业 13 家企业主要集中在纺织控股。

1999 年，北京生产的精纺呢绒产量 987 万米，有中高档单面花呢、毛涤单面花呢、纯毛舍味呢、羊绒花呢、毛涤中厚花呢等。其中，北京清河毛纺织厂马踏飞燕古稀龄牌羊绒花呢、北京毛纺织厂天鹅牌全毛薄花呢和全毛单面花呢曾获国家优质产品金质奖；北毛产北毛牌精纺呢绒、清毛产溥利牌精纺呢绒、二毛产金驼牌纯毛华达呢为北京市名牌产品。同年，北京生产的粗纺呢绒产量 235.2 万米，有羊绒大衣呢、牦牛绒大衣呢、雪兰毛大衣呢、驼绒大衣呢、银枪大衣呢等。其中北京制呢厂生产的马踏飞燕牌羊绒大衣呢、北京绒毯厂生产的快乐鸟牌立绒毛毯和马踏飞燕牌纯毛烤花大衣呢曾获国家优质产品金质奖。1999 年

至 2003 年，北京精纺呢绒原料价格猛涨，企业严重亏损，精纺呢绒产量逐年减少。

1999 年至 2001 年，北京制呢厂调整产品结构，扩大短顺类、立绒型、粗纺轻薄缩绒类毛呢产品。生产的短顺大衣呢有纯毛短顺大衣呢和羊绒短顺大衣呢，适合做男女高档大衣。立绒大衣呢更多应用于制作高档女式大衣，呢面丰满，手感富有弹性。粗纺轻薄类产品主要有法兰绒，纯毛、毛粘混纺花呢等。

2002 年，北京清河毛纺织厂开始出现经营亏损。市政府决定对国有北京长毛绒厂实施政策性破产，破产财产由北京中用投资有限公司以 1.01 亿元的价格竞价收购。同年，北京毛线厂停止生产。

2003 年 12 月，纺织控股将北京毛纺织企业搬迁调整列为 2004 年重点工作。2004 年 2 月 27 日，纺织控股将平谷毛纺织产业园区的建设列为北京毛纺企业的中心任务之一。2005 年 3 月 28 日，市规划委致函市发展改革委，同意在平谷马坊工业区建设毛纺织产业园区，规划用地面积 22.6 万平方米。4 月 28 日，纺织控股董事会讨论通过了北毛集团公司、清河毛纺织厂、北京制呢厂 3 家企业生产区 42.6 万平方米国有土地使用权整体转让，在平谷马坊工业区建设新厂的决定。5 月 23 日，平谷马坊工业区毛纺动力项目土建工程开工。6 月 4 日，中美联合（北京）制呢有限公司项目土建工程开工。2005 年 6 月 27 日，市国土资源局发布北京市国有土地使用权挂牌出让公告，清河地区 3 家毛纺织企业生产区国有土地使用权在北京市土地整理储备中心挂牌交易。地块面积 456139.6 平方米，规划建筑面积 701617.7 平方米。8 月 1 日，经过 80 余轮竞价，清河地区 3 户毛纺织企业生产区国有土地使用权最终由华润新镇置业有限公司竞买。2008 年，历时三年的北京毛纺企业整体搬迁项目工程基本告竣。腾退移交清河厂区 45 万平方米土地，安置分流 4500 多名职工，清偿了 4 亿多元的内外债务。同时，在平谷马坊毛纺工业园投资建立北京新清河毛纺织染有限责任公司、北京新北毛纺织染有限公司、中美联合（北京）制呢有限公司、北京方泽劳动服务有限公司 4 家新公司，总计投资 2.5 亿元。2009 年 1 月 8 日，平谷区马坊毛纺园区建设项目通过市环保局总体验收。

2004 年 8 月，始建于 1958 年的北京二毛纺织集团因连年严重亏损被列入国家破产项目。2005 年 12 月 20 日，北京市第一中级人民法院依法裁定，终结北京二毛纺织集团破产程序。共完成 2831 名在职职工的分流安置和 2340 名离退休人员的社会移交。北京二毛纺织集团破产财产由北京明天房地产开发有限公司收购。

2004 年，北京清河毛纺织厂通过计算机网络的科学管理和电脑辅助设计，产品实现系列化、功能化、高档化、轻薄化，溥利牌精纺呢绒再次被评为北京市名牌产品。同年，北毛纺织集团研制新产品花色 969 个，投产达 931 个，新产品产值 2923 万元，占全部产值的 47.5%。

2005 年，中美联合（北京）制呢有限公司成立，2006 年 9 月 8 日开业。同年，平谷马坊工业区新北毛和新清毛精纺项目、公用工程项目土建工程主体基本完工，中美联合（北京）制呢项目进行设备安装调试，锅炉开始供热，形成正常生产能力。生产的粗纺毛织品有羊绒、安哥拉兔毛、驼绒、羊毛及各种混纺面料，分为纯绒系列、纯毛系列、毛锦系列、羊绒混纺等几大类，克重从300克/平方米到800克/平方米。

2007年5月，新清河毛纺织染有限责任公司建成投产。12月，新北毛纺织染有限公司进行设备验收检查，全线接单生产。

2007年至2010年，北京清河三羊毛纺织集团有限公司科技投入总计3491万元，研制开发新产品85个，投产79个，获奖15个，实现新产品收入7178万元。

图6-10　2005年，中美联合（北京）制呢有限公司成立揭牌

北京精纺呢绒在继承北京毛纺产品优异品质、保留原有产品精华内涵基础上，以高端、优质、特色为目标，形成功能型、环保型、高科技型三大系列精纺毛织品。

2010年，中美联合（北京）制呢有限公司采用匹染技术使交货期大大缩短。面向北美、欧洲、亚洲市场开发的粗纺系列新产品有95%羊毛与5%锦纶混纺的短顺大衣呢、75%羊毛与25%驼绒混纺的短顺驼绒呢、10%羊绒与90%羊毛混纺的短顺羊绒呢等。同年，北京毛纺织业主要集中在北京清河三羊毛纺织集团有限公司控股、参股的5家企业，精纺呢绒产量降至123.77万米，粗纺呢绒产量降至75.93万米。

北京清河毛纺织厂

1908年建立，位于海淀区清河镇。1999年，占地面积12万平方米，有职工2302人，固定资产原值1.65亿元，净值1.01亿元。2002年，北京清河毛纺织厂出现经营亏损。2005年8月启动企业搬迁调整工程。2006年7月15日停产。2009年11月注销。

中美联合（北京）制呢有限公司

2005年组建，地址在平谷区马坊工业区西区190号，占地面积33000平方米，建筑面积20485.32平方米。2005年1月17日，北京制呢厂、中土畜三利发展股份公司、美国派克公司签订合资经营中美联合（北京）制呢有限公司合同及章程。注册资本800万美元，中土畜公司占股本40%，北京制呢厂占35%，美国派克公司占25%。合营期限20年。2006年9月8日公司投入运营，有粗纺纱锭1600枚，织机30台，年生产粗纺呢绒能力为200万米。2010年生产粗纺呢绒75.93万米，销售收入4135万元。

北京新清河毛纺织染有限责任公司

2006年10月，北京清河毛纺织厂与北京工业发展投资管理有限公司共同出资在平谷区马坊工业园区建立北京新清河毛纺织染有限责任公司。注册资金6000万元，占地面积28559平方米，建筑面积24503平方米。规模为毛精纺纱锭10000枚，无梭织机44台，两套粗纱生产线，具备年产精纺面料200万米生产能力。2007年5月全面投产。2010年，公司注册资本2.71亿元，投资额3.33亿元，资产总额7483.4万元，负债总额3280.7万元，所有者权益4202.7万元；职工410人；工业总产值5779.9万元，工业增加值626万元，销售收入6460.7万元，出口交货值664.7万元，利税1.5万元。

北京清河三羊毛纺织集团有限公司

2007年12月25日，北京北毛纺织集团有限责任公司、北京清河毛纺织厂、北京制呢厂及北京市毛纺技术开发公司合并，组建成立北京清河三羊毛纺织集团有限公司。地址在海淀区小营西路16号，注册资本2.71亿元。2009年销售收入1.74亿元。11月17日，在市人力社保局协调下，该公司向北京17个区县移交原北京北毛纺织集团有限责任公司、北京清河毛纺织厂、北京制呢厂4208名退休人员的社会保险关系和档案资料。2010年，公司有控股、参股企业5家，资产6.3亿元，净资产3.68亿元，销售收入2.55亿元，主营业务利润1860万元，员工960人。

2010年北京清河三羊毛纺织集团有限公司控股、参股企业一览表

6-11表

企业名称	持股比例（%）	注册资本（万元）	投资额（万元）
北京市顺发进出口有限责任公司	26	500	130
北京方泽劳动服务有限公司	100	800	800
北京溥利毛纺进出口公司	100	967.7	967.7
北京新清河毛纺织染有限责任公司	100	6000	6000
北京清河三羊商贸有限公司	100	50	50

第三节　染织复制品

1998年，北京生产毛巾类产品1001.2万条。北京帆布厂年产"双轴向"多功能篷盖材料200万米、帆布类制品100万米。开发的第三代帆布制品"双轴向"多功能篷盖材料曾被评为国家级新产品，并获全国产业用纺织品创新奖。北京织带商标厂与港商合资设立的燕阳水带有限公司，主要产品有聚氨酯高压消防水龙带、军用野战软质输液油管，消防水带产量等。同年，北京五洲染织集团公司主要生产织造商标、绦带，绦带产量900万米。

1999年，北京染织复制品业主要企业有北京光华染织厂、北京五洲染织集团公司、北京毛巾厂、北京床单厂、北京制线厂等。同年，北京第二印染厂印染分厂搬迁改造完成，开发宽幅产品。北京五洲佳泰新型涂层材料有限公司生产双轴向材料、膜结构材料、棉帆布、救灾帐篷、充气玩具、可移动大棚以及其他制成品等四大类20多个品种的系列产品。

2001年，市经委确定天然彩棉为重点科技创新攻关项目。北京天彩纺织服装有限公司（以下简称天彩公司）开发了不同风格、不同功能的彩棉纱线9种，采用环保材料（彩棉与白棉不同混纺比）和环保工艺，包括彩棉天丝混纺纱（各种比例）、彩棉花式纱、彩棉天丝氨纶包芯纱、J80S高支混纺纱等。

1999年至2002年，北京第二印染厂印染分厂开发生产系列全棉什色宽幅平布、涤棉混纺织物、双色涤棉卡其织物、宽幅灯芯绒、弹力灯芯绒等。2002年，北京五洲燕阳特种纺织品有限公司研制出软体储、运油罐系列产品，属国内首创。北京五洲服饰商标织造有限公司引进意大利美丽宝电脑商标织机、德国华宝电脑商标织机，后续工序设备采用激光异形切割机、超声波切割机，制造小批量、多品种、高密度产品。同年，天彩公司彩棉高支提花府绸衬衫面料获优秀创新奖。

2003年，北京京冠毛巾有限责任公司先后研发试制出波浪毛缎档提花、高低毛缎档绣花、剪绒提花绣花等毛巾类产品。天彩公司注册"绿典"商标，并获北京市著名商标称号，天然彩色棉服装及其制品获北京名牌产品称号。北京五洲燕阳特种纺织品有限公司组合式野战油库（站）系统获国家科学技术进步奖二等奖。2002年至2004年，北京五洲燕阳特种纺织品有限公司先后完成直升机外挂吊运油囊、20升手提油囊等科研项目，正式列装解放军部队，直升机外挂油囊获2002年度解放军总后勤部科技进步二等奖。

2004年，北京五洲服饰商标织造有限公司陆续生产军用臂章、肩章、胸标、帽徽等军需品。军需领章是用织好的商标，附上胶膜再用激光切割机按外形要求切制，使用时通过加热复合在衣领上。海军帽飘带使用激光异形切割机、超声波切割机切边，取代了以往的织边产品，商标边缘与人体皮肤接触时不再刺痒，达到舒适效果。

2005年，纺织控股生产印染布降至685.8万米。北京五洲佳泰新型涂层材料有限公司通过合作方式引进充气玩具设计和生产技术，产品进入国际市场。北京五洲燕阳特种纺织品有限公司成功地把"一次挤出，两面成型"技术应用到幅宽达1.5米的软体油罐胶布涂层工艺中，设计建造了国内第一条胶布生产线，运用高频热合技术，设计制造软罐热合生产线，研究成功液体密封胶、聚氨酯软体油罐。研制的软体储、运油罐是由多幅胶布，通过高频热合成形工艺制成的新型软质储油容器，产品填补国内空白，达到国际先进水平，获得国家专利。北京五洲燕阳特种纺织品有限公司高强度聚氨输油管研究项目获2005年度中国纺织工业协会科学技术二等奖，获2006年国家科学技术进步奖二等奖。天彩公司设计出SF系列彩棉提花府绸等4款彩棉面料，在全国棉纺织、色织、印染产品开发年会上获优秀创新奖和优秀设计奖，生产量1万米，试投放市场高级衬衫6000件，增收20多万元；生产的50%彩棉、50%TENCEI面料入围2006春夏中国流行新型纤维面料。

2006 年，天彩公司研发设计了北京奥运会彩棉产品服装面料项目，有彩棉衬衫、童装面料和彩棉奥运毛巾产品；研制开发彩棉绸、提花府绸、天丝彩棉斜纹布等 3 款面料，获外观设计专利。天彩公司开发的彩棉竹丽休闲布，先期试纺纱 150 千克，生产面料 500 米，主要做休闲女裤，受到市场青睐。再次翻单投产 1200 米，总计生产女裤 1600 多条。

2007 年，北京五洲佳泰新型涂层材料有限公司与挪威合作，引进非金属可移动棚房设计生产技术，产品畅销北欧市场。北京五洲燕阳特种纺织品有限公司的"军用软质输油管线系统技术装备研究"项目获国家科学技术进步奖二等奖。同年，北京五洲鑫洋织带有限公司与解放军总后勤部合作的 07 款军服腰衬（2.0 厘米 PLA 防滑腰衬带），以新颖实用的设计获发明专利。

2008 年，北京五洲佳泰新型涂层材料有限公司投资 1400 多万元建设"扩大佳泰新型 PVC 涂层材料生产能力技术改造项目"，从意大利引进 4.4 米幅宽涂层设备，生产多功能、特宽幅涂层产品。涂层产品生产能力提高 100%，能耗降低 23%。同年，在汶川抗震救灾中，北京五洲佳泰新型涂层材料有限公司在短短 2 个月里为灾区生产了 3.2 万顶救灾帐篷，并将帐篷送到灾区腹地江油市、绵阳市。北京五洲燕阳特种纺织品有限公司开发的潜艇靠帮防撞气囊通过海试。北京五洲鑫洋织带有限公司为 2008 年北京奥运会生产了会旗的旗杆带及奥组委工作证吊牌带。天彩公司的"绿典"品牌获 2008 年北京十大时装品牌称号，"有

图6-11　2008年，北京五洲佳泰新型涂层材料有限公司职工为四川地震灾区赶制帐篷

机棉双轴提花府绸"在全国棉纺织、色织、印染产品开发年会产品评比中获优秀设计奖，"有机彩棉天丝绸"获优秀创新奖。

2009 年，天彩公司的棉桃图案商标获北京市著名商标。天彩公司成功收购在北京已初具规模和影响力的"昱璐"童装品牌及其产品与市场渠道，形成以"绿典"品牌为中高档健康环保系列纺织品、以"素道"品牌有机纺织品和以"昱璐"品牌为童装的多品牌、多产品、多市场的综合架构。天彩公司为改善彩棉内衣、童装内衣手感，开发彩棉双层提花针织面料，应用于彩棉内衣，成为品牌内衣亮点。北京京冠毛巾有限责任公司开发的北京风光提花系列毛巾在北京市第七届旅游商品设计大赛中获优秀奖。北京五洲佳泰新型涂层材料有限公司"佳泰"牌商标获北京市著名商标。北京五洲鑫洋织带有限公司研发了中华人民共和国成立 60 周年三军阅兵新式武装带，由挺括舒适的编织物腰带替代原传统皮质武装带，阅兵腰带配合不同兵种服装颜色，体现新军服的整体性，彰显军威。北京五洲燕阳特种纺织品有限公司开发的潜艇靠帮防撞气囊实现批量生产，"新型海军输油管线"项目进行海试并取得成功。该公司还研制成护油池、吸排软管、海军新型补给软管等多个项目，

分别获得专利。

2010年，北京光华五洲纺织集团公司主要产品为印染布，毛巾，篷盖材料，聚氨酯软体管、罐，绦带商标，彩棉及其制品等。北京京冠毛巾有限责任公司经销毛巾类产品1628.2万条，京冠毛巾公司的"JINGGUAN"品牌获北京市著名商标。北京篷盖材料产量1047.7万米，销量725.32万米，销售额1.46亿元，质量一等品入库率95.5%。北京五洲燕阳特种纺织品有限公司完成800立方米软体油罐的成型样品热区试验，出口型高压软管研发成功并接受出口订货。北京五洲鑫洋织带有限公司设计提供上海世博会专用女城管员制服帽带。天彩公司生产彩棉纱188.1吨，彩棉针织服装68.9万件，销售收入1.16亿元。2010年，北京绦带产量2961万米，编机产量146.3万米。

北京京冠毛巾有限责任公司

前身为1954年成立的北京毛巾厂，地址在海淀区安宁庄东路甲18号。1999年年初，地址在朝阳区劲松七区，占地面积46000平方米，固定资产原值6600万元，净值4365万元，职工1844人。2001年，北京毛巾厂实施污染扰民搬迁项目。1月，北京毛巾厂劲松七区土地整体转让给北京方恒房地产开发有限公司，北京毛巾厂迁至海淀区安宁庄东路甲18号原北京丝绸总厂部分厂区。12月，北京毛巾厂改制为北京京冠毛巾有限责任公司。2006年5月至8月，北京京冠毛巾有限责任公司实施生产区位转移，迁到河北省蠡县，改制为河北京冠强纺织有限公司，注册资本1000万元。2010年，有职工272人，经营销售毛巾类产品产量2346吨，主营业务销售收入1.37亿元，资产总额1.02亿元。

北京月季红线业公司

前身为1956年建立的北京制线厂。1999年年初，该厂厂址在通州区土桥，拥有2万枚纱锭、1万枚捻线锭；固定资产原值5054.6万元、净值2806.6万元，职工990人。2001年12月24日，北京制线厂整建制划归北京铜牛针织集团公司。2002年3月19日，北京制线厂改组为北京月季红线业公司。2010年，北京月季红线业公司生产纱线1729吨。

北京光华纺织集团有限公司

2005年12月，北京光华纺织集团与北京五洲染织集团公司等15家企业重组，成立北京光华五洲纺织集团公司。2009年，北京光华五洲纺织集团公司改制更名为北京光华纺织集团有限公司，注册资本5.81亿元。2010年，光华纺织注册资本1.48亿元，投资额5.13亿元，国有资产总额2.12亿元，

图6—12　2005年，北京光华五洲集团燕阳特种纺织品有限公司研发的军用软质输油装备

主营业务收入12.76亿元,主营业务利润1.80亿元,实现利润1245万元,工业现价总产值5.30亿元。

2010年北京光华纺织集团有限公司控股、参股企业一览表

6-12表

企业名称	持股比例（%）	注册资本（万元）	投资额（万元）
北京光华纺织集团有限公司	100	14813.00	51292.62
北京光华启明烽科技有限公司	92	500	292.91
北京京冠毛巾有限责任公司	98	2566.29	2515.48
河北京冠强纺织有限公司	58.54	1000.00	585.4
北京印染厂	100	6903.00	3153.60
北京佳益华服装制造有限公司	20	100	20
北京辰时纺织机械有限责任公司（本部）	51.3	231	49.5
北京辰龙塑料制品有限责任公司	81	100	100
北京光华时代进出口有限公司	78	500	390
北京天彩纺织服装有限公司	60	1000.00	600
北京中纺海天染织有限公司	42	500	756
北京中纺光华经贸有限公司	90	120	108
烟台中纺锐泽化学制品有限公司	85	1500.00	1275.00
北京芙蓉宾馆有限责任公司	46	500	230
北京超羽纤维制品有限公司	100	807	560.04
北京光华五洲纺织集团公司	70.95	6984.41	5945.89
北京五洲飞天商贸有限公司	40	200	80
北京五洲佳泰新型涂层材料有限公司	95.24	1050.00	1000.00
北京五洲燕阳特种纺织品有限公司	51	1000.00	510
北京燕京描稿有限公司	75	135	101.25
北京五洲服饰商标织造有限公司	65.02	436.75	284
北京五洲鑫洋织带有限公司	79.53	63.51	50.52
北京利安达物业管理有限公司	90	50	45
深圳市北纺实业有限公司	90	160	144

第四节　服装及其他纤维制品制造业

1998年，北京年产化学纤维2.21万吨。其中，纺织控股有化学纤维生产企业4家，职工总数4883人，生产化学纤维1.87万吨。

1999年，北京服装及其他纤维制品制造业全部独立核算工业企业有985个，其中亏损企业270个，工业总产值（当年价格）48.27亿元；年平均从业人员89577人。同年，北京鞋帽工业联合公司及北京制帽厂、北京市双花鞋业公司、北京市光华鞋厂、北京市长城鞋厂、北京新兴袜厂等划转区县管理。

1999年，北京产男装知名品牌有雷蒙、顺美、依文、威克多、五木等。顺美牌西服正统、中高档，趋于大众化。依文牌彩色休闲西装，销售区域遍及中国的东北、华北、西北、西南及华东等地区的60多个城市和地区。京工服装集团公司开发的雷蒙牌高精梳120支纯毛男西服，轻、薄、软、挺，干洗不变形。经检测机构鉴定，各项技术指标均达到国际先进IWS标准和GB/T 2664—1993国家标准。北京产女装有白领、滕氏、木真了、蓝地、玫而美、赛斯特等知名品牌。北京童装知名品牌有派克兰帝牌童装和"水孩儿"童装等。品牌产品涵盖了服装、围巾、帽子、包等多个品类，其中羽绒类、牛仔类等在全国消费者中享有盛誉。派克兰帝童装在北京市场开始取得连续多年第一名的地位，同时进入全国市场排名前十。北京衬衫知名品牌有天坛、坦博、绅士、金吉列等。北京生产的内衣知名品牌有铜牛牌和爱慕牌。铜牛牌针织服装是北京市名牌产品。北京铜牛针织集团公司推出防静电保暖套装、丝普仑内衣、全成型弹力提花内衣3个新产品，棉毛、舒暖类产品销售收入达到1000万元，成为外贸出口的拳头产品。北京生产的羊绒衫有雪莲、博依格、鄂尔多斯等品牌。北京羽绒服装的知名品牌"伊里兰"品牌为北京市著名商标。"伊里兰"羽绒服实行标准化管理，选用的内胆绒质优良，羽绒的绒朵质量高于同类产品。

2000年，北京市逐步确立建设"时装之都"的战略目标，服装产业纳入都市工业发展规划。市经委在《2001—2005年北京服装纺织行业发展规划》中提出，力争用5年到10年时间，使北京成为名师聚集地、时装信息集散地、人才培养中心，形成和发展一批国际知名品牌，为把首都北京建设成世界服装时尚中心城市奠定基础。同年，雷蒙牌西服获北京市名牌产品称号。

2001年，北京依文服装服饰有限公司创建"NOTTINGHILL"（诺丁山）品牌。将4个版型统一到一套版里面，改进后能够更加适合亚洲人的体型。大华衬衫厂年产衬衫200万件，产品共有三大类200余个品种。北京铜牛针织集团公司开发弹力罗纹产品，拓展增量绒化羊毛产品，推出具一定高新技术含量的远红外舒暖棉、远红外棉毛、莱卡棉毛、莫代尔、植物蛋白、天然彩棉等9种新面料产品。北京三环毛纺针织集团公司进行粗纺原料精加工性能研究及产品创新，开发出具有精纺特色的高比例兔毛衫、三防羊毛衫、毛圈袜等。当年该集团公司羊毛衫裤产量207万件。木真了牌女装成为北京奥申委和中南海礼仪人员指定礼服。派克兰帝童装品牌进入全国市场前三名。铜牛牌绒化羊毛系列针织品被国家经贸委认定为2001年度国家重点新产品。北京纤丝鸟服饰有限公司开发纤丝鸟牌内衣。

2002年，北京依文服装服饰有限公司创建"KEVIN KELLY"（凯文·凯利）品牌。恺王品牌落地北京，主打高端商务休闲男装系列。北京威克多制衣中心与意大利公司合作创立"GORNIA"品牌。派克兰帝品牌与世界卡通大师Jim Davis及其旗下的Paws公司合作，将世界最著名的卡通漫画形象"加菲猫"引进中国服装服饰及用品领域。绅士衬衫获北京市名牌产品称号。纤丝鸟抢滩中国保暖内衣市场，在央视黄金标版强势夺标，CCTV纤丝鸟杯"梦想中国"电视大赛的独家冠名。雪莲牌羊绒衫年产量35.1万件，销量46.2万件，被中国名牌推进委员会授予中国名牌称号。探路者产品线从帐篷、睡袋等户外装备拓展至户外服装及鞋类。中华老字号北京内联升鞋业有限公司的"内联升"布鞋、皮鞋被中国商业联合会评为中国名牌。

2003年8月，市经委制订了《建设北京国际服装名城，推动北京服装产业发展的规划方案》。"水孩儿"在北京市场销售排名第一、全国排名前五。北京大华衬衫厂研发中心推出竹纤维、大豆蛋白纤维、抗菌纤维、莫代尔超天然纤维4类高科技新型纤维产品近300种成衣样品。北京铜牛针织集团公司技术中心启动"多种功能复合纺织材料开发"和"竹纤维针织产品开发"2个研发项目，铜牛新产品销售收入3210万元。雪莲股份与国际羊毛局合作，成功研发出SP微胶囊缓释技术，在国内首次应用在雪莲牌羊绒衫上，成为2003年秋冬季羊绒制品销售的热点。北京杰奥制衣有限公司推出由美国著名服装设计师芬尼打造的FLASH GEO"芬尼杰奥"服装系列，有"杰奥""天奥""芬尼杰奥"三大品牌，总数达40余款，其中12款申请了技术专利。2003年至2004年，"杰奥"羽绒服获中国服装协会评选的中国羽裳杯金奖，在全国信息中心统计销售排名中名列第4。

2004年9月，市政府、中国纺织工业协会共同发布了《促进北京时装产业发展，建设"时装之都"规划纲要》。其总体思路是北京服装产业的发展，要紧紧围绕建设现代化国际大都市的目标，以北京奥运会为契机，以首都的文化资源和产业基础为依托，突出设计龙头，发挥品牌效应，营造时尚氛围，努力把北京建设成为引导中国服装业发展的设计研发中心、信息发布中心、流行时尚展示中

图6-13　2004年11月19日，北京市人民政府、中国纺织工业协会共同举办"促进北京时装产业发展　建设'时装之都'规划纲要"新闻发布会

心、精品名品商贸中心、特色产业集群和产业链集成中心，树立北京成为全国和全世界"时装之都"的城市形象。

2004年，北京制作的西服自有品牌以依文、顺美为代表。依文每月在北京亿元商场市场占有率高达10.63%，稳居前三名之列，获北京市名牌产品称号；顺美位居第四名。"木真了"被北京服装纺织行业协会推荐为优质产品。北京女装品牌白领、玫而美、赛斯特、蓝地等名列前茅。白领的市场占有率为3.92%。派克兰帝童装北京市场占有率10%左右，稳居前两名，获2004年北京十大服装热销品牌称号。"水孩儿"童装在北京市场销售排名第一、全国排名前三。北京衬衫自有品牌以绅士为代表，每月在北京亿元商场的市场占有率排名稳居前三名。绅士衬衫的市场占有率8.9%，并获中国名牌产品称号。

2004年，北京铜牛针织集团公司优化产品结构，对原346个产品进行归类、筛选；保留117个，淘汰199个，改进30个。铜牛牌针织内衣获中国名牌称号。北京爱慕内衣有限公司LA CLOVER品牌进驻北京赛特购物中心，在世界最专业且最具规模的法国里昂内衣展上亮相，爱慕男士品牌服装上市。在北京亿元商场，雪莲牌羊绒衫的市场占有率最高达16.74%。

2005年，依文获中国服装品牌年度大奖创新奖。派克兰帝童装入选中国驰名商标。雪莲牌羊绒衫复评为中国名牌产品。探路者"XCR飞越徒步鞋TF3335"获得中国国际体育用品博览会2005年度外观设计奖。北京铜牛针织集团公司重新调整产品结构，淘汰114种面料，保留41种面料，研发出新纤维、新面料29种，采用16种；铜牛针织集团公司科英公司研制的保暖内衣和宇航员航天飞行过程中餐用防护隔热手套，京凯公司研制的高效除湿吸水材料等4个航天产品应用在"神舟六号"载人飞船上。

2005年年底，市工业促进局制定《北京服装产业"十一五"发展规划》，明确了北京服装产业的发展目标和发展格局，确立到2010年，北京服装产业总产值突破200亿元的目标。

2006年，雷蒙牌西服、顺美牌西服、依文牌西服、五木男装被评为北京市名牌产品。"朗姿"高端女装品牌进入北京市场；"白领""滕氏""蓝地"牌女装、派克兰帝童装被评为北京市名牌产品。铜牛品牌被评为北京十大时装品牌，被国家质监总局授予国家免检产品称号；"爱慕"内衣被评为北京市名牌产品，爱慕商标被评为北京十大时装品牌、北京市著名商标；纤丝鸟品牌内衣在全国市场占有率名列第一，获北京十大时装品牌称号；雪莲股份的羊绒针织衫抗起球加工技术获中国发明专利，"雪莲"被国家工商总局商标局认定为中国驰名商标。

2007年，"威可多"入围2007年度北京十大时装品牌。北京衬衫厂借助自有"国王"品牌，在江苏法华纺织有限公司协助下，联合开发重现常州千年历史的帛衣"透额罗"。北京铜牛针织集团公司承担完成市科委、中国航天中心"神舟七号"出仓服、仓内服装项目，以及解放军总后勤部汉麻产业化研究项目；铜牛牌针织内衣再次获得中国名牌称号。北京商业信息咨询中心与北京服装纺织行业协会授予爱慕2006年度北京品牌服装营销金牌和

2006年北京十大热销服装品牌称号,爱慕获2006年度中国针织服装（文胸）十强荣誉称号,爱慕敦煌色彩应用获得中国流行色协会颁发的2006年度中国内衣色彩大奖,爱慕女性内衣系列2006年度同类产品市场销售额夺得第一名,爱慕首次以品牌商身份亮相全球规模最大且最著名的内衣专业展会——法国里昂内衣展,并当选北京十大时装品牌,爱慕商标被认定为中国驰名商标。同年,雪莲股份的牛奶蛋白纤维研制、生产、应用及市场化一条龙技术开发项目获中国纺织总会科学技术进步奖二等奖；研制的"一种叠棍上行转移式分梳方法及制设备"获国家发明专利；雪莲集团研发出新型可机洗羊绒衫,采用单颗粗纺羊绒纱与物理变性涤纶丝经特殊纺纱工艺织造而成,为粗纺高支轻薄类羊绒产品,未采用任何化学处理（健康环保）,即可达到可机洗效果。"内联升"被国家工商行政管理总局认定为中国驰名商标。

2008年,威可多、依文获中国驰名商标称号。北京大华天坛服装有限公司实施产品前端数据信息平台项目,围绕企业产品前端数据和制造执行两大业务运营模块,在建立服装产品前端人体数据库基础上,实现制造执行在线监控,项目总投资1475万元,年增销售收入2200万元。北京铜牛针织集团公司承接奥运村工装设计任务,客房服务装、娱乐健身装入选,涉及11家酒店、22所高校。制作客房服务装1.653万套,娱乐健身装485套。总合同金额192.5万元,实现利润85.3万元；"铜牛"品牌获得中国驰名商标。雪莲羊绒股份有限公司应用紫光粉体材料、紫光染料、光敏染料等光致变色材料,研发出光致（日光、紫光）变色印花牛奶纤维T恤衫,研究成功智能调温羊绒产品。北京金鹰羊绒制衣有限公司"博依格"牌羊绒衫获北京市著名商标。北京卓文时尚纺织股份有限公司的"思诺芙德"品牌羊绒时装,依托跨国经营企业背景,以时尚针织制品为主线,以多款式、小批量、高速度和新科技为核心竞争力,进入北京、上海、天津、广州、太原、西安等城市30余家商场。"思诺芙德"商标被市工商局认定为北京市著名商标。京工伊里兰服装服饰有限公司研制开发了护膝、护腰、护胃等特色羽绒产品。"内联升"被列入国家非物质文化遗产名录,并为2008年北京奥运会提供礼仪小姐颁奖用鞋。探路者品牌被认定为中国驰名商标,并成为2008年北京奥运会特许生产商。

2009年,"雪莲"牌羊绒衫连续三年被北京市服装纺织行业协会授予十大时装品牌奖,被授予十大时装品牌金奖,并被市工商局认定为北京市著名商标。同年,北京铜牛针织集团公司承接国庆60周年庆典群众游行方阵服装打样、制作任务,共完成14个游行方阵服装的打样、6个游行方阵服装制作任务,制作完成游行服装2.35万件（套）、首都治安志愿者服装45.55万件,总销售额2600余万元。探路者品牌户外用品成为中国南（北）极考察队独家专用产品,产品品质和综合实力得到科学界的认可。"思诺芙德"品牌作为淘宝商城第一批商户上线销售。"思诺芙德"品牌被市商务局、市工业促进局、北京商业信息咨询中心、北京服装纺织行业协会授予北京时装之都2008年度北京市十大热销服装品牌称号。爱慕品牌获得2008年度同类产品市场销售第一名,爱慕品牌获第五届北京时装之都十大热销服装品牌金奖。纤丝鸟品牌内衣再次获得北京十大时装品牌称号。雷蒙牌西服获北京十大时装品牌称号。派克兰帝公司与出品意大利顶尖服装品牌 Miss Sixty 和 Energie 的 Sixty 集团合作成立合资公司，负责 Sixty Friends 品牌在中国的发展项目。"伊里兰"品牌的市场份额不断扩大，产品进入"三北"地区及河南、山东、湖北等省。"伊里兰"品牌在激烈的北京羽绒服市场竞争中稳居前十名地位，获北京时装之都十大热销服装品牌称号。李宁公司与北京派克兰帝有限公司联袂合作，推出 LiNing Kids 李宁童装品牌。派克兰帝集团精心打造出童装网络营销第一品牌——BeKiz 童壹库，秉承派克兰帝童装品质精髓，服务顾客在网购中对高品质童装的追求。

2010 年，"水孩儿"连续两年获得中国十大童装品牌称号。天坛牌产品在原有修身版的基础上又进行改造，整体造型更趋于国际流行趋势。"杰奥"羽绒服获北京十大时装品牌称号。雷蒙牌西服获北京十大时装品牌称号。朗迪集团旗下的"雅派朗迪"自主品牌，被北京服装行业协会授予 2010 年北京十大时装品牌最具潜力奖和中国式新男装设计展最佳原创设计奖；雅派朗迪"UqpER"商标获北京市著名商标。五木商标被国家工商总局商标局认定为中国驰名商标，五木服装获 2010 年度北京时尚热销服装品牌、2010 北京十大时装品牌金奖。派克兰帝品牌、加菲猫品牌获 2009 年北京十大服装热销品牌，派克兰帝品牌获 2009 年度北京品牌服装营销金牌。爱慕品牌获中国服装品牌价值大奖。雪莲集团通过在纺纱中加入超细金属导电纤维，研制出抗静电、防紫外线、防电磁辐射羊绒制品；研究的"耐高温相变材料微胶囊、高储热量储热调温纤维及其制备技术"分别获得国家发明专利，并获国家技术发明奖二等奖。北京服装行业的"雪莲""顺美""纤丝鸟""瑞蚨祥""内联升""绅士""AIMER（爱慕）""探路者""铜牛""杰奥""VICUTU（威克多）""依文""李宁""TINGMEI（婷美）""WUMU（五木）""赛斯特"16 个品牌获中国驰名商标称号。

2010 年，北京男装知名品牌有凯宝龙、波士王子、威尔丹顿等 40 多个品牌。北京女装获北京十大时装品牌金奖的有白领、赛斯特，获得北京十大时装品牌的有木真了、朗姿、玫而美、蓝地，获得北京十大最具潜力时装品牌的有格格、靓诺等。其中，赛斯特获中国驰名商标。北京女装知名品牌还有西贝伦、诺琪、米兰朵等 40 多个。北京童装知名品牌有旺乐高、尼诺里拉、润婴宝等 40 多个。北京内衣知名品牌有婷美、华歌尔、黛安芬等 30 多个。北京鞋帽知名品牌有内联升、盛锡福、李宁、探路者等。北京内联升鞋业有限公司经营生产传统布鞋、时装布鞋、皮鞋三大类，共有花色品种 3000 余种，年产布鞋 30 万双，实现销售收入 8000 万元。北京盛锡福帽业有限责任公司生产经营时装帽、针织帽、休闲帽、裘皮帽、儿童帽、礼士帽、棒球帽、草帽等 8 个系列近 4000 个花色品种，产品远销美国、法国、德国、奥地利、新加坡等国家和地区。北京鞋帽知名品牌还有老北京、广盛祥、千诚坊等 10 多个。北京生产羊绒衫的企业有雪莲集团、雪莲羊绒股份、北京金鹰羊绒制衣有限公司、北京鄂尔多斯羊绒制品有限公司、北京卓文时尚纺织股份有限公司。雪莲牌羊绒衫产量达 99.7 万件，销量 85.8 万件，出口 62.6 万件。

2010 年，北京纺织服装、鞋、帽制造业规模以上工业企业有 285 个，工业总产值（当年价格）107.91 亿元，从业人员年平均 58922 人，年产服装总量 15951 万件。化学纤维制造业规模以上工业企业有 11 个,其中亏损企业 3 个,实现工业总产值(当年价格)2.73 亿元,年平均从业人员 953 人。

1999—2010年北京服装企业获全国服装行业百强企业排名一览表

6-13表

年度	按产品销售收入排名	按利润总额排名	按销售利润率排名
1999年	顺美服装37,京工集团57,金吉列制衣50,雪莲羊绒70	顺美服装73,雪莲羊绒78,京工集团94,金吉列96	—
2000年	顺美服装93	顺美服装93	—
2001年	顺美服装53,京工服装集团59,铜牛集团70,雪莲羊绒100	—	—
2002年	雪莲羊绒股份54,顺美服装97	—	—
2003年	雪莲集团40,铜牛集团55,京工集团71	—	—
2004年	雪莲集团40	—	—
2005年	雪莲集团35,鹏达制衣91	—	—
2006年	(无北京企业)	—	—
2007年	雪莲集团35	依文60	依文16
2008年	雪莲集团38,爱慕内衣97	依文37,雪莲集团64,爱慕内衣88	依文4,爱慕内衣72,雪莲集团100
2009年	雪莲集团34,爱慕内衣91,依文95	依文32,爱慕内衣36	依文7,爱慕内12
2010年	铜牛集团44,雪莲集团54,爱慕内衣89	爱慕内衣25,依文39	爱慕内衣3,依文16

附注：1. "—"表示无相关资料。

　　　2. 此表由纺织协会组织全国服装企业自愿申报排名。

北京京工雷蒙服装服饰有限公司

1940 年建立。1987 年,该公司厂区占地面积 5350 平方米,建筑面积 7014 平方米。年产高档西服能力 12 万件(套)。1988 年 6 月并入北京服装工业集团公司。2002 年 7 月,京工集团公司服装一厂、京工雷蒙西服公司进行调整和资产重组,成立北京京工雷蒙服装服饰有限公司。2010 年,该公司资产 407 万元,销售收入 242 万元,从业人员 78 人。

北京铜牛集团有限责任公司

前身为 1952 年成立的北京市人民针织厂。1999 年年初,该公司厂区占地面积 176460 平方米,固定资产原值 2.04 亿元,净值 1.19 亿元,职工 3119 人。2000 年 7 月,铜牛集团在通州区张家湾经济开发区购置土地 7.8 公顷,建设针织生产基地,12 月 28 日建成投产。

图6-14 铜牛集团的生产基地（2006年摄）

2007年年初，铜牛集团在通州工业开发区牛堡屯投资建设制衣生产基地，7月建成投产。北京铜牛制衣有限责任公司由朝阳区黄杉木店厂区搬迁到通州区牛堡屯制衣生产基地。2009年，生产区占地面积18万平方米，建筑面积19万平方米。在搬迁调整中，形成市区铜牛国际大厦、铜牛大厦、金坛大厦、富华大厦等4万多平方米物业资源。2010年，铜牛集团注册资本3.34亿元，投资额3.68亿元，资产总额12.5亿元，工业总产值7.42亿元，营业总收入9.1亿元；主营业务收入9.01亿元；实现利润1565万元，出口创汇1.06亿美元，位居北京市外贸出口服装企业首位。

2010年北京铜牛集团有限责任公司控股、参股企业一览表

6-14表

企业名称	持股比例（%）	注册资本（万元）	投资额（万元）
北京铜牛股份有限公司	31.92	15662.75	5300.00
北京铜牛进出口有限公司	54	2000.00	1080.00
北京铜牛科英针织技术开发有限公司	40	100	40
北京京兰非织造布有限公司	75	900	675
北京月季红线业有限公司	100	2438.47	2338.47
北京铜牛物业管理有限责任公司	100	300	300
北京铜牛制衣有限责任公司	60	300	135
北京金坛大厦有限公司	100	4800.00	4800.00
北京铜牛信息科技股份有限公司	60	1000.00	300
北京铜牛服装有限公司	90	3000.00	2700.00
北京铜牛澳森服装有限公司	51	700	357
京达实业（香港）有限公司	100	100（港币）	88.2
北京铜牛泰鹰科技有限公司（合资）	51	400（美元）	1392.87

北京大华天坛服装有限公司

前身为1954年建立的北京大华衬衫厂。1999年年初，有职工963人，固定资产原值3649.7万元，净值2043万元。2001年4月，北京大华衬衫厂作为主要发起人以经营性优良资产，与北京西单友谊集团、北京京工服装进出口有限公司以及经营者群体投资组建北

京大华天坛服装有限公司。北京大华衬衫厂将其服装制造、销售等主业全部投入到北京大华天坛服装有限公司，并以73.93%的股份对其控股。2005年，北京大华天坛服装有限公司资产重组，良工房地产开发公司以674.4公顷土地折资1005万元入股，在房山区万兴路86号良乡良工工业开发区建立生产研发产业园。2006年8月，北京大华天坛服装有限公司主业生产正式迁至房山区良乡工业开发区，新园区总建筑面积2.2

图6-15　2006年8月，北京大华天坛服装有限公司产业园在房山区建成使用，图为衬衫生产车间

万平方米，投资6000万元，年产服装能力260万件（套），生产定员1000人。2010年，公司销售收入1.16亿元。

北京制帽厂

1956年成立。1998年厂址在崇文区西园子街100号，有职工577人，固定资产原值1800万元，净值1204.6万元，帽子年产能力120万顶。后迁往左安门外易拉得领带车间，建筑面积约2万平方米，注册资本791万元，拥有珠边机、对丝车、打揽车、链式车等进口机械设备，产品有棒球帽、太阳帽、大沿帽等多种产品。曾为中石油、中石化、万科地产、南方航空、汇源等多家企业生产加工工作帽。2010年，北京制帽厂从业人员243人，资产总额1930万元，销售收入260万元。

北京衬衫厂

1957年成立。1999年年初，该厂占地面积4.02万平方米，建筑面积6.00万平方米；有职工846人；固定资产原值2237.4万元，净值924万元。2003年年初，北京衬衫厂搬迁到朝阳区马泉营12号。2005年4月整建制划入北京雪莲毛纺服装集团公司，为雪莲集团全资子公司，保留其法人主体资格。2006年，北京衬衫厂引进升级CAD电脑辅助系统，以及先进性能的钉扣机、锁眼机等设备，自主创新研制出双刀切门襟机和双针加条机，制作高档产品。2008年至2010年，北京衬衫厂连续3年盈利，国有资产保值增值率累计114.2%，资产负债率降至38.3%。2010年年底，北京衬衫厂有职工442人，主营收入2349万元，主营利润827万元。

北京京工伊里兰服装服饰有限公司

1960年成立。厂址占地面积2.3万平方米。1999年年初有职工481人，固定资产原值722万元，净值205.1万元。1999年6月，北京伊里兰羽绒制品厂以建立集体资产管理委员会和职工持股会的二元化形式，成立北京伊里兰服装有限公司。2005年9月，北京京工服装集团有限公司与自然人共同投资，组建成立北京京工伊里兰服装服饰有限公司。2010年，公司有职工51名，资产总额2684万元，销售收入2053万元。

北京雪莲羊绒股份有限公司

1964年成立。1977年名为北京羊绒衫厂。1999年占地面积34820平方米，建筑面积28268平方米，固定资产原值5404.2万元，净值3015.8万元，职工1340名。2000年12月，由6家股东参股，组建成北京雪莲羊绒股份有限公司。总股本1.38亿股，总资产5.43亿元。2004年，雪莲股份从朝阳区曙光西里甲1号迁驻大兴区瀛海工业园，生产基地占地6.66公顷，建筑面积3.5万平方米。雪莲股份投入2000万元进行设备和技术引进。纺纱能力从四梳四纺扩大到六梳六纺，成纱、染色设备全部更新。新基地在国内首家引进意大利污水处理设备，一级排污指标达到欧洲标准，全部自动化，实现全环保和中水回用。2005年11月8日，新厂竣工投产。2007年，中粮集团向雪莲羊绒股份公司注资，雪莲羊绒股份公司成为中粮集团旗下企业。2010年，雪莲股

图6-16　北京雪莲股份有限公司生产基地（2006年摄）

份现价产值2.15亿元，出口交货值9753.4万元，主营收入2.19亿元。有职工1347人，资产总额5.16亿元。

北京绅士服装服饰有限公司

1982年成立，为乡镇企业，名为北京绅士衬衫厂。2000年改制为北京绅士服装服饰有限公司。总部位于海淀区高科技园区内，占地面积2.5万平方米。是集设计、生产、销售于一体，以衬衫、西服、领带、羊绒衫、夹克、T恤等系列产品为依托的集团化高新技术服装企业。2004年，公司引进德国、日本、美国等国家的先进生产设备1000余台（套），年产优质成衣350万件(套)。产品辐射国内重要的大中型商厦，拥有全国各地经销商47家，精品专柜200余间。该公司曾被铁路、公安、航空、航天、电信、银行等大型企事业单位确定为服装定点生产企业，产品远销英国、美国、日本和东南亚等国家和地区。2010年，公司销售收入13884万元，有职工2200人。厂址在海淀区亮甲店。

北京顺美服装股份有限公司

1985 年成立，是顺义区仁和地区农工商联合总公司与新加坡美都纺织品有限公司共同创办的首都第一家中外合资服装企业。2004 年，公司将 5 条生产线搬迁至新的生产基地，占地面积 6 万平方米，建设 7 条生产线，项目总投资 9000 万元，2005 年竣工投产。2006 年，该公司获得中国质量认证中心和国际认证联盟（CQC & IQNET）颁发的卓越绩效管理组织奖。2008 年 8 月获得法国 BV 公

图6-17　顺美服装生产车间（2005年摄）

司颁发的 SA8000 社会责任管理体系认证证书；9 月通过北京检验检疫局的出口商品免验初审。2009 年 6 月获国家出口免验企业。2010 年，公司资产总额 2.01 亿元，销售收入 2.52 亿元，从业人员 2690 人。地址在顺义区顺平路 505 号。

北京埃姆毛纺有限公司

1987 年成立，是以生产羊绒分梳无毛绒、粗纺针织绒线与高档毛衫为主的合资企业。注册资本 420 万美元。厂区占地面积 2.7 公顷，建筑面积 9100 平方米。该公司是中国最早生产粗纺羊绒制品的出口型合资企业之一，2005 年，"埃姆"羊绒纱纱线出口获日本免检产品批准。2010 年，公司从业人员 257 人，销售额 1.63 亿元，资产总额 1.18 亿元。地址在门头沟区石龙经济开发区。

北京纤丝鸟服饰有限公司

1989 年成立。2001 年创建纤丝鸟品牌内衣。年产销内衣 2000 万件（套）、家居服 1000 万件（套）、袜品 700 万双。销售网络遍布全国 600 多个城市，零售终端逾 3000 家，纤丝鸟曾获得 2006 年、2008 年两届北京十大时装品牌、中国驰名商标、全国售后服务特殊贡献单位、全国售后服务行业十佳单位。2010 年，该公司销售额 2.9 亿元。地址在朝阳区光华路 9 号世贸天阶 D 座天阶大厦。

北京蓝地一族服饰有限责任公司

1989 年成立。系蓝地集团旗下公司。该公司在立体裁剪、设计制版方面拥有先进工艺，在同行业中率先使用 CAD 系统。2006 年，蓝地牌时装被评为北京市名牌产品。2010 年，公司资产总额 7286 万元，销售收入 6897 万元，从业人员 500 人。地址在朝阳区大郊亭中街华腾国际 2 号楼 08A。

李宁（中国）体育用品有限公司

1990 年成立。2004 年 6 月，该公司在香港股票市场上市。李宁公司获北京时装之都建设 2008 特别贡献奖；李宁品牌先后获得 2007 年度至 2008 年度中国服装品牌年度大奖——价值大奖及策划大奖（提名奖），2009 年度中国服装品牌年度大奖——公众大奖（提名奖）、成就大奖（提名奖）。2010 年，公司从业人员 1500 人，资产总额 32.92 亿元，销售额 60.95 亿元。地址在通州区中关村科技园通州园光机电一体化基地兴光五街 8 号。

北京亿都川服装集团有限公司

1991 年成立。下属子公司有北京亿都川服装有限公司、北京富和祥服装有限公司、亿都川房地产开发有限公司、亿都川贸易有限公司、亿都川（北京）物流有限公司。有员工 2000 余名，主要加工、出口各类男女西装，服装年产量 120 余万件（套）。2005 年"亿都川"被评为北京市著名商标。2009 年，"亿都川"被北京市服装纺织行业协会评选为 2008 年度北京最具潜力服装品牌。2010 年，公司资产总额 4.01 亿元，销售收入 2.14 亿元，从业人员 1739 人。地址在朝阳区惠中路 5 号远大中心。总部位于顺义区聚源工业基地。

北京卓欧制衣有限责任公司

1991 年成立。该公司采用日本进口现代化生产流水线。玫而美品牌女装在北京 19 家大、中型商场设有销售专柜。2010 年，公司资产总额 8000 万元，销售收入 2.6 亿元，从业人员 2000 人。地址在昌平区回龙观镇北京国际信息产业基地三街 9 号，生产基地在延庆县东外大街 72 号。

滕氏工贸发展有限公司

1991 年成立，是以公司总裁滕家欣姓氏命名的私营企业。厂区占地面积 3.2 万平方米，资产总额 1.5 亿元，产品为"滕氏 –TENGS""萨侬 –SANONG"等中高档女装品牌时装。年产服装服饰能力 50 万套，2000 年销售额 2.5 亿元。2006 年，滕氏牌女装被评为北京市名牌产品。2010 年，公司资产总额 2.51 亿元，销售收入 1.98 亿元，从业人员 1327 人。地址在大兴工业开发区金科巷 4 号。

北京嘉曼服饰有限公司

1992 年成立。1995 年公司创立"水孩儿"童装品牌。2003 年通过 ISO 9001 国际质量认证和 ISO 14001 国际环境认证。2004 年，"水孩儿"在北京市场销售排名第一、全国排名前三，获纳税信用 A 级企业称号。2005 年至 2010 年，水孩儿童装连续六年获北京服装品牌营销金牌，被评为北京十大时装品牌、北京市著名商标。2009 年、2010 年，"水孩儿"获中国十大童装品牌称号。2010 年，公司资产总额 1.2 亿元，销售收入 9000 万元，从业人员 450 人。地址在石景山区石景山路 31 号盛景国际广场 B 座 13～16 层。

北京京工服装集团有限公司

1992 年成立。1999 年年初，有职工 2056 人，固定资产原值 1.50 亿元，净值 1.12 亿元。2000 年获全国服装行业百强企业称号。2001 年 11 月改制为北京京工服装集团有限公司（以下简称京工集团有限公司）。北京京工服装集团公司集体资产管理协会将全部资产投入到京工集团

图 6-18　2001 年，北京京工服装集团有限公司成立暨揭牌仪式举行

有限公司，投资额占公司全部股本的 82.1%。纺织控股代表国有资产投资人，投资额占公司全部股本的 17.9%。2005 年，集团有限公司总资产 2.56 亿元，国有资产保值增值率为 159.87%。2010 年，公司注册资本 5072.11 万元，投资额 907.91 万元。有控股子公司 5 个，分公司 3 个，直属企业 2 个，投资企业 4 个，有职工 1232 人；总资产 2.58 亿元；主营业务收入 3.59 亿元，主营业务利润 5234 万元。被中国纺织工业协会评为"企业信用评价 AAA 级信用企业"。公司地址在朝阳区松榆西里 29 号楼。

2010年北京京工服装集团有限公司控股、参股企业一览表

6-15表

企业名称	持股比例（%）	注册资本（万元）	投资额（万元）
北京市京工服装进出口有限公司	81.25	800	650
北京京润服装服饰有限公司	80	500	400
北京市京工雷蒙服装服饰有限公司	68.33	300	205
北京市京工红旗厂有限公司	59.98	447.15	268.19
北京京工伊里兰服装服饰有限公司	55.56	270	150
北京京工枫叶服装服饰有限公司	90.57	53	48

北京红都集团公司

1993 年成立，该公司地址在东城区东交民巷 28 号。拥有红都、蓝天、造寸、华表等服装企业，其中"红都""蓝天""造寸""华表"等都是有着 50 多年历史的知名品牌。2003 年在良乡经济开发区建成红都工业园，占地面积 1.7 万平方米。"红都"是全国最大的量体制装、零活应订生产加工企业之一，在许多重大活动中承担了制装任务。2007 年，红都品牌获北京服装纺织行业协会颁发的著名高级成衣定制品牌，2008 年获百年中山装制作技艺特别贡献奖，2009 年获北京十大最具潜力时装品牌，2010 年获北京十大时装品

牌奖。2010年，公司资产总额2.12亿元，销售收入1.33亿元，从业人员552人。

雪伦国际时装（北京）有限公司

1993年成立，注册资金1000万美元，年生产能力200万件，系美国独资企业。该公司多年来致力于羽绒行业知名品牌"雪伦"的设计、生产和销售。2001年被评为北京市著名商标；2006年被评为中国优质推广产品；2007年被评为北京羽绒服品类最佳销售品牌、北京十大最具潜力时装品牌。2010年，公司销售收入1.13亿元，地址在密云县经济开发区水源路9号。

北京依文服装服饰有限公司

1994年成立，拥有4个原创品牌（依文EVE、NOTTINGHILL、Kevin Kelly、JAQUES PRITT）及国际代理品牌，业务范围包括服装、服饰、职业装、礼品、国际品牌代理及文化创意等领域。2008年，获2007年全国服装行业百强企业称号，并获中国驰名商标。2010年，公司资产总额6.38亿元，销售收入8.82亿元，从业人员553人。地址在丰台区南四环西路188号三区1号楼。

北京白领时装有限公司

1994年成立，主营产品包括丝巾、奢华皮革、奢华配饰、裘皮、饰品。拥有WHITE COLLAR、Shee's、K.UU、GOLDENCOLLAR等女套装品牌。2004年，"白领"品牌获2003—2004年度中国服装品牌年度大奖——风格大奖。2006年，"白领"获2005—2006年度中国服装品牌年度大奖——营销大奖。2007年，"白领"获2006—2007年度中国服装品牌年度大奖——创新大奖和成就大奖提名奖。公司地址在北京经济技术开发区景园北街2号BDA国际企业大道B座。

北京赛斯特新世纪服装有限责任公司

1994年成立，厂区占地面积8000平方米，有员工500余人。该公司把生产经营定位于职业知识女性着装。有10条先进制衣流水线和精良机器设备，建立起以北京双安商场、东安商场、百货大楼等十几个大型商场专卖店主导，行销全国各省市的销售网络。其品牌"赛斯特"多次被国家信息中心、中国保护消费者基金会、北京服装纺织行业协会等部门评为优质产品、消费者信得过产品、影响中国服装市场十大女装、北京市女装十大热销品牌等荣誉称号。2010年，公司资产总额2.01亿元，销售收入8400万元，从业人员820人。地址在北京经济技术开发区。

北京格格旗袍有限公司

1994年成立，主要从事中式服装及相关服饰的设计、生产、开发工作。产品主要有中高档礼服、中式时装、中式休闲装、婚庆装等。该公司拥有格格、金乔、GE、金裳霓纱 4 个注册商标。其中，"格格"以中高档中式生活装、旗袍及婚庆装为主要产品，"金乔"品牌为纯高端中式服装，"GE"品牌提供中式服装高级定制服务，"金裳霓纱"为网购中式服装品牌。该公司于 1999 年被评为北京市重合同守信誉单位。2010 年，公司资产总额 4025 万元，销售收入 6350 万元，从业人员 280 人。地址在大兴区西红门镇福伟路 4 条北 8 号。

北京派克兰帝有限责任公司

1994 年成立，是一家集设计、研发、生产、销售于一体的专业制作儿童服饰及用品公司。1998 年，公司在北京拥有 20 家专柜，派克兰帝童装进入北京市场前三名。2001 年，派克兰帝公司上海分公司成立。2003 年，派克兰帝深圳分公司成立。2007 年，公司被中国流行色协会授予中国流行色童装研发基地称号，并作为中国童装唯一的企业代表亚洲参加国际流行色的发布与制定。2009 年获北京质量管理贡献奖优秀企业。2010 年被评为 2009 年度北京市信用企业、2009 年全国服装标准化技术委员会标准化工作先进单位。2010 年，公司资产总额 1.62 亿元，销售额 1.13 亿元，从业人员 590 人。地址在丰台区宋庄路顺三条 21 号嘉业大厦 2 期 1 号楼 18、19 层。

北京金鹰羊绒制衣有限公司

1994 年成立，地址在平谷区东高村镇大旺务西路 13 号，占地面积 4.3 公顷，建筑面积 4 万多平方米。1994 年 8 月 15 日，北京博依格羊绒制衣有限公司与美国金鹰国际贸易公司在平谷县东高村镇大旺务中方原址合资成立北京金鹰羊绒制衣有限公司，投资总额 510 万美元，注册资本 510 万美元。中方用厂房及设备作价 49.5 万美元，用现金投入 180 万美元，共计 229.5 万美元，占注册资本的 45%；外方用现金投入 280.5 万美元，占注册资本的 55%，合资期限 15 年。主要从事无毛绒、羊绒纱、羊绒衫等系列产品的生产及销售。2005 年，北京博依格羊绒制衣有限公司中方将 45% 的股份全部转让给美国金鹰国际贸易公司，北京金鹰羊绒制衣有限公司转变为外商独资企业。2005 年，该公司资产总值 2.58 亿元，实现工业总产值 1.86 亿元，工业增加值 1498 万元，销售收入 1.75 亿元，实现利润 1375 万元，实现利税 1768 万元。2010 年，公司羊绒衫产能 100 万件，工业总产值 1.59 亿元，工业增加值 1452 万元，销售收入 1.56 亿元，出口交货值 7860 万元，实现利润 929 万元，实现利税 1668 万元，资产总值 2.11 亿元。

北京威克多制衣中心

1995 年成立，地址在大兴工业开发区金苑路甲 15 号，占地面积 2 万多平方米。主要经营品牌为"VICUTU"（威克多）男装系列，主导产品为西装、大衣、休闲便装、T 恤、皮具皮件等整套系列男装及配饰。产品获 1999 年中国北京服装博览会金奖。2000 年，在大兴区建设 1 万平方米现代化生产工业区，当年实现销售收入 1.3 亿元。2002 年被市工商局命名为重合同守信用单位。2005年，VICUTU店铺遍布全国30多个省、自治区、直辖市，达到240家，覆盖95个大中城市，销售收入4.2亿元，在国内男装市场取得12.6%的市场占有率。2006年获国际羊毛局颁发的纯羊毛标志执照，并被北京市国家税务局评为纳税信用A级企业。2007年，扩建现代化生产工业区面积达到7万平方米，销售收入7.2亿元，全国店铺数量360家，在27个省会、特区及直辖市设立分公司，雇员超过2400人。同年入围2007年度北京十大时装品牌、中国驰名商标。2008年，北京威克多制衣中心实施新建生产车间及其他附属设施扩建项目，总投资1.5亿元，总建筑面积7万平方米。2010年，北京威克多制衣中心资产总额6.36亿元，产品销售收入5.28亿元，从业人员1706人。

北京五木服装有限责任公司

1995年成立。公司地址在通县张家湾镇五木工业园，拥有5万平方米花园式现代化工业园区。有员工1000余人，引进德国、意大利、日本等国家先进的设备和生产线，年产能力100万件（套）。2010年，五木商标被国家工商总局商标局认定为中国驰名商标。获得2010年度北京时尚热销服装品牌、北京十大时装品牌金奖。2010年，公司资产总额2.15亿元，销售收入2.08亿元，从业人员968人。

北京爱慕内衣有限公司

1995年成立，原名北京爱慕制衣厂。1999年，爱慕大厦落成投入使用。2000年改制为北京爱慕内衣有限公司。该公司地址在朝阳区望京高新技术产业开发区爱慕大厦C座。2002年1月，爱慕吴江生产基地——苏州美山子制衣有限公司落成并投入使用。2004年，爱慕与中国服装设计师协会建立战略伙伴合作关系，以爱慕冠名的首届亚洲色彩论坛在北京举行。2005年成功举办"爱慕——北京2005时装之都"开幕晚会；爱慕与中国流行色协会建立战略合作伙伴关系。2006年，"爱慕——东方神话"国际内衣流行趋势发布活动在中国国际时装周举行。2007年，爱慕首次以品牌商身份亮相全球规模最大且最著名的内衣专业展会——法国里昂内衣展，爱慕公司被评为2007年中国纺织十大品牌文化企业，爱慕集团董事长张荣明被评为中国纺织品牌文化建设杰出人物。2008年8月，供应链及色彩管理策略研讨会暨中国纺织信息中心与爱慕集团战略合作签约仪式在北京举行，爱慕集团与中国纺织信息中心进行战略合作。2009年，爱慕集团董事长张荣明获2009年中国服装论坛非凡时尚人物奖，同时获2008纺织行业年度创新人物奖；爱慕集团获2008年全国服装行业百强企业称号。2010年，"爱慕"获2010中国服装品牌价值大奖。公司资产总额9.56亿元，销售额10.13亿元，从业人员354人。

北京木真了时装有限公司

1996年成立，为小型民营企业。主要产品为旗袍、礼服、生活休闲、新娘装等。1999

年搬迁到通州区西大街 40 号，占地面积 4.4 公顷，建筑面积 3500 平方米。2007 年年底，该企业投资 5000 万元，在通州区宋庄建设木真了中式服装与传统文化研发基地。2008 年，木真了品牌获北京时装之都建设知名特色时装品牌，"木真了"商标被认定为北京市著名商标。2010 年，公司资产总额 2175 万元，销售收入 2257 万元，从业人员 174 人。

北京靓诺派时装有限公司

1996 年成立，原名北京靓诺服装服饰中心，1999 年更名为北京靓诺派时装有限公司。公司地址在朝阳区望京西路 48 号金隅国际 B 座 9F。2007 年，靓诺获北京市著名商标称号。2008 年获北京服装纺织行业协会 2008 北京十大时装品牌、设计创新奖。2009 年，靓诺获 2008 年度北京时装之都十大热销服装品牌（女装类）。2009 年，靓诺参展 2009 中国国际服装服饰博览会。2010 年 10 月，靓诺时装产业园建在顺义区北郎中的加工园投入运营。2010 年，公司销售收入 2697 万元，资产 982 万元，从业人员 248 人。

北京泛美服装有限公司

1997 年成立，地址在顺义县顺通路 29 号，系港澳台合资企业，注册资金 833 万美元。主要产品为男西装，生产规模年产 150 万套，产品主要销往国外。2003 年设立研发中心。2006 年被农业部命名为实施"走出去"战略先进企业。2007 年 5 月在加拿大蒙特利尔举办的第九十七届 IACDE（世界服装设计协会）国际技术研讨会上，泛美服装获男礼服、男风衣、男单裤三项大奖。2009 年获顺义区税收贡献突出企业、就业再就业工作先进单位、重质量守信用企业荣誉称号。2010 年，公司工业总产值 3.17 亿元，销售收入 3.17 亿元，利润 2231 万元，上缴税金 644 万元，从业人员 1978 人。

北京小护士纺织科技有限公司

1998 年成立，地址在通州区聚富苑民族工业区 2 路东 3 号。1998 年，"小护士"品牌创始人侯荣勤首次提出"科学穿衣，健康穿衣"新理念，并凭借"一条秋裤能过冬，远红外七层热能裤"热销京城。2006 年，"小护士"在华北地区内衣市场销量排行第一，在全国内衣市场名列前 3 名，获中国女性消费者最满意服装品牌称号。2007 年度获北京十大亿元商场营销金牌。2008 年获北京时尚之都品牌营销金牌。2009 年获北京品牌服装营销金牌。2010 年获北京十大时装品牌。2010 年，公司资产总额 6386.6 万元，销售收入 9284 万元，从业人员 308 人。

恺王科技（北京）有限公司

1998 年成立，地址在朝阳区建国路万达广场 8 号楼。2002 年 9 月投资近 2000 万元在北京经济技术开发区建立，占地 2 万多平方米的恺王工业园。以设计、制造、销售恺王牌男装为主，主要产品有男士高档西服及男士商务休闲服饰。2005 年被评为中国服装行业最具影响力的知名品牌。2010 年获北京十大最具潜力时装品牌，公司资产总额 1283 万元，销售收入 1.8 亿元，从业人员 250 人。

北京杰奥制衣有限公司

1999 年 2 月成立，注册资本 2000 万元，是一家集开发、生产、销售于一体，专业生产羽绒服、棉服、风衣等产品的企业。聘请国内外优秀服装设计师，在原料、辅料采购中追求高标准、严要求，全部达到国家环保要求。选用"杜邦"技术，采用产自韩国、日本及中国台湾地区的精纺高支度面料、里料，使用含量 90% 的高标准羽绒作为填充材料，利用德国格鲁兹的先进防绒缝制技术，生产"杰奥""天奥"品牌羽绒服。产品销往俄罗斯、美国、加拿大等国家和地区。2010 年，公司从业人员 1500 人，销售额 4.5 亿元，资产总额 2.6 亿元。

北京探路者户外用品股份有限公司

1999 年成立，名称为北京探路者旅游用品有限公司，地址在海淀区知春路 6 号锦秋国际大厦 A 座 21 层。2008 年 6 月，更名为北京探路者户外用品股份有限公司。2009 年 10 月 30 日，该公司在股票市场上市，登陆创业板。拥有户外配饰十大品牌、登山鞋十大品牌、十大帐篷品牌。2010 年，公司资产总额 6.26 亿元，销售收入 4.34 亿元，从业人员 390 人。

北京朗迪服装有限公司

2000 年成立，是内地与香港合资企业，北京朗迪集团旗下三个大型制衣公司之一。地址在密云县河南寨镇兴企路，生产基地位于密云工业开发区。朗迪集团先后引进美国格柏全自动制板机、日本高岛自动裁剪系统、日本高岛精密自动裁床、美国格柏全套 CAD 系统以及意大利迈坤 MACPI、德国杜克普 DURKOPP、百福 PFAFF、士多宝 STROBEL、日本三菱 MITSUBISHI、兄弟 BROTHER 及日本重机 JUKI 等设备，具有年产西服 70 万件（套）、休闲装 30 万件、裤子 60 万条的生产能力，产品远销美国、日本、韩国、欧洲等国家和地区。2010 年，朗迪集团旗下的"雅派朗迪"自主品牌被北京服装行业协会授予 2010 年北京十大时装品牌最具潜力奖和中国式新男装设计展最佳原创设计奖。2010 年，公司资产总额 7015 万元，销售收入 8612 万元，从业人员 637 人。

北京铜牛股份有限公司

2000 年成立，为铜牛集团核心企业，注册资本 1.57 亿元，资产总额 2.32 亿元。地址在通州开发区张家湾镇光华路 6 号，占地面积 7.8 万平方米，建筑面积 4 万平方米。2010 年，公司固定资产 2.02 亿元，职工 985 人。生产针织服装 585.6 万件，工业总产值 2.02 亿元，销售收入 2.28 亿元，利税 826.62 万元。

北京雪莲集团有限公司

2002 年 1 月 17 日,北京市三环毛纺针织集团公司破产剩余资产（含土地、房屋建筑物、机器设备、存货和投资权益等）拍卖,被北京市毛针织工业联合公司收购。2002 年 11 月 5 日,北京红莲羊绒衫厂整建制并入北京市毛针织工业联合公司,重组后的北京市毛针织工业联合公司更名为北京雪莲毛纺服装集团公司。2006 年 12 月,雪莲毛纺服装集团公司与中土畜三利发展有限公司战略重组,三利发展有限公司持有 53.44% 的股份,雪莲毛纺服装集团公司持有 46.56% 的股份。2007 年,北京雪莲毛纺服装集团公司实施染色基地（爱利德）项目,2008 年竣工投产,完成厂房建设、生产设备的搬迁安装,总投资约 2000 万元。2009 年,北京雪莲毛纺服装集团公司产品销售收入、销售利润率、利润总额分别位列全国服装行业百强的第 38 名、第 100 名、第 64 名,位列中国纺织服装企业竞争力 500 强的第 143 名,位列中国纺织服装企业行业出口百强第 61 名。2009 年 9 月,北京雪莲毛纺服装集团公司改制更名为北京雪莲集团有限公司,注册资本 2.31 亿元。2010 年,雪莲集团总部在朝阳区松榆南路 107 号,注册资本 1.60 亿元,投资额 2.89 亿元,拥有控股及参股企业 18 家,职工 2273 人,国有资产总额 10.14 亿元,现价总产值 12.54 亿元,主营业务收入 17.47 亿元。

2010年北京雪莲集团有限公司控股、参股企业一览表

6—16表

企业名称	持股比例（%）	注册资本（万元）	投资额（万元）
北京金三环纺织进出口有限责任公司（合资）	55	500	275
北京三友商场有限责任公司	66.88	785	525
北京京都紫禁城饭店有限责任公司	80	300	240
内蒙古金三环羊绒有限公司	60	2800.00	1680.00
北京毛纺织科学研究所有限公司	40	3787.90	1515.16
北京新川服装检验有限公司（合资）	50	7.7（万美元）	31.88
北京衬衫厂	100	1210.46	1210.46
北京北国服装有限公司	54.55	1100.18	600.18
北京衬衫厂古北口分厂	79.17	109.83	86.95
北京火炬毛针织有限责任公司	34.69	60	20.82
北京金商梦时装有限公司（合资）	40	130（万美元）	423.55
北京埃姆毛纺有限公司（合资）	33.33	420（万美元）	787.81
雪润（北京）羊绒制品有限责任公司	37.5	140	50

北京卓文时尚纺织股份有限公司

2004 年成立，由北京雪莲毛纺服装集团公司、北京时尚纺织品有限公司和凯欣（香港）有限公司合资组建而成，注册资本 4200 万元，其中北京雪莲毛纺服装集团公司投资 1050 万元，占股 25%。2006 年 11 月 27 日，公司由内资企业变更为外商投资企业，更名为北京卓文时尚纺织股份有限公司，注册资本金 7500 万元，股东为北京时尚纺织品有限公司和凯欣（香港）有限公司。地址在延庆县迎泉街 3 号延庆经济开发区；经营办公地址在朝阳区来广营东路 5 号和平大厦。主要从事生产加工、制造羊绒、羊毛、棉、麻、丝及混纺针织服装制品。2010 年，公司生产针织服装 1308.4 万件、羊绒衫 89.3 万件，实现营业收入 8.30 亿元，资产总额 3.77 亿元，从业人员 495 人。

朗姿股份有限公司

2006 年成立，地址在西城区裕民路 18 号北环中心 25 层。主营业务为品牌女装的设计、生产与销售，主攻高端女装市场。三大核心品牌包括自有品牌"朗姿"和"莱茵"以及在中国获得独家授权的"卓可"系列品牌。朗姿股份以自营和经销相结合的经营模式，在全国 29 个省级行政区的 80 余个城市的大型高端商场内拥有 308 个销售终端。2010 年，"朗姿"品牌获得由中国百货商业协会、中华全国商业中心、中国商业统计学会、中国纺织报社共同发起组织的 2009—2010 中国市场十大畅销女装品牌；2009 年和 2010 年获北京服装纺织行业协会颁发的北京十大时装品牌、中国服装品牌营销大奖提名奖等奖项。2010 年，公司资产总额 4.2 亿元，销售收入 5.59 亿元，从业人员 1452 人。

第五节　皮革、皮毛制品业

20 世纪 90 年代，北京皮革、皮毛产品 100 多种。其中，三利牌铬鞣黄牛皮正鞋面革获国家优质产品金质奖。鞣制三北羔羊毛皮、牛皮修面革、熟制水貂毛皮、铬鞣黄牛皮胶粘排球革等 16 种产品获轻工业部优质产品奖或北京市优质产品奖。北京鞣（熟）制皮革、皮毛产品的生产企业主要为北京市制革厂。重革产量 0.05 吨、轻革产量 6.32 万平方米。北京皮鞋产品形成男鞋类、女鞋类、童鞋类和其他类的男女运动鞋、文艺皮鞋、劳保皮鞋、民族鞋、工作皮靴等 1000 多种、4000 多个花色品种。其中，鹿牌牛皮面仿皮底三接头男皮鞋获国家优质产品银质奖。牛皮面皮底三接头皮鞋、牛皮面模压三接头皮鞋、自行车赛鞋、牛皮面女鞋、胶粘坤皮棉鞋等 20 种产品获轻工业部优质产品奖或北京市优质产品奖。北京生产皮鞋产品的企业主要为北京轻联皮革集团公司北京市革制品厂和北京市皮鞋厂、北京市第二皮鞋厂、北京市八达岭皮鞋公司，皮鞋产量总计约 255.36 万双。北京的皮件产品形成箱包类、球类、带类、护身类、衣着类、配件类等200多种、700多个规格品种。其中，双菱牌人造革木胎衣箱、骏马牌手缝手球获国家优质产品银质奖。手缝手球、木胎衣箱、胶胎排球、两用背提包、ABS旅行箱、牛皮面胶粘篮球、真皮腰带等20余种产品获国家轻工业部优质产品或北京市优质产品称号。北京生产皮件产品的企业主要有北京市皮件厂、北京市皮件三厂，箱、包、带产量123.58万件。北京毛皮制品200多种、1000多个花色品种，为国内裘皮产品出口贸易的重要基地。其中，熹熊牌水貂毛皮一条龙大衣获国家优质产品金质奖；新艺牌银蓝狐毛皮大衣获斯堪的纳维亚毛皮AGA国际金奖。北京生产裘皮服装的企业有北京市环球皮毛公司、北京倍得实业公司、北京新艺裘皮厂，裘皮服装产量14.73万件。北京皮革化工形成了胶类、树脂乳液类、加脂类、黏合剂类、鞣剂类、助剂类60多种产品、近200个花色品种。其中，皮革加脂剂获北京市优质产品奖。

1999年年初，北京二轻工业系统有皮革皮毛生产企业10余家，主要产品有皮鞋、三球、裘皮服装等。5月，始建于1958年的北京百花集团和北京倍得实业公司划归所在区县管理。7月，北京市制革厂取消皮革生产前期鞣制，并将皮革生产后期整理涂饰整体迁往房山区。12月，北京市制革厂实验中心开发了浅色植鞣革，在产品性能及工艺上进行变革。搬迁后，生产设备、生产环境、市场均有所改变，采用全新的鞣制方法、工艺和化工材料，产品周期由原来的40天缩短为20天，形成植鞣革系列产品。

2000年，北京市制革厂实验中心开发鸵鸟皮革，质量达到国内中等水平，并转向小批量生产。开发生产黄牛软纳帕革、水染革、开边珠革、小牛皮革等以鞋面革为主的品种，最终产品皮鞋、包件等大多销往欧洲、日本、韩国等国家及地区。2001年开发了彩色植鞣装具革，有枪套革、马鞍革、假肢用皮革等。

2003年，北京北革皮业有限公司生产黄牛薄修面革、软面革、开边珠革、小牛皮革、磨砂革、厚型修面革、结合鞣革、水染革等。主要销售对象为北京、天津等地鞋厂或皮件厂。最终成品皮鞋或制品出口欧洲、日本、韩国等国家和地区。北京北革皮业有限公司严格控制出口产品对皮革重金属含量及偶氮指标的内在技术要求，主要产品鞋面革产量由1999年的5134张增加到2003年的3.44万张。

2004年8月，《中华人民共和国野生动物保护法》修订后颁布，北京皮革皮毛业传统生产部分逐渐萎缩，产品经营结构由生产型逐步转向以外贸加工为主。北京市皮件三厂与日本小泉制作所共同投资组建北京鸿泉皮革制品有限公司，主要生产照相机机套、手机机套等小型皮件产品。

2005年4月，北京惠鼎皮业有限公司实现首个集装箱的2.4万张山羊蓝湿革从坦桑尼亚达累斯萨拉姆市贸易进口，并在国内销售。北京市环球皮毛公司与北京新艺裘皮厂、北京瑞友皮毛有限公司重组构成的北京市环球新艺皮毛公司生产、加工多类裘皮服装、水貂服装，以定制为主，年均生产加工多类裘皮服装约3100件、水貂服装50件。

2006年，北京惠鼎皮业有限公司扩大植鞣革生产，增加市场占有量，实现无害化排放经济技术创新项目，获得隆达控股经济技术创新工程领导小组授予的"经济技术创新"优秀成果奖。北京北革皮业有限公司的植鞣革产品年生产量4000张，成为其主导产品。北京市皮件三厂、北京来泽皮革公司和北京玛特皮革制衣厂合并重组的北京市皮件三厂销售中心，主要经营拉杆旅行箱、真皮男女包、钱包、尼龙布包、小皮件、密码箱、工艺品箱、工具箱、仪器套等。

2007年，市质监局对北京市企业生产的皮鞋产品的监督抽查结果显示，在29家生产企业的41种产品中，合格27种，合格率为65.9%。

2009年，北京北革皮业有限公司开发了耐高温、耐硫化黄牛水染革，经皮鞋厂加工后的最终产品出口欧洲，企业年增销售收入50万元。

2010年，北京惠鼎皮业有限公司的对外贸易发展到13个国家。贸易品种有山羊蓝湿革、进口蓝湿革系列产品、国产植鞣革系列产品、特种动物皮革加工四大系列产品，累计实现超过百箱的货物进口与销售，创造利润1154.2万元。其中羊皮蓝湿革独有的丝绸品质，成为生产高档山羊反绒皮鞋与羊反绒服装的原料；牛皮蓝湿革主要用于生产中档轻修鞋面革、修面革、箱包革、沙发革等，产品主要出口欧美各地。该公司年经营该系列产品约为35万张。植鞣革产品曾作为北京警察博物馆烈士名册收藏卷书用革。产品厚度规格在0.8～5.0毫米之间，颜色以植鞣浅色为主，也可按照客户要求生产棕色、黑色、黄色等，产品的软硬度各异，可满足不同客户需求。特种动物皮革加工系北京北革皮业有限公司产品，主要是指鸵鸟皮、鱼皮、两栖动物皮等动物皮革。

2010年，北京北革皮业有限公司对防水植鞣鞋面革、地板革进行研发和技术储备。鸵鸟皮革的加工质量达到国内中高档水平，每张皮革的加工利润达到100元。北京楠辰皮革有限公司生产皮鞋10.9万双，各种裘皮服装1207件，化工制品（聚乙、丙烯、膜）4497吨，背提包2.43万个、钱包8630个、商务便签夹等26.55万个、松下袖带产品29.63万个、皮带2.75万条、出口带条7950条、包5532个。北京惠鼎皮业有限公司产量稳定在5000～7000张/年的加工规模，累计销售进口山羊蓝湿革2049602张，生产加工植鞣革23063张。累计实现主营业务收入1.77亿元，实现主营业务利润1601万元。北京箱包产品还有马连奴奥兰迪、蓝玉宛、火树林等10多个品牌。

2010年，隆达控股的皮革、皮毛制品业主要有北京楠辰皮革有限公司、北京惠鼎皮业有限公司两家企业。系统外有北京奥豹制衣有限公司、北京庄子工贸有限责任公司等企业。

北京市皮件厂

1957年成立，厂址在海淀区德胜门外祁家豁子。1998年，厂区占地面积3.53万平方米，建筑面积3.18万平方米；固定资产原值2956万元，净值1810万元；职工696人；工业总产值419万元，利润1.3万元。1999年1月，北京市皮件厂生产迁至昌平科技园区，划转昌平县管理。2009年，北京市皮件厂重新划归隆达控股。

北京楠辰皮革有限公司

前身是 1961 年 10 月北京市手工业管理局设立的北京市皮毛皮革工业公司，地址在西城区鸭子桥路 35 号。1968 年更名为北京市皮革总厂。1973 年更名为北京市皮革皮毛工业公司。1980 年，5 家皮毛厂划出，更名为北京市皮革工业公司。1987 年更名为北京皮革工业联合公司。1994 年改制为北京轻联皮革集团公司。1998 年，从业人员 3275 人；固定资产原值 1.80 亿元，净值 1.27 亿元；工业总产值 1.07 亿元。1999 年，该公司将所属 5 家小企业划归区县管理，13 家企业改由北京二轻直接管理，结束 38 年行业行政管理职能，成为由 5 家生产企业、3 家经营性子公司、3 家股份制公司、1 家合资公司和公司本部管理部门组成的经济实体。2001 年，北京轻联皮革集团公司先后将北京皮革公司制鞋厂、北京玛特制衣厂、北京市通利达工贸公司和北京市制胶厂并入公司统一管理。2003 年 1 月，北京轻联皮革集团公司改制为北京楠辰皮革有限公司，注册资本 3680.38 万元，由国有资产、集体资产和市手工业联社三方股东组成。其中，北京楠辰皮革有限公司共同共有资产管理委员会出资额 2119.53 万元，占 57.59%；隆达控股出资额 673.88 万元，占 18.31%；北京市手工业生产合作社联合总社出资额 886.97 万元，占 24.10%。2003 年 3 月，北京市制革厂、北京长城日用品工业公司、北京市皮件三厂、北京市环球皮毛公司 4 家企业划归北京楠辰皮革有限公司统一管理。2008 年，北京楠辰皮革有限公司主营业务收入 1.9 亿元；主营业务利润 1490 万元。2010 年年底，北京楠辰公司保留北京皮革制品进出口公司和北京市皮件三厂销售中心两家子公司；保留北京市环球新艺皮毛公司一家生产贸易型企业。2010 年，北京楠辰皮革有限公司拥有经营性土地面积 10.75 万平方米，新增建筑面积 4.38 万平方米；公司在册职工 555 人，在岗职工 352 人，离退休人员 5035 人；主营业务收入 1.86 亿元，主营业务利润 2056 万元，全年完成工业总产值 1580 万元，销售收入 6277 万元，出口交货值 3437 万元。

北京惠鼎皮业有限公司

原为 1964 年建立的北京市制革厂，厂址在丰台区宋家庄。1999 年年初，占地面积 9.01 万平方米，建筑面积 6.34 万平方米；固定资产原值 5005 万元，净值 3402 万元；职工 934 人。2001 年，北京市制革厂搬迁，在房山区大石河东侧金马工业区购置土地和厂房作为生产加工基地和进口皮革货物的存储地，注册北京北革皮业有限公司，注册资金 200 万元。生产经营以牛皮为主的皮革后期整理涂饰加工。2002 年 11 月 20 日，经北京中际投评估有限责任公司评估，北京市制革厂 1.2 亿元资产评估为 800.94 万元，作为隆达控股管理的国有资产，与北京市手工业合作总社共同投资，将北京市皮革厂改制为北京惠鼎皮业有限公司。其中，北京市手工业合作总社投资 200.26 万元，合计 1001.2 万元。2007 年 2 月 2 日，北京惠鼎皮业有限公司通过市环保局关于北京市制革厂污染扰民搬迁项目环保验收。2010 年，北京惠鼎皮业有限公司从业人员 118 人；土地面积 5.46 万平方米，房产面积 2.74 万平方米；净资产 1283.31 万元，主营业务收入 3172.06 万元，主营利润 280.73 万元，营业收入 3438.74

万元，利润总额 3.25 万元。

北京奥豹制衣有限公司

1993 年成立，为民营企业。地址在丰台区高立庄南路 406 号，占地面积 9000 余平方米，注册资金 1000 万元，拥有现代化的服装生产线。1994 年，"奥豹"皮衣在北京市亿元商场皮衣销售排名中名列第三名。1995 年、1996 年连续两年名列第一名。1997 年、1998 年"奥豹"皮衣蝉联全国皮衣销售第一名。2010 年，公司资产总额 4500 万元，销售收入 8500 万元，从业人员 356 人。

北京庄子工贸有限责任公司

1995 年成立，地址在丰台区分钟寺倪庄 16 号，建筑面积 1.2 万平方米，员工 500 余人。截至 2010 年，庄子皮衣连续 6 年被评为中国十大真皮衣王、全国皮革服装同类产品市场占有率第一，连续 8 年被评为北京市著名商标和北京名牌产品，连续两年获北京十大时装品牌等荣誉称号。2010 年，公司资产总额 1.23 亿元，销售收入 1.04 亿元，从业人员 435 人。在全国 70 多个城市拥有 160 余家专卖店，产品远销德国、日本、俄罗斯。

2010年北京纺织控股有限责任公司所属企业主要产品产量统计表

6-17表

产品名称	企业名称	计量单位	产量
纱	北京月季红线业有限公司	吨	1729
	北京天彩纺织服装有限公司	吨	188.1
	北京国宝技术纺织有限公司	吨	522.9
	北京京棉巨龙有限公司	吨	1296.7
布	北京京棉巨龙有限公司	万米	490.6
呢绒	北京新清河毛纺染织有限责任公司	万米	154.2
	北京新北毛纺织染有限公司	万米	45.5
毛巾	北京京冠毛巾有限责任公司	万条	1628.2
梭织服装	北京铜牛泰鹰科技有限公司	万件	3.6
	北京铜牛服装有限公司	万件	599
	北京衬衫厂	万件	3.3
	北京北国服装有限公司	万件	58.2
	北京天彩纺织服装有限公司	万件	45.8
	北京佐田雷蒙服装有限公司	万件	25.1
	北京京工雷蒙服装服饰有限公司	万件	1.2
	北京大华天坛服装有限公司	万件	161.7

（续表）

产品名称	企业名称	计量单位	产量
针织服装	北京铜牛股份有限公司	万件	585.6
	北京铜牛制衣有限公司	万件	344
	北京旺乐高婴幼儿用品制造中心	万件	15.3
	北京雪莲羊绒股份有限公司	万件	99.7
	北京埃姆毛纺有限公司	万件	4
	北京金商梦时装有限公司	万件	67.6
	北京火炬毛针织有限责任公司	万件	26.8
	北京雪莲时尚纺织有限公司	万件	1308.4
	北京雪莲同达制衣有限公司	万件	46.8
	北京天彩纺织服装有限公司	万件	68.9
羽绒服装	北京京工伊里兰服装服饰有限公司	万件	8.5

1999—2010年北京纺织控股有限责任公司产品产量统计表

6-18表

年度	合成纤维（吨）	维纶牵切纱（吨）	纱（吨）	布（万米）	印染布（万米）	呢绒（万米）	毛毯（万条）	毛线（吨）	毛衣裤（万件）	毛巾（万条）	床单（万条）	缝纫线（万个）	针织衫裤（万件）
1999年	20447.7	5	41674.7	11964.6	2071.2	890.1	4.4	1153	233.1	794.3	0	211.5	756.7
2000年	4796.7	5	31895.6	8471.2	1870.4	940.7	4.4	632	190.2	606.5	0.9	189.2	1071.8
2001年	58.3	0	31656.4	7786.4	1931.2	716.6	7	696.3	207	25.5	—	198.4	1064
2002年	0	0	29676.3	6723.6	849.8	676.6	—	—	—	112.4	—	—	—
2003年	—	—	24405.4	5233.8	1023.5	294.8	—	—	—	274.8	—	—	—
2004年	—	—	12345.9	1503	795.2	358.6	—	—	—	558	—	—	—
2005年	—	—	13817.1	1432.6	685.8	316.4	—	—	—	1427.9	—	—	—
2006年	—	—	8755	789.2	681.2	77.9	—	—	—	1234.2	—	—	—
2007年	—	—	11336	535.7	412.2	0	—	—	—	2467.9	—	—	—
2008年	—	—	6627.5	471.4	100.2	187.7	—	—	—	2346.3	—	—	—
2009年	—	—	3252.1	545.3	0	148.3	—	—	—	1423.4	—	—	—
2010年	—	—	3736.7	509.1	0	199.7	—	—	—	1628.2	—	—	—

说明：“—”表示无相关数据。

1999—2004年北京纺织控股有限责任公司破产企业一览表

6-19表

破产企业名称	宣告破产时间	破产终结时间	资产总额（万元）	负债总额（万元）	资产负债率(%)	计划外破产或计划内破产
北京涤纶厂	1999年7月6日	1999年11月17日	7164.5	11954.2	166.85	内
北京床单厂	2000年4月14日	2000年8月28日	7366.69	15582.78	211.53	外
北京涤纶实验厂	2000年8月25日	2001年12月27日	8647.1	12910.4	150	内
北京化学纤维厂	2000年12月29日	2002年3月20日	50081	48288	96.42	外
北京丝绸厂	2000年12月29日	2002年3月20日	10964.66	44522.48	406.05	内
北京三环毛针织公司	2000年12月29日	2002年5月22日	29306.6	48689.4	166.14	外
北京维尼纶厂	2001年7月	2004年11月	8143.6	20403.8	251.65	外
北京长毛绒厂	2002年9月5日	2004年12月2日	9698.7	17015.4	175.4	内
北京二毛纺织集团	2004年8月6日	2005年12月20日	17056.21	65508.32	384.07	内

1999—2010年北京纺织控股有限责任公司重点搬迁企业一览表

6-20表

搬迁企业名称	搬迁时间	原厂址	原厂址占地面积（平方米）	搬迁新址	搬迁新址占地面积（平方米）	转让金额（万元）	受让企业名称
京棉集团公司三分厂	1999年	朝阳区朝阳路八里庄西里	220000	顺义区高丽营金马工业区	86710	117000	中远房地产有限责任公司
北京铜牛针织集团（原一针、三针）	2000年	朝阳区光华路	88726	通州区张家湾工业区	78004	37238	北京鑫丰物业发展有限公司、北京银信光华房地产开发有限公司
北京帆布厂	2001年	东城区青龙胡同10号	27000	丰台区成寿寺	7000	20300	北京永利多房地产开发有限公司
北京毛巾厂	2001年	朝阳区劲松七区	46000	海淀区安宁庄	19368	21600	北京方恒房地产开发有限公司
北京衬衫厂	2003年	朝阳区东直门外左家庄	40160	朝阳区马泉营12号	7836	—	改变用途
京棉集团公司一分公司	2003年	朝阳区十里堡	141100	顺义区高丽营金马工业区	—	73500	大通房地产开发公司

（续表）

搬迁企业名称	搬迁时间	原厂址	原厂址占地面积（平方米）	搬迁新址	搬迁新址占地面积（平方米）	转让金额（万元）	受让企业名称
京棉集团公司	2004年至2006年	朝阳区八里庄	77000	平谷区峪口、延庆县、顺义区高丽营	186392	—	北京莱锦创意产业园（自用）
北京羊绒衫厂	2004年	朝阳区曙光里甲1号朝阳区南湖东园501号	43964	大兴区瀛海工业园	66667	29800	北京方恒置业股份有限公司、夏都房地产开发公司
北京北毛纺织集团有限责任公司	2005年	海淀区清河镇	116000	平谷区马坊工业园	27575	150000（含清毛、制呢）	华润新镇置业有限公司
北京清河毛纺织厂	2005年	海淀区清河镇	120000	平谷区马坊工业园	28559	—	华润新镇置业有限公司
北京制呢厂	2005年	海淀区清河镇	260000	平谷区马坊工业园	33000	—	华润新镇置业有限公司
北京大华衬衫厂	2006年	海淀区海淀路乙39号	25800	房山区良公工业开发区	22000	—	改变用途
北京第三印染厂	2006年	朝阳区东风乡高庙村	47165	整体退出	—	16400	华业房地产开发公司
京棉集团公司床单分厂	2007年	大兴区黄村	110000	顺义区高丽营金马工业区	—	12500	北京市国通资产管理有限公司
北京制线厂	2007年	朝阳区左安路21号、丰台区于家坟82号和通州区梨园地区小街村厂区	87943	通州区张家湾镇工业开发区内辅路2号	33287	23400（三处合计）	北京方恒置业股份有限公司、崇文区房地产开发公司
光华染织厂（1号地）	2003年	朝阳区光华路7号	19800	海淀区清河丝绸总厂厂区内	45412.8	24000	北京世源光华房地产开发有限公司
光华染织厂（4号地）	2009年	朝阳区光华路7号	36240	通州区马驹桥镇西店村光华厂原厂区内	40000	25400	北京龙泽源置业有限公司
光华染织厂（2号地）	2010年	朝阳区光华路7号	31400	顺义区高丽营金马工业区	100000	78960	北京以太物业开发有限公司

（续表）

搬迁企业名称	搬迁时间	原厂址	原厂址占地面积（平方米）	搬迁新址	搬迁新址占地面积（平方米）	转让金额（万元）	受让企业名称
光华染织厂（3号地）	2010年	朝阳区光华路7号	20718	—	—	25543	北京汉威广场物业开发有限公司
附注："—"表示无相关数据资料。							

第三章　家具业

北京近代家具是在传统宫廷家具基础上，吸收西方先进技艺形成的。中华人民共和国成立后，特别是20世纪80年代改革开放后，北京家具制造业不断摸索改进，逐渐形成了造型简朴、结构严密、讲求功能、用料合理的北京家具风格。家具按材质分为木质家具、金属家具、软体家具、硬木家具（主要指红木家具）四大类。

1999年，全市木质家具年产920万件（套），产值54亿元；金属家具总量占全市家具总量的72%；软体家具年产80万件，产值10亿元；硬木家具企业20家，年销售额3亿元。

1999年，北京家具业开始全面贯彻1998年国家启动的天然林保护工程，深入产品研发和科技投入，加大中刨花板、中密度纤维板等人造板材的使用比例，强化金属家具、软体家具的生产，家具产品繁多，款式新颖，生产日趋兴盛。1999年至2002年，全市20余家软体家具制造企业引进全自动弹簧出簧机，取代传统手工穿制弹簧床网工艺，提高工作效率和产品质量。2001年，国家质量监督检验检疫总局发布《室内装饰装修材料木家具有害物质限量》等10项国家强制性标准。北京家具企业加强技术改造，全面推进环保产品生产。2002年，北京天坛有限公司采用MFDC-I型往复反吹布袋除尘器，集中处理和收集木材、板材机加工过程中产生的木粉尘，达到对外零排放。2002年至2007年，北京黎明文仪家具有限公司、北京今圣梅家具制造有限公司、北京奇奈特长城座椅有限公司和北京市丽日办公用品有限责任公司等家具企业，先后获得国家有关部门颁发的中国环境标志产品认证证书、环境管理体系证书和十环绿色产品标志认证。1999年至2005年，全市30家金属家具企业投入2000余万元，建立生产线，引进新工艺，采用静电粉末喷涂技术作为金属家具的防腐和装饰，增强粉末与金属表面的附着力，提高了金属表面的防腐性能和装饰水平。

2005年至2010年，板式家具生产广泛使用高精度砂光机和光固化油漆干燥机等专用机械，零部件加工精度提高，互换性增强，家具组装从工厂移到用户现场，改变陈旧的生产和运输方式。2005年后，硬木家具逐渐增多，红木收藏热再起。2008年，龙顺成"京作"

硬木家具制作技艺被列入第一批国家级非物质文化遗产名录。2009年,在第三届中国(北京)国际红木古典家具博览会上,北京元亨利硬木家具有限公司参展的黄花梨托泥圈椅被评为金奖。2010年,全市有生产、经销红木家具的企业近200家。同年,11家销售额1亿元以上木质家具企业扩展到金属、软体和硬木家具制造,逐渐成为综合性家具制造集团。同年,北京家具业产品丰富,市场繁荣。全市家具大卖场总面积约320万平方米,年销售总额200多亿元。其中卖场面积超过2万平方米的有35个,年销售额过亿元的家具企业28家。1999年至2010年,全市家具企业发明或拥有140多项国际、国内专利产品使用权,先后有37家企业的产品、商标获中国名牌产品、中国驰名商标、北京市名牌产品、北京市著名商标等荣誉称号。

2010年,北京有家具生产企业1000余家,在北京家具行业协会登记421家。其中,以生产木质家具为主的企业249家,以生产金属家具为主的企业34家,以生产软体家具为主的企业88家,以生产硬木家具为主的企业50家。除北京天坛股份有限公司是国有企业外,其余均为民营企业。年销售收入超过5000万元的企业年销量占全市家具销售总量的20%。同年,木质家具产量2200万件(套),产值200亿元;软体家具产量500万件,产值40亿元;金属家具总产量占全市家具产总量的50%;红木家具销售额45亿元。

第一节　木质家具

20世纪90年代,北京制作生产的木质家具采用实木锯材、实木板材、集成材、直接材、弯曲木或在其表面粘贴单板、薄木材料等。木质家具有实木家具、板式家具和综合类家具几类,品种繁多。

1998年国家启动天然林保护工程,北京家具企业实木家具生产原材料减少,以人造板为原料的板式家具逐渐增多。同时期,北京板式家具制作基材从较单一的刨花板、胶合板、硬质纤维板、直接印刷人造板、细木工板等种类,逐渐拓展到中高密度纤维板、中空刨花板、有框蜂窝板、无边框蜂窝板、模压人造板;覆面材料从单板、预油漆纸、高压贴面板、直接印刷光固化油漆等,扩展到低压浸渍纸、皮革、金属覆面、烤漆涂饰、聚酯漆涂饰、三维覆贴、PVC贴面、科技薄木覆贴等新品种;封边材料从单板、实木条、HPL封边条发展到LPL封边条、PVC封边条、金属材质封边条等品种。板式家具从民用拓展到办公室、图书馆、档案馆、学生宿舍、课桌椅等领域。

1999年起,使用人造板比例逐渐增大。中密度纤维板、胶合板以及更低碳环保的无边框蜂窝板、模压人造板、集成指接材等新型板材得到广泛应用,使家具减轻重量,丰富了产品造型。综合类家具(也称包镶家具)因基材不同,其制作需特殊设计,加工的机械设备及生产工艺也较为特殊。

1999 年，北京实木家具制造生产的主要企业有北京天坛股份有限公司、北京黎明文仪家具有限公司和北京东方万隆家具有限公司等。北京制作生产综合类家具的主要企业有北京森雷普实验设备有限公司、北京天坛股份有限公司、北京黎明文仪家具有限公司、北京今圣梅家具制造有限公司、北京市丽日办公用品有限责任公司和北京东方万隆家具有限公司。同年，北京家具企业制造生产实木家具的主要设备有自动仿型铣床、自动开榫机、雕刻机、四面刨、数控加工中心、装配机械等。家具油漆工序主要采用气动喷涂工具、油漆机具和自动生产线，漆种主要采用光固化漆和聚酯漆、水溶性漆等环保油漆。实木家具在造型、加工精度、生产效率、零配件的互换性等方面都得到很大提高。

2002 年，北京天坛股份有限公司投资 6600 万元对五条油漆生产线进行技术改造，使其油漆涂饰生产线水平处于亚洲和国内领先水平。2004 年，北京黎明文仪家具有限公司投资 1000 万元，对家具 UV 漆生产线进行改造，提高油漆饰品质量。2005 年，北京黎明文仪家具有限公司投资 500 万元进行产品零件不落地生产技术改造，减少零部件磕碰造成的损失，减轻了员工的体力劳动强度，提高了工作效率。2007 年，北京东方万隆家具有限公司先后从德国、意大利引进先进的实木家具生产流水线，实现实木家具扩大再生产，满足实木家具市场的持续旺盛需求。2009 年，北京黎明文仪家具有限公司为扩大板式家具生产规模，满足市场需求，投资 800 万元建成一条板式家具自动生产线。

截至 2010 年，在北京家具企业中，高速低压短周期贴面压机、数控分割锯、双面或单面封边机、全自动单面、双面或三面多孔钻机、高精度砂光机、高精度淋漆机、光固化油漆干燥机等专业机械被广泛使用，使板式家具的零部件加工精度提高、互换性增强。专用五金件广泛应用，把家具组装工序从工厂移到用户现场，方便快捷，降低成本。

2010 年，北京森雷普实验设备有限公司、北京天坛股份有限公司、北京黎明文仪家具有限公司、北京今圣梅家具制造有限公司、北京东方万隆家具有限公司和北京市丽日办公用品有限责任公司，共生产综合类木质家具 2.22 亿件。北京国林系统家具有限公司生产综合类木质家具产值 9806 万元。

北京天坛股份有限公司

1956 年由 40 个私营企业组建，名为北京市北郊木材厂，1988 年改称北京天坛家具公司。位于东城区安定门外小黄庄路 9 号，注册资本 8709 万元，占地面积 22 万平方米，建筑面积 16 万平方米，属家具制造业。主要产品有木质家具、金属家具、软体家具三大类，涵盖民用、办公、宾馆等系列。1999 年，生产木质家具 9.2 万件、金属家具 115.6 万件、软体家具 4.1 万件。资产总额 5.01 亿元，工业产值 3.16 亿元，工业增加值 1.30 亿元，主营业务收入 4.67 亿元，利润 2101 万元，税金 3272 万元。同年，"天坛"商标获中国家具业第一个中国驰名商标。1999 年 12 月 28 日，经市政府批准，北京天坛家具公司改制由北京建材集团作为发起人，联合北京北辰实业集团、北京建工集团、北京住总集团、北京建材科研院等四家企业，成立北京天坛股份有限公司。2003 年，该公司获全国重合同守信用单位和中国Ⅲ型环境标志证书。2004年获全国用户满意企业和重合同守信用单位。2005年获中国环境标志产品认证证书。2006年，根据金隅集团总体规划和安排，完成北厂、西厂、顺义三地向西三旗生产基地搬迁工作，搬迁面积20多万平方米，涉及搬迁人员1000余人。2008年获全国五一劳动奖状和诚信服务示范单位。2006年，"天坛"牌实木家具获中国名牌产品和中国十省市环保家具知名品牌称号。2009年获全

图6-19 天坛家具展示（2009年摄）

国文明单位称号，获市科委、市财政局、市国税局和市地税局颁发的高新技术企业证书。1999年至2010年，该公司产品先后获专利72项，其中外观专利19项，实用新型专利53项。2010年，北京天坛股份有限公司是北京家具制造企业中唯一一家国有企业。职工1653人，生产木质家具7.3万件，金属家具15.4万件，软体家具6.5万件，主营业务收入4.81亿元，工业产值2亿元，工业增加值1.01亿元，利润1642万元，税金2444万元，资产总额9.69亿元。1999年至2010年，公司生产木质家具129.9万件、金属家具812.1万件、软体家具66.4万件。

北京东方万隆家具有限公司

前身是1990年成立的北京十八里店万隆家具厂，1996年更名为北京东方万隆家具有限公司。2007年迁至通州区潞县镇南阳工业区，注册资本5100万元，厂区占地面积6万平方米，建筑面积4万平方米，生产性建筑面积3万平方米。主要生产办公家具、酒店家具、法院家具、学生公寓家具四大系列1000多种产品。1999年至2010年，公司产品获得发明专利5项、外观设计专利3项、实用新型专利2项，年产值超亿元，是集家具设计、制造、销售、服务为一体，北京地区最大的家具制造销售企业之一。2010年，公司有职工420人，其中专业技术人员35人。生产木质家具14.8万件，生产软体家具2.5万件，销售收入1.65亿元，工业产值1.35亿元，利润1387万元，资产总额1.03亿元。1999年至2010年生产木质家具90.3万件、软体家具11.2万件。

北京黎明文仪家具有限公司

1993年成立，前身为北京皇龙办公家具有限公司，1999年更名为北京黎明文仪家具有限公司，注册资本500万元，位于大兴县亦庄镇头号村，占地约3.3万平方米，建筑面积3万平方米，有职工300多人。主要产品有办公家具、装饰木门、板式民用家具、软体民用家具、家用橱柜、衣帽间、实木酒店家具、板式酒店家具及木地板等产品。是集设计、研发、生产、销售于一体的大型家具制造企业，也是华北地区最大的办公家具生产企业之一。1999年，

生产木质家具29.29万件、软体家具5.60万件，销售收入1195.41万元，工业总产值1.09亿元，利润121.43万元，资产总额1585.93万元。2001年，北京黎明文仪家具有限公司获中国环境标志产品认证证书。2003年5月，迁至通州区马驹桥杨秀店村，注册资本增至1000万元，新址占地面积12万平方米，建筑面积10万平方米。2004年，获市工商局颁发的守信企业证书。2005年至2010年，公司一直位于全国家具木门产品企业30强，连续6年位列政府采购木门产品第一名。2007年至2010年，公司获得实用新型专利4项，外观专利2项。2008年，注册资本增至3100万元，获全国政府采购家具年会组委会颁发的2008年政府采购年度贡献奖。2009年6月，注册资本增至5100万元。2010年7月编写的家具业制作生产技术书《北京黎明UV油漆线传动控制软件V1.0》，获国家版权局版权认证。2010年，职工1800人，其中专业技术人员216人。生产木质家具138.16万件、软体家具36.08万件，销售收入6.84亿元，工业产值6.20亿元，利税610.61万元，资产总额8558.41万元。1999年至2010年生产木质家具874.26万件、软体家具200.06万件。

北京今圣梅家具制造有限公司

1997年成立，位于海淀区增光路27号增光佳苑。注册资本5002万元，占地面积3.3万平方米。其中建筑面积2万平方米，生产性建筑面积1.3万平方米。主要生产木质家具。1999年，生产木质家具6300件，销售额600万元。2003年获十省市环保家具知名品牌证书和十八省市家具行业诚信企业证书。2004年开始生产板式家具、金属与板式相结合家具和软体家具。2006年至2007年被北京家具行业和北京建材行业协会评选为绿色环保产品。2008年通过"十环认证"及职业健康管理体系认证，并连续三年被选为中央国家机关、中共中央直属机关国管局等采购办公家具定点供应商。2004年至2010年获实用新型专利证书5项，外观专利证书2项。2010年，职工210人，生产木质家具6.30万件，生产软体家具2400万件，销售收入8000万元，工业总产值8000万元，资产总额8000万元。1999年至2010年生产木质家具38.75万件、软体家具1.16亿件。

北京国林系统家具有限公司

2000年成立，位于朝阳区东四环中路82号金长安大厦，注册资本6100万元，企业性质为股份制。主要生产会议桌、办公工位、屏风、座椅等各类办公家具，是北京地区办公家具十强企业之一。同年，生产木质家具产值1578万元、金属家具产值789万元、软体家具产值263万元，销售收入2630万元，工业总产值2630万元，利润总额296万元，资产总额1472万元。2003年，该公司获国际家具及木工机械展览会办公家具铜奖。2004年通过ISO 9001质量管理体系认证、ISO 14001环境管理体系认证。2007年，位于通州区马驹桥工业区的新厂区投产，占地面积6.67万平方米，建筑面积5万平方米，其中生产性建筑面积4.5万平方米。2009年7月获中国环境标志产品认证。独立研发的产品有4项获实用新型专利、6项获外观设计专利。2010年，职工518人，生产木质家具产值9806万元、金属家具产值 4903 万元、软体家具产值 1634 万元，销售收入 1.63 亿元，工业总产值 1.63 亿元，利润总额 2056 万元，资产总额 1.03 亿元。1999 年至 2010 年生产木质家具产值 5.39 亿元、软体家具产值 8982 万元、金属家具产值 2.70 亿元。

第二节　金属家具

20 世纪 90 年代，北京市钢木家具中有代表性的产品是钢管人造板面折叠椅、学生课桌椅、可折叠会议桌、学生公寓用床及桌椅、办公用屏风及工作位等。

1999 年开始，北京家具企业使用的各种规格的金属管材、有色金属型材品种增多，金属家具不再局限于民用居室及会议场所，逐步延伸到办公屏风、办公椅、展示柜、陈列柜、部队枪支柜、危险物品存储柜等柜类。钢家具典型的有档案柜、密集架（包括手动、机动、智能型）、图书架、期刊架、钢管网椅及各种公共场所的用椅等。

1999 年，北京南郊木材厂（北京长城家具公司前身）生产的钢木（管）家具中，已有教学、礼堂、民用和商业用四大类产品。同年，北京长城家具公司引进日本松下公司自动焊接机械手；北京森雷普实验设备有限公司生产金属家具 7.93 亿件，销售额 361.65 万元；北京天坛股份有限公司生产金属家具 115.6 万件，出口钢木（管）家具累计达 3.2 亿元，远销 42 个国家和地区；北京长城家具公司研发生产的会堂排椅、办公家具、宴会家具产品，先后应用于人民大会堂万人大礼堂、小礼堂和贵宾厅。

1999 年至 21 世纪初，北京家具企业钢家具和钢木家具原材料与生产使用的管材，从企业自己加工制作，改为从市场采购、定制和订购；焊接方法从以前的电焊、气焊，改为电阻焊、氩弧焊、二氧化碳保护焊或采用焊接机器人；人造板部（零件）封边，从人工涂漆改为用封边机封饰；表面处理从以前应用较多的镀铬、烤漆等，改为装饰性更好的镀钛及更为环保的静电粉末喷涂。

1999 年至 2005 年，北京市有北京市丽日办公用品有限责任公司、北京森雷普实验设备有限公司和北京长城家具有限公司等 30 余家金属家具企业，共投入 2000 余万元，采用静电粉末喷涂技术和生产线作为金属家具的防腐和装饰作业。采用新工艺和先进技术增强了粉末与金属表面的附着力，提高了金属表面的防腐性能和装饰水平，生产自动化程度提高，环保性能良好，金属钢家具产量增加。

2000 年至 2008 年，北京长城家具公司生产的铁排椅、钢管排椅被连续评为北京市优质产品，生产的排椅应用于中南海怀仁堂、国家大剧院。2001 年，北京市丽日办公用品有限责任公司生产的排桌排椅成为人民大会堂大、小礼堂标配座椅。2008 年研发的"长城牌"自动移动观览席系列产品（又称活动看台），被北京体育大学、人民艺术剧院相继采用。

2010 年，北京天坛股份有限公司生产的钢木家具品种有床类、桌类、椅类、几类，产值 3079 万元；北京国家林业系统家具有限公司生产金属家具的产值 4903 万元；北京森雷普实验设备有限公司生产金属家具 25.27 亿件，销售额 5208.45 万元；北京市丽日办公用品有限责任公司生产金属家具 20.2 万件。

北京长城家具有限公司

前身是 1972 年成立的北京市南郊木材厂，1992 年 6 月 4 日更名为北京市长城家具公司。位于丰台区南三环东路东铁营顺三条 21 号，占地面积 10 公顷，厂房面积 4.2 万平方米。主要生产办公、教学、宾馆、餐饮、公共场所、民用等家具，影剧院会堂排椅，医用床、椅，装饰材料和聚氨酯制品等系列产品。2002 年，与意大利法拉姆家具有限公司合资成立北京长城法拉姆装饰材料有限公司，专业生产高档办公家具。与意大利拱扎嘎公司合资成立北京拱扎嘎长城家具公司，主要生产经营图书馆家具。2003 年 12 月，与法国奇耐特长城座椅有限公司合资成立北京奇耐特长城座椅有限公司，主要生产经营影剧院座椅。1999 年至 2003 年，公司取得 10 余项外观专利及实用新型专利，并应用于全国政协办公楼、北大光华管理学院等工程。2005 年更名为北京长城家具有限公司，注册资金 6613.58 万元。从丰台区南三环东路宋庄路搬迁至大兴区 104 国道瀛海段 22 号。2008 年，北京北玛建筑材料有限公司并入北京长城家具有限公司。2008 年，北京长城家具有限公司有员工 700 余名，专业技术人员 108 名，占地面积 13.3 公顷，固定资产原值 6600 万元。2009 年，公司关闭金属加工车间（大兴区大庄工厂）。2010 年 5 月，北京长城家具有限公司并入北京天坛股份有限公司。

北京市丽日办公用品有限责任公司

前身是 1992 年成立的北京市育红木器厂。1997 年改制为股份制企业，更名为北京市丽日办公用品有限责任公司。位于通州区潞城镇胡各庄村，注册资本 2006 万元，占地面积 5.2 万平方米，建筑面积 4.7 万平方米，生产性建筑面积 4.3 万平方米。主要产品有学生课桌椅、物理实验台、班台、屏风、钢制文件柜、会议桌、公寓床、沙发等。1999 年，生产木质家具 2.0 万件、金属家具 3.0 万件，工业总产值 1034 万元，工业增加值 180 万元，销售收入 899 万元，利税 45 万元，资产总额 302 万元。2001 年通过 ISO 9001 质量管理体系认证。2002 年至 2004 年被市工商局授予守信企业称号。2005 年通过环境管理体系认证、职业健康安全管理体系认证。2007 年通过十环绿色产品标志认证。2009 年开展外贸业务，与波兰、蒙古等国家有贸易往来。1999 年至 2010 年获实用新型专利 6 项、外观设计专利 2 项。生产的各类教学办公设备、学生课桌椅等销往天津、山东、山西、内蒙古、甘肃等 10 余个省市。2010 年，职工 280 人，其中专业技术人员 50 人。生产金属家具 20.2 万件、木质家具 13.2 万件，工业总产值 7000 万元，工业增加值 1300 万元，销售收入 6000 万元，利税 298 万元，资产总额 3921 万元。1999 年至 2010 年生产金属家具 127.2 万件、木质家具 84 万件。

北京森雷普实验设备有限公司

1999 年成立，位于昌平区沙河镇白各庄工业园，注册资本 3060 万元，厂区占地面积 4.6 万平方米，建筑面积 1.8 万平方米，生产性建筑面积 1.6 万平方米。主要产品有实验室设备、木制、钢制实验操作台柜、通风柜及通风设备。1999 年，生产金属家具 7.93 亿件、木质家具 6911.94 万件。2002 年通过 ISO 9001 质量体系认证。2003 年开始生产钢木混合、钢制结构实验室操作台。通过 ISO 14001 环境管理体系认证。2005 年，公司成为美国 SEFA 组织会员。2006 年，以钢制产品为主，并增加了通风变频系统的设计施工，产品获实用新型专利 1 项。2010 年，职工 360 人。生产木质家具 2.20 亿件，生产金属家具 25.27 亿件，工业产值 6410.40 万元，销售收入 8013.10 万元。1999 年至 2010 年，生产木质家具 15.81 亿件、金属家具 181.35 亿件。

第三节　软体家具

1999 年，北京生产的软体家具主要有床垫卧具和沙发坐具两类。床垫卧具根据制作材料分为席梦思床垫、棕床垫、椰棕床垫、席梦思与棕或椰棕组合床垫，以及乳胶床垫等。沙发坐具根据制作结构分为有框架（木质框架、金属框架）和无框架两种；按靠背高矮区分有低背、高背、普通三种；按面料材质区分有皮革、布艺等；按风格区分有中式、欧式、美式、日式等。

1999 年，北京家具企业生产制作的沙发坐具产品主要有影剧院、会堂座椅和家用沙发等种类。同年，北京京兰床具有限公司生产软体家具 3.3 万件，产值 2679 万元。2001 年，北京强力家具集团有限公司投入 200 余万元引进生产软体家具的全自动弹簧出簧机，使弹簧制作从钢丝材料到弹簧成品一步完成，提高生产效率和弹簧质量。2003 年，公司投入 86 万元引进独立袋装弹簧，丰富了产品种类。

2003 年，北京制作生产沙发坐具的主要企业是北京奇耐特长城座椅有限公司。2004 年 5 月，该公司投入 1000 万元，引进行业先进电子裁剪、电子绣号、多针排缝等设备生产座椅，产品应用于人民大会堂、国家大剧院、央视数码影院以及欧洲、亚洲、中东地区高端影剧院。

2004 年，北京京兰床具有限公司投入 800 多万元，先后自主研发了 8 台达到国外先进水平的一线通弹簧机设备，购买两台自动裥花机、三台自动围边机、一台自动独立袋弹簧机等国外先进设备。2005 年，北京京兰床具有限公司通过引进和研发，制作生产的弹簧软床垫达到三大类 10 多个品种，年生产能力达到 8 万张，布艺床年产 1 万套以上。

2007 年，北京强力家具集团有限公司生产的"强力"牌床垫获国家免检产品荣誉。

2004 年至 2010 年，北京奇耐特长城座椅有限公司取得 30 余项排椅外观设计、实用新型专利。北京强力家具集团有限公司开发出的家具产品有上千个款式，产品销往全国20个省、自治区、直辖市，获得13项实用新型及外观专利。

2010年，在北京家具行业协会登记的软体家具制作企业有88家，其中年销售收入超过5000万元的企业10多家。北京市软体家具产量40多亿元，占全市家具产量的20%。

2010年北京市软体家具主要生产企业一览表

6-21表

企业名称	成立时间	品种	产值（万元）	地址
北京京兰床具有限公司	1986年	沙发、软床	3107	朝阳区安定门外大屯小营北路51号
北京东方万隆家具有限公司	1990年	沙发床类	4500	通州区潞县南阳工业区
北京黎明文仪家具有限公司	1993年	软体民用家具	16749	大兴县亦庄镇头号村
北京爱依瑞斯家居用品有限公司	1995年	沙发、软床	40000	河北省廊坊市香河县淑阳工业区鑫阳路1号
北京今圣梅家具制造有限公司	1997年	软体民用家具	10000	海淀区增光路27号增光佳苑
北京国林系统家具有限公司	2000年	沙发	1634	朝阳区东四环中路82号金长安大厦
北京非同家居有限公司	2001年	沙发、软床	20000	通州区潞县镇大香仪工业区
北京奇耐特长城座椅有限公司	2003年	影院座椅	3782	大兴区104国道瀛海段22号
依思蒙沙（北京）家具有限公司	2005年	软床	20000	通州区台湖镇北火垡工业园
北京欧嘉璐尼工贸有限公司	2008年	沙发、软床	13000	昌平区北七家镇南七家村

北京京兰床具有限公司

1986年6月成立，2001年10月22日注册，注册资金796万元，位于朝阳区安定门外大屯小营北路51号，是一家生产床垫、套床、沙发、床上用品、酒店配套家具用品的企业。1999年，生产各类软体家具3.3万件，产值2679万元。同年通过ISO 9001：2008国际质量体系认证。1999年至2010年先后被评为北京市著名商标、北京市诚信服务示范单位、北京市诚信维权单位、全国优质品牌床垫企业。2010年为中国家具协会理事会理事单位、中国家具协会软床垫专业委员会副主任单位、北京家具行业协会常务理事单位。2010年，职工350人，生产软体家具3.0万件，产值2834万元，销售收入1.5亿元。1999年至2010年，共生产软体家具45.4万件。

北京强力家具集团有限公司

1992年11月6日注册成立，注册资金5080万元，位于通州区潞县镇马头村，占地面积13.3万平方米。主要生产软体家具、木质家具等民用、酒店及办公家具。1999年被中国家具协会吸收为中国家协常务理事单位，通过 ISO 9001 国际产品质量和质量管理体系双项认证。2002 年至 2005 年被市工商局命名为守信企业。2004 年通过 ISO 14001 国际环境体系产品认证。2007 年被评为诚信服务示范单位，参与奥运、服务奥运贡献单位称号。2007 年至 2010 年为中央国家机关政府采购指定供应商。2009 年获中国驰名商标。2010 年，职工 800 人，大中专以上学历专业技术人员 280 人，生产木质、软体家具 70 万件，产值 3 亿元，资产总额 1.5 亿元。

北京奇耐特长城座椅有限公司

2003 年 12 月 19 日成立，是北京市长城家具公司和法国奇耐特盖里公司共同投资兴建的合资企业，位于大兴区 104 国道瀛海段 22 号，注册资金 194 万美元，专业从事中高端影剧院、会议报告厅等公共座椅的设计、生产和服务。2005 年获质量管理体系认证证书。2006 年 3 月 20 日，该公司股权增至 60%，法国奇耐特盖里公司股权降至 40%。2007 年 5 月 15 日将股权转让给北京天坛股份有限公司。同年获重质量守信用企业荣誉证书。2009 年获职业健康安全管理体系认证证书、3A 资信等级证书、北京市信用企业证书。2004 年至 2010 年拥有 30 余项排椅外观设计、实用新型等国家专利。2010 年，职工 82 人，生产软体家具 3.37 万件，销售收入 3498.50 万元，工业产值 3782.10 万元，利润 100.40 万元，资产总额 3426.60 万元。2005 年至 2010 年，生产软体家具 13.41 万件。

第四节　硬木家具

1999 年至 2010 年，北京家具企业制造与生产的硬木家具是以密度较大、硬度较高的深色阔叶硬杂木为主要原材料制作的。北京制作生产硬杂木家具的重要企业有北京市龙顺成中式家具有限公司、北京元亨利硬木家具有限公司等。

1999 年至 2010 年，北京家具企业制造生产的红木家具主要用檀香木、紫檀、黄花梨、鸡翅木、酸枝木、铁力木、楠木等名贵材料制成。制作的红木家具按产品区分为坐具类、承具类、卧具类、庋具类、架具类、屏具类。

1999 年至 2001 年，北京市龙顺成中式家具厂建成 1500 平方米的明清红木家具展示中心和 200 平方米的明清家具博物馆。2004 年，北京市龙顺成中式家具厂为驻外使馆多次批量制作"京作"硬木家具。2007 年，龙顺成"京作"硬木家具制作技艺被列入北京市级非物质文化遗产名录，2008 年被列入第一批国家级非物质文化遗产名录。2009 年，该公司添置三维数控雕刻机替代原有的机械靠模雕刻机，使图案更精致、细腻，工作效率更高。同年 6 月，"龙顺成"商标被市工商局认定为北京市著名商标。

2001 年，北京元亨利硬木家具有限公司产品材质增加卢氏黑黄檀、越南黄花梨、印度小叶紫檀。2002年，增加顶级海南黄花梨。2004年，北京元亨利硬木家具有限公司古典家具暨雕刻精品获"古艺杯"并被评为中国名优产品。2005年，生产的仿明式中堂四件套（黄花梨）被国家博物馆永久收藏。2006年，"元亨利通"家具商标被评为北京市著名商标。2009年，公司在第三届中国（北京）国际红木古典家具博览会参展的黄花梨托泥圈椅被评为金奖。2010年，"元亨利"获中国十大奢侈品品牌奖。

2002年，北京市飞宇商贸有限公司劲飞红木家具厂开始生产中、高档仿明清经典红木家具，材质为大红酸枝、檀香紫檀（小叶紫檀）、香枝木（黄花梨）、卢氏黑黄檀（大叶檀）和紫属花梨等进口红木，建立京城首家红木家具专业卖场"劲飞红木第一楼"。2009年年底，在北京城四环路内经营四个"红木第一楼"专卖市场和两个专卖分店，卖场面积总计1.5万平方米以上。

2006年至2010年，北京九牧林氏古典家具有限公司的产品先后获国家级金奖63个、银奖48个、铜奖26个。

2008年，北京艺威木业有限责任公司建成业内最大、面积达1.2万平方米的精品红木家具艺术馆——艺威红木第一城、"一步一景"艺术馆、艺威精品红木家具大厦。其在韩国拥有20余个加盟店，在西班牙有8个直营店，在日本有6个连锁店。

2010年，北京硬木家具制作厂家主要有龙顺成中式家具有限公司、艺威木业有限责任公司、元亨利硬木家具有限公司、宣明典居古典家具有限公司、九牧林氏古典家具有限公司等。

北京市龙顺成中式家具有限公司

"龙顺成"家具生产始于1862年。1899年成立龙顺成桌椅铺。1956年参加公私合营，与35家生产家具厂家合并，取名龙顺成木器厂。1966年更名为北京市硬木家具厂，1984年更名北京市中式家具厂，1987年注册"龙顺成"商标。1993年恢复老字号"龙顺成"，更名为北京市龙顺成中式家具厂。1999年至2001年，公司投资6030.01万元，新建5300多平方米、年产可达2000件红木古典家具的制作车间，购置电脑雕刻机、木材干燥等先进设备。1999年12月被国家经贸委评为中华老字号。2002年相继通过质量管理体系认证、环境管理体系认证和职业健康安全管理体系认证。2003年经市工商局认定，获诚信企业称号。2004年和2005年经市工商局认定，获守信企业称号。2010年改制更名为北京市龙顺成中式家具有限公司。注册资本1292.4万元，位于东城区永外大街64号。厂区占地面积4万余平方米，建筑面积2.78万平方米，生产性建筑面积8000平方米。生产硬木家具200余品种。2010年，职工148人，生产硬木家具545件，产值887万元，销售收入2895.83万元，利润129.10万元，资产总额5856.28万元。1999年至2010年生产硬木家具3.78万件。

北京艺威木业有限责任公司

前身是大兴安岭地区行政公署驻京办事处的北京晏岭木材厂，1983建立。2002年7

月改制，更名为北京艺威木业有限责任公司，位于顺义区京密路牛栏山段6号（101国道旁），注册资本300万元，占地5万平方米，生产用地3万平方米，展示面积4.2万平方米，属民营科技股份制企业，主要生产红木家具、精品木雕及韩国、欧美古典家具。2005年被中国中轻质量保障中心评为质量、服务、信誉AAA品牌企业。2009年8月注册资本增至850万元。2010年，职工800余人，生产硬木家具2800件，产值1.55亿元，销售收入1.50亿元。1999年至2010年生产硬木家具4.14万件。

北京元亨利硬木家具有限公司

1998年成立，注册资本500万元，位于通州区佰富苑开发区，占地面积2.5万平方米，建筑面积2.3万平方米，主要经营红酸枝家具，其制作生产的硬红木古典式家具享誉市场。2004年通过ISO 9001质量管理体系认证，发展成为集开发、设计、生产、销售、服务于一体，拥有红木家具行业中最具规模的手工加工生产线，是专业生产明清古典硬木家具的综合型企业。2008年北京奥运会、2010年上海世博会的贵宾接待室均使用公司生产的家具产品。2010年，职工300人，在全国大城市中拥有30多个红木家具专卖店。

北京宣明典居古典家具公司

2002年成立，注册资本3万元，位于朝阳区十八里店乡横街子村，占地面积9000平方米，主要生产产品为紫檀类古典红木家具，拥有1500平方米的紫檀艺术馆。2004年获第七届中国（北京）国际家具及木工机械展览会古典家具类设计特别奖（此届展览会红木类唯一最高奖项）。2005年率先加入首都红木家具行业真品联保的行列。2007年获紫檀定点保真产品荣誉证书。2010年，职工100余人，生产硬木家具988件，工业产值1.2亿元，销售收入1.15亿元。1999年至2010年生产硬木家具4111件。

北京九牧林氏古典家具有限公司

前身为2006年成立的九牧林氏北京红木家具厂，注册资本5000万元，位于昌平区马池口镇白浮村东南，占地面积12万平方米，建筑面积4.5万平方米，主要生产与销售古典家具，产品分为客厅类、卧室类、餐厅类、书房类、休闲类等五大系列。2007年3月注册"九林"牌商标。2009年实施"明式家具的传承与创新"项目，项目总投资2000万元，占地1.2万平方米，分两期进行。第一期投资1200万元，引进3条红木家具生产线，用于设备投入及设计制作产品。第二期投资800万元，用于销售及再生产的投入及原材料的储备，10月完成设备安装，2010年1月正常启用，产能提高40%，年产量增加200套，增加利润200万元。被中国轻工联合会评为百强竞争力企业。2010年，职工168人，其中技术人员45人，生产硬木家具3350件，销售收入6568万元，产值7240万元。资产总额7670万元。2003年至2010年，生产硬木家具1.48万件。

第四章 印刷业

北京地区印刷工业历史悠久。中华人民共和国成立后，北京作为首都，更是全国印刷产业的集中地。20世纪90年代初，北京市主要印刷企业在全国率先实现生产工艺的革命性变革：排版采用照排和激光照排，印刷全部采用胶版和胶印，装订实现机械联动，完全淘汰铅作业。1998年，北京地区印刷企业发展到1600余家，书刊定点生产印刷厂400余家。主要印报厂印报64.77万对开万张；包装装潢行业纸张商标印刷4.41亿印；纸箱871万平方米；印花铁6429对开万印；瓦楞纸盒3537.7万个；复合印刷商标13.40亿印等。印刷产业发展成为北京的一个较完整工业体系。

2006年至2009年，出版物印刷收入以年均8%的速度增长。2010年，印刷企业主营业务收入近200亿元。其中作为北京市属印刷业主体企业的北京隆达印刷包装集团有限公司所属10家生产型印刷包装企业主营业务收入9.10亿元，占北京地区1600余家印刷企业主营业务收入的4.5%。

2010年，北京印刷业出版图书155152种，出版报纸259种。有印刷包装企业1684家，其中，出版印刷企业670家，包装装潢印刷企业246家，专项印刷企业588家。印刷包装产业实现主营业务收入215.20亿元。其中，出版物印刷实现主营业务收入96.10亿元，其他印刷主营业务收入29.00亿元。

第一节 书刊印刷

20世纪90年代，北京书刊印刷业务的主营产品有彩色期刊、高档画册、挂历、台历、图书（教材、小说等）。北京是全国出版机构数量最多、门类最全的城市，具有书刊印刷的资源优势。

1998年，有印刷企业1600余家，其中书刊定点印刷厂400余家。21世纪初，印刷业发展成为北京都市产业的重要板块，北京的书报刊出版总量占全国的30%。从事书刊印刷的主要厂家有印刷集团、北京北人羽新胶印有限责任公司和北京利丰雅高长城印刷有限公司等。

2000 年，北京隆达印刷包装有限公司书刊印刷 45.8 万令，产值 1146.9 万元；传票印刷 26668 公里，产值 2007.7 万元；胶印印刷 164 万对开令，产值 6320.3 万元；彩券印刷 69890 万张，产值 3242.4 万元；排字 19551 万字，产值 208.3 万元；书刊装订 23.6 万令，产值 547.8 万元。

2006 年至 2010 年，北京利丰雅高印刷公司和北京隆达印刷包装集团有限公司利用北京市和国家政府招标采购资质、书刊定点单位等资质优势和知名品牌效应，确立彩色期刊、高档精品书刊、个性化出版物为目标市场，用高新技术改造传统印刷业，整合出版商、网络商和物流企业等社会资源，以数字化和信息化为手段连接企业与市场，为客户提供便捷、快速、个性化的印刷等综合服务，使北京书刊印刷收入实现年均 8% 的增长速度。此时期书刊印刷的主营产品是高档精美出版物印刷品，包括彩色期刊、高档画册、挂历、台历、图书。

2010 年，北京隆达印刷包装集团全年的单色印刷和多色印刷产量分别为 10.38 万令和 643.17 万对开色令。

北京印刷集团有限责任公司印刷一厂

原为 1952 年建立的北京印刷一厂，厂址在宣武区西便门。1998 年 12 月，印刷集团将北京印刷一厂改制为分公司，企业名称变更为北京印刷集团有限责任公司印刷一厂，厂址迁到丰台区马家堡路 69 号，是国有综合性印刷企业、市保密局秘密载体定点印刷企业。该企业分设印刷、装订、包装三个车间，主要设备有日本三菱四色胶印机、美国柔性版印刷机、胶印轮转机、自动糊盒机、喷码机等。产品有书刊印刷、包装印刷制作、商标标识印刷、票证印刷、防伪印刷等。2003 年通过 ISO 9001 质量体系认证审核。2009 年通过 ISO 14001 环境管理体系认证。2010 年年底，印刷集团印刷一厂占地面积 2.56 万平方米，建筑面积 1.96 万平方米；资产 1.2 亿元；有职工 400 余人，从业 10 年以上者占 90%，技师 5 人、高级技术工 15 人；职工在北京市印刷技术比赛中多次获得一等奖和二等奖。

北京隆达印刷包装集团有限公司

1993 年 2 月，市政府批准北京市印刷工业总公司改组为北京印刷集团总公司，是国内第一个以印刷为主的企业集团，集科、技、贸多种经营为一体。1997 年改制为国有独资的北京印刷集团有限责任公司。1998 年，印刷集团有直属企事业单位 20 个，职工 6000 余人，国有工业企业资产总额 6.27 亿元，工业总产值 1.64 亿元，利税总额 2741.7 万元，利润总额 693.1 万元。2000 年 9 月，印刷集团隶属于隆达控股。2004 年，隆达控股将印刷集团和北京轻联包装印刷集团有限公司重组为北京隆达印刷包装集团有限公司。2005 年至 2010 年，北京隆达印刷包装集团有限公司对 46 家三级以下企业进行调整，其中 5 家企业进行改制、1 家企业依法实施破产、29 家企业注销。2010 年，北京隆达印刷包装集团有限公司所属企业有北京京华虎彩印刷公司、北京乾沣印刷公司、北京利丰雅高长城印刷公司、北京联合包装有限公司、北京宝岛包装公司、北京富诚彩印公司、北京德宝商三包装公司、北京纸箱厂等，主营业务是出版物印刷、包装装潢类产品印制、商业票据类和券卡类等安全印务产品印制、艺术品复制。主要产品有彩色期刊、高档画册、图书、各类纸质包装盒（箱）、塑料包装品、"以纸代木"环保系列产品、商业有价证券、票证票据、彩票、证书、商标、珂罗版字画、艺术微喷字画，各类小批量、个性化的数码印刷品等。2010年，集团公司净资产7.85亿元，主营业务收入9.10亿元，利润1850万元，主营业务收入占北京市1600余家印刷企业主营业务收入的4.5%。

北京利丰雅高长城印刷有限公司

1993年5月，北京印刷集团总公司所属北京胶印二厂与香港利丰雅高印刷股份有限公司共同出资成立，注册资本740万美元，注册经营地址为宣武区永定门内西街甲2号。2000年增加上海纺印印刷包装有限公司为新的投资方，各方共同增资610万美元；2001年各方共同增资500万美元，公司注册资本变更为1850万美元。2003年引进以CTP（直接制版技术）+CIP（计算机整合生产技术）为标志的数字技术。2005年利用ICC曲线提升印刷品的品质和色彩可控性。2007年7月印制的《兵书十二卷——摄影器材与技术》被评为2006年度国家新闻出版总署一等品。2007年在印刷生产中运行"三地分印色彩管理系统"。2008年7月，日本凸版印刷株式会社收购北京利丰雅高长城印刷有限公司的合资方。2008年，公司的"ICS远程屏幕打样技术"运行，实现印刷业称之为"远在天边，近在眼前"的作业流程。同年，公司的《奥运2008特刊》《罗博报告》《时尚芭莎》《嘉人》等91种刊物，被北京市印刷工业产品质量监督检验站评为2008年度市级优质产品。2009年，公司的《中国期刊年鉴》《芭莎珠宝》《达·芬奇》《好管家》等35种刊物，被北京市印刷工业产品质量监督检验站评为2009年度市级优质产品。2009年11月，公司迁址至通州区光机电一体化产业基地政府路2号，占地面积6万多平方米。2009年11月3日，公司产业基地落成，以包装印刷为主的利丰雅高包装印刷有限公司和以书刊印刷为主的北京利丰雅高长城印刷有限公司入驻，有出版物印刷、包装印刷等多种业务，基地总投资10亿元。公司引进"GMG国际化标准色彩管理系统"，进一步提升色彩的稳定性。2010年，固定资产原值1.78亿元，净值9435万元，厂区占地3.6万平方米，工业总产值2.7亿元，员工900多人。

北京北人羽新胶印有限责任公司

2001年成立，是北京胶印厂剥离出生产线后与北人股份公司及若干自然人股东共同出资组建的企业，是国家级书刊印刷定点企业，拥有从产品设计到印前制版、胶印印刷、印后成型的工艺流程，生产系统全面实行计算机网络管理。成品车间拥有印后加工成套设备和闷、烫、压、上光、覆膜、层次凹凸、防伪等多种工艺，能够生产包括标准盒、多功能盒、异型盒在内的多种包装盒。同年通过ISO 9001质量管理体系认证。2006年，老城区工业用建筑改造成美术与设计产业园区。2009年1月，公司印制的《百年飘香》获北京质量协会印刷分会颁发的 2008 年度"北人杯"质量大奖。2010 年 6 月 1 日，东城区文化创意产业示范基地——后街美术与设计园区挂牌，创办了北京后街文化创意有限公司。2010 年年底，公司位于东城区美术馆后街 77 号，注册资金 2243 万元，占地面积 6477 平方米，建筑面积 1.6 万平方米，资产 5826.50 万元，职工 165 人。

第二节　有价证券印刷

　　20 世纪 90 年代，北京地区提供有价证券印刷业务的主要生产厂家为印刷集团京华印刷厂和印刷集团印刷二厂等企业。有价证券印刷产品是以创意设计为核心，通过特种印刷材料和特种印刷工艺为客户提供的具有安全防伪功能的印刷产品，包括有价证券、证书、商业票据、彩票、智能磁卡、条形码产品、商品标贴等。21 世纪初，京华印刷厂协助国家税务系统完成北京市地方税务局统一发票的改革，协助内蒙古自治区和河北省唐山市、湖南省湘潭地区完成税票改革，设计开发了发票兑奖软件，开发了网通充值卡、北京市政交通一卡通。2008 年，北京京华虎彩印刷有限公司为奥运会印制涉税收入专用发票和北京市医疗系统税控机专用发票等新产品，当年印制印刷实现利润 1230 万元。2009 年，印刷集团完成销售收入 3400 万元，新产品销售收入占 30%；实现利润 510 万元。1999 年至 2010 年，印刷集团印刷二厂印制各类、各规格彩票 46.46 亿张。其中，2008 年北京奥运会即开型彩票印制 26 个批次 15 个品种 7.37 亿张；2008 年 7 月印刷"众志成城"彩票

图6—20　北京印刷集团有限责任公司京华印刷厂的票据8色印刷机（2004年12月摄）

4000 万张，为抗震救灾募集资金。2008 年起承接政府采购印刷产品。2009 年 9 月首次承接国外彩票业务，印制老挝彩票 5 个批次 640 万张。截至 2010 年年底，印刷集团印刷二厂为国土资源部累计印制土地证书 6865.67 万册，其中 2010 年印制土地证书 1520.55 万册，涉及全国 27 个省、自治区、直辖市下属的市县区一级订购单位 170 多家。2006 年至 2010 年，印制税务登记证书产品 570 万套。

北京印刷集团有限责任公司印刷二厂

前身是建于 1949 年的北平解放印刷厂，1970 年更名为北京印刷二厂，位于朝阳区建国门外郎家园 10 号。占地面积 2.20 万平方米，建筑面积 3.80 万平方米，其中生产性建筑面积 2 万平方米。资产 1.22 亿元，员工 450 人。1999 年 8 月，印刷集团将北京印刷二厂改制为分公司，名为北京印刷集团有限责任公司印刷二厂。改制后，印刷二厂进行技术改造和产品结构调整，实施技术改造项目 11 个，引入并完善相关安全印务产品设备，架构安全印务和出版物印刷两大系列的产品结构，逐步形成以彩票印制为主的综合印刷格局。年生产能力彩票印制 15 亿张、土地证印制 1500 万册、各种卡类产品 400 万套、单色书刊印刷 6 万令、彩色胶印印刷 20 万对开色令、商业票据印刷 5000 公里。2008 年，印刷二厂投入资金 300 万元，对承接的国家指令性防伪证件和有价票证印刷生产线的数字喷墨防伪系统实施升级改造。2009 年对彩票印制生产线更新改造，采用二维随机数据制作工艺，将中国彩票的布奖及数据分配理念提升到国际先进水平。2010 年 11 月通过华夏认证中心对其质量、环境和信息安全三个管理体系进行的年度监审现场审核。

北京京华虎彩印刷有限公司

2007 年 9 月 19 日，隆达控股整合原印刷集团京华印刷厂及北京乾沣印刷有限公司，与香港虎彩集团有限公司、东莞虎彩印刷有限公司、香港雅智有限公司共同设立北京京华虎彩印刷有限公司。2008 年，公司实现利润 1230 万元。2009 年，公司工业总产值 1.19 亿元，资产 1.54 亿元。2010 年，公司位于朝阳区南皋路，主营业务有防伪票据、彩色印刷、食品包装、数码定制等，是中国防伪技术协会常务理事单位、中国印刷协会商业票据印刷分会副理事长单位、北京印刷协会理事单位。

第三节　商标包装装潢及特种印刷

1999 年年初，北京商标包装装潢印刷主要产品有包装印务产品 [食品药品包装盒、彩色瓦楞包装盒（箱）、塑料包装、"以纸代木"环保包装产品等] 和纸箱及特种印刷（主要是以珂罗版复制法为代表的印刷方式）。

1999 年至 2006 年，北京市纸箱厂开发生产了以纸代木类的包装印刷新产品，完成搬迁以及持续技术改造，纸箱包装产品年产值由 2000 万元提升到 8000 万元。2008 年，北京纸箱厂为北京奥运会比赛场馆设计制作的纸质清洁箱获 2007 年"包装之星"铜奖，开发的以纸代木系列产品获"亚洲之星"称号。2009 年，北京市纸箱厂与中诚信发投资管理公司共同出资成立北京北箱信发包装有限公司，当年纸箱包装产品销售收入近亿元。

2000 年 9 月，北京隆达印刷包装有限公司重组后，把商标包装装潢印刷作为主营业务的最大门类，生产绿色与环保为标志的食品、药品和高档日妆品等为主的高端包装印刷制品。至 2000 年年底，商标包装装潢印刷产品的销售收入占主营业务收入的 40%。

2008 年 6 月，北京市印刷技术研究所与圆明园合作，开发出以珂罗版复制法制作的《圆明园四十景图长卷》。2009 年，该作品获中华印制大奖的最高奖。

2010 年，北京隆达印刷包装有限公司主要经营加工商标、书刊证件、奖状制版、印刷包装装潢、印铁制罐、印刷机械、玩具教具、塑料制品、印刷机械配件等。其中，北京轻联富诚彩色印刷有限公司（北京宝岛包装印刷有限公司）和北京轻联富文新特印刷有限公司商标纸盒类印品销售收入 1.34 亿元，占整个北京隆达印刷包装集团有限公司产品销售收入的 15%。

北京轻联富诚彩色印刷有限公司、北京宝岛包装印刷有限公司

北京轻联富诚彩色印刷有限公司前身是 1956 年公私合营时由前门地区 56 家私营小作坊合并组成的前门印刷一厂和前门印刷二厂。1958 年组建北京商标印刷厂，1987 年更名为北京市彩色印刷厂。1993 年与台湾峰祥实业股份有限公司合资建立北京宝岛包装印刷有限公司。注册资金 251 万美元，北京市彩色印刷厂股权 68.1%，台湾峰祥公司股权 31.9%。2002 年，北京轻联富诚彩色印刷有限公司成立，是国有控股企业，位于海淀区永定路 15 号，注册资金 9338.47 万元。2004 年与北京宝岛包装印刷有限公司合并改制为北京轻联富诚彩色印刷有限公司。2006 年，北京隆达印刷包装集团有限公司全额收购北京宝岛包装印刷有限公司股权，北京宝岛包装印刷有限公司由外资企业变更为内资企业。2006 年年底，北京宝岛印刷有限公司厂区在大兴区旧宫工业园区富华街北东区，占地面积 2.4 万平方米，生产性建筑面积 1.5 万平方米，注册资金 3925.5 万元，主要生产具有安全印务功能的产品。2007 年 6 月，北京隆达印刷包装集团有限公司完成北京轻联富诚彩色印刷有限公司与北京宝岛包装印刷有限公司资源重组工作，北京宝岛包装印刷有限公司承担全部主营业务，北京轻联富诚彩色印刷有限公司承担物业经营。2010 年产品销售收入达 1.34 亿元，占北京隆达印刷包装集团产品销售收入的 15%。

北京市印刷技术研究所

1978 年 12 月 21 日成立，地址在西城区柳荫街 24 号，后迁至东城区钱粮胡同 17 号。为全民所有制事业单位，以研究电子照排技术，印刷电子应用技术，印刷工艺、设备、材料，搜集印刷技术情报，进行印刷器材分析测试为主业。1986 年划归北京市印刷工业总公司管理，20 世纪 90 年代隶属于北京隆达印刷包装集团有限公司。1999 年 12 月研发的调偏装置、双面 PS 版感光层涂布装置获国家实用新型专利。2000 年转制为国有企业，主要从事特种印刷工艺和特种印刷材料的研发与应用。2002 年 2 月研发的铝带材表面处理装置获国家实用新型专利；TG 型导电墨、刮开式彩票用丝印刮字油墨的中式研究、珂罗版复制仿

古工艺研究、北京地区印刷工业现状及 2000 年发展对策等项目分别获市科技进步二等奖、三等奖；世界十国印刷业概况、快速装裱材料、MP2000 型裱画机、三型裱画机等项目分别获国家新闻出版总署一至三等奖。2005 年迁至西城区佟麟阁路 36 号。2008 年开发的《圆明园四十景图长卷》，在公证机构监制下限量发行 2008 套，其中编号为 0040 的作品被国家图书馆永久收藏。北京奥运会期间，该所的字画复制品被北京奥组委选为对外交流的礼品。同年获市政府文化创意产业专项资金资助。2009 年引入数码印刷设备，形成艺术品制作和数码印刷制作两个中心。截至 2010 年年底，北京市印刷技术研究所研发和应用的 100 余个项目中，93 个获国家和北京市的科学技术进步奖，10 项获得专利。

北京轻联包装印刷集团有限公司

1994 年 12 月成立，由北京市包装装潢工业联合公司改制而成。1998 年，集团公司有直属企业 15 家，固定资产原值 4.67 亿元，职工 5199 人。完成工业总产值 2.8 亿元，利润 154.84 万元，上缴税金 2424 万元。2002 年 4 月，北京轻联包装印刷集团公司整体改制为北京轻联包装印刷集团有限公司，总股本 12304.92 万元。主要企业有北京轻联富诚彩色印刷有限公司、北京轻联富佳金属印刷容器有限公司、北京轻联富文新特印刷有限公司、北京轻联富润饭店管理有限公司、北京轻联富瑞包装印刷物资有限公司。2003 年，公司所属的企业按其产业属性进行改革调整，富诚彩色印刷公司、富佳金属印刷容器公司、富文新特印刷公司等 5 家子公司和一家参股公司推行法人治理结构，实现企业高层管理人员工作角色转换。2004 年完成印铁制罐厂与民营企业的并购重组。印刷集团和北京轻联包装印刷集团有限公司重组为北京隆达印刷包装集团有限公司。因资产难以并入，形成两个企业集团、一套领导班子的管理格局。2010 年，公司地址在东城区校尉胡同 10 号，主要经营加工商标、书刊证件、奖状制版、印刷包装装潢、印铁制罐、印刷机械、玩具教具、塑料制品、印刷机械配件等业务，注册资本 6904 万元。

北京轻联富文新特印刷有限公司

前身是 1994 年由北京市立体图片厂、北京轻联包装印刷集团公司一分厂、北京市玩具七厂合并成立的北京新特印刷厂。1997 年 9 月与北京文教用品厂合并，隶属于北京轻联包装印刷集团公司。2002 年 4 月，北京轻联包装印刷集团公司整体改制为国有控股企业北京轻联富文新特印刷有限公司。2004 年 8 月，公司迁址到顺义区空港工业区 B 区裕华路 25 号，厂区占地面积 2.67 万平方米，建筑面积 2 万平方米。有主要生产设备 40 台，固定资产原值 2613 万元，净值 1707 万元，当年销售收入 2843 万元。2007 年 2 月与北京联合印刷纸器有限公司、北京包装装潢制品厂合并重组，更名为北京新特联合印刷纸器有限公司。注册资金 7200 万元，占地面积 5 万多平方米，职工 500 余人。有生产设备 90 台套，固定资产总值 1.17 亿元，拥有 CAD 电脑设计系统、海德堡 CD102 四色和五色对开胶印机、新型宽幅五色和七色柔版印刷机、德国产立体纸盒成型机、瑞士 BOBST 自动平面糊盒机、模切机、上光机等先进设备，主要经营食品和药品纸包装及容器、彩色瓦楞纸盒及瓦楞纸箱产品。2010年9月注销北京新特联合印刷纸器有限公司的法人营业执照，沿用北京轻联富文新特印刷有限公司的企业注册名称。2010年，公司主营业务收入6861万元。胶印年产量2亿余印，日产瓦楞彩箱10余万只、白卡白板平面盒20余万只、立体盒60余万只。

北京德宝商三包装印刷有限公司

1999年，北京市商标印刷三厂根据北京二轻和北京轻联包装印刷集团公司的总体安排，由朝阳区饮马井外迁至大兴区亦庄工业园如意路1号（现北京经济技术开发区经海二路11号），新厂址占地面积3.40万平方米。2000年，北京市商标印刷三厂实行股份制改革，实现员工持股。2001年，北京市商标印刷三厂将原塑料印刷部分资产与外商合资成立北京德宝商三包装印刷有限公司，注册资本8000万元人民币，年生产能力6000吨。2002年，公司安装的FCJ有机废气处理系统，为北京市凹版印刷企业中的先进工艺设施。当年完成产品销售收入1.05亿元，利润204万元。2003年，加拿大铝业集团收购北京德宝商三包装印刷有限公司的德国股权。2004年引进陕西北人九色印刷机和意大利思嘉维多功能复合机。2005年12月，加拿大铝业集团收购香港宝柏国际控股公司在北京德宝商三包装印刷有限公司持有股权。2006年，公司获得全国工业产品第一批第00001号生产许可证。2007年，国际企业力拓集团全资收购加拿大铝业包装业务，成为北京德宝商三包装印刷有限公司的控股股东。2010年2月2日，澳大利亚安姆科集团并购力拓旗下的包装集团，组建新安姆科集团成为包装行业全球最大的跨国公司，北京德宝商三包装印刷有限公司成为澳大利亚新安姆科集团旗下工厂。2010年年底，公司占地面积33.49万平方米，总资产1.62亿元，从业人员254人。当年产品销售收入1.78亿元，利润1598万元，上缴税金1133万元。

第五章　包装业

20世纪末，北京包装业迅速发展壮大。北京包装业全力发展和构建以纸制品包装、塑料包装、金属包装、复合材料包装、包装原辅料和包装机械等产品为主业的生产企业和集团公司，逐渐形成了以北京二轻工业总公司、北京印刷集团总公司、北京造纸包装工业公司、北京包装制罐厂和利乐包（北京）包装有限公司等以国有、民营和合资企业为骨干的北京包装工业体系。1998年，北京拥有国有包装企业190余家，从业员工5.25万人，完成工业总产值22.53亿元，年销售收入20.30亿元。

21世纪初，包装工业系统深化企业改革，实施资产重组扩张，调整传统产业转型，推动包装产业持续快速发展。2001年，北京二轻工业总公司和北京印刷集团总公司组建成立北京隆达轻工控股有限责任公司，将两家企业资源、技术优势、产品品牌和营销市场统一整合，形成集团合力经营，推动包装产品升级换代，助力市场扩充增容。北京市包装产业内的国有企业及年销售收入在500万元以上非国有企业共有332家，职工3.15万人。包装业总产值46.50亿元。

2004年，包装工业系统树立"绿色北京、科技北京、人文北京"理念，努力建设环境友好型、资源节约型和循环发展型企业，努力打造高端科研绿色的包装企业。2005年，北京新特联合印刷纸器有限公司生产的汉堡盒类包装盒通过ISO 9001：2000质量管理体系认证，北京市鑫宏鹏纸业有限公司建成专业纸类包装废弃物回收和再生利用的循环经济型企业。2006年，北京市纸箱厂生产的纸制环保清洁箱、记分册台等包装产品分别进入世锦赛女垒赛场、奥运测试赛场和水立方国家体育馆。2007年，北京奥瑞金新美制罐公司的十万级净化车间和奶粉罐生产线建成投产。北京包装企业实施有环保特色的建设布局，将大中型包装企业60%分布在通州、大兴、顺义等区镇，30%分布在昌平、密云、怀柔等区县，10%分布在海淀、门头沟等区域，城四区的包装企业转移减少。当年，北京包装工业总产值68.98亿元，其中纸包装制品、纸包装装潢印刷占主要地位，达到12.85亿元；纸塑复合包装9.30亿元；塑料包装3.06亿元；金属包装2.4亿元；包装印刷7.1亿元。

2008年，北京华盾雪花集团公司的"华灯牌"农用塑膜在全国保持畅销纪录，京华虎彩公司实现包装产品年利润1230万元。2009年，包装工业实现主营业务收入196.53亿元。

2010年，包装产业围绕市场需求，深化改革，调整企业、产业和产品结构，加大资金与技术投入，推进全行业持续强势增长。全年包装印刷业产值增长20%以上。其中，隆达控股总资产达56.74亿元，拥有企业57家，从业人员5683人，年营业收入90.20亿元。北京华盾雪花集团公司的中国名牌"华盾"牌功能用农膜产销量居全国第一，北京奥瑞金新美制罐有限公司产值增长20%以上，利乐包装（北京）有限公司生产食品复合软包装材料9.88万吨，北京市塑料研究所获国家高新技术企业称号。

第一节　纸制品包装

20世纪90年代，纸箱是北京包装装潢产品的重要门类。纸箱产品主要有A型楞、B型楞、AB型楞、E型楞、F型楞的纸板、纸箱。箱面可进行单色或多色印刷，可在箱体上印刷木纹和做防潮处理。

1998年，北京市纸箱厂根据北京二轻和北京轻联包装印刷集团公司的总体安排，外迁至大兴区工业开发区金星路。新厂占地面积5万平方米，引进瑞典和国产大型设备6台套，年纸箱产量3000万平方米。1999年，振兴纸箱厂销售收入2366万元，利润551万元。

2000年年初，振兴纸箱厂投资480万元，引进一条2.5米裱瓦楞纸板生产线，当年销售收入2631万元，利润555万元，获中国200强先进包装企业称号。

2001年，北京市纸箱厂开发生产了摩托罗拉手机包装纸箱、双鹤药业产品包装纸箱、中铁快运包装纸箱和乐百氏奶饮料包装纸箱等一系列新产品，产销率100%。2005年，北京市纸箱厂引进香港耀俊集团5000万元投资项目，2007年8月与香港耀俊集团正式合资签约，扩大纸箱制品生产经营规模。

21世纪初，北京市纸箱厂开发出以纸代木的新包装产品，利用瓦楞纸板、蜂窝纸板取代部分木制、钢制结构材料，用瓦楞纸板和蜂窝纸板等再生纸制成的环保节约型产品。"以纸代木"环保系列产品，主要分为展览展示用品、家具用品、家居用品三大类，其中家具用品又拥有贴木系列、定制系列、原色系列三大系列产品。北京市纸箱厂采用瓦楞纸作为基础材料降低成本，产品可塑性增强。纸制品的使用将包装中使用的木材用量降低，并可回收再利用，达到生态环保目的。北京新特联合印刷纸器有限公司开发生产的汉堡盒类包装盒，制造标准要求高并符合国家QS生产许可的要求，适用于肯德基、麦当劳等快餐连锁类企业的快餐食品直接包装。

2007年4月，北京新特联合印刷纸器有限公司在顺义区天竺厂区建立了全封闭式食品包装车间，配备符合食品卫生安全要求的环保加工设备，生产专门用于包装KFC等各类汉堡的汉堡盒。日产汉堡盒类产品100万只，柔版印刷机产能20万米/日。

2008年1月24日，北京新特联合印刷纸器有限公司获得国家质量监督检验检疫总局颁发的食品用纸包装、容器、工具等制品生产许可证，成为国内食品纸包装、纸容器企业中第一家获得QS食品安全市场准入证书的企业。其汉堡盒纸张采用的是纤维组织均匀、表面光滑、有良好的适印性和挺度的食品级无荧光白卡纸，适合食品药品包装印刷时需专用的水性环保墨要求，并能使用联机上光的柔版印刷技术，确保了生产过程的环保性，做到包装物无污染。2008年，北京市纸箱厂为北京奥运会比赛场馆设计制作的纸质清洁箱获2007年"包装之星"铜奖，开发的以纸代木系列包装产品获"亚洲之星"称号。

图6-21　北京新特联合印刷纸器有限公司生产的汉堡盒类包装盒（2008年摄）

2010年，北京市纸箱厂的以纸代木托盘包装产品，结构设计优良，托盘承压重量可达3~5吨，能100%回收再造，被索爱、联想、诺基亚等国际公司大量选购采用。生产的箱型主要有对口箱、大盖压口箱、双底盖箱、上对口下无底箱、中压箱、大盖扣箱和桶形箱等。还可根据客户的需求设计、生产特殊的异形箱。北京新特联合印刷纸器有限公司生产的汉堡盒类包装盒主要客户有中国百胜餐饮集团（肯德基）、伊利集团、宝健（中国）公司、蒙牛公司、北京朝日啤酒公司、同仁堂集团、乐天食品公司、中国石化长城润滑油公司、韩国三星、日本 JVC 公司等。

北京市朝阳区振兴纸箱厂

前身是 1976 年成立的北京市朝阳区兴华纸制品厂。1998 年通过 ISO 9002：1994 质量体系认证。1999 年销售收入 2366 万元，利润 551 万元。2000 年年初投资 480 万元引进一条 2.5 米裱瓦楞纸板生产线，获中国 200 强先进包装企业称号。2001 年被北京质量管理协会评为用户满意企业、北京知名企业。2003 年至 2004 年被市工商局评为年度守信企业。2005 年取得中国包装行业优质产品证书。2006 年经北京包装技术协会推荐，纸箱厂被授予北京市纸箱制造行业质量标杆企业。2007 年通过 ISO 14001：2004 环境管理体系认证。2009 年获得中国产品质量协会颁发的质量信用等级 AAA 等级证书。2010 年，北京市朝阳区振兴纸箱厂占地面积 3 万平方米，有职工 165 人，其中技术人员 110 人。固定资产 2360 余万元，年生产能力 4500 万平方米。2010 年销售收入 4216 万元，利润 1000 万元。

北京新特联合印刷纸器有限公司

1993 年 11 月成立，位于朝阳区左安门外左安路东口。下辖顺义区天竺厂区和朝阳区十里河厂区。2005 年通过 ISO 9001：2000 质量管理体系认证。2008 年 1 月 24 日获得国家质量监督检验检疫总局颁发的食品用纸包装、容器、工具等制品生产许可证，成为国内食品纸包装、纸容器企业中第一家获得 QS 食品安全市场准入证书的企业。主要客户有中国百胜餐饮集团（肯德基）、伊利集团、宝健（中国）公司、蒙牛公司、北京朝日啤酒公司、同仁堂集团、韩国三星、中石化长城润滑油公司、日本 JVC 公司、乐天食品公司等。2010 年，公司占地面积 5 万平方米，注册资金 7200 万元，职工 500 人，其中专业技术人员占 15%。

北京市纸箱厂

1998 年，北京市纸箱厂迁至大兴区工业开发区金星路 18 号。1999 年至 2005 年完成技改搬迁，纸箱包装产品年产值由 2000 万元提升到 8000 万元。2005 年引进香港耀俊集团 5000 万元投资项目。2006 年，北京市纸箱厂生产的纸制环保清洁箱、记分册台、储物柜和文件柜等产品分别进入世锦赛女垒赛场、奥运测试赛场、国家游泳馆和国家体育馆。开发制作的纸制展柜展架便于装潢，应用于会展的不同风格

图6-22　20世纪90年代，北京市纸箱厂生产车间

与不同理念要求，凸显了再生纸代木产品的绿色环保特质和具有一次使用性、可回收性的节约型特点。2006 年，北京市纸箱厂经北京包装技术协会推荐被授予"纸箱制造行业"北京市行业质量标杆企业。2007 年通过 ISO 14001：2004 环境管理体系认证。年内纸箱包装产品年产值提升到 8000 万元。2009 年与中诚信发投资管理公司共同出资成立北京北箱信发包装有限公司。2010 年，北京市纸箱厂占地面积 2184 平方米，净资产 6468 万元，主营业收入 187 万元。

第二节　塑料包装

20 世纪 90 年代，北京塑料包装分为塑料农用棚膜、塑料托盘、塑料包装容器和聚乙烯包装膜及包装袋等类。北京研发生产塑料包装产品的单位有北京轻联塑料集团公司、北京市塑料三厂、北京华盾塑料集团公司、北京华盾雪花塑料集团公司、北京塑料研究所等。

1990 年，塑料制品行业开发生产塑料功能性农用棚膜产品。1995 年，北京华盾塑料集团有限责任公司围绕农膜生产，投入 170 万元专项资金，研究开发 14 项新产品和完成 17 项技术改革项目以及 121 项创新项目。1997 年，北京华盾塑料公司农膜产销量为 9700 吨。1998 年，其功能农膜产量 6541 吨，工业总产值 9478 万元，实现利润 54 万元。

20 世纪 90 年代，随着环保意识的增强和森林资源的匮乏，塑料托盘替代木质、铁质托盘成为包装市场发展趋势。北京华盾塑料有限责任公司生产机械叉车和手动液压叉车通用的单面吹塑托盘，以高分子量高密度聚乙烯为原料，采用中空一次性挤出吹塑成型。

1999 年，北京市二轻工业系统集中科研力量，对国家重点环保型非淀粉型可控生物降解地膜项目进行科技攻关，在北京市塑料研究所试制成功，通过国家级鉴定验收。该环保型可控生物降解地膜降解性强、光质效果明显。与塑料地膜相比，每亩农田用量可节约 10 元左右。年内，环保型非淀粉型可控生物降解地膜在国内 100 万亩农作物生产中推广使用。

1999 年，北京华盾雪花集团塑料制品厂投入 HFB320 机组，研发生产吹塑双面塑料托盘，年生产能力 7000 片。北京华盾塑料公司根据用户对货物的包装规格及在托盘上的物品摆放方式，不断完善和改进塑料托盘设计，托盘产品愈加精良耐用，市场不断扩大。2000 年，北京华盾塑料公司在开发出第一代聚乙烯长寿系列棚膜基础上，又先后开发出第二代流滴长寿系列棚膜和第三代高保温流滴长寿棚膜。公司生产的 200 升塑料环形桶，取得市质监局发放的工业产品生产许可证和北京出入境检验检疫局颁发的危险品包装质量许可证书。当年，生产塑料包装容器 586 吨。公司获市科委颁发的聚乙烯长寿系列棚膜的高新技术企业证书。2001 年，北京华盾塑料公司采用高新技术改造工艺，开发生产了宽幅多功能塑料薄膜和高档功能薄膜，全年销售收入 1.39 亿元。其中，高档功能性农膜产品年销量占全国需求总量的 7.8%。

2001年，北京隆塑包装制品有限公司生产包装材料、产品有聚乙烯包装膜和聚乙烯包装袋、聚乙烯收缩膜和聚乙烯收缩袋、聚乙烯拉伸膜和聚乙烯铸造膜等。当年，公司生产聚乙烯包装膜、袋400吨。

2002年，北京华盾塑料公司采用高新技术改造工艺，开发生产宽幅多功能塑料薄膜、高档功能膜、土工膜、特殊用途包装膜、缠绕膜、单面托盘、塑料折叠椅等新产品，当年销售收入达到1.39亿元。其中，土工膜新产品年销量占全国膜产品需求总量的7.8%。2003年，北京华盾雪花塑料集团公司开始生产注塑托盘，以高分子高密度聚乙烯为原料，在高融状态下一次挤出吹胀成型。当年，公司技改立项20多个，投资200多万元，完成科研项目2项，技术改造项目13项。其中投资280万元，完成一条折径7米农膜生产线的技术改造。该生产线生产的农膜产品，先后获国家级名牌产品称号及北京市名牌产品称号。公司大力发展高档塑料功能膜、专用薄膜新产品，又开发生产了辣椒专用棚模、芦笋专用棚膜、花卉专用棚膜和高透明系列高档农膜、高密度聚乙烯HDPE土工膜、宽幅土工膜等。还按用户需求开发生产了焊边塑料棚膜、130升与200升塑料容器、30升与60升一次性医用塑料垃圾桶等系列新产品。同年，北京雪花集团塑料制品厂与北京华盾塑料有限责任公司进行重组，成立北京华盾雪花塑料集团公司，共同开发、生产和经营注塑防渗材料和农用棚膜产品，统一使用"华盾"品牌。2004年，"华盾"牌农膜被评为中国名牌产品。

2005年，北京华盾雪花塑料集团公司研制开发高保温膜新产品，其技术达到国内先进水平；试制开发一批功能性农膜新产品，实现普通棚膜向功能性农膜和高档专业性农膜的转换。其农膜产品拥有两项专利技术，其中一项为发明专利。同年，北京华盾雪花塑料集团有限公司开发的聚乙烯吹塑成型托盘获外观设计专利，有不同规格和尺寸的系列配套产品。

2005年，北京市塑料研究所在昌平区新建以氟塑料产品研发及生产为主业的技术中心，其中新建用于氟塑料产品生产及科研实验厂房、库房、配套办公及宿舍等建筑面积3000平方米，总投资1000万元。

2006年，北京华盾雪花塑料集团公司在实现第三代功能性、高保温、高光能膜基础上，又进行工艺、配方调整，把光、温调节作为功能膜的产品差异化定位，丰富了华盾品牌内涵，开发了适应不同地区、不同种植产品需求的薄型流滴膜。同年，"华盾"牌农膜获中国农膜用户满意第一品牌。

2007年，北京华盾雪花塑料集团公司加大农膜投入，完成对折径5～7米设备改造，在更新主机基础上，完成机头、人字排、卷取等辅机的技术升级。全年完成农膜设备改造13项，累计投入改造资金200多万元。技术投入重点开发涂覆型流滴膜，多次组织国内外涂覆型流滴膜技术考察和技术交流，优化工艺路线。当年农膜销量超过1.5万吨。2008年，北京华盾集团公司投资购买国外先进检测仪器设备，率先在国内同行业实现全部塑膜产品指标自行检验，并承担农膜产品国家标准检测任务，其检测中心达到世界一流水平。

2010年，北京华盾雪花塑料集团公司研发生产的农用系列薄膜产品主要有普通棚膜、长寿棚膜、流滴长寿棚膜、流滴保温长寿棚膜、日光温室膜、长效流滴消雾耐老化棚膜等10余个品种,每个品种都形成规格系列性产品。全年农用薄膜主导产品销量1.76万吨,其中功能性棚膜占78%,产销量自1980年以来连续30年保持国内第一。销售注塑托盘1515吨,销售收入2424万元。生产塑料容器873吨,聚乙烯包装膜、袋187吨。1999年至2010年,注塑托盘产品累计销售1.64万吨,实现销售收入2.47亿元。

北京市塑料研究所

1964年建立,主要从事塑料加工成型技术及其应用开发的研究。 2000年由自收自支的事业单位转制为科技型企业。进入21世纪,北京市塑料研究所的经营规模扩大,研究项目增多,技术运用领域拓宽,经济效益增长。2005年,北京市塑料研究所昌平区新建科研生产基地的改造项目基本建成,其中用于氟塑料产品生产及科研实验的600平方米厂房竣工。2010年获国家高新技术企业称号。

北京华盾雪花塑料集团有限责任公司

原为1965年5月8日建立的北京市塑料四厂,1987年更名为北京华盾塑料包装器材公司,注册使用"华灯"和"盾"牌两个商标。20世纪90年代初率先在国内开始研制、开发土工膜产品。 2000年改制为国有控股的北京华盾塑料有限责任公司。公司与农业部农机推广服务中心、北京化学工业研究所等单位共同投资组建的北京九通功能膜技术开发有限公司,先后接受美国、英国、日本等国家委托试验的39组项目,开发成功第三代功能膜——高温日光膜和防雾新膜母料、转光膜母料、降粘膜母料、抗农药型耐候母料等一批高新技术产品,并获市科委认定高新技术企业。2003年资产重组,北京市雪花集团塑料制品厂参与投资,组建成北京华盾雪花塑料集团有限责任公司。组建后,将非主要产品剥离组建分公司。其中,北京华盾隆塑包装制品有限公司生产塑料包装材料,北京华盾盛塑容器制品有限公司生产小型塑料容器,北京华盾青松塑料管材有限公司生产塑料管材,北京华盾北塑膜制品有限公司生产农用地膜和纸管芯,北京雪花土工工程公司承接土工防渗材料的铺装施工等。该公司参股的企业和产品有北京绿源塑料有限责任公司生产微喷滴灌产品,北京九通功能塑料制品技术开发有限公司加工生产所需各种添加母料等。2010年,公司主要从事塑料制品的生产经营。经销产品主要有塑料薄膜、土工防渗材料、塑料容器、塑料托盘、塑料包装材料、注塑管件、塑料管材和微喷滴灌器材等。

第三节　金属包装

20世纪90年代,北京金属包装业的产品主要有饮料罐、食品罐、奶粉罐和啤酒桶等。

金属包装产品的生产企业有太平洋制罐北京有限公司、波尔亚太（北京）金属容器有限公司、北京奥瑞金新美制罐公司等。

1993年，国际太平洋制罐有限公司下属的太平洋制罐北京有限公司在怀柔县成立，注册资本1800万美元，总投资超3亿元。专门生产铝质易拉罐，年生产能力20亿只罐，产品主要供应给可口可乐、百事可乐、青岛啤酒等大型饮料啤酒公司。

1994年8月24日，波尔亚太（北京）金属容器有限公司在怀柔县建立，是美国波尔公司的子公司。占地7公顷，投资总额3000万美元，注册资金1800万美元，总资产4800万美元。有职工165人，其中管理及技术人员32人。专业生产206型铝质两片易拉罐，含355毫升及330毫升。供应客户有青岛啤酒、可口可乐、百威啤酒、生力啤酒、百事可乐、燕京啤酒、嘉士伯啤酒、健力宝等国内外著名饮料企业。2010年，波尔亚太（北京）金属容器有限公司拥有全套引自美国的制罐生产线，包括冲杯机、拉伸机、彩印机、缩颈翻边机等主要设备。生产线具有先进的PLC系统、六色印刷功能及完善的品质控制体系，配有电脑显示监控屏幕，是亚洲单线速度较高的两片易拉罐生产线，设计能力每分钟1800罐。公司专业生产206型铝质两片易拉罐，含355毫升及330毫升。

1997年5月，北京奥瑞金新美制罐有限公司在怀柔县雁栖工业开发区建立，生产的饮料罐主要应用于功能饮料、茶饮料、乳品饮料品果蔬汁、咖啡饮品、啤酒等饮液品的金属外包装，主要客户有红牛、加多宝、旺旺、汇源等国内知名企业。占地面积2.6万平方米，职工200人，资产1.47亿元，注册资金4100万元。

1999年，奥瑞金新美制罐有限公司开始研发用0.15毫米镀锡薄钢板制作生产539号食品罐。投资7200万元，扩建厂房6000多平方米，新增制罐生产线2条，底盖生产线5条，印铁、涂布生产线各一条。当年，公司总资产1.21亿元，固定资产4074.81万元，销售收入7915.12万元。2000年，公司增加注册资本1900万元，通过ISO 9002质量管理体系认证。2000年，公司生产车间扩建改造全面完成，实现印铁、涂布、底盖制造、制罐工艺成龙配套，生产制作饮料罐、食品罐。全年制罐产量1.8亿只，销售收入1.02亿元。2002年1月16日，奥瑞金新美制罐有限公司设立北京印刷公司，注册资本2300万元，主营业务为销售金属包装印刷制品。2003年，公司开展马口铁二次冷轧DR材的应用技术研发，生产的539号食品罐节材16%以上。2005年，公司研发推出皮厚为0.14毫米的镀锡薄钢板539号食品罐，又研发生产出539号、571号、758号、916号、15120号、15240号、15173

图6-23　奥瑞金新美制罐有限公司产品（2005年摄）

号等型食品罐。2006 年 10 月 13 日，奥瑞金新美制罐有限公司设立北京包装容器有限公司，注册资本 4000 万元。2007 年，公司十万级净化车间和奶粉罐生产线建成投产，生产速度 120 罐 / 分钟，年产能 4147 万罐。其奶粉罐产品用于乳制品、调味粉及营养粉类的包装。该公司开发出拥有独立知识产权的 5 升啤酒桶制品，获得 4 项技术型国家专利。该 5 升啤酒桶产品主要用于啤酒、饮料和其他相关产品的包装。2008 年，公司 5 升啤酒桶制品批量化生产，生产速度 6 罐 / 分钟，年产量 67586 罐。2009 年，公司通过高新技术企业认定，拥有专利 13 项，研发制作的产品主要有覆膜铁罐、红牛饮料罐、番茄食品罐、奶粉罐等。2010 年，公司投入研发费用 3847.64 万元，率先在中国金属包装行业中使用静电粉末补涂工艺，提高了罐体焊缝部分的抗腐蚀性能。公司总部设在怀柔区雁栖经济开发区，总资产 14.15 亿元。全年销售收入 10.50 亿元，利润 2.38 亿元。

第四节　复合材料包装

1994 年 9 月，北京利乐包包装有限公司成立，主要产品是利乐液体软包装材料。利乐包是瑞典利乐公司（TetraPak）开发出的一系列用于液体食品的软包装产品。其由纸、铝、塑组成的六层复合纸包装，能阻隔空气和光线，可有效防止被包装的牛奶和饮料变质，使消费时更加方便安全且保质期更长，还易于装箱、运输和存储，提高包装效率。

1998 年，北京嘉正纸塑包装制品有限公司成立，生产各类纸浆模塑包装制品，应用于电子产品、仪器、仪表、家用电器、医疗器械、机电制品、洗涤化妆品、食品等工业产品包装领域。其纸浆模塑制品有良好缓冲减震性能，有可回收、易降解、无污染的环保优势，为绿色包装。位于通州区潞城镇，是生产各类纸浆模塑包装制品的综合企业，下设通州工厂、平谷工厂、天津物流中心和广州工厂等。公司有两条塑片生产线，可为客户提供 PET、OPS 材料的吸塑包装产品。拥有高宝 5 色 6 色对开印刷机、柯达 CTP 制版机、自动裱纸机、自动粘盒机、上光机、烫金机等专业制作设备和多条塑片盒生产线、七层纸板及纸箱生产线、纸浆模塑生产线、吸塑生产线、模具制造中心和数控加工中心等。该公司通过 ISO 9001、ISO 14001、ISO 18001、QC 080000 体系认证，主要生产纸塑、吸塑、泡沫、EPE、纸板、纸箱、彩盒、礼盒等包装制品。2010 年，公司占地面积 8 万多平方米，厂房车间建筑面积 4.80 万平方米，员工 1000 人。

2002 年年初，利乐包装（北京）有限公司的利乐包产品在中国饮料包装市场的占有率达到 95%。9 月，北京制浆造纸试验厂与瑞典利乐公司控股的新加坡利乐包亚洲有限公司签订协议，在北京经济技术开发区合资共建年产 80 亿个利乐包项目。公司注册资金 3000 万欧元，瑞方持股 90%，中方持股 10%。2004 年，项目在北京经济技术开发区东环南路 15 号建成投入生产，占地面积 7 万平方米，建设面积 3 万平方米。引进世界先进的生产线设备，包括柔版印刷机、复合机、分切机、自动包装系统，采用多色套筒印刷。生产流程全程质量自动跟踪与检测，采用换卷静态接纸等技术，是利乐全球范围内技术水平最高的生产厂，也是集团内部规模最大的工厂。公司被评为全国重点行业效益十佳企业。当年生产液体软包装材料11.91亿个，工业总产值3.25亿元，销售收入2.96亿元，实现利润3528.2万元。2005年生产液体软包装材料68510吨，工业总产值19.25亿元，销售收入19.39亿元，利润4.75亿元。公司取得市商务局颁发的"外商投资先进技术企业"证书，取得ISO 9001质量管理体系认证。2006年，取得ISO 14001环境管理体系认证。日商追加在华投资，上马新型生产线，将生产利乐包能力从80亿个提高到160亿个。2007年1月，公司获日本JIPM协会（日本设备维护协会）"TPM优秀企业"奖，在北京成立全球最先进的设计转换中心。三期投资完成，设计能力年产利乐包220亿个。2007年年底，利乐包装（北京）有限公司中方向瑞方转股，瑞方持股95%，中方持股5%，转让金额6500万元。2010年，利乐包装（北京）有限公司生产的液体食品复合软包装材料提升至9.88万吨，工业总产值达26.31亿元，销售收入25.91亿元，利润总额6.67亿元。有职工370人。

第五节　包装废弃物资源再生

1990年8月，北京市鑫宏鹏纸业有限公司成立，位于房山区周口店镇瓦井西，是专业的纸类包装废弃物回收和再生利用的循环经济型股份制企业。生产过程全面实施节能降耗和清洁化生产工艺，实现生产用水封闭循环。以废旧纸塑复合包装物再生浆料生产的精制牛皮纸，可替代原生木浆纸张用于制作各种牛皮纸袋、复合包装袋、手提袋、档案袋和信封等；该公司的再生聚乙烯塑料可用于造粒和制作各种塑料制品；再生铝粉可作为多种铝制品生产原料。2010年，拥有两条消纳处理废弃纸塑复合包装物再生纸生产线和一条铝塑分离生产线，年消纳处理废弃纸塑复合软包装的能力为4万吨，可年产再生包装纸3万吨，再生塑料5000吨，再生铝粉1000吨。

1996年4月8日，北京凯发环保技术咨询中心成立，是股份合作企业，位于海淀区曙光花园智业园。主营业务为环保餐具、一次性餐具、食品包装、工业包装、医疗包装、电子包装、塑料包装等。2000年，该中心在市发展改革委和市环保局等部门的支持下，组织对北京地区一次性发泡塑料废弃物等进行高价回收并加以综合利用。截至2010年，其对一次性发泡塑料废弃物的回收率年平均达50%左右。

2003年，北京盈创再生资源有限公司成立，是中国中化集团公司控股的企业，国内第一个规模化集中回收处理废聚酯瓶的高科技现代化企业和世界单线产能最大的再生瓶级聚酯切片生产企业，位于顺义区天竺空港工业区A区。该公司生产工艺达到美国FDA、欧洲 ILSI 国际标准，填补了国内再生瓶级聚酯切片高新技术的空白。2007 年，盈创再生资源有限公司成为国家第二批循环经济试点单位。2010 年成为中国包装联合会常务理事单位。年处理废旧 PET 饮料瓶 5 万吨，相当于 22 亿个废旧 PET 饮料瓶；年产再生洁净 PET 碎片 3 万吨，年产再生超洁聚酯切片 2 万吨。

图6-24　北京盈创再生资源有限公司利用废弃聚酯包装物再生瓶级聚酯切片生产线（2010年摄）

第六章　工艺美术业

北京工艺美术技艺源远流长。20 世纪 50 年代至 70 年代，工艺美术行业是北京市出口创汇重点行业之一。改革开放后，市政府加强工艺美术行业领导，成立北京市工艺美术品总公司，为市直接管理的局级企业性公司。北京工艺美术行业转变思想观念和经营方式，逐步完善出口、内销、旅游三个市场体系建设，取得部分工艺品自营出口权，促进了行业发展。1993 年 4 月，北京市工艺美术品总公司改名为北京工美集团总公司。

20 世纪 90 年代，市政府落实首都总体规划，实施"优二兴三"调整战略，工艺美术行业在城区和县城繁华地段的生产企业陆续压缩生产规模，转移迁出。1999 年，北京工美集团总公司按照市经委《关于市属中小企业划转到区县管理的实施意见》，将北京市玉器厂等 37 户生产经营性企业全部移交属所在地区的 10 个区、县分别管理。按 1997 年统计年报记载，移交区县管理的企业在工美集团总量中所占比重分别为净资产的 41.3%，销售收入的 85.4%，职工的 81.7%。与此同时，北京市乡镇企业迅速发展扩大，城区和县城繁华地段的部分工艺美术品生产转移到乡镇企业和外埠。2000 年，工美集团按照市政府《关于北京工美集团总公司改制有关问题的批复》精神进行整体转制，将承担的行业管理职能移交市经委。同时为解决行业管理问题，经市主管机关批准，于同年 9 月成立北京工艺美术行业协会，其在市政府经济行政主管部门领导下履行行业管理职能。2001 年 2 月，北京工美集团总公司经资产重组后改制为北京工美集团有限责任公司。2001 年 6 月 21 日，北京工艺美术行业协会成立北京工艺美术大师评审委员会。

2002 年 8 月 9 日，市政府颁布《北京市传统工艺美术保护办法》，为北京市第一个由政府颁布的有关工业某一行业的政府规章。12月，市经济主管部门依据《北京市传统工艺美术保护办法》规定，成立北京传统工艺美术评审委员会，承担对传统工艺美术品种、技艺和工艺美术珍品及工艺美术大师、民间工艺大师的认定工作。市政府有关主管部门对北京工艺美术行业陆续出台了《北京工艺美术行业发展规划纲要》《北京传统工艺美术保护发展资金管理办法》《北京传统工艺美术品种、技艺、珍品及工艺美术大师的认定办法》《加强北京传统工艺美术高级人才队伍建设的实施意见》，调动了北京工美行业传承、创新与发展的积极性。北京工美行业改组改制，调整生产布局，挖掘潜力，培训人才，开拓创新。组织开展优秀工艺美术品评选活动、工艺美术大师评授活动，建立京城"百工坊"等一批工艺美术品生产、研究基地，使一批濒于失传的老产品获得新生，一批传统产品陆续恢复生产，开发出人造石艺术品等一批新型工艺美术品。坚持"创新中发展，发展中保护"的思路，传统工艺品向高、精、尖以及多种工艺结合方向发展，民间工艺品向礼品、纪念品方向发展，制造生产出一批"国宝"级的工艺美术品，开发出一批高档礼品、奥运产品和特色旅游纪念品，受到市场欢迎。

2003年1月3日，市经委召开北京传统工艺美术评审委员第一次会议。当年，北京传统工艺美术评审委员对原工美集团授权评定的140名工艺大师进行重新认定，后经市主管部门批准，授予"北京工艺美术大师"荣誉称号和颁发证书。其中，授予北京特级工艺美术大师（即中国工艺美术大师）19人，北京工艺美术大师、北京民间工艺大师121人。同年，市主管部门批准工美行业协会在全国同行业率先建立大师带徒津贴制度，鼓励大师带徒传艺。2007年，经北京传统工艺美术评审委员会评定，有7人获北京市工美行业"德艺双馨"大师荣誉称号。2008年，北京工艺美术界的3位国家级大师获首届"亚太地区手工艺大师"荣誉称号。2009年至2010年，北京工美行业协会等4家协（学）会联合开展北京工艺美术界以姓氏命名艺术流派的誉名活动，对36位大师、艺人进行誉名。自1986年北京市开展评授工艺美术大师荣誉称号至2010年年底，北京市共评授工艺大师232人。其中，北京特级工艺美术大师（即中国工艺美术大师）47人，北京工艺美术大师152人，北京民间工艺大师33人。2010年年底，北京工艺美术行业带徒大师有130人，带徒300人，缓解了北京工美行业后继乏人的状况。

2010年，北京工艺美术行业已由20世纪90年代初期的以市区两级国营、集体企业为主体与城乡加工厂点等协作单位共同构成的生产经营格局，转变成以股份制企业、民营企业、合资企业、乡镇企业和城乡个体经营户等不同所有制成分经营主体共同构成的新型生产经营格局。北京工艺美术协会拥有团体会员130户。工艺美术行业生产经营企业约380户，从业人员约3万人，生产经营雕塑、金属、漆器、地毯、珠宝首饰等传统工艺品和风筝、内画、泥塑、面塑等民间工艺品共九大类130多种产品。其中，规模以上企业43户，从业人员4928人，固定资产4.1亿元，工业总产值52亿元，销售收入51.6亿元，利税总额2.3亿元。从2000年到2010年的11年间，工艺美术业累计实现工艺美术经营销售收入203亿元，年均18.46亿元；累计实现利税总额13.67亿元，年均1.24亿元。

2001 年至 2010 年，北京工艺美术协会组团参加由中国工艺美术协会等单位主办的中国工艺美术大师作品暨工艺美术精品博览会，中国工美、中国旅游商品交易会等 20 多届（次）全国性的工艺美术专业展博（评）会，北京团共有 510 件作品获奖。2003 年至 2010 年，市经济主管部门主办、北京市工艺美术协会承办四届北京工艺美术展和一届（2010）北京工艺美术创意新品展，有 529 件作品获奖。举办四次工艺美术珍品评选活动，认定玉雕《北京奥运徽宝》、牙雕《九州欢腾》等共 19 件作品为北京工艺美术珍品。从 1999 年至 2010 年年底，北京工艺美术行业共计有 1122 件作品获奖。其中，金奖以上作品 94 件，金奖作品 245 件，银奖作品 270 件，铜奖作品 270 件，优秀奖作品 243 件。

第一节　工艺美术品生产

一、雕塑工艺品

玉雕玉器

北京玉雕始于元代，盛于明清，其融会南北技艺之长，以选料精良、技艺精湛、古朴华贵、文雅大气著称。中华人民共和国成立后，主要由 1958 年 11 月建厂的北京市玉器厂等企业制造生产。20 世纪 90 年代中期，受北京市"退二进三"产业结构调整和市场因素影响，北京玉器产品生产萎缩。1999 年至 2010 年，北京市玉器厂和北京玉器二厂有限责任公司等保留有少量玉器生产。21 世纪初，从北京市玉器厂等单位调离出来或退休的工艺大师与管理干部，陆续组建了北京玉缘玉雕艺术有限责任公司、北京玉尊源艺术有限责任公司等玉雕企业和李博生、袁广如、姜文斌等大师工作室。2002 年，北京市实施《北京市传统工艺美术保护办法》，北京玉雕工艺品生产逐步恢复。2001 年至 2010 年，北京玉雕产品在工艺美术重要展评会上有 212 件作品获奖。其中，金奖以上作品 30 件，金奖作品 51 件，银奖作品 66 件，铜奖作品 65 件。2003 年至 2009 年，有 6 件作品经北京市传统工艺美术评审委员会评定，被认定为北京传统工艺美术珍品。其中，大型玉雕插屏《华夏一百文人图》由北京玉缘玉雕艺术有限责任公司董事长、市级工艺大师姜文斌设计并主持制作。两方玉雕《北京奥运徽宝》由工美集团技术中心市级工艺大师郭鸣等人设计，北京塑源瑞丰玉器有限责任公司国家级大师蔚长海领衔制作。一方作品由北京奥组委赠送给国际奥委会，作为奥运历史的永恒见证收藏于瑞士洛桑国际奥委会博物馆，另一方珍藏于北京首都博物馆。巨型翡翠《中华佛韵》被北京市传统工艺美术评审委员会认定为 2005 年度北京传统工艺美术珍品，由北京市工艺术刻厂有限责任公司承做，具体由北京市级工艺大师宋建国设计制作。白玉薄胎《八宝吉祥炉》被北京市传统工艺美术评审委员会认定为 2005 年度北京传统工艺美术珍品，由北京朝阳雍玺玉器厂董事长、市级工艺大师柳朝国设计和领衔制作。翡翠《盘古开天》被北京市传统工艺美术评审委员会认定为2007年度北京传统工艺美术珍品，由国家级大师李博生设计并主持制作。翡翠《观音》被北京市传统工艺美术评审委员会认定为2009年度北京传统工艺美术珍品，由北京市工艺木刻厂有限责任公司承做，具体由国家级大师宋建国设计制作。

象牙雕刻

北京象牙雕刻工艺历史久远，兴盛于明清时期。20世纪50年代到21世纪初，北京从事象牙雕刻制造生产的企业主要有北京象牙雕刻厂有限责任公司。北京现代牙雕制品主要以象牙原料为主，也有少量猛犸牙料，经设计、凿活、铲活、磨活（部分产品还有彩绘或熏活）等工艺加工制成。产品主要有仕女、老人、佛像、花卉、仿古器皿，以及首饰、项链饰品等。1989年国际上对象牙及象牙制品实行禁运后，北京象牙雕刻品生产大规模压减缩少，转向技艺传承创新，并在向大型摆件和精品方向发展。2008年，中国成为国际象牙贸易伙伴国并有了限量象牙原料来源，北京象牙雕刻行业逐步恢复生产经营。2009年7月，北京象牙雕刻厂等企业从北京艺术设计学院雕塑系挑选毕业生进厂学艺，象牙雕刻技艺传承延续提升。2001年至2010年，北京象牙雕刻产品在工艺美术重要展评会上有69件作品获奖。其中，金奖以上作品6件，金奖作品29件，银奖作品25件，铜奖作品9件。经北京市传统工艺美术评审委员会评定，大型牙雕《九州欢腾》被认定为2009年度北京传统工艺美术珍品。作品由工美集团主创，郭鸣、时金兰、李春珂、柴慈继等多位工艺美术大师联袂领衔制作。

骨刻骨雕

北京骨刻制品又称骨雕或骨器，在北京具有悠久制作历史。20世纪90年代中期，市属骨雕生产陆续转移至区县乡镇企业或个体经营。1999年至2010年，北京骨雕行业历史上制作的骨制筷子、刀、叉、勺、梳子、牙签等传统实用产品类和骨制念珠、手镯等装饰产品类逐渐退出市场，新主打的骨雕产品主要有骨制围屏、镂空圆珠项链和蝈蝈白菜、花卉、动物等题材的小摆件工艺品，以及中、大型规格的仿古建筑、包镶摆件、金漆骨雕结合工艺品等系列产品。2000年至2010年，北京骨雕行业主要有北京进茂骨雕镶嵌工艺品有限责任公司和北京庙城华都骨雕工艺品有限公司等乡镇企业。全市从业约80人，年销售收入450万元左右。大型骨雕作品《故宫》经北京市传统工艺美术评审委员会评定，被认定为2003年度北京传统工艺美术珍品，由北京进茂骨雕镶嵌工艺品有限责任公司市级工艺大师王华安设计，王华安、张淑兰等制作。

工艺木雕

北京木雕有大木雕、旋活、小器作等品类作坊。其中北京的小器作（指雕刻小件器物、器皿、台、几、座等）也称工艺木雕，盛于明清。工艺木雕多以花梨、紧檀、红木等为主要原材料，经设计、下料、雕刻、铲活、拼合（组装）、磨光、镶嵌、上蜡等工序加工制成，主要品种有玉雕、牙雕、雕漆、景泰蓝等产品配置的各种几、座、架、台；木雕家具，大型木雕室内装饰类；部分首饰盒、多宝阁等传统品类。20世纪90年代，北京工艺木雕业生产逐步缩减。2002年实施《保护办法》后，工艺木雕业在开发新品中逐步恢复，产品以制作各式仿明清的雕花家具、大型木雕屏风、宝座以及雕花落地罩等室内装饰品和实用工艺品为主。2001年至2010年，北京工艺木雕在工艺美术重要展评会上有9件作品获奖。其中，金奖4件，银奖3件，铜奖2件。2010年，北京工艺木雕品行业从业人员180人，销售收入700万元左右。

北京石雕

俗称汉白玉雕，主要以产于房山区的汉白玉石材为原料，经过设计、相料、粗坯、细刻、磨光、做旧等工序精制而成。北京汉白玉石雕制作隋朝时期就已开发利用，产业盛隆于明清时期。房山区大石窝镇是中国有名的"汉白玉之乡"和"石雕之乡"，是北京石雕工艺品的主产区。2003年，建立房山区大石窝石雕产业园区，产品远销日本、韩国、新加坡、泰国、德国、美国和中国的香港、台湾等60多个国家和地区。2006年，产业园区石雕加工企业有50～60家，从业人员2200人左右，产销规模2亿元左右。2010年，产业园保持在2006年规模水平。2003年至2009年，北京石雕工艺品在工艺美术重要展评会上有8件作品获奖。其中，金奖1件，银奖4件，铜奖3件。

人造石艺术品

系以水泥、废石粉等为主要原料制作的仿石产品，由1987年创建的北京宝贵石艺科技有限公司（厂址在昌平县振兴路9号）研制，1992年获国家发明专利。1999年被评定为世界华人重大科学技术成果。1999年至2010年，人造石艺术品在展评会上多次获奖。其中，《龙生九子》铜雕作品获"中国工艺美术创作大展"世界杯金奖，在"第五届国际书画作品展览"会上获美术金奖；雕塑《对话》获北京"工美杯"金奖，被中国美术馆收藏。2008年北京奥运会期间，人造石艺术品装饰于十三陵铁人三项赛周边环境的大型浮雕、奥林匹克友谊林雕塑石、奥运柔道馆艺术挂板、奥林匹克雕塑公园雕塑和奥运小轮车赛场浮雕等景观及奥运会倒计时一周年揭幕的雕塑。2010年，北京宝贵石艺公司从业人员220人，人造石艺术产品销售收入2560万元。

二、景泰蓝产品

景泰蓝又称"铜胎掐丝珐琅""珐琅器"，与机制景泰蓝、银晶蓝产品并称珐琅产品。北京景泰蓝生产历史悠久，兴于明盛于清，主要是以铜和釉料为主要原材料，经过设计、制胎、掐丝、点蓝、烧结、磨光、镀金等工序加工制成，1950年至1999年是北京工美行业出口创汇的重点产品之一。2003年至2009年，北京景泰蓝有三件作品经北京市传统工艺美术评审委员会评审和市主管部门批准，被认定为北京传统工艺美术珍品。其中，大型景泰蓝《德胜鼎》，由北京象牙雕刻厂有限责任公司制作，由该公司董事长肖广义策划，聘请国家级大师张同禄设计、监制；景泰蓝《国泰万兴》巨瓶，由北京市珐琅厂有限责任公司国家级大师戴嘉林设计，集体制作；景泰蓝《祥龙晋宝》，由国家级工艺美术大师张同禄设计及其领衔制作，设计采用传统工艺"应龙"造型，五条金龙腾空而起，丰富了人们对龙的想象与表现。

三、漆器工艺品

雕漆工艺品

主要以大漆、木材等为主要原料，经设计、制胎、涂漆、雕刻等多道工序制成。20 世纪 70 年代至 90 年代中期，北京雕漆工艺品生产主要有器皿、屏风、家具类等明清风格传统题材。20 世纪 70 年代至 80 年代陆续开发出仿青铜器、立体动物和古代建筑等类题材；手工雕漆与象牙、玉石、金银镶嵌工艺结合的制品以及工艺礼品、旅游纪念品等创新题材产品。主要品种有炉、鼎、熏、壁挂装饰和各种奖杯及多种工艺结合的陈设欣赏品，还有各种瓶、盘、盒、罐、台灯、首饰、烟具、仿古绣墩和成套家具及屏风等生活实用品。20 世纪 90 年代末期，北京市雕漆工厂外迁，产品生产经营缩减。1998 年从业人员 154 人，工业总产值 111 万元。1999 年至 2010 年，北京雕漆工厂有少量雕漆等漆器生产外，主要是文乾刚、殷秀云、满建民、李志刚等工艺美术大师以及部分技艺人员在从事手工雕漆生产。其中，以大师工作室进行少量订货生产和精品研制工作，起到保护与传承手工雕漆技艺、维持制造生产作用。2001 年至 2010 年，北京雕漆行业有雕漆银胎《荔枝纹壶》、雕漆剔红《听涛图》、雕漆《天球瓶》等 29 件作品获奖。其中金奖以上奖项 4 件，金奖 10 件，银奖 6 件，铜奖 9 件。2010 年，北京雕漆器行业从业人员 50 ~ 60 人，销售收入 160 万元左右。其中，北京雕漆剔红壁画《和园观潮图》，被北京市传统工艺美术评审委员会认定为 2007 年度北京传统工艺美术珍品。作品由国家级工艺美术大师文乾刚领衔创作。北京雕漆《鼎盛中华》，被北京市传统工艺美术评审委员会评定为 2009 年度北京传统工艺美术珍品，由北京工美集团为庆祝中华人民共和国成立六十周年策划制作，由市级工艺美术大师郭鸣和国家级工艺美术大师殷秀云等领衔创作。

铸漆工艺品

以大漆（油漆）、硅胶、红松等为主要原材料，采用漆灰模具成型工艺，经过设计、制模、制胎、整修等工序加工制成。20 世纪 90 年代，主要品种有器皿、屏风、家具类，也有仿青铜器、立体动物、古建筑类，以及盘、盒、烟具等实用品类，还有用各种玉石、骨、贝壳制作的饰物进行装饰的礼品、旅游纪念品类等。图案纹样主要有人物、仙佛、动物、虫草、山水、花卉以及龙凤、祥云、锦纹等。北京铸漆作品多次被国家领导人和知名院校作为礼品赠送外宾。2001 年至 2010 年，在工艺美术展评会上有铸漆《围棋台》等 9 件作品获奖，其中获银奖 3 件，铜奖 6 件。

金漆镶嵌产品

以木材、大漆、象牙、骨、玉石、螺钿及金银等为原料，运用雕填、刻磨、镶嵌、彩画等多种工艺技法制作。传统作品有屏风、桌、柜、箱、几、架、凳、墩、首饰盒等类。题材有人物、仙佛、禽兽、山水风景等。2000 年至 2010 年，陆续推出高档宾馆和厅堂用牌匾、吊灯、隔扇、屏风等时尚漆器工艺品。2001 年至 2010 年，金漆镶嵌制品在工艺美术重要展评会上有金奖以上作品奖项 2 件，金奖作品 6 件，银奖作品 4 件，铜奖作品 9 件。其中，《香山勤政殿金漆镶嵌宝座系列》被北京市传统工艺美术评审委员会认定为 2003 年度北京传统工艺美术珍品。该项目是北京市实施修复香山公园勤政殿工程项目内容之一。北京市金漆镶嵌厂承接此项目，并由该厂市级工艺大师柏德元领衔设计制作。勤政殿是明清时期皇帝议政的重要场所之一，中华人民共和国成立前被焚毁。项目组在参考故宫保和殿、乾清宫、颐和园仁寿殿内相关陈设品基础上，确立《宝座系列》图纸和制作方案。北京金漆镶嵌屏风《锦绣前程》被北京市传统工艺美术评审委员会评认定为 2005 年度北京传统工艺美术珍品，由北京市金漆镶嵌厂市级工艺美术大师柏德元与工艺技师王学兵设计。金漆镶嵌制作技艺在 2008 年被批准列入国家级非物质文化遗产名录。

四、花画工艺品

北京"人造花"历史悠久，是北京传统工艺品之一，包括"人造花"、国画与墙纸壁画等类。20 世纪 80 年代至 90 年代，北京陆续引进上马"干花"和圣诞树等装饰花树品种。北京干花工艺品由采集的天然植物的花、果、茎、叶经干燥等工艺处理加工而成，产品色彩呈天然本色，集真实、实用、新颖、趣味于一体，具有物美、价格适中、环保、防腐等特点。2006 年，北京郊区有北京和意工艺品有限公司、北京天意达工艺品有限公司等企业生产圣诞树工艺品，产品销售收入 5000 万元左右。2001 年至 2010 年，北京花画类工艺品在工艺美术展评会上有绢花《贵妃醉酒》等 7 件作品获奖。其中，银奖 5 件，铜奖 2 件。

五、抽纱刺绣

挑花

又称"挑织"，其针法是中国传统刺绣针法之一。北京挑花盛行于清末民初，其以色布、府绸、色线为原料，经设计、选料、绣制、洗熨等工序加工制成，特色鲜明。挑花产品主要有室内装饰、床上用品、工艺服装、风景壁挂等品类。2006 年，生产企业主要有北京市挑补绣花厂等单位，从业人员 77 人，产值 312 万元。2010 年，北京挑花工艺品从业人员 80 人，产值约 350 万元。

补花

北京补花是传统"堆绣"工艺的演变与发展，盛于明清时期。现代北京补花工艺是在继承传统"堆绣"工艺特点和"贴绢"技法基础上改进而成的，以棉布、亚麻布、的确良、凤尾纱为主要原料，经设计、选料、剪裁、粘缝等工序加工制成。产品主要有台布、盘垫、面巾、门帘、靠垫、围裙、床上用品等品类。2000年至2010年，主要有工美集团工艺品厂等单位及少量个体户生产。2006年，从业人员40人，年产值90万元。2010年，北京补花工艺品从业人员40人，产值约90万元。

机绣

20世纪50年代传入北京，是用改装梭子及压板的缝纫机替代手工绣花，以棉布、的确良、绣线等为主要原料，经设计、选料、绣制、缝纫等工序加工制成。其用色线多种多样，纹样丰富多变生动，常选用花卉、金鱼、蝴蝶、鸟兽、人物、龙凤、北京风景等类题材，采用丰富多变的针法巧妙绣制。产品主要有台布、室内装饰、床上用品、女绣衣、商标、装饰标志、抽纱绗缝制品等品类，曾是北京抽纱行业主打产品之一。20世纪末，北京机绣花制作生产因原料提价、成本升高、企业调整，大幅度缩减。2005年北京市第一绣花厂停产后，主要制作生产厂家还有北京宏深艺美电脑刺绣有限公司等7家小企业，从业人员370人，年产值约1170万元。2010年，北京机绣花业从业人员约300人，年产值约360万元。

手绣

北京手工绣花历史悠久，盛于明清时期，宫廷征召各地绣工名匠到京，专为宫廷绣制龙袍、官服、室内装饰用品等，被誉为"宫绣""京绣"和"手绣"。其手绣工艺品针法源于传统刺绣，将以绸缎为底料改成以棉、麻、纱为底料，以棉绣线取代传统丝线，在色彩、构图、花型、题材选用等方面保持了民间传统。产品主要有戏装、服装、台布、床罩、围裙、工艺包、手巾袋等品类。1999年至2010年，有北京市朝阳区燕都刺绣厂等单位和零散个体经营户生产（手绣）刺绣产品。2010年，从业人员约80人，年产值约300万元。

六、地毯工艺品

手工打结地毯

俗称手工栽绒结地毯，主要用羊毛、真丝、麻等为原料，经设计、毛纱染色、织毯、平毯、片剪、洗毯、整修等工序加工制成。其中以采用优质纯羊毛纱编织的手工地毯著名，被世人称为"京毯"或"宫毯"。北京手工打结地毯，以90道以上的地毯为主，传统图案题材有"北京式""美术式""彩花式""素古式"等。20世纪70年代，陆续创出具有华夏艺术特色的"古纹式""民族式""锦纹式""宫殿式""花鸟式""风景式"等类题材图案。

20 世纪 90 年代中期，因原材料提价、成本升高、工源组织困难和企业"退二进三"调整，产量逐年减少。2006 年，在 6 ～ 7 家传统手工地毯生产企业中，只有北京市地毯五厂进行保留性生产。2010 年，从业人员 40 ～ 50 人，产品销售额 300 余万元。

艺术挂毯

俗称"壁毯"。北京以纯羊毛手工打结艺术挂毯著名，其织造工艺与手工打结地毯基本相同。另有以羊毛纱或真丝纱为主要原料的手绣、枪绣、绳编等品类的挂（壁）毯。2010 年，北京手工打结羊毛艺术挂毯处于停产状态。

盘金毯

盘金毯清代开始织造，属于清朝官坊毯品种之一，原专为皇内宫享用。主要以羊毛纱（或真丝）、棉纱、金线为原料，采取手工打结栽绒和手工编织结合工艺精工织作，分为羊毛盘金铺毯和壁毯、丝织盘金铺毯和壁毯。图案主要以手工打结地毯中的北京式、古纹式、民族式、风景式等题材为主。手工打结栽绒是用金线在经纬线上编织花纹与栽绒头有机结合，成盘金图案纹饰附着于毯面之上，金光闪耀。2002 年，北京市地毯五厂组织力量挖掘、恢复该项技艺，在故宫博物院支持下，研制出制作盘金丝毯的 8 道工序和 11 种织作技法结合的新型织作方法，成功制作出盘金丝毯《九龙图》，被北京市传统工艺美术评审委员会认定为 2005 年度北京传统工艺美术珍品。

扎针地毯

俗称"绣枪胶背地毯"。20 世纪 70 年代中期从日本引进，以羊毛纱或化纤纱等为主要原料，经设计、扎制、剪绒等工序加工制成。工艺特点是无经纬线交织，是吸收手绣工艺技法、运用绣枪（手动和电控两种）穿引各种颜色纱线、在基布上扎织成图案纹饰的地毯，常采用手工打结地毯的美术式和其他东方传统式图案。品类上分为羊毛扎针地毯和化纤扎针地毯，毯面形态上分为圈绒（不剪绒）地毯和剪绒地毯。以中小规格为主，毯型多变。2003 年开始扩大生产规模且发展较快，北京金宝华地毯有限公司、北京万饰杰地毯有限公司等企业相继成立。2006 年，北京金宝华地毯有限公司等 3 家企业销售收入达 2.4 亿元，产品大部分出口。2010 年，北京扎针地毯业从业人员 1000 余人，产品收入 2.4 亿元。

机制栽绒地毯

俗称"簇绒地毯"，是 20 世纪 70 年代至 80 年代引进品种，有机制簇绒地毯和机制提花地毯两大品类，多采用从美、德、比利时等国引进的威尔顿等型号地毯织机织作。2010 年，北京机制栽绒地毯工艺品主要由北京航空地毯有限公司、北京华德永佳地毯有限公司等企业制作生产，年销售额 1 亿元以上。

七、珠宝首饰工艺品

花丝镶嵌制品

兴盛于明清时期。以金、银、铜、铝、钻石等为主要原料，经冶炼提纯、制胎、花丝制作、烧蓝、镀金（或银）、镶嵌等工序加工制成。其工艺又称细金工艺，实为"花丝"与"镶嵌"两种工艺的结合，将花丝制品施以"石镶""烧蓝"工艺后称为花丝镶嵌制品。作品题材广泛，图案纹样丰富多彩，造型多种形态，有炉熏等传统类造型、动物类造型、人物类造型等，以及以盒、镜、瓶、罐等中小件为主的实用品。20世纪90年代末期，北京花丝镶嵌行业相继停、转产，整体规模萎缩，处于维持状态。2002年贯彻《北京市传统工艺美术保护办法》后有所恢复，并向高、精摆件方向发展。截至2010年，有两件作品，经北京市传统工艺美术评审委员会评定并经市主管部门批准，被认定为北京传统工艺美术珍品。其中，大型珠宝花丝镶嵌《天坛祈年殿》由香港黄云光珠宝有限公司投资，国家级工艺美术大师王树文领衔制作；花丝珠宝《万佛金刚宝塔》由北京东方艺珍花丝镶嵌厂制作，国家级工艺美术大师王树文设计。

贵金属首饰

具有悠久历史，主要以金、铂、银、钯等贵金属为主料，珠宝、玉石为辅料，采用多种工艺技法加工制成不同材质、款式的首饰。20世纪20年代后期，北京以花丝工艺、镶嵌工艺等著称，做工精细，主要以黄金首饰、K金镶嵌首饰为主，品类众多，造型千姿百态。传统题材有梳簪、钗、冠等装饰物，现代题材有项饰、胸饰、领饰、腕饰、手饰、耳饰、脚饰等。

时髦流行首饰

时髦流行首饰俗称为"假首饰"，一般是8K金含量以下的饰品，价格比较低廉，原材料来源广泛，采用铜、铁、铝合金等做骨架，嵌以人造宝石或玻璃料石，以及塑料制成的仿制宝石，通过机械加工批量生产；也有采用浇注工艺制作的首饰，又经过镀金或仿镀金的表面处理，色彩金光闪闪，有以假乱真观感。品种与造型众多，主要有头饰、耳饰、项饰、手饰、胸饰等大类，既有贵金属首饰的艺术效果，又有时代气息和传统的民族特色。2006年至2010年，北京金特莱尔饰品有限公司在工艺美术重要展评会上有时髦流行首饰《黑醋栗苏打的诱惑》等作品获奖。

八、北京民间工艺品

风筝

北京风筝以毛竹、绢、纸等为主要原料，经设计、选料、扎制、裱糊、彩绘等工序加工制成。图案有人物、花卉、禽兽、水族、昆虫和变形体等种类，造型有扎燕、硬翅、软翅、对燕、拍子、串、筒等形类。小型风筝小到三寸掌上，大型风筝可达一丈二尺。有的是整体式，有的是拆卸式。人格化寓意深刻的沙燕（扎燕）风筝最具北京风格特点。有哈氏、曹氏、金氏、于氏风筝等艺术流派。20世纪90年代末期，北京生产经营风筝的重点企业北京市民间艺术品公司停产，北京风筝生产下滑。2002年《保护办法》施行加之市场需求，风筝生产逐步恢复。2010年，主要有费宝龄、哈亦琦等民间工艺大师工作室和零散个体户在生产制作，从业人员约60～70人，年销售额约90万元。2010年年底，有民间工艺大师2人，其中国家级、市级民间工艺大师各1人。2003年至2010年，在工艺美术重要展评会上，有风筝《拍子》《九头龙》和《风筝》系列组合等4件（套）作品获奖。其中，金奖3件，银奖1件。

内画

俗称"内画鼻烟壶"。主要指在玻璃或水晶制的鼻烟壶、瓶等器物内壁上作画，也称内画壶。北京内画兴起于清乾隆至嘉庆年间（1736年至1820年），具有晚清文人画的特点和风格，被誉为"京派"，是北京著名民间工艺品之一。作品内绘图案纹饰有人物、仙佛、花卉、禽兽、山水、历史典故、"戏出"等题材。主要品类有鼻烟壶，水晶制的炉、熏、灯、蛋等内画品。2010年年底，主要有以师带徒的大师工作室或个体经营，从业人员约20人，年销售收入约20万～30万元。有工艺大师2人，其中国家级、市级大师各1人。2003年至2010年，在工艺美术重要展评会上有内画《百子图瓶》《清明上河图》等6件作品获奖，其中金奖2件，银奖1件，铜奖3件。

绢塑

俗称绢人。当代绢人工艺始创于北京，故习称为"北京绢人"。北京绢人是在明清时期民间盛行的平面（扁）绢人基础上，由葛敬安等艺人于20世纪50年代中期创制的，系以绸、绢、铁丝等为主要原材料，经设计、造型、彩绘、缝制、装饰等工序加工制成，是以金属丝为骨架、棉花纱绢为肌肤、真丝为发、绸帛为衣塑制的人形工艺品。主要品种是古代和现代女性人物题材，还有玩偶等。主要是民间工艺大师、艺人分散带徒组织手工艺生产，2010年年底，从业人员20人左右，年销售额20多万元。2001年至2010年，在工艺美术重要展评会上有绢人《菩萨》等12件作品获奖，其中金奖4件，银奖3件，铜奖5件。绢塑《大唐风韵》作品，被北京市传统工艺美术评审委员会认定为2005年度北京传统工艺美术珍品。作品由北京市北洋旅游工艺品厂厂长、市级民间工艺大师滑树林设计，滑淑玲等人制作。

面塑

俗称捏面人。北京面塑是以小麦粉、糯米粉为主要原料，经彩面制作、捏塑等工序加工制成。题材有人物、仙佛、禽兽、"戏出"等单塑与群塑等类。其中微塑——核桃面人，即在半个核桃壳内放上捏成的各种人物或故事场面，人物的鼻子、眼睛俊美，穿戴整齐，衣纹清晰，具有浓郁的地方风格，有"面人汤"（汤子博）、"面人郎"（郎绍安）、"面人曹"（曹仪策）等艺术流派。2010年，北京主要有郎志丽、张宝琳、冯海瑞、张俊显等民间工艺大师创办的面塑工作室和个体户在生产面塑类产品，从业人员60～70人，年销售额40万元左右。面塑行业有市级民间工艺大师6人。2003年至2010年，在工艺美术重要展评会上有面塑《红楼梦》《元春省亲》等19件作品获奖。其中，金奖3件，银奖9件，铜奖7件。

泥彩塑

俗称捏泥人，也称"泥塑""泥人"或"彩塑"，属民间泥塑玩具。以黏土为主要原料，经设计、泥料配制、捏塑、彩绘、装饰等工序加工制成。北京泥人工艺盛于明清时期，在农村普遍盛行"磕泥饽饽"和泥人玩具，为儿童喜爱的物品。题材有烧砖戏出、刀马人、泥马车、嫁娶仪仗、集市、鸟兽及音响玩具等。泥彩塑工艺品主要供庙会、园林等娱乐场所销售，为"节令"商品。2003年至2010年，主要有北京泥人张艺术品有限公司、京城"百工坊"泥人坊和张荣达、王志祥、双起翔等民间工艺大师个人工作室生产泥彩塑产品，从业人员约50人，年销售额130万元。2003年至2010年，在工艺美术重要展评会上有彩塑《奥运体娃》等5件作品获奖。其中，金奖2件，银奖1件，铜奖2件。2010年年底，有市级工艺大师3人。

彩塑戏剧脸谱

俗称面具，又称"泥彩塑脸谱"。其中，"京戏脸谱"以黏土为主要原料，经设计、制胎、彩绘等工序加工制成，是民间艺人利用泥塑脸型，借鉴传统戏曲中演员在面部勾画图案化装的谱式，演变发展起来的"京味"手工艺品。现代北京彩塑戏剧脸谱的主要品类有光头脸谱、泥须脸谱和绒须脸谱，以及少年儿童佩戴套在头上的面具玩具等。21世纪，随着庙会、文艺演出等文化娱乐业的复兴和市场的繁荣，市场对"脸谱"工艺品的需求量增长。2006年，有北京玉海腾龙文化艺术有限责任公司（杨玉栋大师工作室）、双起祥大师工作室、北京市泥人雕塑艺术研制所等单位的20多人从事泥彩塑脸谱的研制与生产，年销售额60万元。2007年至2010年基本稳定在2006年的经营水平。2010年年底有工艺大师2人，其中国家级、市级大师各1人。2003年至2010年，在工艺美术重要展评会上，有彩塑《京剧脸谱》、彩塑精制带须《大脸谱》等11件作品获奖。其中，金奖以上奖项1件，金奖4件，银奖2件，铜奖4件。

"兔儿爷"

"兔儿爷"是北京地区在中秋祭月时流行的民俗手工艺品，也是京味节令玩具品种之一，盛于明清时期。2002年至2010年，有双起翔大师工作室小批量生产，产品节令性强，从业人员少,产品主要供应旅游市场。2003 年至 2010 年,在工艺美术重要展评会上有泥塑《兔儿爷》等 15 件作品获奖。其中,金奖 2 件,银奖 6 件,铜奖 7 件。

剪纸

俗称"剪花"。包括刻纸,明清时期北京民间广为流行。北京剪纸品类繁多,有各种吉祥图案纹饰的窗花,婚庆用大红喜字,用彩纸剪成的葫芦、老虎、钟馗等花样子,用紫棉纸剪刻成的"神佛像""挂盏儿",用白粉纸雕刻的《凤凰牡丹》《龙凤呈祥》《喜鹊登枝》《吉祥如意》等吉祥寓意的"花样子",多为民间艺人业余制作,以供应节日市场为主。1999 年至 2010 年,北京有徐阳、刘韧、孙二林等人的剪纸工作室,每人带几名徒弟,总计从业人员约 20 人,年生产销售额在 40 万元。2010 年年底,有市级民间工艺大师 2 人。2003 年至 2010 年,北京剪纸在工艺美术重要展评会上有剪纸《罗格》《萨马兰奇》等 15 件作品获奖。其中,金奖 2 件,银奖 7 件,铜奖 6 件。

彩蛋

俗称画鸭蛋,是在完整的鸭(鹅、鸵鸟)蛋壳上经绘画制成的民间手工艺品。北京彩蛋色彩艳美,画面图案纹饰有人物、仙佛、山水、花卉、鸟兽、亭台楼阁、历史典故、"戏出"、神话传说、民俗风情等题材。彩蛋花样繁多,有单个、成双、成组、成套的,也有排列成方、圆、宝塔、灯挂、堆山等形式,还有镂空式彩蛋等。2010 年,有刘锦茹等人进行个体业余性生产,产量有限,主要向礼品市场供货。2003 年至 2010 年,在工艺美术重要展评会上有《鸵鸟蛋壳镶嵌工艺品》等 7 件作品获奖。其中,金奖以上 1 件,金奖 1 件,银奖 1 件,铜奖 4 件。

玻璃葡萄

俗称"料器葡萄",以玻璃料棍、铁丝等为主要原料经熔料、吹制、光珠、超蜡、染色、上霜、制叶、拧须、攒枝等工艺加工制成。该产品是北京常氏家族于清光绪二十年(1894 年)为慈禧太后六十大寿祝寿所创立的玻璃葡萄,俗称"葡萄常"。20 世纪 90 年代,市场上逐步消失。2010 年,"葡萄常"后代常弘、常燕在政府扶持下继承祖艺,恢复玻璃葡萄生产。在工艺美术重要展评会上有玻璃《丰收葡萄》作品获金奖。

皮影

俗称"驴皮影",以驴皮或羊皮、牛皮、厚纸为主要原料,经镂雕、着色等工序加工制成,长期作为演出皮影戏工具。北京皮影艺术吸收京剧脸谱和服饰图案等艺术元素制作,既可以作皮影戏道具,又是壁挂或橱窗的装饰陈设品。题材多为历史剧、神话剧中人物和童话剧以及现代剧中人物。1999 年至 2010 年,北京皮影有路海皮影工作室和贾氏皮影工作室及零星个人制作,从业人员 10 人左右。2001 年至 2010 年,在工艺美术重要展评会上有皮影《林冲》等作品获奖。

鬃人

俗称"盘中戏"，系以猪鬃、黏土、绸等为主要原料，经设计、制胎、彩绘等工序加工制成。该项技艺为清光绪年间钱商王治隆首创于北京。题材多为历史"戏出"中的人物、仙佛，"舞狮"等类。20世纪80年代，年年春节庙会上都有技师现场进行技艺表演与制作，还经常应邀随国家文化艺术界代表团出国表演。1999年至2010年，主要有白大成民间工艺大师工作室（带几名徒弟）等从事此项技艺的保护、传承。2001年至2010年，在工艺美术重要展评会上有《北京鬃人》等作品获奖。

毛猴

俗称"药材猴儿""猴戏"，是以蝉蜕、辛夷、白芨等为主要原料，经设计、选料、粘接、装饰、包装等工序加工制成，似小猴子模仿人的形态和动作的手工艺品。北京毛猴题材主要有群猴做戏类，有《卖冰糖葫芦》《拉洋车》等模拟老北京七十二行生活场景类，有历史戏曲场面类，既为玩具，又可成为富有观赏性的陈设品。2010年，有曹仪简、于光军、邱贻生3人建立了毛猴工作室和几家个体户从事毛猴生产，从业人员10余人。2001年至2010年，在工艺美术重要展评会上有《老北京街景》等2件作品获奖。其中，银奖1件，铜奖1件。

刻瓷

俗称"瓷刻"，源于封建帝王和文人雅士欣赏名瓷时，将所题诗文（墨宝）请工匠刻于名瓷上，由此出现刻瓷艺术。北京刻瓷盛于清代，一般经选瓷胎、设计、绘画、刻瓷、染色等工序加工制成，常以人物、仙佛、花卉、禽兽、诗词歌赋、山水风情画等题材。主要品类有插屏、立盘、立屏、挂盘、瓷板拼镶及各种造型的瓶、筒、烟壶、印盒等，也有实用的文具、酒具、茶具以及烟具等。2010年年底，基本为个体经营状态，有市级民间工艺大师2人。2001年至2010年，在工艺美术重要展评会上有雕塑《北京名胜》浮雕系列等2件作品获奖。

中国结

俗称"盘长"。其工艺源于古代编织物技法，盛于明清时期。"盘长"编织纹饰以"8"字形为基本编织形态，用一根绳盘曲回环，经手工编织成多种造型的物品。编织线颜色多种，以红色为主。图案纹饰以"吉庆有余""福寿双全""双喜临门""吉祥如意""一路顺风"等寓意吉祥的题材为主，有平面、立体等多种造型。20世纪90年代后期在北京市场盛行。2006年，北京从事中国结工艺品生产经营的有26人，销售额750万元。2010年年底，主要有北京工美集团技术中心、北京钰章结工艺品有限公司等单位经营（单位内部主要搞设计和样品性生产，批量产品靠向民间收发加工）中国结工艺品，有市级民间工艺大师 1 人。2001 年至 2010 年，在工艺美术重要展评会上有工艺系列《中国结》《迎 2008 奥运圣火》等作品获奖。

彩砂画

俗称"砂画"，是 20 世纪 90 年代初开发的新品种，是一种具有景泰蓝工艺效果的新型工艺品，不用烧焊、不镀金，只需在产品胎型上掐丝、点蓝，涂饰上乳胶、釉料，结晶成型修饰后即为成品。图案纹饰有人物、仙佛、动物、虫草、山水、花卉、禽兽、风景等，有平面、立体等造型。主要品种有壁画、壁饰、屏风类，有炉、瓶、熏、器皿类等。2010 年，北京九合坊技术开发中心（黄小群大师工作室）以及北京澄泓文化传播有限公司等单位从事彩砂画生产经营，从业人员 20 多人，年销售收入 200 万元左右。2001 年至 2010 年，在工艺美术重要展评会上，有彩砂工艺画《胡同系列》、景泰蓝《彩砂画》等作品获奖。

仿古瓷

北京仿古瓷，俗称"京彩瓷"，有"南有广彩，北有京彩"之称谓。北京仿古瓷多选用南方产的白瓷胎，经施釉、烧制、彩绘、焙烧等工序加工制成。北京仿古瓷生产主要有鼎盛陶琦（北京）艺术品有限公司等企业。鼎盛陶琦（北京）艺术品有限公司，原名北京市工艺品厂，1973 年 4 月建厂，1983 年调整为工美集团的直属企业，1999 年 5 月移交宣武区接收管理。主要仿制明至清乾隆年间的彩瓷，有古彩、粉彩、斗彩、青花和三彩等五大类题材。主要品类有瓶、缸、罐、盘、筒、墩等器皿，文房四宝，瓷型人物与鸟兽摆件，瓷板画、壁画类等。2002 年至 2010 年，在工艺美术重要展评会上有粉彩《百鸟朝凤碗》《九凤图莲子瓶》等作品获奖。2005 年，工厂改制为鼎盛陶琦（北京）艺术品有限公司，调整为以物业经营为主，保留一定规模仿古瓷生产的经营能力。2006 年，仿古瓷生产从业人员 25 人。2010 年从业人员 10 人，销售收入 48 万元。

琉璃陶

北京琉璃陶工艺，发端于宫廷建筑用陶，盛于明清，以北京门头沟区产的高品质页岩石料为主加工烧制而成。北京以制作雕花琉璃砖瓦著称，主要品类有宫殿、寺塔、照壁等古建筑物所用琉璃砖瓦、龙凤螭物、屋脊饰件以及门狮、坐墩等；釉色有孔雀绿、翡翠绿、宝石蓝、晶紫、天青、娇黄、浑黄、鱼白、素白等数种。2010 年生产企业多集中在门头沟区，主要有北京市明珠琉璃制品厂等加工厂和刘仲成琉璃工艺品工作室生产，从业人员约 80 人，年产销量约 600 万元。

灯彩

有北京宫灯、纱灯、花灯等多种产品。北京宫灯系以红木、花梨、纱绢等为主要原料，经设计、选料、制框、绘画、镶裱、装饰等工序加工制成。北京纱灯，系以毛竹、纱绢、红棉布等为主要原料，经设计、选料、开料、扎制、绘画、装饰等工序加工制成。北京花灯，系以红木、硬杂木、纱绢为主要原材料，经设计、选料、制框、绘画、镶裱、装饰等工序加工制成。2001年至2010年，北京灯彩工艺品获奖作品4件。其中，银奖1件，铜奖3件。

料器

料器俗称"料货"，一般称为"玻璃""琉璃"。清康熙年间，内务府造办处建琉璃厂烧制琉璃，又在海王村设置御厂烧制琉璃和料器制品，专供内宫使用，时称"御琉璃""宫料"。北京料器系以石英粉、纯碱、氧化铝、硝酸钠等为主要原材料，经过熬料（熔制料棍）、吹塑（灯工成型）、退火、组装等工序加工制成，主要有料兽、料鸟、料花果等传统产品仿唐三彩、青铜器等大型摆件品种。20世纪70年代至80年代，主要有北京市料器制品厂以及集中于通州梨园地区的乡镇企业生产料器制品。1993年，北京市料器制品厂料器生产下马。21世纪，全市从事料器生产的主要是北京通州梨园工艺品有限公司等乡镇企业和个人零散生产，全市从事料器生产者百余人，年销售额约百万元。2003年至2010年，在工艺美术重要展评会上有料器《小小试验田》《普天同庆》等作品获奖。

第二节　工艺美术品评奖

一、北京市工艺美术品展评

"北京工美杯"评比

2003年11月1日至4日，由市工业促进局主办，北京工艺美术协会、工美集团、北京银树文化交流中心等单位承办的首届北京工艺美术展在北京民族文化宫举办。报名参加"北京工美杯"评比作品186件，经评审委员会评审认定，获"北京工美杯"奖项作品共100件。其中，金奖以上奖项8件，金奖15件，银奖25件，铜奖29件，优秀作品奖23件。

2005年10月20日至24日，由市工业促进局、市旅游局主办，北京工艺美术协会、北京民间文艺家协会、北京玩具协会、北京时代国际拍卖有限公司承办，《北京晚报》、《北京劳动就业报》、北京纪元创佳文化发展有限公司、北京银树文化交流中心协办的第二届北京工艺美术展在北京民族文化宫举办。报名参加"北京工美杯"评比的作品292件，经评审委员会评审认定，获"北京工美杯"奖项作品共135件，其中金奖以上奖项9件，金奖21件，银奖42件，铜奖36件，优秀奖27件。

2007年11月8日至11日，由市工业促进局主办，北京工艺美术行业协会等单位承办的第三届北京工艺美术展在北京国际展览中心举办。经评审委员会对参加"北京工美杯"评比的作品进行评审认定，获"北京工美杯"奖项作品共125件，其中金奖以上奖项14件，金奖17件，银奖24件，铜奖28件，优秀奖42件。此次展览也是第二届中国（北京）国际文化创意产业博览会的组成部分，其间由中工美拍卖公司组织了"工艺美术品专场"拍卖活幼。

2009年10月20日至25日，由市经济信息化委主办，北京工艺美术行业协会和北京市迪帕克艺术设计有限公司承办的第四届北京工艺美术展在北京时尚设计广场（北京751厂院内）举办。报名参加"北京工美杯"评比的作品500多件，经评审委员会评审认定，获"北京工美杯"奖项作品共120件，其中金奖以上奖项21件，金奖30件，银奖25件，铜奖20件，优秀奖24件。

2003—2009年北京工艺美术品"北京工美杯"获银奖（含银奖）以上作品一览表

6-22表

作品名称	类别	设计制作	制作单位	奖项	届次
翡翠《园觉图》	玉雕	李博生　戴全海	北京市玉器厂	特别金奖	一
玛瑙《郑成功》	玉雕	王耀堂　王丽娟	北京市玉器厂	特别金奖	一
4件翡翠《国宝》复制品	玉雕	郭石林　集体	京城百工坊	特别金奖	一
《八环金镂瓶》	景泰蓝	戴嘉林　集体	北京市珐琅厂	特别金奖	一
《巨雄瓶》	景泰蓝	米振雄　集体	北京市珐琅厂	特别金奖	一
《吉祥宝灯》	景泰蓝	张同禄　集体	张同禄大师工作室	特别金奖	一
刺绣品《承德须弥福寿海》	抽纱	崔洁　张宏之	北京工美集团工艺品厂	特别金奖	一
花丝镶嵌宝石《腾飞》	珠宝首饰	王树文	王树文大师工作室	特别金奖	一
插屏《华夏一百文人图》	玉雕	姜文斌　陈江等	北京玉缘玉雕艺术有限责任公司	金奖	一
翡翠《春色满园花篮》	玉雕	柳朝国　杨江等	北京朝阳雍玺玉器厂	金奖	一
《十八罗汉》	牙雕	冯旭华	北京库鹏象牙雕刻有限责任公司	金奖	一
《故宫》	骨雕	王华安　集体	北京进茂骨雕工艺品有限责任公司	金奖	一
剔红《龙水紫砂壶》	雕漆	文乾刚　张效裕　赵进英	北京市雕漆工厂	金奖	一

（续表）

作品名称	类别	设计制作	制作单位	奖项	届次
屏风《丹凤图》	金漆	柏德元　集体	北京金漆镶嵌厂	金奖	一
8寸盘《远古的遐想》	景泰蓝	钟连盛　李宝珠　马太杰等	北京市珐琅厂	金奖	一
《慈航普渡》	珠宝首饰	程淑美　集体	程淑美大师工作室	金奖	一
丝绫堆绣《五牛图》	抽纱	赵　伟　贾大双	北京工美集团工艺品厂	金奖	一
挂毯《国色天香》	地毯	康玉生	北京市地毯五厂	金奖	一
《九头龙》	风筝	刘汉祥	刘汉祥工作室	金奖	一
《拍子》系列	风筝	费保龄	费保龄大师工作室	金奖	一
水晶内画《百子图瓶》	内画壶	刘守本	刘守本大师工作室	金奖	一
绢人《菩萨》	绢塑	杨乃惠	杨乃惠大师工作室	金奖	一
《带须大脸谱》	彩塑	双起翔	双起翔大师工作室	金奖	一
翡翠插屏《基督之光》	玉雕	王德龄	王德玲大师工作室	银奖	一
碧玺《福寿三多》	玉雕	苏　伟　李来萍	北京市玉器厂	银奖	一
白玉《寿牌》	玉雕	苏　然	北京中鼎元珠宝公司	银奖	一
碧玉玛瑙《华夏乐章》	玉雕	杨宝忠	北京市玉器厂	银奖	一
玛瑙《器皿》组合	玉雕	韩子易　集体	北京市玉器厂	银奖	一
玛瑙《鸿运》	玉雕	代全海	北京市玉器厂	银奖	一
青玉《薄胎瓶》	玉雕	张正文　集体	北京市玉器二厂	银奖	一
硅化木《四君子》	雕塑	杨根连　杨根存	杨根连大师工作室	银奖	一
《凤》	雕塑	张宝贵　刘全胜　刘国栋	北京宝贵石艺科技有限公司	银奖	一
《石艺》	石雕	宋永田	北京房山大石窟石雕产业协会	银奖	一
剔红《五老紫砂壶》	雕漆	李清安	北京市雕漆工厂	银奖	一
《兽耳尊》	景泰蓝	王敏成　集体	北京市珐琅厂	银奖	一
《海棠瓶》	景泰蓝	刘永森　集体	北京铭客诚景泰蓝工艺品有限公司	银奖	一
《兵马战车》	景泰蓝	李汝英　集体	北京房山南关景泰蓝厂	银奖	一
《贵妃醉酒》	绢花	徐汶静	北京市北洋旅游工艺品厂	银奖	一
刺绣《大森林》	抽纱	蔡长钊　穆怀玲	北京市第一绣花厂	银奖	一
花丝《菊花胸针》	珠宝首饰	南志刚	南志刚大师工作室	银奖	一
《名人头像》系列	刻瓷	马　红	马红工作室	银奖	一
《国色牡丹》	烟花	钱志强　郎铁明	北京市礼花厂	银奖	一
丝绢软塑《时尚》	绢塑	王汭琳	王汭琳工作室	银奖	一

（续表）

作品名称	类别	设计制作	制作单位	奖项	届次
《与天同乐迎奥运》	面塑	王　燕	王燕大师工作室	银奖	一
《京剧脸谱》	泥彩塑	杨玉栋	杨玉栋大师工作室	银奖	一
《中国京剧脸谱酒瓶》组件	泥彩塑	张铁成	北京泥人张艺术有限公司	银奖	一
叠彩剪纸《欢庆节日》	剪纸	徐　阳	徐阳大师工作室	银奖	一
《胡同》系列	彩砂画	黄小群	北京九合坊技术开发中心	银奖	一
《唐王维诗意》系列	玉雕	宋世义　颉文迎　崔奇铭　方智勇	北京溯源玉石加工厂	特别金奖	二
《八仙过海》	玉雕	郭石林　宋志国	京城百工坊	特别金奖	二
《哪吒闹海》	玉雕	王耀堂　蒋洪杰	北京市玉器厂	特别金奖	二
《清香溢远》系列	景泰蓝	戴嘉林　集体	北京市珐琅厂	特别金奖	二
《明星》瓶	景泰蓝	米振雄　赵静云　何秀玲	北京景泰蓝米福工作室	特别金奖	二
《钟身受益》座钟	景泰蓝	张同禄　武卫国　李淑舫等	禄颖兰工作室	特别金奖	二
堆绫工艺画《雍和宫"飞廊"》	抽纱	崔　洁	崔洁大师工作室	特别金奖	二
花丝镶嵌《哼哈二将》	珠宝首饰	王树文　袁常军等	王树文大师工作室	特别金奖	二
奥运系列纪念品	纪念品	集体	北京工美集团技术中心	特别贡献奖	二
翡翠《白菜》	玉雕	姜文斌　郎晓峰	北京玉缘玉雕艺术有限公司	金奖	二
《红楼梦》	牙雕	冯旭华	北京库鹏象牙雕刻有限责任公司	金奖	二
《清内宫仕女》	牙雕	李春珂　王　红	李春珂大师工作室	金奖	二
古建模型《北京老城门——箭楼》	木雕	集体	北京吉正行建筑策划研究中心	金奖	二
古建模型《滕王阁》	木雕	刘林光	刘林光工作室	金奖	二
《时尚景泰蓝瓶》系列	景泰蓝	李新民	李新民工作室	金奖	二
仿制《金瓯永固杯》	景泰蓝	冯国升　郭振英	北京白孔雀艺术世界	金奖	二
《和平颂宝鉴》	景泰蓝	钱美华　耿英建　罗淑秀等	北京市珐琅厂	金奖	二
剔红《九龙闹海》盘	雕漆	文乾刚　陈厚棋	北京市雕漆工厂	金奖	二

（续表）

作品名称	类别	设计制作	制作单位	奖项	届次
镶嵌屏风《锦绣前程》	金漆	柏德元　集体	北京金漆镶嵌有限责任公司	金奖	二
手工地毯《竹兰图》	地毯	康玉生	北京地毯五厂	金奖	二
盘金丝毯《九龙图》	地毯	曹艳红　王国英	北京地毯五厂	金奖	二
绢人《大唐风韵》	绢塑	滑树林　滑淑玲　张志成　苏秀玲	北京北洋旅游工艺品厂	金奖	二
《红楼梦》	面塑	刘荫茹	刘荫茹大师工作室	金奖	二
国画装帧工艺《京剧脸谱》	泥彩塑	杨玉栋	杨玉栋大师工作室	金奖	二
《鸵鸟蛋壳》	彩蛋	黄小群　赵继煜　武爽等	黄小群大师工作室	金奖	二
《童年之约》	玉雕	杨宝忠　林宝香	北京市玉器厂	银奖	二
白玉《夜游赤壁》	玉雕	代全海	北京市玉器厂	银奖	二
《日月潭》	玉雕	苏伟	北京市玉器厂	银奖	二
玛瑙《夜游赤壁》	玉雕	袁广如	北京市玉器厂	银奖	二
《秋趣图》	玉雕	赵丽平　王希亮　高振忠	北京溯源玉石加工厂	银奖	二
《心中有佛》	玉雕	杨根连　杨根存	杨根连大师工作室	银奖	二
《扇子》	玉雕	孙永恒　曹亚清	孙永恒大师工作室	银奖	二
《垒》	玉雕	于正泉　李金玉　张铁成　王建	于正泉工作室	银奖	二
《兰亭雅集》	玉雕	方东亮　魏建峰	方东亮大师工作室	银奖	二
《莲生贵子》	玉雕	李东　王彦伟	北京信诚玉器厂	银奖	二
《龟鹤齐龄》	玉雕	董文钟　苏然	北京中鼎元珠宝有限公司	银奖	二
白玉《链瓶》	玉雕	王剑　高轲	北京玉缘玉雕艺术有限责任公司	银奖	二
墨玉《博古》	玉雕	李连弟　吴春祥　陈同宝	宏志堂工艺李连弟工作室	银奖	二
翡翠《葫芦万代》牌饰	玉雕	宗淑珍　谢晔	宗淑珍工作室	银奖	二
《豆角》盒	牙雕	时金兰　杨健	时金兰大师工作室	银奖	二
《佛光普照》	石雕	郑道全	北京石景轩	银奖	二
奇石雕、根雕	雕刻	李一之　张西玲	乡风艺术社	银奖	二
《四季平安》《年年有余》	景泰蓝	钟连盛　马太杰　李宝珠　刘淑香	北京市珐琅厂	银奖	二
《远古的呼唤》	景泰蓝	霍铁辉　张亚男　藤桥	北京铭客诚景泰蓝工艺品有限公司	银奖	二
《三件套》	景泰蓝	王建国　张婉林	王建国大师工作室	银奖	二

（续表）

作品名称	类别	设计制作	制作单位	奖项	届次
《当代艺术盘系列》	景泰蓝	刘永革	李新民大师工作室	银奖	二
《麻姑献寿》	景泰蓝	韩振山　集体	北京铭客诚景泰蓝工艺品公司	银奖	二
《错金银铜版画》	金属工艺	孟宪忠	孟宪忠大师工作室	银奖	二
"纯银蒙镶錾雕工艺品"系列	金属工艺	吴中凤　集体	北京市金属工艺品厂	银奖	二
《福美瓶》	雕漆	殷秀云　宋秀珍　杨秋燕　芝华	北京凌云雕漆厂	银奖	二
壁饰《重江叠嶂》	金漆	苏桂增　杨洪顺	北京金漆镶嵌有限责任公司	银奖	二
《菊花》系列	绢花	徐汶静	北京北洋旅游工艺品厂	银奖	二
堆绫工艺画《永乐宫壁画仕女》	抽纱	崔比德	崔比德大师工作室	银奖	二
《清皇帝朝服》	剧装	孙颖监制　集体	北京剧装厂	银奖	二
《采莲图》	陶瓷	陈烈汉	京城百工坊	银奖	二
《小小试验田》	料器	邢兰香　刘星	京城百工坊料器坊	银奖	二
《风调雨顺》	面塑	冯海瑞	冯海瑞大师工作室	银奖	二
葫芦《西游记》	面塑	郎志丽	郎志丽大师工作室	银奖	二
《四大天王》	面塑	张俊显	张俊显大师工作室	银奖	二
仿翡翠《八臂佛》	面塑	张宝琳	张宝琳大师工作室	银奖	二
《兔爷儿》	泥塑	双起翔	双起翔大师工作室	银奖	二
《牛劲十足》	剪纸	刘韧	刘韧剪纸屋	银奖	二
《中国神话》	剪纸	徐阳	京城百工坊	银奖	二
《北京名胜》浮雕系列	刻瓷	马红	马红大师工作室	银奖	二
艺术人偶《关公》	雕塑	孔祥璞　孔会谊　张静	孔祥璞工作室	银奖	二
《黄山蓬莱三岛》	玻璃画	张自方	张自方大师工作室	银奖	二
毛绣《华南虎》	民艺品	萧掌柜	京城百工坊仿真动物坊	银奖	二
白玉《花熏》	玉雕	柳朝国	北京东方名人艺术有限公司	特别金奖	三
翡翠《白发谁家翁媪》	玉雕	崔奇铭	崔奇铭大师工作室	特别金奖	三
翡翠《西瓜》	玉雕	郭石林　王建	郭石林大师工作室	特别金奖	三
芙蓉石《汗水浇开冠军花》	玉雕	张志平	北京市玉器二厂有限责任公司	特别金奖	三

（续表）

作品名称	类别	设计制作	制作单位	奖项	届次
翡翠《鹅》	玉雕	王希伟　赵小营	王希伟大师工作室	特别金奖	三
《金镶玉》系列	玉雕	杨根连　曹宏坡	杨根连大师工作室	特别金奖	三
白玉《壮志凌云》	玉雕	姜文斌　赵　琦　万洪涛	北京玉缘玉雕艺术有限责任公司	特别金奖	三
《铭诚尊》	景泰蓝	霍铁辉　张亚男　王景旭　滕　侨	北京铭客诚景泰蓝工艺品有限公司	特别金奖	三
《春晓》系列	景泰蓝	戴嘉林	北京市珐琅厂	特别金奖	三
《瓶盘》（套）	景泰蓝	米振雄　赵静云　张笑兰	北京市珐琅厂	特别金奖	三
《萝卜虫草盘》	景泰蓝	钱美华　集体	北京市珐琅厂	特别金奖	三
银胎《荔枝纹壶》	雕漆	文乾刚　栾玉梅　赵连英	文乾刚大师工作室	特别金奖	三
大型漆器宝石镶嵌屏风《和谐奥运》	漆器	集体创作	安众消防文化（北京）有限公司	特别金奖	三
工艺丝毯《金秋》	地毯	薛龙冠　薛　青	薛龙冠大师工作室	特别金奖	三
白玉《丝绸古道》	玉雕	代全海　张　刚	北京市玉器厂	金奖	三
玛瑙《月光下的熊猫》	玉雕	牛宁允	北京玉器二厂有限责任公司	金奖	三
翡翠《链子花篮》	玉雕	王启海	王启海大师工作室	金奖	三
青田石《沐浴》	玉雕	许启平	许启平大师工作室	金奖	三
《生如夏花》	景泰蓝	赵卓子　集体	北京市珐琅厂有限责任公司	金奖	三
《舍利塔》	景泰蓝	李新民　李　菁　陈　蔓	李新民工作室	金奖	三
《花之舞》	景泰蓝	左　红　集体	北京市珐琅厂有限责任公司	金奖	三
屏风《荷塘甜鹭图》	金漆	万　紫　石　燕	北京金漆镶嵌有限责任公司	金奖	三
丝绫堆绣《白度母》	抽纱	贾大双　赵　伟　徐金香　刘金华	北京工美集团工艺品厂	金奖	三
花丝《冰竹梅捧盒》	珠宝首饰	白静宜　张雅君	北京通州城关光环金属艺术工作室	金奖	三
花丝《金銮宝座》	珠宝首饰	集体创作	北京东方珍艺花丝镶嵌厂	金奖	三

作品名称	类别	设计制作	制作单位	奖项	届次
花丝《富贵吉祥》	珠宝首饰	曾建中　张雅君等	曾建中大师工作室	金奖	三
《清明上河图》	内画	高东升	高东升工作室	金奖	三
《奥运福娃》	泥彩塑	张宏岳	张宏岳工作室	金奖	三
《戴盔头的京剧脸谱》	泥彩塑	杨玉栋	杨玉栋大师工作室	金奖	三
《罗格》《萨马兰奇》	剪纸	徐阳	徐阳大师工作室	金奖	三
《丰收葡萄》	料器葡果	常弘　常燕	常氏葡萄坊	金奖	三
玛瑙《钟馗》	玉雕	陈新	北京市玉器厂	银奖	三
俄罗斯玉《三顾茅庐》	玉雕	赵琦　贾春辉	北京玉缘玉雕艺术有限责任公司	银奖	三
玛瑙《葡萄美酒夜光杯》	玉雕	陈江　李萌	北京市玉器厂	银奖	三
黄玉《和合二圣》	玉雕	苏伟　姜广明	北京市玉器厂	银奖	三
青海白玉《观音》	玉雕	王振宇	北京市玉器厂	银奖	三
玛瑙《顺风耳》	玉雕	王文辉	北京市玉器厂	银奖	三
《十八学仕》	牙雕	刘建华	北京象牙雕刻厂有限责任公司	银奖	三
《帝释梵天图》	牙雕	冯旭华	北京正栋腾飞艺术有限责任公司	银奖	三
《观音》	牙雕	李允芳	北京象牙雕刻厂有限责任公司	银奖	三
花梨木、椴木《二龙戏珠》摆件	木雕	马慕良　张文献	北京工艺木刻厂有限责任公司	银奖	三
金丝楠木《雍正耕织图》大柜	木雕	宗德昌　徐大志	北京和义兴仿古家具有限公司	银奖	三
木纹石《蝶之舞》	石雕	郑道全	北京石景轩文化传播有限公司	银奖	三
《花开十年》	景泰蓝	申文广　郭鸣　黄友民	北京工美集团技术中心	银奖	三
《垂花门》	景泰蓝	张建萍	北京金润铜业有限公司	银奖	三
《法海寺》壁画	景泰蓝	张建萍　集体	北京金润铜业有限公司	银奖	三
铜雕《乾隆神锋剑》	金属工艺	崔西伦　集体	北京灵光缘工艺品制作中心	银奖	三
铜镀金《观世音菩萨像》	金属工艺	袁长君　田义等	北京昌苑艺缘工艺美术品厂	银奖	三
《围棋台》	漆器	刘忠英	北京和合局漆器工艺有限公司	银奖	三

作品名称	类别	设计制作	制作单位	奖项	届次
绢人《宝钗扑蝶》	绢塑	滑树林　滑俊玲　苏秀玲	北京市北洋旅游工艺品厂	银奖	三
《瑶台雅韵》	面塑	王　燕	王燕工作室	银奖	三
《霸王别姬》	面塑	郎志丽	郎志丽大师工作室	银奖	三
《十六应真》	面塑	张宝琳	张宝琳大师工作室	银奖	三
《富贵如意》	剪纸	孙二林	北京玩具协会会员	银奖	三
《林冲》	皮影	路　海	北京玩具协会会员	银奖	三
《万象更新》	玉雕	袁广如　吴兴龙	袁广如大师工作室	特别金奖	四
《普度众生多臂佛》	玉雕	崔奇铭　程淑美 集体	崔奇铭大师工作室	特别金奖	四
《蟾趣》	玉雕	姜文斌　郎晓峰	北京玉缘玉雕艺术有限责任公司	特别金奖	四
《夜观春秋》	玉雕	李博生　林海芳　林海强	李博生大师工作室	特别金奖	四
《象耳链瓶》	玉雕	王希伟　赵小莹	王希伟大师工作室	特别金奖	四
《龙凤观音》	玉雕	郭石林　王文辉　连松智	郭石林大师工作室	特别金奖	四
《六和瑞象万岁瓶》	玉雕	柳朝国	北京朝阳雍玺玉器厂	特别金奖	四
《福禄万代　连绵不息》	玉雕	杨根连	杨根连大师工作室	特别金奖	四
《荷叶观音》	玉雕	宋世义	宋世义大师工作室	特别金奖	四
《和合二仙》	玉雕	张志平	北京玉器二厂有限责任公司	特别金奖	四
《孔子像》	牙雕	孙　森　刘学英	北京库鹏象牙雕刻有限责任公司	特别金奖	四
《西园雅集》	牙雕	李春坷	北京库鹏象牙雕刻有限责任公司	特别金奖	四
《双羊尊》	景泰蓝	张同禄　李佩卿　李淑舫　武卫国　焦冰村　褚艳如	北京禄颖兰釉艺工艺品有限公司	特别金奖	四
小喷池系列《花语》《溢香》	景泰蓝	钟连盛 集体	北京市珐琅厂有限责任公司	特别金奖	四
《荷香月色》系列	景泰蓝	戴嘉林　顾丽华　马淑凤	北京市珐琅厂有限责任公司	特别金奖	四

（续表）

作品名称	类别	设计制作	制作单位	奖项	届次
25寸景泰蓝《灯笼瓶》	景泰蓝	米振雄　林　浩 赵静云　张　笑 何秀玲	北京市珐琅厂有限责任公司	特别金奖	四
《华韵四季尊》	景泰蓝	钱美华　戴嘉林 米振雄　钟连盛	北京市珐琅厂有限责任公司	特别金奖	四
剔红《听涛图》中堂挂屏	雕漆	文乾刚　李清安 栾玉海　宋春荣	文乾刚大师工作室	特别金奖	四
花丝镶嵌如意《盛世永年》	珠宝首饰	程淑美　高欣程 赵春明	程淑美大师工作室	特别金奖	四
《京剧脸谱》	泥彩塑	双起翔　双　彦	双起翔大师工作室	特别金奖	四
《鸵鸟蛋壳镶嵌工艺品》	彩蛋	霍铁辉　黄小群	北京九合坊技术开发中心	特别金奖	四
松石《二乔》	玉雕	陈　新	北京市玉器厂	金奖	四
《九龙玉洗》	玉雕	刘卫国　吴兴龙 杨宝辉	北京市玉器厂	金奖	四
《子母瓶》	玉雕	张铁成　王　建 于正泉	北京玉尊源玉雕艺术有限责任公司	金奖	四
《七贤壶》	玉雕	苏　然	北京中鼎元珠宝有限责任公司	金奖	四
《福寿绵长》	玉雕	苏　伟　邢辉鹏	北京市玉器厂	金奖	四
《黑白双雄》	玉雕	傅　超	傅超工作室	金奖	四
《春、夏、秋、冬》	牙雕	冯旭华	北京正栋腾飞艺术有限责任公司	金奖	四
《臂搁》	牙雕	王永明	北京库鹏象牙雕刻有限责任公司	金奖	四
《齐鸣共舞》	骨雕	王华安	北京进茂骨雕镶嵌工艺品有限责任公司	金奖	四
金丝楠木《二十四孝》屏风	木雕	宗德昌　徐大志	北京和义兴仿古家具有限责任公司	金奖	四
青木堂家具"汉风系列"	木雕	卢圆华　骆招正 骆招虎	卢圆华工作室	金奖	四
《对话》	雕塑	张宝贵　刘国栋	北京宝贵石艺科技有限公司	金奖	四
《和平尊》	景泰蓝	钱美华　钟连盛 李　静	北京市珐琅厂有限责任公司	金奖	四
精工镶嵌屏风《花香凝翠》	漆器	万　紫　李德伦 王学旭等	北京金漆镶嵌有限责任公司	金奖	四
手工挂毯《富贵长寿图》	地毯	曹艳红　王国英 周　平	北京市地毯五厂	金奖	四

（续表）

作品名称	类别	设计制作	制作单位	奖项	届次
花丝镶嵌《祖国颂》	珠宝首饰	白静宜　张雅君	白静宜大师工作室	金奖	四
首饰《手镯　吊坠　戒指　胸针》	花丝首饰	张春源	张春源大师工作室	金奖	四
花丝镶嵌《黄鹤楼》	珠宝首饰	赵春明等	赵春明工作室	金奖	四
银花丝《六十甲子捧寿盒》	珠宝首饰	郭平顺　柴晓建　童安琪	郭平顺大师工作室	金奖	四
《龙穿寿团珠绣褂》	剧装	孙　颖	北京剧装厂	金奖	四
《乾坤随身杯》	美陶	康振辉	康振辉工作室	金奖	四
《秋雨·冬雪》	美陶	陈烈汉	陈烈汉大师工作室	金奖	四
《蒙古族人偶》	绢塑	唐　燕	唐燕工作室	金奖	四
《捣练图》	绢塑	滑树林　滑淑玲　苏秀玲　尹东升	北京北洋旅游工艺品厂	金奖	四
《元春省亲》	面塑	郎志丽	郎志丽大师工作室	金奖	四
《和谐》	面塑	彭小平	彭小平大师工作室	金奖	四
《醉酒与戏蟾》	面塑	汤凤国	汤凤国工作室	金奖	四
《运筹帷幄决胜千里》	泥塑	张荣达	张荣达大师工作室	金奖	四
《头盔京剧脸谱》	泥彩塑	杨玉栋	杨玉栋大师工作室	金奖	四
《重彩掐丝图》	彩砂画	潘昭材　黄小群	黄小群工作室	金奖	四
《貔貅》	玉雕	王　建　张铁成	北京玉尊源玉雕艺术有限责任公司	银奖	四
《如意和合》	玉雕	赵　琦　万洪涛	北京市玉器厂	银奖	四
《静夜思》	玉雕	闫守新	闫守新工作室	银奖	四
《榜上三甲》	玉雕	仵邦奇	北京市华美首饰厂	银奖	四
《太平有象大龙瓶》	玉雕	杨宝忠	北京市玉器厂	银奖	四
《硕果累累》	玉雕	张知忠	北京市玉器厂	银奖	四
《连年有余》	玉雕	张知忠　吕鹏举	北京市玉器厂	银奖	四
《国学思悟·安时处顺·把握天机》	玉雕	李　东　方光勇	北京东瑞祥鸿玉雕艺术品公司	银奖	四
《翡翠首饰》系列	玉首饰	谢治平	谢治平工作室	银奖	四
《三英战吕布》	牙雕	刘建华	北京象牙雕刻厂有限责任公司	银奖	四
《和谐颂》	牙雕	陈吉品	北京象牙雕刻厂有限责任公司	银奖	四
樟木雕《爱我中华》	木雕	蒋向华	蒋向华工作室	银奖	四

（续表）

作品名称	类别	设计制作	制作单位	奖项	届次
《皮雕玩具》	皮雕	孟 楠	玩皮坊	银奖	四
《游春图》（仿制品）	金属工艺	集体创作	北京市金属工艺品厂有限责任公司	银奖	四
剔红《竹林七贤紫砂壶》	雕漆	李清安	李清安工作室	银奖	四
《伎乐天》	雕漆	李志刚 王仲莲 等	李志刚大师工作室	银奖	四
《年年有余》	金漆	胡 昕	北京金漆镶嵌有限责任公司	银奖	四
挂毯《鲜花》	地毯	薛 青	薛青工作室	银奖	四
《宝剑》	珠宝首饰	杨 锐	杨锐大师工作室	银奖	四
粉彩《九凤图莲子瓶》	仿古瓷	白 莉	北京磐昆鑫仿古瓷有限公司	银奖	四
紫砂《吉祥如意壶》	美陶	唐永才	唐永才工作室	银奖	四
《普天同庆》	料器	邢兰香 刘 星 刘 宇	京城百工坊料器坊	银奖	四
《八仙祝寿》	面塑	冯海瑞	冯海瑞大师工作室	银奖	四
花车《天合同春》	民间工艺	李苍彦 张自方	张自方大师工作室	银奖	四
《北京鬃人》	鬃人	白大成 白 霖	白大成大师工作室	银奖	四

北京旅游商品设计大赛评奖

2006 年至 2007 年 10 月，市旅游局、市工业促进局等八部门主办，北京市旅游行业协会、北京工美行业协会等 9 部门协办了第五届北京旅游商品设计大赛（2006）和第六届北京旅游商品设计大赛（2007 年 10 月），开展了评比活动。在第五届北京旅游商品设计大赛评比中，工美展团获奖作品共 27 件。其中，工美集团技术中心董建超的雕塑《老北京门墩》系列和珐琅厂米振雄的景泰蓝《5 寸故宫水缸》系列两件作品获金奖，北京奥克泰工艺品厂张彦的小件砖雕《喜上眉梢》、刘荫茹的《风筝》、北京九合坊技术开发中心黄小群的鸵鸟蛋壳《镶嵌工艺》系列共 3 件（套）作品获银奖，戴嘉林的景泰蓝《15 寸瓶》系列获铜奖，李新民的景泰蓝奥运会《围棋盒》获创新奖，北京市珐琅厂傅智华的景泰蓝《围棋罐》、工美集团技术中心董建超的雕塑《魁斗滴水笔山》等 20 件作品获优秀奖。在第六届北京旅游商品设计大赛评比中，工美展团获奖作品共 23 件。其中，李新民的景泰蓝盘《西北风情》获金奖，工美集团工艺品厂贾大双的堆绣《四神纹》、北京泥人张艺术品有限公司张铁成的泥塑《天坛祈年殿》、北京商贸学校李迎春的毛猴《猴戏》系列共 3 件作品获银奖，北京市珐琅厂有限责任公司左红的景泰蓝盘《奥运福娃》、北京九合坊技术开发中心黄小群的彩砂画"鸵鸟蛋壳镶嵌玉石艺术品《福、喜、寿》"和彩砂画"宝葫芦镶嵌艺术品《老寿星》"、张俊显的面塑《欢天喜地迎奥运》、杨玉栋的泥彩塑《京剧彩塑脸谱》共5件作品获铜奖,北京玉器二厂有限责任公司季玉河的玉雕《玛瑙烤鸭》和费宝龄的胖扎燕风筝《出水芙蓉》《福寿双全》等14件作品获优秀奖。

奥林匹克之旅——中华民族艺术珍品展展评

2008年7月至9月,北京工艺美术行业协会组团参加了由国家文物局、崇文区政府和中国工艺美术协会等单位在天坛北门中华民族艺术珍品展览馆主办的奥林匹克之旅——中华民族艺术珍品展,北京工艺美术协会展团承办了在该馆二楼的展览,开展了展品评奖活动。参展的350件作品中有14件作品获中华民族艺术珍品奖。

2008年北京工艺美术品参加奥林匹克之旅——中华民族艺术珍品展获奖作品一览表

6-23表

作品名称	品类	设计制作	制作单位
《群仙祝寿》	玉雕	姜文斌	姜文斌大师工作室
《花熏》	玉雕	刘卫国	刘卫国大师工作室
玛瑙《链子瓶》	玉雕	张玉成	张玉成大师工作室
《净瓶观音》	牙雕	李春珂	北京象牙雕刻厂
《百鸟朝凤》	牙雕	陈吉品	陈吉品大师工作室
《铜马车》	景泰蓝	集体创作	北京市珐琅厂有限责任公司
《周其垒》	景泰蓝	钱美华	北京市珐琅厂有限责任公司
《燕京八景》	景泰蓝	集体创作	北京汉艺煌景泰蓝工艺品有限公司
《吉祥宝灯》	景泰蓝	张同禄	张同禄大师工作室
《群仙祝寿》	雕漆	殷秀云	殷秀云大师工作室
镶嵌《十二月令》	金漆	集体创作	北京金漆镶嵌有限责任公司
盘金丝毯《九龙图》	地毯	曹艳红　王国英	北京市地毯五厂
花丝镶嵌《金銮宝座》	珠宝首饰	集体创作	北京东方艺珍花丝镶嵌有限公司
《龙袍》	戏衣	集体创作	北京剧装厂

创新设计大赛评奖

2010年11月18日至21日,由市经济信息化委主办,北京工艺美术行业协会承办的北京工艺美术创意新品展举办,共展出36家企业和个人的100件(套)作品。评审委员会组织了创新设计大赛作品评选活动,经评审认定,获创意新品奖项作品共49件,其中一等奖 9 件，二等奖 14 件，三等奖 26 件。

2010年11月北京工艺美术创意新品展获创意新品一、二等奖作品一览表

6—24表

作品名称	类别	设计制作	作品单位	奖项
《盛世中华·中国印》	玉雕	郭石林	郭石林大师工作室	一等奖
《春妹》	景泰蓝	集体	北京禄颖蓝釉艺工艺品有限公司	一等奖
《红冠东方》	雕漆	集体	北京工美集团技术中心	一等奖
《中华盛世金碗》	珠宝首饰	集体	北京昌苑艺缘工艺美术品厂	一等奖
《黑醋栗苏打的诱惑》	合金首饰	集体	北京金特莱尔饰品有限公司	一等奖
《西城盛景瓷板画》	美陶	集体	鼎盛陶琦（北京）艺术品有限公司	一等奖
《提梁壶》	美陶	陈烈汉	陈烈汉大师工作室	一等奖
《民间风筝》系列组合	民间工艺	哈亦琦	北京汉风至和文化发展有限公司	一等奖
《十二生肖礼品册》	剪纸	徐阳	徐阳大师工作室	一等奖
《喜上眉梢》	砖雕	张彦	北京德明阁古建筑装饰中心	二等奖
《茅台酒瓶》等五件套	景泰蓝	米振雄	米福工作室	二等奖
《金斗》系列	景泰蓝	集体	北京市珐琅厂有限责任公司	二等奖
《三羊开泰台灯》	景泰蓝	集体	北京禄颖蓝釉艺工艺品有限公司	二等奖
《万寿无疆金碗》	景泰蓝	集体	北京汉艺煌景泰蓝工艺品有限公司	二等奖
《工艺干花》	花画	集体	北京市圣林工艺品厂	二等奖
《麦秸画》	花画	集体	北京市门头沟区潭柘紫石砚厂	二等奖
《陶瓷餐具》系列组合	美陶	哈亦琦	北京汉风至和文化发展有限公司	二等奖
《如意倒把西施套壶》	紫砂	集体	唐氏陶艺紫晨轩	二等奖
《手工跳刀蟠龙茶具》	美陶	集体	中艺东方艺术品（北京）有限公司	二等奖
《上山虎（香台）》	美陶	集体	北京上上之道家居用品有限公司	二等奖
《九龙盘》	软陶	集体	创意无限软陶艺术文化机构	二等奖
《天锦花灯》	灯彩	集体	北京华尔德家具礼品有限公司	二等奖
《水晶工艺画》系列	花画	集体	北京九合坊技术开发中心	二等奖

二、北京工艺美术品参加国家工艺美术品展评

中国工艺美术大师作品暨国际艺术精品博览会展评

2001 年至 2010 年，北京工艺美术行业协会组团参加由中国工艺美术协会与杭州市政府在杭州市西湖博览会举办的第二至十一届中国工艺美术大师作品暨国际艺术精品博览

图6-25　2006年，北京参加的第五届中国工艺美术大师评审作品

会。在参加的 10 届博览会中，北京团获得特别奖 4 个，金奖 64 个，银奖 48 个，铜奖 29 个，优秀奖 63 个。

2001—2010年北京工艺美术品参加"中国工艺美术大师作品暨国际艺术精品博览会"和中国工艺美术"百花杯"精品奖评比活动获奖作品统计表

6-25表　　　　　　　　　　　　　　　　　　　　　　　　　　　　　　　　　单位：个

时间	届次	获奖总数	其中				
			特别奖	金奖	银奖	铜奖	优秀奖
2001年10月20日至25日	二	26	—	7	5	7	7
2002年10月31日至11月4日	三	11	—	3	3	3	2
2003年10月15日至19日	四	11	—	5	3	2	1
2004年10月28日至11月1日	五	15	—	5	3	2	5
2005年10月27日至31日	六	15	—	8	4	1	2
2006年10月19日至23日	七	19	1	6	6	1	5
2007年11月1日至5日	八	14	—	6	4	3	1
2008年11月6日至10日	九	44	1	9	6	6	22
2009年10月29日至11月2日	十	21	2	5	6	1	7
2010年10月28日至11月1日	十一	32	—	10	8	3	11
合计	10	208	4	64	48	29	63

说明："—"表示无相关资料。

2001—2010年北京工艺美术品参加中国工艺美术大师作品暨国际艺术精品博览会和中国工艺美术"百花杯"精品奖评比活动获银奖（含银奖）以上奖项作品一览表

6-26表

作品名称	品类	设计制作	制作单位	奖项	届次
白玉《花薰》	玉雕	于正全	北京市玉器厂	金奖	二
白玉《花薰》	玉雕	柳朝国　杨　江	北京朝阳宏宝玉器厂	金奖	二
《三国演义》	牙雕	李万顺	北京象牙雕刻厂	金奖	二
景泰蓝《远鸣客》	景玉结合	张同禄　刘永森　集体	北京远铭客景泰蓝制作有限责任公司	金奖	二
《荷梦》系列	景泰蓝	钟连盛　集体	北京市珐琅厂	金奖	二
彩砂石镶嵌画《伊索斯大战》	金漆	郭义华　刘金成　邵　帆　张宝芝	北京金漆镶嵌厂	金奖	二
《杨贵妃》	绢塑	滑树林　石　磊	北京市北洋旅游工艺品厂	金奖	二
玛瑙俏色《齐白石》	玉雕	赵　琪	北京市玉器厂	银奖	二
水晶《坐佛》	玉雕	张铁成	北京市玉器厂	银奖	二
翡翠《朋友》	玉雕	李博生　吕公元	北京市玉器厂	银奖	二
玛瑙《汤盆》	玉雕	柳朝国　杨叔宝	北京朝阳宏宝玉器厂	银奖	二
《芙蓉鸳鸯图》	景泰蓝	戴嘉林　集体	北京市珐琅厂	银奖	二
《香音之神》	牙雕	柴慈继	北京象牙雕刻厂	金奖	三
嵌玉景泰蓝《长城瓶》	景泰蓝	张同禄　集体	北京工美集团技术中心大师工作室	金奖	三
《天球瓶》	雕漆	文乾刚	北京市雕漆工厂	金奖	三
翡翠《祥龙神武花薰》	玉雕	柳朝国　李立森	北京朝阳雍玺玉器厂	银奖	三
玛瑙《守业》	玉雕	王庆珍	北京珍琦恒玉雕厂	银奖	三
《韩熙载夜宴图》	牙雕	李春珂	北京象牙雕刻厂	银奖	三
白玉薄胎《仙佛瓶》	玉雕	柳朝国　田春生　杨　江	北京朝阳雍玺玉器厂	金奖	四
《济公》	玉雕	王庆珍　关荣芹	北京市玉器二厂	金奖	四
《水浒》	牙雕	李万顺	北京象牙雕刻厂	金奖	四
《清韵》	景泰蓝	钟连盛　集体	北京市珐琅厂	金奖	四
94厘米《兰花瓶》	雕漆	文乾刚　王　志	北京市雕漆工厂	金奖	四
《大唐贵妃》	牙雕	柴慈继	北京象牙雕刻厂	银奖	四
15英寸《丽春瓶》	景泰蓝	戴嘉林　集体	戴嘉林大师工作室	银奖	四
26厘米《仿明松竹梅虫草纹捧盒》	雕漆	李志刚　陈厚棣	北京市雕漆工厂	银奖	四

（续表）

作品名称	品类	设计制作	制作单位	奖项	届次
白玉薄胎《八宝吉祥炉》	玉雕	柳朝国　杨江	北京朝阳雍玺玉器厂	金奖	五
《演教图》	牙雕	栾燕军	北京象牙雕刻厂有限责任公司	金奖	五
《药佛图》	牙雕	柴慈继	北京象牙雕刻厂有限责任公司	金奖	五
《海底梦幻》系列（套）	景泰蓝	戴嘉林	北京市珐琅厂	金奖	五
《梅瓶》	雕漆	文乾刚　李志刚	北京市雕漆工厂	金奖	五
《千里走单骑》	牙雕	李申	北京象牙雕刻厂有限责任公司	银奖	五
《观音应化图》	牙雕	李春珂	北京象牙雕刻厂有限责任公司	银奖	五
《"O"系列》作品（套）	景泰蓝	钟连盛　李宝珠　马太杰	北京市珐琅厂	银奖	五
黄玉《兽耳鼻烟壶》	玉雕	王庆珍	北京珍奇恒玉雕厂	金奖	六
黄玉《提梁链瓶》	玉雕	柳朝国　李立森	北京朝阳雍玺玉器厂	金奖	六
《四大名著》（套）	牙雕	冯旭华	北京正栋腾飞艺术有限公司	金奖	六
《嫦娥奔月》	牙雕	柴慈继	北京象牙雕刻厂有限责任公司	金奖	六
《夜静珍珠香》系列（套）	景泰蓝	戴嘉林	北京市珐琅厂有限责任公司	金奖	六
《钟声（终生）受益》	景泰蓝	张同禄　焦冰村　楚艳如　武卫国	北京禄颖兰釉艺工艺品有限公司	金奖	六
剔红《九龙闹海盘》	雕漆	文乾刚　陈厚棣	北京市雕漆工厂	金奖	六
盘金丝毯《九龙图》	地毯	曹艳红　王国英	北京地毯五厂	金奖	六
《龙头观音》	牙雕	杨清山	北京正栋腾飞艺术有限公司	银奖	六
《清明上河图》	牙雕	陈义波	北京正栋腾飞艺术有限公司	银奖	六
《唐明皇游月宫》	牙雕	刘建华	北京象牙雕刻厂有限责任公司	银奖	六
《四季平安·年年有余》	景泰蓝	钟连盛	北京市珐琅厂有限责任公司	银奖	六
碧玉《盛世大瓶》	玉雕	苏然　董文钟	北京中鼎元珠宝有限公司	特别金奖	七
白玉薄胎《万福万寿瓶》	玉雕	柳朝国　李立森	北京朝阳雍玺玉器厂	金奖	七
《风光》	玉雕	叶金龙	北京如意珍宝馆	金奖	七
《百鸟朝凤山水图》	牙雕	陈吉品	北京象牙雕刻厂有限责任公司	金奖	七
高仿制品《金鸥永固杯》	景泰蓝	集体	北京白孔雀艺术世界	金奖	七
《五月槐花香》	景泰蓝	戴嘉林	北京市珐琅厂有限责任公司	金奖	七
《欧式钟表》	景泰蓝	张同禄　李佩　李书舫	北京禄颖蓝釉艺工艺品有限公司	金奖	七

作品名称	品类	设计制作	制作单位	奖项	届次
异形《鼻烟壶》	玉雕	王庆珍　张全洪	北京珍琦垣玉雕厂	银奖	七
和田白玉《佩饰》一组	玉雕	苏　然	北京中鼎元珠宝有限公司	银奖	七
《孔子圣迹图》	牙雕	柴慈继　贾宝凤	北京象牙雕刻厂有限责任公司	银奖	七
《法海寺壁画》	牙雕	冯旭华	北京正栋腾飞艺术有限责任公司	银奖	七
楠木雕《故宫三大殿—团城》	木雕	刘林光　刘　戎	北京华荣伟业集团公司	银奖	七
《岁寒三友瓶》	景泰蓝	钟连盛等	北京珐琅厂有限责任公司	银奖	七
白玉瓶《六面缠枝莲花链瓶》	玉雕	柳朝国　杨　江	北京朝阳雍玺玉器厂	金奖	八
对牙《群仙祝寿》	牙雕	刘建华　栾燕军	北京象牙雕刻厂有限责任公司	金奖	八
平板景泰蓝《南方增长天王》	景泰蓝	张建萍	北京金润铜业有限公司	金奖	八
金属《兽座方尊》	景泰蓝	张同禄　李佩卿　焦兵村　李淑舫	北京禄颖兰釉艺工艺品有限公司	金奖	八
38寸嵌玉《汉煌如意炉》	景泰蓝	刘永森	北京汉艺煌景泰蓝工艺品有限公司	金奖	八
美陶《生活的颜色》	陶瓷	单秀梅　王敬先	京城百工坊	金奖	八
白玉《虎牌子》	玉雕	王庆珍　张全洪	北京珍琦恒玉雕厂	银奖	八
猛犸象牙丝编《凉席》	猛犸牙编	张建萍	猛犸艺术雕刻有限公司	银奖	八
平板画《乐伎》	景泰蓝	王钰鑫	北京金润铜业有限公司	银奖	八
《宝光溢彩》	地毯	曹艳红	北京市地毯五厂	银奖	八
花丝镶嵌《天坛祈年殿》	珠宝首饰	王树文	广州云光首饰有限公司	特等奖	九
翡翠《佛山》一套	玉雕	宋世义	北京市桂通玉器厂	金奖	九
青玉《链壶》	玉雕	刘卫国	北京市桂通玉器厂	金奖	九
《罗汉图》	牙雕	方俊成	北京猛犸艺术品有限责任公司	金奖	九
《春秋一览图》	牙雕	张冀华	北京正栋腾飞艺术有限责任公司	金奖	九
《华夏盛世尊》	景泰蓝	钟连盛	北京珐琅厂有限责任公司	金奖	九
《彩蝶纷飞》	景泰蓝	戴嘉林	北京汉艺煌景泰蓝工艺品有限公司	金奖	九
《玫瑰情怀》	景泰蓝	丁明鸿	北京汉艺煌景泰蓝工艺品有限公司	金奖	九
《扭（牛）转乾坤》	景泰蓝	张同禄　高云艳	北京禄颖蓝釉艺工艺品有限公司	金奖	九
《兰花指》	美陶	刘胜利　邹　健	北京寓公陶艺坊	金奖	九
白玉《博古链瓶》	玉雕	柳朝国　李立森	北京朝阳雍玺玉器厂	银奖	九

（续表）

作品名称	品类	设计制作	制作单位	奖项	届次
《万古吉薰灯》	景泰蓝	张向东	北京华尔德家具礼品有限公司	银奖	九
《神鹿聚宝》	景泰蓝	刘永森	北京汉艺煌景泰蓝工艺品有限公司	银奖	九
《花开十年》	景泰蓝	申文广　黄友民	北京工美集团技术中心	银奖	九
《鸟巢尊》	景泰蓝	米振雄　赵静云	北京米福工作室	银奖	九
补绣《宫廷服饰》系列	抽纱	贾大双	北京工美集团工艺品厂	银奖	九
《九州欢腾》	牙雕	郭　鸣　冯　超 李国栋　何行健 时金兰　李春珂 柴慈济　杨　健	北京工美集团技术中心	特等奖	十
雕漆鼎《鼎盛中华》	漆器	郭　鸣　殷秀云 贾亦显　苏启明 宋秀珍	北京工美集团技术中心	特等奖	十
《丰收》	牙雕	张冀华	北京正栋腾飞艺术有限责任公司	金奖	十
《鱼篮观音》	牙雕	李春珂	北京象牙雕刻厂有限责任公司	金奖	十
景泰蓝系列喷池《花语·溢香》	景泰蓝	钟连盛等 集体创作	北京珐琅厂有限责任公司	金奖	十
景泰蓝十二生肖宝鼎《鼎盛中华》	景泰蓝	张同禄　李佩卿 李书舫　武卫国 焦兵村	北京禄颖蓝釉艺工艺品有限公司	金奖	十
宫廷补绣《唐女马球图》	抽纱	贾大双　徐金香 赵　伟	北京工美集团工艺品厂	金奖	十
翡翠《福寿如意》	玉雕	杨世昌	深圳德运福公司	银奖	十
《帝释梵天图》	牙雕	冯旭华	北京正栋腾飞艺术有限责任公司	银奖	十
《泡泡小说》	景泰蓝	赵卓子等	北京市珐琅厂有限责任公司	银奖	十
《鹤龟炉》	景泰蓝	刘永森等	北京汉艺煌景泰蓝有限公司	银奖	十
剔红《鸿生宝相》	雕漆	李志刚　王仲莲	李志刚雕漆工作室	银奖	十
花丝镶嵌《黄鹤楼》	珠宝首饰	赵春明	北京东方明艺公司	银奖	十
翡翠《深山访友》	玉雕	刘久芝　王德玲	北京东方名人艺术有限公司	金奖	十一
《中华盛世鼎》	玉雕	苏　然　杭　航	北京中鼎元珠宝有限责任公司	金奖	十一
白玉链瓶《花开富贵》	玉雕	柳朝国　田春生 杨　江	柳朝国大师工作室	金奖	十一
《如履薄冰的北极熊》	牙雕	林亨云	北京盛世兴文文化发展有限公司	金奖	十一
《采莲女》	牙雕	柴慈继　线元凯	北京象牙雕刻厂有限责任公司	金奖	十一
《令牌》	牙雕	白书建　王利辉	中工美（集团）公司牙雕厂	金奖	十一

作品名称	品类	设计制作	制作单位	奖项	届次
景泰蓝《盛世六和如意炉》	景泰蓝	张同禄　李佩卿	北京禄颖蓝釉艺工艺品有限公司	金奖	十一
景泰蓝《鱼乐图》	景泰蓝	李　静	北京市珐琅厂有限责任公司	金奖	十一
宫廷补绣《绿度母像》	抽纱	贾大双　刘晓辰	北京工美集团工艺品厂	金奖	十一
花丝镶嵌《吉祥观音》	珠宝首饰	程淑美　冯国升	北京工美集团有限公司	金奖	十一
《回娘家》	牙雕	彭小林　吴金良	北京博雅鸿运艺术品有限公司	银奖	十一
《百雀图》	牙雕	陈秋阳	北京象牙雕刻厂有限责任公司	银奖	十一
《红楼梦》	牙雕	杨　建　栾燕军	北京象牙雕刻厂有限责任公司	银奖	十一
《群仙祝寿图》	牙雕	俞志伟	北京正栋腾飞艺术有限责任公司	银奖	十一
《荷塘月色》	牙雕	李　宁　毛利波	中工美（集团）公司牙雕厂	银奖	十一
《守住幸福》	石雕	郑道全	北京石景轩文化传播有限公司	银奖	十一
《竹节瓶》	景泰蓝	戴嘉林	北京汉艺煌景泰蓝有限公司	银奖	十一
花丝镶嵌《福禄万代基业长青》	珠宝首饰	厉宝华　程淑美	北京工美进出口有限责任公司	银奖	十一

全国"金凤凰"创新产品设计大奖赛评比

2006年至2010年，北京工艺美术行业协会组团参加了中国工艺美术协会主办的第四十一至四十五届全国工艺品旅游纪念品暨家居用品交易会并参加了由交易会组委会举办的"金凤凰"创新产品设计大奖赛评比活动。其中，第四十一届于2006年3月16日至19日在北京农展馆举办，北京团获奖作品共23件。内有金奖5件，银奖8件，铜奖7件，优秀奖3件。第四十二届于2007年4月1日至6日在重庆市举办，北京团获奖作品共10件。内有金奖3件，银奖5件，铜奖2件。第四十三届于2008年4月10日至14日在江西省南昌市举办，北京团获奖获奖作品共13件。内有金奖8件，银奖2件，铜奖3件。第四十四届于2009年3月26日至29日在江苏省扬州市国展中心举办，北京团获奖作品共15件。内有金奖4件，银奖3件，铜奖5件，优秀奖3件。第四十五届于2010年3月25日至29日在江苏省扬州市国展中心举办，北京团获奖作品共14件。内有金奖8件，银奖2件，铜奖3件，优秀奖1件。

2006—2010年北京工艺美术参加全国工艺品旅游纪念品暨家居用品交易会"金凤凰"
创新产品设计大奖赛获银奖（含银奖）以上奖项作品一览表

6-27表

作品名称	品类	作者	作者单位	奖项	届次
《仿清"二十五"宝玺》	玉雕	百工坊大师	京城百工坊	金奖	四十一

（续表）

作品名称	品类	作者	作者单位	奖项	届次
《百鸟朝凤万紫千红》	牙雕	陈吉品	北京库鹏象牙雕刻有限责任公司	金奖	四十一
《八十七神仙卷》	牙雕	冯旭华	北京正栋腾飞艺术有限责任公司	金奖	四十一
青田石雕《吉星高照》	石雕	郑道全 郑道松	北京石景轩文化传播有限公司	金奖	四十一
《如意尊》	景泰蓝	钱美华	北京市珐琅厂有限责任公司	金奖	四十一
《紫雪漫垂》玉件	玉雕	季玉河 孟荣华	北京市玉器二厂有限责任公司	银奖	四十一
白玉雕《童子守业》	玉雕	张志平	北京市玉器二厂有限责任公司	银奖	四十一
琉璃《如意》	雕刻	集体	北京惠阳三多实业有限公司	银奖	四十一
《玫瑰情怀瓶》	景泰蓝	丁明鸿 吴春霖	丁明鸿大师工作室	银奖	四十一
《美玉套三》	景泰蓝	李新民	李新民大师工作室	银奖	四十一
《福寿葫芦》	景泰蓝	张同禄 李淑舫 伍卫国 刘正雅 王丽萍	北京禄颖蓝釉艺工艺品有限公司	银奖	四十一
《颤断金彩绘小柜》	金漆	万紫 李德伦 秦建英 葛荣兰	北京金漆镶嵌有限责任公司	银奖	四十一
《粉彩花蝶盘》	仿古瓷	王立	北京磐昆鑫仿古瓷有限公司	银奖	四十一
《计时仪系列》	景泰蓝	张同禄 曾鸿哲 李佩卿 李玉兰 李淑舫	北京禄颖蓝釉艺工艺品有限公司	金奖	四十二
盘金丝毯《团龙》	手工地毯	曹艳红 王国英	北京市地毯五厂	金奖	四十二
猛犸象牙丝编织《凉席》	牙丝编织	张建萍	北京金润铜业有限公司	金奖	四十二
《洛神赋》	牙雕	郑士儒	北京库鹏象牙雕刻有限责任公司	银奖	四十二
《三清瓶》	景泰蓝	钟连盛 集体	北京市珐琅厂有限责任公司	银奖	四十二
景泰蓝画《拿破仑》	景泰蓝	张建萍	北京金润铜业有限公司	银奖	四十二
15寸雕漆《龙瓶》《龙盘》	漆器	刘忠英	北京和合局漆器工艺品有限公司	银奖	四十二
丝绫堆绣《孔雀图》	抽纱	贾大双 赵伟 刘金华	北京工美集团工艺品厂	银奖	四十二
《群仙祝寿》	牙雕	刘建华	北京库鹏象牙雕刻有限责任公司	金奖	四十三
《龙鱼聚宝》	景泰蓝	张同禄 李佩卿 李淑舫 武卫国 褚燕茹 焦兵村	北京禄颖蓝釉艺工艺品有限公司	金奖	四十三
《北京风情系列》	景泰蓝	钟连盛 集体	北京市珐琅厂有限责任公司	金奖	四十三
《洪福齐天》	景泰蓝	李静 集体	北京市珐琅厂有限责任公司	金奖	四十三
《五龙瓶》	景泰蓝	王书英 集体	北京汉艺煌景泰蓝工艺品有限公司	金奖	四十三

（续表）

作品名称	品类	作者	作者单位	奖项	届次
12寸《运动瓶》	景泰蓝	戴嘉林　集体	北京汉艺煌景泰蓝工艺品有限公司	金奖	四十三
《镇宅方鼎》	景泰蓝	刘永森　集体	北京汉艺煌景泰蓝工艺品有限公司	金奖	四十三
宫廷补绣《一团和气》	抽纱	贾大双　　赵伟　徐金香	北京工美集团工艺品厂	金奖	四十三
笔筒《荣归故里图》	牙雕	张冀华	北京正栋腾飞艺术有限责任公司	银奖	四十三
12寸雕漆盘《扬州风景》	雕漆	刘忠英　集体	北京和合局漆器工艺品有限公司	银奖	四十三
《视无量寿经变》	牙雕	俞志伟	北京正栋腾飞艺术有限责任公司	金奖	四十四
25寸《铜胎掐丝珐琅蝠寿纹八吉祥双葫芦联瓶》	景泰蓝	集体	北京汉艺煌景泰蓝工艺品有限公司	金奖	四十四
景泰蓝《天鹅瓶》	景泰蓝	张同禄　　李佩卿　李淑舫　　武卫国　李玉兰　　李健友　刘正雅	北京禄颖蓝釉艺工艺品有限公司	金奖	四十四
景泰蓝《连年有余》系列	景泰蓝	钟连盛	北京珐琅厂有限责任公司	金奖	四十四
《古韵雅风》系列	景泰蓝	丁明鸿	北京汉艺煌景泰蓝工艺品有限公司	银奖	四十四
《奇韵杯》	景泰蓝	傅智华	北京珐琅厂有限责任公司	银奖	四十四
刺绣《苏州园林》	抽纱	傅健	北京苏城绣皇刺绣研究所	银奖	四十四
《观音》	牙雕	柴慈继	北京象牙雕刻厂有限责任公司	金奖	四十五
《观音》	牙雕	李春珂	北京象牙雕刻厂有限责任公司	金奖	四十五
《观音渡世图》	牙雕	冯旭华	北京象牙雕刻厂有限责任公司	金奖	四十五
圆桌《西游记》	木雕	刘仲	浙江仲仿仿古家具厂	金奖	四十五
《鼎盛中华》	景泰蓝	钟连盛等	北京珐琅厂有限责任公司	金奖	四十五
《仿清嵌玉天鸡尊》	景泰蓝	刘永森等	北京汉艺煌景泰蓝工艺品有限公司	金奖	四十五
《龙腾虎跃》	景泰蓝	张同禄　李佩卿	北京禄颖蓝釉艺工艺品有限公司	金奖	四十五
紫砂壶《坐看云起》	陶瓷	依迎旭　秦恩	北京工美集团技术中心	金奖	四十五
40寸《燕京八景方瓶》	景泰蓝	戴嘉林等	北京汉艺煌景泰蓝工艺品有限公司	银奖	四十五
袋茶《小皇上　小皇后》	民间工艺	吴燕　王晴	北京工美集团白孔雀艺术世界	银奖	四十五

中国工艺美术协会和江苏省扬州市人民政府联合主办的玉器专项展评

2006年至2010年，北京工艺美术行业协会组团参加了由中国工艺美术协会和江苏省扬州市人民政府在扬州国展中心联合主办的四次玉器产品专项展评会。其中，第一次在2006年4月16日至21日，北京团获奖作品共27件。内有金奖5件，银奖7件，铜奖7件，优秀奖8件。第二次在2006年5月，为中国和田玉"玉鼎杯"艺术精品（中国扬州）特展，北京团获奖作品共34件。内有金奖4件，银奖9件，铜奖8件，优秀奖13件。第三次在2009年3月26日至29日，为第四届"百花玉缘杯"玉石雕展，北京团获奖作品共9件。内有金奖3件，银奖4件，铜奖2件。第四次在2010年3月25日至29日，为第五届"百花玉缘杯"玉石雕展，北京团获奖作品共9件。内有金奖4件，银奖2件，铜奖2件，优秀奖1件。

2006—2010年北京工艺美术品参加中国工艺美术协会和江苏省扬州市政府联合主办的
玉器产品专项展评会获银奖以上（含银奖）作品一览表

6-28表

作品名称	品类	作者	作者单位	奖项	届次
《鼻烟壶》系列	玉雕	杨根连	北京杨氏兄弟翠玉有限公司	金奖	一
白玉薄胎《本固枝荣瓶》	玉雕	柳朝国　李立森	北京朝阳雍玺玉器厂	金奖	一
翡翠《二龙戏珠单链瓶》	玉雕	张铁成　李金玉　于正泉　杨玉茹	北京玉风堂文化公司	金奖	一
白玉《背壶瓶》	玉雕	于正泉　赵长年　李舍玉	北京玉风堂文化公司	金奖	一
玛瑙《夜游赤壁》	玉雕	袁广如　苏伟	北京玉德元玉器有限公司	金奖	一
翡翠《连生贵子》	玉雕	李东	北京东瑞鸿缘玉器厂	银奖	一
白玉《寿星》	玉雕	苏然	北京中鼎元珠宝有限公司	银奖	一
《巧雕》系列	玉雕	王庆珍　张全洪	北京市珍琦恒玉雕厂	银奖	一
玛瑙《人之初》	玉雕	姜文斌　陈江	北京玉缘玉雕艺术有限责任公司	银奖	一
松石《觉悟》	玉雕	陈新　刘小俊	北京市玉器厂	银奖	一
玛瑙《海之韵》	玉雕	苏伟	北京市玉器厂	银奖	一
翡翠《吉祥佛手》	玉雕	姚淑英	北京市玉器厂	银奖	一
《山水诗文牌》	玉雕	苏然	北京中鼎元珠宝有限公司	金奖	二
《贵妃出浴》	玉雕	吴德升	北京古玩华祥玉府	金奖	二
和田玉《达摩》	玉雕	王平	北京联拓集团通和堂玉器厂	金奖	二
《观瀑图》	玉雕	张庆强	北京琅瑶堂有限公司	金奖	二
《螳螂双蝴蝶》	玉雕	叶金龙	北京宝之苑商贸有限公司	银奖	二

作品名称	品类	作者	作者单位	奖项	届次
《双龙耳活环链条瓶》	玉雕	田致羊	北京琅瑶堂有限公司	银奖	二
《老来佛》	玉雕	王平	北京琅瑶堂有限公司	银奖	二
《耄耋把件》	玉雕	苏然	北京中鼎元珠宝有限公司	银奖	二
《五福捧寿》	玉雕	吴德升	北京古玩华祥玉府	银奖	二
《吉祥如意》	玉雕	罗建明	北京古玩华祥玉府	银奖	二
《童子闹佛》	玉雕	小天津	北京古玩华祥玉府	银奖	二
《数珠观音》	玉雕	张铁成	北京玉尊元玉雕工艺品有限公司	银奖	二
白玉《寿星》	玉雕	集体创作	北京桂通玉器厂	银奖	二
墨碧玉《心与物游》套三件	玉器	李东　方光勇	北京东瑞鸿祥玉雕艺术公司	金奖	三
翡翠《吊链花篮》	玉器	张铁成　于正全	北京玉尊源玉雕艺术公司	金奖	三
白玉籽牌《佩》（组）	玉器	苏然　刘春雷	北京中鼎元珠宝有限公司	金奖	三
白玉籽《六芒春秋》	玉器	苏伟	北京市玉器厂	银奖	三
翡翠《钱龙璧》（对）	玉器	杨宝忠	京城百工坊杨宝忠工作室	银奖	三
翡翠《偷听悄悄话》	玉器	代全海	代全海工作室	银奖	三
白玉《竹林七贤》	玉器	赵琦　石颖	北京玉缘玉雕艺术有限公司	银奖	三
黄玉《五子喜象图》	玉器	田健桥　田建宝	北京联拓集团通和堂玉器厂	金奖	四
白玉《螭虎子母瓶》	玉器	张铁成　王建	北京玉尊源玉雕艺术有限公司	金奖	四
白玉《竹品》（郑板桥）	玉器	李东	北京东瑞祥鸿玉雕艺术品公司	金奖	四
白玉《十二花神》（套牌）	玉器	苏然	北京中鼎元珠宝有限公司	金奖	四
玛瑙《手把件五件套》	玉器	陈玉芳　陈红娟　陈红伟	北京玉芳弘兴雕塑艺术公司	银奖	四
白玉《伯牙抚琴》	玉器	苏伟	北京苏伟工作室	银奖	四

中国工艺美术协会举办的第二届文博会展评

2006年5月，北京工艺美术行业协会组织部分企业参加中国工艺美术协会在广东省深圳市举办的（深圳）第二届文博会，北京工艺美术品获奖作品共5件。其中，北京市珐琅厂有限责任公司钱美华的景泰蓝《盖碗型瓶》和北京禄颖兰釉艺工艺品有限公司张同禄的景泰蓝《一帆风顺》获金奖，北京市珐琅厂有限责任公司钟连盛的景泰蓝系列作品《清韵》获银奖，北京珍琦恒玉雕厂王庆珍的玉雕墨玉《提梁链子壶》、北京天朝极地商贸发展有限公司高磊的金属工艺钟表《一指天下》获铜奖。

中国传统工艺美术精品大展评奖

2008年10月，中国艺术研究院主办，中国工艺美术馆、中国工艺美术学会承办中国传统工艺美术精品大展（北京2008），对参展作品组织了评选活动。北京工艺美术学会、北京工艺美术行业协会推荐181件套作品参展中，获奖作品73件。其中，荣誉奖9件，金奖22件，银奖18件，铜奖24件。

北京工艺美术品参加中国传统工艺美术精品大展（北京2008）获奖作品一览表

6—29表

作品名称	品类	作者	奖项
翡翠《高色插瓶》	玉雕	杨世昌	荣誉奖
翡翠《百寿图笔筒》	玉雕	郭石林	荣誉奖
翡翠《金屋藏娇》	玉雕	宋世义	荣誉奖
白玉《薄胎海棠式链瓶》	玉雕	柳朝国	荣誉奖
《秦若兰》	牙雕	孙森	荣誉奖
《吉羊宝灯》	景泰蓝	张同禄	荣誉奖
《春晓》	景泰蓝	戴嘉林	荣誉奖
《鸟巢尊》	景泰蓝	米振雄	荣誉奖
《瘦燕三多九如》	风筝	费保龄	荣誉奖
白玉《福禄万代》	玉雕	杨根连	金奖
翡翠《单链瓶》	玉雕	张铁成	金奖
白玉《仁者寿牌》	玉雕	苏然	金奖
《大慈大悲多臂佛》	玉雕	崔奇铭 程淑美	金奖
翡翠《植福》	玉雕	叶金龙	金奖
《演教图》	牙雕	时金兰	金奖
《日月观音》	牙雕	柴慈继	金奖
《韩熙载夜宴图》	牙雕	李春珂	金奖
《掐丝珐琅葫芦纹罋》（仿清乾隆品）	景泰蓝	集体	金奖
《掐丝珐琅缠枝莲纹双耳尊》（仿清乾隆品）	景泰蓝	集体	金奖
《掐丝珐琅勾莲纹双联锦袱瓶》（仿清乾隆品）	景泰蓝	集体	金奖
《掐丝珐琅八狮纹三环尊》（仿明中期品）	景泰蓝	集体	金奖
《掐丝珐琅缠枝莲纹耳瓶》（仿元品）	景泰蓝	集体	金奖
《镀金画珐琅牡丹纹执壶》（仿清嘉庆品）	景泰蓝	集体	金奖
《画珐琅开光花鸟山水固嗑碗》（仿清乾隆品）	景泰蓝	集体	金奖
剔红《九龙闹海盘》	雕漆	文乾刚	金奖

（续表）

作品名称	品类	作者	奖项
《十八罗汉》圆盘	雕漆	殷秀云	金奖
剔红《福寿山水纹插屏》	雕漆	李志刚	金奖
家具《平金开黑》《八仙过海》条案	金漆	万　紫	金奖
《百事和合》	珠宝首饰	白静宜	金奖
《普度观音》	珠宝首饰	程淑美	金奖
《美人醉》	陶瓷	陈佑导	金奖
翡翠《瓜园童趣》	玉雕	王希伟	银奖
翡翠山子《踏雪寻梅》	玉雕	张志平	银奖
墨玉《鬼谷下山》	玉雕	李　东	银奖
翡翠《松鹤延年》	玉雕	张知忠	银奖
《红楼十二金钗》	玉雕	许　军	银奖
《百鸟朝凤》	牙雕	陈吉品	银奖
《关公》	牙雕	李万顺	银奖
15英寸《和平宝鉴》	景泰蓝	钱美华	银奖
《北京风情》	景泰蓝	钟连盛	银奖
38寸景嵌玉《汉煌如意炉》	景泰蓝	汉艺煌集体	银奖
《鱼珍献宝》系列	景泰蓝	王建国	银奖
《鸾凤和鸣》	景泰蓝	霍铁辉	银奖
蒙镶《佛塔》	金属工艺	吴中凤	银奖
小叶檀家具《龙画案》	金漆	柏德元	银奖
粉彩《百鸟朝凤碗》	仿古瓷	白　莉	银奖
《清皇后大婚吉福袍》	剧装	孙　颖	银奖
绢人《元春游园》	绢塑	滑淑玲	银奖
《中国神话》系列	剪纸	徐　阳	银奖

第五届中国（莆田）海峡艺术品博览会展评

2010年，北京工艺美术行业协会组织部分工艺美术企业参加中国工艺美术集团公司在福建省莆田市举办的第五届中国（莆田）海峡艺术品博览会，北京工艺美术品获中国工艺百花奖作品5件。其中，北京象牙雕刻厂有限责任公司李春珂的牙雕《阿弥陀佛》获特别金奖，杨根连大师的玉雕薄胎碧玉金镶嵌《三面观音》获金奖，北京金漆镶嵌有限责任公司万紫主持制作的金漆百宝嵌《月曼清游书盒》获银奖，北京金漆镶嵌有限责任公司万紫的金漆精工矫嵌屏风《花香凝翠》和柏德元的金漆紫檀百宝嵌插屏《三狮进宝》2件作品获最佳工艺奖。

2000年至2010年，北京工艺美术行业协会先后组团参加由中国工艺美术协会等单位主办的全国工艺美术专业展博（评）会组织的作品评选活动有20多次，北京工艺美术品计有510件作品获奖。

三、北京工艺美术珍品评审认定

2003年至2010年，北京传统工艺美术评审委员会在北京工艺美术协会配合下，在市经济主管部门主办的第一至四届北京工艺美术展期间，依据《北京传统工艺美术品种、技艺、珍品及工艺大师和民间工艺大师认定办法》规定，每届均组织开展了北京工艺美术珍品评审认定工作，依规经北京工艺美术行业协会推荐，评审委员会评审，报请市工促局、市经济信息化委批准，认定19件作品为北京工艺美术珍品，并颁发珍品证书和奖金。其中，2003年12月，市工业促进局批准，认定玉雕《北京奥运徽宝》、金漆镶嵌《香山勤政殿金漆镶嵌宝座》系列、骨雕《故宫》、景泰蓝《德胜鼎》、玉雕《华夏一百文人图》5件作品为2003年度北京工艺美术珍品。2005年11月18日，市工业促进局批准，认定《盘金丝毯》《大唐风韵》《中华佛韵》《锦绣前程》《国泰万兴》《八宝吉祥炉》6件作品为2005年度北京工艺美术珍品。2008年1月18日，市工业促进局批准，认定《祥龙晋宝》《天坛祈年殿》《和园观潮图》《盘古开天》4件作品为2007年度北京工艺美术珍品。2009年12月15日，市经济信息化委批准，认定《鼎盛中华》《九州欢腾》《万佛金刚宝塔》《观音》4件作品为2009年度北京工艺美术珍品。

2003—2009年北京工艺美术评审委员会评审认定北京工艺美术珍品一览表

6-30表

作品名称	制作单位	设计 制作	认定时间	奖金（万元）
金漆镶嵌《香山勤政殿金漆镶嵌宝座》系列	北京金漆镶嵌厂	柏德元　郭义华　万　紫　秦崇礼　周　毅　王学斌	2003.12	3
大型玉雕插屏《华夏一百文人图》	北京玉缘玉雕艺术有限责任公司	姜文斌　赵　琪　陈　江　万宏涛　高　轲　李　萌	2003.12	3
玉雕《北京奥运徽宝》	北京工美集团技术中心	郭　鸣　孟繁放　徐　东　尹博文　蔚长海　王希伟　董毓庆　张　仁　马慕良　郭鹏屹	2003.12	3
大型骨雕《故宫》	北京进茂骨雕工艺品有限责任公司	王华安　张淑兰	2003.12	3
大型景泰蓝《德胜鼎》	北京库鹏象牙雕刻有限责任公司	张同禄大师工作室	2003.12	3
巨型翡翠《中华佛韵》	北京市工艺木刻厂有限责任公司	宋建国	2005.11.18	3
玉雕《八宝吉祥炉》	北京朝阳雍玺玉器厂	柳朝国　杨　江	2005.11.18	2

（续表）

作品名称	制作单位	设计 制作	认定时间	奖金（万元）
金漆镶嵌屏风《锦绣前程》	北京金漆镶嵌有限责任公司	柏德元　王学兵 大厂基地集体制作	2005.11.18	1
绢人《大唐风韵》	北京市北洋旅游工艺品厂	滑树林　滑淑玲　刘兰香 费宗媛　苏秀玲	2005.11.18	1
手工盘金丝毯《九龙图》	北京市地毯五厂	曹艳红　王国英　康玉生	2005.11.18	1
景泰蓝《国泰万兴》巨瓶	北京市珐琅厂有限责任公司	戴嘉林 集体制作	2005.11.18	1
景泰蓝与多种工艺结合品《祥龙晋宝》	北京禄颖蓝釉艺工艺品有限公司	张同禄　李佩卿　武卫国 李玉兰　赵小亮　李淑舫 杨香林　郭平顺	2008.01.18	5
珠宝花丝镶嵌《天坛祈年殿》	王树文大师工作室、云光首饰有限公司	王树文　李北海　柴学朝 郭平顺　李永广　胡桂丰 崔运桥　袁长君	2008.01.18	5
雕漆剔红壁画《和园观潮图》	北京市雕漆工厂	文乾刚　王为达　陈厚棣 李清安　栾玉梅　赵进英 马玲双	2008.01.18	5
翡翠《盘古开天》	李博生大师艺术工作室	李博生　林海峰　林海强	2008.01.18	5
雕漆《鼎盛中华》	北京工美集团技术中心	郭　鸣　殷秀云　贾亦显 苏启明　宋秀珍	2009.12.15	4
大型牙雕《九州欢腾》	北京工美集团技术中心	郭　鸣　冯　超　李国栋 何行健　时金兰　李春珂 柴慈继　杨　健	2009.12.15	4
花丝珠宝《万佛金刚宝塔》	北京东方艺珍花丝镶嵌厂	王树文　柴晓建　迟洪才 柴学民　袁长军　李建炎	2009.12.15	4
翡翠《观音》	北京市工艺木刻厂有限责任公司	宋建国　魏振华	2009.12.15	4

第三节　工美技艺传承与大师评授

一、抢救濒危品种与技艺

2002年,抢救濒危品种与技艺立项合同主要有北京市金属工艺品厂的"金属雕錾佛像",北京剧装厂的"抢救濒临失传的剧装技艺",北京市北洋旅游工艺品厂的"抢救濒临失传的绢花技艺"。2003年立项合同主要有房山区大石窝镇政府的"抢救濒临失传汉白玉雕技艺",

北京禄颖蓝釉艺工艺品有限公司的"抢救濒临失传景泰蓝釉料、材料工艺和设备"，北京市地毯五厂的"抢救濒临失传盘金地毯技艺"，北京市通州区工艺品工业公司的"抢救纳纱和青铜器复制技艺"，北京市雕漆工厂的"抢救濒临失传雕漆剔犀技艺"，北京东方艺珍花丝镶嵌厂的"抢救濒临失传花丝镶嵌技艺"。2004年立项合同主要有北京市地毯五厂的"抢救濒临失传盘金地毯技艺"，通州区工艺品工业公司的"抢救纳纱和青铜器复制技艺"，北京市雕漆工厂的"抢救濒临失传雕漆剔犀技艺"，北京东方艺珍花丝镶嵌厂的"抢救濒临失传花丝镶嵌技艺"。2005年立项合同主要有房山区大石窝镇政府的"抢救传统石雕技艺"，工美集团工艺品分厂的"抢救传统丝绫堆绣技艺"，北京象牙雕刻厂有限责任公司的"研究恢复象牙深层连环透雕技艺"，北京工艺木刻厂有限责任公司的"抢救传统木雕技艺"，北京市美术红灯厂有限责任公司的"抢救传统宫灯技艺"。

2007年立项合同主要有北京市北洋旅游工艺品厂的"保护开发民间工艺高档绢人"，北京市雕漆工厂的"保护开发传统手工雕漆工艺品"，北京鑫瑞祥通文发有限公司的"抢复宫廷传统手工花灯技艺"。2008年立项合同主要有北京昌苑艺缘工艺美术品厂"金银细金花丝技艺保·抢·创"，北京景都利天珐琅制品有限公司的"铜胎烧瓷画珐琅技保护抢救与创新"。2009年立项合同主要有北京和合局漆器工艺品有限公司的"恢复发展堆红漆器工艺"，北京禄颖蓝釉艺工艺品有限公司的"恢复发展堆红漆器工艺"，北京玉海腾飞化艺术有限责任公司的"抢救保护京剧盔头脸谱工艺"，刘韧剪纸屋的"抢救保护宫廷金箔剪艺"。

2002年至2010年，北京工艺美术行业经市经济主管部门批准的抢救工艺美术濒危品种与技艺项目30余项，项目实施单位20余户企业（包括大师工作室）。

二、开发创新项目

2005年，开发创新立项合同主要有北京宝贵石艺科技有限公司的"研发再造石装饰艺术品"。2006年，立项合同主要有房山区大石窝镇政府的"汉白玉石雕园开发旅游产品"，北京铭客诚景泰蓝工艺品有限公司的"研发新材·工艺景泰蓝旅游纪念品"。2007年，立项合同主要有房山区石窝精艺雕刻有限公司的"开发高档汉白玉礼品"，北京铭客诚景泰蓝工艺品有限公司的"开发新型景泰蓝旅游首饰"，北京今特莱尔饰品有限公司的"开发奥运金属饰品"，鼎盛陶琦（北京）艺术品的"保护开发仿古彩瓷工艺品"，北京市珐琅厂有限责任公司的"新材料研制开发"，北京剧装厂的"保护开发民间工艺庆典礼服"。2008年，立项合同主要有北京九合坊技术开发中心、北京华兴达青铜器雕塑艺术有限责任公司、北京市金属工艺品厂分别组织大师"创作开发彩纱新品"项目，北京市美术红灯厂有限责任公司的"研发传统宫灯艺术新品种"。2009年，立项合同主要有北京今特莱尔饰品有限公司的"新型景泰蓝饰品设计开发"，北京鑫瑞祥通文发有限责任公司的"开发绿色环保型宫廷灯彩"，北京市珐琅厂有限责任公司的"研发室内多功能（景）喷水池"，北京市美术红灯厂有限责任公司的"开发传统宫灯——民用灯具"，北京剧装厂的"研发京绣时尚民用饰品"。

2010 年，立项合同主要有北京铭客诚景泰蓝工艺品有限公司的"开发景泰蓝宫钟表系列产品"，北京汉风至和文化发展有限责任公司的"研发风筝衍生产品"，北京洛可可科技有限公司的"创意礼品研发和产业化项目"，北京华尔德家具礼品有限公司的"创新景泰蓝灯具"，北京九合坊技术开发中心的"开发推广金丝彩釉系列产品"，北京玉器二厂有限责任公司的"北海旅游品创新开发"，北京金宝华地毯有限公司的"新型家居壁饰毛绒粘画等"，北京航空工艺地毯有限责任公司的"开发阻燃抗静电拼块毯新品"，北京东方名人艺术有限公司的"开发手工雕漆产品"，北京鼎盛陶琦（北京）艺术品公司的"研发京彩高仿民用装饰瓷品"，北京唐人坊文化发展公司的"绢人创新研发"等。

2002 年至 2010 年，北京工艺美术行业经市经济主管部门批准的品种与技艺开发创新项目有 30 多项，项目实施单位有 20 多户企业（包括大师工作室）。

三、带徒传艺

2003 年 3 月，北京工艺美术行业协会经市经济主管部门批准，率先在全国同行业实施大师带徒津贴制度，鼓励大师带徒传艺，定期向带徒大师发放带徒津贴。4 月 15 日，制发了《工艺美术大师带徒津贴管理办法》和《师徒习艺合同书》等文件。2004 年 7 月 9 日，制发了《关于加强带徒和带徒津贴管理的实施办法（试行）》，北京工艺美术协会先后三次举行"带徒拜师会"。

2003 年 7 月 15 日，北京工艺美术行业协会在京瑞大厦召开北京工艺美术大师带徒拜师会，会上有 9 位大师代表接受艺徒献花，师徒互换习艺合同，向带徒大师代表颁发了首批带徒津贴，首批共有张同禄、文乾刚等 82 位带徒大师和 179 名艺徒签订了习艺合同。此后，部分工艺美术企业、工艺大师、专家陆续举办多起拜师收徒仪式。2004 年 12 月 26 日，民俗专家、北京民间艺术家协会主席赵书在北京市文史研究馆举行拜师收徒仪式，收风筝世家后代孙炳彰为艺徒。2005 年 11 月 25 日，北京工艺美术行业协会在北京市老干部活动中心召开纪念北京市命名老艺人荣誉称号 50 周年大会，为 112 名带徒大师举行了大师带徒仪式。

2007 年 2 月 28 日，北京工艺美术行业协会在北京工艺美术行业总结表彰大会上宣布《关于批准北京工美行业 110 位大师带徒的决定》，并举行拜师仪式。2007 年 11 月 25 日，中国工艺美术大师双起翔举行收徒仪式，收林爱幸为艺徒。2008 年 4 月 29 日，北京工艺美术协会著名内画壶叶氏第四代传人叶淑英收河北省工艺大师刘江华为艺徒。2010 年 2 月 1 日，中国工艺美术大师、雕漆技艺国家级代表性传承人文乾刚举行收徒仪式，收中国艺术研究院博士研究生宋本蓉为艺徒。2010 年 6 月 11 日，北京鼎盛陶琦艺术品有限公司举办仿古瓷工艺品展示会，同时举行拜师仪式，有 6 位分别毕业于景德镇陶瓷学院、北京艺术设计学院以及具有大专学历的年轻人拜北京工艺美术大师王立、白莉为师。2010 年 7 月 1 日，北京象牙雕刻厂有限责任公司为学习牙雕技艺满一年的 7 名学员（毕业于北京工业大学艺术设计学院雕塑系）举行牙雕作品汇报展和拜师仪式。

2003年至2010年，北京工艺美术行业协会举办工艺美术专题讲座7次和艺徒培训班15期，培训艺徒1000多人次；举办多期工艺美术大师高级研修班，以提高工美技艺队伍的整体素质。2010年年底，北京工艺美术行业有带徒大师130多人，所带艺徒300多人，涉及30多个工美品种门类。

四、工美大师评授

中国工艺美术大师评授

1979年8月，国家科委、轻工业部命名（授予）第一届中国工艺美术家荣誉称号，全国共34名，其中北京市6名。1988年4月，国家科委、轻工业部将第二届"工艺美术家"改为"工艺美术大师"称号，全国共命名62名，其中北京市9名。1993年12月，中国轻工总会命名第三届工艺美术大师，全国共64名，其中北京市9名。1996年12月，中国轻工总会命名第四届工艺美术大师，全国共44名，其中北京市4名。至1998年，北京市共有28人获得国家级大师荣誉称号。

2005年12月，市工业促进局根据国家发展改革委产业政策司关于开展第五届中国工艺美术大师评审工作会议精神，组织成立北京市第五届中国工艺美术大师申报推荐工作小组，制定了北京市《申报推荐工作具体操作方案》，12月23日，大师评审推荐工作正式启动。2006年3月15日汇集产生66位申报人员名单及申报资料，4月6日至20日在北京工美网公示。4月22日至24日，市工业促进局和北京工艺美术协会共同组织举办北京推荐参评中国工艺美术大师作品（内部）展，展出62位申报者报送作品166件（套）。展会期间，分别召开评审委技术顾问组会和评审委员会进行评审，最终评审推荐25名参评中国工美大师的名单。8月6日至12日，北京工艺美术协会与市工业促进局将中国工艺美术大师25人的69件（套）参评作品送到国家博物馆。2007年1月11日，国家发展改革委公布第五届中国工艺美术大师评审结果，全国共评出161位大师，其中北京市有18人，数量位列全国第一。还公布全国优秀工艺美术创作奖获得者254人，其中北京市7人。

1979年至2010年，中国工艺美术大师荣誉称号评授活动共开展五次，全国被授予中国工艺美术大师荣誉称号共365人，其中北京市有46人。

北京市工艺美术大师评授

1986年，北京市政府经济主管部门先后授权北京市工艺美术品总公司（以下简称市工美总公司）、北京工美集团总公司（以下简称市工美集团公司）负责组织运作北京市级工艺大师评授活动，制定了《北京市工艺美术大师认定暂行办法》，北京工艺美术大师设特级、一级、二级、三级共四个级别，定期进行新评认定和晋级评授，并决定北京市被命名为国家级大师的即为北京市特级工艺大师。

2002年9月，《北京市传统工艺美术保护办法》实施。12月，成立了北京传统工艺美术评审委员会。自此，北京工艺美术大师的评审工作由评审委员会负责（北京工艺美术行业协会承担评审委员会的日常工作）。评审委员会组织制定了《北京传统工艺美术品种、技艺、珍品及工艺大师的认定办法》等实施办法，延续执行 2001 年 11 月制定的《民间工艺美术系列荣誉称号评定暂行规定》中对北京民间工艺大师按特级、一级、二级、三级四个级别称号评定的决定，并继续执行对由国家主管部委公布认定的国家级大师、自认定之日起即成为北京特级工艺美术大师的决定。

2002 年 12 月，开始第五批市级大师评审活动，评审委员会对北京市工艺美术品总公司评审的 128 名北京市工艺美术大师和 12 名民间工艺大师进行了重新认定。新评市级工艺大师 41 人。其中，一级大师 3 人，二级大师 9 人，三级大师 29 人。晋级市级工艺大师 8 人，其中一级大师 4 人，二级大师 4 人。评审委员会经市经济主管部门（市经委）批准，对于评审委员会成立之前由北京市工艺美术品总公司任命的 122 名工美大师全部予以认可。2003 年 1 月 29 日，发布北京市授予工艺美术大师、民间工艺大师荣誉称号认定公告，认定并授予北京工艺美术大师荣誉称号 120 人，认定并授予北京民间工艺大师荣誉称号 20 人。其中，特级工艺大师 19 人，一级工艺大师 16 人，二级工艺大师 22 人，三级工艺大师 63 人；一级民间大师 6 人，二级民间大师 6 人，三级民间大师 8 人。

2004 年 2 月至 2005 年 3 月，北京市开展第六批工艺美术大师评审认定工作，2005 年 3 月 21 日公布，新评审认定工艺美术大师 53 人。其中，一级大师 7 人，二级大师 9 人，三级大师 37 人。晋级工艺美术大师 25 人。其中，一级大师 14 人，二级大师 11 人。

2008 年 10 月至 2009 年 11 月，北京市开展第七批工艺美术大师评审认定工作，2009 年 11 月 4 日公布，新评审认定工艺大师 13 人。其中，一级大师 1 人，二级大师 1 人，三级大师 11 人。晋级工艺大师 37 人。其中，一级大师 20 人，二级大师 17 人。

1986 年开始工艺美术大师评审工作至 2010 年，北京市共进行七次大师评审。其中，2002 年至 2010 年，共评授市级工艺美术大师 207 人。内有市特级工艺大师（国家级大师）38 人，市级工艺大师 136 人（市一级工艺大师 36 人，市二级工艺大师 30 人，市三级工艺大师 70 人）；市民间工艺大师 33 人（市一级民间大师 12 人，市二级民间大师 9 人，市三级民间大师 12 人）。

2002—2010年北京工艺美术大师评审认定一览表

6-31表

姓名	性别	行业	大师荣誉称号	评授时间	备注
吴可男	女	花丝	北京特级大师	2003年1月认定	1986年5月任命
高　祥	男	玉雕	北京特级大师	2003年1月认定	1988年9月任命
李博生	男	玉雕	北京特级大师	2003年1月认定	1988年9月任命
蔚长海	男	玉雕	北京特级大师	2003年1月认定	1988年9月任命
孙　森	男	牙雕	北京特级大师	2003年1月认定	1988年9月任命

（续表）

姓名	性别	行业	大师荣誉称号	评授时间	备注
刘金波	男	雕漆	北京特级大师	2003年1月认定	1988年9月任命
张同禄	男	景泰蓝	北京特级大师	2003年1月认定	1988年9月任命
宋士义	男	玉雕	北京特级大师	2003年1月认定	1997年9月任命
郭石林	男	玉雕	北京特级大师	2003年1月认定	1997年9月任命
杨世昌	男	玉雕	北京特级大师	2003年1月认定	1997年9月任命
冯道明	男	玉雕	北京特级大师	2003年1月认定	1997年9月任命
郭效儒	男	雕塑	北京特级大师	2003年1月认定	1997年9月任命
米振雄	男	景泰蓝	北京特级大师	2003年1月认定	1997年9月任命
薛龙冠	男	地毯	北京特级大师	2003年1月认定	1997年9月任命
周道生	男	装饰	北京特级大师	2003年1月认定	1997年9月任命
崔　洁	男	抽纱	北京特级大师	2003年1月认定	1997年9月任命
张志平	男	玉雕	北京特级大师	2003年1月认定	1997年9月任命
王耀堂	男	玉雕	北京特级大师	2003年1月认定	1997年9月任命
王树文	男	综合	北京特级大师	2003年1月认定	1997年9月任命
戴嘉林	男	景泰蓝	北京特级大师	2003年1月认定	1997年9月任命
袁广如	男	玉雕	北京特级大师	2007年1月认定	
柳朝国	男	玉雕	北京特级大师	2007年1月认定	
姜文斌	男	玉雕	北京特级大师	2007年1月认定	
王希伟	男	玉雕	北京特级大师	2007年1月认定	
崔奇铭	男	玉雕	北京特级大师	2007年1月认定	
杨根连	男	玉雕	北京特级大师	2007年1月认定	
时金兰	女	牙雕	北京特级大师	2007年1月认定	
柴慈继	男	牙雕	北京特级大师	2007年1月认定	
李春珂	男	牙雕	北京特级大师	2007年1月认定	
文乾刚	男	雕漆	北京特级大师	2007年1月认定	
殷秀云	女	雕漆	北京特级大师	2007年1月认定	
钱美华	女	景泰蓝	北京特级大师	2007年1月认定	
钟连盛	男	景泰蓝	北京特级大师	2007年1月认定	
霍铁辉	男	景泰蓝	北京特级大师	2007年1月认定	
程淑美	女	花丝	北京特级大师	2007年1月认定	
双起祥	男	泥塑	北京特级大师	2007年1月认定	
刘守本	男	内画	北京特级大师	2007年1月认定	
费保龄	男	风筝	北京特级大师	2007年1月认定	

姓名	性别	行业	大师荣誉称号	评授时间	备注
方东亮	男	玉雕	市一级工艺大师	2005年3月新评	
姚淑英	女	玉雕	市一级工艺大师	2009年12月晋级	2003年1月认定三级
董文钟	女	玉雕	市一级工艺大师	2005年3月新评	
王德龄	男	玉雕	市一级工艺大师	2003年1月认定	
陈　新	女	玉雕	市一级工艺大师	2009年12月晋级	2005年3月新评二级
马庆顺	男	玉雕	市一级工艺大师	2005年3月晋级	2003年1月认定二级
刘卫国	男	玉雕	市一级工艺大师	2009年12月晋级	2003年1月认定二级
赵丽平	男	玉雕	市一级工艺大师	2009年12月晋级	2003年1月认定二级
赵　琦	女	玉雕	市一级工艺大师	2009年12月晋级	2003年1月认定三级
张铁成	男	玉雕	市一级工艺大师	2009年12月晋级	2003年1月认定三级
李　睿	男	玉雕	市一级工艺大师	2003年1月认定	
王永明	男	牙雕	市一级工艺大师	2005年3月晋级	2003年1月认定三级
李万顺	男	牙雕	市一级工艺大师	2003年1月认定	
刘建华	男	牙雕	市一级工艺大师	2009年12月晋级	2003年1月认定二级
仝玉舟	男	牙雕	市一级工艺大师	2003年1月认定	
杨士俊	男	牙雕	市一级工艺大师	2003年1月认定	
张云祥	男	雕塑	市一级工艺大师	2005年3月晋级	2003年1月认定二级
李书邦	男	装饰	市一级工艺大师	2003年1月认定	
马幕良	男	木雕	市一级工艺大师	2009年12月晋级	2003年1月认定三级
满建民	男	雕漆	市一级工艺大师	2003年1月认定	
王喆希	男	金漆	市一级工艺大师	2005年3月晋级	2003年1月认定三级
柏德元	男	金漆	市一级工艺大师	2009年12月晋级	2003年1月认定三级
万　紫	女	金漆	市一级工艺大师	2009年12月晋级	2005年3月新评二级
刘永森	男	景泰蓝	市一级工艺大师	2009年12月晋级	2003年1月认定三级
李新民	男	景泰蓝	市一级工艺大师	2003年1月认定	
张自方	男	景泰蓝	市一级工艺大师	2005年3月新评	
王建国	男	景泰蓝	市一级工艺大师	2005年3月晋级	2003年1月认定三级
白静宜	女	花丝	市一级工艺大师	2005年3月晋级	2003年1月认定三级
曾建中	男	花丝	市一级工艺大师	2005年3月新评	
孟德仁	男	金属	市一级工艺大师	2005年3月晋级	2003年1月认定二级
高铁成	男	金属	市一级工艺大师	2005年3月晋级	2003年1月认定二级
茅子芳	男	雕塑	市一级工艺大师	2003年1月认定	
孙　颖	女	剧装	市一级工艺大师	2009年12月晋级	2005年3月新评二级

姓名	性别	行业	大师荣誉称号	评授时间	备注
康玉生	男	地毯	市一级工艺大师	2009年12月晋级	2003年1月认定三级
陈烈汉	男	陶艺	市一级工艺大师	2009年12月新评	
郭鸣	男	综合	市一级工艺大师	2009年12月晋级	2005年3月新评二级
杨统环	男	雕塑	市一级民间大师	2003年1月认定	
王志祥	男	雕塑	市一级民间大师	2003年1月认定	
杨乃惠	女	绢塑	市一级民间大师	2005年3月晋级	2003年1月认定三级
王燕	女	面塑	市一级民间大师	2009年12月晋级	2003年1月认定二级
张宝琳	男	面塑	市一级民间大师	2009年12月晋级	2005年3月新评二级
刘荫茹	女	面塑	市一级民间大师	2009年12月晋级	2005年3月新评二级
杨玉栋	男	脸谱	市一级民间大师	2009年12月晋级	2003年1月认定二级
张荣达	男	泥塑	市一级民间大师	2009年12月晋级	2003年1月认定二级
哈亦琦	男	风筝	市一级民间大师	2005年3月新评	
刘汉祥	男	风筝	市一级民间大师	2003年1月认定	
徐阳	男	剪纸	市一级民间大师	2009年12月晋级	2003年1月认定二级
李苍彦	男	综合	市一级民间大师	2005年3月新评	
李贤忠	男	玉雕	市二级工艺大师	2003年1月认定	
王庆珍	女	玉雕	市二级工艺大师	2009年12月晋级	2005年3月新评三级
王建	女	玉雕	市二级工艺大师	2009年12月晋级	2005年3月新评三级
张知忠	男	玉雕	市二级工艺大师	2009年12月晋级	2005年3月新评三级
苏伟	男	玉雕	市二级工艺大师	2009年12月晋级	2003年1月认定三级
李东	男	玉雕	市二级工艺大师	2009年12月晋级	2003年1月认定三级
陈江	男	玉雕	市二级工艺大师	2005年3月晋级	2003年1月认定三级
苏然	女	玉雕	市二级工艺大师	2009年12月晋级	2005年3月新评三级
李国栋	男	牙雕	市二级工艺大师	2003年1月认定	
李申	男	牙雕	市二级工艺大师	2003年1月认定	
冯旭华	女	牙雕	市二级工艺大师	2009年12月晋级	2003年1月认定三级
王书明	男	雕漆	市二级工艺大师	2003年1月认定	
张宝贵	男	雕塑	市二级工艺大师	2009年12月晋级	2003年1月认定三级
王敏成	女	景泰蓝	市二级工艺大师	2009年12月晋级	2003年1月认定三级
韩振山	男	景泰蓝	市二级工艺大师	2009年12月新评	
杨宏勋	男	景泰蓝	市二级工艺大师	2003年1月认定	
南志刚	男	花丝	市二级工艺大师	2005年3月晋级	2003年1月认定三级
张容贞	女	花丝	市二级工艺大师	2003年1月认定	

（续表）

姓名	性别	行业	大师荣誉称号	评授时间	备注
姚迎春	男	花丝	市二级工艺大师	2003年1月认定	
高育宁	男	金属	市二级工艺大师	2005年3月晋级	2003年1月认定三级
恽金秀	男	刻模	市二级工艺大师	2003年1月认定	
罗慧先	男	金漆	市二级工艺大师	2003年1月认定	
郭义华	男	金漆	市二级工艺大师	2003年1月认定	
王 立	女	仿古瓷	市二级工艺大师	2009年12月晋级	2005年3月新评三级
关维霖	男	刺绣	市二级工艺大师	2005年3月晋级	2003年1月认定三级
贾大双	女	抽纱	市二级工艺大师	2009年12月晋级	2005年3月新评三级
曹艳红	女	地毯	市二级工艺大师	2009年12月晋级	2005年3月新评三级
杨清山	男	牙雕	市二级工艺大师	2003年1月认定	
王宝韧	男	综合	市二级工艺大师	2005年3月新评	
蒋民民	女	综合	市二级工艺大师	2009年12月晋级	2005年3月新评三级
陈德海	男	料器	市二级民间大师	2003年1月认定	
宋世忠	男	雕塑	市二级民间大师	2005年3月晋级	2003年1月认定三级
刘锦茹	女	彩塑	市二级民间大师	2005年3月晋级	2003年1月认定三级
郎志丽	女	面塑	市二级民间大师	2003年1月认定	
张俊显	男	面塑	市二级民间大师	2009年12月晋级	2003年1月认定三级
滑树林	男	绢塑	市二级民间大师	2009年12月晋级	2003年1月认定三级
崔 欣	女	绢塑	市二级民间大师	2009年12月晋级	2003年1月认定三级
冯海瑞	男	面塑	市二级民间大师	2005年3月新评	
黄小群	女	综合	市二级民间大师	2009年12月晋级	2005年3月新评三级
季玉河	男	玉雕	市三级工艺大师	2005年3月新评	
张庆如	男	玉雕	市三级工艺大师	2003年1月认定	
田贵平	男	玉雕	市三级工艺大师	2003年1月认定	
吕 旋	女	玉雕	市三级工艺大师	2009年12月新评	
董毓庆	男	玉雕	市三级工艺大师	2003年1月认定	
孙永恒	男	玉雕	市三级工艺大师	2003年1月认定	
王启海	男	玉雕	市三级工艺大师	2005年3月新评	
胡毓昆	男	玉雕	市三级工艺大师	2003年1月认定	
杨宝忠	男	玉雕	市三级工艺大师	2005年3月新评	
王文辉	男	玉雕	市三级工艺大师	2009年12月新评	
张继光	男	玉雕	市三级工艺大师	2005年3月新评	
代全海	男	玉雕	市三级工艺大师	2005年3月新评	

（续表）

姓名	性别	行业	大师荣誉称号	评授时间	备注
于正全	男	玉雕	市三级工艺大师	2003年1月认定	
王燕波	男	玉雕	市三级工艺大师	2005年3月新评	
王振宇	男	玉雕	市三级工艺大师	2009年12月新评	
谢 华	男	玉雕	市三级工艺大师	2003年1月认定	
员向阳	男	玉雕	市三级工艺大师	2009年12月新评	
王 剑	男	玉雕	市三级工艺大师	2005年3月新评	
刘小俊	男	玉雕	市三级工艺大师	2009年12月新评	
陈乃昌	男	牙雕	市三级工艺大师	2003年1月认定	
王华安	男	牙雕	市三级工艺大师	2005年3月新评	
牛树怀	女	牙雕	市三级工艺大师	2003年1月认定	
张恩杰	男	牙雕	市三级工艺大师	2003年1月认定	
刚熙林	男	牙雕	市三级工艺大师	2003年1月认定	
栾燕军	男	牙雕	市三级工艺大师	2005年3月新评	
徐文生	男	雕漆	市三级工艺大师	2003年1月认定	
曾朝万	男	雕漆	市三级工艺大师	2003年1月认定	
李志刚	男	雕漆	市三级工艺大师	2005年3月新评	
陈厚棣	女	雕漆	市三级工艺大师	2005年3月新评	
张 仁	男	木雕	市三级工艺大师	2003年1月认定	
郑道全	男	石雕	市三级工艺大师	2009年12月新评	
邵家增	男	景泰蓝	市三级工艺大师	2003年1月认定	
柳宏林	男	景泰蓝	市三级工艺大师	2003年1月认定	
阮春麟	男	景泰蓝	市三级工艺大师	2003年1月认定	
丁明鸿	男	景泰蓝	市三级工艺大师	2003年1月认定	
李汝英	男	景泰蓝	市三级工艺大师	2005年3月新评	
陈宝光	男	景泰蓝	市三级工艺大师	2009年12月新评	
张 宏	男	景泰蓝	市三级工艺大师	2003年1月认定	
孟宪忠	男	金属	市三级工艺大师	2005年3月新评	
赵遴善	男	金属	市三级工艺大师	2003年1月认定	
刘振华	男	金属	市三级工艺大师	2003年1月认定	
杜儒奎	男	花丝	市三级工艺大师	2003年1月认定	
田瑞和	男	花丝	市三级工艺大师	2003年1月认定	
袁玉兰	女	花丝	市三级工艺大师	2003年1月认定	
杨 锐	男	花丝	市三级工艺大师	2003年1月认定	

（续表）

姓名	性别	行业	大师荣誉称号	评授时间	备注
张春源	男	花丝	市三级工艺大师	2003年1月认定	
马佩坚	男	花丝	市三级工艺大师	2003年1月认定	
崔西伦	男	花丝	市三级工艺大师	2005年3月新评	
韩　宽	男	花丝	市三级工艺大师	2003年1月认定	
张秀珍	女	金漆	市三级工艺大师	2003年1月认定	
刘锡恒	男	金漆	市三级工艺大师	2003年1月认定	
秦崇礼	男	金漆	市三级工艺大师	2003年1月认定	
敖　明	男	金漆	市三级工艺大师	2003年1月认定	
张长生	男	金漆	市三级工艺大师	2003年1月认定	
苏桂增	男	金漆	市三级工艺大师	2005年3月新评	
周　义	男	金漆	市三级工艺大师	2005年3月新评	
胡　昕	女	金漆	市三级工艺大师	2005年3月新评	
武国芬	女	金漆	市三级工艺大师	2009年12月新评	
王学兵	男	金漆	市三级工艺大师	2009年12月新评	
张金声	男	抽纱	市三级工艺大师	2003年1月认定	
董季敏	女	抽纱	市三级工艺大师	2003年1月认定	
蒋崇愚	女	抽纱	市三级工艺大师	2003年1月认定	
崔比德	男	抽纱	市三级工艺大师	2005年3月新评	
宋建中	男	地毯	市三级工艺大师	2003年1月认定	
武允仁	男	地毯	市三级工艺大师	2003年1月认定	
穆　光	男	地毯	市三级工艺大师	2003年1月认定	
钱志强	男	礼花	市三级工艺大师	2003年1月认定	
李永康	男	礼花	市三级工艺大师	2003年1月认定	
白　莉	女	仿古瓷	市三级工艺大师	2009年12月新评	
华喜才	男	陶塑	市三级工艺大师	2005年3月新评	
宋永田	男	石雕	市三级民间大师	2005年3月新评	
张淑敏	女	雕塑	市三级民间大师	2003年1月认定	
李邦秀	女	泥塑	市三级民间大师	2005年3月新评	
张铁成	男	泥塑	市三级民间大师	2005年3月新评	
刘忠英	男	雕漆	市三级民间大师	2005年3月新评	
徐汶静	女	绢塑	市三级民间大师	2005年3月新评	
齐聪颖	女	绢塑	市三级民间大师	2005年3月新评	
邢兰香	女	料器	市三级民间大师	2005年3月新评	

姓名	性别	行业	大师荣誉称号	评授时间	备注
高东升	男	内画	市三级民间大师	2003年1月认定	
刘韧	女	剪纸	市三级民间大师	2009年12月新评	
马红	女	刻瓷	市三级民间大师	2005年3月新评	
熊大蒂	女	中国结	市三级民间大师	2005年3月新评	

北京工艺美术行业"德艺双馨"大师评选

2006年9月至2007年2月，北京工艺美术协会根据《北京工艺美术行业"德艺双馨"大师评审办法》规定，组织开展评审活动，报请评审委员会讨论通过，授予七位大师为北京工艺美术行业"德艺双馨"大师荣誉称号。由评审委员会颁发荣誉证书，并对每人奖励3000元。七位大师分别为：张同禄，中国工艺美术大师（景泰蓝），北京禄颖蓝釉艺工艺品有限公司总经理；姜文斌，中国工艺美术大师（玉雕），北京玉缘玉雕艺术有限责任公司董事长；柳朝国，中国工艺美术大师（玉雕），北京朝阳雍玺玉器厂董事长；文乾刚，中国工艺美术大师（雕漆）；徐阳，北京二级民间工艺大师（剪纸）；郭鸣，北京二级工艺美术大师（综合），工美集团技术中心经理；张宝贵，北京三级民间工艺大师（再造石艺），北京宝贵石艺科技有限公司经理。评审会对徐阳、郭鸣、张宝贵的市级工艺大师资格各晋升一级。

"亚太地区手工艺大师"评授

2008年7月31日，中国工艺美术协会按照"亚太地区手工艺大师"评审委员会的规定和要求，向全国各省、自治区、直辖市工艺美术（行业）协会发出《关于开展亚太地区手工艺大师中国区候选人评审工作的通知》，并制定了《"亚太地区手工艺大师"中国区候选人评选办法》等文件，组织全国工艺美术行业开展评选工作。申报亚太地区手工艺大师人员条件必须"具备从事手工艺品制作工作30年以上；年龄60岁以上，身体健康，能从事正常艺术创作；获得中国工艺美术大师荣誉称号20年以上人员"。中国工艺美术协会向"亚太地区手工艺大师"评审委员会共推荐20位中国区候选人的申报材料。

2008年11月6日至9日，世界手工艺理事会亚太地区分会秘书处组织的首届"亚太地区手工艺大师"评审委员会（由7位国际专家、学者和5位亚太地区代表组成）在中国杭州召开评审会议。有17位工艺大师通过评审，获"亚太地区手工艺大师"荣誉称号，其中北京的孙森（牙雕）、李博生（玉雕）、张同禄（景泰蓝）3位工艺大师获此称号。孙森，1936年3月出生，1950年从艺，1988年被国家授予中国工艺美术大师称号，是著名象牙雕刻艺术大师。李博生，1941年10月出生，1958年从艺，1988年被国家授予中国工艺美术大师称号，是杰出玉雕艺术大师。张同禄，1942年2月出生，1958年从艺，1988年被国家授予中国工艺美术大师称号，是景泰蓝行业领军人物。

五、北京工艺美术界艺术流派誉名

2007 年 7 月，北京工艺美术协会、北京民间文艺家协会、北京玩具协会按照联合制定的《关于北京工艺美术界开展以姓氏命名的艺术流派誉名活动的决定（试行）》，组织开展了第一批誉名评选活动。在《北京工艺美术》报刊公布誉名申报入围名单，公示征询意见。2009 年 3 月 10 日，北京工艺美术协会等三家协会联合下发《关于授予张同禄等二十位同志以姓氏命名的艺术流派誉名的决定》。

2009 年 4 月，北京工艺美术协会、北京民间文艺家协会、北京玩具协会和北京工艺美术学会按照联合制定的《关于北京工艺美术界开展第二批以地域、姓氏、艺术特征誉名活动的申报工作的决定》与《通知》，组织开展了誉名评选活动。2010 年 9 月 27 日，确定第二批被誉名 13 人，向被誉名人员颁发了证书。

2007 年至 2010 年，北京工艺美术界对从事手工技艺的艺人以地域、姓氏及艺术特征命名的誉名活动开展两次，获得誉名称号共 33 人。

2009—2010 年北京工艺美术界以姓氏命名的艺术流派誉名一览表

6—32 表

姓名	性别	专业及特长	誉名名称	誉名时间	备注
张同禄	男	景泰蓝创作，擅长创新	张氏景泰蓝	2009 年	师从乔德富、金世权
文乾刚	男	雕漆创作	文氏剔红	2009 年	师从孙彩文
钱美华	女	景泰蓝专业设计	钱氏景泰蓝	2009 年	师从汪宝成、于兆贵
徐 阳	男	剪纸创作	剪纸徐	2009 年	师从何作霖
杨玉栋	男	彩塑脸谱、京剧盔头创作	脸谱杨	2009 年	师从张连成
常 弘 常 燕	女 女	料器葡果制作工艺	葡萄常	2009 年	师从"葡萄常"常桂福、常玉玲
郎志丽	女	面塑工艺品制作	面人郎	2009 年	师从"面人郎"郎绍安
孙二林	女	剪纸工艺品制作	孙氏剪纸	2009 年	家传技艺
路 海	男	皮影雕刻	路家班皮影	2009 年	传承北京（西派）皮影技艺
哈亦琦	男	哈氏风筝创作	风筝哈	2009 年	师从"风筝哈"哈魁明
双起翔	男	彩塑脸谱创作	脸谱双	2009 年	师从李荣山
程淑美	女	花丝镶嵌创作	程氏花丝	2009 年	师从翟德寿、吴可男、何荣
裕 庸	男	北京草编工艺	裕氏草编	2009 年	师从马莲草编艺人齐玉山
张连友	男	灯笼制作	灯笼张	2009 年	师从董化荟
梁 俊	男	风车制作	风车梁	2009 年	家传技艺

（续表）

姓名	性别	专业及特长	誉名名称	誉名时间	备注
张双志	男	彩灯制作	小灯张	2009年	家传技艺
黄松清	男	灯彩工艺品制作	花灯黄	2009年	家传技艺
唐启良	男	绒布工艺	绒布唐	2009年	家传技艺
曹仪简	男	毛猴工艺品制作	毛猴曹	2009年	—
金铁铃	男	绢花制作	花儿金	2009年	师从"花儿金"金玉林
杨根连	男	玉雕薄胎"金镶玉"	北京杨氏金镶玉	2010年	承继"金镶玉"宫廷技艺
孟宪忠	男	镏金、错金银	北京孟氏镏金	2010年	承继"古铜张"派技艺
邢兰香	女	玻璃料器工艺品制作	北京料器邢	2010年	师从田文元、陈德海
李桂英	女	绒制工艺品制作	北京绒鸟李	2010年	师从张宝善
马福立	男	京剧脸谱制作	北京花脸马	2010年	师从"花脸儿马"马德元
李鸿宽	男	万花筒工艺创作	北京李氏万花筒	2010年	—
白大成	男	北京鬃人制作	北京鬃人白	2010年	师从王汉卿
王燕敏	男	花灯制作	北京花灯王	2010年	师从王祖林
薛青	男	手工地毯图案设计	北京薛氏地毯	2010年	师从薛龙冠
吴中凤	女	蒙镶錾雕技艺	北京中凤蒙镶	2010年	师从康文生
张晓林	男	剪纸工艺创作	北京晓林剪纸张	2010年	家传技艺
张彦	男	砖雕工艺品制作	北京砖雕张	2010年	师从张世全
汤凤国	男	面塑工艺品制作	北京面人汤	2010年	师从"面人汤"汤子博

附注："—"表示无相关资料。

第四节　工艺美术企业与基地

一、工艺美术企业

北京市珐琅厂有限责任公司

原名北京市珐琅厂，1956年1月成立，厂址在崇文区永外安乐林路10号。1983年调整为工美集团直属企业。1998年从业人员597人，工业总产值543万元。1999年5月移交崇文区接收管理。2002年转制为北京市珐琅厂有限责任公司，主要产品有"京珐"牌景泰蓝、银晶蓝、珐琅釉料等。2007年完成超大型景泰蓝《转经轮藏》和首都机场候机室内景泰蓝工艺装饰工程等项目。2010年，从业人员220人，销售收入2690万元。

企业为集景泰蓝产品研发制作经营、工艺展示、精品欣赏、参观购物于一体的专业厂家，是全国景泰蓝行业中唯一中华老字号，是国家级非物质文化遗产传承保护基地、生产性保护示范基地、工艺美术院校实习培训基地。2001 年至 2010 年，在工艺美术重要展评会上获得金奖及以上奖项作品有 40 多件。其中，景泰蓝《国泰万兴》巨瓶被北京市传统工艺美术评审委员会评定并经市主管部门批准，认定为 2005 年度北京传统工艺美术珍品。

北京金漆镶嵌有限责任公司

原名北京市金漆镶嵌厂，1956 年 1 月成立，地址在朝阳区小红门乡红寺村。1983 年调整为工美集团的直属企业。1998 年，从业人员 425 人，工业总产值 602 万元。1999 年 5 月，工美集团将其移交东城区接收管理。1998 年完成"京城之最"金漆《隆福大厦》巨匾。2001 年先后完成采用中国传统手工艺彩石拼镶技法制作的长 6 米、宽 3 米的《伊索斯大战》和长 10 米、宽 2.5 米大型金漆堆古壁画《人·自然》，继而陆续推出古典家具类产品和适合高档宾馆、厅堂选用的牌匾、吊灯、隔扇、屏风等实用、时尚漆器工艺品，并承揽高档宾馆饭店的装饰装修工程，拓展了企业经营范围。20 世纪末至 21 世纪初，公司在保持屏风、绣墩、多宝格、套几、挂屏及明清家具等畅销品种经营规模基础上，陆续推出实用"实木家具"等类新品。2005 年 3 月改制为北京金漆镶嵌有限责任公司，并逐步建成集研发、生产、经营、展示展销、馆藏于一体的公司。2001 年至 2010 年，在工艺美术重要展评会上，公司有 21 件作品获奖。其中，金奖以上奖项 2 件，金奖 6 件，银奖 4 件，铜奖 9 件。漆器《香山勤政殿金漆镶嵌宝座》系列和漆器《锦绣前程》被认定为北京传统工艺美术珍品。2010 年年底，公司从业人员 340 人，工艺品销售收入 3680 万元，是生产北京金漆镶嵌类产品的专业企业，也是中国北方最大的漆器生产企业。

北京市地毯五厂

1956 年成立，厂址在宣武区南横西街 117 号。1996 年调整为工美集团直属企业，1999 年 5 月移交西城区接收管理。该厂是生产"天坛牌"高级羊毛手工地毯的国有企业。20 世纪 90 年代末，进行压产，保留 40 多人生产经营传统技艺与品种。2005 年开始恢复宫廷艺术盘金丝毯技艺，陆续创作部分高档手工地毯。2006 年，从业人员不足 50 人，销售额 300 万元。2003 年至 2010 年，在工艺美术重要展评会上，有《盘金丝毯》、手工毯《竹兰图》等 10 件作品获奖。手工盘金丝毯《九龙图》被北京市传统工艺美术评审委员会认定为 2005 年度北京传统工艺美术珍品。2010 年，该厂是北京唯一保留手工地毯生产经营的厂家。

北京剧装厂

前身是 1956 年成立的刺绣剧装社，1963 年定名为北京市剧装厂，1983 年调整为工美集团直属企业，是政府采购定点单位，是生产经营剧装道具业产品的骨干企业，主要生产经营传统京剧、地方剧种及少数民族舞剧舞台表演用戏衣、服饰；舞台表演用的刀、枪、剑、戟、斧等全套古代手持兵器，马鞭、扇、仗及各式盔头、戏帽、靴鞋、髯口等道具和舞台装饰。1998年从业人员174人，工业总产值318万元。1999年5月移交崇文区接收管理。2006年从业人员55人，销售收入510万元。2008年，竞标承接完成北京奥组委北京国际新闻中心主办的"我为奥运绣幅画——体验中国针绣艺术"活动使用的《大熊猫》图案大型手工刺绣品任务，被中国体育博物馆永久收藏；用20天时间为2008年奥运会开幕式的演员赶制3716套服装。2003年至2010年，在工艺美术重要展评会上，该厂有剧装《龙穿寿团珠绣褂》《龙袍》等6件作品获奖。其中，金奖和珍品奖共2件，银奖2件，铜奖2件。2010年，该厂从业人员60人，销售收入750万元，有工艺美术大师1人。

北京市美术红灯厂有限责任公司

1956年成立，1983年调整为工美集团直属企业，1999年5月移交崇文区接收管理。2004年3月改制为北京市美术红灯厂有限责任公司，厂址在崇文区大柿胡同15号。该企业是从事宫灯等传统灯彩品类的专业老厂，1998年从业人员155人，工业总产值99万元。1999年被国家经贸委授予"中华老字号"称号。2006年至2008年，"北京传统宫灯技艺"先后入选市级、国家级非物质文化遗产名录。主要产品有宫灯、花灯、壁灯、桌灯、纱灯，以及道具灯等品类。该厂先后为天安门城楼、中南海瀛台会客厅等中式古建筑配套制作各式红木宫灯。曾承接苏联莫斯科北京饭店、日本天花园中式古建园林及中国驻外使领馆等装饰任务。2006年，从业人员55人，销售收入160万元。2010年，从业人员50人，销售收入74万元。

北京象牙雕刻厂有限责任公司

1958年5月成立，1983年调整为工美集团直属企业。1999年5月移交崇文区接收管理。2002年12月改制为北京库鹏象牙雕刻厂有限公司，后更名为北京象牙雕刻厂有限公司。主要产品有象牙雕刻人物、花卉、器皿、项链饰品等。国际对象牙及象牙制品实行禁运后，企业以保留重点传统产品与技艺为主。2006年，北京象牙雕刻入选国家级非物质文化遗产名录，企业被评为非物质文化遗产传承单位，3位国家级工艺美术大师分别被评为国家级和市级（牙雕技艺）非物质文化遗产代表性传承人。2008年，中国成为国际象牙贸易伙伴国并有了一定量的象牙原料后，北京象牙雕刻厂有限责任公司逐步恢复生产经营。2009年7月，从北京艺术设计学院雕塑系挑选7名毕业生进厂学艺。2010年年底，公司从业人员36人，年销售收入574万元。

北京花丝镶嵌厂

1958年5月成立，地址在通州区大成街1号。1983年调整为工美集团直属企业。1993年，从业人员934人，总产值6525万元。1998年，从业人员375人，总产值3338万元。1999年5月移交通州区接收管理。主营金银原材料加工，花丝及花丝镶嵌摆件、金银首饰以及金银质印、册、匾、章等系列产品的制作与经营。2001年工厂破产，职工（分流安置）实行劳动补偿自谋职业，设备处理，厂房另作他用。企业破产后，部分人员组建成立北京东方艺珍花丝镶嵌厂等少数加工企业和白静宜、张春源等工艺美术大师工作室，从事花丝镶嵌制品的制作及加工业务。2010年，从业人员60人左右，销售产值5600万元。

北京市玉器厂

1958年11月成立，1983年调整为工美集团直属企业。1999年5月移交崇文区接收管理。曾为国内玉雕玉器行业规模最大企业之一。1993年，从业人员940人，年产值860万元。20世纪90年代中期，生产经营调整，保留少量玉器生产。2008年被批准为国家级非物质文化遗产传承单位。2000年至2010年，该厂生产制作的玉雕翡翠《园觉图》、玉雕《白玉花薰》等16件作品，在工艺美术重要展评会上获奖。2010年，从业人员25人，年销售收入524万元，厂址在东城区光明路11号。

北京进茂骨雕镶嵌工艺品有限公司

1963年1月成立，1983年调整为工美集团直属企业。1998年，生产基本转移至乡镇企业和个体经营，该厂内保留设计与精品开发。1999年5月移交崇文区管理。20世纪90年代中期至2010年，公司骨雕工艺品主要有浮雕《颐和园全景》，大型骨包镶《天坛》《山西应县塔》和《清明上河图》，大型骨雕作品《长城万里图》，大型骨包镶作品《恭王府》等。2001年至2010年，在工艺美术重要展评会上，大型骨雕《齐鸣共舞》等作品获奖。大型骨雕《故宫》被北京市传统工艺美术评审委员会认定为2003年度北京传统工艺美术珍品。2009年，该厂骨雕制作工艺入选崇文区级非物质文化遗产项目。2010年，公司生产缩减，腾出场地搞多种经营，工厂调整为保留传承技艺，承接订货生产和创新开发。2010年年底，从业人员30人，销售收入433万元。产品主要有运用骨雕工艺与金漆镶嵌、牙雕等工艺结合技法开发制作的摆件、仿古建筑、包镶摆件、金漆骨雕等系列工艺品。

北京市工艺木刻厂有限责任公司

原为1966年1月成立的北京市工艺木刻厂，地址在朝阳区龙爪树宋家楼，1983年调整为工美集团直属企业。1998年与工美集团所属北京绒鸟厂合并重组。1999年5月移交崇文区接收管理。20世纪90年代末期，公司生产外迁、压产调整，基本转为物业经营。2003年11月改制为北京市工艺木刻厂有限责任公司，保留工艺木雕产品订货加工生产，增加了玉雕产品生产，主要从事工艺木雕技艺保护与传承及新产品的研发，并承接订货生产。2003年，为北京奥运会会徽《中国印·舞动的北京》制作精美的檀宝盔。在北京工艺美术重要展评会上，有花梨木、椴木摆件《二龙戏珠》等作品获奖，其中翡翠《中华佛韵》、檀香木座《翡翠观音》分别被北京市传统工艺美术评审委员会评定并经市主管部门批准，认定为2005年度、2009年度北京市传统工艺美术珍品。2010年，工艺木雕和玉雕的从业人员 26 人，销售收入 193 万元。

北京市圣林工艺品厂

1981 年成立，厂址在平谷县金海湖镇靠山集村，是生产仿真植物工艺品的专业厂家，也是北京市农产品加工的重点龙头企业和市科技专利试点企业，信用等级评级为 AAA 级。其制作生产，主要采集当地天然植物的花、果、茎、叶制作饰品，品种有书签、贺卡、相夹、贺卡台历、叶脉书签、压花画以及叶脉花、插花、干花壁饰、干花装饰画、蝴蝶昆虫标本等。产品出口 50 多个国家和地区。2006 年，从业人员 493 人，干花等产品销售收入 1274 万元。2010 年，从业人员 400 余人，销售干花等产品收入 6670 万元。

北京握拉菲首饰有限公司

1985 年，北京工美集团投资兴办的合资企业，厂址在朝阳区德胜门外北沙滩大屯路 2 号。曾先后引进国外流行首饰款式及加工工艺，加工时尚手工精编链条首饰，有多个系列上千种花色。制造的黄金首饰有戒指、耳钳、手镯、领针、胸花、项链及幼儿饰用的长命锁等。公司持有中国人民银行颁发的生产、加工、经营金银制品许可证和市政府颁发的产品出口企业证书。2003 年与工美集团技术中心合作，完成设计制作 5000 枚防治"非典"纪念章和国务院、中央军委表彰航天英雄金质奖章等制作任务。2007 年承接为北京奥运会、残奥会志愿者公开招募启动仪式设计制作纪念章的任务（共 800 套，两种形式，3 种图案）。2006 年，从业人员 29 人，销售额 2205 万元。2010 年，从业人员 50 人，销售额 2630 万元。

北京工美集团工艺品厂

原名北京抽纱工艺品厂，1986 年 10 月成立，厂址在朝阳区东土城路，主要生产挑花、补花、机绣等产品。1998 年工业总产值 113 万元。2001 年，该厂保留抽纱研究所，有 20 余名员工，重点传承与研发补绣产品和礼品、旅游纪念品。2010 年，从业人员 10 人，产品收入 5 万元。

北京航空地毯有限公司

1990 年成立，是北京市地毯五厂与港商及中国民航局等共同投资兴办的合资企业，主要生产机制栽绒地毯，其中航空地毯、机舱椅座套等主打品种获得中国民航总局和美国联邦航空局的品质认可。2006 年，从业人员 201 人，销售收入 4208 万元。2010 年，从业人员 300 人，销售收入 6650 万元，厂址在顺义区空港工业区裕东路。

北京和合局漆艺工艺品有限公司

1993 年，"和合局"漆器的第六代传人——市级工艺大师刘忠英创建北京海成模具厂，2004 年变更为北京和合局漆艺工艺品有限公司，地址在怀柔区渤海镇马道峪村。是生产铸漆工艺品的专业厂家，有三处生产基地和一个展馆（北京漆苑——中国漆器艺术馆），在江苏省扬州市等地建有分厂及固定的批发、零售经销网络。"和合局"雕漆技艺于 2007 年被列为市级非物质文化遗产项目，该厂特聘 6 位工艺美术大师传承手工雕漆技艺。2002 年至 2010 年，公司的雕漆作品多次被国家领导人和知名院校选用作为礼品赠送外宾。2008 年为北京奥运会、残奥会制作特别荣誉奖牌，供奥运会颁奖用的 700 件雕漆工艺品。2010 年制作的漆器《中国馆》为世博会礼品。公司与外交部、故宫博物院、清华大学等多家单位建有长期合作关系。2010 年，从业人员 45 人，销售产值 720 万元。

北京工美集团技术中心

1995 年 1 月成立，是市政府第一批认证的企业技术中心、北京工美集团的研发设计基地。1999 年开始陆续完善技术中心建设，设有设计部、经营部以及工艺美术大师工作室等部门，拥有金属工艺、木器、花丝镶嵌、景泰蓝、漆艺、玉石水晶等一批技术成熟的加工手段和研发制作高档礼品的技艺实力。1999 年至 2010 年，为钓鱼台国宾馆制作长 53 米、高 3 米的以姜太公钓鱼为内容的瓷板壁画；为市政府制作《北京申办 2008 年奥运会报告书》封皮；为第六届全国少数民族运动会制作奖杯、奖盘、成套泥人礼品；为中共中央、国务院制作 23 枚"两弹一星"功勋章等，并获 99 北京优秀工业设计竞赛特别奖。设计制作北京奥运会会徽发布载体"北京奥运徽宝"中国印，参与北京奥运会"金镶玉"奖牌的方案设计、打样、试制工作，设计了国庆 60 周年庆祝活动标志、汶川抗震救灾表彰奖章奖牌等。自行开发"五行生肖金条"等多项礼品和旅游纪念品。在获奖作品中，玉雕《北京奥运徽宝》、大型雕漆《鼎盛中华》、大型牙雕《九州欢腾》经北京市传统工艺美术评审委员会评定并经市主管部门批准，认定为 2005 年度北京传统工艺美术珍品。2010 年，从业人员 82 人，销售收入 1.69 亿元，地址在东城区王府井大街 200 号。

北京铭客诚景泰蓝有限责任公司

1997 年成立，是集设计、生产经营、旅游购物于一体的企业公司。主要生产经营高档景泰蓝摆件和旅游纪念品。2001 年至 2010 年，在工艺美术重要展评会上，景泰蓝《铭诚尊》《远鸣客》等多件作品获奖。2001 年，职工百余人，经营额近千万元，年接待游客 50 多万人次，其中外宾约占 1/3。2010 年，从业人员 45 人，销售收入 260 万元，厂址在海淀区香山门头新村 2 号。

北京和意工艺品有限公司

1999 年成立，是制作和生产圣诞树工艺品的主要企业之一。2006 年，从业人员 146 人，销售收入 2188 万元。2010 年，从业人员约 210 人，产品销售收入约 3000 万元。厂址在通州区张家湾镇。

北京金宝华地毯有限公司

2000年1月成立，是北京市地毯五厂投资兴办企业，主要生产高档绣枪胶背羊毛地毯、胶背地毯、机织地毯，并承揽地毯铺装、清洗、修补等业务。2006年，从业人员180人，销售收入1536万元。2010年，从业人员160人，销售收入1100万元，厂址在通州区聚富苑发展基地聚和一街。

北京禄颖蓝釉艺工艺品有限公司

2000年3月成立，地址在顺义区天竺镇天竺村开发街6号。是集设计、研制、开发、经销景泰蓝珍精品的专业企业，是国家级景泰蓝非物质文化遗产项目传承单位。主要产品有铸胎和金银铜胎景泰蓝，景泰蓝与玉、花丝镶嵌、漆艺、铜錾雕等多种工艺结合的高级工艺品，珐琅珀晶装饰画、室内外装饰雕塑及大型壁饰，高级礼品、奖品、旅游纪念品等。2001年至2010年，多件作品在国内外获奖，其中景泰蓝《吉祥宝灯》在2004年巴黎万国博览会上获金奖。2008年2月，国家级大师张同禄赴台湾地区参加两岸文化交流期间，将《十二章纹》《白头偕老》《太平有象》《今生富贵》一套（四件）珐琅记时仪赠予台北故宫博物院。公司与北京象牙雕刻厂合作制作的景泰蓝《德胜鼎》和自行创制的景泰蓝与多种工艺结合的《祥龙晋宝》分别被北京市传统工艺美术评审委员会认定为2003年度和2007年度北京传统工艺美术珍品。2010年，从业人员40人，年销售收入400万元。

北京华江文化发展有限公司

2003年成立，地址在崇文门外大街9号正仁大厦，是集研发、设计、生产、销售为一体的国际文化创意产业公司。2004年8月成为2008年北京奥运会首批特许经营商之一，2005年成为2008年北京奥运会产品特许零售商。2006年至2008年，开发、设计、生产了十大系列280种610个款式的奥运产品，实现销售收入15亿元。获得2012年伦敦奥运会徽章独家特许经营权，是唯一进入伦敦奥运会特许经营的中国企业。2010年，从业人员150人，销售收入1.27亿元。

二、工艺美术基地

2002年，北京工艺美术行业贯彻《保护办法》和《北京工艺美术行业发展规划纲要》，实施传统工艺美术"保护发展基地""特色区域经济""名坊、名馆、名店、名园"和"一村一品"等规划项目。

1993年，北京料器制品厂组建第三产业工美旅游中心，地址在崇文区龙潭湖北侧1号原北京料器制品厂院内。1995年调整为北京工美集团总公司直属企业，将料器制品厂、北京市时装绣品厂、北京市补花二厂、工美集团供应公司调整归属工美旅游中心，建成以原料器制品厂为基地的、集吃住旅游购物为一体的服务型企业。1999年5月，北京工美集团公司将工美旅游中心移交崇文区接收管理。2002年工美旅游中心改制为北京工美凤凰旅游艺术品集团有限公司（以下简称凤凰旅游集团）。

2002年11月，凤凰旅游集团将料器制品厂临街的生产大楼改建为北京京城百工坊艺术品有限公司（以下简称京城百工坊）。京城百工坊建筑面积4000余平方米，设有近30个坊间，包括20多个品种门类的大师工作室、特色工坊及展室等。运营后，多次举办玉雕等传统工艺和面人、泥人、脸谱面具、风筝、烫葫芦、毛猴、剪纸等民间工艺品及中国书法等讲座，多次举办作品展览、展销活动。2003年，京城百工坊成为北京工艺美术传承保护基地。

2003年5月16日至17日，京城百工坊将精制的抗击"非典"纪念徽章献给抗"非典"一线的医务工作者，将陆续生产的三大类23种规格共7万枚抗击"非典"纪念章均捐赠给市红十字会、市卫生系统和有关单位。设计生产的作品《克疫鼎》，于2003年年底安放在龙潭湖公园内。2003年9月30日至10月4日，京城百工坊承办了第二届北京工美旅游创新产品展览会暨"百工坊杯"明城墙旅游纪念品大赛。2004年1月22日至2月5日举办了2004年百工技艺文化庙会。

2003年至2010年，京城百工坊在北京市和全国工艺美术重要展评会上有22件作品获奖。其中，4件翡翠《国宝》复制品和《八仙过海》2件（套）玉雕作品获特别金奖，玉雕《仿清"二十五"宝玺》和美陶《生活的颜色》获金奖，美陶《采莲图》和料器《普天同庆》等7件作品获银奖，彩灯《四方亭子走马灯》和《内画鼻烟壶》等5件作品获铜奖。

2010年，京城百工坊成为工艺美术非物质文化遗产传承保护聚集地和传统手工技艺体验、交流、培训中心。在百工坊有国家级工艺美术大师特色工坊和多位市级工艺美术大师工作室，带徒传艺创作。拥有"北京雕漆""北京景泰蓝""北京牙雕""北京料器"四个国家级"非遗"保护项目，"北京玉雕""北京补花""北京泥人张""北京花丝镶嵌""北京绢人"5个北京市级非遗保护项目。

到2010年，北京市工艺美术行业传承保护发展基地建设主要立项项目还有通州区中小企业服务中心的通州区工艺美术基地建设项目，怀柔区企业服务中心的怀柔区工美实训基地项目，北京市珐琅厂有限责任公司的工美院校景泰蓝实训基地项目，房山区石窝精艺雕刻有限公司的工美院校石窝雕刻实训基地项目，工美集团的研发基地项目等。

第七篇　基础产业

第一章　石油和化学工业

　　中华人民共和国成立初期，北京开始兴建化工厂，对私营小型化工厂进行扶持和改造。20 世纪 50 年代末，北京先后建设了大型炼焦厂、聚氯乙烯厂、合成纤维厂，扩建了生产化学试剂的化工厂，建设了煤炼油示范厂生产柴油。20 世纪 60 年代末到 70 年代初，年加工原油 250 万吨的北京东方红炼油厂在房山建成。中国第一个石油化工综合利用项目开始建设，建设了一批合成橡胶、合成树脂、化肥和有机合成原料装备。1970 年 7 月 20 日，北京石油化工总厂成立。1972 年至 1976 年，北京石油化工总厂建设了全国第一套 30 万吨 / 年的乙烯工程装置，至此，中国第一个石油化工联合企业正式建成。1979 年，北京石油化工总厂更名为燕山石油化学总公司。1983 年划归中国石油化工总公司管理。1984 年更名为中国石化北京燕山石油化工公司。1997 年改制为北京燕山石油化工（集团）有限公司。1998 年更名为中国石化集团北京燕山石油化工有限公司。到 1998 年年底，燕山石化不断采用新技术改造生产设施，原油单加工能力达到 850 万吨，实际加工原油 600 余万吨，乙烯年产量突破 50 万吨。

　　1999 年，北京石油和化学工业企业 1463 家，工业总产值 233.7 亿元。其中，精炼石油产品制造业 114.2 亿元，化学原料及化学制品制造业 102.2 亿元，化学纤维制造业 5.1 亿元，橡胶制品业 12.2 亿元。

　　1999 年 4 月，北京燕山石油化工有限公司更名为中国石化集团北京燕山石油化工有限公司。2000 年，按中国石化集团改制要求，分为中国石化股份公司北京燕山分公司、中国石化北京燕山石油化工股份有限公司和中国石化集团北京燕山石化有限公司三个部分。2002 年，原北京化工集团有限责任公司所属石油化工生产企业（东方化工厂、北京化二股份有限公司、北京化工四厂、北京有机化工厂、北京助剂二厂、北京化工二厂）通过"债转股"进行重组，新公司定名为北京东方石油化工有限公司，划归中国石化集团，由燕山石化公司代为管理。2004 年，该公司实现销售收入 65 亿元，利润 10 亿元。2010 年，北京石化工业形成以燕山石化为龙头，涵盖炼油、石化、化工三大领域，上下游一体化的产业结构。

　　2000 年起，北京石化工业为其他工业提供了大量原材料，并生产塑料门窗、洗衣机内筒、蔬菜周转箱、饭盒、组合书架、儿童玩具、地毯等产品，服务人民群众日常生活需要。"统一"牌润滑油、"北染"牌染颜料、聚乙烯催化剂（BCH）等产品获中国名牌产品、北京优质产品、北京市十佳新产品称号，"燕山"牌塑料草坪格、中空吹塑固定座椅用于2008年北京奥运会主会场。

2001年11月13日，燕山石化竣工投产的66万吨/年乙烯改扩建工程由中国石化工程公司总体设计，综合利用美国、荷兰、日本等国的先进技术，年生产乙烯由45万吨提高到66万吨（后标定为71万吨）。2003年4月，燕山石化开工建设的80万吨/年航空煤油加氢精制装置，采用北京中国石化石油化工科学研究院开发的航空煤油临氢脱硫醇技术，产品质量达到国际通用标准。

2006年3月，燕山石化对引进意大利丁基橡胶专利技术和专有设备进行改造，年生产能力提高50%。2007年6月，燕山石化新建6套炼油装置，改造3套工艺装置及储运、公用工程配套，成为中国首家可生产符合欧Ⅳ排放标准汽柴油的年加工原油100万吨炼油基地。2008年，中石化北京化工研究院与中国石化催化剂有限公司北京奥达分公司共同开发的气相法乙烯聚合浆液催化剂投产，具有独立的知识产权。

为消除污染、改善环境，北京石化工业加大投入，大力生产无污染或少污染的绿色产品。2002年至2004年，燕山石化分别新建及改造西区、东区2套污水处理装置，年再生回用水量设计能力达到960万吨/年。燕山石化投资1634万元建成国内同类规模最大的污水回用装置，实现污水处理后的循环利用，减少了生产用新鲜水量。2003年，燕山石化生产的无铅汽油中含硫量降至500ppm（1升汽油中的含硫量低于500毫克）。2005年，燕山石化生产出符合欧Ⅲ排放标准的京标B汽柴油，含硫量降至150ppm，使用京标B汽柴油，全市机动车每年可减少二氧化硫排放量3430吨。2008年6月，燕山石化自投产起就冒黄烟的8支火炬全部熄灭。同年，北京化工厂、北京有机化工厂和北京化工实验厂迁到燕山石化地区。2009年，燕山石化获中国能源绿色企业50佳和全国节能减排功勋企业称号。

2010年，北京石化和化学工业规模以上（年主营业务收入在500万元及以上）企业523家。工业总产值1213.3亿元，资产总计755.3亿元，主营业务收入1262.6亿元，利润总额73.7亿元。其中，北京规模以上合成纤维生产企业有8家，生产合成纤维2575吨；生产丙纶纤维企业3家，产量594吨。

第一节　精炼石油及制品

1999年至2010年，北京精炼石油及制品系列主要包括汽油、航空煤油、柴油、润滑油、液化石油气和石蜡等。

1999年4月1日，燕山石化原油加工能力为850万吨/年。同年，燕山石化公司炼油厂生产出首批无铅高清洁汽油 17.82 万吨，生产出首批 100 吨车用液化气，生产石蜡 7.68 万吨、出口 2.75 万吨。壳牌统一（北京）石油化工有限公司在大兴区生产基地，采用国际先进的生产技术和设备生产基础油和添加剂，产品先后通过美国石油学会（API）SM、SL、SJ、CF-4、CH-4、CI-4/SL 认可以及大众、保时捷、奔驰、沃尔沃、宝马等众多厂家认可。在国内陆续通过中国一汽集团、东风汽车有限公司、上海大众、陕西重汽、北汽福田等汽车制造厂及东安发动机、潍柴、大柴、锡柴、华北柴油机、天津铂金斯等发动机制造厂的装车、售后服务用油认证。

2000 年 9 月，燕山石化开发并生产 -35 号柴油。同年，燕山石化生产液化石油气 39.96 万吨，其中为北京市居民供应商品液化石油气 15 万吨。中国石化股份公司润滑油北京分公司生产润滑油 2.25 万吨，其中高档润滑油 645 吨。

2003 年，燕山石化炼油厂 80 万吨 / 年航空煤油加氢精制装置建设初可行性研究报告获得批复，6 月 9 日开始场平。2004 年 4 月 6 日中间交接。5 月 6 日，一次开车成功，生产出 3 号航空煤油。6 月 10 日，产品通过国产航空油料鉴定委员会鉴定。12 月，项目竣工验收，交付生产单位。装置以炼油厂第一、二、三套常减压装置的第一航煤馏份油为原料，经过加氢精制生产商品质航空煤油，装置处理能力 80 万吨 / 年，设计年开工时间 8400 小时。该项目由中国石化石油化工科学研究院提供工艺包，北京燕化石油化工设计院负责工程设计。项目概算投资 5895.37 万元，实际投资 5884.69 万元。2004 年，燕山石化分公司炼油厂生产航空煤油 8.11 万吨。

2003 年，燕山石化生产的无铅汽油中含硫量降至 500ppm。2004 年 6 月 2 日，燕山石化生产的 100 吨 98 号高清洁汽油投放北京市场，燕山石化成为国内首家进入北京最高标号汽油市场的供应商。

2004 年 7 月 2 日，北京燕山石化 1000 万吨原油改造工程启动，总投资 22.47 亿元。2005 年 3 月 15 日开工建设，2006 年 12 月 11 日，改造工程正式中间交接，进入开工准备阶段。该工程新增占地面积 23 公顷。项目批复概算投资 31.75 亿元（不含工艺方案变动部分）。2007 年 6 月 22 日，全部新建 6 套工艺装置全部实现一次开车成功，生产出符合欧Ⅳ排放标准汽柴油，成为中国生产符合欧Ⅳ排放标准汽柴油的千万吨炼油基地。项目建设内容新建 5 套工艺装置、改造 3 套工艺装置及储运和公用工程配套。其中，5 套新建工艺装置分别为：800 万吨 / 年常减压蒸馏装置、140 万吨 / 年延迟焦化装置、200 万吨 / 年高压加氢裂化装置、5 万标准立方米 / 时制氢装置、第二套新区三废处理联合装置；3 套扩能改造装置分别为：氢氟酸烷基化装置恢复生产及扩能改造、200 万吨 / 年重油催化裂化装置 MIP-CGP 改造、储运系统和公用工程系统配套改造。

2005 年 1 月 21 日，燕山石化 120 万吨 / 年 S-Zorb 催化汽油吸附脱硫装置建设可行性研究报告获得批复，8 月开工建设。2007 年 4 月 30 日中间交接，5 月 1 日投入试运行，6 月 4 日产出合格产品。该工程采用美国 Conoco Philips 公司开发的催化汽油吸附脱硫（S-Zorb）专利技术，装置设计规模 120 万吨 / 年，年开工时间为 8400 小时。项目新建一

图7-1　燕山石化860万吨／年常减压蒸馏装置（2004年摄）

套 120 万吨／年 S-Zorb 催化汽油吸附脱硫装置，生产硫含量低于 10ppm 的低硫清洁汽油产品。中国石油化工股份有限公司批准该工程概算投资 2.07 亿元，实际投资 1.93 亿元。

2005 年，燕山石化生产出符合欧Ⅲ排放标准的京标 B 柴油，硫含量降至 150ppm。壳牌统一（北京）石油化工有限公司生产的"统一"牌润滑油，通过 ISO/TS 16949 和 ISO 14001 国际体系认证，被国家质检总局授予国家质量免检产品称号。2006 年 9 月，"统一"牌润滑油被国家质检总局评定为中国名牌产品。

2006 年，中国石化股份公司润滑油北京分公司的润滑油全自动调和和灌装生产线年生产能力 20 万吨，可生产内燃机油、液压油、机动车制动液等 800 多个牌号的中高端产品。

2007 年，燕山石化 1000 万吨／年炼油改扩建工程投产，主要生产 93 号、97 号、98 号汽油，生产的符合欧Ⅳ排放标准的汽油中含硫量降到 50ppm 以内，污染物含量进一步降低。2008 年，燕山石化生产汽油 202.3 万吨、航空煤油 85.18 万吨、柴油 354.8 万吨。

2010 年，燕山石化加工原油 1099.5 万吨。石油产品主要包括汽油、航空煤油、柴油、润滑油、液化石油气和石蜡。生产航空煤油 116.1 万吨、汽油 247.69 万吨，其中京标Ⅳ清洁汽油 182.73 万吨；生产的柴油牌号为 0 号车用柴油、-10 号柴油、-20 号柴油、-35 号车用柴油，产量为 314.54 万吨，其中京标Ⅳ清洁柴油 87.77 万吨；生产商品液化石油气 11.98 万吨；生产润滑油基础油 26.53 万吨；生产半精炼蜡、全精炼蜡、食品包装蜡、食品蜡、黄石蜡（粗石蜡）等石蜡产品 9.16 万吨。

2010 年，北京规模较大的润滑油生产企业有壳牌统一（北京）石油化工有限公司、中国石化润滑油北京分公司和中国石化润滑油燕化分公司。壳牌统一（北京）石油化工有限公司的"统一"牌润滑油在全国各地销售的产品有 3300 多种，用户涉及汽车、摩托车、钢铁、采矿、工程、油田、农业、电梯等众多行业，除标准产品外，还研发生产专业定制产品。中国石化润滑油北京分公司生产高档润滑油脂产品 160 万吨，有内燃机油、齿轮油、液压油、发动机冷却液、机动车辆制动液、合成油脂、润滑脂等 800 多个牌号。中国石化润滑油燕化分公司生产包装润滑油 10.8 万吨，有六大类 35 个品种，包装形式有 1000 升、200 升、20 升和散装 4 种。

中国石化润滑油北京分公司

前身为 1958 年成立的北京煤炼油示范厂，位于海淀区安宁庄西路 6 号。1962 年 1 月改称北京 621 厂。1980 年改称长城高级润滑油公司。1998 年以长城高级润滑油公司为核心组建成立了长城润滑油集团有限公司。2000 年改称中国石化长城分公司。2002 年 5 月划归中国石化润滑油公司。2006 年 1 月更名为中国石化润滑油北京分公司。2007 年，公司通过 ISO/TS 16949 质量管理体系认证、HSE 职业健康安全和环境管理体系认证以及 GJB 9001B 质量管理体系认证。2010 年，公司拥有先进的润滑油全自动调合和灌装生产线、合成油脂和润滑脂生产装置，年生产能力 20 万吨。主要产品有车用润滑油、汽车保养品、工业用油、船用发动机油、金属加工用油、合成润滑剂、润滑脂等，广泛应用于航空、航天、汽车、机械、冶金、矿采、石油化工、电子等领域。当年，长城润滑油经营总量 160 万吨，在中国品牌 500 强中排名第 52 位。

燕山石化炼油系统

前身是 1967 年 2 月 14 日成立的北京东方红炼油厂，原油年加工能力 250 万吨。1969 年 9 月，一期工程减粘、常减压、催化裂化 3 套生产装置投产。1970 年，减粘装置改造为常减压装置，原油年加工能力达到 450 万吨。1973 年新建一套常减压装置，原油年加工能力达 700 万吨。1989 年 9 月，该厂被划为国家大型一类企业。1993 年，一蒸装置馏易地改造，使该厂原油年加工能力增加到 850 万吨。1998 年 11 月 1 日，二催化装置改造投产，是中国第一套按全减压渣油设计的催化裂化装置，1999 年通过 GB/T 19002–ISO9002 质量体系认证。2000 年 2 月，中国石化集团公司整体重组改制，成立中国石化股份公司，炼油厂生产系统随中国石化股份公司在美国、欧洲和中国香港上市。2007 年，燕山石化年原油加工能力 1000 万吨炼油改扩建工程投产，成为国内第一家生产国标 IV 清洁油品的千万吨级企业。2008 年 12 月 8 日，炼油系统进行专业化重组，根据装置的专业特点并结合分布情况，重组为炼油一厂、炼油二厂、炼油三厂和储运一厂 4 个单位。炼油一厂包括三蒸馏、四蒸馏、高压加氢、延迟焦化、二制氢、"三废"、污油浮选环保设施 7 套装置。炼油二厂包括一蒸馏、一催化、二催化、三催化、连续重整、中压加氢、一制氢、气分、烷基化、航煤加氢、汽油吸附脱硫、干气提浓、制硫、北火炬、柴油加氢、芳烃抽提、余热采暖 17 套装置。炼油三厂包括二蒸馏、丙烷脱沥青、酮苯脱蜡、糠醛精制、白土精制、石蜡脱氢、汽油加氢、柴油碱洗、石蜡成型等 9 套装置。储运一厂包括油品车间、第八作业部的储运部分、厂区内新老原油罐区及航煤罐区。2010 年，北京市原油加工能力 1000 万吨以上，全部为中国石油化工集团所属北京燕山石油化工有限公司生产。燕山石化炼油生产装置主要分布在下属的三个炼油厂，主要生产装置有 800 万吨 / 年常减压装置、250 万吨 / 年常减压装置、300 万吨 / 年常减压装置、200 万吨 / 年重油催化裂化装置、80 万吨 / 年催化裂化装置等。

壳牌统一（北京）石油化工有限公司

1993年成立，是由壳牌控股的专业润滑油生产企业。1994年6月，"统一"牌系列车用润滑油投产，形成5个系列108个品种生产能力。1999年6月，在大兴区黄村镇芦城开发区建设生产基地，占地21公顷，总投资2.9亿元。2005年12月，"统一"润滑油被国家质检总局授予国家质量免检产品称号。统一润滑油公司通过ISO/TS 16949和ISO 14001两大国际体系认证。在全国31个省、自治区、直辖市所有的地级市场均设有直供经销网点，拥有1200多家直供总经销商、97000多家零售商和终端用户，销售网络覆盖全国除港澳台以外的所有市县市场。公司在行业内率先采用德国SAP公司R/3 ERP系统，实现与无线物流（RF）系统的集成。还建有同行业中数据库规模较大的汽车护理专业互联网，实现实时互动的电子商务。2010年，公司产品覆盖汽车用油、摩托车用油、工业用油、工程机械用油及润滑脂、刹车油、不冻液、汽车护理品等石油化工领域。设有北京、咸阳、无锡3个工厂，年综合生产能力60万吨。

中国石化润滑油燕化分公司

1996年成立，是中国石化润滑油直属企业，位于房山区燕山栗园西里1号。同年，燕化成立高级润滑油有限公司，将炼油厂润滑油调和系统、化工三厂润滑油生产车间等润滑油生产单位进行重组，下设3个润滑油调和厂。其中，第一调和厂年生产能力3万吨，第二调和厂年生产能力20万吨，第三调和厂年生产能力1万吨。1997年12月，该公司从意大利引进的3.5升/桶和200升/桶两条小包装罐装生产线投产，年生产能力3万吨。1998年6月，根据中国石化集团的战略部署，该公司与长城高级润滑油公司重组成立了中国石化长城润滑油集团有限公司，取名为长城润滑油燕化分公司。2002年6月随长城润滑油集团有限公司整体进入中国石化润滑油公司。同年，公司通过ISO/TS 16949质量管理体系认证和HSE职业健康安全和环境管理体系认证。2010年，该公司主要产品有车用润滑油、汽车保养品、工业用油、船用发动机油、金属加工用油、合成润滑剂、润滑脂等，拥有25万吨/年优质基础油资源和较为便捷的交通运输条件，有20升灌装线3条，200升自动、半自动灌装线5条。当年生产包装油10.8万吨。

第二节 化学原料及制品

1998年3月15日，燕山石化3万吨/年丁基橡胶项目开工，1999年12月28日产出合格丁基橡胶，2003年10月竣工验收。该装置采用淤浆法，以高纯度的异丁烯和异戊二烯为原料，三氯化铝为引发剂，高纯度氯甲烷为溶剂，在−100℃左右的低温下进行阳离子共聚反应生成丁基橡胶，生产能力为 3 万吨 / 年，年操作时间 7200 小时。项目批复总投资 10.99 亿元，实际完成 10.94 亿元（含新增未完工程 2604.23 万元），节约投资 566.78 万元。交付使用财产 10.68 亿元，其中固定资产 9.94 亿元，流动资产 258.99 万元，无形资产 6982.06 万元，递延资产 136.62 万元。2006 年 3 月，燕山石化丁基橡胶扩能改造项目可行性研究报告得到中国石化集团公司批复，项目投资 1.88 亿元，2008 年 5 月 28 日改造完成。丁基橡胶年生产能力由 3 万吨提高到 4.5 万吨。2009 年，燕山石化投资 4.55 亿元，对丁基橡胶装置进行改造。2010 年 4 月 28 日，项目中间交接，设计溴化丁基橡胶生产能力 3 万吨 / 年。10 月 21 日，装置一次试车成功，为国内首套溴化丁基橡胶装置。

1999 年，北京有多家化工企业生产工业与民用化工原料及制品。其中，有机化工原料及制品系列主要包括乙烯、丙烯、丁二烯、苯酚、丙酮、乙二烯、丁 / 辛醇、环氧乙烷、乙二醇、1- 己烯、间苯二甲酸、对二甲苯、间二甲苯等；无机化工原料及制品系列主要包括烧碱、盐酸、硫酸等；合成树脂与塑料系列主要包括聚乙烯树脂、聚丙烯树脂、聚苯乙烯、超高分子量聚乙烯、EVA 树脂、聚乙烯醇、聚醋酸乙烯乳液、VAE 乳液、丙烯酸、丙烯酸脂和塑料等；工业气体主要包括氧气等；合成橡胶系列主要包括丁二烯橡胶（顺丁橡胶）、丁基橡胶、溴化丁基橡胶、苯乙烯 - 丁二烯嵌段共聚物（SBS）等；炼焦化学品主要包括焦炉煤气、焦炭、萘、苯、蒽醌等。

1999 年，燕山石化顺丁橡胶产量 10.42 万吨。丁二烯橡胶（顺丁橡胶）主要用于轮胎工业，还可以用于防震材料及耐寒性要求较高制品。燕山石化苯乙烯 - 丁二烯嵌段共聚物（SBS）主要指道路沥青原料，主要产品牌号有 1301 型、1401 型、4402 型、4403 型、4452 型等。北京化工二厂股份有限公司与北新建材股份有限公司合资建立的北新建塑有限公司，从欧洲引进先进设备和技术，年生产能力 PVC 塑钢门窗型材 2 万吨、塑钢门窗 40 万平方米。燕山石化从事编织袋生产、经营、销售的企业有 5 家，编织袋年产能力 6000 多万条。生产塑料制品的主要原料是聚丙烯、聚苯乙烯、聚氯乙烯、聚对苯二甲酸、乙二醇酯等，根据原材料硬度和密度不同，生产出不同用途的塑料制品。

1999 年，燕山石化生产乙烯 53 万吨、丙烯 47.33 万吨、乙二醇 7.71 万吨、间苯二甲酸 5850 吨、间二甲苯 31 吨。北京普莱克斯实用气体有限公司主要产品有氧气、氮气、氩气、氦气；液氧、液氮、液氩、液氦及高纯气体、特种气体、笑气等。氧气年生产能力 1 亿立方米。

2000 年 3 月 6 日，国务院批准的燕山石化集团公司 66 万吨 / 年乙烯改扩建项目土建开工，2001 年 9 月陆续建成中间交接，2004 年 3 月竣工生产。项目建设规模为乙烯装置由年生产能力 45 万吨扩建至 66 万吨（标定为 71 万吨 / 年），制苯装置裂解汽油处理能力由年 30 万吨扩建至年 41.5 万吨，丁二烯抽提装置由年 3.5 万吨扩建至年 6.5 万吨，新建年生产能力 20 万吨高压聚乙烯装置，新建年生产能力 20 万吨高压聚丙烯装置先期建成。同时改造部分公用工程及辅助设施。66 万吨 / 年乙烯裂解炉改造工程采用荷兰 KTI 公司工艺包和基础设计，10 万吨 / 年乙烯裂解炉采用中国石化与美国鲁姆斯公司合作开发的工艺包和基础设计。乙烯装置分离系统改造采用美国鲁姆斯工艺包，日本 TEC 公司承担冷区、压缩

图7-2 燕山石化71万吨/年乙烯装置（2005年摄）

区的基础设计。20万吨/年高压聚乙烯装置采用美国艾光森技术，日本三井造船公司承担基础设计。20万吨/年聚丙烯装置采用美国阿莫柯公司气相聚丙烯工艺，建成后成为当时亚洲单线生产能力最大的聚丙烯装置。乙烯改扩建工程所用材料、设备大部分为国产，部分使用专利设备和进口设备。该工程批复总投资36.32亿元（含外汇8471.05万美元），其中基建投资34.83亿元（含外汇788.78万美元），建设期贷款利息1.48亿元。实际投资36.29亿元，节余219.06万元。工程财务决算总成本列支36.29亿元。其中交付固定资产34.90亿元，无形资产1.37亿元，递延资产130.76万元。2002年4月2日，美国ABB鲁姆斯公司、日本东洋公司、中国石化工程公司的专家对燕山石化66万吨/年乙烯改造工程进行现场考核，确认燕山石化乙烯生产能力达到每小时88.75吨、8000小时71万吨的设计指标，乙烯回收率达到99.5%，所有生产设备均运转正常。市政府环保、安全、消防等部门也到现场实地验收。2004年4月12日，燕山石化66万吨/年乙烯改扩建项目通过竣工验收，乙烯年生产能力由45万吨提高到71万吨。

2000年，燕山石化成立塑料分公司。生产的塑料制品主要有板材、管材等，生产的注塑制品主要有洗衣机内桶、肉食周转箱、蔬菜周转箱、啤酒周转箱、组合书架、杂物架、组合抽屉、饭盒、小板凳、旱冰鞋轮、儿童玩具等。注塑吹制品有增粘聚酯桶；热成型制品有航空水杯、冰淇淋杯。挤出塑料制品有塑料片材、管材等各种规格，当年产量1040吨。

2000年，燕山石化共有3套聚丙烯树脂生产装置，可生产粒料和粉料两种规格。生产聚丙烯树脂27.80万吨，其中粒料27.07万吨、粉料7250吨。生产间苯二甲酸4623吨，聚苯乙烯4.52万吨，丁基橡胶4055吨。燕山石化生产丙酮5.67万吨，间二甲苯4086吨，苯乙烯－丁二烯嵌段共聚物（SBS）2.81万吨。北京东方化工厂生产乙烯16.85万吨，突破原装置年15.12万吨设计生产能力。生产丙烯34.41万吨、苯酚9.24万吨。

2001年12月，燕山石化合成橡胶事业部的15万吨/年MTBE装置技术改造可行性研究报告得到批复，2003年4月15日土建动工，7月15日完成中间交接，7月25日投料试车，2004年12月竣工验收。装置改造后MTBE（甲基叔丁基醚）年生产能力由7.5万吨提高至15万吨，装置年操作时间由7200小时提高到8000小时。北京燕化石油化工设计院承担工程基础设计和详细设计任务，北京燕化建筑安装公司完成土建工程和安装工程。项目批准投资2585万元，实际投资2581万元，节约资金约4万元。

2002年9月，燕山石化丁基橡胶装置产品质量合格率90%以上，取得国外知名橡胶轮胎公司的原料采购认证权。

2003 年 8 月 20 日，燕山石化第一聚丙烯装置改造工程可行性研究报告获得批复，2004 年 7 月 1 日开工，2005 年 6 月 24 日建成中交，7 月 7 日投料试车一次成功。项目采用美国 BP- 阿莫科公司的气相聚丙烯专利技术，在原有的第一聚丙烯装置南侧新建聚合反应区，改造原有的第一聚丙烯装置粉料输送系统，利用原有的第一聚丙烯装置的挤压造粒和包装码垛部分，改造后第一聚丙烯由一条生产线组成，年产 12 万吨聚丙烯粒料产品，包括均聚物和无规共聚物。工程划分 3 个单位工程，经石油化工工程质量监督总站授权燕山石化分站核定，单位工程合格率 100%。中国石油化工股份有限公司批准改造工程总投资 2.85 亿元，实际投资 2.63 亿元，交付固定资产 2.28 亿元，无形资产 3502.83 万元。

2003 年，燕山分公司对 8 万吨 / 年苯酚丙酮装置进行扩能改造，2004 年正式生产。项目主体投资 1.27 亿元，改造工程范围包括异丙苯单元、氧化提浓分解中和单元、精馏单元、回收单元和装置内部的蒸汽凝水系统、丙烯冷却系统以及相关的控制室和配电室的改造。改造后年生产能力达到 16 万吨，与改造前的 2002 年相比，苯酚产量增加 3.40 万吨，丙酮产量增加 2.34 万吨。

2003 年，北京有机化工厂生产醋酸乙烯 9.76 万吨，聚乙烯醇 1.68 万吨，水溶树脂 6106.1 吨，乙烯 - 醋酸乙烯共聚物乳液 5.41 万吨，乙烯 - 醋酸乙烯共聚物树脂 4.11 万吨，聚醋酸乙烯乳液 8550.1 吨，聚醋酸乙烯树脂 14.53 吨，药膜 115.4 吨，聚醋酸乙烯乳液 8550.1 吨。

2004 年 6 月，燕山石化研究院开发的"年产 500 吨乙烯三聚制 1- 已烯成套中试技术开发"项目通过中国石化集团公司鉴定。同年，燕山石化苯酚、丙酮产量 16.31 万吨。

2005 年 8 月 2 日，燕山石化 5 万吨 / 年 1- 已烯装置可行性研究报告获得批复，2006 年 3 月 20 日开工建设，2007 年 4 月 17 日建成中交，5 月 18 日 1- 已烯装置系统接入溶剂庚烷，正式进入油运阶段，6 月 17 日产出合格产品，已烯纯度达到 99%。装置年操作时间为 8000 小时。项目新建一套 5 万吨 / 年 1 - 已烯装置，由辅助生产区（包括控制室、配电室及办公室）、生产设备区和罐区三部分组成。项目实施阶段采用"E+P+C+ 监理"的管理模式。建筑面积 538.26 平方米，土石方 47095 立方米，混凝土 4522 立方米，钢结构 910 吨，静设备 76 台，机械设备 76 台件，工艺管线 13.8 公里，给排水管线 4.69 公里，电气设备 54 台件，仪表设备 834 台件，电缆 105.98 公里，道路 12710 平方米。项目基础设计批复总概算 1.56 亿元（含外汇 140.81 万美元），其中建设资金 1.45 亿元，建设期贷款利息 300.49 万元，铺底流动资金 730 万元。实际投资 1.43 亿元，形成固定资产 1.28 亿元，无形资产 1500 万元，递延资产 6.58 万元。

2006 年 2 月 28 日，东方石化公司化二股份公司、有机化工厂成立搬迁改造工程指挥部。3 月 28 日，发布公告，确定于 2007 年年底前实现停产或搬迁。化二和有机化工厂均位于朝阳区大郊亭。6 月 6 日，燕山石化与信达资产管理公司、东方资产管理公司签署《北京东方石油化工有限公司股权转让协议》，受让信达与东方所持有的北京化二控股股东东方石化的全部股权。收购完成后，燕山石化及东方石化控制化二股份总数的 58.1%，成为实际控股人。股权转让价款约33.03亿元，全部由中国石化集团以其自有资金一次性支付。东方石化搬迁改造主要项目有：有机化工厂4套装置搬至燕山石化，东方化工厂、助剂二厂装置扩能等。2008年6月11日，东方石化公司化二、有机搬迁工程新建VAE装置包装厂房，第一批设备开始安装。2009年年底完成所有生产装置中交，投产试运行。

2010年5月，燕山石化自主开发的新产品聚乙烯涂层专用料出口1500吨到瑞士。同年，燕山石化建成并投产间二甲苯和间苯二甲酸扩能改造等5个项目，总投资8.30亿元，生产间二甲苯3.79万吨；燕山石化合成橡胶事业部合成橡胶厂按产品分类改为橡胶一厂、橡胶二厂。橡胶一厂主要生产顺丁橡胶产品、SBS产品、丁苯橡胶等，橡胶二厂生产丁基橡胶产品。

2010年，北京生产工业与民用化工原料及制品的企业主要有三家，即北京有机化工厂、北京东方亚科力化工科技有限公司和燕山石化。其中，燕山石化是北京生产工业与民用化工原料及制品的最大企业。

2010年，燕山石化生产乙烯97.19万吨（燕山石化本部完成84.16万吨，东方石化完成13.03万吨）、丙烯53.28万吨、高密度和低密度聚乙烯60.24万吨、聚丙烯树脂45.29万吨、苯酚20.29万吨、丙酮12.58万吨、乙二醇6.34万吨、1-己烯2.02万吨、间苯二甲酸2.05万吨、工业硫酸15.3万吨、聚苯乙烯5.17万吨、塑料制品3.86万吨、丁基橡胶3.56万吨、顺丁橡胶14.7万吨、苯乙烯－丁二烯嵌段共聚物（SBS）9.22万吨。北京东方亚科力化工科技有限公司丙烯酸系列产品年生产能力5万吨，生产丙烯酸系列产品3.13吨。北京普莱克斯实用气体有限公司生产管道氮气6767.8万立方米、瓶装纯氮41.9万立方米、液氧5万吨、液氮5万吨。北京有机化工厂生产化工产品31.01万吨，其中醋酸乙烯16.26万吨、聚乙烯醇2万吨、水溶树脂0.53吨、醋酸乙烯－乙烯共聚物乳液7.83吨、乙烯－醋酸乙烯共聚物树脂4.40吨。

2010年，北京生产的合成树脂有低密度聚乙烯、高密度聚乙烯、聚苯乙烯、聚丙烯以及改性专用树脂等产品，产量125.43万吨，专用料86.86万吨，生产纯苯、乙烯、丙烯、丁二烯、间二甲苯、苯乙烯、乙二醇、苯酚/丙酮等化工原料219.53万吨，生产合成橡胶27.52万吨。

燕山石化化工系统

2010年年底，燕山石化化工系统主要有化工一厂、化工二厂、化工三厂、化工六厂、化工七厂、化工八厂、橡胶一厂、橡胶二厂8个生产单位，生产覆盖乙烯、树脂、橡胶、基础化学品等多类化学制品原料。

化工一厂前身为前进化工厂裂解车间和乙二醇车间，主要有裂解、乙二醇两套生产装置。裂解制乙烯装置是20世纪70年代中国引进的第一套30万吨/年乙烯装置，1973年8月29日破土动工，1976年5月8日投料生产。1992年1月11日，经国家计委、国务院经贸办公室批准立项，实施第一轮改扩建，1994年9月22日一次开车成功，乙烯年生产能力从30万吨提高至45万吨。1999年3月18日，经国务院批准实施第二轮改扩建，2000

年 3 月 15 日破土动工，2011 年 11 月 13 日产出合格产品，乙烯年生产能力从 45 万吨提高至 71 万吨。

化工二厂前身为聚丙烯事业部，主要有第一聚丙烯、第二聚丙烯、第三聚丙烯三套生产装置，生产能力超过 45 万吨 / 年。第一聚丙烯装置于 2005 年 7 月由第二轮乙烯改扩建配套工程原第一聚丙烯改造而成，年产聚丙烯粒料 12 万吨。第二聚丙烯装置是第一轮乙烯改扩建配套工程，1992 年 3 月开始建设，1994 年 7 月投产，设计生产能力 4 万吨 / 年，主要用于生产专用料。第三聚丙烯装置 1997 年 1 月开始建设，1998 年 12 月建成，2001 年 5 月进行扩能改造，生产能力达 28 万吨 / 年，可生产 70 多种牌号聚丙烯产品。

化工三厂前身为化学品事业部，主要有一苯酚、二苯酚两套生产装置，可生产苯酚、丙酮两种化工产品。一苯酚装置 1986 年建成投产，2003 年 11 月扩能改造，苯酚、丙酮生产能力 16 万吨 / 年，其中苯酚生产能力 9.88 万吨 / 年，丙酮生产能力 6.12 万吨 / 年。二苯酚装置前身为 1986 年建成投产的间甲酚装置，1995 年技术改造后生产苯酚、丙酮，经过 2000 年、2001 年两轮扩能改造生产能力达到 8 万吨 / 年，其中苯酚生产能力 5 万吨 / 年，丙酮生产能力 3 万吨 / 年。

化工六厂前身为原前进化工厂高压车间、二高压车间、低压车间，主要有高压、二高压、低压三套聚乙烯生产装置，可生产多种牌号的聚乙烯粒料。高压聚乙烯装置建成于 1976 年，共有 3 条生产线，总生产能力 18 万吨 / 年，2007 年装置第三线划归北京华美聚合物有限公司，用于生产醋酸乙烯共聚物树脂（EVA），年产 6 万吨，委托化工六厂进行安全管理。二高压聚乙烯装置是第二轮乙烯改扩建配套装置，2001 年 6 月开始建设，生产能力 20 万吨 / 年。低压聚乙烯装置是第一轮乙烯改扩建配套装置，1993 年开始建设，1994 年 9 月建成投产，1997 年扩能改造，生产能力 16 万吨 / 年。

化工七厂前身为原前进化工厂制苯车间、苯乙烯车间、聚苯乙烯车间，主要有制苯、苯乙烯、聚苯乙烯三套生产装置。制苯装置始建于 1976 年，1994 年作为第一轮乙烯改扩建配套工程进行技术改造，2001 年作为第二轮乙烯改扩建配套工程再次改造，生产能力达到 10 万吨 / 年。苯乙烯装置始建于 1987 年，2000 年、2001 年分别对烃化单元、乙苯脱氢单元进行改造，整体设计生产能力达到 8.4 万吨 / 年。聚苯乙烯装置始建于 1989 年，设计生产能力 5 万吨 / 年，主要生产通用级和高抗冲击级两大类聚苯乙烯产品。

化工八厂前身为聚酯事业部，主要有间二甲苯、间苯二甲酸（PIA）、1- 己烯 3 套生产装置，可生产间二甲苯、间苯二甲酸、1- 己烯三种化工产品。间二甲苯装置始建于 1999 年，设计生产能力 3.56 万吨 / 年；2009 年 8 月进行扩能改造，2010 年 2 月一次开车成功，产能提高至 8 万吨 / 年。间苯二甲酸装置前身为始建于 1979 年的精对苯二甲酸装置，1997 年改造换产间苯二甲酸，设计生产能力 3 万吨 / 年，是当时国内唯一一套间苯二甲酸装置；2008 年 12 月进行扩能改造，2010 年 3 月一次开车成功，生产能力提高至 5 万吨 / 年。1- 己烯装置于 2006 年 3 月开始建设，2007 年 4 月中间交接，设计生产能力 5.16 万吨 / 年，是国内首家乙烯三聚制 1- 己烯工业化生产装置，主产品 1- 己烯，副产品 1- 癸烯。

橡胶一厂由原合成橡胶事业部划分重组而成，主要有顺丁橡胶、丁苯橡胶、DMF 抽提丁二烯、乙腈抽提丁二烯、丁基锂五套生产装置，可生产六大橡胶品种 28 个牌号的化工产品。顺丁橡胶装置始建于 1978 年，经过多轮技术更新和扩能改造，1999 年年底生产能力达到 11.2 万吨 / 年，2005 年新增聚合釜，生产能力达到 13.6 万吨，是国内单套生产能力最大的顺丁橡胶装置。丁苯橡胶装置始建于 1993 年，设计生产能力 1 万吨 / 年；1998 年 8 月扩能改造，生产能力提高至 3 万吨 / 年，2002 年 10 月聚合单元新增一条生产线、扩建一套 4 万吨 / 年新凝聚及后处理装置，截至 2010 年年底，装置总体生产能力达到 9 万吨 / 年。DMF 抽提丁二烯装置是燕山石化建设 30 万吨 / 年聚乙烯装置时引进的配套装置，1974 年 6 月开始建设，1976 年 6 月建成投产，设计生产能力 4.5 万吨 / 年，经过多次技术改造，2000 年生产能力达到 7.2 万吨 / 年，2010 年年底实际生产能力达到 14.7 万吨。乙腈抽提丁二烯装置始建于 1970 年，设计生产能力 1.5 万吨 / 年；1986 年、1994 年分别进行两轮改扩建，生产能力提高至 3.5 万吨 / 年；2001 年配合乙烯第二轮改扩建进行第三轮改扩建，生产能力提高至 6.5 万吨 / 年。丁基锂装置始建于 1993 年，设计生产能力 16 吨 / 年；1996 年后处理系统技术改造，生产能力提高至 70 万吨 / 年。

橡胶二厂由原合成橡胶事业部划分重组而成，主要有 4.5 万吨 / 年丁基橡胶、溴化丁基橡胶、MTBE（甲基叔丁基醚）合成、MTBE 裂解、9 万吨 / 年丁基橡胶五套生产装置。4.5 万吨 / 年丁基橡胶装置始建于 1997 年，设计生产能力 3 万吨 / 年，是国内第一套丁基橡胶装置；2007 年 7 月扩能改造，2008 年 5 月建成投产，生产能力提高至 4.5 万吨 / 年。溴化丁基橡胶装置于 2009 年 4 月开始建设，2010 年 10 月一

图7—3　燕山石化公司化工系统专业化重组动员大会（2008 年摄）

次开车成功，设计生产能力 3 万吨 / 年，采用自主研发技术，填补国内空白，打破国外企业对溴化丁基橡胶市场的垄断。MTBE 合成装置始建于 1996 年，设计生产能力 7.5 万吨 / 年；2003 年装置进行扩能改造，设计生产能力达到 15 万吨 / 年。MTBE 裂解装置始建于 1998 年 9 月，1999 年 5 月建成投产，设计生产能力 3.5 万吨 / 年；2004 年装置进行扩能改造，设计生产能力提高至 5.6 万吨 / 年。9 万吨 / 年丁基橡胶装置于 2009 年 4 月批准建设，2010 年年底仍在建设中，设计生产能力 9 万吨 / 年。

北京有机化工厂

1965 年建成投产，总投资 8993 万元。1970 年自行设计、安装年产 1000 吨的水溶树脂釜式生产装置，1975 年建成年产 600 吨聚醋酸乙烯乳液装置，1976 年建成 200 吨醋酸乙烯－乙烯共聚装置，企业由单一品种发展为多种品种。1998 年 6 月进行醋酸乙烯扩建工程，生产能力增加到 2 万吨／年。2002 年 12 月，该厂划归北京东方石油化工公司，更名为东方石化公司有机化工厂。2007 年，该厂作为北京奥运会环境治理工程的搬迁项目，将原六套化工装置从朝阳区迁至燕山石化聚丙烯事业部厂区内，并对部分装置实施改扩建。项目总投资 15.6 亿元，占地 22 万平方米。2009 年 10 月 15 日醋酸乙烯－乙烯共聚装置投料开车，12 月 5 日醋酸乙烯一列装置投料开车。2010 年 1 月 7 日乙烯－醋酸乙烯共聚物装置投料开车，1 月 15 日聚乙烯醇装置投料开车，4 月 25 日醋酸乙烯二列装置投入生产。醋酸乙烯年产能达 18 万吨，醋酸乙烯－乙烯共聚乳液年产能达 10 万吨，还可年产 2.7 万吨聚乙烯醇和 4 万吨醋酸乙烯－乙烯共聚树脂。该厂是国内连续化、规模化生产超高分子量聚乙烯树脂的厂家，年设计产能 4 万吨，产品质量在国内处于领先水平，是全国最大的乙烯－醋酸乙烯共聚物生产基地。2010 年，北京有机化工厂有职工 1220 人，生产各类化工产品 31.01 万吨。2003 年至 2010 年，北京有机化工厂共生产醋酸乙烯 70.73 万吨、聚乙烯醇 11.31 万吨、PVAC 树脂 110.53 万吨、水溶树脂 3.85 万吨。

北京东方化工厂

1978 年创建，是"六五"期间国家重点建设工程之一，是国内第一个丙烯酸及酯类产品生产基地。1984 年，从日本引进 3 万吨／年丙烯酸及配套 1.5 万吨／年丙烯酸甲酯、1.5 万吨／年丙烯酸乙酯、1.5 万吨／年丙烯酸丁酯装置，填补国内空白。1991 年建成投产第二套 1.5 万吨／年丙烯酸装置。1994 年建成投产 15 万吨乙烯及配套 5 万吨／年环氧乙烷生产装置。1998 年再次扩能丙烯酸及酯，建成投产 3 万吨／年丙烯酸及 3 万吨／年丙烯酸丁酯，是国内规模最大的丙烯酸及酯类产品生产厂。2002 年年底，东方化工厂与有机化工厂、化工二厂及化二股份公司、化工四厂、助剂二厂，从北京市化学工业集团有限责任公司剥离重组进入北京东方石油化工有限公司，由中国石化集团公司燕山石化公司代为管理。2008 年 10 月，环氧乙烷／乙二醇扩能至 6.5 万吨／年。

图7-4 20世纪90年代，北京东方化工厂

北京东方亚科力化工科技有限公司

2000年5月成立，注册资金2000万元，是集科、工、贸为一体的高新技术企业。公司科研开发、生产实体由原化工部丙烯酸系列产品技术开发中心和原东方化工厂研究中心中试车间、羟基酯车间、碳五分离车间以及化工原料储罐区等合并组成。公司专业生产经营丙烯酸聚合物系列产品、丙烯酸酯单体、丙烯酸羟基酯和官能单体、戊烷系列、甲基丙烯酸甲酯、苯乙烯等化工产品，下辖6个子公司，产品覆盖建筑涂料、水性工业涂料、防水建材、墙体保温体系、纸品加工、皮革制剂、纺织助剂、玻纤改性剂、黏合剂等领域。2001年，公司通过ISO 9001质量体系、ISO 14001环境管理体系和GB/T 28001-2001职业安全健康管理体系认证。公司拥有先进的分析、检测仪器及生产控制装置。公司研究中心是国内首家系统研究开发丙烯酯聚合物系列产品的技术部门，由博士、硕士及具有多年研发经验的中、高级工程师组成，与美国、日本、韩国大型聚合物生产企业的研发机构保持长期技术合作，常年聘请国外资深聚合物专家指导产品开发工作。2010年，公司与清华大学项目合作，开发多功能复合乳液系列产品。2010年，公司有员工203人，丙烯酸系列产品年生产能力5万吨，生产丙烯酸系列产品3.12万吨。

第三节　精细化工制品

1999年至2010年，北京市精细化工产品中，试剂系列主要为甲醇，助剂系列包括塑料助剂、聚丙烯催化剂、聚乙烯催化剂、炼油催化剂和其他催化剂，涂料、油墨系列主要包括化工染料、颜料，胶合剂系列主要包括感光材料、电子信息材料、硝酸银、荧光粉等，专用化学品主要包括锂电池电解液。

20世纪90年代末，北京染料厂开发出粒状靛蓝和可湿性靛蓝、低铁离子靛蓝、高纯靛蓝、黑靛蓝等新剂型、新规格产品。

1999年，北京市化学工业研究院研制的高导电炭黑填充PP材料和军用蓄电池专用耐低温阻燃MPPO材料，填补了国内空白。自主研发的"开发"牌工程塑料，有六大类25个系列上百个规格的改进工程塑料产品以及热塑性聚酯弹性体、水性聚氨酯胶黏剂等功能材料。

2001年，北京染料厂以有机颜料、还原染料、分散染料、硫酸等四大系列产品为支柱，形成年产还原染料1500吨、有机颜料2000吨、分散染料2000吨、硫酸10万吨的生产规模。2002年，北京染料厂生产靛蓝染料1566吨。2003年，北京市北方办公用品公司开始研发生产硒鼓产品，包括惠普、佳能、三星、爱普生、利盟、兄弟、联想、施乐、理光等系列共计1200多种型号。2004年，中国石油化工股份有限公司催化剂北京奥达分公司生产的聚丙烯催化剂有7个系列。

2005 年 2 月 22 日，北京华腾工程新材料有限责任公司成立，主营业务是生产、研发和销售工程塑料系列产品，主要有 PBT、PPO、PA6、PA66、PA11、PET、PPS 等，应用于电子、电器、机械、仪器仪表、汽车和纺织等行业；胶黏剂（聚氨酯胶黏剂）系列产品，主要应用于食品包装；塑料助剂，应用于农膜、消雾剂、稳定剂等。2006 年，北京华腾天海环保科技有限公司采用国内先进的生产工艺技术和 DCS 控制系统，开始生产甲醛，年产能 37% ~ 50% 浓度甲醛 7 万吨。当年生产 4.06 万吨。甲醛为有机原料，主要用于塑料工业、合成纤维、皮革工业等产品的制作。2005 年，北京华腾新材料股份有限公司开始生产 PBT、PA6、PA66、PET、MPPO、PPS 等工程塑料系列产品，产品应用于电子、电器、机械、仪器仪表、汽车和国防等领域，"开发牌" PBT 工程塑料获得北京市名牌产品称号，产品出口到欧洲、东南亚和南美洲等地，年生产能力 1.5 万吨。

2007 年 6 月 26 日，北京化学试剂研究所生产能力为 1000 吨 / 年的锂离子电池电解液项目试车成功。2010 年 9 月，北京化工集团启动 3000 吨 / 年锂离子电池电解液二期（技改）扩产项目工程建设，总投资 1.12 亿元，年总产能达到 4000 ~ 5000 吨。2010 年，北京化学试剂研究所生产锂离子电池电解液 976 吨，生产一次电解液 174 吨。

2010 年，北京市化学工业研究院生产工程塑料 8000 吨。北京华腾天海环保科技有限公司生产甲醛 4.17 万吨。北京华腾新材料股份有限公司塑料助剂年生产能力 3500 吨，其中流滴剂为国家级新产品。

2010 年，全市规模以上涂料生产企业主要有金刚化工（北京）有限公司、北京通海工贸有限公司、北京展辰化工有限公司、富思特制漆（北京）有限公司、北京市通州互益化工厂等 62 家，年生产涂料 22.75 万吨。全市规模以上染料生产企业 2 家，其中北京染料厂生产靛蓝染料 3278 吨。全市规模以上油墨生产企业有北京中钞锡克拜安全油墨有限公司等 10 家，生产油墨 1.11 万吨。

北京化工厂

1950 年成立，是一家技术密集型、生产多门类化学产品的大型国有企业。1997 年，该厂通过 ISO 9001 质量管理体系认证。1999 年，该厂有职工 1827 人，销售额 2.5 亿元。主要产品有化学试剂、精细化工产品、瞬干黏合剂（502 胶）、照相化学品（硝酸银）、荧光材料等。产品用于工业、农业、军工、科研、医疗卫生、食品加工等领域。其中化学试剂、彩色荧光粉、照相级硝酸银等产品多次获北京市名牌产品称号。2006 年，该厂完成搬迁改造，通过 ISO 14001 环境管理体系、GB/T 28001 职业健康管理体系的认证。2010 年，该厂有职工 163 人，销售额 1.2 亿元。

北京助剂二厂

1958 年 8 月，在公私合营炼油厂基础上改建，名为北京炼油厂。1966 年 8 月改名为北京石油化工厂。1979 年 2 月定名为北京助剂二厂。1992 年 11 月投资 1.02 亿元，建成年产1万吨级超级高分子量聚乙烯生产装置。2002年12月，该厂划归北京东方石油化工公司，更名为东方石化公司助剂二厂。该厂超高分子量聚乙烯树脂年生产能力1万吨，居国内首位、世界第三。2002年工厂搬迁后试车成功，生产出2274.15吨超高分子量聚乙烯。2003年至2010年，东方石化公司助剂二厂生产低压聚乙烯16.40万吨，其中2010年生产低压聚乙烯2.51万吨。

北京化学试剂研究所

1958年成立，是中国第一个专业性化学试剂及精细化学品的研究和生产机构。1989年年初，迁至朝阳区西大望路17号北京化工厂试剂所科研楼。1999年通过ISO 9001质量管理体系认证。2006年在大兴区华腾化工园区内建设电解液一期工程。2008年被北京市武装科研生产单位保密资格审查认证委员会批准为三级保密资格单位。2009年为北京市股权激励改革试点单位。2010年获中国石油和化学工业联合会颁发的（A级）石油和化工企业质量检验机构定级证书。2010年，该所形成六大系列产品，即锂离子电池电解液（年生产规模1200吨），锂电池电解液（年生产规模300吨），超净高纯试剂（年生产规模300吨），高纯物质，新型扩散源，有机、无机精细化学品，完成销售额1.08亿元。1999年至2010年，该所生产的锂离子电池电解液获5项国家专利。

北京市化学工业研究院

1958年成立，主要从事精细化工、高分子材料等领域的研究与开发，是国内最早从事工程塑料研究和生产的科研院所。该院工程塑料生产基地设在顺义空港经济开发区和浙江余姚梁辉经济开发区。1999年，该院研制的高导电炭黑填充PP材料和军用蓄电池专用耐低温阻燃MPPO材料填补了国内空白。21世纪初，该院形成完整的研发和生产自主创新体系，拥有国家通用工程塑料工程技术研究中心、北京工程塑料合金技术实验室及北京市高分子材料质量监督检验站等一批资质机构，产品覆盖精细化工品合成、聚酯合成、工程塑料改性、化学品分析检测等领域。研究院自主研发"开发"牌工程塑料，有PBT/PET、PA6/PA66、PPO、PP、PPS、ALLOY等六大类25个系列上百个规格的改进工程塑料产品以及热塑性聚酯弹性体、水性聚氨酯胶黏剂等功能材料，所有产品符合欧盟ROHS指令和REACH法规要求。研究院建立ISO 9001、TS 16949、ISO 14001、GB/T 28001质量环境安全管理体系，所有产品取得UL认证，通过索尼公司GP认证和施耐德公司双绿认证。2010年，该院有职工314人。顺义区空港工业区生产基地拥有先进的生产和分析检测设备，其中进口设备近三成，年产工程塑料8000吨，产品主要出口或服务跨国公司在华生产需要。

中国石油化工股份有限公司催化剂北京奥达分公司

1993年3月成立，主要产品为高效聚烯烃催化剂，产品涵盖聚丙烯和聚乙烯催化剂两大领域，广泛应用于聚丙烯的环管、气相、淤浆、间歇本体等生产工艺，以及聚乙烯的淤浆法和气相法生产工艺。1999 年，通过 ISO 9001 质量体系认证。2010 年，公司位于通州区中关村科技园通州园光机电一体化产业基地兴光五街 13 号，有 8 套生产装置，拥有生产聚烯烃催化剂产品所需的现代化分析检测仪器，水、电、汽等配套公用工程和环保治理设施。

北京华腾新材料股份有限公司

2005 年 2 月 22 日，北京华腾工程新材料有限责任公司成立，由北京市化学工业研究院和 7 名自然人代表各出资 50%，为北京化工集团系统内国有控股三级企业，位于海淀区中关村北大街 123 号。主营业务为生产、研发和销售工程塑料系列产品，主要有 PBT、PPO、PA6、PA66、PA11、PET、PPS 等，应用于电子、电器、机械、仪器仪表、汽车和纺织等行业；胶黏剂（聚氨酯胶黏剂）系列产品，主要应用于食品包装；塑料助剂，应用于农膜、消雾剂、稳定剂等。公司下辖 6 个子分公司，分别为广东国望精细化学品有限公司、河北华腾万富达精细化工有限责任公司、北京华腾新材料股份有限公司北京分公司、余姚市凡伟工程塑料有限公司、广东华南精细化工研究院有限公司、北京科方创业科技企业孵化器有限公司。2006 年 9 月，通过中国船级社质量认证公司的质量 / 环境管理体系认证。企业商标注册有"普力泰"（中文商标）和"HTENPLAS"（英文商标）、"聚特"（中文商标）和"FINICE"（英文商标）。2010 年 12 月 30 日，公司更名为北京华腾新材料股份有限公司，注册资本 2600 万元，职工 292 人。1999 年至 2010 年，公司生产的锂离子电池电解液获 5 项国家专利。

北京华腾天海环保科技有限公司

2006 年 12 月成立，是北京化学工业集团有限责任公司投资 3905 万元组建的全资子公司，地址在大兴区安定镇华腾化工科技园区，占地约 2.8 公顷，主要生产甲醛和废试剂、溶剂回收产品。该公司是为解决北京市危险化学废物的统一回收和循环利用，在北京市环保局支持下专门建立的北京市唯一有化学废物回收、处理资质的化工企业。公司建设有 50 吨 / 年废化学试剂、6000 吨 / 年废化学溶剂的回收处理生产装置，是北京区域内甲醛的唯一生产厂家，年产 37% ～ 50% 浓度的甲醛 7 万吨，该装置采用国内先进的生产工艺技术和 DCS 控制系统。2006 年至 2010 年，公司生产甲醛 14.23 万吨，其中 2010 年生产甲醛 4.17 万吨。2010 年，公司有职工 294 人，注册资本 500 万元。

第四节　橡胶制品

20 世纪 90 年代至 2010 年，北京市生产的橡胶制品主要有轮胎外胎、胶鞋、橡胶手套。
1991 年 8 月 19 日，北京轮胎厂从意大利 PIRELLI 公司引进的年产 30 万套子午胎生产线竣工，生产出合格的无内胎子午线轮胎。1999 年 11 月，北京瑞京乳胶制品有限公司生产的雪莲牌橡胶医用手套、橡胶检查手套，获中国产品质量监督检查中心中国著名品牌称号。2002 年，北京华腾橡塑乳胶制品有限公司鲸鱼牌、雪莲牌获得北京市著名商标称号，乳胶手套、橡胶板、橡胶轴辊等 6 种产品获北京市优质产品称号。乳胶制品、胶板、钓鱼靴、雨鞋等产品销往北美、南美、欧洲、东亚、西亚等 40 多个国家和地区。

2010 年，北京华腾橡塑乳胶制品有限公司生产家用手套 7238 万副、电子级丁腈手套 2175 万副、高等级医用手套 8627 万副、专用检查手套 7610 万只。北京市轮胎外胎生产企业有北京首创轮胎有限公司一家。北京市规模以上胶鞋生产企业有 2 家，即北京华腾橡塑乳胶制品有限公司和北京宜刚鞋业公司。其中，北京宜刚鞋业公司生产胶鞋、搪注塑鞋、钓鱼靴、特种劳动防护用品（鞋类）及其他鞋类产品，生产能力为 100 万双 / 年；当年生产钓鱼靴 89 万双，全胶鞋 100 万双。

北京华腾橡塑乳胶制品有限公司

前身为 1956 年建立的化工集团橡胶塑料制品厂，2002 年与北京乳胶厂合并改制，成立北京华腾橡塑乳胶制品有限公司。位于通州区次渠工业开发区，占地面积 15 万平方米。注册资金 1.37 亿元，固定资产 4.1 亿元。主要经营乳胶制品、橡胶制品生产加工，乳胶、橡胶制品生产设备的加工、安装，进出口业务等。主要产品有乳胶医用、家用手套和乳胶制品，橡胶板材和片材，工业用模压和挤出橡胶制品，再生橡胶，橡胶轴辊和橡胶毯，全胶鞋和钓鱼靴、裤，胶布制品等。企业产品注册商标有鲸鱼牌、盾牌、星际牌、复佳牌、雪莲牌。生产的高洁净丁腈乳胶防护手套由引进美国 NOKTH 公司的自动化生产线，结合具有自主知识产权的生产工艺、配方进行生产。该公司是美国英特尔公司中国唯一指定洁净手套供应商，具有年产医用检查手套 1 亿只、医用手术手套 7000 万副的生产能力。2002 年至 2010 年，公司获得软件著作权、外观设计、实用新型国家专利 12 项。2010 年，公司有员工 2400 人，销售收入 6.7 亿元，利润 1050 万元。

北京首创轮胎有限责任公司

前身为 1970 年建立的北京轮胎厂，厂址位于海淀区德胜门外西三旗东，后搬迁至房山区城关街道顾八路二区 1 号。1999 年 1 月，经过对原生产线的技术改进，年产 70 万条子午胎工程通过国家验收。1999 年 12 月更名为北京首创轮胎有限责任公司，以研发、生产和销售乘用轻卡子午胎、工程斜胶胎为主，产品注册商标为 BCT、京轮、盾、奥特嘉等。公司为国有大型一类轮胎企业，多年跻身世界轮胎 75 强之列，综合经济实力在中国轮胎行业中列第 15 位，半钢子午胎前 5 名。2000 年至 2006 年，公司分别在房山区和河北省徐水建设新厂。其中，房山项目总资产 16 亿元，占地面积约 42 公顷；年生产能力 1000 万条半钢子午胎，年销售收入 25 亿元。2010 年，公司生产轮胎 366.8 万条。

第二章　冶金工业

北京冶金工业有黑色冶金、有色金属两个产业。

1919 年，官商合办龙烟铁矿股份有限公司在石景山建立炼铁厂。1958 年 8 月，石景山钢铁厂改组成立石景山钢铁公司，由冶金部、北京市政府双重领导，冶金部主管。10 月，北京市冶金局成立。1966 年 9 月，石景山钢铁公司改名为首都钢铁公司。1983 年 1 月，北京市冶金局撤销，该局所辖 21 个黑色冶金单位全部划归首都钢铁公司。1992 年 2 月，首都钢铁公司改名为首钢总公司。首钢总公司成为以总公司为母公司暨核心企业，以资本为纽带，由企业法人组成的跨地区、跨行业、跨所有制、跨国经营的联合体。1998 年年底，首钢集团有成员单位 83 家，分布在 18 个省区市及 4 个国家地区的 14 个行业。

1999 年，首钢产铁 717.56 万吨，产钢 734.26 万吨，成品钢材产量 686.93 万吨。首钢总公司改制为国有独资公司，将转炉钢主流程 7 个厂组成股份公司，首钢股份 A 股上市。年底，首钢有职工 20.66 万人。2000 年，首钢将转炉钢主流程 11 个厂及特钢生产部分组成新钢公司，实施政策性"债转股"。2002 年，首钢用于环保投资 2.5 亿元，相当于首钢年利润的 30.2%。特钢公司南区、西区炼钢、铁合金厂等设备关停，消除 48 个污染源。2003 年，为响应北京奥运的环境保护政策，首钢开始向河北转移和接续产能。2004 年，迁钢、首秦公司投产后，首钢钢铁业开始向"集中整体、分层能级"的管理体制转变。总公司对 4 家钢铁业的子公司，即"一业四地"（北京、迁钢、首秦、京唐）统一调控战略资源、统一平衡资金、统一技术研发、统一质量品牌管理。2005 年，国务院批准首钢搬迁调整方案。2006 年，首钢京唐钢铁联合有限责任公司曹妃甸围海造地一期工程 11.95 平方公里吹填施工全面竣工，造地围堤总长度 19.97 公里，吹填量 5486 万立方米，形成陆地标高 4.5 米。曹妃甸煤炭码头建设开工，首钢电力厂曹妃甸钢铁大厂发电建设项目启动。

2007 年，顺义冷轧公司、首钢京唐钢铁联合有限责任公司先后投产。2007 年至 2008 年，首钢北京地区实施分阶段压产计划，压产 400 万吨，烧结机阶段性停产。2005 年至 2009 年，首钢通过开发新项目、退休、内退、面向社会分流等渠道，累计安置富余人员 3.45 万人。2010 年年底，首钢北京地区的烧结、炼铁、炼钢等黑色冶金生产系统设备全部关停。

2010 年，首钢集团产铁 3174 万吨，产钢 3154 万吨，销售收入 2346 亿元，实现利润 19.72 亿元，在世界 500 家最大企业中排名第 326 位。首钢在中国企业自主创新 TOP100 中排名第 5 位，获得国家专利授权近百个项目，完成"十一五"国家科技支撑计划"新一代可循环钢铁流程工艺技术"项目的 12 项课题。集团职工总数 7.1 万人。首钢集团共有成员单位 77 家，其中国有独资母公司 1 家，境内全资子公司 19 家，境内控股企业 36 家，关联紧密的改制子公司 17 家，境外企业 4 家。

北京曾是全国重要的有色金属工业基地之一。随着首都城市发展功能定位的逐步形成和调整，北京有色金属工业逐步走向适合首都环境和发展需要的低消耗、低污染、高附加值的新产品之路。2002 年 4 月，市政府决定隆达控股作为北京市有色金属工业总公司及其所属企业国有资产出资人代表，经营管理有色总公司及其所属企业的国有资产。北京市有色金属工业总公司适应市场，找准自身定位，转变经营管理方式，逐步淘汰落后产品，培育发展高新技术产品。

2010 年，北京市有色金属工业总公司拥有所属国有独资、控股、参股企事业单位 14 家。其中，北京金鹰铜业有限责任公司等 5 家企业均获北京市级高新技术企业称号。公司占地面积 31.32 万平方米，建筑面积 15.82 万平方米，有职工 1107 人，净资产 7.61 亿元，营业收入 32.57 亿元，利润 1597.9 万元。该公司形成的键合金、银丝系列，铜基、铝基、锡基焊料及合金产品，以及软钎焊料、超塑合金、军品等数百个产品系列，分别应用于航空航天、国防、电力、电子信息、汽车、纺织机械配套等行业。

第一节　烧结矿和球团矿生产

1999 年，首钢在北京、迁安两地生产高炉炼铁用烧结矿和球团矿。其中，烧结矿由股份公司炼铁厂、矿业公司烧结厂生产，共有机上冷却式烧结机 14 台，产能 1209 万吨；球团矿由密云铁矿、矿业公司球团厂生产，产能 125 万吨。股份公司年产烧结矿 724 万吨，矿业公司年产烧结矿 440 万吨，球团矿 72 万吨，密云铁矿年产球团矿 31 万吨。首钢烧结余热回收装置、在线吹扫旋流脱水器获得专利授权。设计院研发的高效热管换热器，在两地烧结系统应用 7 套，用烧结余热生产蒸汽，获得北京市科学技术进步奖二等奖。股份公司改造一烧结车间原料、除尘系统。矿业公司开发重油磁乳化技术，烧结机点火油耗由 5 千克 / 吨下降到 2.3 千克 / 吨。与北京科技大学开发曲面再辐射聚焦点火技术，开发小球团烧结技术，烧结料层厚度 580 毫米，设备利用系数、固体燃料消耗、电耗指标得到改善。小球团烧结矿兼有烧结矿、球团矿的固结特性，运到首钢的产品粉末率由 28% 下降到 23%。

1999年首钢烧结矿和球团矿设备一览表

7-1表

项目	生产系统	设备名称及数量	技术装备水平	产能
烧结矿	炼铁厂一烧结车间	90平方米烧结机/4台	国内先进	609万吨
	炼铁厂二烧结车间	90平方米烧结机/1台 75平方米烧结机/3台	国内一般	
	矿业公司烧结厂	97.5平方米烧结机/6台	国内先进	600万吨
球团矿	矿业公司球团厂	18.35平方米回转窑/1座	国内先进	100万吨
	密云铁矿	32平方米球团炉/1座	国内一般	25万吨
合计产能	烧结矿产能1209万吨，球团矿产能125万吨			

2000 年，首钢设计院、矿业公司在球团回转窑基础上建立试验模型，研制关键设备，开发链箅机—回转窑—环冷机球团生产技术，形成国内首创以煤为燃料的球团生产新工艺，2001 年至 2002 年效益 0.63 亿元。2003 年，采用该技术建设矿业公司球团二系列，回转窑直径 5.9 米，长 38 米，有效面积 22.48 平方米，设计年产球团矿 200 万吨的生产设备投产，开创国内建设大型球团生产线的先例。首钢设计院先后为鞍钢、武钢等 23 家国内外钢铁企业建设 27 条球团生产线，推动炼铁炉料结构优化，获得冶金科技一等奖。可调式皮带机清扫器、链箅机挠性轴箅床、链箅机可调式铲料板、链箅机头保护装置获得专利授权。同年，矿业公司烧结矿产量超过设计能力 12.6%。设计院、环保处研制水平带式真空过滤机，对烧结污水中的含铁污泥进行脱水处理，形成国内首创的旋转滤筛、二次浓缩、水平带式真空过滤机三段脱水新工艺，脱水后的泥渣回用于烧结，对废水进行综合利用，消除环境污染。

2004 年，对一烧结车间机头、料仓、供料系统进行污染源的深度治理，改造台车滑板、松料器等，单机产量增加 4%，提高了产品合格率、碱度稳定率、转鼓强度优质率。二烧结车间实现混合料水分在线检测和远程自动控制。6 月，由首钢设计院设计的首秦一期 150 平方米烧结机投产，设计产能 150 万吨。首秦现代化钢铁厂新技术集成与自主创新获得冶金科技二等奖、北京市科技二等奖。10 月，迁钢一期工程投产。烧结厂加宽 3 号机台车，完成二次混合、电子秤、烧结机自动润滑、可逆皮带自动倒仓、变频除尘风机、电能自动采集、灰制粒、电除尘和皮带岗位无动力除尘、烧结分析系统改造，增产提效，节能减排，烧结矿转鼓指数、品位稳定率、劳动生产率在国内同行业排名第一，烧结矿优质率连续 6 年保持行业领先水平。球团厂实施造球机传动、窑尾热装斗提、除尘灰回收、余热回收等 46 项改造革新，9 项技术经济指标有 7 项排名国内同行业第一。密云铁矿退出首钢集团序列。

2005 年，首秦公司与技术研究院研发全进口矿烧结技术，原料由磁铁矿改为赤铁矿，原料粒度由精矿细粉改为富矿粗粉，形成高品位、低硅、高性能短流程烧结工艺，年效益 0.5 亿元。首秦 2 号 150 平方米烧结机投产，公司烧结矿总产能为 300 万吨。股份公司试验全进口矿烧结，停用地方产的高价精矿粉，进口矿配用比由上年的 38.6% 提高到 55.6%，年效益 0.96 亿元。完成烧结机自动润滑、二烧结车间机头机尾密封、配料电子秤升级项目。矿业公司球团矿产量超过两个系列的设计能力。

2006 年，股份公司改造一烧结系统，料层厚度由 550 毫米增至 700 毫米，固体燃料消耗降低 7.2 千克／吨，改善烧结矿的冶金性能，产量提高 1.87%。首秦公司提高烧结矿质量，品位稳率、碱度稳定率分别排在国内同行业第二位、第四位。

2007 年，股份公司按照市环保局《冶金、建材行业及其他工业窑炉大气污染物排放标准》的要求，对烧结机头、机尾烟尘排放指标实行在线监测。与技术研究院、矿业公司研究高碱度烧结技术，年效益 0.57 亿元。股份公司烧结矿产量 808.94 万吨，超过设计能力 200 万吨，54 次刷新生产纪录，产品合格率、优质率、氧化亚铁含量、转鼓强度指标达到历史最好水平。12 月 31 日，首钢北京地区实施第一阶段压产计划，二烧结车间 2 台烧结机停产。

2008 年，首钢北京地区实施第二阶段、第三阶段压产计划，二烧结车间设备全部关停，一烧结车间 2 台烧结机阶段停产。自动化信息技术公司研发烧结智能专家系统，首秦公司改进烧结配料布料工艺，提高产品质量和劳动生产率，降低燃耗，年效益 0.6 亿元。矿业公司烧结厂建成 1 台 360 平方米烧结机，采用紧凑型布局、水分在线监控、环冷机自动卸灰、气力输灰、风机变频、智能控制系统，单机产能 370 万吨。烧结机自动布料控制系统、立式连续混合机获得专利授权。

2009 年 5 月，京唐 500 平方米烧结机、580 平方米环冷机投产，设计产能 507.5 万吨。烧结系统与进口矿粉的粒度配合，对燃料进行预筛分，采用全自动化闭路控制等新技术。12 月，京唐 2 号 500 平方米烧结机投产，京唐公司烧结矿总产能 1015 万吨，优化配矿烧结工艺，梯形布料的厚度达到 830 毫米。同年，股份公司完善"低负荷、低点火、低亚铁"烧结工艺，烧结矿转鼓指数、氧化亚铁含量、工序能耗达到历史最好水平，固体燃料消耗 32.25 千克／吨。

2010 年 8 月，由首钢国际工程公司、京唐公司与德国 OUTOTEC 公司合作，在京唐建设 1 台 504 平方米带式球团焙烧机，球团矿产能 400 万吨，生球干燥、预热、焙烧、冷却使用一台设备，适合以进口赤铁矿为原料生产球团。烧结矿热风冷却试验装置、利用烧结工艺处理废旧电池的方法和系统获得专利授权。球团厂 138 个监测点平均粉尘浓度 4.71 毫克／立方米。京唐公司完善烧结、球团工艺，以智能控制提高生产稳定性，小于 10 毫米粒级的烧结矿比例由 32% 下降到 27%。烧结余热发电烟气温度调节装置、烧结矿冷却方法、低硅含镁球团及其生产方法、城市污泥作为烧结矿原料的利用方法、烧结料层点火温度场测试装置与方法、量化引流砂烧结性试验方法、获取烧结过程中铁矿粉高温特性的方法、热风烧结试验装置、大型烧结机二混前置中间仓、低二氧化硅高性能烧结矿的制备方法、烧结机梯形布料装置、烧结在线可调式梯形多层鼓风松料器等技术获得专利授权。

1999—2010年首钢烧结矿和球团矿产量及主要指标统计表

7-2表

指标	企业	1999年	2000年	2001年	2002年	2003年	2004年	2005年	2006年	2007年	2008年	2009年	2010年
烧结矿产量（万吨）	股份	724.21	729.49	731.47	748.82	756.62	669.66	751.53	764.01	808.94	449.35	416.52	401.54
	矿业	440.42	479.51	530.09	575.21	675.77	655.47	747.18	728.28	804.48	840.72	910.60	1129
	首秦	—	—	—	—	—	61.44	129.24	227.50	310.51	323.47	340.29	334.77
	京唐	—	—	—	—	—	—	—	—	—	—	307.39	704.74
	合计	1165	1251	1262	1324	1432	1387	1628	1720	1924	1614	1975	2570
球团矿产量（万吨）	密云	31.77	32.79	36.00	34.56	35.41							
	矿业	72.23	61.38	102.36	113.92	176.43	268.33	312.66	336.68	355.04	367.24	382.82	382.88
	京唐	—	—	—	—	—	—	—	—	—	—		85.30
	合计	104.00	94.17	138.36	148.48	211.84	268.33	312.66	336.68	355.04	367.24	382.82	468.18
烧结矿合格率（%）	股份	99.92	99.78	99.11	99.71	99.47	99.54	99.92	99.83	99.71	99.73	99.85	94.51
	矿业	95.38	92.31	98.52	98.91	97.93	97.62	99.24	99.01	99.50	93.88	99.16	99.86
	首秦	—	—	—	—	—	—	97.59	99.22	98.72	98.21	99.17	99.78
	京唐	—	—	—	—	—	—	—	—	—	—		97.45
烧结矿固体燃耗（千克/吨）	股份	46.57	42.47	43.12	38.91	39.14	39.16	43.58	43.06	41.57	41.87	32.25	40.40
	矿业	48.98	45.91	44.34	43.78	43.12	45.95	48.19	46.63	46.10	48.29	48.33	46.00
	首秦	—	—	—	—	—	—	59.35	53.06	56.40	54.43	53.74	51.56
	京唐	—	—	—	—	—	—	—	—	—	—		52.79

说明："—"表示无相关数据资料。

2010年年底，首钢北京地区烧结系统设备关停。不包括联合重组企业，首钢共有烧结机11台，合计产能2465万吨；球团设备3套，合计产能700万吨。

2010年首钢在用烧结矿和球团矿设备一览表

7-3表

企业	设备名称	数量（台）	单机产能（万吨）	产能合计（万吨）
矿业公司烧结厂	97.5平方米烧结机	6	130	1150
	360平方米烧结机	1	370	
矿业公司球团厂	18.35平方米回转窑	1	100	300
	22.48平方米回转窑	1	200	
首秦公司	150平方米烧结机	2	150	300
京唐公司	504平方米烧结机	2	507.5	1015
	500平方米球团焙烧机	1	400	400
三地总产能	烧结矿总产能2465万吨，球团矿总产能700万吨			

第二节　焦化生产

首钢从 1957 年开始向居民供应焦炉煤气，20 世纪 90 年代达到全市生活用煤气供应量的 1/4。1997 年，陕甘宁天然气进京后减少焦炉煤气供应量，2000 年 6 月停止市生活用供气。1999 年 6 月 16 日，由日本新日铁工程技术株式会社提供干熄焦（CDQ）技术，在首钢焦化厂一焦炉建设处理能力 65 吨 / 小时的 CDQ 装置动工，2001 年 1 月 19 日投产。该装置在封闭系统内循环使用惰性气体，吸收红焦的显热，与锅炉进行热交换，产生蒸汽，用于发电，避免了湿法熄焦废水雾气对环境的污染，提高焦炭质量，可以使高炉入炉焦比降低 2%，生铁产量提高 1%，对提高炼焦行业的生产、节能、环保水平具有示范作用。首钢获得干熄焦室、水封式导烟器、吊挂式导烟器等专利授权。同年，首钢焦化厂有 5 座炼焦炉，主要工序为洗备煤、炼焦、煤气回收净化、化工产品精制。焦炭产能 190.7 万吨，产量 192.7 万吨。其中，冶金焦 187.11 万吨，焦丁 1.89 万吨，焦末 3.73 万吨；焦炉煤气 1362 万吉焦（含商品煤气 162 万吉焦）；化工产品包括焦油 7.8 万吨，沥青 3.66 万吨，苯类产品 3.28 万吨，硫酸铵 2.4 万吨，蒽油 1.54 万吨，萘类产品 1.35 万吨，混油 1.54 万吨。焦炭、焦炉煤气主要供首钢使用。

1999年首钢焦化厂炼焦设备一览表

7–4表

设备名称	设备型号	碳化室数（孔）	碳化室容积（立方米）	焦炭产能（万吨）	投产时间	技术装备水平
一焦炉	JN60–82型	50	43.15	47	1992.7	国内先进
二焦炉	58型改造	31	16.3	17	1964.11	国内一般
三焦炉	58–Ⅱ型	61	23.9	40	1994.4	国内先进
四焦炉	58–Ⅱ型	65	23.9	43.35	1977.6	国内先进
五焦炉	58–Ⅱ型	65	23.9	43.35	1981.4	国内先进

2000 年，为达到北京市环保标准对 COD 化学需氧量的新要求，首钢新建污水处理厂，采用 A/O/A 硝化反硝化工艺及陶粒过滤器、活性碳吸附装置，使 COD、BOD、SS、油类污染物排放量分别减少 2632 吨、368 吨、2435 吨、62 吨，焦化废水的治理达到国内先进水平。从德国 TKEC 引进国际先进水平的改进型 A–S 煤气净化技术，焦化厂二回收系统进行煤气脱硫改造，处理能力 4.63 万立方米 / 时，2003 年投产，二氧化硫排放量减少 4000 吨，以氮封法消除化工异味，提高轻苯、硫黄产量，化工产品销售收入 1.33 亿元。焦化厂通过

技术攻关，解决 A-S 系统超负荷运行问题。

2002 年，首钢技术研究院研发焦化工艺处理废塑料技术，首次提出塑料与煤的反应机理，采用废塑料与煤共熔融方法，解决废塑料与煤混合不均难题，提高废塑料配加比例和焦炭强度，申报专利 8 项，通过北京市技术成果鉴定、北京市重点科技攻关课题验收，获得专利授权 3 项，完成工业化应用的装备开发和选型工作，形成治理城市废塑料污染的新技术，工艺技术达到国际先进水平。废塑料与煤共焦化处理设备、塑料破碎机、城市生活垃圾高温干馏系统、利用焦化工艺处理医院垃圾系统、利用废塑料提高冶金焦炭强度系统、脱水器自动排污式水封等获得专利授权。

2003 年，由首钢总公司、开滦集团、迁安市重点项目投资公司共同建设的迁安首钢焦化有限责任公司一期工程开工。2004 年,2 座 JN60 型焦炉各 55 孔投产,焦炭产能 110 万吨。冶金焦、焦炉煤气供迁钢使用，销售化工产品。2005 年，迁安首钢焦化有限责任公司改名为迁安中化煤化工有限责任公司（以下简称迁安中化公司），年产焦炭 107.04 万吨。其中，冶金焦 94.83 万吨，焦丁 3.81 万吨，焦末 8.33 万吨。产焦炉煤气 7782 万立方米，焦油 5.1 万吨，硫酸铵 1.26 万吨，粗苯 0.56 万吨，产量和技术指标达到设计要求。

2004 年，首钢建设 CDQ 二期工程，由三焦炉、一焦炉共用，干熄焦的抗碎强度 M40 达到 87%，CDQ 发电量提高 1 倍。首钢与美国钢铁联合公司合作设计四焦炉、五焦炉低水分熄焦项目，焦炭水分为 3.5%。改造配煤电子秤，24 项业务在 ERP 系统上线。焦化厂作业长制试点经验在首钢钢铁生产单位推广。提高焦炭强度的废塑料加工设备系统获得专利授权。

2005 年，首钢技术研究院、焦化厂开发焦化有机固废综合利用专利技术，将焦油渣、酸焦油、生化污泥制成炼焦型煤黏结剂，研制专用设备，建成年处理 4000 吨示范项目，实现了焦化有机固废无害化处理和资源化利用。

2006 年 5 月，首钢焦化厂二焦炉停产。该炉 1964 年 11 月投产，累计生产焦炭 649 万吨、焦炉煤气 26 亿立方米、化工原料 38 万吨。2006 年，首钢迁安中化公司二期工程 2 座 JN60-82 型焦炉各 55 孔、2 套处理能力各 140 吨 / 时的 CDQ 装置、2 套 1.5 万千瓦 CDQ 发电机组建成投产，焦炭总产能 220 万吨。年内生产焦炭 118.38 万吨。首钢设计院开发装煤除尘、拦焦除尘组合专有技术，减排大气污染物 3200 吨。利用焦化有机废弃物与弱黏结煤生产炼焦型煤设备系统、利用焦炉煤气熄焦设备、外跨皮带车除尘拦焦机获得专利授权。

2007 年 4 月，首钢向联合国注册迁安中化公司干熄焦清洁发展机制 CDM 项目。作为全球钢铁业第一个在联合国注册的干熄焦清洁发展机制 CDQ-CDM 项目，迁安中化公司每年向发达国家出售超过 20 万吨的二氧化碳减排指标，年效益约 1500 万元，项目文件对于申报 CDQ-CDM 项目具有示范作用。同年，焦炉烟道气干燥装置获得专利授权。焦化厂改造生化气浮池、四回收蒸氨塔、A-S 脱硫系统，清洁生产通过北京市环保局验收。

2008 年，首钢技术研究院研究岩相配煤技术，节约优质煤资源，提高焦炭冷态、热态强度。迁安中化公司年产焦炭 202 万吨，应用该技术产生直接效益 1051 万元。焦化厂应用该技术优化配煤比，提高焦炭质量和化工收得率。冶金焦炭镀碳增强装置、捣固焦炉装煤车两用防护罩、焦炭反应性及反应后强度测试系统获得专利授权。

2009 年，中化公司生产焦炭 214 万吨。三期工程 2 座 JN60 型焦炉各 55 孔投产，焦炭总产能 330 万吨，进入国内同行业前 20 名。生化水处理使用新药剂。首钢技术研究院、首钢焦化厂、首钢京唐西山焦化公司、首钢长钢公司开发应用弱黏性煤、高硫煤炼焦技术。首钢焦化厂年内优化配煤比 28 次，使用新西兰 1/3 焦煤、蒙古国 1/3 焦煤、枣庄 1/3 焦煤、青海焦煤、神木大同新矿点的煤种。在焦煤资源和运输紧张的情况下稳定生产，降低成本。京唐公司建设 4 座各 70 孔复热式环保型 7.63 米焦炉和 2 套 CDQ 装置。7.63 米焦炉单炉产能 105 万吨，京唐公司焦炭总产能达到 420 万吨。针对超大型 CDQ 技术难点，新日铁工程公司以三维数字仿真气流分析和 1:10 模型、1:1 模型的实验研究，解决了干熄槽容量大造成的温度场偏布、干熄效率恶化问题，经多次改进，确立最大处理量 280 吨/小时的 CDQ 技术，CDQ 装置的设计能力由 200 吨/小时提高到 260 吨/小时，最大能力 280 吨/小时。5 月 9 日京唐 1 号 CDQ 装置投产，8 月 5 日通过最大处理量的测试，各项指标达到设计要求。2010 年 1 月 21 日，京唐 2 号 CDQ 装置投产。

2010 年，首钢焦化厂生产焦炭 160.43 万吨，焦油 6.77 万吨，轻苯 1.5 万吨，焦炉煤气 6.81 亿立方米，蒸汽 39.15 万吨，CDQ 发电 0.71 亿千瓦时，化工产品销售 2.45 亿元。焦炉煤气供应特钢 0.44 亿立方米。12 月 21 日，该厂全面停产。迁安中化公司年产焦炭 302 万吨，其中，冶金焦 271 万吨，焦丁 2.9 万吨，焦末 16.8 万吨。一级焦、准一级焦达到迁钢的质量要求。生产焦油 13.7 万吨，硫酸铵 4 万吨，粗苯 3.7 万吨，焦炉煤气 6.9 亿立方米，CDQ 发电 2.4 亿千瓦时。工序能耗、硫化物、COD 排放量分别比三年节能减排计划的年度目标降低 10.59%、7.1% 和 10.47%。京唐公司 4 座焦炉生产稳定，年产焦炭 311.7 万吨，CDQ 年发电 2.24 亿千瓦时。顶装焦炉改为捣固焦炉的捣固站、捣固焦炉侧式装煤车除尘密封门、焦化产品提取实验装置获得专利授权。

1999—2010 年首钢焦化厂焦炭产量及冶金焦主要指标统计表

7-5表

产品	指标	1999年	2000年	2001年	2002年	2003年	2004年	2005年	2006年	2007年	2008年	2009年	2010年
焦炭	产量（万吨）	192.73	194.01	193.14	190.21	190.65	191.23	190.91	181.70	176.03	169.65	165.73	160.43
冶金焦	M40（%）	*	*	80.11	80.96	80.63	80.90	81.73	82.43	82.70	82.60	82.95	82.36
	灰分（%）	12.30	12.11	12.03	12.10	12.44	12.66	12.41	12.19	12.19	12.69	12.47	12.53
	硫分（%）	0.60	0.57	0.58	0.62	0.68	0.75	0.76	0.75	0.75	0.79	0.79	0.74

说明：*为1999年、2000年冶金焦抗碎强度的检验指标为M25，指标值分别为88.63%、88.68%。

第三节　炼铁生产

　　1998 年首钢拥有第一、第二炼铁厂。1999 年，两厂分别隶属新钢公司、股份公司，5座高炉合计产能 800 万吨。炼铁炉料、烧结矿由股份公司炼铁厂、矿业公司烧结厂生产，球团矿主要由矿业公司球团厂生产，焦炭由焦化厂生产，部分煤、焦由供应公司外购，其中喷吹煤全部外购，焦炭外购量超过用量的 50%。炼铁厂对原燃料进行筛分整粒。风水汽气动力、废水及高炉煤气回收服务由动力厂提供，炉顶发电及供电服务由电力厂提供，氧气、氮气等气体由氧气厂提供，高炉、铁水包所用耐火材料由第一、第二耐火材料厂提供，设备修造服务由机电公司、维护检修单位提供，自动化运行维护服务由自动化信息技术公司提供，运输服务由运输部提供。炼铁厂主要生产炼钢生铁，用鱼雷罐混铁车把铁水运到炼钢厂，兑入转炉炼钢。铸造生铁在炼铁厂用铸铁机造块，其产量比小于 1%。高炉水渣由首钢嘉华公司微细粉生产线加工成水泥掺合料。渣铁沟泥、除尘灰（瓦斯灰）等固体废弃物返回烧结工序，用作烧结配料。高炉煤气回收净化后，供给焦炉、轧钢加热炉、电力厂动力锅炉作为燃料使用。炼铁生产由首钢总公司生产部组织协调。首钢保有的专利技术有：高炉整体滑移安装推移设备、高效低耗高炉炉型、全烧高炉煤气高温高压电站锅炉、高炉煤气余压气力输灰装置、用于软水密闭循环冷却系统的硅系缓蚀剂、低压脉冲袋式除尘器、整体式铸钢冷却壁、炉缸炉底内衬结构、风口中套拆卸装置、高炉长寿型喷枪、无钟炉顶布料传动水冷齿轮箱密封装置、无料钟炉顶布料溜槽更换装置等。

1999年首钢高炉设备一览表

7-6表

企业	设备名称	有效容积（立方米）	生铁产能（万吨）	末次改造投产时间	技术装备水平
股份公司炼铁厂	首钢1号高炉	2536	204	1994年8月	国际水平
	首钢3号高炉	2536	204	1993年6月	国际水平
首钢第一炼铁厂	首钢2号高炉	1726	139	1991年5月	国际水平
	首钢4号高炉	2100	169	1992年5月	国内一般水平
	首钢5号高炉	1036	84	1990年4月	国内一般水平
合计		9934	800		

1999 年，首钢落实国家"控制总量、调整结构"的方针和自身调整炼铁生产计划、减产 10% 的要求，1 月 9 日 5 号高炉停产，10 月 10 日送风恢复生产。按照"优质、高产、低耗、安全、长寿"的方针组织生产，年产生铁 717.56 万吨，合格率为 100%，高炉利用系数 2.139 吨 /（立方米·日），入炉焦比 398.95 千克 / 吨。采用首钢技术研究院、炼铁厂开发的热风炉冷风、烟气流场匹配技术，热风温度提高 20 ～ 25℃。高炉泥炮组合炮嘴、冷却水测温计、高炉拨风保护装置获得专利授权。

2000 年，首钢设计院、炼铁厂研发高炉热压碳砖与陶瓷垫组合炉缸内衬。高炉煤气湿法除尘脱水器自动排污水封、便携式可流动性物料气压灌浆机获得专利授权。首钢全燃高炉煤气 220 吨 / 小时高温高压电站锅炉获得中国专利金奖、北京市科学技术奖一等奖、冶金科技一等奖。2001 年，在 3 号高炉试验喷吹阳泉无烟煤，月均喷煤比 162 千克 / 吨，入炉焦比 329 千克 / 吨，效益 2667 万元。高炉温控无吹扫多环降温装置、高炉热喷补喷射器获得专利授权。

2002 年 3 月 6 日，2 号高炉大修改造动工，5 月 23 日送风投产。采用国内首创的锻铜冷却壁、长寿热压小块碳砖、对煤气和炉料分布在线监测的新型十字测温和高温摄像装置、软水密闭循环冷却系统、风温为 1250℃ 的热风炉预热助燃技术、紧凑型长距离喷吹烟煤技术、人工智能高炉冶炼专家系统、炉顶余压发电技术，2 号高炉技术装备达到国际生产和环保的先进水平，年效益 7995 万元。其中，由首钢研究设计的属于国家技术创新计划项目的国内第一块锻铜冷却壁，在 2 号高炉试用成功。该技术集成温度场软件、热态模拟试验、铜冷却壁设计制造和安装应用成果，复合扁孔型带凸台铜冷却壁的导热性、性价比优于国外产品，延长高炉寿命，提高炼铁效率，直接效益 1752 万元，潜在效益 3.5 亿元，获得北京市科技一等奖、冶金科技一等奖、国家科技二等奖。同年，2 号高炉最大月均喷煤比 170 千克 / 吨，入炉焦比 297 千克 / 吨，效益 4973 万元。自动化信息技术公司开发高炉工长曲线系统，利用计算机的智能减少操作偏差。研制出 ZSY-5 型智能中子水分仪，在线监测炉料水分。首钢 3 座 220 吨燃煤动力锅炉掺烧 20% 的高炉煤气，每年可利用高炉煤气 6.77 亿立方米，减排二氧化硫 2335 吨。同年，防堵机械雾化喷枪获得专利授权。

2003 年至 2004 年，受焦煤资源紧张、外购焦炭质量大幅下降影响，首钢炼铁指标出现波动。首钢技术研究院、炼铁厂研究提高喷煤比，实施四制粉车间利用高炉热风废气项目。高炉紧凑型长距离制粉喷煤获得冶金科技二等奖。4 座高炉达到或超过 8 ～ 10 年的设计寿命，采用整体喷涂、硬质压入造衬、不停风带压灌浆、水箱清洗车等新技术，加强维护管理。在国内率先开发 2500 立方米级高炉的干湿两用炉顶余压发电 TRT 技术，1 号高炉、3 号高炉 TRT 机组发电量分别为 0.51 亿千瓦时、0.63 亿千瓦时，年效益 0.3 亿元。

2004 年 6 月，首秦 1200 立方米 1 号高炉投产，产能 92 万吨。采用联合料仓上料、高炉全软水冷却及全覆盖冷却壁、平坦化出铁场、螺旋法水渣处理及长寿渣沟、瓦斯灰罐车气力输送、无尘无湿卸灰等国内首创的新技术，以及热压碳砖与陶瓷垫组合炉缸内衬、助燃空气预热及卡卢金无燃烧室顶燃式高风温热风炉、紧凑型长距离制粉喷煤、全干法低压脉冲布袋除尘先进技术、高炉整体技术装备、自动化程度达到国内同级别高炉的先进水平，比传统工艺节约投资 1.61 亿元，运行成本降低 2253 万元。首秦钢铁厂新技术集成与自主创新获得北京市科技二等奖、冶金科技二等奖。首秦 1 号高炉是国内外首次采用高炉煤气全干法除尘的 1000 立方米以上高炉，其中气力输灰、罐车运送全密闭工艺为国内首创。全干法除尘具有节电节水、提高煤气热值、TRT 机组多发电、清洁生产、节省运行费用及排污罚款等特点，年效益 1482 万元。高炉煤气净化后，含尘 1.65 毫克/立方米，减排效果显著。该技术先后在首秦 2 号、迁钢 2 号、重钢 4 号、济钢 3 号、太钢 3 号高炉推广应用。高效长寿钢冷却壁、高效铜冷却壁、冷却壁固定支撑装置、顶燃式热风炉组合燃烧口装置、流态化喷煤混合器、流态给料机、半刚性铰链型流体输送管路、泥炮复合炮头、降料面用炉顶雾化喷水装置、高炉无冷区水箱等获得专利授权。同年 10 月，迁钢 2650 立方米 1 号高炉投产，产能 204 万吨。采用首钢第三代无钟炉顶、布料溜槽传动齿轮箱高效水冷、高炉上部调节、长寿耐磨材料、设备维护等新技术，年效益 2142 万元；采用高风温长寿热风炉、设计寿命为 15 年的高炉长寿技术、冲渣水去除细渣和节能节水清洁生产技术，项目投资比传统工艺节约 1.72 亿元，年效益 6158 万元。

2005 年 6 月，首钢落实压产方案，5 号高炉停产。该炉 1959 年投产，产能 84 万吨，最高年产量 96.8 万吨，累计产铁 2967 万吨，停产后年减排二氧化硫 48 吨，减少有组织、无组织粉尘排放 184 吨。

2006 年 5 月，首秦 1780 立方米 2 号高炉投产，产能 158 万吨。采用荒煤气管道烘干、入炉料烘干、全干法除尘快速引气、快速加风、快速降焦、快速降硅技术，出铁第三天高炉利用系数达到 2.28 吨/（立方米·日），创出国内外同级别高炉快速达产新纪录。同年，针对进口矿品种多、焦煤质量差、焦炭成分波动大、喷吹煤资源紧张的问题，系统采用低水分熄焦、分级破碎技术，提高焦炭质量，炼铁生产初步扭转焦炭消耗指标较高的局面，直接效益 1.67 亿元。通过向首秦、迁钢转移和接续产能，在清洁生产基础上，首钢生铁产量首次超过 1100 万吨，结束连续 10 年生铁产量在 700 万～800 万吨徘徊的局面。同年 12 月，迁钢 1 号高炉的入炉焦比达到 296 千克/吨。首钢自动化信息技术公司、炼铁厂将 1 号高炉 α 布料角控制精度由 ±0.5° 提高到 ±0.25°，布料角控制软件在炼铁厂 4 座高炉推广应用。

2007 年 1 月，迁钢 2650 立方米 2 号高炉投产，产能 204 万吨，出铁第四天的高炉利用系数达到 2.02 吨/（立方米·日）。首秦 1 号高炉用旋风除尘器解决全干法除尘入口管道积灰问题；研发高炉复合长寿沟盖，提高平坦化出铁场环保水平。首钢高炉热风炉高温预热工艺装置开发与应用获得北京市科技三等奖。首秦、迁钢铁前 MES 系统与北京铁路局铁路运输信息系统、首钢 ERP 系统、矿业公司等 MES 系统对接。首钢与全干法除尘相关的重力除尘器、布袋除尘器、罐车输灰装置、除尘灰自流式罐车运送装置、煤气升温装置、热管和蒸汽升温装置、除尘降温装置、安全放散装置、含尘量在线监测装置、干法除尘控制系统，以及高炉出铁口铰接式顶吸除尘装置、高炉分段控制冷却装置、冷却壁水冷管修复法、无料钟炉顶布料溜槽锁紧装置、鱼雷罐铁水口密封装置获得专利授权。同年，首钢技术研究院完成对喷吹煤的资源调查及合理配置研究，解决了喷吹煤资源缺口问题；新型顶燃式热风炉燃烧技术在首秦1号、迁钢2号高炉应用，年效益0.5亿元。首钢自动化信息技术公司、炼铁厂研发首钢3号高炉热风炉自动燃烧系统、首钢2号高炉冶炼专家系统。迁钢改造引进的喷煤枪，解决高炉风口结焦问题。高炉水冲渣新技术弥补了明特法冲渣工艺的不足。研发鱼雷罐运行监测系统。首钢第二耐火材料厂、炼铁厂研制高性能无水炮泥。12月，首钢4号高炉停产退役。

2008年，首钢兑现北京奥运限产承诺，炼铁厂的3座高炉5次停炉、4次开炉，其中第三季度为1号高炉单炉运行。第四季度受国际金融危机、国内钢铁产能过剩影响，钢材价格暴跌，全行业亏损，首钢限产保价。10月17日2号高炉停产退役。迁钢公司在2号高炉开展喷煤降焦试验，通过改善烧结矿粒度，提高干熄焦配用效果和煤气利用率，平均风温提高到1262℃，最高风温1280℃，高炉负荷6.04，使该炉年度喷煤比达到164.18千克/吨，入炉焦比295.01千克/吨，燃料比486.8千克/吨，年效益为2732万元。迁钢高炉低焦比低燃料比生产技术获得冶金科技二等奖。迁钢公司入炉焦比降到297.71千克/吨。干法除尘箱入口导流装置、氯离子喷碱塔、煤气温度控制系统完善了全干法除尘技术。首钢"一业三地"年度高炉利用系数为2.438吨/（立方米·日），达到20世纪90年代高炉扩容后的最好水平。首钢新型顶燃式热风炉燃烧技术获得北京市科技三等奖、冶金科技三等奖。干法除尘箱入口导流装置、干法除尘管道防腐装置、京唐铁水罐车罐盖装置等获得专利授权。

2009年，首钢炼铁生产实行目标成本倒推机制，加强工艺操作和设备维护，创出高炉利用系数2.388吨/（立方米·日）、入炉焦比327.68千克/吨的历史最好水平。5月21日，京唐5576立方米1号高炉投产。该炉由首钢国际工程公司设计，产能449万吨，集成应用68项先进技术。京唐1号高炉开炉后，生产水平逐月上升。同年12月日均产铁12694吨，风温1281℃，高炉利用系数2.31吨/（立方米·日），喷煤比149千克/吨，入炉焦比288千克/吨，燃料比479千克/吨，工序能耗393千克标煤/吨，达到国际5000立方米级高炉生产的领先水平。

2010年1月，迁钢4000立方米3号高炉投产，产能340万吨。用普通焦替代优质焦炭，负荷逐步达到6.0，12个月喷煤比为179.58千克/吨，入炉焦比285.5千克/吨，效益3309万元。首秦公司调整炉料结构，季度生矿入炉比为20.12%，开发高炉布料模型、全干法除尘煤气冷凝水腐蚀管道的喷氨治理技术、旋风除尘灰利用技术，向高炉喷吹旋风除尘灰0.5万吨。6月，京唐5576立方米2号高炉投产。完成"新一代可循环钢铁流程工艺技术"项目超大型高炉系统工艺技术子课题，考核指标高炉利用系数超过了2.3吨/（立方米·日），煤比超过了170千克/吨，入炉焦比达到280千克/吨以下，燃料比达到490千克/吨以下。采用射频识别技术开发铁水罐跟踪系统，提高了"一罐到底"运输效率。首钢高炉高风温技术获得冶金科技一等奖。高炉原料筛的寿命分析与质量控制系统、高炉矿焦槽供料系统、高炉矿焦槽系统的供料装置、对高炉钛平衡进行实时在线计算的系统及其方法、高炉无钟炉顶多环矩阵布料方法、高炉无钟炉顶多环矩阵布料中心加焦方法、高炉风口漏损监测报警系统、高炉热风管道顶部内衬修补方法、高炉炉缸三维非稳态监测和异常诊断及维护系统、冷却壁铸入砖加镶砖复合结构、高炉铁口框内衬组合结构、高炉炉喉煤气温度场测量装置、高炉炉喉煤气温度场测量装置及方法、高炉开口机钎头与钎杆连接结构、高炉快速开炉的纯氧喷镁装置、热风炉定风温控制系统、环保型高温低氧热风炉、高温低氧外燃式热风炉、高温低氧内燃式热风炉、高温低氧顶燃式热风炉、高炉炉渣处理装置、高炉冲渣蒸汽及热水余热的收集方法及其装置、高炉煤气氯化氢净化吸收复合装置及方法、降低高炉煤气冷凝水对管道腐蚀率的方法、高炉风口喷吹旋风灰固废回收利用方法、铁水沟盖板滑移小车、鱼雷罐内衬热检测成像装置等获得专利授权。跟踪研究国外 Hismelt 熔融还原、HYL 直接还原等非高炉炼铁新技术，二部法熔融还原预还原炉料防黏结装置、熔融还原炼铁预热还原炉、熔融还原炼铁转炉等获得专利授权。

2010 年 12 月，首钢 1 号、3 号高炉停产退役。1 号高炉的一代炉龄生铁产量为 4893.02 万吨，单位有效容积产铁 1.92 万吨／立方米，3 号高炉一代炉龄生铁产量为 3546.96 万吨，单位有效容积产铁 1.39 吨／立方米，创造了国内高效长寿高炉生产的领先水平。北京首钢炼铁厂结束 92 年的生产历史。

2010年首钢在用高炉设备一览表（不含联合重组钢铁企业）

7-7表

企业	设备名称	有效容积（立方米）	生铁产能（万吨）	建成投产时间
首秦公司炼铁部	首秦1号高炉	1200	92	2004年6月
	首秦2号高炉	1780	158	2004年10月
迁钢公司炼铁部	迁钢1号高炉	2536	204	2006年5月
	迁钢2号高炉	2536	204	2007年1月
	迁钢3号高炉	4000	340	2010年1月
京唐公司炼铁部	京唐1号高炉	5567	449	2009年5月
	京唐2号高炉	5567	449	2010年6月
合计		23186	1896	

1999—2010年首钢集团生铁产量及主要指标统计表

7-8表

指标	企业	1999年	2000年	2001年	2002年	2003年	2004年	2005年	2006年	2007年	2008年	2009年	2010年
生铁产量（万吨）	新钢	312.52	360.48	371.19	342.77	376.58	390.57	367.54	338.60	366.97	82.13	—	—
	股份	405.04	412.10	409.78	427.67	411.59	402.42	425.60	433.71	429.49	366.38	441.95	411.94
	迁钢	—	—	—	—	—	23.56	222.79	237.83	469.06	473.01	483.47	719.54
	首秦	—	—	—	—	—	47.70	106.38	191.89	250.10	259.54	252.68	246.39
	京唐	—	—	—	—	—	—	—	—	—	—	234.04	583.68
	合计	717.56	772.58	780.96	770.44	788.17	864.26	1122	1202	1486	1181	1412	1962
	集团	717.56	772.58	780.96	770.44	788.17	864.26	1122	1202	1486	1687	1955	3174
高炉利用系数[吨/(立方米·天)]	新钢	2.078	2.075	2.092	2.092	2.127	2.198	2.326	2.425	2.413	2.523	—	—
	股份	2.189	2.220	2.214	2.310	2.224	2.215	2.299	2.370	2.321	2.367	2.388	2.308
	迁钢	—	—	—	—	—	—	2.303	2.459	2.464	2.497	2.499	2.266
	首秦	—	—	—	—	—	—	2.429	2.343	2.315	2.411	2.358	2.324
	京唐	—	—	—	—	—	—	—	—	—	—	1.91	1.92
	集团	2.139	2.150	2.154	2.208	2.176	2.207	2.321	2.398	2.384	2.438	2.426	2.289
入炉焦比（千克/吨）	新钢	413.22	399.15	394.56	397.72	428.50	424.22	380.70	335.54	350.19	384.37	—	—
	股份	387.94	377.37	362.63	351.02	406.29	424.84	360.95	334.77	334.90	341.99	327.68	349.11
	迁钢	—	—	—	—	—	—	374.98	321.06	305.93	297.71	294.83	310.10
	首秦	—	—	—	—	—	—	344.91	303.51	363.19	343.76	319.92	363.26
	京唐	—	—	—	—	—	—	—	—	—	—	366.15	349.39
	集团	398.95	387.53	377.80	371.80	416.9	424.53	368.68	327.28	333.98	327.59	312.53	331.27
生铁合格率（%）	新钢	100	100	100	99.99	100	100	100	100	100	100	100	100
	股份	100	100	100	100	100	100	100	100	100	99.99	100	100
	迁钢	—	—	—	—	—	—	100	100	100	100	100	100
	首秦	—	—	—	—	—	—	99.92	100	100	100	100	100
	京唐	—	—	—	—	—	—	—	—	—	—	100	100
	集团	100	100	100	100	100	100	99.99	100	100	100	100	100

说明："—"表示无相关统计数据。

第四节　炼钢生产

20世纪90年代中期，首钢有普通钢、特殊钢两个冶炼系统。

普通钢冶炼系统有3个炼钢厂，其中第一炼钢厂是中国第一座30吨氧气顶吹转炉炼钢厂，1964年投产；第二炼钢厂是改造国外二手设备、首钢自制设备建成的210吨氧气顶吹转炉及全连铸炼钢厂，1987年投产；第三炼钢厂原名试验厂，是中国氧气顶吹转炉炼钢工艺的诞生地，1958年投产，1992年经过现代化改造，实现80吨顶底复吹转炉及全连铸。1999年至2000年，首钢3个转炉炼钢厂分别隶属股份公司、新钢公司。

特殊钢冶炼系统有2个炼钢厂，其中特钢公司炼钢一厂原属北京钢厂，1956年投产，1995年8月落实市政府的决定，消除污染，该厂设备关停；特钢公司炼钢二厂原属北京特殊钢厂，1958年投产，1999年淘汰4座电弧炉，2000年隶属新钢公司特钢部。

首钢转炉炼钢与炼铁、轧钢工序联合生产，辅助系统提供服务。其中，铁水由炼铁厂生产；废钢由供应公司外购并回收加工，外购废钢约占用量的90%；铁合金厂电热炉关停，除合金包芯线，炼钢用铁合金全部外购；造渣用石灰、白云石由鲁家山石灰石矿、第二耐火材料厂提供；转炉炉衬、钢包包衬耐火材料由第一、第二耐火材料厂提供；氧气、氩气、氮气等由氧气厂提供；电力及维修服务由电力厂提供；风水汽气动力、废水和转炉煤气回收服务由动力厂提供；设备修造服务由机电公司、维护检修单位提供；自动化运行维护开发服务由自动化信息技术公司提供；物流运输服务由运输部提供；钢渣回收服务由资源综合利用公司提供。炼钢厂连铸的方坯、板坯用于轧钢，第一炼钢厂模铸的钢锭由初轧厂开坯后用于轧钢。炼钢与炼铁、轧钢联合生产，首钢总公司生产部负责组织协调。

1999年首钢炼钢连铸设备一览表

7-9表

企业	炼钢设备/产能	装备水平	连铸设备/产能	装备水平
第一炼钢厂	30吨顶吹转炉3座/170万吨	国内一般	单流板坯铸机1套/30万吨	国内一般
第二炼钢厂	210吨顶吹转炉3座/450万吨	国内先进	双流板坯铸机1套/80万吨	国内先进
			八流方坯铸机5套/339万吨	国际先进
第三炼钢厂	80吨复吹转炉3座/252万吨	国内先进	八流方坯铸机4套/280万吨	国内先进

（续表）

企业	炼钢设备/产能	装备水平	连铸设备/产能	装备水平
特殊钢冶炼系统	30吨直流电弧炉1座/14万吨	国内先进	—	—
	5吨交流电弧炉2座/7万吨	国内一般		
	50吨LF精炼炉1座/14万吨	国内先进		
	15吨VOD精炼炉1座/2万吨	国内一般		
产能合计	冶炼能力转炉钢872万吨，电炉钢21万吨；连铸能力方坯619万吨，板坯110万吨			

附注："—"表示无相关数据资料。

1999年至2001年，第三炼钢厂3座转炉的炉龄分别为11377炉、17130炉、17788炉，转炉溅渣护炉技术通过国家冶金局鉴定，达到国内先进水平。首钢技术研究院、第二炼钢厂、岷山机械厂研发应用锻压组合式氧枪喷头，与进口喷头的寿命相当，填补国内空白。首钢设计院、资源综合利用公司采用两段闭路、四次筛分、三次磁选工艺建成钢渣综合利用生产线，含铁品位超过80%的渣钢用于炼钢，尾渣用于筑路，钢渣综合利用率达到95%。

2000年，首钢以取消第一炼钢厂模铸工序、实现全连铸为目标，开发低碳品种钢连铸工艺，解决了连铸水口易堵塞、钢坯皮下气泡、氧化铁皮致密难除、结疤缺陷等工艺问题。连铸水口的自动开浇技术获得北京市科技二等奖。2001年，第三炼钢厂2号LF炉投产，改造2号八流方坯铸机，成为自动上引锭杆、中间包自动对中、自动浇钢、自动配水、自动切割、自动出坯的全自动四流矩形坯铸机，生产3种断面的方坯和矩形坯；完成3号铸机结晶器电磁搅拌技术改造，形成低碳钢连铸能力。采用80吨转炉冶炼—LF炉精炼—130毫米方坯品种铸机浇铸—高速线材轧机轧制—轧后控制冷却工艺试制连铸硬线盘条，炼钢时采用低硫铁水、双渣去磷、挡渣出钢、合成渣洗措施，精炼时采用造白渣脱氧、脱硫、稳定成分和温度措施，连铸时采用低过热度浇铸、全过程保护、电磁搅拌、二冷区弱冷、稳定拉坯速度等措施，保证钢坯的内在质量和表面质量。2001年11月，第一炼钢厂停止模铸，首钢实现全连铸，质量管理标准转换为先进的2000版。

2002年，第二炼钢厂建成铁水脱硫站和1座LF精炼炉。与首钢技术研究院研制高钙镁钙碳砖，包龄提高47%，在包钢推广应用并向日本出口，获得北京市科学技术进步奖三等奖。首钢设计院、第三炼钢厂利用转炉自产汽为VD真空炉提供汽源。长寿免维护钢包底吹氩整体透气砖获得冶金科技三等奖。完成国家技术创新计划项目V-N微合金化HRB400钢筋研制，获得冶金科技二等奖。1999年至2002年，特钢部电炉钢产量分别为23.68万吨、23.74万吨、23.45万吨、16.15万吨。2002年11月，电弧炉关停，特殊钢冶炼系统停产，北京地区消除了电弧炉烟尘污染源。

2003年2月20日，首钢第一炼钢厂停产。自1964年12月24日投产后累计产钢4867万吨。2003年，首钢第二炼钢厂完成板坯铸机改造，与中厚板轧钢厂组成优质中厚板生产线；将5号方坯铸机改造成品种铸机，形成优质碳素结构钢、硬线钢、合金结构钢、齿轮钢、非调质易切钢等高技术含量、高附加值"双高"产品生产能力；以仿真技术优化结晶器内腔曲面，使铸坯快速均匀凝固，最大拉坯速度 4.2 米 / 分钟；采用钢质洁净化和酸溶铝控制技术生产优质 C/D 级中厚板用钢，比 Nb 微合金化工艺吨钢成本降低 50 元，在三峡工程、缅甸公路桥、美国 GE 上海电塔等工程中应用，获得北京市科技二等奖。第三炼钢厂按美国标准生产 SAE1006 ～ 1026 系列低碳钢种，优化成分设计、精炼工艺、质量控制、性能匹配。烟台首钢东星公司研发的结晶器铜管长寿技术获得冶金科技三等奖。首钢资源综合利用公司采用渣罐喷涂技术治理倒渣时的粉尘污染，加快钢渣消纳。首钢技术研究院制定 2003 版钢坯质量内控标准。

2004 年，第二炼钢厂完成铁水脱硫站、1 号转炉副枪、3 号转炉复吹、挡渣投锥机、CAS-OB 精炼、225 吨长寿钢包、钢包在线吹氩、单流板坯铸机、结晶器液面自动控制、板坯二次定尺自动切割改造，提高钢坯洁净度和表面质量，向精品棒线材生产线供坯。1 号转炉的炉龄突破 1 万炉；年产优质碳素结构钢、优质钢筋钢、硬线钢、优质软线钢、矿用钢、合金结构钢、齿轮钢、非调质钢 8 类 30 多个钢号的方坯，按英标、美标、加标生产出口钢种，开发 160 毫米方坯规格。双流板坯铸机改为单流后产量突破 100 万吨。试制 Z 向钢、管线钢等新产品 50 个，双高产品产量比 51%，成本降低 19.91 元 / 吨钢。开发二次除尘风量平衡、板坯二冷水降低氟化物技术。第三炼钢厂的 1 座铁水脱硫站、3 座 80 吨复吹转炉、2 座 LF 炉、1 座 VD 炉、3 套高效八流方坯品种铸机、1 套四流全自动矩型坯铸机，生产 82B 绞线钢、预应力 PC 钢棒、合金焊线等方坯钢种 129 个。3 号转炉炉役炉龄为 30788 炉，创出了国内中型转炉炉龄新纪录。研发异钢种连浇、钢包振动下渣检测、中间包水口快换新工艺，双高产品产量比为 56.37%，在国内率先开发、获奖的"拳头产品"占双高产品产量的 78.48%。完善一次和二次除尘、转炉煤气和蒸汽回收、工业水循环、废水处理系统，烟尘、废水排放达到北京市环保标准。6 月，首秦公司 1 座 100 吨顶吹转炉、1 座 LF 炉、1 座 CAS-OB 精炼炉、1 套板坯铸机投产，设计年产板坯 94 万吨。首秦公司主要生产船用结构钢、锅炉压力容器钢、桥梁结构钢，研发高层建筑用钢、管线钢及超洁净、复合微合金化钢种，双高产品产量比 55.6%，转炉利用系数 42.16 吨 /（公称吨·日），铸机作业率 87%，板坯连浇炉数 18 炉，板坯综合合格率 99.63%，吨钢综合能耗 640.09 千克 /吨，吨钢新水消耗 2.11 立方米 / 吨，清洁生产综合评价指数 102，产品质量、技术经济指标、环保指标达到国内先进水平。首秦现代化钢铁厂新技术集成与自主创新获得北京市科技二等奖、冶金科技二等奖。10 月，迁钢 2 座 210 吨复吹转炉、2 套八流方坯铸机及辅助生产系统相继投产，采用"二吹一"冶炼制度，设计年产方坯 200 万吨。炼钢分厂采用紧凑型布局、废钢储运加工优化、铁水喷镁脱硫、转炉炉壳与托圈柔性连接、活性石灰造渣、底吹系统优化、挡渣出钢自动控制、大容量中间包、刚性引锭杆、液压连续拉矫机、除尘系统优化、工艺报表自动生成等先进技术，大量采用节能环保型设备，降低工程投资，节约运营费用 2629 万元，技术装备达到国内先进水平。

2005 年，首钢技术研究院开发黑体空腔中间包钢水连续测温系统，建立镜 - 漫反射半透明不等温腔体有效发射率模型，测温误差小于 2℃，有效控制中间包钢水过热度。首钢自动化信息技术公司开发铸坯凝固末端电磁搅拌技术，提高了合金钢、高碳钢的质量。第二炼钢厂综合炉龄9311炉，炉役炉龄13059炉，大型转炉长寿技术达到国际先进水平。该厂生产优质碳素结构钢、合金结构钢、预应力钢丝用钢、非调质钢、优质钢筋钢、冷墩钢、软线钢、弹簧钢、合金焊线钢9类100多个钢号的方坯，优质碳素结构钢、高强板、厚钢板、C/D级板、Z向钢、管线钢等板坯，初步形成品种规模和品牌优势。第三炼钢厂以"正负一个碳"的标准生产精品钢，碳含量控制在标准 ±0.01% 范围的产量比达到96%。开发中间包长寿技术，以连续测温、大包下渣检测、倒包浇铸工艺生产轴承钢、易切钢、齿轮钢等特殊钢向欧美市场出口优质合金焊线系列盘条用钢的生产技术达到国内领先水平。技术研究院制定2004版连铸板坯内控标准。12月，迁钢1座CAS—OB精炼炉投产。

2006年，第二炼钢厂以CAS—OB精炼改善钢坯质量，包芯线合金收得率提高到20%。研发钢包整体浇注工艺，225吨钢包包龄超过500炉。生产方坯20类87个钢号、板坯9类70多个钢号，双高产品产量比65.31%，拳头产品占双高产品产量的63.33%。第三炼钢厂研发脱硫捞渣机，钢坯硫含量控制在20ppm水平，磷含量控制在100ppm水平，轴承钢氧含量低于12ppm。优化SWRH42A ~ 72A帘线钢、65Mn弹簧钢、SWRCH22A表面渗碳冷镦钢生产工艺。生产20类140多个钢号的方坯，双高产品产量比75.22%，拳头产品占双高产品产量的80.45%。试制新产品24个。炼钢厂节能降耗，动力厂充分回收煤气、蒸汽等余能，第二炼钢厂、第三炼钢厂实现负能炼钢。首秦公司在1号铸机迁建投产过程中，研发板坯铸机改造、设备国产化、板材品种钢、高效化生产技术，快换中间包连续浇钢量达到7600吨。同年，1座100吨顶吹转炉、1座100吨复吹转炉、1座LF炉、1座RH炉、1座CAS—OB炉、1套2400毫米宽板坯铸机投产，首秦公司设计年产板坯260万吨，对标指标全部进入同行业前三名。迁钢1座210吨复吹转炉、1座LF炉、1座RH炉、2套板坯连铸机相继投产，设计年产转炉钢450万吨、板坯450万吨、方坯300万吨。3号转炉副枪一键式自动化炼钢试验成功，碳温双命中率为90.51%。3座转炉应用自动化炼钢技术，将磷+硫含量控制在150ppm以下，迁钢自动化炼钢成套技术获得冶金科技一等奖。转炉活动罩裙干式密封装置、转炉汽包高低水位自动给水装置、连续自动扒渣机、可移动式脱硫反应装置、铁水倒罐脱硫扒渣运输装置、电磁搅拌器冷却装置、电磁搅拌线圈浸漆装置、板坯连铸机扇形段辊列、小方坯连铸低碳含硼钢的生产方法获得专利授权。

2007年，第二炼钢厂品种增加到23类172个钢号，对标指标全部进入行业前五名。第二炼钢厂CAS—OB模型、事故氩枪、底吹氩增压装置、标准化操作与控制、相关工序的创新性技术在迁钢应用，打通了炼钢连铸的中间环节。用钙硅石改善钢中夹杂物形态、小方坯连铸低碳低硅含铝钢生产方法、绞线钢SWRH82B盘条微合金化的方法获得专利授权。同年，第三炼钢厂产钢311.61万吨，超过设计能力23.65%，主要指标达到历史最好水平，12月停止生产。

2008年，第二炼钢厂承接第三炼钢厂的方坯品种，优化SWRH82B低氧含量、高碳出钢工艺，优化SWRCH22A、LX72A ~ 82A夹杂物形态，提高ER50—6、ER70S—6铸坯表面质量，控制中高碳铝脱氧钢的氧含量，帘线钢质量经贝卡尔特公司检验达到国内领先水平。首钢技术研究院研发特殊钢转炉冶炼、超低氧控制、夹杂物控制、窄淬透性带控制、控轧控冷、性能匹配技术，申请发明专利 17 项，形成齿轮钢、轴承钢、弹簧钢、硬线钢、非调质钢、合金结构钢等产品集群。转炉流程生产优质特殊钢工艺技术的开发与创新获得北京市科技一等奖、冶金科技二等奖。研制不加高价合金、不需要真空精炼和热处理的 SQ550D 高强钢。首钢资源综合利用公司用尾渣生产砌块砖、细骨料、磨细粉，3 年消纳钢渣 256 万吨，卢沟桥渣场的钢渣山荡然无存。转炉板式柔性连接装置、氧枪孔移动式密封刮渣装置、塞棒控制装置、转炉烟道检修设备、强韧性低合金结构钢及生产方法、建筑用钢渣砂浆、利用炼钢和轧钢污泥生产冷固结型块设备系统等获得专利授权。

2008 年至 2009 年，迁钢开发 RH 炉真空检漏、真空室快换、浸渍管长寿技术，打通了管线钢、超低碳钢多炉连浇限制环节，X80 管线钢率先通过西安管材所的产品认证。提高板坯表面质量，生产集装箱用耐候钢。开发铸机恒定拉速、模块化技术，炼钢、精炼、连铸对钢种成分、温度、工序时间进行模块化控制。开发转炉汽化冷却烟道长寿技术，冶炼 79628 炉钢烟道不漏水。开发板坯结晶器预防漏钢技术，连铸 46794 炉钢结晶器不漏钢。采用恒定拉速、全保护浇铸、工艺和设备精度控制、铸坯角部横裂纹控制、标准化操作等技术，生产高强船板钢、高级别管线钢、抗 HIC 腐蚀管线钢、汽车大梁用钢、汽车用超低碳 IF 钢、车轮用钢、家电用钢、锅炉压力容器钢、高强度石油套管用钢、桥梁用钢、集装箱板用钢、高强度机械用钢 12 类 150 个钢号的板坯，优质板坯连铸技术获得冶金科技一等奖。首秦公司研发 RH 炉双联工艺及自动控制技术，以 CFD 计算流体力学模型、RTD 数值示踪技术优化中间包结构，使夹杂物充分上浮，浇次铸余减少到 6 吨；控制中间包钢水的二次氧化，提高了产品低温冲击韧性、Z 向性能、抗氢致裂纹性能、强韧性和焊接性能。首钢自动化信息技术公司研发首秦 LF 炉二级控制系统，炼钢系统通过控制原辅料质量，采用铁水包加脱硫剂、优化脱硫工艺和转炉、精炼渣系等措施，降低钢坯硫含量，管线钢成品硫含量最低达到 1ppm。第二炼钢厂与首钢黑崎耐材公司研制镁铝碳钢包砖，控制耐火材料对钢液的污染，钢包寿命提高 40%。优化高强度冷镦钢生产工艺。GCr15 轴承钢的全氧含量降低到 8ppm，疲劳寿命指标达 1300 万次。20CrMnTiH 汽车用齿轮钢氧含量不大于 15ppm，提高了抗疲劳性能。转炉副枪复合探头炉渣取样装置、转炉煤气干法净化设备的自动抑爆装置、转炉倾动装置孔轴装配的键孔导位装置、转炉炉壳安装多功能托座、RH 炉真空室浸渍管钢胆、RH 炉真空室用复合密封圈、饱和蒸汽与过热蒸汽混合用于真空精炼炉的装置、炉外脱磷生产超低磷钢的方法、方坯连铸防堵塞浸入式水口、连铸长水口组合式吹氩密封装置、带平台结构的中间包稳流器、连铸坯射钉试验示踪环、连铸坯射钉枪固定装置、连铸坯射钉枪枪位标定装置、连铸板坯在线喷号设备、测定钢坯柱状晶的试样制备装置、炼钢余热蒸汽回收利用螺杆膨胀动力替代减压阀装置、环状套筒窑、钢渣保温抹面砂浆等获得专利授权。

2009 年 5 月，京唐 3 座 300 吨转炉、2 套 2150 毫米板坯连铸机投产。12 月，3 号脱碳转炉、

3号板坯铸机投产。炼钢系统采用56项先进技术。产品定位于高品质、高附加值精品板材用钢，热轧商品板卷用钢占45%，冷轧基板用钢占55%，钢种为热轧板卷用低碳结构钢、结构钢、船板钢、管线钢、汽车结构用钢、高耐候结构钢、集装箱用钢、锅炉压力容器钢、焊接气瓶用钢、冷轧基板用高强钢、结构用钢、深冲用钢、硅钢等，以较低成本生产高端高效产品。截至2010年，除了板坯火焰切割清理线外，京唐一期炼钢工程4套KR脱硫系统、2座300吨脱磷转炉、3座300吨脱碳转炉、1座双工位LF精炼炉、3座双工位RH真空脱气装置、2座CAS吹氩装置、2套2150毫米双流板坯铸机、1套1650毫米双流板坯连铸机全部投产，转炉钢产能970万吨。京唐一期一步冶炼工程获中国建筑工程鲁班奖。2009年至2010年，技术研究院开发少渣冶炼工艺，石灰消耗降低30%～40%，钢铁料消耗降低3～5千克/吨；研发钢轧一体化技术，通过金属平衡、废钢及合金配用、白灰品位、转炉炼钢与精炼、大包和中间包铸余、连铸坯坯型、展宽比、加热炉温、轧制工艺、道次压下率、超快冷、卷曲温度等钢轧工艺的集成优化降低成本，迁钢、首秦公司分别降低成本3.86亿元、1.36亿元。首秦公司低碳当量优质结构钢通过出口欧洲的CE认证。首钢技术研究院修订欧标钢种内控标准，纳入国家四级技术标准体系。

2010年，第二炼钢厂生产高强度锚杆钢。为武广、京沪、哈大高铁生产无砟轨枕预应力拉杆钢，铁科院按照首钢产品性能制定标准。生产60Si2MnA高铁弹条，抗疲劳指标超过500万次。高强韧性抽油杆钢国内市场占有率达到90%，向北美油田出口。机电公司制造宽厚板坯铸机，累计为首钢制造铸机20套，国内钢厂铸机销售合同13亿元。12月，第二炼钢厂停产，北京地区停止转炉炼钢。

2010年年末，首钢在用炼钢连铸设备中的预处理设备15座、炼钢设备（转炉）9座、精炼炉19座、铸机11套，炼钢能力达2070万吨。

1999—2010年首钢粗钢产量及主要技术经济指标统计表

7-10表

指标	地区	1999年	2000年	2001年	2002年	2003年	2004年	2005年	2006年	2007年	2008年	2009年	2010年
粗钢产量（万吨）	北京	734.26	803.26	824.76	817.13	816.75	826.35	825.29	816.42	810.44	466.42	464.68	427.08
	迁钢	—	—	—	—	—	21.23	218.83	238.20	475.44	487.81	485.36	708.28
	首秦	—	—	—	—	—	47.02	111.48	193.88	255.01	265.06	237.93	239.42
	京唐	—	—	—	—	—	—	—	—	—	—	218.89	576.76
	合计	734.26	803.26	824.76	817.13	816.75	894.60	1155	1348	1541	1219	1407	1952
	集团	734.26	803.26	824.76	817.13	816.75	894.60	1155	1348	1541	1787	1948	3154
钢铁料消耗（千克/吨）	北京	1087	1086	1091	1076	1076	1076	1084	1079	1076	1075	1074	1072
	迁钢	—	—	—	—	—	—	1078	1073	1094	1099	1094	1104
	首秦	—	—	—	—	—	—	1090	1083	1088	1091	1098	1095
	京唐	—	—	—	—	—	—	—	—	—	—	1104	1108

（续表）

指标	地区	1999年	2000年	2001年	2002年	2003年	2004年	2005年	2006年	2007年	2008年	2009年	2010年
转炉炉衬寿命（炉）	北京	6701	7392	6905	7890	6492	13180	11890	11499	10250	10449	8020	6384
	迁钢	—	—	—	—	—	6002	8470	7965	8001	6535	4752	
	首秦	—	—	—	—	—				8485	16089	5367	8266
	京唐	—	—	—	—	—							—
转炉利用系数（吨/公称吨·日）	北京	20.26	22.17	22.86	22.84	25.24	25.88	25.92	25.64	25.46	18.17	20.13	19.11
	迁钢	—	—	—	—	—		14.28	15.54	21.85	21.21	21.11	18.40
	首秦	—	—	—	—	—		15.27	20.54	23.29	24.14	21.73	21.87
	京唐	—	—	—	—	—						8.91	17.56
炼钢工序能耗〔千克标准煤/（吨·日）〕	北京	32.87	29.23	27.32	32.79	30.02	29.45	29.47	−13.37	−16.51	−12.42	−9.93	−11.28
	迁钢	—	—	—	—	—		36.88	4.24	1.59	2.29	4.98	4.59
	首秦	—	—	—	—	—		32.97	1.80	−6.36	−5.58	−0.35	−2.15
	京唐	—	—	—	—	—		—	—	—	—	62.62	47.29
连铸坯合格率（%）	北京	99.19	99.29	99.42	99.49	99.49	99.57	99.55	99.59	99.62	99.50	99.54	99.68
	迁钢	—	—	—	—	—		99.71	99.77	99.06	99.14	99.36	99.71
	首秦	—	—	—	—	—		99.59	99.65	99.68	99.75	99.69	99.80
	京唐	—	—	—	—	—		—	—	—	—	99.54	99.63

说明："—"表示无相关统计数据。

2010年首钢在用炼钢连铸设备一览表

7—11表

企业	预处理设备	炼钢设备	精炼设备	连铸设备	炼钢能力（万吨）
首秦炼钢部	倒罐站2座，脱硫站3座	100吨复吹转炉3座	LF炉3座，RH炉1座，CAS炉1座	双流板坯铸机3套	300
迁钢炼钢部	脱硫站6座	210吨复吹转炉3座	LF炉2座，RH炉4座，CAS炉3座	八流方坯铸机2套，双流板坯铸机4套	800
京唐炼钢部	脱硫站4座	300吨脱磷炉2座，300吨脱碳炉3座	LF炉1座，RH炉2座，CAS炉2座	双流板坯铸机2套	970
合计	15座	转炉9座	精炼炉19座	铸机11套	2070

2010年，国家"十一五"科技支撑计划项目"新一代可循环钢铁流程工艺技术"课题全部完成。

2010年首钢新一代钢铁流程工艺技术依托京唐炼钢课题完成情况一览表

7-12表

课题名称	考核指标	完成情况
低成本高效化生产洁净钢水的工艺技术	铁水脱硫预处理：脱硫处理周期≤25分钟（含扒渣时间），脱硫率>90%；转炉回硫量≤30ppm；转炉铁水"三脱"预处理后成分达到：[P]≤100ppm，[C]≥3.3%，T≥1320℃，处理周期≤25分钟；脱碳炉渣量≤25kg/t钢，转炉供氧强度达到4.5标准立方米/吨·分钟，冶炼周期≤25分钟；转炉全自动控制率达到90%以上，炉龄超过10000炉	100%铁水进行KR脱硫预处理，脱硫效果稳定，脱硫后铁水硫含量小于20ppm，实现了KR平均脱硫周期35分钟，脱硫剂消耗<7kg/t铁；转炉可稳定生产[P]≤50ppm超低磷钢；半钢碳含量3.7%，半钢磷含量<300ppm；实现了低成本冶炼洁净钢。脱磷炉、脱碳炉总渣量70kg/t钢，脱磷炉渣返回利用量达到10kg/t钢，氧气消耗46Nm³/t钢，可以灵活地生产磷<50ppm或100ppm的低磷钢种，转炉过程回硫量控制在<30ppm，脱碳炉终点硫含量<50ppm，转炉终点氧含量比常规转炉降低100~200ppm，实现了锰矿还原，降低合金成本
钢水快速精炼技术集成	处理后的钢水纯净度达到[C]≤15ppm，成品钢水中[S]≤10ppm，[T.O]≤15ppm，[N]≤35ppm，[H]≤1.5ppm；RH冶炼低碳钢脱碳时间≤15分钟，处理时间≤25分钟；RH处理过程温降≤25℃；RH目标C控制精度≤±2ppm，命中率≥95%；RH下部槽寿命≥208小时，浸渍管寿命≥62.5小时	实现：[C]≤15ppm，[S]≤5ppm，[T.O]≤25ppm，[N]≤30ppm，[H]≤1.5ppm；RH冶炼低碳钢脱碳时间≤15分钟，处理时间≤30分钟；温降≤30℃；C控制精度≤±3ppm，命中率≥92%
大板坯高速连铸技术	使厚度200~230毫米的板坯拉速>2.0米/分钟；典型钢种出坯温度>900℃；典型钢种热送率>90%；双流铸机产能300万吨/年，作业率>85%；铸机无缺陷率>95%	生产厚度为230毫米的低碳钢或超低碳钢板坯时正常拉速为1.4~1.8米/分钟，最高拉速可达到2.0米/分钟；典型钢种热装热送率>90%。典型钢种出坯温度>900℃；双流铸机产能>300万吨/年；铸机无缺陷率>95%
长寿高效集约型冶金煤气干法除尘技术	炼钢部分：转炉煤气干法除尘系统生产蒸汽量超过110千克/吨；转炉煤气回收量达到100标准立方米/吨，煤气质量稳定；烟气含尘物排放浓度达到15毫克/标准立方米以下	炼钢部分：转炉煤气干法除尘系统生产蒸汽量合计达到87~112千克/吨（脱磷炉+脱碳炉）；常规冶炼时转炉煤气回收量达到94.9~136标准立方米/吨；全三脱冶炼时转炉煤气回收量达到81.3~84标准立方米/吨；烟气含尘物排放浓度控制在15毫克/标准立方米以下，最低可达5毫克/标准立方米
炼钢轧钢综合节能与环保技术	转炉煤气回收技术达到国内领先水平；在目前转炉工序能耗8.17千克标煤/吨，轧钢工序能耗69.4千克标煤/吨国内平均水平的基础上，降低15~20千克标煤/吨	转炉工序能耗达到-5.5千克标煤/吨，热轧工序能耗51千克标煤/吨，冷轧工序能耗52千克标煤/吨
新一代钢厂精准设计技术和流程动态优化研究	连铸热送热装比≥70%，从高炉出铁到热轧卷取完，整体流程不大于400分钟，吨钢综合能耗不大于70千克标煤/吨	热送率根据钢种的不同而有差异，典型钢种热装热送率大于90%。钢种加权平均连铸热送热装比68%，直装钢种实现从高炉出铁到热轧卷取完整体流程作业时间小于400分钟

（续表）

课题名称	考核指标	完成情况
新一代钢铁流程工程化技术集成	吨钢能耗降低到640千克标煤/吨（到热轧材）；废气粉尘排放浓度≤20毫克/立方米，二氧化硫排放浓度≤50毫克/立方米；污水零排放，吨钢新水耗量＜4吨；全流程自发电比例＞90%	吨钢综合能耗达到670千克标煤/吨（到冷轧，其中，冷轧工序能耗达到52千克标煤/吨），废气粉尘排放≤15毫克/立方米，污水零排放，吨钢新水耗量达到3.94吨；自发电率达到90%以上
冶金渣干法粒化和余热回收新技术	钢渣、铁渣全量处理，资源再生，实现冶金炉渣余热回收和废物零排放	实现钢渣、铁渣全量处理，资源再生

第五节 轧钢生产

北京地区轧钢生产始于1938年。1983年北京市冶金局轧钢厂并入首钢后，矿、铁、钢、轧工序优势互补促进了生产力发展。首钢钢材产量从1983年的178万吨增至1998年702万吨。产品以型材、线材为主，销往20多个省、自治区、直辖市，在长江三峡、黄河小浪底、上海杨浦大桥等国家重点工程中应用，出口美国、德国、法国、西班牙、澳大利亚、新西兰、日本、韩国及东南亚市场。

1999年，按照国家"控制总量、调整结构"和首钢钢产量压缩10%的要求，首钢总公司调整钢材生产计划，分步改造钢—轧系统，研发控轧控冷新工艺，逐步使优质钢、合金钢由模铸生产转为连铸生产。建设由第三炼钢厂、高速线材厂组成的优质线材生产线，实施控冷线改造，用130毫米连铸方坯生产线材；改造第一线材厂二车间，坯料由97毫米初轧方坯改为120毫米连铸方坯；首钢设计院研发无水冷加热炉、齐头传动系统、全自动棒材打捆机，改造型材生产线。首钢技术研究院、高速线材厂试制连铸H08Mn2SiA合金焊线盘条、低碳低硅拉丝钢盘条，填补了首钢连铸生产合金钢、低碳钢的技术空白，连铸合金焊线盘条的成材率比模铸提高17%，获得北京市科技三等奖、冶金科技三等奖。中厚板轧钢厂、总工程师室研发四辊精轧机AGC控制系统，提高中厚钢板质量和成材率；应用加热炉蓄热式燃烧器，节能20%以上。首钢转炉钢连铸比、锭坯综合成材率分别比1998年提高3.79个百分点、1.41个百分点。首钢红冶钢厂起草了电梯导轨用热轧型钢行业标准。

1999年首钢在用轧钢设备一览表

7—13表

企业	轧钢设备	装备水平	主要产品	设备产能/产量（万吨）
初轧厂	$\phi 850 \times 1/ \phi 650 \times 2$初轧机	国内一般	钢坯	180/90.5
	$\phi 650 \times 2$开坯机2套	国内一般	钢坯	22/17.09
	$\phi 570 \times 1/ \phi 395 \times 5/ \phi 350 \times 2/ \phi 300 \times 4$轧机	国内一般	线材	6/6.26
特钢	$\phi 430 \times 2/ \phi 300 \times 5$、 $\phi 400 \times 2/ \phi 300 \times 5$、 $\phi 300 \times 3/ \phi 250 \times 5$轧机	国内落后	型材	37/25.75
	15吨、5吨单链冷拔机各1套	国内一般	管材	1.5/1.03
	快锻机1台，3吨、5吨汽锤各1台	国内一般	锻材	4.8/1.87
红冶钢厂	$\phi 500 \times 1/ \phi 300 \times 2/ \phi 250 \times 1/ \phi 250 \times 2/ \phi 250 \times 1/ \phi 300 \times 1$半连轧	国内一般	型材	34.5/25.03
	$\phi 400 \times 2/ \phi 300 \times 1/ \phi 300 \times 2/ \phi 350 \times 1/ \phi 430 \times 1/ \phi 430 \times 1$半连轧			
	$\phi 300 \times 2/ \phi 300 \times 2/ \phi 250 \times 1$横列式轧机	国内落后		
型材厂	$\phi 400 \times 1/ \phi 550 \times 2/ \phi 400 \times 6/ \phi 350 \times 3/ \phi 300 \times 3/ \phi 300 \times 2$连轧	国内先进	型材	215/202.28
	$\phi 550 \times 5/ \phi 430 \times 5/ \phi 390 \times 1/ \phi 330 \times 3/ \phi 330 \times 3/ \phi 300 \times 4$连轧			
	$\phi 550 \times 4/ \phi 450 \times 6/ \phi 370 \times 5/ \phi 300 \times 3$连轧			
第一线材厂	$\phi 550 \times 4/ \phi 400 \times 2/ \phi 320 \times 4/ \phi 280 \times 8$连轧	国内一般	型材	35/40.44
	$\phi 400 \times 3/ \phi 320 \times 6/ \phi 300 \times 8$连轧			
	$\phi 560 \times 4/ \phi 440 \times 6/ \phi 340 \times 4/ \phi 280 \times 8$连轧		线材	62/73.13
高速线材厂	$\phi 550 \times 4/ \phi 450 \times 7/ \phi 320 \times 2/ \phi 210 \times 2/ \phi 150 \times 8$高速连轧2线	国内先进	线材	135/193.24
	$\phi 560 \times 5/ \phi 450 \times 5/ \phi 285 \times 2/ \phi 210 \times 2/ \phi 152 \times 8$高速连轧4线			
中板厂	$2286 \times \phi 1143 \times 1$二辊，$3342 \times （ \phi 1371.6/ \phi 914.4） \times 1$四辊轧机	国内一般	中板	30/49.25
秦板	$3454.5 \times （ \phi 1498.6/ \phi 965.5） \times 1$立辊、四辊轧机	国内一般	中板	55/38.62
带钢厂	$1750 \times \phi 520 \times 2/ \phi 460 \times 1$，$500 \times （ \phi 300/ \phi 550） \times 2/ \phi 400 \times 1$轧机	国内一般	热带	37/19.16
	$500 \times （ \phi 300/ \phi 500） \times 3/ （ \phi 300/ \phi 550） \times 2$轧机			
	$1750 \times \phi 540 \times 2$，$500 \times \phi 310 \times 2$轧机	国内先进		

（续表）

企业	轧钢设备	装备水平	主要产品	设备产能/产量（万吨）
带钢厂	350×（∮400/∮165）×4，350×（∮400/∮165）×2/∮165×2，350×（∮400/∮165）×3，250×（∮400/∮165）×2/350×（∮400/∮165）×1冷连轧各1套，350×（∮400/∮165）×1/（∮350/∮120）×1连轧2套，350×（∮400/∮165）酸连轧1套，窄带冷轧机12台，20辊轧机1套	国内一般	冷带	10/8.17
	300×（∮350/∮125）窄带冷轧机1台，20辊轧机1套	国内先进	—	—
合计	设备产能：特钢49.3万吨，红冶钢厂43.5万吨，型材厂215万吨，一线材97万吨，高线135万吨，中板厂30万吨，秦板公司55万吨，带钢厂热带37万吨，冷带10万吨。合计钢材产能671.8万吨，开坯能力202万吨。 钢材产量686.93万吨。其中，型材296.46万吨，线材272.92万吨，中厚钢板87.87万吨，钢带27.33万吨，管材等其他钢材2.35万吨			
附注："—"表示无相关数据资料。				

2000年6月，特钢南区停产，西区淘汰落后设备，轧钢产能减半。特殊钢生产单位整合为新钢公司特钢部，建设棒材连轧线，搬迁改造电渣炉、锻钢、冷拔工序。同年，首钢技术研究院完成国家技术创新项目V–N微合金化HRB400钢筋研制。首钢设计院、首建集团用HRB400钢筋建设苹果园四区9号高层住宅楼，开发出HRB400钢筋电渣焊接技术。2001年，9号楼项目获得北京市结构优质工程奖。2002年，HRB400钢筋通过建设部组织的科技鉴定，国内用量最大的钢筋产品升级换代。首钢在三峡工程钢材采购中第7次中标，首次提供HRB400钢筋。作为生产企业的唯一代表，起草钢筋混凝土用热轧带肋钢筋国家标准，并获得冶金科技二等奖。首钢牌HRB400钢筋获得国家质量监督免验认可和北京市名牌产品称号。

2001年，首钢完成型材轧钢厂控轧控冷改造，高刚度轧机、国内首创的小型材轧线圆环喷射式冷却器为品种钢生产创造了条件，完成加热炉蓄热式改造，燃耗进入冶金行业特等炉行列。研发高速线材厂精轧机前水冷设备工艺，对20世纪80年代初引进的高速线材轧线实现了控制轧制。试制82B系列连铸硬线盘条，得到钢丝、钢丝绳、钢绞线加工企业好评，获全国用户满意产品称号，以缓冷工艺保证连铸碳素焊条钢盘条的性能，获得冶金科技三等奖。烟台首钢东星公司研制出硬质合金辊环，秦皇岛首钢长白机械厂研制出导卫辊，提高了高速线材轧机连轧作业率。加热炉空气预热装置、蓄热式烧嘴三通换向阀、油汽换向式油枪、稀油集中润滑装置、紧凑型切分导卫装置、钢板纵向剪切设备等获得专利授权。2001年11月，第一炼钢厂停止模铸，首钢初轧厂停产，轧钢全部使用连铸坯。初轧厂停产后，在原址建设彩涂板生产线。

2002年4月，首钢富路仕彩涂板有限公司彩涂板生产线项目立项，总投资2.95亿元，设计能力17万吨/年。产品规格厚0.2～1.25毫米、宽700毫米。主要产品品种有涂单层和双层、单面面层、双面面层、热压花、冷覆膜等。2003年5月底，该项目设备安装完成，开始单体试车。7月31日生产出第一个彩涂卷。该项目主要建设内容为建设一条"两涂两烘"的彩涂板生产线及相应的控制设施和成品包装设施，项目工艺技术和主要设备由美国法塔亨特公司提供。至2003年年底，生产彩涂板11000多吨，产品质量优良，设备运行稳定。

2002年，特钢部棒材连轧、第一线材厂钢筋焊网生产线投产。首钢工贸公司研制润滑脂，替代进口。型材轧钢厂生产连铸高强度矿用圆环链圆钢，获国优银奖。无水冷加热炉复合滑轨、高速旋转轴与端盖之间的密封装置获得专利授权。国家大剧院工程的4万吨建筑钢材全部由首钢提供。首钢设计院与比利时CMI成立合资公司，研发设计彩涂、镀锌设备。首钢优质长材基地建设以全连铸增加品种、提高成材率，降低成本，年产高技术含量、高附加值"双高"产品210万吨。"双高"产品产量比由1998年的13.13%提高到2002年的26.55%，比普通产品增收2.45亿元。首钢钢材新产品由1998年的1.03万吨增至2002年的83万吨；钢材综合合格率99.35%，锭坯综合成材率96.42%，分别比1998年提高1.5个百分点、4.18个百分点；轧钢工序能耗为93.21千克标煤/吨，比1998年下降17%；首钢优质长材基地建设累计效益8亿元，获得北京市科学技术进步奖二等奖。11月，特钢部失去炼钢能力后，以购坯轧材的方式运营，筹建冷轧项目，优化型材、油淬火钢丝、冷拔生产工艺，特钢公司开发汽车贸易服务园区、报废机动车拆解项目，向服务业、节能环保转型。同年，红冶钢厂、带钢厂划属所在区县管理，退出首钢集团，向非钢产业转型。

2003年1月，中厚板轧钢厂完成工艺升级改造，采用3500毫米强力高刚性四辊可逆轧机、蓄热式加热炉、交流调速、高压水除鳞、两段控轧、红外测温、激光测宽、X射线测厚、光电测长、激光标线、AGC自动控制、高密度管层流控制冷却、ACC加速冷却、20辊矫直机、重型圆盘剪、切头剪、定尺剪及自动控制技术，产能提高到60万吨，与第二炼钢厂大板坯改造项目配套投产，形成了优质中厚板生产线。开发锅炉板、容器板、低合金板、优质碳素结构钢、高强船板、高层建筑用钢新产品，双高产品产量比超过90%。首钢3500毫米中厚板轧机核心轧制技术和关键设备研制获得北京市科技二等奖、冶金科技一等奖、国家科技二等奖。C/D级优质中厚钢板研制获得北京市科技二等奖。首钢自动化信息技术公司研发高速线材轧线主辅传动控制系统、棒材倍尺飞剪控制系统，提高自动控制水平。北京发展汽车用钢技术与市场研究获得北京市科技二等奖。优质合金焊线系列盘条研制获得冶金科技三等奖。优质低碳热轧盘条出口23万吨。首钢参与产学研开发低碳铁素体/珠光体钢的超细晶强韧化与控制技术，获得冶金科技特等奖。首钢机电公司制造镀锌线开卷、卷板、拉矫平整机。十字型异形钢的热轧方法获得专利授权。矿用高强度圆环链用圆钢、优质碳素结构钢热轧盘条、碳素结构钢热轧厚钢板、焊接用钢盘条获得2003年度行业金杯奖。

1999—2003年首钢成品钢材品种产量统计表

7-14表

单位：万吨

钢材品种（生产企业）		1999年	2000年	2001年	2002年	2003年
普通大型材（特钢）		0.04	0.55	1.37	4.08	2.19
普通中型材（红冶/特钢）		16.40	21.53	19.19	19.48	4.72
普通小型材（型材/高线/红冶/特钢）		251.62	258.03	279.19	300.45	315.16
优质钢型材（特钢/型材）		28.40	31.96	37.65	31.99	37.90
线材（高线）		272.92	291.80	289.33	312.59	302.79
中厚钢板（中板/秦板）		87.87	94.85	99.53	90.91	115.23
钢带（带钢/北冶/吉泰安）	热轧钢带	19.16	14.34	20.17	20.14	—
	冷轧钢带	8.17	12.01	11.83	11.09	0.13
管材等其他钢材		2.35	1.27	0.03	—	—
成品钢材总产量		686.93	726.34	758.29	790.73	778.12

说明：1.2003年成品钢材总产量未计入退出首钢集团的红冶钢厂、带钢厂产量。如计入其产量，成品钢材总产量为837.87万吨。北冶、吉泰安公司生产的带材属于特殊合金功能材料。

2."—"表示无相关数据。

2004年，首钢制订产品发展规划，计划在2010年前开发中高强度冷镦钢、2000兆帕钢绞线盘条、高强合金焊线钢、易切钢、高强钢筋、齿轮钢、Z向钢、550兆帕高强板、管线钢、高层建筑用钢、汽车用钢11类新产品。钢筋混凝土用热轧带肋钢筋复评为国家免检产品。低碳高速无扭控冷热轧盘条、钢筋混凝土用热轧带肋钢筋、碳素结构钢和低合金结构钢热轧厚钢板复评为北京市名牌产品。130毫米方坯连铸连轧高性能钢绞线用82B盘条技术开发累计获得效益2.3亿元，获得冶金科技二等奖、北京市科技二等奖。特钢部小型材生产线停产，淘汰落后设备。大圆钢、翼缘板生产线投产，产能32万吨；单机架冷轧机投产，生产宽1500毫米的建筑用高级冷轧板，产能35万吨，填补了首钢没有冷轧板材的空白。同年4月，首钢富路仕彩涂板生产线投产，产能17万吨。8月，镀锌生产线投产，产能18万吨。首钢富路仕成为ECCA欧洲钢卷协会的第二家中国会员。首钢向奥运场馆"水立方"、青藏铁路等工程供应钢材。轧钢加热炉用蓄热体、蓄热式换热装置、轧辊补焊电磁感应加热装置、处理轧钢含油铁鳞的设备系统等获得专利授权。

2005年7月2日，首钢冷轧薄板建设项目开工建设。项目位于顺义区李桥镇，厂区总面积73万平方米。国家发展改革委核准建设1套酸洗冷轧、1套连续退火、2套热镀锌、2套重卷、2套包装机组、酸再生装置及配套设施，预留热镀锌、彩色涂层机组，项目投资64亿元，设计产能150万吨（冷轧退火板70万吨，镀锌板80万吨），产品主要面向汽车、家电、建筑、轻工等行业需求。通过国际招标，首钢从奥地利 ANDRITZ、比利时 CMI、德国 SMSD、德国 WALDRICH 分别引进酸再生装置、热镀锌机组、连续退火机组、磨床和电火花机床。2007 年 11 月 8 日，酸轧线穿带成功，开始调试设备。2008 年 5 月 10 日，连退和两条镀锌生产线相继投入运行，形成 150 万吨冷轧板生产能力。8 月 15 日，2 号镀锌生产线一次热试成功。首钢冷轧薄板有限公司项目竣工投产。首钢股份、北京汽车投资有限公司、首钢总公司入股，将顺义冷轧分公司改组成为北京首钢冷轧薄板有限公司。

2005 年，首钢加强用户服务，提高连铸硬线、优质软线、三级钢筋、C/D 级板、船板、优质碳素结构钢、特厚板、高强度结构钢的市场占有率，开发 2000 兆帕钢绞线用盘条、齿轮钢、高强度冷镦钢、合金焊线、易切钢、Z 向钢、管线钢、500 兆帕高强板新产品，试制高强度抽油杆钢、弹簧钢、E 级钢板、高层建筑用钢、低碳贝氏体钢。PC 钢棒热轧盘条、抽油杆热轧圆钢、低合金结构用钢板、焊接用钢盘条增项获得金杯奖，首钢金杯奖产品达到 12 个。年产"双高"产品 583.6 万吨，其中"拳头产品"293.7 万吨，出口品种由软线发展到高碳专用钢、合金焊线、PC 钢棒、高强船板等。首钢建筑用钢平台建设、超细晶 HRB400 钢筋、汽车用钢项目分别列入了国家、北京市专项发展计划。与钢铁研究总院建立电工钢联合研发中心，与北京科技大学建立汽车用钢联合研发中心，与东北大学建立宽厚钢板联合研发中心，加强与国内外的技术交流和合作。同年 9 月，高强度机械制造用钢生产线投产，设计年产齿轮钢、弹簧钢、轴承钢、合金钢、易切钢等精品棒材 50 万吨。特钢部第二台单机架冷轧机投产。完成第一线材厂二车间激光测控仪等改造，达到五代轧机水平。以低温蒸馏工艺处理轧钢污泥新技术获得北京市科技二等奖、冶金科技二等奖。首钢锅炉板、容器板的质量得到国内及中国台湾地区化工机械、民用锅炉制造厂商的认可，并在龙滩水电站等国家重点工程中应用。用首钢牌高强板制造的国内最大桥式运输车完成组装，车长 90 米，用于特大件运输。首钢获得第二届名优产品售后服务全国十佳单位称号。机电公司制造 3300 毫米中厚板圆盘剪，向越南出口。加热炉煤油混喷装置、有自动位移装置的棒材打捆机、含锡易切结构钢、钢材在线计算机识别计数装置等获得专利授权。

2006 年，首钢制订"十一五"技术创新目标：实施战略结构调整，实现工艺技术装备全面升级，从以长材生产为主向以高档板材、精品长材生产为主转变，掌握高品质、高技术含量、高附加值精品板材和精品长材生产技术；消化吸收并掌握引进的先进技术，自主开发，在主导产品和关键工艺上形成首钢专有技术和自主知识产权；坚持资源优化、环境友好，实现可持续发展的良性循环。10 月 20 日，采用国内外先进技术、集成一批自主创新技术的首秦 4300 毫米宽厚板生产线投产，设计年产宽厚板 120 万吨，标志着首钢专、精、深、强的宽厚板生产基地初步建成。12 月 23 日，迁钢 2160 热连轧项目投产，设计年产 2160 毫米宽钢带 400 万吨。首钢迁钢新建板材工程工艺技术装备自主集成创新获得冶金科技二等奖、北京市科技一等奖。同年，首钢技术研究院研发非控轧型的 Nb 微合金化 HRB400 钢筋，采用再结晶区终轧＋析出强化工艺，以 Nb 代 V，降低成本。计算机图像识别在线计数系统实现了钢材负差理重交货，获得冶金科技二等奖。采用稀土磁盘净化分离技术改善浊环水水质，达到轧钢用水要求。首钢自动化信息技术公司建成北京钢铁业信息化三级系统，提高市场反应能力，获得冶金科技二等奖。特宇镀锌线投产，特钢部设计年产冷轧板65万吨、镀锌板36.5万吨。首钢技术研究院利用ERP平台，加强质量管控，优质中高碳钢热轧盘条、船体结构用钢、制丝低碳钢盘条、低合金高强度结构钢板、保淬透性结构钢先后获得金杯奖，首钢金杯奖产品达到17个。

2008年5月，顺义冷轧薄板生产线采用超滤反渗透工艺，对污水处理厂二级出水进行深度处理，为国内首次将城市污水用于冷轧供水。首秦4300宽厚板、迁钢2160热轧系统边调试边达产，开发板材新产品31个，批量生产管线钢、船板等宽厚板、热轧卷板，试制X80管线钢、深冲钢、低碳结构用钢带、汽车用结构钢带等高端产品，研制汽车板用IF钢、双相钢、烘烤硬化钢等新产品。Z向钢、管线钢、建筑结构用钢、锅炉板、容器板、桥梁板等中厚板综合探伤合格率为97.39%。首钢CrMo轴承钢、CrMnTi汽车用齿轮钢市场占有率分别达到国内第一和第二。优质碳素钢热轧盘条（含45～80号钢/SWRH42A～82A/SWRH52B～82B连铸硬线）被评为中国名牌产品；英标460B钢筋、桥梁结构钢板、冷镦冷挤压用钢盘条、焊接用钢盘条获得金杯奖，首钢金杯奖产品达到21个。年产中国名牌产品132万吨，金杯奖产品562万吨，北京名牌产品570万吨，品牌产品总产量657万吨，占成品钢材总产量的48.7%。首钢板带比达到37.4%。低氮氧化物混合煤气调焰燃烧装置、热轧薄带钢低压喷水冷却装置、平衡传动轴重力的气动托架、清除辊子表面黏结异物的刮刀装置、热轧浊环废水的处理装置等获得专利授权。年底，首钢北京地区实施压产，第一线材厂2条轧线、型材轧钢厂1条轧线设备关停，长材产量减少327万吨。2008年北京奥运会期间，北京地区轧钢厂阶段性停产。首钢板材、首钢富路仕、特宇板材合并成立冷轧镀锌薄板厂，工序能力为酸洗77万吨、冷轧65万吨、热镀锌54万吨、彩涂17万吨。宽厚板联合研发中心配合首秦试制特厚板、优质船板，转入批量生产。

2008年，首钢开发新产品38个。热轧产品有管线钢、冷成型用钢、船板、耐候钢、容器钢等8个系列272个牌号；宽厚板产品有10个系列707个牌号，高强船板通过了9国船级社认证；冷轧产品开发11个系列36个牌号，629件汽车板零件性能全部合格，通过了6家汽车厂的认证；长材产品开发大规格高强度钢绞线盘条、高强度抽油杆用钢等，品种共有14个系列155个牌号。首钢合金结构钢、齿轮钢获得金杯奖，金杯奖产品增加到23个。年产中国名牌产品108万吨，金杯奖产品364万吨，"拳头产品"908万吨，分别占钢材产量的8.8%、29.5%、77.1%。其中，船板204万吨，位居国内前列；管线钢46.7万吨，配套供应X42～X80管线钢；锅炉板、容器板9个牌号通过国家质检总局认证，北京地区、迁钢、首秦的产品均通过出口欧洲的CE认证。北京地区长材压产，迁钢、首秦主要生产板材，首钢板带比提高到60.7%，产品结构调整增收1.7亿元。首秦研发全烧高炉煤气双蓄热式加热炉、宽厚钢板控轧控冷仿真模型、Q345系列低合金厚钢板，迁钢研发2160热连轧支持辊、优质船板，第一线材厂开发强度2000兆帕的大规格82B-1S钢绞

图7-5 首钢京唐公司2250热轧生产线（2008年摄）

线盘条，中厚板轧钢厂开发SQ550D高强钢板，机电公司制造2160精轧机电机、板卷箱、飞剪等，提高了产品开发和工艺控制水平。转炉流程生产优质特殊钢工艺技术获得冶金科技二等奖、北京市科技一等奖。12月10日，京唐2250热连轧项目投产，设备包括4座步进梁式加热炉、定宽压力机、二辊可逆粗轧机、四辊可逆粗轧机、保温罩和边部加热器、7架连轧精轧机、精轧线静电除尘装置、层流冷却装置、在线表面检查装置、钢带托盘运输系统，连铸坯通过辊道热送热装，设计产能550万吨。单蓄热式燃烧装置、燃油烧嘴流量调节阀、棒材入口导卫装置、解决高碳盘条产生自断的控冷方法、解决连铸小方坯疏松缩孔偏析的轧制方法、强韧性低合金结构钢及生产方法、钢绞线用82B盘条轧后强制冷却方法等获得专利授权。全年申请专利157项，专利授权39项，审定技术秘密187项；累计申请专利683项，审定技术秘密569项。首钢获中国钢铁工业清洁生产环境友好企业称号。

2009年，首钢开发新产品66项。其中，热轧板卷25项，冷轧板卷12项，中厚板11项，长材产品18项。试制Hi-B取向硅钢、X100管线钢、9Ni钢、Q960高强钢、980舰艇用钢、Q450NQR1高强高耐候钢等20多个新产品，提高了市场反应速度。在首钢热轧板卷、冷轧板卷、中厚板、长材四类产品中，热轧板卷7种中高端产品产量106万吨，占商品板卷产量的60%，首钢成为西气东输二线工程国内最大供应商，抗HIC管线钢进入国际市场；冷轧产品开发汽车板、家电板、专用板，汽车板实现了商用车整车供货，家电板向海尔等企业批量供货，专用板开发了电镀锌基板；中厚板向南广铁路北特江大桥等4座大桥整桥供货，向山船重工4艘9.3万吨散货船整船供货，SG610系列调质高强压力容器用钢、E/F级船板开始批量供货，水电用钢获得马来西亚水电工程1.3万吨订单；长材产品保持国内市场优势，产量155万吨，开发大规格高强度绞线钢、高铁轨枕预应力钢丝用钢、合金焊线用钢、汽车曲轴用钢等新产品，向京沪、京石、石武、哈大等高铁工程供货。北京地区精品长材品种开始向联合重组企业转移。首钢初步建立钢轧系统汽车板一贯制质量管理体系，汽车板品种覆盖了低碳铝镇静钢、IF钢、高强IF钢、BH钢、DP钢等钢种。3个联合研发中心开展第二期合作，完成3类汽车用钢8个牌号实验室研发和高强汽车板工业试制，解决了成形纹等表面质量缺陷；开展无取向电工钢、取向电工钢工艺研究，研发迁钢硅钢生产线设备工艺；试制高强车轮用钢、耐磨钢等宽厚板产品。迁钢结构用热连轧钢带、高耐候热轧钢带，首秦桥梁板、船板、锅炉压力容器板，中厚板轧钢厂碳素结构钢和低合金结构钢热轧钢板6个产品获得金杯奖，首钢金杯奖产品累计达29个。首钢年产中国名牌产品 116 万吨，金杯奖产品 425 万吨，北京名牌产品 463 万吨，"拳头产品"831 万吨，分别占钢材产量的 10.19%、37.35%、40.76%、73.27%。首钢自动化信息技术公司研发热连轧、冷连轧自动控制及能源、信息管理系统，机电公司为迁钢、京唐制造 10 台热连轧主传动电机，国际工程公司研发 SGL 型低氮氧化物混合煤气调焰烧嘴，技术研究院起草热轧钢板表面质量国家标准。3 月，

图 7-6　首钢生产的冷轧卷板产品（2009 年摄）

京唐 1720 毫米五机架 UCM 连轧机投产，设计年产冷轧宽钢带 150 万吨。海水淡化装置投产，利用富余蒸汽，以"水—汽—水"厂内循环、"海水—盐—海水"社会大循环降低淡水消耗、能耗和钢材成本，以耦合盐平衡方式实现污水零排放。12 月，迁钢 1580 毫米连轧机投产，设计年产热轧薄宽钢带 380 万吨。西气东输二线厚规格 X80 热轧卷板研制获得冶金科技二等奖。缩短烧嘴火焰长度的装置、带阻尼结构的中厚板层流冷却集管装置、中厚板控制冷却装置、在线超声波探伤系统钢板刮水自动风干装置、冷轧辊表面磨削横纹检测工具、三段式高清洁度稀油润滑油箱、大型精密轧机底座测量装置、高强度精轧螺纹钢筋及生产方法、金属棒材计数系统、钛和钒复合添加的超低碳烘烤硬化钢及制造方法、管线钢用埋弧焊丝、带卷运输托盘等获得专利授权。

2010 年，京唐 1580 毫米热连轧机组投产，设计年产钢带能力 380 万吨；2230 毫米五机架串列式 CVC 冷连轧机组投产，产能 215 万吨。北京地区的长材品种向迁钢和联合重组企业转移，其中 82B 绞线钢、合金焊线钢、冷镦钢、超低碳钢、轴承钢、齿轮钢等品种转到迁钢；总公司提供技术服务，首钢水钢新建棒线材生产线，承接首钢 82B 绞线钢生产技术，月产量达到 1.3 万吨，成为贵绳集团的战略供应商；首钢长钢实施 8 项填平补齐改造，具备精轧螺纹钢筋、高品质线材生产能力，H 型钢丰富了首钢集团的品种结构；首钢贵钢研发钎具、车轴钢中高端产品，建设新区，规划搬迁；首钢伊钢立足矿产资源，启动扩产升级改造；首钢通钢实施淘汰落后产能的置换升级改造，试制无取向电工钢。通过联合重组，首钢集团初步形成了具有 3000 万吨规模的大型钢铁企业集团。

2010 年，首钢开发新产品 59 项。迁钢试制 X100、X120 高强度管线钢，开发无取向电工钢。顺义冷轧实现了连续退火品种设计强度级别全覆盖，TRIP780 相变诱发塑性钢、DP780 双相钢下线，合金化镀锌板进入市场。首秦批量生产 X80 场站用管线钢、X70 抗大变形量管线钢，宽厚板最高强度级别 1200 兆帕，最大厚度 200 毫米，最高质量等级达到 F 级。京唐家电板开始批量供货。首钢北京地区、迁钢、首秦年产"拳头产品"1028 万吨，"拳头产品"产量比 78.1%，其中，15 个重点品种年产量 594 万吨，包括管线钢 101.1 万吨、

汽车用钢 109.9 万吨、船板 104.8 万吨，实现了"三个百万吨"目标。首钢年产金杯奖产品 441 万吨，占钢材总产量的 32.58%。迁钢汽车大梁用热轧钢板及钢带、冷成型用热连轧低碳钢带、迁钢和首秦石油天然气输送管用热轧宽钢带、首秦锅炉压力容器板增项 4 项产品获金杯奖，首钢金杯奖产品达到 33 个。石油天然气输送管用热轧宽钢带获得冶金产品实物质量特优质量奖。2010 年，首钢集团钢材产量构成为北京地区 778.28 万吨，迁钢 330.08 万吨，首秦 / 秦板 195.21 万吨，京唐 554.77 万吨，水钢 321.44 万吨，长钢 232.38 万吨，贵钢 25.16 万吨，通钢 512.63 万吨，首钢伊钢 27.59 万吨。2010 年年底首钢石景山钢铁生产主流程实施停产。

2001—2010年首钢成品钢材双高及新产品统计表

7-15表

产品类别	计量单位	2001年	2002年	2003年	2004年	2005年	2006年	2007年	2008年	2009年	2010年
双高及新产品	产量（万吨）	192.6	209.9	321.4	456.9	583.6	671.5	952.1	—	—	—
	产量比（%）	25.40	26.55	41.63	55.83	63.43	71.96	70.30	—	—	—
新产品	产量（万吨）	43.33	83.25	147.3	115.5	298.5	323.9	460.8	342.4	50.40	16.05
	产量比（%）	5.71	10.36	19.08	14.10	32.20	31.49	33.98	29.33	4.44	1.23
拳头产品	产量（万吨）	—	—	113.5	216.6	293.7	484.0	785.1	908.6	830.9	1028
	产量比（%）	—	—	13.55	26.46	31.81	47.60	58.04	77.16	73.27	78.85

说明："—"表示无相关数据。

2004—2010年首钢集团成品钢材品种产量统计表

7-16表

单位：万吨

钢材品种	2004年	2005年	2006年	2007年	2008年	2009年	2010年
大型型钢	—	—	—	—	—	—	6.12
中小型型钢	—	—	0.04	0.58	30.23	8.04	60.21
棒材	55.19	88.45	129.91	134.00	178.68	160.56	220.28
钢筋	257.12	292.80	295.47	295.64	412.21	516.80	715.54
线材	363.37	362.65	403.64	415.80	364.58	345.76	339.99
特厚板	17.09	22.20	17.23	21.23	21.83	25.43	18.13
厚钢板	73.96	87.34	85.87	127.82	146.68	120.75	96.27
中板	51.11	66.25	84.80	156.86	170.38	114.88	114.29
中厚宽钢带	—	—	—	178.72	322.86	363.20	763.66
热轧薄宽钢带	—	—	—	5.40	0.64	10.62	152.35
热轧窄钢带	—	—	—	—	—	—	69.24

（续表）

钢材品种	2004年	2005年	2006年	2007年	2008年	2009年	2010年
冷轧薄板	—	—	—	—	—	0.10	5.02
冷轧薄宽钢带	—	3.64	9.68	2.40	37.09	119.08	223.30
冷轧窄钢带	0.15	0.01	0.01	0.01	0.02	0.01	0.03
镀层板	—	2.08	1.01	15.94	9.76	50.46	142.13
涂层板	1.05	1.29	0.39	0.02	—	1.02	2.34
无缝钢管	—	—	—	—	6.27	5.50	35.64
焊管等其他钢材	0.13	0.40	0.76	1.67	3.09	0.82	13.00
首钢四地合计	819.18	927.11	1028.81	1356.09	1167.59	1342.14	1858.34
首钢集团合计	819.18	927.11	1028.81	1356.09	1704.32	1843.03	2977.54

说明："—"表示无相关数据。

2010年首钢四地在用轧钢设备一览表

7-17表

企业	轧钢设备	产品	设计能力（万吨）
第一线材厂	∮650×5/∮480×4/∮380×5/∮285×4/∮228×5/∮170×5连轧	高速线材	40
顺义冷轧	1970毫米五机架连续式冷轧宽钢带轧机	冷轧宽钢带	150
	1850毫米热镀锌机组	镀锌板	45
	1520毫米热镀锌机组	镀锌板	35
冷轧镀锌薄板厂	1750毫米6H-3C单机架可逆式冷轧机	冷轧宽钢带	35
	1420毫米UCM单机架可逆式冷轧机	冷轧宽钢带	30
	1500毫米热镀锌机组	镀锌板	18
	700～1500毫米热镀锌机组	镀锌板	36.5
	1500毫米彩涂机组	彩涂板	17
首秦公司	4300毫米四辊可逆式热轧机组	宽厚板	180
秦板公司	3454.5×（∮1498.6/∮965.5）×1立辊、四辊轧机	中板	72
迁钢公司	2250毫米热轧薄宽钢带轧机（2160轧机）	热轧宽钢带	400
	1580毫米热轧薄宽钢带轧机	热轧宽钢带	380
	1450毫米五机架连续式冷轧宽钢带轧机	冷轧宽钢带	90
京唐公司	2250毫米热轧薄宽钢带轧机	热轧宽钢带	550
	1580毫米热轧薄宽钢带轧机	热轧宽钢带	390
	2230毫米五机架连续式CVC冷轧宽钢带轧机	冷轧宽钢带	215
	1720毫米五机架连续式UCM冷轧宽钢带轧机	冷轧宽钢带	150

2010年，首钢通过科技攻关，降低成本5.3亿元。3个联合研发中心完成无取向电工钢转产、取向电工钢试制、800兆帕汽车用钢转产、合金化镀锌汽车板试制等工作，研发DP1180超高强汽车用钢、热成形汽车用钢、590CL高强车轮钢、NM450耐磨宽厚板，保Z向性能特厚板的厚度达到180毫米，实现了超快冷工艺应用。首钢高速铁路基建用高强度长材产品研发获得北京市科技二等奖。产学研合作项目板带轧制中试研究装备与应用获得冶金科技二等奖。参与制定修订国际标准11项、国家标准50项、行业标准1项。首钢机电公司完成京唐等一批成套设备的研制和自主集成。首建集团承建的顺义冷轧工程获得中国建筑工程鲁班奖。首钢申请专利280项，其中发明专利177项，国家专利授权190项。

2010年首钢集团获得国家专利授权部分项目一览表

7-18表

专利申请号	专利技术名称	申报单位	专利类型
201010112123.6	一种高强度X100钢级螺旋缝埋弧焊管制造方法	技术中心	发明
201010114344.7	一种加热炉余热发电系统及其方法	技术中心	发明
201020121645.8	成形极限胀形试验定位装置	技术中心	实用新型
201020121651.3	离线带钢急峻度检测仪	技术中心	实用新型
201010125410.0	一种高强耐候钢及其制造方法	技术中心	发明
201010144768.8	连退机组炉内带钢振动特性分析及在线监控方法	技术中心	发明
201010144781.3	一种优化大型步进梁式加热炉板坯加热制度的模型	技术中心	发明
201010146875.4	一种低温环境下使用的高强度钢板的制造方法	技术中心	发明
201020175599.X	变径凸罐集排气装置	首钢冷轧	实用新型
201010161664.8	能源系统变电站自动化一体机多站智能五防系统	首自信	发明
201010162933.2	一种热轧高强钢残余应力消除方法	技术中心	发明
201010162925.8	一种分析低碳钢动态相变的方法	技术中心	发明
201020178868.8	用于清除辊子表面黏结异物的刮刀装置	设备部	实用新型
201020178848.0	一种板坯侧压定宽机模块	技术中心	实用新型
201010163542.2	液态出渣高温硅钢板坯加热炉蓄热和预热组合式加热方法	国际工程	发明
201010183484.X	20控Cr核电用钢及其生产方法	技术中心	发明
201010183475.0	一种高强汽车车轮用钢及其制造方法	技术中心	发明
201020222577.4	一种激光拼焊用夹具	技术中心	实用新型
201010200090.0	连续退火机组炉内张力综合优化设定方法	首钢冷轧	发明
201020250553.X	一种主轧机传动接轴抱紧检测双联锁保护装置	迁钢公司	实用新型

（续表）

专利申请号	专利技术名称	申报单位	专利类型
201020250525.8	轧辊轴承安装工具	迁钢公司	实用新型
201020250552.5	钢卷运输线回转台双方向旋转控制装置	迁钢公司	实用新型
201010226232.0	悬臂辊道侧进侧出步进梁式加热炉出料端自动排渣装置及方法	国际工程	发明
201020258197.6	悬臂辊道侧进侧出步进梁式加热炉出料端自动排渣装置	国际工程	实用新型
201010232428.0	提高跟踪系统控制精度保证中厚板淬火性能稳定性的方法	首秦公司	发明
201010232459.6	一种利用淬火机低压段进行弱水冷的精确控制方法	首秦公司	发明
201010232467.0	一种36kg级海洋平台用钢及其生产方法	首秦公司	发明
201010232470.2	一种冶金行业五重加密的实验室信息化管理系统	迁钢公司	发明
201010232151.1	一种40Cr线棒材的力学性能预报系统	技术中心	发明
201010232152.6	一种大规格超高强韧性免时效铁路基建用钢的生产方法	技术中心	发明
201010232325.4	高速线材水冷逆向控制方法	一线材厂	发明
201010232489.7	一种控制边部减薄的优化方法	技术中心	发明
201020271486.X	一种管壳式换热器加装多孔防冲板装置	迁钢公司	实用新型
201010237136.6	一种600MPa级别高强工程机械用钢及其生产方法	迁钢公司	发明
201010237117.3	一种消除热连轧过程中IF钢边部翘皮的方法	迁钢公司	发明
201010237102.7	一种解决低锰硫比低碳铝镇静钢边部缺陷的方法	迁钢公司	发明
201010235930.7	一种含Cu低合金钢生产方法	技术中心	发明
201010235928.X	环保型高表面质量免酸洗汽车大梁钢的生产方法	技术中心	发明
201010235927.5	一种宽带钢热连轧精轧机组成套辊形配置方法	技术中心	发明
201010235925.6	一种正火轧制生产韧性优良管线钢中厚板的方法	技术中心	发明
201010235924.1	一种D级抽油杆钢及其生产方法	技术中心	发明
201010236161.2	一种冷轧薄板45号钢连续退火生产方法	技术中心	发明
201010249754.2	一种超厚度高强水电用钢的焊接方法	技术中心	发明
201010259093.1	一种定尺钢板成材率最大化的MES物料形变方法	首秦公司	发明
201010260178.1	一种低成本高强度耐磨钢板及其生产方法	技术中心	发明
201020502451.2	一种热轧中厚板的控制冷却装置	首秦公司	实用新型
201020502212.7	用于热轧试验轧机浮动托辊的弹性限位装置	技术中心	实用新型
201010264339.4	钢铁厂热轧高含油废水处理、回用方法	国际工程	发明
201020506839.X	热轧高含油废水处理的多功能油渣水分离器	国际工程	实用新型

（续表）

专利申请号	专利技术名称	申报单位	专利类型
201020506917.6	热轧高含油废水处理的高效除油分离装置	国际工程	实用新型
201020506858.2	一种大起重能力的水平推移、垂直自动顶升的双门形吊装设备	首钢建设	实用新型
201010278801.6	一种有效控制中厚板探伤缺陷的方法	首秦公司	发明
201010287677.X	一种淬透性预报及生产窄淬透性带钢的方法	技术中心	发明
201010287698.1	一种百事泰在线表面缺陷检测系统的优化方法	技术中心	发明
201010287679.9	连退机组炉内张力在线设定方法	技术中心	发明
201010288922.9	一种铸坯热送入炉温度准确控制的方法	首秦公司	发明
201010288916.3	一种低屈服比微合金管线钢热轧卷板的生产方法	技术中心	发明
201020588655.2	一种辊子月牙槽加工装置	首钢机电	实用新型
201010536595.4	一种钢铁生产中综合废水脱盐零排污方法	迁钢公司	发明
201020597447.9	一种表皮无线测温装置	迁钢公司	实用新型
201010545725.0	一种基于数据挖掘的板形控制关键工艺参数优化系统	首自信	发明
201010561227.5	一种高线轧机早期故障微弱特征提取的方法	设备部	发明
201010569445.3	一种用于高线轧机的设备运行和工艺量状态监测系统	设备部	发明
201010569434.5	一种钒合金化直缝电阻焊石油套管用钢及其制造方法	技术中心	发明
201010569990.2	一种避免钢板表面裂纹的连铸坯热装热送工艺	技术中心	发明
201010569933.4	一种快速检测薄板表面成形缺陷的方法	技术中心	发明
201010569948.0	超高强度带钢水淬冷却方法及装置	技术中心	发明
201010569972.4	一种石油套管用钢及其制造方法	技术中心	发明
201010576668.2	一种低成本Q420qE桥梁用钢板的生产方法	首秦公司	发明
201010599462.1	一种低成本、高性能压力容器用钢板的生产方法	技术中心	发明
201010599469.3	一种800MPa级低屈强比结构钢板及其生产方法	技术中心	发明
201010602459.0	一种Q345q的减量化轧制方法	首秦公司	发明
201010602496.1	一种解决低碳铝镇静钢表层粗晶的方法	迁钢公司	发明
201010602298.5	一种提高卷取温度控制精度的方法	迁钢公司	发明
201010602394.X	一种可大线能量焊接的低温结构用钢板及其制造方法	技术中心	发明
201010602466.0	一种大线能量焊接用气电立焊气保护药芯焊丝	技术中心	发明
201010602308.5	一种X80管线钢埋弧焊丝用钢盘条的生产方法	技术中心	发明
201010602370.4	一种附有硫铁化合物管线钢的氢渗透行为测试方法	技术中心	发明

（续表）

专利申请号	专利技术名称	申报单位	专利类型
201010602346.0	一种含Si中碳钢及其获得高强高塑性的热处理方法	技术中心	发明
201010602216.7	一种分段流化床及使用方法	技术中心	发明
201010623189.1	重型汽车钢质轮辋的脉冲通电预热闪光焊接工艺	技术中心	发明
201010622966.0	一种改善酸洗机组带钢酸洗后表面质量的方法	技术中心	发明
201010622959.0	一种改善汽车用低碳铝镇静钢连退产品力学性能的方法	技术中心	发明
201010622948.2	一种高强度高疲劳寿命重卡汽车用车轮钢的制造方法	技术中心	发明
201010622957.1	一种微钒钛复合处理锅炉和压力容器用钢及其制造方法	技术中心	发明
201010622927.0	一种开平板内应力测量方法	技术中心	发明

2010年首钢新一代可循环钢铁流程工艺技术依托京唐轧钢课题完成情况一览表

7-19表

课题名称	考核指标	完成情况
高品质薄板生产技术	开发薄板用钢的生产工艺技术，在24个月时间内实现汽车用外板的生产；实现转炉、RH精炼、连铸周期≤30分钟；汽车用外板的冷轧钢种[P]≤0.018%；超低碳IF钢[C]≤0.0013%；BH烘烤硬化钢板σb≥340兆帕，δ≥36%，r＞1.7，n≥0.22，BH≥35兆帕；DP钢板σb≥550兆帕，δ≥22%，n≥0.22	因京唐冷轧投产时间短，该课题未能在京唐开展全面细致工作，主要依托迁钢、顺义冷轧进行，促进了炼钢-热轧-冷轧全系统的工作。在炼钢方面，结合洁净钢课题设计RH真空两阶段脱碳工艺，实现了快速脱碳，12分钟真空处理后，钢水碳含量降低至0.001%以下；在冷轧系统方面，全面启动了汽车板产品开发及标准、质量判定等工作，为新产品研发起到推动作用
新一代钢铁流程工程化技术集成	吨钢能耗降低到640千克标准/吨（到热轧材）；废气粉尘排放浓度≤20毫克/立方米，SO₂排放浓度≤50毫克/立方米；污水零排放，吨钢新水耗量＜4吨；全流程自发电比例＞90%	吨钢综合能耗达到670千克标准/吨（到冷轧，其中冷轧工序能耗52千克标准/吨），废气粉尘排放≤15毫克/立方米，污水零排放，吨钢新水耗量达到3.94吨；自发电率达到90%以上
新一代钢厂精准设计技术和流程动态优化研究	实现连铸热送热装比≥70%，从高炉出铁到热轧卷取完，整体流程＞400分钟，吨钢综合能耗＞670千克标准/吨	热送率根据钢种的不同而有差异，典型钢种热装热送率大于90%。钢种加权平均连铸热送热装比68%，直装钢种可实现从高炉出铁到热轧卷取完，整体流程作业时间小于400分钟
炼钢-轧钢综合节能与环保技术	转炉煤气回收技术达到国内领先水平；在目前转炉工序能耗8.17千克标准/吨、轧钢工序能耗69.4千克标准/吨国内平均水平的基础上，降低15～20千克标准/吨	热轧工序能耗51千克标准/吨，冷轧工序能耗52千克标准/吨，转炉工序能耗达到-5.5千克标准/吨
节约型钢材减量化轧制技术	高性能钢材典型品种节约钢材使用量5%～15%，典型品种微合金钢的合金含量降低20%～30%，每吨高性能钢材的成本降低100～200元，钢板屈服强度和抗拉强度的预报值与实测之标准差小于±7兆帕，使我国的轧钢生产技术达到国际先进水平	开发汽车大梁钢减量化高强度品种550D，正在开发更高强度级别的SQ700MCC系列汽车等行业高强用钢

第六节　有色金属生产

1999 年至 2010 年，北京地区生产有色金属系列产品的企业主要有 5 家，即北京金鹰铜业有限责任公司、北京有色金属与稀土应用研究所、北京达博有色金属焊料有限责任公司、北京诺飞金属材料有限责任公司和北京超塑新技术有限公司。其中，北京金鹰铜业有限责任公司生产铜制品 8.54 万吨，北京有色金属与稀土应用研究所生产有色金属及其合金产品 57.95 吨，北京达博有色金属焊料有限责任公司生产金丝 1.25 吨，北京诺飞金属材料有限责任公司生产有色合金 2.4 万吨、有色铸造件 2257 吨，北京超塑新技术有限公司生产槽筒、配筒 1160.65 吨、锌材 1703.61 吨。

北京金鹰铜业有限责任公司

1981 年 10 月注册成立。2000 年 5 月，通过债转股形式，北京铜材厂的优质经营性资产与北京铜丝厂整体注入北京金鹰铜业有限责任公司，注册资本 3.70 亿元。拥有两条电镀生产线，年生产能力镀锡、镀镍铜带及制品 1500 余吨。2000 年，公司采用水平连铸—高精冷轧方法，在国内率先研制生产出 KFC 和 C194 等引线框架材料，实现专业生产铜及铜合金板带材，其精密铜带最大宽度 305 毫米、最大卷重 2000 千克。产品主要有紫铜、黄铜、青铜、框架材料四大系列 10 多个合金牌号上百种规格，产品主要应用于汽车和电子行业。其中，高导电性无氧铜 TUI 带用于电真空元器件生产，银铜 Tag 应用于电机整流子、马达生产，高导电性高精度纯铜 T2 带应用于电缆系列材料生产，磷铜系列产品中的高锡高磷 C5210 和低锡低磷 C5111 铜带也投入市场。公司还生产引线框架等产品，替代进口，应用于国内集成电路和半导体分立器件生产。2000 年至 2004 年，公司出口铜制品 196.81 吨。2001 年 11 月获北京市高新技术企业称号。2010 年，公司有职工 359 人，占地面积 11.43 万平方米，建筑面积 3.44 万平方米，净资产 3.59 亿元。生产紫铜、黄铜、青铜、框架材料四大系列 10 多个牌号产品，产量 7617.99 吨，其中紫铜产品 3593 吨。全年营业收入 3.65 亿元。

北京诺飞金属材料有限责任公司

前身为北京冶炼厂，1956 年 1 月成立。1999 年主要产品系列为有色金属焊料、有色金属合金、有色金属铸件，产品有无铅焊料、焊锡膏、焊锡丝、焊锡条、焊锡球、焊粉、焊剂、铝焊丝、铝钛硼合金、锌合金锭、有色液锻件、铸造件。当年生产有色金属合金 1648 吨，有色金属铸件 201 吨。2002 年 12 月，北京冶炼厂改制为北京诺飞金属材料有限责任公司，注册资本 5968 万元。2005 年 1 月，公司由丰台区永外双庙 125 号搬迁至中关村科技园区通州园金桥科技产业基地。2006 年，诺飞工业园建成，引进铝焊料产品生产设备，建立铝焊料、合金产品和液锻产品生产基地。2010 年，北京诺飞金属材料有限责任公司有职工 94 人，占地面积 2.64 万平方米，建筑面积 1.40 万平方米，净资产 5461 万元，生产有色金属焊料、有色金属合金、有色金属铸件 2383 吨，营业收入 4464 万元。下属企业有北京达博长城锡焊料有限责任公司（中法合资）、北京诺飞科技孵化器有限公司。

北京有色金属与稀土应用研究所

前身为北京有色金属研究所，1963 年 11 月成立。1979 年 11 月，北京有色金属研究所与北京稀土研究所合并，名为北京有色金属与稀土应用研究所，下设研发中心、制造部、理化测试中心。主要承担国家和北京市的新材料研究开发项目，并承接用户委托的新材料调研、开发、试制等多项工作。从事有色金属功能材料、焊接材料的研究、开发、生产和技术服务。生产金及金基材料、银及银基材料，有 200 余种产品，分为银系列、电真空焊料、军品、银基焊料、高纯铝系列、软钎焊料、贵金属等大类，应用于高端电子、微电子、军工及航空航天等行业。1999 年生产有色金属及其合金 2.36 吨。2000 年，研究所转制为国有独资企业。2004 年基本形成金及金合金、银及银合金、铝及铝合金、软钎焊料四大系列有色金属新材料的研究、开发、生产体系，以高纯化技术、合金化技术、检测分析技术、成型技术为核心的技术创新体系。2009 年，研究所获得市科委颁发的高新技术企业资格证书。开发生产的高纯有色金属材料、合金材料应用于航空航天、国防工业、电子信息、电力电子等领域，有四大系列数百种产品。1999 年至 2010 年共取得 17 项较大科研成果。其中，国防科工办项目 6 项，市经委、市科委、市工业促进局项目 11 项。2010 年，研究所有职工 187 人，占地面积 3.9 万平方米，建筑面积 1.38 万平方米，净资产 5484 万元，生产有色金属及其合金产品 7.15 吨，营业收入 1.64 亿元，利润 657 万元。

北京超塑新技术有限公司

1994 年 4 月成立，注册资本 1172 万元。1999 年 12 月被市科委认定为高新技术企业，为国内研究开发超塑新技术、生产销售超塑金属材料和制品的专业厂家。产品系列有普通络筒机槽筒、松式络筒机槽筒、并纱机槽筒、绕线机槽筒、单锭络筒机槽筒、气流纺槽筒、锥形槽筒，并研发自动络筒机槽筒及其他金属槽筒、金属装饰制品、复杂形状的壳体零件、各类超塑材料及其他功能性材料。公司在国际上首家采用超塑技术生产金属槽筒并获得国家发明专利，其用于纺织机械关键零部件的"北超"牌超塑金属槽筒被确认为国家级高新技术产品及中国纺织机械器材协会推荐产品。1999 年，公司生产铝盖装配筒等槽筒 30.25 吨、锌材 215.82 吨。2004 年引进意大利铝焊料产品生产设备，生产应用于航空、航天、石油化工、车辆军工等领域结构焊接的焊丝，适用于 MIG、TIG、氧气焊等离子电弧焊等。公司通过 ISO 9000 质量认证。2010 年，公司入驻中关村科技园区通州区金桥科技产业基地联东 U 谷新址，改造生产线，形成年产 30 万支金属槽筒产能。2010 年，公司有职工 59 人，建筑面积 1687.8 平方米，净资产 1156 万元，生产铝盖槽筒、铝盖装配筒、大槽筒装配筒、绕线机槽筒 127.04 吨，锌材 27.77 吨。营业收入 1039 万元，利润 50 万元。

北京达博有色金属焊料有限责任公司

1999 年 12 月成立，注册资本 1000 万元，从事键合金丝、金及金合金规模生产。键合金丝产品作为半导体器件中的内引线，应用于晶体管、集成电路的封装；金及金合金产品主要应用于芯片的真空镀膜。当年生产金丝 67 千克。2002 年至 2004 年引进国际先进设备，完成金丝生产二、三期技术改造。2003 年获市科委颁发的高新技术企业认定证书。开发的"高密低弧度金丝产品"被评为国家重点新产品项目，"超微细大长度金键合丝"被评为国家重点新产品项目及北京市科技成果转化项目。2005 年生产的"高纯金的制备及低弧高强度金键合丝的产业化"被列为市工业促进局的技术创新项目。2009 年，公司获得"防止键合丝退火后粘丝的冷却液烘干装置""悬垂液滴型键合丝退火液连续施加装置""退火工序键合金丝的冷却滴定装置"三项实用新型专利。2010 年完成国家"02 科技重大专项"课题"极大规模集成电路制造装备及成套工艺"，实现大功率、高亮度 LED 封装用键合金丝的产业化，产能 3 吨。公司有职工 87 人，净资产 6075 万元，生产金丝 2008 千克，营业收入 4.84 亿元，利润总额 1523 万元。

第三章　建材工业

北京地区建材业历史悠久。1939 年建立华北洋灰股份有限公司琉璃河工厂。中华人民共和国成立后，北京建材业发展迅速。1990 年，全市水泥企业共有 38 家，水泥产量 339 万吨。1999 年，北京市建材工业产品包括水泥及其制品、新型墙体材料、防火材料、保温材料、装饰材料、门窗、中密度板等近 20 个门类，180 多种（类），上万个品种规格。

2000 年，全市水泥产量 827 万吨，建材产品销售收入 20.24 亿元。北京建材集团有限责任公司批准并实施 188 户中小企业改制方案，职工出资 3760 万元购买国有资产，改制分流职工 7754 人。12 月，北京建材集团有限责任公司更名为北京金隅集团有限责任公司，成为全市最大的建材工业企业。2002 年，金隅集团投资 3000 万元用于环保建设，对相关设备进行改造，当年焚烧工业固体废弃物 4000 吨。2004 年，全市拆除 161 家企业黏土多孔砖瓦窑，黏土砖退出北京建材行业。同年，全市建材工业产品销售收入 218.5 亿元，实现利税 19.9 亿元,出口创汇 1.44 亿美元。2005 年,全市新增改扩建新型干法水泥企业 4 家,生产线 6 条,年生产能力达 600 万吨。新建煤矸石页岩砖生产线 22 条,年生产能力 14 亿块标准砖;新建混凝土承重砌块生产线 10 条,年生产能力 100 万立方米;新建建筑轻板生产线 100 余条,年生产能力提高到 2800 万平方米。12 月 31 日全市水泥立窑生产线全部关停。2001 年至 2005 年,金隅集团完成重点科技开发项目 111 项,新产品开发 200 余项,技改项目 240 余项,新产品销售收入累计达 17.71 亿元。

2006 年,北京建材业围绕奥运会场馆及配套工程建设,加速产业结构调整,强化环保建设工程。金隅集团将 22 个下属企业 26 种节能、环保名优产品用于"鸟巢""水立方"等 42 个奥运场馆及其奥运配套工程,总价值达 13 亿元。同年,金隅集团水泥年产能 1200 万吨,跻身全国 12 家大型水泥企业集团。2008 年,按照市政府规定,全市年产量 200 万平方米以下的改性沥青防水卷材生产线全部淘汰,此标准以上生产线进行废气治理,实现达标排放。2000 年至 2008 年,北京光华木材厂、北京红狮涂料有限责任公司、北京加气混凝土有限责任公司、北京金海燕玻璃棉有限责任公司等多家企业或其生产线先后迁往北京市郊区、河北省等地。2009 年,全市 11 家年设计生产能力小于 20 万吨的水泥企业全部退出。全市水泥生产工艺通过采用高压变频、辊压机、余热发电等节能新技术及利用水泥窑处置城市废弃物技术,消纳城市工业废弃物、污泥等近 30 种。北京市琉璃河水泥厂有限责任公司等 6 家企业余热发电装机容量达 31.5 兆瓦。同年,北京建材工业总产值为 518 亿元,建材产品销售收入 544 亿元,实现利税 46 亿元,出口创汇 28 亿元。

2010 年,北京建材工业总产值 700 亿元,产品销售收入 720 亿元,利税总额 35 亿元。其中,合资企业产品销售收入 20.7 亿元;金隅集团建材销售收入 287.96 亿元,利税 30 亿元。

第一节 水泥及水泥制品

1998 年,全市生产水泥 782.2 万吨,其中北京建材集团有限责任公司产量占全市水泥总产量 34.8%,高标号水泥占全市总产量的 56.7%。

1999 年 1 月 27 日,北京市琉璃河水泥厂水泥生产线二期技改工程项目被国家经贸委列入国家重点技术改造工程,被北京市列为 2000 年 50 个重大技术改造项目之一。2000 年 7 月 18 日动工,2001 年 12 月 8 日竣工投产,总投资 2.3 亿元。项目建设首次应用国际化 DCS 自动化控制系统和先进的质量控制系统,将国内新型干法水泥生产线煤粉制备系统首次应用于立磨系统,是当时国内自主设计、规模最大、首条单系统预热器煅烧无烟煤窑外分解的新型干法水泥生产线,年生产高标号低碱水泥能力 150 万吨。

1999 年 12 月 28 日,北京水泥厂 2 号水泥磨系统技改项目破土动工,2000 年下半年竣工进入试生产。项目总投资 3976 万元,全部由企业自筹。其中,土建工程费 1320 万元,机电设备费2262万元，安装工程费186万元，设计费208万元。改造完成后，企业水泥日粉磨能力达到4800吨，年增加水泥粉磨能力40万吨。

1999年，北京烧制水泥有回转窑、立窑两种方式，水泥生产工艺流程包括矿山开采、生料制备、熟料烧成、水泥制成和成品装运五个环节。生产的水泥品种主要有普通硅酸盐水泥、火山灰质硅酸盐水泥、矿渣硅酸盐水泥和特种水泥。全市水泥制品规格品种主要有水泥管、水泥电杆、混凝土预制构件、非承重结构配套构件、水泥方砖及沟盖板六大类。水泥制品生产企业以北京建材集团总公司、北京建工集团有限责任公司、北京市市政工程总公司、北京市房管局等系统为主。平谷区水泥二厂有一条新型干法窑外分解水泥生产线，窑型为直径3.3米×50米，年产熟料60万吨、水泥100万吨。

2000年3月，北京市建材水磨石厂开发的"SMS异型彩色地面砖"有三角形、六角形两种规格8个花色品种，开发的"环保型透水砖"铺设在西城区真武庙四条。

2000年，北京市水泥生产开始采用新型干法工艺制成水泥。水泥生产设备随之改进。同年，全市有新型干法水泥企业7家7条生产线，新型干法水泥年产量258万吨。2005年全市新型干法水泥企业13家15条生产线（含一条在建线），新型干法水泥产量992万吨。同年，北京市燕山水泥有限公司研制开发低碱水泥产品，生产出1万吨低碱水泥。

2001年4月1日，北京水泥产品生产执行通用水泥新标准：GB 175—1999《硅酸盐水泥、普通硅酸盐水泥》、GB 1344—1999《矿渣硅酸盐水泥、火山灰硅酸盐水泥及粉煤灰硅酸盐水泥》、GB 12958—1999《复合硅酸盐水泥》。2003年P.042.5等级水泥占水泥总量的25%。

2004年2月，北京水泥厂利用回转窑处置城市废弃物工程项目开始土建施工。2005年4月投入运行，11月竣工验收。项目总投资1.95亿元，其中自有资金7482.2万元，占总投资额的35.83%，政府补贴和银行贷款1.2亿元。该项目能够处置《国家危险废物名录》中49类中的30类危险废弃物。截至2010年，处置和综合利用各类工业废弃物近20万吨，包括5万吨危险废弃物、10万吨污染土和5万多吨城市污水厂污泥。

2006年，金隅集团水泥年产能1200万吨，成为华北地区主要水泥产品供应商，"金隅"牌水泥被评为北京市名牌产品，获国家质检总局免检产品证书。2006年12月26日，金隅集团与北京市政集团签约参股经营高强混凝土公司，年产销商品混凝土129万立方米。2008年，金隅集团琉璃河水泥有限责任公司生产"金隅"牌水泥首次出口俄罗斯400吨。北京2008年奥运场馆建设所用水泥90%以上出自金隅集团，高标号水泥占北京市场60%～70%。6月1日，北京水泥产品生产执行GB 175—2007《通用硅酸盐水泥》标准，取代GB 175—1999《硅酸盐水泥、普通硅酸盐水泥》、GB 1344—1999《矿渣硅酸盐水泥、火山灰质硅酸盐水泥、粉煤灰硅酸盐水泥》、GB 12958—1999《复合硅酸盐水泥》三个标准。2009年，金隅集团借助水泥产业整合形成的区域优势，发展水泥相关产业及上下游产品，开拓北京、天津、河北等重点区域商品混凝土市场，新增商品混凝土产量300万立方米。2010年，北京市有水泥生产企业24家，生产水泥2551万吨。其中12家在京生产企业生产水泥2442.75万吨，42.5号以上等级水泥2291.83万吨。金隅集团生产水泥2240.13万吨。

2010 年 P.O42.5 等级水泥占水泥总量的 91%。"金隅"牌水泥获环渤海地区建材行业知名品牌荣誉证书。

2006 年，北京市琉璃河水泥厂余热发电工程项目启动，投资 4615 万元，在日产 2500 吨水泥窑系统上建设一条余热发电生产线。2007 年 7 月电站竣工，一期纯低温余热发电项目吨熟料净发电量达 40 千瓦／小时以上，达到世界先进水平。该项目实施的新型干法水泥窑系统工艺废热高效回收和利用技术、新型干法水泥生产线低温余热高效发电技术，申请了发明专利和实用新型专利。截至 2010 年，北京市水泥生产工艺通过采用高压变频、辊压机、余热发电等节能新技术及利用水泥窑处置城市废弃物技术，促进节能减排，推动循环经济，消纳城市工业废弃物、污泥等近 30 种。北京市琉璃河水泥厂有限责任公司等 6 家企业余热发电装机容量达 31.5 兆瓦。北京市琉璃河水泥厂有限责任公司和北京水泥厂有限责任公司先后被评为北京市生态友好型和资源节约型企业。

2010 年，北京市商品混凝土生产企业 189 家，混凝土产量 3478 万立方米，年产 60 万立方米以上的企业有北京金隅混凝土有限公司、北京建工一建工程建设有限公司、北京恒坤混凝土有限公司等 10 家，占企业总数的 5.2%；年产 30 万立方米以上的企业有 49 家，占企业总数的 25.9%；其余 130 家预拌混凝土站点占企业总数的 68.9%。2010 年，北京市水泥制品主要有水泥管、混凝土预制构件、非承重结构配套构件、草坪砖等水泥砖及各种沟盖板等，生产企业 120 家。水泥制品生产企业及其主要产品有：北京市大瓦窑水泥制品厂主要生产水泥管；北京海旺兴隆水泥制品厂主要生产彩砖、护坡转、渗水砖、草坪砖；北京晨光水泥制品厂主要生产西班牙砖、盲道砖等；北京市汇丰水泥管厂主要生产水泥管；北京看丹水泥制品厂主要生产水泥环保砖；北京市兴泰丰建材有限公司主要生产水泥聚苯板；北京远通制管有限公司主要生产水泥排水管；北京密云水泥制品有限责任公司主要生产彩砖水泥管、水泥井盖；北京市运乔铁城砼搅拌站主要生产水泥预制构件；北京市房山区长沟峪水泥制品厂主要生产广场砖、透水砖；北京市徐辛庄顺通水泥彩砖制品厂主要生产透水砖、水泥管、水泥井盖、草坪砖。

北京市琉璃河水泥有限公司

前身是 1939 年成立的华北洋灰股份有限公司琉璃河工厂。中华人民共和国成立后更名为琉璃河水泥厂，1966 年 9 月改名首都水泥厂，1980 年更名为北京市琉璃河水泥厂。1998 年，有职工 3331 人，生产水泥 134 万吨，工业总产值 1.95 亿元，利税 4410.8 万元。固定资产原值 8.62 亿元，净值 6.45 亿元。1999 年 12 月，北京市琉璃河水泥厂通过国家环保总局华夏环境管理体系审核中心 ISO 14001 环保管理体系认证。2002 年成为国内同行业第一家全部通过 ISO 9000 质量体系认证、ISO 10012 计量检测体系认证、ISO 14001 环境管理体系认证及 OHSMS 18000 职业健康安全体系认证四大体系认证的企业。2003 年，投资 2000 多万元，在全部粉尘排放点安装了高效除尘器，对原磨、水泥磨、空压机等高噪声设备安装了消声、封闭、减震设施，生产线污染排放全部达标。2005 年，北京市琉璃河水泥

图7-7　北京市琉璃河水泥有限公司（2006年摄）

厂收购北京建华布朗尼混凝土有限公司55%的股权，控股经营布朗尼混凝土搅拌站，并与中建北瑞混凝土公司共同组建新的商品混凝土公司。2006年11月23日北京市琉璃河水泥厂变更为北京市琉璃河水泥有限公司，为股份制企业，是国有大型水泥企业之一，隶属于金隅集团。2007年，该公司纯低温余热发电技术获得国家发明专利和实用新型专利。一期纯低温余热发电项目吨熟料净发电量每小时达40千瓦以上，达到世界先进水平，获政府补助资金1300万元，并作为余热发电示范工程被列为市科委重大项目。二线窑配套的低温余热发电机组投入运行，项目符合《京都议定书》CDM项目方法学规定，获得联合国批准，可进行节能减排交易，并获得发达国家的资金和技术支持。2009年9月22日，北京琉璃河水泥有限公司利用水泥窑处置水洗飞灰中试线通过市科委专家验收，填补了国内飞灰处置领域的空白。公司利用水泥窑日处置600吨污水厂污泥项目取得环评批复，被列为北京市首批循环经济试点单位。2010年，公司职工1007人，其中技术人员183人。生产熟料156.21万吨，普通硅酸盐和矿渣硅酸盐水泥210.89万吨，生产矿石222.57万吨，余热发电1.39亿千瓦时，处置城市废弃物1.59万吨。销售收入7.70亿元，利税1.95亿元，工业总产值7.82亿元，工业增加值3.36亿元。固定资产原值8.93亿元，净值4.63亿元。1999年至2010年，生产熟料1792.1万吨、水泥2131万吨。

北京市燕山水泥有限公司

1959年3月建成投产，原名北京水泥厂，1962年改名为北京市水泥制品厂，1985年改名为北京市燕山水泥厂，2006年更名为北京市燕山水泥有限公司，属国有大二类企业。公司位于石景山区京原路68号，主要产品有普通硅酸盐和矿渣硅酸盐水泥。1998年，生产水泥熟料43万吨、普通硅酸盐水泥42万吨、矿渣硅酸盐水泥14万吨，完成工业总产值1.28亿元，工业增加值5316万元，销售收入1.25亿元，实现利税1055万元。有固定资产原值1.89亿元，净值8192万元。2000年，该厂成立低碱水泥攻关小组，研制开发低碱水泥产品，成功生产1万吨低碱水泥，成为华北地区大批量生产低碱水泥的十家重点企业之一，获得向市重点工程推荐资格。2001年，该厂4台立窑生产线全部停产。2002年，投资700万元，将窑尾原70平方米电收尘器改造为美国BHA公司专利设计的高效布袋除尘器，改造后经北京市环保局监测，窑尾粉尘排放浓度2毫克／立方米。2003年，该厂在水泥粉磨中掺加石灰石尾矿、粉煤灰代替矿渣做混合材料，提高水泥强度，降低生产成本，磨机台时由 16 ～ 17 吨提高到 23 吨。2008 年年初，该公司粉磨线停产，7 月 25 日，日产 700 吨悬浮预热器窑外分解窑停产。年底该厂全面停产，人员分流。

北京市平谷区水泥二厂有限公司

1988 年 5 月 16 日成立，名称为北京市平谷县水泥二厂，2002 年 6 月 11 日更名为平谷区水泥二厂。占地面积 54.88 公顷，建筑面积 3.53 万平方米。拥有一条新型干法窑外分解水泥生产线，窑型为直径 3.3 米 ×50 米，年产熟料 60 万吨、水泥 100 万吨。主要产品有"金隅"牌 P.O42.5 普通水泥、PSA32.5 矿渣水泥、PC 复合水泥。2007 年 2 月 2 日，该厂更名为北京市平谷区水泥二厂有限公司。2009 年推出"兴谷"牌家装水泥。通过 ISO 9001 质量管理体系、ISO 14001 环境管理体系、OHSMS 18001 职业健康安全管理体系认证和测量管理体系认证。2010 年 7 月 8 日被北京金隅平谷水泥有限公司收购。2010 年年底，公司职工 350 人，其中专业技术人员 100 人。2010 年生产熟料 39.35 万吨、P.O42.5 普通水泥 79.51 万吨、PSA32.5 矿渣水泥 12.62 万吨、PC 复合水泥 1.34 万吨。工业总产值 2.74 亿元，工业增加值 5308 万元，销售收入 2.86 亿元，利税总额 3726 万元。固定资产原值 2.27 亿元，固定资产净值 1.21 亿元。1999 年至 2010 年，生产熟料 522.48 万吨、水泥 845.61 万吨。

北京金隅混凝土有限公司

前身是 1988 年成立的北京三联混凝土有限公司，是一家专业从事商品混凝土生产、销售的现代化国有企业，隶属于北京金隅股份有限公司，具有预拌混凝土专业二级资质。2006 年 7 月 1 日改名为北京金隅混凝土有限公司。2008 年 1 月获中国建筑业协会颁发的 2005—2007 年度中国混凝土行业优秀企业称号。2008 年至 2010 年，公司的产品先后用于中南海 021 工程、电子技术 101 工程、国家博物馆、央视新址、第 8 代薄膜晶体管液晶显示器件工程、地铁等重大工程项目。2009 年 4 月获北京市混凝土协会颁发的北京市混凝土行业 20 强企业荣誉称号。2010 年，公司职工 1381 人，拥有田村站、金盏站、垡头站、东坝站、布朗尼站、狼垡站、回龙观站、顺义站、通州站、西北旺站 10 家搅拌站。生产商品混凝土 380 万立方米，工业增加值 1.50 亿元,销售收入 11.47 亿元，

图 7-8　北京金隅混凝土有限公司第 300 万立方米混凝土驶出中航空港搅拌站（2010 年摄）

利润 2113.30 万元，税金 1256.99 万元。

北京新北水水泥有限责任公司

1994 年 12 月建成投产，名称为北京水泥厂有限责任公司，位于昌平县马池口镇北小营，以普通硅酸盐水泥 P.O42.5 为主导产品。1998 年，公司有职工 804 人，生产水泥 72.5 万吨，工业总产值 1.09 亿元，利税 1525.3 万元，固定资产原值 8.77 亿元，净值 7.85 亿元。1999 年成为全国第一家完成债转股的企业。同年，公司在国内率先开展利用水泥窑处置废弃物的技术研究和实践，自主研发出国内首套利用水泥窑处置工业废弃物的核心工艺和技术。公司通过 ISO 14001 环保体系认证，被英国《亚洲水泥》杂志誉为生态友好型水泥厂，实现水泥企业向环保产业转型。2003 年，公司加强水泥回转窑焚烧处理工业废弃物项目的管理，成立研发中心和预处理中心，编制《废弃物预处

图 7-9　北京新北水水泥有限责任公司污水处置线
（2009 年摄）

理程序文件》，使废弃物从进厂到处置各个环节均做到有章可循、有法可依。制订工业垃圾、污泥、化学试剂、液态废弃物四类物质的预处理方案，总结出 17 个处置方案，无害化处置工业有毒有害废弃物 5050 吨。2006 年 12 月 31 日更名为北京新北水水泥有限责任公司。2007 年 1 月，公司建成华北地区第一座纯低温余热电站工程项目，电站装机容量 6 兆瓦。2009 年被国家水泥质量监督检验中心授予 2009 年度全国水泥品质指标检验大对比全优单位等多项称号。2010 年，供电自给率 20%，被北京市应对气候变化及节能减排工作领导小组、市发展改革委等授予北京市节能减排先进集体称号，被国家发展改革委等六部委联合确定为全国第一批循环经济试点单位，被工信部、科技部和财政部确立为全国第一批资源节约型、环境友好型企业试点单位。2010 年，公司员工 774 人，生产熟料 169.27 万吨，水泥 205.72 万吨，余热发电 3746.01 万千瓦时，处置污泥、污染土等废弃物 17.8 万吨。工业总产值 6.64 亿元，工业增加值 2.33 亿元，利税 2.52 亿元，固定资产原值 11.52 亿元，净值 7.41 亿元。1999 年至 2010 年，生产熟料 1501.88 万吨，水泥 1514.39 万吨。

北京强联水泥有限公司

2003 年 1 月 21 日成立，是北京强联水泥熟料有限公司和澳大利亚前景有限公司共同投资组建的合资企业。位于房山区周口店镇娄子水村，占地面积 9.5 万平方米，建筑面积 2.8 万平方米。公司有一条直径 3.5 米 ×54 米五级单系列悬浮预热器窑外分解窑，日产水

泥熟料 1800 吨，年产水泥 60 万吨，主要为普通硅酸盐 P.O42.5 水泥。工艺线主机及关键部件大部分由国外引进，采用瑞士 ABB 公司集散式计算机系统控制，控制能力达到国际先进水平。生产的"金隅"牌水泥合格率达 100%，被中国建材联合会评为顾客满意产品，获得由北京建材行业协会颁发的绿色环保、节能节水建材产品等荣誉。2008 年 7 月划归金隅集团。2009 年，公司利用窑尾预热器及篦冷机排出的余热废气作为原料粉磨、煤粉制备的热源，综合利用水平和效率均超过国家标准。通过 ISO 9001 质量体系认证、OHSMS 18001 职业健康安全体系认证、ISO 14001 环境管理体系认证。2010 年，公司有职工 219人，其中专业技术人员 52 人。生产熟料 50.37 万吨、水泥 50.04 万吨，工业总产值 1.78 亿元，工业增加值 3876 万元，销售收入 1.80 亿元，利税 2143 万元。固定资产原值 2.06 亿元，资产净值 1.19 亿元。2005 年至 2010 年，生产熟料 288.67 万吨、水泥 260.12 万吨。

北京太行前景水泥有限公司

2003 年建成投产，是由河北太行水泥股份有限公司与澳大利亚前景投资有限公司及房山区共同组建的中外合资企业。位于房山区青龙湖镇，投资总额近 4 亿元，注册资本 1 亿元，占地面积 18.88 万平方米，建筑面积 2.83 万平方米。主要生产普通 52.5、42.5 硅酸盐低碱水泥和矿渣 32.5 硅酸盐低碱水泥。产品以"金隅""太行山"牌注册商标，质量达到国家优等品或一等品，主要销往北京、天津等地的市场。生产线建有国内一流的环保设施，拥有大型布袋收尘器、静电除尘器和污水处理场，各项减排指标均达到国家排放标准，先后通过产品质量、环境、职业健康安全三大管理体系认证。2004 年被市工商局评为守信企业。2005 年被中国建筑材料管理协会授予中国优秀建材企业称号。2007 年划归金隅集团。2008年，中国质量技术监督杂志社授予公司全国合格评定质量达标信誉品牌称号。2008 年年底，水泥窑余热发电项目竣工发电。2009 年被国家水泥质量监督检验中心授予全国水泥大对比全优单位称号。2010 年 4 月完成生料磨系统立磨节能降耗改造项目。2010 年，生产优质水泥 150 万吨，水泥散装率达 97% 以上。公司有员工 350 余人，生产熟料 108.60 万吨、普通硅酸盐水泥和矿渣硅酸盐水泥 152.47 万吨，余热发电 3030 万千瓦时，处理废弃物 64.67万吨。工业总产值 4.65 亿元，工业增加值 1.73 亿元，销售收入 4.68 亿元，利税 1.06 亿元。固定资产原值 4.55 亿元，固定资产净值 2.38 亿元。2003 年至 2010 年，生产熟料 828.3 万吨，水泥 1106.07 万吨。

2010年北京市水泥产品生产情况统计表

7-20表　　　　　　　　　　　　　　　　　　　　　　　　　　　　单位：万吨

企业名称	水泥产量	其中42.5号水泥产量	备注
北京市琉璃河水泥厂有限公司	210.89	210.89	隶属金隅集团
北京新北水水泥有限责任公司	205.72	205.72	隶属金隅集团
北京太行前景水泥有限公司	152.47	152.47	隶属金隅集团

（续表）

企业名称	水泥产量	其中42.5号水泥产量	备注
北京金隅平谷水泥有限公司	90.45	79.51	隶属金隅集团
北京强联水泥有限公司	50.04	50.04	隶属金隅集团
鹿泉金隅鼎鑫水泥有限公司	525.83	522.42	隶属金隅集团
赞皇金隅水泥有限公司	87.13	84.00	隶属金隅集团
保定太行和益水泥有限公司	127.64	109.77	隶属金隅集团
哈尔滨太行兴隆水泥有限公司	28.82	16.98	隶属金隅集团
邯郸邯泥建材有限公司	257.72	257.72	隶属金隅集团
曲阳金隅水泥有限公司	1.90	1.90	隶属金隅集团
涿鹿永兴水泥有限责任公司	7.92	7.91	隶属金隅集团
天津振兴水泥有限公司	211.13	211.13	隶属金隅集团
张家口金隅水泥有限公司	149.90	82.94	隶属金隅集团
四平金隅水泥有限公司	80.52	55.39	隶属金隅集团
邯郸涉县金隅水泥有限公司	34.44	27.00	隶属金隅集团
陵川金隅水泥有限公司	17.61	13.56	隶属金隅集团
北京顺发拉法基水泥有限公司	42.90	42.90	区县合资企业
北京新港水泥制造有限公司	44.30	44.30	区县合资企业
北京兴发水泥有限公司	61.40	61.40	区县合资企业
北京立马水泥有限公司	116.80	116.80	区县企业
北京双山水泥集团	34.00	34.00	区县企业
北京昊昱工贸有限公司	4.00	4.00	隶属京煤集团
北京市房山磁家务水泥厂	7.80	7.80	村办企业

2010年北京市商品混凝土生产企业一览表

7—21表

企业名称	地址	注册资本（万元）	成立时间
北京市第二建筑工程有限责任公司混凝土分公司	丰台区小屯路53号	—	1984年8月23日
北京市高强混凝土有限责任公司	朝阳区高碑店乡小郊亭村东	5500	1987年7月6日
北京金隅混凝土有限公司	海淀区砂石厂路18号	31541	1988年6月24日
北京市第五建筑工程集团有限公司混凝土搅拌站	朝阳区姚家园118号	—	1989年2月1日
北京青白水泥制品有限公司	朝阳区豆各庄乡黄厂村南500米	3000	1993年11月27日
北京顺东混凝土有限公司	顺义区仁和镇窑坡村西	377.42（万美元）	1994年5月27日

（续表）

企业名称	地址	注册资本（万元）	成立时间
北京建华布朗尼混凝土有限公司	门头沟区石龙南路6号1幢6-77室	1269.80	1994年11月29日
北京胜利混凝土建材有限公司	朝阳区双桥中路路南	2000	1995年6月1日
北京卢沟桥质衡混凝土有限责任公司	延庆县张山营镇康张路北口路西	2000	1995年8月23日
北京韩信混凝土有限公司	朝阳区崔各庄乡东营村北	4509.97	1995年9月23日
北京住总商品混凝土中心	朝阳区十里堡壁板厂路1号北段	2562.54	——
北京东建混凝土有限公司	朝阳区金盏乡皮村工业区8号	3600	1995年11月13日
北京市第三建筑工程有限公司商品混凝土搅拌站	昌平区北七家镇平西府村王府街3号	——	1996年1月5日
北京城建亚东混凝土有限责任公司	朝阳区大屯乡北湖西路8号	2498.03	1996年1月
北京易成－拉法基混凝土有限公司	朝阳区小红门乡姚村前街甲1号	3036	1996年3月29日
北京福郁华混凝土有限公司	海淀区东北旺乡唐家岭南大街18号	2100	1996年7月24日
北京正富混凝土有限责任公司	平谷区马坊镇金塔西园15号	2500	1996年10月3日
北京虎跃混凝土有限公司	大兴区西红门镇福伟路28号（星光工业大院）	2457.50	1996年10月7日
北京市玉泉路构件厂商品混凝土搅拌站	丰台区小屯路1号	300	1996年12月
北京城建集团总公司构件厂	海淀区玉泉路228号	908	1997年3月11日
北京城建四建设工程有限责任公司	海淀区王庄路77号	30000	1997年3月18日
北京城建集团有限责任公司	海淀区北太平庄路18号	108197.3	1997年6月19日
北京市肖村砼搅拌站	朝阳区小红门乡红寺村	2068.7	1997年
北京浅野水泥有限公司	朝阳区青年路甘露园中里2号	12140.8	1998年1月13日
北京市第六住宅建筑工程公司	崇文区龙须沟北里1号	——	1998年6月2日
北京市瑞博水泥制品有限责任公司	海淀区八里庄街道砂石厂老区	2893	1999年8月6日
北京市运乔铁城混凝土搅拌站	通州区永顺镇乔庄村	2000	1998年
北京市高强混凝土有限责任公司第一搅拌站	朝阳区高碑店乡小郊亭	——	1999年10月9日
北京市高强混凝土有限责任公司第二搅拌站	丰台区东管头立交桥北侧	——	1999年10月9日
北京惠德混凝土有限公司	房山区长阳镇阎仙垡村南长周路东侧	2031.2	1999年11月1日
北京天竺混凝土有限公司	顺义区天竺镇天竺村	300（万美元）	1999年11月7日

（续表）

企业名称	地址	注册资本（万元）	成立时间
北京市八通混凝土搅拌站	通州区梨园工业区	1300	—
北京高强路新混凝土有限公司	朝阳区黄港乡黄港村西	2000	2000年1月20日
北京双良混凝土有限公司	朝阳区双桥路9号	2150	2000年3月8日
北京市大兴市政建设工程公司商品混凝土搅拌站	大兴区黄村镇观音寺街52号	—	2000年4月19日
北京中实混凝土有限责任公司	海淀区四季青乡巨山村	3000	2000年4月28日
北京城建道桥建设集团有限公司	朝阳区西大望路12号	10000	2000年4月
北京怀建混凝土有限责任公司	怀柔区怀柔镇张各长村北100米	2000	2000年5月18日
北京城建新隆工程有限责任公司	朝阳区东土城路9号	2206.1	2000年6月30日
北京京首建混凝土搅拌站有限公司	石景山区古城路首钢一建设三公司院内	2600	2000年8月10日
北京市十八里店混凝土有限责任公司	朝阳区十八里店乡十八里店村262号	2000	2000年12月20日
北京市公路桥梁建设公司混凝土搅拌站	朝阳区黄港乡上辛堡村	950	—
北京华通基业商品混凝土有限公司	昌平区沙河镇老牛湾村	1000	2001年4月24日
北京中航空港混凝土有限公司	大兴区魏善庄镇龙海路3号237室	2000	2001年5月25日
北京中冀华夏建筑工程有限公司	昌平区兴寿镇香屯村东	1500	2001年6月8日
北京民佳混凝土有限公司	朝阳区东坝乡马厂北东莘路西侧	2999	2001年7月26日
北京市中超混凝土有限责任公司	怀柔区杨宋镇凤翔科技开发区凤翔东大街10号	2000	2001年7月30日
北京市同顺城混凝土有限公司	顺义区南彩镇北彩村委会西700米	2200	2001年8月6日
北京京铁火车头混凝土有限公司	丰台区丰西东老庄25号	3000	2001年8月13日
北京宏福华信混凝土有限公司	昌平区北七家镇宏福创业园	2000	2001年8月20日
北京市赛利德工贸有限责任公司	房山区长阳镇马厂村西侧3号	600	2001年8月21日
北京京辉混凝土有限公司	大兴区黄村镇西芦城村村委会西北1000米	2000	2001年8月23日
北京京华兴商品混凝土有限公司	朝阳区管庄乡小寺村	2980	2001年9月4日
北京市红海三利混凝土有限公司	丰台区永外大红门东后街2号	2080	2001年10月22日
北京永丰伟业混凝土有限责任公司	昌平区沙河镇小沙河村	2000	2001年10月22日
北京盛和诚信混凝土有限公司	朝阳区孙河乡北甸村和平构件厂院内	2500	2001年12月5日
北京金基源砼制品有限公司	朝阳区洼里乡林萃西里26号	2000	2001年12月12日
北京港兴混凝土有限公司	大兴区旧宫镇广厦南路8号	302（万美元）	2002年4月23日

（续表）

企业名称	地址	注册资本（万元）	成立时间
北京中建华诚混凝土有限公司	朝阳区来广营乡来广营村8号	1000	2002年4月24日
北京力天混凝土有限公司	朝阳区黄港乡沙子营村	253.3（万美元）	2002年5月15日
北京巨天禄混凝土有限责任公司	昌平区回龙观镇黄土店村	2169.98	2002年5月17日
北京军星混凝土有限责任公司	大兴区黄村镇狼垡二村村委会西南500米	2010.3	2002年5月22日
北京市吉泰混凝土有限责任公司	朝阳区将台乡东八间房村东	1000	2002年5月27日
北京天恒泓混凝土有限公司	朝阳区黄港乡顺黄路518号	7960	2002年6月7日
北京北斗星混凝土有限公司	房山区长阳镇大宁村东	2000	2002年6月13日
北京润峰达混凝土有限公司	石景山区水屯村西	2000	2002年6月17日
北京通惠绿洲混凝土有限公司	朝阳区高碑店工业园区（京秦铁路南侧）	2000	2002年6月20日
北京新奥混凝土集团有限公司	朝阳区小红门乡三台山甲1号	10000	2002年7月4日
北京乾德混凝土有限公司	朝阳区楼梓庄乡马各庄村南	2013.16	2002年8月6日
北京建工一建工程建设有限公司混凝土分公司	丰台区小屯路双楼村60号对面	—	2002年9月9日
北京市光华商品混凝土搅拌站	大兴区黄村镇康庄路	520	2002年9月25日
北京泽华路桥工程有限公司	昌平区小汤山工业开发区32号	6500	2002年10月25日
北京市大成商品混凝土有限公司	朝阳区十八里店乡横街子村东侧	2087.6	2002年10月31日
北京众和聚源混凝土有限公司	延庆县经济技术开发区办公楼317室	1000	2002年11月5日
北京太平洋水泥制品有限公司	昌平区百善镇狮子营村	2000	2002年11月12日
北京君盛混凝土制品有限公司	朝阳区来广营北路沙子营村南（北京市和平炼油厂）东平房	1000	2002年11月21日
北京紫阳福源混凝土搅拌有限公司	房山区阎村镇肖庄村东侧	2288.5	2002年11月25日
北京华国汇混凝土有限公司	丰台区永合庄村6号	2000	2002年11月28日
北京朗原基混凝土有限责任公司	朝阳区来广营乡新生村东	1000	2002年12月1日
北京泽天宇混凝土有限公司	大兴区黄村镇狼垡二村6号	2500	2002年12月4日
北京中建宏福混凝土有限公司	大兴区黄村镇孙村原兴华砖厂院内1号	4500	2002年12月11日
北京懋隆混凝土有限责任公司	大兴区西红门镇欣宁大街2号	2518.32	2002年12月16日
北京安捷鑫德混凝土有限公司	昌平区东小口镇半截塔村东	2000	2002年12月16日
北京嘉华高强混凝土有限公司	朝阳区东直门外草场地	2027.86	2002年12月18日
北京富鹏混凝土有限责任公司	朝阳区黄厂路49号	2000	2002年12月27日
北京北国纵横混凝土有限责任公司	朝阳区豆各庄乡孙家坡村村北	2000	2003年1月6日

（续表）

企业名称	地址	注册资本（万元）	成立时间
北京质信恒通混凝土有限公司	朝阳区孙河乡雷桥村甲8号	2000	2003年1月7日
北京中南瑞城混凝土有限公司	大兴区长子营镇民安路1号102	6000	2003年1月10日
北京筑安基业混凝土有限责任公司	门头沟区永定镇上岸村村东	2000	2003年1月10日
北京青年路混凝土有限公司	朝阳区平房乡黄杉木店村北	5500	2003年1月10日
北京现成混凝土有限公司	朝阳区百子湾路16号	350（万美元）	2003年1月15日
北京向佳混凝土有限公司	通州区漷县镇石槽村委会南300米	1300	2003年1月21日
北京国旺混凝土有限公司	怀柔区北房镇经纬工业小区129号	2000	2003年1月22日
北京秋实混凝土有限公司	朝阳区黑庄户乡郎各庄村38号	1000	2003年1月31日
北京华跃腾飞混凝土有限责任公司	大兴区西红门镇大生庄村委会东500米	1000	2003年2月8日
北京高强亿圆混凝土有限责任公司	昌平区沙河镇白各庄村南	1000	2003年2月14日
北京盈升混凝土有限公司	大兴区西红门镇西红门经济技术产业区38号	2000	2003年3月11日
北京中伟建混凝土有限公司	昌平区北七家镇歇甲庄村中街9号	2600	2003年4月7日
北京恒坤混凝土有限公司	朝阳区崔各庄乡奶西村614号	5000	2003年4月11日
北京新航建材集团有限公司	通州区宋庄镇管头村	37000	2003年4月16日
北京宇诚建达混凝土有限公司	怀柔区雁栖工业开发区五区58号238室	1000	2003年4月22日
北京市朝阳田华和众商品混凝土搅拌站	朝阳区南磨房乡大郊亭村北街	3560	—
北京港创瑞博混凝土有限公司	丰台区小郭庄西路44号北厂院内	2500	2003年5月21日
北京福瑞顺峰混凝土有限公司	顺义区大孙各庄镇杜石路1号	2000	2003年6月9日
北京城泰混凝土制品有限公司	大兴区亦庄镇宝善庄村南	2000	2003年6月13日
北京韶正混凝土销售中心	海淀区苏州街49-3号盈智大厦614室	1000	—
北京宝华万隆混凝土有限公司	昌平区北七家镇平西府工业街3号	1000	2003年6月18日
北京筑诚兴业混凝土有限公司	门头沟区永定镇冯村北京兆琨水泥构件厂院内	2243.51	2003年7月24日
北京铁建永泰新型建材有限公司	通州区张家湾镇三间房村委会北1500米	2100	2003年8月22日
北京住总大地混凝土建筑构件有限公司	昌平区南口镇南口农场水泥构件厂院内	2672	2003年8月29日
北京城建亚泰建设工程有限公司预拌混凝土分公司	昌平区小汤山工业园区	—	2003年9月22日
北京百诚建烨建材有限责任公司	朝阳区东坝乡单店村驹南街225号	1629	2003年11月5日

（续表）

企业名称	地址	注册资本（万元）	成立时间
北京城乡混凝土有限公司	朝阳区十八里店乡横街子村	4480	2004年5月8日
北京鸿鸽伟业混凝土有限公司	通州区台湖镇江场村	4680	2004年9月10日
北京浩然混凝土有限公司	房山区长阳环岛北侧	2500	2004年10月13日
北京班诺混凝土有限公司	昌平区马池口镇亭子庄村村西	2000	2005年2月6日
北京庆成伟业混凝土搅拌有限公司	房山区长阳镇阎仙垡村西南	1500	2005年4月26日
北京宏鑫预拌砂浆混凝土有限公司	大兴区旧宫镇旧宫村第二村委会西500米	2200	2005年6月3日
北京看丹合力混凝土有限公司丰台分公司	丰台区大瓦窑486号	—	2005年7月8日
北京建工集团有限责任公司商品混凝土中心	宣武区广莲路1号8层	—	2005年7月12日
北京龙腾达混凝土有限公司	大兴区黄村镇狼垡二村村民委员会西南1000米	3000	2006年4月25日
北京城建九建设工程有限公司	海淀区复兴路81号	500	2006年
北京城建银龙混凝土有限公司	通州区西集镇任辛庄村16号（北京奔驰服装集团公司院内）	2000	2007年11月28日
北京博鑫源混凝土有限公司	昌平区北七家镇平西府村王府街工业区3号	1000	2007年12月23日
北京上地兴达混凝土有限公司	昌平区东小口镇东小口村553号	3000	2009年1月15日
北京看丹合力混凝土有限公司销售分公司	房山区城关街道洪寺村城洪路1号	—	2010年4月
北京城建亚泰金砼混凝土有限公司	昌平区小汤山工业园区39号	4000	2010年10月27日
北京市瑞博水泥制品有限责任公司第一构件厂	丰台区沙岗村69号	—	2010年11月29日
北京市瑞博水泥制品有限责任公司第四构件厂	海淀区田村山南路22号	—	2010年12月10日
附注："—"表示无相关数据资料。			

第二节　墙体材料及制品

北京历史上建筑施工中使用的墙体材料主要是黏土实心砖、黏土瓦。1956年，北京市建材局所属砖瓦企业开始生产水泥炉渣空心砖，开发出炉渣实心砖、灰砂砖、矿渣砖、粉煤灰砖、碳化砖、尾矿砖等产品。1987年，北京建筑科学研究院"聚合物水泥砂浆的研制与应用"课题通过北京市科委技术鉴定，相继研发出粉刷石膏、自流平砂浆、抗裂砂浆等一系列产品。1998年，北京市生产蒸压加气混凝土制品的企业主要有北京市加气混凝土制品厂、北京市加气混凝土制品三厂、北京市加气混凝土制品二厂和北京市怀柔京北新型建材厂，年产加气混凝土39.1万立方米。其中，北京市加气混凝土制品厂生产加气混凝土制品16.51万立方米、粉煤灰砖2024万块、陶粒空心砌块2.92万立方米。

20世纪90年代，北京市除粉煤灰砖外，其他品种的非黏土砖都先后停产，开始推广烧结煤矸石（粉煤灰）砖，是以煤炭生产过程中排放的固体废物煤矸石为主要原料烧制而成的环保低碳建筑材料。

1999年，北京建材集团有限责任公司黏土砖产量2.75亿块、黏土瓦352万片。金隅集团投资建设一条年产20万吨干粉砂浆生产线。北京建材科研院把建筑干拌砂浆列为重大科研项目，先后取得10多项具有国内领先水平的科技成果。

2000年，北京市翔牌墙体材料有限公司生产隔墙板6万余平方米，开发、研制了聚苯颗粒隔墙板、陶粒抽孔隔墙板、陶粒外墙板等多种轻骨料隔墙板。北京开始研制生产轻集料混凝土小型砌块，利用浮石、火山渣、煤渣等研制并批量生产轻集料混凝土小砌块。

2000年至2008年，北京市现代建筑材料公司对生产加气混凝土产品的切割机进行技术改造，使加气混凝土产品从原来的18厘米、24厘米两种厚度改为15厘米、20厘米、25厘米数种厚度，降低了生产成本；对加气混凝土生产线的搅拌系统进行改造，提高自动化程度、配料精度和单位时间产量，缩短生产周期；对加气混凝土生产线进行技术改造，年生产能力由15万立方米提高到40万立方米。

2001年，北京建材集团投资980万元，建成年产38万平方米石膏砌块生产线，为国内产量最大的石膏砌块[①]自动化生产线。2005年至2010年，北京市混凝土制品一厂生产"翔牌"石膏砌块180万立方米，产品主要应用在金长安大厦、国荣大厦、东直门交通枢纽工程及山西、辽宁等外埠工程项目中。

---

①以建筑石膏为原料，加入各种轻集料、填充料、纤维增强材料、发泡剂等辅助原料，经料浆拌合、浇注成型、自然干燥或烘干而制成的轻质块状防火、隔热、无污染、重量轻的环保型墙体材料。

2002 年下半年，北京市现代建筑材料公司新增一条年产 15 万立方米的加气混凝土生产线，利用粉煤灰渣并采用湿法生产加气混凝土板材和砌块。2003 年 11 月竣工验收。项目总投资 984.40 万元，其中设备费用 674.16 万元，土建费 175 万元，材料费 58.26 万元，其他费用 76.98 万元。项目主要设备采用江苏省常州锅炉有限公司上开门蒸压釜、地翻式切割机组以及山东临朐计算机浇注配料自动控制系统。新线建成后，该公司年总产能达到 30 万立方米，成为北京地区最大的粉煤灰加气混凝土生产企业，项目获北京市科学技术协会颁发的北京市金桥工程项目三等奖。

2003 年，北京有煤矸石（粉煤灰）、页岩烧结砖企业 15 家。2004 年，北京市 161 家黏土多孔砖企业砖窑被拆除。2005 年，北京西六建材有限责任公司开发出滚砖、披水砖、大方砖等 3 种仿古装饰新品及薄型劈离砖。

2006 年，北京市加气混凝土有限责任公司将 18.5 万立方米加气生产线由海淀区清河小营搬迁至北京市大兴区黄村镇大庄。2007 年 8 月，新厂区进行场地清理，11 月新生产线土建施工，2008 年 2 月完成迁建设备安装，2008 年 6 月竣工，项目总投资 2800 万元。项目建成后，加气混凝土年产能提高至 20 万立方米，产品质量稳定。

2008 年，北京建筑科学研究院建成一条年产 15 万吨干拌砂浆环保示范线。该院研制的外墙保温系列砂浆、瓷砖黏结剂系列砂浆、粉刷石膏系列、加气混凝土专用砂浆系列、普通砌筑抹灰砂浆系列等，产品质量及技术水平均居国内领先地位。产品成功应用于奥运主场馆"鸟巢"、奥运游泳馆"水立方"、奥运射击馆、北京电视中心、国家大剧院、中央电视台新址等多个国家重点工程。同年，北京市加气混凝土有限责任公司生产加气混凝土 10.78 万立方米。

2010 年 5 月，北新集团建材股份有限公司生产的龙牌石膏板获中国绿色、环保、节能建材产品称号，石膏板业务规模达到年产 10 亿平方米，位居亚洲第一，矿棉板业务规模达到年产 1600 万平方米，轻钢龙骨业务规模达到年产 6.9 万吨，均位居全国第一。

2010 年，北京有制砖类企业 72 家，年产 31.52 亿块标砖，其中生产烧结煤矸石砖企业 47 家，年产煤矸石实心砖和多孔砖 24.56 亿块标砖。北京市生产轻集料混凝土小型空心砌块企业 2 家，年产轻集料混凝土小型砌块 124 万立方米。北京制造石膏砌块的企业有北京市翔牌墙体材料有限公司、北京丽屋建材有限公司、北京绿缘伟业工贸有限公司、北京神龙同心新型建材有限公司 4 家。北京市有干粉砂浆企业 7 家，生产九大类近百个干粉砂浆产品，年产干拌砂浆 120 万吨。其中，北京建筑材料科学研究总院有限公司生产 23.8 万吨。北京生产加气混凝土的企业有 4 家，共生产加气混凝土 73.7 万立方米，其中北京金隅混凝土有限公司生产加气块 50.7 万立方米，混凝土加气板 3.9 万立方米。2010 年，北京建筑材料行业的墙体材料及制品主要产品有加气混凝土屋面板、加气混凝土素块、加气混凝土吸音块、加气混凝土保温管、加气混凝土内墙板、加气混凝土保温瓦、烟灰加气混凝土素块、加气混凝土板材、加气混凝土砌块、粉煤灰加气混凝土砌块及粉煤灰加气混凝土板材等。同年，全市发展新型建材（非黏土砖、砌块、建筑轻板），利用废弃物达

571.9 万吨。

北京市西六建材有限责任公司

前身为 1952 年 1 月成立的上庄砖瓦厂，1993 年 5 月更名为北京市西六建材工贸公司。1998 年，公司完成工业总产值 3643 万元，销售收入 3708 万元，实现利润 129 万元，资产总额 8708 万元。主要产品有劈离砖、彩色水泥瓦、古建砖瓦、渣土空心砖和烧结煤矸石砖及页岩瓦等，是华北地区屋面、墙体、古建三大建筑材料生产基地之一。2005 年，公司开发出滚砖、披水砖、大方砖等 3 种仿古装饰新品及薄型劈离砖，投资 20 余万元改进仿古饰面砖原料制备和瓦件成型设备，为古砖制品生产线自行设计制作钟罩窑。公司使用的以天然气替代煤炭的氧化烧成还原冷却工艺，是当时国内最先进的技术，属自主创新技术项目。2007 年，公司改造古建制品生产线，改进模具，生产过程由手工制作过渡到半机械化操作，获取的技术专利，形成自有知识产权。2006 年 9 月 8 日更名为北京市西六建材有限责任公司，位于海淀区亮甲店村，为全民所有制中型企业，隶属金隅集团。2010 年，公司工业总产值 4518 万元，工业增加值 1597 万元，销售收入 4720 万元，利税 44 万元，资产 1.81 亿元。

北京市加气混凝土有限责任公司

1964 年，北京市从瑞典西波列克斯公司引进设备与技术，筹建北京加气混凝土厂，1967 年正式投产，生产加气混凝土年设计能力 13.5 万立方米，为国内第一家加气混凝土企业。1978 年 8 月改名为北京市加气混凝土厂。1990 年，该厂引进德国先进生产技术和主要设备，对原瑞典的生产技术和设备进行技术改造，建成国内第一条自动控制生产线。2000 年至 2006 年，该厂先后解决原材料的本地化选择、新防腐剂膜脂剂研制抹面材料和工艺研究等技术难题，为全国各地 60 多个加气混凝土厂培养 1500 多名专业技术人员。开发出 B04 级特制加气混凝土保温砌块，03 级加气混凝土砌块被列入市建委墙改办技术攻关项目。2006 年 9 月更名为北京市加气混凝土有限责任公司，位于海淀区清河镇小营西路 48 号，占地面积 14.3 万平方米，建筑面积 6.55 万平方米，设有铁路专用线，为国有大型二类企业。2007 年，公司取得高新技术企业认定证书，再次被核准为资源综合利用企业。10 月底公司搬迁至大兴区黄村镇大庄东侧，2008 年 3 月开始试生产。2008 年，公司主营业务收入 3186 万元，加气混凝土产量 10.78 万立方米。2009 年，北

图7—10　北京市加气混凝土有限责任公司生产线（2009年1月摄）

京市加气混凝土有限责任公司划归金隅集团加气混凝土有限公司。

北京市现代建筑材料公司

前身为1970年5月成立的北京市西郊烟灰制品厂，1984年改为北京市加气混凝土三厂。位于石景山区高井村，占地面积26万平方米，建筑面积9.3万平方米。1993年更名为北京市现代建筑材料公司，为国有大型二类企业，主要产品有04级加气砌块、加气板、复合保温板、阳台保温块、黏结砌块、5厘米防火板等。1998年，公司有职工815人，生产加气混凝土制品16.51万立方米、粉煤灰砖2024万块、陶粒空心砌块2.92万立方米，产值3219.4万元，固定资产原值1.06亿元，净值6052.3万元，利税39.3万元。2004年，公司开发煤矸石渣生产加气混凝土的工艺，研制出不同工艺需求的生产配方10余种。2006年7月，公司进行燃煤锅炉改造，拆除3台10蒸吨燃煤锅炉，改为由大唐高井热电厂直接供蒸汽，9月土建工程启动，12月竣工，项目总投资434.74万元。获得市环保局锅炉改造补助资金345万元，自筹资金89.74万元。项目完成后，年减少二氧化硫排放14.41吨，减少氮氧化合物排放20.46吨，减少烟尘排放9.68吨，减少耗煤1万吨，企业每年降低成本费用90万元。项目获北京建材行业协会、北京硅酸盐学会2007年技术革新成果二等奖，获中国建筑材料联合会、中国机冶建材工会全国委员会"中国建材杯"全国建材行业技术革新奖技术开发类三等奖。2007年，公司先后通过ISO 9000质量体系认证、ISO 1200（t）计量体系认证及产品认证、ISO 14000环保体系认证。2009年，北京市现代建筑材料公司整合划归北京市金隅加气混凝土有限责任公司。同年，公司销售收入6621.5万元，利税245.40万元，资产8715.71万元。

北京市翔牌墙体材料有限公司

前身为1984年12月成立的北京市混凝土制品一厂，位于海淀区建材城西路12号，注册资本4043.8万元，占地面积11.55万平方米，建筑面积3.62万平方米，属国有控股企业。2000年，该厂通过技术改造进行产品结构调整，上马立模生产线，年生产隔墙板6万多平方米，组织开发、研制了聚苯颗粒隔墙板、陶粒抽孔隔墙板、陶粒外墙板等多种轻骨料隔墙板。2003年，该厂生产的多孔砖、建筑轻板、建筑胶黏剂三类产品参加北京建材协会、技术监督局的绿色产品认证工作，通过了产品性能和环保指标检测，获北京市第一批"绿色产品"称号。2005年，该厂改造砖机设备、轻质隔墙板生产线，增加三组电加热成组立模设备和整套新的搅拌系统，改善职工作业条件，减少环境污染。2006年9月18日，该厂更名为北京市翔牌墙体材料有限公司。2007年，公司的石膏砌块在高档公寓、酒店、服务性工程中广泛应用。公司被中国建材联合会评为环渤海地区诚实守信3A级企业；公司的石膏砌块生产线升级改造项目获得中国建筑材料联合会和中国机冶建材工会全国委员会联合颁发的中国建材杯技术革新三等奖。2010年，公司工业总产值5261.9万元，工业增加值2741.9万元，销售收入7293.9万元，利税854万元，资产总额1.03亿元。

北新集团建材股份有限公司

前身为 1997 年 5 月成立的北京新型建筑材料试验厂，隶属建设部。公司位于海淀区三里河路甲 11 号，注册资本 57515 万元。拥有墙体及吊顶系统、住宅部品及建筑节能系统、外墙屋面及多层房屋系统三大业务群，主要产品有龙牌纸面石膏板、龙牌矿棉吸声板、龙牌岩棉制品、龙牌漆、龙牌高效散热器、龙牌超级静音排水管、金邦板、金邦瓦、北新木结构新型房屋及北新薄板钢骨新型房屋等。该公司采用电厂废弃物脱硫石膏为主要原料生产石膏板，采用钢厂高炉冶炼废弃物炉矿渣为主要原料生产矿棉板及保温材料，添加粉煤灰生产外墙板。在生产过程上，采用低碳、低能耗、清洁的生产技术，将热风炉高温废气作为热源使用。生产的纸面石膏板、矿棉吸声板、塑料型材、塑料管材管件等均实现工业废料 100% 回收利用，工业废水经处理后基本实现再利用。岩棉生产线、矿棉吸声板生产线使用洁净能源天然气，每年减少燃煤消耗 2 万吨，减少排放炉渣、粉煤灰等固体废弃物 6000 吨。1999 年，公司建有国家级企业技术中心、博士后流动工作站，与知名院校合作成立工程硕士站。2009 年 1 月，公司生产的龙牌漆当选广州亚运会建筑用涂料首选品牌。2010 年 5 月，龙牌石膏板获中国绿色、环保、节能建材产品称号。年底，石膏板业务规模达到年产 10 亿平方米，位居亚洲第一；矿棉板业务规模达到年产 1600 万平方米，轻钢龙骨业务规模达到年产 6.9 万吨，均位居全国第一。2010 年年底，公司从业人员 3647 人，其中专业技术人员 560 人。营业总收入 43.70 亿元，利润 6.53 亿元，资产总额 73.57 亿元。

2010年北京墙体材料生产企业分布分类统计表

7-22表 单位：家

区县名称	砖类企业	砌块类企业	墙板类企业	合计
朝阳区	2	2	3	7
丰台区	5	0	4	9
石景山区	0	1	1	2
海淀区	2	1	5	8
通州区	5	2	13	20
顺义区	7	14	16	37
昌平区	3	9	11	23
大兴区	0	2	14	16
房山区	23	15	6	44
怀柔区	5	5	3	13
平谷区	2	5	4	11
密云县	8	2	1	11
延庆县	1	1	2	4

（续表）

区县名称	砖类企业	砌块类企业	墙板类企业	合计
门头沟区	9	0	0	9
总计	72	59	83	214

2010年北京墙体材料及制品生产注册百万元以上企业一览表

7-23表

企业名称	地址	成立时间	注册资本（万元）
北京市西六建材有限责任公司	海淀区亮甲店村	1952年1月	11160.39
北京市加气混凝土有限责任公司	海淀区清河镇小营西路48号	1967年1月	8681.75
北京市翔牌墙体材料有限公司	海淀区建材城西路12号	1984年12月	4043.8
北京怀柔京北新型建材厂	怀柔区怀柔镇王化村东	1993年	500
北京市杨中新型建材有限责任公司	顺义区杨镇安乐村东	1996年4月	100
北新集团建材股份有限公司	海淀区三里河路甲11号	1997年5月	57515
北京建工华创科技发展股份有限公司	昌平区科技园区中兴路10号A329-1	1997年9月	3600
北京市燕兴隆新型墙体材料有限公司	平谷区平谷大街1号	1998年5月	2000
北京银凯新型建材有限公司	通州区马驹桥镇一街村	1998年11月	600
北京建筑材料科学研究总院有限公司	石景山区八大处高科技园区西井路3号	2000年12月	16000
北京敬业达新型建筑材料有限公司	大兴区青云店镇民营科技园	2001年5月	4500
北京北泡科建新型建材科技有限公司	丰台区右安门外大街99号409B房间	2001年6月	1000
北京丽屋建材有限公司	昌平区百善镇上东廊村	2001年6月	500
北京达源兴盛新型建筑材料有限公司	昌平区科技园区火炬街23号209室	2001年8月	200
北京永清新型建材有限公司	顺义区北务镇珠宝屯村村委会东200米	2002年1月	100
北京隆茂新型建材有限公司	顺义区马坡镇姚店村	2002年6月	100
北京鸿泉兴建材有限责任公司	门头沟区王平地区办事处吕家坡村南	2002年7月	100
北京建宝页岩砖有限责任公司	房山区韩村河镇西周各庄村	2002年9月	1000
北京恒圣迦南新型建材有限公司	平谷区东发科技园区1区9号	2002年10月	500
北京东方龙泉装饰砖有限公司	门头沟区门头沟路177号	2002年11月	3300
北京昊泰建筑材料有限公司	门头沟区军庄镇	2003年1月	7000
北京鼎创新型建材有限公司	石景山区实兴大街30号院3号楼2层C-0017	2003年4月	500
北京龙人伟业新型建材有限公司	房山区阎村镇南梨园村南	2003年8月	929
北京双高盛新型建材有限公司	房山区琉璃河工业小区白庄九区1号	2003年9月	200

（续表）

企业名称	地址	成立时间	注册资本（万元）
北京圣嘉元新型建材有限责任公司	昌平区北七家镇西沙各庄村	2003年9月	220
北京宏建伟业新型建材有限公司	房山区窦店镇交道二街村东	2003年9月	100
北京城五混凝土有限公司	朝阳区金盏乡金盏南路	2003年12月	2000
北京兴业阳光新型建材有限公司	大兴区西红门镇大生庄村村委会西1000米	2004年4月	350
麦克斯特建筑材料（北京）有限公司	昌平区马池口镇北小营村东	2004年4月	800
北京奇佳联合新型建材有限公司	通州区潞城镇武兴路5号	2004年6月	1534.52
北京超然新型建材有限公司	顺义区南彩镇兴盛路1号	2005年1月	1000
北京龙人兴业新型建材有限公司	房山区阎村镇后十三里村西	2005年2月	200
北京天宇建兴新型建材有限责任公司	大兴区黄村镇后辛庄村村委会东南1000米	2005年3月	100
北京中都世纪新型建材有限公司	顺义区北小营镇东府村东	2006年7月	1000
北京正信德新型建材有限公司	平谷区峪口镇南杨家桥路56号	2006年10月	510
北京达诺兴盛新型建筑材料有限公司	昌平区南邵镇何营村东	2007年1月	100
北京豪斯沃尔新型建材有限公司	顺义区北务镇陈辛庄村中心街12号	2007年5月	500
北京艺高世纪科技股份有限公司	顺义区大孙各庄镇府前街10号	2008年6月	3000
北京中瑞久新型建材有限公司	大兴区瀛海镇南二路11号	2009年4月	500
北京中太实创新型建材有限公司	大兴区长子营镇朱庄村委会东300米院内	2009年8月	500

第三节　化学建材及制品

1999年，北京市金巢公司生产出全国第一卷金属壁纸，生产塑料壁纸767.4万平方米。北京市建筑塑料制品厂生产出全国第一卷金属及镭射墙纸，后又将金属墙纸与真丝墙纸、无纺羊毛墙纸、网印绒面墙纸融洽结合，使装饰效果不断推陈出新。2000年，北京市金巢装饰材料公司革新设计花辊78套，开发出纸质壁纸新花色600余种。

1999年，北京涂料生产企业研制推出低VOC、低污染、环境清洁型的"金鼎"乳胶内墙漆、"富亚"健康漆等涂料。2001年，北京纳美科技发展有限责任公司建成北京市纳米材料研究应用平台，拥有海淀区西三旗高科技产业基地，在国内率先推出的纳米材料改性建筑涂料，应用于首都体育馆内墙及地面翻新改造和市环保局办公楼等工程。2002年，北京建筑材料科学研究院建成年产2万吨的纳米改性涂料现代化生产线。

2002 年，北京特普丽装饰装帧材料有限公司生产出全国第一卷 PVC 表面复丝墙纸。2003 年，北京特普丽装饰装帧材料有限公司生产出全国第一卷无纺纸类会呼吸的墙纸及砂岩墙纸、绒面墙纸。2007 年，北京特普丽装饰装帧材料有限公司生产出全国第一卷凹版印刷和网版印刷相结合的产品。

2003 年，全市共有改性沥青防水卷材企业 56 家，总生产能力超过 2 亿平方米，其中年产能力 500 万平方米以上的企业有 10 家。全市共有生产高分子防水卷材企业 18 家，生产能力超过 1000 万平方米。全市共有聚氨酯防水涂料企业 37 家，年产量 8000 多吨。

2004 年 8 月和 10 月，北京东方雨虹防水技术股份有限公司生产的"雨虹"牌 SBS、APP 防水卷材，先后被评为北京市名牌产品和国家免检产品。2006 年 6 月，"雨虹"商标被国家工商总局认定为防水行业首个中国驰名商标。

2007 年，北京市改性沥青类防水卷材的总设计产能超过 3 亿平方米，改性沥青类加自粘卷材总销量 1.7297 亿平方米。高分子防水卷材企业共有 8 家。同年，北京市建筑涂料厂有限责任公司生产涂料 7909 吨。

2008 年 9 月 28 日，市政府发布《实施第十五阶段控制大气污染措施的通告》，规定年产量 200 万平方米以下的改性沥青类防水卷材生产线全部淘汰，年产量超过 200 万平方米的生产线必须进行废气治理，实现达标排放。全市 50 家沥青类防水卷材生产企业大多数进行了设备改造和产能升级。年产量 500 万平方米以上企业有 30 家，500 万平方米的企业有 7 家，500 万平方米以下的企业有 13 家。同年，北京建筑涂料生产企业有 500 多家，主要产品有内外墙涂料、乳胶漆、弹性质感涂料、防火涂料等，共生产建筑涂料 4.1 万吨。其中，北京金之鼎化学建材科技有限公司生产建筑涂料 3496 吨，北京纳美科技发展有限责任公司生产建筑涂料 507.29 吨。

2010 年，北京市有两家塑料墙纸生产企业，年产塑料墙纸 4814.9 万平方米。主要产品有布基墙纸、纸基墙纸、金属墙纸、真丝墙纸、刷漆墙纸、喷砂及水晶珠墙纸、纯纸及特种纸墙纸、绒面墙纸、镭射墙纸、无纺羊毛墙纸、夜光墙纸等。产品主要用于中高档饭店、酒店、餐厅、夜总会等公共娱乐场所及家庭装修装饰。北京防水材料企业有 60 家，主要产品有沥青基防水卷材、改性沥青基防水卷材、高分子防水卷材、防水涂料、刚性防水材料、建筑接缝密封材料等。产品主要用于国家重点工程建设项目。其中，沥青基防水卷材、改性沥青基防水卷材产量 2.5 亿平方米，高分子防水卷材产量 7000 万平方米，防水涂料产量 2 万吨。北京建筑涂料产量 12.3 万吨。其中，防火涂料产品有室内外系列钢结构防火涂料、隧道防火涂料、防火堤防火涂料等，广泛应用于建筑、交通、通信、石油、化工、军工等领域的防火工程。

北京红狮漆业有限公司

其历史可追溯至清朝皇家御用的油漆工坊。前身为北京红狮制漆厂，1998 年更名为北京红狮涂料有限公司，下设 4 家子公司，即红狮涂料国际有限公司（全资子公司）、杜邦—

红狮汽车漆有限公司、红狮杜尔卷材涂料有限公司、美加涂红狮水性漆（北京）有限公司。2004年2月，根据《北京市推行污染扰民企业搬迁和加快产品结构调整实施的办法》，公司整体搬迁项目开工，新址为通州区次渠工业区，厂区占地面积6.01万平方米。2006年竣工，总投资2.19亿元。搬迁改造后通过引进新工艺，购置新设备，进行产品结构调整，建成多条现代化生产线，年产各类涂料产品6万多吨。2006年，"红狮"牌被评为中国驰名商标。2008年成为北京奥组委唯一奥运标准醇酸漆供应商。同年，公司进行重组，成立北京红狮漆业有限公司，位于通州区兴光五街17号，注册资金9138万元，主要生产建筑装饰涂料、防腐涂料、汽车涂料及其他工业涂料。11月，公司被北京富思特制漆有限公司收购，企业性质变为民营。2010年在全国制漆配色调制工"常州杯"竞赛中，公司获团体一等奖，同年获国家高新技术企业称号。公司有员工300人，产能6万吨。

北京特普丽装饰装帧材料有限公司

前身为1976年成立的北京市建筑塑料制品厂，是全国第一家专业生产经营墙纸产品及装帧材料的企业。1993年更名为北京市金巢装饰材料公司。拥有墙纸生产设备30余台（套），全部由日本、意大利、德国等国引进。生产十大类6000余种花色品种的产品，远销世界50多个国家和地区。1998年，北京市金巢公司生产塑料壁纸767.4万平方米。1999年生产出全国第一卷金属壁纸。2001年，公司改制为北京特普丽装饰装帧材料有限公司，属民营企业。同年生产出全国第一卷表面强化、防污抗菌多功能墙纸。2002年生产出全国第一卷PVC表面复丝墙纸。2003年生产出全国第一卷无纺纸类会呼吸的墙纸及砂岩墙纸、绒面墙纸。2005年以国内首家墙纸生产企业的身份，参加在德国法兰克福举办的世界最大规模室内装饰材料专业展览会。2007年引进国际先进同步套印套压组合设备，生产出全国第一卷凹版印刷和网版印刷相结合的产品。2008年，购置自动对版宽幅布基墙纸生产线和自动电脑对版的六色同步印刷压花机，引进荷兰STORK 12色墙纸生产线，服务于生产高档彩色印刷、压花、撒粒、发泡墙纸的需要。同年获中国墙纸行业协会颁发的中国墙纸行业十大品牌、中国墙纸行业市场影响力品牌称号。2010年10月，公司从荷兰购买新设备，对原有二号园网生产线进行改造，12月底生产线建成试车，扩大生产规模，增加花色品种，生产出国际高档彩色印刷、压花、撒粒、发泡墙纸。2010年，公司有员工490名，生产墙纸2762.2万平方米，产值1.74亿元。

北京市建筑涂料厂有限责任公司

前身为1984年11月成立的北京市建筑涂料厂，位于海淀区西三旗北京市高新建材城第二工业区，占地面积11.53万平方米，建筑面积2.25万平方米，为国有小型企业。主要产品有防火涂料、防腐涂料、防水涂料和装饰涂料四大系列30多个品种。1998年，该厂有职工164人，生产各类涂料2301吨，工业总产值1012.3万元，利税65.6万元，固定资产原值828.7万元。2000年5月，该厂开发研制的SB-I、SB-2、STI-A、STI-B四种防火涂料产品获得由中国建筑协会化学建材用户委员会颁发的用户信得过产品证书。2002 年，与中国建筑材料科学研究院共同开发研制出"产生负离子功能内墙涂料"产品。2004 年研制的"建筑模板漆"获国家知识产权局颁发的发明专利证书。该系列产品在北京市五环路、六环路、国家大剧院重点工程中使用，并远销全国 30 多个省区市。2005 年相继完成混凝土（隧道）防火涂料、SB-2 室内薄型钢结构防火涂料配方调整、防火涂料与氟碳漆等 4 个项目的研制、开发，拥有实用新型专利 2 项、发明专利 4 项。2006 年 9 月，北京市建筑涂料厂更名为北京市建筑涂料厂有限责任公司。2007 年，公司回购北京美涂三旗涂料有限责任公司广东美涂士所持股份，独自生产经营。2008 年年底，公司有职工 95 名，生产防火涂料 4966 吨，销售收入 3046 万元，利税 392 万元，资产总额 3210 万元。2009 年 4 月，北京市建筑涂料厂有限责任公司归入北京金隅涂料有限责任公司。

北京金之鼎化学建材科技有限公司

1996 年 3 月 25 日成立，由北京建筑材料科学研究总院与北京首都科技集团有限公司合资组建，注册资金 1500 万元。位于石景山区金顶街西福村 1 号，占地面积 4800 平方米，建筑面积 3200 平方米，有职工 60 人，其中各类专业技术人员 32 名。1998 年生产建筑涂料 1428 吨。1999 年 3 月开始筹备建设纳米材料研究试验基地。2007 年，公司为奥运工程开发的外立面涂料，先后在"鸟巢"、老山自行车馆、国家会议中心、数字大厦、射击馆、新农村建设、拉萨火车站等重点工程应用。2008 年年末，公司有职工 46 名，生产建筑涂料 3496 吨，销售收入 2628 万元，利税 208.28 万元，资产总额 2444.1 万元。2009 年 4 月，金隅集团对所属涂料生产企业进行整合，将其归入北京金隅涂料有限责任公司。

北京东方雨虹防水技术股份有限公司

前身是 1998 年 3 月成立的北京东方雨虹防水技术有限责任公司，注册资本 300 万元。2000 年 10 月改制为北京东方雨虹防水技术股份有限公司，位于顺义区杨镇曾庄顺平南路，占地面积 86710 平方米，建筑面积 4301 平方米，注册资本 1.58 亿元，有职工 402 人。2002 年 12 月，该公司被市科委认定为北京市高新技术企业。2004 年 5 月，经中国实验室国家认可委员会审定，东方雨虹防水材料检测有限公司具有防水材料性能检测资格，东方雨虹技术中心获国家认定企业技术中心资格。2008 年 9 月 10 日，东方雨虹股票（002271）在深交所挂牌上市。同年获全国建筑业科技进步与技术创新先进企业奖。2009 年 5 月入选第三届中小板上市公司 50 强。7 月 26 日通过欧盟统一 CE 认证。11 月被认定为国家级高新技术企业。2010 年，东方雨虹牌 SBS、APP 防水卷材被相继应用于上海世博会中国馆、主题馆、世博花园等多家场馆的防水工程，东方雨虹获 2010 年度亚洲品牌 500 强称号，公司获国家技术创新企业称号。2010 年，该公司生产防水卷材 8000 万平方米，涂料 10 万吨，工业总产值 10.16 亿元，工业增加值 1.84 亿元，销售收入 15.78 亿元，利润 6758.25 万元，税金 6206.41 万元。

北京纳美科技发展有限责任公司

2000 年 8 月 31 日成立，由北京金隅集团股份公司、北京市建筑材料科学研究院、成都君逸科技发展有限公司三方共同出资组建，在中关村高科技园区注册，注册资金 1200 万元，是市科委认定的高新技术企业。公司以北京市建筑材料科学研究总院为技术依托，与位列世界 500 强的罗地亚公司（RHODIA）、美礼联化学公司（MILLENNIUM CHEMICAL）等知名企业及清华大学等高等院校密切合作，从事纳米技术改性化工建材的研发和生产，被列入北京工业"十五"重点规划、国家重点"双高一优"项目及财政部产业技术成果转化基金项目，同时被认定为高新技术成果转化项目。该公司建有北京市纳米材料研究应用平台，拥有海淀区西三旗高科技产业基地。主要产品有"纳美"牌系列纳米改性涂料、低 VOC 抗菌涂料、纳米改性色浆、外墙外保温体系、水性特种涂料、水性木器漆及"天下无贼"装修污染治理系列产品等，产品通过国家新技术鉴定，被列为国家级重点新产品。2001 年，公司在国内率先推出的纳米材料改性建筑涂料应用于首都体育馆内墙及地面翻新改造工程。2002 年通过 ISO 9001：2000 质量管理体系认证、国家环境标志产品认证（十环），2003 年通过 ISO 14001 环境管理体系认证和 ISO 18000 职业健康安全管理体系认证。2005 年至 2008 年，公司的产品应用于国

图 7—11 北京纳美科技发展有限责任公司涂料生产设备（2007 年摄）

家大剧院、首都博物馆新馆、2008 年北京奥运会主会场、国家游泳中心等重点工程建设。2008 年年底，公司有职工 46 名，生产建筑涂料 507.29 吨，总产值 510.8 万元，销售收入 2068 万元，利税 108.86 万元，资产总额 2115.92 万元。2009 年 4 月，金隅集团对所属涂料生产企业进行整合，将其归入北京金隅涂料有限责任公司。

北京金隅涂料有限责任公司

2009 年 4 月成立，由北京金之鼎化学建材科技有限公司、北京纳美科技发展有限责任公司、北京美涂三旗涂料有限责任公司组成，隶属于北京金隅集团有限责任公司，属大型涂料生产企业，位于海淀区西三旗，注册资金 8900 万元。公司主要产品有内外墙系列涂料、防火系列涂料、防腐涂料、地坪涂料、模板漆等。拥有"金隅·金鼎""金隅·三旗""金隅·纳美"三个涂料品牌，专业从事建筑装饰涂料、防火涂料、防腐涂料、防水涂料、地坪涂料、

工业涂料、艺术涂料、模板漆、外墙外保温体系的技术和施工服务。公司获得多项发明专利，多个产品获国家级重点新产品证书。该公司 2009 年通过 ISO 9001 质量管理体系认证、ISO 14001 环境管理体系认证、GB/T 28001-2001 职业健康管理体系认证和国家环境标志产品认证（十环）。2010 年 2 月，公司在河北省大厂工业区开工建设一条年产 5 万吨涂料生产线，项目总投资 8277 万元，占地面积 3.38 万平方米，年生产涂料 4.23 万吨。2010 年，公司主营业务收入 1.02 亿元，利润 681 万元。

2010年北京市化学建材生产注册百万元以上企业一览表

7-24表

企业名称	地址	成立时间	注册资本（万元）
北京东方红防水材料厂	大兴区榆垡镇南各庄工业区18号	1988年	2000
北京海弘涂料有限公司	大兴区庞各庄镇梨花桥东200米路南	1994年7月	421
北京普龙涂料有限公司	大兴区魏善庄镇工业开发区龙海路11号	1994年9月	100（万美元）
北京安顺达装饰材料有限公司	顺义区北小营镇前鲁各庄村幸福路143号	1994年11月	520
北京统一化学工业有限公司	大兴区旧宫镇	1995年2月	122.9
富思特制漆（北京）有限公司	北京经济技术开发区地盛中路3号	1995年9月	1550
北京市禹邦防水材料有限责任公司	大兴区魏善庄镇崔家庄二村北1000米	1997年7月	500
北京中建海平防水材料有限公司	通州区永乐店镇老槐庄村	1997年9月	500
北京林氏精化新材料有限公司	丰台科学城星火路10号105室	1998年1月	1000
北京东联化工有限公司	通州区张家湾镇西定福庄村396号	1998年4月	700
北京市建国伟业防水材料有限公司	房山区城关镇马各庄村东	1998年4月	10006
北京市鼎云超建筑防水材料有限公司	大兴区西红门镇金星工业园区内	1998年6月	300
北京市展业防水材料有限责任公司	大兴区礼贤镇南电镀厂院内	1998年10月	300
北京新世纪京喜防水材料有限责任公司	大兴区瀛海镇西一村	1998年12月	2300
北京新威化工有限公司	大兴区西红门镇大白楼8号	1999年10月	200
北京朗坤防水材料有限公司	昌平区流村镇上店工业区	2000年1月	3188
北京北斗防水材料有限公司	房山区琉璃河镇窑上村	2000年3月	200
北京正方粉末涂料有限公司	通州区西集镇车屯村	2000年6月	20（万美元）
北京生态家园科技发展有限公司	大兴区黄村镇埝坛村村民委员会北100米	2000年9月	680

（续表）

企业名称	地址	成立时间	注册资本（万元）
北京东方雨虹防水技术股份有限公司	顺义区杨镇曾庄顺平南路	2000年10月	15828
北京世纪中建京通防水材料有限公司	丰台区长辛店乡辛庄	2001年1月	150
北京珠穆朗玛新型建材有限公司	昌平区崔村镇崔顺路1号	2001年3月	2000
北京世纪永新防水材料有限公司	通州区永乐店镇南堤寺东村	2001年3月	200
北京世纪新星防水材料有限责任公司	大兴区北臧村镇枣林村南1000米	2001年4月	3006
京建海中建国际防水材料有限公司	昌平区沙河镇东一村	2001年5月	1008
北京远大洪雨防水材料有限责任公司	通州区潞城镇南刘各庄村	2001年8月	6000
北京东方红信防水材料厂	丰台区卢沟桥乡小瓦窑村	2001年8月	200
北京特普丽装饰装帧材料有限公司	房山区周口店镇东山口村北	2001年9月	1796
北京奥馨新型防水材料有限公司	顺义区顺通路李家桥段13号	2001年9月	600
京东方世纪防水材料有限责任公司	平谷区夏各庄镇工业小区	2001年11月	500
北京禹都建筑防水材料有限公司	通州区永乐店经济开发区永觅路	2001年12月	1501.88
北京神州洪雨防水材料有限责任公司	昌平区兴寿镇小神岭	2002年4月	500
北京索瑞尔粉末涂料有限公司	大兴区西红门镇科技工业园	2002年8月	800
北京世纪永峰防水材料有限公司	顺义区李桥镇庄子营村北	2002年12月	1000
北京久申防水材料有限公司	房山区韩村河镇七贤村南	2003年2月	3500
东方宝红建筑防水材料有限公司	大兴区魏善庄镇西芦垡村	2003年9月	1088
北京市世纪海马新型建材有限公司	大兴区庞各庄镇庞各庄有机肥料厂院内	2003年12月	1000
中防佳缘（北京）防水材料有限公司	通州区宋庄镇管头村北	2004年10月	1000
北京百耐尔防水材料有限公司	顺义区木林镇政府西侧500米	2005年4月	500
北京金汤建筑防水材料有限公司	丰台区科学城海鹰路9号综合楼一层（园区）	2005年7月	150
北京建海防水材料有限责任公司	昌平区南口镇檀峪村南	2005年7月	1000
北京羽安馨源防水材料有限公司	大兴区黄村镇王立庄村108号	2006年2月	100
北京普石防水材料有限公司	房山区城关街道马各庄村东	2006年3月	3020

（续表）

企业名称	地址	成立时间	注册资本（万元）
北京宇阳泽丽防水材料有限责任公司	大兴区礼贤镇西里河村村委会北100米	2006年7月	8280
北京红狮漆业有限公司	通州区兴光五街17号	2008年2月	9138
北京金隅涂料有限责任公司	海淀区西三旗	2009年4月	8900

第四节　卫生陶瓷、耐火材料及制品

20世纪70年代，北京开始研发生产浇注料。浇注料属于不定形耐火材料产品，由耐火骨料、粉料、结合剂、外加剂、水或其他液体材料组成。1985年，北京市陶瓷厂研制生产陶瓷坐便器。1995年，新成立的东陶机器（北京）有限公司开始生产"TOTO"牌陶瓷坐便器。1998年3月，新成立的北京创导工业陶瓷有限公司主要生产高品质堇青石—莫来石窑具和窑炉结构的耐火材料。1998年，北京地区共生产卫生陶瓷74.2万件。20世纪90年代，北京东陶有限公司先后开发研制了多个品种规格的卫生陶瓷洁具，有节水型小便器、电感式小便器、桌上式洗手盆等。

2000年，北京创导工业陶瓷有限公司研制成功高温堇青石—莫来石窑具，使用温度可达1350℃。2001年成立控股公司北京创导奥福精细陶瓷有限公司，突破关键技术，成功生产超大尺寸（750毫米×1350毫米）中空棚板，研发第二代堇青石—莫来石材料，解决窑具、窑顶落脏难题。2002年研制成功并投产$1.8 \times 10-6K-1$超低膨胀堇青石—莫来石复合材料，在中国首次推出"堇青石盖板＋耐火纤维制品"的轻型窑体结构。2003年与英国CORNERSTONE公司进行合作，产品进入国际市场。同年建成投产第一条全自动隧道窑，生产能力5000吨/年，并设计开发轻量低蓄热窑车——窑车中空边围砖系统，成为世界上第二家能够生产最轻量窑具——釉烧支架系统的企业。在英国陶瓷中心Stoke-on-Trent设立仓库，以快速服务欧洲客户。2004年推广应用第二套轻量低蓄热窑车系统——窑车干码边围砖系统，设计开发砖瓦工业用轻量高荷载窑车基座系统及相关材料。研制成功第三套轻量低蓄热窑车系统关键材料高热震轻质砖。2005年，第二条全自动隧道窑投产，年生产能力9000吨，居世界第二。2006年采用可塑法滚压成型成功生产方形仿型窑具、高精尺寸匣钵等，研制成功黏土屋面瓦（西式瓦）承烧窑具H型支架和U型支架系统。2007年，中德合作精密浇注H-Cassette和U-Cassette生产线建成投产。第三条全自动隧道窑投产，年生产能力提升至1.1万吨。2009年建成特种连续式窑炉，生产探矿工业和精密铸造用堇青石制品，推出性能更高的第三代堇青石—莫来石窑具。

2005年，北京东陶有限公司产品全部是节水型产品。2010年开发出排水量分别为4.5

升 /3.0 升的大小档坐便器水箱。当年，北京东陶有限公司生产洁具 50.1 万件。

2010 年，北京通达耐火技术股份有限公司生产浇注料 20 万吨。北京创导工业陶瓷有限公司研发出堇青石—莫来石质耐火窑具制品，用于支持和保护各种陶瓷制品烧成的耐火工具，是日用陶瓷、卫生陶瓷、电子陶瓷、功能陶瓷、建筑陶瓷、微晶玻璃、粉末冶金等工业窑炉必用的产品。

2010 年，北京生产陶瓷卫生洁具 169.8 万件、耐火材料 44.52 万吨。北京琉璃制品生产企业有北京明珠琉璃制品有限公司、北京古都国华琉璃制品有限公司、北京西山琉璃瓦厂、北京悼陵监琉璃制品厂等 9 家，都是小型民营企业。

东陶机器（北京）有限公司

1995 年 3 月成立，由北京建筑材料集团有限责任公司、东陶机器（中国）有限公司、三井物产株式会社三方合资组建，注册资本 2400 万美元。1998 年 2 月 18 日正式投产，主要生产"TOTO"牌高档卫生陶瓷洁具。1999 年年初，公司通过日本工业标准（JIS）认证，11 月通过 ISO 9002 质量体系认证。2000 年投资 1.5 亿元扩建一条中高档卫生洁具生产线，2001 年完成设备安装，2002 年项目竣工，年产中高档卫生洁具 70 万件。2003 年 3 月通过中国节能产品认证，2004 年 12 月通过 ISO 14001 认证，2009 年 9 月通过 ISO 9001 认证。2010 年 9 月，获得市科委、市财政局、市国税局、市地税务局联合认定的"高新技术企业证书"。2010 年，公司位于海淀区西三旗东建材城中路 8 号，占地面积 78728 平方米，建筑面积 50497 平方米，

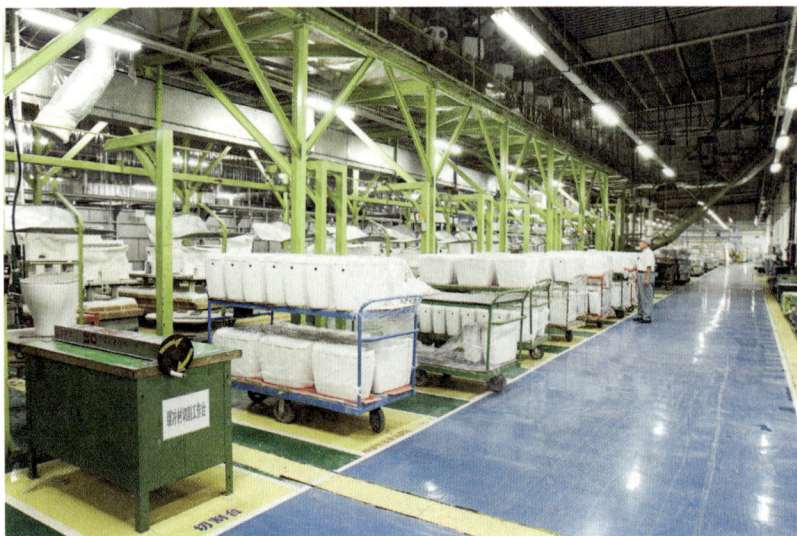

图 7-12 东陶机器（北京）有限公司的卫生洁具生产线（2007年摄）

员工 1200 人。工业总产值 3.76 亿元，工业增加值 2.52 亿元，销售收入 3.70 亿元，利润 1.07 亿元，纳税 6828 万元，固定资产原值 5.12 亿元，固定资产净值 1.77 亿元。

北京创导工业陶瓷有限公司

1998 年 3 月成立，为民营企业，位于通州区漷县镇马头工业园，占地面积 7.5 万平方米，建筑面积 2.12 万平方米。主要生产高品质堇青石—莫来石窑具和窑炉结构的耐火材料。1999 年，公司自主开发的中空棚板技术投入生产，并在河北省设立京港合资企业香河创导

工业陶瓷有限公司。2002 年获得自主进出口经营资格。全面实施 ISO 9001：2000 质量管理体系，并通过国际认证。2004 年与英国 DYSON 公司建立战略合作伙伴关系。完成多项国家级研究课题，获北京市高新技术企业称号。2007 年与澳大利亚 ROJAN 公司合作开发探矿工程用工业陶瓷产品，并与德国 EMCO THERM 公司合作建设屋面瓦窑具生产线。2008 年，公司具有世界先进水平的窑具与精细耐火材料研发中心投入使用，生产出世界最大尺寸的中空棚板（840 毫米 × 1950 毫米）。2010 年，公司有员工 351 人，工业总产值 8626 万元，工业增加值 2156 万元，销售收入 8626 万元，利税 476 万元，资产总额 6868 万元，固定资产原值 4601 万元，固定资产净值 2470 万元。

北京通达耐火技术股份有限公司

前身为 2000 年成立的北京天坛股份有限公司通达耐火技术分公司，位于海淀区清河安宁庄东路 1 号。注册资本 1.25 亿元，总资产 11 亿元。占地面积 13.04 万平方米，建筑面积 4.28 万平方米。2000 年，通达耐火产品涉足电力行业，生产耐磨耐火涂料 D-16S 可塑料、D-17M 浇注料、A7SC-I 涂抹料等，以及用于隔热保温的耐材 DL-8 等。2004 年，涉足冶金、炼铁行业，相继开发出以高纯全红柱石砖为代表的一系列定型耐火材料，以及以铁沟浇注料为代表的不定型耐火材料产品。2006 年进入余热发电领域，相继开发出高耐磨抗侵浇注料 G-17M、抗爆耐磨修补料 KB-M、抗爆耐磨修补料 KB-M 等系列产品。2007 年 12 月，企业改制成立北京通达耐火技术股份有限公司。2008 年，进入垃圾焚烧应用领域，开发出不定型耐火材料和高铝砖、黏土砖、碳化硅砖系列及配套耐火泥等定型耐材产品。同年，高温隔热耐磨单层衬里材料的研制与应用项目获建筑材料科学技术奖三等奖、国家认可实验室证书。2009 年，公司技术中心被认定为国家级企业技术中心。2010 年 5 月 17 日，公司更名为北京通达耐火技术股份有限公司。同年，公司获 2010 年度全国建材行业企业管理现代化创新成果一等奖。2010 年，公司在京职工 418 人，其中技术人员 157 名。拥有 13 项发明

图 7-13　北京通达耐火技术股份有限公司的科研成果——碳化硅等（2007 年摄）

专利。生产浇注料 20 万吨，工业总产值 6.74 亿元，销售收入 8.04 亿元，利润 4887 万元，上缴利税 5584 万元。

2010年北京市注册资本百万元以上的工业陶瓷、耐火材料制品生产企业一览表

7—25表

企业名称	地址	成立日期	注册资本（万元）
北京市旭鑫耐火材料有限公司	顺义区李桥镇政府东侧	1984年7月	1980
北京西普耐火材料有限公司	昌平区南口镇南辛路10号	1991年1月	1709.8（万美元）
北京长城耐火材料有限公司	大兴区西红门镇一队	1991年1月	1000
北京市昌河耐火材料有限公司	昌平区兴寿镇秦家屯村	1992年10月	600
北京华盛耐火材料有限公司	通州区漷县镇大香仪村	1994年4月	500
北京瑞尔非金属材料有限公司	海淀区北三环西路32号恒润商住中心601室	1994年8月	131（万美元）
北京东陶有限公司	海淀区清河安宁庄东路1号	1995年3月	2900（万美元）
东陶机器（北京）有限公司	海淀区西三旗东建材城中路8号	1995年3月	2400（万美元）
北京创导工业陶瓷有限公司	通州区漷县镇马头村	1998年3月	2800
北京利尔高温材料股份有限公司	昌平区小汤山镇小汤山工业园4号楼	2000年11月	59927.97
北京东方旭升耐火材料有限公司	朝阳区东坝乡驹子房村1号	2001年6月	200
瑞泰科技股份有限公司	朝阳区酒仙桥路乙21号	2001年12月	23100
北京宝宜耐火材料有限公司	门头沟区军庄镇政府西侧	2002年5月	500
北京中德泰克科技有限公司	顺义区张镇驻马庄村西800米	2007年4月	1016
北京通达耐火技术股份有限公司	海淀区清河安宁庄东路1号	2007年12月	12532
北京兰海金诚耐火材料有限责任公司	昌平区东小口镇兰各庄村25号	2009年1月	1080

第五节　矿物纤维及制品

1998年9月9日，北京赛姆菲尔玻璃纤维有限公司点火投产，当年生产耐碱玻璃纤维111吨。公司主要生产耐碱玻璃纤维、无碱玻璃纤维及制品。耐碱玻璃纤维及制品主要品种有喷射纤维、短切纤维、水分散纤维和网格布，无碱玻璃纤维及制品主要品种有合股纱、直拨粗纱。耐碱玻璃纤维年产能5000吨，无碱玻璃纤维年产能6000吨。

1999年，北京市玻璃纤维及制品生产企业有北京赛姆菲尔玻璃纤维有限公司、北京圣戈班依索维尔玻璃棉有限公司、北京天兴陶瓷复合材料有限公司等3家。其中北京赛姆菲尔玻璃纤维有限公司生产耐碱和无碱玻璃纤维111吨，北京依索维尔玻璃棉有限公司生产

玻璃棉 4007 吨。

2001 年至 2002 年，北京市星牌建材有限责任公司研发出云星、雨星、开启式暗插、GM-22、彩喷五大系列新产品，其暗插产品弥补了矿棉吸声板不能开启的缺憾，解决了暗架板检修不方便难题。2003 年，北京市星牌建材有限责任公司粒状棉出口美国 1.09 万吨。2004 年，先后开发出滚花、浮雕、直体、覆膜、复层喷涂等 30 余种表面图案、280 多个规格品种的矿棉装饰吸声板，年生产粒状棉 2 万吨。

2005 年 5 月，北京圣戈班依索维尔玻璃棉有限公司改名为北京金隅金海燕玻璃棉有限公司，有一条年生产能力 6000 吨的玻璃棉生产线，产品的国内市场占有率达 40% 以上，是国内最大汽车用玻璃棉供应商。

2006 年，欧文斯科宁复合材料（北京）有限公司开发玻璃纤维单向复合毡、复合缝绵毡和玻璃纤维多轴向织物等产品，实现销售收入 7000 万元；开发出可用于电力、航空等行业的玻璃纤维高端产品，解决了高强玻璃不能规模化生产的难题。向俄罗斯、法国等国家和地区出口玻璃纤维近 4000 吨，实现销售收入 700 万美元以上。

2007 年，北京市星牌建材有限责任公司产品被广泛应用于"鸟巢"、"水立方"、奥运水上运动中心等 18 个奥运场馆及重点工程，成为北京奥运工程最大的矿棉板产品供货商。公司矿棉板远销日本、新加坡、澳大利亚、中国台湾等国家和地区，销售总计 136 万平方米；矿棉出口美国近 8000 吨，"星牌"矿棉板获中国名牌产品称号。2008 年，北京星牌建材有限公司生产矿棉板 16.79 万平方米、涂料 9.44 吨、龙骨 27.44 万米，工业总产值 2689 万元，税金 148.7 万元，利润 5.6 万元。2010 年，北京星牌建材有限公司矿棉板产品停止生产。

2010 年，北京有两家生产矿棉装饰吸音板的企业，即星牌优时吉股份有限公司（隶属金隅集团，在河北省大厂县）和北新集团建材股份有限公司（生产线搬迁至河北省涿州市）。

1999 年至 2010 年，北京玻璃纤维及制品行业总体上处于稳定运行状态，玻璃纤维及其制品每年产量 2 万吨左右。

大厂金隅金海燕玻璃棉有限公司

前身为 1995 年 10 月 17 日成立的北京圣戈班依索维尔玻璃棉有限公司，2005 年 5 月，金隅集团将其全额收购后成立国有独资企业。2006 年，公司搬迁至通州区梨园镇砖厂中路 199 号院，占地面积 67 万多平方米。拥有一条年产能力 6000 吨玻璃棉生产线，主要生产玻璃棉纤维板、玻璃棉纤维毡及玻璃棉纤维管等。产品市场占有率达 40% 以上，是国内最大汽车用玻璃棉供应商。公司生产的玻璃棉产品出口俄罗斯、蒙古、澳大利亚、韩国、东南亚等国家和地区。2006 年通过 ISO 9001：2000 质量管理体系认证复审，并取得职业健康安全管理体系认证证书及市发展改革委颁发的资源综合利用企业证书、绿色建材产品证书。2007 年 10 月，公司在河北省大厂工业园区新建一条年产能 1.5 万吨玻璃棉生产线，投资 9352.43 万元。2008 年 7 月，公司搬迁至河北省廊坊市大厂回族自治县夏垫镇夏安路 8 号，更名为大厂金隅金海燕玻璃棉有限公司，注册资本 8000 万元，占地面积 5.87 万平方米，建筑面积 1.63 万平方米，生产线建筑面积 1.41 万平方米。2009 年 3 月，设备安装调试，5 月 20 日窑炉点火，10 月正式投产，成为天津第一汽车制造厂、长春客车厂等汽车厂家的独家产品供应商。2010 年，公司职工 160 人，生产玻璃棉 7380 吨，工业总产值 4066.10 万元，销售收入 3962.86 万元。固定资产原值 8646.64 万元，净值 8028.81 万元，资产 1.03 亿元。

欧文斯科宁复合材料（北京）有限公司

前身为 1996 年 3 月成立的北京圣戈班·维特克斯玻璃纤维有限公司，总投资 2400 万美元，注册资本 1800 万美元。位于房山区官道乡西窦店火车站东，建筑面积 9000 平方米，生产车间面积 4575 平方米。1997 年 12 月开始生产。公司以圣戈班－维特克斯为技术依托，采用维特克斯世界领先的玻璃纤维制造技术和关键原材料，主要生产无碱玻璃纤维和耐碱玻璃纤维产品，设计年生产能力 6000 吨。产品出口日本、新加坡、印尼、美国、英国、德国、法国、俄罗斯、西班牙、菲律宾、澳大利亚等国家和中国的台湾、香港地区。1999 年，公司固定资产原值 1115.30 万元，净值 896.98 万元，利润 385.33 万元。2008 年 8 月 13 日，公司更名为欧文斯科宁复合材料（北京）有限公司。2010 年，公司销售收入 4 亿元，利润 5188 万元。

北京市星牌建材有限责任公司

2000 年 12 月成立，由北京市建材制品总厂、北京建翔彩板厂、北京岩棉制品厂三企业共同组建，注册资本 4.21 亿元，位于朝阳区高井路 2 号，占地面积 44.34 万平方米，建筑面积 10.6 万平方米。固定资产原值 6675.5 万元，净值 5391.7 万元，职工 1111 人，是国家经贸委确定的 512 户重点国有大中型企业之一。主要生产合成树脂乳液、内外墙涂料和粒状矿棉及矿棉板、雅星Ⅱ型龙骨，主导产品为矿棉吸声板，是中国首家矿棉吸声板和特种吊顶系列产品的研制和生产企业。公司拥有国内首家引进日本的矿棉吸声板生产线，可生产滚花、浮雕、印刷、立体四大类 13 个图案 20 多个规格的矿棉吸声板，是集装饰、吸声、防火三大特色于一身的高级吊顶装饰材料，吸声板年产量 300 多万平方米。2004 年，公司在

图7-14　2008年，北京市星牌建材有限责任公司生产的矿棉板装车外运

通州区的岩棉厂搬迁至河北省下花园粒状棉基地，总投资近 3000 万元，总建筑面积 5705 平方米，8 月 21 日试车成功。2006 年，公司获"中国建材行业知名企业"称号，通过 ISO 9001：2000 质量管理体系、ISO 14001 环境管理体系和 ISO 18000 职业健康安全管理体系认证。2008 年，北京星牌建材有限责任公司与美国优时吉公司合资成立了星牌优时吉公司。同年，公司销售矿棉板 16.79 万平方米，涂料 9.44 吨，龙骨 27.44 万米，工业总产值 2689 万元，税金 148.7 万元，利润 5.6 万元。2010 年，公司矿棉板产品停止生产。

2010年北京矿物纤维及制品生产企业一览表

7-26表

企业名称	地址	成立日期	注册资本（万元）
北京市烁宇工贸有限责任公司	通州区张家湾镇苍头村	1995年8月	1680
北京金海燕玻璃棉有限公司	朝阳区双桥路甲1号	1995年10月	11473
欧文斯科宁复合材料（北京）有限公司	房山区窦店镇亚新路18号	1996年3月	27600.33
北新集团建材股份有限公司	海淀区三里河路甲11号	1997年5月	57515
北京兴旺玻璃纤维有限公司	通州区张家湾镇苍头村	2002年8月	1074
北京玻钢院复合材料有限公司	延庆县八达岭经济开发区康西路261号	2003年1月	6000
北京国能英盟科技有限公司	大兴区庞各庄镇隆达大街2号	2008年9月	500

第六节　木材加工及制品

1998 年，北京市光华木材厂生产中密度纤维板 1.58 万立方米，木门窗 5.76 万樘，饰面板 6.3 万片，塑料贴面板 49.9 万平方米，活性炭 1084 吨。产品应用于家具制造业、门窗制造业、装饰装修业、乐器制作、体育器材、包装等领域。同年，北京市木材厂生产刨花板 1.39 万平方米，胶合板 685 立方米，复塑板 43.5 万平方米，装修材料 1478 万元。

1999 年，北京市光华木材厂生产中密度纤维板 1.73 万立方米，活性炭 1324 吨；实现工业总产值 6586.7 万元，销售收入 6148.9 万元，工业总产值 6586.7 万元，销售收入 6148.9 万元。北京森华人造板有限公司具有中密度纤维板产能 1.58 万立方米。北京市建筑木材厂研制开发木质隔音防火门，经清华大学建筑物理环境检测中心进行声学检测，计权隔音量达到 38 分贝；对三合板、纤维板、模压板夹板门进行了填芯材料的冷压、热压工艺试验，解决了产品露筋问题。北京太尔化工有限公司生产脲醛胶 1859 吨。

2000 年，北京市木材厂生产刨花板 1.3 万立方米，产值 6528.2 万元，利税 550.8 万元。

2001 年 1 月，金隅集团与芬兰合资成立爱乐屋建筑节能制品（北京）有限公司，专业生产节能型铝木窗，当年生产新型节能铝木窗 6 万平方米。2002 年，北京市木材厂木质门窗的总产能达到 26 万樘。2003 年 12 月，北京森华人造板有限公司的"SINHUA"牌中高密度纤维板产品获国家产品免检证书。北京市建筑木材厂针对首都博物馆新馆木质幕墙工程，研制开发出仿风化木质幕墙板。2005 年至 2008 年，该厂研制开发出国家大剧院木质声学系列产品，有针孔吸音板、凹凸木（扩散体）、声闸门、波纹吸音板等。

2004 年 9 月，北京森华人造板有限公司产品获北京市名牌产品和北京市著名商标称号。2005 年 1 月，北京森华人造板有限公司实施热能中心建设项目动工，9 月竣工投产，项目投资 3000 万元。2006 年 9 月，北京森华人造板有限公司生产的"SINHUA"牌中高密度纤维板产品获得中国名牌产品称号。

2005 年至 2008 年，北京市建筑木材厂研发国家大剧院木质声学系列产品，有针孔吸音板、凹凸木（扩散体）、声闸门、波纹吸音板等，其中波纹穿孔装饰吸音板获国家专利。

2007 年，柯诺（北京）木业有限公司对生产线设施实行环保技术升级改造，项目投资 1.56 亿元，2009 年竣工通过市环保局组织的测试验收。技术改造后检测，颗粒物排放浓度 4.7 ～ 7.1 毫克／立方米，是该新标准的 1/4 ～ 1/3；甲醛排放浓度 1.97 毫克／立方米，是新标准的 1/7；非甲烷总烃排放浓度 10 毫克／立方米，是新标准的 1/10；臭气浓度 1737，为新标准的 1/20；烟尘排放浓度 4.3 毫克／立方米，是新标准的 1/6。项目实施后，生产线成为全国唯一达到欧洲排放标准的中密度纤维板生产线。

2007 年，北京市木材厂有限责任公司开发的隔声门经国家建筑材料工业建筑五金水暖产品质量监督检验测试中心检测，隔声效能比同类产品提高 8dB，被应用到北京市公安局刑侦局测谎室等工程。2008 年 6 月，北京市木材厂有限责任公司对铝包实木复合窗生产线进行扩产改造，建设一条自动化铝包实木复合窗生产线，2009 年 11 月竣工，投资 1000 万元。2010 年 2 月投产后，新生产线年产能为 20 万平方米，公司总产能达到 26 万平方米。

2010 年，北京有木质门生产企业 400 家。其中国有企业 3 家、独资 2 家、港资 1 家，其余为民营企业。木门窗年产能为 200 万樘。北京地区生产胶黏剂企业有 4 家。其中，北京太尔化工有限公司生产人造板专用胶黏剂，其他 3 家主要产品是人造板胶黏剂用的添加剂及技术服务。

北京市木材厂有限责任公司

前身是 1951 年 10 月成立的北京市木材厂，位于丰台区大红门西路 4 号，占地 71 万平方米。2000 年，有职工 1116 人，固定资产原值 1.07 亿元，净值 7511.3 万元。同年投资 45 万元引进德国双端铣等精加工设备。2001 年通过 ISO 9001 质量体系认证、ISO 14001 环境保护体系认证、中国环境标志产品认证和 CTC 产品健康认证。2002 年进行节水技术改造，实现中水 100% 回用和污水零排放，成为北京市首家免除污水处理费的企业。同年，爱乐屋有限责任公司并入北京市木材厂，木质窗总产能达到 20 万平方米。2005 年 11 月，北京奥克兰建筑防水材料有限公司的 20% 股份划转北京市木材厂。2006 年 9 月 13 日，北京市木材厂更名为北京市木材厂有限责任公司。2008 年，公司完成阻燃木材技术升级，木质防辐射门专利产品被广泛用于医疗单位。2010 年 2 月，公司投资近千万元建成年产 6 万平方米的中高档节能实木复合窗生产线投产。2010 年，公司有职工 410 人，其中专业技术人员 58 人。工业总产值 6892 万元，工业增加值 3390 万元，销售收入 9000 万元，利润 600 万元，资产总额 2.90 亿元。生产木门 2.5 万樘。1999 年至 2010 年共获发明专利 1 项，实用新型专利 4 项，外观专利 4 项。

北京市建筑木材有限责任公司

前身是 1951 年成立的北京市建筑木材厂，1992 年 12 月更名为北京市建筑木材总厂，位于丰台区大瓦窑 782 号，占地面积 7.5 万平方米，建筑面积 2.5 万平方米。2008 年 4 月，该厂与浙江华诚地产公司进行资产重组，企业更名为北京市建筑木材有限责任公司，注册资金 3000 万元。2010 年，公司有木门、木墙板、声学产品、楼梯围栏、木地板、仿古产品、防腐阻燃产品、固定家具、吊顶板九大系列产品。公司有职工 230 人，工业产值 3000 万元，经营收入 4400 万元。

柯诺（北京）木业有限公司

1995 年 12 月成立，前身为北京建材集团与德国 A.C.E 咨询工程股份有限公司合资组建的北京森华人造板有限公司，注册资本 9996 万元，位于丰台区永外大红门西路 4 号。1998 年 8 月投产，年设计产能 10 万立方米，采用世界上中密度纤维板生产工艺中先进的连续平压热压工艺，生产中高密度纤维板，产品质量在国内处于领先水平。2000 年，公司通过 ISO 14001 环境管理体系认证，以及 ISO 14024（中国 I 型环境标志）和 ISO 14025（中国Ⅲ型环境标志）认证。2001 年 1 月 1 日，德国 A.C.E. 咨询工程股份有限公司将其在合资企业中 25% 的股份权全部转让给金隅集团后退出。公司重组后，金隅集团占注册资本的 30%，高能香港有限公司占注册资本的 70%。2005 年，公司更名为柯诺（北京）木业有限公司。 2009 年 12 月 30 日，公司通过由市环保局组织的专家验收，成为中国纤维板生产企业中唯一在环境治理方面达到相当于欧洲法规标准的中密度纤维板生产企业。2010 年，公司注册资本 5738 万美元。生产中密度纤维板 21 万立方米，销售收入 3.59 亿元。

北京太尔化工有限公司

1999 年 4 月 23 日成立，是北京金隅股份有限公司与芬兰太尔化工股份有限公司的合资企业，注册资本 218.55 万美元，中方、外方股份分别占 45% 和 55%。位于丰台区大红门西路 4 号，占地面积 6600 平方米，是北京地区第一家专业生产人造板专用胶黏剂的企业。2001 年，公司引入太尔化工公司的计算机流程控制和在线传感器即时控制技术，对液位、重量、温度、时间、反应曲线实现即时可控，改进了换热系统，使产品质量更稳定，单位能耗处在国内同行业领先水平。产品为北京森华人造板有限公司的中密度纤维板生产线提供环保纤维板专用胶黏剂，并销往江苏等多个省市。2003年7月，公司获北京市100家优秀环保改造工程奖。2010年，公司注册资本218.55万美元。生产酚醛胶1.81万吨、脲醛胶3787吨。

2010年北京市注册资本百万元以上的木材加工及制品生产企业一览表

7-27表

企业名称	地址	成立日期	注册资本（万元）
北京市木材厂有限责任公司	丰台区大红门西路4号	1951年10月	5455.62
北京盛大门业有限公司	昌平区马池口镇亭自庄村	1994年12月	2100
柯诺（北京）木业有限公司	丰台区大红门西路4号	1995年12月	5738（万美元）
北京太尔化工有限公司	丰台区大红门西路4号	1999年4月	218.55（万美元）
北京西飞世纪门窗幕墙工程有限责任公司	大兴区黄村镇狼垡一村京良路口	1999年12月	10300
北京光华安富业门窗有限公司	昌平区沙河镇七里渠北村406号	2000年5月	3000
北京市鑫盛福工贸有限公司	通州区宋庄镇富豪村	2000年11月	125
北京鸿安恒业消防设备有限公司	通州区宋庄镇任庄京榆路322号	2005年5月	1335
北京顺天富锴物资有限公司	房山区窦店镇芦村1区1号	2006年11月	1000
北京艺华兴业工贸有限公司	通州区宋庄镇小堡村村委会西500米	2006年11月	200
北京蓝盾创展门业有限公司	通州区台湖镇次一村村委会东1000米	2007年7月	2000
北京澜陵鸿佳工贸有限公司	通州区漷县镇漷兴三街5号	2008年3月	1000
北京洛克维德建筑材料有限责任公司	顺义区仁和地区沙坨村村委会南300米	2008年9月	100
北京盛世焦点工贸有限公司	通州区马驹桥镇柴务村281号	2008年9月	100
北京飞云门业有限责任公司	通州区中关村科技园区通州园金桥科技产业基地环科中路5—92号	2010年1月	300
北京力特工贸有限公司	通州区张家湾镇姚园村	2010年5月	100
北京源泰盛行木业有限公司	通州区张家湾镇南火垡村	2010年6月	100

第四章　煤炭工业

　　清代中期，北京煤炭开采为手工生产方式。清末，北京煤矿开始应用机械动力。铁路修入矿区，为煤炭外运开辟了市场。20世纪20年代，煤矿开始应用电力，生产效率提高。中华人民共和国成立后，国家投资建设北京现代矿井，北京煤炭工业进入快速发展时期，最高年产量超过千万吨，成为中国五大无烟煤生产基地之一。

　　20世纪50年代中期至80年代，北京煤炭工业主要生产经营单位为国家统配煤矿北京矿务局，其生产经营纳入国家计划管理。改革开放后，北京煤炭工业逐步从计划经济走向市场经济。80年代，北京煤炭工业贯彻国家煤炭工业"有水快流"方针，国家集体个人一起办矿，乡镇集体煤矿迅速增多。到90年代，乡镇煤矿总计年产量一度占据北京市煤炭全部年产量的半壁江山。1998年，煤炭工业部撤销，北京矿务局完全划归北京市管理。

　　1999年年初，北京市地域内的煤炭工业有国有煤矿和乡镇集体开办煤矿两种所有制。共有矿井825座。其中，国有煤矿有市政府管理的北京矿务局所属煤矿5座，均为大中型矿井，正在生产的采区坑口8处，北京矿务局有职工31961人；房山区区属煤矿1座，处于停产状态。乡镇集体开办煤矿有819座，均为小型矿井，有从业人员15000多人。乡镇煤矿分布在房山区和门头沟区两个区的区域，分别由房山区煤矿行业管理处和门头沟区煤炭管理办公室管理，北京市地方煤炭管理办公室（北京市地方煤炭工业总公司）也对乡镇煤矿实施行业管理，同时乡镇煤矿也受所在地的乡镇政府管理。北京市地方煤炭管理办公室办公机构设在北京市乡镇企业局。乡镇煤矿为市、区、乡镇三级管理体制，乡镇煤矿实行法人、矿长负责制。其中，很多乡镇煤矿采取个人承包方式经营。2000年9月，市政府将北京矿务局与北京市煤炭总公司合并重组，成立北京京煤集团有限责任公司，进行煤炭生产经营。21世纪初，北京市进行煤炭资源整合，整顿煤炭开采秩序，加强生态涵养建设，关闭非法开采和布局不合理煤矿。到2010年5月，北京市的区属管理乡镇煤矿全部撤销关闭。2010年12月底，北京地区只有京煤集团控股公司昊华能源公司(以下简称昊华能源公司)的国营煤矿在开采。京煤集团由北京市直接管理，北京市国有资产监督管理委员会负担其资产保值增值责任。京煤集团设立职能部室20个，直属基层单位18个。其中，昊华能源公司为上市企业。京煤集团有员工28931人。

　　2010年年底，北京正在生产的煤矿有3座，市核准年生产能力计520万吨。2010年产量500.02万吨，其中机械化采煤产量238万吨，采煤机械化率47.60%。煤炭产品主要为块煤和末煤，销售北京和外埠并出口。京煤集团还兴建有煤炭综合利用企业，其中有设计年生产能力 25 万吨的水煤浆厂、装机容量 2.4 万千瓦的煤矸石发电厂、设计年生产能力 1.2 亿块折标砖的煤矸石制砖厂。

1999 年至 2010 年，北京市共生产煤炭 9220 万吨。其中，京煤集团生产 6110 万吨，门头沟区生产 830 万吨，房山区生产 2280 万吨。

第一节　煤炭生产

一、市管煤矿

1999 年年初，市政府直接管理煤矿为国营北京矿务局所属煤矿。有正在生产的煤矿 5 座，分别为门头沟煤矿、大台煤矿、木城涧煤矿（含大台井）、大安山煤矿（含房山采区）、长沟峪煤矿，年生产能力总计 425 万吨。北京矿务局机关位于门头沟区新桥南大街 2 号。

1999 年 11 月 12 日，北京矿务局将大台煤矿与木城涧煤矿合并，合并后名称为木城涧煤矿，大台煤矿改称大台井。2000 年 7 月 20 日，门头沟煤矿因煤炭资源减少停止生产。10 月 29 日，经国家经贸委和市政府批准，实施破产关闭。2000 年 8 月，木城涧煤矿杨坨井停产，后与木城涧煤矿分开，恢复杨坨煤矿名称。

2000 年 9 月，市政府将北京矿务局与北京市煤炭总公司合并重组，成立北京京煤集团有限责任公司，为市政府投资组建的国有独资公司。2002 年 12 月 31 日，京煤集团作为主发起人，以所属煤矿等单位的资产为股本，成立北京昊华能源股份有限公司。京煤集团及所属昊华能源公司机关办公地点均位于门头沟区新桥南大街 2 号，京煤集团正在从事生产经营的煤矿统由昊华能源公司管理。

2003 年年初，大安山煤矿与房山采区分开，房山采区恢复房山煤矿名称。2003 年 9 月 10 日，房山煤矿破产关闭。2004 年 12 月 3 日，杨坨煤矿破产关闭。2004 年年底，北京地区市属国营煤矿还有 3 座，均为京煤集团昊华能源公司所属煤矿。

2010 年年底，全市正在生产的煤矿仍为京煤集团昊华能源公司

图7-15　北京昊华能源股份有限公司综合机械化采煤工作面（2007年摄）

所属 3 座煤矿。市核定年总生产能力 520 万吨，总产量 500.02 万吨。矿井方式有立井、平硐、斜井、暗斜井结合方式和平硐、斜井、暗斜井结合方式，均以底板为运输巷，采区石门开拓煤层群。采煤方式主要为炮采和机采。煤炭产品主要为块煤和末煤，销售北京和外埠并出口。

木城涧煤矿

1999 年年初，木城涧煤矿占地面积 160.27 万平方米。其中，千军台坑与木城涧坑占地 45.57 万平方米，王平村井占地面积 114.70 万平方米。固定资产 2.19 亿元，员工 5437 人。矿井中，木城涧坑有 250 米、450 米、330 米、150 米、50 米计 5 个生产水平，千军台坑有 820 米、700 米、570 米计 3 个生产水平。1999 年年初，大台煤矿占地面积 102.1 万平方米，固定资产 1.19 亿元，员工 3284

图 7-16　木城涧煤矿矿貌（2006 年摄）

人。矿井有 90 米、−10 米、−110 米、−210 米共 4 个生产水平。1999 年 11 月，北京矿务局将木城涧煤矿与大台煤矿合并，成立新的木城涧煤矿，原木城涧煤矿改称为木城涧坑，大台煤矿改称为大台井。从 1949 年至 1999 年，原木城涧煤矿累计产煤 3887.64 万吨。最高年产量为 1960 年，产煤 185.40 万吨。从 1958 年大台建矿至 1999 年，大台煤矿累计产煤 3279.31 万吨。2010 年，木城涧煤矿是京煤集团和北京地区生产规模最大的煤矿，有员工 7512 人，产煤 238 万吨，工业总产值 71.07 亿元。其中，木城涧坑产煤 150 万吨，全员效率 1.71 吨；大台井产煤 88 万吨，全员效率 1.95 吨。木城涧煤矿平均日产 7677 吨，掘进机械化程度 34.38%，采煤机械化程度 54.53%。1999 年至 2010 年，木城涧煤矿（包括原大台煤矿）计产煤 2989.77 万吨，其中昊华能源公司成立后的 2003 年至 2010 年产煤 2042.03 万吨。在木城涧煤矿木城涧坑和原木城涧煤矿的历史上，年产量最高年份为 2002 年，产煤 201.18 万吨，也是北京单个矿井年产量唯一一次超过 200 万吨。在木城涧煤矿大台井和原大台煤矿的历史上，年产量最高年份为 2003 年，产煤 97.84 万吨。

大安山煤矿

大安山煤矿为京煤集团昊华能源公司所属矿井。1999 年年初，占地面积 83.97 万平方米，员工 3788 人，矿井有 920 米、800 米、680 米、550 米共 4 个生产水平。2010 年年底，大安山煤矿有员工 4841 人，产煤 157.00 万吨，工业总产值 4.88 亿元，全员效率 1.706 吨，掘进机械化程度 41.92%，采煤机械化程度 77.04%。从 1975 年矿井简易投产至 2010 年，

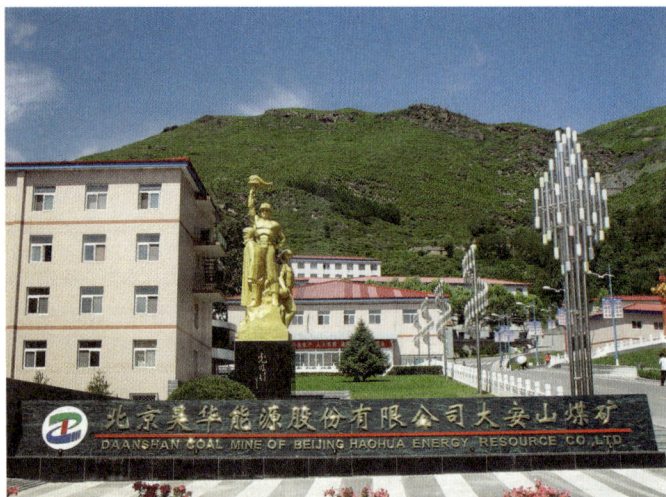

图7-17 大安山煤矿矿貌（2009年摄）

大安山煤矿累计产煤3516.71万吨。其中，1999年至2010年产煤1732.73万吨，昊华能源公司成立后的2003年至2010年产煤1259.08万吨。年产量最高年份为2002年，产煤174.89万吨。

长沟峪煤矿

长沟峪煤矿为京煤集团昊华能源公司所属矿井。1999年年初，占地面积22.18平方公里，建筑面积14.63万平方米，固定资产8207万元，主要生产设备2074台，员工3420人。矿井有150米、20米、-60米、-190米共4个生产水平。2010年年底，长沟峪煤矿有员工3975人，产煤105.02万吨，工业总产值3.61亿元，全员效率1.226吨，掘进机械化程度46.80%，采煤机械化程度10.59%。1962年建矿至2010年，长沟峪煤矿总计产煤3413.59万吨。其中，1999年至2010年产煤1150.33万吨，昊华能源公司成立后的

图7-18 长沟峪煤矿矿貌（2006年摄）

2003年至2010年产煤784.53万吨。年产量最高年份为2002年，产煤127.70万吨。

二、区县管理煤矿

1999年年初，北京市有区县管理煤矿820个，分布在房山和门头沟两个区境内。其中，房山区有区属国营煤矿1个，乡镇村办集体所有煤矿560个，煤矿分布在史家营乡、大安山乡、霞云岭乡、南窖乡、佛子庄乡、蒲洼乡、河北镇、周口店镇计6乡2镇111个行政村内，年煤炭生产能力400余万吨。史家营乡、大安山乡被称为"煤炭之乡"，煤炭工业收入均占全乡财政收入的70%以上。房山区境内煤矿由正处级机构房山区煤矿行业管理处管理。门头沟区有乡镇村办集体所有煤矿259个，分布在清水镇、斋堂镇、军响乡、雁翅镇、王平镇、军庄镇、龙泉镇、永定镇、潭柘寺镇计1乡8镇的50多个村庄内，年煤炭生产能力100余万吨，从业人员8000余人。门头沟区内煤矿由正处级机构门头沟区煤炭管理办公室管理。

1999年，市政府落实1998年11月11日国务院召开的全国煤炭行业关闭非法和布局

不合理煤矿工作会议精神，加快关井压产工作。1999年，门头沟区关闭煤矿50个，关闭的煤矿主要是资源濒临枯竭的矿井，瓦斯、水灾、顶板事故率高、灾害后果严重的矿井，规模小、成本高、矿点密度大、分布不合理矿井。2000年关闭煤矿48个，2001年关闭煤矿69个，其中斋堂地区高瓦斯矿井共53个全部关闭。至2001年12月，门头沟区在3年时间中关闭乡镇煤矿井口193个。

2000年，房山区关闭年产万吨以下小煤矿272个，压缩煤炭产量200万吨。2001年，房山区继续开展煤矿关闭工作，成立了房山区乡镇煤矿停产整顿领导小组。2001年10月，房山区撤销煤矿行业管理处，成立安全生产管理处，管理区内煤矿。2002年12月，房山区撤销安全生产管理处，成立安全生产监督管理局（矿山服务中心），一个机构两块牌子，其职能之一是管理区内煤矿。2004年7月，房山区安全生产监督管理局（矿山服务中心）更名为安全生产监督管理局，其职能之一是管理区内煤矿。

2002年年初，北京市有乡镇煤矿206个。其中，门头沟区乡镇煤矿66个，分布在7个镇的34个行政村内，有从业人员4000余人。年产量在3万吨以上的煤矿约占20%，每个煤矿从业人员60～80人；年产量在1万吨以下的煤矿约占80%，每个煤矿从业人员20～30人。2004年，门头沟区成立工业局，门头沟区地方煤炭管理办公室划归门头沟区工业局领导。

2005年8月，房山区有乡镇煤矿139家，分布在8个乡镇内的45个村庄内。其中，在国矿开采范围内须关闭的53家，国矿范围外须关闭的64家，待市国土局批复后再做处理的22家。煤矿直接就业人员28799人。依靠煤炭及其产业链生活的该区人口有66907人。在139家煤矿中，有集体企业122家，股份制企业15家；有212个采区；煤矿及采区的承包人有566人，其中纯个人承包的采区121个。2005年9月9日，房山区召开煤矿关闭工作会。9月30日，房山区成立以区委书记任政委、代区长任总指挥的煤矿关闭和整顿总指挥部，下设6个工作组，指导和督查煤矿关闭和整顿工作。10月，房山区成立700人组成的矿产资源巡查执法队伍。各产煤村庄组成15～20人不等的巡查队伍，实行24小时动态巡查。截至年底，房山区的史家营乡、大安山乡、南窖乡、周口店镇计4个乡镇在关闭煤矿工作中，拆除房屋2217间，拆除设备2307台，收缴设备300多台，拆除电缆12万米，拆除铁轨8.74万米，清理剩余存煤63万吨，没收非法存煤1120吨，为53个关闭矿井竖立了标志牌。全区累计毁、炸、封私挖盗采坑点282个，反复炸毁非法盗采点407个次。关闭整顿煤矿出动9000余人次，出动车辆1200余车次，刑事、行政拘留72人。直接投入资金1500万元。针对煤矿关闭后人民群众的实际困难，房山区政府采取多种措施予以解决。2005年冬季用煤，由乡村集体经济组织落实，按照每人每年500元标准补贴。原计划三年完成的山区引水工程缩短为一年，保证矿区用水不因矿井关闭受影响。对煤矿企业因公致残、职业病人员及其遗属，予以生活补贴。对关闭煤矿范围的寄宿制小学学生免交教科书费和住宿费，并发生活补助。启动矿山环境生态恢复工程及小流域治理工程，增加关闭矿山人员就业量，引进企业安置矿区劳动力就业，确定10个企业的1217个岗位面向8个产煤乡镇招工。

2005 年，门头沟区保留煤矿随着开采能力的增加，矿界范围小、超层越界重叠开采情况增多。门头沟区及所属产煤乡镇均成立乡镇煤矿资源整合及整顿关闭工作领导小组。门头沟区制订《乡镇煤炭生产企业结构调整实施方案》，明确 2005 年至 2007 年乡镇煤矿资源整合及关闭计划。对矿井规模小、井田重叠开采的小煤矿进行资源整合，关闭煤矿 30 个，资源重组后注销煤矿 17 个，保留煤矿 19 个，将 25 个小煤矿重组整合为年生产能力达 3 万吨以上的 8 个煤矿。2006 年关闭煤矿 9 个。2007 年关闭煤矿 4 个。2005 年至 2007 年的三年中，北京市和门头沟区财政为关闭煤矿补偿资金 3800 万元。2008 年年初，门头沟区有乡镇煤矿 6 个，全部在清水镇内，核定年生产能力 23 万吨。其中，年生产能力 5 万吨以上 2 个，4 万吨 1 个，3 万吨 2 个。共有煤矿从业人员 1100 人。2009 年 9 月，门头沟区工业局更名为门头沟区经济和信息化委员会，门头沟区地方煤炭管理办公室归门头沟区经济和信息化委员会领导，门头沟区煤炭管理办公室仍为正处级机构，职能未变。

2010 年年初，北京市总体规划将门头沟区和房山区北部列为生态涵养保护区范围，门头沟区和房山区北部经济社会向生态涵养、休闲旅游、山水宜居发展方向转型。5 月 7 日，门头沟区人民政府发布关闭煤矿通告。5 月 23 日，门头沟区在清水镇内的 6 座煤矿全部关闭。门头沟区人民政府为关闭煤矿补偿资金 2300 万元，有 984 名煤矿员工获得补偿资金 275.13 万元。区政府组织有关部门召开关闭煤矿员工再就业招聘会，安置就业 13 人，关闭煤矿企业自行安排员工再就业 88 人。2010 年 5 月末，房山区境内所有煤矿关闭，关闭煤矿善后处理工作由房山区安全生产监督管理局负责。至此，北京市所有区县管理煤矿结束生产，全部关闭。

三、煤炭开采

矿井方式

1999 年年初，北京矿务局有煤矿 5 座，正在生产的坑井 8 处。其中，木城涧煤矿、长沟峪煤矿、大安山煤矿及房山采区为平硐与暗斜井结合方式，门头沟煤矿、大台煤矿和木城涧煤矿杨坨井的矿井方式为立井、平硐、斜井、暗斜井结合方式。平硐与暗斜井结合方式，矿井均为阶梯状平硐，以暗斜井相连，底板集中运输巷，采区石门开拓煤层群。立井、平硐、斜井、暗斜井结合方式矿井中，门头沟煤矿、大台煤矿是将立井、皮带运输斜井、平硐、暗斜井结合，底板集中运输巷，采区石门开拓煤层群。

1999 年，门头沟区乡镇煤矿矿井方式多样，主要为平硐方式、斜井方式。其中，斋堂、北岭、王平、龙泉、军庄等地区以斜井为主，清水、潭柘寺地区以平硐为主。2006 年以后，门头沟区乡镇煤矿矿井方式主要为平硐与暗斜井结合方式。

2010 年年底，北京有煤矿 3 座，正在生产的坑井 5 个。其中，大安山煤矿、长沟峪煤矿木城涧煤矿的木城涧坑和千军台坑，都为平硐、暗斜井结合方式，木城涧煤矿大台井为立井、平硐、皮带斜井、暗斜井结合方式。

矿井建设

1999 年至 2010 年，北京基本没有新建矿井，主要是在原有矿井基础上加以技术改造，进行矿井的开拓和延深，扩大矿井规模，保持和增加生产能力。受煤层赋存条件限制，各矿井一般都要保持 2 ~ 3 个水平同时进行生产，才能达到矿井生产能力要求。2010 年，昊华能源公司及所属煤矿平均产万吨煤开拓岩石巷道 67.28 米。

2010 年年底，北京煤矿有岩石开拓队 47 个，在册员工 1774 人。岩石开拓设备主要有风锤、压风机、液压钻车、耙斗装岩机，开拓机械化程度 39.56%。

巷道布置

1999 年，大台煤矿采区工作面巷道采用交叉折返伪斜布置方式，在石门见煤点，沿煤层走向布置运输机平巷，工作面长度（单面）一般为 35 ~ 50 米。

2001 年 12 月，长沟峪煤矿改革传统巷道布置方式，试验取消煤层底板巷，沿煤层顶板掘进巷道，使用锚杆加金属网支护。

2007 年，木城涧煤矿大台井在急倾斜厚煤层采用水平分层悬移支架放顶煤采煤法巷道布置，每 10 米高设水平分层，沿顶、底煤掘顺槽切巷构成工作面，使用悬移液压支架支护控顶。2008 年 2 月，木城涧煤矿大台井在 −410 米水平东巷实施跨采区联合集中布置，采用从东一采区到东五采区布置底板巷、斜石门与平石门揭露煤层的开拓方式，减少掘进工程量、工作面搬家次数和资源损失。2009 年 12 月，木城涧煤矿大台井改革柔掩采煤法上顺槽伪斜布置方式，在 7164 个工作面实施，先采用上平巷布置方式，上水平槽口处见煤后，再由煤巷下水平开槽口布置平巷，以交叉折返伪斜巷道与上平巷找透，形成回采工作面。保障工作面上水平有安全出口，自上水平运物料减轻工人劳动强度，缩短通风线路。2009 年，京煤集团在京煤矿的 59 个煤巷工作面，均实现两个安全出口。

2010 年，京煤集团在京煤矿均采取分水平开采方式，一般以 100 ~ 150 米垂高为一生产水平，采区走向长度为 400 ~ 600 米，由集中石门、煤层底板运输大巷、采区石门或透煤斜坡、采区煤仓、采区通风斜坡等构成采区巷道系统。采区由煤巷运输上山、通风上山、开切眼等构成回采工作面巷道系统。

巷道掘进

1999 年，大台煤矿在煤巷掘进、回采钻具使用电钻。煤巷掘进巷道试用金属支架替代木支护。2000 年，大台煤矿中厚煤层掘进巷道全部使用柔掩支架、"7" 字形支架支护，压力大工作面斜坡使用 11 号工字钢加工 "八" 字形 2.3 米柔掩支架支护，支架间使用 3 根直径 26 ~ 28 毫米废旧钢丝绳连接成为整体。

2001 年 7 月，大安山煤矿推进煤巷掘进工艺改革，在中硬煤层中试验 "三小" 掘进工艺，即采用小（直径34毫米）钻头、小（直径32毫米）钻杆、小（直径27毫米）乳化炸药药卷儿掘进爆破，钻速比提高48%，材料消耗降低。12月，长沟峪煤矿进行半煤岩巷道掘进工艺试验，沿着煤层顶板在煤层掘进巷道，使用锚杆支护。

2005年，木城涧煤矿大台井在稳定急倾斜薄煤层工作面掘进巷道应用锚网支护。2006年3月，大台井掘进工作面改用风锤湿式钻眼工艺，降低掘进工作面粉尘浓度。在透煤斜面坡掘进采用锚杆＋金属网＋钢带＋锚索联合支护。2007年年底，大台井在中厚煤层工作面掘进巷道应用锚网支护。

2006年3月，木城涧煤矿在中厚煤层使用悬臂式综合掘进机开掘巷道，以金属锚杆配合钢带支护，在煤层不稳定情况下，月进尺150米，为北京煤矿第一个煤巷综合机械化掘进工作面。4月，进尺240米，为北京煤矿综合机械化掘进月进尺历史最高纪录。悬臂式掘进机主要适用于煤岩硬度大于4的煤巷、半煤岩巷及软岩巷的掘进，能够连续实现切割、装载、运输作业，最大定位截割面积13平方米。

2007年，大安山煤矿在半煤岩掘进巷道中，使用全液压侧卸式装煤机，配合皮带运输排矸，装载一次爆破的煤矸量与人工相比，时间缩短70～90分钟，节省人工3～4个；提高掘进速度，月单进150米以上。

2008年2月，木城涧煤矿大台井在-410米水平东巷实施跨采区联合集中布置，采用从东一采区到东五采区布置底板巷、斜石门与平石门揭露煤层开拓方式，减少掘进工程量、工作面搬家次数和资源损失。

2009年6月，京煤集团有3个半煤岩装煤机掘进工作面、4个综合机械化掘进面。

2010年年底，京煤集团在京煤矿掘进煤巷、岩巷主要使用光面爆破技术，部分煤巷掘进工作面使用综合掘进机和侧卸式装煤机，实现煤巷掘进机械化作业线；掘进工作面支护主要使用树脂锚杆锚索支护，在急倾斜中厚煤层使用锚网支护。掘进机械化设备有侧卸式装煤机12台、综掘机2台。

采煤方法

1999年年初，长沟峪煤矿、大安山煤矿主要采用柔性掩护支架法采煤，采区布置为，沿煤层掘出运输机平巷，将工作面分为多个条带。以金属支架代替木支护，以钢丝绳将工字钢加工的支架连接成柔性掩护整体，将采空区的矸石与采场空间隔开，逐条带采煤。木城涧煤矿主要应用普通壁式法和耙装法采煤。普通壁式采煤法巷道布置方式为，以上、下顺槽、切割巷构成回采面，炮落煤，单体支护控顶，多用于缓倾斜薄及中厚煤层。耙装法采煤巷道工作面长度30～45米，切巷间距15～20米，打眼巷间距8～12米，上分层推进，下分层爆破，巷道布置形式为倒梯形，中深孔爆破。耙斗机耙煤回采，多用于倾斜、缓倾斜厚及中厚煤层。

1999年3月至5月，大安山煤矿结合井下急倾斜厚煤层倾角变化大、底板变化多及煤质松软的特点，优选柔性掩护支架放顶煤采煤法。与原来的陷落法采煤比较，降低煤巷掘进率 45% ～ 48%，工作面单产煤由 5000 吨提高到上万吨，回采率由 70% 提高到 92%，提高了安全生产系数。

2001 年，大安山煤矿在缓倾斜厚煤层试验应用悬移支架放顶煤采煤法，月产 1.51 万吨，回采率 81%，回采功效每工 9 吨。2003 年，大安山矿在大寒岭南北翼后槽推广应用柔性掩护支架放顶煤技术。2004 年，木城涧大台井全部采用柔性掩护支架法采煤和俯伪斜走向分段密集采煤法。2005 年 12 月 5 日，大安山煤矿在 680 米水平西四下槽工作面使用 MG2X65/312-WD 型交流电机牵引采煤机开采，为该矿第一次正式使用采煤机。

2005 年，木城涧煤矿大台井开采稳定急倾斜薄煤层应用锚网支护。木城涧坑在 450 米水平西三采区 2 石门 3 槽工作面采用高柱壁式采煤方法，比耙装采煤法回采率提高 29.87%。2007 年，大台井开采中厚煤层应用锚网支护。2008 年 4 月，大台井在 1.5 米以下煤层采用锚杆支护代替金属拱形支护，后在稳定中厚煤层推广。

2005 年，长沟峪煤矿在 20 米水平北二石门 3 槽试验耙装采煤法，使用圆木靠撑支护，顶板自然垮落式管理。2007 年，支护形式由圆木靠撑支护改变为树脂锚杆支护，顶板支护加强，工作面搬家次数减少，煤炭回收率提高。同年，长沟峪煤矿采用走向长壁式采煤法，使用液压单体支柱加铰接梁支护，顶板自然垮落式管理。生产过程中试验切顶排柱加地梁，与前排柱相连接，解决了煤厚时易冲垮切顶排柱难题。2008 年，再次对伪倾斜柔性掩护支架采煤工艺进行改革，试验阶梯式采煤半年，基本达到试验目的。

2006 年 6 月 19 日，木城涧煤矿木城涧坑在缓倾斜中厚煤层应用综合机械化采煤，为北京煤业第一个综合机械化正式开采的工作面，采用放顶煤液压支架控制顶板，双滚筒采煤机落煤及装煤，刮板运输机运煤。巷道运煤使用皮带输送机。采区长度 400 ～ 600 米，掩护支架、运输机、割煤机联动。作业方式为两班采煤一班检修；作业形式为，泵站司机、移动变电站司机固定位置，其他工种按割煤、移支架、移运输机、清理浮煤等工序追采煤机作业。10 月 15 日，大安山煤矿建立第二个机采工作面。2007 年 3 月 16 日，大安山煤矿高档普通机械化采煤工作面投入生产。5 月 25 日，大安山煤矿建立综合机械化采煤工作面，为该矿第一次使用综合机械化采煤。

2007 年 6 月，木城涧煤矿木城涧坑在 450 水平二石门 8 槽建立高档普采工作面，采用双滚筒采煤机落煤及装煤，单体液压支柱配合铰接顶梁支护，刮板运输机运煤。2007 年，木城涧煤矿大台井开采石炭纪急倾斜厚煤层，采用水平分层悬移支架放顶煤采煤法巷道布置，顺煤层顶、底板掘顺槽，构成回采面，放炮落煤，悬移液压支架支护控顶，提高矿井生产集中化程度，生产效率提高。2008 年，木城涧煤矿木城涧坑和千军台坑取消陷落法采煤工艺。至此，京煤集团在京煤矿全部取消沿用多年的斜坡后退式陷落法采煤工艺。

2009 年 3 月 1 日，大安山煤矿试验柔掩工作面阶梯式采煤法。4 月，长沟峪煤矿在 -140 米水平北一 4 槽采用走向长壁悬移支架采煤法，后退式推进方式回采，采用整体顶梁悬移支架进行支护，工作面使用刮板运输机运煤，运输巷使用刮板运输机、皮带输送机运煤，实行顶板自然垮落式管理。到年底，共安装 3 个悬移支架采煤工作面。6 月 22 日，木城涧煤矿千军台坑820米水平五石门14槽工作面大倾角急倾斜煤层综合机械化采煤投入生产，为全国首次在坚硬顶板工作面实施大倾角急倾斜煤层综合机械化采煤。2010年5月26日，长沟峪煤矿建立大倾角煤层综合机械化采煤工作面，进行试生产。

2010年年底，京煤集团在京煤矿应用的采煤方法主要有柔性掩护支架采煤法、俯伪斜走向分段密集壁式采煤法、壁式单柱采煤法、壁式悬移支架采煤法、耙装采煤法、综合机械化采煤法、大倾角综合机械化采煤法。其中：大安山煤矿有综合机械化采煤段队3个，机械设备主要有采煤机、液压支架、运输机；有综合机械化采煤工作面4个，悬移支架高档普采工作面1个。京煤集团在京煤矿机采产量237.56万吨，占总产量的47.51%。

图7-19　2009年6月22日，木城涧煤矿大倾角急倾斜综采工作面开机仪式举行

1996年至2005年，门头沟区乡镇煤矿主要以斜坡后退陷落采煤方法布置巷道，偶有壁式采煤也不正规。2006年以后，门头沟乡镇煤矿经过整合，逐步在缓倾斜煤层应用壁式方法采煤，单体液压支架支护，在急倾斜煤层应用柔性掩护支架采煤法采煤，直至2010年停产关闭。

1999—2010年北京市煤炭产量统计表

7-28表　　　　　　　　　　　　　　　　　　　　　　　　　　　　单位：万吨

年份	合计	房山区煤矿	门头沟区煤矿	京煤集团在京煤矿					
				京煤集团小计	门头沟煤矿	杨坨煤矿	木城涧煤矿	长沟峪煤矿	大安山煤矿
1999年	765	270.74	75.00	419.26	31.54	18.32	178.13	73.86	117.41
2000年	678	176.24	75.00	426.76	20.22	4.4	191.60	75.69	134.85
2001年	832	209.28	75.00	547.72	停产	停产	283.24	88.55	175.93
2002年	1054	329.89	95.00	629.11	—	—	296.50	127.70	204.91
2003年	993	304.25	110.00	578.75	—	—	291.59	113.82	173.34
2004年	1109	428.68	140.00	540.32	—	—	271.21	100.04	169.07
2005年	749.17	133.6	115.2	500.37	—	—	260.32	87.05	153.00
2006年	685.81	119	75.2	491.61	—	—	253.07	88.35	150.19
2007年	648.8	104.63	43.5	500.67	—	—	258.09	90.00	152.58

(续表)

年份	合计	房山区煤矿	门头沟区煤矿	京煤集团在京煤矿					
				京煤集团小计	门头沟煤矿	杨坨煤矿	木城涧煤矿	长沟峪煤矿	大安山煤矿
2008年	552.77	79	11.1	462.67	—	—	226.72	92.05	143.90
2009年	653.75	124.82	15.9	513.03	—	—	243.03	110.00	160.00
2010年	500.02	0	0	500.02	—	—	238.00	105.02	157.00
总计	9221.32	2280.13	830.9	6110.29	51.76	22.72	2991.5	1152.13	1892.18

说明：表中木城涧煤矿数据包括大台井，"—"表示没有生产。

四、运输与提升

平巷运输

1999年至2010年，京煤集团在京煤矿井下平巷运输，使用矿车装载，以架线电机车牵引，载波电话调度。运煤路线基本为底板巷煤仓车台—联络石门—集中运输大巷—井底车场或直接运出地面至煤仓。物料运输路线基本为：地面库房或料场—副井下车场—集中运输大巷—联络石门—底板巷料场。井下运输使用的设备为架线电机车、蓄电池机车、矿车等。

2010年12月底，京煤集团在京煤矿矿井平巷运输煤炭、物料，均采用架线电机车牵引矿车运输方式，平巷工作人员出入乘坐架线电机车牵引的人行车，岩巷掘进工作面使用蓄电池机车牵引调车。有窄轨电机车304台。其中，架线电机车161台，正在矿井使用的157台；蓄电池机车143台，正在矿井使用的104台。有矿车10956辆。其中，容积2吨矿车4596辆，容积1吨矿车6360辆。各煤矿还有运输材料的架子车，运送饮水的水车等。矿井中主要平巷轨道349.58公里，斜巷轨道33.09公里；机车架线323.03公里。

1999年至2010年年初，北京乡镇煤矿，规模较大且采用平硐矿井方式者，以电机车牵引矿车运输。规模较小者，在平硐铺设铁轨，以人力推矿车或以马拉矿车，有的个体承包煤矿，还以手推车运输。

矿井提升

1999年年初，北京矿务局所属煤矿提升方式有以卷扬机为动力设备的立井提升、斜井提升和以胶带输送机为动力设备的斜井提升。其中，门头沟煤矿、杨坨煤矿、大台煤矿采用立井与暗斜井提升，木城涧煤矿、大安山煤矿、长沟峪煤矿采用暗斜井提升。一般情况下，主井用于提煤，副井用于提升矸石、物料及运送人员。立井提升设备使用卷扬机牵引罐笼，斜井、暗斜井提升设备使用卷扬机牵引矿车或胶带输送机。在采掘工作面上下山斜坡，一般以绞车提升物料。北京矿务局有用于提升的直径在2米以上的滚筒卷扬机35台；胶带输送机16台，总长7791米。

1999年，大台煤矿主井提升，在井下210米水平斜坡，安装胶带输送机一部，斜坡长度900米，运输能力每小时250吨。2008年，又将胶带输送机延伸至井下－410米水平。

2003年9月，木城涧煤矿木城涧坑主井提升，在井下250～450米水平斜坡安装固定式胶带输送机一部，斜坡长度730米，斜坡倾角16度，提升高度210米，运输能力每小时250吨。

2004年，长沟峪煤矿主井提升，改造－230～－140米水平斜坡皮带机，由吊挂皮带改为强力皮带。2005年，安装－310～－230米水平斜坡皮带机。2007年，安装－410～－310米水平斜坡皮带机。2009年，改造－140～141米水平斜坡提升皮带机，更换电机，变配电控，实现集中控制。

2010年12月底，大安山煤矿主井提升，550米水平上部生产原煤，采用优质煤和次杂煤分装分运两套提升下放系统，920米水平至550米水平副溜煤斜坡担负优质煤下放，920米水平至550米水平箕斗溜煤槽斜坡担负次杂煤下放。550米水平上部生产原煤，先运输到各水平翻罐笼，经920～550米水平斜坡，集中下放到550米水平装车运出井。大安山煤矿550米水平下部生产原煤，使用皮带机提升到550水平装车运出井，经12公里轻便铁路运至陈家坟地面储煤场外销。大安山煤矿副井提升，800米水平矸石由本水平运出；680米水平矸石由斜坡提升到800米水平，运至地面矸石场；550米水平矸石由本水平运出，至明山地面矸石场；400米水平矸石由斜坡提升至550米水平，再运至明山地面矸石场。

2010年12月底，长沟峪煤矿主井提升，各水平开采煤炭均由本水平翻罐笼进入皮带煤仓，经皮带提升至141米水平皮带煤仓后，由141米水平集中以矿车运输至地面煤仓。矿主井配备有四部钢丝绳芯带式输送机，提升20米、－140米、－230米、－310米、－410米水平煤炭，输送能力为每小时250吨。长沟峪煤矿副井提升，各暗斜井安装有直径2.5米双滚筒提升机，担负各自水平矸石、设备、物料提升。

2010年12月底，木城涧煤矿主井提升，木城涧坑和千军台坑各水平产煤，均由401米水平主运输大巷通过矿车运出至井口煤仓。其中，木城涧坑各水平产煤以皮带机提升至401米水平，千军台坑各水平产煤全部溜槽化下放至401米水平；大台井侏罗纪产煤由钢

图7-20 大台煤矿运煤走廊（2001年摄）

丝绳芯胶带输送机和钢丝绳牵引胶带输送机提升；-10米水平石炭纪产煤由大台西副井以罐笼提升出井。木城涧煤矿副井提升，木城涧坑450～250～150米水平暗副斜井矸石、物料，由双滚筒提升机完成，为双码串车提升。千军台坑所需设备、材料由公路运至706米水平坑口，由暗副斜井下放至570米水平；矸石由570～706米水平暗副斜井的双滚筒提升机提升至706米水平，再运往矸石山。大台井的东副井担负地面至-210米水平人员、物料、矸石等辅助提升，采用一对2吨双层单车罐笼方式，单层提矸，双层乘人，年提升能力95.2万吨；西副井提升方式为2吨单层单车罐笼，担负煤炭、矸石、材料提升任务，不提升人员；大台井井下五斜坡、四斜坡各有卷扬机1台。

1999年至2010年，北京乡镇煤矿采用斜井方式或有暗斜井者，采用绞车提升，每次提升一个矿车。

人员出入矿井

1999年，北京矿务局所属煤矿，平硐以架线电机车牵引平巷人行车运输，立井和斜井设有乘人罐笼，另杨坨煤矿和房山煤矿在暗斜井设有架空人行车。

2001年11月，大安山煤矿920～800米水平斜坡安装架空人车。2002年12月，800～680米水平斜坡安装架空人车。2008年12月，680～550米水平斜坡安装架空人车。

2004年年初，长沟峪煤矿141～-140米水平斜坡安装架空人车，担负全矿井人员提升。2005年年初，-140～-410米水平斜坡安装架空人车，担负-140米水平以下人员提升。2008年，长沟峪煤矿对141～-140米水平、-140～-410米水平两道架空人车斜坡实施改造，斜坡砌筑台阶、铺垫石子、焊钢板。2010年12月，长沟峪煤矿20～141米水平双码架空人车安装，担负20米水平安子采区人员提升，并作为长沟峪区人员备用提升。

2004年，木城涧煤矿千军台坑在井下570～706米水平安装架空人行车。12月，木城涧煤矿木城涧坑在450～250米水平安装架空人行车。2008年7月，木城涧坑安装250～150米水平斜坡架空人行车。2005年，木城涧煤矿大台井在井下-210～-310～-410米水平斜坡安装架空人行车，用于提升-310米水平及以下水平人员。架空人行车与排水管道联合布置，斜坡长度426米，倾角28度，运行速度每分钟1.09米，最大提升能力每小时490人。人员到达-210米水平后乘东副井罐笼升井。2009年10月，大台井在井下-410～-510米水平斜坡安装架空人行车，用于提升-510米水平施工人员。斜坡长度246米，倾角26度，运行速度每分钟1.09米，最大提升能力每小时392人。

2010年12月底，京煤集团在京煤矿，除木城涧煤矿大台立井人员出入使用罐笼外，其他各煤矿坑井中的平硐出入使用平巷人行车，主要暗斜井人员出入均使用架空人行车。斜井每部架空人行车都设有沿线拉停、越位、欠速、超速、掉绳、重锤落地等保护装置。昊华能源公司总计使用平巷人行车301部。其中，大安山煤矿使用人行车45部，长沟峪煤矿使用人行车96部，木城涧煤矿使用160部。昊华能源公司总计使用坡斜井架空人行车12部。其中，大安山煤矿使用3部，长沟峪煤矿使用3部，木城涧煤矿木城涧坑和千军台坑使用4部,大台井使用2部。另外,大台井的东副井也担负地面至−210米水平人员出入井,采用一对2吨双层罐笼提升,罐笼每层定员22人,每次提升定员44人。

1999年至2010年,北京乡镇煤矿人员上下井,基本采用步行方式。

煤矸石排放

1999年年初,北京矿务局大安山煤矿、长沟峪煤矿和木城涧煤矿排矸为平排式,大台煤矿排矸为起堆式。正在使用的矸石排放场所5处,其中,大安山煤矿、长沟峪煤矿和大台煤矿各1处,木城涧煤矿有木城涧坑和千军台坑2处。

2010年,长沟峪煤矿排矸场位于长沟峪主沟南侧山坡。矸石堆长1030米,宽360米,呈不规则形状,面积3.5万平方米,存矸量600万立方米。矿井产生的矸石和原煤筛选加工后选出的矸石,运输至南井翻罐笼装入2吨箕斗,由矸石山绞车提升至240米,装入翻斗矿车,再由电机车牵引运送至排矸石场,采用平排方式,年排矸能力126160吨。大安山煤矿矿井产生的矸石汇集到550米水平,由电机车牵引矿车运出井,经12公里轻便铁路运至明山排矸场,再经翻罐笼装入箕斗,在明山矸石场平排。木城涧煤矿有煤矸石堆积场3处,日排矸能力2120吨。其中,木城涧坑矸石山位于木城涧办公楼东北850米处,采用起堆排矸方式,日排矸能力600吨。矸石从401米水平运出井至矸石山旁,用翻罐笼翻入箕斗矸石仓,通过箕斗绞车提升到达矸石坡顶翻矸架进行翻车。千军台坑矸石山位于黑阴沟706米水平,采用平排排矸方式。矸石从706米水平出井,经电机车牵引至矸石翻罐笼翻入矿车,电机车运送至矸石山,人工翻斗车排矸,日排矸能力320吨。大台井矸石山位于东副井东约1000米位置,采用起堆排矸方式。提升出井的矸石,经电机车牵引至矸石山旁,用翻罐笼翻入箕斗矸石仓,通过箕斗绞车提升到矸石山山顶翻矸架,自行将箕斗中矸石翻出。矸石山坡长445米,坡度24度,垂直高度180米,容量210万吨,日排矸能力1200吨。

1999年至2010年,北京乡镇煤矿排矸,多选择矿口附近沟谷充填。规模较大者以电机车运输排矸,规模较小者以人力推车排矸。

五、通风、排水与防尘

矿井通风

1999年年初,北京矿务局所属矿井中,门头沟煤矿采用两翼对角式机械、自然通风,大台煤矿、长沟峪煤矿采用混合式机械对角通风,大安山煤矿采用混合式机械、自然通风,木城涧煤矿、杨坨煤矿采用边界式机械对角通风,木城涧煤矿千军台坑采用中央边界式机械、自然通风。北京矿务局所属矿井中,有轴流式扇风机43台,离心式通风机5台,矿井采区用局部通风机762台。北京乡镇煤矿主要靠自然通风,部分矿井中使用局部通风机。

2004年12月,京煤集团对所属木城涧煤矿、大安山煤矿、长沟峪煤矿矿井通风系统改造工程开工。2005年12月完成设计工程量,投资7305.75万元,主要通风机和通风系统投入运行。主要工程量：井巷工程 8414.8 米，维修巷道 4521 米，刷大巷道 2520.3 米；土建工程 508 平方米；构筑通风设施 1500 道，其中，密闭 1003 道，风门 401 道，风桥 2 道，防火门 87 道，防爆门 7 道；购置设备 110 台，安装设备 113 台。其中，架设供电线路 14010 米，新安主要通风机 3 处 6 台，更换主要通风机 2 处 4 台。

2004 年至 2005 年，京煤集团矿井通风改造过程中，对大安山煤矿通风系统优化设计，将矿井通风系统改造为中央并列和对角式相结合的混合式机械通风，主要通风机工作方式为抽出式。改造后矿井总进风量每分钟 8450 立方米，总回风量每分钟 8823 立方米。矿井上下水平两个出口的工作面均实现全负压独立通风，共有全负压独立通风工作面 13 个。矿井分为两个通风区域，920 米二平硐主要通风机负担 800 米水平和 680 米水平后槽及东部采区工作面的回风，安装主要通风机，风量每分钟 3165 立方米，风压 2768 帕，电动机运行功率 134.9 千瓦；920 米中耳地西平硐主要通风机负担 800 米水平和 680 米水平单斜及轴部采区工作面的回风。

2005 年，木城涧煤矿木城涧坑建成 930 米水平回风井，安装主要通风机两台（一用一备），功率 2×220 千瓦，排风量每分钟 2100 ～ 7400 立方米，负担 450 米水平北石门以西各水平面和采区及工作面回风。

2010 年年初，北京乡镇煤矿通风方式多为中央并列式，采用抽出式负压通风，在地面安装通风机，通风系统由 1 个或 2 个进风井和 1 个或 2 个回风井构成。2010 年年底，木城涧煤矿木城涧坑与千军台坑、大台井的通风方式均为混合式，风机工作方法均为抽出式。其中，木城涧坑与千军台坑设有回风井 2 个，进风井 5 个。通风系统分为两个独立区域，以 450 米水平二石门为界。二石门以西由 930 米水平回风井负担，安设主要通风机两台（一用一备），排风量每分钟 2100 ～ 7400 立方米；二石门以东由 680 米水平回风井负担，安设主要通风机两台（一用一备），排风量每分钟 3000 立方米。每月 1 日，每个回风井的两台风机轮换运行。大台井设有回风井 2 个，进风井 4 个。通风系统分为两个独立区域，以西七石门为界。西七石门以西由 495 米水平草场沟回风井负担，西七石门以东由 325 米水平南坡回风井负担，各安装通风机两台（一用一备）。草场沟回风井排风量每分钟 1590 ～ 5040 立方米；南坡回风井排风量每分钟 1440 ～ 4560 立方米。每月 10 日，每个回风井的两台风机轮换运行。同年年底，长沟峪煤矿通风方式为混合式机械通风，主要通风机工作方式为抽出式，通风系统设有回风井 2 个，进风井 3 个。其中，东水泉回风井负担东二石门以东采区和安子采区的回风，安设对旋轴流式主要通风机两台（一用一备），排风量每分钟 8000 立方米；老窑沟回风井担负东二石门以西采区的回风，安装对旋轴流式主要通风机两台（一用一备），排风量每分钟 3000 立方米。

2010 年，京煤集团在京煤矿矿井均设有自动风门、行人风门，垒砌风墙密闭，以使井下风流按设计流动。井下作业地点和工作面供风使用局扇，连接风筒。

矿井排水

1999 年年初，北京矿务局所属煤矿均建有排水系统，采用按阶段单级排水或多级排水方式。矿井水分阶段自流引入井下水仓，在井下建泵房或在水仓安设水泵，以机械动力将水仓水分水平逐级抽出井外；或将水仓水分水平抽入运输大巷的排水沟，自流出井。北京矿务局矿井最大涌水量每分钟 348.66 立方米，排水能力每分钟 566.18 立方米。井下设水泵房 32 个，安装排水泵 148 台。排水管路 92 条，总长度 27.63 千米。井下水仓 39 个，总容积 8.49 万立方米。北京乡镇煤矿，平硐方式，矿井涌水沿大巷排水沟自流出井。斜井和暗斜井，在井下设水仓，以潜水泵抽水排出井外。截至 2010 年，北京国有煤矿和乡镇煤矿排水方式无大变化。

2010 年，木城涧煤矿木城涧坑有 5 个生产水平，其中 50 米水平、150 米水平涌水，以水泵排至 401 米水平，与 401 米水平涌水汇合流出井外；250 米水平涌水从王平村煤矿花坡根平硐流出井外，涌水量大时再开动 250 米水平泵房的两台水泵参与排水，从 250 米水平直接排出井外；407 米水平涌水由磨石安平硐流出井外。木城涧煤矿千军台坑各生产水平涌水自流直排出井外，无排水设备。木城涧煤矿大台井计有 7 个生产水平，采用多级排水方式，各水平设有水仓，安装水泵、管路。同年，大安山煤矿 920 米平硐、800 米平硐矿井水直接自流排出，680 米水平矿井水由泄水斜坡下泄至 550 米水平后，自流排出。长沟峪矿煤各水平矿涌水，通过各水平水泵房和管路排至 141 米平硐，自流排至地面。

防尘

1999 年，北京矿务局所属煤矿防尘，岩石开拓工作面采用湿式打眼，放炮使用水泡泥降尘，装矸洒水，有条件的工作面还冲刷巷道，清扫积尘。煤巷掘进和回采工作面，员工佩戴防尘口罩防护。部分运输巷道安装有喷水雾防尘设施。

2004 年，京煤集团在京矿井开展防降尘系统建设，在井上下煤仓、大巷、装车点及工作面等易产生粉尘地点，安装防降尘管路、喷雾降尘装置等设施，共计投入资金 1487.87 万元。其中，长沟峪煤矿 310.53 万元，木城涧煤矿 846.05 万元，大安山煤矿 331.29 万元。同年，木城涧煤矿防降尘工程竣工，工程分布在千军台坑、木城涧坑、台井三个坑井及王平村选运科。施工完成管道两条。其中，千军台坑 700 ～ 820 米水平管道长 477 米（包括上下石门和斜坡），大台井 － 210 ～ － 410 米水平管道长 426 米。完成静压蓄水池 8 个。铺设直径 10 毫米管路 63.75 公里，直径 5 毫米管路 45.96 公里，其他管路 2.5 公里。大台井防尘管路采用吊挂式固定，千军台、木城涧坑防尘管路采用托架方式固定。管路主要采用法兰盘连接，少部分焊接。在底板道及石门的主管路，每隔 100 米安装洒水装置一套，计510 套，用于巷道洒水和冲刷顶帮。在底板道主管路，每隔 500 米安装喷雾装置一套，计340 套；在采区进风巷、回风巷及所有接车台、转载点、翻罐笼车场等地安装喷雾装置 340 套；在地面煤仓安装防尘管路和喷雾洒水装置外，还在产尘比较集中的震动筛和破碎机房等岗点安装除尘风机 7 台。

2005 年 8 月 15 日，木城涧煤矿矿井水净化工程开工，12 月 20 日运行，投入 286.59 万元。

2005 年，长沟峪煤矿投入资金 1081.3 万元，实施煤炭销售公司生产系统防降尘、大块煤仓封闭防尘改造工程，运销储煤及次杂煤加工全封闭防尘车间 6120 平方米项目改造工程。大安山煤矿在 550 米水平生产系统安装防降尘管路 3404 米。

2006 年 9 月，京煤集团在京煤矿采煤工作面、煤巷掘进工作面实施湿式打眼，配备气腿式凿岩机和手持式风动钻机，敷设供压风和供水管路，投入资金 1500 万元更新设备。同年，木城涧坑储煤场安装防降尘系统。大台井西煤仓防降尘封闭 1805 平方米，运销系统安装布袋式除尘器，−10 米水平防降尘系统投入建设。

2007 年，长沟峪煤矿在采煤工作面、煤巷和半煤岩巷掘进工作面实施煤层短孔注水降尘。注水孔深 2 ～ 4 米，橡胶封孔器封孔。使用乳化泵站加压注水，每孔注水时间 15 ～ 20 分钟，到相邻注水孔或煤层出水为止。炮采工作面的打眼、爆破降尘率 85% 左右，攉煤工序降尘率 50%；全尘降尘率 70%，呼吸性粉尘降尘率 78%。

2008 年年底，昊华能源公司所属煤矿共建有井下净压水仓 12 座，水仓容量 2601 立方米。敷设供水管路 253.42 公里，其中，主管路 197.60 公里，采掘工作面管路 55.82 公里，管路接到采掘工作面和装卸作业点。

2009 年，长沟峪煤矿投入资金 205.21 万元，实施葫芦棚采区、20 米水平安子区防降尘管路系统建设。

2003 年到 2009 年，京煤集团昊华能源公司防降尘系统建设投入 2809.21 万元。

2010 年，京煤集团在京煤矿采煤工作面、煤巷掘进工作面，全部实施湿式打眼，配备气腿式凿岩机或手持式风动钻机、风动锚杆机，敷设供压风机和供水管路，结束煤巷工作面使用煤电钻打眼历史。各矿防尘管路每间隔 100 米设置一组三通阀门，定期冲洗巷道除尘。采掘工作面供水管路，采用直径 50 毫米钢管和高压胶管，供打眼、喷雾、冲洗巷道、消防使用。矿井生产期间，综采工作面采煤机、综掘工作面掘进机内外喷雾，顺槽运输煤炭洒水喷雾，各转载点或喷雾或洒水，接尘工作人员入井佩戴防尘口罩。各矿井编制有综合防尘措施，建立有洒水防尘管理制度和测尘制度。

六、动力、照明与通信

供电

1999 年年初，北京矿务局有 35 千伏变电站 14 个，主变压器容量 150650 千伏安，煤矿全部为双电源双主变压器供电方式，矿井中供电全部为 6 千伏，矿井输电线路为铠装电缆。井下低压供电有 380 伏、660 伏、127 伏等中低压等级。北京乡镇煤矿用电，主要从供电局和北京矿务局输电线路接引支线输电。其中，房山区史家营乡有自建电站主要供本乡煤矿用电。

2002 年 12 月，大安山煤矿供电由 3150 千伏安增容到 5000 千伏安，6 千伏高压开关升级为 KGN-10 型真空开关。2005 年，大安山煤矿进行井下低压供电系统升压改造，供电系统由 0.38 千伏升压到 0.66 千伏，供电距离由 500 米提高到 1000 米，减少岩石开拓变电点安装数量，降低电能损失，节约设备费用。

2009 年，京煤集团为适应矿井延深和发展综合机械化采煤用电负荷需要，投资改造供用电系统，为变电站增容。大安山煤矿变电站再次增容，由 5000 千伏安增至 8000 千伏安，站内安装主变压器两台，一用一备，矿井采用双回路供电方式。长沟峪煤矿变电站由 5500 千伏安增容至 8000 千伏安，安装主变压器两台，容量 8000 千伏安，一用一备。木城涧煤矿大台井从 6300 千伏安增至 8000 千伏安，安装变压器两台（一用一备），井下各水平实行 6 千伏双回路供电，一路工作，一路备用。井下中央变电所高压真空开关柜具有短路、过电流、欠电压保护。低压系统控制设备的隔爆智能馈电开关具有短路、过载、断相、漏电闭锁等保护装置。井下主接地极设在各水平中央水泵房水仓。各配电点局部接地极与主接地极连成总接地网。采区变电所采取智能馈电，集中对采掘工作面配电点进行保护，工作面照明、信号均使用综合保护装置。

2010 年，京煤集团昊华能源公司有 35 千伏变电站 6 个，总装机容量 67.5 万千伏安。其中运行 33.75 万千伏安，备用 33.75 万千伏安。在京煤矿均为双回路供电方式，输电线路为架空线。地面变电站将 35 千伏经主变压器变为矿井用 6 千伏供电系统，井下以铠装电缆输电，输送至各水平中央变电所和主要水泵、风机、提升绞车等机器设备。采用双回路供电，一路工作，一路备用。井下低压分别为 1140 伏、660 伏、380 伏、127 伏。

2010 年，木城涧煤矿木城涧坑变电站两路电源分别来自千军台坑 706 变电站和大台变电站。大台变电站至木城涧变电站 5.1 公里，706 变电站至木城涧变电站 8.1 公里。千军台坑 706 变电站两路电源分别来自大安山变电站和木城涧变电站，706 变电站至木城涧变电站 8.1 公里，706 变电站至大安山变电站 9.5 公里。大台变电站双电源来自王平村变电站和轴承厂变电站，王平村变电站至大台变电站 28.7 公里，轴承厂变电站至大台变电站 2.3 公里。同年，长沟峪煤矿设变电站一座，主供电源引自 110 千伏区域变电所 35 千伏两段母线，由两条 35 公里架空线路供给，一路来自福长线线（福庄—长沟峪），长度 9.16 公里；一路来自饶长线（饶乐福—长沟峪），长度 10.922 公里。大安山煤矿由 2 条 35 千伏架空线路供给，主供电源为付安线，来自付家台变电站，线路全长 21.5 公里；备用电源为千安线，来自千军台变电站，线路全长 9.5 公里。矿变电站设在 820 生活区与 920 办公区交界处，距 920 米水平井口约 500 米。矿井内供电由地面 35 千伏变电站向 920 中央变电所、800 中央变电所、680 中央变电所、550 中央变电所和正在安装的 400 中央变电所双回路供电，各水平中央变电所向采区石门内的采区变电点供电。

压风

1999 年至 2002 年，北京矿务局所属煤矿井下用风主要使用活塞式空气压缩机为井下风动工具供风。

2002年8月，长沟峪煤矿150米水平东二压风机房试验风冷式螺杆式压风机。2003年，大台井 −310 米水平试验水冷式螺杆压缩机，风缸排气温度低，减少管路、风包积炭，使用微机控制，便于集中管理，达到本质安全要求。2003年以后，昊华能源公司各矿逐步以螺杆压缩机替换活塞式压缩机。2008年，木城涧煤矿井下压风机全部实现地面远程控制集中开停。2010年，大安山煤矿在800米水平硐口设应急压风机房，安装压风机2台。长沟峪煤矿在井口设有救援用压风机1台。木城涧煤矿大台井在地面安装2台应急用压风机。应急用压风机管路与井下各水平压风机管路连通，以备急需。

2010年年底，京煤集团在京煤矿使用风动工具用风，共设压风机房17处，安装压风机61台。其中，大安山煤矿压风机房3处，压风机14台；长沟峪煤矿压风机房5处，压风机18台；木城涧煤矿木城涧坑压风机房3处，压风机10台；木城涧煤矿千军台坑压风机房2处，压风机7台；木城涧煤矿大台井压风机房4处，压风机12台。压风机房中有3处为应急用风机房，设有应急用压风机5台。除应急用压风机外，每台压风机每分钟供风量为22立方米。压风机全部为水冷式螺杆压风机。

照明

1999年矿井固定照明，北京矿务局、京煤集团煤矿的井下巷道、硐室普遍使用白炽灯、荧光灯、电子节能灯，采掘工作面普遍使用安全防爆电灯。乡镇煤矿在井下巷道和工作面一般使用普通电灯。

1999年矿井移动照明，北京矿务局煤矿，均在矿井口建有矿灯房，设有矿灯充电架为矿灯充电。下井人员必须佩带矿灯，全部为碱性矿灯。

2005年，京煤集团在京3座煤矿井移动照明，全部由碱性电池矿灯改为冷光源节能型锂电池矿灯，节能轻便，不会发生电池漏液烧衣服现象。

2008年，京煤集团在京各煤矿固定照明，在矿井下车场、机电硐室等需要长明灯的地点使用LED光源巷道灯。

2009年，门头沟区乡镇煤矿井下照明全部使用国家定点厂家生产的全封闭矿灯。

2010年，木城涧煤矿有矿灯房3座，充电架73组，矿灯6700盏。大安山煤矿有矿灯房2座，充电架50组，矿灯5396盏。长沟峪煤矿有矿灯房1座，充电架31组，矿灯3100盏。昊华能源公司煤矿矿灯实现超市化管理，实行矿灯房负责检查维修，员工自取、自用、自充电，免去了领灯、发灯、交灯的环节。北京乡镇煤矿有的使用酸性矿灯，有的使用碱性矿灯。

通信

1999年年初，北京矿务局煤矿均建有电话室，井下工作岗位与地面的相互联络及对矿外联络，通过纵横交换机、程控交换机和程控调度机进行。

2000年，大安山煤矿敷设井下电话总配线架设有两条主干通信电缆通往井下各生产水平。2002年3月，大安山煤矿960门数字程控机投入运行，淘汰纵横交换机，并将陈家坟运销科电话设置为远端用户。2004年，大安山煤矿光缆通信投入使用，淘汰微波通信，光缆从矿电话室至木城涧煤矿千军台坑，长度7.26公里。2005年，大安山煤矿安装程控数字调度机，可实现三方通话、通话录音、监听、接转等功能。

2010年，京煤集团在京煤矿通信均为数字程控交换机、数字调度机两个系统。煤矿井下采用防爆电话机。井下与煤矿外部联系须经电话室中转。煤矿与外部联系有外线电话，部分煤矿管理人员配备移动手机。其中，大安山煤矿有数字程控交换机1台，容量960门；数字调度程控机1台，容量200门。长沟峪煤矿有数字程控机1台，容量814门；数字调度程控机2台，一台容量160门，一台容量127门。木城涧煤矿木城涧坑有数字用户程控交换机1台，用于地面行政和生活系统，容量600门，使用425门；有数字程控调度机1台，用于井下生产一线及固定岗点和地面部分单位，容量128门。木城涧煤矿千军台坑通信分为程控、调度两个系统，通过中继线连接，形成通信网络。木城涧煤矿大台井有程控交换机1台，地面联络电话640部；调度交换机2台，用于接通井下各岗点和工作面，在井下生产岗点、工作面设有电话93部，地面单位设有电话450部。

七、煤矿生产管理

矿井生产能力核定

1999年年初，北京矿务局有8处矿井，年生产能力总计505万吨。其中，门头沟煤矿30万吨，王平村煤矿（当时停产）80万吨，杨坨煤矿40万吨，大台煤矿80万吨，木城涧煤矿100万吨，房山煤矿30万吨，长沟峪煤矿55万吨，大安山煤矿90万吨。

2005年4月，市发展改革委批准，昊华能源公司所属矿井年生产能力计550万吨。其中，木城涧煤矿300万吨（木城涧坑与千军台坑合计180万吨，大台井120万吨），长沟峪煤矿90万吨，大安山煤矿160万吨。2007年12月，市发展改革委批准，昊华能源公司所属矿井年生产能力520万吨。其中，木城涧煤矿年生产能力265万吨（木城涧坑与千军台坑合计160万吨，大台井105万吨），长沟峪煤矿95万吨，大安山煤矿160万吨。2009年6月，市发展改革委批准昊华能源公司年生产能力仍为520万吨。其中，木城涧煤矿250万吨（木城涧坑与千军台坑合计150万吨，大台井100万吨），长沟峪煤矿110万吨，大安山煤矿160万吨。2010年，煤矿生产能力未再核定。

生产调度指挥

1999年，北京矿务局在生产技术处内设有调度室，对全局生产经营情况进行调度指挥。北京矿务局所属煤矿均设调度室，为煤矿的直属职能部门，对煤矿的生产经营情况进行调度指挥。

2000 年 3 月，大安山煤矿、长沟峪煤矿分别安装数字程控调度系统，可实现京煤集团公司和全矿井下工作岗点以及矿地面单位保持通联，对煤矿从原煤生产到销售实行一条龙工业监控和管理。2004 年，大安山煤矿和长沟峪煤矿又安装调度录音系统，可对工作岗点情况汇报及各级管理人员工作指示全程录音。

2002 年年底，京煤集团成立昊华能源公司，昊华能源公司在生产技术研发部内设立调度室，受公司董事长、总经理、副总经理、总工程师、副总工程师领导指挥，由生产技术研发部一名副部长分工日常管理。公司所属煤矿均设有直属职能机构调度室。其中，木城涧煤矿的木城涧坑、千军台坑和大台井也都设有调度室。

2005 年，昊华能源公司投资 150 万元，在调度室安装大屏幕投影拼接系统和核心服务器。木城涧煤矿、大安山煤矿、长沟峪煤矿安装煤矿安全监测监控系统。其中木城涧煤矿安装两套，中心站分别设在木城涧坑和大台井的调度室。2008 年，昊华能源公司调度室配备防汛电台。

2010 年，昊华能源公司在生产技术研发部内设立的调度室有工作人员 6 名。昊华能源在京煤矿调度室有工作人员 58 名。其中，大安山煤矿调度室 16 名，长沟峪煤矿调度室 12 名，木城涧煤矿调度室 30 名。木城涧煤矿调度室人员中，木城涧坑调度室 10 名，千军台坑调度室 11 名，大台井调度室 9 名。昊华能源公司和煤矿、坑井均建立有调度工作责任制、调度工作交接班、重大事故（事件）汇报、应急救援预案管理、资料文件台账保管、汛期"三防"工作计划、安全生产领导值班、安全管理人员下井登记、重点工作面安全监管汇报、调度设备的使用和管理、调度人员培训等制度。

劳动组织

1999 年年初，北京矿务局所属煤矿的井下劳动生产组织一般由科段、队、班组三级组成。只有木城涧煤矿的煤炭生产分为木城涧坑和千军台坑两部分，劳动生产组织由坑、科段、队、班组四级组成。煤矿及坑、井以下设科、段，科、段以下设队，队以下设班组。1999 年，大安山煤矿生产一线单位设有开拓一段、开拓二段、采煤一段、采煤二段，在段下设有 14 个队 54 个班组，共有工作人员 887 人；井下生产辅助单位有机运段、煤质科、安全监察站、调度室、生产技术科，共有工作人员 958 人；地面单位有选运一科、选运二科、材料科、总务科等，共有工作人员 1302 人。全矿员工中，管理人员 203 人，地面工作人员 1748 人，井下工作人员 1625 人。井下工作人员中，回采人员 253 人，掘进人员 579 人，井下生产辅助人员 372 人，井下其他工作人员 421 人。

1999 年 11 月，木城涧煤矿与大台煤矿合并为木城涧煤矿，大台煤矿改名为大台井。木城涧煤矿煤炭生产分为木城涧坑、千军台坑和大台井三部分，劳动组织由坑井、科段、队、班组四级组成。每个坑井由一名副矿长担任坑井长。

2008 年 11 月，昊华能源公司下发《关于规范各矿生产段队名称的规定》，对各生产矿采掘段队编制进行统一规定，要求各矿根据安全生产需要设置采掘段数量，各采掘段内根据安全生产需要设置队数量，各采掘队每天设置 3 个班，每班工作 8 小时（实行每天四班、每班 6 小时工作制的采掘队设置 4 个班），各采掘段可根据安全生产的需要设置专业化施工队（班）。

2009 年，昊华能源公司下发《关于生产管理工作规定》，对生产段、队、班的管理人员设置规定，每一个生产段原则上配备一名段长、一名支部书记、两名副段长（安全、生产各一人，综采段可增设一名设备检修副职）、一名技术人员、一名工会主席。每个队设置一名队长。每个班设置一名班长和一名副班长。每个生产段队内的采掘队应尽可能安排在同一水平生产，因生产需要不能在一个水平安排时，也要尽量安排在相邻水平，以便于集中管理。

2010 年，昊华能源公司所属煤矿劳动组织仍为矿、科段、队、班组四个层级。其中，大安山煤矿有科段 40 个，员工 4980 人。在生产一线中有开拓一段、开拓二段、开拓三段、采煤一段、采煤二段、采煤五段、综采一段、综采二段、综采三段、掘进一段、掘进二段、掘进三段、掘进五段，段下共有 67 个队 219 个班组，共有工作人员 2356 人；在井下生产辅助单位中有运输一段、运输二段、机电科、通风修护段、调度室、安全监察站、技术科、矿压科、地测科、煤质科，共有工作人员 1254 人；地面单位有运销科、材料科、后勤科、卫生科、汽车队、保卫科等，共有工作人员 1302 人。

劳动用工

1999 年，北京矿务局所属煤矿劳动用工，有固定工、合同工、农民轮换工、协议工、临时工 5 种形式。其中，农民轮换工从事 5 年以上井下生产可以择优录用为劳动合同制工人，可办理北京市居民户口。

2002 年，北京市不再执行审批外埠农民工转户为北京市城镇户口的政策，农民工到期全部终止劳动合同。

2003 年，昊华能源公司采用城镇合同制、农民合同制、成建制引进队伍、劳务输入和转变身份后返聘的用工形式。公司原则上不向社会招工，主要从高等院校、中等院校、职业高中和技工学校取得"双证"的毕业生中招聘公司所需员工。对新录用人员按照劳动合同规定均实行试用期制度（复工、复职退伍军人除外），试用期根据合同期限决定。控制农民合同制人员使用数量，对在矿实际工作满 8 年又未转成城镇合同制的人员，不再继续使用。昊华能源公司与所属各煤矿为保持采掘队伍的稳定，提高员工素质，均建立了劳务用工基地。

2003 年至 2010 年，昊华能源公司所属煤矿改招工为招学生，提高用工人员素质。大安山煤矿与四川省宜宾市珙县职业高级中学、河北省邢台市冀中能源高级技校、河北省石家庄工程技术学校、内蒙古自治区平庄煤业技工学校、山西省吕梁市煤炭工业学校等技校合作，招收毕业生入矿工作，累计招收外埠技校学生 200 多人。大安山煤矿先后建立劳务基地 36 个。其中，四川省 12 个，分布在长宁、高县、珙县、洪雅、江安、沐川、平昌、屏山、南江、广元、仪陇、金新等地；河北省 13 个，分布在赤城、峰峰、衡水、滦平、滦县、涞水、顺平、围场、宣化、迁西、邢台、石家庄等地；内蒙古自治区 2 个；山西省 5 个；北京市 1 个；辽宁省 1 个；云南省 1 个；天津市 1 个。木城涧煤矿先后与辽宁工程大学、张家口煤机技校、北京科技高级技工学校、四川宜宾技工学校、大同煤炭高级技工学校签订了委培办学合同。又选送在职的农民合同制工人到外埠技工学校深造，学习期满后回矿工作，农业户口可转为当地非农业户口，可长期在矿工作，享受"五项保险"待遇。

2006 年，昊华能源公司将引进队伍转制，引进队分别进入矿在册和京煤集团竞岗自立中心在册，实行统一管理。2007 年 7 月，昊华能源公司执行农民工异地农转非政策。

2009 年，昊华能源公司有员工 17716 人，其中农民工 9242 人，是昊华能源公司历史上员工人数最多的一年，也是使用农民工人数最多的一年。

2010 年 1 月，昊华能源公司完成竞岗中心转制工作，涉及 3552 人。其中，劳动合同到期变更及重新签订劳动合同 3259 人，劳动合同到期终止 119 人，个人申请解除劳动合同 174 人。2010 年年底，昊华能源公司有员工 17525 人，其中农民工 8982 人。

采掘管理

生产水平、采区、工作面接替管理。 1999 年，北京矿务局煤矿采掘管理执行《北京矿务局作业编制与审批试行管理办法》，生产水平的接替由局负责，采区和工作面的接替管理一般由矿负责。2003 年至 2010 年，昊华能源公司矿井生产部署实行公司和煤矿分级管理。矿井生产水平接替由公司负责，矿井采区接替管理、工作面接替管理由各煤矿负责。公司定期编制矿井生产规划，每年召开两次现场办公会，与煤矿共同确定年度产量、开拓尺、开拓延深工程、重点开拓的计划，确定"三个煤量"可采期、生产勘探尺计划等指标。每月公司技术例会研究矿井生产水平接替问题。公司下达计划和指标，各煤矿组织实施，矿长负全面责任，矿总工程师负责安排和调整，公司生产技术研发部、企划部负责监督考核。各煤矿每半年根据采区可采储量、采区生产能力、掘进工程量确定计划指标，每月编制生产作业计划下达到各施工段队和部门。矿每月召开生产技术例会，汇报产量、掘进进度完成情况，分析地质变化、生产环节对生产部署的影响，研究采区、工作面接替问题，调整工作安排。2005 年，昊华能源公司建立煤矿生产段队技术员汇报填图制度、煤矿生产技术例会制度。规定矿生产段队技术员至少每周到矿技术科汇报生产施工情况，按生产进度填绘采掘工程图，分析采掘关系，矿段之间沟通生产部署管理情况，检查工作安排落实情况。2010 年，昊华能源公司通过加强开拓延深工程的管理，研究部署新区开发方案，制定提高岩巷单进水平和加快重点开拓方向的奖励政策，重点保证开拓延深的计划、资金、人员、队伍，加大对煤巷掘进队单进水平和机械化掘进的管理，及时协调解决存在的问题，保持了矿井生产水平、采区、工作面接续的持续稳定。

"三个煤量"可采期管理。1999 年，北京矿务局制定《生产矿井巷道三类尺划分及三个煤量计算方法的规定》。北京煤矿地质条件复杂、煤层赋存条件差，对采掘正常接替影响最大的是开拓尺。1999 年至 2002 年，京煤集团所属煤矿年开拓进尺平均在 25 公里左右，采万吨煤开拓掘进率在 52 米左右。2003 年，昊华能源公司成立后，印发《矿井延深工程及单项井巷工程设计管理的规定》，对矿井开拓延深工程设计依据、设计审批程序、设计提交时间、设计内容要求、水平延深开始时间等做出规定。所属煤矿都设置了主抓开拓掘进的副矿长、副总工程师，将生产水平延深主体工程所需的开拓进尺列为工程尺，每年下达各矿工程尺计划，对矿经营管理层专项考核，所需设备列入公司维简资金予以保证。2005年，昊华能源公司对重点接替工作面实行立约管理，开展月 120 米折算进尺达标奖励，对平均独头单进月 75 米考核和年进尺 1000 米奖励实行政策。2003 年至 2010 年，昊华能源公司所属煤矿年开拓进尺平均在 35 公里左右，万吨开拓掘进率在 69 米左右。昊华能源公司所属煤矿"三个煤量"可采期都高于煤炭部规定值，开拓煤量可采期一般为 4～5 年以上，准备煤量可采期一般为 1.5～2 年以上，回采煤量可采期一般为 10～12 个月以上。

采区回采率管理。 1999 年，北京矿务局实行向煤矿下达采区回采率指标方式进行管理。2003 年至 2010 年，昊华能源公司每年向煤矿下达采区回采率控制指标，煤矿根据不同煤层赋存条件将指标细化，分解到段队，进行采区巷道布置，努力少留边角煤，减少煤柱损失，提高回采率。2005 年，昊华能源公司建立"回采申请单""收尾申请单"审批制度。发生地质变化或准备巷道掘到边界后，要经过审核批准才可回采。工作面收尾前，段队必须向地测部门、技术部门提交"收尾申请单"，验收后才可回收工作面。煤矿设专人探测煤量，负责日常回采率管理，检查各段队煤厚探测情况。建立回收率的奖罚机制，井下发现丢煤迹象时，回采率考核办公室向生产段队下达预防丢煤通知单，段队未按规程施工造成丢煤予以处罚。截至 2010 年，仍采用此种方式管理采区回采率。

八、煤矿安全管理与救护

北京市煤矿安全监察机构

2002 年 3 月 29 日，市政府成立煤矿安全监察办事处。2002 年 9 月 26 日，国家安全生产监督管理局（国家煤矿安全监察局）、市政府联合下发关于《北京市安全生产监督管理局与北京煤矿安全监察办事处合署办公问题商谈纪要》。合署办公的北京市安全生产监督管理局是市经委管理的负责综合管理北京市安全生产、履行安全生产监督管理职能的行政机构；合署办公的北京煤矿安全监察办事处为国家煤矿安全监察局的直属机构，负责北京市煤矿安全生产监察工作。9 月 28日，北京煤矿安全监察办事处与北京市

图 7-21　北京市"平安奥运行动"安全生产动员部署大会召开（2008年摄）

安全生产监督管理局同时挂牌。

2005 年 1 月 21 日，北京煤矿安全监察办事处更名为北京煤矿安全监察分局。2011 年 11 月 7 日，又更名为北京煤矿安全监察局。北京煤矿安全监察局主要负责北京市辖区内煤矿的安全监察和执法工作。主要职责是，贯彻落实国家关于煤矿安全生产的方针政策、法律、法规及规章、规程，监督检查煤矿企业执行安全生产法律、法规和国家标准及行业标准的情况，依法查处煤矿企业安全生产违法行为；按照分级管理的原则和上级授权，组织查处煤矿伤亡事故；负责煤炭生产经营单位主要负责人、安全生产管理人员及特种作业人员的培训、考核和发证工作，协调、指导职业危害防治、煤矿救护及其应急救援工作；负责煤矿使用的设备、材料、仪器、仪表的安全监察工作；承办国家煤矿安全监察局交办的事项。

2010 年年底，北京煤矿安全监察局下设职能工作机构 4 个，分别是综合办公室、监察一室、监察二室、监察三室。人员编制 20 名。

煤矿企业安全管理机构

1999 年，北京矿务局下设安全监察局，负责全局安全管理工作。安全监察局内设办公室、采掘科、机运科、通风科、电教室，工作人员 19 人。安全监察局还管理矿山救护队。局属各矿建有安全监察站，负责本矿安全工作。

2000 年，北京矿务局改制为北京京煤集团有限公司。安全监察局更名为京煤集团安全监察部，工作人员 18 人。京煤集团所属煤矿的安全监察部有安全监察工作人员 272 人。其中，木城涧煤矿和大台煤矿计 138 人，大安山煤矿 92 人，长沟峪煤矿 42 人。

2002 年 12 月 31 日，北京昊华能源股份有限公司成立，内设职能部门安全监察部，负责公司安全管理工作，工作人员 13 人。安全监察部下设办公室、采掘科、机运科、开拓科、矿山救护队、安全培训中心。安全培训中心由一名专职副部长负责，中心下设培训科、机考科、综合科 3 个科室。公司在各矿驻有安全监察站。其中，木城涧煤矿安全监察站 144 人，大安山煤矿安全监察 98 人，长沟峪煤矿安全监察 43 人。

2010 年，昊华能源公司安全监察部有工作人员 16 人。昊华能源公司在京煤矿安全监察站有工作人员 293 人。其中，木城涧煤矿有安全监察 106 人，大安山煤矿安全监察站台 122 人，长沟峪煤矿安全监察站 65 人。

矿山救护组织

1999 年，北京矿务局救护组织有矿山救护中队 1 个，驻矿救护小队 5 个，计有救护人员 66 名。其中，北京矿务局救护中队有救护人员 32 人。大安山煤矿、长沟峪煤矿各有驻矿救护小队 1 个，每个小队有救队员 8 人；木城涧煤矿的木城涧坑、千军台坑、大台井各有救护小队 1 个，每个小队有救护队员 6 人。矿山救护中队及各驻矿救护小队是处理和抢救矿井火灾、矿山水灾、瓦斯与煤尘爆炸、瓦斯突出与喷出、火药爆破炮烟中毒等矿山灾害的职业性、技术性、军事化管理的专业队伍。救护队员要求做到熟悉矿井采掘、通风、机电等专业知识，熟练掌握急救、抢险、救人、灭灾的技术业务知识，了解救护技术装备的性能、构造、维修、保养，并能熟练操作。

2000年9月26日，北京矿务局矿山救护队更名为北京京煤集团公司矿山救护队。2002年12月31日，矿山救护队划归昊华能源公司安全监察部管理。

2003年起，昊华能源公司分别和门头沟区、房山区内的小煤矿签订救援服务协议，负责两区内签订服务协议的小煤窑事故救援服务。

2004年9月，昊华能源公司救护队被市政府命名为北京市矿山应急救援大队。2005年，昊华能源公司印发《救护队统一训练大纲及考核办法》。救护队实行军事化管理，开展军事训练，统一着装，佩戴矿山救援标志。制定有交接班、值班管理、内务管理、技术装备检查维护、出警救援、队伍管理等17项军事化管理制度。

2007年9月，救护队获得中华人民共和国人事部和中国煤炭工业协会颁发的全国煤炭工业先进集体称号。11月，获得北京市森林防火先进集体称号。2008年1月，救护队通过国家救援指挥中心检查验收，获得国家救护队二级资质。

2010年，矿山救护队由昊华能源公司调度指挥，接受国家煤矿安全监察局、市安监局、市公安局消防局、市森林消防总队统一指挥协调。年底，京煤集团矿山救护队有8个小队。其中，昊华能源公司本部3个小队，组成1个中队，有49人，隶属昊华能源公司安全监察部管理；驻矿小队5个，隶属所在矿管理，有91人。驻矿小队中，大安山煤矿、长沟峪煤矿各有1个小队；木城涧煤矿有3个小队，分别驻在木城涧坑、千军台坑和大台井。

安全管理活动

1999年8月，北京矿务局开展迎国庆百日安全活动。1999年10月，开展第四季度最后80天抓质量、保安全、创水平竞赛活动。2002年7月至9月，开展评选"安全生产先进采煤队和百名采煤安全标兵"活动。2002年10月至12月，开展贯彻《中华人民共和国安全生产法》、评选"安全生产先进单位和安全标兵"活动。2003年7月至9月，开展战高温、斗雨患、保安全活动。9月1日至12月31日，煤矿开展以"狠反三违，降低生产安全事故，为昊华能源公司平稳发展做贡献"为主题的安全治理活动。2006年10月至12月，开展安全攻坚战活动。2008年9月，开展"决战百天，坚决保安全"活动。2009年10月至12月，开展安全攻坚战活动。2010年5月，开展百日安全教育培训暨井辅、地面单位安全工作专项治理活动。

2003年至2010年，昊华能源公司在每年6月开展安全生产月活动，公司和煤矿制订活动计划，将安全活动与防汛工作结合，各单位自查隐患，公司组织安全大检查。2004年6月活动重点是消灭重特大危险源和防止发生重特大事故。2005年6月开展遵章守法，关爱生命安全生产月活动。2006年6月开展以安全发展，国泰民安为主题的安全月活动。2008年6月，按照北京市统一部署及京煤集团安排，开展治理隐患，防范事故——携手共筑奥运平安活动。2009年，昊华能源公司围绕本质安全型矿井建设，开展现场精细化管理年活动，强化过程控制，推进以生产现场为核心的安全管理。6月，开展弘扬安全文化、服务科学发展，喜迎中华人民共和国成立 60 周年庆祝活动。第三季度开展了基础工作系列竞赛活动。2010 年 6 月，围绕坚持安全发展，落实安全责任，服务世界城市建设活动主题，进行安全生产宣传咨询日、应急预案演练周、我为安全献一计和隐患排查治理和安全检查等活动。

2003 年 7 月，昊华能源公司组织参加新世纪北京首届职业技能大赛。2006 年 4 月至 6 月，举办第一届青年技术创新节。2008 年 5 月至 8 月，举办第二届青年技术创新节活动。2009 年 1 月开展 2009 年度段队值派班竞赛活动。2009 年 2 月至 5 月，开展了夯团建、比技能、展才艺、亮风采系列活动。8 月至 11 月，开展了以迎国庆、创"双安"、促和谐、谋发展为主题的系列活动，同时开展迎国庆、强素质、展风采技能比武大赛。2010 年 6 月，开展了以"比技能　强素质　求创新　谋发展"为主题的青工技能比武大赛。

2004 年 1 月，昊华能源公司制定《矿井安全质量标准化标准》，要求各矿根据该标准制定实施细则。2 月，昊华能源公司印发《矿井安全质量标准化标准及考核评级办法》，要求各矿根据该办法和实际情况，制定相应的实施办法或实施细则，设立组织实施管理机构和负责人。2006 年 3 月，昊华能源公司结合新版《煤矿安全规程》，对 2004 年版《昊华能源公司矿井安全质量标准化标准及考核评级办法》进行修订。2007 年 2 月，重新修订《综合机械化采煤工作面质量标准化标准及检查评分办法》和《综合机械化掘进工作面质量标准化标准及检查评分办法》。实施矿井质量标准化奖罚细则；第三季度开展安全质量标准化竞赛和优秀班长、优秀放炮员、优秀机修工、优秀通风工、优秀安监员竞赛评比活动。2009 年 3 月，昊华能源公司印发采掘工作面安全质量标准化专项整顿方案和管理措施。6 月，印发《矿井安全质量标准化标准及考核评级办法》《各矿后半年矿井质量标准化目标管理方案》。2010 年，昊华能源公司印发《安全生产质量标准化考核评级办法》，提出 2010 年至 2015 年质量标准化工作目标，明确组织机构、责任，实施及考核评级办法。

安全教育培训

1999 年，北京矿务局安全教育由教培处和安全监察站负责，各生产矿有教育科，与驻矿安全监察站负责组织培训。培训内容主要有新工人入矿培训、员工上岗培训、特殊工种培训、煤矿三大规程培训等。讲课教师有局、矿教育部门的老师，也有局、矿的安全管理人员和工程技术人员。教学设施主要有培训教室、电教室、展览室、帮教室、音响设备、录像机、教学安全宣传图片、幻灯机等。

2003 年 5 月，昊华能源公司成立安全教育培训领导小组。建立安全培训中心，为北京煤矿安全监察局验收达标的三级煤矿安全培训机构，有教学宿舍楼一栋，可同时培训 100 人。安全培训中心下设培训科、综合科。

2003 年，木城涧煤矿成立教育培训中心，设在矿宣传部，由一名副总工程师担任培训中心主任，配备工作人员 5 名。2005 年，木城涧煤矿装备 2 个安全教育电教室。2006 年，木城涧煤矿投入资金80余万元建成矿教育培训基地，占地900余平方米。内设安全教育展览馆、声光模拟教学馆，共有8个教室。将采煤方法、支护体系、生产环节、作业场所、通风系统等运用实体模型展示，将设备运行、风流控制、瓦斯防治、眼位布置等配以声光演示。2009年，木城涧煤矿投入资金40余万元，装备了计算机多媒体电化教室。从2003年矿教育培训中心成立至2010年，木城涧煤矿每年培训15000余人次，每年用于培训的资金250余万元。

2004年9月，长沟峪煤矿建立由安监站站长主管、教育科具体负责的安全教育培训机构。2005年，长沟峪煤矿教育科配备投影仪、笔记本电脑、投影幕、音响设备等电教设备。2007年，长沟峪煤矿制定《新员工井下现场培训基地的管理办法》，聘请矿分管采煤和开拓的副矿长为总培训师，段长、技术员为基地主任、班队长为培训师对新工人进行现场培训指导。建立安全教育模型室，占地200余平方米，内设采区变电所实物模型、开关减维操作盘，岩石掘进工作面炮眼、锚杆、挂网布置模型，柔性掩护采煤工作面模型，矿井通风模型，附有文字和图标等说明牌板。制作了包括安全生产管理制度、安全小知识、事故案例等内容的播放光盘。利用井下语音培训系统，在井下架空人车斜坡安装闭路电视，在员工上下班等车及坐车时间，对员工进行安全知识培训。

2004年，大安山煤矿教育科配置工作人员7人，聘请兼职教师25人，负责全矿安全教育培训。有办公室4间，专用教室5间，展览室1个，配置投影仪、计算机、音响等多媒体培训设备。2007年，大安山煤矿建立由矿党委书记、矿长任组长，党委副书记任副组长的教育培训领导小组，制定了教育培训意见，建立了模拟培训基地，设置了壁式采煤法、柔性掩护支架采煤法、矿井顶板周期来压、通风系统和斜坡一坡三档等模型及采掘实物。

2008年，昊华能源公司培训中心建成计算机教室，实现计算机考试。培训安全生产管理人员、特殊工种人员、群众安全监督监察员6719人次。2009年，昊华能源公司安全培训中心扩建，达到同时培训200人的能力，有3人普通学员宿舍70间，计算机房1间，多媒体教室3个，实操间1个。

2010年，昊华能源公司安全培训中心取得三级电工、电气焊培训站的资质，具备培训高低压电工和电气焊的办学资质。木城涧煤矿教育培训中心有专职管理人员23名，兼职教师27名，电教室、多媒体教室、教育培训基地各1个，具备三级、四级培训资质。

安全监测监控

2005年7月，昊华能源公司与煤炭科学研究总院常州天地科技公司合作，在煤矿建设安全监测监控系统。昊华能源公司各煤矿组建安全监测监控队伍，配备系统管理人员，制定安全监测监控系统管理办法。12月底,煤矿安全监测监控系统投入运行,安装设备772台。其中，环网交换机21台，工业电视监视系统分站100台，分站电源113台，传感器420个，工业电视监视系统视频摄像机62台，大屏幕投影拼接系统6套和监视器56台，瓦斯传感器79个，风速传感器74个，设备开停传感器142个，风门传感器22个，温度传感器58个，其他传感器 45 个，敷设地面及井下光缆共计 155 公里，敷设电缆 302 公里。各煤矿安全监测监察控制系统每套装备 2 台监控主机，双机热备，24 小时不间断运行。同时配备网络服务器，实现井下监控数据的异地实时监测。两套系统均采用光纤工业环网技术，主要生产水平都安装环网接入器，采用光纤连接成环网，保证单点发生故障时不影响整个系统数据转输。煤矿安全监测监控系统共投资 1733.13 万元。

2007 年，昊华能源公司所属煤矿对井下安全监控系统部分设备进行更新。其中，木城涧煤矿投资 130 万元，将主机房供电系统改为双路供电，原稳定性为 7 天的瓦斯传感器全部更换成稳定性为 15 天的甲烷传感器，并更新部分监控分站；大安山煤矿投资 104.61 万元。2008 年，更新维修标校仪器，木城涧煤矿投资 45 万元，大安山煤矿投资 31.5 万元。

2009 年，木城涧煤矿投资 370 万元，按《煤矿安全监控系统及检测仪器使用管理规范》要求升级改造安全监测监控系统，系统软件升级为 KJ95N 型，增加煤巷掘进、回采工作面的甲烷传感器数量，中心机房安装防雷系统；井下增加主要通风巷道的风速监测、皮带烟雾监测、机电硐室温度监测等监测点。保证在井下停电 2 小时以上时，安全监控系统仍能正常工作；按照使用量 20% 比例购置了系统分站、传感器等备件，仪器设备损坏时有备件可以更换。

2010 年，昊华能源公司继续完善安全监测监控系统，扩大监测监控范围，增加监测监察院控功能，提高监测监控能力。安装主扇和局扇开停传感器、瓦斯传感器、一氧化碳传感器、温度传感器、风速传感器、风门开关传感器、氧气传感器、水位传感器、负压传感器、烟雾传感器、远程控制开关、系统分站及分站电源、摄像头等。年内，昊华能源公司开始煤矿人员管理系统建设，分为井上和井下两部分。井下部分安装识别主站、识别子站、矿用隔爆兼本质安全电源、矿用无线收发器、矿用射频定位器、人员定位射频卡，敷设各类线缆等。地面部分安装数据服务器，井口考勤安装检卡系统，用于上、下井人员进行检卡等。煤矿在主要运输巷道、提升斜坡以及回采工作面部分区域、主要岗点和人员密集区域（包括压风机房、高压硐室、大巷人车站、接车台、施收工会地点、掘进工作面入口、回采工作面顺槽、斜坡上下把沟等）安装了射频定位器。

2010 年，木城涧煤矿木坑 450 米水平一石门紧急避险硐室通过验收，压风自救系统改造完成，井下供水自救系统投入使用，井下通信系统改造进行中。大安山煤矿、长沟峪煤矿紧急避险系统正在建设中。

图 7—22　大台煤矿井下人员定位系统（2010 年摄）

第二节　煤炭经营

一、煤炭运销机构

1999年年初，北京矿务局设有运销处，负责所属各煤矿煤炭产品的销售。各煤矿都设有运销科，与局运销处结合，共同销售本矿所产煤炭。运销处有工作人员174人，处下设立的工作机构有市场对策部、销售部、资金部、煤质部、行政部。北京矿务局还有驻外埠煤炭经销公司，在经销自产局煤炭产品的同时，从事煤炭商品贸易活动。驻外埠销售各公司计有工作人员92人，由运销处行政管辖。

1999年，北京矿务局木城涧煤矿负责煤炭运销的机构为运销管理办公室和木城涧坑运销科、大台井运销科及王平村装车队。其中，木城涧坑运销科120人，主要负责木城涧坑和千军台坑的原煤加工和储装外运任务。岗位分工为，管理人员7人；司机班14人，负责铲车、推土机、汽车驾驭；维修班13人，负责车辆的维修工作；煤仓班17人，负责地销、煤炭盘倒、发煤、入仓煤检查、煤炭采样；地磅班4人，负责煤炭计量；装卸队33人，主要负责煤炭装火车；验收队23人，主要负责入仓煤的质量、数量、采煤样等工作；化验室9人，主要负责煤样、煤制样的化验工作。大台井运销科60人，主要负责大台井的原煤加工和储装外运任务，其岗位分工班组设置基本与木城涧坑相同。王平村车队64人，主要负责木城涧坑和大台井因运力不足、不能及时进行煤炭的储装、筛选加工和装火车外运任务。

1999年长沟峪煤矿运销科333人，井下验收33人。

2000年，木城涧坑运销科与大台井运销科合并，名称为木城涧煤矿运销科。

2002年年底，京煤集团昊华能源公司成立，设有运销部，有员工103人，负责昊华能源公司煤炭销售与经营。当年，长沟峪煤矿运销科工作人员247人，另有井下验收44人。

2003年1月，昊华能源公司设立出口贸易部，主要负责煤炭出口工作。2003年3月，昊华能源公司运销部精简机构和人员，有员工69人，设立8个科室，分别为办公室、销售调度科、外贸科、资金科、煤质科、化验室、财务工资科、市场信息科。同月，木城涧煤矿成立运销管理部，下设运销管理办公室，工作人员11人；木城涧坑运销科工作人员171人，负责木城涧坑和大台井的煤炭经销工作；王平村选运科工作人员113人；王平村运输车队工作人员64人。

2004年，大安山煤矿运销科在册职工533人。其中，正式工401人，临时合同工132人。分为18个班组，主要班组有机修班、皮带班、滑坡仓班、装车班等。

2006年1月，大台井运销科从木城涧坑运销科分离，成为独立科室。2008年1月，王平村运输车队车辆老化报废，车队取消，运煤任务外包给北京市汽车运输公司 10 场车队。

2008 年，木城涧煤矿运销管理部设立 4 个科室，分别为运销管理办公室；木城涧坑运销科，工作人员 323 人，包括手工选矸人员 138 人；大台井运销科，工作人员 260 人，包括手工选矸人员；王平村选运科，工作人员 68 人。

2010 年 10 月 15 日，大安山煤矿明山罐笼扣煤、扣（排）矸系统划归大安山煤矿运销科管理。

2010 年年底，京煤集团在京煤矿均设有从事煤炭经销的机构运销管理部，其中，昊华能源公司运销管理部有工作人员 60 人，设立 8 个科室，分别为冶金煤管理科、市场煤管理科、调度管理科、煤质管理科、资金管理科、信息管理科、财务工资科、办公室。在京三座煤矿均设有从事煤炭加工运销的工作机构运销管理部或运销科，计有工作人员 1521 人。其中，长沟峪煤矿运销科有工作人员 275 人，设有生产排、装火车班、次煤加工班、机电维修班、司机班、销煤组等班组；另有煤质科工作人员 47 人。大安山煤矿运销科在册 448 人，分为 6 个大班组，分别为明山罐笼、皮带班、选矸班、装车班、机修班、后勤总务班。木城涧矿运销人员 513 人，分别为木城涧坑运销科工作人员 185 人，大台井运销科工作人员 260 人，王平村选运科工作人员 68 人。另有手工选矸（外包）人员 138 人。

二、储装与计量

煤炭储装

1999 年至 2006 年，门头沟区乡镇煤矿储煤场所多设在井口附近，因地制宜建设。煤矿规模较大者，以简易土石结构滑坡煤仓储煤，在简易煤仓的溜煤口设有人扳动的溜煤眼闸门或溜子板，用于为汽车、拖拉机、马车装煤。也有的煤矿在储煤场以铲车为汽车装煤。乡镇煤矿规模较小者，多在井口外设煤场储煤，主要靠人工抢铁锨或铺设溜子板装煤。乡镇煤矿随产随销，煤炭外运主要用汽车。2006 年至 2009 年，清水镇 6 个保留煤矿在清水镇达摩沟口建立 6 个储煤场，总储量能力 60 万吨。

1999 年，北京矿务局所属煤矿都设有可直接装火车的煤仓。其中，大安山煤矿、长沟峪煤矿和木城涧煤矿木城涧坑为滑坡煤仓，木城涧煤矿大台井为半地下滑坡煤仓，木城涧煤矿王平村选运科有跨铁路线装火车煤仓。木城涧坑煤仓为加盖封闭式。

2000 年 5 月至 7 月，大安山煤矿扩容改造修建封闭式新末煤煤仓，工程量 1.44 万立方米，增加储煤容量 1800 吨。11 月 24 日，大安山煤矿陈家坟扩仓工程通过验收，实现不同品种煤的分装、分储。工程在原煤仓西侧劈山开石，土石方量 4500 立方米，用砼 1900 立方米、片石 3528 立方米、砖 170 立方米、钢材 210 吨、铸石板 30 吨，吊装材料计 1400 吨，安装皮带运输机 5 部、变压器 1 台，设仓口闸门 11 组、装车平台 1 座。新建滑坡煤仓 3 个，高 28.8 米，宽 16 米，长 40 米，总计容煤量 2400 吨，可满足一列火车装运需要。

2005 年 5 月，大台井扩建新东仓，2006 年竣工，增加煤炭储存能力 2.7 万吨。2007 年，木城涧坑改造中央块煤仓，增加地下漏斗 6 个，装车皮带机 1 部，配仓皮带机 1 部，抓斗天车1台。2005年，长沟峪矿在储煤场建造储煤大棚，面积为420平方米，增加储量4万吨。

2008年9月至11月，大安山煤矿运销科安装2台螺杆式压风机，改革火车装车系统的装车闸门和捅仓工艺，由人工改为风动捅仓装车，减轻员工劳动强度，提高装车效率和安全保障。

2010年，木城涧煤矿木城涧坑煤仓储存能力9万吨。其中，储存末煤的东仓4万吨，西仓4万吨；储存块煤的混中块仓7000吨，中块仓3000吨。各煤仓全部加盖，均有闸门，火车进入煤仓后，车厢对准闸门装车。闸门由电动和手动两种控制方式启动。地销汽车装车用装载机装车。木城涧煤矿大台井煤仓储存能力4.27万吨。其中，中块仓下设有3台给煤机，仓容为2700吨；混中块仓下设有4台给煤机，仓储能力为3000吨；储存末煤的7~14号位仓储能力为6000吨，15~19号位仓储能力为4000吨，20~27号位仓储能力为27000吨。中块仓、混中块仓、末煤仓均为半地下滑坡仓。各仓内均安设有皮带机，可将仓内煤炭输送至跨铁路装车楼装火车，输送过程中有除铁器除铁。运煤火车进入煤矿前，在落坡岭车站调车，到木城涧煤仓装车时顶18节车厢，到大台井煤仓装车时顶20节车厢。木城涧煤矿王平村选运科的跨铁路线式装煤仓，共12个仓储位，每仓储存能力240吨，共2880吨。同年，长沟峪煤仓储存能力为5.5万吨。煤仓分为块煤仓、末煤仓和储煤大棚。块煤仓主要存储中块及混中块，仓储量分别为2400吨和1400吨，共计4台给煤机，通过皮带运输块煤装车；末煤仓存储量1.12万吨，有6台给煤机，通过皮带运输末煤装车。储煤大棚主要存储0~30毫米粒级煤种，存储量为4万吨，储煤大棚的煤炭通过返仓皮带返至筛选系统，分别入末煤仓及混中块仓。大安山煤矿煤仓有彩钢封顶封闭式和水泥浇筑露天式，煤仓储存能力1.08万吨。其中，末煤原始仓5000吨、新仓1800吨，混中块仓1000吨，中块原始仓2000吨（含中块限下煤200吨）、中块缓冲仓1000吨。另外，大安山煤矿还有储存量15万吨以上的露天储煤场。装火车系统设备有气动装车闸门装置、牵引调火车双速绞车，也可用气动闸门控制煤量装汽车。装车时仓内煤自溜，装车能力每小时500吨。

煤炭计量

1999年至2010年，门头沟乡镇煤矿销售煤炭，主要用汽车运输，计量方法主要用检尺或公路旁的地中衡称重。

1999年，北京矿务局所属煤矿销售煤炭主要以火车和汽车外运。火车运煤，有的煤矿用检尺测比重方法计量，有的使用轨道衡计量。其中，木城涧煤矿火车运煤计量方法是，先测算煤的比重，在车厢内画出应装煤炭容积的高度线，装煤后平车，以高度线计量；大台煤矿在煤仓跨铁路装车楼下使用150吨机械式轨道衡计量；大安山煤矿、长峪煤矿安装有模拟轨道衡计量。汽车运煤，大安山煤矿、长沟峪煤矿使用电子汽车衡，最大称重量100吨。

2003年3月，大安山煤矿将轨道衡模拟传感器换成数字传感器，更换了显示仪表，共有轨道衡传感器8个。2004年，木城涧煤矿木城涧坑在煤仓东口安装GCS-100数字轨道衡，大台井将原使用的机械式轨道衡也改为GCS-100数字轨道衡。2007年10月，大安山煤矿安装 GCS-150 型号的静态数字轨道衡，选用数字传感器 8 个。2009 年，长沟峪煤矿两台模拟电子轨道衡更新改造成数字式电子轨道衡，装火车系统所有块煤仓及末煤仓的煤炭均可通过电子轨道衡计量。

2004 年 12 月，大安山运销科改造汽车衡，称重量增加到 120 吨。2004 年，大台井将原使用的机械式汽车衡改为 SCS-120 数字式汽车衡。2006 年 12 月，大安山煤矿汽车衡量程由 120 吨扩大到 150 吨，2007 年 1 月 17 日汽车衡通过房山区技术监督局鉴定，取得检定合格证。2008 年，长沟峪煤矿电子汽车衡更新改造成 SCS-150 数字式电子汽车衡。2009 年 5 月，大台井数字汽车衡称量台被压断，更换为 SCS-150 数字式汽车衡。

2010 年年底，京煤集团在京煤矿火车运煤计量，均使用数字式电子轨道衡，共有 7 台，其中大安山煤矿、木城涧煤矿木城涧坑、大台井各 1 台，长沟峪煤矿、王平村选运科各 2 台。汽车运煤计量，均使用称重量 150 吨数字汽车衡，共有 4 台。其中，汽车到木城涧坑煤仓和大台煤仓运煤，均使用大台井运销科磅房的数字汽车衡计量。

三、选煤与煤质

选煤

1999 年年初，北京矿务局木城涧煤矿、长沟峪煤矿、大安山煤矿的煤炭产品规格主要有 3 种，分别为：末煤，粒度 0 ~ 13 毫米；混中块，粒度 13 ~ 30 毫米；中块，粒度 30 ~ 60 毫米。

1999 年 7 月 29 日，大安山煤矿块煤消爆工程破土动工，同年 9 月 30 日完工，新建容积 100 吨块煤消爆圆筒仓 1 座，安装皮带运输机 5 部、刮板运输机 2 部、消爆锅炉 1 台。生产能力每天可加工消爆块煤 200 ~ 300 吨。该工程中的"均匀加热风保温消爆圆筒仓建设"项目于 2000 年获得国家实用新型专利。

1999 年，长沟峪煤矿、大安山煤矿原煤主要依靠算条筛筛选出大于 100 毫米大块，再进入振动筛筛分，振动筛采用两层筛板三个品种的加工方式。

2000 年 1 月 7 日，大安山煤矿末煤脱粉工程破土动工，3 月 18 日投入试运营。该工程由中国矿业大学设计，大安山煤矿自行施工，为中国第一座应用于生产的振动流化床气力分级选煤装置，设计入选能力为每小时 100 吨煤炭，可对末煤中的 0.125 毫米粉煤进行脱粉处理，对 6 毫米以下煤炭加工任意定级。工程由北京矿务局投入 206 万元，其中安装振动流化床机组及除尘器等设备投资 95 万元。至年底，加工煤炭 14 万吨，产品为 1 毫米以下、1 ~ 3 毫米、3 ~ 6 毫米计 3 种规格，全部出口韩国。

2001 年 8 月，木城涧坑在 155 皮带机头安装破碎机，对大块煤进行破碎，保证了中块煤的上限尺寸，又减少了破碎后的限下量，使中块煤产率保持在合理水平。

2003 年，木城涧坑在煤仓 122 皮带机上方、大台井煤仓末皮带机上方，均安装美国产除铁器。2009 年，大台井又将煤仓卸煤皮带机上的永磁除铁器更换成美国产除铁器。

2004 年，长沟峪煤矿改造运销供电系统，修建了筛选系统、装火车系统配电室，将设备单独控制改造成按系统集中控制，筛选系统与装火车系统分开供电。2008 年，安装集中控制系统和监控系统，通过监控系统监视设备运行情况，在集控室开停设备。

2005 年 9 月 23 日，木城涧坑复合式干选系统建成并投入使用，对混中块煤进行选矸作业，能够排除矸石量的 60%。9 月 30 日，大安山矿混中风选系统竣工使用，生产能力每小时加工混中块煤 60 吨，可去除混中块煤中的部分矸石，降低煤的灰分含量。同年，长沟峪煤矿、大安山煤矿、木城涧坑和大台井都在煤仓的煤炭输送皮带机上安装在线灰分测试仪，对入仓煤灰分情况实时监测，可以根据入仓煤的灰分范围实行分类入仓、分类加工。

2006 年 10 月，木城涧坑将 124 振动筛改为博后筛，使系统的筛分能力满足了正常生产的需要，彻底改变了因筛分系统能力不足影响井下供车从而制约矿井生产的现象。2007 年 1 月，大台井建成乙煤筛选加工系统，建筑面积 2500 平方米，实现出井乙煤的卸载、筛选、加工、仓储、装车销售连续作业。

2007 年 5 月 7 日，大安山煤矿安装的博后筛投入使用，进行煤炭筛分和加工，当天煤炭入仓量 5910 吨。年底，大安山煤矿选煤设备有振动筛和博后筛两种。使用的振动筛有大块振动筛，入料粒度 ≤ 400 毫米，生产能力每小时 250 ～ 400 吨，振动筛生产厂家为唐山市中南机械厂；博后筛，入料粒度 ≤ 60 毫米，生产能力每小时 300 吨，博后筛生产厂家为北京博后筛分工程技术有限公司。2008 年 10 月 27 日至 12 月 10 日，大安山煤矿改造煤炭运销系统的生产运输、筛选加工、储存装车等环节，按生产流程和设备分布划分三个区域，建立了集中监视控制中心，设有 7 个控制分站。11 月 15 日，大安山矿末煤风选系统竣工，每小时可加工末煤 120 吨，降低煤中灰分含量。

2009 年 5 月，大台井在东煤仓安装可旋转皮带机，解决装火车时在仓内煤堆上铺溜子运煤问题。2009 年 11 月和 2010 年 3 月，又在东仓安装两台可旋转皮带机。

2009 年，木城涧坑原煤出井卸车后，进入皮带机，皮带机上安装有除铁器除杂，再进入振动筛，分出大于 60 毫米的块煤和小于 60 毫米的混煤。大于 60 毫米块煤进入手选输送带上以人工选矸去除杂质，再进入破碎机破碎，与小于 60 毫米混煤一起，再次通过另一皮带机以吸铁器除铁除杂，进入博后筛。博后筛将混煤分为 30 ～ 60 毫米的中块煤和 30 毫米以下粒级煤。中块煤通过输送带第三次除杂进入块煤仓储存待销售运出。30 毫米以下粒级煤再进入另一型号博后筛，分出 13 ～ 30 毫米混中块煤和 13 毫米以下末煤。混中块煤进入风力选矸的缓冲仓，风选后输入混中块仓待销售运出。13 毫米以下末煤进入输送带第三次吸铁除杂，存入末煤仓待销售运出。出井原煤中灰分超标毛煤，进入次煤处理系统，二次筛选后，根据煤质情况作为配煤销售。大台井选煤方式与木城涧坑基本相同，原煤由透天皮带从井下运至地面，以振动筛分级，人工选矸。长沟峪煤矿安装博后筛，提高了筛分质量。

2010 年 7 月 6 日，大安山煤矿运销科储煤场选矸、破碎系统安装、调试、运行成功。将原滑坡仓大块选矸破碎系统移至原煤运输系统 3 号皮带输送机位置，对原 3 号皮带输送机改造，安装了大块煤振动筛、大块煤手选皮带输送机、大块煤破碎机，减轻了原煤运输过程中大块煤、矸石对设备设施的磨损，提高了原煤运输效率，减少了大块矸石加工后二次运输。7月，大安山煤矿滑煤仓防雨棚屋面更新，装火车作业大棚改扩建，避免了雨水进入火车厢内造成商品煤水分超标问题。年底，大安山煤矿井下生产原煤运至明山翻车机，翻扣入小井圆筒仓后经给煤机量化，进入运销系统。将煤炭筛分出三个品种，分别为 0 ~ 25毫米末煤、25 ~ 30毫米混中块煤、30 ~ 80毫米中块煤。其中，中块煤及混中块煤经过A5 皮带及 A6 皮带运输再次人工选矸，分别入中块仓及混中块仓，末煤经过 A7 及 A8 皮带机运输卸入末煤仓。木城涧煤矿煤炭产品规格有 0 ~ 25毫米末煤，25 ~ 30毫米混中块，30 ~ 60毫米中块。长沟峪煤矿煤炭品种规格有 0 ~ 25毫米末煤，25 ~ 30毫米混中块，30 ~ 80毫米中块。大安山煤矿煤炭品种规格有 0 ~ 25毫米末煤，13 ~ 40毫米混中块，30 ~ 80毫米中块。各煤矿均安装博后筛，均在卸煤皮带机上安装在线射线灰分检测仪和除铁器。

煤质化验

1999 年至 2010 年，北京矿务局、京煤集团在京煤矿均设有煤质化验室。化验项目主要有水分、灰分、硫分、发热量、比重、挥发分等。化验的煤样有销售商品煤煤样、入仓煤煤样、毛煤煤样和煤层煤样。商品煤煤样取自运煤的汽车、火车，入仓煤煤样取自卸煤栈桥和煤仓输送机，毛煤煤样取自主井井底煤仓卸载站或坑口验收点，煤层煤样取自各回采工作面。化验设备和用具主要有电热定温干燥箱、全自动精密量热仪、全自动测硫仪、电子天平、电热板、箱式高温炉以及其他自动控温设备、量瓶、试剂、制样机等。化验过程执行国家标准。

四、销售与外运

煤炭价格

1998 年，北京矿务局修订完善"由民用煤市场向工业煤市场转变、由煤炭国内销售向出口转变、由传统的北方市场向南方市场转变"的销售战略。针对煤炭市场出现的降价赊销、低价倾销现象，采取局统一销售结算和矿自行销售结算的局矿两级销售结算方式，矿井的自销煤可以自定价格，自找市场，自定销量，自收货款。北京矿务局煤炭平均吨煤售价格191.44 元，比 1991 年的吨煤平均售价 35.88 元增加 155.56 元。

1999 年，北京矿务局新开辟工业煤用户 78 家，增加工业煤销量 89 万吨，全年工业煤销量占煤炭总销量的 87%。

2000 年，北京矿务局煤炭总销量重新突破 500 万吨。其中，特供煤首次突破 200 万吨，出口煤完成 114 万吨，南方下水煤突破 80 万吨，地销煤突破 75 万吨。煤炭销售实现"民转工、内转外、北转南"的三大市场的战略转移，优化了市场销售结构。

2004 年，昊华能源公司通过与用户谈判，国内煤炭销售价格进行 4 次调整，全年国内吨煤平均售价达到 219.95 元，在当年煤炭总销量减少情况下，实现煤炭销售收入的增长。

2005 年，昊华能源公司组织召开 14 家重点煤炭用户供需会，保证特供煤销售。开发电煤市场，扩大了电煤用户，乙煤资源用户、用量增加。

2006 年，昊华能源公司根据煤炭产品的内在品质和用户的不同需求，细分市场，加工原煤，重点用户正常供应，急需用户特殊供应，建立煤质考核体系，合理配采资源，与铁路运输部门联谊、协作，按时装运，均衡装运，开发高价位煤市场，为高价位煤让路。全年销售煤炭 547 万吨，国内煤炭销售价格每吨 367.32 元，其中高价位煤占总销量的 70%，成为增加收入的主要途径。

2007 年，昊华能源公司调整煤价 4 次，增销高价位煤 33.2 万吨，增收 280 万元。优质甲 1 号煤、甲 2 号煤和块煤共销售 402 万吨，增收 3600 万元。与重点用户签订战略合作协议，保证煤炭重点供应，其中向前 10 位重点用户销煤量占总销量的 75.33%。

2008 年，昊华能源公司根据北京举办奥运会煤矿停产放假 3 个月的情况，细化销售方案和奥运期间的保证煤炭供应措施，提前适度超产，准备出资源量，为出口用户和重点用户提前发煤，变生产库存为用户库存，得到国际客户和重点用户的响应。奥运会后适时投入生产，加大库存煤置换，开拓电煤市场、民用煤市场，很快恢复产销平衡。全年调整煤价 4 次，销售煤炭 559 万吨，销售收入 41.44 亿元，销售增长率 61.92%。国内煤炭价格每吨 579.27 元。

2010 年，昊华能源公司调整煤炭生产结构，加大高价位煤炭生产量，将冶金煤资源从上年的 295 万吨提高到 337 万吨。调整煤炭销售结构，将 22 万吨市场煤配入冶金煤，全年增加冶金煤销售 67.6 万吨，全年共销售冶金煤 334.7 万吨，冶金煤销量占北京地区煤矿销售总量的 67.79%。全年昊华能源公司在京煤矿销煤价格调整 11 次，在北京地区煤矿销售 494 万吨。国内煤炭价格每吨 713.74 元。

1999 年至 2010 年，北京乡镇煤矿所产煤炭自行销售。煤炭销售流向主要是北京市郊区县及河北省的民用煤。煤炭价格随市场需求变化浮动，1999 年至 2004 年间，吨煤价格在 100 ～ 300 元间浮动；2005 年至 2010 年间，吨煤价格在 400 ～ 500 元间上下浮动。

销售结算

20 世纪 90 年代中期，北京矿务局执行煤炭部制定的"不见煤款不发煤"等政策，逐步改变国内销售采取的"先发货后付款"方式。北京矿务局加强清欠办公室力量，派出财务、运销等业务部门的领导与工作人员，到购煤单位催款，要求用户新购煤时必须偿还一定比例的陈旧欠款。对欠款客户实施"不给钱不发煤、不给票据不发煤、不还欠款不发煤"的方法。

1999 年，北京矿务局制定煤炭货款回收奖罚办法，采取以煤顶账、以煤换物、连环抹账及诉诸法律、签订协议等方法回收货款。年末，北京矿务局国内煤炭销售应收账款有 7.13 亿元，欠款最多的单位是天津市煤建总公司，欠款 1.7 亿元；欠款最多的行业是冶金系统，欠款 1.4 亿元。

2001 年，京煤集团成立后，逐渐改变结算方式，重点冶金、化工用户当月发货，次月付款；非重点用户先款后货。同时加大清欠款力度。高价位的出口和特供煤创历史最好水平，各生产矿煤炭总销量创历史最高水平。煤炭总销量计划 450 万吨，实际完成 613 万吨。年末，国内煤炭销售应收账款 4.79 亿元，较上一年下降 3.38 亿元。

2002 年，京煤集团煤炭总销量 639.1 万吨，所属煤矿煤炭总销量均超额完成任务。其中，出口煤 174.4 万吨，特供煤 307.5 万吨，出口、特供煤占总销量的 75.4%。煤炭价格稳中有升，煤炭国内销售收入计划 3.71 亿元，实际完成 7.2 亿元，全年货款回收 123.9%，全年累计回收陈欠款 2.49 亿元。年末，应收账款 2.64 亿元，比上年下降 2.15 亿元。

2003 年，昊华能源公司加大售煤款的清欠和资金回收管理，实施"指标分解、沟通追讨、重点突破、现款发煤、汇标贴现"等工作方法，落实清欠的组织、制度、考核。全年煤炭总销量 613.73 万吨，累计回收陈欠款 1.17 亿元。年末，陈欠款降至 0.23 亿元。2004 年，昊华能源公司收回所有陈欠货款。2005 年，昊华能源公司国内煤炭销售首次出现预付账款，当年回款率 100%。

2007 年，昊华能源公司销售煤炭 593 万吨，煤炭销售收入 25.28 亿元。当年，公司将现款纳入煤炭购销合同管理，货款全部回收。

2008 年，昊华能源公司应对奥运期间煤矿放假和国际金融风暴给市场带来的影响，适时调整煤炭销售策略，采取灵活货款回收方式，调整货款结算方法。国内煤炭销售货款回收 20.24 亿元。

2009 年，昊华能源公司煤炭产量增加、煤炭价格提高，煤炭总销量 525.03 万吨。其中，国内市场销售收入 19.25 亿元，提前两个月完成全年国内市场收入指标。出口煤国内发出货款 24.28 亿元，回收货款 24.79 亿元，货款全部回收。

2010 年，昊华能源公司煤炭总销量 493.8 万吨，销售收入 31.79 亿元。其中，国内市场销售 299.1 万吨，收入 18.25 亿元，占总收入的 57.4%；出口煤销售 194.7 万吨，收入 13.54 亿元，占总收入的 42.6%。增加煤炭销售收入中，国内销售煤炭提价增收 1.12 亿元，承兑加价增收 875 万元，出口配高灰煤增收约 4000 万元。全年回款 22.91 亿元，现汇完成 13.55 亿元。

销售方式

1991 年至 2010 年，北京矿务局煤炭销售基本采取三种方式。一是统一送货。即由供需双方签订供货合同，据合同编制铁路要车计划，办理发运手续，装车发运，将煤炭送到用煤单位。此方式主要针对大宗煤炭订货用户，通过铁路运输，也是北京矿务局销煤的主要方式，在销煤总量中所占比重最大。二是地销自取。主要是距离产煤地较近的零散用煤客户，购煤后，自备或租用汽车到矿装运。三是煤矿自用。包括职工配煤和局属单位的自用煤。

北京市区办国营煤矿和乡镇煤矿基本是地销自取方式销售。

煤炭流向

20世纪90年代初期，北京矿务局煤炭销售由运销部和所在煤矿的运销科负责。销售客户主要有钢铁、化工等工业企业和负责城市生产生活煤炭供应的煤炭公司。其中北京、天津两市销售量占北京矿务局产煤量一半以上。90年代中期，北京、天津等城市能源结构发生变化，环保意识加强，许多用煤户改烧液化石油气、煤气、天然气。在传统用煤大户北京、天津两市用煤量逐年减少的情况下，北京矿务局进行煤炭生产结构、产品结构、销售结构的调整。从民用煤市场向工业煤市场转变，从国内市场向国际市场转变，从传统的北方市场向南方市场转变，新开发许多新的煤炭用户。

2000年，北京矿务局煤炭销售的传统国内用煤大户北京市和天津市一吨煤未接，局驻外埠销售公司开发新用户48个，外埠煤销量比上年增销18.28万吨，增幅9.88%。特供煤销量第一次突破200万吨，地销煤第一次突破75万吨，全年工业煤销量占总销量的85%。

21世纪初，京煤集团的煤炭销售主要是出口煤和工业用煤，民用煤的数量逐步减少，传统的煤炭供应客户北京市和天津市的煤炭公司，多从北京乡镇煤矿和外埠进煤。2007年以后，北京市和天津市的生产生活用煤，基本不再从京煤集团进货。

2010年，京煤集团的煤炭销售除出口外，主要流向河北省、山东省的工业用户和冶金行业的钢铁厂。其中，销往河北省161.56万吨、山东省41.74万吨、冶金系统84.32万吨、化工系统22.08万吨。

煤炭出口

1999年年初，北京矿务局出口煤继续执行中国煤炭工业进出口集团公司代理制。北京矿务局外经处暨中国煤炭工业进出口集团公司北京分公司负责北京矿务局出口煤全面工作，包括合同谈判、装船、结汇、退税等业务。北京矿务局运销处负责北京矿务局出口煤的运输、集港及质量管理。出口煤的生产矿点有门头沟煤矿、木城涧煤矿、大台煤矿、长沟峪煤矿、大安山煤矿5个。出口煤品种有山西1号煤、2号煤、3/4号煤3个，均属于低硫、低磷、低氮的洁净环保用煤。出口煤交货口岸为秦皇岛港、京唐港和天津新港。国外客户主要为日本和韩国。

2000年，京煤集团出口煤打开南美州市场，向巴西出口无烟煤19.44万吨。

2003年1月，昊华能源公司成立，设立出口贸易部，主要负责煤炭出口工作。同年，在中国企业新纪录审定委员会审定的《中国企业新纪录》上，京煤集团2002年创中国无烟煤出口企业出口比例新纪录。

2004年出口无烟煤204.5万吨，占全国出口的32%，创北京生产煤炭出口历史最高水平，为昊华能源公司出口煤量最多的一年。

2005年7月10日，昊华能源公司与韩国浦项制铁签订5年长期供货协议。12月，昊华能源公司出口煤开始自理报检。

2008年4月9日，昊华能源公司与日本国新日铁签订5年长期供货协议。2009年11月，昊华能源公司商品煤开始出口韩国现代制铁。2010年2月，昊华能源公司商品煤开始供应台湾中钢集团。

2010年3月，昊华能源公司出口贸易部与运销部合并，名称为昊华能源公司运销部，运销部的调度管理科具体负责煤炭出口业务。年底，昊华能源公司出口煤外运销售，主要通过火车将煤炭从矿运至港口，煤炭集港装船后运往出口国家和地区。出口港有天津港和京唐港，装船系统的质量设备有除铁器、振动筛，装船时通过皮带运输，装船能力每小时1200吨。

2000年至2010年，京煤集团煤炭共出口到7个国家和1个地区，共出口1554万吨。其中，出口日本976万吨，韩国313万吨，巴西238万吨，法国11万吨，美国2万吨，墨西哥1万吨，委内瑞拉3万吨；销往中国台湾地区10万吨。2009年和2010年，京煤集团无烟煤出口量在中国无烟煤生产企业中均排名第一，京煤集团出口煤创汇量分别为14301.89万美元和30130.45万美元。

煤炭外运

1999年，北京矿务局煤炭销售由矿务局运销部和所在煤矿的运销科负责。销售客户主要是钢铁、化工等工业企业和负责城市生产生活煤炭供应的煤炭公司。煤炭外运方式以铁路运输为主、汽车运输为辅。铁路运输主要是煤炭直供客户，汽车运输主要是矿区附近地销煤炭用户和北京市内及北京周围的天津、河北、山东、辽宁等地用户。1999年，北京矿务局煤炭总销量445万吨，其中铁路运输401万吨，铁路运输占全部销量的90.3%。铁路运输主要通过京广、丰沙等铁路线上通往煤矿的支线，北京矿务局所属煤矿均有标准铁路支线可达，均设有煤炭装火车站台。北京乡镇煤矿没有自备火车站台，煤炭主要靠铁路部门的站台和用户自备运输工具外运，一般采取汽车运输方式。

2000年，北京矿务局煤炭总销量551万吨，铁路运输460万吨，铁路运输占全部销量的83.48%。2001年，京煤集团煤炭总销量625万吨，铁路运输508万吨，铁路运输占81.28%。

2010年，昊华能源公司木城涧煤矿产煤装火车经过三家店站由丰沙线运出，大安山矿产煤装火车后经过良乡站由京广线运出，长沟峪煤矿产煤装火车后经过琉

图7-23　京煤集团出口煤在天津码头装船外运（2008年12月摄）

璃河站由京广线运出。

五、煤炭加工利用

型煤

1999年年初，门头沟煤矿有型煤试验厂生产型煤，品种有方蜂窝煤、圆蜂窝煤、煤球、点火炭。产品规格为：方煤100毫米×100毫米，圆煤直径125毫米，煤球直径35毫米。型煤原料为：50%的无烟煤，由门头沟煤矿供应；30%的烟煤，购自河北省蔚县等地；20%的煤泥黄土。门头沟煤矿型煤厂有职工34人，建筑面积3572平方米，固定资产原值100万元，有蜂窝煤成型机、破碎机、混砂机、车床、汽车等设备20台（套）。2000年，门头沟煤矿停产，进入破产程序，型煤试验厂随门头沟煤矿破产关闭，人员分流，设备变卖。

1999年年底，木城涧煤矿在王平村筹建型煤厂，利用矿自产末煤生产蜂窝煤，投资400万元，设计年生产能力10万吨，有员工80人。主要生产工序有制备、成型、烘干、包装，产品用于小型工业炉窑、家用暖气炉等。2002年，煤炭市场好转，原煤价格提高，煤矿生产煤炭直接销售，不再供应型煤原料。型煤厂停止生产，人员在木城涧煤矿内分流。

2009年，门头沟区人民政府通过《建设门头沟山区农民型煤加工基地项目实施方案》。投资2600万元，在清水镇洪水峪村关闭的西宝煤矿建立北京西宝惠民型煤加工厂，以关闭煤矿的存煤为原料，生产蜂窝煤，在7个山区乡镇建立销售网点。2010年8月，工程全部完成。加工厂占地30亩，年生产型煤能力10万吨。型煤供应覆盖清水、斋堂、雁翅、王平、妙峰山、军庄、潭柘寺7个镇，服务人口约6.1万人。当年生产型煤2.2万吨。

煤化工

1999年，杨坨煤矿腐殖酸钠厂以风化煤生产腐殖酸。2000年杨坨煤矿停产，进入破产程序，腐殖酸钠厂随杨坨煤矿破产而关闭。

1999年年初，门头沟煤矿的化肥原料厂生产炭化煤球，供应化肥厂做生产化肥原料，员工124人。生产出的炭化煤球为厂造气型煤，以粉煤加工成椭圆形，规格30毫米×40毫米×50毫米，代替块煤使用。销售对象主要是联合投资建厂的大兴化肥厂、北京华飞化工总公司及乡镇小化肥厂。由于化肥厂不能正常生产，造成门头沟煤矿化肥原料厂生产的炭化煤球积压，只得供应当地居民燃用。燃用炭化煤球比原煤洁净，易储存，发热量高，居民踊跃购买。2000年，门头沟煤矿停产，进入破产程序，生产炭化煤球失去原料来源，化肥厂停产，后随门头沟煤矿破产而关闭。

水煤浆

1999年年初，北京矿务局水煤浆示范厂设计年生产能力25万吨，有员工125人，建筑面积 17835 平方米。生产的水煤浆为煤水混合物，由 60% ~ 70% 的煤与 30% ~ 40% 的水和少量添加剂组成，具有流动性和稳定性高的特点，适于罐装和管道储运，燃烧后低灰低硫，为洁净煤产品，每 2 吨水煤浆可替代 1 吨石油燃烧。用户使用水煤浆需改造燃煤锅炉设备。产品主要供造纸一厂使用。生产水煤浆的原料煤购自山西烟煤，添加剂采用南京大学生产的 NDF 系列添加剂。其生产工艺为，原料煤经洗选、降灰、脱硫、研磨、分级、脱水，与添加剂和调浆水混合，搅拌成浆，输入储浆罐，运出销售。整个生产过程实行计算机监控。制浆设备主要由国外进口，其中较大设备有球磨机、药剂泵、过滤机等；洗煤设备均为国产，其中较大设备有跳汰机、浮选机、压滤机、离心机、提升机等；化验设备有进口的马尔文激光粒度分析仪、布林仪等。从建厂到 1999 年年初，水煤浆示范厂除使用瑞典政府无息贷款 600 万美元外，总计投资 1.03 亿元。其中，建筑投资 3780 万元，安装投资 569 万元，设备投资 2665 万元，其他投资 3320 万元。

2003 年，水煤浆示范厂进行技术改造，投资 500 万元安装大球磨机。2005 年，投资 100 多万元安装一台燃烧水煤浆示范锅炉。2007 年，水煤浆示范厂改制为京煤集团所属北京市京浆工贸有限公司（以下简称京浆公司）。2010 年，京浆公司生产水煤浆 2.36 万吨，洗精煤 7.79 万吨。

1999 年至 2010 年，京浆公司共生产水煤浆 76.26 万吨，洗精煤 129.11 万吨。生产水煤浆最高年份为 2005 年，产量 14.39 万吨；生产洗精煤最高年份为 2001 年，产量 18.81 万吨。

1996 年水煤浆示范厂成立至 2010 年，京浆公司共生产水煤浆 76.68 万吨，洗精煤 129.12 万吨。

煤转电

1999 年年初，北京矿务局王平村煤矸石热电厂占地面积 3.23 万平方米，建筑面积 1.97 万平方米，发电机容量 2.4 万千瓦。配备 1 台 1.2 万千瓦抽汽式机组，1 台 1.2 万千瓦蒸汽式机组，4 台 35 吨沸腾燃烧锅炉。固定资产原值 1.29 亿元，净值 1.14 亿元。2000 年 12 月，京煤集团与中国华融资产管理公司、中国信达资产管理公司共同出资组建债转股企业北京昊煜工贸有限责任公司，北京矿务局煤矸石热电厂划归北京昊煜工贸有限责任公司。2001年 8 月 17 日，更名为北京昊煜工贸有限责任公司煤矸石热电厂。2003 年 8 月，在全国煤矸石利用先进单位表彰会上，北京昊煜工贸有限责任公司煤矸石热电厂被评为全国煤矸石综合利用先进单位。21 世纪初，国家调整产业政策，提高环保标准，北京昊煜工贸有限责任公司煤矸石热电厂经营亏损。2009 年 4 月 21 日，热电厂停产，人员分流到京煤集团所属单位。从 2001 年至 2009 年 4 月，北京昊煜工贸有限责任公司煤矸石热电厂总计发电 18亿千瓦时，消耗劣质煤和煤矸石 206.20 万吨，其中煤矸石 121.54 万吨。

煤矸石制砖

2002 年 4 月 30 日，京煤集团在门头沟区的杨坨建设一条"煤矸石建筑材料装饰一体砖生产线"，总投资 3500 万元，设计年生产能力 6500 万块折标砖。随后，又在门头沟区的王平村建设一条煤矸石砖生产线，设计年生产能力 5500 万块折标砖。两条生产线均采用隧道窑方式干燥、焙烧，采用计算机控制，是当时国内较为先进的煤矸石砖自动生产线。

2003 年 1 月，京煤集团以杨坨生产线为基础注册成立北京昊泰建筑材料有限公司，以王平村生产线为基础，注册成立北京昊星建筑材料有限责任公司。两公司以利用煤矿采煤过程中排放的工业固体废弃物煤矸石为主要原料，研发、生产、销售烧结建筑砌体材料，主要产品有烧结空心砖、多孔承重砖、普通标准砖。

2004 年 3 月 16 日，京煤集团将北京昊星建筑材料有限公司与北京昊泰建筑材料有限公司合并重组为新的北京昊泰建筑材料有限责任公司（以下简称昊泰建材公司）。昊泰建材公司注册资金 7000 万元，设计年生产能力 1.2 亿块折标砖。按年设计生产能力计算原料消耗，可年利用煤矸石 28 万吨，减少煤矸石占地 7.7 亩，减少制砖用土 26 万立方米，相当于少毁耕地 90 亩。昊泰建材公司产品经北京市建筑材料质量监督检测站检测，符合指标规定，具有良好的生态功能、优良的保温隔热功能，使用周期长，承载力大，产品寿命终结后可分离复用；产品的湿传导性好，可更好地调节建筑物内的温度、湿度，使居住环境更为舒适。

2004 年，昊泰建材公司生产矸石砖 7037 万块，年经营收入 1339.70 万元。2006 年，生产矸石砖 1.2 亿块，为公司历史最高年产量。2008 年，昊泰建材公司生产煤矸石折标砖 1.06 亿块，经营收入 2491.50 万元，获利润 5.80 万元。

2010 年，昊泰建材公司生产矸石砖 9946.25 万块。公司先后获得 ISO 9001 质量管理体系认证和中国建材流通协会颁发的质量、服务、信誉 AAA 级企业称号，公司产品先后获得中国建材流通协会颁发的全国受保护重点推荐使用建材产品证书，被中国建材流通协会认定为中国绿色、环保、节能产品。公司先后攻克"高钙煤矸石烧结砖消除石灰爆裂"和"全煤矸石（无页岩）制砖"等技术难题，产品质量一直处于北京市煤矸石制砖领域前列。

2004 年公司投产至 2010 年，昊泰建材公司总计生产折标砖 7.02 亿块，消耗煤矸石约 160 万吨（按年均消耗 20 万吨计算）。

第五章 电力工业

清光绪十四年（1888年），清宫廷在西苑（今中南海）安装了北京第一台发电机组，容量15千瓦。1905年，清政府创办京师华商电灯股份有限公司。

1949年至1956年，在恢复性检修基础上，北京电力建设开始起步。1957年至1969年，北京大规模电力建设全面展开，高温高压火力发电机组投入运行，110千伏电网形成环网。1970年至1979年，大容量火电机组增多，永定河水系梯级电站出现。1980年至1990年，随着国民经济迅速发展和人民生活水平提高，用电负荷急剧增长，北京电力工业步入快速发展的轨道。1999年至2010年，北京电力工业为适应经济发展以及北京奥运会和国庆60周年等大型活动对电力负荷增长和高标准电力保障的要求，向安全、节能、绿色全面发展，整体水平上了新台阶。

1999年9月20日，由北京国际电力开发投资公司及其所属的北京市石景山热电厂和中国华北电力集团公司发起成立北京京能热电股份有限公司（京能集团）。京能集团是北京地区主要的热电供应单位，也是北京地区电力负荷的支撑电厂，年发电量52亿千瓦时。北京电力工业发展主要依托中国华北电力集团公司北京供电公司和京能集团两大企业的推动。2004年3月，北京供电公司更名为北京电力公司，成为华北电力集团公司授权经营、独立核算的分公司，由国家电网公司按省公司直接管理，负责北京地区的电力供应、销售和输电、变电、配电设施的建设和运行，肩负着为党中央、国务院安全供电和保证北京政治活动安全供电的任务。2008年1月，北京电力公司依据《中华人民共和国公司法》登记注册为有限责任公司，成为独立法人企业，名称由北京电力公司变更为北京市电力公司，出资方为华北电网有限公司，注册资本24亿元。进入新世纪，大唐国际发电股份有限公司北京高井热电厂、北京京能热电股份有限公司、华能北京热电有限责任公司等发电企业加大投入，强化技术改造，烟尘排放浓度低于北京市环保标准（100毫克/立方米），为北京环保事业做出贡献。

1999年，北京继续实施"9950工程"，累计增加变电容量711万千伏安，保证了国庆50周年活动安全供电。新建昌（平）房（山）总长80.62公里的500千伏输电线路工程。2001年至2010年8月，全市完成长安街等近400公里长的架空线入地工程。2003年至2004年，新增或变更架空35千伏输电线路107条，总长486.46公里，为西部、北部山区居民用电和旅游业发展提供了动力保障。2006年，北京市电力公司投资221亿元，组织实施"迎奥运电力强网 0811 工程"。奥运比赛场馆及重要配套设施均实现来自不同方向电源的多路供电方式，供电能力提升 33%，户均停电时间由 5.41 小时减少至 3.64 小时。2008 年 5 月，北京鹿鸣山官厅风电场投产发电，全网风电装机容量达 10.05 万千瓦。京能热电投资的以风力和燃气为主要能源的清洁、环保能源发电项目，即国华能源公司和京丰燃气发电项目投入生产。2008 年至 2010 年，投资 46.04 亿元，配套新开通 13 段城市轨道交通线路。2009 年 6 月，华北电网将北京地区 220 千伏环网及统调发电厂调度权下放至北京市电力公司市调。同年，北京地区供电量为 716.60 亿千瓦时，其中联络线受电 653.79 亿千瓦时，外送 152.39 亿千瓦时，净受电 501.10 亿千瓦时，本地区发电 215.50 亿千瓦时，北京电网外受电比例为 69.92%。2010 年，北京市电力公司建成统一的输电、电缆、变电智能运行管理平台和智能调度系统，提升大电网运行管控能力和网厂协调能力。

2001 年至 2010 年，实施东城区、西城区内文物保护区"煤改电"工程，完成 17.8 万户居民的"煤改电"改造工作。2007 年，北京市电力公司投入 1.4 亿元专项资金用于新农村电气化示范工程的建设与改造，截至 2010 年，共建成 8 个新农村电气化区县、100 个新农村电气化乡镇和 1500 个新农村电气化村。2010 年，居民用电客户 583.75 万户，占全部用电客户的 93.50%，用电量 139.33 亿千瓦时。

2010 年，北京地区有统调电厂 21 座，机组 136 台，总装机容量 5893.872 兆瓦，其中火电厂（含燃气）11 座，发电机组 36 台，装机容量 4731.6 兆瓦；水电厂（含抽水蓄能）6 座，发电机组 18 台，装机容量 1013 兆瓦；风电厂 1 座，发电机组 76 台，装机容量 114 兆瓦；垃圾及沼气电厂 3 座，发电机组 6 台，装机容量 35.272 兆瓦。上述发电厂分属于大唐国际发电股份有限公司、国华集团、华能集团、华电公司、北京能源投资集团、国网新源控股有限公司 6 家独立发电集团。北京市电力公司有职工 8638 人，设 16 个职能部门，下辖 16 个区域供电公司，201 个供电所，17 个运行单位，年售电量 715.84 亿千瓦时，固定资产投资 66.25 亿元，资产总额 677.74 亿元，城市供电可靠率 99.98%，城网综合电压合格率 99.71%。北京市电力公司开始独立编制北京区域内统调电厂年度发电量计划、实施购电管理。

图7-24 2006年9月28日，迎奥运电力强网"0811工程"启动仪式

第一节 发 电

一、发电机组建设

1998年，北京发电装机总容量412.80万千瓦，其中，火力发电厂8座，发电装机容量274万千瓦；水力发电厂6座，装机总容量98.3万千瓦，扩建、新建企事业自备发电厂发电装机容量40.85万千瓦。

1998年，华能北京热电厂（2003年12月更名为华能北京热电有限责任公司）1、2、3号机组建成投产。1999年6月，4号机组建成投产，电总装机容量770兆瓦。4台燃油尖峰热水炉同步建设投产。当年发电量3082195.72兆瓦时。2002年11月，增加1号、2号尖峰加热器，提高全厂供热能力。2003年12月，由于外供工业用汽用户的外迁，为提高1号、2号机组热效率，建成投产1号、2号机组的后置机，总装机容量增加到845兆瓦。同年，"火力发电厂城市污水回用技术"获2002年度北京市科学技术进步奖二等奖。2005年3月，4台燃油尖峰热水炉改造为燃气尖峰热水炉。2006年12月和2007年12月，1至4号机组脱硫和脱硝系统分别全部投入运行。2008年7月，二氧化碳捕集示范装置投运，11月增加1台0号尖峰加热器。同年，"火电厂超大跨干煤棚设计与施工新技术及工程应用"获2007年度中国电力科学技术奖二等奖。2009年，"'烟塔合一'技术在火力发电厂的研究及应用"获2008年度中国电力科学技术奖二等奖。2009年8月5日，华电（北京）热电有限公司将4台共20万千瓦燃油发电机组关停，4台机组的主厂房作为北京市重要工业遗产加以保护。2010年8月，由市发展改革委核准"华能北京燃机'二拖一'924兆瓦调峰供热工程"开工建设。截至2010年年底，拥有四台德制830吨/时直流锅炉、两台俄制165兆瓦的双抽汽轮发电机组、两台俄制220兆瓦的单抽汽轮发电机组和一台国产75兆瓦的后置汽轮发电机组，四台418吉焦/时供热尖峰热水炉，三台209吉焦/时尖峰加热器，并有一套"二拖一"燃气—蒸汽联合循环热电联产机组在建。同年，"燃煤电厂3000吨/年二氧化碳捕集装置自主研发及工程示范"获2009年度中国电力科学技术奖一等奖。

1999年5月12日，北京大唐发电股份有限公司高井发电厂（2004年4月20日，更名为大唐国际发电股份有限公司北京高井热电厂）7号炉电除尘器完善化改进工程竣工，投资1.8亿元的8台炉电除尘器改造工程全部完成。改进后的电除尘器除尘效率均达到99.5%以上，结束高井发电厂38年浓烟排放历史。同年，该厂发电29.54亿千瓦时，实现工业总产值7.43亿元。2003年8月至2005年10月，完成机组通流改造的一期、二期供热工程，供热能力达到1200万平方米，成为北京西部的重要热源点，直接为中央军委、钓鱼台国宾馆、国家发展改革委等重要用户供热，是国内环保设备种类较齐全、技术较先进、同类指标较优的绿色环保型电厂。2004年4月至2006年12月，组织实施1—8号炉脱硫工程。该工程全部采用石灰石—石膏湿法脱硫。完工后，1—4号锅炉烟气脱硫效率99.0%，烟尘排放浓度≤15毫克/立方米；5—8号锅炉烟气脱硫效率98.6%，烟尘排放浓度≤25毫克/立方米。脱硫效率高于设计效率（96%），烟尘排放浓度低于北京市环保标准（100毫克/立方米）。2005年4月至2007年6月，电厂陆续对8台锅炉进行除尘器改造，将电除尘器全部改造为布袋除尘器。2007年1月10日至2008年3月23日，完成8台燃煤锅炉（其中4台220吨/时，4台410吨/时）的烟气脱硝工程，该工程安装有采用选择性催化还原法（SCR）脱硝装置以及与之配套的回转式空气预热器，并完成相关烟风道的改造。2010年电厂分别对1—8号锅炉脱硝系统进行第三层催化剂加装工作，脱硝效率由80%左右提高至85%～90%，氮氧化物排放浓度由70～100毫克/标准立方米降低至40～70毫克/标准立方米，确保了氮氧化物排放达标。1999年至2010年，高井热电厂共斥资近20亿元对主发电设备和附属生产设备进行大规模技术革新升级和环保改造。2000年至2009年，该厂1、2、3、4号机组多次获全国、北京市火电100～115兆瓦机组竞赛年度赛一、二、三等奖。2010年，该厂获北京市中国移动G3杯第五届发明创新大赛火力发电厂高硫煤下烟气脱硫提效剂研究金奖和火力发电厂高硫煤下烟气脱硫提效剂研究职工技术创新奖，火力发电厂高硫煤下烟气脱硫控制方法探索与研究获北京市第二十五届企业管理现代化创新成果二等奖。

1999年，国网新源控股有限公司北京十三陵蓄能电厂按照电力部要求，加大投入，进行技术改造，增加设备报警自动寻呼功能，同时为改善洞内值守人员的工作条件，将地下控制室移出洞外，实现由网调进行的遥控、遥调（AGC）、遥测、遥信的功能，成为华北电网首家实现"四遥"功能的电厂。2000年1月，该厂实现了"无人值班"（少人值守）运行方式，即运行人员由原来在厂房内值守转移到厂房外控制室值守。2000年5月5日，该厂4号机组发出电能提供给石景山电厂作为厂用负荷，完成石景山电厂机组启动试验，该项目获北京市科学技术二等奖。2000年，该厂获国家电力公司授予的一流水力发电厂称号。2002年9月，该厂增加运行数据自动录入MIS系统、手机电话语音报警系统等，以确保电厂正常运行和人员安全。2006年，该厂与华北电网有限公司、国网南京自动化研究院三家单位联合进行大型抽水蓄能电站计算机监控系统国产化研究，在该厂4号发电机组成功应用。该项目填补了中国大型抽水蓄能电站计算机监控系统的空白，获国家电网公司科技进步一等奖、中国电力科学技术奖二等奖。2006年，该厂"大型抽水蓄能电站计算机监控系统国产化技术研究"获国家电网公司科技进步一等奖。2010年，该厂"适用于大型抽水蓄能电站的新型同期装置研究及应用项目"获第四届北京发明创新大赛金奖。

2000年至2003年，北京京能热电股份有限公司为减少粉尘排放、改善周边地区大气环境，对1—4号机组静电除尘器进行技术改造，由最初的三电场改造为五电场，改造后粉尘排放达到50～100毫克/标准立方米，降低了大气污染。2002年至2003年，投资76.9

万元，实施循环冷却水加酸工程项目，循环水浓缩倍率由 1.5 提高到 3.0，项目获 2003 年度华北电网科技成果推广应用二等奖。2003 年，投资 298 万元，进行化学予脱盐设备改造工程，化学自用水源由大河水改为工业循环水，年节水量 130 万立方米。2003 年至 2007 年，实施 1—4 号除尘器干除灰改造工程，对四台炉干灰系统设备进行改造，采用双套管内旁通式素流输送技术，增加干灰输送的可靠性和安全性，改善系统的环境，降低设备泄漏等造成的环境污染，实现灰渣 100% 综合利用，每年可节约水资源 400 万立方米，节约水费 716 万元，减少灰渣堆放约 30 万吨。2005 年至 2006 年，该厂实施的输煤粉尘治理工程完工后，每年防止燃煤流失近 1500 吨，节约水费 50 余万元，改善了环境。2006 年至 2007 年，该厂分两次投资 1500 万元，完成"循环排污水回收利用"项目。运行后根据循环水平衡计算，可处理循环排污水量 570 吨 / 时，出水 360 吨 / 时。

2006 年 3 月 25 日，华电（北京）热电有限公司燃气热电工程开工建设。该工程位于丰台区卢沟桥乡郑常庄，年发电量约 19 亿千瓦时，供热面积 1200 万平方米。工程由中国华电集团公司投资，华电（北京）热电有限公司负责建设和运营。

2006 年至 2008 年，华电集团投资 2.9 亿元，实施北京奥运会前倒排工期第 212 号折子工程，即"1—4 号炉脱硝技改工程"，采取炉内低氮燃烧与炉

图 7-25 2006 年 3 月 25 日，华电（北京）热电有限公司燃气热电工程开工建设

后 SCR 型烟气脱硝相结合的改造策略，工程完成后，达到北京市环保标准，符合奥运要求。2007 年，投资 1350 万元对 4 号炉电除尘器进行改造后，粉尘排放浓度为 21 毫克 / 标准立方米。2007 年至 2008 年，对 1—4 号机组锅炉燃烧器改造后，锅炉氮氧化物排放浓度下降幅度 45% ～ 60%，燃烧效率提高 1 个百分点左右，降低供电煤耗约 4 克 / 千瓦时，年节约标煤约 1.8 万吨。2008 年 7 月，该厂 4 号机组和 1 号机组分别获全国火电 200 兆瓦级机组竞赛（2007 年度）特等奖、二等奖。同年，投资 2800 万元，对 1 号、3 号炉电除尘器进行改造后，平均粉尘排放浓度分别为 10.5 毫克 / 标准立方米、7 毫克 / 标准立方米。2010 年 5 月，对 2 号炉电除尘器进行电袋复合式除尘器改造，排放浓度 7 ～ 11 毫克 / 标准立方米，符合北京市 20 毫克 / 标准立方米的排放标准。

2008 年 5 月 21 日，由京能集团控股、北京京能清洁能源电力股份有限公司全资投建的子公司北京鹿鸣山官厅风电场一期 33 台风机首次并网发电，容量为 4.95 万千瓦，升压至 110 千伏，经鹿康线接入北京市电网。2009 年，分批次扩建 10 台延庆低风速项目、二期 33 台及二期加密 24 台，共计 10.05 万千瓦，同时增加一台 10 万千瓦容量的变压器，共同接入 110 千伏鹿康线电网。

2009 年，北京一热电厂开展区域替代发电工作，由 200 兆瓦机组代替 2008 年正式退役的原二热电厂 50 兆瓦燃油机组，发电量 3.14 亿千伏安，占全年发电量计划的 1.57%。同年，京能热电被中国电力质量管理协会评为全国电力行业 QC 小组活动优秀企业。

2009 年，北京市开展节能发电调度工作，绿色能源和再生能源发电节约标煤 10.08 万吨，减少二氧化碳排放 26.22 万吨，减少二氧化硫排放 2420 吨，减少氮氧化物排放 705 吨。2010 年，全市发电厂厂用电率（发电厂自己消耗的电量占所发出电量的百分比），由 1998 年的平均 8.20% 降至 6.05%，全市每供 1 千瓦时电力所消耗的标准煤下降到平均 282 克 / 千瓦时，降低煤耗达 94 克 / 千瓦时。

2010 年年底，北京地区共有发电厂 21 座，发电机组 136 台，总装机容量 5893.87 兆瓦。其中，华北网调所辖发电厂 1 座，发电机组 4 台，装机容量 800 兆瓦；北京市调所辖发电厂 15 座，发电机组 55 台，装机容量 5058.68 兆瓦；地区调度所辖地方电厂 4 座，发电机组 8 台，装机容量 41.3 兆瓦。市调所辖发电厂中统调发电厂 7 座，发电机组 25 台，装机容量 4525.7 兆瓦；地方电厂 8 座，发电机组 30 台，装机容量 620.9 兆瓦；地方电厂（含企业自备电厂）12 座，发电机组 33 台，装机容量 597.7 兆瓦。2010 年年底，北京地区较大的发电厂分属于 6 个独立的发电集团（公司），即十三陵蓄能电厂（国网公司新源公司）、高井发电厂（大唐集团）、高碑店发电厂（华能集团）、郑常庄第二热电厂（华电公司）、第一热电厂（国华集团）、石景山热电厂、第三热电厂、北京太阳宫燃气热电有限公司（北京能源投资集团）。

2010年北京电网统调电厂一览表

7-29表

电厂名称	所属分区	电压等级（千伏）	机组编号	机组类型	机组容量（兆瓦）
华能北京热电有限责任公司	通安兴分区	220	1	燃煤	165
			2	燃煤	165
			3	燃煤	220
			4	燃煤	220
			5	汽机	78
大唐国际发电股份有限公司北京高井热电厂	门昌分区	110	1	燃煤	100
			2	燃煤	100
			3	燃煤	100
		220	4	燃煤	100
			5	燃煤	100
			6	燃煤	100

电厂名称	所属分区	电压等级 （千伏）	机组编号	机组类型	机组容量 （兆瓦）
神华国华国际电力股份有限公司 北京热电分公司	城顺朝通分区	110	1	燃煤	200
			2	燃煤	200
北京京能热电股份有限公司	门昌分区	220	1	燃煤	220
			2	燃煤	220
			3	燃煤	220
			4	燃煤	220
北京太阳宫燃气热电有限公司	城顺朝通分区	220	1	燃气	240
			2	燃气	240
			3	汽机	300
华电（北京）热电有限公司	门昌分区	220	1	燃气	173
			2	汽机	81
			3	汽机	81
			4	燃气	173
北京京丰燃气发电有限责任公司	兴房门分区	220	1	燃气	409.7

2010年北京电网地方电厂一览表

7-30表

电厂名称	机组编号	机组类型	机组容量 （兆瓦）	总装机容量 （兆瓦）	电压等级 （千伏）
京西发电有限责任公司水电分公司官 厅水电站	1	水电	10	30	110
	2		10		
	3		10		
京西发电有限责任公司水电分公司下 马岭水电站	4	水电	65	65	110
京西发电有限责任公司水电分公司下 苇甸水电站	5	水电	15	30	110
	6		15		
北京华电水电有限公司（密云）	1	水电	11	82	110
	2		11		
	3		15		
	4		15		
	5		15		
	6		15		

（续表）

电厂名称	机组编号	机组类型	机组容量（兆瓦）	总装机容量（兆瓦）	电压等级（千伏）
华润协鑫（北京）热电有限公司	1	燃机	60	150	110
	2	燃机	60		
	3	汽机	15		
	4	汽机	15		
北京鹿鸣山风力发电厂	1—76	风电	1.5	114	110
北京高安屯垃圾焚烧有限公司	1	垃圾焚烧	15	30	110
	2	垃圾焚烧	15		
北京正东电子动力集团有限公司	1	燃机	40.6	118	10
	2	燃机	40.6		
	3	汽机	38.7		
北京昊煜工贸有限责任公司	1	火电	12	24	35
	2	火电	12		
北京科利源热电有限公司	1	火电	6	12	110
	2	火电	6		
威立雅资源利用（北京）有限公司	1	垃圾焚烧	1.572	3.14	10
	2	垃圾焚烧	1.572		
北京德青源农业科技股份有限公司沼气发电厂	1	沼气	1.064	2.128	10
	2	沼气	1.064		

二、发电量

1999年，京能热电发电厂和高井发电厂共发电79.12亿千瓦时。2009年，北京市电力公司电网主力电厂共发电215.50亿千瓦时。其中燃煤机组平均利用小时数5425小时，燃气机组平均利用小时数3460小时。各地方电厂发电量为9.74亿千瓦时，自备厂发电量19.56亿千瓦时。2009年，北京市电力公司市调正式调度管理区域内的7座统调电厂，共完成发电量205.602亿千瓦时，原调度的地方电厂共完成发电量14.2928亿千瓦时，合计完成发电量219.8948亿千瓦时，统调电厂和地方电厂发电量分别占总发电量的93.5%和6.5%。2010年，京能热电发电厂和高井发电厂共发电97.44亿千瓦时。

1999—2010年北京地区发电量统计表

7-31表　　　　　　　　　　　　　　　　　　　　　　　　　　　　　单位：亿千瓦时

年份	总计	水电	火电	风电
1999年	171.96	9.41	162.55	—
2000年	188.71	9.22	179.49	—

（续表）

年份	总计	水电	火电	风电
2001年	176.34	2.43	173.91	—
2002年	183.42	4.56	178.86	—
2003年	194.15	6.33	187.52	—
2004年	189.00	3.21	185.79	—
2005年	213.66	4.01	209.65	—
2006年	211.18	4.13	207.05	—
2007年	226.78	4.17	222.60	—
2008年	247.82	4.18	242.76	0.88
2009年	246.42	4.28	239.67	1.37
2010年	269.73	4.23	262.44	3.06

说明："—"表示没有生产。

北京京能热电股份有限公司

1919年8月，京师华商电灯股份有限公司投资在京西永定河边选址兴建电厂。1921年10月名称为石景山发电分厂。1949年11月1日更名石景山发电厂，位于石景山区广宁路10号。1980年，在原石景山发电厂基础上成立石景山发电总厂。1985年，更名为石景山热电厂。1999年，发电量48.45亿千瓦时。1999年9月20日，由北京国际电力开发投资公司所属北京市石景山热电厂和中国华北电力集团公司所属北京石景山发电总厂的经营性资产为主要发起资产，与北京市综合投资公司、北京电力设备总厂、北京变压器厂共同发起成立北京京能热电股份有限公司，为北京市最大发电企业。注册资本4.73亿元，占地面积112.19万平方米，建筑面积16.18万平方米。2010年，公司有职工1396人，其中高级职称38人，中级职称97人，初级职称307人。固定资产10.29亿元。发电量50.29亿千瓦时，总产值19.43亿元，实现利润3.40亿元，上缴税金1.85亿元。

大唐国际发电股份有限公司北京高井热电厂

1959年9月8日建立，为石景山发电厂所属高井电站，1961年1月投产发电。位于石景山区高井村西侧，厂区占地面积26.68万平方米，主厂房建筑面积4.3万平方米。1976年，总装机容量60万千瓦。1980年7月，改称石景山发电总厂高井发电厂。1994年与石景山发电总厂分离，加入北京大唐发电股份有限公司，取名为北京大唐发电股份有限公司高井发电厂。2004年4月20日，更名为大唐国际发电股份有限公司北京高井热电厂。2010年，该厂有职工1460人，其中专业技术人员123人。发电33.03亿千瓦时，供热量684.65万吉焦，实现工业总产值12.48亿元，税金5177.44万元，固定资产2.73亿元。

华能北京热电有限责任公司

1991年1月21日成立，前身为华能北京热电厂。位于朝阳区高碑店路南，占地面积99.23万平方米，建筑面积20.09万平方米。2003年12月，更名为华能北京热电有限责任公司，属中外合资经营企业。三方股东及出资比例为：华能国际电力开发公司41%，北京国际电力开发公司34%，中国华能集团香港有限公司25%。2006年6月，股东北京国际电力开发公司将所持有的华能北京热电有限责任公司34%股权转让给北京京能国际能源股份有限公司。2009年5月，股东华能国际电力开发公司将其持有的华能北京热电有限责任公司41%股权转让给华能国际电力股份有限公司。该公司担负北京市10%的供电、70%的供气和30%的集中供热任务，是北京市重要的电源热源支撑点。2010年，公司有职工584人，其中具有中级及以上专业或职业资格的职工328人。发电4704248.69兆瓦时。固定资产21.09亿元，总产值22.14亿元，实现利润2.45亿元，上缴税收2.10亿元。

国网新源控股有限公司北京十三陵蓄能电厂

1996年成立，位于昌平区创新路2号院，办公及生产性用地面积94.94万平方米。1999年发电量7.01亿千瓦时。1999年至2007年，该厂隶属于华北电网有限公司。2008年1月1日划归国网新源控股有限公司。2010年，该厂有职工135人，其中专业技术人员104人。有固定资产8.6亿元。发电量4.04亿千瓦时，实现工业总产值2.74亿元。

北京高安屯垃圾焚烧有限公司

2003年5月26日建厂，位于朝阳区高安屯北街2号院，占地面积4.6公顷。属中外合资企业，投资方为美国金州集团有限公司、北京金州工程技术有限公司、北京国朝国有资产运营有限公司、北京华联达环保能源技术开发有限公司。2008年7月28日锅炉点火。2009年2月25日2号汽轮发电机组并网发电，6月1日进入商业试运行，至年底发电1.08亿千瓦时。2010年12月21日完成工程竣工验收，当年发电2.19亿千瓦时。2010年，有职工115人，固定资产7.65亿元，总资产10.28亿元，实现利润1702.98万元，享受所得税免征政策缴纳营业税金及附加12.67万元。

第二节　电网建设

一、电网工程建设

1997年，北京电力工业实施对首都电网大规模建设改造的"9950工程"。1999年完成综合投资46亿元，重建110千伏及以上变电站25座，输电线路30条。改造工程集中对老君堂、王四营、知春里、八里庄等供电能力不足的 220 千伏变电站增容改造，主变压器从 12 兆伏安增容至 180 兆伏安。改造了天安门、中南海等重要客户的配电系统，新建旗东开关站、旗西开关站，为天安门广场地区提供电源，更换广场开关站、人大北开关站、人大南开关站高低压设备，对居民原有用电实施增容，基本解决了北京城市核心区用电负荷问题。1999 年，北京电网经受住百年不遇的高温考验，用电负荷达到 609 万千瓦。

1998 年 6 月，市计委同北京供电公司编制 1998 年至 1999 年农村电网建设与改造项目方案。截至 2010 年年底，北京农网建设与改造工程完成投资 11.97 亿元，完成投资占总投资的 96%。竣工投运 110 千伏变电站 6 座，改造 110 千伏变电站 6 座，变电容量 779 兆伏安。新建 110 千伏输电线路 97.7 公里。竣工投运 35 千伏变电站 5 座，改造 35 千伏变电站 5 座，变电容量 98.2 兆伏安。新建 35 千伏输电线路 115.3 公里。加装、更换配电变压器 7350 台，变电容量 1106 兆伏安。新建、更换 10 千伏配电线路 398.3 公里，改造农村低压线路 5300 公里，新建农村配电室 1000 座。

1999 年，北京电力工业新建昌（平）房（山）500 千伏输电线路工程，总长 80.62 公里。2000 年，新建 500 千伏输电线路工程 5 条，总长 341.343 公里。2001 年，新建万顺二 500 千伏输电线路工程，总长 77.01 公里。2002 年，新建房保 500 千伏输电线路工程，总长 17.67 公里。2003 年 12 月 28 日，500 千伏顺义变电站至市区 220 千伏西大旺变电站的输变电线路全线竣工，可长距离输送电力约 100 万千瓦，全部投资 4 亿多元。2006 年至 2010 年年底，新建 500 千伏输电线路工程 6 条，工程总长 223.91 公里。

图 7-26　1999 年，北京供电公司实施"9950 工程"中长安街架空线路入地工程，向隧道内敷设 220 千伏电缆

2006 年，根据 2008 年北京奥运会电力负荷增长和高标准电力保障要求，北京市电力工业组织实施迎奥运电力强网"0811 工程"，投资 221 亿元。到 2007 年年底，新增 4 座 500 千伏变电站，增加容量 960 万千伏安；建设 20 座 220 千伏变电站，增加容量 857 万千伏安；建设 67 座 110 千伏变电站，增加容量 680 万千伏安。奥运比赛场馆及重要配套设施均实现来自不同方向电源的多路供电方式，供电能力提升 33%，户均停电时间为 5.41 小时，减少 3.64 小时。奥运配套工程建设内容包括：新建配套 2 座 220 千伏变电站、4 座 110 千伏变电站、奥运中心区电力隧道和 110 千伏架空入地工程、24 个奥运场馆及配套设施外电源工程、奥运场馆周边 59 条道路和 5 座桥梁改扩建相关 10 千伏架空线入地工程；电网平安工程，新建 3 座 500 千伏变电站，新建 12 座、扩建 7 座 220 千伏变电站，新建 67 座、

改扩建17座110千伏变电站；电网应急工程，新建1座500千伏变电站，新建7座、扩建2座220千伏变电站。完善远郊区县开闭站的电源，对城镇地区、县城和城近郊区的10千伏架空线路及设备实现全绝缘化，改造运行15年以上的老旧刀闸室、π接箱等10千伏设备，更换故障率高的10千伏架空公用路出站及过线油纸绝缘电缆等。

2007年夏，电力工业实施电网可靠性提升工程56项，总投资18.3亿元。工程建成后，北京城北部、南部和奥运村、望

图7-27　2006年，北京电力公司进行飞艇放线施工

京、玉泉营等地区的220千伏电网安全运行水平大为提升。2007年，北京先后完成赵登禹路、西单北大街等17条主要街道的架空线入地工程，改造线路近22公里，敷设电缆近200公里，拔掉线杆千余根。至2010年8月31日，共完成近400公里长的架空线入地工程。

1999—2010年北京电力系统架空线入地工程情况一览表

7-32表

时间	工程名称	性质	拆杆（根）	长度（公里）	起止点
1999年	长安街架空线入地工程	"9950"工程	125	5	天安门周边地区
	平安大街架空线入地工程	"9950"工程	125	5	官园桥—东四十条
	阜外大街架空线入地工程	"9950"工程	65	2.5	阜成门—甘家口
	朝内大街架空线入地工程	"9950"工程	65	2.5	朝阳门桥—东四
	西外大街架空线入地工程	"9950"工程	65	2.5	西直门—西苑饭店
	前三门大街架空线入地工程	"9950"工程	75	3	前门—宣武门
	西单大街架空线入地工程	"9950"工程	50	2	西单南口—西单北口
2000年至2002年	两广大街架空线入地工程	—	125	5	广渠门—广安门
	金宝街架空线入地工程	—	20	0.8	金宝街西口—东二环
	王府井大街架空线入地工程一期	—	50	2	王府井及周边地区
	王府井大街架空线入地工程二期	—	50	2	王府井及周边地区
	东单大街架空线入地工程	—	75	2.5	东单北大街南口—北二环
2003年至2006年	三环路（城区范围内）架空线入地工程	—	75	3	北太平庄桥—安贞桥
	王府井大街架空线入地工程三期	—	20	0.8	王府井周边地区

时间	工程名称	性质	拆杆（根）	长度（公里）	起止点
2006年至2010年	赵登禹路架空线入地工程	折子工程	50	1.5	阜内大街—西内大街
	二环路架空线入地工程	—	200	8	二环路周边
	西单北大街架空线入地工程	折子工程	95	1.5	灵境胡同—新街口南大街
	和平里中街架空线入地工程	"0811工程"	75	1.5	安外大街—和平里东街
	和平里北街架空线入地工程	"0811工程"	65	2.5	安外大街—铁路标
	工体规划一路架空线入地工程	"0811工程"	35	1.3	工体北路—吉庆里
	工体规划二路架空线入地工程	"0811工程"	45	1.8	东直门内大街—朝阳路
	工体西侧路架空线入地工程	"0811工程"	20	0.8	工体北路—朝阳路
	工体南侧路架空线入地工程	"0811工程"	20	0.7	工体规划二路—工体西侧路
	天桥南大街架空线入地工程	"0811工程"	30	1.2	永定门桥
	煤市街架空线入地工程	折子工程	30	1.1	珠市口西大街—前门西大街
	太平街架空线入地工程	折子工程	40	1.5	南二环—北纬路
	西二环架空线入地工程	折子工程	125	5	西便门—西直门

附注："—"表示未归类。

2007年12月13日，国内首座500千伏全户内型变电站，即朝阳500千伏变电站竣工。项目包括500千伏出线2回；220千伏终期出线12回，本期出线4回。采用的两组单台容量为400兆伏安的单相自耦风冷有载调压变压器，是国内投运的500千伏单台容量最大的变压器。同年，北京市电力公司投入1.4亿元专项资金用于新农村电气化示范工程的建设与改造。按照"超前发展型、全面小康型、发展小康型"3种模式实施，截至2010年，共建成8个新农村电气化区县、100个新农村电气化乡镇和1500个新农村电气化村。

2008年6月9日，北京市首座"煤改电"输变电工程——大栅栏110千伏变电站动工，2009年5月25日投入使用，1.7万户平房居民直接受益。2009年，按市政府要求，北京电力工业组织对全市老旧小区与"临时代永久"用电小区进行整体配套电网改造。2010年，完成老旧小区配电网改造95项，惠及居民8.97万户；解决430个"临时代永久"小区的配套电力设施建设，惠及居民36万余户。

1999年至2010年，北京新建500千伏超高压输电线路35条，总长3365公里。北京电网500千伏形成环网，市区及周边地区的供电保障可靠，市区电网由地上转入地下。

1999—2010年北京新建500千伏超高压输电线路一览表

7-33表

线路	长度（公里）	投产时间
昌平至房山线路	82	1999年
万全至顺义一回线路	208	2000年
昌平至顺义一回线路	40	2000年
昌平至顺义二回线路	40	2000年
顺义至安定一回线路	90	2000年
顺义至安定二回线路	91	2000年
万全至顺义二回线路	206	2001年
姜家营至顺义线路	154	2001年
房山至保定北一回线路	98	2002年
浑源至安定一回线路	274	2003年
浑源至安定二回线路	274	2003年
昌平至城北线路	34	2006年
顺义至城北线路	45	2006年
通州至安定一回线路	33	2006年
通州至安定二回线路	33	2006年
顺义至通州一回线路	59	2006年
顺义至通州二回线路	59	2006年
万全至顺义三回线路	206	2006年
房山至保定北二回线路	99	2007年
太平至顺义二回线路	117	2007年
太平至顺义一回线路	115	2007年
通州至朝阳线路	30	2008年
房山至兴都线路	30	2008年
门头沟至昌平线路	59	2008年
安定至朝阳线路	52	2008年
张南至昌平一回线路	107	2008年
张南至昌平二回线路	108	2008年
安定至兴都线路	34	2008年
房山至门头沟二回线路	25	2008年
张南至门头沟一回线路	82	2009年
张南至门头沟二回线路	82	2009年

（续表）

线路	长度（公里）	投产时间
大同至房山三回线路	289	2010年
房山至门头沟一回线路	28	2010年
安定至固安一回线路	41	2010年
安定至固安二回线路	41	2010年

2010年年底，北京电网共有35千伏输电线路202条，总长1986.27公里；35千伏电缆线路84条，总长128.72公里；110千伏输电线路272条，总长3339.51公里；110千伏电缆线路616条，总长909.58公里；220千伏输电线路171条，总长2552.34公里；220千伏电缆线路97条，总长286.62公里。

1999—2010年北京地区35千伏、110千伏、220千伏输电线路建设情况统计表

7-34表

年份	电压等级（千伏）	建设数（条）	线路长度（公里）	年份	电压等级（千伏）	建设数（条）	线路长度（公里）
1999年	35	13	86.207	2005年	35	−6	37.051
	110	13	100.104		110	38	161.143
	220	8	58.056		220	11	91.017
2000年	35	15	96.588	2006年	35	14	86.920
	110	30	244.013		110	14	225.650
	220	8	133.235		220	12	131.070
2001年	35	2	26.596	2007年	35	15	198.000
	110	7	42.078		110	23	343.000
	220	3	7.362		220	13	157.000
2002年	35	4	27.549	2008年	35	3	64.681
	110	13	148.090		110	26	415.628
	220	6	157.926		220	19	308.578
2003年	35	43	217.770	2009年	35	9	59.438
	110	58	423.902		110	12	217.291
	220	13	287.178		220	8	82.929
2004年	35	65	268.681	2010年	35	8	161.514
	110	−45	−117.900		110	9	120.176
	220	−9	−313.555		220	8	21.176

2004年至2010年，随着城区内35千伏输电线路新建或改建地下电缆，架空线路拆除，35千伏电缆线路成为市区重点供电电网，城区大部分35千伏电缆升为110千伏、220千伏。

35千伏、110千伏、220千伏电缆线路建设成为重点。

2008年至2010年，北京电力工业总投资约46.04亿元，共配套新开通13段轨道交通线路，设置总配电室67座，由66座变电站提供电源，其中新建变电站20座。

1999—2010年北京地区35千伏、110千伏、220千伏电缆线路建设情况统计表

7—35表

年份	电压等级（千伏）	建设数（条）	电缆长度（公里）	年份	电压等级（千伏）	建设数（条）	电缆长度（公里）
1999年	35	2	0.287	2005年	35	9	2.462
	110	17	45.432		110	82	118.996
	220	4	13.469		220	5	16.324
2000年	35	16	8.0306	2006年	35	15	20.210
	110	6	13.011		110	42	48.560
	220	3	16.904		220	10	47.100
2001年	35	4	2.366	2007年	35	8	20.000
	110	11	18.965		110	108	100.000
	220	4	22.672		220	12	19.000
2002年	35	4	0.398	2008年	35	4	6.867
	110	27	65.360		110	89	130.234
	220	—	—		220	13	54.573
2003年	35	16	14.544	2009年	35	2	3.390
	110	8	4.625		110	31	66.190
	220	1	1.028		220	10	46.885
2004年	35	−22	−9.306	2010年	35	6	7.540
	110	58	75.836		110	29	100.215
	220	6	17.565		220	14	37.959

说明："—"表示无相关数据。

1999—2010年北京地区110千伏、220千伏变电工程发展情况统计表

7—36表

年份	电压等级（千伏）	数量（座）	主变压器容量（千伏安）	年份	电压等级（千伏）	数量（座）	主变压器容量（千伏安）
1999年	110	4	902000	2005年	110	23	2173500
	220	3	2850000		220	1	1197500

（续表）

年份	电压等级（千伏）	数量（座）	主变压器容量（千伏安）	年份	电压等级（千伏）	数量（座）	主变压器容量（千伏安）
2000年	110	5	998500	2006年	110	13	1152000
	220	1	590000		220	5	1220000
2001年	110	2	403500	2007年	110	99	4859500
	220	2	1000000		220	5	3440000
2002年	110	6	879500	2008年	110	15	2536000
	220	1	360000		220	5	3240000
2003年	110	14	1695460	2009年	110	18	2963000
	220	2	1350000		220	4	1870000
2004年	110	14	1559000	2010年	110	9	1465500
	220	4	590000		220	5	2340000

2010年年底，北京电网有500千伏变电站9座，即昌平、安定、房山、门头沟、通州、顺义、城北、朝阳、兴都变电站。新建500千伏输电线路9条，总长293.09公里。

二、电网建设管理

1999年，北京电力经济技术研究院通过ISO 9001质量管理体系认证。北京供电局质监站负责110千伏工程的质监工作。从2000年开始，北京电力工业每年夏季高温大负荷期间，开展迎峰度夏工作，采取措施，加强特巡、测温和检修消缺工作，以保证北京电网安全运行。

2003年，北京电力公司编制以110千伏和220千伏送变电项目为核心的电网建设体系文件，制订与平台配套的计划管理、质监、达标投产、安全体系等文件。同年，北京电力公司编制220千伏、110千伏工程技经管理办法，指导建设单位合理审查工程概算。

2004年，北京电力公司编制"浅埋暗挖法"电力隧道施工技术规范和定额，作为北京地区市政定额分册。华北公司质监中心站将220千伏工程质监工作委托给北京公司，对投产前的输变电工程进行质量检查监督。北京电力公司将110千伏及以下电网规划和前期工作下放至各区县供电公司，公司前期处负责职能管理和主网主系统的前期工作。2004年至2010年，北京电力公司累计落实769项电网项目立项核准批复，取得规划意见书501项。

2005年，北京电力公司基本建设管理方式采取项目法人制，即甲方负责制。经公司授权，建设单位依据电网建设管理体系规定的流程和权限开展工作，通过各种资源平台得到所需资金、物资和施工企业。

2006年，北京电力公司制定《北京电力公司基建系统创一流同业对标工作实施细则（试行）》。修订《基建安全管理办法》《安全检查管理规定》《施工企业综合评价管理办法》《北京电力公司基建安全质量巡回检查工作管理规定》《北京电力公司基建安全质量奖惩考核暂行规定（试行）》等制度，对基本建设相关环节的职责、标准和程序进行规范和定义。

2007年，北京电力公司编制《现场过程造价控制示范文本（土建册、电气册）》《北京电力公司基建工程施工工艺手册》《北京电力公司标准化项目部管理办法》，对输变电工程的关键环节进行监控、管理，引入沟道盾构技术、气垫运输等先进施工方法，提高施工工艺水平。

2009年，北京电力公司构建完成以工程量清单招标为基础、现场过程造价控制为模式、工程造价管理系统为手段的技经工作体系。2010年，该体系获国家电网公司企业管理创新成果一等奖。

2010年年底，北京电力公司负责监理工作具有职称的技术人员为96人。其中，中高级职称81人，国家注册监理工程师25人，外聘各专业高级技术顾问12人。

第三节　供　电

一、配电

2005年，北京配电网在东城区、西城区、崇文区、宣武区试点开展配电自动化建设。北京电力工业启动配网规模化改造，先后新增、改造配网10千伏电缆设备，保障了北京奥运会、国庆、各年度夏度冬安全供电。2008年，北京电网全面启动东城区、西城区、崇文区、宣武区配电自动化建设，快速隔离故障区段，实现故障"自愈"，最大限度减少用户停电时间。同年采取振荡波局放测试技术停电检测10千伏电缆接头局部放电量。2010年，颁布《配网五统一技术标准》，涵盖配电架空、电缆、站室各专业，统一配电网设备选用、规划设计、施工建设、投产验收、运行维护各方面的技术标准，配电网按标准协调发展。

二、供电保障

1999年，北京出现百年不遇高温，北京电网经受住609万千瓦历史最高纪录负荷考验，保证了50周年国庆活动安全供电。2005年，电力系统完成政治活动供电保障任务253项。其中，重大政治活动供电任务53项，大型政治活动供电保障任务14项，一般政治活动供电保障任务156项，临时性政治活动供电保障任务30项，累计保电天数317天。重点完成全国"两会"、2005年北京《财富》全球论坛等保电任务。2006年完成政治活动供电保障任务202项。其中重大政治活动供电任务45项，大型政治活动供电保障任务10项，重要政治活动供电保障任务147项，累计保电天数295天。重点完成2006年全国"两会""中非合作论坛北京峰会"等保电任务。2007年完成政治活动供电保障任务212项，其中重大政治活动供电任务46项，大型政治活动供电保障任务11项，重要政治活动供电保障任务

155 项，累计保电天数 318 天。重点完成 2007 年全国"两会"、中共十七大、"嫦娥一号"卫星发射、节日期间等保电任务。2008 年完成政治活动供电保障任务 237 项，其中重大政治活动供电任务 50 项，大型政治活动供电保障任务 6 项，重要政治活动供电保障任务 181 项，累计保电天数 330 天。重点完成全国"两会"、北京奥运会和残奥会、"神舟七号"发射、第七届亚欧首脑会议等保电任务。2009 年完成政治活动供电保障任务 217 项，其中重大政治活动供电任务 56 项，大型政治活动供电保障任务 3 项，重要政治活动供电保障任务 158 项，累计保电天数达到 319 天。重点完成全国"两会"、国庆 60 周年庆祝活动等保电任务。2010 年完成政治活动供电保障任务 206 项，其中特级保电任务 1 项，一级保电任务 68 项，二级保电任务 42 项，三级保电任务 95 项，累计保电天数达到 303 天。重点完成第十六届亚洲运动会火种采集暨火炬传递启动仪式、全国劳模大会、"嫦娥二号"卫星发射及运转重点时段供电保障任务等。

2009 年，国家电监会发布《供电监管办法》，明确城市居民用户受电端电压合格率不低于 95%，10 千伏以上供电户受电端电压合格率不低于 98%。城市年供电可靠率不低于 99%。2010 年，全市城市电压合格率 99.89%，供电可靠率 99.98%；农村电压合格率 99.62%，供电可靠率 99.92%。

第四节　电网调度

一、调度范围

1999 年，北京供电公司市调调度范围以北京电网 110 千伏、220 千伏负荷变电站及相关线路设备为主。2004 年 1 月，华北网调将北京地区 110 千伏官厅、下马岭、下苇甸和密云 4 座水电厂调度权限下放北京电力公司市调，从此北京电力公司开始调度地方电厂。2006 年，北京电力公司电网实施属地化管理，将设备调度权限下放至各供电公司。城近郊电网 110 千伏变压器及以下设备划归城近郊 6 个地调管理，远郊区电网 110 千伏线路及以下设备划归远郊 10 个地调管理。2009 年 6 月，华北电网将北京地区 220 千伏环网及统调发电厂调度权下放至北京市电力公司市调。北京市电力公司市调调度范围扩展至北京电网 500 千伏变电站 220 千伏母线，北京电网统调发电厂、220 千伏环网及以下设备全部由北京电网两级调度管理。2010 年年底，北京市调调度范围内共有 500 千伏变电站 9 座、220 千伏变电站 72 座（含用户站 8 座）、110 千伏变电站 346 座（含用户站 58 座），总变电容量为 11251 万千伏安。发电厂 25 座，总装机容量 692 万千伏安。

二、调度管理

1999年至2003年，北京供电公司调度通信中心自动化处制定《公司电网自动化系统验收管理规范》《变电站自动化系统作业工序卡》。2004年至2005年，编制《北京市电力公司调度自动化专业运行管理规程》，制定调度自动化系统接口数据标准，调整调度自动化专业评分原则，增加调度及各电网自动化系统运行管理工作的考核内容。2005年，北京电力公司市调相继制定《北京电网调度管理规程》《北京电力公司调度所管理工作标准》《北京电力公司调度所调度运行制度汇编》，为二级调度管理工作提供了依据，明确了工作标准。

2007年以前，北京市电力公司变电站运行管理模式为集控站加操作队管理模式，部分变电站有人值班。同年10月始，实施调控一体化新型电网运行管控模式，将变电站的设备监控职责纳入两级调度部门。北京市电力公司在调度通信中心成立北京电网控制中心，试行220千伏及以上电网调控一体化运行管控模式。2008年3月17日，北京市电力公司电网调度、监控值班人员合并到调度大厅值班，实现班组管理统一、交接班统一、调度下令会签、事故处置会商，在运行层面实现调控一体化融合。2008年4月11日，北京市电力公司市调制定《北京电网控制中心运行管理规范（试行）》等，方便调度员直接获取事故信息，直接远程操作设备。2009年，修编、完善《北京电网调度运行操作管理规定》《北京电网故障简报管理规定》等运行管理制度，制定发布《北京电网调度运行指导书》《北京市调电网安全校核工作标准》《北京市调复合故障处置原则》《北京电网调度预案管理规定》等一系列环网及发电厂调度工作规范。2008年至2009年，制定和实施安全隐患整治工作计划及北京奥运会和国庆供电保障专业工作标准。

2010年3月，北京电力工业备调系统投入试运行，制定备调运行管理制度及备调应急预案。2010年年底，调控一体化基本形成，电网故障处理时间平均由原来的35分钟压缩到9分钟。

三、调度自动化

1999年，北京供电公司共建有EMS系统17套和电能量计量系统1套。公司电能量计量系统实现北京电网区域内220千伏至110千伏变电站送、受电关口和110千伏电压等级并网的发电厂上网电量的统计计算。2004年，完成新一代电能量计量系统建设，建成投运市调和区调主站系统共17套，系统实现300多个厂站电能量信息的直接采集，覆盖北京电网区域内所有变电站、电厂及其出线。

2005年，电力公司启动新一代调度自动化系统建设工作，建成投运市调和城区、朝阳、海淀、丰台、石景山、通州、房山、顺义、大兴、昌平10个区调调度自动化系统。2006年，建成投运门头沟、怀柔、延庆、密云、平谷、亦庄6个公司调度自动化系统。2008年，北京市电力公司建成投运具备变电站集中监控功能的市调EMS系统、调度生产管理系统、雷电定位系统和城区、朝阳、海淀、丰台、石景山区调变电站视频监控系统。

2009 年，备用调度自动化系统、动态监测系统（WAMS）、自动电压控制系统（AVC）和亦庄、通州、昌平、门头沟、房山、大兴、平谷、怀柔、密云、顺义、延庆 11 个区县调视频监控系统建成投运。同年，北京市电力公司建成投运 PI 综合数据平台，为公司调度运行管理与应急指挥

图7—28　2007年8月，北京市电力公司检修天安门广场华灯

提供了技术支持手段。该平台在电网统一模型基础上，将调度自动化系统、配网监测系统、电能计量系统、保护信息系统、气象系统与调度生产管理系统等不同系统实时与非实时数据整合为一体，为电网调度信息综合分析、一体化应用提供了条件。

2010 年，北京市电力公司范围内厂站共建成综合自动化系统 264 套，集控站监控系统 11 套、RTU 设备 107 套，北京市电力公司市调调控一体化系统接入 220 千伏变电站 38 座、500 千伏变电站 2 座。

第五节　用　电

一、用电客户

居民客户

1999 年，全市居民用电量 35.74 亿千瓦时。2008 年至 2010 年，开展家电下乡活动，促进农村地区居民用电量增长。2008 年至 2010 年，乡村居民用电量年平均增长 43.90%。2010 年，居民客户 583.75 万户，占全部客户的 93.50%；年用电量为 139.33 亿千瓦时，年平均增长 13.17%。

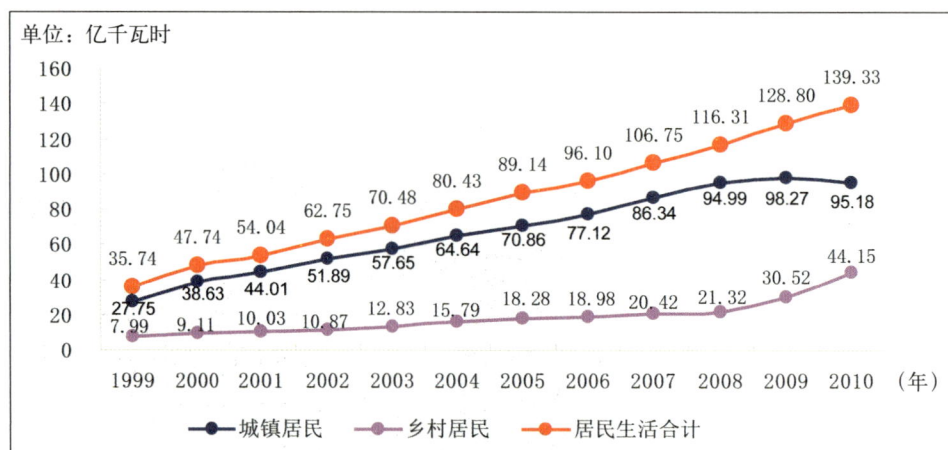

图7-29　1999—2010年北京市居民用电量趋势图

工业客户

2004年，按照国家统计局和电力企业联合会要求，开展用电行业分类调整。2005年，工业用电量增长率48.63%。2010年，北京地区工业用电大户首钢总公司冶金企业搬迁至河北省曹妃甸，工业用电量下降24.96%。工业客户为6700户，占全部客户的0.11%。

重要客户

2008年，北京地区用电重要客户分为特级重要客户、一级重要客户、二级重要客户，其中特级重要客户指中共中央、全国人大、全国政协、国务院最高行政机关办公地点，军事指挥中心，国家级重要广播电台、电视台、通信中心、国际航空港，国家领导人和来访外国首脑经常出席的活动场所，市委、市政府办公地点。一级重要客户指国家重要的机要单位，军事基地、重要军工厂，市级广播电台、电视台、通信中心，国家级重要的科研单位、信息中心、文体场所、金融中心，国家级的地震、气象、防汛等监测、预报中心，飞机场、铁路枢纽站、城铁（地铁），市级交通指挥中心，经常接待国家重要会议、重要外宾场所，重要的五星级宾馆、饭店，外国驻华使馆及外交机构办公地点，三级甲等医院、"120""999"急救中心，合法煤矿企业，因突然停电可能导致爆炸、人身伤亡或重大经济损失的其他用电客户。二级重要客户指区县级党政部门机关办公地点、安全保卫部门、监狱，市级煤气、液化气加压站、灌瓶站、自来水厂、供热厂、电车变流站等重要公共设施，铁路客运车站，重要的大型商业中心（6万平方米及以上），四星级及以上宾馆、饭店，市级重要文体场所，市级地震、气象、防汛等监测、预报中心，一旦停电后有可能影响到就诊患者生命安全的医院。2010年，北京有特级重要客户27户，一级重要客户235户，二级重要客户721户。

农村用电

1999年，北京地区农村用电为49.47亿千瓦时，占全部销售电量的17.51%。2004年，统计口径发生变化，不再单独统计农村用电情况。2010年，北京地区10个远郊区（县）

用电为 270.54 亿千瓦时，占全部销售电量的 37.79%。

二、用电管理

1999 年，北京电力工业开展用电稽查工作。2001 年 12 月 30 日，根据《北京市加快农村电力体制改革加强农村电力管理实施方案》，北京市郊区供电公司及所属的 10 个远郊区（县）供电公司的全部资产无偿划转中国华北电力集团公司所有，并由其经营管理；乡（镇）电管站一律改为县供电公司的供电所，其人、财、物纳入郊区（县）供电企业统一管理，并由其统一管理农村低压电网。北京所辖的 266 个乡（镇）电管站全部改为乡（镇）供电所，实现专业化管理。同年，根据国家电网公司《关于印发国家电力公司一流县级供电企业验收细则的通知》，北京市电力公司在 10 个远郊县供电公司开展一流县建设工作，将电力为农业生产、农民生活、农村经济发展服务的"三为"服务活动纳入创一流和优质服务工作中。

2003 年，北京电力完善《电费回收风险抵押责任承包管理办法》和《电费目标责任制考核管理办法》，制定《卡表用户电量稽核管理办法》和《北京市预防和查处窃电行为条例》。2003 年下半年，北京供电公司成立市场营销部，全面负责北京地区营销系统的职能管理工作。2004 年，修订《北京电力公司线损管理办法》，按照各供电公司属地化经营原则，确立各供电公司在线损管理中的主体地位，建设北京电力公司变电站及电厂上网电量采集系统。2005 年，北京市电力公司推进配网用户资产接收工作，明确配网资产移交工作流程和资产接收后的管理标准，全年接收用户资产 18.5 亿元。2006 年，北京市电力公司制定《北京电力公司违约用电查处管理办法》和《北京电力公司窃电查处管理办法》。形成《用电检查通用工作标准》等企业标准。

2008 年，根据《关于开展"抓基础、上台阶，大力推进农电标准化建设"工作的意见》和《关于印发农电基础标准目录和农村供电所专业化作业组织典型模式的通知》等文件精神，北京市电力公司、各区县供电公司、供电所三个层面开展标准化建设工作。制定《供电营业窗口通用管理标准》，将营业窗口纳入公司规范化、标准化管理体系。

从 2010 年 1 月 1 日起，北京市电力公司开始独立编制北京区域内统调电厂年度发电量计划、实施购电管理。同年，北京市电力公司线损管理口径由原来的 220 千伏及以下调整为 500 千伏及以下，城北、朝阳、兴都 3 个 500 千伏变电站及 6 条 500 千伏线路纳入北京电力公司线损管理。北京市电力公司"95598"服务热线优秀事迹获北京市"百姓爱心故事奖"。

三、电力计量

1998 年，北京市城网改造，实行居民一户一表供电制度，开始推行卡式电能计量表。1999 年，安装 4000 台防窃电表箱及 200 台高压组合计量箱，城区、朝阳、海淀、丰台、石景山 5 个单位二级关口表电量采集系统通过验收。2004 年，一户一表工程收尾，完成一户一表改造 196.10 万户。其中，楼房 188.13 万户、平房 7.97 万户，卡表 175.17 万户、机械表 20.93 万户。

2005 年，计量中心对单、三相电能表检定设备和互感器检定设备进行全面更新，检定工作由人工操控升级到自动化检测。2006 年，发布《北京电力公司计量技术导则》，确定电能计量技术发展方向和配置标准。电能计量装置实现框架式招标采购，电能计量中心实现集中检定和配送。2008 年，计量装置框架招标中全面推行条码化管理，新采购的电能表、互感器、采集器全部实现"一物一码"，计量现场移动办公设备（PDA）实现现场条码扫描与实时记录。

2010 年，开展智能电能表落地使用，即在智能电能表基础上加入网络功能，把老百姓购买的电量直接通过网络发送到电能表中，同步实现电能表数据采集。

四、电价电费

电价

2000 年，根据国家计委、财政部《关于氯碱行业生产用电实行优惠电价政策等有关问题的通知》，自 2000 年 2 月抄见电量起，对符合国家产业政策、达到经济规模（年生产能力在 3 万吨及以上）的氯碱企业生产用电价格，各电压等级的电度电价每千瓦时分别降低 4 分钱（含电价优惠 2 分和免征中央电建资金 2 分）。2001 年，国家计委下发《关于高校学生公寓和学生宿舍用电价格有关问题的通知》，自 2001 年 10 月 15 日抄见电量起，高校学生公寓和学生集体宿舍用电一律按居民生活电价执行。2002 年，根据国家计委《关于调整北京销售电价实现城乡居民用电同价的通知》，自 2002 年 6 月 25 日抄见电量起（卡表用户自 2002 年 5 月 25 日新购电量起），对于城镇居民及农村居民生活用电实现同价，到户价格为 0.44 元 / 千瓦时。同年，市经委、市计委、市市政管委、市物价局联合印发《北京市电采暖低谷用电优惠办法》，自 2002 年 11 月 1 日起，对北京市使用蓄能式电采暖设备、热泵、电热锅炉等以电能为主要能源的采暖系统的用户，在每年 11 月 1 日至次年 3 月 31 日享受低谷用电优惠，低谷优惠时段中用电、供暖对象一律执行 0.2 元 / 千瓦时（含三峡建设基金和城市公用事业附加费），其他时段电价不变。2003 年，根据国家计委《关于核定中央直属水库库区建设基金标准有关问题文件的通知》，自 2003 年 1 月 1 日起，对北京市城镇居民生活用电（暂不加收）、农村居民生活及农业生产用电以外的电量，在目录电价外另行加收中央直属水库库区建设基金，提取标准为 0.13 分 / 千瓦时。同年，根据国家发展改革委《关于实行城乡各类用电同价有关问题文件的通知》，自 2003 年 11 月 1 日抄见电量起，除居民生活用电外其他各类用电价格每千瓦时提高 0.87 分（含税）。同年，根据国家发展改革委《关于调整电价的通知》，自 2004 年 1 月 1 日抄见电量起（卡表用户按新购电量起），除居民生活、农业生产、化肥生产用电外，各类用电价格每千瓦时上调 0.8 分（含税）；同时对电解铝、铜、氯碱等高耗能企业恢复征收农网还贷基金 2 分 / 千瓦时，对于电解铝、铜、氯碱、铁合金等高耗能企业实行的电价优惠政策，仅限于 2002 年用电基数部分，新增电量不再执行优惠电价。

　　2004 年 6 月 15 日，根据国家发展改革委有关通知，除居民生活、农业生产、中小化肥生产用电以外各类用电销售电价每千瓦时平均上调 3.4 分；对农业经济作物和养殖业用电执行农业生产电价；对具备单独计量条件的高校学生食堂、澡堂用电，一律执行居民生活电价；对执行峰谷电价用户每年 7 月 1 日至 9 月 30 日的抄见电量执行季节性电价；对电解铝、铁合金、电石、烧碱、水泥、钢铁等 6 个高耗能行业执行国家规定的差别电价，限制类企业在原电价基础上提高 2 分 / 千瓦时，淘汰类企业在原电价基础上提高 5 分 / 千瓦时，原电解铝、铜、氯碱、铁合金等高耗能企业实行的仅限于 2002 年用电基数部分的电价优惠政策停止执行。同年，根据国家发展改革委《关于调整北京市居民生活用电价格文件的通知》，自 2004 年 11 月 10 日抄见电量起，居民生活用电价格每千瓦时上调 4 分；明确高校学生公寓、学生集体宿舍、学生食堂和学生澡堂用电，一律执行居民生活电价。同年，国家发展改革委下发《关于中小化肥生产用电价格的复函》，单系合成氨、磷肥、钾肥、复合肥料年生产能力为 30 万吨以下（不含 30 万吨）的化肥生产用电，一律免征农网还贷基金 2 分 / 千瓦时，30 万吨以下（不含 30 万吨）的化肥生产用电应执行中小化肥电价。2005 年，根据国家发展改革委《关于华北电网实施煤电价格联动有关问题文件的通知》，自 2005 年 5 月 1 日抄见电量起，除居民生活、农业、中小化肥外用户电价每千瓦时提高 3.95 分；扩大峰谷分时电价实施范围，即除居民生活、地铁、无轨电车、农业排灌用电外，所有用户均执行峰谷分时电价；将峰谷分时电价时段调整为峰段 8 小时、谷段 8 小时、平段 8 小时，对变压器容量在 315 千伏安及以上大工业用户和变压器容量在 100 千伏安（千瓦）及以上的非工业、普通工业和商业用户，在 7 月至 9 月（11:00—13:00，20:00—21:00）实行夏季尖峰电价；对国家产业政策鼓励项目中，采用离子膜法工艺的氯碱生产用电和年产能 10 万吨以上的电解铝生产用电电价提高 1.97 分 / 千瓦时。同年，市发展改革委下发《关于企业自备电厂收费政策有关问题的通知》，自 2004 年 12 月 31 日起，对北京地区自备电厂按其自发自用电量（不具备计量条件的，按其装机容量和北京上一年度平均发电利用小时确定总发电量，扣除其上网电量和发电厂用电量确定）征收三峡基金、农网还贷和城市公用事业附加费，按企业自备电厂在役发电机组额定功率的 70% 征收系统备用费，标准为 15 元 /（千瓦·月），每年 7 月至 9 月及电力公司要求用户错峰、逼峰、满发期间免征系统备用费。

　　2006 年 6 月 30 日，根据国家发展改革委有关通知，征收水库移民后期扶持资金 0.83 分 / 千瓦时；对除居民、农业生产（含贫困县农排）用电外的全部销售电量、自备电厂用户和向发电厂直购电的大用户征收 0.1 分 / 千瓦时的可再生能源附加费；销售电价平均提高（含水库移民后期扶持资金及可再生能源电价附加）2.88 分；城乡中小学教学用电也执行居民生活电价；停止执行《北京市电采暖低谷用电优惠办法》，居民以外的电采暖用户执行本市统一峰谷电价政策，并实施居民峰谷电价试点，居民峰谷两段制试点电价采取自愿选择原则，峰时段为 6:00—22:00，电价标准为 0.4883 元 / 千瓦时；谷时段为 22:00—6:00，电价标准为 0.3 元 / 千瓦时。同年，市发展改革委下发《关于居民分户电采暖电价问题的通知》，自 2006 年 11 月 1 日起，北京市分户电采暖客户，采暖季用电价格暂纳入居民峰谷试点电价管理。同年，根据国家发展改革委《关于农村地区广播电视运营用电价格政策的通知》，自 2007 年 1 月 1 日起，广播电视站无线发射台（站）、转播台（站）、差转台（站）、监测台（站）统一执行国家规定的非普工业类电价标准，不执行峰谷分时电价政策。

2007 年，根据国家发展改革委、教育部《关于学校水电气价格有关问题文件的通知》，自 2007 年 10 月 1 日抄见电量起，学校教学和学生生活用电（含照明）统一执行本市现行居民用电价格标准。2008 年，国家发展改革委、国家电监局《关于取消电解铝等高耗能行业电价优惠有关文件的通知》，按照优惠幅度不同，自 2007 年 12 月 25 日起逐步取消电解铝企业用电价格优惠。（对电解铝企业电价与电石、电炉铁合金、电解烧碱、合成氨、电炉黄磷类电价相比优惠幅度在 5 分 / 千瓦时以内的，自 2007 年 12 月 25 日起执行后类电价，优惠幅度在 5 ～ 10 分 / 千瓦时的，自 2007 年 12 月 25 日起取消优惠电价 5 分 / 千瓦时，优惠幅度超过 10 分 / 千瓦时的，在 2007 年 12 月 25 日和 2008 年 7 月 1 日各取消 5 分 / 千瓦时的，剩余优惠电价自 2009 年 1 月 1 日起每年取消 5 分 / 千瓦时优惠；电石、电炉铁合金、电解烧碱、电炉黄磷类电价若为单独列项的，应按照电解铝企业电价比大工业电价低 10% 的原则取消优惠，因北京地区年产能 10 万吨以上的电解铝生产用电电价较同类电价少提高 1.97 分 / 千瓦时，与电石、电炉铁合金、电解烧碱、电炉黄磷类电价相比多优惠 0.98 分 / 千瓦时，优惠幅度比较在 5 分 / 千瓦时以内，故产能 10 万吨以上的电解铝生产用电电量电价自 2007 年 12 月 25 日起，执行价目表中电石、电解烧碱、电炉黄磷类电价。）根据国家发展改革委《关于提高华北电网电价文件的通知》，自 2008 年 7 月 1 日抄见电量起，除居民、农业、中小化肥外其他各类销售电价平均上调 3 分 / 千瓦时，其中可再生能源电价附加提高至 0.2 分 / 千瓦时（化肥生产用电仍维持原标准 0.1 分 / 千瓦时）；缩小商业和非普工业电价差价；适当提高两部制电价中基本电价比重；小幅拉开各电压等级间差价。

2009 年，根据国家发展改革委《关于调整华北电网电价文件的通知》，自 2009 年 11 月 20 日抄见电量（卡表用户按新购电量）起，除居民生活外各类用户销售电价水平平均上调 3.97 分 / 千瓦时；将商业、非居民照明、非工业、普通工业 4 类价格，除代收公共事业附加电价不同外实现同价，北京经济技术开发区的商业用电与其他用电实现到户价格同价；新增 20 千伏电压等级执行价格标准；撤除北京地区的趸售价格；将可再生能源附加提高至 0.4 分 / 千瓦时（包括化肥生产用电），适当提高两部制电价中基本电价比重；小幅拉大各电压等级间差价；明确各类销售电价均包含三峡工程建设基金 0.7 分 / 千瓦时。同年，财政部、国家发展改革委、水利部下发《国家重大水利工程建设基金征收使用管理暂行办法》，自 2010 年 1 月 1 日起停止征收三峡工程建设基金。

2010 年，根据国家发展改革委《关于清理对高耗能企业优惠电价等有关事项的通知》，自 2010 年 6 月 1 日起，限制类企业执行的电价加价标准由现行每千瓦时 0.05 元提高到 0.10 元，淘汰类企业执行的电价加价标准由现行每千瓦时 0.20 元提高到 0.30 元。同年，依据《关于调整京津城际电气化铁路北京段还贷加价标准的通知》，确定京津城际电气化铁路北京段还贷加价调整为 0.25 元 / 千瓦时，自 2010 年 10 月 1 日抄见电量执行。

电费管理

1999 年，扩大远程数据的采集，普及抄表器的使用，安装大用户采集器 1489 台，70% 的用户达到采集实用化。2001 年，执行《电费回收风险抵押承包管理办法》，按实际到账金额统计考核电费回收率。全市 245 个供电所安装计算机电费处理程序，电费账务实收系统在全局推广运行。2003 年，制定《卡表用户电量稽核管理办法》，城区、朝阳、海淀、丰台、石景山 5 个单位电费纳入财务统一管理，电费资金封闭运行。2006 年，取消农村合表电价工作推进，123.44 万农村客户纳入公司营销系统统一管理。2008 年，实现 16 个供电公司的营销信息系统与财务系统接口，财务电费资金流与营销电费数据流一致。开展电价执行情况互查，制定城乡居民合表电价等六大类重点互查项目，电价执行误差率为万分之五。2009 年，成立电费回收风险处理小组，制定印发《北京市电力公司电费风险防范及催缴指导意见》《北京市电力公司电费回收预警处理办法》《北京市电力公司电费回收以物抵债管理办法》。加强电费回收预警工作，全年发布各类风险预警 1300 多户次，规避欠费风险近 2000 万元，拓展电费一月多次抄表算费及预收电费用户范围，规避电费风险约 138 亿元；严格控制电费违约金的减免行为，回收 10.6 万户的电费违约金约 277.9 万元；创新使用律师函法律催收手段，追缴电费资金 147 万元；集中律师资源向法院提请 4 起电费催缴诉讼，涉及电费资金约 409 万元，均获胜诉。

2010 年，推广银电联网代收业务，北京电力公司一级账户的电费资金归集率为 40%。建立电费法律风险防范与法律救济体系，通过运用律师函、诉讼等法律手段，回收欠费 187.8 万元，赢得债权支持 1011.7 万元。编制银行承兑汇票贴现方式结算电费业务流程和《有关用银行承兑汇票贴现方式结算电费的协议》，印发《北京市电力公司电费违约金收取管理办法》和《北京市电力公司欠费客户停限电管理办法》。

第八篇　国防科技工业

第一章　军工科研生产与市场监管

1993 年，中共十四届三中全会通过的《中共中央关于建立社会主义市场经济体制若干问题的决定》明确指出：科技体制改革的目标，是建立适应社会主义市场经济发展，符合科技自身发展规律，科技与经济密切结合的新型体制。北京市国防科技工业紧跟国有企业改革步伐，加速经营机制转换，进行适度的规模经营，科研生产向高技术水平迈进，产品向系列化、高、精、尖方向发展，呈现出新的生机和活力。1999 年 7 月 1 日，按照中共中央、国务院对国防科技工业体制改革的要求，位于北京地区的军工五大总公司撤销，在北京成立国防科技工业十大集团公司。2001 年开始，北京市分期分批对承担军品科研生产任务的单位进行认证，合格者发放许可证。2004 年，北京地区国防科技工业在军工单位数量、资产总量、科研经费筹措与投入、利润总额等指标方面仍处于全国前列。2005 年，北京市对 7 家重点企业调整搬迁。2006 年，北京地区全面启动武器装备科研生产许可证审查工作，完成对核工业 261 厂污染扰民搬迁的立项申报、审批，协助办理兵器 208 所军工能力平台建设前期手续，对北京地区 5 家地方船舶建造企业进行考核，会同北京市海事局等单位进行低质量船舶建造企业安全专项检查。2007 年，海鹰集团与北京奥组委、奥科委合作，共同推进计算机仿真技术在奥运火炬中的应用，承担火炬芯项目的科技研发；长峰科技集团承担北京所在地奥运场馆的全部安保、安防电子系统的设计、安装和调试项目；奥运品牌展览会上，海鹰集团、长峰集团和原子高科集团等 7 家军工企业的产品参展。2008 年北京奥运会期间，重点军工科研生产任务运转得到保障。2009 年，北京市国防科技工业完成国庆 60 周年期间城市公共安全风险评估与控制。2010 年，北京市国防科技工业保证了"嫦娥二号"任务执行场所的安全，军品配套单位 100 余家取得武器装备科研生产许可。

第一节　科研生产

1999年，北京市国防科技工业注重军工和民品开发，优化科研队伍，加大技术开发投入，不断进行技术改造，加速产品的更新换代，军品科研、生产指令性计划任务全面完成，军工专项航空11号工程涉及在京军工企业的技术改造工程项目收尾事项完成；提前完成为国庆50周年阅兵项目"9910工程"的配套任务，并做好服务保障。9月18日，中共中央、国务院、中央军委在人民大会堂，对研制"两弹一星"做出突出贡献的科技专家进行表彰，在京国防科技工业各企事业单位及北京市工业系统参与"两弹一星"有关单位代表受邀参加表彰大会。

2000年，北京市加强国防科技工业职工技能培训，组织在京军工企业127人参加北京市职工技术比赛，参赛工种12个。

2001年，按照国防科工委下达的武器装备科研生产年度计划和补充调整计划，北京市协助国防科工委和总装备部完成100多项科研生产任务。北京市国防科技工业加强技术基础管理，进行质量与可靠性技术的监督和推广；对北京地区承担高新工程的重点军工单位进行了武器装备科研生产管理规章执行情况的专项检查；对30多家军工单位通过书面汇报、会议座谈和现场检查等方式进行了检查。配合国防科工委新的质量体系国家军用标准的发布，对北京有需求的单位进行了军用标准咨询；对在京国防三级计量机构的标准器数量、名称、精度等级，以及检定员持证情况进行了摸底调查；对4个三级计量机构进行了认可评审；组织人员培训并对约300名检定员进行了考核、换证；对三级计量机构的100多台（件）标准器进行了复查。组织对北京理化考评分会所属单位的理化检测人员，针对化学分析、力学性能、金相分析等专业进行培训和复评考试，2001年北京理化考评分会所属单位共有持证人员63名。

2002年，北京市落实年度军品科研生产计划，督促检查在京军工企事业单位军品任务完成情况，协调解决科研生产过程中出现的军工地方保障条件问题。北京地区继续加强完善国防科技工业技术基础管理，对北京地区国防军工计量单位进行最高标准器复查。

2003年，北京地区共有军工企事业单位181个，其中工业企业44家，科研院所85所，高等院校2所，第三产业、社团、中介服务组织等单位50个。另有11个军工集团总公司、总部。

2004年，信息产业部四所在北京地区15家二级技术机构的摸底调研中被确定为北京国防区域计量考核委员会办公室；航天时代电子公司230厂进行了国防计量认可复查；航天13所、206所、704所、706所共4个单位的最高标准器进行了新建、暂停、更换的考核和审批。北京中科飞鸿科技有限公司的 3G 网络中频与射频声表面波芯片的研发与批量生产项目得到拨款，首钢冶金研究院 2500 万元的技改项目年底完成验收。年内，北京市有 7 家企业承担军品配套任务，14 个研制项目总经费 1350 万元，其中完成 6 项，8 个项目结转至下一年。北京市对市区航空 503 厂、232 厂、125 厂、兵器 218 厂、618 厂、318 厂和船舶 6971 厂 7 个重点保军单位的用水计划进行合理分配；与京城机电和第一机床厂多次协调，列入高新工程保障条件的大型设备，某大型龙门镗铣床按合同交验、调试，国营 618 厂和重庆 256 厂高新工程节点计划得到落实。

2005 年，北京市根据国防科工委关于重新建立健全高新工程和专项计划的绿色通道建设要求，对承接专项计划的任务单位，重点进行了保电、保能源供给的计划衔接，做到"调峰限电保军工"。对两个"十一五"期间的重大工程项目，多次组织前期布局规划及选址征地协调。市国防科工办完成航天、航空、兵器、电子、核工业等 15 家军工单位的军工计量监督管理，对 156 项标准器进行了复核、复查，对全市 513 名军工计量检定员的 1439 个项目进行了考试确认，对 1 个军工单位进行了国防计量认可（发证）。组织 7 次共 513 名检定员参加的培训班，对北京地区 8 个单位进行了质量抽查、整顿、整改、验收。根据国防科工委关于对船舶企业生产安全质量实行监管的职责要求，开展低质量船舶专项治理，全年对 4 家船厂进行了调查摸底和监督检查工作。10 月 11 日，"神舟"六号成功发射，北京军工电子有 15 家企业为"神舟"六号飞船系统提供了相关配套产品，系统设备运行正常，元器件质量万无一失。10 月 17 日，信息产业部特向参加此次载人航天工程研制和试验的所有单位发贺电，对全体科研人员和干部职工表示热烈的祝贺和诚挚的问候。2005 年，北京市所属中央军工企事业单位有近 200 家，北京地方参与国防科研生产配套单位近 200 家。

图 8-1 2005 年 11 月，信息产业部向参加载人航天工程研制和试验的单位颁发荣誉状

2006 年 5 月至 6 月，北京市对 12 家单位 26 项军工投资项目进行跟踪检查，检查投资项目涉及高新工程、研制保障条件建设、军品技改批产等内容。其中：检查地方配套企业 7 家，批产改造项目 11 个；中央民口配套单位 1 家，军工投资项目 2 个；军工集团所属企业 4 家，军工投资项目 13 项。受国防科工委委托，8 月至 9 月期间对国营 218 厂等 4 家单位的 4 个项目进行专项检查。年内，会同中科院和航天、航空、船舶、兵器、核工业集团公司组织验收固定资产投资项目 8 项，自行组织验收项目 3 项，总计 11 项。年底前全部完成敬业电工集团、北泡集团、机床研究所等单位固定资产投资项目的决算审计及验收。

2006 年 7 月，北京市召开专题会，协调解决云冈地区航天三院夏季高峰时段供电严重不足问题。北京市相关部门会商，协调解决航天某重点工程二期建设规划及土地征用等事项、嫦娥工程密云地面站工程建设及运行条件保障事项、大运载项目前期选址事项。完成兵器218厂北京经济技术开发区建设用地130亩以及前期建设手续。年内，召开北京市军品协作配套工作会议，就军品科研生产许可证、军工保密资格认证、军品科研生产固定资产投资管理程序、项目审计验收程序等工作进行了通报和部署，严格执行管理程序。同年，北京市对航天、航空、兵器、核工业、船舶等军工行业12家单位116项标准器进行考核复查，对4家单位计量工作出现的违法违规事项进行查处；针对北京地区民口配套企业、军工电子、中科院系统和教育部所属高校等近120家单位的质量进行专项检查；受总装备部委托完成对空军下属装备修理厂、航空系统10家单位的国军标体系审核；对部分市属高校进行国军标体系认证辅导。年内，与10个在京军工集团公司联系，建立沟通机制，确认重点支持和扶持的十大重点协调单位、十大科研院所、十大军民结合单位。

2007年4月底，国家天文台密云地面站供电改造工程并网发电；12月12日，"嫦娥一号"卫星执行任务期间，国家天文台密云地面站接收站稳定运行，"首次月球探测工程突出贡献者"受邀参加中共中央、国务院和中央军委在人民大会堂举行的庆祝中国首次月球探测工程庆功大会。9月下旬，航天部门应急动员演练任务电力供应得到保障。年内，北京市属单位为军工配套企业技术改造项目3个立项申请上报国防科工委，申请投资额1.1亿元；完成国防科工委"十一五"军品配套研制项目招标事项。会同军工集团公司和中央民口集团完成竣工验收项目约50项；12家民口配套企业的18个民用航天、基础科研和军品配套研制项目共获得国家财政资金支持2893万元。其中，交通信息中心的"北京市奥运交通与导航定位信息服务系统"项目获得国家拨款资金支持1300万元。年内，卫星导航应用系统的民口配套5家企业8个项目申报立项，从事轴承科研生产的两家企业4个项目申报立项。北京市完成国防科工委委托的《专用测试设备校准及其监督管理初步研究》课题；对国防科工委通报的重大质量事故进行质量事故调查，对军品配套产品中出现的问题进行调查和督促整改。为确保"探月工程"和"神舟"七号等型号任务完成，规范航天系统各单位计量标准，培训军工计量评审员5次，共计48人次。加强军工计量、军工质量监督管理工作力度，查处违法违规事件，形成军工计量与质量从培训、执行、监督检查到查处的全过程管理体系。北京的航天单位以及航空、兵器、电子、核工业所属军工单位的计量管理和检定人员集中培训约300人次，两个航天单位的两名检定员在复查现场被吊销专业资格。10家军工单位通过国防计量认证，完成38家军工单位的254项最高计量标准器考核复查，完成10家民口配套单位军品质量抽查。

2008年，军工"绿色通道"体系秉承"特事特办、急事急办、随到随办"的原则发挥重要作用，军品科研生产协调保障有效解决了军品科研生产所涉及的能源和材料供应、交通运输、协作配套以及能力建设过程中的土地征购、环境保护等事项。高新工程二期、专项保障计划和"绕月工程"二期等重大专项在京项目实施。北京奥运会期间，重点军工科研生产任务运转得到保障。某军工单位重点军工项目建设表面处理工序异地建设，一批重大军工项目实施。北京市协同国防科工局对北京7个一、二级计量技术机构的计量科研项目检查。北京地区新建计量标准4项，完成国防计量认可3家。全年完成6次500余人次的军工单位计量管理及技术人员培训；完成北京地区371名初、中级国防计量师（免考）资格审查，完成北京地区227名初级国防计量师（考试）资格审查；组织专家进行8次"专用测试设备校准和监督管理"课题研讨；对北京地区部分重点保军单位及北冶功能材料有限公司等10个重点民口配套单位的产品质量和一、二级计量技术机构进行质量抽查，确保了军工产品的检定、校准、测试数据及证书、报告等质量得到有效监督、管理，保证量值传递的上下游不出问题。2008年汶川地震发生后，中兵光电集团自主研发生产的无人侦察机等产品送至灾区前线。

2009年，北京市履行"保军"使命，确保"绿色通道"畅通，协调保障新一代运载火箭研制、载人航天等重大任务；协调保障"探月工程"二期、新一代卫星导航等重大科技专项在京项目的实施；协调解决军品科研生产能源和材料供应、交通运输、协作配套以及能力建设所涉及的土地征购、环境保护等问题。协调保障国庆期间重点军工科研生产任务运输工作不间断、无差错；完成北京地区军品协作配套单位武器装备支前保障动员演练。北京市形成以市政府对外联络服务办公室为平台，各相关委、办、局配合的沟通协调机制，解决了某军工单位动力用汽供给问题。北京市会同有关军工集团完成74项军工固定资产投资项目竣工验收，完成4项民口配套单位军工固定资产投资项目竣工验收，上报地方民口配套单位军工固定资产投资项目7项。对列入国家拉动内需的4个工程项目资金到位及启动情况进行跟踪检查。北京地区新建计量标准4项，完成国防计量认可17家。组织计量技术机构军工计量检定员培训4次190人次，完成检定员的复查考核。集中培训军工单位的质量、工艺、检验、生产、测试和计量人员228人次。依据国家军用标准GJB 9001A-2001，对北京有色金属研究总院等8个重点军品协作配套单位进行军品质量抽查。

2010年，北京市强化协调保障平台建设，形成联动工作机制；解决承担高新工程和专项任务的重点军工单位在生产运营、项目建设中存在的问题；保证"嫦娥二号"任务执行场所的安全、稳定和可靠运行；协调航天101所发动机高空模拟试验高压蒸汽保障，保证军品科研生产的正常运行。北京市加强军工建设与改造项目计划执行情况的跟踪管理，完成2家单位的专项计划生产能力项目的验收，完成10项军品配套单位军工固定资产投资项目竣工验收，完成7家单位8个项目的军工固定资产投资项目专项检查。3家电子元器件配套单位进入宇航级和高可靠电子工程建设项目。北京市组织专家对航空材料研究院等8家单位进行国防计量认可复查，对11家军工单位的45项最高计量标准器具进行复查考核，对2家理化检测机构进行换证复查。对227名军工计量检定员的256个专业项目进行培训和考核；对重点军品承制单位进行质量管理体系的过程审核。

第二节　市场监管

2001年，北京市根据国防科工委的统一部署，对北京地区承担军品科研生产任务的第一批8个试点单位进行企业资质、生产技术能力、历年执行军品合同情况、质量体系认证和保密资格5个方面的审查，10月底完成初审事项。2004年，北京市全面完成国家军工保密资格认证审查事项。

2005年，根据国家部署并受国防科工委委托，北京市加强军品市场准入管理，开展武器装备科研生产单位保密资格认证；开展武器装备科研生产许可证受理及审查，组织培训及调研事项。协助履行武器装备研制、生产和军工特殊产品市场监管职能，实施依法监管，其中重点对军品科研生产资质、军品生产合同、固定资产投资及执行国家有关质量、安全、计量、标准、统计、档案及保密等法规规章情况进行监督检查，并对民爆及船舶生产等特殊行业实施监管。

2006年7月，北京市开展北京地区涉及武器装备科研生产一类许可的军工企业、科研院所及民口配套单位的现场调查；8月至9月对北京地区武器装备科研生产单位进行登记备案，并在"首都之窗"网站、《北京日报》《北京青年报》等3家媒体专栏发布《关于对从事武器装备科研生产单位进行登记备案的公告》，明确登记备案的范围及具体要求。年底，北京市完成部分单位现场审查工作，武器装备科研生产备案单位约150家。

2007年，北京市加强军品市场准入与监管，建立监管体系，履行政府监管职能。完成约30家军品协作配套单位武器装备科研生产许可现场审查，累计完成近70家；完成《地方民口高校在武器装备科研生产许可证认证过程若干问题及建议》专题调研报告；建立北京地区军品协作配套单位资料库；完成北京地区军品协作配套单位武器装备动员调查事项。

2008年，北京市完成北京地区二类武器装备科研生产单位基本情况调查。全年受理20余家单位的武器装备科研生产许可（二类）申请，完成10余家单位的现场审查，累计完成现场审查70余家；受理近百家单位的军工保密资格审查认证申请，完成50余家单位的现场审查，累计完成现场审查近300家，数量居全国第一；完成30余家北京地区武器装备科研生产许可证（二类）持证单位武器装备科研生产许可年度监督检查。

2009年，对北京环境特性研究所等4家持证单位的武器装备科研生产许可情况进行监督抽查；对北京地区近百家尚未取得武器装备科研生产许可证的民口单位开展科研生产能力及技术情况调查。北京市贯彻实施《武器装备科研生产许可管理条例》，完成70余家北京地区武器装备科研生产许可证（二类）持证单位2008年度监督检查，注销2家不合格单位的许可证。全年受理20余家单位的武器装备科研生产许可（二类）申请，完成10余家单位的现场审查，累计完成现场审查 80 余家。全年正式受理近百家单位的军工保密资格审查认证申请，完成 30 余家单位的现场审查，累计完成现场审查 300 余家。

2010 年，北京市完成军品协作配套单位的军工关键设备设施登记。全年共有 10 家单位因迁址、上市、资产重组等上报变化情况报告，受理 20 家单位的武器装备科研生产许可（二类）申请，完成 10 家单位的现场审查，累计完成现场审查近百家。全年正式受理近百户单位的军工保密资格审查认证申请，完成 60 家单位的现场审查；完成 70 家北京地区武器装备科研生产许可证（二类）持证单位 2009 年度监督检查，对发生科研生产场地搬迁、生产线变化等问题的 6 家单位进行现场核查，注销年检不合格的 2 家单位的许可证，实现常态化持证单位监督管理。

第二章　民爆行业与核应急管理

20 世纪 90 年代后期，北京市民爆行业生产能力过剩、生产布局分散、生产规模过小等问题日益突出，北京市坚持以保障安全、控制总量、技术进步、扶优扶强、有序竞争为基本原则，以整顿、压缩为主要手段，对民爆行业生产布局进行调整。2001 年，北京市民爆生产企业开始换发许可证。2002 年 1 月，全市强制推广工业雷管编码技术，加强对工业雷管生产和流通的安全管理。2003 年 1 月，全市全部停止火工雷管及工业导火索两种产品的生产、销售活动，原有生产线废弃处理。2004 年，北京市启动北京地区民爆行业结构调整工作。2005 年，北京市完成民爆行业三年专项整治工作，纳入全市统一管理体系。2006 年，北京市贯彻落实国务院《民用爆炸物品安全管理条例》和《国务院办公厅关于切实加强民用爆炸物品安全管理的紧急通知》精神，成立北京市危险物品协调工作小组。2008 年，北京市国防科技工业根据全市"平安奥运行动"工作部署，对民爆企业安全保卫工作进行督查、整改，确保了"百日奥运"期间民爆行业的特殊安保任务。2010 年，北京市启动"安全生产年"活动。北京市国防科技工业加大军工及民爆行业安全管理，开展联合安全生产大检查、联合检查和交叉检查，对民爆生产、经营企业进行隐患排查，确保安全。

2006 年北京市的核应急预案管理工作启动，2007 年在市国防科工办增设核应急处，负责北京地区核应急管理工作。市国防科工办是北京市突发公共事件应急委成员单位、市反恐领导小组成员单位。2007 年至 2010 年，核应急处重点加强与北京地区军工单位的沟通，协调军工单位重大危险源和安全救援应急体系与地方应急体系的衔接，以及日常监督管理。

第一节　民爆行业

1999 年 12 月 24 日，北京矿务局化工厂与北京理工大学合作研制的"GTG 起爆药及其系列工业雷管"通过国防科工委民爆办和市国防科工办联合组织的设计与生产定型专家评议。2000 年，北京市制订《北京市民爆行业总体改革方案》，召开北京地区民爆行业工作会，部署对北京地区民爆行业的生产布局和产品结构调整，撤销 5 个自产自用企业民爆生产资格和 2 家民爆企业生产资格；组织 2001 年北京地区民爆产品订货会，建立了民爆生产和流通新秩序。经国防科工委民爆办授权，市国防科工办以河北省民爆行业安全评价考核员为主组成考核评价组，在受检单位自查通过并报请复查的基础上，完成对北京矿务局化工厂、北京沙峪福利制药厂、北京首钢密云铁矿 3 家单位的安全性评价考核。经国防科工委批准，撤销了首钢总公司密云石灰石矿、首钢总公司鲁家山矿、首钢总公司建材化工厂、北京新元矿业有限公司、北京水泥厂凤山矿、北京平谷茅山化工厂、北京雁翅炸药厂 7 家单位的生产资格。同年，北京市民用爆破器材行业年生产工业炸药 15000 吨、雷管 2150 万发。

2001 年，北京市贯彻《民用爆破器材生产流通管理暂行规定》，结合实际情况，制订了《北京市民爆器材企业重大事故防范方案》及工作流程。5 月 25 日，京煤集团化工厂历时两年研制成功的工业雷管编码设备及工艺技术通过评审。该项目作为公安部工业雷管管理技术研究开发项目的子项目，为国内首创，解决了适用于工业化生产的工业雷管编码技术问题，解决了编码雷管信息与计算机的接口问题，确保进入民用爆破器材流通领域的工业雷管一发一码。在 5 月至 9 月开展的治爆专项整治活动中，先后共进行 6 次安全工作大检查。市国防科工办受公安部委托，组织并主持召开工业雷管编码技术及工艺设备评审会；受国防科技工作委员会民用爆破器材办公室委托，组织主持煤矿许用炸药的设计鉴定会和煤矿许用炸药暨多孔粒状铵油炸药生产线投产鉴定验收会；受民爆产品生产许可审核处委托，会同市质监局组成了市民爆器材产品生产许可证考核组，对京煤集团化工厂、怀柔沙峪福利制药厂、首钢铁矿 3 家单位共计 13 个单元 14 个品种的民爆产品的生产条件和现场检查项目进行考核。至年底，北京地区 3 个民爆生产企业所送检的产品均通过国家煤矿防爆安全产品质量监督检验中心的发证检查。

2002 年 1 月 7 日至 8 日，北京市 2002 年度民用爆破器材行业工作会召开。10 月，全市 10 家民爆流通企业全部完成安全技术改造，总计投入资金 100 余万元，消除安全隐患 40 余处，受评企业全部达到安全级水平。同年，市国防科工办配合国家煤炭安全监督管理局完成煤矿许用产品限购考评工作。北京市完成国内第一条全连续化数控乳化炸药生产线验收工作，完成全国第一条乳化炸药、乳状乳化炸药联建生产线项目论证及建设、调试、试生产，对新增工业导爆索、民爆管生产线建设项目进行了方案论证。

2003年，市国防科工办制定了包括安全检查制度、检查程序、技术检查重点、管理检查重点、隐患整改跟踪程序及措施等在内的规范性民爆行业安全检查程序，并组织有资质的安全评价人员，在全国范围内率先进行行业安全评价；配合公安机关在全国范围内率先建立民用爆破器材信息采集管理系统，实现了北京地区全部工业雷管实施逐枚编码管理，跟踪每一发雷管生命周期内的运行轨迹，提高政府监管水平。对两个民爆生产企业共计11项产品进行技术鉴定和生产线验收，包括新建乳化炸药生产线2条，改造铸梯炸药生产线、低感度起爆药生产线各1条。GTG起爆药、雷管刚性引火头、乳化炸药全自动装药机等产品技术水平和安全水平均处于国内领先水平。2003年，北京市原有民爆器材生产企业10家，经报国防科工委同意，撤销7家，保留3家。

2004年，北京市组织各民爆器材生产流通企业完成一次事故应急救援预案演习，对北京地区军工核民爆企业单位进行安全执法检查；实施京煤集团化工厂乳化炸药生产线和起爆炸药生产线等3个安全技改项目，总投资约500万元。国防科工委对北京京煤集团化工厂、北京怀柔沙峪福利制药厂、北京首钢铁矿等单位考核，并为3家民用爆破器材生产企业颁发安全生产许可证。举办北京市民用爆破器材行业生产经营单位主要负责人和安全生产管理人员安全生产培训班，14个单位27人参加培训，经考核全部取得相关培训证书。北京市民爆统计工作获得2004年度全国民爆统计工作第一名。年内，北京市民爆器材行业共有生产企业4家，其中商品生产企业3家，自产自用企业1家。完成工业总产值11218万元，生产炸药18930吨；销售、自用工业炸药18922吨，产销率为99.96%。

2005年，北京市建设北京民爆器材行业应急救援反应中心。北京市召开民爆工作会议，开展民爆器材生产企业生产许可证审理，包括培训、现场审查、专家评审、组织上报审批等事项；完成民爆行业三年专项整治工作，纳入全市统一管理体系；完成4家民爆器材生产企业安全生产许可证申领；完成25毫秒等间隔高精度雷管、起爆具/震源药柱生产线改造和两条乳化炸药生产线安全技改项目的民爆器材技改项目验收。完成北京地区民爆重大危险源普查；协调市发展改革委落实民爆器材价格调整事宜。完成民爆器材运输车GPS技术应用课题研究；完成北京市危险物品安全专项整治；促进北京民爆器材行业结构调整，在《北京市安全生产迎奥运三年行动计划（草案）》中明确提出民爆器材生产能力外迁的要求；完成《北京市民爆器材行业现状和未来发展趋势》和《车载GPS定位系统应用于民爆器材运输车安全性研究》两项课题研究；完成北京市民用爆破器材行业重特大事故应急救援预案及相关单位安全生产应急响应预案的具体实施方案。

2006年，北京市贯彻落实国务院《民用爆炸物品安全管理条例》，市国防科工办牵头组织制定北京市具体实施办法。通过调整重组、转移退出等方式，压缩北京地区民爆器材行业生产流通能力与布局结构。北京市贯彻落实《国务院办公厅关于切实加强民用爆炸物品安全管理的紧急通知》精神，形成具体工作意见和措施并组织实施；组织为期4个月的

图8-2 京煤化工公司乳化炸药生产线（2009年摄）

北京市集中整治爆炸物品、枪支弹药、管制刀具专项行动；建立了全市民用爆炸物品管理体系，成立了北京市危险物品协调工作小组。

2007年1月，北京市民爆流通企业由8家重组为2家，分别位于房山区和怀柔区，负责全市民用爆炸物品销售供应。北京怀柔沙峪福利制药厂与河北卫星化工有限公司、河北兴湘化工有限公司等7家企业重组；北京京煤化工有限公司与天津宏泰化工有限公司重组；北京北方诺信科技有限公司与辽宁金鼎镁矿等企业重组。12月底，北京怀柔沙峪福利制药厂粉状乳化炸药生产线、粉状铵梯炸药生产线、多孔粒状铵油炸药生产线、北京首钢铁矿乳化铵油炸药生产线、多孔粒状铵油炸药生产线，北京京煤化工集团公司铵梯油炸药生产线关闭停产，涉及5个品种6条炸药生产线，关闭总生产能力1.5万吨。年内，完成民爆行业专项检查，配合完成全市危险爆炸物品武装押运，保障"核生化爆"奥运反恐专项预案制定及落实。

2008年，北京国防科技工业根据《北京市反恐怖工作协调小组关于进一步加强奥运会期间核生化爆防范基础工作的意见》和《国家国防科技工业局关于进一步做好国防科技工业系统稳定工作的通知》要求，自7月1日至10月8日各民爆生产企业一律停止生产，"百日奥运"期间，在京各民爆生产流通单位安全生产和保卫未出现任何问题。北京市组织开展北京市民爆行业隐患治理年活动，委托专业安评机构对北京市民用爆炸物品生产、经营企业，包括京外生产基地和在京外销售场所，共11家企业的7条生产线15个库区进行检查，均达到安全A级。针对发现重大隐患14项、一般隐患83项的主要安全问题与受检查企业进行沟通，制定整改措施，形成安全检查报告。

2009年，北京市国防科技工业借鉴奥运安保反恐工作的经验成果，强化民爆行业特殊安保措施的落实。国庆期间在京各民爆企业一律停止生产、销售民用爆炸物品，并进行清库。

2010年，市国防科工办组织对27家重点军工企业和11家民爆生产、经营企业进行检查及隐患排查，开展辖区内军工单位重大危险源调研；建立了重大危险源应急预案。

第二节　核应急管理

2006年4月，北京市启动核应急预案编制工作，申请专项财政经费，成立由6位专家组成的预案编制组，完成《北京市核应急预案（征求意见稿）》的编制。市编办批复市国防科工办成立军工运行处（核应急处），负责北京地区核应急管理工作。市国防科工办被列入北京市突发公共事件应急委成员单位、市反恐领导小组成员单位。

2007年，市国防科工办军工运行处（核应急处）成立。年内，召开10次核应急预案编制会议，编制完成《北京市核应急预案（送审稿）》；建立北京市核应急管理体系，畅通反恐工作渠道；组织专家对中国原子能科学研究院和清华大学核能与新能源技术研究院开展核事故风险评估工作，提出确保奥运安全的风险控制措施及建议。在北京奥运会测试赛中，参与市反恐办的通信演练。

2008年4月30日，国家核应急协调委审查通过北京市核应急预案；7月24日，北京市应急委审批通过该预案并下发。6月24日，市国防科工办组织中国原子能院中核清原公司、市环保局等单位，在清华核研院进行场外应急演练，提高参演人员实战能力。年内，组织市环保局、中国原子能科学研究院中核清原公司及昌平区、房山区应急办有关人员进行核设施反恐应急处置培训；完成第二十九届奥运会北京赛区安保核设施恐怖袭击场外中心现场应急处置；组织制订《第29届奥运会北京赛区奥运安保核设施恐怖袭击场外中心现场应急处置工作方案》，会同市环保局共同组建核与辐射应急处置队伍，落实必要检测装备、防护器材和应急处置队伍建设资金，解决原有处置队伍设备装备陈旧老化问题，提高处置队伍应急响应能力；制订《第29届奥运会和第13届残奥会期间核设施安全风险控制与应急准备工作方案》，督促并检查核设施营运单位开展反恐防范；在奥运会风险评估的基础上，围绕降低核设施侵入偷盗、汽车炸弹等中等风险，采取物防、技防、人防等措施，强化核设施安全风险控制和应急处置能力，确保"平安奥运"目标实现。北京奥运会期间，市国防科工办按照市反恐办统一工作部署，加强核设施营运单位的防范，实行每日安全零报告制度，不定期抽查核设施营运单位应急值守情况，及时了解核设施营运单位安全状况，确保奥运会期间安全防范落到实处。11月中旬，北京市举办核应急预案培训及有关核应急基础知识培训班，印发核应急常识手册，对政府有关行政管理人员及核应急协调组相关成员单位领导及联络员进行培训。

2009年5月7日至13日，中国原子能科学研究院组织开展碱金属事故应急演练，历时40分钟。5月12日，在清华核研院开展灭火疏散演练，提高师生员工的安全意识和应对突发公共事件的避险自救、互救能力。市国防科工办在《国家突发公共事件总体预案》和《北京市核应急预案》的基础上，围绕制约反恐工作长远发展的体制、机制问题，反恐工作日常工作中不放心、不把牢的环节和细节问题开展调研，制定对策办法，初步建立专家联席会议、联络员会议和核应急协调组成员会议等制度，制定核应急演练、培训规定等规范性文件。按照《北京市核应急预案》和执行程序，组织专家参与制定核设施场外应急处置桌面推演脚本，设计可能出现的应急情景；开展原子能院和清华核研院的风险评估与风险源（点）排查，制订风险控制工作方案。

2010年，北京市启动《北京市核应急预案》的修订，完善北京市核应急体系建设，强化核应急处置能力。原子能科学研究院等核设施运营单位的辐射应急处置队伍装备配备工作基本完成；坚持每日的 800 兆应急值守，不定期地抽查核设施营运单位每日应急值守情况，督促值班制度落实，检查维护应急装备性能，确保应急装备功能完善，随时投入使用。市国防科工办定期召开核应急联络员工作会，普及核应急知识，做好核应急知识宣传。编写《北京市核应急管理及核科普宣传册》。

第三章　军工安全生产与保密

1999 年至 2010 年，市国防科工办受国家国防科工局委托，强化对中央军工单位安全生产检查工作，完善地方军工安全生产监管机制，推进军工安全生产健康发展。对承担武器装备科研生产任务的军工单位和民口军品配套单位进行保密资格审查。建立北京地区军品协作配套单位安全保密监管体系的工作目标和具体实施办法，与市级国家安全部门建立工作沟通渠道和定期沟通机制，以国家安全部门为主、地方军品协作配套单位为重点、涉密人员管理为切入点，加强军工保密事项管理。

第一节　安全生产

2000 年，北京市国防科技工业配合国家和北京市关于安全生产的要求，对北京地方重点军工企业进行安全检查。组织北京矿务局化工厂 4 号铵 T 炸药生产验收会，参加北京人民轴承厂智能化炭粉自动探伤仪验收会。

2002 年，北京地区加强对涉及高新武器研制的国家重点武器型号研制单位、涉及重大危险源的军工企业、涉及稳定发展大局的改制企业进行重点抽查，6 月，对 8 个重点单位进行了安全检查。

2004 年 6 月，在全国安全生产月期间，市国防科工办与中国航空工业第一集团公司共同组成国防科工委科技工业安全生产第六检查组，对北京地区的航天科技 211 厂、航天科工 159 厂、兵器工业 201 所和兵器装备 208 所等 4 个重点保军单位进行安全生产检查。年内，组织对航天、航空、兵器、电子集团等 11 个企事业单位、科研院所进行了重点抽查执法检查，对北京地区 10 个民口配套重点单位、重点产品进行质量检查。召开了北京地区军工单位危险品生产储存使用区域外部安全距离隐患情况调查工作专题会议；与市规划委、市安监局、市公安局等单位联合，对全市危险品生产、储存、使用区域外部安全距离内的隐患情况进行摸底调查，涉及在京军工单位200余家。

2005年，北京市安全监管部门联合组织4次安全执法检查活动，集中两个月时间在全市范围内联合开展危险品安全治理整治活动，对列入市重大安全隐患单位进行现场清查并限期整改落实，对历史遗留重大安全隐患问题经多方协调落实整改搬迁方案。6月，组织开展全国安全生产月活动。年内，会同公安、运输管理部门制定特种操作管理规定，召开现场安全会，完善安全管理措施。

2006年，市国防科工办明确兵器工业208所安全隐患责任，配合昌平区政府做好外部安全距离内企业调整迁移。兵器5424厂、394厂重大安全隐患持续协调整改；召开多次调度会，协调兵器集团、门头沟区、各职能部门、武警部队等单位，稳步推进确保重大安全隐患整改工作；会商相关部门和单位确定基本整改方案，落实土地、资金、人员安置等具体问题。会同有关部门进行火工品专项整治，完成了枪械专项整治，检查在京重点军工单位安全管理现状；会同市安监局等部门，研究探讨军工安全属地监管责任的落实问题，以及军工重特大事故应急救援预案与地方的对接等问题。

2007年5月30日，国营506厂整体无偿划转中国兵器工业集团公司第5424厂。12月31日，第5424厂位于通州区的火工品库区关闭。

2009年，市国防科工办与各军工集团及20家在京重点军工单位建立定期沟通联络渠道。完善安全生产信息报送机制，建立信息报送工作制度。开展安全生产三项行动大检查，对中核集团261厂等29家重点军工企业和11家民爆生产、经营企业进行检查及隐患排查，整改128处，整改率98.7%；举办安全生产培训班，45家在京军工企事业单位的安全管理人员参加培训。市国防科工办组织安全经验现场交流和"我为军工安全献一策"征文活动；推广航天科技集团211厂等单位的重大危险源管理、安全生产标准化建设等方面的经验做法；在北京京煤化工有限公司组织安全生产事故应急预案演练。

2010年，北京市启动"安全生产年"活动。市国防科工办贯彻《企业安全生产标准化基本规范》，指导辖区内军工单位修订和完善企业安全生产标准规范，航天11院、529厂，中航232厂、兵器208所、电科集团11所单位完善了安全生产管理体系。

第二节　保密管理

2002年，北京地区启动武器装备科研生产单位保密资格认证。2003年，根据国家保密局、国防科工委、总装备部召开的会议精神及有关文件部署，北京市开始对承担武器装备科研生产任务的所有单位（包括军工单位和民口配套单位）进行保密资格审查，完成28个单位的一级保密资格现场审查认证任务。

图8-3　2005年9月27日，北京市国防科技工业办公室、国家保密局到北京半导体器件五厂进行军工生产单位保密资格认证

2004年，北京市国防科技工业全部完成年度国家军工保密资格认证审查。

2008年，市国防科工办与市保密局、市公安局内保局等部门初步确定各自职责范围、监管对象，明确建立北京地区军品协作配套单位安全保密监管体系的工作目标和具体工作措施；与市级国家安全部门建立工作沟通渠道和定期沟通机制，明确工作方向，确定以国家安全部门为主、地方军品协作配套单位为重点、涉密人员管理为切入点的工作思路。做好重大节假日及奥运期间安全稳定工作，采取措施确保在京军工单位和军品协作配套单位运行平稳，全年安全保卫工作没有出现任何问题。根据《国防科技工业涉密人员保密管理暂行办法》，市国防科工办组织北京地区武器装备科研生产许可（二类）持证单位开展军品协作配套单位涉密人员登记备案，全面掌握北京地区军品协作配套单位涉密人员的现状情况；完成北京地区近200家军品协作配套单位所属相关媒体、杂志等宣传报道手段清查，提出加强涉密审查和保密管理要求。

2009年，市国防科工办与市保密局、市国家安全局、市公安局内保局等部门建立工作沟通渠道和定期沟通机制，确定各自职责范围、监管对象，明确本市军品协作配套单位安全保密监管体系工作目标和具体工作措施。组织完成北京地区近200家军品协作配套单位安全保密工作现状调查，组织北京地区军工单位涉密人员重新签订《保密承诺书》，规范涉密人员管理。

2010年，市国防科工办制定下发《北京市"安全保密六条规定"实施细则》；加强"两节"期间安全保密工作，各军工单位开展安全保密自查等事项，对重点军品协作配套单位进行安全保密专项检查，组织全市军品协作配套单位开展国家安全知识培训。

2002年至2010年，北京市累计完成400多家军工及军品协作配套单位军工保密资格的审查认证。

第九篇 工业管理

第一章 管理体制与机构

1995 年 11 月，《北京市党政机构改革方案》正式颁布，保留市经委，同时挂市国防科工办的牌子。此次机构改革主要是对职能配置、内设机构和人员编制进行重新核定和梳理。1998 年，国务院机构改革，主管工业的各部委撤销，政企分开，企业逐渐不再隶属于政府机构。在京中央企业中，一部分划归北京市管理，一部分划归全国性公司管理。随着社会主义市场经济体制的建立，到 2000 年，北京市各工业管理局全部从政府序列中退出，从承担政府行业管理职能部门改制为企业或资产经营性公司，形成了政府—授权公司—企业的管理模式。市经委作为政府工业主管部门对北京工业企业实行不分所有制、不分隶属关系、不分企业大小的管理和服务职能。北京市在推进改革开放和经济社会发展中，坚持和完善公有制为主体、多种所有制经济共同发展的基本经济制度，工业企业通过改革、改组、改造和加强管理，逐步建立起现代企业制度，管理形式、职能范围随着经济体制改革的不断深入发生了巨大变化。

2000 年 6 月，全市推出以精简机构、调整职能为重点的党政机关机构改革，明确要求各部门的机构设置和人员编制，要在原有基础上分别精简 20% 和 30%，实行市委工业工委与市经委合署办公，明确市经委是负责工业经济运行综合调控的市政府组成部门，市经委同时保留市国防科工办的名称。

随着政府机构改革的进行，市经委的管理职能实现转变，推动 12 家控股公司或集团公司实现授权经营，组建或理顺了 8 家行业管理协会，中介组织建设得到完善和加强。

2003 年 11 月，市政府在推进改革开放进程中，进行了机构调整，将 7 个政府部门整合，其中市委工业工委和市经委撤销，成立北京市工业促进局，是负责工业的市政府直属机构，同时加挂市国防科工办的牌子。市工业促进局按照建设服务型政府的要求，定位为负责行业性、专业化的工业产业促进的政府直属机构。其职能进行了较大规模的分解，有关指导国有企业改革和管理的职能划入市国资委；有关企业技术改造投资管理、区域经济合作、促进中小企业发展、地方电力行业管理和煤炭行业管理、重要工业品和原材料及成品油的进出口需求平衡、指导资源节约与综合利用、环保产业发展、组织减轻企业负担等职能划入市发展改革委。

2009年3月，根据市政府机构改革方案，市工业促进局、市乡镇企业局、市信息办组建成立北京市经济和信息化委员会，是负责全市工业、软件和信息服务业发展、推进信息化工作的市政府组成部门，同时挂市国防科工办的牌子。合并后的市经济信息化委职能具有较完整的行业管理职能，明确了软件行业管理职能的归属，强化了对中央在京企业的服务职责，整合了促进中小企业发展的职能，突出了重点产业的发展方向，增加了促进产业融合、发展相关生产性服务业的职能。其间，各区县工业管理机构随着市政府机构改革、调整，进行了数次名称变更及职能调整。

随着全市政府工业管理机构改革的不断深入，工业领域行业协会主管部门也相应地进行了调整，由最初1996年归属市经委行业协会管理办公室管理，到后来经过2000年全市开展清理整顿经济鉴证类社会中介机构改革，相应管理职能全部移交给了社会中介组织。1999年至2010年，全市工业主要行业协会由57个发展到61个。截至2010年年底，北京工业经济联合会成为全市工业和信息领域各行业协会、控股（集团）公司、工业开发区、工业经济研究团体、科研单位以及与工业经济有相关联系单位组成的联合组织，并被认定为第二批市级枢纽型社会组织，担负起对全市工业领域社会组织进行联系、服务和管理的相关职责，在工业领域发挥着枢纽和桥梁作用。

第一节　管理体制

一、市级工业管理体制

20世纪90年代末，市政府直接管理的工业企业，除设有专门的主管机构外，按行业分工设置工业管理局（委、办、总公司、控股公司），分管所属工业系统企业。1998年12月，根据中共中央关于军队武警部队和政法机关一律不再从事经商活动的决定，北京市接收首批北京军区等部队移交的企业67家。同月，市政府办公厅印发《关于同意将部分市属小型工业企业隶属关系划转到区县管理试点工作意见》，启动市工业总公司所属小企业属地划转工作。1998年，北京市确定190家国有大中型企业进行现代企业制度的改造，提出用3年左右的时间，使国有大中型企业初步建立起现代企业制度。到1999年年底，改制面达到55.8%。

1999年3月，北京市接收全国交接办转交军队十大单位、武警部队及中央政法机关的企业43家。11月，北京市又接收北京军区企业3家。至此，北京市先后接收移交企业113家。其中，军队企业94家，武警企业6家，中央政法机关企业13家。接收移交企业后，计划单列企业 2 家，分别为北京四环制药厂和华北京海实业总公司，共有子企业 25 家；北京市有关行业和直属企业接收 26 家；北京市区县接收 42 家；中央在京企业和事业单位接收 10 家，撤销或破产企业 8 家。8 月，中关村园区开始实施市、区两级管理的一区多园管理体制。11 月 17 日，市政府办公厅批转市经委《关于深化本市工业管理体制改革试点工作的意见》，决定对市政府投资的工业公司进行规范性改制及重新授权，开展剥离、上收工业系统各工业总公司所承担的行业管理职能。市经委制定《北京市工业系统管理职能剥离、上收意见》，确定北京汽车工业集团总公司、北京建筑材料集团有限责任公司、北京纺织控股集团公司、北京电子信息（集团）有限责任公司作为剥离上收工作的试点单位。12 月 30 日，市政府分别与电子控股、纺织控股和北京建筑材料集团有限责任公司签订授权责任书，授权国有资产经营，并进行规范化改制。北京纺织控股（集团）有限责任公司改制为北京纺织控股有限责任公司，由生产经营型控股公司改为资产经营型控股公司。1999 年，北京市在授权经营中，重点落实授权经营的相关内容，解决好政府、授权公司和企业 3 个层次的关系，实行政企分开，将行政管理和行业管理职能逐步上收到政府有关部门或中介组织。同时逐步剥离企业承担的社会职能，保证国有资产的出资人到位。同年，北京市进行中小企业改革，从 5 月 31 日开始，将全市各工业总公司所属小企业划转到区县管理，划转以企业注册地为准，实行属地划转。将 1997 年年底账面资产总额（不含土地价值）在 5000 万元以下、职工人数在 1000 人以下的中小企业成建制一次性划转到所在区县，包括划转企业所属的第三产业、劳动服务和合资的经营单位，其所属学校、离退休员工一并划转区县管理。截至年底，共划转区县管理企业 179 家。

2000 年，市政府制定《关于深化本市工业管理体制改革试点工作的意见》《市政府批转市教委、市经委关于调整市经委系统所属 30 所学校管理体制实施意见的通知》等一系列相关文件。全市 190 家国有大中型骨干企业合并、重组为 169 家。同年，北京市直接管理的工业企业有首钢集团等 18 家，此外中国北京同仁堂集团公司、北内集团总公司、北京四环医药科技股份有限公司、华北京海实业总公司等企业实行计划单列。11 月，中共北京市委经济技术开发区工作委员会、北京经济技术开发区管理委员会分为两个机构，开发区管委会代表市政府对开发区实行统一领导和管理。12 月，市经委行业管理办公室完成除建材、煤炭、电力外的 15 个工业总公司承担的行业管理职能上收工作。

2002 年，市政府对 18 家工业总公司实行了重组合并，调整为 14 个控股公司。

2003 年，北京市进入理顺国有资产监督管理体制阶段。10 月，北京市国有资产监督管理委员会成立，市政府授权市国资委履行国有资产出资人职责，实行管资产与管人、管事相结合，实现了政府公共管理职能与国有资产出资人职能分离。市经委、市商委、市外经贸委、市农委、市建委，以及其他市政府部门承担有关指导国有企业改革和管理的职责；市委城建工委、市委工业工委、市委商贸工委、市委外经贸委和市委农工委承担管理国有企业负责人等职责；市财政局承担对国有资本金基础管理的职责和行政事业单位国有资产的统计职责；市体改办承担推进国有大中型企业建立现代企业制度等职责；市劳动和社会保障局承担研究拟订国有企业工资总额调控政策、措施并组织实施的职责，履行市国有企业监事会工作办公室（市政府稽查特派员公署）的全部职责。根据市政府授权，市国资委依照《中华人民共和国公司法》及《企业国有资产监督管理暂行条例》等法律、法规履行出资人职责，指导推进本市国有及国有控股企业的改革和重组；对所出资企业国有资产的保值增值进行监督，加强企业国有资产的管理工作；指导和促进国有及国有控股企业建立现代企业制度，完善公司治理结构；推动国有经济布局和结构的战略性调整；大力发展国有资本、集体资本和非公有资本等参股的混合所有制经济，实现投资主体多元化，使股份制成为公有制的主要实现形式。11月14日，市政府发布《中关村科技园区管理体制改革方案》，中关村管委会主要通过调研、规划、协调、督办、服务等方式，实现对中关村科技园区的宏观管理；各园所在地的区县政府或者其上级单位及各园专门管理机构负责本园建设和管理的具体工作。2003年，北京市工业地方企业3598家，占全市工业企业总数4019家的89.5%。地方工业企业中，隶属市工业系统426家，隶属市非工业系统270家，区县工业企业1974家，其他工业企业928家。

2004年，市国资委出台《北京市国有及国有控股企业负责人经营业绩考核暂行办法》和《北京市国有及国有控股企业负责人薪酬管理暂行办法》，与企业法定代表人签订《年度经营业绩考核责任书》。根据国有资产管理体制改革的要求，将监事会调整为由市国资委代表市政府派出，市国资委负责监事会的日常管理工作。

2005年，按照"资产重组，业务整合，体制改革，机制创新"的原则，金隅集团等国有企业的重组改制和投资主体多元化工作完成。按照《国有企业重组改制三年规划和分年度实施计划》，通过增资扩股、出售、转让等多种形式，积极推进股份制改造。2005年，北京市工业地方企业5709家，占全市工业企业总数6301家的90.6%；北京市工业地方企业从业人员年平均人数996072人，占全市工业企业从业人员年平均人数1170553人的85.1%。

2007年，市国资委出台《关于加快推进国有资本调整和国有企业重组的指导意见》，明确了"总量增加，比重下降，结构优化，质量提升"的国有经济布局调整重组的总体目标。

2008年，北京市采用合并重组、吸收式重组和托管式重组等多种方式，推进国有一级企业调整重组，汽车控股公司与兴东方公司的重组改制启动。

2010年，北京市工业地方企业6551家，占全市工业企业总数6885家的95.1%；北京市工业地方企业从业人员1031699人，占全市工业企业从业人员总数1241513人的83.1%。

2010年北京市国有资产监督管理委员会监管和中央、地方双管工业企业一览表

9-1表

监管企业	中央、地方双管企业
首钢总公司	中国石化北京燕山石油化工有限公司
北京电子控股有限责任公司	华北电网有限公司

（续表）

监管企业	中央、地方双管企业
北京汽车工业控股有限责任公司	中国北车集团北京南口机车车辆机械厂
北京京城机电控股有限责任公司	中国北车集团北京二七机车厂
北京医药集团有限责任公司	中国南车集团北京二七车辆厂
北京一轻控股有限责任公司	
北京隆达轻工控股有限责任公司	
北京纺织控股有限责任公司	
北京京煤集团有限责任公司	
北京京仪集团有限责任公司	
北京化学工业集团有限责任公司	
中国北京同仁堂（集团）有限责任公司	
北京工美集团有限责任公司	
北京金隅集团有限责任公司	

二、区县工业管理体制

1999 年，北京市各区县的工业管理机构由区县计划经济委员会或经济委员会主管，区县企业的行政关系隶属于区县，并由区县投资或管理。5 月，丰台区成立城市企业管理服务中心，管理所属城市企业；监督国有、集体资产的管理和使用，确保其保值增值；组织和指导企业深化改革，完善机制；协调有关部门，为企业服务。区政府将部队和政法机关划转的 16 家企业和市属划转的 25 家企业移交该中心，共管理 56 家企业。7 月 13 日，西城区校办企业总公司与北京市银河实业总公司合资成立北京育荣投资管理有限公司。该公司是受北京市西城区国有资产监督管理委员会委托，作为西城区教育局所属、对区教育系统可经营性国有资产全面实施运营和管理的有限责任公司，西城区所有中小学校办企业全部资产属育荣公司，拥有企业 207 家，其中工业企业 78 家。

1999 年，根据《北京市人民政府办公厅转发市经委关于部分市属中小型企业划转到区县管理实施意见的通知》，确定向区县划转部分市属中小型工业企业的标准，经市划转工作领导小组批准，北京市电子信息产业（集团）有限公司、北京二轻、北京纺织控股（集团）有限责任公司、北京工美集团总公司、北京机电工业控股（集团）有限责任公司、北京汽车工业集团总公司、北京一轻集团有限责任公司、北药集团、北京仪器仪表工业控股（集团）有限责任公司、印刷集团、北京有色金属工业总公司所属 179 家中小型工业企业，分别划转到全市 18 个区县管理。

1999年划转到区县管理的北京市属中小型工业企业一览表

9—2表

序号	划转企业名称	序号	划转企业名称
1	北京计算机配件二厂	32	北京市有机玻璃制品厂
2	北京无线电元件四厂	33	北京万达塑胶电器厂
3	北京无线电元件五厂	34	北京北方电器实业公司
4	北京市无线电元件一厂	35	北京运动衣厂
5	北京半导体器件九厂	36	北京纺织服装开发公司
6	北京无线电仪器厂	37	北京市双花鞋业公司
7	北京电子显示仪器厂	38	北京市京工工业集团友谊时装厂
8	北京市科通电子继电器总厂	39	北京第六针织厂
9	北京市工控计算机厂	40	北京针织服装厂
10	北京通宝塑料制品厂	41	北京新兴袜厂
11	北京王麻子剪刀厂	42	北京第三纺织机械厂
12	北京欣实塑料制品有限责任公司	43	北京前门鞋厂
13	北京市五金工具五厂	44	北京市宣武鞋厂
14	北京汽枪厂	45	北京市挑补绣花厂
15	北京文教器材厂	46	北京地毯九厂
16	北京雪花冷冻箱厂	47	北京天坛毛纺织厂
17	北京玩具五厂	48	北京市金漆镶嵌厂
18	北京市第二皮鞋厂	49	北京福斯特汽车装饰件厂
19	北京东普企业公司	50	北京市地毯二厂
20	北京市宏华民用电器厂	51	北京特种工艺装饰品厂
21	北京市绘图仪器厂	52	北京市地毯四厂
22	北京市塑料八厂	53	北京市绢花厂
23	北京市童车厂	54	北京市地毯一厂
24	北京市测绘用品厂	55	北京剧装厂
25	北京制冷技术服务公司	56	北京市长阳功能食品厂
26	北京电冰箱附件厂	57	北京市珐琅厂
27	北京市塑料二十厂	58	北京市地毯毛纺一厂
28	北京五金工具一厂	59	北京市象牙雕刻厂
29	北京商标印刷五厂	60	北京市首饰厂
30	北京市电讯工具厂	61	北京绒鸟厂
31	北京八达岭皮鞋公司	62	北京正光地毯厂

序号	划转企业名称	序号	划转企业名称
63	北京玉器二厂	96	北京市塑料工业联合公司
64	北京市花丝镶嵌厂	97	北京市双菱实业公司
65	北京工美旅游中心	98	北京市一得阁工贸集团
66	北京市地毯五厂	99	北京制香厂
67	北京市骨雕镶嵌工艺品厂	100	北京倍得实业公司
68	北京市金属工艺品厂	101	北京电冰箱配件厂
69	北京市美术红灯厂	102	北京市塑料十四厂
70	北京市民间艺术品公司	103	北京皮革机械厂
71	北京工艺木刻厂	104	北京商标印刷厂
72	北京市雕漆工厂	105	北京包装设备器材厂
73	北京市玉器厂	106	北京市制笔厂
74	北京市长城美术品厂	107	北京塑料包装制品厂
75	北京工美教学仪器设备研究所	108	北京市塑料十三厂
76	北京市工艺美术厂	109	北京明华电器厂
77	北京市第一绣花厂	110	北京市第七针织厂
78	北京市工艺品厂	111	北京朔方机械公司
79	北京市礼花厂	112	北京市童装厂
80	北京地毯研究所	113	北京朝阳鞋厂
81	北京市证章厂	114	北京第八针织厂
82	北京电焊条厂	115	北京纺织器材厂
83	北京金刚石厂	116	北京鞋帽工业联合公司
84	北京第三工具厂	117	北京二七鞋厂
85	北京多元实业发展公司	118	北京制帽厂
86	北京第二水泵厂	119	北京第十一针织厂
87	北京印刷八厂	120	北京前进鞋厂
88	北京市制本一厂	121	北京新朋毛纺织厂
89	北京市制本二厂	122	北京第二手套厂
90	北京印刷七厂	123	北京市光华鞋厂
91	北京市窗纱厂	124	北京市长城鞋厂
92	北京长安实业公司	125	北京电力电容器厂
93	北京市塑料十九厂	126	北京砂轮厂
94	北京市金属文教用品厂	127	北京电加工机床厂
95	北京市制刷厂	128	北京第三量具厂

（续表）

序号	划转企业名称	序号	划转企业名称
129	北京焊切工具厂	155	北京衡器厂
130	北京第一机床电器厂	156	北京轻工印刷厂
131	北京机床附件厂	157	北京滤纸厂
132	北京风机二厂	158	北京西城京轻印刷厂
133	北京金环压缩机厂	159	北京珍宝针织时装有限公司
134	北京第二机床电器厂	160	北京华星精密器械公司
135	北京阀门四厂	161	北京表带厂
136	北京摩擦材料厂	162	北京门头沟瓷土厂
137	北京电器公司	163	北京海淀电子厂
138	北京第三低压电器厂	164	北京欧亚飞制冷设备厂
139	北京银环压缩机配件厂	165	北京市医疗设备厂
140	北京电热器厂	166	北京医用天平厂
141	北京电焊机厂	167	北京医用低温设备总厂
142	北京电器元件厂	168	北京卫生材料厂
143	北京互感器厂	169	北京医用离心机厂
144	北京第二电缆厂	170	北京医疗设备四厂
145	北京电器厂	171	北京医疗设备二厂
146	北京电炉厂	172	北京低温设备厂
147	北京继电器厂	173	北京自动化仪表二厂
148	北京第一低压电器厂	174	北京晒图机厂
149	北京机械密封件厂	175	北京自动化仪表五厂
150	北京市汽车喇叭厂	176	北京测绘仪器厂
151	北京市汽车滤清器厂	177	北京鑫光超硬材料有限责任公司
152	北京市弹簧厂	178	北京有色金属机械厂
153	北京市汽车制动器厂	179	北京半导体材料厂
154	北京造纸八厂		

　　各区县从区域经济发展总体考虑，采取盘活存量资产、进行工厂升级改造、组织企业兼并等多种措施，深化接收企业改革。其中，北京欧亚飞制冷设备厂改造厂房4000平方米，建设综合市场，安排员工90多人；北京无线电元件四厂划转石景山区后，将闲置土地13亩出售，归还了贷款，解决了生产流动资金不足的问题；北京大学鑫光材料公司划转怀柔区后，并入区房地产公司，工厂搬迁，在原址进行新项目开发。

　　根据2000年市政府制定的《关于深化本市工业管理体制改革试点工作的意见》和2001年市委、市政府批准的各区县机构改革方案和机构设置的文件精神，各区县开始进行相应的管理体制机构的改革工作。2000年，崇文区工业系统共有8家工业企业进行产权制度改革，其中有限责任公司6家，股份合作制企业1家，出售企业1家。2000年，崇文区工业企业共计148家，其中国有企业44家，集体企业104家；列入北京市重点考核的大中型国有企业2家，即北京市珐琅厂、北京市机床附件厂。同年，各区县均设有主管工业的职能部门，共有区县工业企业约1.1万家，占北京市全部独立核算工业企业1.6万家的68.75%，从业人员年平均人数610815人。到2000年年末，划转区县的179家市属中小企业中，有92家完成产权制度改革。

2001年，崇文区经委系统有13家二级管理公司和15家直属企业。全系统共有工业企业125家，其中国有企业21家，集体企业102家，有限责任公司1家，三资企业1家。全系统共有职工6771人。

2002年，宣武区辖区内的北京市金工投资管理公司接收第二批8家市属划转工业企业。北京市金工投资管理公司负责对原市属分两批划转的35家企业（1999年接收第一批、2002年接收第二批）的国有资产经营、开发、投资、管理和优化配置，收缴国有资产收益，从事资本管理和运营。年内，北京市金工投资管理公司对第一批27家企业实行"关闭一批、重组一批、放飞一批"，在经过资产评估、企业职代会通过相关处置方案、人员分流方案、企业重组方案后，按程序依法依规，分别进行了资产处置、人员分流和关闭，平稳顺利地完成生产经营、产品制造的退出和转型。

2004年，各区县根据市委、市政府批准的关于区县政府机构改革方案和区委、区政府关于机构设置的文件精神，对管理体制和机构进行了相应的改革调整。同年，东城区集体工业企业划归东集兴业经贸有限责任公司管理，区商办企业划归东方信达资产经营总公司管理，校办工业划归宏达信资产经营公司管理，另有无主管工业企业216家；崇文区26家划转工业企业中有14家完成改制，占划转企业数的53.8%；宣武区以资产联合、优势互补为特点的整体改制方式，以股份制为主要实现方式，对北京市金工投资管理公司进行整体改制。北京市金工投资管理公司与17家整体改制的市属划转工业企业共同出资组建了国有法人参股的北京世纪金工投资有限公司。

2005年6月，丰台区成立国有资产监督管理委员会，全面接管了丰台区城市企业管理服务中心所管理的企业及丰台区国有工业企业，对市属划拨的25家企业及街道办事处移交的14家工商联合总公司进行人、财、物的全面管理。同时，撤销城市企业管理服务中心。12月，经朝阳区政府批准，北京弘朝伟业国有资产经营有限责任公司成立，代表区政府对原社区经济管理办公室、工业局、物资局及所属企业的国有资产行使监督、运营和管理职责。

2007年3月，西城区政府第9次区长办公会批准育荣公司并入华融公司管理。同年，按照西城区委第22次专题会和区政府第34次区长办公会会议纪要精神，华融公司所属育荣公司国有产权划归区教委经营管理。划归区教委后，育荣公司不再是由区国资委负责监管的企业。2007年6月，北京世纪金工投资有限公司与北京市金工投资管理公司结束"两块牌子、一套人马"体制，成为各自独立的经济实体，接受宣武区国资委统一领导。7月11日，经宣武区国资委批复，第二批 7 家（1 家为改制完成企业）企业整合进入北京市金工投资管理公司。随后，北京市金工投资管理公司按照宣武区国资委有关安排，先后全资收购了原第一批市属划转企业中的两家公司（北京互感器有限责任公司、北京北塑塑料企业管理有限公司）；代理北京广安控股公司全资收购北京北继继电器有限责任公司（原北京继电器厂），北京北继继电器有限责任公司的人员由该公司代为管理。

2008 年，北京市区县工业企业 7206 家；2009 年，北京市区县工业企业 6891 家。

2010 年 1 月，根据西城区国资委《关于调整西城区国有资产经营公司所属企业产权或隶属关系的通知》要求，北京华方投资有限公司（国有独资公司）接收原国资公司 11 家工业企业，同时承担与华方公司没有产权和隶属关系的其他 13 家工业企业的管理责任。国有资产经营公司所属企业全部划归北京华方投资有限公司后，对人员结构及职能划分重新进行调整，主要承担区政府融资平台及区属企业离退休人员管理服务职能。6 月，西城区、宣武区两区合并后，北京市金工投资管理公司（北京世纪金工投资有限公司为其二级企业）划归西城区国资委直接监管。同月，北京市金工投资管理公司管理企业 10 家，其中直属 8 家、人员代管 1 家、自主经营 1 家，对 8 家直属企业人员、资产、物业经营实行统一管理。同年，海淀区工业公司有所属企业 20 家，职工 1527 人。

截至 2010 年，北京市区县工业企业 6885 家。其中，大型企业 58 家，中型企业 621 家，小型企业 6206 家；轻工业企业 2507 家，重工业企业 4378 家。

三、乡镇、街道工业管理体制

北京市的乡镇企业包括乡（镇）企业和村办企业。1979 年，北京市人民公社企业局成立，管理乡镇企业。1984 年，北京市人民公社企业局改名为北京市乡镇企业局。1999 年，全市乡镇企业总数 102448 家，其中工业企业 18083 家，占总数的 17.7%。在乡镇企业重组转制中，按照发展首都经济和提高乡镇企业市场竞争力的要求，淘汰"五小"企业，关停亏损企业；同时，积极引进一大批知名企业、名牌产品落户京郊，有电子通信中的手机配件、电路板企业等，还有新型建材、机电一体化企业等。

2000 年 2 月，市委、市政府出台《关于大力推进乡镇企业二次创业的意见》，并配套扶持资金。北京市乡镇工业企业约 2.1 万家，员工约 52.6 万人。乡镇企业形成 40 多个行业门类，其中规模较大的行业有金属制品、非金属矿物制品、纺织、服装制造、化学原料与化学制品、食品加工、家具制造、塑料制品、交通运输设备制造、电子电器、医药等。

2001 年，乡镇工业小区建设快速推进，全市共有市级工业小区 110 个。

2002 年，市乡镇企业局会同团市委、市科协等部门，共同出台《关于开展"首都高校专家博士帮助郊区农村发展二三产业活动"的实施意见》，共申报合作项目 116 项。

2003 年，市委、市政府把 65 个重点乡镇工业园区建设列入市政府折子工程，加快乡镇工业区建设。

2004 年，根据国务院进一步治理整顿土地市场秩序的部署和市委、市政府关于进一步治理整顿土地市场秩序、加强土地管理工作的意见和要求，对 421 个京郊乡镇工业区和村级工业大院进行核查和整顿。保留乡镇工业区 9 个，其余 412 个乡镇工业区和工业大院予以撤并，作为乡镇二、三产业建设用地。

2009 年 3 月，市乡镇企业局的职责整合划入市经济信息化委，由镇村企业运行指导处负责产业的监测、统计和经济运行综合分析等工作，指导镇村企业经济发展。北京市郊区县乡镇企业 159875 家，从业人员 1400713 人；郊区县乡镇个体、私营企业 148549 家，从业人员 747941 人。

2010 年，郊区县乡镇企业 152778 家，从业人员 1364518 人；郊区县乡镇个体、私营企业 141717 家，从业人员 727900 人。

四、中央在京工业企业管理体制

1999 年年初，中央管理的在京工业企业主要集中在石化、铁路、电力等部门。主要企业有国家电力公司所属中国华北电力集团公司，中国石油化工集团所属北京燕山石油化工有限公司和长城高级润滑油有限公司，中国南方机车车辆工业集团公司所属北京二七机车厂和二七车辆厂，中国北方机车车辆工业集团公司所属北京南口机车车辆机械厂，邮电部所属北京通信设备厂等。国家商业、粮食、公安等部门在北京地区设有工厂，有的工厂隶属于国家部委、总公司管理，有的工厂由部门和地方共同管理。

2000 年 3 月，燕山石化将北京燕山石油化工股份有限公司所持有的股权转给中国石油化工集团公司。2000 年年底，燕山石化重组为 3 个板块，分别为中国石化集团北京燕山石油化工有限公司（以下简称燕山有限公司）、中国石化股份公司北京燕山分公司（以下简称燕山分公司）、中国石化北京燕化石油化工股份有限公司（以下简称燕化股份公司）。

2000 年，北京市有中央在京工业企业 801 家，占独立核算工业企业 16027 家的 5%；从业人员 203035 人，占独立核算工业企业从业人员的 13.94%。

2003 年 11 月 8 日，国家电网公司依据《中华人民共和国公司法》在原中国华北电力集团公司和山东电力集团公司基础上组建设立华北电网有限公司。

2005 年 6 月 27 日，市政府下发《关于北京市 2005 年深化经济体制改革的意见》，主要内容是变政府职能，加快行政管理体制改革；进一步深化宏观经济管理体制改革，在公益性政府投资项目领域全面推行代建制管理。2005 年，北京市有中央在京工业企业 592 家，占全市工业企业 6301 家的 9.4%；中央在京工业企业从业人员年平均人数 174481 人，占全市工业企业从业人员年平均人数的 14.91%。

2009 年 3 月，市经济信息化委成立，设立央企服务处，挂靠运行处，负责协调有关部门为中央在京企业做好服务，并研究制定《北京市经济和信息化委员会央企服务工作制度》，确立机关内部央企服务处与各专业处室分工协作的工作机制，以及服务央企的相关联络、信息沟通、问题收集、项目跟踪、政策调研、交流考察、项目推介等职责。

2010 年，北京市有中央在京工业企业 334 家，占全市工业企业总数 6885 家的 4.85%；

中央企业从业人员年平均人数 209814 人，占全市工业企业从业人员年平均人数的 16.9%。市经济信息化委积极推进 37 个在京央企重点项目建设，涉及 31 家中央在京企业，主要分布在航空航天、基础产业、电子信息、装备产业、汽车产业、信息服务业等领域。

五、市属工业企业管理体制

1988 年，七届全国人大一次会议通过《中华人民共和国全民所有制工业企业法》，以法律形式确定厂长负责制。1993 年 2 月 29 日，市政府发布《北京市全民所有制工业企业转换经营机制实施办法》。该办法在北京市全民所有制工业企业全面推行，企业建立以党委为核心、厂长为中心、职工代表大会参与重大决策的管理体制。1994 年，北京市确定建立现代企业制度试点单位 172 家。按照产权明晰、政企分开原则，全市有 15 个总公司试行国有资产授权经营，分别重组改制为 9 个国有资产经营公司和 6 个集团公司，涉及国家所有者权益 239 亿元，国家资本金 172 亿元。经过资产授权，总公司作为经营者，经营运作国有资产，对政府负有国有资产保值增值责任；对授权范围内的下属企业是出资者，享有所有者权益，即资产受益、重大决策和选择管理者权益，总公司成为自负盈亏的企业。1998 年，北京市召开国有大中型骨干企业建立现代企业制度工作会议，下发《关于本市国有大中型企业建立现代企业制度的若干意见》，全市有 22 家大中型企业初步建立现代企业制度，集团有限责任公司增加到 16 家。

1999 年 11 月 17 日，市政府办公厅批转市经委《关于深化本市工业企业管理体制改革试点工作的意见》。北京市决定对工业总公司进行规范性改制和重新授权，落实授权公司的资产收益、重大决策和选择经营管理者等权利；剥离授权公司承担的行政和行业管理职能，实现政企分开；完善内部法人治理结构，建立母子公司关系，建立健全企业激励与约束机制；建立健全国有资产由政府管理、分工监督的机制。由市政府原局、办改制的 12 家总公司，有 5 家按照《中华人民共和国公司登记管理条例》的规定进行了登记；3 家授权公司完成董事会、监事会和经理层的成员配备工作。

1999 年 12 月 28 日，市政府批复，以原北京建筑材料集团有限责任公司及其所属企业截至 1999 年 9 月 30 日实际占有的全部国有资产价值量（国家所有者权益）19.37 亿元中的国家资本金 13.07 亿元，作为对北京建筑材料集团有限责任公司的出资，依法行使出资者职能，以其全部出资额为限，对建材集团公司承担责任，并依法享有各项权利。市政府授权建材集团公司对所属的全资企业、控股公司、参股企业的国有资产行使出资者权力，对授权范围内的国有资产依法进行经营、管理和监督，相应承担保值增值责任，并向市政府负责。同日，市政府批复，同意北京纺织控股（集团）有限责任公司更名为北京纺织控股有限责任公司，同意《北京纺织控股有限责任公司章程》。市政府以国家资本金 127987 万元作为对纺织控股的出资，授权纺织控股对授权范围内企业国有资产行使出资者权力，未进入总资产的授权范围内企业使用的国拨土地处置权由纺织控股决定。纺织控股对所投资企业，以其投入的资本额为限，享有资产受益、重大决策和选择经营管理者权力，对市政府授权经营的国有资产依法进行经营、管理和监督，并承担相应保值增值责任。至此，纺织控股由生产经营型控股公司改为资产经营型控股公司。

1999 年，纺织控股、一轻控股、隆达控股、京仪控股、电子控股、北京汽车工业控股、同仁堂集团等企业进行企业改制，此项工作一直持续到 2000 年。

按照党的十五大提出的建立现代企业制度是国有企业改革的方向的要求，北京工业系统到 1999 年年底已有 34 家企业按照《中华人民共和国公司法》完成了由工厂制向公司制改制的过程，初步建立了现代企业制度。改制企业成立了由出资各方代表组成的董事会；成立了监事会，按《中华人民共和国公司法》要求设立了独立监事；由董事会聘请了总经理和副总经理等高级管理人员，组成经理层。大多数改制企业规范了法人治理结构，建立了股东大会和董事会制度。1999 年，全市国有独资工业企业实收资本占全市实收资本的比重由 1997 年的 52.4% 下降到 39.2%；已改制的企业总资产 1803.6 亿元，比上年增长 11.2%；经营总收入 819.5 亿元，同比增长 10.7%；实现股东权益 740.1 亿元，同比增长 13.7%。

1999年北京工业系统骨干企业改制一览表

9-3表

序号	改制前名称	改制企业名称	备注
1	首钢总公司 *	北京首钢股份有限公司	
2	北京日化二厂	北京化二股份有限公司	
3	中国北京同仁堂集团公司	北京同仁堂股份有限公司	
4	北京东方电子集团股份有限公司	北京东方电子集团股份有限公司	B股
5	北京福田股份有限公司	北京福田股份有限公司	
6	北人集团公司	北人印刷机械股份有限公司	
7	北京万东医疗装备公司	北京万东医疗装备股份有限公司	
8	北京制药厂	北京双鹤药业股份有限公司	
9	北京燕京啤酒集团公司	北京燕京啤酒股份有限公司	
10	北京光学仪器厂	北京博飞仪器股份有限公司	
11	北京植保机械厂	北京福田股份有限公司	并入
12	北京钢琴厂	北京星海乐器有限责任公司	
13	北京远东仪表公司		主体合资
14	北京无线电厂	北京益泰电子集团有限责任公司	
15	北京照明机总厂		主体合资
16	北京化工厂	北京北化精细化学品有限责任公司	

（续表）

序号	改制前名称	改制企业名称	备注
17	北京化工集团	北京化学工业集团有限责任公司	
18	北京有线电总厂（738厂）	北京兆维电子集团有限公司	
19	北京琉璃河水泥厂	北京建材集团有限公司	并入核心层
20	北京毛纺厂	北京北毛纺织集团有限责任公司	
21	北京印刷一厂*	北京印刷集团有限责任公司	
22	北京印刷二厂*	北京印刷集团有限责任公司	
23	北京分析仪器厂	北京北分瑞利分析仪器集团有限责任公司	
24	北京第一针织厂	北京铜牛针织集团有限责任公司	
25	北京液压公司	北京华德液压工业集团有限责任公司	
26	北京市造纸包装工业公司	北京中天纸业集团有限责任公司	
27	北京衬衫厂*		主体合资
28	北京金星制笔公司*	北京金星笔业有限公司	
29	北京电视配件三厂*	北京吉乐电子集团有限公司	
30	北京轮胎厂*	北京首创轮胎有限责任公司	
31	北京市汽车灯厂*	北京市北灯汽车灯具有限公司	
32	北京开关厂*	北京北开电气股份有限公司	
33	北京华盾塑料公司*	北京华盾塑料有限责任公司	
34	北京市华都酿酒食品工业公司*	北京华都酿酒食品有限责任公司	

附注：*为1999年度完成改制的企业。

2000年9月27日，北京市举行首钢、汽车、机械等9家总公司国有资产规范授权经营签约仪式，9家总公司改制为股份有限责任公司，均有5个以上的出资人，全部建立了股东大会、董事会、监事会，原有的行政管理和行业管理职能上转到政府有关部门或中介组织管理。

2000年12月，市政府批准北京仪器仪表工业控股（集团）有限责任公司规范授权、整体改制方案，并同意该公司更名为北京京仪控股有限责任公司。市政府以原北京仪器仪表工业控股（集团）有限责任公司及其所属企业截至2000年6月30日实际占有的全部国有资产价值量（国家所有者权益）50252.5万元中的国家资本金30083.2万元，作为对京仪公司的出资，依法行使出资者职能，以全部出资额为限，对京仪公司承担责任，并依法享有各项权力。市政府授权京仪公司对所属的全资企业、控股企业、参股企业的国有资产行使出资者权力，对授权范围内的国有资产依法进行经营、管理和监督，并相应承担保值增值责任。从2000年开始，京仪公司对全系统直属企业依据《中华人民共和国公司法》进行公司制改造，到 2002 年，京仪公司直属企业基本完成了公司制改制，初步实现了投资主体多元化。

2001 年 6 月，市政府办公厅转发市经委、市体改办《关于贯彻执行国有大中型企业建立现代企业制度和加强管理的基本规范的实施意见》。9 月，市政府办公厅转发市体改办、市经委《关于本市国有大中型企业建立现代企业制度指导意见》。

2002 年 4 月，市政府将北京市有色金属工业总公司及所属 20 家企事业单位归属隆达控股授权经营。隆达控股与所属企业由原行政隶属关系转变为以资产为纽带的经济管理关系，其所属的集团公司为独立法人，隆达控股授权、监督和检查所属单位的国有资产保值增值，并对其进行行业管理。

2003 年，北京市国有企业改革开始从单个企业的搞活、建立现代企业制度，逐步向理顺国有资产监督管理体制、推进国有经济战略重组转变。10 月 15 日，市政府组建市国有资产监督管理委员会。市政府授权市国资委履行国有资产出资人职责，实现政府公共管理职能与国有资产出资人职能分离。隆达控股及市直属各集团理顺产权关系，建立了权责分明、授权经营的领导体制。在组织结构上有决策层、监督层、执行层 3 个层面；在管理机构上有董事会、监事会和总经理经营执行 3 个管理机构，各层面管理机构之间形成责权明确、协调配合、相互制衡的运行机制。

2004 年 8 月，市国资委印发《关于加快推进国有企业重组改制的指导意见》，提出以企业发展为目标，以产权制度改革为核心，力争用 3 年左右时间基本完成国有企业的重组改制要求。2006 年 11 月，经市国资委批准，金隅集团与北京建材经贸集团实施重组。重组后，金隅集团对建材经贸集团行使出资人权力。2007 年 4 月，金隅集团对北京大成集团实行托管，对资源进行重新配置、整合。

2008 年，北汽控股与兴东方公司重组改制启动，兴东方公司年底划转给北汽控股，由北汽控股对兴东方公司行使出资人权力，兴东方公司暂时保留独立法人地位，并改制为一人有限责任公司。二七装备根据中国北车集团公司整体改制上市工作部署，完成二七装备公司投资人变更的工商登记注册，按照辅业改制工作进程，先后撤销长铁运输公司、宏铁工贸公司、热加工分厂、设备维修安装公司、技工学校、铁路小学、铁路中学等组织机构设置。南机公司根据中国北车股份公司整体上市工作部署，所属北京南口南机机电设备有限责任公司全部资产无偿划入南机公司，完成资产移交。北京市电力公司调整管理体制，由华北电网有限公司的全资分公司调整为华北电网有限公司的全资子公司，3 月正式揭牌，变更为北京市电力公司。一轻控股启动食品板块整合方案，义利食品对北冰洋食品公司、京轻饭店实行托管，义利面包公司由原来的三级企业调整为控股公司直属企业，注销三级以下企业 4 家。隆达控股完成列入清理范围的 53 家四级企业中的 45 家，占总数的 84.9%；退出华盾雪花公司等 5 家企业。

2009 年，北汽控股完成对兴东方公司的重组工作，对京华大客车资源重组整合形成初步方案，完成北京农机研究所对北京富民生态研究所的收购工作。二七装备撤销物资供应部，组建物流中心。南机公司完成北车（北京）轨道装备有限公司工商登记注册，领取企业法人营业执照；推进主辅分离改制分流，完成"859"改制工作。北京化学工业集团有限责任公司所属供销公司破产。金隅集团将北京现代建筑材料有限责任公司更名为北京金隅加气混凝土有限公司，北京市加气混凝土有限责任公司划归其管理；将北京美涂三旗涂料有限责任公司更名为北京金隅涂料有限公司，北京金之鼎化学建材科技有限责任公司、北京纳美科技发展有限公司划归其管理。

2010年，成立由北汽控股、首钢股份有限公司、北京市国有资产经营有限责任公司、现代创新控股有限公司、北京国有资本经营管理中心、北京能源投资（集团）有限公司6家组成的北京汽车股份有限公司。北汽控股更名为北京汽车集团有限公司。二七车辆完成主辅分离、辅业改制。北京化学工业集团有限责任公司完成华腾投资公司的资产回归和企业注销，将华腾拓展、华腾天海两家三级企业提升为二级企业，将北京化工四厂精细化工厂由集体企业改制为有限责任公司。京煤集团完成5家四级企业退出。

2010年，市政府直接管理的工业企业均依照《中华人民共和国公司法》建立现代企业制度。在公司内设立有中共基层党委、职工代表大会和经营管理机构，建立有董事会、监事会和经理层。企业的内部主要采取集权和分权结合的管理方式。集团和总公司，第一层级管理机构按不同职能实行专业化分工。根据企业的生产经营、科研技术、供应销售、劳动工资、人事财务、生活福利等职能划分工作部门和设置行政机构，根据党群工作需要设置宣传、组织、纪检、工会、共青团等党群工作职能机构，根据企业承担的社会工作职责设置教育、卫生、保卫、武装、计划生育等社会职能机构。各职能机构按专业化分工，各负其责，对企业的主管领导负责。集团或总公司中的子公司或二级企业，按照集团和总公司第一层级的管理机构设置，根据本单位情况，建立第二层级管理机构，按专业化职能进行管理。集团公司或子公司内部的管理，一般分为4个层级，分别是集团或总公司、企业、工厂或车间、工段或班组。

第二节　市级管理机构

北京市经济委员会

1977年7月，北京市工业交通办公室成立，主管工业、交通等部门的党政工作，内设机构有综合计划处、生产调度处、科技处等。1978年，市委决定将工业交通办公室改为北京市经济委员会，职能不变，内设机构有办公室、综合计划处、生产调度处、科技处、安全处、工业学大庆办公室、外经处、轻工处、质量处、军工处、宣传处、干部处。1984年年初，根据市委的通知，将北京市国防科学技术工业办公室并入市经委，同时保留市国防科工办的名称。1984年，市经委的内设机构有办公室、研究室、生产调度处、综合处、科技处、技改处、质量管理处、企业管理处、教育处、劳动处、技安处、区县工业处、交通处、工业调整办公室、节约能源办公室、整顿改革办公室、技术引进办公室、支农办公室、军工处、交通战备办公室、机关党委。1984年至1990年增设人事处、机械设备进口审查办公室、引进外资领导小组办公室、法规处、市机电产品出口办公室、市统考办、外商投资企业管理处、集体工业企业管理处、瑞典中国游泳中心筹备处、综合治理处、宣传处、引进消化吸收处、计算机室和编辑处。

2000年6月，市委、市政府调整主管工业管理机构，成立新的中共北京市委工业工作委员会和北京市经济委员会，市委工业工委与市经委合署办公。市经委是负责工业经济运行综合调控的市政府组成部门，同时保留市国防科工办的名称。

市经委划出的职能有产品质量管理职能、机电产品进出口管理职能、协调北京市交通运输职能、北京市交通战备职能。

市经委划入的职能有设立驻京联络处的职能，引导工业企业投资方向的职能，重要工业品和原材料进出口管理的职能，成品油总量平衡的职能，制定环境保护产业政策和发展规划的职能，安全生产综合管理、职业安全监察、矿山安全监察的职能，指导中小企业改革的职能，成品油市场管理的职能，商业系统工业企业行业管理的职能，地方煤炭管理的职能，医药行业管理的职能，北京市经济协作的职能。

市经委转交的职能有依照国家产业政策，制定本市工业发展规划，引导工业投资方向，对全市工业实施行业管理；取消审批技术改造项目投资许可证、城镇集体资产产权登记证和工业企业实行股份合作制、组建企业集团以及工业重点技术创新项目的职能；取消核准饮料产品批准证、企业兼合并、零星建筑面积计划的职能；取消对工业企业法定代表人、企业主管部门安全技术机构负责人的安全生产培训教育、燃气储备站和车用燃气加气站开工的备案；逐步取消审批工业企业利用自有资金和商业性银行贷款建设项目，改为项目登记备案制；逐步取消全国有关部门审核工业企业申请外贸自营权的职能；将市经委承担的部门行业管理职能交给社会中介组织，主要包括制定并监督执行行规行约，规范行业行为，维护公平竞争，参与制定、修订行业标准，组织贯彻落实并进行监督等；将市经委承担的工业国有资产运营的有关审批职能，交给授权进行国有资产经营的控股公司和集团公司。

市经委下放给区、县政府的职能有审批安全施工许可证和施工企业安全资格审查认可证，核准厂内机动车辆牌照、行驶证、驾驶证。

调整后，市经委的主要职能有负责制定和实施全市工业发展规划、工业布局调整规划及工业结构调整方案；负责组织实施国家及市有关工业经济方面的法律、法规；负责组织起草工业经济方面的地方性法规、规章草案，并对执行情况进行监督检查；针对工业改革与发展中的重大问题开展调查研究，提出政策建议；负责编制市工业经济运行调控目标，监测、分析和调控工业经济运行；负责工业经济信息工作；组织协调重要能源、基础原材料供应，解决处理工业经济运行中的重大问题；负责工业产品、生产资料等市场的建设；负责指导市工业企业和商业银行投资方向，定期公布工业项目投资引导目录，进行项目的登记备案和监督，纳入全市的总量平衡；组织实施重大工业项目及市政府投资的项目；负责指导市工业企业利用外资工作；制定并组织实施工业领域利用外资规划，引导工业企业利用国外贷款的投向；贯彻国家有关政策，对国有企业向外资转让股权、经营权进行监督；指导企业开展国际化经营和国际交流工作；指导市工业企业技术创新及技术进步工作；制定和实施发展高新技术产业及利用高新技术改造传统产业的规划、政策和措施；指导市资源节约和综合利用工作，组织协调工业环境保护；负责环保产业发展；负责指导市工业企业的改革与管理；组织贯彻国有工业企业改革的方针、政策，推动现代企业制度的建立；参与指导企业多元化投资及直接融资工作；指导工业系统企业减员增效工作；指导中小企业改革与发展，建立和完善服务体系；负责组织减轻企业负担工作；指导企业培训工作；参与对工业系统国有资产的监管工作；负责市工业对外贸易工作，研究拟定有关政策，指导企业开拓国际市场，发展工业产品出口；负责重要工业品、原材料进出口管理；按照有关规定管理企业自营进出口权的申报并负责初审；负责市工业行业管理；联系工业领域社会中介组织并指导其工作；综合管理全市安全生产工作，对安全生产行使国家监督职权；起草安全生产综合地方性法规草案和有关政策；负责调查处理重大安全生产事故；负责组织协调北京地区军工科研、生产和军转民工作；组织协调北京市与外省市的经济协作工作；联系外省市驻京办事机构。

调整后，市经委的职能工作机构设有办公室（与市委工业工委办公室合署办公）、研究室（与市委工业工委研究室合署办公）、法规处、综合处、经济运行处、规划处、科技处、外经贸处、节能与环保处、企业改革处、工业调整处、劳动处、中小企业处、培训处、安全生产管理处、安全监察处、行业管理办公室、电力管理办公室、煤炭管理办公室、经济协作办公室、经济协作联络处、城乡经济联合办公室、人事处、监察处、机关党委。市经委同时挂市国防科工办牌子。市国防科工办职能工作机构设有军工科技处、军工综合处。市委工业工委的职能工作机构设有办公室（与市经委办公室合署办公）、研究室（与市经委研究室合署办公）、组织处、宣传处、干部处（与市经委人事处合署办公）和老干部处。

两委合署办公时期，加强了对全市工业发展思路的研究，明确提出"三个不分"（即不分所有制、不分大中小、不分隶属关系）对全市工业发展实施统一指导和服务；推进了中芯国际、现代汽车、福田汽车等一批大项目，建设了北方微电子、顺义汽车、光机电和生物医药产业基地，为工业发展培育了新的增长点；加大了国企改革调整的力度，促进了"三年两目标"的实现。2003年，在抗击"非典"中承担着物资供应和保障任务，发扬了"特别能战斗"的精神，经受住了特殊时期的考验。

2003年，北京市党政机关机构改革，将7个政府部门整合，组建设立5个新的政府机构。其中，市委工业工委、市经委在整合中撤销，成立北京市工业促进局。原两委职能处室30个，工作人员174人。其中，节能环保处、中小企业处、电力管理办公室、煤炭管理办公室、减负办、经济协作办公室、经济协作联络处 7 个处室及工作人员 35 人，成建制划转市发展改革委；工业调整处、企业改革处、劳动处和工委所属处室及工作人员 31 人，成建制划转市国资委；外经贸处、经济运行处的部分职能及 4 名工作人员，划转市商务局；市经委所属的副局级机构市安全生产监督管理局，改为市政府直属正局级机构，市经委担负的安全生产管理职能及 22 名工作人员全部转出。

1999—2003年北京市经济委员会领导一览表

9-4表

姓名	籍贯	职务	任职时间
李岩岭	北京市	主任	1999年1月—2000年1月
金生官	江苏省	主任	2000年1月—2003年3月
陆　昊	上海市	主任（兼任）	2003年3月—2003年9月
徐和谊（回族）	北京市	副主任	1999年1月—2002年7月
何兵（女）	天津市	副主任	1999年1月—2000年1月
冯　海	河北省	副主任	1999年1月—2003年9月
周毓秋（女）	辽宁省	副主任	1999年1月—2003年9月
阎冠和	吉林省	副主任	2000年2月—2002年3月
张　工	北京市	副主任	2002年7月—2003年9月
李建伟	河北省	委员	2002年9月—2003年9月
朱鼎恒	江苏省	委员	1999年1月—2000年1月
常青（女）	河北省	委员	1999年1月—2000年9月
解铁疆	黑龙江省	委员	1999年1月—2000年9月
常青（女）	河北省	总经济师	2000年1月—2003年9月
丁镇宽	山东省	委员	2000年9月—2003年9月
陈怀伟	山西省	委员	2000年9月—2003年9月
樊　健	浙江省	委员	2001年12月—2003年9月

北京市工业促进局

2003 年 10 月 15 日，北京市工业促进局正式挂牌，作为负责全市工业发展的市政府直属机构，同时挂市国防科工办的牌子。主要职责有：根据国家产业政策和市国民经济发展规划，研究拟定市工业产业中长期发展规划、年度计划和工业布局调整规划、工业结构调整方案，并组织实施；研究拟定促进市工业产业发展的政策、措施，并组织实施；研究起草市有关工业经济方面的地方性法规、规章草案；针对工业产业发展中的重大问题开展调查研究，提出对策建议；指导工业技术创新和技术进步，促进工业高新技术发展，协调落实高新技术改造传统产业的政策、措施，参与制定并定期公布工业投资项目引导目录，协调重大工业项目的组织实施；负责建立和完善市工业产业信息服务系统，收集、整理、分析、发布工业重点产业相关信息，推进工业产业各种资源的优化配置和工业重点产业的持续发展；负责市工业运行的监测、协调工作；围绕工业重点产业发展，负责组织和推进招商引资工作；协调市工业产业配套体系建设，改善工业投资环境，推进重点工业产业链的构建；协调重点工业企业的搬迁调整工作；培育和促进市工业产业基地建设，指导和协调工业开发区的建设和发展；组织制定工业企业行业规范和行业技术标准；负责工业方面的人力资源开发，为工业企业发展提供人才支持；负责联系市工业领域行业协会和中介机构。

图9-1　2003年10月15日，北京市工业促进局在朝阳区凯富大厦办公区揭牌

　　为了保证专业化产业促进职能的有效行使，市工业促进局机构设置重点突出了6个专业产业处室，将综合处室压缩合并，其中办公室、研究室、财务处合一，规划处、布局处、节能环保处合一，综合处、法规处合一，人事处、老干部处合一。

　　市工业促进局紧紧把握住专业化产业促进的定位，注重职能从审批向服务的转变，从靠行政权力向靠专业知识和智慧转变。引进和建设诺基亚、北京奔驰、燕化炼油系统改造等一大批重大项目；关闭、淘汰了近千家"五小"企业和污染扰民企业；推进了企业技术创新，培育出一批创新型企业；制订一系列节约土地和能耗水耗的政策文件，推进了电力、水泥等重点行业节能节水；围绕重点发展产业，继续推进微电子、汽车、光机电一体化、生物工程新医药等特色产业基地建设，形成了星网工业园、顺义汽车城、京东方光电城等一批产业集群；稳步推进了首钢搬迁调整改造。市工业促进局人员编制57人，按专业设置13个职能机构，分别为办公室、综合处（法规处）、产业布局指导处、电子信息产业发展处、机电产业发展处、生物工程和医药产业发展处、汽车及交通设备产业发展处、都市产业发展处、基础产业发展处（北京市履行禁止化学武器公约事务办公室）、军工综合处、军工科技处、人事处（老干部处）、监察处（机关党委）。

　　2009年3月，北京市进行党政机关机构改革。撤销市工业促进局，设立北京市经济和信息化委员会。在机构改革中，市委、市政府对市经济信息化委的职责进行了划入、取消、转变处理。划入职责有原市工业促进局（市国防科工办）、市信息办、市乡镇企业局的职责，整合划入市经济信息化委，以及市发展改革委的工业行业管理和信息化有关职责，具体包括研究提出本市工业发展战略；根据国家工业行业规划和产业政策，研究拟订北京市工业行业规划及配套措施的实施意见；指导工业行业地方标准的拟订；按照规定权限，核准、备案和上报本市规划内和年度计划规模内工业和信息化领域固定资产投资项目；车辆生产准入管理；工业生产许可工作中的产业政策确认；高技术产业中涉及生物医药、新材料等领域的规划、政策和标准的拟订及组织实施；组织编制重大技术装备规划，协调相关政策；工业的节能、资源综合利用、清洁生产促进和落后产能退出工作；对中小企业的指导和扶持，会同有关部门对北京市中小企业创业投资引导基金使用的决策、监督和管理；企业减负工作；市科委的软件业行业管理职责。取消职责有已由市政府公布取消的行政审批事项。转变职责有加快推进信息化和工业化融合、高新技术与传统工业改造结合，促进现代制造业等高端产业发展，加快推进北京市信息化建设；强化对中央在京企业的服务职责；加强指导北京工业、软件和信息服务业安全生产工作的职责，组织拟订有关行业安全生产方面的规范和标准，加强对民用爆破器材生产和流通企业安全工作的监督管理。

2003—2009年北京市工业促进局领导一览表

9-5表

姓名	籍贯	职务（职级）	任职时间
程连元	北京市	局长	2003年9月—2006年10月
李　平	北京市	局长	2006年10月—2009年3月
冯　海	河北省	副局长	2003年9月—2008年2月
常青（女）	河北省	副局长	2003年9月—2008年6月
李树藩	北京市	副局长	2004年12月—2008年7月
梁　胜	湖南省	副局长	2008年1月—2009年3月
姜贵平（女）	湖南省	副局长	2008年10月—2009年3月
王学军	河南省	副局长	2009年1月—2009年3月
常青（女）	河北省	巡视员	2008年6月—2009年3月
李树藩	北京市	巡视员	2008年7月—2009年3月
丁镇宽	山东省	副巡视员	2003年9月—2004年5月
樊　健	浙江省	副巡视员	2003年9月—2009年3月
张兰青（女）	北京市	副巡视员	2008年1月—2009年3月

北京市经济和信息化委员会

2009年3月，北京市经济和信息化委员会（简称市经济信息化委）组建成立，作为负责全市工业、软件和信息服务业发展、推进信息化工作的市政府组成部门，同时挂市国防科工办的牌子。主要特点和变化有：整合原分散的行业管理职能，明确负责全市工业、软件和信息服务业的全过程管理，从规划、法规、政策到运行监测、固定资产投资管理和技术改造，以及能源节约和资源综合利用、开发区指导等，并增加行业质量管理的职能。特别是关于固定资产投资管理，在国家层面尚未完全理顺的情况下，明确了此项职能与市发展改革委的分工，为此项职能的履行提供了依据。解决了以往软件产业与电子信息制造业、软件与信息服务业分离的问题，理顺了管理体制，为促进北京这一领域的协调、融合发展创造了条件。在经济运行处加挂央企服务处的牌子，加入研究拟定和推进落实服务中央在京企业的有关政策，协调有关部门做好服务中央在京企业、推进重大项目建设等工作的职能，首次强调了为央企服务的职能。将原市发展改革委、市乡镇企业局的相关职能合并，统一负责全市中小企业的促进工作；明确由市经济信息化委会同有关部门负责北京市中小企业创业投资引导基金使用的决策、监督和管理，有利于统筹资源，加强中小企业服务体系的建设。在专业处室的名称及职能设置上体现了对发展重点的导向，原基础产业处改为基础与新材料处；机电产业处改为装备产业处；都市产业处加挂食品产业处的牌子，强调重点发展的农产品加工业；生物工程与新医药处改为生物与医药产业处，体现涵盖生物农业及工业生物技术的大生物概念；设立航空航天产业处，加挂军民结合推进处的牌子，表明北京将依托央企优势，大力发展航空航天产业的趋向。增加促进产业融合、发展相关生产性服务业的职能。加入指导工业、软件和信息服务业、信息化领域文化创意产业的发展，参与研究拟定物流业促进政策和措施的职能；在汽车与交通设备产业处和电子信息产业处职能中加入组织产业的地区配套和产业链构建，推进相关生产性服务业的发展职能；在生物与医药产业处职能中加入参与推动医药物流发展的职能。

市经济信息化委的主要职责有贯彻执行国家关于工业、软件和信息服务业、信息化方面的法律、法规、规章和政策，起草市相关地方性法规草案、政府规章草案，并组织实施。研究拟订并组织实施市工业、软件和信息服务业、信息化发展规划和产业政策，推进产业布局调整和产业结构优化升级。监测分析市工业、软件和信息服务业、信息化的运行态势，统计并发布相关信息；协调解决产业运行和发展中的重大问题，并提出政策建议。按照规定权限，核准、备案和上报市规划内和年度计划内工业和信息化领域固定资产投资项目；会同有关部门研究提出工业、软件和信息服务业、信息化方面利用外资和境外投资的重点领域和促进政策。指导市工业、软件和信息服务业、信息化技术创新和技术进步，推进企业技术改造；组织实施国家及本市工业、软件和信息服务业、信息化科技重大专项，推进相关科研成果产业化；指导相关行业质量管理工作。拟订市高技术制造业、软件和信息服务业、信息化和新兴产业中重点领域的发展规划、实施方案、配套政策及行业标准，并组织实施；指导工业、软件和信息服务业、信息化领域文化创意产业的发展。承担振兴北京市装备制造业组织协调的责任，组织拟订重大技术装备发展和自主创新规划、政策；依托国家及市重点工程建设，推进重大技术装备国产化，指导引进重大技术装备的消化创新。拟订并组织实施市工业、软件和信息服务业、信息化领域的能源节约和资源综合利用、清洁生产促进政策；参与拟订能源节约和资源综合利用、清洁生产促进规划。指导和促进北京市中小企业发展；会同有关部门拟订促进中小企业发展和非国有经济发展的相关政策和措施，协调解决有关重大问题；建立和完善中小企业服务体系。指导和协调市工业开发区的建设与发展，促进工业产业基地建设；负责镇村产业生产集中地（农民就业产业基地）建设；指导镇村产业发展。组织协调北京地区武器装备科研生产的重大事项，保障军工核心能力建设，推进军民结合；协调推进市航空航天产业发展。开展北京市工业、软件和信息服务业、信息化领域对外合作与交流。负责市工业、软件和信息服务业、信息化领域人力资源的合理配置，会同有关部门拟订人才队伍建设规划和有关政策措施，组织相关人才培训。市经济信息化委（市国防科工办）机关行政编制154名。

2010年年底，市经济信息化委（市国防科工办）办公地址在西城区枣林西街的中环广场办公区和朝阳区工体北路6号凯富大厦办公区。内设职能处室27个，分别为办公室、研究室（政策法规处）、规划处、科技标准处、布局处、经济运行处（帮扶办）、中小企业处、节能环保处、基础与新材料产业处、装备产业处、汽车与交通设备产业处、都市产业处、生物与医药产业处、军工综合处、军工运行处（核应急处）、航空航天产业处、电子信息处、软件与信息服务业处、电子政务与信息资源处、社会信息化处（信用管理处）、经济信息化处、网络安全处、镇村企业运行指导处、人事教育处、离退休干部处、机关党委（工会）、监察处。市经济信息化委直属机构及事业单位有19个，分别为北京市无线电管理局（北京市无线电管理委员会办公室）、北京市工业经济研究所、北京市经济和信息化委员会信息中心、北京市经济和信息化委员会老干部服务中心、北京市乡镇企业局农民就业服务指导中心、北京市政务信息安全应急处置中心（北京市信息安全容灾备份中心）、北京软件与信息服务业促进中心、北京市中小企业服务中心、北京市科技创新服务中心、北京信息安全测评中心（北京信息安全服务中心）、北京市信息资源管理中心、北京市政务网络管理中心、首都之窗运行管理中心、北京市工业技术开发中心、北京市工业进出口开发服务中心、北京市经济技术市场中心、北京市乡镇企业局后勤服务中心、北京信息化教育培训中心（北京市信息化促进中心）、北京市工业系统人才开发中心（北京市工业系统劳动力资源交流中心）。

2009—2010年北京市经济和信息化委员会领导一览表

9-6表

姓名	籍贯	职务（职级）	任职时间	备注
朱　炎	上海市	主任	2009年3月—	
李　平	北京市	副主任	2009年3月—	
梁　胜	湖南省	副主任	2009年3月—	
姜贵平（女）	湖南省	副主任	2009年3月—	
白　新	重庆市	副主任	2009年3月—	
李　洪	四川省	副主任	2009年3月—	
俞慈声（女）	浙江省	副主任	2009年3月—	
阎冠和	吉林省	副主任	2009年3月—	

（续表）

姓名	籍贯	职务（职级）	任职时间	备注
王学军	河南省	副主任	2009年3月—	
万新恒	湖北省	副主任	2010年8月—	
王惠民	北京市	委员	2009年3月—	正局级
齐霖霖	河北省	局长	2009年3月—	市无线管理局局长，副局级
常青（女）	河北省	委员	2009年3月—2009年12月	正局级
杨旭明	北京市	委员	2009年3月—	
樊　健	浙江省	委员	2009年3月—	
邹彤（女）	吉林省	副巡视员	2009年3月—	
姜毅群（女）	河北省	副巡视员	2009年3月—	
张兰青（女）	北京市	副巡视员	2009年3月—	
陈志峰	河北省	副局级	2009年3月—	
汪进军	北京市	副局级	2009年3月—	
王颖光	北京市	副局级	2009年3月—	

北京市国防科学技术工业办公室

1969年12月，北京市革命委员会、北京卫戍区国防工业办公室（以下简称国防工办）成立，负责北京军工常规武器的生产建设和地方军工管理工作。1971年，国防工办划入北京卫戍区。1974年3月，市委决定撤销国防工办，在市计委设军工处。1977年7月，市委决定，将市计委一分为三，成立市计划委员会、市工业交通办公室、市国防工业第二办公室（以下简称国防二办），国防二办负责三、四、五、六机械工业部在京所属企业和地方军工企业的管理。同时成立国防工业第一办公室（以下简称国防一办），负责七机部在京的第一、第二、第五研究院及其所属企事业单位的管理，实行部、市双重领导。1980年7月，市委决定，将国防一办、国防二办合并为北京市国防工业办公室。1983年12月，根据国防科学技术工业委员会的通知，将北京市国防工业办公室更名为北京市国防科学技术工业办公室（简称市国防科工办）。1984年1月，市国防科工办并入市经委，同时保留市国防科工办的名称。

2000年6月，市委、市政府调整主管工业管理机构，设置市经委，同时保留市国防科工办的名称。2003年，根据市政府关于《北京市工业促进局（市国防科工办）主要职责内设机构和人员编制规定》，市国防科工办负责北京地区国防科学技术工业的组织、协调工作，内设军工科技处、军工综合处两个处，核定行政编制6名，其中处级领导职数2名。市国防科工办主要职责：军工综合处负责军工及军品配套生产的组织、监督和协调工作，负责管理民用爆破器材的生产和流通；军工科技处负责组织协调军工及军品配套的科研工作，负责推进军工技术转民用工作，负责组织管理北京地区的国防科技技术基础工作和军工保密工作。

2009 年 3 月，根据市政府《北京关于市经济信息化委（市国防科工办）主要职责内设机构和人员编制规定》，市国防科工办主要职责：军工综合处负责北京地区国防科技工业的综合协调；负责武器装备研制、生产和军工特殊产品的市场准入和监督管理；指导军品科研生产单位的国防科技基础工作；负责民用爆炸物品生产、流通的监督管理；负责国防科技工业相关信息统计工作。军工运行处（核应急处）负责北京地区武器装备科研生产运行的协调、保障；负责军工固定资产投资管理；负责北京地区地方单位军工科研项目和国防科技成果管理；负责军工安全生产监督管理；负责核应急管理。航空航天产业处（军民结合推进处）研究拟订本市航空航天及配套产业中长期发展规划，参与制定相关的促进政策；协调推进航空航天产业基地和重大项目建设；负责航空航天产业分析汇总工作；参与航空航天产业、企业的调整和重组；负责指导军民两用技术开发与产业化工作。2010 年，共有内设处室 3 个，机构和职能不变。

1999—2010年北京市国防科学技术工业办公室领导一览表

9—7表

姓名	籍贯	职务	任职时间
李岩岭	北京市	主任	1999年1月—2000年1月
金生官	江苏省	主任	2000年1月—2003年2月
冯 海	河北省	主任	2003年2月—2008年2月
朱 炎	上海市	主任	2009年3月—
解铁疆	黑龙江省	副主任	2000年9月—2009年12月

北京市乡镇企业局

1979 年，北京市人民公社企业局成立，管理农村社队企业（1984 年以后统称为乡镇企业）。1984 年，北京市人民公社企业局更名为北京市乡镇企业局（简称市乡镇企业局）。1987 年 8 月，市机构编制委员会《关于重新核定党政群机构设置和人员编制的通知》，核定市乡镇企业局内设机构 7 个，分别是办公室、调研室、人事处、科技处、生产计划处、企业管理处和机关党委；行政编制定为 45 人，单列编制（离休）1 人。1995 年 9 月，根据中共中央、国务院批准的《北京市党政机构改革方案》，保留市乡镇企业局。主要职责：负责起草有关乡镇企业方面的地方性法规、规章和政策；会同有关部门研究制订北京市乡镇企业发展战略、规划和计划并组织实施；负责组织、管理和指导乡镇企业开展技术改造、新产品开发、新技术推广、外经外贸和环境保护、安全生产等工作；指导和组织北京市乡镇企业深化改革，完善机制，改进和提高经营管理水平，增加效益；负责为乡镇企业提高经济、技术、信息服务等工作。内设 10 个职能处室，包括办公室、产业指导处、财务审计处、外经处、企业管理处、科技教育处、质量管理处、环保安全处、研究室（法制办）、人事处。1996年，市乡镇企业局是市政府主管郊区乡镇工业的综合职能部门，主要职能是对京郊乡镇工业的经济运行和发展进行指导、监督、协调和服务。

1999年10月，市乡镇企业局机关及所属企事业单位共有人员2917人。其中：局机关行政人员编制57人，工勤人员事业编制12人；局属事业单位8个，共有工作人员116人；局属企业单位11个，共有职工2732人。

2000年5月29日，根据市编委批准的《北京市乡镇企业局职能配置、内设机构和人员编制的规定》，市乡镇企业局改为副局级的部门管理机构，由市农委管理，具体负责北京市郊区乡镇企业的综合管理工作。同时，按照政企、政事分开原则，不再管理直属企业。8月，根据《北京市人民政府关于机构设置的通知》，市乡镇企业局是市农委管理的、负责北京市乡镇企业综合管理工作的行政机构，通知对市乡镇企业局的职能进行了划出、转变、下放的调整。划出的职能有：将乡镇企业产品质量检测的职能交给市质监局；将地方煤炭行业管理职能交给市经委。转变的职能有：取消审批乡镇企业一、二类压力容器设计单位批准书、地方乡镇煤矿企业煤炭生产许可证的职能；按政企、政事分开的原则，不再管理直属企业。下放的职能有：将审批乡镇企业投资500万元（含500万元）至1000万元（不含1000万元）的技术改造、技术引进项目可行性研究报告的职能下放给区、县政府；将乡镇企业环境保护的管理、监督、检查和协调职能下放给区、县政府。

调整后的主要职能有负责起草有关乡镇企业方面的地方性法规、规章草案，研究提出有关市乡镇企业的政策措施，并组织实施；研究提出乡镇企业发展规划和乡镇企业劳动力进入第二、第三产业就业规划，并组织实施；指导乡镇企业二次创业；依法保护乡镇企业的合法权益。负责指导北京市乡镇企业和乡镇工业小区的工作；指导乡镇企业开展技术改造、新产品开发、新技术推广、质量认证、外经外贸、安全生产等工作。指导北京市乡镇企业深化改革，提高经营管理水平；负责协调北京市乡镇企业与有关行业、综合部门的关系；为乡镇企业提供各种服务；指导乡镇企业服务体系和信息网络建设工作；围绕北京市乡镇企业开展调查研究；总结推广乡镇企业改革和发展的典型经验；协调解决乡镇企业发展中遇到的困难和问题。内设7个职能处室，包括办公室（财务处）、企业处（政策法规处）、产业指导处、信息统计处、外经处、科技教育处、人事处。行政编制为29名，其中局长1名（副局级），副局长2名（正处级），处级领导职数10名。

2009年3月，根据《北京市人民政府关于机构设置的通知》，市乡镇企业局的职责整合划入市经济信息化委，由镇村企业运行指导处负责市镇村产业的监测、统计和经济运行综合分析等项工作，指导镇村企业经济发展，不再保留市乡镇企业局。

1999—2009年北京市乡镇企业局领导一览表

9-8表

姓名	籍贯	职务	任职时间
夏连生	北京市	局长	1999年1月—2000年1月
夏连生	北京市	局长（正局级）	2000年1月—2003年3月
雷占泉	北京市	局长（正局级）	2003年3月—2005年10月
王惠民	北京市	局长（正局级）	2005年10月—2009年3月
陈志峰	河北省	副局长	1994年6月—2009年3月
汪进军	北京市	副局长	1997年6月—2009年3月
雷占泉	北京市	副局长	1999年1月—2003年3月
王颖光	北京市	副局长	2003年11月—2009年3月

第三节　区县管理机构

1999年，区县工业管理机构为各区县计划经济委员会或区县经济委员会，主要管理职能包括制订中长期计划及年度计划，所属企业的宏观运行，产业政策、产品结构的调整等项工作。

2001年，随着市政府主管工业管理机构的调整变化，部分区县对其工业管理机构进行了调整。10月，西城区组建经济贸易委员会，区发展计划委员会、区工业经济行政管理职能划入区经贸委。同月，崇文区经济贸易委员会成立，挂区人民政府经济技术协作办公室牌子，工业经济发展职能划入区经贸委；东城区撤销区工业办公室，区计经委综合管理科分出，成立区经济委员会，负责区工业经济管理职责；房山区撤销煤矿行业管理处，成立安全生产管理处，管理区内煤矿。12月27日，平谷区经济委员会成立。同月，丰台区成立经济和贸易委员会；石景山区计划经济委员会撤销，组建区发展计划委员会，区工业管理职能划入区发展改革委。年内，昌平区成立经济委员会，与区工委合署办公，负责对本区工业经济运行情况进行综合调控，不再保留乡镇经济工作委员会。2002年5月25日，怀柔县撤县设区，县经济委员会更名为区经济委员会。12月，房山区撤销安全生产管理处，成立安全生产监督管理局（矿山服务中心），管理区内煤矿。

随着市政府工业管理机构的调整和职能变化，各区县于2004年、2005年先后对辖区内的工业管理机构进行了调整，部分区工业管理职能调整到区发展改革委或区商务局。2004年6月15日，房山区经济委员会与乡镇企业局合并，成立区工业局，同时挂房山区乡镇企业局的牌子。6月17日，西城区工业经济行政管理职能划入西城区商务局，区经贸委承担的企业技术改造投资管理、促进中小企业发展、区域电力行政管理、促进环保产业发展、减轻企业负担等职能划入区发展改革委。同日，通州区组建工业局，同时挂通州区乡镇企业局牌子，主管该区工业经济。6月21日，崇文区组建区发展改革委，工业经济宏观管理职能由区经贸委划入区发展改革委。同月，延庆县乡镇企业局撤销，职能划入延庆县经济委员会。7月，顺义区组建区工业局，负责推动该区工业发展。同月，东城区撤销区经委，成立区发展改革委，区发展改革委企业发展科负责区管工业经济管理职责；丰台区成立发展改革委，主管工业工作；昌平区组建区工业局，是主管工业经济的工作部门；怀柔区撤销区经委，设置区工业局，挂区乡镇企业局牌子，是区政府主管工业经济的工作部门，乡镇企业局承担的全部职责划入区工业局。8月，平谷区组建区经济委员会，同时挂平谷区乡镇企业局牌子。同月，朝阳区经济委员会承担的工业经济管理职能划入区发展改革委。年内，石景山区发展计划委员会改组为区发展和改革委员会，区工业管理职能划入区发展改革委。年内，门头沟区经济委员会撤销，成立区工业局，负责区工业工作；门头沟区地方煤炭管理办公室划归门头沟区工业局领导，为其直属事业单位。2005年，海淀区发展改革委负责工业行业管理。

2009年，市政府工业管理机构再次调整，区县工业管理机构进行了相应调整，大部分区县先后成立经济和信息化委员会，为负责该区县工业、软件和信息服务业发展、推进信息化工作的区政府工作部门。8月6日，房山区组建区经济和信息化委员会，将区工业局（乡镇企业局）职责和设在区政府办、区信息化工作办公室的职责整合，划入区经济信息化委，不再保留区工业局（区乡镇企业局）、区信息化工作办公室。8月9日，通州区成立区经济和信息化委员会，设立6个职能科室，不再保留区工业局和区信息化办公室。9月3日，平谷区撤销区工业促进局，成立区经济和信息化委员会，负责全区工业经济工作和信息化建设工作。同月，丰台区成立区经济和信息化委员会；顺义区工业局和乡镇企业局合并成立区经济和信息化委员会，内设机构10个，事业中心6个；怀柔区设立区经济和信息化委员会，同时撤销区工业局；门头沟区撤销区工业局，成立区经济和信息化委员会，负责全区工业、软件和信息服务业发展、推进信息化工作，原区工业局、区信息化工作办公室的职责，区发展改革委承担的研究全区工业行业发展的重大问题、协调制定工业发展规划的职责划入经济和信息化委员会，并增加软件行业管理职责；门头沟区地方煤炭管理办公室归区经济和信息化委员会领导，职能未变。10月，石景山区成立区经济和信息化委员会，内设5个机构，下辖3个事业单位；延庆县设立县经济和信息化委员会，原县经济委员会（县乡镇企业局）、信息化工作办公室撤销，职责整合划入区经济信息化委。12月，昌平区设立区经济和信息化委员会，为区政府工作部门，内设8个职能科室，撤销区工业局（区乡镇企业局）、区信息化办公室。

2010年1月28日，西城区商务局承担的工业经济行政管理职能划入区发展改革委。同月，密云县经济委员会、信息化工作办公室撤销，成立县经济和信息化委员会。2月9日，大兴区经济和信息化委员会挂牌成立，将原县工业局（县乡镇企业局）承担的职责和信息化办公室承担的信息服务业、信息化管理职责划入区经济信息化委；将县发展改革委承担的工业行业管理和信息化有关职责划入区经济信息化委，内设机构有办公室、产业规划科、产业发展科、经济运行科、项目管理科、信息化管理科和大兴区信息中心。5 月，房山区经济和信息化委员会负责全区工业和信息化工作，内设职能科室有办公室、综合调研科、经济运行科、项目管理科、企业指导科、产业规划科、信息化管理科、交通装备产业服务中心。6 月，北京市调整首都功能核心区行政区域，撤销东城区、崇文区，设立新的东城区；撤销西城区、宣武区，设立新的西城区，原崇文、宣武区工业管理机构分别调入新区中。7 月，原宣武区工业经济行政管理职能设在新西城区发展改革委。8 月 4 日，海淀区经济和信息化办公室成立，由区发展改革委承担的工业行业管理和中小企业促进职能划入区经济信息化办公室。2010 年，朝阳区发展改革委承担区工业管理职能，主要由产业促进科负责；顺义区经济信息化委内设 10 个行政科室，事业中心 6 个。2010 年年底，门头沟区经济信息化委负责管理区工业并领导区地方煤炭管理办公室，设有 4 个职能科室，分别为办公室、产业规划科、煤炭电力管理科、信息化工作科；延庆县经济信息化委管理全县工业，内设机构有办公室、经济运行监测科、产业发展规划科、中小企业科、信息化科、政工科（监察科）。

1999—2010年北京市区县工业管理机构调整变化一览表

9-9表

区县	1999年机构名称	2001年至2003年调整后机构名称	2004年至2009年调整后机构名称	2010年机构名称	2010年办公地址
东城区	计划经济委员会	经济委员会	发展和改革委员会	发展和改革委员会	东城区钱粮胡同3号
崇文区	经济委员会	经济贸易委员会	发展和改革委员会	发展和改革委员会	2010年6月与东城区合并
西城区	计划经济委员会	经济贸易委员会	西城区商务局、发展和改革委员会	发展和改革委员会	西城区西直门内南小街国英1号
宣武区	经济委员会	经济贸易委员会	经济贸易委员会	发展和改革委员会	2010年6月与西城区合并
朝阳区	经济委员会	经济委员会	经济委员会、发展和改革委员会	发展和改革委员会	朝阳区百子湾西里303号
海淀区	经济委员会	经济委员会	发展与改革委员会	经济和信息化办公室	海淀区四季青路6号海淀招商大厦
丰台区	计划经济委员会	经济和贸易委员会	发展与改革委员会、经济和信息化委员会	经济和信息化委员会	丰台区文体路2号
石景山区	计划经济委员会	发展计划委员会	发展和改革委员会、经济和信息化委员会	经济和信息化委员会	石景山区石景山路18号
通州区	经济委员会	经济委员会	工业局、经济和信息化委员会	经济和信息化委员会	通州区新华东街256号

（续表）

区县	1999年机构名称	2001年至2003年调整后机构名称	2004年至2009年调整后机构名称	2010年机构名称	2010年办公地址
顺义区	乡镇企业经济委员会	乡镇企业经济委员会	工业局、经济和信息化委员会	经济和信息化委员会	顺义区新西街甲3号
平谷区	经济委员会	经济委员会	经济委员会、工业促进局、经济和信息化委员会	经济和信息化委员会	平谷区乐园西小区7号
昌平区	经济委员会	经济委员会	工业局、经济和信息化委员会	经济和信息化委员会	昌平区西环路15号
怀柔区	县经济委员会	区经济委员会	工业局、经济和信息化委员会	经济和信息化委员会	怀柔区青春路42号
门头沟区	经济委员会	经济委员会	工业局、经济和信息化委员会	经济和信息化委员会	门头沟区新桥大街46号
房山区	经济委员会	经济委员会	工业局、经济和信息化委员会	经济和信息化委员会	房山区长阳镇昊天北大街38号
大兴区	县经济委员会	区经济委员会	工业局、经济和信息化委员会	经济和信息化委员会	大兴区黄村兴政东里甲5号
密云县	县经济委员会	县经济委员会	经济委员会、经济和信息化委员会	经济和信息化委员会	密云县鼓楼东大街8号
延庆县	县经济委员会	县经济委员会	经济委员会、经济和信息化委员会	经济和信息化委员会	延庆县东外大街建业胡同2号

附注：表中崇文区、宣武区工业管理机构因北京市调整行政区划，2010年7月起合并划入新东城区、新西城区工业管理机构。

第四节　开发区和工业园区管理机构

一、国家级开发区、保税区

中关村科技园区管理委员会

1988年5月10日，国务院发布《北京市新技术产业开发试验区暂行条例》，批准建立北京市新技术产业开发试验区，市政府成立了北京市新技术产业开发试验区协调委员会。1995年10月11日，市科委向市政府提交了《关于组建北京市新技术产业开发试验区管理委员会筹备组》的报告。12月，市新技术产业开发试验区管理委员会筹备组成立，筹备组办公室设在市科委。1997年5月7日，市政府办公厅发布《关于设立北京市新技术产业开发试验区管理委员会的通知》。11月11日，北京市新技术产业开发试验区管理委员会（以下简称试验区管委会）成立，是市政府的派出机构，正局级单位，由市政府授权享有市级经济管理权限。试验区接受市科委的业务指导，实行市级为主，市、区两级管理和"一区多园"（海淀试验区、丰台科技园区、昌平科技园区）的管理体制，各园区受试验区管委会的业务领导。试验区管委会的主要职能是贯彻国家、市政府关于试验区发展的方针政策，管理试验区的全面工作；根据北京市城市建设总体规划，编制试验区总体发展规划，经市政府批准后组织实施；归口管理与试验区高新技术产业相关的计划，会同市政府有关部门制定并组织试验区的综合配套改革方案；负责对市财政为试验区返还的试验区发展资金的使用计划、使用效果进行监督和管理，按照规定权限审核、批准试验区各类投资项目；宏观把握和引导全市高新技术产业发展方向与区域发展功能；扶植具有知识产权优势的拳头产品、能带动北京市相关产业并能参与国际市场竞争的骨干企业集团；按市级审批权限负责审批外商投资企业，会同市政府有关部门管理试验区有关涉外事务；研究试验区发展中的重大问题，向市政府提出政策建议；培育造就掌握现代科技知识、通晓国际准则、善于经营和管理的科技实业人才；负责海淀试验区、丰台科技园区、昌平科技园区的综合信息统计和年度考核以及高新技术产业发展所需要的支撑服务体系建设。试验区管委会内设机构有：办公室、园区发展处、计划项目处、国际合作处、信息统计处、审计处、技术监督处、改革与发展研究室、法制协调处、人事处、财务处。1998 年 4 月 14 日，审计处、技术监督处撤销，财务处更名为条件财务处。

1999 年 8 月 10 日，试验区管委会更名为中关村科技园区管理委员会（以下简称中关村管委会）。2000 年，中关村管委会内设机构有办公室、产业发展处、规划建设处、财政金融处、人力资源处、服务体系建设处、宣传处、国际合作处、信息统计处、改革与发展研究室。

2001 年 4 月 13 日，市政府下发《中关村科技园区管理体制改革方案》，决定中关村科技园区管理委员会和中关村科技园区海淀园管理委员会合并，不再保留中关村科技园区海淀园管理委员会。中关村管委会由市政府和海淀区政府共同管理。市政府负责中关村管委会组成人员的任免。中关村管委会主要职责为负责中关村科技园区（包括海淀园、丰台园、昌平园、电子城科技园、亦庄科技园）发展建设的综合指导工作；负责中关村科技园区海淀园的管理工作；负责研究拟订中关村科技园区发展规划；负责组织拟定贯彻落实《中关村科技园区条例》的实施细则和有关配套政策，并对实施情况进行监督；负责建立和完善面向园区高新技术企业的现代服务体系，为其提供公共服务；负责管理和使用市财政拨付中关村管委会和原中关村科技园区海淀园管委会的部分专项建设资金；协助有关部门监督中关村科技园区丰台园、昌平园、电子城科技园、亦庄科技园专项资金的使用；负责中关村科技园区外事工作和对外宣传工作；负责组织"数字园区"的建设工作；推进电子政务；负责协调有关部门在中关村科技园区海淀园实现"一站式"办公工作。

2003 年 11 月 14 日，中关村科技园区企业家咨询委员会成立。作为建设中关村科技园区领导小组及其办公室的参谋和决策咨询机构，实现中关村科技园区建设和管理的重心下移。撤销由市政府有关部门组成的中关村科技园区建设项目前期工作、规划建设、重大工程和产业化推进等4个协调小组，中关村管委会主要通过调研、规划、协调、督办、服务等方式，实现对中关村科技园区的宏观管理。

图9-2　2009年9月9日，中关村国家自主创新示范区领导小组办公室揭牌，与中关村科技园区管理委员会合署办公

2009年9月9日，中关村国家自主创新示范区领导小组办公室揭牌，与中关村管委会合署办公。

2010年，中关村管委会内设机构有办公室、产业发展促进处、自主创新能力建设处、规划建设协调处、科技金融处、人才资源处、创业服务处、经济分析处、国际交流合作处、研究室（法制处）、宣传处、财务处、人事处、机关党委、监察处。办公地址在海淀区苏州街36号。

1999—2010年中关村科技园区管理委员会领导一览表

9-10表

姓名	籍贯	职务	任职时间
赵凤桐	辽宁省	主任	1999年1月—1999年12月
陆　昊	上海市	主任	1999年12月—2001年6月
刘志华	辽宁省	主任	2001年6月—2004年5月
范伯元	天津市	主任（兼）	2004年5月—2005年12月
戴　卫	浙江省	主任	2006年5月—2009年6月
郭　洪	四川省	主任	2009年6月—
任冉齐	天津市	副主任	1999年—2008年12月
张贵林	广西壮族自治区	副主任	1999年—2003年12月
陆　昊	上海市	副主任	1999年8月—1999年12月
夏颖奇	内蒙古自治区	副主任	2000年4月—2009年5月
马　林	黑龙江省	副主任（兼）	2000年4月—2002年3月
洪起忠	北京市	副主任（兼）	2000年4月—2004年5月
杨义春	四川省	副主任（兼）	2000年4月—2001年12月
鲍玉桐	天津市	副主任（兼）	2000年4月—2004年5月

（续表）

姓名	籍贯	职务	任职时间
王金玲（女）	天津市	副主任（兼）	2000年4月—2004年5月
李进山	北京市	副主任（兼）	2001年6月—2002年3月
戴　卫	浙江省	副主任	2002年4月—2006年5月
周良洛	江西省	副主任	2002年4月—2004年5月
郭　洪	四川省	副主任	2004年5月—2009年6月
李石柱	河南省	副主任	2006年12月—
周云帆	北京市	副主任	2009年1月—
廖国华	广西壮族自治区	副主任	2009年8月—
杨建华	湖南省	副主任（挂职）	2010年2月—
王汝芳	江西省	副主任	2010年7月—
于凤英（女）	辽宁省	副主任	2010年10月—

北京经济技术开发区管理委员会

1991年12月7日，市政府批准成立北京市亦庄工业区管理委员会，为事业单位（相当于局级），代替市政府行使授权的行政职能。1992年1月30日，北京市亦庄工业区管理委员会暂定事业编制60人。内设机构有管委会办公室、法规政策研究室、人事劳动处、计划财务处、宣传联络处、项目审批处、项目谈判处、规划处、基建处9个处室（相当于正处级）。处级领导职数14人。7月10日，市政府决定将北京市亦庄工业区管理委员会更名为北京经济技术开发区管理委员会。

2000年11月10日，市编办印发《关于调整中共北京市委经济技术开发区工作委员会、北京经济技术开发区管理委员会内设机构的函》，明确开发区政企混合体制。为建立一个职责清晰、人员精干、管理科学、工作高效的管理体系，对开发区管理体制和运行机制进行了相应改革，将发展计划局、贸易发展局、科技局、统计局合并，组建经济贸易发展局；将城市规划管理局、房屋土地管理局、环境保护局合并，组建规划土地环保局；将研究室、政策法规处合并，组建发展研究与政策法规处；将原外事办公室、保卫处并入开发区管委会办公室，对外保留外事办公室、保卫处牌子；开发区管委会监察、审计机构分设，审计局独立设置，监察局与开发区纪工委合署办公；成立干部处，与开发区管委会人事教育处合署办公；撤销机关行政处，其行政职能并入管委会办公室，其事务性工作由相关事业单位承担；经济发展局更名为招商局；城乡建设管理局更名为建设发展局；人事劳动局更名为人事劳动和社会保障局，加挂机构编制委员会办公室的牌子；保留管委会办公室、财政局、市政管理局、社会发展局。

2007年6月，市委办公厅、市政府办公厅印发《中共北京市委经济技术开发区工作委员会北京经济技术开发区管理委员会主要职责、职能机构和人员编制规定》，明确开发区管委会为代表市政府对开发区实行统一管理的市政府派出机构，贯彻执行国家法律、法规和北京市法规、政策，研究拟订开发区经济、社会发展规划，经市政府批准后组织实施。制定并组织实施开发区的行政管理规定。按照规定权限审核、批准开发区各类投资项目。组织开发区土地、房屋、城市建设管理，开展各项基础设施和公共设施管理，负责财政、统计管理，实施人事、劳动和社会保障及计划生育管理，组织科技管理和知识产权保护工作，统一管理信息化工作，开展开发区环境保护、安全生产管理，兴办、管理开发区的教育、文化、卫生、体育等社会公益事业，监督、检查、协调有关部门设在开发区分支机构的工作。设管委会办公室（外事办公室、信访办公室）、发展和改革局（商务局）、产业促进局、科技局（知识产权局）、财政局（国有资产管理办公室）、人事劳动和社会保障局、房屋和土地管理局（北京市国土资源局经济技术开发区分局）、建设发展局、征地拆迁办公室、市政管理局（水务局）、社会发展局、审计局、环境保护局、统计局、安全生产监督管理局、研究室（法制办公室）、信息化工作办公室共17个。开发区工委、开发区管委会行政编制为292名（含纪检、监察编制）。其中，工委书记1名，管委会主任1名，工委专职副书记1名，管委会副主任4名；处级领导职数81名（含纪检、监察）。

截至2010年，开发区管委会直属事业单位1个，为北京经济技术开发区财务结算中心。

1992—2010年北京经济技术开发区管理委员会领导一览表

9—11 表

姓名	籍贯	职务（职级）	任职时间
王广荃	北京市	主任	1992年8月—1994年7月
衣锡群	山东省	主任	1994年7月—1999年9月
李凤玲	吉林省	主任	1999年9月—2003年3月
鲁勇	河北省	主任	2003年3月—2005年7月
张伯旭	河北省	主任	2005年7月—
张兴	河北省	副主任	1992年8月—1997年7月
马利生	河北省	副主任	1992年8月—2004年6月
马麟	河北省	副主任	1992年8月—1998年11月
王金玲（女）	天津市	副主任	1994年5月—2006年12月
梁月文	山西省	副主任	1994年7月—1997年12月
郭莉（女）	黑龙江省	副主任	1995月11日—1996年9月
邵后定	上海市	副主任	1997年6月—1998年3月
李昭	吉林省	副主任	1997年12月—1999年9月
顾宝华	上海市	副主任	1998年6月—2004年6月
陈文申	福建省	副主任	2000年8月—2004年12月
贾勇	北京市	副主任	2004年6月—

姓名	籍贯	职务（职级）	任职时间
赵昕昕	河北省	副主任	2004年9月—
王合生	山东省	副主任	2009年1月—
文　献	江西省	副主任	2009年6月—
张晓林	北京市	副主任	2010年2月—
王金玲（女）	天津市	巡视员	2006年12月—2008年9月
杜新安	河南省	巡视员	2007年10月—
顾宝华	上海市	副巡视员	2004年6月—2008年2月
张　文	北京市	助理巡视员	2004年10月—2006年4月
李永升	湖北省	副局级调研员	1998年4月—2002年12月

附注：北京经济技术开发区管理委员会领导任职时间从机构成立年份记入。

北京天竺综合保税区管理委员会

2008年7月23日，国务院批复设立北京天竺综合保税区。12月17日，北京天竺综合保税区领导小组成立，保税区工作启动。

2009年2月25日，经中央编办批准，市政府决定设立北京天竺综合保税区管理委员会，为市政府派出机构，正局级单位，委托顺义区政府代管。管委会主任由顺义区区长兼任，具体负责统筹推进保税区的规划、建设、招商引资和日常管理工作。2009年4月8日，天竺综合保税区管委会挂牌成立。保税区管委会设置6个内设机构，分别为管委会办公室、政策法规处、规划建设处、经贸发展处、保障处、信息处。办公地址在顺义区金航中路1号院。

2009—2010年北京天竺综合保税区管理委员会领导一览表

9—12表

姓名	籍贯	职务	任职时间
刘　剑	山西省	主任（兼）	2009年4月—2010年7月
王　刚	辽宁省	主任（兼）	2010年7月—

二、市级工业园区

北京石龙经济开发区管理委员会

1992年，北京石龙经济开发区管理委员会建立，为门头沟区政府直属全额拨款正处级事业单位，负责全区招商引资工作，制定招商引资的相关政策，对开发区实施管理服务。内设机构有工委办、管委办、招商部、投资服务部、资产管理部、财务部、规划工程部、人力资源部、社会工作部。办公地址在门头沟区永安路 20 号。

北京良乡经济开发区管理委员会

1992 年 6 月，北京良乡实业开发公司成立，为房山区良乡开发区领导小组的办事机构，负责良乡开发区的开发建设。1994 年 7 月 8 日，成立北京市房山区良乡工业区管理委员会，为区政府派出机构，正处级单位，对开发区实行统一领导和综合管理。1998 年 1 月，在北京良乡实业开发公司和北京市房山区良乡工业区管理委员会的基础上组建北京良乡卫星城实业开发公司。2005 年 8 月 11 日，北京市房山区良乡工业区管理委员会更名为北京市房山区工业园区建设管理委员会办公室，属区政府直属正处级财政全额拨款事业单位。内设机构有行政财务部、招商推介部、项目管理部、规划调研部 4 个部门，核定编制人员 15 人。办公地址在房山区良乡镇。

北京大兴经济开发区管理委员会

1992 年，北京大兴工业开发区成立，2000 年被批准成为市级开发区。2006 年 3 月，经国家发展改革委批准为第四批省级开发区，更名为北京大兴经济开发区。2009 年，大兴区政府将大兴经济开发区划归大兴新媒体产业基地管理委员会管理。调整后的北京大兴新媒体产业基地管理委员会加挂北京大兴经济开发区管理委员会牌子。管委会下设北京大兴经济开发区开发经营有限公司，承担园区建设、开发及投融资等工作。2010 年，管委会内设部门有办公室、土地规划科、安全科、企业服务部、项目科、综合科、开发部、工程部、经营管理部、财务部。核定编制人数 25 人。办公地址在大兴区魏善庄镇龙海路 1 号。

北京通州经济开发区管理委员会

1992 年，北京通州工业开发区设立。北京通州工业开发区管理委员会负责开发区的全面管理，下设北京通州工业开发区总公司，在管委会领导下，具体开展开发建设、招商引资、运营管理等各项工作。2004 年，通州区园区管理体制改革，成立区政府园区管理委员会。撤销北京通州工业开发区管理委员会，将北京通州工业开发区总公司纳入区政府园区管委会的统一管理。2008 年年初，西部园区划归张家湾镇政府属地管理，成立北京通州经济开发区西区管理委员会，负责西部园区全面管理，并指导北京通州工业开发区总公司开展各项具体工作。东部园区由西集镇政府属地管理，成立北京通州经济开发区东区管理委员会，北京西集创益投资发展有限公司作为管理主体对开发区实施一级开发。办公地址在通州区郎府大街。

北京雁栖经济开发区管理委员会

2000 年 12 月 8 日，市政府批准怀柔雁栖工业开发区为市级工业开发区，更名为北京雁栖工业开发区。2006年9月，经国家发展改革委批复，雁栖工业开发区正式更名为雁栖经济开发区，并将凤翔科技园区和北房经纬工业区纳入雁栖经济开发区管辖范围。雁栖经济开发区管委会是怀柔区政府的派出机构，经区政府授权，负责雁栖经济开发区的整体规划、宣传推介、协调征地拆迁、审核入区项目、各项统计工作以及管理园区安全生产、市政市容、治安秩序等。2010年，管委会内设4个职能部门：经济发展科、社会事务科、政办室、监察科。办公地址在怀柔区雁栖经济开发区888号。

北京兴谷经济开发区管理委员会

1993年8月3日，平谷区设立北京兴谷经济开发区管理委员会，是平谷县政府下设的行政管理机构，全面负责开发区的开发建设、经营管理工作，负责协调开发区的内部各企业单位之间，开发区与市、县各部门之间的关系，维护开发区的正常生产、生活秩序，安排区内土地，为入区企业提供优质服务。2010年，开发区管委会内设机构有行政部、招商部、基建部、财务部和企管部5个部门，事业编制30人。办公地址在平谷区平谷北街15号。

北京密云经济开发区管理委员会

1992年，密云县成立工业开发区领导小组，直接领导工业开发区建设。同年7月，正式成立县工业开发区管理委员会和工业开发区总公司，隶属密云县委、县政府。开发区总公司内设机构有基建科、土地科、财务科、人事保卫科和办公室4科1室。1999年，工业开发区对机构设置进行调整，原各职能科、室改设为部，同时增设招商部、企业管理部。2000年，工业开发区总公司隶属工业开发区管理委员会，负责区内工程建设、管理和招商引资等事务。2004年，工业开发区总公司增设安全生产管理部、建筑工程部、工程预算部、统计部、法律事务部。2006年12月，密云县工业开发区更名为密云经济开发区。同时，工业开发区管理委员会更名为经济开发区管理委员会；工业开发区总公司更名为经济开发区总公司，内设机构未变。2010年，密云经济开发区根据功能划分为A区、B区和生态商务区。经济开发区管委会通过总公司领导A区、B区和生态商务区的建设、管理和招商引资事务。A区设有综合办公室、规划建设部、投资服务部、招商项目部、财务管理部、安全生产管理部及物业公司；B区和生态商务区分别设有综合办公室、规划建设部、投资服务部、招商项目部、财务管理部。办公地址在密云县兴盛南路8号。

北京林河经济开发区管理委员会

1993年11月，北京林河工业开发区成立。林河工业开发区管委会为顺义区政府派出机构，正处级事业单位，内设机构有综合办公室、招商部、企业服务部、规划建设部、财务部、人事部、统计部等部门。2000年，林河工业开发区经市政府批准为市级开发区。2006年3月，被国家发展改革委确定为市级开发区，更名为林河经济开发区。办公地址在顺义区双河大街18号。

北京天竺空港经济开发区管理委员会

1997年2月2日，北京天竺空港工业开发区与北京吉祥工业区合并，名称为北京天竺空港工业开发区。2006年6月13日，市政府同意将北京天竺空港工业开发区和顺义区高丽营金马工业区合并为北京天竺空港经济开发区。北京天竺空港经济开发区管理委员会代表政府对开发区实行统一领导和管理，为政府派出机构，正处级事业单位。内设机构有综合办公室、招商部、企业服务部、规划建设部、财务部、人事部、统计部等。办公地址在顺义区金航中路1号院。

北京八达岭经济开发区管理委员会

1992年10月，根据延庆县委、县政府《关于成立延庆县开发区领导小组和开发区管理委员会的通知》，成立延庆县八达岭经济开发区管理委员会，为县委、县政府派出的常设机构，行使县委、县政府和县开发区领导小组赋予的职权，全权处理开发区一切事宜。内设机构2室1科，即规划管理科、技术开发科、办公室。1999年10月，经县编办批准，增设企业管理科。2000年12月，经市政府批准为市级开发区，更名为北京八达岭工业开发区。2002年8月，管委会内设科室调整为政办室、行政科、规划科、开发管理科。2004年7月，内设机构调整为管理科、政办室、开发科、规划科、行政科。2005年10月，增设财务科。2006年3月被国家发展改革委确定为市级开发区。7月更名为北京八达岭经济开发区。2007年7月，内设科室调整为管理科、办公室、开发科、规划科、行政科、财务科、政工科。2008年3月增设综合治理办公室。办公地址在延庆县康庄镇紫光东路1号。

北京永乐经济开发区管理委员会

1992年9月，北京永乐经济开发区成立，由国营北京市永乐店农场兴办，隶属于北京市农场局（北京市农工商联合总公司）。1993年8月，北京市永乐经济开发区管理委员会和北京市永乐工业经济区开发建设总公司成立，实行"一班人马、两块牌子"的管理模式。1998年9月，划归通州区政府管辖。2004年，北京新兴华通集团公司（后为北京新兴永乐开发建设集团公司）为永乐开发区开发、建设、运营主体，吸引社会资本参与园区建设。2005年4月，经通州区政府授权，成立北京京东珠江投资有限公司（以下简称珠江公司），于2005年10月全面接管永乐经济开发区，承担原开发区管委会和开发建设公司的所有债权、债务，并对永乐经济开发区独立进行开发、经营和管理。2008年年初，通州区进行园区体制改革，重新成立永乐经济开发区管委会，解除与珠江公司的合作协议，再次由政府主导开发区建设。11月，永乐经济开发区管委会接手永乐经济开发区的行政管理职能。2010年5月，永乐经济开发区管委会以货币收购珠江公司所持有的80%股权，永乐经济开发区的开发、建设主导权回归区政府。办公地址在通州区永乐店镇南。

北京延庆经济开发区管理委员会

1994年，北京延庆开发区管理委员会成立，设立3科1室，并成立建筑工程公司。2003年3月26日，成立长城服装产业园物业服务中心，负责园区规范管理和全方位服务。管委会内设机构有政工科、规划科、土地建设科，增加企业管理科。2008年12月22日，经延庆县机构编制委员会决定，延庆经济开发区管委会成立综合治理办公室。2010年，管委会内设机构有开发科、办公室、政工科、企业管理科、招投标办公室、财务科、规划科、土地建设科、综合治理办公室、物业管理科10个职能科室，并有4个所属事业单位。办公地址在延庆县延庆镇湖南东路1号。

北京昌平小汤山工业园区管理委员会

1998年，北京昌平小汤山工业园区管理委员会成立。2001年3月，小汤山镇政府成立小汤山工业区管理委员会。2006年3月17日，市政府批准小汤山工业园区为市级开发区。2007年1月31日，区机构编制委员会办公室批准成立北京昌平小汤山工业园区管理委员会，负责制定招商总体方案及相关管理措施。办公地址在昌平区小汤山镇。

北京采育经济开发区管理委员会

1997年3月，采育工业园注册。1999年5月29日，经大兴县政府批复，采育工业园定名为北京大兴采育科技园，隶属于采育镇政府。内设机构有办公室、招商部、项目办、建设办、财务室，工作人员共8人。2003年4月29日，北京采育科技园管委会成立，采育镇镇长兼任管委会主任，明确一位副镇长主抓开发区工作。内设机构有办公室、招商部、建设办、财务室，工作人员共8人。2006年3月，市政府正式批复采育科技园为市级开发区，更名为北京采育经济开发区。2010年6月，开发区管委会内设机构有办公室、招商部、企业服务部、就业服务部、后勤服务部、安全部、财务室，工作人员13人。办公地址在大兴区育政街3号。

北京房山工业园区建设管理委员会

2002年5月，房山区政府批复建立北京房山科技工业园区。同月，房山区城关街道工委、城关街道办事处决定，成立北京房山科技工业园区管理委员会，主任由办事处主任兼任，副主任由办事处副主任兼任。北京房山科技工业园区管理委员会历经多次调整，实际由北京燕房科技工业园开发建设有限公司作为主体运营，工作范围包括园区的基础设施建设、土地一级开发、招商引资与物业管理等。2006年3月，房山科技工业园区更名为北京房山工业园区，内设机构有综合办公室、项目工程部、财务部、招商引资部。办公地址在房山区城关街道办事处。

北京马坊工业园区管理委员会

2002年10月，马坊工业园区设立，隶属于平谷区人民政府。2006年8月10日，经市政府批准，园区升级为市级工业开发区。办公地址在平谷区马坊镇。

1999—2010年北京市工业园区管理机构一览表

9-13表

名称	成立时间	地址
北京石龙经济开发区管理委员会	1992年	门头沟区永安路20号
北京良乡经济开发区管理委员会	1992年6月	房山区良乡镇
北京大兴经济开发区管理委员会	1992年	大兴区魏善庄镇龙海路1号
北京通州经济开发区管理委员会	1992年	通州区郎府大街
北京雁栖经济开发区管理委员会	2000年12月8日	怀柔区雁栖经济开发区888号
北京兴谷经济开发区管理委员会	1993年8月3日	平谷区平谷北街15号
北京密云经济开发区管理委员会	1992年7月	密云县兴盛南路8号
北京林河经济开发区管理委员会	1993年11月	顺义区双河大街18号
北京天竺空港经济开发区管理委员会	1997年2月2日	顺义区金航中路1号院
北京八达岭经济开发区管理委员会	1992年10月	延庆县康庄镇紫光东路1号
北京永乐经济开发区管理委员会	1992年9月	通州区永乐店镇南
北京延庆经济开发区管理委员会	1994年	延庆县延庆镇湖南东路1号
北京昌平小汤山工业园区管理委员会	1998年	昌平区小汤山镇
北京采育经济开发区管理委员会	1997年3月	大兴区育政街3号
北京房山工业园区建设管理委员会	2002年5月	房山区城关街道办事处
北京马坊工业园区管理委员会	2002年10月	平谷区马坊镇
附注：此表按照《北京区域统计年鉴》相关数据表排序。		

第五节 主要管理经营机构

北京市校办产业管理中心

北京市校办产业管理中心前身是市教育局设立的北京市校办工业公司。1987年4月25日，经市编办批准，成立北京市校办工业公司，隶属市教育局。1992年9月24日，北京市校办工业公司加挂市教育局生产劳动处的牌子，为市教育局所属正处级事业单位。1993年2

月 19 日，北京市校办工业公司更名为北京市校办产业总公司。1994 年 9 月 14 日，北京市校办产业总公司变更为全额拨款事业单位，编制 16 人。1999 年 7 月 13 日，北京市校办产业总公司更名为北京市校办产业管理中心，同时加挂北京市学生统一着装管理服务中心的牌子，其机构级别、领导职数、编制不变。1999 年，校办企业达 2355 家，其中工业企业 1192 家。

2000 年，市教委确定北京市校办产业管理中心基本工作职责是：协调拟订全市校办产业工作的政策、发展规划和年度计划，并组织实施；对各区县校办产业进行宏观管理、监督、协调、服务；对市属（市管）高等学校、中等专业学校及其他市属教育机构的经营性国有资产安全运营及保值增值进行监管；对市属（市管）高等学校、中等专业学校及其他市属教育机构校办企业的设立、合并、分立、解散、破产、清算、资本变动、债券发行、股份发行与转让等进行审核；负责北京地区校办产业的年度统计报表工作；负责市属（市管）高等学校、中等专业学校及其他市属教育机构校办企业的国有资产年检、产权登记工作；指导部委在京高等学校，监督市属（市管）高等学校、中等专业学校及其他市属教育机构校办企业建立完善企业职工养老、医疗、伤残、失业等各项社会保障制度；指导市教委直属单位所属企业劳动用工、工资奖金及财务管理工作；负责北京地区校办产业系统的表彰奖励工作；负责组织校办企业干部职工的业务培训工作；负责全市中小学校学生统一着装管理工作。

2010 年，北京市校办产业管理中心是市教委直属全额拨款事业单位（公益一类），编制 15 人，在职 13 人。中心下设 4 个部门：办公室、国资企管部、成果推广部、综合事务部。高校校办企业年末职工总人数 81746 人。其中，学校事业编制 2427 人，研究开发人员 12302 人。办公地址在朝阳区安华西里一区 13 号楼 3 层。

北京市民政工业总公司

1992 年 10 月，市民政工业公司由事业单位转为企业，更名为北京市民政工业总公司。

1994 年 5 月，市民政工业总公司由企业改为自收自支事业单位，劳动工资、社会保险统筹等方面实行企业化管理。

2000 年，市民政工业总公司所属福利企业 110 家，职工 8100 人，安置残疾职工 2800 人。

2002 年，按照市委、市政府关于实现政企分开的指示精神，市民政局与所属企业脱钩，将北京市三露厂等 147 家企业移交给市民政工业总公司管理。市民政工业总公司作为出资人代表，行使资产收益、重大决策和选择管理者等职能，并担负国有资产保值增值、集中安置残疾人就业和保障残疾人生活的社会职责。

2006 年 9 月 4 日，北京市社会福利事务管理中心成立，为市民政局所属，相当于副局级事业单位，核定事业编制 35 名。市民政工业总公司由市民政局划归其直接管理。

2010 年，市民政工业总公司所属福利企业关停并转 27 家。截至年底，有企业 57 家，其中直属单位 16 家。总公司内设 8 个部门，分别是经理办公室、党委办公室、纪检部、工会残联、行政保卫部、劳动人事部（再就业服务中心）、财务部、生产技术部。管理人员 57 人，离退休人员 84 人。办公地址在西城区西外大街南路 4 号。

第六节　行业协会

1996 年，市经委设立行业管理办公室，按照国务院颁布的《社会团体管理条例》，细化工业领域协会的申请登记、思想政治工作、党的建设、财务管理、人事管理、政策研讨、对外交往、接受境外援助和按章程开展活动 9 个方面工作，明确协会主管部门的责任，制定印发了《北京市工业领域协会管理办法》。在汽车、建材、电子、纺织 4 个工业总公司进行改制试点，推出相关行业协会发展意见。按照国家经贸委 1999 年《关于加快培养和发展工商领域协会的若干意见（试行）》要求，明确工商领域协会 17 项职能。

1999 年，北京市工业主要有 57 个行业协会，包括北京工业经济协会、北京建材行业协会、北京汽车工业协会、北京仪器仪表行业协会、北京电子商会、北京服装协会、北京印刷协会、北京软件行业协会、北京食品协会、北京市质量管理协会、北京针织行业协会、北京市矿业协会、北京日用化学工业学会、北京市乡镇企业协会、北京室内装饰协会、北京模具行业协会、北京水泥工业协会、北京电子电器协会、北京塑料工业协会、北京包装技术协会、北京酿酒协会、北京建筑五金门窗幕墙行业协会、北京墙体材料工业协会、北京玩具协会、北京设备管理协会、北京信息产业协会、北京木材加工家具行业协会、北京照明电器协会、北京表面工程协会、北京节能和资源综合利用协会、北京市中小企业国际合作协会、北京电子仪器行业协会、北京电器电材行业协会、北京驻京机构联谊会、北京手工业生产合作社联合总社、北京市皮革行业协会、北京光机电一体化协会、北京市金属学会、北京保健品协会、北京工业对外经贸促进会、北京企业法律顾问协会、北京国防科技工业协会、北京企业投资协会、北京标准化协会等。

1999 年 10 月，针对政府部门乱办、乱管中介机构以及中介机构乱执行造成的诸多问题，国务院成立清理整顿经济鉴证类社会中介机构领导小组。2000 年 4 月，北京市成立以副市长为组长的北京市清理整顿经济鉴证类社会中介机构领导小组。按照国务院的要求，北京市清理整顿范围分为经济鉴证类中介机构、市场类中介机构、其他从事中介活动的组织 3 类。其中第 3 类"其他从事中介活动的组织"包含协会、研究会、学会等。市领导小组对这类组织的清理整顿要求是，党政机关不得经商办企业、党政机关与所办经济实体脱钩、党政机关领导干部不得担任社会团体的领导职务，结合深化审批制度改革，进一步在行为上规范政府与中介机构关系。2000 年 6 月，原市经委承担的部门行业管理职能交给社会中介组织，主要包括制定并监督执行行规行约、规范行业行为、维护公平竞争、参与制定修订行业标准，以及组织贯彻落实并进行监督等。

2000 年 3 月，北京汽车工业协会更名为北京汽车行业协会。10 月 20 日，北京企业管理协会更名为北京企业联合会。11月，北京服装协会更名为北京服装纺织行业协会。

2000年年底，北京市有工业行业协会75个，占全市社会团体总数1800家的4.2%。主要有综合类联合会、大行业协会和专业类协会3类。其中，综合类联合会3个，分别为北京工业经济联合会、北京企业联合会和北京市质量管理协会。北京工业经济联合会侧重为工业行业协会服务，北京企业联合会的服务对象为企业和企业家，北京市质量管理协会负责组织会员单位参加质量月、质量论坛等活动。大行业协会有11个，一般由多个小行业组成，主要协助政府进行行业管理，为行业内企业协调和服务。专业类协会有61个，专业类协会一般指在一个行业内的协会组织。截至2000年年底，北京市工业领域协会中，团体会员总数6476家，个人会员983人。团体会员中，国有企业占62.1%，集体企业占14%，合资、独资企业占11.5%，区县等企业占12.4%。协会工作人员共计379人。其中，专职152人，兼职227人；在职人员占工作人员总数的17%。

2002年1月29日，市政府研究行政审批制度改革工作等问题会议决定，由市政府体改办负责研究和提出关于加强北京市行业协会、中介组织的管理办法。在第二批拟取消的行政审批事项中，从准备转移给事业单位、行业协会及中介机构的9项内容着手，加强对资质认定的研究，充分借鉴先进省市和国外的经验和做法，建立和完善北京市有关行业协会、中介机构受理程序、听证和责任追究等制度。3月，北京市质量管理协会更名为北京质量协会。4月，市体改办等部门向市政府提交《关于加强北京市行业协会和市场中介机构发展改革的工作方案》。

2003年，北京市为优化发展环境，加强行业协会管理工作，市人大财经委成立专题小组对行业协会进行调研并提出建议。8月，北京副食品行业协会更名为北京肉类食品协会。9月18日，北京市召开促进行业协会和市场中介发展工作会议，北京市行业协会和市场中介发展办公室正式成立。2003年，北京现代家用电器协会更名为北京电子电器协会。2005年4月，北京水泥工业协会更名为北京水泥行业协会。

2006年8月22日，市委、市政府发布《〈关于促进本市行业协会发展改革的意见（试行）〉的通知》，要求用2～3年的时间，基本建立起符合社会主义市场经济要求的行业协会管理体制和相应的运行机制；初步建立起与首都经济特点、产业结构相适应的分布合理、功能健全、关系协调、管理规范、市场化运作的行业协会体系；

图9-3　2008年5月8日，北京工业经济联合会会长会议召开

建立健全行业协会管理的地方法规体系。2007年，北京日用化学工业学会更名为北京日用化学工业协会。2008年9月17日，市委办公厅、市政府办公厅印发《关于加快推进社会组织改革与发展的意见》。2009年6月，北京建材行业协会更名为北京建材行业联合会。

2010年3月，北京医药行业协会在市民政局注册成立北京市第二十六（医药）职业技能鉴定所，成为北京市唯一建立在社会团体组织内的职业技能鉴定所。2010年12月30日，北京市社会建设领导小组印发《关于认定第二批市级"枢纽型"社会组织的通知》，认定北京工业经济联合会为第二批市级"枢纽型"社会组织，其主要职能是对工业领域社会组织进行联系、服务和管理。

1999年至2010年，北京工业系统新成立中介组织17家，有9家中介组织更改名称。2010年年底，北京市工业领域主要中介组织有61家，团体会员总数15288家，个人会员总数2839人。团体会员数量较多的有北京软件协会、北京室内装饰协会、北京建材行业联合会、北京家具行业协会、北京医药行业协会等。

2010年北京工业主要行业协会及其职能一览表

9-14表

名称	职能
北京工业经济联合会	调查研究、政策建议；服务、组织、指导、协调工业行业协会工作；开展对外交流、促进经济合作
北京电力行业协会	负责电力行业社团组织管理、信用评价、行业信息、会员单位的专业技术资格申报、QC工作
北京建材行业联合会	对北京地区建材行业状况进行调查研究，编制建材行业发展规划草案，提出发展建材行业的政策性建议；开展行业统计、质量考核、发布行业信息；开展建材行业专业技术职称评审、技能培训和鉴定工作；开展技术咨询、制定行规行约、规范行业行为、规范建材市场
北京医药行业协会	宣传贯彻国家法律、法规和医药行业的方针政策，并协助政府组织实施；反映会员、行业的呼声、愿望和要求；提出本行业发展方向、行业布局和行业发展战略规划及有关政策、立法方面的建议；受政府委托，进行全市医药经济、药监统计和药品、医疗器械广告初审；组织开展职业培训和职业技能竞赛；开展与国内外行业间的交流与合作；制定并监督实施医药行业的行规行约，规范行业行为
北京汽车行业协会	协调同行业关系，维护行业整体利益；为企业和行业服务，为政府和社会服务，在政府与企业、企业与企业之间起桥梁和纽带作用
北京电子商会	在会员和政府部门之间发挥桥梁和纽带作用，维护会员的合法权益，反映会员的意见和要求；传达政府的方针政策，协助政府部门对电子产品的经营进行指导、协调、咨询服务；协助政府相关部门对北京市电子信息制造业的经济运行进行统计、汇总、分析，为政府的决策提供参考意见
北京服装纺织行业协会	开展行业调研和行业统计分析，参与行业规划的制定；提出与行业有关的政策和立法方面的建议；参与修订行业标准，组织推进标准的贯彻实施；参与质量管理与监督；受托对重大技术项目等进行前期论证；收集、分析、发布国内外信息，建立信息网络；开展国内外交流与合作

（续表）

名称	职能
北京工艺美术行业协会	组织贯彻落实各级政府对工艺美术行业的政策、法令、法规；负责全市工艺美术大师的管理，大师职称评定的前期工作与技艺人员培训工作；组织市政府对工艺美术行业扶持资金的计划制订、报批与实施工作；开展协会会员单位间的协调服务、专业研究、信息交流、咨询服务等项工作；参与行业发展规划的制定和政府授权的相关政策的制定及相关事项的审批工作
北京印刷行业协会	发挥桥梁和纽带作用，为企业服务，维护行业利益，共同提高科学技术、经营管理水平，促进首都印刷事业的发展和进步
北京软件行业协会	为政府、企业和社会提供有价值的专业服务，在北京软件产业中发挥沟通政府与企业、国内与国外两个桥梁作用；为会员提供市场服务、经营管理服务、金融服务、产业标准、行业秩序规则及评审服务等有利于企业发展的价值服务；协助政府完成双软认定及双高人才申报审核工作
北京表面工程协会（北京电镀行业协会）	开展行业调查研究，参与相关法律法规、宏观调控和产业政策的研究制定；参与制订、修订行业标准和行业发展规划、行业准入条件，完善行业管理，促进行业发展；推动电镀行业结构调整和布局优化，提升行业整体素质，开展清洁生产咨询工作；开展法律、政策、技术、管理、市场等咨询服务；组织技术、管理、法规等培训；参与行业资质认证、新技术和新产品鉴定及推广、事故认定等相关工作；承办或根据市场和行业发展需要举办交易会、展览会等；开展国内外经济技术交流与合作
北京化学工业协会	向政府反映企业的呼声、意见和建议；为政府服务，通过协助政府实施行业管理，推动北京地区化工行业和企业的健康发展，成为联系企业和政府的纽带；开展行业协调、调查研究、技术、信息交流、咨询服务、专业培训、技术成果鉴定
北京机电行业协会	开展行业调查研究，提出行业发展的意见和建议，参与制定产业政策和行业发展规划以及行规行约；组织会员参与国内外市场的开拓与竞争；利用网站和会刊等多种手段，为会员单位提供国内外机电领域技术、经济、市场预测、管理等方面的信息与咨询服务；开展行业信用建设、品牌培育工作，参与组织成果鉴评与推广、行业标准制定等有关工作；接受政府委托，进行相关专业技术人员的专业技术资格评审、相关工种工人的职业技能资格考评工作；"中关村国家自主创新示范区首台（套）重大技术装备试验、示范项目"的技术评审；在行业内开展各种形式的技术、管理、职业培训活动；发挥行业的整体优势，促进会员单位之间的相互交流与合作；监督行业内部公平竞争，向政府部门反映会员单位的诉求，维护会员单位的合法权益；利用协会平台，整合行业专家资源
北京食品协会	开展食品行业的产业、产品结构等方面的调查研究；加强行业内的自律，建立行规行约约束机制，创造和维护食品行业的公平竞争环境；技术交流与咨询服务；参与制定和修订食品行业有关产品质量和技术标准，组织贯彻实施，开展国内外食品产品认证工作；开展国际食品经济技术的交流与合作
北京质量协会	推动会员单位和社会各企事业单位积极参与持续改进、追求卓越的质量事业；组织会员单位参加质量月、质量论坛等活动，开展国内外学术交流
北京家具行业协会	为企业的技术进步和质量管理体系、环境管理体系、职业健康安全管理体系、环境标志产品、企业产品的环保等认证工作提供咨询；为政府、集团招投标项目论证提供技术咨询和相关的各类培训；为新产品、新技术推广、市场发展、人才能力培养、工艺水平、管理创新、国际间经贸技术交流与考察等活动提供高质量、高效率、全方位的优质服务；推出家具品牌，展示企业形象，促进国际贸易交流与合作

（续表）

名称	职能
北京针织行业协会	办好品牌展会"北京针织品展销会"；为会员企业进行生产协调和设备调剂工作；帮助企业推销积压产品和介绍急需产品的生产
北京市矿业协会	开展专业研究、经验交流、专业培训、咨询服务
北京电源行业协会	开展行业调查研究、信息咨询服务；参与行业规划等活动，并向政府部门提出有关行业经济政策和经济立法方面的意见或建议；通过出版专业期刊、制定行业标准、组织电源产品技术展览会或研讨会、组织职业技术培训等多种形式，为会员单位及行业企业服务；开展行检行评及行业管理工作
北京日用化学工业协会	开展日用化学专业研究、成果鉴评、专业培训、技术交流、咨询服务、展览展评、行业自律、行业协调、对外交流
原北京市乡镇企业协会	促进乡镇企业发展，开展协调服务、政策调研、咨询服务、专业培训、信息交流，引进资金、人才、技术
北京室内装饰协会	受政府部门授权，承担北京室内装饰企业资质审查和颁发证书工作；开展行业调查研究，提出行业发展规划和政策法规建议；制定行业标准和行规行约，规范行业行为；开展人才培训，组织学术交流，推介新产品新技术，促进行业发展；促进会员合作，组织行业展览，推动技术进步，帮助企业扩展国内外市场；发展与国外同行业的联系，促进行业国际交流与合作
北京仪器仪表行业协会	开展行业协调服务、规划建设、信息交流、咨询服务、专业培训
北京模具协会	开展行业协调、信息交流、技术攻关、专业培训、咨询服务、新技术新工艺新材料推广
北京水泥行业协会	承担政府有关部门委托的行业管理方面的工作任务；开展行业调查，向政府有关部门提出本行业技术进步的中长期发展规划建议；整顿规范水泥市场，加强行业自律；开展技术咨询服务，提供国内外有关水泥行业的技术经济资料和市场信息；组织技术经验交流，为会员单位提供服务，帮助解决企业生产经营活动中的有关问题
北京包装技术协会	协助政府有关部门做好包装行业的管理工作；承办政府及有关部门委托事项；编制包装行业发展规划；向政府有关部门及时反映行业、企业的合理要求及建议；承接相关的课题研究；组织重大项目技术攻关，提供技术咨询服务；参与包装各类标准修订、制定工作；开展国际交流与合作，举办包装展览、评比、技术交流；收集国内外最新的包装技术资料信息；培养各类包装专业人才
北京酿酒协会	北京酒类行业统计；负责行业规划、行业协调、制定行规行约、行业质量安全监督；开展专题研究、技术合作、信息交流、咨询服务、产品鉴评；组织会展；承办政府或其他组织委托的行业管理事项
北京建筑五金门窗幕墙行业协会	行评行检，编制行业技术标准，研制开发新产品，推荐新产品和知名品牌的认定，举办技术业务培训信息交流
北京玩具协会	开发先进产品，提高产品质量，增加产品科技含量，拓宽产品销售市场，服务消费者日益增长的玩教具需要

名称	职能
北京设备管理协会	开展工业设备维修企业资质认证工作；对设备管理与维修行业中的新技术、新产品、新工艺进行推广；开展设备管理师、设备维修师专业能力证书的考评；开展设备维修领域科技成果转移工作；推荐北京市企业参加全国设备管理优秀单位表彰、评比活动；开展设备管理与维修专业咨询服务
北京铸锻行业协会	开展技术咨询服务、专业培训，组织国内外的技术交流与合作；贯彻国家标准，制定行规行约，开展行业内部生产资格认证和产品认证；进行行业调查，推进节能减排、清洁生产，为政府制定行业发展规划和经济技术政策提供依据；接受政府和企业委托的项目及项目评审；进行新技术、新工艺、新设备的推广；参与北京地区铸锻行业的规划、改造、改组等工作
北京市中小企业国际合作协会	宣传政府扶持中小企业发展的有关政策并协助组织实施；组织会员参加国内外经贸展览，协助企业开拓市场；开展信息交流、咨询
北京电器电材行业协会	开展电器电材行业协调服务、政策调研、信息交流、咨询服务、专业培训、新产品新工艺新材料推广、承办委托
北京市手工业生产合作社联合总社	制定联社和集体资产的管理制度，管理、使用联社所拥有的集体资产，以出资者身份使用各种权力，维护联社和会员的合法权益，研究制定联社集体资产投资决策和收益分配方案
北京光机电一体化协会	开展理论研究、行业调研、新产品开发、技术交流、人才培训，承办委托咨询服务，编辑专业刊物
北京工业国际智力交流协会	协助解决企业在技术改造、新产品开发、生产经营中存在的技术和管理问题；选派企业工程技术和管理人员到国外进行专项技术和技能的培训实习；协助政府与国内外相关组织开展人才交流活动；提供招商引资信息；为企业引进人才筹措专项资金
北京市开发区协会	协助市工业主管部门参与开发区发展规划研究，引导开发区发展；根据综合环境和区域特点，为开发区招商选资服务，优化资源配置
北京金属学会	致力于黑色和有色金属研究领域学术交流活动，每两年举办一届北京冶金年会论文评选和北京冶金青年科技论文评选，组织学术交流活动
北京保健品协会	为北京保健食品企业开展全方位的服务，反映保健食品企业在生产经营中的需求，协调发展企业间的关系与合作
北京肉类食品协会	接受政府委托，协助政府职能部门拟定肉类屠宰加工及肉制品加工的生产技术、产品质量、行业标准，对重大技术改造、引进、投资与开发进行前期论证，参与肉类食品行业生产经营许可证的发放工作
北京市调味品协会	深入调查研究，及时向政府有关部门反映首都调味品行业的合理诉求，提出政策性建议，为政府制定调味品行业的方针政策提供可参考依据；协调和协商解决本行业各企业之间、企业与有关部门之间的利益矛盾，优化市场秩序、规范竞争行为、监督产品质量、打击假冒伪劣、维护本行业的合法权益；开展技术交流；提供国内外行业发展动态及新技术等信息；开展新产品、新技术成果的鉴定和推广应用；组织培训
北京市豆制品协会	组织行业内生产、流通、科研、专业设备制造等单位在专业技术上不断开拓创新；促进传统豆制品行业工业化生产速度；通过对行业的管理和服务、技术和信息交流等活动，加强企业规范化生产经营，提升企业社会公信度

（续表）

名称	职能
北京企业评价协会	负责企业管理评价、质量评价、信用评价、安全评价、环境评价、绩效评价、满意度测评、评价结果发布、专业培训、咨询服务、资质认定；接受委托开展专项调研、评价评审、成果鉴定、活动组织及新产品新技术推广应用等
北京塑料工业协会	开展对全行业基础资料的调查、搜集整理工作，向政府部门提出合理化建议；推动横向联系，协调企业之间生产经营、技术合作和竞争中的问题；开展咨询服务，提供国内外信息，开展与国内外同行业的经济技术等方面的合作与交流

2010年北京工业行业协会组织情况统计表

9—15表

序号	名称	成立时间	分会名称	会员数		工作人员数（人）	
				团体会员（个）	个人会员（人）	专职	兼职
1	北京金属学会	1957年3月	采选分会 焦化分会 耐材分会 炼铁分会 炼钢分会 无损检测分会 压力加工分会 金属材料分会 有色冶炼分会 有色压加分会 有色金属材料分会 物理冶金分会 理化检测分会 能源分会 环保分会 冶金设备分会 计算机与自动化分会 技术经济分会 安全与健康分会	1969	0	1	5
2	北京日用化学工业协会	1980年5月	洗涤分会 外企工作者分会 日化原料分会 中医体质与皮肤养生专业技术委员会 化妆品功效评价专业技术委员会	76	850	6	16
3	北京印刷行业协会	1981年5月	无	190	27	7	2
4	北京质量协会	1981年9月	无	182	0	8	0
5	北京玩具协会	1982年2月	无	138	3700	5	—
6	北京食品协会	1982年3月	诚信建设委员会	123	0	5	0
7	北京标准化协会	1982年4月	无	135	0	3	0
8	北京模具行业协会	1982年5月	无	118	0	2	0

（续表）

序号	名称	成立时间	分会名称	会员数		工作人员数（人）	
				团体会员（个）	个人会员（人）	专职	兼职
9	北京包装技术协会	1982年6月	无	156	0	5	4
10	北京设备管理协会	1983年12月	无	118	0	5	4
11	北京表面工程协会	1984年9月	无	160	0	11	1
12	北京服装纺织行业协会	1984年10月	设计师分会	350	90	11	2
13	北京建筑五金门窗幕墙行业协会	1986年8月	无	216	0	5	4
14	北京软件行业协会	1986年10月	过程改进分会 益智与娱乐软件分会 医药软件分会 中关村软件园分会 人才服务与培训分会 测试工作委员会 投融资委员会	1560	—	16	2
15	北京水泥行业协会	1986年11月	无	53	0	2	3
16	北京建材行业联合会	1986年12月	市场流通专业委员会 化学建材专业委员会 防火涂料分会 卫浴及五金分会	230	0	20	0
17	北京酿酒协会	1987年4月	无	39	0	4	0
18	北京照明电器协会	1987年5月	无	91	156	3	4
19	北京塑料工业协会	1987年8月	无	70	0	1	8
20	北京室内装饰协会	1987年12月	无	360	0	10	0
21	北京电子仪器行业协会	1988年4月	无	43	0	1	1
22	北京仪器仪表行业协会	1988年7月	无	54	0	3	4
23	北京家具行业协会	1988年9月	无	317	0	7	4
24	北京节能和资源综合利用协会	1988年11月	无	280	0	14	0
25	北京驻京机构联谊会	1989年3月	文化艺术交流委员会	700	—	—	4
26	北京墙体材料工业协会	1989年8月	无	50	0	8	0
27	北京针织行业协会	1990年8月	无	69	0	6	5
28	北京工业经济联合会	1991年4月	无	150	0	17	0
29	北京电子电器协会	1992年8月	电磁兼容分会	74	35	5	12
30	北京企业法律顾问协会	1992年8月	无	46	710	3	9
31	北京市皮革行业协会	1992年8月	无	53	—	1	10
32	北京光机电一体化协会	1992年8月	无	94	0	6	0
33	北京电器电材行业协会	1992年8月	无	88	0	4	9
34	北京信息产业协会	1992年8月	无	145	0	2	13

（续表）

序号	名称	成立时间	分会名称	会员数		工作人员数（人）	
				团体会员（个）	个人会员（人）	专职	兼职
35	北京国防科技工业协会	1992年8月	无	128	0	2	7
36	北京市乡镇企业协会	1992年8月	无	300	0	5	2
37	北京市矿业协会	1992年12月	矿泉水委员会 非金属矿分会 黄金分会 砂石分会	89	0	3	9
38	北京电子商会	1993年1月	传感器分会	220	0	9	3
39	北京企业投资协会	1993年8月	无	136	2	3	10
40	北京市中小企业国际合作协会	1994年8月	无	42	0	0	4
41	北京保健品协会	1995年6月	无	62	0	5	22
42	北京汽车行业协会	1996年7月	无	248	0	7	1
43	北京工业对外经贸促进会	1996年7月	无	75	0	5	7
44	北京市手工业生产合作社联合总社	1998年8月	无	0	355	5	5
45	北京工业技术产业化协会	1999年7月	无	52	0	4	3
46	北京市调味品协会	1999年9月	无	32	0	0	2
47	北京工艺美术行业协会	2000年9月	无	143	180	12	0
48	北京化学工业协会	2000年12月	无	80	0	5	4
49	北京机电行业协会	2001年9月	多种经营分会	153	0	8	7
50	北京电源行业协会	2001年5月	无	150	0	5	3
51	北京半导体行业协会	2001年9月	无	103	0	15	7
52	北京工业国际智力交流协会	2002年11月	无	56	0	0	13
53	北京多媒体行业协会	2003年7月	无	127	0	3	5
54	北京肉类食品协会	2003年8月	无	92	0	3	4
55	北京市豆制品协会	2006年8月	无	46	0	1	16
56	北京市开发区协会	2007年4月	无	30	0	6	17
57	北京铸锻行业协会	2007年6月	无	60	0	3	1
58	北京项目管理协会	2008年5月	无	80	0	3	10
59	北京电力行业协会	2008年8月	无	253	0	28	—
60	北京企业评价协会	2009年1月	无	100	64	5	10
61	北京嵌入式系统技术行业协会	2009年10月	无	107	0	5	14

说明："—"表示无相关数据。

北京工业经济联合会

1991 年 4 月 23 日，北京工业经济协会成立。2000 年 10 月 12 日，更名为北京工业经济联合会，是北京工业和信息领域各行业协会、控股（集团）公司、工业开发区、工业经济研究团体、科研单位，以及与工业经济有相关联系单位组成的联合组织，是非营利性社会团体法人。北京工业经济联合会的业务范围是：调查研究、总结经验、政策建议、服务、组织指导、协调工业行业协会工作、搜集整理信息、出版会刊简讯、开展对外交流、促进经济技术合作、承办委托、中介服务、开展咨询、展览、培训、认证、统计。2010 年 12 月 30 日，北京工业经济联合会被认定为第二批市级枢纽型社会组织，其主要职能是对工业领域社会组织进行联系、服务和管理。办公地址在西城区槐柏树街 2 号市府大楼 3 号楼。

第七节　集团（控股）公司

北京电子控股有限责任公司

1997 年 1 月 27 日，根据市政府《关于同意北京市人民政府电子工业办公室转制为北京电子信息产业（集团）有限责任公司的批复》，作为市政府领导和管理全市电子工业职能部门的北京市人民政府电子工业办公室转制为国有独资北京电子信息产业（集团）有限责任公司，承担市政府授权范围内的国有资产保值增值责任，归口市经委，原北京市人民政府电子工业办公室承担的行政管理职能移交给市经委等有关部门。

1999 年年初，北京电子信息产业（集团）有限责任公司有职能机构 18 个，分别为办公室、综合计划处、规划技改处、科技质量处、国际合作处、财务审计处、人事教育处、劳动工资处、保卫处、行政处、机动设备处、党委办公室、组织处、宣传处、老干部处、纪检监察处、工会、团委，其中办公室与党委办公室合署办公。所属企业 78 家（不含合资企业），员工 87861 人。

1999 年 12 月 28 日，市政府批复，北京电子信息产业（集团）有限责任公司更名为北京电子控股有限责任公司。市政府对电子控股依法行使出资者职能，对电子控股承担责任，依法享有各项权力。市政府授权电子控股对所属的全资企业、控股企业、参股企业的国有资产行使出资者权力，对授权范围内的国有资产依法进行经营、管理和监督，承担保值增值责任。年底，电子控股有企业 148 家，员工 52614 人。

2000 年 6 月 19 日，电子控股总部调整，设职能机构 11 个，分别是总裁办公室、计划财务部、投资管理部、资本证券部、国际合作部、企划部、人力资源部、行政保卫部、社会保障部、党委工作部、工会。2006 年 7 月 3 日，电子控股对总部的组织结构及运营模式进行调整与改革，由行政管理型向产业投资控股型转变，管理方式从服务型向管控服务型转变，运营模式从传统经验型向市场化、制度化、流程化转变。设立职能部门20个，分别是办公室、战略发展部、业务一部、业务二部、业务三部、业务四部、计划财务部、人力资源部、审计法务部、社会保障部、安全环保部、监察部、公关宣传部、党委办公室、组织干部处、党委宣传处、老干部处、纪委办公室、工会办公室、团委。其中，人力资源部与组织干部处、监察部与纪委办公室、公关宣传部与党委宣传处、公司办公室与党委办公室，采用"一套人马，两块牌子"的机制。后又成立青年工作处，同团委合署办公。2007年10月23日，电子控股总部新设资本证券部。12月18日，电子控股业务一部加挂地产部牌子，战略发展部加挂军工部牌子。

2010年4月26日，电子控股对职能机构设置及主要职责进行调整优化。设置职能部门22个，分别是办公室、战略发展部、显示事业部、装备与器件部、系统与仪器部、媒体与公益部、园区与地产部、计划财务部、人力资源部、审计法务部、稳定保障部、安全环保部、监察部、公关宣传部、党委办公室、组织干部处、党委宣传处、老干部处、纪委办公室、工会办公室、团委、青年工作处。其中，办公室与党委办公室、人力资源部与组织干部处、公关宣传部与宣传处、监察部与纪委办公室合署办公，团委加挂青年工作处牌子。2010年年底，电子控股直属二级企业23家，直属事业单位7家，上市公司3家，托管单位14家。电子控股有员工38053人。办公地址在朝阳区三里屯西六街6号。

1999—2010年北京电子控股有限责任公司主要领导一览表

9-16表

姓名	籍贯	职务	任职时间
何民生	山东省	董事长	1999年1月—2000年3月
鲍玉桐	天津市	董事长	2000年3月—2006年3月
卜世成	河北省	董事长	2006年3月—2010年4月
王　岩	北京市	董事长	2010年4月—
鲍玉桐	天津市	总经理	1999年1月—2000年3月
王东升	浙江省	总经理	2000年3月—2008年12月
杨文良	吉林省	总经理	2008年12月—

北京汽车集团有限公司

1999年，按照市政府加快国有大中型企业改革部署，北京汽车工业以北京汽车工业总公司为主，推进企业结构调整及市场化改革。北汽摩公司、北京市汽车灯厂实现改制。5月12日，北京市汽车滤清器厂、北京市汽车喇叭厂、北京汽车制动器厂、北京市弹簧厂4家企业开始下放划转工作。

2000年9月26日，市政府批准成立北京汽车工业控股有限责任公司，开始对企业进行改革、调整及重组。根据市政府《关于同意组建北京汽车控股有限责任公司的批复》及该控股公司章程的规定，按照职能定位以及精简效能的原则，控股公司调整本部组织机构，共设置 16 个部门，其中行政部室 10 个，党群部门 6 个。

2001 年 6 月 5 日，北内集团并入北汽控股。

2002 年 6 月 27 日，北京市国有资产经营有限责任公司、北京国际电力开发投资公司、北京首创股份有限公司、北京阳光房产综合开发公司等企业共同投资组建北京汽车投资有限公司。

2003 年，北汽控股实施对原有整车与零部件核心企业的搬迁调整和资产重组。

2008 年 12 月 29 日，市国资委将兴东方公司划转给北汽控股。

2010 年 9 月 28 日，北汽控股更名为北京汽车集团有限公司。同日，北京汽车股份有限公司挂牌成立。截至年底，北汽集团共拥有规模以上汽车工业企业 155 家，其中整车企业 9 家，专用车企业 44 家，零部件生产企业 102 家；有 21 家科研院校（所）和 22 家服务贸易企业。2010 年年底，北汽集团共设置 23 个部门，其中行政部室 17 个，党群部门 6 个。总部员工共 156 人，其中管理人员 148 人，司机 8 人。办公地址在朝阳区东三环南路 25 号。

2010 年，北汽集团发展为北京汽车工业的发展规划中心、资本运营中心、产品开发中心和人才中心，拥有整车制造、零部件制造、汽车服务贸易、研发、教育和投融资等企（事）业单位。整车制造企业包括北汽福田、北京现代、北京奔驰—戴姆勒·克莱斯勒汽车有限公司、北京汽车制造厂有限公司；零部件发展核心企业为北京海纳川汽车部件股份有限公司。北汽集团形成轿车、越野车、商用车门类齐全、同步发展的产业格局，拥有"梅赛德斯—奔驰""克莱斯勒""Jeep""现代"等国际品牌和"北京""福田汽车"等自主开发的民族品牌，实现了国际品牌和民族品牌的结合。

图9-4　2010年9月28日，北京汽车集团有限公司揭牌

1999—2010年北京汽车工业总公司、北京汽车工业控股有限责任公司、
北京汽车集团有限公司主要领导一览表

9-17表

姓名	籍贯	职务	任职时间
马永山（满族）	辽宁省	董事长	1999年1月—2000年7月

（续表）

姓名	籍贯	职务	任职时间
安庆衡	辽宁省	董事长	2000年7月—2006年10月
徐和谊（回族）	北京市	董事长	2006年10月—
安庆衡	辽宁省	总经理	1999年1月—2000年4月
董　杨	山西省	总经理	2000年4月—2007年8月
汪大总	江西省	总经理	2008年2月—

北京二七轨道交通装备有限责任公司

1980年1月1日，铁道部北京二七机车工厂正式挂牌。1994年2月2日，该厂更名为北京二七机车厂，有员工7276人。1999年年初，北京二七机车厂设行政职能处室26个，分别为厂长办公室、销售处、企业管理处、经营计划处、生产处、安全环保技术处、人事劳资处、财务处、审计处、设计处、工艺处、全面质量办公室、质量检查处、综合技术处、设备处、物资处、武装部、保卫处、计划生育办公室、科技协办公室、基建处、住宅处、教育处、多种经营处、行政处、再就业办公室。设车间15个，分厂3个，公司5个，党群工作部门8个，学校5所，医院和集体企业2个。1999年，工厂撤销销售处、成立销售部，撤销基建处、住宅处，成立基建住宅处。

2001年9月29日，北京二七机车厂划归中国北方机车车辆工业集团公司，有员工5804人。同年撤销行政处、成立物业公司；撤销多种经营处；撤销设计处、工艺处，成立技术中心；撤销动力、电工车间，合并组建动电分厂；撤销利材车间；人事劳资处与党群部门的干部处合并成立人事处；武装部、保卫处合并成立武装保卫处；企业管理处、经营计划处合并成立规划管理处；全面质量办公室、质量检查处合并成立质量处；撤销教育处，成立职工教育培训中心；成立社会保障处；撤销机五车间，成立机车修理分厂；撤销运输车间；成立机械动力部、实业部。

2002年9月6日，北京二七机车厂更名为中国北车集团北京二七机车厂，有员工5303人。同年，接续撤销机五车间，成立机车修理分厂；撤销机械动力部、实业部；动电分厂更名为动力能源公司；撤销机修分厂、工具分厂，合并成立设备维修安装公司；撤销机车电器公司，成立电器公司、多种经营管理处、技术改造办公室；老干部部、退委会合并成立离退休职工管理办公室。2003年7月8日，工厂进行组织结构调整，原有机构调整合并为14个部门，分别为厂长办公室；技术中心；撤销规划管理处，成立规划发展部；撤销生产处、安全环保技术处，成立生产部；撤销综合技术处、质量处成立质量保证部；原销售处组建成立销售部；撤销人事处、职工教育培训中心，成立人事劳资部；撤销财务处，成立财务部；撤销审计处、监察处，成立审计监察部；撤销设备处、基建住宅处，成立资产管理部；撤销物资处，成立物资部；撤销武装保卫处、社会保障处、计划生育办公室，成立综合管理部；撤销多种经营管理处，成立多集经发展部；成立企业文化部，与宣传部合署办公。2003年

9月9日，撤销经贸公司。同年，撤销金属结构分厂，成立机五车间和焊接车间。2004年2月8日，撤销生产部，成立机车制造部；撤销机车修理分厂，成立机车修理部；撤销热处理车间，成立热处理分厂；撤销锻工车间，成立锻造分厂；成立配件销售公司。2004年12月，工厂有员工4664人。

2005年，北京二七机车厂将北京二七长铁运输公司和北京二七长铁汽车修理部整合，组建北京二七长铁运输有限责任公司；将北京二七宏铁工贸公司和北京市丰台区长峰金属加工厂整合，组建北京二七宏铁工贸有限责任公司。2006年9月15日，北京二七机车厂整体改制为国有控股的有限责任公司。2006年11月15日，该厂更名为中国北车集团北京二七机车厂有限责任公司，有员工3958人。2006年，撤销销售部，成立国际贸易部、市场部；撤销机械六车间、传动车间，成立传动分厂；撤销柴油机车间，成立柴油机分厂；撤销机车修理部，成立机车修理分厂；撤销机车制造部，成立生产部；撤销机二车间、机三车间，成立机械一分厂；撤销机械五车间、焊接车间，合并成立金属结构分厂；撤销机械一车间，成立机械二分厂；撤销机械四车间，成立机械三分厂；撤销机车车间，成立机车分厂；撤销转向架车间，成立转向架分厂；撤销热处理分厂、锻造分厂，合并成立热加工分厂。

2007年7月6日，中国北车集团北京二七机车厂有限责任公司拟上市资产无偿划入新设的一人有限责任公司——北京二七轨道交通装备有限责任公司。中国北车集团北京二七机车厂有限责任公司为存续企业，有员工3353人。8月1日，二七装备运行。2008年，成立科研管理部；成立大型养路机械分厂，撤销大型养路机械分厂筹备组；综合管理部整建制划归中国北车集团北京二七机车厂有限责任公司。北京二七机车厂有限责任公司广厦公司完成改制，注册成立北京广兴建筑安装工程有限责任公司。

2010年年底，二七装备设有行政职能机构13个部、2个中心、12个分厂（分公司），7个党群工作部门，有员工3578人，其中，高级职称133人，中级职称224人。办公地址在丰台区长辛店杨公庄1号。

图9-5　中国北车集团北京二七轨道交通装备有限责任公司厂区北门（2008年11月摄）

1999—2010年北京二七机车厂、中国北车集团北京二七机车厂有限责任公司、北京二七轨道交通装备有限责任公司主要领导一览表

9-18表

单位	姓名	籍贯	职务	任职时间
北京二七机车厂	李国安	吉林省	厂长	1999年1月—2001年4月
	王东明	河北省	厂长	2001年4月—2006年11月
中国北车集团北京二七机车厂有限责任公司	王东明	河北省	总经理	2006年11月—2007年10月
北京二七轨道交通装备有限责任公司	王东明	河北省	董事长	2007年10月—
	刘晓平	河北省	总经理	2007年10月—

南车二七车辆有限公司

1980年1月1日，铁道部将北京二七机车车辆工厂机车制修与货车制修分离分立，成立铁道部北京二七机车工厂和铁道部北京二七车辆工厂。1994年2月，铁道部北京二七车辆工厂改名为北京二七车辆厂。1999年年初，北京二七车辆厂职能机构设有37个，分别为厂长办公室、企业管理处、经营计划处、生产处、设计处、工艺处、计量理化检测中心、技术检查处、分解检查处、物资处、基建设备处、经贸处、多元经营开发处、安全技术处、环境保护处、干部处（部）、劳动工资处、财务处、审计处、行政管理处、武装部、保卫处、教育处、职工学校、中学、小学、幼儿园、医院、离休退休职工管理办公室、科工贸公司、物业公司、党委办公室、党委组织部、纪委办公室（监察处）、宣传部（处）、工会、团委。

2003年3月，北京二七车辆厂更名为中国南车集团北京二七车辆厂，隶属于中国南方机车车辆工业集团公司。因中国南车重组改制，自2008年1月1日起启用南车二七车辆有限公司名称。

图9-6　南车二七车辆有限公司建厂110周年庆典（2007年摄）

2010年年末，二七车辆设置行政职能机构23个，分别为办公室、规划发展部、审计部、市场营销部、售后服务部、采购部、仓储物流部、分解检查部、精益生产推进办公室、生产部、安全技术部、资产管理部、人力资源部（党委干部部）、行政保卫部、离退休人员管理办公室、产品开发部、工艺技术部、技术管理部、质量检查部、财务部、传感器项目部、纪委办公室（监察部）、信息管理部。党群部门5个，分别为党委宣传部（企业文化部）、党

委组织部、团委办公室、工会办公室、权益保障部。所属生产车间8个，控股合资企业2个，全资子公司1个。在册职工3232人，在职人数3048人，离退休人数3162人。公司地址在丰台区张郭庄甲1号。

1999—2010年北京二七车辆厂、中国南车集团二七车辆厂、
南车二七车辆有限公司主要领导一览表

9-19表

单位	姓名	籍贯	职务	任职时间
北京二七车辆厂	赵恒山	河北省	厂长	1999年1月—2000年12月
中国南车集团二七车辆厂	赵恒山	河北省	厂长	1999年1月—2006年2月
	史硕致	江苏省	厂长	2006年2月—2007年12月
南车二七车辆有限公司	史硕致	江苏省	总经理	2008年1月—

北京南口轨道交通机械有限责任公司

1906年创建，名为京张制造厂。1910年更名为南口机车厂。1950年，改名为南口铁路工厂。1952年，改名为南口机车车辆修理工厂。1970年，隶属交通部，全称为交通部南口机车车辆机械工厂。1994年，改名为北京南口机车车辆机械厂，是机车车辆配件的主要生产企业。

1999年年初，北京南口机车车辆机械厂隶属铁道部中国铁路机车车辆工业总公司。该厂在成立5个公司基础上，铁路配件全部集中在配件公司，生产处改称生产制造部，属于配件公司的一个部室，管理一机、二机、三机、齿轮、热处理、铸造、锻造7个生产车间的生产活动。12月28日，组建5个公司，分别为铁路配件公司、南铁工业公司、生活物业管理公司、动能公司、物资公司，实行资产委托经营，给予各公司经营、机构设置、用工分配、采购等自主权。设行政职能处室7个，党群部门6个。有职工4435人，其中高级专业技术人员56人、中级355人。

2000年9月，中国铁路机车车辆工业总公司与铁道部脱钩，成立南、北两大集团公司，隶属国家企工委管理。北京南口机车车辆机械厂隶属中国北方机车车辆工业集团公司。工厂有职工4294人，其中高级专业技术人员62人，中级360人；设行政职能处室7个，子公司5个，党群部门6个。

2001年，该厂配件公司实施下属机构设置及人事定编方案，成立6个分厂7个部室，精简机构,压缩定员。确定综合厂和工模具公司为改制试点单位。工厂有职工3517人,其中，高级专业技术人员57人，中级专业技术人员280人；设行政职能处室7个，子公司5个，党群部门6个。工厂制定减员增效实施方案，区分富余人员的不同情况，分别采取不同的减员分流办法，截至12月底，净减职工877人。

2002年12月29日，正式更名为中国北车集团北京南口机车车辆机械厂。员工总数

2460 人，其中高级专业技术人员 72 人，中级专业技术人员 259 人。行政处室 7 个，党群部门 6 个，子公司 5 个，其中配件公司（主产品公司）下属 7 个生产分厂。建立能上能下的人事管理制度，中层管理人员职数减少 51%。实施减员增效方案，全年减员 1246 人，员工总数同比减少 50.4%。

2003 年，中国北车集团北京南口机车车辆机械厂进行主辅分离、改制分流工作，完成南德公司资产评估。设行政部室 13 个，党群部门 7 个，主产品生产车间（分厂）7 个，子公司 3 个。撤销配件公司、物资公司，成立 12 部 1 室；各生产分厂改为生产车间，对主产品实行集中统一管理。工厂员工总数 2042 人，其中高级专业技术人员 61 人，中级专业技术人员 217 人。

2004 年，该厂厂属经联厂、福利厂、综合加工厂、锻造车间、铸造车间、齿轮车间、运输公司、南铁工业公司、机电设备公司、南德建筑工程公司和物业公司等 11 个单位实施改制、分离分立，模拟市场运作。工厂员工总数 2012 人，其中高级专业技术人员 63 人、中级专业技术人员 206 人。设行政部室 15 个，党群部门 6 个，主产品生产车间（分厂）7 个，子公司 2 个。

2005 年，厂属南德建筑工程公司完成改制工作。厂属福利厂注册为北京瑞尔机械制造公司。全厂员工总数 2100 人，其中高级专业技术人员 71 人，中级专业技术人员 186 人。设行政部室 16 个，党群部门 6 个，主产品生产车间（分厂）7 个，子公司 2 个，经营实体单位 9 个。

2006 年，该厂与德国克诺尔公司签订合资合同，成立合资公司，即克诺尔·南口供风设备（北京）有限公司。改制单位南铁工业公司、运输公司、机电设备公司完成工商注册登记。员工总数 1731 人，其中高级专业技术人员 50 人、中级专业技术人员 95 人。设行政部室 16 个，党群部门 4 个，主产品生产车间（分厂）7 个，子公司 2 个，经营实体单位 6 个。

2007 年 4 月 24 日，中国北车集团北京南口机车车辆厂铁路医院移交昌平区政府管理。

2007 年，根据中国北方机车车辆工业集团公司整体改制上市工作部署，中国北车集团北京南口机车车辆机械厂的主业资产、人员全部无偿划转至北京南口轨道交通机械有限责任公司。8 月 1 日正式启用北京南口轨道交通机械有限责任公司的名称，员工总数 1251 人。其中，高级专业技术人员 56 人、中级技术职称人员 91 人。设置行政部室 16 个，党群部门 4 个，生产车间 5 个，分厂 1 个，控股公司 1 个。

图9-7　2007年4月24日，中国北车集团北京南口机车车辆机械厂铁路医院移交昌平区政府签字仪式现场

2008年，存续企业中国北车集团北京南口机车车辆机械厂，根据中国北车股份公司整体上市工作部署，所属北京南口机电设备有限责任公司全部资产无偿划入南机公司，完成资产移交。成立风电装备制造基地指挥部、组装试验车间、南口厂存续企业综合管理部。员工总数1232人，其中高级专业技术人员53人、中级技术人员96人。设行政部室15个、党群部门4个，主产品生产车间（分厂）7个，控股公司1个。

2009年，南机公司成立铁路道岔生产项目指挥部，完成北车（北京）轨道装备有限公司工商登记注册，领取企业法人营业执照；成立中国北车南机公司驱动装置研究所、技术中心、风电齿轮箱分厂；设立安全生产技术处；完成家属区供水系统移交地方工作。员工总数1314人，其中具有高级专业技术人员41人、中级技术人员67人。设行政部室13个，党群部门5个，主产品生产车间（分厂）9个，控股公司1个。

2010年，南机公司完成技术中心、市场营销部、有关生产单位等10个机构的职能调整。初步完成17个部室498个岗位人员基本情况摸底调研,确定部室及主管岗位定员编制。有员工1256人，其中高级专业技术人员52人、中级专业技术人员103人。设行政部室13个，包括总经理办公室、市场营销部、民用产品部、技术中心、技术质量部、工艺部、经营规划部、人力资源部、财务部、生产部、物资部、武装保卫部、离退休工作部；党群部门5个，包括党委工作部、企业文化部、纪检审计部、工会、团委；所属主产品生产车间（分厂）9个，控股公司1个。办公地址在昌平区南口镇北。

1999—2010年北京南口机车车辆机械厂、北京南口轨道交通机械有限责任公司
主要领导一览表

9-20表

单位	姓名	籍贯	职务	任职时间
北京南口机车车辆机械厂	孙大容	江苏省	厂长	1999年1月—2001年8月
	李强	江西省	厂长	2001年8月—2002年9月
	宋治贵	湖北省	厂长	2002年11月—2007年7月
北京南口轨道交通机械有限责任公司	宋治贵	湖北省	董事长	2007年7月—2010年12月
	宋治贵	湖北省	总经理	2007年7月—2009年8月
	孙凯	江苏省	总经理	2009年8月—

北京京城机电控股有限责任公司

1997年6月，根据市政府《关于同意北京市机械工业管理局转制为北京机电工业控股（集团）有限责任公司的批复》精神，北京市机械工业管理局正式转制为企业，名称为北京机电工业控股（集团）有限责任公司。北京机电工业控股（集团）有限责任公司的行政管理机构为资产管理部、投资发展部、资产运营部、科技质量部、对外经济部、人事劳动部、办公室、体改法规办公室、行政处、保卫处，以及党群系统的管理部门。全公司党政管理干部共 132 人。1998 年年底，北京机电工业控股（集团）有限责任公司所属单位有 103 个，其中企业 77 个，国有企业 38 个，股份制企业 1 个，集体企业 26 个，中外合资合作企业 12 个。企业中包括 3 个集团公司：北人集团、北京华德液压工业集团有限责任公司、北京标准件工业集团公司。

1999 年，按照市政府要求，北京机电工业控股（集团）有限责任公司将北京电焊条厂等 30 家市属企业成建制一次性划转到企业注册地的区县管理。2000 年 9 月，根据市政府《关于同意北京机电工业控股（集团）有限责任公司修改章程的批复》，北京机电工业控股（集团）有限责任公司更名为北京京城机电控股有限责任公司（以下简称京城机电）。12 月 25 日，北京机电工业控股（集团）有限责任公司所属北京蓄电池厂、北京水泵厂和北京冷冻机厂列入全国破产项目，经市高级人民法院审理、裁定，宣告破产。年底，京城机电有企事业单位 65 个，职工 64230 人。

2002 年 9 月 30 日，京城机电将北京轴承厂等 15 家市属企业成建制一次性划转到企业注册地的区县管理。2006 年，京城机电成立非经营企业部和非经营企业管理委员会。经过认定，北京开关厂、北京市叉车总厂、北京建筑机械厂、北京工具厂有关业务进入非经营平台。

2010 年年底，京城机电启动集团化改制工作，形成"集团化改制方案"；启动组建机床事业部和环保事业部的准备工作；成立了上市重组工作领导小组和工作机构，初步形成公司整体上市方案。年内，对机床、风电、印刷机、气体储运等业务板块进行了重组，非经营性资产、股权划转。办公地址在朝阳区东三环中路 59 号京城机电大厦 18 层。

1999—2010年北京京城机电控股有限责任公司主要领导一览表

9-21表

姓名	籍贯	职务	任职时间
冒泽泉	江苏省	董事长	1999年1月—2000年10月
李崇璞	北京市	董事长	2000年10月—2005年12月
林抚生	福建省	董事长	2005年12月—2007年5月
李济生	山东省	董事长	2007年9月—2010年4月
任亚光	辽宁省	董事长	2010年4月—
吴柏林	河北省	总经理	1999年1月—2000年10月
林抚生	福建省	总经理	2000年10月—2006年7月
任亚光	辽宁省	总经理	2006年7月—2010年1月
仇 明	北京市	总经理	2010年1月—

北京京仪集团有限责任公司

1998 年 11 月 3 日，北京仪器仪表工业控股（集团）有限责任公司机构调整，行政机构设置 7 个部，下设 16 个处室。其中，综合部下设经理办公室、党委办公室、规划改革办公室；经济运行部下设生产计划处、营销管理处；技改外经部下设技改基建处、外经处、大兴基地办公室（临时机构）；科技质量部下设科技处、质量处；财务部下设财务处、会计处、审计处；人事部下设人事处、劳动教育处、保卫处；行政管理部下设行政处。党群机构设置组织部、宣传部、纪委（监察处）、工会、团委、老干部处、机关党委。所属企事业单位 31 个。1999 年，按照市政府《部分市属中小型工业企业划转到区县管理的实施意见》的有关规定，北京仪器仪表工业控股（集团）有限责任公司所属自动化仪表二厂、自动化仪表五厂、测绘仪器厂和晒图机厂、北京光电设备厂（含托管的北京静电设备厂）4 家小型企业分别划归崇文区、东城区和丰台区管理。

2001 年 3 月 26 日，经市工商局核准，北京仪器仪表工业控股（集团）有限责任公司更名为北京京仪控股有限责任公司，行政机构调整为 4 部 3 室，分别为办公室、规划发展部、资产财务部、经济运营部、人力资源部、企业改革办公室、审计室。党群机构调整为党委工作部、纪委、工会。党委工作部下设老干部活动站。行政后勤与公司本部分离，组建行政后勤服务管理中心。2002 年 8 月 28 日，设立对外经济合作部。2006 年 5 月 8 日，北京京仪控股有限责任公司变更为北京京仪集团有限责任公司（以下简称京仪集团），注册资本 10 亿元。拥有独资或控股直属企业 22 家，其中有 4 家科研院所；开办了 27 家中外合资企业。2007 年 6 月 20 日成立全面预算管理部，撤销经济运营部。2008 年 3 月 19 日，行政后勤服务管理中心变更为行政安保部。2008 年 6 月 27 日成立战略管理部，与办公室合署办公；成立监事会和审计工作部，撤销审计室；成立投资管理部，撤销对外经济合作部、企业改革办公室。2008 年 9 月 2 日，监事会和审计工作机构名称改为审计监事工作部。2009 年 7 月 28 日，撤销集团战略管理部，其职能转入规划发展部；成立集团研究室，与集团办公室合署办公。

2010 年年底，京仪集团行政机构设置 9 个部室，分别为办公室、审计监事工作部、规划发展部、系统工程部、资产财务部、人力资源部、全面预算管理部、投资管理部、行政安保部。党群机构设置 3 个部门，分别为党委工作部（团委、老干部处、企业文化部）、纪委（监察处）、工会。所属企业 24 个。办公地址在朝阳区建国路 93 号 9 号楼 16 ～ 19 层。

1999—2010年北京仪器仪表工业控股（集团）有限责任公司、
北京京仪控股有限责任公司、北京京仪集团有限责任公司主要领导一览表

9-22表

姓名	籍贯	职务	任职时间
薛荣康	河北省	董事长	1999年1月—2000年4月
裴销才	北京市	董事长	2000年4月—2002年3月
马士华	北京市	董事长	2002年3月—2007年8月
王　岩	北京市	董事长	2007年8月—2010年4月

姓名	籍贯	职务	任职时间
侯子波	天津市	董事长	2010年6月—
马士华	北京市	总经理	1996年5月—2002年4月
程连元	北京市	总经理	2002年4月—2003年9月
王　岩	北京市	总经理	2004年7月—2007年12月
史红民	山西省	总经理	2007年12月—

中国北京同仁堂（集团）有限责任公司

1992年7月3日，中国北京同仁堂集团公司成立。注册资金2.35亿元，前身为北京市药材公司。1997年，旗下子公司北京同仁堂股份有限公司上市，是全市首家上市的中药企业。1999年年初，同仁堂集团公司设立的职能科室有经理办公室、党委办公室、证券部、外经外贸处、组织干部处、劳动教育处、技术质量处、生产处、物价处、计划处、财会处、保卫处、宣传处、设备技改处、纪委、工会、团委、行政处、房屋物业处。干部1362人。

2000年3月，北京同仁堂股份有限公司拆分，成立北京同仁堂科技发展股份有限公司。4月，中国北京同仁堂集团公司与两个上市公司（同仁堂股份公司、同仁堂科技公司）共同整合内部生产企业制剂群，逐步由工厂制向公司制转变。将同仁堂制药厂、同仁堂制药三厂、同仁堂制剂厂合并，成立北京同仁堂股份有限公司制药厂。北京同仁堂制药三厂更名为北京同仁堂股份有限公司制药厂北分厂；北京同仁堂制药厂、北京同仁堂制剂厂更名为北京同仁堂股份有限公司制药厂南分厂。同时，将同仁堂制药二厂与同仁堂提炼厂合并，成立北京同仁堂科技发展股份有限公司制药厂。10月，市政府对同仁堂集团再次规范授权，中国北京同仁堂集团公司改制为国有独资中国北京同仁堂（集团）有限责任公司（以下简称同仁堂集团）。年底，同仁堂集团通州分公司由国有独资改制为有限责任公司，全称为北京同仁堂通州医药有限责任公司。

2002年6月，同仁堂集团分别与同仁堂股份公司、同仁堂科技公司签署托管协议，将集团公司直属分支机构及部分子公司分别委托同仁堂股份公司、同仁堂科技公司管理。其中，中药二厂、鹿制品厂、南城批发大楼、通州仓库、中药研究所委托给同仁堂股份公司管理；供应站、储运站、同仁国药医药有限公司、天成批发、饮片厂委托给同仁堂科技公司管理。2003年，同仁堂集团撤并15个老企业。2004年被中共中央宣传部、国务院国资委确定为全国国有企业改革重大典型。同年10月，同仁堂集团与香港科技园公司签订香港大埔工业园租地合约，同仁堂股份公司和同仁堂科技公司作为投资主体，投资1.5亿港元，成立北京同仁堂国药有限公司。2006年，"同仁堂中医药文化"被国务院批准列入第一批国家级非物质文化遗产名录，同年12月被商务部认定为首批中华老字号；2007年获全国五一劳动奖状。

2010年，同仁堂集团首批入选北京生物医药产业跨越发展工程（即G20工程）企业。

年底，同仁堂集团拥有药品、保健食品、食品、化妆品、参茸饮片 5 类共1500 多个品种，名优产品有十大王牌、十大名药（安宫牛黄丸、牛黄清心丸、同仁大活络丸、乌鸡白凤丸、愈风宁心片、再造丸、紫雪、局方至宝丸、壮骨药酒、国公酒），上市新产品 194种。参与 109 个品种国家药典标准修订工作，完成 108 个品种在香港地区的注册工作。2010 年，同仁堂集团总资产 110 亿元，拥有 10 个子公司。在

图9-8　北京同仁堂国药有限公司香港大埔生产基地（2008年摄）

制药领域，6 个子公司拥有 25 个生产基地 75 条生产线。在营销领域，拥有 1500 多家零售终端，其中直营店 1187 家；有 130 多家医疗网点，在 17 个国家设立 48 个药店或分公司；建有一个国家级工程中心和博士后科研工作站。同仁堂集团职能部门有董事会办公室、经理办公室、党委办公室、行政保卫部、科技质量部、纪委、财务运行部、经济运行部、人事干部部、对外经济工作办公室、信息中心、市场物价管理部、房产管理部、品牌管理部、宣传部、审计部、广告管理部、设备基建部、审计部、工会、团委、培训中心、规划发展部。共有干部 2356 人。办公地址在东城区东兴隆街 52 号。

1999—2010年中国北京同仁堂集团公司、中国北京同仁堂（集团）有限责任公司主要领导一览表

9-23表

单位	姓名	籍贯	职务	任职时间
中国北京同仁堂集团公司	殷顺海	山东省	总经理	1999年—2001年7月
中国北京同仁堂（集团）有限责任公司	殷顺海	山东省	董事长	2001年5月—
	殷顺海	山东省	总经理	2001年7月—2001年11月
	梅　群	河北省	总经理	2001年11月—

北京医药集团有限责任公司

1998 年，北京市医药总公司改组为国有独资北京医药集团有限责任公司，经营管理授权范围内的国有资产。1999 年，根据市政府办公厅转发市经委《关于部分市属中小型工业企业划转到区县管理实施意见的通知》所列名单，北药集团有 10 家企业属于划转范围。划转区县的 10 家企业中，国有企业 4 家、集体企业 6 家。2000 年实施政企分开，北药集团不再履行北京市医药行业行政管理职能。2002 年，北药集团被授权对所属全资企业、控参股企业的国有资产行使出资者权力。2004 年 11 月 13 日，中国华源集团旗下的华源生命

产业有限公司以 11.6 亿元现金投资北药集团，持股 50%，实现全国最大医药集团和北京最大医药集团的联合，改制重组后成立北京医药集团有限责任公司。2008 年 8 月 25 日，北药集团下属北京医药股份有限公司收购内蒙古信海医药科技发展有限公司，成立内蒙古北药信海医药发展有限责任公司。

2010 年年底，北药集团总资产 156.22 亿元，员工 2.4 万余人。拥有天然药物事业部和处方药事业部，控股参股企业 20 余家。办公地址在朝阳区关东店北街核桃园 30 号瑞昌国际商务写字楼 C 座。

1999—2010年北京医药集团有限责任公司主要领导一览表

9-24表

姓名	籍贯	职务	任职时间
冯国安	河北省	董事长	1999年1月—2000年1月
朱宝凤	江苏省	董事长	2000年12月—2002年7月
卫华诚	内蒙古自治区	董事长	2002年7月—
冯国安	河北省	总经理	1999年1月—2000年1月
贺 旋	北京市	总经理	2000年11月—

北京一轻控股有限责任公司

1999 年年初，北京一轻集团有限责任公司为市政府和国家体改委批准的市直属国有独资公司，依法承担国有资产保值增值责任。2000 年 9 月 26 日，市政府批复同意北京一轻集团有限责任公司改制为北京一轻控股有限责任公司（以下简称一轻控股）。市政府授权一轻控股对所属的全资企业、控股企业、参股企业的国有资产行使出资者权力，进行经营、管理和监督。共有企业 106 个，员工 43439 人。2000 年年底，一轻控股行政管理机构设置 9 部 1 室 1 办，党群系统设 6 个部门，共有管理人员 80 人。

图9-9　北京一轻控股有限责任公司（2006年摄）

1999 年至 2010 年，一轻控股进行企业改制和调整，退出企业 89 家，其中清算 7 家、兼并 1 家、破产 4 家、注销 48 家、撤销 29 家。新设立企业 58 家，隶属关系调整 35 家，企业改制 27 家，产权、股权转让 81 家，企业增资 8 家。

2010 年年底，一轻控股行政管理职能机构设置 8 部 1 室，分别为办公室（经理办公室、党委办公室）、战略发展部、资产运营部、财务管理部、人力资源部、信息科技部、审计法规部、基建环保部、安全保卫部。党群系统设立 5 个部门，分别为组织部、宣传部、团委（与宣传部合署办公）、纪检监察部、工会。共有管理人员 69 人。直属企事业单位 17 家，中外合作企业 16 家。办公地址在西城区东经路 5 号。

1999—2010年北京一轻控股有限责任公司主要领导一览表

9−25表

姓名	籍贯	职务	任职时间
刘　渊	北京市	董事长	1999年1月—2007年8月
张金钢	河北省	董事长	2007年8月—
陈天宝	河北省	总经理	1999年1月—2005年9月
张金钢	河北省	总经理	2005年9月—2007年12月
苏志民	河北省	总经理	2007年12月—

北京纺织控股有限责任公司

1996 年，经市政府批准，北京纺织工业总公司改名为北京纺织控股（集团）有限责任公司，成为按《中华人民共和国公司法》组建的国有独资公司，由行政性管理公司转变为生产经营性控股公司。1999 年，市政府授权北京纺织控股集团公司改制为北京纺织控股有限责任公司（以下简称纺织控股），由生产经营性公司转变为国有资产经营性公司。

2000 年 7 月，纺织控股调整管理机构和人员，设置职能部门有财务部、投资发展部、经济运营部、国际合作部、开发部、人力资源部、安全保卫部、行政管理部、监事审计室、办公室。党群部门基本不变，设有党委办公室、董事会办公室、经理办公室合署办公。人员编制 95 人。其中，公司领导 10 人，工人 15 人。2002 年，纺织控股对铜牛股份公司等 6 家改制企业派出董事、监事，对 5 家有条件企业派出财务总监。同年 7 月，纺织控股管理人员（含党群干部）65 人，部室负责人（含

图9−10　2008年10月，北京纺织控股有限责任公司召开纪念改革开放三十年暨企业发展战略研讨会

党群部门）职数 26 人。2006 年，纺织控股部室机构减少到 12 个，人员减少到 60 人，机构设置为办公室、经济运行部、财务审计部、资产运营部、科技发展部、人力资源部、安保管理部、党委工作部、纪检监察室、老干部部、工会、团委。2009 年，纺织控股所属雪莲集团等六大集团的公司制改造完成。

2010 年，纺织控股完成企业改革 23 家，涉及二级企业 4 家、三级及三级以下企业 19 家。其中，投资新设企业 4 家；股权重组 5 家（增资扩股 2 家、股权收购 1 家、股权转让 2 家）；企业退出 14 家（注销 8 家、转让 6 家）。列入市国资委 2010 年退出计划的 7 家企业全部完成退出，其中注销 5 家、转让 2 家。年底，纺织控股设立职能部室 14 个，分别为董事会办公室、总经理办公室、财务部、监审室、资产运营部、人力资源部、科技发展部、经济运行部、安保管理部、党委工作部、纪委、老干部部、工会、团委。所属二级企事业单位 14 家。纺织控股有员工 14611 人，其中专业技术人员 1605 人，总部机关 80 人。办公地址在东城区东单三条 33 号。

1999—2010 年北京纺织控股有限责任公司主要领导一览表

9—26 表

姓名	籍贯	职务	任职时间
姜宜茂	山东省	董事长	1999 年 1 月—2000 年 4 月
杨文华	河北省	董事长	2000 年 4 月—
姜宜茂	山东省	总经理	1999 年 1 月—2000 年 3 月
龙云泽	辽宁省	总经理	2000 年 3 月—

北京金隅集团有限责任公司

1996 年，北京建筑材料集团总公司改制为北京建筑材料集团有限责任公司。1999 年，北京建筑材料集团有限责任公司设立职能处室 21 个，分别为办公室、综合计划部、生产经营部、财务资金部、能源环保部、科技部、外经处、信息中心、土地协调办、技改处、矿产处、人事部、保卫处、建材协会、行政卫生处、组织部、宣传部、纪检监察办、工会、团委、机关党委。所属企业 57 个。

2000 年 12 月 26 日，北京建筑材料集团有限责任公司更名为北京金隅集团有限责任公司（以下简称金隅集团）。2005 年 12 月 25 日，金隅集团作为主发起人，联合中国材料科工集团、香港合生集团、北方开发集团、天津建材集团 4 家战略投资者，共同设立北京金隅股份有限公司。2005 年，金隅集团总部行政机构调整，设置行政部门 15 个，分别为办公室、战略发展部、资产监管部、资本运营部（财务资金部）、事业一部、事业二部、事业三部、人力资源部、对外合作部、能源环保部（环保产业中心）、安全生产处、保卫处、行政卫生处、公园建设办公室、建材协会办公室；党群部门 5 个，分别为党委组织部、党委宣传部、纪检监察办公室、工会、机关党委。2006 年，金隅集团总部机构调整，设置行政部门 7 个，分别为办公室、资产管理部、人力资源部、行政卫生部、安全生产部、保卫部、信访办公室；党群部门 4 个，分别为党群工作部、纪检监察办公室、工会、机关党委；另有协会办公室。

2010 年年底，金隅集团控股的北京金隅股份有限公司设职能部门 15 个，分别为董事会工作部、办公室、战略发展部、财务资金部、资本运营部、人力资源部、法律事务部、资产管理部、审

图 9-11　2005 年 12 月 25 日，北京金隅股份有限公司揭牌

计部、安全生产和保卫部、水泥事业部、新型建材管理部、房地产开发部、地产与物业事业部、环保产业发展中心，管理人员 121 人。所属企业 41 个。金隅集团有职能部门 7 个，分别为综合办公室、财务管理部、党群工作部、纪检监察办公室、工会、机关党委、协会办公室。管理人员 46 人。所属企业 31 个。金隅集团与其所属北京金隅股份有限公司共有员工 3.1 万人。办公地址在东城区北三环东路 36 号北京环球贸易中心 D 座。

1999—2010 年北京建筑材料集团有限责任公司、北京金隅集团有限责任公司主要领导一览表

9-27 表

单位	姓名	籍贯	职务	任职时间
北京建筑材料集团有限责任公司	赵国平	河北省	董事长	1999 年 1 月—2000 年 4 月
	张　毅	江苏省	董事长	2000 年 4 月—2000 年 12 月
	张　毅	江苏省	总经理	1999 年 1 月—2000 年 4 月
	陈志达	江苏省	总经理	2000 年 3 月—2000 年 12 月
北京金隅集团有限责任公司	张　毅	江苏省	董事长	2001 年 1 月—2003 年 5 月
	王　东	北京市	董事长	2003 年 5 月—2008 年 5 月
	蒋卫平	广西壮族自治区	董事长	2008 年 5 月—
	陈志达	江苏省	总经理	2001 年 1 月—2007 年 6 月
	蒋卫平	广西壮族自治区	总经理	2007 年 8 月—2008 年 5 月
	李长利	河北省	总经理	2008 年 6 月—

北京隆达轻工控股有限责任公司

1997 年 7 月，市政府授予北京二轻国有资产经营管理权。12 月 5 日，北京二轻注册为国有资产经营和产品生产经营的法人实体。1998 年年底，在编人数 42665 人。其中，公

司本部 163 人，下属企业 42502 人。下属企业中在岗职工 26777 人，不在岗职工 15118 人，聘用 607 人。1999 年 5 月，根据《北京市划转工作领导小组关于下发划转企业名单的通知》，该公司下属 44 家企业划转到区县，划转 10177 人。

2000 年 9 月 26 日，北京二轻与印刷集团组建北京隆达轻工控股有限责任公司（以下简称隆达控股），市政府作为隆达控股的出资人，依法行使出资者职能。授权隆达控股对所属全资企业、控股企业、参股企业的国有资产行使出资者权力，依法进行经营、管理和监督，承担国有资产保值增值责任。2000 年年底，隆达控股有企业 98 家，员工 30070 人。2001 年 3 月，北京隆达轻工控股有限责任公司正式成立。印刷集团由隆达控股直接管理，印刷集团 4220 人划入隆达控股。2002 年 4 月，市政府将北京市有色金属工业总公司及所属 20 家企事业单位授权隆达控股经营管理。当年，北京市有色金属工业总公司 2148 人划入隆达控股。2002 年 6 月，经市经委批准，隆达控股将北京铝制品二厂、北京市皮件厂、北京市皮鞋厂、北京百花集团、北京不锈钢燃气设备厂、孔雀公司、孔雀产业公司 7 家企业划转所在区县，划转 2067 人。年底，隆达控股在编人员 23961 人，在岗职工 15709 人，不在岗职工 6657 人，聘用 1595 人。2003 年，隆达控股将直接管理的 40 多家企业整合为市场经营、财务资金管理和人力资源管理一体化的 9 个企业集团。

2010 年年底，隆达控股有员工 11755 人。其中，本部在编人员 67 人，下属企业 11688 人。下属企业中在岗 8763 人，不在岗 2276 人，聘用 649 人。职能管理机构设 10 个行政部室，分别为经理办公室、人力资源部、安全保卫部、对外合作部、财务审计部、经济运行部、资产经营部、科技发展部、纪委与监察部、风险管理部。隆达控股直接管理的企事业单位有 14 家，所属企业有 65 家，其中 10 家为合资合作企业。办公地址在西城区德胜门东滨河路 5 号。

1999—2010年北京二轻有限责任公司、北京隆达轻工控股有限责任公司主要领导一览表

9-28表

单位	姓名	籍贯	职务	任职时间
北京二轻有限责任公司	端木玉林	山东省	董事长	1999年1月—2000年12月
	邢德海	天津市	总经理	1999年1月—2000年12月
北京隆达轻工控股有限责任公司	邢德海	天津市	董事长	2000年12月—2002年4月
	高书平	河北省	董事长	2002年4月—
	孙燕昌	河北省	总经理	2000年12月—2010年6月
	张德华	北京市	总经理	2010年6月—

北京工美集团有限责任公司

前身为 1980 年 8 月 20 日成立的北京市工艺美术品总公司，1993 年 4 月 10 日改建为北京工美集团总公司，为局级企业性总公司，代行行业管理职能，隶属于市经委。1998 年 10 月，该公司机关机构设置分别为办公室、政策研究室、组织人事部、党校、宣传部、纪律检查委员会（监察）、老干部处、保卫部、财务中心（审计、出纳）、企业发展部（技术中心）、劳动技安部（再就业服务中心）、综合管理部（销售）、外经部、基建办公室、工会、团委、行政办公室（司机班、食堂、医务室）、计算机室、进出口部、物业部、房管所。人员编制 109 人。

1999 年 5 月至 11 月，按照市政府转发市经委《关于市属中小企业划转到区县管理的实施意见》中关于"北京工美集团总公司所属生产经营性企业，全部划转到区县管理"的要求，北京工美集团总公司将所属北京市玉器厂、北京市珐琅厂等 37 家生产经营性企业全部划转到企业属地区县管理。2000 年 5 月 26 日，北京工美集团总公司为解决自有集体资产在公司整体改制组建新公司的出资人问题，经市经委和市社团登记主管机关批准，注册成立北京工美集团集体资产管理协会，为社团法人，持有北京工美集团总公司的集体资产，作为出资人参加北京工美集团整体改制组建新公司。8 月 8 日，北京工美集团总公司按照市政府"工美改制批复"中关于"撤销对北京工美集团总公司经营管理国有资产的授权"和"同意将北京工美集团总公司的经营性国有资产划归北京首都旅游集团有限责任公司经营管理，北京首都旅游集团有限责任公司以这部分资产作为对新建的北京工美集团有限责任公司的部分出资"的决定，将经营性国有资产移交北京首都旅游集团有限责任公司经营管理，首旅集团以接收的经营性国有资产作为对组建工美集团有限责任公司的部分出资，与北京工美集团总公司办理了注资手续。11 月 10 日，按照市经委、市财政局、市国土资源和房屋管理局联合签发的《关于工美服务部所欠地价款转为国家资本金的批复》，将北京工美集团总公司所属工美服务部所欠地价款和资金占用费（免除所欠逾期地价款的滞纳金）8149 万元，以及工美集团部分企业历年向财政借款 490 万元转为国家资本金，作为市政府出资，授权北京市国有资产经营公司将其全部投入即将组建的北京工美集团有限责任公司。11 月 29 日，市国资公司与北京工美集团总公司办理了注资手续。2001 年 2 月，按照北京市工业系统经济管理体制改革总体部署，北京工美集团总公司整体改制，经资产重组，成立北京工美集团有限责任公司，由市国资委领导与管理。

2010 年 12 月，工美集团机关职能机构设置 14 个，分别为办公室、投资规划部、资

图9-12　北京工美大厦（2008年摄）

产管理部、营销策划部、电子商务部、信息部、财务管理部、人力资源部、监审办公室、综合管理部、党委工作部、纪委监察部、工会（共青团）、老干部处。有直属企业6家，直属事业单位（企业性管理）4家，公司（控股）合资合作企业4家，直属服务性单位3家。办公地址在东城区王府井大街200号。

1999—2010年北京工美集团总公司、北京工美集团有限责任公司主要领导一览表

9-29表

姓名	籍贯	职务	任职时间
王　振	河北省	董事长	1999年1月—1999年4月
郭泰来	辽宁省	董事长	1999年4月—2010年6月
李　节	安徽省	董事长	2010年6月—
郭泰来	辽宁省	总经理	1999年1月—2002年9月
高维颖	北京市	总经理	2002年9月—2010年6月
曹胜龙	河北省	总经理	2010年6月—

中国石化集团北京燕山石油化工有限公司

1970年7月20日，北京石油化工总厂成立。1978年3月更名为燕山石油化学总公司。1983年7月划归中国石油化工总公司，更名为中国石化总公司北京燕山石油化工公司。1997年4月改制为北京燕山石油化工（集团）有限公司。1997年8月，北京燕山石油化工（集团）有限公司暨燕化集团成立，为中国石油化工总公司控股的企业集团，中国石油化工总公司对燕化集团的资产予以再授权经营。党群工作和城市行政工作仍由市委、市政府领导。1998年7月，中国石油化工总公司改组为中国石油化工集团公司。北京燕山石油化工（集团）有限公司隶属于中国石油化工集团公司，是其全资子公司。

1999年年初，北京燕山石油化工（集团）有限公司设有职能处室41个。其中，董事会职能机构有董事会秘书室、战略研究室；经理层职能机构有总经理办公室、生产管理处、市场部、企划部、资产部、外事办公室、财务处、会计处、基建财务处、分公司财务处、股份公司财务部、审计处、人力资源开发处、劳资处、教育处、保卫处（武装部）、法律事务室、总调度处、安全环保监察处、机械动力处、质量技术监督处、发展计划处、科研开发处、信息中心、工程综合管理处、工程质量监督站、工程计划调度处、工程技术处、征地拆迁办公室；党群职能机构有党委办公室、组织干部部、党委宣传部、纪委、工会、团委、机关党委、离退休人员管理中心；另有协调委员会办公室。下属单位33个，其中直属单位6个，全资子公司14个，控股子公司3个，合资公司5个，直属集体企业5个。另外还有多家参股公司和关联公司。1999年4月，北京燕山石油化工（集团）有限公司更名为中国石化集团北京燕山石油化工有限公司。2000年2月，中国石油化工集团公司重组改制，设立中国石油化工股份有限公司，将燕山石化的炼油事业部、研究院、供销公司、消防支

队的主要部分进行重组，成立中国石油化工股份有限公司北京燕山分公司（以下简称燕山分公司）。

2000年3月，燕山石化将所持有的北京燕化石油化工股份有限公司（以下简称燕化股份公司）股权转给中国石油化工集团公司。燕化股份公司改为隶属于中国石油化工股份有限公司，授权燕山石化管理。同时，中国石油化工股份公司授权燕山石化对燕山分公司进行管理。2000年年底，燕山石化按照中国石油化工集团公司要求，进行体制机构改革，原燕山石化重组为3个板块，分别为中国石化集团北京燕山石油化工有限公司（以下简称燕化有限公司）、燕山分公司、燕化股份公司。燕山分公司有4个直属单位，燕化股份公司有7个直属单位。燕化有限公司负责非上市部分的所有企业和企业内的事业单位、直属集体所有制企业的管理，受中国石化集团公司、中国石油化工股份公司的授权委托，代行管理燕化有限公司和燕山分公司的日常工作。管理机构未完全分开，3个版块合称燕山石化。

2002年，贯彻落实中国石油化工集团公司关于重组改制和上市与非上市分开管理的精神，燕山石化进行机构改革，打破原来部门和职能设置，建立现代化企业管理制度，原企业共分为3个板块：非上市的燕化有限公司，上市的燕山分公司和燕化股份公司。重组后，燕山石化职能部室精简至28个，所属单位有34个。12月19日，原隶属于北京化学工业集团有限责任公司的北京乙烯系列债转股公司召开首届股东大会，重组成立北京东方石油化工有限公司，所属企业有北京东方化工厂、北京化二股份有限公司、北京有机化工厂、北京化工四厂、北京助剂二厂等。12月26日，北化乙烯债转股和资产重组交接协议仪式举行，北京东方石油化工有限公司划归中国石油化工集团公司，由燕化有限公司实行托管。

2005年，中国石油化工股份公司兑现上市承诺中整合境内外上市子公司有关内容，燕化股份公司在香港联交所撤回上市地位，并入燕山分公司。

2006年至2010年，燕山石化实施专业化重组，打破原来厂际设置，逐步形成核心业务、辅助业务、专业服务3类单位，将"公司—厂—车间"三级管理体制改成"公司—专业厂"两级体制。2010年年底，燕山石化包括中国石化集团北京燕山石油化工有限公司、中国石油化工股份有限公司北京燕山分公司和北京东方石油化工有限公司。

2010年年底，燕山石化本部共有机关部室24个，分别是办公室、党委办公室、组织干部部、人力资源部、党委宣传部、纪委监察部、工会、团委、机关党委、企业管理部、财务部、生产管理部、经营计划部、发展计划部、科技部、

图9-13　燕山石化办公楼（2006年摄）

机械动力部、安全监察部、环境保护部、工程管理部、审计部、保卫武装部、法律事务部、信息部、对外合作部。所属二级单位41家，其中专业生产单位10家，辅助生产单位15家，专业服务单位16家。燕山石化在册职工16249人，其中干部5745人，工人10504人。办公地址在房山区燕山岗南路1号。

1999—2010年中国石化集团北京燕山石油化工有限公司、

中国石油化工股份有限公司北京燕山分公司主要领导一览表

9—30表

单位	姓名	籍贯	职务	任职时间
中国石化集团北京燕山石油化工有限公司	刘海燕	陕西省	董事长	1999年1月—1999年4月
	曹湘洪	江苏省	董事长	1999年4月—2000年3月
	杜国盛	辽宁省	董事长	2000年3月—2004年7月
	王永健	山东省	董事长	2004年7月—
	曹湘洪	江苏省	总经理	1999年1月—1999年4月
	杜国盛	辽宁省	总经理	1999年4月—2002年5月
	王永健	山东省	总经理	2002年5月—2010年11月
	罗强	浙江省	总经理	2010年11月—
中国石油化工股份有限公司北京燕山分公司	杜国盛	辽宁省	总经理	2002年1月—2004年7月
	许红星	天津市	总经理	2004年7月—2006年1月
	王永健	山东省	总经理	2006年1月—2010年11月
	罗强	浙江省	总经理	2010年11月—

北京化学工业集团有限责任公司

1996年6月25日，北京化学工业集团公司改组为北京化学工业集团有限责任公司，为市政府作为出资人的国有独资生产经营性控股公司，对市政府承担国有资产保值增值责任。1999年年初，化工集团内设职能机构18个，分别为办公室、生产经营部、计划统计部、财务部、规划发展部、资产管理部、安全保卫部、劳动人事部、老干部部、纪委监察部、机关管理办公室、组织部、宣传部、工会、团委、行业管理办公室、房地产开发部、卫生职防部。所属企业事业单位51家，共有职工64249人，在岗职工55818人。

2001年11月，化工集团增设改革调整办公室，负责全集团的改革调整工作。2002年5月，增设企业搬迁办公室，强化对搬迁企业工作的管理，撤销机关管理办公室、行业管理办公室。2003年1月，集团生产经营部与安全保卫部合并，成立安全运行部。同年4月，将劳动人事部调整为人事部，财务部调整为财务审计部，计划统计部调整为信息部。2005年1月成立政策法规部，同年7月对部分行政部室进行调整、更名，成立技术发展部、安全保卫部，企业搬迁办公室更名为建设管理部，撤销规划发展部、安全运行部。12月，化工集团组建第一届安全生产委员会、预算管理委员会、人力薪酬管理委员会、资产管理委员会、改革调整领导小组、建设管理委员会、第八届技术委员会，共7个专业管理委员会（领导小组）。2007年8月，成立投资部、非经营性资产管理服务中心。2009年7月，对集团公司总部的行政部室和有关委员会（领导小组）的设置进行调整。

图9-14　北京化学工业集团有限责任公司（2007年摄）

2010年年底，化工集团总部行政部室设有办公室、规划发展部、企业运行部、项目投资部、建设管理部、资本运营部、资产经营与管理部、人力资源部、安全保卫部、财务部、审计部、法规部12个部门。政工部室设有纪委监察部、组织部、宣传部、工会、团委、老干部部6个部门。外围部室设有房地产开发部、卫生职防部。董事会下设战略规划委员会、审计与风险控制委员会、提名与薪酬管理委员会3个专业委员会。所属企事业单位28家。共有职工8164人，其中干部1526人，工人6638人。办公地址在北京经济技术开发区西环北路23号华腾发展大厦。

1999—2010年北京化学工业集团有限责任公司主要领导一览表

9-31表

姓名	籍贯	职务	任职时间
柴晓钟	河北省	董事长	1999年1月—2001年8月
蔡德军	北京市	董事长	2001年10月—2008年12月
项大北	山东省	董事长	2008年12月—
项大北	山东省	总经理	1999年1月—2009年12月
刘文超	浙江省	总经理	2009年12月—

首钢集团

1996年，由冶金工业部、市政府批准成立首钢集团，集团不具有法人地位。至1998年年底，首钢集团有成员单位83家，除了首钢总公司，还有全资子公司和独立核算单位42家，控股联营企业19家，控股合资企业14家，境外控股企业7家，分布在国内18个省市区（特别行政区）、国外4个国家和地区的14个行业。

1999年，经市政府、国家经贸委批准，首钢总公司依据《中华人民共和国公司法》，由全民所有制企业改制为国有独资公司，首钢总公司下设计财部、集团管理部、经贸部、机动部等28个职能处室，职工5095人。10月12日，北京首钢股份有限公司召开创立大会暨首届股东大会。2000年，首钢总公司撤销原料处、高新技术办公室、机关管理中心3个部门，人事部更名为劳动工资部，共有材料处、环保处、能源部等25个职能处室，职工3821人。2001年，首钢总公司撤销经贸部、集团管理部2个部门，设立监事会办公室，共有组织部、宣传部、纪委等24个职能部门，职工2829人。2002年，首钢与河北建投、唐钢、京唐港合作，成立曹妃甸实业开发有限公司；秦皇岛港退出港口项目竞争后，加入该公司，共同开发曹妃甸。首钢总公司撤销资金结算中心，设立规划发展部、信息部，共有办公厅、工会、团委等25个职能部门，职工2537人。2005年2月，国务院批准首钢搬迁。2月25日，围绕首钢压产搬迁、新项目建设两大任务，成立北京市首钢搬迁协调领导小组。10月22日，首钢京唐钢铁联合有限责任公司在河北省唐山市曹妃甸成立。首钢总公司设立环保产业事业部，汽车筹备组划出，共有生产部、审计部、计财部等26个职能部门，职工2521人。2007年，首钢总公司取消实业发展部、新钢环保处2个职能部门，共有机关党委、总工程师办公室、监事会办公室等24个职能部门，职工2529人。2008年，首钢总公司取消环保产业事业部，设立首钢生管办，共有规划发展部、资本运营部、投资管理部等24个职能部门，职工2521人。2009年，职能部门没有变化，职工增加到2874人。

2010年年底，首钢集团以首钢总公司作为母公司，下属北京首钢新钢有限责任公司、北京首钢股份有限公司、首钢迁安钢铁有限责任公司、秦皇岛首秦金属材料有限公司、北京首钢特殊钢有限公司、首钢矿业公司、中国首钢国际贸易工程公司、北京首钢房地产开发有限公司、北京首钢机电有限公司、北京首钢自动化信息技术有限公司、北京首钢实业有限公司、北京首钢国际工程技术公司、北京首钢建设集团有限公司等13家子公司及其他独立经营单位；国内联合重组企业6家，分别是山西长治钢铁公司、贵州水城钢铁公司、贵阳特殊钢公司、新疆伊犁钢铁公司、吉林通化钢铁集团和贵州首黔资源开发有限公司；在香港地区有4家上市公司，分别是首长国际企业有限公司、首长四方集团有限公司、首长科技集团有限公司、首长宝佳集团有限公司。首钢总公司职能部门及人数没有变化。办公地址在石景山区石景山路厂东门。

图9-15　首钢北京老厂区（2010年摄）

1999—2010年首钢集团主要领导一览表

9-32表

姓名	籍贯	职务	任职时间
毕　群	河北省	董事长	1999年1月—2000年6月
罗冰生	重庆市	董事长	2000年6月—2002年12月
朱继民	安徽省	董事长	2002年12月—
罗冰生	重庆市	总经理	1999年1月—2000年6月
朱继民	安徽省	总经理	2000年7月—2003年5月
王青海	山东省	总经理	2003年5月—

北京京煤集团有限责任公司

1999年年初，北京市直管煤炭生产经营单位有北京矿务局和北京市煤炭总公司。其中，北京矿务局主要从事煤炭生产经营，北京市煤炭总公司主要从事煤炭保供和加工经营。2000年9月26日，经市政府批准，北京矿务局与北京市煤炭总公司合并，重组成立北京京煤集团有限责任公司，为市政府投资组建的国有独资公司。2001年3月28日，京煤集团挂牌。5月17日，调整职能机构。调整后设16个部门，分别是党委组织部、党委宣传部、纪委（包括审计监察部）、工会、团委（包括青年工作部）、武装部、保卫部、集团公司办公室（包括党委办公室、董事会办公室、总经理办公室、对外经济贸易处）、财务部、劳动工资部、资本运营部、安全监察部、生产经营部、技术研究发展部、项目开发部、生活服务公司。

2010年年底，京煤集团设立职能部门20个，分别为党委办公室、组织部、宣传部、纪检监察部、工会、团委与青年工作部、武装保卫部、董事会办公室、总经理办公室、法律事务部、资本运营部、人力资源部、财务部、生产运行部、投资项目管理部、安全监察部、审计内控部、房地产管理部、卫生处、机关党委，共有工作人员219人。京煤集团直管基层单位19家，其中，控股公司5家，一人有限责任公司5家，事业法人单位2家，非法人单位7家。京煤集团有参股公司6家。京煤集团有员工28931人，全部为长期合同制员工。办公地址在门头沟区新桥南大街2号。

1999—2010年北京市煤炭总公司、北京矿务局、北京京煤集团有限责任公司主要领导一览表

9-33表

单位	姓名	籍贯	职务	任职时间
北京市煤炭总公司	郗士革	河北省	总经理	1999年1月—2000年12月
北京矿务局	倪文驹	四川省	局　长	1999年1月—2000年12月

（续表）

单位	姓名	籍贯	职务	任职时间
北京京煤集团有限责任公司	倪文驹	四川省	董事长	2000年12月—2008年12月
	付合年	河北省	董事长	2008年12月—2010年12月
	于新华	辽宁省	总经理	2000年12月—2008年12月
	阚　兴	黑龙江省	总经理	2008年12月—

北京市电力公司

1999年年初，北京供电公司设立职能部门34个，分别为公司办公室、党委办公室、纪检监察处、工会、团委、组织部、宣传部、机关党委、企协企管办公室、郊电办公室、公安分处、信息中心、后勤管理部、科学技术协会、债权债务清理办公室、电机工程学会办公室、农电学会办公室、供电大楼筹建处、华北带电作业中心、计划处、生产技术处、安全监察处、基建科（基建工程筹建处、建房办公室）、50万伏工程筹建处、用电办公室、用电营业厅、用电检查处、用电计划处、电费管理处、劳动工资处（社会保险处）、财务处、审计处、教育处、外事处。在编职工10103人，其中干部2392人，工人7711人。

2003年4月，国家电网公司将北京供电公司的建制调整为正局级单位。2004年3月，国家电网公司将北京供电公司更名为北京电力公司，作为华北电网有限公司的分公司和内部独立核算单位，负责北京区域内电网经营管理工作。企业职能部门变更为：总经理工作部、政治工作部、综合计划部、战略规划部、人力资源部、财务部、审计部、安全监察部、生产技术部、电网建设部、市场营销部、科技信息部、农电管理部、行政管理部、保卫部、纪检监察部（纪委）。在编职工10394人。2008年1月，北京电力公司依据《中华人民共和国公司法》登记注册为有限责任公司，成为独立法人企业，名称由北京电力公司变更为北京市电力公司，出资方为华北电网有限公司，注册资本24亿元。在编职工9075人。

图9-16　北京电力公司（2007年9月27日摄）

2010年年底，北京市电力公司设有21个职能部门，分别为办公室、发展策划部、人力资源部、财务资产部、安全监察部、生产技术部（政治供电办公室）、基建部、营销部、科技信息部、物资部（招投标管理中心）、审计部、监察部、思想政治工作部（公司团委）、离退休工作部、北京电力调度通信中心、北京电网电力交易中心、政策研究及法律事务部、对外联络部、机关工作部（机关党委）、电力公安保卫部、工会。在编人数8955人，其中管理人员 2807 人。办公地址在西城区前门西大街 41 号。

2003年9月—2010年北京电力公司、北京市电力公司主要领导一览表

9-34表

单位	姓名	籍贯	职务	任职时间
北京电力公司	李一凡	北京市	总经理	2003年9月—2006年3月
	时家林	山东省	总经理	2006年3月—2009年6月
北京市电力公司	朱长林	山东省	总经理	2009年6月—

第二章　队伍建设

　　1999 年至 2010 年，北京工业系统面对改革开放和世界科学技术发展的新形势，狠抓职工队伍建设，加大资金投入，组织开展多形式、多层次的职工教育活动和岗位培训，推动企业员工学习新知识、新技术的热潮，提升员工队伍素质。组织开展工业系统第九届至十四届共 6 届职业技能竞赛，每届竞赛工种最多时 80 余个，最少时 49 个；每届参加基层培训、考核及选拔的职工最多时 30 万人，最少时 3 万人。出现一批高级技术能手、最佳操作能手，全市工人队伍的政治素质、技术能力和操作水平大幅度提高。北京市技工学校根据就业形势变化和对新生劳动力素质的要求，优化办学格局，加强骨干校建设，逐步由企业内自行培训为主向社会培训与企业内自行培训两种模式过渡。2010 年，北京市有技工学校 37 所，在校生 5 万多名。北京工业系统紧密结合生产需要，围绕工业和信息化的重点工作，积极培养科技人才、领军人才，提升科技人员创新能力，鼓励支持企业设立科技研发机构，鼓励支持企业建设技术中心，鼓励支持企业引进国外先进技术和专家，工业系统的科技研发机构和队伍不断扩大，北京工业的信息化、自动化、智能化水平不断提升。2010 年，北京工业企业设立科技研发机构 222 家，规模以上工业企业专门从事研究与实验发展人员 5 万多人。市级以上企业技术中心 350 家，国家级企业技术中心 47 家。

　　1999 年至 2010 年，国务院和北京市平均每 5 年召开一次先进集体、劳动模范和先进工作者表彰大会，北京工业系统共有 86 人获全国劳动模范或先进生产者称号，共有 773 人获市级劳动模范或先进生产者称号；还有一批职工获国家行业系统的劳动模范或先进生产者称号，获全国五一劳动奖章和首都劳动奖章。

第一节 科技机构与队伍

一、科技机构

1999年6月，市政府发出《关于印发〈北京市鼓励在京设立科技研究开发机构的暂行规定〉的通知》。9月，国务院《关于"九五"期间深化科学技术体制改革的决定》中指出：企业要成为技术开发的主体。国有大中型企业要把建立企业技术创新机制、提高技术创新能力，作为建立现代企业制度的重要内容。大中型企业和企业集团都应以市场为导向，逐步建立与科研机构、高等院校联合等多种形式的技术开发机构。同年，北京地区企业建立技术开发机构300家，有技术开发人员54564人。

2000年，北京地区大中型企业设立技术开发机构155家，拥有经常性开发任务的机构136家。2002年8月，市政府修订并颁布《北京市鼓励在京设立科技研发机构的规定》。2002年年底，认定企业科技研究开发机构23家，包括中央和市属转制科研院所、外资在京设立的科技研究开发机构、民营企业科技研究开发机构等。

2010年，通过政策引导、鼓励，企业在京设立科技研究开发机构共计222家。其中，按产业领域分布，电子信息业72家，生物医药业54家，装备制造业20家，现代农业10家，新能源与环保领域15家，汽车产业7家，从事以上产业领域的研发机构占研发机构总数的80.2%。按地域分布，集中在海淀区75家，北京经济技术开发区36家，朝阳区31家，顺义区19家，昌平区14家，丰台区10家，以上6个地区共有科技研究开发机构185家，占总数的83.3%。中央企业在京设立的科技研究开发机构共计39家。跨国公司在京设立科技研究开发机构52家，母体主要来自美国、日本、欧洲等国家和地区。其中，美国12家，日本9家，韩国4家，法国4家，英国、德国、丹麦、瑞典各2家，瑞士1家；22家的母体公司是世界500强企业。

二、企业技术中心

1999年12月27日，北京召开工业技术创新大会，提出"到2005年，建立起以企业为中心、比较完善的工业技术创新体系"的目标，要求列入国家经贸委指定名单的重点工业企业于2000年年底前建立企业技术中心，鼓励其他市属重点企业自建或与相关机构合作共建技术开发实体。由此，以企业为中心的工业技术创新体系建设工作开始起步。同年，北新集团建材股份有限公司成立国家级企业技术中心。

2000年，全市建立企业技术中心12家，通过市级以上认定的企业技术中心达到59家。

其中，国家级 17 家、市级 42 家。2001 年，全市新建立企业技术中心 30 家。

2002 年，市政府发布《关于进一步推动全市工业企业技术进步的若干意见》，提出提高企业技术开发能力、完善企业技术进步考核机制、建立企业技术进步激励机制等推进企业技术进步的举措。年底，全市共有企业技术中心 86 家。其中，国家级 21 家、市级 65 家。

2004 年 4 月，市工业促进局与中科院院地合作局、中科院北京分院共同签订"北京工业技术支撑与产业促进平台"合作协议，工业技术支撑与产业促进平台成立。年底，全市共有企业技术中心 88 家。其中国家级 25 家、市级 63 家。

2005 年，市工业促进局发布《北京市认定企业技术中心管理办法》，加强对企业技术中心的统筹管理和规范引导，全市企业技术中心管理工作逐步规范并实现动态管理，企业技术中心数量增长速度加快，当年新认定 14 家市级企业技术中心。年底，全市共有企业技术中心 103 家。其中国家级 24 家、市级 79 家。

图9-17　2004年4月22日，北京市工业促进局与中科院院地合作局、中科院北京分院共同签订"北京工业技术支撑与产业促进平台"合作协议

2009 年，市工业促进局重新修订企业技术中心认定办法。共认定企业技术中心 54 个，提供支持资金 5400 万元。

2010 年年底，北京市拥有市级及以上企业技术中心 350 家。其中，国家级企业技术中心 47 家，在全国直辖市中处于第一位。北京经济技术开发区成立云计算、诊断试剂、高新技术服务业三大知识产权创新联盟，建立了音频行业知识产权诉讼数据库，尝试以联盟为依托制定音视频领域的中国标准。中关村等 8 个园区（基地）开展知识产权托管，为1500 多家园区企业提供知识产权服务。

2010年年底在北京市注册的企业技术中心一览表

9-35表

序号	企业名称	行业	所在区县	认定级别
1	联想（北京）有限公司	电子信息	海淀区	国家级
2	北大方正集团有限公司	电子信息	海淀区	国家级
3	中国地质装备总公司	装备	朝阳区	国家级
4	北京北开电气股份有限公司	装备	大兴区	国家级
5	北人集团公司	装备	朝阳区	国家级
6	首钢总公司	基础	石景山区	国家级
7	中国远洋运输（集团）总公司	其他	西城区	国家级

（续表）

序号	企业名称	行业	所在区县	认定级别
8	北京城建集团有限责任公司	建筑	海淀区	国家级
9	北京燕京啤酒股份有限公司	都市	顺义区	国家级
10	中国石油天然气集团公司	基础	西城区	国家级
11	中国电子信息产业集团有限公司	电子信息	海淀区	国家级
12	中国长城计算机集团公司	电子信息	海淀区	国家级分中心
13	中国软件与技术服务股份有限公司	信息传输、计算机服务和软件业	昌平区	国家级分中心
14	同方股份有限公司	电子信息	海淀区	国家级
15	同方威视技术股份有限公司	装备	海淀区	国家级分中心
16	中国铝业公司	基础	海淀区	国家级
17	中国铝业股份有限公司	基础	海淀区	国家级分中心
18	北京和利时系统工程有限公司	装备	海淀区	国家级
19	北汽福田汽车股份有限公司	汽车及交通	昌平区	国家级
20	中国印钞造币总公司	都市	西城区	国家级
21	恒有源科技发展有限公司	装备	海淀区	国家级
22	中国石油化工股份有限公司	基础	朝阳区	国家级
23	大唐电信科技股份有限公司	电子信息	海淀区	国家级
24	中国普天信息产业股份有限公司	电子信息	海淀区	国家级
25	普天科创实业有限公司	电子信息	朝阳区	国家级分中心
26	中国建筑材料集团有限公司	基础	海淀区	国家级
27	北新建材（集团）有限公司	基础	海淀区	国家级分中心
28	中牧实业股份有限公司	都市	丰台区	国家级
29	安泰科技股份有限公司	装备	海淀区	国家级
30	北京大北农科技集团股份有限公司	都市	海淀区	国家级
31	用友软件股份有限公司	信息传输、计算机服务和软件业	海淀区	国家级
32	中国黄金集团公司	基础	东城区	国家级
33	北京中科三环高技术股份有限公司	装备	海淀区	国家级
34	中国建筑工程总公司	建筑	海淀区	国家级
35	中国水利水电建设集团公司	建筑	海淀区	国家级
36	北京金隅集团有限责任公司	基础	西城区	国家级

（续表）

序号	企业名称	行业	所在区县	认定级别
37	通达耐火技术股份有限公司	基础	海淀区	国家级分中心
38	北京四方继保自动化股份有限公司	装备	海淀区	国家级
39	时代集团公司	装备	海淀区	国家级
40	北京江河幕墙股份有限公司	基础	顺义区	国家级
41	北京第一机床厂	装备	顺义区	国家级
42	有研半导体材料股份有限公司	基础	海淀区	国家级
43	北京东方雨虹防水技术股份有限公司	基础	顺义区	国家级
44	中国华电工程（集团）有限公司	建筑	丰台区	国家级
45	北京启明星辰信息技术股份有限公司	信息传输、计算机服务和软件业	海淀区	国家级
46	汉王科技股份有限公司	电子信息	海淀区	国家级
47	北京伟嘉人生物技术有限公司	生物医药	海淀区	国家级
48	首都航天机械公司	装备	丰台区	市级
49	北京北分瑞利分析仪器（集团）有限责任公司	装备	海淀区	市级
50	北京神州泰岳软件股份有限公司	信息传输、计算机服务和软件业	海淀区	市级
51	北京双鹭药业股份有限公司	生物医药	海淀区	市级
52	有研稀土新材料股份有限公司	基础	西城区	市级
53	中国煤矿机械装备有限责任公司	装备	东城区	市级
54	京东方科技集团股份有限公司	电子信息	朝阳区	市级
55	北京三元食品股份有限公司	都市	海淀区	市级
56	阿尔西制冷工程技术（北京）有限公司	装备	石景山区	市级
57	北京中星微电子有限公司	电子信息	海淀区	市级
58	北京机电院高技术股份有限公司	装备	海淀区	市级
59	北京七星华创电子股份有限公司	电子信息	朝阳区	市级
60	北京金商祺系统集成有限责任公司	电子信息	海淀区	市级
61	北京握奇数据系统有限公司	电子信息	朝阳区	市级
62	新奥特（北京）视频技术有限公司	信息传输、计算机服务和软件业	海淀区	市级
63	北京绿创环保集团有限公司	其他	海淀区	市级
64	北京谊安医疗系统股份有限公司	生物医药	丰台区	市级
65	北京紫竹药业有限公司	生物医药	朝阳区	市级
66	北京人民电器厂有限公司	装备	大兴区	市级

（续表）

序号	企业名称	行业	所在区县	认定级别
67	中建二局第三建筑工程有限公司	建筑	海淀区	市级
68	中材科技风电叶片股份有限公司	装备	延庆县	市级
69	北京合众思壮科技股份有限公司	电子信息	海淀区	市级
70	北京第二机床厂有限公司	装备	西城区	市级
71	北京桑德环保集团有限公司	其他	海淀区	市级
72	北京铜牛集团有限公司	都市	朝阳区	市级
73	北京仁创科技集团有限公司	基础	海淀区	市级
74	中国港湾工程有限责任公司	建筑	东城区	市级
75	北京东方信联科技有限公司	电子信息	石景山区	市级
76	北京铁路信号工厂	电子信息	大兴区	市级
77	北京天普太阳能工业有限公司	装备	大兴区	市级
78	中冶京诚工程技术有限公司	建筑	大兴区	市级
79	北京神舟航天软件技术有限公司	信息传输、计算机服务和软件业	海淀区	市级
80	北京红星股份有限公司	都市	怀柔区	市级
81	北京布莱迪仪器仪表有限公司	装备	朝阳区	市级
82	中铁建电气化局集团有限公司	建筑	丰台区	市级
83	中铁电气化局集团有限公司	建筑	丰台区	市级
84	曙光信息产业（北京）有限公司	电子信息	海淀区	市级
85	北京有色金属与稀土应用研究所	基础	朝阳区	市级
86	蓝星（北京）化工机械有限公司	装备	大兴区	市级
87	北京北冶功能材料有限公司	基础	海淀区	市级
88	北京中创信测科技股份有限公司	装备	海淀区	市级
89	中国水电建设集团路桥工程有限公司	建筑	海淀区	市级
90	北京利亚德电子科技有限公司	电子信息	昌平区	市级
91	中钞长城金融设备控股有限公司	装备	西城区	市级
92	路桥集团国际建设股份有限公司	建筑	海淀区	市级
93	北京当升材料科技股份有限公司	基础	丰台区	市级
94	北京信威通信技术股份有限公司	电子信息	海淀区	市级
95	北京市三一重机有限公司	装备	西城区	市级
96	北京雪莲毛纺服装集团公司	都市	朝阳区	市级
97	北京金自天正智能控制股份有限公司	装备	丰台区	市级
98	中国交通建设股份有限公司	建筑	西城区	市级

（续表）

序号	企业名称	行业	所在区县	认定级别
99	北京京仪敬业电工科技有限公司	装备	西城区	市级
100	北京金鱼科技股份有限公司	都市	通州区	市级
101	北京工美集团有限责任公司	都市	东城区	市级
102	北京华旗资讯数码科技有限公司	信息传输、计算机服务和软件业	海淀区	市级
103	北京国电富通科技发展有限责任公司	装备	丰台区	市级
104	北京清华阳光能源开发有限责任公司	都市	海淀区	市级
105	北京天地玛珂电液控制系统有限公司	装备	昌平区	市级
106	北京爱慕内衣有限公司	都市	朝阳区	市级
107	网御神州科技（北京）有限公司	信息传输、计算机服务和软件业	海淀区	市级
108	北京华德液压工业集团有限责任公司	装备	大兴区	市级
109	北京六建集团公司	建筑	海淀区	市级
110	北京万东医疗装备股份有限公司	装备	朝阳区	市级
111	中铁二十二局集团有限公司	建筑	石景山区	市级
112	太极计算机股份有限公司	信息传输、计算机服务和软件业	海淀区	市级
113	中铁建设集团有限公司	建筑	石景山区	市级
114	中建一局集团建设发展有限公司	建筑	朝阳区	市级
115	北京碧水源科技股份有限公司	其他	海淀区	市级
116	北京新福润达绝缘材料有限责任公司	基础	通州区	市级
117	中国建筑一局（集团）有限公司	建筑	丰台区	市级
118	中国建筑第二工程局有限公司	建筑	通州区	市级
119	北京京仪世纪电子股份有限公司	装备	丰台区	市级
120	北京数码视讯科技股份有限公司	信息传输、计算机服务和软件业	海淀区	市级
121	北京北大维信生物科技有限公司	生物医药	海淀区	市级
122	中生北控生物科技股份有限公司	生物医药	昌平区	市级
123	同方人工环境有限公司	装备	海淀区	市级
124	北京双鹤药业股份有限公司	生物医药	朝阳区	市级
125	北京兴大豪科技开发有限公司	都市	朝阳区	市级
126	北京玻钢院复合材料有限公司	基础	延庆县	市级
127	中铁信息工程集团有限公司	信息传输、计算机服务和软件业	海淀区	市级
128	北京市太阳能研究所有限公司	装备	海淀区	市级

（续表）

序号	企业名称	行业	所在区县	认定级别
129	北京普源精电科技有限公司	装备	海淀区	市级
130	北京神雾热能技术有限公司	装备	昌平区	市级
131	北京动力源科技股份有限公司	装备	丰台区	市级
132	北京合纵科技股份有限公司	装备	海淀区	市级
133	北京德青源农业科技股份有限公司	都市	海淀区	市级
134	北京佳讯飞鸿电气股份有限公司	电子信息	海淀区	市级
135	有研亿金新材料股份有限公司	基础	昌平区	市级
136	北京京煤集团有限责任公司	其他	门头沟区	市级
137	中国路桥工程有限责任公司	建筑	东城区	市级
138	北京首钢建设集团有限公司	建筑	石景山区	市级
139	中国安能建设总公司	建筑	丰台区	市级
140	北京北重汽轮电机有限责任公司	装备	石景山区	市级
141	北京博奇电力科技有限公司	装备	丰台区	市级
142	北京华东电气股份有限公司	装备	朝阳区	市级
143	北京中科大洋科技发展股份有限公司	信息传输、计算机服务和软件业	海淀区	市级
144	北京乐普医疗器械有限公司	生物医药	昌平区	市级
145	北京华胜天成科技股份有限公司	信息传输、计算机服务和软件业	海淀区	市级
146	北京长空机械有限责任公司	装备	昌平区	市级
147	北京毕捷电机股份有限公司	装备	朝阳区	市级
148	北京华盾雪花塑料集团有限责任公司	都市	西城区	市级
149	北内集团总公司	汽车及交通	朝阳区	市级
150	北京赛科药业有限责任公司	生物医药	朝阳区	市级
151	北京光华纺织集团有限公司	都市	朝阳区	市级
152	高德软件有限公司	信息传输、计算机服务和软件业	昌平区	市级
153	首安工业消防有限公司	装备	顺义区	市级
154	北京兆维电子（集团）有限责任公司	电子信息	朝阳区	市级
155	北京雅昌彩色印刷有限公司	都市	顺义区	市级
156	北京市阀门总厂（集团）有限公司	装备	大兴区	市级
157	新晨科技股份有限公司	信息传输、计算机服务和软件业	海淀区	市级
158	北京电力设备总厂	装备	房山区	市级
159	中铁六局集团有限公司	建筑	海淀区	市级

（续表）

序号	企业名称	行业	所在区县	认定级别
160	北京万泰生物药业股份有限公司	生物医药	昌平区	市级
161	北京四达时代软件技术股份有限公司	信息传输、计算机服务和软件业	海淀区	市级
162	北京金色农华种业科技有限公司	都市	海淀区	市级
163	北京玻璃集团公司	基础	朝阳区	市级
164	北京中盾安民分析技术有限公司	信息传输、计算机服务和软件业	昌平区	市级
165	北京资源亚太饲料科技有限公司	都市	大兴区	市级
166	东华软件股份有限公司	信息传输、计算机服务和软件业	海淀区	市级
167	北京益泰电子集团有限责任公司	电子信息	海淀区	市级
168	中国石油化工股份有限公司北京燕山分公司	基础	房山区	市级
169	北京顺鑫农业股份有限公司	都市	顺义区	市级
170	北京国电智深控制技术有限公司	装备	海淀区	市级
171	北京佰能电气技术有限公司	装备	海淀区	市级
172	北京东明兴业科技有限公司	装备	怀柔区	市级
173	北京依文服装服饰有限公司	都市	丰台区	市级
174	北京世纪百强家具有限责任公司	都市	顺义区	市级
175	北京市天元网络技术股份有限公司	信息传输、计算机服务和软件业	海淀区	市级
176	德信智能手机技术（北京）有限公司	电子信息	朝阳区	市级
177	北京建工集团有限责任公司	建筑	西城区	市级
178	北京高盟化工有限公司	基础	丰台区	市级
179	康辰医药股份有限公司	生物医药	海淀区	市级
180	经纬纺织机械股份有限公司	装备	大兴区	市级
181	北京中丽制机工程技术有限公司	装备	通州区	市级
182	北京市政建设集团有限责任公司	建筑	朝阳区	市级
183	中国北京同仁堂（集团）有限责任公司	生物医药	东城区	市级
184	北京格林威尔科技发展有限公司	信息传输、计算机服务和软件业	海淀区	市级
185	中建国际建设有限公司	建筑	朝阳区	市级
186	南车二七车辆有限公司	汽车及交通	丰台区	市级
187	中国石油化工股份有限公司润滑油分公司	基础	海淀区	市级
188	中国土木工程集团有限公司	建筑	海淀区	市级

（续表）

序号	企业名称	行业	所在区县	认定级别
189	中铁十六局集团有限公司	建筑	朝阳区	市级
190	北京嘉寓门窗幕墙股份有限公司	基础	顺义区	市级
191	紫光股份有限公司	信息传输、计算机服务和软件业	海淀区	市级
192	北京韩建集团有限公司	建筑	房山区	市级
193	北京博飞仪器股份有限公司	装备	通州区	市级
194	北京亚都科技股份有限公司	装备	海淀区	市级
195	北京威克多制衣中心	都市	大兴区	市级
196	北京市农业机械研究所	装备	海淀区	市级
197	北京东亚铝业有限公司	基础	通州区	市级
198	北京科兴生物制品有限公司	生物医药	海淀区	市级
199	北京普析通用仪器有限责任公司	装备	平谷区	市级
200	中铁建工集团有限公司	建筑	房山区	市级
201	北京利德华福电气技术有限公司	装备	昌平区	市级
202	北京北斗星通导航技术股份有限公司	信息传输、计算机服务和软件业	海淀区	市级
203	北京玻璃仪器厂	装备	朝阳区	市级
204	北京亿都川服装集团有限公司	都市	顺义区	市级
205	北京远东仪表有限公司	装备	东城区	市级
206	北京康得新复合材料股份有限公司	基础	昌平区	市级
207	北京星海钢琴集团有限公司	都市	通州区	市级
208	北京精雕科技有限公司	装备	门头沟区	市级
209	北京汽车工业控股有限责任公司	汽车及交通	朝阳区	市级
210	中联绿盟信息技术（北京）有限公司	信息传输、计算机服务和软件业	海淀区	市级
211	北京市公路桥梁建设集团有限公司	建筑	顺义区	市级
212	北京汉铭通信有限公司	软件	昌平区	市级
213	北京承天倍达过滤技术有限责任公司	基础	顺义区	市级
214	北京中铁房山桥梁有限公司	基础	房山区	市级
215	北京大唐高鸿数据网络技术有限公司	信息传输、计算机服务和软件业	海淀区	市级
216	北京绿伞化学股份有限公司	都市	海淀区	市级
217	北京星光影视设备科技股份有限公司	装备	大兴区	市级
218	北京北仪创新真空技术有限责任公司	装备	朝阳区	市级
219	京卫医药科技集团有限公司	生物医药	丰台区	市级

序号	企业名称	行业	所在区县	认定级别
220	北京中电华大电子设计有限责任公司	电子信息	朝阳区	市级
221	北京天海工业有限公司	装备	朝阳区	市级
222	北京凯恩帝数控技术有限责任公司	装备	丰台区	市级
223	中国种子集团公司	农业	西城区	市级
224	中国中铁股份有限公司	建筑	丰台区	市级
225	北京南口轨道交通机械有限责任公司	装备	昌平区	市级
226	中煤北京煤矿机械有限责任公司	装备	房山区	市级
227	浦华环保有限公司	环保	海淀区	市级
228	北京联信永益科技股份有限公司	信息传输、计算机服务和软件业	海淀区	市级
229	中国新兴建设开发总公司	建筑	海淀区	市级
230	北京天融信网络安全技术有限公司	信息传输、计算机服务和软件业	海淀区	市级
231	北京奥宇模板有限公司	基础	大兴区	市级
232	北京京诚凤凰工业炉工程技术有限公司	装备	大兴区	市级
233	中信国安盟固利电源技术有限公司	装备	昌平区	市级
234	北京汇源饮料食品集团有限公司	都市	顺义区	市级
235	卧龙电气集团北京华泰变压器有限公司	装备	昌平区	市级
236	北京印钞有限公司	都市	西城区	市级
237	北京华素制药股份有限公司	生物医药	房山区	市级
238	京北方科技股份有限公司	信息传输、计算机服务和软件业	海淀区	市级
239	北京二商集团有限责任公司	都市	西城区	市级
240	北京英特莱科技有限公司	都市	昌平区	市级
241	北京科锐配电自动化股份有限公司	装备	海淀区	市级
242	中科软科技股份有限公司	信息传输、计算机服务和软件业	海淀区	市级
243	北京北广科技股份有限公司	电子信息	朝阳区	市级
244	李宁（中国）体育用品有限公司	都市	海淀区	市级
245	北京住总集团有限责任公司	建筑	朝阳区	市级
246	北京三兴汽车有限公司	汽车及交通	丰台区	市级
247	北京古船油脂有限责任公司	都市	通州区	市级
248	北京曲美家具有限公司	都市	朝阳区	市级
249	北京航天测控技术开发公司	信息传输、计算机服务和软件业	石景山区	市级

（续表）

序号	企业名称	行业	所在区县	认定级别
250	北京美驰建筑材料有限责任公司	基础	顺义区	市级
251	瑞斯康达科技发展股份有限公司	电子信息	海淀区	市级
252	中交第一公路工程局有限公司	建筑	朝阳区	市级
253	北京天坛生物制品股份有限公司	生物医药	海淀区	市级
254	有研粉末新材料（北京）有限公司	基础	怀柔区	市级
255	北京市政路桥建材集团有限公司	基础	朝阳区	市级
256	北京二十一世纪科技发展有限公司	信息传输、计算机服务和软件业	海淀区	市级
257	北京京城重工机械有限责任公司	装备	朝阳区	市级
258	四维—约翰逊实业股份有限公司	汽车及交通	怀柔区	市级
259	北京城乡建设集团有限责任公司	建筑	丰台区	市级
260	建龙钢铁控股有限公司	基础	丰台区	市级
261	北京金风科创风电设备有限公司	装备	大兴区	市级
262	北京冶金工程技术联合开发研究中心	基础	朝阳区	市级
263	北京大发正大有限公司	都市	顺义区	市级
264	北京中科信电子装备有限公司	装备	通州区	市级
265	大唐移动通信设备有限公司	信息传输、计算机服务和软件业	海淀区	市级
266	北京华大智宝电子系统有限公司	电子信息	朝阳区	市级
267	联想网御科技（北京）有限公司	信息传输、计算机服务和软件业	海淀区	市级
268	鼎桥通信技术有限公司	信息传输、计算机服务和软件业	朝阳区	市级
269	北京网新易尚科技有限公司	信息传输、计算机服务和软件业	丰台区	市级
270	北京中科金财科技股份有限公司	信息传输、计算机服务和软件业	海淀区	市级
271	神州数码信息系统有限公司	信息传输、计算机服务和软件业	海淀区	市级
272	北京瑞友科技股份有限公司	信息传输、计算机服务和软件业	海淀区	市级
273	北京视博数字电视科技有限公司	信息传输、计算机服务和软件业	海淀区	市级
274	北京四维图新科技股份有限公司	信息传输、计算机服务和软件业	海淀区	市级
275	北京时代凌宇科技有限公司	信息传输、计算机服务和软件业	海淀区	市级

（续表）

序号	企业名称	行业	所在区县	认定级别
276	北京东方广视科技股份有限公司	电子信息	昌平区	市级
277	北京华虹集成电路设计有限责任公司	信息传输、计算机服务和软件业	海淀区	市级
278	北京经纬恒润科技有限公司	电子信息	朝阳区	市级
279	北京通美晶体技术有限公司	电子信息	通州区	市级
280	北京苍穹数码测绘有限公司	信息传输、计算机服务和软件业	大兴区	市级
281	北京用友政务软件有限公司	信息传输、计算机服务和软件业	海淀区	市级
282	易程科技股份有限公司	信息传输、计算机服务和软件业	海淀区	市级
283	北京直真科技股份有限公司	信息传输、计算机服务和软件业	昌平区	市级
284	腾讯科技（北京）有限公司	信息传输、计算机服务和软件业	海淀区	市级
285	国网信息通信有限公司	信息传输、计算机服务和软件业	西城区	市级
286	首都信息发展股份有限公司	信息传输、计算机服务和软件业	海淀区	市级
287	北京立思辰新技术有限公司	信息传输、计算机服务和软件业	海淀区	市级
288	北京梅泰诺通信技术股份有限公司	信息传输、计算机服务和软件业	西城区	市级
289	北京市研祥兴业国际智能科技有限公司	信息传输、计算机服务和软件业	西城区	市级
290	冠捷科技（北京）有限公司	电子信息	朝阳区	市级
291	北京超图软件股份有限公司	信息传输、计算机服务和软件业	朝阳区	市级
292	北京易华录信息技术股份有限公司	信息传输、计算机服务和软件业	石景山区	市级
293	北京软通动力信息技术有限公司	信息传输、计算机服务和软件业	海淀区	市级
294	北京奥鹏远程教育中心有限公司	信息传输、计算机服务和软件业	海淀区	市级
295	广联达软件股份有限公司	信息传输、计算机服务和软件业	海淀区	市级
296	北京华力创通科技股份有限公司	信息传输、计算机服务和软件业	海淀区	市级
297	北京尚洋信德信息技术股份有限公司	信息传输、计算机服务和软件业	海淀区	市级

（续表）

序号	企业名称	行业	所在区县	认定级别
298	北京锐安科技有限公司	信息传输、计算机服务和软件业	海淀区	市级
299	建研科技股份有限公司	信息传输、计算机服务和软件业	朝阳区	市级
300	北京中科科仪技术发展有限责任公司	装备	海淀区	市级
301	北京航天万源煤化工工程技术有限公司	基础	房山区	市级
302	北京合康亿盛变频科技股份有限公司	装备	石景山区	市级
303	北京市京海换热设备制造有限责任公司	装备	丰台区	市级
304	北京全四维动力科技有限公司	装备	海淀区	市级
305	现代农装科技股份有限公司	装备	昌平区	市级
306	北京高能时代环境技术股份有限公司	其他	海淀区	市级
307	绿友机械集团股份有限公司	装备	顺义区	市级
308	北京亨通斯博通讯科技有限公司	装备	密云县	市级
309	北京铁科首钢轨道技术有限公司	装备	昌平区	市级
310	北京海林节能设备股份有限公司	装备	昌平区	市级
311	中轻太阳能电池有限责任公司	装备	通州区	市级
312	北京铁道工程机电技术研究所	装备	丰台区	市级
313	北京京运通科技股份有限公司	装备	西城区	市级
314	三一电气有限责任公司	装备	昌平区	市级
315	北京天源科创风电技术有限责任公司	装备	海淀区	市级
316	阿尔特（中国）汽车技术有限公司	汽车及交通	海淀区	市级
317	北京中冀福庆专用车有限公司	汽车及交通	怀柔区	市级
318	北京二七轨道交通装备有限责任公司	汽车及交通	丰台区	市级
319	北京南车时代机车车辆机械有限公司	汽车及交通	昌平区	市级
320	北京御食园食品股份有限公司	都市	怀柔区	市级
321	北京三元种业科技股份有限公司	都市	大兴区	市级
322	北京龙徽酿酒有限公司	都市	海淀区	市级
323	北京奥瑞金新美制罐有限公司	都市	怀柔区	市级
324	北京红螺食品有限公司	都市	怀柔区	市级
325	北京奥瑞金种业股份有限公司	都市	海淀区	市级
326	富思特制漆（北京）有限公司	基础	大兴区	市级
327	北京联东投资（集团）有限公司	基础	通州区	市级
328	北京利尔高温材料股份有限公司	基础	昌平区	市级
329	北京颖泰嘉和科技股份有限公司	基础	海淀区	市级

（续表）

序号	企业名称	行业	所在区县	认定级别
330	北京奥得赛化学股份有限公司	基础	海淀区	市级
331	北京安泰钢研超硬材料制品有限责任公司	基础	昌平区	市级
332	悦康药业集团有限公司	生物医药	大兴区	市级
333	北京信得威特科技有限公司	生物医药	顺义区	市级
334	北京以岭药业有限公司	生物医药	大兴区	市级
335	博奥生物有限公司	生物医药	昌平区	市级
336	百泰生物药业有限公司	生物医药	大兴区	市级
337	北京嘉林药业股份有限公司	生物医药	朝阳区	市级
338	机械科学研究总院	其他	海淀区	市级
339	中国建筑科学研究院	其他	朝阳区	市级
340	中铁第五勘察设计院集团有限公司	建筑	大兴区	市级
341	安东石油技术（集团）有限公司	基础	朝阳区	市级
342	中国轻工建设工程有限公司	基础	西城区	市级
343	芬雷选煤工程技术（北京）有限公司	基础	朝阳区	市级
344	中国铁建股份有限公司	建筑	海淀区	市级
345	泛华建设集团有限公司	建筑	丰台区	市级
346	安通建设有限公司	建筑	朝阳区	市级
347	中国航天建筑设计研究院（集团）	建筑	丰台区	市级
348	中国电子工程设计院	建筑	海淀区	市级
349	中国京冶工程技术有限公司	建筑	海淀区	市级
350	中建市政建设有限公司	建筑	丰台区	市级

三、科技人员

　　1999年，北京市工业系统组织落实"北京市跨世纪优秀人才工程"和"北京市工业系统跨世纪人才工程"，推荐"两院"院士候选人10名，享受政府特殊津贴人员30名，跨世纪优秀人才52名，分别报市评委会审后报国家有关部门审批。在职称评定上制定了"量化评分标准"，使评审工作定性与定量相结合，提高了评审质量，全市工业系统共评出高级工程师1108人，高级经济师117人。评审通过人员学历层次提高，大学本科以上学历人员占83%；平均年龄降低，40岁以下人员占70%。

　　1999年年底，市经委系统有专业技术干部119006人。其中，博士45人、硕士986人、大学本科26236人、大学专科42356人，分别占科技人员总数的0.04%、0.83%、22.05%和35.59%。具有高级职称8697人、中级职称36374人、初级职称66779人，分别占科技人员总数的 7.3%、30.6% 和 56.1%。35 岁以下的技术人员 44623 人，占科技人员总数的 37.5%。具有突出贡献专家 112 人、享受政府特殊津贴人员 754 人，分别占科技人员总数的 0.09% 和 0.63%。

1999 年，北京大中型企业科技活动人员 38259 人。2000 年，北京大中型工业企业的技术开发人员 32019 人，其中科学家、工程师 21887 人。全部工业企业的研究与发展人员 23435 人，其中大中型企业的研究与发展人员 14513 人，小型企业的研究与发展人员 8922 人。

2002 年，北京工业系统申报（矿冶工程）高级专业技术职称共 17 名，通过 16 名。经委所属各技校共有 57 人申报技校教师高、中级职称，评出讲师 20 人。全市工业系统有 10 名专家经市人事局审核、国务院批准享受政府特殊津贴。

2009 年，北京市进行第二次研究与实验发展人员资源清查，北京规模以上工业企业的研究与实验发展人员为 53086 人。

2010 年，北京工业企业中研究与实验发展人员为 55520 人。

1999—2010年北京大中型企业科技活动人员数量统计表

9-36表

年份	大中型企业中科技活动企业数（个）	科技活动人员（人）	其中：科学家、工程师（人）
1999年	—	38259	—
2000年	—	32019	21887
2001年	255	34975	22346
2002年	236	31912	21823
2003年	196	29502	21443
2004年	231	33800	24479
2005年	254	37347	27906
2006年	278	42874	30946
2007年	312	50520	34734
2008年	1858	93313	68065
2009年	—	53086	—
2010年	—	55520	—

说明：1.1999年至2000年数据来源为《中国科技统计年鉴》，2001年至2010年数据来源为《北京科技年鉴》。2009年、2010年数据为规模以上工业企业研究与实验发展人员数。

2."—"表示无统计数据。

第二节　职业教育

一、职工教育培训

1999 年，北京工业系统参加各级各类培训的职工达 34.1 万人次。其中培训企业领导干部 1089 人。当年工业系统有 4616 人取得工商管理培训证书。其中，1719 人取得高级证书，2681 人取得中级证书，216 人取得初级证书。

1999 年，全市工业系统人才培训规模扩大，组织企业管理人员参加在职攻读工商管理硕士（MBA）学位报考工作，全市共推荐 1453 人。各工业总公司加强高层次人才培训工作，参加研究生学习人员超过千人。其中，电子办和北京航空航天大学合作，委托培训计算机专业工程硕士，有 53 人参加学习。首钢总公司和东北大学研究生院新开设机械及控制工程两个专业，有 31 名骨干人员参加学习。利用国外教育资源培训高层次人员工作，北京技术交流培训中心与北京航空航天大学及澳大利亚南威尔士大学合作，培养国际会计专业硕士，一期计划招收 50 人。首钢总公司与东北大学、美国中央城大学、美国加州大学联合举办工商管理研究生课程进修班，有 50 名中青年领导干部参加学习。工业系统开展工程技术人员继续教育，组织参加知识经济、计算机辅助设计等内容学习的工程技术人员有50206 人，参加财会、统计、劳动保护、质量管理、节能、环保等短期适应性培训有 18309 人。工业系统进行工人岗位培训，全年有 9.2 万人参加技术培训。其中，高级工培训 2938 人，中级工培训 5042 人，初级工培训 6015 人。有 12.1 万人参加了考级培训，8.8 万人参加了岗位规范培训，9085 人参加了班组长培训。开展再就业培训，有 26566 人参加了就业指导培训，有 13556 人参加了再就业技能培训。其中免费培训 12758 人，培训后上岗重新就业 15072 人。

"九五"期间，北京市工业系统共举办 1082 期厂处级干部、后备干部及企业中层领导干部培训班，参加培训 58751 人。参加学历培训 3322 人，其中研究生学历 557 人，本科学历 1300 人，大专学历 466 人。有 2545 名中青年后备干部进行了轮岗挂职锻炼。市工业系统有 13905 人取得工商管理培训证书，其中取得高级证书的 5032 人。全市共培训企业领导干部 11645 人，其中工业系统企业领导干部 4700 人。在转岗再就业培训的工人中，进入再就业服务中心已有 90% 以上通过了转变观念培训，有 75% 的职工进行了职业技能培训。在工人等级培训中，高级技术培训约 1.5 万人，中级技术培训约 5 万人，初级技术培训约 3 万人；班组长岗位培训约 7 万人次；应急培训约 15 万人次。

2001 年，北京工业系统共推荐突出贡献专家、享受政府特殊津贴人员候选人 18 人，国家人事部批准13人享受政府特殊津贴。市经委系统所属企业有648人申报高级工程师，300人申报高级经济师（含高级会计师、高级统计师等），1299人申报中级职称，评出高级工程师526人，高级经济师277人，中级职称1123人。

2002年，北京工业系统在工商管理培训中增加WTO基本规则和企业信息化的内容，全年培训中层以上管理人员1851人。其中，高级311人、中级1020人、初级520人。开展企业经营管理人员在职攻读工商管理硕士学位（MBA）的推荐工作，全市共438人报考。选派40名国有大中型企业和其他先进管理的人员，参加对口培训和实地考察。组织工业系统58人到国家会计学院进行为期1个月的全脱产培训。举办中关村高新技术企业高级管理人员WTO基本规则研修班，400多名中关村园区内的高级管理人员参加。市经委在全市范围组织选派400余人，参加美国教育测试服务中心举办的职业英语测试活动。北京市工业企业有近10万人经过各种形式的岗位培训和职业资格培训，取得国家职业资格证书。

2003年，根据市委组织部、市经委《"十五"期间北京市企业经营管理人员培训实施意见》和《北京市"十五"期间继续举办和规范工商管理培训的实施意见》要求，全市共培训企业经营管理人员3180人。其中，高级管理人员880人、中级管理人员520人。在对全市工商管理培训资格院校进行质量评估基础上，全市62所资格院校重新调整确认资格院校31所。其中，高级6所、中级15所、初级10所。继续开展企业经营管理人员在职攻读工商管理硕士学位（MBA）的推荐工作，共推荐全市工商企业和经济管理部门的中高级管理人员438人报考。选派40名国有大中型企业和其他类所有制企业中的优秀管理人员出国学习先进管理知识，参加对口培训和实地考察。

2003年，北京市工业企业有近10万人经过各种形式的岗位培训和职业资格培训，取得国家职业资格证书，提高了劳动技能。同年，京城机电选调了11家骨干企业的22名主要领导，实施"企业经营管理者个性化培训计划"；组织了第三批企业管理者赴韩国培训；组织系统内57名专业技术人员参加考试，组织十大标兵评选活动，对优秀技术人员给予奖励。年底，该公司工程技术人员3945人，占在岗员工的16.15%；专业管理人员3147人，占在岗员工的12.99%；其他管理人员1306人，占在岗员工的5.35%。具有高级工以上技术等级证书的技术工人2395人。技术工人占在岗员工总数的47.80%，其中技师以上人员占技术工人总数的4%，高级工占技术工人总数的15%，中级工占技术工人总数的39%，初级工占技术工人总数的21%。技术工人和熟练工人的比例约为1:1。

2006年，北京各区县工业培训中心根据农民就业意愿、企业需求、全市教育资源情况，为各区县落实培训任务，开展农民基本素质培训和技能培训，举办培训班29期，有63家企业和5个乡镇的2000人次参加。大兴区培训乡镇员工8476人次，完成乡镇企业职称的备案和职称证书发放，共评审通过659人。其中，高级职称23人、中级职称137人、初级职称499人。

2006年，首钢建立完善的集团—子公司—厂矿三级培训网络，举办EMBA、高级职业经理人培训、板材系列讲座、赴国外培训等多种方式、多种内容的培训，培训人员20万人次。

钢铁主流在岗人员培训达到100%，培训高技能人才7348人，培训在岗作业长、后备作业长447人，钢铁业高级工11196人。一轻控股召开高技能人才工作会，颁布《关于加强高技能人才工作意见》《首席技师选拔管理办法》《名师带徒活动管理办法》。在全市率先实行首席技师制度，命名4名首席技师。开展名师带徒活动，50对师徒以协议书形式明确传帮带的职责和目标。

2007年，华北电网公司加强中青年干部培养，建立"双考推荐，统一管理"的后备干部动态选拔培养模式，开展员工生涯规划与管理试点，选聘16名研究生到公司本部锻炼。制定《专业带头人选拔管理办法》，17名员工入选国家电网公司优秀人才库。推进离岗培训，加强学历教育，全员培训率为98.81%，其技能鉴定站被评为全国优秀职业技能鉴定站。一轻控股开展多种形式培训，全年培训班组长322人，特殊工种120人，农民工1100人。京城机电针对新入职大中专毕业生组织入职培训，专门编写、印刷了《员工入职培训手册》。北京市工贸技师学院组织培训农民工7000人。

2010年，北京电控建立、修订人力资源相关制度115项，组织13个研修班，616人参加培训学习。基层单位组织培训365次，有5858人次参加培训。京仪集团有1617人次参加了专业技术及管理知识培训，选送30名经营管理者及后备干部参加工商管理核心课程培训班学习。主办北京市物联网在世界城市中的应用高级研修班，52名中高级专业技术人员参加学习。有383人通过培训取得技能人才鉴定证书。北京纺织控投公司印发《关于加强和改进各类人员教育工作的指导意见》，全年选派8人参加北京市举办的企事业单位负责人专题培训。举办以"巩固和拓展学习实践科学发展观活动成果"为主题的7期中心组学习，共980人参加培训。制订中层干部"三年轮训计划"，精选了品牌营销、提升执行力、职场规则、管理风险防范、企业管理新知识等9门课程，举办了5期中层干部培训班，培训237人。组织中青年中层干部培训班，有48名企业后备干部和优秀中青年管理人员参加培训。

二、技工学校教育

1995年，北京市有技工学校164所，设有招生专业185个。其中，第二产业139个，占75.1%；第三产业46个，占24.9%。1997年6月，市劳动局、市计委、市政府教育督导室开始共同对北京市技工学校开展全面评估工作。1998年3月，市政府认定15所北京市重点技工学校，即北京市机械工业技工学校、北京市化工职业技术学校、北京市服务管理学校、北京市公共交通技工学校、首钢技工学校、北京市供销合作职业技术学校、北京市商业技术学校、北京市矿务局技工学校、北京市汽车工业技工学校、北京市汽车驾驶学校、北京市建筑材料总公司技工学校、北京市有色金属技工学校、北京市城市建设工程技工学校、首钢矿业公司技工学校、北人集团技工学校。其中前6所技工学校于当年被劳动部批准为国家重点技工学校。1998年7月，北京市第二轻工业技工学校被劳动部批准为北京轻工高级技工学校，成为北京市属第一所高级技工学校。1998年，北京市第二轻工业技工学校为加快高技能人才的培养，提高办学层次，在北京市第一次招收高级技工班学生。2001年，北京市技工学校减少到68所。

2008年，北京市工贸技师学院、北京市工业技师学院经人力资源和社会保障部批准，率先在北京招收学制式技师班学生。截至2010年，北京市共有13所技工院校开设高级工班，招生33617人；5所技工院校开设预备技师（技师）班，招生499人。2010年，高级工班和技师班共招收学生7326人，占当年招收总人数19433人的37.7%。

2010年，北京市有技工学校37所。其中，技师学院4所，高级技工学校和国家重点技工学校9所，市重点校5所，其他为普通技工学校。在校生50483人，其中高级工班和技师班学生14369人，占在校生总数的28.5%。学制教育毕业生共305401人，面向社会开展技能培训1378561人。招生专业148个（复合式专业增加到43个，占29%），其中：第二产业专业减少到69个，占46.6%；第三产业专业增加到79个，占53.4%。

1995—2010年北京市技工院校第二产业专业设置统计表

9-37表　　　　　　　　　　　　　　　　　　　　　　　　　　　　单位：个

年份	1995年	2000年	2005年	2010年
合计	139	109	88	69
机械制造与加工业	25	24	16	15
电工电子业	28	32	22	16
交通运输业	31	19	32	25
轻纺化工业	27	22	15	7
冶金和建筑业	28	12	3	6

说明：第二产业专业设置每5年统计一次。

第三节　技能竞赛

1983年开始，市经委、市劳动局、市教委、市总工会和团市委等部门在基层企业开展群众性岗位练兵、技术比赛的基础上，共同组织开展北京市工业职业技能竞赛。此后市工业职业技能竞赛每两年组织1届。1999年，北京工业系统有2.1万人参加了市工业职业技能竞赛，评选出北京市高级技术能手145名、高级操作能手137名、青年高级技术能手8名。评选出工业系统技术能手121名、操作能手120名、青年技术能手19名。

"九五"期间，北京市举办了第七届至第九届共3届工业职业技能竞赛。每届设立比赛工种60多个，5年中共有250余万职工参加基层练兵、岗位培训，经过层层选拔进入决赛的选手有 2 万多人。

2002 年，北京市工业系统第十届工业职业技能竞赛设立比赛工种 51 个，参加决赛的有近百个企业的 4000 名员工。有 10 家单位获得北京市职业技能竞赛优秀选手组织单位称号，有 37 人获得 2002 年首都劳动技能奖章、北京市劳动技术能手称号。

2003 年，市经委等单位主办北京市工业系统第十届工人技术比赛，历时两年，共设立比赛工种 49 个。其中，通用性较强、覆盖面广或有全国性比赛项目的为市级一类工种，共 17 个；专业性较强的行业主导工种为市级二类工种，共 32 个。全市近千家企业的 30 万名职工参加了基层的培训、考核及选拔。参加市一类工种决赛的单位有 25 个总公司、（集团）公司，参赛选手近 4000 名。106 人被授予北京市工人技术高级能手称号，4 人被授予北京市青年技术能手称号，100 人被授予北京市工业系统工人技术能手称号，81 人被授予北京市工业系统操作技术能手称号，10 人被授予北京市工业系统青年技术能手称号。评选出优秀组织单位 16 个，优秀工作人员 38 名，优秀教练员 21 名。为 96 名获得技术能手称号的选手办理高级工证书，并对取得各工种比赛前三名农民工选手办理了农转非。

2006 年，首钢组织 36 个单位开展 72 个工种约 1 万人参加的技术竞赛，在第三届全国钢铁行业职业技能竞赛中，1 人获得全国技术能手称号，2 人获得钢铁行业技术能手称号，首钢获得优秀组织奖。顺义区组织工业职业技能竞赛，400 多家企业的万名员工参加，比赛工种涉及数控工种、通用工种、特殊工种三大系列，其中通用工种的决赛包括车工、钳工、电工、焊工、计算机网络管理 5 个项目，有 199 名选手进入决赛。同年，第十二届北京市工业职业技能竞赛设立了北京市科技条件平台测试技能竞赛。市工业促进局拨专款开发了北京市工业职业技能竞赛服务平台，组织了相关培训，6 月平台运行，各项赛事依托平台，进行网上报名、成绩录入、统计分析、信息发布。大赛共设立 145 个工种，参赛单位 719 个，参赛 31400 人；复赛阶段共有 25 个复赛组委会，承办 106 个复赛工种，7333 人参加复赛；共有 32 个工种列入决赛，近百个单位的 1000 人参加市级决赛。23 人取得高级技师证书，187 人取得技师证书，774 人取得高级技工证书，2932 人取得中级技工证书，244 人被授予北京市工业高级技术能手称号，11 人被授予北京市高级测试技术能手称号，121 人被授予北京市行业技术能手称号。评选出优秀组织单位 26 家，优秀工

图 9-18　北京市工业技师学院获得第二届全国数控技能大赛冠亚军选手（2006 年摄）

作人员 41 名，优秀教练员 51 名。北京市组队参加全国数控技能大赛获得团体第一名，在 15 块单项比赛金牌中，北京选手获得 5 块。

2007 年，在第十二届北京市工业职业技能竞赛中，还举办了北京市工业技能竞赛获奖选手首期数控培训班，来自 13 个企业和技校的学员 34 人参加培训。组织编撰了《第十二届北京工业职业技能竞赛》及《北京市科技条件平台测试技能竞赛》资料汇编，收录竞赛文件、竞赛照片、影像资料及 33 位获奖选手撰写的成

图9-19　2007年7月，第十二届北京市工业职业技能竞赛、北京市科技条件平台测试技能竞赛开幕

才经验体会。一轻控股组织 1228 名职工参加北京市工业职业技能竞赛，获得优秀组织奖。截至年底，一轻控股有各种技能人才 5033 人，高级工以上高技能人才占全部技术工人的 29%，技师、高级技师占全部技术工人的 6%，超过全市平均水平。

2008 年，北京市工业职业技能竞赛参赛企业 268 家，参赛学校 35 所，涉及职业工种 134 个，参赛人数 37826 人。在组织北京赛区基础上，组队参加了第二届全国数控技能大赛。

2010 年，第十四届北京市工业和信息化职业技能竞赛活动共设立 143 个初赛工种，52 个复赛工种，30 个决赛工种。参赛企业 486 家，参赛人数近 5 万人，有 5687 人进入复赛，1245 人参加了一类工种决赛，598 人参加了二类工种决赛。231 人获得北京市工业和信息化高级技术能手称号，28 人获得北京市工业和信息化最佳操作能手称号，106 人获得北京市工业和信息化系统行业技术能手称号。

"十一五"期间，北京加速淘汰落后产能，工业门类大幅缩减，发展重点进一步向现代制造业和战略性新兴产业领域集中，市工业职业技能竞赛逐步由注重参赛人员数量向注重参赛人员质量转变。北京市第十一届至第十四届技能竞赛工种数量从 83 个减至 53 个，其中传统工种由 68 个缩减至 37 个。新兴工种的数量不断增加。参赛人数基本维持在 3 万～5 万人，最高为 10 万人，参加决赛人数也随之缩减为 1000～2000 人。

1983—2010年北京工业系统历届技能竞赛情况统计表

9-38表

年份	届次	竞赛工种（个）	其中		参加基层培训、考核及选拔（万人）	参加决赛（人）	其中		获得北京市工业系统高级技术能手称号（人）	获得北京最佳操作能手称号（人）	获得北京市工业系统行业技术能手称号（人）
			一类工种（个）	二类工种（个）			一类工种（人）	二类工种（人）			
1983年	一	3	3	—	2	900	900	—	30	—	—
1986年	二	17	17		10	1360	1360		85		
1988年	三	46	46		20	3900	3900		98		
1990年	四	80	31	49	40	4650	1630	3020	180	—	—
1992年	五	89	38	51	53	4599	1890	2709	195		
1994年	六	76	30	46	50	4000	1789	2211	133	139	16
1996年	七	64	23	41	40	3930	1743	2187	121	118	13
1998年	八	50	22	28	40	3392	1186	2206	121	120	19
2000年	九	54	22	32	30	4000	1100	2900	123	101	11
2002年	十	49	17	32	30	4000	1020	2980	100	81	10
2004年	十一	83	29	54	5.5	1834	754	1080	236	—	217
2006年	十二	68	33	35	3.2	2028	1118	910	244	11	121
2008年	十三	79	38	41	3.8	2216	1150	1066	281	36	150
2010年	十四	53	30	23	3	1843	1245	598	231	28	106

说明：1.一类工种为通用性强的工种（如钳工）以及参加全国大赛的工种；二类工种为专属行业工种（如钢琴制作工、液晶显示器制作工）。
2.表中2010年获得称号名称项为"北京市工业和信息化技术能手""北京市工业和信息化最佳操作能手""北京市工业和信息化行业技术能手"。
3."—"表示无统计数据。

2004—2010年第十一届至第十四届北京市工业职业技能竞赛状元名单

9-39表

姓名	工种	单位
第十一届（2004年）		
崔广游	维修电工	首钢矿业公司
佟少文	电焊工	北京电力建设公司
杨朝辉	钳工	北京市工贸技师学院
卢成林	车工	中国航天科技集团公司第一研究院二一一厂
欧志奎	加工中心操作工	北京卫星制造厂
白晓杰	数控车床工	北京市工贸技师学院

（续表）

姓名	工种	单位
尚建伟	数控铣床操作工	北京市工贸技师学院
周玉改	服装设计定制工	北京工贸技师学院
刘冬朋	化学检验工	北京化二股份有限公司
张丽娜	医用商品营业员	北京医药股份有限公司
王文静	中药调剂员	北京同仁堂公司
吕　洁	电子仪器仪表装调工	北京远东仪表有限公司
相　新	无线电装接工	北京七六一通信雷达有限公司
黑勇浩	制冷设备维修工	无线电动力技校
杨　帆	计算机网络管理员	北京八维计算机学校
钞志宏	平版印刷工	一二〇六厂
解金兰	文图制作工	圣彩虹印制公司
钱继纲	轧钢工	首钢高速线材厂
刘建斌	连铸工	首钢二炼钢厂
潘俊平	轧钢精整工	首钢中厚板厂
李建林	机车司机	北京铁路分局丰台机务段
刘汉强	电动列车司机	北京地铁公司
陈　东	变电检修工	北京电力公司变电公司
黄渤瑜	电气试验工	北京电力试验研究中心
李　兵	汽车装调工	北京现代汽车有限公司
詹志远	内燃机装试工	北汽福田汽车股份有限公司
施伟宏	钢琴调音工	北京钢琴厂
刘天华	采掘电钳工	京煤集团公司昊华大安山煤矿
徐红霞	高低压开关板（柜）装配配线工	北京北开建筑电气有限公司
侯永宁	塑料挤出工	北京华盾雪花塑料集团有限责任公司
第十二届（2006年）		
韩怀玉	炉前工	北京首钢股份有限公司炼铁厂
王　东	转炉炼钢工	北京首钢股份有限公司第二炼钢厂炼钢作业区域
田德春	轧钢工	北京首钢股份有限公司高速线材厂
郭卫国	加工中心操作工	北京机床研究所
张永生	数控车床工	长征航天控制工程公司
刘亦兵	车工	国营北京曙光电机厂
赵　磊	数控铣床操作工	北京机电院高科技股份有限公司
马健雄	维修电工	华德液压公司

（续表）

姓名	工种	单位
赵成林	电焊工	北京电力建设公司焊接工程公司
马长春	钳工	北京市汽车工业高级技工学校
尹志东	计算机网络管理员	北京信息职业技术学院东区
闫 芳	多媒体作品制作员	北京信息职业技术学院东区
钱春燕	化学检验工	北京理化分析测试中心
武 镝	电动列车电气钳工	北京地铁车辆一公司
袁少昌	通信工	北京市地铁运营有限公司通信信号公司
柳振杰	高低压开关板（柜）装配配线工	北京通控电气有限公司
陈立云	无线电装接工	北京大华无线电仪器厂
张 玲	服装设计定制工	北京铜牛股份有限公司
王立中	平装胶订联动线工	北京金盾印刷厂
崔建国	平版印刷工	北京印刷集团有限责任公司印刷二厂
李华春	继电保护工	北京电力变电公司
张国春	送电线路工	北京电力输电公司
程 萍	电子仪器仪表装调工	北京远东仪表有限公司
张桂林	弦列制作工	北京星海钢琴集团有限公司
何 颖	键盘制作工	北京星海钢琴集团有限公司
吕 杰	涂装工	北京现代汽车有限公司
李 辉	汽车焊装工	北京奔驰—戴姆勒·克莱斯勒汽车有限公司
杨希涛	发动机装调工	北汽福田汽车股份有限公司
李秀秀	中药调剂员	中国北京同仁堂(集团)公司
魏颖爽	医用商品营业员	北京市金象复星医药股份有限公司
严子勇	凿岩工	京煤集团昊华木城涧煤矿
周青梅	食品检验工	北京燕京啤酒股份有限公司
杨金玲	服装缝纫工	北京衬衫厂
第十三届（2008年）		
梅良玉	加工中心操作工	中国航天科技集团公司第一研究院十八所
王展超	数控车床工	北京市工业技师学院
毛俊中	车工	北京北机机电工业有限责任公司
李 峰	数控铣床操作工	北京市工业技师学院
李玲琪	化学检验工	北京市工业技师学院
刘建军	维修电工	首钢矿业公司
刘友元	电焊工	首钢建设集团公司
任立伟	钳工	北京市汽车工业高级技工学校

（续表）

姓名	工种	单位
张大军	模具工	北京松下控制装置有限公司
耿英建	景泰蓝掐丝工	北京市珐琅厂有限责任公司
胡殿麒	服装设计定制工	北京大华天坛服装有限公司
杨铁艳	医用商品营业员	北京市金象复星医药股份有限公司
沙红霞	中药调剂员	北京同仁堂股份有限公司
张雅静	电子仪器仪表装调工	北京北仪创新真空技术有限责任公司
梁自旺	无线电装接工	北京电子信息高级技工学校
李金山	平版印刷工（四色机）	北京地大彩印厂
王玉玲	文图制作工	人民美术印刷厂
张 振	平装胶订联动线工	中国农业出版社印刷厂
祁亚新	矿用重型卡车司机	首钢矿业公司
任政忠	机车司机	首钢公司运输部
田德春	轧钢工	首钢高速线材厂
徐京丽	信号工	北京地铁公司通信信号公司
杨文虎	电动列车机械钳工	北京地铁公司运营三分公司
祝冬安	变电站值班员	北京地铁公司供电公司
朱春虎	冲压工	北汽福田汽车股份有限公司北京欧曼重型汽车厂
龙 军	涂装工	北汽福田汽车股份有限公司蒙派克工厂
宗 帅	汽车焊装工	北京现代汽车有限公司
李云泉	弦列制作工	北京星海钢琴集团有限公司
朱军华	键盘制作工	北京星海钢琴集团有限公司
焦建钢	化妆品配制工	北京宏丽源有限责任公司
王媛媛	高低压开关板（柜）装配配线工	北京潞电电气设备有限公司
周晓琦	电力电缆工	北京电力公司电缆公司
石书军	变电二次安装工	北京电力工程公司
李云燕	布绒玩具制作工	北京顺祥玩具有限公司
刘 艳	常减压蒸馏装置操作工	北京燕山石化公司
张建松	油品计量工	北京燕山石化公司
李新田	飞机电缆工	北京航天光华电子技术有限公司
薛小玉	食品检验工	北京红星股份有限公司
第十四届（2010年）		
曹彦生	加工中心操作工	北京新风机械厂
刘 朝	数控车床工	北京金隅科技学校
刘家成	数控铣床操作工	北京新风机械厂

（续表）

姓名	工种	单位
周海虎	维修电工	北京新北水水泥有限责任公司
张秀甫	焊工	北京市公用事业科学研究所
马成龙	工具钳工	北京新风机械厂
陶建伟	电梯安装维修工	北京北安时代电梯安装工程有限公司
陈　欣	计算机网络管理员	北京市燃气集团有限责任公司
朱东辰	无线电装接工	北京电子信息高级技工学校
高鹏飞	计算机操作员	北京信息职业技术学院
孙　晶	网络与信息安全工程师	中国移动通信集团北京有限公司
马立璞	汽车装调工	北汽福田汽车股份有限公司
于历波	发动机装调工	北京奔驰汽车有限公司
张柏峰	涂装工	北京现代汽车有限公司
王颖越	医药商品购销员	北京医保全新大药房有限责任公司
高培从	中药调剂员	北京同仁堂连锁药店有限责任公司
高宝玲	电子仪器仪表装调工	北京航天光华电子技术有限公司
张亚奇	平版印刷工	北京盛通印刷股份有限公司
顾　涛	平板制版工	北京人教聚珍图文技术有限公司
王　海	钢琴及键盘乐器制作工	北京星海钢琴集团有限公司
王　卫	电力调度员	北京市电力公司电力调度通信中心
徐成西	变电检修工	北京市电力公司变电公司检修二处
黄艳红	制氢装置操作工	北京燕山石化公司炼油二厂
高传宝	乙烯装置操作工	北京燕山石化公司化工一厂
薛　鑫	飞机电缆工	北京航天光华电子技术有限公司
张笑兰	景泰蓝点蓝工	北京市珐琅厂有限责任公司
李云燕	缝纫工	北京顺祥玩具有限公司
张　勇	转炉炼钢工	河北省首钢迁安钢铁有限责任公司炼钢作业部
刘　东	炉前工	首钢秦皇岛首秦金属材料有限公司
陈　宇	食品检验工	北京稻香村食品有限责任公司食品厂

第四节 劳动模范

国务院每5年进行一次表彰全国劳动模范、先进生产者活动。2000年至2010年，共进行3次。2000年4月29日，国务院表彰全国劳动模范和先进工作者2946人，其中北京市工业系统29人。2005年4月26日，国务院表彰全国劳动模范和先进生产者2124人，其中北京市工业系统28人。2010年4月24日，国务院表彰全国劳动模范和先进生产者2115人，其中北京市工业系统28人。2000年至2010年年底，北京市工业系统共有86人获得全国劳动模范或先进生产者称号，其中女职工14人。

市政府每5年进行一次表彰市级劳动模范和先进生产者活动。2000年至2010年，共进行3次，共表彰市级劳动模范和先进生产者3565人。2000年4月25日，市政府表彰北京市级劳动模范1052人、先进工作者322人，其中工业系统市级劳动模范和先进生产者385人。2005年4月29日，市政府表彰北京市级劳动模范587人、先进工作者363人，其中工业系统市级劳动模范和先进生产者178人。2010年4月20日，市政府表彰北京市级劳动模范729人、先进工作者512人，其中工业系统市级劳动模范和先进生产者239人。2000年至2010年，北京市工业系统共有773人获得劳动模范或先进生产者称号，其中女职工138人。

图9-20 2008年5月23日，走进北京工业——纪念改革开放30周年劳模座谈会召开

2000—2010年北京市工业系统获得全国劳动模范或先进生产者称号人员一览表

9-40表

姓名	性别	单位及职务	获得时间
魏俊强	男	北京市汽车修理公司分厂副厂长	2000年
黄国诚	男	北京开关厂厂长	2000年
闫洪胜	男	北京重型电机厂工人	2000年
赵福庭	男	北京电影机械研究所副总工程师	2000年
贺燕铭	男	北内集团总公司技术中心副主任	2000年

（续表）

姓名	性别	单位及职务	获得时间
田 丽	女	北京吉普汽车有限公司工人	2000年
吴昉昀	女	北京合成纤维试验厂工人	2000年
陈济民	男	国营华北光学仪器厂厂长	2000年
李本海	男	首钢总公司技术中心副处长	2000年
王文华	男	首钢第一建设有限公司班长	2000年
刘 刚	男	北京电力建设有限公司工人	2000年
陈二平	女	北京广播器材厂主持设计师	2000年
韩天润	男	北京雪花电器集团公司高级工程师	2000年
王庆武	男	北京威顿玻璃制品有限公司工段长	2000年
张文良	男	北京保温瓶工业公司经理	2000年
崔志闯	男	北京市地下铁道总公司地铁车辆厂车间主任	2000年
马植胜	男	北京矿务局木城涧煤矿副总工程师	2000年
苗晓光	男	北京雪莲羊绒有限公司副总工程师	2000年
杨桂茹	女	北京京棉纺织集体有限责任公司教练员	2000年
周 平	男	北京医疗器械研究室总工程师	2000年
王春山	男	北京二七车辆厂产品设计主管	2000年
常桂春	女	北京二七机床厂工人	2000年
赵林甫	男	金隅天坛家具股份公司七分厂技术总监	2000年
温绍英	男	北京恒通食品有限公司面粉生产部经理、制粉师	2000年
朱玉岭	男	北京华天饮食集团公司总经理	2000年
臧法先	男	北京阿奇夏米尔工业电子有限公司总经理	2000年
张秀全	男	北京丰收葡萄酒有限公司总经理	2000年
陈瑞福	男	北京星光影视设备科技股份有限公司董事长	2000年
王 建	男	北京供电局工程公司变电施工处班长	2000年
张德臣	男	北京七星华创电子股份有限公司工人	2005年
陈孟祥	男	北京北分瑞利分析仪器（集团）有限责任公司工人	2005年
张新国	男	北京首钢新钢有限责任公司第三炼钢厂组长	2005年
赵建刚	男	北京青云航空仪表有限公司班长	2005年
金兰英	女	北京北毛纺织集团有限责任公司工人	2005年
阎国旗	男	北京市液化石油气公司呼家楼供应站站长	2005年
马宝山	男	北京市自来水集团来水亭物资有限公司班长	2005年
徐建义	男	华北电网有限公司北京电力公司变电公司工人	2005年
于 凯	男	北京首汽股份有限公司工人	2005年

（续表）

姓名	性别	单位及职务	获得时间
冯国良	男	北京古船食品有限公司工艺师	2005年
刘九江	男	北京北重汽轮电机有限责任公司设计员	2005年
叶进	男	北京北广电子集团有限责任公司总工程师	2005年
王全礼	男	首钢技术研究院副总工程师	2005年
关龙	男	北京市市政工程总公司副总工程师	2005年
印伟民	男	北京市热力集团有限责任公司输配分公司副经理	2005年
蒋勇	男	北京城市排水集团有限责任公司项目规划部部长	2005年
黄晨	男	和路雪（中国）有限公司工程部经理	2005年
王建军	男	北京东方石油化工有限公司东方化工厂研究室主任	2005年
陈德烨	男	中国石化北京燕山石油化工有限公司化工一厂车间主任	2005年
苏显华	男	首钢总公司迁钢工程指挥部工程指挥	2005年
殷顺海	男	中国北京同仁堂（集团）有限责任公司董事长	2005年
邓中翰	男	北京中星微电子有限公司董事长	2005年
王绍棠	男	北京市木材厂党委书记	2005年
陈济生	女	北京医药股份有限公司董事长	2005年
季凯	男	北京市豆制品二厂厂长	2005年
许世臣	男	北京龙建集团有限公司董事长、总经理	2005年
杜斌	男	北京大宝化妆品有限公司董事长、总经理	2005年
朱新礼	男	北京汇源饮料食品集团有限公司董事长	2005年
刘宏	女	首钢运输部维检中心工电务作业区修配二班焊工	2010年
宋涛	男	北京华德液压工业集团有限责任公司液压泵分公司调整工	2010年
吴金焕	女	北京同仁堂股份有限公司技术主管	2010年
赵郁	男	北京奔驰汽车有限公司汽车装调工	2010年
崔允	女	首钢迁安钢铁有限责任公司设备部自动化科科长	2010年
田建英	女	北京五洲佳泰新型涂层材料有限公司生产总调度	2010年
席东升	男	北京送变电公司机械处架线队队长	2010年
何军	男	中铁电气化局第三工程有限公司电气化分公司班长	2010年
李双军	男	北京市自来水集团禹通市政工程有限公司西城维修所内审员	2010年
高黎明	男	北京红都集团公司服装设计首席技师	2010年
肖永立	男	北京市电力公司变电公司继电保护自动化处副主任	2010年
高春梅	女	北京市燃气集团研究院主任工程师	2010年
刘荣	女	北京市热力集团公司技术设备部经理	2010年
钟连盛	男	北京市珐琅厂有限责任公司总工艺师	2010年

（续表）

姓名	性别	单位及职务	获得时间
赵秀丽	女	中铁丰桥桥梁有限公司平谷分公司东光轨道板场总工程师	2010年
张兴文	男	北京昊华能源股份有限公司总工程师	2010年
赵凤奇	男	北京古船食品有限公司怀柔分公司经理	2010年
刘文顺	男	航卫通用电气医疗系统有限公司副总经理	2010年
冯运生	男	北京市陶瓷厂经理	2010年
王永健	男	中国石化北京燕山石油化工有限公司董事长、总经理	2010年
徐和谊	男	北京汽车工业公司董事长	2010年
刘　安	男	北京首开亿信置业股份有限公司总经理	2010年
张福平	男	首都农业集团董事长	2010年
杨和平	男	首汽股份有限公司董事长、总经理	2010年
刘迎建	男	汉王科技股份有限公司董事长	2010年
孙志强	男	北京恒通创新木塑科技发展有限公司总经理	2010年
李维昌	男	北京顺鑫农业发展集团董事长、总经理	2010年
艾建龙	男	北汽福田汽车公司北京蒙派克汽车厂工段长	2010年

2000—2010年北京市工业系统获得北京市劳动模范或先进生产者称号人员一览表

9—41表

姓名	性别	单位及职务	获得时间
李惠颐	男	北京首钢特殊钢有限公司董事长	2000 年
翟树林	男	首钢矿业公司大石河铁矿磁选车间球磨工	2000 年
郭乃新	男	首钢矿业公司大石河铁矿大采车间运输段矿车司机	2000 年
杨秋林	男	首钢矿业公司水厂铁矿采二车间电铲司机	2000 年
景士平	男	首钢矿业公司运输部车务二段调车员	2000 年
王永关	男	北京首钢机电有限公司机械厂一分厂计划组施工员	2000 年
黄苏英	女	北京首钢特殊钢有限公司炼钢厂天车工	2000 年
叶培德	男	北京首钢特殊钢有限公司物资分公司验收工	2000 年
起云俊	男	北京首钢机电有限公司设备结构厂二分厂铆工六班班长	2000 年
王志国	男	北京首钢第一建设有限公司安装工程公司结构分公司工人	2000 年
王文华	男	北京首钢第一建设有限公司安装工程公司第四分公司电焊班长	2000 年
李　柏	男	北京首钢第一建设有限公司机运公司备件车间副主任	2000 年
刘树坤	男	北京首钢第一建设有限公司民建公司第一劳务队工长	2000 年
吴志学	男	首钢第三建设公司第一项目经理部钢筋班长	2000 年
郑玉光	男	首钢第三建设公司第三工程队计划员	2000 年

（续表）

姓名	性别	单位及职务	获得时间
闫德云	女	首钢物业管理处古城管理所维修班班长	2000 年
熊 伟	男	首钢研究开发公司综合利用厂采运车间返铲车司机	2000 年
王 毅	男	首钢总公司副总经理	2000 年
韩 庆	男	北京首钢股份有限公司第二炼铁厂厂长	2000 年
谢世春	男	首钢总公司运输部党委书记	2000 年
王占岭	男	首钢总公司总调度室副总调度厂	2000 年
刘树贵	男	北京首钢股份有限公司焦化厂四炼焦车间主任	2000 年
周庆福	男	首钢第一型材厂生产科科长	2000 年
刘建设	男	首钢股份有限公司第一线材厂线二车间副主任	2000 年
罗文铭	男	首钢氧气厂修理车间主任	2000 年
张长海	男	首钢动力厂机动科副科长	2000 年
蔡贵儒	男	北京燕山石油化工有限公司化工一厂工人	2000 年
潘金杯	男	北京燕山石油化工有限公司化工二厂干部	2000 年
周和光	男	北京燕山石油化工有限公司化工一厂干部	2000 年
林敏杰	男	北京燕山石油化工有限公司设计院干部	2000 年
崔有军	男	北京燕山石油化工有限公司客运公司工人	2000 年
吕全来	男	北京燕山石油化工有限公司服务公司工人	2000 年
刘炳伦	男	北京燕山石油化工有限公司建筑安装公司干部	2000 年
宋玉梅	女	北京燕山石油化工集团职工医院护士长	2000 年
果凤山	男	北京燕山石油化工有限公司橡胶厂干部	2000 年
符金党	男	北京燕山石油化工有限公司北京师范大学燕化附属中学校长	2000 年
安继增	男	北京燕山石油化工有限公司建筑工程公司工人	2000 年
杨 水	男	北京燕山石油化工有限公司动力事业部工人	2000 年
张志祥	男	北京燕山石油化工有限公司研究院干部	2000 年
孙长芬	女	北京燕山石油化工有限公司地毯厂工人	2000 年
田 富	男	北京燕山石油化工有限公司炼油事业部工人	2000 年
杨宝康	男	北京燕山石油化工有限公司炼油事业部经理	2000 年
李泽生	男	北京易亨电子集团有限责任公司副总工程师	2000 年
高瑞宁	男	北京飞达电子集团公司国兴公司副总经理	2000 年
张 禄	男	北京宇翔电子有限公司 IC 线工段负责人	2000 年
张文桐	男	北京兆维电子集团公司分公司经理	2000 年
陈 鸣	男	北京益泰电子集团公司牡丹分公司副总经理	2000 年
张 璞	男	大华电子仪器厂	2000 年

姓名	性别	单位及职务	获得时间
岳肇新	男	北京飞宇微电子有限责任公司副总工程师	2000 年
李树德	男	北京七星电子集团有限公司	2000 年
刘　芳	女	北京 JVC 电子产业有限公司工段长	2000 年
李宝辰	男	北京久益车电公司	2000 年
王东升	男	北京东方电子集团股份有限公司董事长兼总裁	2000 年
周凤英	女	北京吉乐电子集团股份有限公司副董事长兼总经理	2000 年
蒋　林	女	北京七星电子集团有限公司	2000 年
胡广友	男	北京广播器材厂工段长	2000 年
张学敏	男	北京车光电工厂	2000 年
过永泰	男	北京七星电子集团有限公司	2000 年
徐康兴	男	北京牡丹电子集团公司副总工程师	2000 年
尹立俊	男	北京无线电工业学校教师	2000 年
洪玉麟	男	北京七星电子集团有限公司	2000 年
刘京生	男	北京松下电子产品有限公司音响制造部工段长	2000 年
陈　波	男	北京七星电子集团有限公司	2000 年
李金国	男	北京北电科技电子有限公司	2000 年
陈二平	女	北京广播器材厂主持设计师	2000 年
王德云	男	北京牡丹电子集团公司密云公司总经理	2000 年
林　涛	男	北京市电机总厂厂长	2000 年
曾志荣	男	北京起重机器厂厂长	2000 年
宋金华	男	北京天海工业有限公司党委书记	2000 年
程文燕	女	北京开关厂党委书记	2000 年
郭章立	男	北京变压器厂党委书记	2000 年
于宝贵	男	北人集团公司工会主席	2000 年
闫俊岭	女	北京开关厂工会主席	2000 年
郝秀真	女	北京市机械工业管理局党校副校长	2000 年
王蔼祥	男	北京第二机床厂副处长	2000 年
胡宗昆	男	北京第三机床厂物业经理	2000 年
李汉民	男	北京市机电研究所所长	2000 年
杨惠芝	女	北京市粉末研究所研究室主任	2000 年
赵静波	女	北京华德液压工业集团有限责任公司研究室主任	2000 年
胡学晟	男	北京市粉末冶金公司总工程师	2000 年
韩晓明	男	北京冷冻机厂副总工程师	2000 年

（续表）

姓名	性别	单位及职务	获得时间
刘九江	男	北京重型电机厂设计员	2000 年
安根旺	男	北人集团公司高级技师	2000 年
张福昌	男	北京开关厂工人技师	2000 年
梁长宏	男	北人集团公司技师	2000 年
邱莉萍	女	北京开关厂销售员	2000 年
刘玉畦	男	北人集团公司工人技师	2000 年
张丽惠	女	北京市电线电缆总厂销售员	2000 年
辛凤珍	女	北京巴威公司工人	2000 年
罗培俊	男	北京重型汽车制造厂工人	2000 年
王　永	男	北京市电机总厂技师	2000 年
朱凤琴	女	北京市电机总厂工人	2000 年
李凤林	男	北京市重型电机厂技师	2000 年
段文辉	男	北京第二开关厂检验员	2000 年
魏　刚	男	北京第一机床厂工人	2000 年
沈红霞	男	北京市机械工业学校教师	2000 年
耿京华	女	北京起重机器厂工人	2000 年
程　鹏	男	北京金属结构厂调度员	2000 年
张庆中	男	北京变压器厂工人	2000 年
刘玉彬	男	北京兴达波纹管制造厂厂长	2000 年
郭久奇	男	北京市兴华通风设备厂厂长	2000 年
熊松安	男	北京北分瑞利分析仪器集团有限公司董事长兼总经理	2000 年
王德生	男	北京市照相机总厂动力处工人	2000 年
高　华	女	北京远东仪表公司高级工	2000 年
孔令球	男	北京仪器仪表工业控股集团有限责任公司劳动教育处处长	2000 年
马淑兰	女	北京光学仪器厂党委宣传部长	2000 年
吕振华	男	北京仪器厂真空技术研究所高级工	2000 年
郭继光	男	北京光电技术研究所室主任	2000 年
赵福庭	男	北京电影机械研究所副总工程师、镀膜事业部主任	2000 年
陈瑞福	男	北京星光影视设备集团公司总经理	2000 年
刘永连	男	北京云成激光唱盘有限公司副董事长兼总经理	2000 年
田　丽	女	北京吉普汽车有限公司工人	2000 年
李清纯	男	北京吉普汽车有限公司工人	2000 年
衡建强	男	北京天纬油泵油嘴股份有限公司工段长	2000 年

（续表）

姓名	性别	单位及职务	获得时间
李建民	男	北京齿轮总厂施工员	2000 年
苑学静	女	北京江森自控汽车饰件有限公司班长	2000 年
杨光用	男	北京汽车摩托车联合制造公司组长	2000 年
常立臣	男	北京市旅行车股份有限公司中级工	2000 年
孙　明	男	北京轻型汽车有限公司班长	2000 年
陈群一	男	北京吉普汽车有限公司组长	2000 年
苏　伟	男	北京汽车仪表厂科长	2000 年
肖亚平	女	北京市汽车研究所研究室主任	2000 年
由　毅	男	北京汽车摩托车联合制造公司所长	2000 年
龚瑞国	男	北京华纳齿轮有限公司工程师	2000 年
张　喆	男	北京轻型汽车有限公司副经理	2000 年
邓宝泉	男	北汽福田车辆股份有限公司车间主任	2000 年
姚长生	男	北京汽车摩托车联合制造公司分厂厂长	2000 年
王金玉	男	北汽福田车辆股份有限公司总经理	2000 年
贺燕铭	男	北内集团总公司技术中心副主任	2000 年
孙　杰	男	北内集团总公司柴油机厂钢件二车间工人	2000 年
方　芳	女	北内集团总公司幼儿园园长	2000 年
丁　杰	女	北内集团总公司销售处神燕工贸公司经理	2000 年
付双锁	男	北内集团总公司锻造分公司班长	2000 年
李伯华	男	北内集团总公司内燃机四厂车间副主任	2000 年
史素莲	女	北京二七机车厂机械五车间高级工	2000 年
宋芙兴	男	北京二七机车厂销售处高级工	2000 年
王鹤强	男	北京二七机车厂工艺处副处长	2000 年
王爱新	女	北京二七车辆厂电焊工	2000 年
王春山	男	北京二七车辆厂设计处高级工程师	2000 年
卢连生	男	北京二七车辆厂副厂长	2000 年
徐宝华	男	北京南口机车车辆机械厂三机车间生产班长	2000 年
李　睿	男	北京南口机车车辆机械厂技术开发研究所所长	2000 年
郝惠云	女	北京昌平机车车辆机械厂车工	2000 年
李春英	女	北京市农机物资供应公司经理	2000 年
李　斌	男	北京联合收割机发展集团冲压分厂技师	2000 年
杨仁全	男	北京市农业机械研究所所长助理	2000 年
应书光	男	北京化学工业集团有限责任公司有机化工厂厂长	2000 年

（续表）

姓名	性别	单位及职务	获得时间
刘荣堂	男	北京化工实验厂厂长	2000 年
杨 旭	男	北京化工四厂助理工程师	2000 年
刘小庚	男	北京炼焦化学厂副厂长	2000 年
孟繁奎	男	北京化二股份有限公司副总经理	2000 年
赵维江	男	北京市化工研究院部门经理	2000 年
魏秀玲	女	北京北化精细化学品有限责任公司技术员	2000 年
张 葵	男	北京染料厂厂长助理	2000 年
赵允溪	男	北京市化学工业局职工大学系主任	2000 年
高 翔	男	北京化学工业集团有限责任公司东方化工厂研究室主任	2000 年
莫 畏	男	北京化学试剂研究所总工程师	2000 年
李春盈	男	北京助剂二厂工人技师	2000 年
蔡海清	男	北京化二股份有限公司工段长	2000 年
娄印华	男	北京化工实验厂班长	2000 年
赵清华	男	北京化工集团橡塑制品一厂班长	2000 年
张胜林	男	北京橡胶十厂工人	2000 年
吴防昀	女	北京合成纤维实验厂工人	2000 年
孔祥浩	男	北京橡胶二厂班长	2000 年
郗典章	男	北京普莱克斯实用气体有限公司工人	2000 年
张晓森	男	北京橡胶一厂工人	2000 年
边洪信	男	北京化学工业集团有限责任公司化工二厂分厂厂长	2000 年
张德旺	男	北京市煤炭总公司四厂卸煤机班班长	2000 年
付天恩	男	北京煤炭机械厂装卸队队长	2000 年
马植胜	男	北京矿务局木城涧煤矿副总工程师	2000 年
李 忠	男	北京矿务局木城涧煤矿矿长助理	2000 年
苗学军	男	北京矿务局木城涧煤矿大台井运输段班长	2000 年
刘永先	男	北京矿务局大安山煤矿党委书记	2000 年
朱小兵	男	北京矿务局大安山煤矿选运一科工人	2000 年
俞小京	男	北京矿务局门头沟煤矿总会计师	2000 年
于福国	男	北京矿务局长沟峪煤矿总工程师	2000 年
张胜利	男	北京矿务局矿建建筑安装有限责任公司筑屋班长	2000 年
马德顺	男	北京矿务局化工厂机加工车间钳工班高级工	2000 年
伍良善	男	北京矿务局机电总厂钢窗车间车间主任	2000 年
靳增超	男	北京矿局煤矸石热电厂班长	2000 年

（续表）

姓名	性别	单位及职务	获得时间
吕宝玉	女	北京矿务局总医院护士长	2000 年
佟养贞	男	北京矿务局木城涧煤矿六段段长	2000 年
赵 杰	男	北京市天坛煤厂工人	2000 年
石晓啟	男	北京第二热电厂运行车间电运丙班班长	2000 年
张祖源	男	北京第三热电厂燃贮车间检修班班长	2000 年
邢建海	男	北京电力建设公司经理助理	2000 年
刘 钧	男	北京送变电公司第三工程公司经理	2000 年
叶志河	男	北京电力设备总厂特种电机厂干部	2000 年
苏为民	男	北京电力科学研究院系统所干部	2000 年
沈卫东	男	华北电力调度局调度处副处长	2000 年
孟利平	男	华北电力集团公司生产技术部水电专责工程师	2000 年
杨祝辉	男	华北电力集团公司副总经理	2000 年
曹晋恩	男	北京送变电公司经理	2000 年
贾福清	男	北京供电公司副经理	2000 年
王 建	男	北京供电公司供电工程公司变电施工一处技术员	2000 年
虞东祥	男	北京供电公司汽车服务总公司发电车班班长	2000 年
马文月	男	北京供电公司电缆管理处主任	2000 年
王耀杰	男	北京供电公司城区供电分公司经理	2000 年
桂 强	男	北京石景山发电总厂石热电厂运行班班长	2000 年
严 申	男	北京大唐发电股份有限公司高井发电厂检修公司制粉队技术员	2000 年
张 衡	男	华北电力集团公司十三陵蓄能电厂运行班班长	2000 年
丁正可	男	北京市瑞博水泥制品有限责任公司第三构件厂副厂长	2000 年
刘宝霞	女	北京市现代建筑材料公司业务员	2000 年
马凤斌	男	北京市长城家具公司管工班长	2000 年
袁建国	男	北京奥克兰建筑防水材料有限公司业务员	2000 年
王伟中	男	北京市新型防火装备厂业务员	2000 年
王志秋	男	北京市西六建材工贸公司班长	2000 年
韩苏中	男	北京市建材水磨石厂工段长	2000 年
王建中	男	北京市燕山水泥厂工段长	2000 年
夏全义	男	北京水泥厂工段长	2000 年
罗文圣	男	北京市木材厂厂长助理	2000 年
刘长金	男	北京市永固建筑五金工业集团经理	2000 年
王贵生	男	北京建材集团琉璃河水泥厂电器工程师	2000 年

（续表）

姓名	性别	单位及职务	获得时间
杨永起	男	北京市建筑材料科学研究院总工程师	2000年
何建北	男	北京市天坛家具公司经理	2000年
王学臣	男	北京市加气混凝土厂厂长	2000年
李乔英	女	北京市建筑五金科研实验厂党委书记	2000年
王孝群	男	北京建筑材料集团有限责任公司副总经济师	2000年
刘茂斋	男	北京建筑材料集团有限责任公司办公室主任	2000年
陈华方	男	北京市建筑装饰设计工程公司党委书记	2000年
张洪根	男	北京建筑材料集团有限责任公司副总经理	2000年
何建军	女	北京市建材经贸集团防水材料供应公司和平里供应站经理	2000年
郑健伟	男	北京制药厂助理经济师	2000年
付　强	男	北京第三制药厂二车间段长	2000年
刘瑞云	女	北京第四制药厂延庆药厂厂长	2000年
杨　力	男	北京万东医疗装备公司副经理	2000年
赵洪斌	男	北京医疗器械研究所科研发展部主任	2000年
崔根起	男	北京医药药品公司外勤部副主任	2000年
张德华	男	北京医药经济技术经营公司副经理	2000年
李广义	男	北京协和制药二厂副厂长	2000年
于淑惠	女	北京蕾波制药厂厂长	2000年
杨守忠	男	北京燕京制药厂厂长	2000年
武素经	男	北京紫竹药业有限公司业务员	2000年
殷安凡	女	北京双鹤药业股份有限公司高级工程师	2000年
曲宏林	男	北京医药股份有限公司业务员	2000年
王庆武	男	北京一轻威顿玻璃制品有限公司工段长	2000年
张福初	男	北京一轻玻璃研究院副院长	2000年
宛来顺	男	北京一轻造纸七厂车间主任	2000年
李吉祥	男	北京一轻造纸一厂南分厂班长	2000年
张庆才	男	北京一轻星海机械厂管组班长	2000年
刘　英	女	北京一轻钢琴厂设备工程部科长	2000年
季福荣	男	北京一轻红星酿酒集团公司班长	2000年
苏文彬	男	北京一轻手表厂工人	2000年
曲运宏	男	北京一轻丽源公司总经理助理	2000年
刘元媛	女	北京一轻义利食品公司西河沿面包厂销售公司分厂厂长	2000年
刘云雨	男	北京一轻日用化学二厂主管	2000年

（续表）

姓名	性别	单位及职务	获得时间
刘丽萍	女	北京一轻金星制笔工业公司工人	2000 年
肖德全	男	北京一轻照明器材公司党委书记	2000 年
陈治平	男	北京一轻富莱茵货运中心队长	2000 年
肖永生	男	北京一轻轻工职业技术学院教师	2000 年
张金钢	男	北京一轻红星酿酒集团公司经理	2000 年
郑建军	男	北京一轻研究所所长	2000 年
原士平	男	北京一轻玻璃仪器厂炉长	2000 年
陈文有	男	北京铝材厂车间党支部书记	2000 年
王际东	男	北京金鹰铜业有限公司技术主任	2000 年
许 光	男	北京雪花集团公司干部	2000 年
陈宝金	男	北京二轻不锈钢燃气设备厂厂长	2000 年
邢立平	女	北京彩色印刷厂厂长	2000 年
高 民	男	北京皮革制品进出口公司干部	2000 年
裴凤德	男	北京市亚太塑胶总公司副总工程师	2000 年
孟丽云	女	北京白菊电器集团工人	2000 年
罗建福	男	北京市二轻文体百货工业联合公司机械技术公司技术员	2000 年
代金喜	女	北京市二轻皮件三厂技术工艺员	2000 年
马玉蓉	女	北京二轻工业学校教师	2000 年
郑 平	女	北京二轻轻工高级技术学校教师	2000 年
沈长明	男	北京恩布拉科雪花压缩机有限公司车间主任	2000 年
李长泉	男	北京白菊电器集团厂长	2000 年
邢宝臣	男	北京制革厂经理助理、工程师	2000 年
马振元	男	北京轻工供销有限公司业务部门经理	2000 年
秦立洁	女	北京华盾雪花公司总工程师	2000 年
刘凤锡	男	北京市北泡轻钢建材有限公司副经理、高级工程师	2000 年
王彦明	男	北京雪花电器集团公司处长、高级工程师	2000 年
韩天润	男	北京塑料制品厂高级工程师	2000 年
王 镇	男	北京市京华印刷总厂工人	2000 年
穆传志	男	北京胶印厂干部、经济师	2000 年
韩宝辉	男	北京印钞厂工人	2000 年
何平山	男	北京桑普电器有限公司总经理	2000 年
张正喜	男	北京伟豪铝业有限责任公司总经理	2000 年
申小平	女	京棉集团一分厂党支部书记	2000 年

（续表）

姓名	性别	单位及职务	获得时间
宋国玲	女	京棉集团一分厂筒拈车间工长	2000 年
杨桂茹	女	京棉集团二分厂布机车间教练员	2000 年
郭启利	男	京棉集团二分厂前纺车间技师	2000 年
顾 军	男	京棉集团二分厂布机车间副主任	2000 年
曹桂兰	女	京棉集团三分厂职工医院院长助理	2000 年
郭卫东	男	北京第二印染厂厂长	2000 年
孙慧霞	女	北毛集团金羊毛纺有限公司染整车间修择补工段工人	2000 年
崔玉华	女	北毛集团有限责任公司北京顺发进出口公司常务副总经理	2000 年
杜建英	女	北京清河毛纺厂精织车间挡车工	2000 年
李秀茹	女	北京清河毛纺厂经营副厂长	2000 年
张富华	男	北京制呢厂党委书记	2000 年
胡宝泉	男	北京制呢厂动力科班长	2000 年
林士昌	男	北京铜牛针织集团有限责任公司总经理	2000 年
李贵启	男	北京毛纺动力厂厂长	2000 年
马天真	男	北京化学纤维厂水气车间空压站站长、技师	2000 年
李士俊	女	北京铜牛针织集团有限责任公司外贸生产部班长	2000 年
迟光华	女	北京市三环毛纺织针织集团公司北京第二毛线厂成品车间主任	2000 年
尹永刚	男	北京市三环毛纺针织集团公司环羊毛衫厂工人	2000 年
赵瑞棻	男	北京帆布厂佳泰分厂副厂长	2000 年
王明旭	男	北京五洲染织集团公司织带商标厂机织分厂承包人	2000 年
苗晓光	男	北京雪莲羊绒有限公司副总工程师	2000 年
邓文泉	男	北京光华染织厂工人	2000 年
康秀玲	女	北京市京工服装工业集团公司党委书记	2000 年
董 红	女	北京衬衫厂中级工	2000 年
房 宏	男	北京二毛纺织集团销售员	2000 年
宁和平	男	北京二毛纺织集团副总经理	2000 年
姜卫华	女	北京纺织党干校党委书记	2000 年
武长征	女	北京市针织集团公司第四针织厂劳服旺乐高婴幼儿用品制造中心负责人	2000 年
钱曙华	女	北京毛纺织科学研究所高级工程师	2000 年
卢 腾	男	北京丽华棉纺织厂厂长	2000 年
赵连华	女	北京冠亚制衣有限公司经理	2000 年
郭铁林	男	北京奥克斯特制衣有限公司总经理	2000 年

（续表）

姓名	性别	单位及职务	获得时间
殷顺海	男	北京同仁堂股份有限公司董事长、总经理	2000 年
张绍来	男	北京同仁堂股份有限公司同仁堂药酒厂研究室主任	2000 年
赵修兰	女	中国北京同仁堂集团公司北京同仁堂制药二厂组长	2000 年
崔庆利	男	中国北京同仁堂集团公司同仁堂药店技师	2000 年
刘惠英	女	北京工美集团总公司白孔雀艺术世界组长	2000 年
赵秉年	男	北京天坛实业总公司经理	2000 年
周瑞华	女	北京剧装厂工人	2000 年
石慧兰	女	北京市前进鞋厂业务员	2000 年
高福印	男	北京电炉厂车间主任	2000 年
傅革新	男	北京市科通电子继电器总厂副总工程师	2000 年
张荣明	男	北京爱慕制衣厂总经理	2000 年
杨廉斯	女	北京邮电通讯设备厂厂长	2000 年
吕玉秀	女	北京市朝阳区振兴纸箱厂厂长	2000 年
王怀新	男	北京华东开关厂董事长兼经理	2000 年
王永生	男	朝阳区大屯铸造厂厂长	2000 年
陆致成	男	清华同方股份有限公司总裁	2000 年
王　选	男	北大方正集团有限公司方正香港有限公司董事局主席	2000 年
李　勤	男	联想集团有限公司董事局副主席、常务副总裁	2000 年
戴焕忠	男	北京华讯集团董事长、总裁	2000 年
刘　迟	男	北京国工印刷厂职工	2000 年
陈宇飞	男	北京中安消防电子有限公司高级工程师	2000 年
石　林	男	燕山丝绸二厂董事长	2000 年
徐生恒	男	北京四博连通用机械新技术公司经理	2000 年
王亦和	男	丰华印刷厂厂长	2000 年
李克峰	男	门头沟新港水泥制造有限公司工段长	2000 年
魏连生	男	门头沟宏华民用电器厂厂长	2000 年
王振斌	男	大杜社铸造厂厂长	2000 年
赵长树	男	牛栏山酒厂厂长	2000 年
张淑玉	女	顺义鲲鹏食品集团霞光饲料公司技术员	2000 年
张海峰	男	北京燕京啤酒集团公司维修组长	2000 年
谢长明	男	牛栏山酒厂组长	2000 年
高明申	男	顺义区北小营镇后鲁水泥构件厂厂长	2000 年
高云明	男	北京冶金工程技术联合开发研究中心总经理	2000 年

（续表）

姓名	性别	单位及职务	获得时间
张建勋	男	顺义农药厂厂长	2000 年
李淑英	女	北京时颖服装厂厂长	2000 年
李树丰	男	顺义城关服装厂厂长	2000 年
李桂君	女	北京南华时装有限公司副总经理兼厂长	2000 年
臧法先	男	北京阿奇夏米尔工业电子有限公司总经理	2000 年
张振忠	男	北京世元玩具有限公司经理	2000 年
张秀全	男	北京顺兴葡萄酒有限公司总经理	2000 年
陈连元	男	华都酿酒食品工业公司司炉工段长	2000 年
陈永富	男	昌平区水泥构件厂司机	2000 年
张文良	男	昌平区保温瓶工业公司党委书记	2000 年
曲文艺	男	昌平区汽车水箱厂技术组长	2000 年
王桂香	女	昌平区马池口镇红荷服装厂厂长	2000 年
李 润	男	昌平区百善镇百善印刷厂厂长	2000 年
赵祖新	男	房山区制桶厂工业经济员	2000 年
李双喜	男	燕山特种润滑油厂技术厂长	2000 年
郝志娟	女	房山区服装一厂工人	2000 年
李 仕	男	阎村镇砖厂厂长	2000 年
赵洪兰	女	房山紫草坞羊毛衫厂厂长	2000 年
宣肇恩	男	大兴县磷肥厂总工程师	2000 年
张 军	男	大兴县金属工业有限公司制造部班长	2000 年
王富林	男	平谷丽都亚洲啤酒有限公司锅炉车间维修班长	2000 年
刘 祥	男	平谷县镇罗营乡光亚毛织厂厂长	2000 年
赵满才	男	平谷福粮砖厂锅炉工	2000 年
见立荣	女	平谷县华阳服装厂厂长	2000 年
李显军	男	北京密云三环亚太啤酒有限公司电工	2000 年
马德春	男	北京密云佳乐食品厂工人	2000 年
陶为孝	男	密云冶金矿山公司副总工程师	2000 年
刘书平	女	北京密云富帛实业股份有限公司高级工	2000 年
季书君	男	密云县机械电子工业公司总经理	2000 年
王善厚	男	密云县高岭镇放马峪铁矿矿长	2000 年
王利华	男	北京永庆毛织品有限公司经理	2000 年
陈济民	男	国营华北光学仪器厂厂长	2000 年
杜书方	男	国营北京曙光电机厂汽车电机事业副部长	2000 年

（续表）

姓名	性别	单位及职务	获得时间
李华州	男	北京青云航空仪表有限公司计算机应用管理中心主任	2000 年
刘连和	男	国营五四二四厂总工程师	2000 年
赵新建	男	北京长空机械有限责任公司工段长	2000 年
于兆昌	男	国营第三一八厂工人	2000 年
梁玉岭	男	国营第六一八厂十分厂厂长	2000 年
杜　斌	男	北京市三露厂厂长	2000 年
胡志刚	男	丰台桥梁工厂车间主任	2000 年
董学庆	男	丰台桥梁工厂班长	2000 年
王连杰	男	北京京城环保产业发展有限责任公司北通螺杆厂工人	2005 年
曹敬东	男	北京现代京城工程机械有限公司生产部组装科班长	2005 年
宋　涛	男	北京华德液压工业集团有限公司液压泵分公司芯部零件加工车间工人	2005 年
何新有	男	北京第二机床厂有限公司总装段长	2005 年
郭永胜	男	北京第一机床厂中型铣床制造部计划调度员	2005 年
郭宁军	男	北人印刷机械股份有限公司技术中心总工程师	2005 年
林抚生	男	北京京城机电控股有限责任公司总经理	2005 年
谷立恒	男	北京机电院高技术股份有限公司数控事业部部长	2005 年
孙洪鹏	男	北京巴布科克·威尔科克斯有限公司设计工程经理	2005 年
范文强	男	北京松下彩色显像管有限公司副总经理	2005 年
解越美	女	北京天海工业有限公司技术质量部部长	2005 年
刘仁洲	男	北京正东电子动力集团有限公司总经理	2005 年
宋光辉	男	北京 JVC 电子产业有限公司制造部系长	2005 年
相　新	男	北京七六一通信雷达有限公司装联班班长	2005 年
张德臣	男	北京七星华创电子股份有限公司工业炉分公司车工	2005 年
张志红	女	北京大华无线电仪器厂电源分厂电源研发组组长	2005 年
肖继新	男	北京莎威电子有限责任公司制版中心主任	2005 年
黄　健	男	北京吉讯佳电子有限公司工人	2005 年
龚其孝	男	北京七星华创电子股份有限公司电子自动化设备分公司制造部钣金班工人	2005 年
金　红	女	北京西门子通信网络有限公司中国网通总部市场总监	2005 年
钟　华	女	北京七星华创电子股份有限公司微电子设备分公司主任级工程师	2005 年
刘金会	女	北京京东方半导体有限公司车间副主任	2005 年
李广南	男	北京北研兴电力仪表有限责任公司总工程师	2005 年
佟　军	男	北京华腾化工有限公司公用工程事业部工人	2005 年

（续表）

姓名	性别	单位及职务	获得时间
黄志齐	男	北京化学试剂研究所总工程师	2005年
赵经伟	男	北京汽车摩托车联合制造公司电动车公司项目经理	2005年
叶　进	男	北京北广电子集团有限责任公司总工程师	2005年
戴松高	男	北汽福田汽车股份有限公司发动机事业部经理	2005年
何文辉	男	北汽福田汽车股份有限公司汽车工程研究院副院长	2005年
曲秀兰	女	北京吉普汽车有限公司产品部车型开发项目负责人	2005年
季永杰	男	北内集团总公司技术中心副主任	2005年
信宝丰	男	北京齿轮总厂机动分厂工人	2005年
廖艳萍	女	北京市汽车工业高级技工学校钳工教研组长	2005年
韩桂升	男	北京现代汽车有限公司生产管理部职员	2005年
刘德清	男	北内集团总公司现代凸轮轴生产车间四班班长	2005年
赵印安	男	北京亚新科天纬油泵油嘴股份有限公司热处理分厂表面处理班班长	2005年
曾　鹏	男	北京吉普汽车股份有限公司装焊车间工人	2005年
张小虎	男	北汽福田汽车股份有限公司怀柔汽车厂涂装车间副主任	2005年
徐和谊	男	北京现代汽车有限公司董事长	2005年
白　晶	男	北京电力公司调度通信中心继电器保护运行处工程师	2005年
彭新立	男	北京电力公司密云供电公司供用电工程公司副经理	2005年
王春亭	男	华北电网有限公司北京十三陵蓄能电厂自控班班长	2005年
蔡金芳	女	大唐国际发电股份有限公司北京高井热电厂发电部电气运行主值班员	2005年
龙　飞	男	北京城区供电公司生产技术处处长	2005年
郭香福	男	北京电力设备总厂特种电器厂研究室主任	2005年
袁亦超	男	华北电力科学研究院有限责任公司高电压技术研究所副所长	2005年
袁敬中	男	华北电网有限公司工程建设部高级工程师	2005年
陆耀东	男	北京光电技术研究所室主任	2005年
马士华	男	北京京仪控股有限责任公司董事长	2005年
陈孟祥	男	北京北分瑞利分析仪器集团有限责任公司红外部工人	2005年
田建英	女	北京五洲佳泰新型涂层材料有限公司生产调度	2005年
王宗全	男	北京京棉集团一分公司前纺车间工人	2005年
张俊良	男	北京京棉集团二分公司织布车间工人	2005年
马宝平	男	北京清河毛纺织厂染整车间工段长	2005年
韩孟林	男	北京雪莲羊绒股份有限公司管道工段长	2005年
高铁练	男	北京衬衫厂设备科科员	2005年

（续表）

姓名	性别	单位及职务	获得时间
蒙 山	男	北京铜牛针织集团有限责任公司铜牛股份公司设备动力部部长	2005 年
董安礼	男	北京五洲燕阳特种纺织品有限公司总工程师	2005 年
郭 鸣	男	北京工美集团有限责任公司技术中心经理	2005 年
朱江伟	男	北京同仁堂科技发展股份有限公司高级工	2005 年
李国盛	男	北京同仁堂商业投资发展有限责任公司总经理	2005 年
张兴国	男	北京一轻研究所——兴大豪科技开发有限公司副总工程师	2005 年
韩 红	女	北京星海钢琴集团有限公司工人	2005 年
岳 军	男	北京玻璃仪器厂制造部吹机工段长	2005 年
曹荣鑫	男	北京新世纪信息纸厂印刷主机手	2005 年
赵云龙	男	北京红星股份有限公司技术开发部部长	2005 年
陈天宝	男	北京一轻控股有限责任公司副董事长、总经理	2005 年
陈高恩	男	北京星海钢琴集团有限公司机芯分厂副厂长	2005 年
王玉英	男	北京金鹰铜业有限责任公司精密铜带车间主任	2005 年
侯永宁	男	北京华盾雪花塑料集团有限责任公司土工事业部南膜车间高级工人技师	2005 年
吕春明	男	北京乾沣印刷有限公司装订车间胶订总领机	2005 年
路广义	男	北京白菊电器集团注塑车间主任	2005 年
田 岩	女	北京华盾雪花塑料集团有限责任公司副总工程师	2005 年
郭春颉	男	北京北泡塑料集团轻钢建材有限公司总工程师	2005 年
王春生	男	首钢炼铁厂三高炉工段炉长	2005 年
高宝富	男	首钢焦化厂一炼焦车间燃管作业区作业长	2005 年
于 强	男	首钢第二炼钢厂炼钢车间丙班炼钢工	2005 年
陈树金	男	首钢型材轧钢厂一车间轧钢丁班班长	2005 年
杨 军	男	首钢第一线材厂线一车间主任	2005 年
王大明	男	首钢电力厂机械动力科科长	2005 年
张家营	男	首钢运输部生产科调度	2005 年
崔金钢	男	首钢设备维检中心炼铁点检总站高炉一班班长	2005 年
陈 斌	男	首钢供应公司煤炭供应科副科长	2005 年
孟祥阳	男	首钢矿业公司水厂铁矿汽五车间 22 吨矿车司机	2005 年
孙利国	男	首钢特钢公司轧钢厂轧钢二车间主任	2005 年
王文智	女	首钢饮食服务公司早餐工程分公司食品加工中心主任	2005 年
李宝健	男	首钢工学院基础部数学教师	2005 年
刘士刚	男	首钢安装分公司迁钢电气项目部副经理	2005 年
王洪波	男	首钢第二炼钢厂生产科副科长	2005 年

（续表）

姓名	性别	单位及职务	获得时间
程学彬	男	首钢炼铁厂四高炉炉前大班长	2005年
王 涛	男	曹妃甸钢铁项目炼铁组教授级高级工程师	2005年
刘玉新	男	首钢高速线材厂技术科专业员	2005年
王喜柱	男	首钢矿业公司机械厂生产技术科高级工程师	2005年
姜文才	男	首秦工程项目部指挥	2005年
刘晶志	男	首钢中厚板轧钢厂高级工程师	2005年
廖洪强	男	首钢技术研究院资环所高级工程师	2005年
何 巍	男	首钢设计院高级工程师	2005年
周德谋	男	首钢计量自动化公司运行维护车间计算机应用工程师	2005年
娄 宇	男	首钢机电公司机械厂机动科专业员	2005年
韵建新	男	首钢高新公司控制设备分公司设计室设计员	2005年
向平超	男	北京大学首钢医院呼吸科副主任医师	2005年
马家骥	男	首钢彩涂板公司高级工程师	2005年
胡 冲	男	首建金结厂设计室主任	2005年
岳文会	男	首钢第三炼钢厂党委书记	2005年
胡 斌	男	中首公司经理	2005年
张 军	男	首钢实业发展部党委书记	2005年
冯建设	男	首钢第二耐火材料厂厂长	2005年
张竞先	男	首钢鲁家山矿矿长	2005年
朱继民	男	首钢总公司董事长	2005年
武素经	男	北京紫竹药业有限公司业务员	2005年
曲宏林	男	北京医药股份有限公司医疗器械分公司销售员	2005年
殷安凡	女	北京双鹤药业股份有限公司科研项目负责人	2005年
郭玉贵	男	北京昊煜工贸有限责任公司煤矸石热电厂燃料车间主任	2005年
隋占永	男	京煤集团金泰恒业公司海淀园煤炭经营中心金玉园菜市场班长	2005年
范广顺	男	北京金泰恒业有限责任公司煤炭三厂班长	2005年
刘玉忠	男	北京昊华能源股份有限公司木城涧煤矿开拓三段段长	2005年
黄书国	男	北京昊华能源股份有限公司长沟峪煤矿队长	2005年
刘天华	男	北京昊华能源股份有限公司大安山煤矿班长	2005年
翟凯鸿	男	北京鑫华源机械制造有限责任公司技术副总经理	2005年
肖健存	男	北京京煤集团总医院消化肿瘤科副主任	2005年
牛进猛	男	北京金泰恒业有限责任公司煤炭四厂厂长	2005年
杨启炜	男	北京东方石油化工有限公司有机化工厂厂长	2005年

（续表）

姓名	性别	单位及职务	获得时间
李　刚	男	中国石化北京燕山石油化工有限公司聚丙烯事业部经理	2005 年
景政红	女	中国石化北京燕山石油化工有限公司树脂应用研究所研究一室高级工程师	2005 年
付善强	男	北京化二股份有限公司氧氯化车间主任	2005 年
杜金奎	男	中国石油化工股份有限公司北京燕山分公司副总经济师兼经营计划部部长	2005 年
陈德烨	男	中国石化北京燕山石油化工有限公司化工一厂裂解车间主任	2005 年
王运仓	男	中国石化北京燕山石油化工有限公司化学品事业部间甲酚车间主任	2005 年
许淑云	男	中国石油化工股份有限公司北京燕山分公司炼油厂第三作业部高级工	2005 年
杨　水	男	中国石化北京燕山石油化工有限公司动力事业部第三供水车间中级工	2005 年
刘国庆	男	中国石化北京燕山分公司铁路运输部机车车辆段化四机车组司机长	2005 年
唐新民	男	北京东方石油化工有限公司化工四厂电气车间技术员	2005 年
王建军	男	北京东方石油化工有限公司东方化工厂丙烯酸车间触媒研究室主任	2005 年
李荣春	男	北京印钞厂印钞一部 J98-2 号机领机机长	2005 年
王相斌	男	中国南车集团北京二七车辆厂新车车间工人	2005 年
王玉刚	男	中国北车集团北京二七机车厂机械六车间班长	2005 年
孟庆顺	男	中国北车集团北京南口机车车辆机械厂动力车间修钳工	2005 年
雷志武	男	北京新华印刷厂轮转车间副主任	2005 年
张熙明	女	北京金隅嘉业房地产开发公司经营部主任	2005 年
李国章	男	北京星牌建材有限责任公司工段长	2005 年
杨廷顺	男	北京市燕山水泥厂工段长	2005 年
任竞鸿	男	北京天坛股份有限公司设计室主任	2005 年
王绍棠	男	北京森华人造板有限公司总经理	2005 年
吴宝春	男	北京万龙洲饮食有限公司董事长	2005 年
张广川	男	北京华控技术有限责任公司总工程师	2005 年
田秋生	女	北京市工艺金属公司金属制品销售部班组长	2005 年
崔奇铭	男	北京溯源玉石加工有限公司工艺美术师	2005 年
余芳君	女	北京市珐琅厂有限责任公司董事长	2005 年
林玉峰	男	北京第三纺织机械有限公司技术部科长	2005 年
张金虎	男	北京市东升锅炉厂班长	2005 年
李桂英	女	北京长城节能锅炉厂销售科销售员	2005 年

（续表）

姓名	性别	单位及职务	获得时间
胡海峰	男	清华同方威视技术股份有限公司总裁	2005 年
赵士谦	男	北京安泰科技股份有限公司董事、副总裁	2005 年
张　涛	男	北京四方继保自动化股份有限公司技术专家	2005 年
林　菁	男	北京佳讯飞鸿电气有限责任公司技术总监	2005 年
段震文	男	北京北大维信生物科技有限公司总经理	2005 年
邓中翰	男	北京中星微电子公司高级工程师	2005 年
洪作刚	男	北京市曲美家具有限公司模具工	2005 年
汪宏坤	男	北京市华威家具制造有限公司董事长	2005 年
聂　明	男	北京天利深冷设备股份有限公司董事长	2005 年
薛洪德	男	北京丰印诚科技发展有限公司业务员	2005 年
刘晓春	男	北京海鑫科技信息有限公司总经理	2005 年
赵有恒	男	北京金太阳药芯焊丝有限公司工程师	2005 年
冯连超	男	北京市地毯毛纺一厂班长	2005 年
李大军	男	北京双山水泥集团水泥二厂班长	2005 年
韩　喜	男	北京双山水泥集团水泥一厂车间副主任	2005 年
张保全	男	北京精雕科技有限公司副总工程师	2005 年
李海杰	女	北京美高仪软件技术有限公司生产部工人	2005 年
徐　军	男	北京福田环保动力股份有限公司车身车间轻客钳装线工段长	2005 年
白　宇	男	北京巨能新技术产业有限公司巨能集团药品事业部技改办工人	2005 年
周爱国	男	北京环鼎科技有限责任公司高级工	2005 年
王春刚	男	北京北亚工业科技开发集团干部	2005 年
赵正义	男	北京九鼎同方技术发展有限公司总工程师	2005 年
孙学刚	男	北京弘大汽车空调散热器有限公司技术负责人	2005 年
王培华	男	北京秦昌玻璃有限公司车间主任	2005 年
于　术	男	北京华恒建材有限责任公司维修班班长	2005 年
田　禾	男	北京普析通用仪器有限责任公司董事长兼总经理	2005 年
石长城	男	怀柔区汽车厂试制车间生产调度工人	2005 年
吴学春	男	首钢迁钢公司动力作业部副作业长	2010 年
韩永生	男	首钢京唐公司炼铁作业部烧结分厂烧结班工人	2010 年
张　宇	男	首钢迁钢公司制氧作业部助理	2010 年
秦　涛	男	首钢矿业公司机械厂机加工分厂车工	2010 年
蒋　辉	男	首钢股份公司炼铁厂一高炉炉长	2010 年
张建英	男	首钢焦化厂一炼焦区域作业长	2010 年

（续表）

姓名	性别	单位及职务	获得时间
王国强	男	首钢股份公司第二炼钢厂炼钢作业区域炼钢工	2010 年
钱继纲	男	首钢股份公司高速线材厂二区域精轧乙班调整工	2010 年
叶树毅	男	首钢股份公司第一线材厂线材作业区域区域长	2010 年
熊　伟	男	首钢新钢公司型材轧钢厂生产计划科科长	2010 年
丁全军	男	首钢股份公司中厚板轧钢厂乙作业区轧钢班工人	2010 年
张建国	男	首钢总公司运输部机务段乘务员	2010 年
陈　光	男	首钢冷轧薄板酸轧作业区作业长	2010 年
姜广亮	男	首钢特钢公司轧钢厂第一作业区区域长	2010 年
李文海	男	首钢机电公司机械厂车间主任	2010 年
刘春利	男	首钢股份公司炼铁厂供料作业区区域长	2010 年
冯美春	女	中国石化股份有限公司北京燕山分公司化工七厂苯乙烯联合装置工段长	2010 年
刘劲松	男	中国石化股份有限公司北京燕山分公司炼油二厂中压加氢裂化装置班长	2010 年
谷长吉	男	中国石化股份有限公司北京燕山分公司运保中心第一作业部工段长	2010 年
侯海婷	女	北京松下控制装置有限公司职员	2010 年
刘恒智	男	北京燕东微电子有限公司工人	2010 年
王　强	男	北京大华无线电仪器厂工段长	2010 年
韩建民	男	北京北广科技股份有限公司生产部调度	2010 年
周沛然	女	北京现代汽车有限公司车间主任	2010 年
谢立波	女	北京现代汽车有限公司车间工会主席	2010 年
李　兵	男	北京现代汽车有限公司生产工程师	2010 年
赵　郁	男	北京奔驰汽车有限公司工人	2010 年
高　猛	男	北汽福田汽车股份有限公司欧曼中型汽车厂工人	2010 年
杨继锋	男	北京北重汽轮电机公司操作工	2010 年
赵　磊	男	北京机电院高技术公司操作工	2010 年
张君胜	男	北人印刷机械股份有限公司操作工	2010 年
李学恒	男	北京巴布科克·威尔科克斯有限公司焊工	2010 年
崔学剑	男	北京第二机床厂公司调试工	2010 年
安起滨	男	昊华能源股份有限公司木城涧煤矿木坑机电科副班长	2010 年
白丰利	男	京煤化工有限公司爆破器材公司五班班长	2010 年
康成勇	男	昊华能源股份有限公司大安山煤矿采掘一段段长	2010 年
刘利克	男	金泰集团有限公司海淀分公司万博苑食府班长	2010 年

（续表）

姓名	性别	单位及职务	获得时间
王　辉	男	金泰集团有限公司汽车贸易分公司维修部经理	2010 年
翟永胜	男	昊华能源股份有限公司长沟峪煤矿采掘九段段长	2010 年
吴存根	男	北京市琉璃河水泥有限公司项目部党支部书记	2010 年
何　俊	男	北京金隅嘉业房地产开发有限公司项目经理	2010 年
周成巍	男	北京金隅物业管理有限责任公司腾达分公司副经理	2010 年
李连兴	男	北京大华衬衫厂业务员	2010 年
郑砚珍	女	北京铜牛集团有限公司业务员	2010 年
郑东明	男	北京光华纺织集团有限公司电工	2010 年
万晓平	男	北京格雷斯海姆玻璃制品有限公司车间主任	2010 年
鲍　宽	男	北京市北泡轻钢建材有限公司项目经理	2010 年
马祥义	男	北京华盾雪花塑料集团有限责任公司销售经理	2010 年
张秀妍	女	北京京仪北方仪器仪表有限公司市场营销	2010 年
段文创	男	辽宁华腾华毅管业有限公司组长	2010 年
刘奋萍	女	北京双鹤药业股份有限公司主管	2010 年
张冬梅	女	北京同仁堂股份有限公司同仁堂制药厂亦庄分厂班长	2010 年
和建荣	女	北京工美集团王府井工美大厦工艺品商场业务主管	2010 年
顾德明	男	北京电力设备总厂钳工	2010 年
李向昕	男	北京市电力公司丰台供电公司客户服务中心主任	2010 年
肖继辉	男	北京新华印刷厂车间副主任	2010 年
胡欣颖	男	北京印钞有限公司电工	2010 年
张玉春	男	北京二七轨道交通装备有限责任公司工人	2010 年
李德龙	男	南车二七车辆有限公司钢结构车间电焊工	2010 年
丁　建	男	北京南口轨道交通机械有限责任公司二机车间工人	2010 年
杨　洁	男	北京同仁堂科技发展股份有限公司通州生产管理基地提取车间班长	2010 年
李雪斌	男	北京高井热电厂发电部环保室主任	2010 年
颜　静	男	北京利丰雅高长城印刷有限公司技术部经理	2010 年
赵学新	男	海信（北京）电器有限公司财务部副部长	2010 年
赵　石	男	首钢氧气厂氧通气体设备检修中心主任	2010 年
吴耀春	男	首钢股份公司第二炼钢厂生产计划科科长	2010 年
李栓柱	男	北京天坛股份有限公司国内业务部部长	2010 年
杨清忠	男	北京北内发动机零部件有限公司高级技工	2010 年
严子勇	男	北京京煤集团昊华能源股份有限公司木城涧煤矿开拓五段班长	2010 年

（续表）

姓名	性别	单位及职务	获得时间
高瑞清	男	北京天海工业有限公司班长	2010 年
李建成	男	北京市电力公司调度通信中心线务运行处运行三班检修专责工	2010 年
武马群	男	北京信息职业技术学院副教授	2010 年
杨建平	男	首秦金属材料有限公司炼钢部助理	2010 年
沈　刚	男	首钢建设集团京唐工程指挥部项目经理	2010 年
关晓峰	男	首钢矿业公司水厂铁矿工程师室副主任	2010 年
徐　俊	男	北京东方石油化工有限公司东方化工厂水气车间主任	2010 年
乔中格	男	北京太阳宫燃气热电有限公司安全生产专工	2010 年
王卫红	女	首钢工学院建筑与环保系教研室主任	2010 年
张永青	男	首钢技术研究院薄板研究所科研员	2010 年
王凤琴	女	首钢技术研究院宽厚板研究所科研员	2010 年
邱志宏	男	首秦金属材料有限公司轧钢部工程师	2010 年
吴　平	男	河北省首钢迁安钢铁有限责任公司工会主席	2010 年
郝树华	男	首钢矿业公司经理	2010 年
李　杨	男	首钢京唐钢铁联合有限责任公司技术带头人	2010 年
李志强	男	首钢控股有限责任公司经理	2010 年
刘　澄	男	首钢总公司生产部副部长	2010 年
张福明	男	首钢国际工程技术有限公司曹妃甸工程项目总设计师	2010 年
马利友	男	首钢自动化信息技术有限公司运行事业部工程师	2010 年
王艳芳	女	中国石化股份有限公司北京燕山分公司树脂应用研究所研究一室副主任	2010 年
孙国臣	男	中国石化股份有限公司北京燕山分公司发展研究中心技术专家	2010 年
韩国建	男	北京京东方显示技术有限公司董事	2010 年
牟昌华	男	北京七星华创电子股份有限公司 MFC 研发中心技术总监	2010 年
淮永进	男	北京燕东微电子有限公司总工程师	2010 年
张晓文	男	北京市农业机械研究所所长助理	2010 年
秦志东	男	北汽福田汽车股份有限公司北京新能源客车分公司总工程师	2010 年
陈桂祥	男	北汽福田汽车股份有限公司营销公司大客户总监	2010 年
严俊岭	男	北京汽车制造厂有限公司顺义汽车厂技术准备部副部长	2010 年
李全强	男	北京京城重工机械公司技术总监	2010 年
叶荣科	男	北京华德液压集团公司副总工程师	2010 年
魏　伟	男	北京鑫华源机械制造有限责任公司停车设备事业部电控车间主任	2010 年
夏学君	女	金泰房地产开发有限责任公司产品研发中心副经理	2010 年
张兴文	男	昊华能源公司鄂尔多斯市昊华精煤有限责任公司总工程师	2010 年

（续表）

姓名	性别	单位及职务	获得时间
段鹏选	男	北京建筑材料科学研究总院有限责任公司资源利用与节能技术研究所所长	2010 年
王殿金	男	北京市建都设计院有限责任公司电气所所长	2010 年
张津育	男	北京纺织科学研究所课题组长	2010 年
陈 强	男	北京京棉巨龙纺织有限公司助理工程师	2010 年
华树明	男	北京一轻研究院电光源研究所副所长	2010 年
张 坤	女	北京红星股份有限公司开发部长	2010 年
陈保峰	男	北京市应用高级技工学校校长	2010 年
李玉江	男	北京北分瑞利分析仪器（集团）有限责任公司副总工程师	2010 年
李明新	男	北京万东医疗装备股份有限公司员工	2010 年
高颖君	女	中国北京同仁堂（集团）有限责任公司新加坡同仁堂技术主管	2010 年
孟文涛	男	北京京能热电股份有限公司总经理、科技攻关小组组长	2010 年
王思彤	男	华北电力科学研究院有限责任公司所长	2010 年
吴 江	男	北京电力设计院项目设计负责人	2010 年
薛 强	男	北京市电力公司电缆公司生产技术处处长	2010 年
赵秀丽	女	中铁六局中铁丰桥桥梁有限公司平谷分公司、东光轨道板场总工程师	2010 年
李向秀	女	北京二七轨道交通装备有限责任公司技术员	2010 年
关雪梅	女	南车二七车辆有限公司产品开发部部长	2010 年
韩 嵋	女	中国石化北京燕山石油化工有限公司电网管理中心生产技术部副部长	2010 年
王 军	男	华北电网有限公司北京超高压公司处长	2010 年
张 泉	男	北京汽车研究总院有限公司副院长	2010 年
刘春明	男	首钢技术研究院宽厚板研究所科研员	2010 年
曹宏晏	男	北京二七轨道交通装备有限责任公司金属结构分厂厂长	2010 年
兰世民	男	北京汽车摩托车联合制造公司分厂厂长	2010 年
白德刚	男	北京星海钢琴集团有限公司分厂厂长	2010 年
贾希阁	男	北京市电力公司平谷供电公司供电所所长	2010 年
王青海	男	首钢总公司总经理	2010 年
王永健	男	中国石化北京燕山石油化工有限公司董事长、总经理	2010 年
赵宝山	男	北京北广电子集团有限责任公司董事长	2010 年
刘毅男	男	北京海纳川汽车部件股份有限公司总经理	2010 年
崔志成	男	北京第一机床厂厂长	2010 年
赵 雍	男	北京新北水水泥有限责任公司经理	2010 年

（续表）

姓名	性别	单位及职务	获得时间
徐伟新	男	北京京仪仪器仪表研究总院有限公司院长	2010 年
南　山	男	北京化学试剂研究所所长	2010 年
陈　宏	男	北京赛科药业有限责任公司董事长	2010 年
杨秀岐	男	华北电力物资总公司总经理	2010 年
曹景山	男	大唐国际发电股份有限公司总经理	2010 年
亢君强	男	施奈德电气（中国）投资有限公司大客户经理	2010 年
刁艳燕	女	红星广厦建筑涂料有限责任公司总工程师	2010 年
肖春华	男	ABB（中国）有限公司技术经理	2010 年
高凤军	男	玛氏食品（中国）有限公司高级技术员	2010 年
王继兴	男	博世力士乐（北京）液压有限公司数控程序员	2010 年
刘立伟	男	西门子工厂自动化工程有限公司工程师	2010 年
杨　旭	男	北京东明兴业科技有限公司生产部长	2010 年
马　祥	男	北京飞机维修工程有限公司工程师	2010 年
邢绍卿	男	北京市机电设备总公司机械设备公司副经理	2010 年
魏　红	女	中航工业北京曙光电机厂班长	2010 年
张　伟	男	北京北摩高科公司试验工	2010 年
叶　明	男	北京北方车辆集团有限公司总工程师	2010 年
万中南	男	北京华北光学仪器有限公司副总设计师	2010 年
李保平	男	中兵光电科技股份有限公司董事长	2010 年
陈慧华	女	碧艾尔时装（北京）有限公司董事长	2010 年
王国英	女	北京市凤凰时装装饰品公司织毯工人	2010 年
刘　军	男	北京基业达电气有限公司工艺员	2010 年
王金鹏	男	北京市京能电源技术研究所有限公司总工程师	2010 年
李平路	男	北京一二零一工厂班长	2010 年
刘振鹏	男	中国人民解放军第一二零五工厂业务员	2010 年
胡文琦	女	北京新松佳和电子系统股份有限公司质量工程师	2010 年
师玺太	男	北京第一机床电器厂有限公司销售部销售员	2010 年
王　虹	女	北京启明辰信息安全技术有限公司项目经理	2010 年
吴京涛	男	北京四方继保自动化股份有限公司主任	2010 年
郝建捷	女	中国天利航空科技实业公司部门经理	2010 年
王红红	女	北京百慕航材高科技股份有限公司总监	2010 年
陈　军	男	北京北冶功能材料有限公司主任	2010 年
刘迎建	男	汉王科技股份有限公司总经理	2010 年

（续表）

姓名	性别	单位及职务	获得时间
李涛	男	北京望京科技孵化服务有限公司企业发展部部门经理	2010年
邓会恩	男	北京华东电气股份有限公司技术部部门经理	2010年
陈愚飞	男	北京新福润达绝缘材料有限责任公司职员	2010年
张红军	男	北京慧远电线电缆有限公司研发部部门经理	2010年
常海龙	男	北京维拓时代建筑设计有限公司副总建筑师	2010年
翁志军	男	北京天利深冷设备股份有限公司技术部部门副经理	2010年
左翠霞	女	北京佐特陶瓷技术中心主任	2010年
宋耕福	男	京卫医药科技集团有限公司技术总监	2010年
白云峰	男	北京博奇电力科技有限公司首席执行官	2010年
师力	男	北京天山新材料技术有限责任公司研究室主任	2010年
张雪峰	男	房山区农业机械研究所工程师	2010年
陈小磊	男	北京金太阳药芯焊丝有限公司技术员	2010年
张宝华	男	北京一机床良工机床零件制造有限公司技术员	2010年
张祥军	男	北京北一良工机械有限公司总工程师	2010年
陈志辉	男	北京天马轴承有限公司车间主任	2010年
侯存栋	男	北京金龙泉泵业有限责任公司技术员	2010年
张千浦	男	北京市通州区永乐店镇工业园区副主任	2010年
申铁群	男	北京摩比斯变速有限公司生产二部职工	2010年
詹志远	男	北京福田环保动力股份有限公司班长	2010年
吴兴美	女	空军二十三厂电子部附件分厂工程师	2010年
艾建龙	男	北汽福田汽车股份有限公司蒙派克工厂工段长	2010年
张玉升	男	昌平区百善镇百善印刷厂职工	2010年
郭子学	男	北京蒙太因医疗器械有限公司实验室助理	2010年
宋泓明	男	中国石油（北京）科技开发有限公司副总经理	2010年
蒲忠杰	男	乐普（北京）医疗器械股份有限公司董事、总经理	2010年
张保华	男	北京天利海香精香料有限公司职工	2010年
马秋兰	女	北京华夏毛织厂董事长	2010年
王丽荣	女	北汽福田股份有限公司北京欧曼重型汽车厂车行室副主任	2010年
刘朝辉	男	北京天威恒电气有限责任公司总工程师	2010年
蔡保荣	男	北汽福田股份有限公司北京欧马可轻型汽车厂厂长	2010年
关玉香	女	北京奥瑞金新美制罐有限公司董事长	2010年
宋克伟	男	北京顺鑫农业股份有限公司牛栏山酒厂销售主管	2010年
赵庆亚	女	北京时颖服装厂技术员	2010年

（续表）

姓名	性别	单位及职务	获得时间
张恩涛	男	北京顺意生物农药厂工程师	2010 年
傅　辉	男	北京市曲美家具集团有限公司设计师	2010 年
翟乃虎	男	汇源饮料集团技术员	2010 年
林智平	男	北京燕京啤酒集团公司副总工程师	2010 年
高素芳	女	北京迪蒙卡特机床有限公司工程师	2010 年
董建华	男	北京汽车城投资管理有限公司总经理	2010 年
杭金亮	男	北京天竺空港工业开发公司总经理	2010 年
范铁军	男	北京维冠电子设备有限责任公司组长	2010 年
杜玉宝	男	北京天冰冷饮有限公司车间主任	2010 年
张清双	男	北京市阀门总厂（集团）有限公司研究所所长	2010 年
赵丽霞	女	延庆县农业机械研究所职员	2010 年
张连中	男	北京九龙制药有限公司技术总监	2010 年
曹树田	男	北京庆和食品有限责任公司董事长	2010 年
张晓峰	男	北汽福田股份有限公司北京欧马可轻型汽车厂科长	2010 年
曹金凤	女	北京青岛啤酒三环有限公司科员	2010 年
王锡娟	女	北京康辰药业有限公司所长	2010 年
樊　军	男	北京国电四维电力技术有限公司总工程师	2010 年
孙义龙	男	北京威克冶金有限责任公司总经理	2010 年
贺翰君	男	北京中体彩印务技术有限公司库房管理员	2010 年
宋彦涛	男	颇尔过滤器（北京）有限公司班长	2010 年
付艳文	女	施耐德（北京）中低压电气有限公司组长	2010 年
张　明	男	首钢莫托曼机器人有限公司班长	2010 年
齐　伟	男	北京 ABB 电气传动系统有限公司组长	2010 年
皮　林	男	SMC（中国）有限公司职员	2010 年
史永叠	女	北京三箭和众鼎电子有限公司组长	2010 年
董力军	男	揖斐电电子（北京）有限公司副课长	2010 年
张向东	男	贝尔罗斯（北京）电子电信部件有限公司项目经理	2010 年
张兆辉	男	资生堂丽源化妆品有限公司生产技术管理部副经理	2010 年
李　隆	男	北京艾科泰国际电子有限公司工艺工程师	2010 年
赵晓蕾	女	北京航天拓扑高科技有限责任公司总工程师	2010 年
师　伟	男	北京经济技术投资开发总公司部门副经理	2010 年
蔺建旺	男	经纬纺织机械股份有限公司总工程师	2010 年
刘　莹	女	航卫通用电气医疗系统有限公司 CT 部经理	2010 年

（续表）

姓名	性别	单位及职务	获得时间
金　雄	男	北京世元达电子技术有限公司董事长	2010年
岸　明	男	北京泰德制药有限公司技术顾问	2010年
姜文斌	男	北京玉缘玉雕艺术有限公司董事长	2010年
鲁　娟	女	北京华江文化发展有限公司设计部经理	2010年
张晓春	男	北京三浦灵狐动画设计有限公司艺术总监	2010年
王立华	女	北京探路者户外用品股份有限公司零售支持部经理	2010年
吕雪娜	女	诺基亚通信有限公司组长	2010年

第三章　工业规划与法规规章文件

　　1999年至2010年，北京工业系统按照国家五年计划和北京市五年计划（"十一五"时期为规划）制定的时段，对北京工业每五年制定一次发展规划，先后制定了《北京市工业发展"九五"计划和2010远景目标》《北京市"十五"时期工业发展规划》《北京市"十一五"时期工业发展规划》。每个规划都对前五年的工作进行回顾和总结，提出下一个五年规划的总量发展目标、发展要点、发展措施，按照中央对首都功能的定位和北京市国民经济发展的总体要求，指导、引领工业有序发展、绿色发展。

　　1999年至2010年，市委、市政府加强对北京工业的领导，根据中央对首都功能的定位，围绕服务首都、服务奥运，制定了一系列工业发展规范性文件，为北京工业深化改革、结构调整、科技创新、绿色发展保驾护航，推动北京工业健康、稳步、快速、高质量发展。

第一节　工业规划

　　1996年12月13日，《北京市工业发展"九五"计划和2010远景目标》发布，主要目标是：21世纪初期10年，国内生产总值年均递增8%左右，其中第二产业年均递增8%左右。到2010年，第二产业占国内生产总值的比重达到45.5%，2010年调整为42.4%。主要任务是：转变经济增长方式，走集约型为主的经济发展道路；对北京产业结构进行全局性、战略性调整，工业方面以"五少两高"（能耗少、水耗少、物耗少、占地少、污染少和附加值高、技术密集程度高）为原则，调整提高现有产业，优化发展高新技术产业，到 2000 年，工业增加值达到 780 亿元左右（1995 年价格）；对产业布局进行科学合理的调整，逐步形成覆盖全市的五大产业带（圈），到 20 世纪末，初步形成以北京市新技术产业开发试验区为主，包括酒仙桥电子城、西三旗建材城在内的高新技术产业带；以北京经济技术开发区为中心，形成以顺义、通县、亦庄、黄村到良乡等卫星城的技术密集型工业为主，出口创汇为主的开发型经济产业带，在远郊地区形成各具特色的综合经济产业带。北京市产业总体布局是：4 个城区及城区边缘地带集中发展第三产业，近郊区在保留适量的农副产品生产的基础上，主要发展高新技术产业和"五少两高"工业，远郊县主要发展技术密集型工业，乡镇工业主要集中在工业小区内发展。

2001 年 3 月 16 日，《北京市"十五"时期工业发展规划》发布，对北京工业"九五"时期发展情况进行了回顾总结。"九五"期间，北京工业经济继续保持快速健康发展，综合实力显著增强。结构调整成效显著，技术进步明显加快，国企脱困取得阶段性成果，开放型经济格局正在形成。全市独立核算工业企业总产值（不变价）从"八五"末期的 1174.4 亿元增至 2000 年的 2286.6 亿元，增长 94.7%，实现年均递增 14.3%。工业增加值从"八五"末期的 459.2 亿元增至 2000 年的 737 亿元，增长 60.5%，实现年均递增 9.9%，5 年累计实现增加值 3126.8 亿元，比"八五"时期增长 74.5%（现价）。工业产品产销率从"九五"初期的 98.4%，到 2000 年的 98.5%，5 年期间始终保持在较好水平。全市独立核算工业企业实现利润从"八五"末期的 85.3 亿元增至 2000 年的 110.8 亿元，增长 29.9%，实现年均递增 5.4%。实现利税从"八五"末期的 193 亿元增至 2000 年的 232.7 亿元，增长 20.6%，实现年均递增 3.8%。"九五"期间，北京工业对全市经济增长的贡献率达到 33.3%，成为拉动全市经济增长的主要力量。

《北京市"十五"时期工业发展规划》提出的发展指导思想是，"十五"时期，北京工业将围绕发展首都经济的总体目标，适应经济全球化的发展趋势，适应科技革命的迅猛发展，适应首都资源与环境的客观要求。加快高新技术产业化及采用高新技术和先进适用技术改造传统产业的步伐，加快企业制度创新和机制转换的步伐，加快开放型经济发展的步伐。以大企业、大集团为依托，以重点项目为支撑，全面推进"双十工程"，重构北京工业新的产业群体。坚持以信息化带动工业化，在发展中完成调整，实现生产力的跨越式发展，全面提高北京工业整体素质和综合竞争力。基本完成以产业升级、产品优化、装备更新、工艺先进和布局合理为标志的工业结构调整，为北京率先在全国基本实现社会主义现代化做出应有的贡献。提出的总量发展目标是，继续保持较快的增长速度。到 2005 年，实现工业总产值 4555 亿元，年均递增率达到 13.4%，实现"十五"末期工业总产值翻一番。到 2005 年，工业增加值达到 1340 亿元左右，年均递增率达到 12.7%，占全市 GDP 的比重达到 36% 左右。发展要点是，通过加速推进经济增长方式的两个根本性转变，加快经济结构的战略性调整，全面增强北京工业的整体竞争力。要大力发展高新技术产业，全力推进电子信息、光机电一体化、生物工程与新医药、新材料、环保与资源综合利用等高新技术的产业化进程，继续保持首都的高新技术产业在全国领先的地位，着力开发培育一批拥有自主知识产权的名牌高新技术产品，抢占产业发展制高点；加大用高新技术和先进适用技术改造传统工业的力度；进一步发展为提升城市功能提供现代化服务和创造就业机会的都市型工业；通过建设中关村软件产业基地、北方微电子产业基地、酒仙桥电子城和亦庄电子及通信产品基地、计算机及网络产品产业基地、西三旗纳米材料产业基地、光机电一体化产业基地、生物芯片及新医药产业基地、燃料电池产业基地、高清晰度数字电视产业基地和液晶显示器产业基地等10个高新技术产业基地，实施首钢重组改造、燕化百万吨乙烯扩建改造、新型吉普及环保汽车开发改造、电厂燃料及燃烧系统清洁化改造、机床数控化改造、包装印刷升级改造、节能环保型家电改造、建材功能化改造、无害化环保设备改造、精细化工产业化改造等10项传统产业升级改造的重点工程，全面提升北京工业的整体素质，以信息化带动工业化，以工业化支持信息化，发挥后发优势，实现社会生产力的跨越式发展。发展的主要措施是，调整所有制结构，改革产权制度；健全技术创新体系，全面提高北京工业的竞争能力；形成全方位的开放体系，面向全球经济、面向全国市场；建立有利于人才脱颖而出的新机制；培育一批大型企业和企业集团；强化企业基础管理，以信息化带动工业化，营造有利于企业改革和发展的环境。

2006年12月30日，《北京市"十一五"时期工业发展规划》发布，对"十五"时期北京工业发展情况进行了回顾总结。"十五"期间，北京工业加快产业结构调整，发挥首都科技、人才优势，大力发展高新技术，在集成电路、软件、消费类电子、生物医药等重点领域取得突破，初步形成若干在国内具有优势的高新技术产业群，有效提升了北京工业技术含量，促进了高新技术产业的快速发展。北京加大工业污染治理力度，实施污染扰民企业搬迁，清理整顿"五小"企业，淘汰落后生产工艺，启动首钢搬迁工作，工业布局日趋合理，集聚效应初步显现。工业投资增长快，发展后劲增强。按照走新型工业化道路的要求，工业节能、节水、节地工作全面开展。推动自主创新和品牌建设，加快企业技术中心建设，探索产学研联合的新模式。加大品牌战略实施力度，涌现一批北京工业名牌产品。北京工业持续快速健康发展，经济总量增长显著，全市规模以上企业实现工业总产值从2000年的2707.4亿元增至2005年的6775亿元，年均递增20.1%，增速大大超过"十五"规划13.4%的目标。"十五"期间，全市工业增加值按可比价格计算，年均增长12.4%，比"九五"时期提高2.5个百分点，规模以上工业增加值年平均增速达到17.1%，提高了6.7个百分点。其中，2005年全市工业实现增加值1782.4亿元，占地区生产总值的比重为26.2%。工业对全市经济增长的贡献率达到31%，成为全市经济增长的重要力量，在支撑全市经济发展、增加地方财政收入、增加外贸出口和解决城乡居民就业等方面做出了重大贡献。

"十一五"期间，北京工业发展的指导思想是，必须坚持以科学发展观为统领，紧密围绕"新北京、新奥运"的战略构想，走新型工业化道路，以信息化带动工业化，以高端、高效、高辐射力和资源节约、环境友好为产业发展方向，大力发展高新技术产业，适度发展现代制造业，加快发展符合首都特点的都市型工业；以产业基地和开发区为依托，以内涵式发展和选商引资为重要途径，打造重点产业链，发展优势产业群，大力培养龙头企业，培育知名品牌；以转变增长方式为出发点，大力发展循环经济，构建合理、具有比较优势的产业结构，提升工业整体素质和综合竞争力，实现首都工业与人口、资源、环境相协调的可持续发展目标。"十一五"提出的发展总量目标是，到2008年，北京工业预计实现工业总产值8500亿元左右；到2010年，实现工业总产值将近翻一番，突破10000亿元，"十一五"期间年均递增率达到8%左右。其中，高新技术产业增加值占全市工业增加值的比重达到40%左右，现代制造业增加值占全市工业增加值的比重达到65%左右。

"十一五"期间，北京工业将进一步向开发区有序集中，新增工业用地向开发区集中，适度扩大开发区规模，开发区和产业基地将成为北京工业的主要载体，工业总产值将由2005年占全市工业的55.3%提高到70%左右。北京工业要贯彻落实科学发展观，围绕首都经济发展总目标，转变工业经济增长方式，突出发展重点，促进产业集聚，大力发展高新技术产业，适度发展现代制造业，进一步调整基础产业，坚决淘汰落后产业，实现北京工业产业结构优化升级。要大力发展以电子信息产业、光机电、现代生物产业为主的高新技术产业。提升电子信息产业竞争力。重点发展集成电路、TFT-LCD屏核心产品、计算机及网络产品、数字电视、第三代移动通信、半导体照明材料、汽车电子、电子元件、下一代互联网。要加快发展光机电与新能源产业。积极发展激光加工设备和机器人产业，加速新能源与节能环保设备的开发，扶持现代生物产业创新发展。适度发展现代制造业，推动装备制造业升级突破，壮大汽车产业整体实力。培育医药产业规模发展，逐渐形成医药产业创新、制造、流通和服务完整的产业链条。打造都市产业知名品牌，拓展内涵，提升功能，在城市中心区引导发展具有技术含量高、富有创意特色、知识密集型和知识服务型的新型都市产业，形成集成电路设计、软件及动漫设计制作、时装设计、工业产品设计、包装印刷设计等新型都市产业的集聚发展。推进基础产业调整升级，加快布局调整和产品结构调整，积极稳妥推进首钢搬迁。

"十一五"期间，北京工业发展将根据"两轴—两带—多中心"的城市空间结构，按照"布局集中、用地集约、产业集聚"的原则，以产业基地和工业开发区为依托，大力发展新型都市产业，加速发展高新技术产业，适度发展现代制造业，从"城区—总部基地、环城—高新技术产业带、郊区—现代制造业基地"进一步拓展，转变为"一个集聚区、两个产业带、多个特色工业园区"的空间布局，形成梯度分布、专业集聚、特色突出、协同发展的产业布局。促进城区以工业设计为主的创意型产业发展，打造环城高新技术产业带，构筑东南现代制造业产业带，建设多个特色工业园区，利用乡镇工业用地发展劳动密集型都市工业。

"十一五"期间，北京工业发展政策与措施：一是加强产业发展导向。落实科学发展观、走新型工业化道路的要求，鼓励发展高新技术产业和高端、高效、高辐射力的现代制造业。抓住国际产业转移机遇，围绕优势支柱产业，重点引进产业带动性大、环境友好的项目，引入总部、研发、设计、营销中心等制造业的高端环节。坚持产业发展"有进有退"的原则，调整不符合首都功能定位和布局要求的产业，坚决退出高能耗、高物耗、高污染、低附加值产业；继续加大对冶金、建材等行业的升级改造力度；依法淘汰落后工艺技术；坚决关闭破坏资源、污染环境和不具备安全生产的"五小"企业。二是推进工业布局调整。以实施北京城市总体规划为契机，进一步优化全市工业布局。根据城市区域功能定位，确定产业差别化发展战略。在城市中心区要保护性开发现有工业建筑，促进创意产业集聚；城市发展新区要重点发展高新技术产业和制造业中的高端产业；生态涵养发展区重点发展劳动密集型的食品加工、时装加工等环境友好型都市产业。加快工业向郊区转移，转变郊区产业结构。结合各区县产业基础和功能定位，逐步建立优势明显、特色突出的郊区工业，进一步推动郊区城镇化、现代化建设步伐，促进城乡协调发展。三是建立筛选评价机制，转变增长方式。建立和实施产业筛选评价机制、项目综合评价制度。制定并发布土地投资强度、产出效率、产业能耗水耗、环保、就业及产业带动效果等相关标准，作为产业培育、项目筛选的重要依据，实施差别化的区域准入政策，实现工业的协调、可持续发展。转变增长方式，提高资源综合利用效率。以节能、节水、节材、节地为重点，通过财政支持、政府采购、税收政策等手段，引导资金投向高技术、高性能、高附加值、低能耗、低污染的产业。四是提高开发区建设水平。深化开发区管理体制改革。整合现有开发区，加强管理、合理规划、有效开发，充分利用开发区土地资源，进一步加快开发区、产业基地的基础设施建设，推进园区的集中供热和污水集中处理，确保稳定达标排放。完善产业布局导向。明确开发区产业定位，突出特色产业，进一步推动园区专业化；强化产业空间约束，通过鼓励重大项目入园，大力推进工业向开发区、产业基地集中；以产业链为基础，加速产业集聚，优化产业生态环境，形成若干特色突出的产业集群。搞好产业配套。利用社会中介资源，加快开发区服务体系建设，搭建专业化的公共服务平台，促进人才、市场、技术、信息等方面的共享和流动。五是增强自主创新能力，积极实施品牌战略。加强对企业自主创新的支持，促进高新技术成果产业化。充分发挥中央在京科研院所、高校的创新资源，建立产学研联合的长效机制；支持企业建立技术中心；鼓励企业以兼并收购国外技术团队和科研平台等方式推动技术创新；扶持具有自主知识产权关键技术的产业，支持企业参与或发起制定国家标准及国际标准。加大品牌战略实施力度。制定加强工业品牌建设的措施，出台有关奖励政策，在技改项目和研发投入方面给予定向支持，引导资源向品牌企业集中。构建强有力的品牌培育平台，构筑从事品牌宣传、推介、咨询和运营的品牌发展服务体系，提升北京制造业的品牌孕育能力。六是发展循环经济，促进工业集约增长。强化政府导向作用。加快推广普及清洁生产，从企业层面推进以"减量化"为核心的清洁生产，结合北京实际制定并推行工业企业的清洁生产标准和固体废弃物分类标准；组织认定清洁生产的主要技术领域，通过项目示范，加强技术研发和推广。以区域循环减量化着手，改善工业开发区的环保管理体系。促进现有重点园区的生态化改造，支持生态工业园的相关研发技术和引入技术的示范项目，建立生态工业示范园区，从区域层面推动更多的工业开发区通过园区环保认证。促进以资源化为核心的废弃物再生利用产业化。在社会层面上，支持工业企业建设固体废弃物集中处理与循环利用基地，设立一批再生资源产业重点示范项目；搭建工业循环经济技术、信息平台，加强国内外技术交流与合作，加快循环经济重点技术难题的解决；出台工业系统再生资源产业发展的专项规划、政策法规和标准，制定工业废弃物综合利用的工作方案，研究制定节能降耗、资源再利用及相关环保产业的鼓励政策和支持措施。七是深化京津冀经济合作，促进区域经济发展。发挥北京核心城市的带动作用。深化京津冀都市圈经济合作，积极优化发展环境，使北京成为国内外大公司、大企业总部以及研究开发和销售机构等的集聚地，促进区域经济协调发展。建立区域协调机构，形成有效的区域合作机制。促进北京工业与津冀地区形成较为完整的产业配套体系，加强区域间汽车、电子、通信设备等重点产业链的生产合作；鼓励发展跨区域的大企业集团，促进资源的优化配置和区域功能的优势互补，引导产业转移，逐步形成布局合理、互相促进、协同发展的区域产业新格局。

第二节　法规规章和规范性文件

一、地方性法规和政府规章

1999 年 10 月 20 日，为规范实行股份合作制企业的组织和行为，促进城镇股份合作企业的发展，市政府第 41 号令发布《北京市城镇企业实行股份合作制办法》。内容包括：企业的设立、股权设置、组织机构、收益分配、变更与清算等。

2000 年 12 月 8 日，市十一届人大常委会第二十三次会议通过《中关村科技园区条例》，共有 8 章 79 条。其中，第一章总则，第二章市场主体和竞争秩序，第三章促进和保障，第四章国际经济技术合作，第五章政府行为规范，第六章管理体制，第七章法律责任，第八章附则。明确中关村科技园区的范围包括海淀园、丰台园、昌平园、电子科技园、亦庄科技园以及市政府根据国务院批复规定的其他区域；明确中关村科技园的性质是推动科教兴国战略、发展市场经济的综合改革试验区，是国家科技创新示范、科技成果孵化和辐射、高新技术产业化以及创新人才培养的基地；明确中关村科技园建设和发展是以海淀园为核心，以科技创新为基础，将密集的智力资源转化为以市场为导向的科技成果，通过孵化创业和规模化生产经营，向全市和全国辐射，促进高新技术产业化；明确中关村科技园区发展的重点是高新技术产业以及其他智力密集型产业。提出了对入区企业的投资、人才引进、知识产权保护等方面的鼓励、奖励、保护措施。

2001 年 2 月 13 日，市政府第三十二次常务会议通过《中关村科技园区企业登记注册管理办法》，于 3 月 2 日起施行，共 10 章 50 节。其中，第一章总则，第二章企业经营范围的核定，第三章以高新技术成果出资，第四章风险投资机构，第五章自然人出资兴办中外合资、合作高新技术企业，第六章外国公司分支机构，第七章企业名称的核定，第八章企业章程、合伙协议书，第九章监督管理，第十章附则。8月3日，市十一届人大常委会第二十八次会议通过《北京市促进私营个体经济条例》，共有6章44条。其中，第一章总则，第二章支持与鼓励，第三章权利与义务，第四章私营个体经济协会，第五章法律责任，第六章附则。明确私营个体经济是社会主义市场经济的重要组成部分；明确市和区、县政府应把私营个体经济发展纳入本地区国民经济和社会发展计划，加强产业引导，创造平等的市场准入条件和公平的市场竞争环境；对在精神文明和物质文明建设中做出突出贡献的私营企业和个体工商户给予表彰和鼓励。明确了私营企业和个体工商户的权利和义务以及法律责任。

2002年8月9日，为保护本市传统工艺美术，促进传统工艺美术事业的繁荣与发展，市政府制定《北京市传统工艺美术保护办法》。内容包括对工艺大师实行认定制度、认定的具体步骤、设立传统工艺美术保护和发展专项资金等。

二、市委、市政府规范性文件

1999年4月，市政府为重点支持电子信息、光机电一体化、生物工程和新医药、新材料、环保等高新技术产业的进一步发展，推动传统产业优化升级，制定《北京市关于进一步促进高新技术产业发展的若干政策》。主要内容包括吸引、凝聚高素质创新和创业人才；多渠道筹集资金，加大资金支持力度；继续实施优惠政策，推动高新技术成果转化；扶持和培育高新技术企业持续发展。10月11日，根据《中共中央关于国有企业改革和发展若干重大问题的决定》精神，市委印发《关于贯彻党的十五届四中全会精神大力推进国有企业改革和发展的意见》。主要内容为，进一步认清形势，坚定推进国有企业跨世纪改革和发展的信心；加快首都经济结构和布局调整，实现产业升级优化；建立和完善现代企业制度，构筑国有经济的微观基础；大力推进技术进步，提高企业创新能力；做好减债、减负和减员工作，切实提高企业经济效益；加强各项配套工作，为国有企业改革和发展创造良好的外部环境；加快企业人事制度改革，建设高素质的经营管理者队伍；切实加强党对国有企业改革和发展工作的领导。

2000年2月3日，市委、市政府印发《关于大力推进乡镇企业二次创业的意见》。文件提出以产权改革为重点，大力推进乡镇企业的制度创新。具体就进一步明确企业产权改革的方向、大力推进现有集体企业产权改革、合理设置企业股权、确保集体资产的保值增值、建立和完善乡镇企业经营管理者的选拔淘汰机制等问题提出明确意见。6月，为贯彻国务院印发的《鼓励软件产业和集成电路产业发展的若干政策》，进一步推动本市软件产业和集成电路产业的发展，市政府制定《关于贯彻国务院鼓励软件产业和集成电路产业发展若干政策实施意见》，内容包括软件产业政策和集成电路产业政策。8月2日，为贯彻落实市委《关于贯彻党的十五届四中全会精神，大力推进国有企业改革和发展的意见》，市政府发布《关于同意本市三、四环路内工业企业搬迁实施方案的通知》，决定四环路以内的工业企业，除保留高新技术企业、部分低耗能、无污染的加工工业企业、方便人民生活的都市工业和大企业大集团的开发、销售中心外，其余企业都要有序迁出。对三、四环路内工业企业的搬迁工作加强规划和指导，加快企业搬迁的进程，通知主要内容包括：1999 年至 2004 年企业搬迁的原则和目标，企业搬迁的安排，促进工业企业搬迁的措施。

2001 年 9 月 14 日，根据市委八届七次全会精神和《北京市国民经济和社会发展第十个五年计划纲要》的有关要求，为推进北京市国有大中型企业改革，促进首都经济持续、健康、快速发展，市政府发布《关于本市国有大中型企业建立现代企业制度指导意见》。主要包括：国有大中型企业建立现代企业制度的指导思想和工作目标，国有大中型企业建立现代企业制度的工作重点，加快国有大中型企业建立现代企业制度的政策措施。

2002 年 1 月 5 日，为加快北京市经济结构从传统制造业向高新技术产业战略性调整，使生物工程与医药产业形成规模和产业优势，市政府发布《北京生物工程与医药产业发展振兴纲要》。内容包括产业振兴的思路、原则、目标、重点技术和领域、重点工作、主要措施等。1 月，为推动并支持高新技术成果转化为现实生产力，加速北京市科技发明、技术专利等科技成果的商品化，鼓励科技成果的拥有者将高新技术快速转移到产业应用，促进高新技术产业发展，推动传统产业的优化升级，市政府出台《北京市关于进一步促进高新技术产业发展的若干规定》。内容包括：对高新技术企业、高新技术成果转化项目实行认定制度；市政府设立专项资金，用于鼓励促进高新技术产业发展；市政府及其有关部门继续加大对科技的投入；高新技术企业和高新技术成果转化项目人才待遇等。8 月 26 日，为发挥首都人才聚集、科教资源丰富的优势，促进科学技术进步，增强区域创新能力，加快知识型服务产业发展，提高首都经济的质量和效益，市政府制定《北京市鼓励在京设立科技研究开发机构规定的通知》。内容包括研发机构的认定、认定步骤、优惠政策等。

2003 年 2 月 19 日，为增强北京市经济综合实力和竞争能力，实现北京市在 21 世纪的新发展，按照市第九次党代会确定的率先基本实现现代化的战略任务，市委、市政府发布《关于振兴北京市现代制造业的意见》。内容包括指导思想和基本思路、主要目标和重点领域、主要政策和措施。2003 年，为加快北京市经济发展，振兴现代制造业，做大北京市工业经济总量，鼓励、引导和规范境外投资者和境内非公有制经济组织并购北京市国有及国有控股工业企业（不含上市公司），促进国有企业的战略性改组，依据《中华人民共和国公司法》及其他有关法律、法规及规章，市政府制定《北京市关于境外投资者和境内非公有制经济组织并购国有工业企业暂行办法》。内容包括并购程序、资产评估和交易、被并购企业用地处置方式、妥善安置被并购企业的在职职工和离退休人员等。

2009 年 9 月 13 日，为建设北京石化新材料科技产业基地，发展高附加值、高科技含量、低污染的石化新材料产业，吸引重大项目落户北京市；加快本市产业结构调整，推动基础产业优化升级，深化燕山石化公司与房山区紧密合作，市政府制定《关于加快北京石化新材料科技产业基地建设的若干意见》。内容包括指导思想、总体要求、建设目标、政策措施、组织领导。

2010 年 12 月 24 日，按照"高端、高效、高辐射"的产业定位，为全面推进北京市淘汰落后产能工作，加快"人文北京、科技北京、绿色北京"和中国特色世界城市的建设进程，市政府发布《关于进一步加强淘汰落后产能工作的实施意见》。内容包括指导思想、工作原则、目标任务、实施步骤、保障措施。

1999—2010年中共北京市委、北京市人民政府部分工业规范性文件一览表

9-42表

文件名称	制定发布单位	发布或施行日期
北京市关于进一步促进高新技术产业发展的若干政策	北京市人民政府	1999年4月26日
北京市关于促进环保产业发展若干规定的通知	北京市人民政府办公厅	1999年7月29日
关于贯彻党的十五届四中全会精神大力推进国有企业改革和发展的意见	中共北京市委	1999年10月11日
关于加强技术创新，发展高科技，实现产业化的意见	中共北京市委、北京市人民政府	1999年12月2日
关于同意《北京工业布局调整规划》的批复	北京市人民政府	1999年12月6日
关于同意实施《北京市国有工业企业经营管理者年薪制试行办法》有关事项的通知	北京市人民政府办公厅	1999年12月15日
关于大力推进乡镇企业二次创业的意见	中共北京市委、北京市人民政府	2000年2月3日
关于贯彻国务院鼓励软件产业和集成电路产业发展若干政策实施意见	北京市人民政府	2000年6月24日
关于同意本市三、四环路内工业企业搬迁实施方案的通知	北京市人民政府	2000年8月2日
关于进一步加强产品质量工作若干问题的决定	北京市人民政府	2000年9月19日
关于转发《北京市国有企业破产工作暂行规定》和《北京市关于企业兼并工作暂行规定》的通知	北京市人民政府办公厅	2000年9月20日
北京市国有企业监事会管理暂行办法	北京市人民政府	2000年11月17日
北京市市级国有资产授权经营管理试行办法	北京市人民政府	2001年2月21日
关于本市国有大中型企业建立现代企业制度指导意见	北京市人民政府	2001年9月14日
关于本市国有大中型企业建立现代企业制度指导意见	北京市人民政府办公厅	2001年9月14日
北京市集成电路设计研发专项资金管理使用办法	北京市人民政府	2001年12月
北京市关于进一步促进高新技术产业发展的若干规定	北京市人民政府	2002年1月1日
北京生物工程与医药产业发展振兴纲要	北京市人民政府	2002年1月5日
关于进一步加强产品质量工作若干问题的决定	北京市人民政府	2002年1月15日
北京市破产企业非经营性资产移交暂行办法	北京市人民政府办公厅	2002年4月3日
关于进一步推动全市工业企业技术进步的若干意见	北京市人民政府	2002年7月22日
北京市鼓励在京设立科技研究开发机构规定的通知	北京市人民政府	2002年8月26日

文件名称	制定发布单位	发布或施行日期
北京市关于扩大对内开放促进首都经济发展的若干规定	北京市人民政府	2002年9月3日
关于振兴北京市现代制造业的意见	中共北京市委、北京市人民政府	2003年2月19日
北京市关于境外投资者和境内非公有制经济组织并购国有工业企业暂行办法	北京市人民政府	2003年9月13日
北京市关于境外投资者和境内非公有制经济组织并购国有工业企业人员分流安置暂行办法	北京市人民政府办公厅	2003年9月30日
贯彻国务院关于进一步加强安全生产工作决定的若干意见	北京市人民政府	2004年7月7日
促进北京时装产业发展，建设"时装之都"规划纲要	北京市人民政府、中国纺织工业联合会	2004年11月30日
关于深入开展整治违法排污企业保障群众健康环保专项行动的通知	北京市人民政府办公厅	2005年7月4日
关于进一步整顿和规范矿产资源开发秩序的通知	北京市人民政府办公厅	2005年10月19日
关于进一步做强中关村科技园区的若干意见	北京市人民政府	2005年11月16日
关于鼓励支持和引导个体私营等非公有制经济发展的意见	北京市人民政府	2006年3月15日
贯彻国务院关于落实科学发展观加强环境保护决定的意见	北京市人民政府	2006年11月24日
贯彻落实《国务院关于加强节能工作的决定》的意见	北京市人民政府	2007年1月18日
关于全面实行工业用地招标拍卖挂牌出让的实施意见（试行）	北京市人民政府	2007年6月29日
关于批转节能减排统计监测及考核实施方案和意见办法的通知	北京市人民政府	2008年4月15日
关于贯彻落实国务院进一步加强节油节电工作通知的意见	北京市人民政府	2008年10月14日
关于促进首都中医药事业发展的意见	北京市人民政府	2008年12月24日
关于加快北京石化新材料科技产业基地建设的若干意见	北京市人民政府办公厅	2009年9月13日
关于进一步加强全市污染源监管工作的意见	北京市人民政府办公厅	2009年11月11日
建设中关村国家自主创新示范区行动计划(2010—2012年)	中共北京市委办公厅、北京市人民政府办公厅	2010年6月10日
关于进一步推动企业上市工作的意见	北京市人民政府办公厅	2010年9月29日
关于进一步加强淘汰落后产能工作的实施意见	北京市人民政府	2010年12月24日

三、市政府职能部门部分工业文件

1999年5月，为实现北京城市总体规划，加快污染扰民企业搬迁及产业结构调整步伐，市经委、市计委、市规委、市市政管委、市财政局、市地税局联合制定《北京市推进污染扰民企业搬迁 加快产业结构调整实施办法》。内容包括原厂址转让和新项目建设、有关政策、搬迁资金的使用与管理等。8月24日，为加快北京市城镇集体企业改革，促进城镇集体企业发展，市经委制定发布《关于进一步加快本市城镇集体企业改革的若干意见实施细则》。内容包括城镇集体企业改革的指导思想、原则和目标，理顺产权关系，加强资产管理，城镇集体企业改革的政策措施等。11月17日，为贯彻党的十五届四中全会及市委八届三次全会关于加快国有企业改革和发展的精神，深化北京市工业管理体制改革，加快工业结构调整，推进国有企业的战略性重组，按照市政府"产权清晰、权责明确、政企分开、管理科学"的总体要求，市经委发布《关于深化本市工业管理体制改革试点工作意见》。内容包括深化改革试点的基本原则、重点内容、主要措施。

2000年3月，为规范北京市国有大中型企业建立现代企业制度行为，指导企业提高改制质量，市经委、市体改办在总结北京市国有企业建立现代企业制度经验的基础上，制定了《北京市国有大中型骨干企业初步建立现代企业制度评价标准》。内容包括企业公司制改革、法人组织结构、管理制度、经济效益状况等。9月，为指导、规范和推进北京市国有企业破产工作，根据国家法律、法规及有关政策，市经委会同有关部门制定《北京市国有企业破产工作暂行规定》和《北京市企业兼并工作暂行规定》。内容包括主要政策和工作步骤等。

2001年3月9日，为推进北京市国有和集体中小企业改革与发展，增强企业活力，市经委发布《北京市加快国有集体中小企业改革指导意见》。内容包括：国有、集体中小企业改革的指导思想和主要目标；解放思想，明确责任，抓紧抓好改革措施的落实。8月，根据市委八届七次全会精神和《北京市国民经济和社会发展第十个五年计划纲要》的有关要求，为推进北京市国有大中型企业改革，促进首都经济持续、健康、快速发展，市体改办、市经委提出《本市国有大中型企业建立现代企业制度指导意见》。内容包括国有大中型企业建立现代企业制度的指导思想和工作目标、工作重点、政策措施等。

2002年2月，市政府决定设立北京市集成电路设计研发专项资金，以加快北京集成电路设计业发展，加速集成电路设计共性技术、关键技术的研发和具有自主知识产权的集成电路产品的产业化，市经委、市科委、中关村科技园区管理委员会共同制定《北京市集成电路设计研发专项资金管理使用办法》。内容包括资金规模及来源、资金安排原则等。2002年，为加强北京市产学研联合工作，发挥首都智力资源优势和科技创新能力，加快科技成果转化和高新技术产业发展，市经委出台《关于进一步加强北京市产学研联合工作的意见》。内容包括产学研工作的重要地位、产学研联合的重要措施、建立产学研工作的新机制。

2003年1月23日，为做好北京市国有大中型企业建立现代企业制度的规范工作，市体改办、市经委在总结企业改制评价工作的基础上，对《北京市国有大中型骨干企业初步建立现代企业制度评价标准》进行了修订，出台《关于本市国有大中型企业初步建立现代企业制度评价标准》。内容包括企业公司制改革、企业的法人组织结构、企业内部改革与健全管理制度、改制企业加强党的领导和民主管理的工作、企业的经济效益状况等。

2005 年 3 月 16 日，根据国务院和北京市对开发区进行治理整顿的文件精神，为推进北京市工业开发区（基地）的建设和发展，加快产业升级，优化空间布局，扩大经济总量，全面提升北京工业整体素质和区域经济综合竞争力，市工业促进局会同市发展改革委、市规划委、市国土局、市环保局和市统计局等有关部门制定《关于北京工业开发区（基地）建设项目节约土地和资源的意见》的通知。内容包括指导思想、基本原则、主要目标、主要措施等。11 月 14 日，为贯彻落实《中共中央、国务院关于实施科技规划纲要增强自主创新能力的决定》和《中华人民共和国科学技术进步法》，发挥北京市认定企业技术中心在促进全市产业结构调整和提升产业竞争力的引导与示范作用，规范和加强市级企业技术中心的认定和评价工作，市工业促进局制定《北京市认定企业技术中心管理办法》。内容包括企业技术中心认定、评价、管理与政策等。2009 年，市工业促进局对此办法又进行了修改并重新颁布。

2007 年 3 月 9 日，根据党的十五届四中全会提出的国有经济战略调整要坚持"有进有退""有所为有所不为"的方针，以及北京市国有经济"十一五"发展规划，为解决劣势国有企业退出机制不完善、退出政策不配套、退出渠道不通畅等问题，市国资委出台《关于加快劣势国有企业退出工作的意见》。内容包括：加快推进劣势国有企业退出工作的必要性和紧迫性，劣势国有企业退出工作总体部署，劣势国有企业退出工作要求。6 月 20 日，为推进北京市开发区向生态工业园区发展，增强工业可持续发展能力，市工业促进局制定《关于北京市开发区生态工业园建设的意见（试行）》。内容包括指导思想、发展目标、建设原则、工业重点、推进方式。9 月 26 日，根据国务院《促进产业结构调整暂行规定》《关于加快推进产能过剩行业结构调整的通知》《节能减排综合性工作方案》精神，结合《北京市"十一五"时期工业发展规划》《北京市人民政府关于发布本市第十三阶段控制大气污染措施的通知》的要求，为鼓励企业积极主动退出"高污染、高耗能、高耗水"生产环节，促进北京市工业向高端、高效、高辐射发展，市工业促进局制定《北京市关于加快退出高污染、高耗能、高耗水工业企业的意见》。内容包括指导思想与工作目标、近期退出的劣势行业和指导标准、执行的基本程序。10 月 15 日，按照市委、市政府关于大力发展文化创意产业的总体部署，市工业促进局制定《北京市保护利用工业资源，发展文化创意产业指导意见》。内容包括：保护和利用工业资源的重大意义，保护与利用工业资源应坚持的原则，保护和利用工业资源的推进措施等。

2008 年 1 月 15 日，为规范北京传统工艺美术品种、技艺、珍品及工艺美术大师和民间工艺大师认定工作，促进北京传统工艺美术产业传承、创新和发展，市工业促进局修订了《北京传统工艺美术品种技艺珍品及工艺美术大师和民间工艺大师认定办法》，出台《北京传统工艺美术品种技艺珍品及工艺美术大师和民间工艺大师认定办法》。内容包括设立传统工艺美术评审委员会、申请认定程序、评审认定程序及奖励政策。11 月 6 日，市工业促进局又制定《北京市传统工艺美术保护发展资金项目管理工作规程》。内容包括组织机构和职责、申报审批程序、监督验收、验收程序。

2009年7月，按照市委、市政府《关于增强自主创新能力建设创新型城市的意见》文件精神，为促进生态涵养发展区的功能定位与经济发展目标相适应，推动生态涵养发展区经济又好又快发展，市科委制定《关于科技促进生态涵养发展区产业发展的意见》。内容包括：指导思想和总体目标；优化产业结构，推动生态涵养发展区协调发展；推动要素融合与政策集成。

2010年6月11日，为做好工业节能降耗和污染减排工作，推动北京市工业转变发展方式，创新发展模式，提高发展质量，市经济信息化委发布《关于进一步推进北京市工业节能减排工作的意见》。内容包括高度重视工业节能减排工作，大力推进工业节能减排工作，不断完善工业节能减排工作机制。6月21日，市经济信息化委、市农委印发《关于推进镇村企业发展的指导意见》。文件提出优先发展农产品加工业、积极发展都市型工业、大力发展新能源产业和环保产业、稳妥发展大工业配套产业、加快高新技术产业发展、着力发展沟域经济。

1999—2010年北京市人民政府职能部门部分工业规范性文件一览表

9-43表

文件名称	制定发布单位	发布或施行日期
北京市推进污染扰民企业搬迁加快产业结构调整实施办法	北京市经济委员会等	1999年5月5日
关于进一步加快本市城镇集体企业改革的若干意见实施细则	北京市经济委员会	1999年8月24日
关于深化本市工业管理体制改革试点工作意见	北京市经济委员会	1999年11月17日
关于贯彻实行国家经贸委关于《重点用能单位节能管理办法》的实施细则	北京市发展和改革委员会	1999年5月28日
北京市高新技术产业孵化基地认定暂行办法	北京市科学技术委员会	1999年11月28日
北京市国有大中型骨干企业初步建立现代企业制度评价标准	北京市经济委员会、北京市经济体制改革办公室	2000年3月
北京市加快国有集体中小企业改革指导意见	北京市经济委员会	2001年3月9日
关于鼓励和促进中小企业发展的若干政策意见	北京市经济委员会	2001年5月2日
本市国有大中型企业建立现代企业制度指导意见	北京市经济委员会、北京市经济体制改革办公室	2001年8月
北京市集成电路设计研发专项资金管理使用办法	北京市经济委员会、北京市科学技术委员会、中关村科技园区管理委员会	2002年2月1日
关于进一步加强北京市产学研联合工作的意见	北京市经济委员会	2002年
关于本市国有大中型企业初步建立现代企业制度评价标准	北京市经济委员会、北京市经济体制改革办公室	2003年1月23日

（续表）

文件名称	制定发布单位	发布或施行日期
关于北京工业开发区（基地）建设项目节约土地和资源的意见	北京市工业促进局	2005年3月16日
关于进一步推进北京工业开发区（基地）建设和发展的意见（试行）	北京市工业促进局	2005年3月16日
加快发展循环经济建设节约型城市规划纲要及2005年行动计划	北京市发展和改革委员会	2005年6月20日
北京市企业投资项目备案管理试行办法	北京市发展和改革委员会	2005年8月21日
北京工业实施循环经济行动方案	北京市工业促进局	2005年9月19日
北京市认定企业技术中心管理办法	北京市工业促进局	2005年11月14日
加强北京工业品牌建设措施	北京市工业促进局	2006年2月20日
北京市装备制造业"十一五"时期发展纲要	北京市工业促进局	2006年7月18日
北京市鼓励引进消化吸收与再创新实施办法（试行）	北京市工业促进局	2007年1月12日
关于加快劣势国有企业退出工作的意见	北京市国有资产监督管理委员会	2007年3月9日
关于北京市开发区生态工业园建设的意见（试行）	北京市工业促进局	2007年6月20日
北京工业能耗水耗指导指标（第一批）	北京市工业促进局	2007年7月
北京市关于加快退出高污染、高耗能、高耗水工业企业的意见	北京市工业促进局	2007年9月26日
北京市保护利用工业资源，发展文化创意产业指导意见	北京市工业促进局	2007年10月15日
北京传统工艺美术品种技艺珍品及工艺美术大师和民间工艺大师认定办法	北京市工业促进局	2008年1月15日
北京市关于推进工业旅游发展的指导意见	北京市工业促进局	2008年5月15日
推进北京工业产品旅游市场开发工程指导意见	北京市工业促进局	2008年10月8日
北京市传统工艺美术保护发展资金项目管理工作规程	北京市工业促进局	2008年11月6日
北京市工业遗产保护与再利用工作导则	北京市工业促进局	2009年2月26日
北京市认定企业技术中心管理办法	北京市工业促进局	2009年3月23日
北京市高端制造业担保代偿资金管理办法	北京市财政局	2009年4月2日
北京市小额担保贷款担保基金管理实施办法	北京市财政局	2009年5月27日
关于科技促进生态涵养发展区产业发展的意见	北京市科学技术委员会	2009年7月
北京市中小企业信用再担保资金使用管理暂行办法	北京市财政局	2009年9月16日
推进两化融合促进经济发展的实施意见	北京市经济和信息化委员会	2010年5月18日
关于加强工业产品质量工作的指导意见	北京市经济和信息化委员会、北京市质量技术监督局	2010年5月

（续表）

文件名称	制定发布单位	发布或施行日期
关于进一步推进北京市工业节能减排工作的意见	北京市经济和信息化委员会	2010年6月11日
关于推进镇村企业发展的指导意见	北京市经济和信息化委员会、北京市农村工作委员会	2010年6月21日
关于加强技术改造工作意见的通知	北京市经济和信息化委员会	2010年6月
北京市促进设计产业发展指导的意见	北京市科学技术委员会	2010年10月12日

（续表）

首钢搬迁调整专记

　　首钢搬迁调整是党中央、国务院落实科学发展观、建设节约型社会、实现可持续发展的一项重大战略决策，是"十一五"期间中国钢铁工业结构调整的重大项目，也是北京市实施产业结构调整、进行环境治理的重大战略措施。在国务院和市政府的直接领导下，首钢搬迁按规划要求顺利实现，成为大型工业企业治理环境污染、实现技术创新、持续健康发展的成功案例。

　　《北京市"十五"时期工业发展规划》指出，服从发展首都经济战略，首钢要通过实施环境治理、结构调整和优化升级，压缩钢产量至 600 万吨。在进一步节能降耗和治理环境的基础上，北京地区企业将建成精品轧材基地；现有其他小型钢铁企业，有条件地向高精度轧材和新材料方向发展，实现升级优化，并限期淘汰落后的生产力与工艺装备，搬迁污染设施；有色冶金中的加工部分通过开发与改造，发展引线框架材料和金属复合材料生产技术，向新材料行业转移；冶炼部分限期淘汰，通过结构调整和优化，加大治理力度，满足首都改善大气环境的要求。2004 年 5 月 8 日，市政府向国家发展改革委报送《关于首钢总公司实施压产、结构调整和环境治理方案的函》。2005 年 2 月 18 日，经国务院批准，国家发展改革委下发《关于首钢实施搬迁、结构调整和环境治理方案的批复》。按照批复精神，首钢搬迁包括：首钢分阶段压缩北京地区钢铁生产能力，到 2007 年年底压产 400 万吨钢铁产能，到 2010 年年底北京石景山地区冶炼、热轧能力全部停产，只保留首钢总部和研发体系，以及销售、物流、三产等业务；按照循环经济理念，结合首钢搬迁和唐山地区钢铁工业调整，在河北省曹妃甸建设一个具有国际先进水平的钢铁联合企业；在北京市顺义区建设 150 万吨冷轧薄板项目。4 月 20 日，国家颁布《钢铁产业发展政策》，明确"对首钢实施搬迁，与河北省钢铁工业进行重组"。截至年底，首钢北京老工业区第一炼钢厂、特钢公司 17 座电炉、初轧厂、冷轧带钢厂、铁合金厂、重型机器厂的 3 座电炉和 2 座平炉、焦化厂洗煤工序、特钢白灰窑、5 号高炉等陆续关停。

　　2005 年 2 月，北京市成立了由副市长陆昊任组长、北京市 24 个政府部门和单位为成员的北京市首钢搬迁协调领导小组。首钢搬迁协调领导小组办公室设在市工业促进局。2010 年组建了由副市长苟仲文牵头领导的北京市首钢停产工作指挥部，全面负责协调指导2010 年年底首钢停产各项工作，指挥部下设综合协调工作组、安全停产工作组、职工安置工作组、社会维稳工作组、宣传报道工作组。

2005年3月24日，中共中央政治局委员、国务院副总理到首钢调研，对首钢搬迁调整的目标和任务提出具体要求。4月，首钢、唐钢联合向国家发展改革委工业司报送《新首钢曹妃甸钢铁厂建设方案（大纲）》；向北京市首钢搬迁协调领导小组办公室报送《首钢、河北省关于曹妃甸钢铁厂基础设施配套条件的意见对照表》。8月5日，曹妃甸钢铁厂项目可行性研究通过市政府审查。8月18日，中共中央政治局委员、国务院副总理对《首钢搬迁调整进展情况的汇报》做出批示：首钢搬迁调整涉及面广，请发展改革委牵头协调。

2005年3月，曹妃甸厂区围海造地工程开工，采用围海造地方式解决土地需求，该工程是世界上单体吹填面积最大的围海造地工程。同月，冶金工业规划研究院向首钢提供冷轧项目申请报告，提出由首钢股份有限公司投资，建设年产冷轧板70万吨、热镀锌板80万吨的生产线。《首钢冷轧薄板生产线环境影响报告书》通过国家环保总局审批。4月15日，顺义区政府与首钢总公司签订《首钢冷轧薄板生产线项目合作协议书》。5月23日，首钢冷轧薄板生产线项目正式列入2005年北京市重点建设项目计划。6月28日，市安监局批复，同意项目实施。7月2日，首钢冷轧薄板项目在顺义区李桥镇奠基。7月7日，首钢炼铁厂5号高炉停产仪式举行。9月5日，首钢冷轧板工程领导小组成立。9月6日，国家发展改革委核准首钢冷轧项目。

2005年10月22日，首钢京唐钢铁联合有限责任公司在河北省唐山市曹妃甸注册成立，首钢、唐钢分别占股份

图专-1 2005年7月，首钢炼铁厂5号高炉停产，职工在压产横幅上签字留念

51%和49%。中共中央政治局委员、国务院副总理出席成立大会，并指示，"首钢京唐钢铁公司要实现产品一流、技术一流、环境一流、效益一流。"11月10日，首钢京唐公司25万吨矿石码头一期工程竣工。2006年，25万吨级矿石码头一期工程投入使用，迁曹铁路建成通车，供水工程、通信工程完成。

2006年1月4日，首钢冷轧薄板生产线项目开工。1月15日，首钢京唐公司钢铁厂地基处理试验动工，3月31日完工。8月，40立方米/时海水淡化设施建成，向现场供水；按照标准设计的厂区道路完工，形成了炼铁、焦化、料场、动力等各自的施工区域。9月9日，1号高炉基础桩开始施工，打下了钢铁厂工程的第一根桩。

2006年，市政府先后召开两次市长专题会议和两次领导小组会议，确定了首钢北京地区压产搬迁和新项目建设两大任务，以及首钢压产、首钢冷轧薄板项目建设、京唐钢铁厂项目建设、富余人员安置、新建厂技术准备、建设资金筹措与债务衔接、外埠企业划转等7条工作主线。市政府有关部门组织召开50多次首钢搬迁工作会、现场办公会、项目审查会、

专家咨询认证会等会议，落实具体工作。

2006 年 3 月，十届全国人大四次会议通过的《中华人民共和国国民经济和社会发展第十一个五年规划纲要》中提出，"推进钢铁工业发展循环经济，发挥钢铁企业产品制造、能源转换和废物消纳处理功能。鼓励企业跨地区集团化重组，形成若干具有国际竞争力的企业。结合首钢等城市钢铁企业搬迁和淘汰落后生产能力，建设曹妃甸等钢铁基地。"首钢京唐钢铁厂项目建设正式纳入国家"十一五"规划。3 月 31 日，曹妃甸围海造地一期工程完成，形成陆地面积 11.95 平方公里。4 月，围海造地工程二期启动，2007 年 2 月 25 日，9.1 平方公里的围海造地完成。两期围海造地工程共完成吹填量 9991 万立方米，形成陆地面积 21.05 平方公里。

2006 年 4 月 25 日至 26 日，首钢京唐钢铁联合有限责任公司工程初步审查会召开。2007 年 1 月 31 日，国土资源部批准项目用地预审申请。2 月 7 日，国务院第 168 次常务会议批准国家发展改革委上报的《关于审批首钢京唐钢铁项目可行性研究报告的请示》。3 月 1 日，国家发展改革委向北京市政府、河北省政府发出《印发国家发展改革委关于审批首钢京唐钢铁项目可行性研究报告的请示的通知》。12 月 29 日，国家发展改革委办公厅向北京市发展改革委下发《关于首钢京唐钢铁项目等有关问题的复函》，明确首钢京唐钢铁项目是国家重大建设项目。

2006 年 5 月 16 日，北京首钢股份有限公司顺义冷轧分公司成立。6 月 1 日，首钢京唐公司 A 焦炉开始基础施工；2008 年 11 月 5 日，B 焦炉砌筑成功封顶；2009 年 3 月 10 日，C 焦炉开始进行砌筑；4 月 15 日，D 焦炉开始砌筑；2010 年 4 月 8 日，D 焦炉第一孔炭化室焦炭顺利推出。焦化项目一期工程 4 座焦炉全部竣工，年产干全焦 420 万吨。

2006 年 6 月，国务院成立首钢搬迁调整工作协调小组（以下简称协调小组）。协调小组组长由国务院副秘书长担任，国家发展改革委副主任、财政部副部长、北京市副市长和河北省副省长担任副组长。协调小组办公室设在国家发展改革委工业司，办公室主任由工业司司长担任。协调小组成员单位由国务院办公厅、国家发展改革委、科技部、财政部、劳动和社会保障部、国土资源部、建设部、铁道部、交通部、水利部、商务部、国资委、税务总局、环保总局、银监会、证监会、北京市政府、河北省政府、中国钢铁工业协会组成。协调小组共召开 5 次会议，协调解决首钢搬迁中的各类跨部门、跨地区等关键问题。12 月 15 日，协调小组第二次全体会议召开。会议要求，各有关单位要按照中共中央、国务院的指示精神，加强领导、密切配合，加快京唐钢铁项目建设，全力推进首钢搬迁调整各项工作，进一步促进北京市、河北省产业结构调整和环渤海都市圈经济的发展。2007 年 8 月 22 日，协调小组第三次全体会议召开，就首钢搬迁工作急需国家有关部委协调解决的重点问题做出具体安排。

2006 年 7 月 29 日，中共中央总书记、国家主席、中央军委主席胡锦涛视察河北省曹妃甸工业区和首钢京唐公司钢铁项目建设，来到围海造地工程工地、矿石码头一期工程现场。胡锦涛非常关心首钢搬迁的职工安置问题，详细询问了首钢的人员状况，在新钢厂能安排多少人，北京首钢冷轧能安排多少人，非钢产业怎么发展。他说："安置职工是有决定意义的。把职工安置好了，我们大家心里就踏实了。"

2006年12月20日，《北京市"十一五"时期工业发展规划》对首钢搬迁调整进行了专门阐述："十一五"期间，分阶段压缩首钢在北京地区钢铁生产能力。到2007年年底，完成压缩400万吨钢铁生产能力；到2010年年底，石景山地区冶炼、热轧能力全部停产。同时，在河北唐山曹妃甸建设一个具有国际先进水平的钢铁联合企业作为首钢搬迁的载体，按照科学发展观的要求，以产品质量高、技术装备先进、高效低耗、节能节水、经济效益好、具有国际一流竞争优势为目标，将钢铁厂建设成为具有21世纪国际先进水平的大型钢铁企业，成为我国高品质、高技术含量、高附加值、高经济效益的板材精品基地。在顺义区建设年产150万吨的首钢冷轧薄板生产线。

2006年，市规划委组织有关部门和专业单位，按照市政府确定的符合北京城市总体规划、有利于首钢职工安置、在土地合理利用前提下实现土地价值最大化的原则，编制完成《首钢工业区改造规划》。2007年2月，市政府原则同意市规划委提出的《首钢工业区改造规划》。新确定的方案包括文化创意产业区、综合办公区、滨水生态休闲区、城市综合服务区4个功能区。4月20日，市规划委组织编制的《首钢工业区改造规划》发布施行。

2006年，北京市财政累计拨付首钢富余人员安置资金7.99亿元，其中年内拨付1.11亿元，用于首钢职工安置及培训工作。年内，首钢北京地区在册职工7.4万人，比上年净减少4000人。

2007年3月12日，首钢京唐钢铁联合有限责任公司钢铁厂项目开工仪式在首钢篮球中心、曹妃甸施工现场同时举行。4月2日，1号5500立方米高炉基础混凝土浇筑开始施工，10月4日，1号高炉基础桩基施工开工。2008年6月23日，1号高炉筑炉工程完成。2009年5月21日，1号高炉开炉，一次成功，第三天高炉利用系数达到1.0，投产不到一个月，日产量突破万吨水平；12月，利用系数达到2.31，各项指标全部达到设计水平。

2007年4月17日，首钢冷轧薄板生产线主厂房封闭完工。7月19日，首钢股份下达冷轧分公司调整组织机构的批复，将酸轧、连退、镀锌、磨辊4个作业区整合为轧钢、处理线两个分厂：轧钢分厂包括酸轧线和磨辊线，处理线分厂包括连退线和镀锌线。由分厂直接管理四班作业。11月8日，酸轧线穿带成功，试轧出第一卷冷轧薄板。

2007年5月1日，中共中央政治局常委、国务院总理温家宝到首钢京唐公司工地慰问职工，视察工程进展情况。温家宝指出："首钢京唐公司项目是列入国家'十一五'规划的特大项目，要精心规划、精心组织、精心施工，严格要求、严格管理，确保工程质量、确保安全、确保项目按期投产、确保搬迁顺利完成，努力把首钢京唐钢铁厂建成产品一流、管理一流、环境一流、效益一流的现代化大型企业，成为具有国际先进水平的精品板材生产基地和自主创新的示范工厂，成为节能减排和循环经济的标志性工厂。"

2007年7月13日，首钢总公司和石景山区政府共同组建的北京市石景山区首钢职工就业服务中心揭牌，构建信息传递和就业服务两个平台，实现信息跟踪与传输、职业介绍与服务、技能与创业培训、劳务输出四大功能。8月11日，市长王岐山在慰问首钢干部职工时说："首钢搬迁调整关系国家和北京市的大局，职工安置是头等大事。市委、市政府承诺：绝不亏待一名首钢职工。"2007年下半年起，首钢启动分流安置工作；年底，分流安置1880人。压产第一阶段工作从2007年年底开始，1858名职工全部得到妥善安置。压产第二阶段工作从2008年第二季度开始，3401名职工全部按渠道得到妥善分流安置。2007年，市财政累计拨付首钢富余人员安置资金9.87亿元，用于首钢职工安置及培训工作。

2007年9月30日，首钢京唐公司1580毫米热轧工程成为一期二步工程第一个开工的重点建设项目，工程全部采用自主集成方式建设。2009年3月28日，1700毫米冷轧酸轧线热试成功；8月28日，连退线热试成功；1号和2号镀锌线分别于9月3日和11月16日竣工热试。酸轧线投产两个月成功轧制出0.25毫米极限规格薄板，成材率96.19%、合格率99.8%，均达到设计指标；连退线和镀锌线投产后两三个月内，成材率、合格率达到92%以上。2010年3月31日，1580毫米热轧项目热试一次成功，轧制出合格钢卷。11月30日，2230毫米冷轧酸轧生产线热试成功。12月21日，2230毫米连退生产线热负荷试车成功。

2007年12月29日，首钢总公司与北京汽车投资有限公司、北京首钢股份有限公司（以下简称首钢股份）签订"出资协议"和"公司章程"，投资成立北京首钢冷轧薄板有限公司，注册资本26亿元，其中首钢股份以实物和货币出资182729.45万元，占注册资本的70.28%；首钢总公司以顺义厂区的

图专-2 首钢京唐钢铁厂2250热轧项目施工现场（2007年12月摄）

土地使用权出资25270.55万元，占注册资本的9.72%；北京汽车投资有限公司以货币出资52000万元，占注册资本的20%。公司主要生产厚度0.3～2.5毫米、宽度900～1850毫米的汽车板、家电板、专用板等高端板材。2007年年底，首钢北京老工业区4号高炉、2号高炉、第三炼钢厂、4台烧结机陆续停产，压缩400万吨钢生产能力的工作顺利完成。

2008年1月5日，首钢值班室接到中共中央办公厅秘书局电话，内容为2007年12月25日首钢总公司党委给胡锦涛总书记报送的关于首钢搬迁调整情况汇报已收到，总书记办公室委托秘书局转达以下两点：一是对首钢前期搬迁调整所做的各项工作表示满意，对首钢职工致以新年的问候；二是希望首钢继续贯彻党的十七大精神，深入贯彻落实科学发展观，团结奋进，扎实工作，完成好搬迁调整的各项工作，为我国经济社会发展做出更大的贡献。获悉首钢1月5日举行压产仪式，特将上述内容转达给你们。同日，首钢集团举行压产400万吨发布会。北京奥运会和残奥会期间，在压产400万吨的基础上，首钢总公司

对 3 号高炉和 2 台烧结机实施停产，每月按最低负荷 20 万吨钢组织生产。

2008 年 3 月 1 日，首钢京唐公司 2 号 5500 立方米高炉施工。2010 年 6 月 26 日，2 号高炉正式开炉。

2008 年 5 月 10 日，首钢冷轧项目正式投产。8 月 22 日，首钢冷轧公司召开创立大会暨首届股东大会。首钢总公司、北京首钢股份有限公司、北京汽车投资有限公司授权代表出席大会，选举产生了董事长、监事会主席、总经理、副总经理、总会计师等高级管理人员。

2008 年 5 月 13 日，首钢京唐公司 300 吨 2 号脱碳转炉顺利安装就位，标志一期一步工程炼钢项目的两座脱碳转炉全部安装就位。2009 年 3 月 13 日，炼钢 2 号 300 吨脱碳转炉热负荷试车一次成功，生产出第一炉合格钢水，次日凌晨顺利开浇，生产出第一块合格连铸板坯；12 月 19 日，炼钢 3 号连铸机一次热负荷试车成功，顺利浇铸出合格板坯；12 月 29 日，成功组织了整个浇次的"全三脱"生产。

2008 年 7 月 25 日，首钢冷轧薄板公司通过德国莱茵认证公司 ISO 9001 质量管理体系第一阶段的认证审核。2008 年 9 月 10 日，1 号热镀锌线开始冷负荷试车。年末，从热轧原料到冷轧产品的生产，作业计划、物料跟踪、异常处理、生产调度，原料、再制品和产成品管理直到交货，形成了闭环管理，工序和流程全部贯通。热镀锌线生产 1000 多吨镀锌板，表面质量达到国内同类产品水平。2010 年 4 月 23 日，首钢高品质板材开发及其产业化项目通过市科委组织的验收会；10 月 8 日，首钢冷轧项目通过国家环保部项目竣工环保验收；12 月 17 日，首钢冷轧薄板生产线工程获得中国建设工程鲁班奖。

图专-3　首钢京唐公司高炉（2008 年摄）

2008 年 9 月 28 日，首钢京唐公司 15 万立方米 1 号焦炉煤气柜送气。2008 年，1 号制氧机具备投产条件；海水淡化工程进入设备热试车阶段。

2008 年 10 月 20 日，首钢京唐公司厂区铁路、铁路交接站竣工，通过太原铁路局、唐港铁路公司、首钢京唐公司联合验收。11 月 6 日，首钢京唐公司 2250 热轧 1 号加热炉点火烘炉成功；12 月 10 日，2250 毫米热轧生产线热试一次成功。2009 年 1 月 13 日，2250 毫米热轧生产线轧制最小厚度达到 2.5 毫米；7 月 30 日，2250 毫米热轧项目 FAC 最终接收签字仪式举行。

2009 年 3 月 28 日，首钢京唐公司 1700 毫米冷轧酸轧线热试投产；5 月 9 日，B 焦炉投入试生产；1 号烧结机投入试生产；5 月 21 日，1 号高炉正式送风开炉；5 月 23 日，炼钢系统投入试生产，白灰套筒窑等辅助生产系统按期投产，标志着首钢京唐钢铁厂项目一期一步工程全部投入试生产。2009年，首钢京唐公司生产焦炭129.94万吨，烧结矿307.39万吨，铁234.04万吨，钢坯218.89万吨，热轧板卷210.63万吨，冷硬卷19.57万吨，连退卷12.71万吨，镀锌卷3.46万吨，销售收入64.58亿元。

2009年4月16日，市政府与文化部签署推动首都文化建设战略合作框架协议，明确提出在首钢二通厂区共同规划建设中国动漫游戏城项目。

2009年，首钢京唐公司试制生产了石油套管用钢、管线钢、工程机械用钢、汽车大梁钢、汽车车轮用钢、耐候集装箱用钢、搅拌罐用钢七大系列12个新品种。12月完成X70单炉认证，12月29日通过英国船级社LR对船板的认证，通过德国莱茵认证公司对钢铁厂质量管理体系的现场审核。截至2009年年底，首钢京唐公司一期工程累计打桩25万根，浇筑混凝土460万立方米，制作安装钢结构100.5万吨，设备安装4.61万台套，完成地上管网58.17万米、地下管网59.2万米、电缆隧道3.34万米，安装彩板255.1万平方米，道路施工207万平方米。2009年，完成固定资产投资210.75亿元。

2009年，首钢冷轧薄板公司生产冷轧板127.61万吨。其中，汽车板11.4万吨、家电板15.7万吨、专用板15.1万吨，产量占比分别为8.9%、12.3%和11.8%；品种板合计42.2万吨，品种板产量占比为33.07%；冷轧板出口1.83万吨。7月首次生产05表面等级汽车板。12月生产汽车板2.1万吨，实现月产汽车板2万吨的目标。

图专-4　首钢冷轧薄板厂区（2009年摄）

2009年，首钢富余人员安置工作有序推进，年内安置4660人。2005年至2009年年底，累计安置富余人员3.45万人。其中，转移新项目及内部转岗1.21万人、内退0.17万人、退休0.67万人、解除劳动合同自谋职业1.4万人。截至2009年年底，首钢集团在册职工7.22万人（不含联合重组企业），其中北京钢铁主流程1.81万人，京唐、迁钢、首秦、首钢冷轧等新基地1.89万人，矿业、特钢、中首等非钢单位1.95万人，一类改制企业1.57万人。

市政府决定在2008年至2010年给予首钢总公司的财政资金支持，在年度内按期到位。2007年，国家同意给予首钢国债贴息19亿元、给予首钢搬迁38亿元税收返还政策。2008年，国家和市财政给予首钢搬迁政策及资金支持工作基本落实。国家给予首钢贴息19亿元的政策落实，年内到位资金8亿元。按照国家对于首钢北京地区18户涉钢企业2006年至2009年上缴的增值税和所得税全部先征后返的政策，截至2008年年底，共返还首钢总公司46.42亿元。2009年，国家给予首钢贴息19亿元的政策进一步落实，年内到位资金10亿元。按照国家对于首钢北京地区18户涉钢企业2006年至2009年上缴的增值税和所得税全部先征后返的政策，截至2009年年底，共返还首钢总公司55.43亿元。2010年，国家给予首钢国债贴息政策、对首钢北京地区18户涉钢企业2006年至2009年上缴的增值税和所得税全部先征后返的政策、支持首钢外埠企业划转政策资金支持按年度拨付到位。

2010年3月，首钢按照"安全、经济、稳定"的停产原则和"平衡协作、吃光榨净"的要求，研究制定停产方案；首钢总公司启动实施北京钢铁主流程停产方案，下达调度指令。5月，市政府成立由市长郭金龙任组长，副市长苟仲文等任副组长，市委、市政府各有关部门，相关区县政府和首钢总公司23个部门和单位组成的首钢地区规划建设及产业调整工作领导小组，统筹协调西部区域（首钢工业区及石景山区、丰台区、门头沟区）经济社会协调发展。11月，中国动漫游戏城项目首批启动的首钢二通铸钢清理车间改造项目竣工，具备使用条件。该工程改造投资7000余万元，改造建筑面积16384平方米，形成集办公、商业、会展、餐饮等功能于一体的多业态旧厂房改造示范工程。

2010年6月26日，首钢京唐钢铁公司2号高炉点火开炉，标志着首钢京唐钢铁厂一期主体工程全面竣工投产。7月18日，中共中央政治局常委、中央书记处书记、国家副主席习近平到首钢京唐公司视察。习近平说："你们发展得很快，每一次来都有新的变化。要尽快实现低成本生产高附加值产品。"

2010年，首钢京唐公司生产铁583.6万吨、钢576.7万吨、热轧板卷564.3万吨、冷轧酸轧板卷152万吨、连续退火板卷75.7万吨、镀锌板卷52.6万吨、烧结矿704.7万吨、球团矿85.2万吨、焦炭311.7万吨，自发电35.7亿千瓦时，实现销售收入222亿元。首钢京唐公司共采用220项国内外先进技术，其中自主创新占1/3，集成创新占1/3，引进消化再创新占1/3。5500立方米特大型高炉是中国人自己研发、设计、建设的第一座5000立方米以上的高炉，自主创新技术有自主研发、自行设计制造、国内首次在5500立方米高炉使用无料钟炉顶设备；自主研发、首次在全世界钢铁业5000立方米以上特大型高炉使用高炉煤气全干法除尘技术；与国外联合设计、共同享有知识产权、首次在全世界钢铁业5000立方米以上特大型高炉使用顶燃式热风炉；装备世界上最大的11000立方米/分钟高炉鼓风机，采用轴向进气新技术。炼钢采用全流程洁净钢生产工艺。国家15项21世纪的钢铁可循环流程技术中的12项在首钢京唐公司试验。同年，首钢京唐公司开发热轧品种37个、冷轧品种21个。实现了石油套管钢、管线钢品种全覆盖；实现中高档汽车结构钢、多个牌号的高强钢、耐候集装箱用钢、船体结构钢、桥梁钢、花纹板、欧标板、出口冷轧基料的批量生产；完成锅炉容器钢、焊接气瓶钢、IF钢、超低碳IF钢的试制。年产热轧品种钢9类50个品种，冷轧品种钢3类21个品种。船板通过了九国船级社型式试验认证，取得认证证书；管线钢取得了国家石油管材质量监督检验中心颁发的X80以下级别压力管道制管专用板生产许可证，完成了X90、抗酸环境X65MS的试制；建筑用钢板、承压设备用板通过了出口欧盟的认证；家电板完成5个牌号的SGS环保监测认证；汽车板完成2个规格的现场冲压检验认证，得到北汽福田汽车零部件供应商的认可；完成锅炉容器钢、焊接气瓶钢质量认证。

2010年，首钢冷轧薄板公司生产冷轧板173.44万吨，镀锌板56.8万吨。年产品种板124.03万吨，其中汽车板56.7万吨，家电板43.07万吨，专用板24.26万吨；出口18.66万吨；试制新产品25种；小批量生产镀锌汽车板；建立起质量控制体系。

2010年，首钢北京钢铁主流程全面停产涉及职工1.81万人，另有顶岗作业劳务协力工0.4万人，合计2.2万余人。11月17日，首钢第十七届二次职工代表大会审议通过了《首钢北京钢铁主流程停产职工分流安置方案（草案）》。方案确定了分流安置的工作原则，并提出了11条职工分流安置渠道。首钢总公司对停产单位骨干职工全面调查，结合分流安置渠道进行了分析，对于选择在首钢继续工作的骨干职工全部进行安置。市政府各部门、各区县政府积极支持首钢职工转岗就业，发动全市各系统向首钢提供就业岗位信息。2010年12月21日，首钢北京钢铁主流程实现安全停产、经济停产、稳定停产，落实了国务院批复要求的停产任务。

2011年1月13日，首钢钢铁主流程停产仪式在首钢文馆举行。市政府授予首钢"功勋首钢"纪念牌。首钢搬迁腾出的空置土地，为土地资源稀缺的北京市发展高新技术产业和服务业、实现工业产业结构调整和经济结构优化提供空间。首钢搬迁后，首钢原厂区实施产业转型。

首钢通过搬迁调整，产品结构实现了从长材产品为主向高端板材和精品长材产品为主的历史性转变。首钢京唐公司建成1000万吨规模、具有国际先进水平的精品板材生产基地和节能减排、发展循环经济的标志性工厂，国家"十一五"重大科技项目新一代可循环钢铁工艺流程基本打通。首钢冷轧薄板公司成为汽车板和家电板的生产基地，向众多知名汽车和家电企业批量供货，实现历史性突破。截至2011年6月底，首钢6.47万名职工分流安置工作全面完成。

附　录

中共北京市委关于贯彻党的十五届四中全会精神
大力推进国有企业改革和发展的意见

(1999 年 10 月 11 日中共北京市委八届三次全会通过)

党的十五届四中全会通过的《中共中央关于国有企业改革和发展若干重大问题的决定》，是指导国有企业跨世纪改革和发展的纲领性文件。认真落实中央的《决定》，对于全面贯彻十五大精神，推进全市国有企业改革和发展，增强国有企业的活力和国有经济的控制力，促进首都改革开放和社会主义现代化建设，具有十分重要的意义。根据《决定》精神，结合北京市实际，提出以下贯彻意见：

一、进一步认清形势，坚定推进国有企业跨世纪改革和发展的信心

(1) 建国以来，北京市的国有企业经历了从少到多、从小到大、从弱到强的发展过程，取得了巨大成就。特别是十一届三中全会以来，在邓小平理论和党的基本路线指引下，国有企业改革和发展迈出了重大步伐。企业管理体制和经营机制发生了深刻变化，技术进步和产业升级明显加快，一批国有独资、控股和参股企业在市场竞争中焕发出新的生机和活力。全市国有经济布局和结构调整取得较大进展，总体实力进一步增强，在国民经济中继续发挥着主导作用，有力地支持了首都的改革和建设。这些成绩来之不易，是各级党政组织和各行各业国有企业认真贯彻中央精神，紧密结合北京市市情，解放思想、不断开拓的结果，凝结着全市各族人民的智慧和心血，国有企业和工人阶级为此作出了不可磨灭的历史性贡献。

(2) 在发展社会主义市场经济的新形势下，国有企业仍然面临着许多困难和问题：国有经济在整个国民经济中的比重过大、战线过长，国有企业布局和结构不适应首都经济发展的需要；企业经营机制不活，法人治理结构尚不健全；多数国有企业技术创新能力薄弱，技改投资比重下降，产品、工艺、技术装备比较落后，发展后劲不足；相当一部分国有企业生产经营艰难，债务和社会负担沉重，富余人员过多，经济效益下降，一些职工生活困难，社会保障体系还不够完善。对这些问题必须高度重视，采取有效措施切实加以解决。

（3）当前加快国有企业改革和发展有许多有利条件：一是党中央、国务院高度重视国有企业的改革和发展，制定了一系列方针、政策，十五届四中全会专门作出决定，为搞好国有企业指明了前进的方向。二是新中国成立五十年来，全市国有经济不断发展壮大，综合实力和社会承受能力大大增强，为加快改革和发展奠定了坚实的物质和思想基础。三是改革开放二十年来，全市国有企业改革和发展取得长足进步，涌现出一批先进典型，积累了一定的经验。四是国有企业的广大干部职工对搞好国有企业有强烈的愿望和决心，随着四中全会精神的贯彻落实，将进一步焕发出新的改革动力和发展活力，这是最重要的力量源泉。五是各级党政组织加强了对国有企业改革和发展的领导，全社会热情关心、大力支持，为国有企业开创新局面创造了较好的外部环境和配套条件。尽管前进的道路上矛盾和困难不少，面临严峻的挑战和激烈的竞争，但我们充满必胜的信念。

（4）进一步明确国有企业改革和发展的目标任务。北京作为全国的首都，应当全面贯彻中央提出的十条指导方针，按照"创一流"的要求，率先实现国有企业改革和脱困的三年目标，率先推进国有大中型骨干企业初步建立现代企业制度，率先完成经济结构的调整和产业的升级优化，开创国有企业跨世纪改革和发展的新局面。主要目标是：

——到2000年年底，使全市大多数国有大中型亏损企业摆脱困境，大多数国有大中型骨干企业初步建立现代企业制度，经营状况明显改善。再用两年左右的时间，初步建立适应市场经济要求的企业经营机制，初步实现企业优胜劣汰、经营者能上能下、职工能进能出、收入能增能减、技术不断创新、国有资产保值增值；初步建立健全以养老、失业、医疗为主的社会保障体系，健全国有资产管理、监督和营运体系，形成促进多种经济成分平等竞争、共同发展的市场体系。

——到2010年，基本完成国有经济战略性调整和改组，形成比较合理的国有经济布局和结构，建立比较完善的现代企业制度，使国有企业经济效益和增长质量明显提高，科技开发、市场竞争和抗御风险能力明显增强，国有经济在首都经济中更好地发挥主导作用。

加快国有企业改革和发展，对实现首都跨世纪宏伟蓝图具有决定性意义。我们一定要按照党的十五届四中全会的要求，坚持以有利于发展社会主义生产力、有利于增强综合国力、有利于提高人民的生活水平为根本标准，继续解放思想，实事求是，大胆开拓，锐意创新，夺取国有企业改革和发展的新胜利。

二、加快首都经济结构和布局调整，实现产业升级优化

（5）继续抓好所有制结构调整。坚持以公有制为主体，多种所有制经济共同发展，加大所有制结构调整力度，有进有退，有所为有所不为，减少国有经济占国民经济的比重，减少国有工业占全市工业的比重。通过国有资产的流动和重组，适当收缩战线，加强重点，改善国有资产的配置结构，有步骤地使国有资本从不适宜首都发展、难以形成和发挥优势的行业及领域退出，配置到经济发展中需要加强的重要行业、关键领域和优势企业。涉及

自然垄断行业、公用设施、基础设施，以及支柱产业和高新技术产业中的骨干企业，金融、保险等第三产业部门，需要国有经济控制的，采取国有控股经营为主。一般竞争性行业和领域，不再设立国有独资企业，并建立产业退出机制和制定退出援助政策，使不再适合都市发展的、缺乏比较优势和进入衰落期的行业及产品加快淘汰。同时，继续大力发展民营科技企业、三资企业和个体私营经济。

积极探索公有制的多种有效实现形式。国有资本通过股份制可以吸引和组织更多的社会资本，放大国有资本的功能，提高国有经济的控制力、影响力和带动力。国有大中型企业尤其是优势企业，宜于实行股份制的，要通过规范上市、中外合资和企业相互参股等形式，改为股份制企业，发展混合所有制经济，重要的企业由国家控股。

（6）推进产业结构战略性调整。继续贯彻实施"三二一"产业发展方针。坚持以知识经济为方向，以高新技术产业为核心，用高新技术改造传统产业，实现传统产业和第三产业的升级优化。按照世界一流的目标，加快建设中关村科技园区，发挥其对于整合全市科技、教育和高新技术产业资源的作用，搞好科学规划，加强协调沟通，营造创新环境。选择一批符合首都经济发展方向，居于当代技术前沿，产业关联度和带动力大的高新技术项目给以重点支持，发挥其对国有企业技术进步和产业升级的示范和先导作用。积极推进软件及系统集成产业、信息设备和产品制造业、信息与网络服务业等特色产业的快速发展，继续促进光机电一体化、生物工程和新医药、新材料、新能源、环境保护等重点产业的健康发展。首先要在移动通信、数字视频、软件、环保节能等领域取得突破。到 2002 年，高新技术产业产值占全市工业总产值的比重达到 40% 左右。到 2010 年，力求在一些重点行业、重点企业、关键领域接近或赶上世界先进水平。

（7）坚决淘汰落后生产能力和劣势企业。对资源浪费、技术落后、质量低劣、污染严重的小煤矿、小水泥、小玻璃等落后生产能力，以及其他不适合在首都发展的行业和产品，采用经济手段与必要的行政手段相结合的办法，有计划、有步骤地进行淘汰。对那些产品没有市场、资产负债率高、连年亏损、扭亏无望的特困企业，加大资产重组和兼并破产的力度，资产得以盘活，职工得以安置。采取建立周转资金、规范市场运作、促进资产变现等措施，降低破产成本，切实解决国有企业破产难的问题。同时要注意防止国有资产流失和逃废银行债务。

（8）加快工业布局调整。认真贯彻《国务院关于北京城市总体规划的批复》和《国务院关于建设中关村科技园区有关问题的批复》，抓紧制定北京市工业布局调整规划。城市中心区，重点发展工业营销、开发机构及都市型工业。中关村科技园区，建设成为国家科技创新示范基地、高新技术孵化和辐射基地、高素质创新人才的培养基地。认真搞好区县工业园区的产业配置。北部和东北部，以电子、汽车、食品饮料、轻纺服装、环保等产业为主；南部和东南部，以医药、化工、机械、仪表等产业为主；西部和西南部，以石化、冶金、新型建材等产业为主。制定相关优惠政策，加快四环路以内工业企业的搬迁步伐，除保留少数高新技术企业，方便人民生活的都市工业和大企业大集团的开发、销售中心外，其余企业都要有序迁出。城内工业企业的搬迁，不是简单的空间位移，要与所有制结构调整、发展非公有制经济、吸引外商投资相结合；与国有资产重组、企业改制、提高国有资产整体质量相结合；与企业技术改造、技术创新和产品升级换代相结合；与企业减员增效、下岗分流和实施再就业工程相结合；与环境保护和可持续发展相结合。

认真贯彻执行《北京城市总体规划》，并在实践中按照首都城市性质和城市功能的要求，不断丰富和完善有关产业结构和布局的内容，以城市功能结构的提升带动产业结构的调整和升级，拓展经济发展的空间，培育新的经济增长点，增创国有经济的新优势。农业、建筑业、商业、交通运输、邮政通信、旅游业以及文化教育产业，都应该进行相应的调整和优化，提升产业的竞争能力。

（9）着力培育和发展大型企业和企业集团。坚持"抓大放小"、扶优限劣的方针，以市场为导向，以优势企业为主体，以资本为纽带，以自愿互利为原则，积极鼓励和吸引外资、集体、私营等多种经济成分加入，推进国有企业战略性改组。抓紧培育和重点发展几个实力雄厚、竞争力强的跨地区、跨行业、跨所有制和跨国经营的特大型企业集团。培育和发展一批年销售收入在50亿元以上，在同行业中居于领先地位，具有竞争优势的大企业。重点放在电子信息、机电一体化、汽车、医药、新型建材、精细化工、建筑业、商业、旅游文化产业、环境保护等行业和领域。

（10）放开搞活国有中小企业。继续采取改组、联合、兼并、租赁、承包经营和股份合作制、出售等多种形式，加快中小企业改制步伐，形成一批小而精的具有较强市场竞争力的专业化特别是科技型企业。积极推行体现劳动者的劳动联合和劳动者的资本联合为主的企业组织形式，鼓励职工持股或集体购买；产权转让中的部分收入可用于偿还历史旧账、安置职工和行业内部调整，有效化解企业的历史包袱；对中小企业实施改革、改组过程中的收费按规定实行减免，降低企业转制费用，简化程序；建立规范的中小企业风险担保体系，拓宽融资渠道，为中小企业的发展提供金融支持；建立中小企业服务体系，为中小企业的市场开拓、技术交流、信息沟通、人才培训和管理咨询等提供服务。

三、建立和完善现代企业制度，构筑国有经济的微观基础

（11）继续推进政企分开，切实转变政府职能。政府对国家出资和拥有股份的企业，通过出资人代表行使所有者职能，按出资额享有资产受益、重大决策和选择经营管理者等权利，对企业的债务承担有限责任，不干预企业日常经营活动。各级党政机关都要同所办的经济实体和直接管理的企业在人财物等方面彻底脱钩。按照精简、统一、效能的原则，积极稳妥地推进政府机构改革。理顺职能关系，加强综合经济管理部门，撤并和减少专业经济部门，明确政府各部门的职能定位、人员编制，裁减富余人员。积极推进政务公开，切实转变工作作风，简化办事程序，减少审批环节，提高办事效率。

（12）建立健全国有资产管理体制和营运机制。按照"国家所有、分级管理、授权经营、分工监督"的总体要求，遵循政资分开、政企分开、所有权与经营权分离、资产管理与生

产经营分开的原则，探索建立适合北京特点的三级国有资产管理体制和营运机制。

市政府管理全市国有资产。市政府作为决策机构，对国有资产管理中的重大问题进行决策。市国有资产管理局设在财政局，作为国有资产管理的办事机构。

市政府授权大型企业、企业集团和控股公司，专门从事国有资产经营，对企业国有资产行使出资者权利。严格建立出资人制度和产权代表制度，完善企业资本金注入机制。在抓好现在四个控股公司的试点工作的基础上，现有的各类国有资产授权经营公司，有的要进行规范和完善；有的要进行调整和重组；还可以根据改革和发展的需要，在某些行业和领域组建新的国有资产经营公司。成立境外融投资管理机构，加强对境外国有资产的管理和监督。资产经营公司通过派出产权代表参加董事会、监事会，参与企业的重大决策，进行有效监督，并以出资额为限承担有限责任。建立健全严格的责任制度，继续试行稽查特派员制度，同时要积极贯彻十五大精神，健全和规范监事会制度，过渡到从体制上、机制上加强对国有企业的监督，确保国有资产及其权益不受侵犯。

国有投资企业，要面向市场，自主经营、自负盈亏、照章纳税，具体负责国有资产的保值增值，并严格按照《公司法》要求，建立规范的法人治理结构。

（13）对国有大中型企业实行规范的公司制改革。加大190户国有大中型骨干企业的公司制改造力度。对已完成改制的企业，要按《公司法》进行规范，着重在完善法人治理结构、出资人制度及投资主体多元化上下功夫，建立符合市场经济要求的企业经营机制。采取引入法人股东、鼓励自然人投资入股、建立职工持股会、国有股售改结合等方式，调整国有企业的股本结构。通过多元化的投资主体在决策层形成有力的制衡机制，维护股东的利益。未完成改制的企业，要加快进行规范的公司制改革。要特别注重改制质量，防止和纠正"翻牌"公司，注意总结与推广典型经验。

（14）建立高效规范的公司法人治理结构。公司法人治理结构是公司制的核心。按照《公司法》明确股东会、董事会、监事会和经理层各自的分工与职责，做到各负其责、协调运转、有效制衡。董事会对股东会负责，对公司的发展目标和重大经营活动作出统一决策，聘任和解聘总经理。总经理对董事会负责，副总经理等高级管理人员由总经理提名，由董事会聘任和解聘。充分发挥监事会对企业财务、董事、经理经营行为的有效监督作用。国有独资和国有控股公司的党委负责人可以通过法定程序进入董事会、监事会；董事会和监事会都要有职工代表参加；董事会、监事会、经理层及工会中的党员负责人，可依照党章及有关规定进入党委会；党委书记和董事长可由一人兼任，董事长、总经理原则上分设。党组织按照党章、工会按照工会法和工会章程、职代会按照职代会条例行使职责。

（15）建立与现代企业制度相适应的收入分配制度。在国家有效的宏观经济调控下，企业职工工资水平和差别由企业根据全市平均工资水平和本企业经济效益来决定。初步建立起"市场机制调节、企业自主分配、职工民主参与、政府监控指导"的企业工资制度。允许和鼓励资本、技术等生产要素入股参与收益分配。企业要根据生产经营特点，参考劳动力市场价格，根据劳动条件好坏、强度轻重、责任大小、技能高低和劳动实绩，确定工资分配形式，克服分配上的平均主义。

（16）加强和改善企业管理。制定和实施明确的企业发展战略、技术创新战略和市场营销战略，形成符合市场经济运行规律的正确决策机制，切实提高决策水平，减少市场风险，防止出现重大决策失误。狠抓企业管理的薄弱环节，重点抓好成本管理、资金管理和质量管理。针对当前企业管理费用、财务费用、人工成本居高不下的现状，继续开展"学邯钢、学北开、降成本"活动，建立成本费用预测、计划、控制、核算、分析和考核管理体系，推动全员、全过程成本费用管理。编制好资产负债表、损益表和现金流量表，准确反映企业经营状况。加强审计监督，坚决依法制止和严肃查处做假账，严肃财经纪律，完善经济核算，堵塞各种漏洞。坚持质量第一的方针，以市场需求和用户满意为标准，制定质量承诺、质量投诉等制度。贯彻 ISO 9000 系列标准和 GB 14000 环保标准，建立健全质量责任制，加强质量保证体系建设。以提高产品质量为基础，强化商标意识，实施名牌战略，培育和造就一大批具有竞争力的名牌产品，提高北京产品的市场占有率。强化基础工作，建立各级、各个环节的严格责任制度，加强考核和督促检查，确保各项工作有人负责。坚持预防为主，落实安全措施，确保安全生产。广泛采用现代管理技术、方法和手段，借鉴国外先进管理经验，发挥管理专家作用，全面提高科学管理水平。

四、大力推进技术进步，提高企业创新能力

（17）制定技术创新和产业升级的总体规划。根据国家产业政策，明确优先发展和限制、淘汰的行业和产品，大力推广增加品种、改进质量、提高效益、替代进口的先进技术，限制和淘汰能耗较高、污染严重、效益低下的落后技术。继续实施"批、片、块"的调整方案，注重电子信息等技术与传统产业的嫁接，重点改造和提升汽车、石化、冶金、机械、建材等产业，发展轻工、服装、食品、医药、新型印刷等都市型工业。开发有利于开拓国内外市场和有竞争力的新产品，提高产品的质量档次和技术附加值，形成一批"名、优、特、新"产品，实现北京市产业结构升级优化和产品的更新换代。

（18）形成以企业为中心的技术创新体系。国有企业要成为技术进步和产业升级的主体，大型企业及其他有条件的企业要加大技术开发投入，建立自己的技术开发中心，加强技术开发力量，有计划地培养中高级技术开发和创新人才，推动应用型科研机构企业化，鼓励科研院所、高等院校的科研力量进入企业，产、学、研结合要逐步从简单的项目合作向技术、资本和人才培训的合作发展。积极培育和发展技术市场体系，促进科技成果产业化。建立技术和人才服务体系，提供技术咨询服务、投融资服务、科技人才服务等，组织重大技术难题联合攻关。

（19）继续采取积极有效的政策措施，支持企业的技术进步和产业升级。落实国家在财政、投资、信贷、税收等方面对企业技术进步和产业升级的鼓励政策。提高技术改造投入占全社会固定资产投资的比重，提高技术开发费占企业销售收入的比重。建立北京工业发展投资基金，培育和发展现有的高技术风险投资基金，设立以民间资本和国际风险资本

为主的高新技术风险基金和风险投资公司。采取企业上市融资、土地使用权出让转让、贷款贴息等措施，扶持重点行业、重点企业、重点产品的技术改造，并向电子城等有发展前景的老工业基地倾斜。重视科研队伍的建设，保护知识产权，发挥科技人员在推进企业技术进步和产业升级工作中的重要作用。

五、做好减债、减负和减员工作，切实提高企业经济效益

（20）加大国有大中型企业兼并破产力度。成立由市政府有关主管部门组成的专门工作机构，统筹组织兼并破产工作，加强与银行等部门的协调沟通，积极做好呆坏账准备金的核销工作，落实有关政策措施，妥善安置职工。国有企业和集体企业兼并国有企业可以享受有关鼓励政策。积极推进企业依据破产法和民法，多种途径加快破产工作。

（21）做好债权转股权的工作。本市国有大中型企业债转股工作已经在全国率先启动，政府有关管理部门要积极配合金融资产管理公司在本市进一步开展工作。对产品有市场、发展有前景，但由于负债过重而陷入困境的国有重点企业，要组织企业开展债转股的各项前期准备工作，帮助企业落实转换经营机制的工作方案，为实施企业债转股工作创造条件。

（22）提高直接融资比重。符合股票上市条件的国有企业，可通过境内外资本市场筹集资本金，并适当提高公众流通股的比重。有些企业可以通过债务重组，具备条件后上市。支持国有控股上市公司适当减持部分国有股、增资配股和增发社会公众股。充分利用中央在京和本市上市公司资源，采取多种形式筹集资金。具备偿债能力、经营效益良好的国有大型企业，经过符合资质的中介机构评估，可在国家批准的额度内发行企业债券，有的经批准可在境外发债。

（23）实施重点企业所得税返还用于增加国家资本金的优惠扶植政策。全市国有企业实行所得税返还的优惠政策，对重点企业实行所得税全额返还政策，返还的所得税以国家资本金注入形式增加企业资本金。在企业兼并中，优势企业缴纳的所得税经财政部门批准在三年内部分或全额返还，对原企业经评估后未能核销、超过弥补期的挂账亏损，可用企业税前利润在三年内继续弥补。

（24）企业或授权国有资产经营的企业集团经批准，可将部分国家划拨的土地使用权有偿转让及企业资产变现。鼓励城区有条件的国有企业充分利用土地级差优势进行土地存量调整，提高非上市重点国有企业土地使用权转让金的返还比例，返还企业资产变现及变现部分缴纳的部分税收的资金，可用于国有企业的增资减债或结构调整。根据行业、企业的不同情况，逐步将国有房地资产注入政府授权经营国有资产的公司或企业集团，增加企业资本金。

（25）完善和发展北京市产权交易市场，建立国有企业资产交易制度。积极创造条件，为企业产权交易、资产变现、专利成果转让提供交易场所。通过资产重组，使企业减轻历史包袱。帮助国有企业吸引国内外合作者，通过资源、技术、市场的优势互补，促进国有企业与国内外优势企业合资合作，调整资本结构。

（26）适当扩大工业结构调整资金规模，加大国有骨干企业的资本金注入力度。努力改善国有企业融资环境，扩大工业经济结构调整资金的使用范围，以国家资本金注入、贷款贴息、短期借款或投资入股等形式，支持国有重点企业技术改造和结构调整。

（27）分离企业办社会的职能，切实减轻企业的社会负担。要逐步把企业所办的学校、医院和其他社会服务机构移交政府统筹管理，所需费用可在一定期限内由企业和政府共同承担，并逐步过渡到由政府承担，有些可以转为企业化经营。全面落实国务院关于减轻企业负担的各项政策措施，做好监督检查工作，重点治理各种乱收费、乱罚款、乱摊派及其他不合理的负担，为企业改革和扭亏创造条件。

（28）大力实施下岗分流、减员增效和再就业工程。实行在国家政策指导下，劳动者自主择业、市场调节就业和政府促进就业的方针，建立统一、开放、竞争、有序的劳动力市场体系。从2001年起，国有企业富余人员不再进入再就业服务中心，通过终止、解除劳动关系从企业中分离出来，在劳动力市场中实现再就业，形成市场导向的就业机制。到2002年年底，企业再就业服务中心取消，未实现再就业的下岗职工，通过劳动力市场实现再就业。城镇登记失业率2000年控制在1%左右；2002年控制在2%以内。

实行积极有效的再就业政策。在保障下岗职工、城镇失业人员基本生活的前提下，大力发展第三产业，广开就业门路，增加就业岗位，调整就业结构。进一步完善促进下岗职工再就业的优惠政策，鼓励下岗职工、城镇失业人员到非公有制经济单位就业、自谋职业或合伙兴办企业。大力开发社区服务，发展劳动密集型、多元化投资主体的劳务派遣组织、社区就业组织，积极吸纳下岗职工、城镇失业人员实现再就业。建立社区公益性就业组织，帮助下岗职工、城镇失业人员中的就业困难人员实现再就业，形成政府出资扶持、社会筹集资金的就业托底机制。

建立和完善就业服务体系。形成公益性与产业化相结合、综合性与专业化相补充的格局，使之成为促进下岗职工、城镇失业人员再就业的主渠道。完善"市场信息引导，社会各界支持，政策措施保障，培训促进就业"的再就业培训机制。发挥社会培训资源作用，加强对下岗职工、城镇失业人员的职业指导和技能培训，增强再就业能力。

六、加强各项配套工作，为国有企业改革和发展创造良好的外部环境

（29）保持首都经济的持续、快速、健康发展。采取有力措施，实行多渠道融资、多主体投资，加大固定资产投资力度，保持投资稳定增长。合理增加城乡居民收入，改善消费环境，拓展消费空间，推进消费信贷，进一步刺激和扩大消费需求。在保持经济较快发展的同时，要防止经济增长出现大幅度波动。

（30）进一步扩大对外开放。加快制定全方位对外开放的规划。加大工作力度，努力改善投资环境，增强服务意识，鼓励和吸引外商投资城市基础设施建设、旧城改造、商业、旅游业等领域。在继续扩大货物贸易的基础上，发展技术贸易和服务贸易，鼓励和扶持民营、私营企业的出口。认真实施"科技兴贸"战略，不断提高出口商品的技术含量和附加值，

提高运用高科技手段从事对外贸易的水平。

（31）制止不合理的重复建设。加快投融资体制改革，建立和完善投资风险的约束机制，严格执行项目资本金制度和项目法人责任制，做到谁决策谁承担责任和风险。定期发布产业信息，引导投资流向。严格项目审批程序，简化审批手续，提高审批效率。

（32）继续发展各类市场，维护正常经济秩序。在加强市场管理的基础上，进一步发展各类有形商品市场，以满足全市各层次消费者的不同需求。建设各类要素市场，着重发展关系到首都发展与稳定的资金、技术和人才及劳动力市场。加大执法力度，依法打击走私贩私、制售假冒伪劣商品以及其他经济违法犯罪活动，维护消费者和企业的合法权益。严格结算纪律，严格经济纠纷案件的审理期限。推进税费改革，清理整治各种乱收费、乱摊派、乱罚款，切实减轻企业负担。

（33）培育和发展中介服务体系。社会中介服务机构要与政府部门脱钩。充分发挥会计、律师、公证、资产评估、咨询等中介服务组织的作用。加快实现市场中介组织发展的法制化、规范化。抓紧培养各类市场中介组织的专业人才，严格各类从业人员的任职资格，规范其经营行为，逐步建立起高素质的市场中介组织从业人员队伍。进一步整顿、规范和发展各类商会、行业协会，加强行业自律。

（34）建立健全社会主义市场经济法律制度。抓紧制定和完善有关维护市场秩序、规范市场主体、加强市场监督、健全社会保障等法规、规章。加强和改善司法、行政执法和执法监督，惩处侵犯企业合法权益的违法行为，保护公平竞争。清理现行地方法规、规章中不符合经济发展要求的各种规定，加强社会综合治理，为企业生产经营创造宽松的社会环境。

（35）加快社会保障体系建设。2002 年要实现养老、失业、医疗等保险以及城镇企业、机关、事业单位和农村社会保险的统一管理，各险种基本实现统一制度、统一政策，基本实现统一征缴、统一监管，离退休人员与原企业相分离，实行社会化服务管理。采取多种措施，拓宽社会保障资金筹集渠道。主要包括：合理调整财政支出结构，适度增加社会保障资金；变更部分国有资产，充实社会保障资金。

统一养老保险政策。企业和事业单位养老保险制度要逐步并轨。城镇各类企业及其职工、城镇个体工商户及其雇工、事业单位及其职工都要纳入统筹范围。实行养老保险基金全额缴拨。逐步实现退休人员的养老金由社会服务机构发放，人员由社区管理。认真落实企业离休干部的政治、生活待遇，做好服务和管理工作。规范和指导企业的补充养老保险工作，建立健全多层次养老保险体系。

扩大失业保险覆盖范围。到 2000 年，覆盖除公务员以外的所有城镇劳动者。进一步加强基础管理，制定并完善失业保险工作规范和工作流程，建立失业保险基金个人缴费台账。对失业人员实行市、区（县）、街道网络化管理。

建立和完善基本医疗保险制度。基本医疗保险要建立单位和个人共同缴费的筹资机制，实行全市统筹，市和区县分级管理；基本医疗保险基金实行社会统筹和个人账户相结合。

通过对医疗机构进行定点管理，加强对医、患、保三方的制约机制。逐步将企业、机关、事业单位中的城镇劳动者全部纳入统筹范围。鼓励有条件的企业建立补充医疗保险。建立大额医疗互助补助制度。建立由企业和劳动者自愿参加的商业医疗保险制度。

七、加快企业人事制度改革，建设高素质的经营管理者队伍

（36）推进企业经营管理者的管理体制和管理方式的改革。探索建立优胜劣汰、奖惩分明、监督有效、充满活力的用人机制，营造有利于优秀企业经营管理者脱颖而出、健康成长的环境。积极探索适应现代企业制度要求的选人用人新机制，把组织考核推荐和引入市场机制结合起来，把党管干部原则和董事会依法选择经营管理者以及经营管理者依法行使用人权结合起来。进一步完善对国有企业领导人员管理的具体办法，避免一个班子多头管理。对企业及企业领导人不再确定行政级别。按照公开、平等、竞争、择优原则，优化人才资源配置，打破人才部门所有、条块分割，促进人才合理流动。积极稳妥地实行企业经营管理者聘任制、任期责任制和契约化管理，逐步做到绝大多数企业经营管理者通过经营业绩考核选聘、竞标选聘、民主推荐选聘以及面向社会公开招聘等方式聘用，建立一支适应社会主义市场经济的经营管理者和企业家队伍。

（37）探索和建立有效的激励与制约机制。坚持效率优先、兼顾公平和责任、风险、利益相一致的原则，实行经营管理者收入与企业的经营业绩紧密挂钩，积极探索年薪制、持有股权等多种分配方式。既要使经营管理者获得与其责任和贡献相符的报酬，又要提倡奉献精神。稳步推行与企业资产规模、效益和经营管理者的岗位责任、经营风险及难度、工作业绩、资产保值增值相联系的年薪制。坚持风险共担、利益共享、按比例有偿认购的原则，少数具备条件的企业，试行期股激励，探索生产要素参与分配的有效途径，促进经营管理者行为的长期化。继续实行评优及授予荣誉称号等行之有效的精神激励的办法。健全监督机制，建立年度审计、任期审计和专项审计制度，把外部监督和内部监督结合起来，发挥党内监督和职工民主监督的作用。建立责任追究制度，对因工作不力、决策失误造成国有资产重大损失或完不成国有资产保值增值任务的，视损失大小和责任轻重，给予经济赔偿、行政处分或撤销解聘职务等处罚。

八、切实加强党对国有企业改革和发展工作的领导

（38）加强和改善党的领导是加快国有企业改革和发展的根本保证。按照中央的要求，做到"统一认识、坚定信心，真抓实干、落实责任，尊重实践、分类指导，抓紧当前、着眼长远"，为推进国有企业改革和发展提供强有力的思想政治保证。认真组织好四中全会《决定》的学习贯彻，并注意同学习邓小平理论和贯彻十五大精神结合起来，同研究解决国有企业当前突出问题和长远发展结合起来。要把发挥党的政治优势同运用市场机制相结合，调动各方面的积极性，形成合力，确保中央重大决策和部署的贯彻落实，确保国有企业改革和发展任务的顺利完成。

（39）加强企业领导班子建设，充分发挥国有企业党组织的政治核心作用。坚持党的领导，发挥国有企业党组织的政治核心作用，是一个重大原则，任何时候都不能动摇。各级企业领导班子要努力建设成为坚决贯彻党的路线、方针、政策，全心全意为人民服务，廉洁自律、务实创新的坚强有力的领导集体。选好配强党委书记、董事长、总经理（厂长），抓好后备人才培养。企业党组织要认真履行《决定》中明确的五项职责，积极参与企业重大问题的决策，确保党和国家方针政策的贯彻执行，确保企业改革和发展的顺利进行。加强企业党组织自身建设，改进工作内容和活动方式，把党组织建成从自身特点出发，认真履行职责，凝聚和带领职工群众完成本企业任务的坚强战斗堡垒。充分发挥党员在企业改革和发展中的先锋模范作用。认真抓好企业思想政治工作和精神文明建设，有针对性地开展形势任务教育、党的方针政策教育、党性党风教育和职业道德教育，努力建设有理想、有道德、有文化、有纪律的职工队伍。

（40）全心全意依靠工人阶级搞好国有企业。充分发挥职工群众的积极性、主动性和创造性，坚决维护职工的合法权益，保障职工的民主权利。进一步理顺劳动关系，依法进行平等协商，认真执行劳动合同和集体合同制度。充分发挥工会和职工代表大会在民主决策、民主管理、民主监督中的作用。坚持和完善以职工代表大会为基本形式的企业民主管理制度，实行民主评议企业领导人和厂务公开，提高企业决策和管理的透明度。注重职工业务技术和劳动技能培训，加快提高职工队伍技术水平。深入开展爱国立功竞赛活动和振兴国企的合理化建议活动，开展创建文明窗口、文明行业、文明班组和争当文明职工的活动，发展健康向上的企业文化，树立爱岗敬业、诚实守信、奉献社会的良好职业道德和职业风尚。

各级党政组织要坚定地站在国有企业改革的前列，努力改进领导作风，加强调查研究，遵循客观经济规律，尊重群众首创精神。要继续解放思想，实事求是，大胆探索，勇于实践，从各行各类的实际出发，坚持因地制宜，分类指导，创造性地开展工作。国有企业自身要保持一种良好的精神状态，树立积极进取、迎难而上的信心，研究新情况，解决新问题，创造新经验，走向新路子。

全面贯彻党的十五届四中全会精神，大力推进国有企业改革和发展，是实现首都跨世纪宏伟目标的一项重要战略任务。全市上下要按照中央和市委的统一部署，坚定信心，振奋精神，锐意创新，扎实工作，努力开创国有企业改革和发展的新局面，把充满生机和活力的国有企业带入 21 世纪。

关于深化本市工业管理体制改革试点工作意见

（1999 年 11 月 17 日　京政办发〔1999〕79 号）

1995 年以来，市政府先后对市属各工业总公司（局、办）进行了国有资产授权经营的体制改革，这对于探索政企分开，促进政府职能转换，推进建立现代企业制度起到了积极的作用。但是，由于政府机构职能改革滞后及其他方面的原因，授权后出资人的三项权利没有完全到位，授权公司仍然承担着行政和行业管理职能，运行不规范，与社会主义市场经济的发展要求很不适应。为贯彻党的十五届四中全会及市委八届三次全会关于加快国有企业改革和发展的精神，进一步深化本市工业管理体制改革，加快工业结构调整，推进国有企业的战略性重组，市政府决定，要按照"产权清晰、权责明确、政企分开、管理科学"的总体要求，结合市政府机构改革，对现有市政府投资的工业公司进行规范性改制及重新授权。为积累经验，推动改革工作的开展，先在北京汽车工业集团总公司、北京建材集团有限责任公司、北京纺织控股（集团）有限责任公司、北京电子信息（集团）有限责任公司（以下简称授权公司）进行试点。为了确保试点工作顺利进行，特提出以下意见：

一、深化改革试点的基本原则

根据党的十五届四中全会关于"转变政府职能，建立权责明确的国有资产管理、监督和营运体系，保证国有资产的保值增值"的指导方针，本市工业管理体制改革试点工作应遵循的基本原则是：

（一）国家所有，分级管理，授权经营，分工监督的原则。

（二）政企职责分开的原则。

（三）责权利相一致的原则。

（四）资本保全和维护所有者权益的原则。

二、深化改革试点的重点内容

针对本市国有资产管理体制的现状及存在问题，改革试点的重点内容是：第一，落实授权公司的资产受益、重大决策和选择经营管理者等权利；第二，剥离授权公司承担的行政和行业管理职能，实现政企分开；第三，完善内部法人治理结构，建立母子公司关系，建立健全企业激励与约束机制；第四，建立健全国有资产由市政府管理、分工监督的机制。

改革试点要重点抓好三个环节的工作：一是将市政府各有关部门现承担的有关国有资产运营职能全部放给授权公司，同时将授权公司的行政和行业管理职能上收并分解到政府部门及整顿后的行业协会；二是进一步完善授权公司的法人治理结构，明确其相应的职责和权益；三是正确处理授权公司的资产运营权与企业法人财产权的关系，保护企业的积极性。

三、改革试点的主要措施

（一）授权公司依法经营管理授权范围内的国有资产，享有出资人权益

1. 落实重大决策权。简化授权公司固定资产投资项目审批程序，扩大吸引外商投资项目的决策权。具体措施主要有：授权公司根据国家产业政策、《北京市城市总体规划》和工业布局的要求确定的固定资产投资项目和符合国家及北京市有关法规政策的外商投资项目，在所需材料齐备（含能源、原材料等供应合同）的情况下，市有关部门应分别按照各自职能权限，在收到申报后30个工作日内办理完有关审批手续，否则视为同意。同时政府有关部门按现行政策下放固定资产投资项目的部分审批权限；确需了解掌握情况的，由企业向政府有关部门报送审核或备案材料。授权公司吸收外商直接投资，属于国家鼓励类和允许类的合资合作项目，投资额在1000万美元（不含1000万美元）以下的可自主决策，政府有关部门协助办理相关手续。污染扰民搬迁项目的审批继续按《北京市推进污染扰民企业搬迁加快产业结构调整实施办法》（京经规划字〔1999〕第200号）规定执行。授权公司可以就授权权限内的企业分立、改制、改组、终止和产权（股权）转让等事项作出决定。企业的购并和破产按现行规定办理。具体措施主要有：授权公司自主决定组建股份合作制企业，政府部门不再审批，市工商局依法办理注册登记手续。将实行建立职工持股会的试点范围扩大到授权公司国有全资企业和控股企业，由授权公司自主决定并严格执行《北京市现代企业制度试点企业职工持股会试行办法》（京体改发〔1996〕6号），到市民政局办理社团法人登记手续。企业进行跨行业、跨部门、跨所有制的资产重组，由授权公司决定，市政府有关部门不再审批。企业实行上述改制及重组后，由授权公司报市经委等有关部门备案。授权公司转让其持有的国有产权，应由政府部门确认的或委托的资产评估机构评估，并以评估值作为确定转让价格的底价。允许成交价在底价的基础上有一定幅度的浮动，成交后报市国有资产管理部门备案；下浮比例超过10%的，须经市国有资产管理部门批准。转让国有产权的收入须用于资产再投入。国有产权的转让方式应逐步实行公开市场交易。授权公司及其国有全资、控股、参股企业年度工资总额的提取，应遵循北京市发布的企业工资指导线，依据企业效益及人工成本等情况，通过集体协商，自主确定，但当年职工实发工资增长幅度不得突破预警线。授权公司每年应将实发工资总额报市劳动和社会保障局、市地税局备案。

2. 建立法人治理结构，落实经营者选择权。具体措施主要有：授权公司一律取消行政级别。设立公司外部董事，其比例逐渐达到全部董事的三分之一，董事会成员中应当有职工代表。授权公司董事会对总经理有提名权、聘任权和解聘权。总经理的聘任和解聘由董事会提出、经市委有关工委和市委组织部考察后，由董事会聘任或解聘。授权公司总经理对副总经理等高级经营管理人员有提名权，经同级党组织考察并征求上级党的组织部门意见后，由董事会任免。授权公司董事会实行任期制，每届任期为三年，董事可连选连任，

经理的任期由董事会决定；授权公司对控股、参股企业的产权代表有选派和管理权。授权公司中的企业集团，应按国家工商局《企业集团登记管理暂行办法》进行规范。

3．落实资产受益权，逐步建立国家资本金注入机制。具体措施主要有：授权范围内的国有资产收益和资产处置收入，在保证国家最终收益权的前提下，由授权公司依据市有关规定制定国有资产收益收缴管理办法，报市财政局审核，其收益由授权公司支配。根据行业、企业的不同情况，经市政府批准，逐步将授权范围内企业事业单位使用的国有房地资产注入授权公司，增加授权公司的国家资本金；未进入授权公司总资产的国拨土地，在出让、转让土地使用权时，可适当提高土地出让金的返还比例；市政府有关支持工业经济结构调整、国有企业改革脱困等政策返还的各项税费，由市财政部门直接拨入授权公司，增加授权公司的国家资本金。用于支持重点项目的技术改造和结构调整资金，按现行办法审批后通过授权公司注入企业，在增加企业的国有法人资本金的同时，增加授权公司的长期投资。

（二）明确授权公司的主要职责

1．对重新核实和确认后授权的国有净资产，确保其安全和增值。

2．负责国有资产产权经营和资本运作，推进企业重组，实现国有资产的优化配置。

3．管理国有资产的收益，运用国有资产收益进行再投资，实现产业升级。

4．确保授权范围内国有企业三年改革与脱困目标的实现。推进国有企业建立现代企业制度，加快实现资本结构多元化的进程。

（三）切实加强对授权公司的监督管理

1．授权公司的发展规划报市经委审定后送市计委，纳入全市发展规划。

2．由市经委和市国有资产管理部门按年度向授权公司下达国有资产保值增值责任书，并严格考核。

3．健全和规范监事会制度。由市政府对授权单位派出监事会，其成员从市经委、财政局、监察局等部门选派，并聘请授权公司的人员及有关方面专家参加。

4．市政府可向授权公司派驻稽查特派员，对未派驻的单位由市审计局每年进行例行审计，对主要领导离任进行离任审计。

5．建立授权公司经营业绩考核和奖惩制度。实行经营者收入与资产保值增值结果挂钩的分配方法。具体形式可以是年薪制、奖励制及具备条件的试行股份期权等。同时制定对授权公司的董事长、总经理的考核和奖惩办法。

（四）认真落实《公司法》规定的企业的法人财产权

1．授权公司所投资的企业依据法人资格，享有法人财产权。企业以各出资者投资形成的全部法人财产，依法自主经营，自负盈亏，独立享有民事权利，承担民事责任。

2．授权公司通过国有资产产权代表参与所投资企业的重大决策，但不得直接干预所投资企业日常的生产经营活动。

3．授权公司现所属的未改制企业对占用的国有资产负保值增值责任，在一定范围内对资产有处置权，对涉及本企业的资产重组有建议权。已改制企业按公司章程执行。

4．授权公司现所属未改制的国有企业除厂长（经理）及财务主管外，其他领导成员由企业自主决定任免，报授权公司备案。

（五）妥善处理试点工作中的相关问题

1．由市经委组织四个试点的授权公司根据本意见重新修订公司章程，并报市政府审批。由授权公司提出国有资产授权申请，并经市政府审批后，由市政府与授权公司签订国有资产授权经营协议书。四个授权公司的试点方案由市经委组织制定并实施。

2．授权公司原承担的行政和行业管理职能交市经委等政府部门承担。社会管理职能逐步剥离并交社会相应组织承担。

3．加强中介组织建设。调整现有的工业行业协会等中介组织，组建全市工业企业联合会及行业分会，受政府委托承担部分行业管理职能，发挥中介组织的桥梁和纽带作用。

4．授权公司本部职工按规定参加社会保险，改制前已离退休人员的费用维持原渠道不变。

北京市体制改革办公室、北京市经济委员会
关于本市国有大中型企业建立现代企业制度指导意见

(2001年9月14日　京政办发〔2001〕69号)

根据市委八届七次全会精神和《北京市国民经济和社会发展第十个五年计划纲要》的有关要求，为推进本市国有大中型企业改革，促进首都经济持续、健康、快速发展，结合本市实际情况，现提出以下意见：

一、国有大中型企业建立现代企业制度的指导思想和工作目标

（一）指导思想：国有大中型企业建立现代企业制度要以"三个代表"重要思想为指导，在巩固已取得的改革成果基础上，以发展为主题，以结构调整为主线，以改革和科技进步为动力，继续推进国有大中型企业建立现代企业制度工作，努力消除制约国有企业建立现代企业制度的障碍，促进先进生产力发展。

（二）工作目标：按照国家有关法律、法规，通过改革、改组、改造和加强管理，进行制度创新、体制创新和管理创新，使本市国有大中型企业在"十五"期间建立起比较规范的现代企业制度。2001年要力争三分之二的国有大中型企业完成改制工作；2003年以前，具备条件的绝大多数国有大中型企业要完成改制工作。国有大中型企业改制为公司制企业的，要在股权多元化，规范和完善公司法人治理结构等方面取得新进展。

二、国有大中型企业建立现代企业制度的工作重点

（一）继续深化企业内部改革，巩固已取得的改革成果。

国有大中型企业要认真学习、贯彻《国务院办公厅关于转发国家经贸委国有大中型企业建立现代企业制度和加强管理基本规范（试行）的通知》（国办发〔2000〕64号）及《北京市人民政府办公厅转发市经委市政府体改办关于贯彻执行国有大中型企业建立现代企业制度和加强管理的基本规范实施意见的通知》（京政办发〔2001〕49号）等有关文件精神，进一步加强企业内部管理，采取有效措施，切实提高国有大中型企业改制效果，并重点做好以下工作：

1．深化改革国有大中型企业内部人事、劳动、分配制度。本市国有大中型企业要认真贯彻执行国家经贸委、人事部、劳动社会保障部《关于深化国有企业内部人事、劳动、分配制度改革的意见》（国经贸企改〔2001〕230号），尽快形成企业管理人员能上能下、职工能进能出、收入能增能减的机制。企业要按照公开、平等、竞争、择优的原则，制定引进

国内外专门人才的特殊政策；要建立企业和职工双向选择的用工机制，实行劳动合同制度与职工竞争上岗制度；企业要依法缴纳各项社会保险费用。实行以按劳分配为主，允许和鼓励实行以资本、技术等生产要素参与收入分配的多种分配方式。同时，可在部分企业中试行经营者、管理者股份期权和年薪制，并选择部分企业进行工资总量决定机制改革试点。

2．要精减各类职能部门，减少管理层次，控制管理幅度，使各部门之间和上下级之间做到责权明确、信息通畅、监控有力、运转高效。

3．加强企业发展战略研究。根据经济全球化的发展趋势和我国即将加入世界贸易组织的新情况，研究世界贸易组织规则，制定和实施明确的企业发展战略、技术创新战略和市场营销战略，使企业保持长期稳定的发展。

4．健全和完善企业各项规章制度，强化对企业的监督。要积极采用现代管理技术、方法和手段，通过信息技术与信息网络加强企业的基础管理，健全财务报表制度，做好成本核算，采用先进技术改造现有生产工艺和装备，做到节能降耗，提高企业的经济效益。建立和完善外派监事会制度，从制度上保证对企业实施有效的监督。

（二）继续进行规范的公司制改革。

国有大中型企业建立现代企业制度，要按着"产权清晰、权责明确、政企分开、管理科学"的要求，着重在以下几个方面进行改革：

1．合理确立企业的组织形式。企业应根据《中华人民共和国公司法》（以下简称《公司法》）改为多元股东结构的有限责任公司，具备条件的企业可改为股份有限公司，企业也可根据国家的有关法律、法规改为中外合资、合作企业。今后，对于设立国有独资公司要严格限制，原则上不再审批新的国有独资公司。

2．建立出资人制度，完善企业法人财产制度。国家及其他各类出资人，按照投入企业的资本额享有所有者权益，并以出资额为限对所投资企业承担有限责任。出资者不能直接干预所投资企业的具体经营活动，不能直接支配所投资企业的法人财产。企业拥有法人财产权，以全部法人财产自主经营，自负盈亏，照章纳税，独立享有民事权利，承担民事责任，并对出资人承担资产保值增值责任。企业要依法接受出资人监督，维护出资人的合法权益。

3．建立科学、规范的法人治理结构。改为公司制的企业应设立由股东会、董事会（或执行董事）、监事会（或监事）和经理组成的公司法人治理结构，做到权责明确，各司其职，有效行使决策、执行和监督权。董事长、总经理原则上不得由一人兼任。建立集体决策及可追溯个人责任的董事会议事制度。在股份有限公司试行独立董事制度，健全职工董事、监事制度，试行外派监事会制度。

4．发挥党组织的政治核心作用。改为公司制的企业要依照《中国共产党章程》和《公司法》等法律、政策规定，坚持发挥党组织的政治核心作用，在实践中积极探索、完善企业领导制度。党委主要成员可作为国有资本所有者的代表通过法定程序进入董事会、监事会。

5．完善企业民主管理。国有及国有法人控股的公司要进一步坚持和完善以职工代表大会为基本形式的民主管理和民主监督制度。其他有限责任公司和股份有限公司，可由职代会或工会代表职工实行民主管理。

（三）加大结构调整和资产重组的力度，在重组中推进国有大中型企业建立现代企业制度工作。

国有大中型企业进行资产重组，要以建立现代企业制度、促进国有企业更快发展为出发点，以提高企业经济效益为中心，按照规模经济和专业化分工协作的原则，从企业组织结构、产业结构和产品结构的调整入手，加快推进企业技术进步，推动产业优化升级。要促进优势国有企业发展壮大，鼓励通过兼并、联合、重组等形式，组建一批以产权关系为纽带，具有一定规模、拥有著名品牌和自主知识产权、主业突出、核心能力强的跨地区、跨部门的大公司和企业集团，提高产业集中度和产品开发能力。建立和完善劣势企业的退出通道，对于亏损严重、扭亏无望的企业，要坚决实行兼并、破产，从整体上提高国有大中型企业的素质。

国有大中型企业要加强与在京科研机构合作。国有大中型企业要充分利用首都优势，采取多种形式与在京的科研院所、高等院校联合，通过科学技术与资本市场的有机结合，实现高新技术产业化、市场化，推动企业的科技进步；要运用科技成果特别是信息技术改造和提升传统产业等方式，通过产业技术的升级实现产业结构的战略性调整。要充分运用结构调整基金，加大风险投资的规模和力度，支持企业技术创新。

在国有大中型企业进行资产重组和结构调整中，鼓励外资、私营等各类所有制的投资主体参与国有企业改革，通过中外合资、相互参股、规范上市等形式建立现代企业制度，从整体上实现国有大中型企业经济效益的根本好转。

三、加快本市国有大中型企业建立现代企业制度的政策措施

近年来本市已相继出台一些鼓励国有大中型企业建立现代企业制度的有关政策，为进一步加快本市国有大中型企业建立现代企业制度的步伐，主要采取以下政策措施：

（一）本市国有大中型企业改制，职工入股人数较多的可以按有关规定组建职工持股会。

（二）对于整体改制的国有大中型企业，企业在改制过程中清理出的各种资产损失和呆坏账损失，经债权人同意，可按有关规定报同级财政部门批准后，予以核销。对于企业的非经营性资产，应按有关规定予以剥离。剥离出的非经营性资产，可以组成独立核算单位自主经营，也可以委托改制后的企业代管。

（三）对于整体改制的国有大中型企业，离退休人员的安置管理工作要按照中央及本市有关规定执行。在社会保障社会化管理和服务体系尚未形成前，离退休人员的安置管理工作原则上由改制后的企业接收管理，也可以通过协商，由企业国有出资人接收。同时，对根据有关规定确定的离退休人员福利费用和医疗等费用，在改制时可从经评估后的国有净资产中核减，这部分费用由接收离退休人员的单位管理，具体确定办法为：

离休人员的离休费、医疗费等项费用按国家及本市有关规定核定。

退休人员的供暖费、书报费等福利费用和退休费高于本市社会基本养老统筹基金发放的部分，根据上年实际支出情况，参考本市社会平均寿命，由企业和上级主管部门协商后报财政部门审定。

退休人员医疗等费用。对尚未加入本市城镇职工基本医疗保险制度的企业，改制前企业承担的退休人员医疗费，以上一年全市退休人员人均医药费金额为基数，按年平均15%的递增率计算核定退休人员达到本市社会平均寿命时所需的医药费，其中人均超过3万元的，按3万元核定，待企业纳入城镇职工基本医疗保险制度后，再按有关规定进行调整；对已加入城镇职工基本医疗保险制度的企业，按有关规定执行。

（四）国有大中型企业整体改制或主体改制，其生产经营活动基本没有发生变化的，原企业生产经营许可权可划归改制后的公司，有关部门应为企业办理生产经营许可证转移过户手续。

（五）国有大中型企业改制，以房地产作价入股的，有关部门在办理过户手续时，手续费减半收取；改制为非上市的股份有限公司和有限责任公司的，国有股或国有法人股占注册资本50%以上的，其使用的原划拨用地未作价入股且未改变使用性质的，可以暂按划拨用地使用和过户，保留划拨用地方式期限不超过5年。

（六）国有大中型企业改制后，不再向企业主管部门缴纳管理费。

四、落实工作责任制，做好本市国有大中型企业建立现代企业制度工作

（一）本市国有大中型企业建立现代企业制度工作实行分级负责制。市属国有大中型企业建立现代企业制度工作，由分管委办局负责指导，各控股（集团）公司、总公司负责组织实施；区县属国有大中型企业建立现代企业制度工作，由各区县政府负责。各区县政府要结合本地实际情况，参照本指导意见制定具体实施意见，加快推进所属国有企业的改革工作。

（二）尚未进行改制的国有大中型企业要尽快研究制订改制方案，在改制过程中要充分发挥职工作用，实行民主决策，企业改制方案应经职工代表大会讨论并报出资人（出资人授权机构）或企业主管部门审核同意。对改制方案实施工作，要积极做好宣传动员，精心组织，使改革在稳定中进行。

（三）市统计部门要对本市国有大中型企业建立现代企业制度工作情况进行监测，按期进行情况统计、分析和报告，便于市政府及时了解和掌握工作进展情况。本市国有大中型企业名单由市政府体改办、市经委印发。

北京市关于进一步促进高新技术产业发展的若干规定

（2001年10月9日　京政发〔2001〕38号）

为大力推动并支持高新技术成果转化为现实生产力，加速本市科技发明、技术专利等科技成果的商品化，鼓励科技成果的拥有者将高新技术快速转移到产业应用，促进高新技术产业发展，推动传统产业的优化升级，根据《中华人民共和国促进科技成果转化法》及《国务院办公厅转发科技部等部门关于促进科技成果转化若干规定的通知》（国办发〔1999〕29号）等有关法律、法规和规定，特制定本规定。

一、本市对高新技术企业、高新技术成果转化项目实行认定制度。市政府指定专门机构，对高新技术企业、高新技术成果转化项目进行认定，并为高新技术企业和高新技术成果转化项目提供"一站式"服务。

凡在本市登记注册并经认定的高新技术企业和经认定的高新技术成果转化项目，均可享受本规定的有关政策。

二、市政府设立专项资金，用于鼓励促进高新技术产业发展。

（一）市政府设立技术创新资金，用于支持高新技术成果转化。由市财政局、市科委、市计委、中关村科技园区管委会等部门以及政府出资引导设立的投资机构，多渠道筹资，以市场调研投入、项目开发、风险投资、贷款贴息、贷款担保等方式，促进高新技术成果转化。

（二）市政府设立知识产权发展和保护资金，用于鼓励本市组织和个人取得自主知识产权。对申请国内外专利的组织和个人，可给予一定的专利申请费和专利维持费补贴；对具有市场前景的专利技术实施项目，可一次性给予一定的专利实施资金支持。

（三）市政府建立中关村科技园区发展专项资金，重点用于中关村科技园区内基础设施建设和高新技术成果项目转化。

三、市政府及其有关部门继续加大对科技的投入。"十五"期间，本市科技经费年增长率不低于20%，重点支持高新技术成果转化项目和产学研联合实施项目。

（一）市经委、市科委每年从技术改造资金、结构调整资金和科技三项费用中，安排不低于50%的资金，对高新技术成果转化项目和产学研联合实施项目给予贴息、资本金注入及科研开发补助拨款等支持。

（二）市科委、市人事局每年安排一定资金，用于资助留学人员在本市从事高新技术项目的研究开发、携带高新技术成果来本市转化和创业。

四、本市高新技术企业和高新技术成果转化项目所需的外省市专业技术和管理人才，经市人事局批准，给予《工作居住证》，享受本市市民待遇。持《工作居住证》工作满三年的，经用人单位推荐、有关部门批准，办理调京手续。

受聘于中关村科技园区内高新技术企业的本市行政区域内高等院校、科研机构获得学士及学士以上学位的应届毕业生，可以直接办理本市常住户口。

五、鼓励留学人员携带科技成果来本市实施高新技术产品开发和生产。凡获得国外长期（永久）居留权的留学人员，为实施科技成果转化在本市设立企业（注册资本不低于 10 万元人民币），经市人事局认定和市外经贸委批准后，市工商局可按外商投资企业办理登记注册，并享受本市外商投资企业的优惠政策。

六、鼓励各类人员通过专职、兼职等形式在京创办科技企业或到企业从事高新技术成果转化工作。实行人员竞争上岗的科研机构、高等院校，应允许离岗人员在单位规定的期限内回原单位竞争上岗，保障重新上岗者享有与连续工作的人员同等的福利和待遇。

七、对在高新技术成果转化中作出重大贡献的专业技术人员和管理人员，市政府授予荣誉称号并给予奖励，所获奖金免征个人所得税。

八、以高新技术成果向有限责任公司或非公司制企业出资入股，高新技术成果的作价金额可达到公司或企业注册资本的 35%，另有约定的除外。

九、科研机构、高等院校转化职务科技成果，应当依法对研究开发该项科技成果的职务科技成果完成人和为成果转化作出重要贡献的其他人员给予奖励。以技术转让方式将职务科技成果提供给他人实施的，可从技术转让所得的净收入中提取不低于 20% 的比例用于一次性奖励科技成果完成人和为成果转化作出重要贡献的人员；自行实施转化或与他人合作实施转化的，科研机构或高等院校可在项目成功投产后，连续在三至五年内，从实施该项成果转化的年净收入中提取不低于 5% 的比例用于奖励，或参照此比例，给予一次性奖励；采用股份形式的企业实施转化的，也可以用不低于科技成果入股时作价金额 20% 的股份给予奖励，该持股人依据其所持股份分享收益。在研究开发和成果转化中作出主要贡献的人员，所得奖励份额应不低于奖励总额的 50%。

十、高新技术企业研制开发新技术、新产品、新工艺当年所发生的各项费用和为此所购置的单台价值在 10 万元以下的试制用关键设备、测试仪器的费用，可一次或分次摊入成本；购买国内外先进技术、专利所发生的费用，经税务部门批准，可在两年内摊销完毕。

十一、高新技术企业当年发生的技术开发费比上年实际增长 10%（含 10%）以上的，当年经主管税务机关批准，可再按技术开发费实际发生额的 50% 抵扣当年应纳税所得额。

十二、对单位和个人在本市从事技术转让、技术开发业务和与之相关的技术咨询、技术服务取得的收入，免征营业税；对从事软件著作权转让业务和软件研制开发业务，比照技术转让与技术开发业务免征营业税。

十三、经市政府批准转制为企业的科研院所，截至 2004 年年底，免征企业所得税地方收入部分。

十四、经认定的高新技术成果转化项目，自认定之日起三年内，所缴纳营业税、企业所得税、增值税的地方收入部分，由财政安排专项资金支持；之后两年减半支持。经认定的重大高新技术成果转化项目，自认定之日起五年内上缴的营业税、企业所得税、增值税地方收入部分，由财政安排专项资金支持；之后三年减半支持。对上述财政安排的专项资金，80%用于相关企业的技术创新，20%纳入技术创新资金集中使用。

十五、鼓励各类企业建立高新技术研究开发机构。各类企业自办或与高等院校、科研机构联合组建的工程或技术研究中心以及企业技术中心，经认定后，可对其主要研究开发项目从科技经费中给予资助。

十六、经市科委认定的孵化基地和在孵企业，自认定之日起三年内所缴纳各项税收的地方收入部分，由财政安排专项资金予以支持。财政专项资金作为孵化器种子资金，用于孵化基地建设和在孵企业的项目贴息、投资和补助拨款等支持。

十七、对实施高新技术成果转化项目的企业，自2001年起五年内，其当年用于高新技术成果转化项目自建或购置的生产经营场地所缴纳的房产税，由财政安排专项资金支持。财政专项资金全部用于相关企业的技术创新。

十八、高新技术企业在工资总额增长幅度低于经济效益增长幅度、职工平均工资增长幅度低于劳动生产率增长幅度的，实际发放的工资在计算企业所得税应纳税所得额时允许据实扣除。

十九、对经认定在国家及市政府批准建立的开发区内直接以出让方式取得土地并用于高新技术成果转化项目的高新技术企业，其土地使用权出让金按75%征收，城市基础设施"四源费"和市政公用设施建设费减半征收。高新技术企业用于经认定的重大高新技术成果转化项目的新增用地，免征土地使用权出让金及该项目的城市基础设施"四源费"，减半征收市政公用设施建设费。但如改变土地使用性质或用于非高新技术成果转化项目，须全额补交减免费用。

二十、鼓励发展与高新技术企业和高新技术成果转化相关的科技中介服务机构，为高新技术企业提供多样化的科技成果转化服务。

对经认定的在本市注册的促进高新技术成果转化和发展高新技术企业有重大贡献的中介服务机构，当年缴纳所得税地方收入部分的50%，由财政安排专项资金支持。

二十一、对政府资助的高新技术成果转化项目，凡在规定期限内未有效开展转化工作的，将暂停对该项目的政府资助。对属应用性研究开发范畴而未进入实际应用阶段的科技成果，一般不予受理申报市级科学技术奖励。

二十二、在中关村科技园区建立社会化的专业技术职务评审制度。由高新技术企业中的科技开发、经营管理人员申报，经评审机构评审合格后，评定专业技术职务。对在高新技术成果转化中有突出贡献的人员，可破格评定专业技术职务。

二十三、在中关村科技园区高新技术企业中进行激励机制试点。经国有资产管理部门批准后，试点企业从近年来国有净资产增值部分中划出一定比例作为股份，奖励本企业在创业和科技成果转化过程中有突出贡献的科技人员和管理人员。试点企业要制定试点方案，按照其产权关系，根据现行国有资产管理权限报经有关部门批准后实施。

二十四、进一步发挥现有风险投资机构和担保机构的作用，鼓励民间资本建立创业投资机构和担保机构。本市注册的风险投资机构，对本市认定的高新技术成果转化项目投资超过当年投资总额 70% 的，其当年缴纳所得税地方收入部分的 50%，由财政安排专项资金支持。

中关村科技园区内政府出资设立的信用担保机构发生贷款担保代偿损失时，可申请财政资金补偿，具体办法按有关规定执行。

二十五、市人事局、市科委、市经委、市教委和中关村科技园区管委会等部门要每年统一制定高新技术企业高级经营管理人员和技术骨干培训计划，委托国内外高等院校或有关机构组织实施。

二十六、发挥政府采购政策对高新技术企业的扶持作用。通过预算控制、招投标等形式，凡纳入本市市级预算管理的机关、事业单位和社会团体，对于同类产品，优先采购转化高新技术成果的产品。

二十七、本规定施行中的具体问题，由市科委、市财政局负责解释。

二十八、本规定自 2002 年 1 月 1 日起施行，1999 年 4 月 26 日发布并执行的《北京市人民政府印发北京市关于进一步促进高新技术产业发展若干政策的通知》（京政发〔1999〕14 号）同时废止。

北京市人民政府
关于进一步加强淘汰落后产能工作的实施意见

（2010年12月24日　京政发〔2010〕43号）

各区、县人民政府，市政府各委、办、局，各市属机构：

为深入贯彻落实《国务院关于进一步加强淘汰落后产能工作的通知》（国发〔2010〕7号，以下简称《通知》）精神，加强本市淘汰落后产能工作，现结合实际制定本实施意见。

一、指导思想

深入贯彻落实科学发展观，以转变发展方式、提升产业结构、优化产业布局、推进节能减排为目标，按照"高端、高效、高辐射"的产业定位，全面推进本市淘汰落后产能工作，加快"人文北京、科技北京、绿色北京"和中国特色世界城市的建设进程。

二、工作原则

（一）全面统筹，积极稳妥

淘汰落后产能工作情况复杂、利益主体多元、主体诉求多样，要全面统筹其与产业升级、经济发展和社会稳定的关系，在积极完成工作目标的同时，确保相关问题得到妥善处理，职工得到妥善安置。

（二）分类分期推进，因地因企制宜

按照淘汰时限、行业特点、目标任务和影响程度，分类指导、分期推进淘汰落后产能工作。因地因企制宜，突出方式和手段的针对性、有效性。充分发挥市场配置资源的基础性作用，综合运用经济、技术及必要的行政手段，采取关停、转产、兼并、重组、收购、技改等多种方式淘汰落后产能。

（三）淘汰落后产能与促进发展相结合

将淘汰落后产能工作与促进经济发展有机结合起来，保证国家淘汰落后产能的政策得到坚决执行，相关任务如期完成。同时要抓住机遇，积极发展符合首都功能定位的替代产业，推动首都经济发展。

三、目标任务

按照《通知》精神及工业和信息化部下达的2010年北京市淘汰落后产能任务要求，结合实际确定近期本市淘汰落后产能任务。

水泥行业：按照工业和信息化部相关要求，按时淘汰 202 万吨水泥行业落后产能。此项工作共涉及 11 家生产企业，其中房山区 9 家，产能 157 万吨；顺义区 1 家，产能 20 万吨；金隅集团（石景山区）1 家，产能 25 万吨。

石灰行业：2010 年年底前全部关停 124 家石灰生产企业，其中房山区 117 家，门头沟区 4 家，丰台区 3 家。

其他行业：2010 年至 2012 年，引导一批小化工（稀释剂、涂料、油墨、黏合剂等）、小铸造、电镀等高污染、高耗能、高耗水行业企业退出。每年制定计划，公布引导退出企业名单。

四、实施步骤

（一）制定方案

各相关区县政府对本区县淘汰落后产能工作负总责，要制定本区县重点行业淘汰落后产能实施计划，编制工作方案。

（二）组织实施

各相关区县政府要组织专门力量落实工作方案，确保在规定期限内实现淘汰落后产能目标，完成淘汰退出各项任务。列入淘汰落后产能范围的企业，要按照国家及本市的工作要求，积极履行社会责任，主动配合有关部门开展淘汰落后产能工作，确保顺利推进。

（三）检查验收

建立检查验收制度，由市经济信息化委、市发展改革委、市财政局、市国土局、市规划委、市环保局、市国资委、市统计局、市人力社保局、市工商局、市质监局、市安全监管局、市水务局等部门成立联合检查验收小组，对相关区县淘汰落后产能工作的落实情况进行检查验收。

（四）补偿安置

对完成淘汰退出任务并通过验收的区县，由市有关部门按照相关安置补偿办法和标准进行补偿安置。

五、保障措施

（一）加强组织领导

成立本市淘汰落后产能工作领导小组，负责统筹协调淘汰落后产能工作，研究解决工作中出现的重大问题，制定全市重点行业淘汰落后产能工作计划方案、相关标准和目标任务，对各部门、各区县淘汰落后产能执行情况进行督促检查，确保国家及本市相关政策的贯彻落实。领导小组成员单位包括市政府办公厅、市发展改革委、市经济信息化委、市公安局、市监察局、市民政局、市财政局、市人力社保局、市国土局、市环保局、市规划委、市交通委、市水务局、市国资委、市地税局、市工商局、市质监局、市安全监管局、市统计局、市园林绿化局、市金融局、市信访办、中关村管委会、北京经济技术开发区管委会、市投资促进局、北京银监局、北京市电力公司及各区县政府。领导小组办公室设在市经济信息化委，负责淘汰落后产能日常工作。市有关部门和相关区县政府要根据任务分工认真履行职责，积极贯彻落实各项政策措施，加强沟通配合，共同做好工作。

（二）加大宣传力度

加强对淘汰落后产能工作的宣传报道。一是要广泛宣传淘汰落后产能工作的重要意义，提高各单位的工作积极性、主动性和创造性，争取企业及有关方面的理解、支持和配合。二是要加强宣传报道、促进工作交流，总结推广淘汰落后产能工作先进区县和先进企业的有效做法，营造有利于淘汰落后产能的舆论氛围。

（三）完善政策体系

1. 完善财政资金支持政策。加强对淘汰落后产能工作的资金支持力度，根据行业特点、淘汰方式和测算标准，完善资金支持政策。充分发挥财政资金的支持作用，与淘汰任务和淘汰进度相衔接，引导区县和企业积极实施。鼓励优势企业通过兼并、重组、收购、转产等方式淘汰落后产能，支持企业升级改造。

2. 妥善做好职工分流安置工作，保护职工合法权益。要妥善处理淘汰落后产能与职工就业的关系，依照相关法律法规和规定妥善安置职工，做好其社会保险关系转移与接续工作，保护职工权益不受侵害。市有关部门和相关区县政府要共同努力，切实帮助企业解决人员安置方面的实际问题，实现多种渠道分流安置企业职工，避免大规模集中失业，防止发生群体性事件，维护首都社会稳定。

3. 研究制定替代产业发展和布局调整政策。各区县要抓住淘汰落后产能的机遇，发展替代产业，优化产业布局，提升产业水平，实现新的发展。各相关区县政府要制定替代产业发展和布局调整规划，推进结构优化和产业集聚。市有关部门要研究制定相关政策，在资金、项目审批、土地开发利用、融资服务等方面给予支持。

4. 合理安排和使用腾退土地，妥善处置闲置资产。对通过淘汰落后产能腾退出来的土地资源，在符合城市总体规划和土地利用规划的前提下，依据各区县新城规划和产业布局要求，合理调整，并优先用于工业发展。同时要妥善处置企业闲置的厂房和设备。

（四）加强综合监管

1. 严格市场准入。强化安全、环保、能耗、物耗、质量、土地等指标的约束作用，对产能过剩行业坚持新增产能与淘汰产能"等量置换"或"减量置换"的原则，严格环评、土地和安全生产审批，严禁向落后产能和产能严重过剩行业建设项目提供土地。

2. 强化经济和法律手段，加强对现有落后产能存量企业的监管。发挥差别电价、资源性产品价格改革等价格机制在淘汰落后产能中的作用，落实和完善资源及环境保护税费制度，强化税收对节能减排的调控功能。加强环境保护监督性监测、减排核查和执法检查，加强对企业执行产品质量标准、能耗限额标准和安全生产规定的监督检查，提高落后产能企业和项目使用能源、资源、环境和土地的成本。采取综合性调控措施，抑制高消耗、高排放产品的市场需求。

3. 加大执法处罚力度。对未按期完成淘汰落后产能任务的区县,实行项目"区域限批",暂停对该区县项目的环评、核准和审批。对未按期完成淘汰落后产能任务的企业,吊销排污许可证,银行业金融机构不提供任何形式的新增授信支持,投资管理部门不予审批和核准新的投资项目,国土部门不予批准新增用地,相关部门不予办理生产许可,已颁发生产许可证、安全生产许可证的要依法撤回。对未按规定淘汰落后产能、被政府责令关闭或撤销的企业应限期办理工商注销登记,逾期未办理注销登记的,工商管理部门依法吊销工商营业执照。必要时,政府相关部门可要求电力供应企业依法对落后产能企业停止供电。

(五)健全监督检查机制

一是加强舆论和社会监督。市经济信息化委每年向社会公告各区县年度淘汰落后产能的企业名单、落后工艺设备和淘汰时限。二是市有关部门组成联合监督检查组,加强对区县淘汰落后产能工作的检查和指导;建立信息报送制度,及时了解掌握区县淘汰落后产能工作进展和职工安置情况,并向市政府报告。三是加强督促检查,实行问责制。要将淘汰落后产能工作作为市政府重点工作进行督促检查,将市有关部门和相关区县政府淘汰落后产能工作纳入专项督查范围。对未按要求完成淘汰落后产能任务的进行通报,限期整改。对瞒报、谎报淘汰落后产能进展情况或整改不到位的,要依法依纪追究有关责任人的责任。

首轮修志中《北京工业志·综合志》总述

一

北京手工业有着悠久的历史。古代燕国青铜冶铸业继承并发展了商代北京地区的铸造技术，青铜器的数量和工艺技术取得辉煌成就。主要为封建帝王修建宫殿、寺院服务的建筑材料生产发展较早。元代大都西山采煤业已很发达，是大都燃料的主要来源。特种工艺美术品明代中叶已经驰名世界，玉器、象牙雕刻、景泰蓝、雕漆、地毯、花丝镶嵌等工艺品精巧华丽，具有很高的艺术价值。明末清初京西煤窑发展到100多座。

北京近代工业起步较晚。清光绪九年（1883年）清政府在京西三家店创办的神机营北京机器局，是北京最早的近代工业。其后随着国外资本的进入，陆续办起一些近代工厂。1901年至1907年建立了京汉铁路长辛店机厂、长辛店电器修缮工厂、京张制造厂。同时期还办起了丹凤火柴股份有限公司、京师城厢华商电灯股份有限公司、溥利呢革公司等企业。

近代工业出现到北京（平）解放，北京（平）工业发展极其缓慢。企业规模小，设备简陋，技术落后，产品成本高，质量低，绝大多数工业原料、设备和日用品依靠外地供应和国外进口。到1948年，全市虽有万余家工业企业，但多数为手工生产，百人以上的工厂仅有石景山钢铁厂、北平发电所、门头沟煤矿、长辛店铁路工厂、琉璃河水泥厂、面粉厂等十几家，约8.3万人，产值1.05亿元。

二

1949年9月27日，北京成为中华人民共和国的首都，迅速恢复与发展生产是城市工作的中心任务。在这一思想指导下，1952年年底，全市工业总产值为8.32亿元（1952年不变价），比1949年增长3.9倍；生铁产量超过北京市解放前30年产量的总和；煤、水泥、棉布、面粉等主要产品产量也都超过北京市解放前的最高年产量。国有经济和集体经济企业有566户，占北京市工业企业总数的1.6%，比1949年的158户增加408户。

1953年至1957年，北京市开始执行发展国民经济的第一个五年计划，其核心是努力发展生产，使北京实现由消费城市向生产城市的转变。北京工业在优先发展重工业的基础上，有计划地建立新厂，挖掘原有企业潜力，并逐步完成对资本主义工业和个体手工业的社会主义改造。"一五"期间，全市工业基本建设投资9.49亿元，开建企业41个，改建、扩建企业329个。1957年，全市工业总产值完成23.09亿元（1952年不变价），比1952年增长1.8倍。1956年1月10日，北京市人民委员会召开资本主义工商业公私合营大会，宣布35个工业行业的3990户厂家和42个商业行业的13973户坐商，共17963户全部被批准实行公私合营。至此，北京市对资本主义工商业进行全行业公私合营的历史任务宣告完成。1956年6月，北京暖气材料厂铸钢车间炼出第一炉商用钢，结束了北京工业"有铁无钢"的历史。

1958 年开始，北京的经济建设进入第二个五年计划时期。该时期出现大办工业高潮，基本建设规模进一步扩大。1958 年，全市安排新建、扩建的工业项目有 800 多个，其中大中型的项目有 43 个。全市工业总产值达到 46.02 亿元（1957 年不变价），为 1949 年的 27.2 倍。北京电子工业在"一五"奠定的基础上迅速发展。1959 年至 1960 年，先后利用自制的单晶炉和硅单晶炉生产出了锗单晶和硅单晶，并相继研制成功锗和硅晶体管，成为北京发展半导体工业的先驱。1959 年，清华大学自控系研制成功小型模拟计算机，次年在北京市无线电制造厂投产，1962 年通过国家鉴定，这是中国第一台经过正式鉴定的模拟电子计算机。1958 年起步的北京化学工业，后来经过调整、巩固，发展成为具有相当规模的产业门类。建材工业的水泥、砖瓦生产进一步扩大。电力工业的北京第一热电厂、高井电厂建成投产，保证了北京各项事业发展的电力供应。

1961 年到 1965 年年初是调整时期。北京工业正确贯彻中共中央提出的"调整、巩固、充实、提高"八字方针，经过几年的调整，到 1965 年，全市工业新产品和高质量产品有 260 多种，其中既有高、精、尖产品，又有吃、穿、用产品。高级精密产品重点发展了半导体、无线电、光学仪器、精密仪器仪表、自动化元件、精密机床、精密合金和有机合成材料等国家短线缺门产品；在吃、穿、用方面，重点抓了农业急需的化肥和与群众生活密切相关的玻璃制品、文化用品、搪瓷用品、手表、缝纫机等产品。北京的汽车工业从汽车修理业起步，逐步转向生产汽车配件，1958 年开始试制井冈山牌小轿车和北京牌小轿车。1965 年，研制成功了 BJ212 吉普汽车，并投入生产，以后又生产了轻型载货汽车，逐步形成了北京汽车工业制造体系。到 1965 年年底，全市工业企业 1790 户，职工总数 56 万人，工业总产值达到 59.17 亿元（1957 年不变价），比 1957 年的 23.09 亿元（1952 年不变价）增长 1.6 倍。工业增加值占北京市国内生产总值的比重从 1952 年的 34.14% 提高到 52.78%，提高了 18.64 个百分点；工业总产值占工农业总产值的比重从 1952 年的 56.4% 提高到 76.6%，提高了 20.2 个百分点。北京工业在北京的地位和作用越来越重要。

1966 年到 1970 年是国民经济发展的第三个五年计划时期。"文化大革命"期间，工业建设遭到严重破坏。工业战线广大职工在极其困难的条件下，仍坚守岗位，排除和抵制各种干扰，积极从事生产和建设并取得一定成绩。这个时期国家在北京安排了一批重点工业项目，并抓了国防、钢铁、化工等部门的生产。1966 年，北京市汽车修理公司第二修理厂试制出 BJ130 轻型载货汽车。1969 年 9 月，东方红炼油厂一期工程建成投产。同期，首都钢铁公司初轧厂建成后，使其成为采矿、冶炼和开坯轧材配套的钢铁联合企业。1970 年，交通部北京二七机车车辆工厂自行设计生产了 6000 马力液力传动货运内燃机车，翌年试制成功 3000 马力液力传动客运内燃机车，该厂成为中国内燃机车制造基地之一。由于北京重型电机厂、北京第二通用机械厂、北京锅炉厂等陆续扩建，加之"一五""二五"期间建设的一些工厂也开始发挥效益，"三五"期间，北京市工业总产值突破 100 亿元，从 1965 年的 59.17 亿元（1957 年不变价）增加到 1970 年的 129.18 亿元（1957 年不变价），工业总产值翻了一番。

1971 年开始执行第四个国民经济发展五年计划。在此期间，北京工业从五六十年代以发展传统工业和原材料工业为主，逐步转变到以发展新兴工业为主，电子工业、仪器仪表工业、自动化设备、家用电器、塑料制品等工业部门开始迅速发展。1975 年 2 月，北京石景山发电厂首次应用电子计算机代替人工，对一台 10 万千瓦燃煤汽轮发电机组进行控制获得成功。同时，相继建成北京向阳化工厂、北京胜利化工厂、北京东风化工厂、北京曙光化工厂。至 1976 年 6 月，以 30 万吨乙烯为中心的"四烯"扩建工程竣工投产，使北京石油化工总厂形成了一个门类比较齐全的石油化工基地。1975 年，全市工业总产值达到 148.75 亿元（1970 年不变价），比 1970 年增长 15.15%，"四五"期间平均每年增长速度为 10.3%。

经过 20 多年的建设，北京成为以钢铁、石油化工、机械、仪表为重点的，包括轻纺在内的，门类比较齐全的新兴工业基地。中华人民共和国成立初期确定的由消费城市向生产城市转变的目标基本实现。到 1977 年，北京工业总产值达到 169.22 亿元（1970 年不变价），比 1976 年增长 8%，比 1949 年增长 98 倍。工业总产值占总产出的 65.70%，工业增加值占全市国内生产总值的 63.12%，北京工业在全市经济生活中发挥着极其重要的作用。

北京在建设新兴工业基地过程中，由于钢铁、石油化工等重工业发展速度快、规模大，对适合首都特点的轻纺、电子、食品、服装等轻工业扶持不够，从而加剧了北京工业内部结构的矛盾。黑色金属行业和石油化工行业成为北京工业的主要支柱，在为北京工业做出贡献的同时，也造成北京能源、水源供应紧张，工业废水、废气、废物污染及噪声扰民日益严重，北京城区环境遭到严重破坏。北京还要不要发展工业，如何发展工业，发展什么样的工业面临着重大抉择。

三

20 世纪 70 年代末到 2000 年，是北京工业改革开放、结构调整时期。在这 20 多年的时间里，北京市根据中共中央书记处对首都建设方针的四项指示和中共中央、国务院对北京城市建设总体规划方案的批复，以改革为中心，以工业结构调整为重点，调整北京工业定位和经济增长模式，从建立现代化工业城市转变到发展适合首都经济的轨道上来，逐步改变以冶金、化工等传统工业为主的局面。北京大力发展高新技术产业，并利用高新技术产业改造传统产业，积极发展环保、服装及装饰材料、食品、饮料、印刷、家具、工艺品等都市型工业。

北京工业进行了工业布局、产业结构和所有制结构 3 个方面的调整。

（一）工业布局调整

第一，搬迁污染扰民企业，改善市区环境。1979 年至 1988 年，北京工业在环境保护方面投资近 10 亿元，共完成 5400 个治理项目，有 262 个污染扰民厂（车间、工序）通过关、停、并、转、迁等办法解决了污染问题；撤销 475 个电镀厂（点）、110 个铸锻厂（点）

和143个热处理厂（点）。1985年至1994年，北京市投资15亿元，搬迁了156个企业（车间）。1995年5月，《北京实施污染扰民企业搬迁办法》颁布后，当年调整搬迁10个企业。1999年6月，《北京市推进污染扰民企业搬迁加快产业结构调整实施办法》正式下发，全市工业布局调整速度明显加快。"九五"期间，市区工业企业共搬迁74家，置换出城区企业占地面积270万平方米。通过搬迁，消除了污染源，同时，推动了产品的升级换代，提高了产品的技术含量，原有的厂址也为发展第三产业提供了空间。

第二，优化第二产业，兴办第三产业。1993年，北京市一轻工业总公司的"退二进三"（将城区企业逐步退出第二产业，进行资产再开发，发展第三产业）和"退四进二"（将城区退出的企业，按照国家产业政策和具体规划搬迁到四环路以外，在高起点上发展第二产业）的战略发展方针及"一增三转一分流"（即国有资产增值、产业转移、机制转换、职能转变、职工分流）的综合配套改革取得进展。是年，市经委在全市推广一轻的经验，明确提出优化第二产业，兴办第三产业（即"优二兴三"）的总方针。工业调整工作打破了以往将产品结构调整、企业组织结构调整、兴办三产企业及污染扰民搬迁等工作割裂，单打一推进的狭窄思路。北京工业以新的思路、新的措施调整工业布局，确定了从三环路内向四环路外及其他郊区县搬迁，根据土地级差地租效益，在四环路以外高起点发展北京工业。

20世纪80年代末开始，北京市陆续建设了高新科技园区、开发区、工业小区，绝大多数均分布在城近郊及远郊区，为北京工业实行"退二进三""退四进二"的布局结构调整提供了有效空间。

第三，确定"批、片、块"发展方针。1997年，市委、市政府确定了工业"一批一批（扶优一批、放活一批、解困一批、兼并破产一批），一片一片（电子城、建材城和纺织一条街的建设），一块一块（汽车、化工、有色、煤炭行业的整合）"的工作部署。确定开发建设"两城一街"，即电子城、建材城和纺织一条街，对老工业基地实施连片开发改造，在较高起点上形成新的产业群。

（二）产业结构调整

第一，加速发展高新技术产业。1988年5月，国务院批准在海淀区建立国家级新技术产业开发试验区，1994年，经国务院批准在大兴县亦庄建立北京经济技术开发区，各区县也相继建立了工业小区。2000年，全市共有28个科技园区、经济技术开发区和工业小区（以下简称"三区"）。"三区"以发展高新技术企业和生产高新技术产品为主导，加大招商引资工作力度，吸引了一批资金技术密集型的跨国公司和知名企业入驻，促进高新技术产业发展。"三区"企业涵盖电子信息、生物工程与新医药、新材料、光机电一体化以及能源环保等国家重点发展项目，为全市经济发展注入了活力。到2000年年底，"三区"招商入区企业累计1.3万家，从业人员37.6万人，其中投产高新技术企业8005家，从业人员27万人。高新技术企业完成技工贸总收入1705.4亿元，实现利润108.5亿元，各项指标占全部"三区"的比重均在80%以上。

经过产业结构调整，2000年年底，全市高新技术产业产值占全市工业总产值的比重为

38%，比 1995 年所占比重 17.9% 提高了 20.1 个百分点。

第二，加大技术改造投资力度，用高新技术对老企业进行改造。1979 年至 1988 年，北京市用于地方工业技术改造的投资近 120 亿元，相当于前 30 年工业投资的总和（121.5 亿元），新增固定资产投资 94 亿元。1991 年至 1995 年，地方工业完成技术改造投资 243.5 亿元，是 1986 年至 1990 年实际完成投资 118.6 亿元的 2.05 倍。1996 年至 2000 年，地方工业完成技术改造投资 299.4 亿元，比 1991 年至 1995 年的 243.5 亿元增长 23%。以电子技术为代表的高新技术在改造传统产业中得到广泛运用，促进了传统产业的升级；汽车行业重点开发生产电喷和使用清洁燃料的系列发动机；石油化工行业重点发展乙烯及下游产品、精细化工产品；冶金行业重点发展特种钢材和微电子、汽车业配套的有色金属及合金材料、复合材料；机械行业重点推广机械产品现代设计技术、热加工清洁生产技术等关键技术；建材行业重点推广新兴干法水泥生产、建筑卫生陶瓷低温快烧等新技术。北京工业每年开发、投产上千种新产品，到 2000 年，北京市名牌产品达 110 种，占全市工业销售收入的 50% 以上。北京钢琴厂的星海牌钢琴、北京制药厂的奥复星、北京松下的彩色显像管、北京有线电厂的程控交换机和首钢的机器人等产品，为老企业的发展和技术进步打下了坚实的基础，新技术使老企业得到了新生。

（三）所有制结构调整，多种经济成分共同发展

1996 年至 2000 年，采取兼并、破产、出售、承包制、股份制、租赁制、中外合资、合作及其他形式，使部分国有资本从经营不善的企业特别是小企业退出。同时相继出台一系列鼓励非国有经济发展的政策，为其发展营造宽松的环境。在调整中，跨部门、跨行业、跨地区、跨所有制兼并、合并企业 66 个。全市工业完成企业兼并破产项目 325 项。

到 2000 年年底，通过所有制结构调整，公有经济的比例下降，非公有经济比例上升。国有独立核算工业企业 1981 户，占全市独立核算工业企业 1.6 万户的 12.5%，工业总产值占全市工业总产值（现价）的 29.1%；集体工业企业 8030 户，占全市工业企业总数的 50.0%，工业总产值占全市工业总产值的 9.7%；私营、联营、股份制、外商投资和港澳台投资企业有 6016 户，占全市工业企业总数的 37.5%，工业总产值占北京市工业总产值的 61.2%。全市工业形成了多种经济成分共同发展的局面。

通过 20 多年调整，北京市工业结构发生了重大改变，高新技术产业得到较快发展，与人民生活相关的轻工业比重上升。1978 年，全市工业总产值达到 193.16 亿元（1970 年不变价），煤炭采选业、黑色金属冶炼及压延加工业、有色金属冶炼及压延加工业、化学原料及化学制品 4 个行业完成工业总产值 62.25 亿元，占 32.23%；食品加工与制造业、纺织业、电子及通信设备制造业和医药制造业 4 个行业完成工业总产值 46.54 亿元，占 24.09%。2000 年，全市工业总产值达到 2722.78 亿元（1990 年不变价），煤炭采选业等 4 个重工业行业完成工业总产值 280.18 亿元，占 10.29%，比 1978 年降低了 21.94 个百分点；食品加工与制造业等 4 个行业完成工业总产值 1408.50 亿元，占 51.73%，比 1978 年增加了 27.64 个百分点。高新技术产业对全市工业经济的拉动力明显增强，1998 年，总产值比

重为 18%，对全市产值贡献率达 50% 以上。微型电子计算机、彩色显像管、程控交换机、手机等一些高新技术产品的年销售产值均已达 10 亿元以上。

工业调整促进了经济发展。1978 年中共十一届三中全会到 2000 年改革开放的 22 年是中华人民共和国成立以来北京工业发展最快的时期，工业生产快速增长，呈现出较高水平上逐年递增的特点。"五五"时期平均每年递增 9.2%；"六五"时期平均每年递增 9.1%；"七五"时期平均每年递增 10.0%，比"六五"时期提高 0.9 个百分点；"八五"时期平均每年递增高达 11.9%，比"七五"时期又提高 1.9 个百分点；"九五"时期中的 1998 年增长达 30.6%，是改革开放以来增长速度最高的年份。"九五"期间北京工业年平均增速达到 9.9%，5 年累计实现增加值 2989.78 亿元，比"八五"时期增长 74.5%。

四

1979 年至 2000 年，北京工业在进行结构调整的同时，逐步进行了大规模的企业管理体制改革。

在计划经济体制下，由于政企不分，企业是政府的附属物，企业的生产计划由国家制定，物资由国家计划供应，所需人员由国家分配，产品由国家统一包销。这种企业管理的模式，企业吃国家的大锅饭，职工吃企业的大锅饭，严重压抑了企业和广大职工群众的积极性、主动性、创造性，使本来应该生机盎然的社会主义经济在很大程度上失去了活力，不利于企业的发展。

1979 年开始，围绕搞活企业这个中心，北京市的国有企业管理体制改革大体经过了 4 个发展阶段。

第一阶段，工业管理体制改革的起步阶段（1979 年至 1983 年），从 1979 年首都钢铁公司等企业参加全国扩大企业自主权试点开始。改革的基本内容是改变高度集中的计划经济体制，通过逐步扩权让利，给企业一定的经营自主权，实行利润留成和第一步利改税，把企业的利润全部上缴改为适当留下一部分作为企业的自有资金，以增强企业技术改造能力、解决职工福利和奖金的来源。

1982 年，中共中央、国务院决定用两三年的时间，有计划、有步骤、点面结合、分期分批对国有企业进行全面整顿。经过两年的整顿，到 1983 年，北京工业已验收合格的企业有 245 个，占企业总数的 30%，其中大中型骨干企业 44 个，占大中型骨干企业总数的 80%。

第二阶段，工业改革全面展开阶段（1984 年至 1990 年）。此阶段的改革仍以给企业扩权让利为主要内容，通过实施第二步利改税，把上缴利润的办法改为按税法上缴税金。在扩大企业自主权方面积极推行政企职责分开，所有权与经营权适当分离，明确了国营工业企业是自主经营、自负盈亏的经济实体。在这个基础上实行多种形式的承包经营责任制，并在少数企业开始了股份制和企业集团的改革试点，在企业领导体制上实行厂长负责制。

1986 年，市政府在总结"上缴税利目标责任制"和首钢承包经营经验的基础上，提出实行"两保一挂"（"两保"是指保上缴财政收入、保企业技术改造和国有资产增值；"一挂"是指企业工资总额与本企业经济效益指标挂钩浮动）和承包经营责任制的思路，率先在市机械局所属第一机床厂等8个企业试点。确定了承包制的十六字原则，即"包死基数，确保上缴，超收多留，欠缴自补"，规范了承包制的内容和工作程序。

1987年开始，市工业系统以北京第二汽车制造厂、北京电表厂、北京煤炭总公司二厂、北京化工二厂、北京制药厂为代表的一批企业开始进行新的劳动制度改革的探索。以分解和落实承包指标为内容，按工作量重新定岗、层层招聘、择优上岗、下岗编余，并用减人不减工资总额的政策，拉开上下岗人员收入差距，把竞争机制引入企业用人制度。到1990年年底，累计有90%的企业和95%的职工完成了第一轮优化组合。未被组合的职工人数6.7万人，占参加优化组合职工人数的8.9%，其中绝大多数人得到安置。优化劳动组合打破了企业内部多年僵化不变的劳动人事制度，压缩了岗位冗员，调动了在岗人员的积极性。

第三阶段，继续推行承包制，大力转换企业经营机制（1991年至1995年）。1991年，国家财政部、国家经济体制改革委员会发布了《国营企业实行税利分流、税后还贷、税后承包的试点办法》，市政府在确保每年上缴国家财政年递增4%的前提下，从市政府总留利中拿出一部分资金，实施适合北京市具体情况的承包办法，对某些特别需要支持的行业和企业实行利税总承包，以增加企业的留利水平，增强企业的技术改造能力，提高企业的发展后劲。但能实行利税总承包的只能是少数企业，其他大多数企业还需要采取其他的承包办法，在市财政可以承受的前提下，开始进行以转换企业经营机制为目的、实行以承包经营责任制为主体的多种经营形式的改革试点（简称"八条船"）。凡是上了"船"的企业，均需按国家税法依法纳税和缴纳能源、交通重点建设基金和国家预算调节基金。市政府再把超过承包额的部分按协议返还企业。

1992年开始，贯彻落实国务院《全民所有制工业企业转换经营机制条例》和北京市的实施办法，给予企业劳动用工权、人事管理权、工资奖金分配权、内部机构设置权、投资决策权等权力。转换经营机制取得较大进展，企业坚持眼睛向内，增强劳动制度、人事制度和分配制度三项制度的改革。

第四阶段，建立现代企业制度，整体搞活国有企业阶段。这个阶段与前一个阶段在时间上有所交叉。1993年，北京市贯彻党的十四届三中全会《关于建立社会主义市场经济体制的若干问题的决定》，从过去对企业扩权让利为主转向以制度创新为主，国有企业改革的深层次发展，开始研究探索建立产权明晰、权责明确、政企分开、管理科学的现代企业制度。这个阶段有三大突破：第一是以兼并破产为主要内容，初步建立了国有企业优胜劣汰机制；第二是以3年脱困为主要内容的提升国有企业管理水平，优化资产结构；第三是建立现代企业制度，重新构造企业的法人治理结构，建立出资人制度和国家派出监事制度。

建立现代企业制度分两个层次进行：一是工业局一级管理机构全部从政府序列中退出，从政府的职能部门变为企业性公司。1993年，经市政府批准，北京市第一轻工业总公司获得国有资产经营权，并更名为北京一轻总公司。到1998年，共有15家总公司被授予国有资产经营权，其中有 11 家总公司按照《中华人民共和国公司法》登记注册，更名为有限责任公司或控股有限责任公司。有限责任公司享有出资者投资形成的全部法人财产权，依法享有民事权利，承担民事责任；依法自主经营，自负盈亏，独立核算，照章纳税。有限责任公司以其投入的资本额对子公司依法享有资产受益、重大决策和选择经营者的权利。高度集中的经济管理体制开始与市场经济接轨。工业管理由具体管理向宏观管理转变，由管企业向管国有资产转变，授权公司管理机构由传统的行政机关向新型的经济组织转变，形成了政府—授权公司—企业的管理模式。但是，由于政府机构职能改革滞后等方面原因，第一次授权后出资人的三项权利没有完全到位，授权公司仍然承担着行政和行业管理职能，运行不规范。1999 年 11 月，市经委提出《关于深化本市工业管理体制改革试点工作的意见》，并选择北京汽车工业集团总公司、北京建材集团有限责任公司、北京纺织控股（集团）有限责任公司、北京电子信息（集团）有限责任公司 4 家企业进行规范性改制及重新授权。通过第二次授权，2000 年 6 月，市委工业工委和市经委合署办公，对全市工业实行不分所有制，不分隶属关系，不分企业大小，行使政府的管理和服务职能。二是大中型企业开始从工厂制向公司制转变。从 1994 年工业实行现代企业制度试点工作开始，到 1998 年建立现代企业制度工作全面推开，市体改委确定的 58 户北京工业国有大中型骨干企业中，已有 49 户依据《中华人民共和国公司法》组建了股份有限公司或有限责任公司，完成了由工厂制向公司制的改造，初步建立了现代企业制度。

推进建立现代企业制度，企业管理进入一个新阶段。北京工业开展"学邯钢、抓管理、增效益"的活动。北京开关厂在由计划经济向市场经济转轨过程中，认真学习邯钢的管理经验，在研究探索企业内部管理办法上，创造出具有鲜明特色的"99+'1'=0"的管理经验，即在生产、管理诸多要素中，有 99 项是合格的，只要有 1 项不合格，在市场竞争中就会前功尽弃，效果等于 0。北京市的工业企业普遍开展"转机制、抓管理、练内功、增效益"的活动，加强企业内部成本管理，提高了企业在市场上的竞争能力。

五

北京工业经过中华人民共和国成立后 51 年的建设，尤其是改革开放 22 年的快速发展，工业规模不断扩大，经济实力不断加强，为全市国民经济的发展做出了巨大贡献。

北京工业由小变大，由弱到强。1949 年，北京工业总产值仅为 1.70 亿元（1952 年不变价）。1952 年全市工业总产值为 8.32 亿元（1952 年不变价），产品销售收入 0.80 亿元。1978 年北京工业总产值为 193.16 亿元（1970 年不变价），是 1952 年的 23 倍多；产品销售收入为 109.83 亿元，是 1952 年的 137 倍。到 2000 年，北京市独立核算工业企业的工业总产值已达 2722.78 亿元（1990 年不变价），比 1978 年增长 13 倍；产品销售收入 2821.36 亿元，比 1978 年增长近 25 倍。2000 年，北京市一天的工业总产值为 7.60 亿元，是 1949 年全年工业总产值的 4.5 倍。

北京工业已拥有较雄厚的物质基础。1979 年，全市工业资产总计为 141.72 亿元，工业企业固定资产原值为 137.13 亿元。2000 年，全市独立核算工业企业资产总额为 4612.73 亿元，比 1979 年增加 31.5 倍，其中国有企业和大型企业的资产总额分别为 1939.69 亿元和 2437.29 亿元；全市独立核算工业企业固定资产原值为 2531.64 亿元，比 1979 年增加 17 倍多。

北京工业在北京国民经济中占有十分重要的地位，是财政的主要来源。2000 年，北京工业实现利税 256.11 亿元，工业增加值占到全市国内生产总值的 30.1%，并为社会提供了 146 万个就业岗位，是首都经济的重要支柱。

北京工业在全国工业中也占有十分重要的位置。在全国 31 个省、自治区、直辖市全部国有及年产品销售收入 500 万元以上非国有工业企业主要经济指标排序中，工业总产值（1990 年不变价）列第九位；国有控股企业总产值列第六位；工业增加值列第 12 位；产品销售收入列第十位。

北京拥有一大批知名企业。全市大中型企业由 1978 年的 204 家，发展到 2000 年的 481 家，完成工业总产值 1622.61 亿元，比 1978 年增长 13 倍。以优势企业、拳头产品为龙头的企业集团发展壮大。如首钢、燕山石化、联想、北大方正、清华紫光、同仁堂集团、燕京集团、星海钢琴等企业集团，产品销售额都超过亿元，此外还拥有技工贸总收入、引进外资在全国名列前茅的中关村科技园区、北京经济技术开发区和具有行业特色的酒仙桥电子城、西三旗建材城等产业基地。

北京工业还拥有一批优势产品。产品销售收入在 5000 万元以上、技术水平及市场占有率均居全国前三名的拳头产品达 70 多种，如彩色显像管、程控交换机、电子出版系统、胶印机、CT 医用诊断仪、轻型吉普汽车等。1994 年至 1996 年，北京共推出 138 个名牌产品，既有同仁堂牌中成药等举世闻名的老品牌，又有北大方正电子出版系统、联想牌系列微机等一批新名牌。品牌涉及厂家 126 个，占全市独立核算企业总数的 1.35%。名牌产品的产值和利税分别占全市工业总产值和实现利税的 23% 和 38%。138 个名牌产品中，年销售额在亿元以上的 58 个，其中 9 个产品的销售额超过 10 亿元。联想牌系列微机达到 20 世纪 90 年代的国际先进水平，获国家科学技术进步奖一等奖。国营华北光学仪器厂生产的达美牌多头系列电脑绣花机达到国际同类产品先进水平。北大方正电子出版系统在国内市场占有率达到 80%。北京市三露厂注册的"大宝"商标被国家工商局认定为中国驰名商标。雪莲牌羊绒衫、晒乐牌太阳能热水器、天坛牌家具、红星牌二锅头白酒等一批产品市场销售额独占鳌头。

北京的主要工业产品产量逐年提高，在北京及全国产品市场中占有十分重要的地位。2000 年，汽车产量 12.5 万辆，比 1978 年 1.8 万辆增长 5.9 倍；发电量 145.26 亿千瓦时，比 1978 年的 99.08 亿千瓦时增长 46.6%；钢产量 803.4 万吨，比 1978 年的 191 万吨增长 3.2 倍；成品钢材 696.7 万吨，比 1978 年的 116.8 万吨增长近 5 倍；啤酒产量 177.2 万吨，比 1978 年的 4.1 万吨增长 42.2 倍；乙烯产量达到 65.5 万吨。改革开放以来，高新科技产品从无到有发展迅速，有些产品产量形成规模，2000 年，微型电子计算机年产 257.8 万台，程控交换机年产 1019.4 万台，数控机床年产 568 台，半导体集成电路板年产 2.37 亿块，移动通信设备年产 1421.6 万部（信道）。

北京工业"三资"企业实力雄厚。1983 年，北京吉普汽车有限公司成立，是改革开放以来北京首家工业外商投资企业。到 2000 年年底，北京市已批准成立外商投资工业企业 1.1 万户，占全市"三资"企业 1.6 万户的 69%；协议投资总额 191.13 亿美元；合同外资额 88.6 亿美元。北京工业外商投资企业开业 2828 户，实现工业总产值 1157.57 亿元，实现销售收入 1244.51 亿元，直接出口 27.98 亿美元，上缴税金 68.56 亿元，吸纳职工就业 27.7 万人。北京工业"三资"企业协议投资额占全市"三资"企业协议总额的 35%，合同外资额占全市合同外资金额的 38%，而实现产值、销售收入、直接出口、上缴税金分别占全市"三资"企业的 96%、68%、84%、60%，有力地带动了全市利用外资工作的发展。通过利用外资发展国内和北京市空白产品，如大规模集成电路板、大型程控交换机、大型电站锅炉、彩色显示器、机器人、光通信、移动通信、新医药、新建材，促进了工业产品的升级换代，带动了产业结构调整。北京电子通信业的"三资"企业自 20 世纪 90 年代迅猛发展，短短 7 年间产量增长 50 多倍，2000 年产值达 729.59 亿元。

工业出口的规模和数量越来越大，品种越来越丰富，在全市出口中所占比重逐年提高。1950 年工业品出口额只有 242 万美元，1978 年增加到 2.65 亿美元，增长了 108 倍；2000 年工业制成品出口额达到 43.48 亿美元，比 1950 年增长了 1795 倍。从 1979 年工业直接出口 601 万美元，到 2000 年工业直接出口 31.56 亿美元，改革开放 22 年使北京的工业直接出口额增长了 524 倍。北京工业直接出口已占北京工业出口总额的 68.2%。从 1982 年北京绢花厂成为北京市第一家获得自营生产企业进出口经营权起，到 2000 年北京市工业企业已有 550 多家生产企业获得自营进出口经营权，自营生产企业直接出口额从 1982 年的 206 万美元，到 2000 年达到 4.51 亿美元。自营出口在 1000 万美元以上的生产企业达到 9 家。北京京工服装进出口有限公司 2000 年自营进出口 9186 万美元，成为全市生产企业自营进出口额最大的企业。外贸体制改革赋予生产企业自营进出口经营权，使部分生产企业起死回生。

北京工业企业在产品出口的同时，尝试海外投资建立企业，发展海外企业。1986 年，北京市机械工业总公司所属的北京电焊条厂在菲律宾的马尼拉建立了北京电焊条（菲律宾）有限公司。1992 年，首钢总公司投资 1.2 亿美元购买了秘鲁铁矿，成立首钢秘鲁铁矿有限公司，为北京工业最大的海外企业，秘鲁冶金行业第一出口大户。截至 2000 年年底，北京市累计审批境外项目 315 个，其中生产型企业 66 个，分布在菲律宾、越南、老挝、日本、尼日利亚、俄罗斯、美国、加拿大、秘鲁、巴西等国家和中国香港、中国澳门等地区。

北京工业虽然取得了很大成绩，但也存在一些不容忽视的问题。如产业结构、产品结构需进一步调整；现代企业制度有待进一步规范；企业整体效益低下状况迫切需要改变；职工下岗安置及拖欠职工工资和医药费需着力解决等。既有历史积累的原因，也有在改革中出现的新问题、新矛盾。随着改革的不断深入，这些问题正在解决。

志　补

1978 年至 1998 年北京工业改革大事纪略

一、扩权让利和两权分离

1979 年 4 月，首都钢铁公司、北京内燃机总厂和清河毛纺厂被列为全国企业（共有 8 个）利润留成扩大企业自主权试点。其内容是改变高度集中的计划经济体制，通过逐步扩权让利，给企业一定的经营自主权，通过利润留成和两步利改税，把企业的利润由全部上交改为适当留下一部分作为企业的自有资金，以增强企业技术改造能力和解决职工福利与奖金的来源。7 月 13 日，国务院印发《关于国营企业实行利润留成的规定》，主要内容：（1）所有实行独立核算的企业，经营有盈利的，可以按国家核定的比例，留用一部分利润，用于建立生产发展基金、职工福利基金和职工奖金。（2）企业利润留成的比例，按各项费用与开支占利润总额的百分比分别予以核定。其中，生产发展基金有按规定从利润中提取的新产品试制费、国家拨给企业和主管部门的科研经费和职工技术培训经费；职工福利基金按工资总额的 11% 从成本或费用中提取；职工奖励基金按国家规定从成本或费用中列支。此 3 项基金从利润中留用后，国家不再拨款，也不再在成本或费用中列支。利润留成比例核定以后原则上 3 年不变。

1979 年下半年，北京市自选 110 个重点骨干企业参加扩大企业经营自主权的试点，确定 336 户国营工业企业按北京市自定的利润留成办法进行试点。1980 年上半年，试点企业调整为 344 户。通过扩权试点，使企业不同程度地扩大了经营自主权。一是利润留成权。试点企业采取不同形式的利润留成办法（主要有基数利润留成加增长利润留成、全额利润留成、亏损补助包干、减亏分成等），从实现利润中提留一定比例的资金归企业支配。二是提高企业固定资产折旧费的留用权。从 1979 年开始，首钢等 3 户参加国家试点的企业，提高折旧费留用比例，清河毛纺厂提高 30%，首钢提高 80%，北内提高 70%。三是自有资金使用权。企业对利润留成中的生产发展基金、职工福利基金、职工奖励基金在上级核定的比例之内可以自由使用。四是生产计划补充权。在完成国家计划后，生产能力有富裕时，经批准企业有权根据市场需要，承接来料加工，接受外来资金和外汇增加订货合同，制订补充生产计划。五是新产品和部分产品的自销权。企业可以根据市场需要试制新产品，试销新产品，可以自销部分超产产品和计划内商业和物资部门不收购的产品。六是部分企业有了内部机构设置权。企业可以根据经营管理的需要，设置内部机构，不强求与上级单位对口。七是部分企业有了中层行政干部任免权。

企业有了初步的自主权之后，调动了企业和职工的积极性和主动性，生产快速增长和效益迅速提高。据1979年366户实行超基数利润留成企业统计,实现利润较1978年增加1.8亿元，按留成规定企业留成6700万元，国家多得1.1亿元，占利润增加额的62.8%。职工个人平均得奖由1978年的全年100元增加到140元。企业留利中少部分用于鼓励职工发放奖金，大部分用来搞技术改造。

二、结构调整

为解决多年来计划经济体制下"部门所有""地区所有""大而全""小而全"等问题，市政府根据1979年4月中央工作会议提出的"调整、改革、整顿、提高"八字方针，结合首都特点，大力推进了工业结构调整工作，主要有3个内容：一是解决"大而全""小而全"，走专业化、一条龙生产的路子；二是把加工能力过大、原材料没有来源、质量低劣、产品无销路的企业进行调整合并，调出一部分力量转产市场畅销产品；三是把各行业企业内的铸造、锻造、热处理、电镀等车间或分厂，在全市范围内重新按专业性质组建专业厂，为各行各业服务。一年间，市经委对389个企业进行了调整改组，其中撤销了21个，合并了64个，转产了72个。经过拆全改专，合并改产，形成406个专业厂，其中产品专业厂245个，零部件专业厂91个，工艺专业厂36个，技术后方厂34个。调整工业布局，搬迁污染扰民企业，改善市区环境。1979年至1988年，北京工业在环境保护方面投资近10亿元，共完成5400个治理项目，有262个污染扰民厂（车间、工序）通过关、停、并、转、迁等办法解决了污染问题，撤销475个电镀厂（点）、110个铸锻厂（点）和143个热处理厂（点）。

三、企业整顿

1978年4月，中共中央颁布《关于加快工业发展若干问题的决定（草案）》（以下简称《工业三十条》）。1978年，按照《工业三十条》要求，北京市开始对企业分期分批进行恢复性整顿，主要以普及大庆式企业为形式，学习大庆基本经验。内容有整顿企业领导班子、加强职工队伍建设、建立健全各项规章制度、恢复企业基础管理工作、建立正常生产秩序共5个方面。1979年4月，中央工作会议提出对国民经济突出以调整为中心的"调整、改革、整顿、提高"的八字方针。整顿是要把企业的领导班子和企业管理制度整顿好；要发挥企业党委的政治思想领导作用，加强党的组织建设；企业的生产行政工作由厂长（经理）负责统一指挥；要恢复健全职工代表大会制；恢复和健全各种生产责任制，加强各种经济核算，加强企业管理。北京市工业系统列入国家整顿规划的54个大中型骨干企业，首先调整了领导班子，厂级领导干部总数从整顿前的 375 人减少到 347 人，平均年龄从原来的 46.7 岁降低到 43 岁，大专以上文化程度的由原来的 184 人增加到 280 人。至 1979 年年底，恢复性整顿工作基本完成。1982 年年初，中共中央、国务院颁布《关于国营工业企业进行全面整顿的决定》，决定自 1982 年起，用两三年时间，分期分批地对所有国营工业企业进行全面整顿。企业整顿重点要抓好 5 项工作：一是整顿和完善厂内经济责任制，搞好全面计划管理、质量管理和经济核算工作；二是整顿和加强劳动纪律，严格执行奖惩制度；三是整顿财经纪律，健全财务会计制度；四是整顿劳动组织，以平均先进水平制定定员、定额，严格按定员、定额组织生产，制定厂规和职工守则；五是整顿和建设领导班子。5 项工作的核心是抓好领导班子建设。1982 年，北京市共有 76 个企业列入国家经委整顿企业名单。其中市属企业 53 个：首都钢铁公司以冶金工业部整顿为主，北京燕山石油化学总公司、北京中药总厂 2 家企业以化学工业部整顿为主，北京矿务局、北京化工厂、北京清河毛纺织厂、北京无线电厂、北京内燃机总厂等 44 个企业由市经委负责整顿，非工业系统的工业企业有 6 个由各自主管局、委、办负责；石景山发电总厂、北京广播器材厂、铁道部北京二七机车厂等 23 个中央企业由各自主管部委负责。市经委制定了企业整顿规划和 5 项整顿工作验收标准，对其他企业也分批进行整顿。1983 年，北京市验收合格的企业共有 245 个，占企业总数的 30%，其中大中型骨干企业 44 个，占大中型企业总数的 80%。到 1984 年，北京市整顿 442 个厂，其中 10 个为大中型企业，其他属小企业。1985 年年底，企业整顿工作全面完成。

四、利改税

1980 年，北京市根据国务院要求，在进行大面积利润留成办法的同时，选出北京光学仪器厂等 4 户企业进行利改税试点。1980 年到 1985 年，国家对 4 户企业实行征收"四税两费"办法。

1980 年 11 月 5 日，市政府批准首钢公司等 11 户国营企业实行"独立核算、国家征税、自负盈亏"试点。北京的改革试点为全国的利改税和固定资产、流动资金由拨款改为贷款提供了经验。

1981 年 6 月，市政府转发国家经委等 10 个部门《关于印发〈贯彻落实国务院有关扩权文件，巩固提高扩权工作的具体实施暂行办法〉的联合通知》，从生产经营、销售、物资、资金使用、资产处置、劳动人事工资、缩小指令性计划、调减调节税等诸方面给企业放权，以促进扩权工作的落实。1981 年，在扩权及实施责任制试点的基础上，国家尝试对工业企业试行利润包干。北京市 70% 以上的国营工业企业实行了不同形式的经济责任制。首都钢铁公司从 1981 年开始实行上缴利润递增包干试点。"利润递增包干"承包经营责任制，创造了"包死基数，确保上缴，超收全留，欠收自补"的承包办法。同年 11 月，国务院批转了国家经委、国务院经济体制改革办公室提出的《关于实行工业生产经济责任制若干问题的暂行规定》，在国有工业企业中实行生产经济责任制。北京市在扩大试点基础上，工业系统 457

家全民所有制企业实行了以"利润包干、超收分成、亏损自补"为基本内容的经济责任制，具体做法是：实行局、公司、企业层层承包。1983年3月，市政府批准同意市化学工业局进行全行业上缴利润包干试点。包干指标比上年增长3%，超指标利润全部留给企业，完不成包干数额由该局自补。

1983年上半年，财政部颁布《关于国营企业利改税试行办法》，办法规定，凡有盈利的国营大中型企业均根据实现利润，按55%的税率缴纳所得税；凡有盈利的国营小企业根据实现利润，按八级超额累进税率缴纳所得税。对企业缴纳所得税后的余利，则实行定额包干或调节税办法，再上缴国家一部分。企业在新增利润中留利水平可以比全额留成时稍高一些。这次利改税称为第一步利改税，基本上是在利润留成基础上稍加变化出台的，对国营小企业基本上没有放开。

五、利润留成和承包责任制

1984年第四季度，北京市按照全国第二步利改税会议精神，实行第二步利改税。主要内容是把原来的工商税改为产品税、增值税、营业税和盐税等4种，对酒精、电冰箱、轮胎、电力、成品油、石油化工产品、染料等实行产品税，适当提高税率；对机械等行业实行增值税，减少由于环节多造成的重复纳税；对有盈利的大中型国营企业，根据应纳税的金额（实现利润扣除归还贷款）按55%的税率缴纳所得税；国营小企业（年利润50万元以下，固定资产500万元以下）按八级超额累进税率缴纳所得税。企业缴税后，扣除按上级核定的比例留利外，还有余利时，需缴纳调节税。调节税率按余利多少，分别核定，一户一率。企业上交产品税、增值税、所得税后，不足企业核定留利时，采取减免税办法补足。企业发生政策性亏损，由财政给予补足，实行减亏分成。对集体企业，允许从新增利润中税前提取25%的工资奖励基金。同时按国家规定，从1985年起分3年适当减免部分大中型企业的调节税，以提高部分企业的留利水平。工业固定资产折旧率，也从1979年全市平均3.8%提高到1987年的4.8%。

1986年上半年，国家财政采取紧缩政策，企业贷款困难，资金周转不灵，外汇紧张，还有电力和部分原材料供应严重不足等几大因素共同作用，导致北京工业生产滑坡，工业总产值出现负增长。为扭转工业下滑局面，确保财政收入，7月，市政府开始在工业系统实行"上交税利目标责任制"，即把工业部门应该上交市财政的税利指标切块分配给各工业总公司（局、办），市政府与各总公司签订承包上交财政指标的合同，扭转了生产下降局面。第四季度，市政府在总结"上交税利目标责任制"和首钢承包经营经验的基础上，提出"两保一挂"承包经营责任制，在市机械局所属第一机床厂等8个企业试点，确立承包制的十六字原则，即"包死基数，确保上交，超收多留，欠缴自补"，规范承包制内容和工作程序。

1987年上半年，全市工业系统开始推行承包制，具体做法是由一委三局一行（市经委、财政局、税务局、劳动局、工商银行）与各工业总公司（局、办）签订承包协议书，确定各总公司的"两保一挂"的主要指标和任务，再由各工业总公司（局、办）与所属企业签订分厂的承包协议书。根据成熟一个签一个的原则，分6批与各企业签订了承包合同，使得以"两保一挂"为主要形式的承包制迅速推广到全市工业系统435个预算内企业（预算内企业是指有上交利润任务的国营企业），"两保一挂"承包协议一定4年不变（即从1987年到1990年不变）。其中，实行"两保一挂"承包制的有393户，占承包企业总数的90.34%；实行上交利润递增包干的有21户，占总数的4.8%；实行上交利润基数包干的有17户，占总数的3.9%；实行减亏包干的有3户；实行资产经营责任制的1户。同时有160户国营小企业和集体企业实行了招标承包，35户企业实行了租赁经营，3户企业实行有偿转让。1987年年底，市属16个工业总公司（局、办）中，首钢连续9年实现利润递增20%，矿务局比亏损包干指标减亏1700万元，其余14个总公司（局、办）全年完成上交利润12.7亿元，超过承包指标6667万元。全市最早实行"两保一挂"承包制的机械局8户企业，1987年产值增长18.1%，销售收入增长14.56%，实现利税增长18.47%，上交利税增长32.35%。在确保国家增收的前提下，企业留利显著增加，全市预算内企业留利14.4亿元，比上年增长13.4%（其中首钢占大头）；归还贷款3.77亿元，比上年增长38.14%；完成技术改造投资15.6亿元，有158项重点工程竣工投产。

1991年8月14日，财政部、国家体制改革委发布《国营企业实行"税利分流、税后还贷、税后承包"的试点办法》，简称为"税利分留办法"。北京市工业系统按照"税利分留办法"的规定进行测算，制订了8种以转换经营机制为目的的承包办法。（1）投入产出总承包，以"七五"期间的承包基数为基数，在"八五"承包期内凡超过基数的税利（包括所得税、产品税、增值税等之和）分档分成留给企业；（2）进一步完善"两保一挂"承包经营责任制，其基本内容与"七五"期间承包的内容基本一样，即"包死基数、确保上交，超收分成，欠收自补"，不同的是承包基数和超收分成比例重新进行核定；（3）部分亏损企业实行减亏包干，承包基数和分成比例重新核定；（4）比照国家给予中外合资企业的政策进行改革，即市政府选择一批企业，享受合资企业33%的所得税率，并按"合资法"的规定提取折旧费和新技术开发费，进口设备、备件、原材料的关税均按"合资法"办理；（5）扩大与外商合资合作，部分与外商洽谈合资并签约有望的企业，享受合资企业政策；（6）生产高新技术产品的企业，经市科委和市经委认定后，可享受新技术开发试验区的有关政策，主要是所得税率降低为15%（主要是在试验区之外的国有高科技企业）；（7）进行股份制试点，即用社会募股或股票上市的办法筹措资金进行技术改造和产品升级换代；（8）实行税利分流税后还贷。1991年，北京市市属国有工业企业都进行了承包。

"八五"时期，北京市工业系统陆续停止实行承包制。

六、实行厂长负责制

1984年10月，中共中央在《关于经济体制改革的决定》中指出"只有实行厂长负责制才能适应现代企业的要求"。1985年4月11日，市政府提出在工业系统57户大中型企业中实行厂长负责制，到1985年年底，有52户大中型企业实行了厂长负责制。1986年9月，中共中央、国务院颁发"三个条例"，同年11月，又发出补充通知，明确指出"全民所有制工业企业的厂长（经理）是一厂之长，是企业法人的代表，对企业负有全面责任，处于中心地位，起中心作用"，把厂长提高到企业第一负责人的地位。1987年8月，全国召开贯彻三个条例，全面推行厂长负责制的工作会议，要求各地加快企业领导体制改革的步伐，要求大中型工业企业在1987年内普遍实行厂长负责制，1988年年底以前全部全民所有制企业都要实行厂长负责制。市经委举办多期厂长负责制培训班，以提高厂长素质。到1987年12月，北京市已有395户全民所有制工业企业实行了厂长负责制，1988年年底，全市全民所有制工业企业基本都实行了厂长负责制。在1988年4月13日全国七届人大一次会议通过的《全民所有制工业企业法》中又以法律的形式加以确定，进一步规定厂长"对企业的物质文明建设和精神文明建设负有全面责任"。1989年，中共中央发布《中共中央关于加强党的建设的通知》，明确规定"企业党委是政治核心"，逐步完善企业的领导体制。

七、优化劳动组合

1987年开始，以北京第二汽车制造厂、北京电表厂、北京煤炭二厂、北京制药厂为代表的一批企业开始进行新的企业劳动、人事、分配制度改革探索。1988年8月，全市工业系统全面铺开优化劳动组合的改革工作。1988年7月，完成第一轮优化劳动组合的企业有61户，涉及职工64400人；到1989年2月，完成第一轮优化劳动组合的企业有506户，占企业总数的55.8%，涉及职工57.8万人，占职工总数的68.2%。

八、转换企业经营机制

1992年7月23日，国务院颁发《全民所有制工业企业转换经营机制条例》，企业成为自主经营、自负盈亏、自我发展、自我约束的商品生产者和经营者，成为独立享有民事权利和承担民事责任的企业法人。"条例"赋予企业14项经营自主权，即生产经营决策权、产品劳动定价权、产品销售权、物资采购权、进出口权、投资决策权、留用资金支配权、资产处置权、联营兼并权、劳动用工权、人事管理权、工资奖金分配权、内部机构设置权、拒绝摊派权。

1992年，北京市工业企业普遍增提新产品开发基金、生产流动资金和折旧资金。同年11月，全市预算内企业从销售收入中提取新产品开发基金2.19亿元,提补流动资金1.5亿元，分别占销售收入的0.99%和0.69%，企业留利19.08亿元，比1991年同期增长36%，再加上增提折旧和免交两金一次到位，企业自有资金大幅度增加。1992年起，市政府每年从市财政专项拨款1.5亿元，作为工业技术改造贷款的贴息，到11月，用于企业技改项目72项，总投资25.6亿元，由政府贴息拨款9000万元。

1993年2月19日，《北京市全民所有制工业企业转换经营机制实施办法》发布。工业系统在总结北人集团公司公开上市成功经验基础上，批准东方电子集团和北京旅行车公司实行社会定向募集资金的办法，搞不上市的投资主体多元化的股份制公司。1993年，通过实行技工贸一体化，调整企业组织结构实现优势互补，引进外资，划小核算单位，实行"公有民营"、股份合作制等一系列转换企业经营机制的办法，手表厂、774厂、照相机总厂、一食公司、人民轴承厂、照明器材厂等走出困境，增强了活力。

1994年，北京市在转换机制工作中，推进工业管理体制的改革，根据市委、市政府的决定，市经委系统各工业总公司（局、办）全部退出政府序列，改为国有资产经营公司或集团公司。

九、企业内部三项制度改革

1992年12月，北京市工业系统优化劳动组合，深化内部人事、劳动、分配"三项制度"的配套改革。在市经委系统750户企业中，开展"三项制度"改革的有668户，占企业总数的89.1%；职工65万人，占职工总数68万人的95.6%。当年优化下岗职工4.2万余人，占职工总数的6.4%。其中，干部5309人，工人3.7万人。1.84万下岗人员通过办三产得到安排。到1993年，实行"三项制度"改革的企业数发展到企业总数的93.4%，45%的企业推行了岗位技能工资制。1994年，市政府提出要把深化"三项制度"改革作为解放和发展生产力的重要措施加以强化，并向法制化、市场化方向引向深入。用工制度要从根本上改变以行政手段调配劳动力的传统做法，在更大的范围内实行合同化用工管理，并积极开办厂内劳务市场和系统内劳务市场，使劳动力真正进入市场。工资分配上改变长期以固定的等级工资制为主体的传统分配制度，突出效益优先、兼顾公平的原则，建立适合本企业生产经营特点的多种分配形式的工资制度。市政府先后制定支持企业大力发展三产的6条和24条政策，为下岗人员安置开辟渠道。到1993年年底，市经委系统兴办的三产网点累计6100个，累计安置下岗职工13万人。到1994年年底，市经委系统的三产网点累计6600个，从业14.2万人，年营业额超过1000万元以上三产企业有20家。

十、"优二兴三"

"八五"期间，市经委对工业结构进行战略性调整，以"优二兴三"解决工业布局的同时，加快了产业结构、产品结构、企业组织结构的调整。1993年开工23项"优二兴三"工程项目，1994年开工45个"优二兴三"工程项目。根据市政府的指示，二环、三环路以内的工业企业，除少数外，原则上都要迁出市区，该项工作一直延续到"九五"期间。

索 引

1. 本索引包括主题词索引，企业、单位、开发区（工业园区、基地）索引，表格索引，与目录互为补充。主题词索引也称内容分析索引，主题词以正文中出现的专业名词或名词词组、产品名、项目名、文献名等为主。企业、单位、开发区（工业园区、基地）索引为正文中出现的部分企业、单位、开发区（工业园区、基地）名称。表格索引为正文中出现的表格。

2. 主题词索引，企业、单位、开发区（工业园区、基地）索引，按汉语拼音音序排列。以汉字打头的主题词按首字的音序、音调依次排列，首字相同时，则以第二个字排序。以阿拉伯数字、英文字母打头的主题词，排在最前面。表格索引按正文中出现的先后顺序排列。

3. 索引的文字部分称为标目，标目之后的数字为其在正文中出现的页码。部分标目后面有若干个页码，则表示该标目均在这些页码出现。

一、主题词索引

A

C

D

H

二、企业、单位、开发区（工业园区、基地）
索引

Z

三、表格索引

后 记

按照北京市第二轮地方志书编纂工作相关文件精神，2008年12月2日，市工业促进局印发《关于全面展开工业志第二轮修志工作的通知》（京工促发〔2008〕201号），部署《北京志·工业志（1999—2010）》（以下简称《工业志》）编纂工作，包括组织领导、工作模式、资料收集范围等事项。2009年3月，市经济信息化委组建成立后，作为全市主管工业的职能部门接续承担《工业志》编纂任务。2010年1月，第二轮《工业志》编委会成立，主管副市长任顾问，市经济信息化委党组书记、主任担任编委会主任，各区（县）经济信息化委、市国有集团（控股）公司、行业协会，以及相关部门负责人担任委员，工作机构设在市工业经济研究所（后改称市产业经济研究中心）志鉴编辑部。2018年11月，市经济和信息化局挂牌成立，接续承担《工业志》编纂任务。

本志是首轮《北京志》20部工业分志的续修志书。编纂初期，原市经济信息化委先后开展了制定编纂工作方案、组织撰写篇目、深入区（县）企业调研、邀请多方专家研讨、确定全志篇章结构、报送篇目结构备案等项工作。2010年9月29日启动《工业志》资料收集工作，2011年8月启动全志试写稿工作，2013年3月、9月分别组织行业专家、市地方志办专家对电子、建材、煤炭、纺织等章节试写稿进行评议，统一思想、统一体例、统一记述内容。2014年全志进入编纂阶段。经过多轮修改，补充完善资料，于2016年1月形成初审稿，报请市地方志办审议，2016年6月组织开展初审评议。根据初审评议意见，编辑部组织责任编辑进行了三轮结构性、多轮内容性修改，于2017年11月编印形成复审稿，报请市地方志办审议。2017年12月，市地方志办组织召开复审稿评议会，同月，市经济信息化委组织召开复审会，同意《工业志》通过复审。根据复审稿评议意见，编辑部重点对工业改革篇章结构进行研讨、优化、修改工作，对其他志稿进行新一轮的修改、补充、完善，并开展了参编单位相关志稿的审核工作，于2018年6月编印形成终审稿，报请市地方志办进行终审。2018年9月，市地方志办组织召开终审稿评议会，并根据终审评议意见，修改完善后报送终审会。2019年11月26日，市委党史研究室、市地方志办组织召开终审会。会上宣布终审决定："经审查，《工业志》观点正确、结构合理、资料翔实、体例规范，全面反映了1999至2010年期间，北京市工业系统认真贯彻中央指示精神和首都城市总体规划要求，坚持走新型工业化道路，坚持推进结构调整及其转变发展方式，推动构建北京工业六大产业发展格局并取得辉煌成就的历史过程。根据《地方志工作条例》《地方志书质量规定》，决定《工业志》通过终审验收，报市委、市政府批准后出版。"按照终审会决议，市经济和信息化局组织开展了相关处室对《工业志》终审稿审核工作，编辑部对终审稿中综合统计数据、企业记述内容的核查工作。

为确保《工业志》编纂质量，弥补编纂过程中由于工业体制改革、管理机构调整、职能人员变化导致档案文献资料的不足，原市经济信息化委于2015年组织开展了"口述工业历史"主题活动，邀请了北京市工业系统的老领导、老干部讲述可歌可泣的工业故事，传承务实、奉献、创新的北京工业精神，开阔了编辑工作者思路，为深层次地了解北京市工业发展的历程、编好志书起到了积极有益的促进作用。参与《工业志》编纂工作的许多单位在既无编制、又无资金来源的情况下，凭着对北京市工业的感情和奉献精神组织人力收集了大量珍贵的行业史料。一些多年来承担志书编纂工作的老同志克服家庭、身体等方面的困难，不惧繁难，认真负责，秉笔直书，付出了巨大的努力。

在志书编纂期间，市委党史研究室、市地方志办、市发展改革委、市科委、市人力社保局、原市旅游委、市国资委、市统计局、市通信管理局、中关村管委会等单位提供了许多珍贵的素材。在此，谨向《工业志》参编单位和资料组稿人员以及所有为志书编纂工作提供资料、撰写帮助的单位和个人表示衷心感谢！

由于资料缺失、编者水平有限，书中难免有疏漏之处，敬请读者批评指正。

鸣谢单位（按志书篇目顺序排序）
中关村科技园区管理委员会
北京经济技术开发区管理委员会
北京市开发区协会
东城区产业和投资促进局
东城区科学技术和信息化局
西城区发展和改革委员会
朝阳区发展和改革委员会
丰台区发展和改革委员会
石景山区经济和信息化局
海淀区经济和信息化办公室
通州区经济和信息化局
顺义区经济和信息化局
昌平区经济和信息化局
大兴区经济和信息化局
房山区经济和信息化局
怀柔区经济和信息化局

平谷区科学技术和信息化局

密云区经济和信息化局

延庆区经济和信息化局

门头沟区科学技术和信息化局

北京市中小企业服务中心

北京市国际工程咨询有限公司

北京电子控股有限责任公司

北京电子科技情报研究所

北京汽车集团有限公司

北京汽车经济研究会

中车北京二七机车有限公司

中车北京二七车辆有限公司

中车北京南口机械有限公司

北京京城机电控股有限责任公司

北京京仪集团有限责任公司

中国北京同仁堂（集团）有限责任公司

华润医药集团有限公司

北京医药行业协会

北京一轻控股有限责任公司

北京食品协会

北京保健品化妆品协会

北京时尚控股有限责任公司

北京服装纺织行业协会

北京家具行业协会

北京印刷协会

北京包装技术协会

北京工美集团有限责任公司

北京工艺美术行业协会

中国石化集团北京燕山石油化工有限公司

北京化学工业集团有限责任公司

北京化学工业协会

首钢集团有限公司

首钢集团有限公司发展研究院

北京隆达轻工控股有限责任公司

北京金隅集团有限责任公司

北京建材行业联合会

北京京煤集团有限责任公司

北京能源集团有限责任公司

华北电网有限公司

国网北京市电力公司

北京市民政工业总公司

北京市校办产业管理中心

北京工业经济联合会

鸣谢个人（按姓氏笔画排序）

王琛	王大明	王红艳	王泽田	王起文	车宏卿	卞君正
方晓玉	叶敬	冯国安	华平澜	刘纪艳	闫永忠	许治贵
李岩	李有海	李明亮	李春儒	杨仁书	吴国健	何兵
沙叶	宋科匠	张鹏	张永年	张志明	张健民	张熙中
金生官	郑焕明	夏连生	柴雪静	高展	郭瑞久	彭静云
程友	程志明	傅连均	解铁疆	燕淑芬	薛进	魏励端

《北京志·工业志（1999—2010）》编委会办公室

2020 年 4 月